黒島事典

―黒島の言語・諺・歌謡・習俗―

當山善堂編著

編集工房 東洋企画

監　　修	加治工 真市			
協　　力	野底 善行			
	上里 淳子	玉代勢 泰興	前船 太作	
	東筋 秀吉	本原 康太郎	嘉手苅 愛	
	糸満 文花	上原 快佐	新城 賢良	
	越智 郁乃	宮永 智子	當山 規子	
特別指導	新垣 友子	原田 走一郎	麻生 玲子	
指　　導	宮良 富	宮良 ミヨ	島仲 和子	
	宮良 當成	運道 武弘	安里 善好	
	神山 善助	野底 幸生	東舟道 初枝	
	仲底 州子	前本 笑美子	又吉 智永	
	新城 純	又吉 恵美	花城 泰子	
指　　導	添盛 景三	安里 静	玉代勢 秀夫	
	知念 政仁	黒島 英吉	新田 當吉	
	船道 賢範	神山 光祐	新里 秀	
支　　援	運道 武弘	五十嵐 政美	亀谷 長伸	
	多良間 光男	安里 清志	大浜 進	
	新垣 弘行	當山 榮一	波照間 宮子	
	當山 哲司	当山 喜一郎	東筋 秀哲	
	野底 俊和	又吉 英伸	花城 泰子	
	原田 走一郎（長崎大学）			
	玉城 修（南西開発）			
	中村 昌宏（サイ・テク・カレッジ）			
弥勒面刻	知念 政範			
撮　　影	喜舎場 紀			

はじめに

　シマムヌイユ　バッシカー　マリジマユ　バッシ（故郷の言葉を忘れると、故郷を忘れ）
　マリジマユ　バッシカー　ウヤン　バッシルン　（故郷を忘れると、親も忘れる）

　私にとって、生まれ育った故郷・黒島は、自らのアイデンティティーを育みバックボーンを鍛えてくれた掛け替えのない場所である。自分の身体的・精神的な能力のすべては、黒島での生活体験を抜きにはあり得ないし、考えられないからである。いいかえれば、私には、生まれ育った故郷での生活体験の痕跡が骨の髄まで染みこんでいて、その延長線上で自分の価値観や学問探究の方法論等が築かれたのだと考えている。

　ところで、私は後期高齢を目前にした2016（平成28）年11月に、「Ｔ細胞大顆粒リンパ性白血病」を告げられた。思いがけない〝ガン宣告〟にうろたえつつも、残された限定的な寿命を冷厳に見定め、向後の課題を考えた。手始めに学術誌、新聞、公演誌等で発表した論考や雑考等を取りまとめ編集・出版することにした。さいわい、東京在住の門弟・青柳陽介君が〝善堂貝塚〟に埋もれていた論考等の切り抜きや公演誌掲載の雑考等を拾い集め、これらを内容ごとに分類し編集してくれた。そのなかからいくつかの雑考をすて、新たに書き下ろした随想等をくわえ論考集の体裁を整えて、出版社を模索した。

　ありがたいことに、2018年1月に琉球新報社が自社出版本として『八重山の芸能探訪―伝統芸能の考察・点描・散策―』を発行してくださった。私にとっては、先（2008〜2013年）に自費出版した「実践編」の『ＣＤ附 精選八重山古典民謡集（一）〜（四）』と対を成す「理論編」の出版であった。

　さて、のこるのは人生の集大成としての課題の設定である。上記の『ＣＤ附 精選八重山古典民謡集（一）〜（四）』の編集・執筆中に、私は『石垣方言辞典』（沖縄タイムス社刊・2003年）の著者・宮城信勇先生の膝下で二人だけの勉強会を開いていただき、石垣語の全般について、とりわけ文法や音韻変化の法則について学んだ。その過程で、宮城先生から再三にわたって〝黒島方言辞典〟の執筆を奨められた。それは、「八重山語」がユネスコの「絶滅の危機言語」に認定されるという情況下でのことでもあった。必然の成り行きで、八重山語に連なる「フシマムヌイ＝黒島語」とその周辺の諺（ことわざ）・歌謡・習俗等を掬い上げ、原点回帰の〝ふるさと讃歌〟ともいうべき〝黒島語関連事典〟を編んでみようという目標を立てたのである。いわば本書の編集・執筆は、百歳を一期に旅立たれた宮城信勇先生への報恩の営みでもあった。

　幸運にも、言語学者の加治工真市先生・新垣友子先生・原田走一郎先生・麻生玲子先生らの知遇を得て格別のご指導を賜り、黒島の先輩・同輩・後輩の方々には種々のご指導のほか物心両面のご支援をいただいた。その間、黒島語や島の行祭事に詳しい親友の野底善行君はじめ郷里に愛着の深い後輩たちとは、〝黒島語研究会〟を続けてきた。

　その成果として、このたび『黒島事典―黒島の言語・諺・歌謡・習俗―』を上梓することができました。本書の出版にあたって、株式会社 東洋企画印刷には格別のご配慮をいただきました。ここに、関係するすべての皆様方に深く感謝申し上げます。

目　次

はじめに ………………………………………………………………… 3

目　次 …………………………………………………………………… 4

凡　例 …………………………………………………………………… 6

黒島の地名 ……………………………………………………………… 9

黒島の地図 ……………………………………………………………… 10

黒島遺跡分布図 ………………………………………………………… 11

黒島語の音節表 ………………………………………………………… 12

黒島語の特徴 …………………………………………………………… 14

黒島語の文法《原田　走一郎》………………………………………… 22

本文編（五十音順）

ア‥‥‥ 37	イ‥‥‥ 91	ウ‥‥‥ 119	エ‥‥‥ 155	オ‥‥‥ 156
カ‥‥‥ 158	キ‥‥‥ 167	ク‥‥‥ 189	ケ‥‥‥ 210	コ‥‥‥ 211
サ‥‥‥ 217	シ‥‥‥ 242	ス‥‥‥ 275	セ‥‥‥ 289	ソ‥‥‥ 290
タ‥‥‥ 299	チ‥‥‥ 321	ツ‥‥‥ 323	テ‥‥‥ 324	ト‥‥‥ 328
ナ‥‥‥ 342	ニ‥‥‥ 360	ヌ‥‥‥ 367	ネ‥‥‥ 377	ノ‥‥‥ 378
ハ‥‥‥ 379	ヒ‥‥‥ 451	フ‥‥‥ 475	ヘ‥‥‥ 500	ホ‥‥‥ 501
ヴァ‥‥ 503	ヴィ‥‥ 504	ヴゥ‥‥ 504	—	ヴォ‥‥ 505
マ‥‥‥ 505	ミ‥‥‥ 525	ム‥‥‥ 540	メ‥‥‥ 550	モ‥‥‥ 552
ヤ‥‥‥ 553	—	ユ‥‥‥ 569	—	ヨ‥‥‥ 581
ラ‥‥‥ 583	リ‥‥‥ 585	ル‥‥‥ 586	レ‥‥‥ 586	ロ‥‥‥ 586
ワ‥‥‥ 587				
ン‥‥‥ 591				

黒島の諺（抄録）………………………………………………………… 598

黒島の歌謡（抄録）……………………………………………………… 635

解　題《原田　走一郎》……………………………………………………682

随　想《新垣　友子》……………………………………………………687

所　感《亀谷　長伸》……………………………………………………690

資料編

　部落地図……………………………………………………………………696

　黒島の村紋および家紋……………………………………………………701

　黒島の昔の呼び名・綽名等（野底善行・本原康太郎・當山善堂）……706

　黒島の民具動植物貝類図　カット集（カット・玉代勢泰興）…………712

　三線…………………………………………………………………………732

　索引（逆引き）《本原　康太郎》………………………………………734

あとがき………………………………………………………………………835

参考文献………………………………………………………………………839

凡　例
── 本書の見方 ──

1　収録語

（1）収録語は編著者の語彙を中心に採録した。「協力」「指導」の欄に名前を掲載した方々からご教示いただいた語も多数含まれる。したがって、編著者は使用しないが、他の世代や他の家庭で使用されている（あるいは、されていた）語も採録されている。

（2）語彙や解説のなかには、現代では差別語にあたる語や、私的な体験談も含まれている。これらは地域文化や黒島語を考えるうえで必要だと判断し採録した。たとえば「部落」という語が挙げられる。編著者にしてみれば「部落」という語は「島内の行政単位（小字）」を表すものであり、それ以上でも以下でもない。したがって、「部落対抗競技」「部落会長」「部落民」など、従来使用されてきたとおりに用いる。

（3）古典民謡に使用されている語彙も採録した。それらの語彙は必ずしも現在の黒島の日常会話で用いられる語彙と一致しない。そのため、歌謡の語彙である場合は、その旨を項目内に示した。

（4）加治工真市著『鳩間方言辞典』、宮城信勇著『石垣方言辞典』および前新透著『竹富方言辞典』の項目に触発され採録した語彙も相当数ある。

2　項目

（1）カタカナ表記の五十音順の方言形見出しである。巻末に共通語引き（逆引き）の一覧を添付した。

（2）活用語は原則として終止形を見出し語とした。また、動詞については可能な限り否定形も収録した。これは、終止形と否定形の組み合わせから動詞の活用タイプが分かるためである。詳しくは本書収録の「文法編」を参照されたい。なお、動詞については自動詞と他動詞に分けて示した。

（3）項目内の構成は基本的に、方言形見出し（カタカナ・国際音声字母（IPA））→語彙の品詞→意味・活用形→用例（カタカナによる黒島語の例文および共通語訳）である。編著者による解説がある場合は、用例に解説が続く（**掲載例①**）。

> **○掲載例①**
>
> ア［ʔa］〔感〕
>
> 　　あ。感動、成功、発見、驚愕、悲嘆、喪失、失敗等々、生活の折々に遭遇する喜怒哀楽の場面でとっさに発する。【例】ア　ウマナ　ガーバツァヌ　シーヌ　アンドー、ザールヌンヨーン　タマンガリ（あ、そこにガーバツァ＝茅蜂の巣があるぞ、刺されないよう気をつけろ）。「ガーバツァ（茅蜂）」は、僕たちが子どものころは原野の茅やススキの葉などに巣を作り、よく刺された。「ザールヌンヨーン」の「ザールヌン（刺されない）」は「ザーリルン（刺される）」の否定形で、「タマンガリ」は「タマンガルン（注意する）」の命令形である。

(4) 方言形表記は、本書に掲載した「黒島語の音節表」に基づき、カタカナ表記をした。また、IPAによる簡略音声表記も併せて示した。母音の無声化は記していない。黒島語においては、原則として無声子音に挟まれた高母音（[i, u]）が無声化する。

(5) 黒島語の用例の訳には、島の人たちが普段使用する共通語も使用し、なるべく黒島語のニュアンスを残せるよう工夫した。したがって、一般的な「共通語訳」とは異なる場合がある（**掲載例②**）。

さらに、発話場面または解説の内容に応じ、一人称の訳・表示を「僕」、「私」などと使い分けた。使い分ける基準は特にないが、「私」はやや形式ばった場面で用い、「僕」はややくだけた場面で用いた。

> **○掲載例②**
> ヤコン[jakoŋ]〔名〕
> 薬缶（やかん）。【用例】ユーヤ　ヤコンナードゥ　フカセーッタ（湯は、薬缶でが沸かした）。「～ナードゥ」は、普通に訳すと「～で」で十分だが、島の人たちはたいてい「～でが」と強調して訳す。

3　略語

品詞など、見出し語の略号には以下の略号を使用している。

〔名〕：名詞、〔代〕：代名詞、〔固〕：固有名詞、〔形〕：形容詞、〔自〕：自動詞、
〔他〕：他動詞、〔助動〕：助動詞、〔補動〕：補助動詞、〔副〕：副詞、〔連〕：連語、
〔接〕：接続詞、〔感〕：感動詞、〔助〕：助詞、〔格助〕：格助詞、〔係助〕：係助詞、
〔終助〕：終助詞、〔副助〕：副助詞、〔接助〕：接続助詞、〔間助〕：間投助詞、
〔接頭〕：接頭語、〔接尾〕：接尾語、〔数〕：数詞、〔助数〕：助数詞、〔連体〕：連体詞、
〔成〕：成句

以下、それぞれ簡単に説明する。

〔名〕：名詞。自立語であり、活用しない。主語などになる。（例）ウブザ「祖父」
〔代〕：代名詞。他の語を受け、事物などを指し示す語。指示代名詞や人称代名詞を含む。（例）ウリ「それ」、バー「私」
〔固〕：固有名詞。個人、場所などの名称を表す。（例）イサナキ「石垣島」
〔形〕：形容詞。主に事物の性質などを表す活用語。（例）パーハン「早い・速い」
〔自〕：自動詞。動詞のうち、主体の動きが他の事物に直接影響を及ぼさず、主体の動作や変化を表すもの。活用語。（例）ビルン「座る」
〔他〕：他動詞。動詞のうち、主体の動きが他の事物に直接影響を及ぼすもの。活用語。（例）ピナラスン「減らす」
〔助動〕：助動詞。種々の語に続き、意味を加える語。活用語。（例）ナーヌン「～してしまう」
〔補動〕：補助動詞。動詞を語彙的資源にしているが、元の意味が薄れつつあるもの。他の動詞に続いて用いられる活用語。（例）ミルン「～してみる」

〔副〕：副詞。述部を修飾する語。活用しない。（例）トゥーシ「ずっと」
〔連〕：連語。複数の語から成る、一体として用いられることが多い表現。（例）トゥシフンヌ　ユー「大晦日の晩」
〔接〕：接続詞。自立語であり、活用しない。前後の文などを繋げる。（例）アイリバ「そうだから」
〔感〕：感動詞。それひとつで文を構成する。（例）アガ「痛い！」
〔助〕：助詞。助詞は通常、下に示すように役割に基づいて分類しているが、単に助詞としたものは、主に助詞の連続である。ただしこれらのものは続けて用いられることが多いため、まとめて取り上げている。（例）シドゥ「〜で」
〔格助〕：格助詞。助詞のうち、文中の要素と述部との関係を表す。（例）ナ「〜で。〜に。」
〔係助〕：係助詞。種々の語に後接し、強調などの意を表す。（例）ヤ「〜は」
〔終助〕：終助詞。文末に生起し、文全体に意味を添える。（例）サー「〜よ。〜だよ。」
〔副助〕：副助詞。種々の語に後接し、様々な修飾をする。（例）ナー「〜ずつ。」
〔接助〕：接続助詞。動詞、形容詞などに続き、前後の文を繋ぐ。（例）ティン「〜とも。」
〔接頭〕：接頭語。別の語の前に立ち、意味を添える。（例）アッタ「急な」
〔接尾〕：接尾語。別の語の後に立ち、意味を添える。（例）ター「〜たち」
〔数〕：数詞。数を表す。（例）ニ「二」
〔助数〕：助数詞。数詞に続いて、数えられるものの性質を表す。（例）イラ「枚」
〔連体〕：連体詞。活用せず、体言を修飾する語。（例）ユヌ「同じ」
〔成〕：成句。挨拶や慣用的な文など、文単位でまとまりのある表現。（例）ルクズーハラ　トゥシユール「六十歳からは年毎に体が弱ること。」

意味記述の欄には次の略号を使用した。
　意味分類：〈動〉動物、〈植〉植物、〈地〉地名、〈対〉対義語
　動詞の否定形：〈否〉否定
　他方言の形式：（石）石垣方言、（沖）沖縄〈首里・那覇〉方言

「凡例」の記述については、名桜大学准教授・麻生玲子先生および長崎大学准教授・原田走一郎先生にご指導いただきました。記して感謝申し上げます。

黒島の地名

篠原 徹「記憶される井戸と村—黒島の廃村と伝承—」『村が語る沖縄の歴史』所収

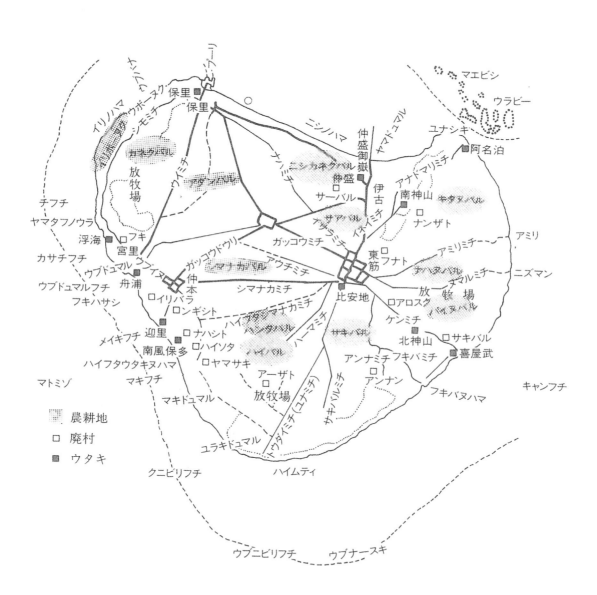

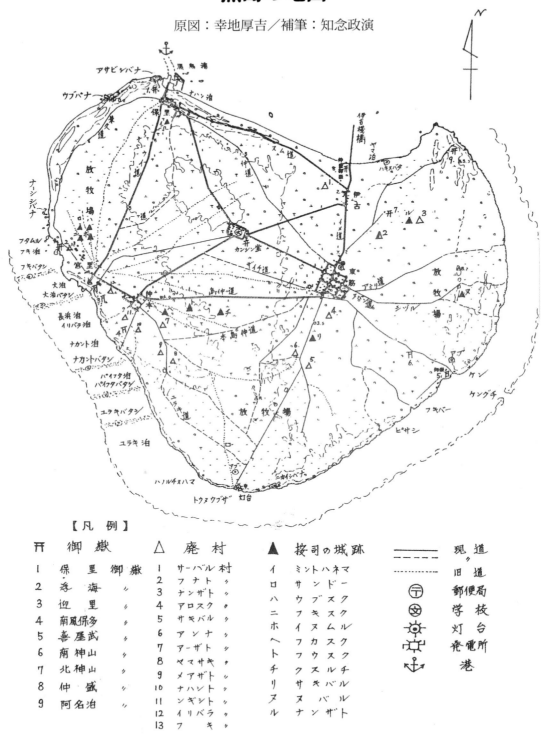

黒島遺跡分布図

補筆：玉代勢泰興

資料
稿．泰興 H.6.10.10

黒島の概況

石垣島より南へ約18キロメートルにあり、隆起珊瑚礁の島で俗にフシマ島と呼ばれている。八重山国立公園地内にあり、周囲約13キロメートル、海抜13.5Mと低く、面積は1000ヘクタール、宮里、中本、東筋、伊古、保里と五つの部落があり、人口約215人牛は約2500頭で竹富町で最も多く畜産主体の島である。
古謡、民俗芸能の宝庫と言われ、黒島口説、チンダラ節、山崎ぬアブゼーマ、多良間眞牛の伝説等その他、数多くあり有名である。
（牛とカラスの多い島でも有名）

プズマリ

黒島遺跡分布図

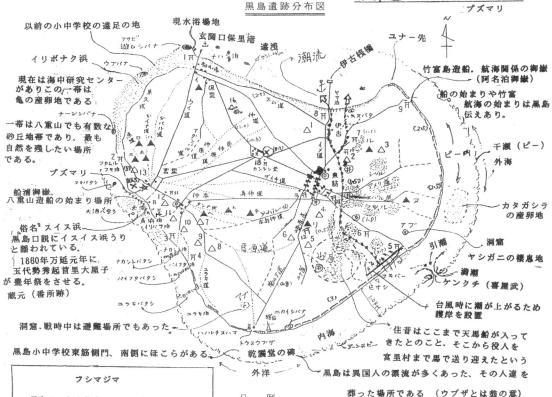

フシマジマ

黒島のことを俗名、フシマ島とよぶ。島の地形が隆起珊瑚礁より出来ているために石年島（サクシマ）石の島と呼ばれ、それが転化してフシマになったと言われている。
しかし、島の長老によれば「黒島は昔、幾つかの島が点在していて、それは天の星クズのようであった、まるで星（プシ）の様な島」という。すなわち、プシマが転化してフシマになったと伝えている。
島の東方面は地形状低地帯で湿地帯が多く潮の干満が内陸部で見ることが出来る一帯でもある。

凡例

H（御嶽）　△（廃村）　▲（按司の城址）　―― 現道

1. 保里御嶽
2. 浮海御嶽
3. 迎里御嶽
4. 南風保多御嶽
5. 喜屋武御嶽
6. 南神山御嶽
7. 北神山御嶽
8. 仲盛御嶽
9. 阿名泊御嶽
10. 船浦御嶽
11. 　御嶽
12. ハンプカ
13. 比江地御嶽
14. スーキ御嶽
15. ハンプカ

1. サーバル村
2. フナト 〃
3. ナンザト 〃
4. アロスク 〃
5. サキバル 〃
6. アンナ 〃
7. アーザト 〃
8. ヤマサキ 〃
9. メアザト 〃
10. ナハシラ 〃
11. ンギシト 〃
12. イリバラ 〃
13. フキ 〃
16. イサンチャーヤ
17. 　御嶽
18. 乾震堂

イ．ミソトハネマ
ロ．サンドー
ハ．ウブスク
ニ．フキスク
ホ．フィヌムルク
ヘト．フカスク
チリ．クスルチ
ル．サキバル
ヌ．ヌバル
ル．ナンザト

―― 〃
┄┄ 旧道
～～ 海水の流線
░░ 湿地帯
⊕ 井戸
× プズマリ
⊗ プズマリ（13-7M）の構造（学校敷地内）大正11年
△ 蔵元番所跡

黒島語の音節表

ア ʔa	カ ka	ガ ga	サ sa	ザ dza, za	タ ta	ツァ tsa	ダ da	ナ na	ハ ha
イ ʔi	キ ki	ギ gi	シ ʃi	ジ dʑi, ʑi	ティ ti	チ tʃi	ディ di	ニ ni	ヒ çi
			（シゥ）(sï)						
ウ ʔu	ク ku	グ gu	ス su	ズ dzu, zu	トゥ tu	ツ tsu	ドゥ du	ヌ nu	
エ ʔe	ケ ke	ゲ ge	セ se	ゼ dze, ze	テ te	ツェ tse	デ de	ネ ne	ヘ he
オ ʔo	コ ko	ゴ go	ソ so	ゾ dzo, zo	ト to	ツォ tso	ド do	ノ no	ホ ho
	キャ kja			ジャ dʑa		チャ tʃa			ヒャ ça
	キュ kju	ギュ gju				チュ tʃu			
			シェ ʃe	ジェ dʑe, ʑe		チェ tʃe			
	キョ kjo	ギョ gjo	ショ ʃo	ジョ dʑo		チョ tʃo			
	クワ kwa	グワ gwa							

音節一覧に関する注意
・現在の黒島語において消失しつつあると思われる音節は（）に入れて示している。

ファ Φa	(ッファ) (ffa)	バ ba	パ pa	(ヴァ) (va)	マ ma	ヤ ja	ラ ra	ワ wa	ン
フィ Φi	(ッフィ) (ffi)	ビ bi	ピ pi	(ヴィ) (vi)	ミ mi		リ ri		m, n, ŋ
							(リゥ) (rï)		
フ Φu	(ッフ) (ffu)	ブ bu	プ pu	(ヴゥ) (vu)	ム mu	ユ ju	ル ru		ッ
		ベ be	ペ pe		メ me		レ re		p, f, Φ, t, k, g, ts, tʃ, s, ʃ
フォ Φo	(ッフォ) (ffo)	ボ bo	ポ po	(ヴォ) (vo)	モ mo	ヨ jo	ロ ro		
		ビャ bja	ピャ pja				リャ rja	ヲ wo	
		ビュ bju	ピュ pju				リュ rju		
		ビョ bjo					リョ rjo		

黒島語の特徴

　黒島には、戦前から戦後このかた五つの部落＝メシトゥ（宮里）・ナハントゥ（仲本）・アースン（東筋）・プリ（保里）・ヤク（伊古）があり、伊古を除く宮里・仲本・東筋・保里の四部落では、「フシマムヌイ＝黒島の言葉＝黒島語」が話されている。

　本書では、伊古以外の四部落の「ムヌイ＝物言い＝言葉」を収集・考察の対象にしている。ちなみに、伊古部落は沖縄本島からの移住者を中心とする漁師が多く、そこでは主に「フキナームヌイ＝沖縄語」が話されている。

　黒島ゆかりの人々は、自らの居住地または出身地である「我が島・黒島」を「ビャーハシマ・ビーヤシマ・ベーヤシマ」などと呼ぶ。そして「黒島の言葉」を「シマムヌイ（島の物言い＝島言葉）」と言う。このシマムヌイが、じつは四つの部落間で、時にはそれぞれの部落内においても、微妙にあるいは明白に違うのである。

　これら部落間ないしは部落内での言葉の相違点を正確に示し専門的・学問的に説明するのは、言語学について門外漢の私には荷が重過ぎる。よって、以下では私が母語として体得している自らの出身部落・東筋の、しかも當山家の言葉を中心に、その特徴について八重山圏域の共通語的役割を果たしてきた石垣語と比較しながらまとめることにした。文法の専門的な説明については、「原田走一郎　黒島語の文法」（22頁）を参照していただきたい。

　なお、私の母は保里生まれの保里育ちで、父と結婚してから東筋で住むようになったので、私の「母語」には母の出身地である保里部落の言葉が色濃く滲んでいるであろうことを予めお断りしておく。

1　黒島語には中舌音（なかじたおん）がない

　ここでは、一般に用いられている「方言」という言い方はせず、黒島ゆかりの人々が自らの母語を表現する場合の言葉「シマムヌイ」の共通語訳である「島の物言い」すなわち「黒島の言葉＝黒島語」を用いる。その「シマムヌイ」を八重山圏域の共通語的役割を担ってきた「石垣語」では「シゥマムニ」と言う。

　以下、石垣語と比較することによって、黒島語の特徴を浮き彫りにしようと思う。石垣語は、主として宮城信勇著『石垣方言辞典』（沖縄タイムス社刊・2003年）から採録した。

（1）上述の黒島語「シマムヌイ」と石垣語「シゥマムニ」のなかに、すでに大きな相違が現れている。「シマ」と「シィマ」はいずれも共通語の「島」に対応する語であるが、ここでは「島嶼（とうしょ）」を意味しているのではなく「地域または郷里」を意味している。黒島語の「シマ」は「シ[ʃi]」も「マ[ma]」も直音の二音節から成っており、石垣語の「シゥマ」は中舌音「シゥ[sï]」と直音「マ[ma]」の二音節から成っている。このように、黒島語の特徴の一つは「中舌音」がないということである。黒島語には中舌音がまったくないかと言うと、正確には「わずかに残っている」「かつてはあったが現在はほとんど消滅している」と言うほうが正しいのではないかと思う。このことについては後述する。

　なお「中舌音」とは、五十音図の「い段音」と「う段音」の中間音のことで、我が国で

は万葉時代からある発音で、現在は東北地方、島根県の出雲地方、鹿児島県の奄美地方、沖縄県の先島地方に残っていると言われている。中舌音には「え段音」と「う段音」の中間音もあるが、これは使用例が極端に少ないのでここでは考察の対象としない。

（２）次に「ムヌイ」と「ムニ」は、いずれも共通語の「物言い＝言葉」に対応し、黒島語は「物言い→ものいい→ムヌイイ→ムヌイー→ムヌイ」と変化して、そこでとどまっている。石垣語はもう一歩先まで変化し、「物言い→ものいい→ムヌイイ→ムヌイー→ムニイー→ムニー→ムニ」となっている。石垣語については「ムヌイー」の「ヌ」が後接する「イ」に引かれて「ニ」に変化する「転呼音」と呼ばれる現象によって「ムニイー」となったあと「イー」が脱落して「ムニ」になったものと考えられる（岩淵匡監修・佐藤美智代著『日本語の源流―言葉の歴史が語る日本語と日本人』青春出版社・64頁参照）。

（３）上記（２）の分析から、黒島語の「ムヌイ」のほうが石垣語の「ムニ」に比べ、共通語の古形「ものいい（物言い）」に近い形で残っていることが分かる。中央で新しい語が生まれて地方に伝播し、中央では消滅したあとも地方では古い語がそのままの形で残るという考えを「方言周圏論」と呼ぶ。古語が地方の言葉に脈々と受け継がれているのはこうした現象によるものだという（柳田国男『蝸牛考』参照）。

　まさに万葉時代にあった「中舌音」は、当時の中央だった奈良から地方へ伝わり、奈良では消滅しているのに奈良から遠く離れた東北地方や出雲地方、宮古地方や八重山地方には残っていて、「方言周圏論」を裏づけているように見受けられる。

　ところで、八重山地方における中舌音の分布状況は複雑である。現在、はっきりと中舌音が用いられているのは石垣島の四箇（新川・石垣・大川・登野城）・平得・大浜・宮良・川平、西表島の古見、波照間島、小浜島、新城島などの村や島である。石垣島の真栄里・白保、西表島の祖納・干立・船浮、与那国島、黒島、竹富島、鳩間島などの村や島では使用されていない。中舌音の分布状況がなぜこのような飛び石状態にあるのか、それと方言周圏論との相互関係をどう理解するのか、これらの問題点は残念ながら未だ解明されていないようである。

　中舌音の使用地域と非使用地域の区別は相対的な基準によるもので、非使用地域の言葉にも部分的に中舌音の使用例は認められるということである。

黒島語　　　　　　　　**石垣語**
シ̇マムヌイ＝島の言葉　　シゥマムニ̇
ミチ＝道　　　　　　　　ミチゥ̇
アール＝東　　　　　　　アーリゥ
トゥリ・トゥシ＝鳥　　　トゥリゥ
ピス・プス＝人　　　　　ピゥトゥ

〔注〕共通語の「人」に対応する黒島語が「ピス」と「プス」に分かれているのは、かつては「ピ̇ゥス[pïsu]」と中舌音で発音されていたものが、中舌音が用いられなくなる過程で「イ段音」の「ピス[pisu]」と「ウ段音」の「プス[pusu]」に分離したものであろうと推

定できる。

2　黒島語では「カ」は「ハ」になる

　小浜島の来訪神「アカマタ・クロマタ」を拝みに行った折、ありがたいことにＫ家の座敷に招じ入れてもらった。アカマタ・クロマタの二神がＫ家に間もなく来訪されるという差し迫ったころ、Ｋさんが奥様に「カウを用意してくれ」と声を掛けた。「カウ？　何のことだろう」と思っていると、奥様が手にしてこられたのは沖縄線香（平御香）であった。「あっ、『カウ』は『こう（香・線香）』のことだ！」とある程度の間をおいて合点し非常に嬉しくなった。この「カウ」という用語との遭遇は、アカマタ・クロマタの遠来神との出会いに匹敵するほどの衝撃と高揚感を私にもたらした。

　考えてみると、共通語「こう[ko:]（香＝線香）」の古語は「かう[kau]（香＝線香）」であり、小浜語の「カウ[kau]」は日本語の古語がそのままの形（発音）で今も日常語として用いられているのである。新城（パナリ）語や古見語でも「カウ[kau]」と言う由。黒島語では「か行（Ｋ音）」のうち、「あ段」の「カ」は「ハ」に転じることから、「カウ[kau]」は「ハウ[hau]」となる。小浜語「カウ[kau]（線香）」が、共通語「こう[ko:]（線香）」の古語「かう[kau]（線香）」と同じだということを認識するのに時間を要したのは、私が黒島語の「ハウ[hau]（線香）」に慣らされていたため、「カウ[kau]（線香）」が「こう[ko:]（線香）」の古語「かう[kau]（線香）」だということへの認識回路が、直ちにつながらなかったからにほかならない。

　なお、石垣語は現在の共通語に同化されてなのか「コー＝こう[ko:]（線香）」となっているのに、石垣島よりも中央から僻遠の地にある離島の小浜島や黒島の言葉「カウ・ハウ」はしぶとく日本語の古形を保っているのである。柳田國男の唱えた「方言周圏論」が、見事に生きている例である。

黒島語	石垣語
ハー＝井戸	カー
ハラッタ＝体	カラタ（ダ）
ハラハン＝塩辛い	カラサーン
ハイヤン＝美しい	カイシャーン
ハナサン＝愛しい	カナサーン

3　黒島語には「ぱ行音」が多い

　日本語の音韻変化の過程をたどる際によく指摘されるのが、「Ｐ音＝ぱ行音」から「Ｆ音＝ふぁ行音」へ、「Ｆ音＝ふぁ行音」から「Ｈ音＝は行音」への移行・変化である。「ハハ（母）は、昔はパパだった」というフレーズは、言語学の本によく出てくる。

　日本語の「ハヒフヘホ」の発音は、奈良時代あたりまではＰ音すなわちpa pi pu pe po（パピプペポ）だった。赤ん坊が一番出しやすい音は唇音（上下の唇を弾いて出す音、つまりＭ音・Ｐ音・Ｂ音など）だから、世界中どの人種の言語でもたいがいお母さんを呼ぶ言葉は唇音であるという。それで日本語の「は行音」も古くは「ぱ行音」だったことから、「母（はは＝haha）」は古くは「パパ＝pa pa」だったというわけである。

ところが、平安ごろから唇の弾きがだんだん弱くなってＦ音になった。「パピプペポ」は「ファフィフフェフォ＝fa fi fu fe fo」になった。母は「パパ」から「ファファ」になったというのだ。この「ファファ」は八重山古典民謡〈無蔵念佛節（んぞーにんぷちうぶし）〉のなかで「ファファ　グ＝母御」として歌われ、Ｆ音のころの発音を今に伝えている。また沖縄の古典歌舞劇「組踊（ぐみおどり）」にも「ヤー　ファファ　ウヤ　ユ（やあ　母上様　よ）」という台詞がある。
　江戸時代になってから、ハヒフヘホのうちハヒヘホの四音は唇が近づかなくなった。フだけはいまだに唇が軽く触れ合うha hi fu he hoという変則的な形になっている。このように日本語のハヒフヘホは、pa pi pu pe poからfa fi fu fe foへ、さらにha hi fu he hoへと変化してきたというのである（高島俊男著『漢字と日本人』文春新書・67ページ参照）。
　以上の高島俊男の論点には、音声学上の「混乱」があるという指摘がある。おそらく国際音声記号としての[f]・[h]・[ɸ]の相違が明確に表示されていないということであろう。高島俊男が、ここで言いたかったのは「日本語が『ぱ行音＝Ｐ音』から『ふぁ行音＝Ｆ音』へ、さらに『は行音＝Ｈ音』へ移行したこと」を、一般の読者に向けて分かりやすく述べたものであろうから、あえて国際音声記号を持ち出さなかったのではなかろうか。
　沖縄県では、奈良時代の「Ｐ音＝pa pi pu pe po」が、沖縄本島の北部地方（ヤンバル）と先島地方の宮古・八重山に色濃く残っている。そして八重山地方では、石垣語に比べると黒島語はその度合いが一段と強いのである。八重山地方の伝統歌謡に悲劇的な少女の生い立ちを描写した〈まへーらちぅ節〉という歌がある。この歌のヒロインの名前を黒島ではＰ音の「マペーラチ」と歌い節名も〈まぺーらち節（ふしな）〉と称しているが、石垣ではＦ音の「マフェーラチゥ」と歌い節名についてはＨ音の〈まへーらちぅ節（ふしな）〉と使い分けている（大濱安伴編著『改訂・増補声楽譜附八重山古典民謡工工四』の〈まへーらちぅ節〉参照）。

黒島語	石垣語
パタキ＝畑	ハ（パ）タギ
パンタルン＝太る	ハ（パ）ンタルン
パンタサン＝忙しい	ハ（パ）ンタサーン
パンビン＝てんぷら	ハンビン
マペーラチ＝人名	マフェ（ヘ）ーラチゥ

〔注〕黒島語は一貫してＰ音を保ち、石垣語はＨ音とＰ音の間で揺れている。

4　黒島語には濁音が少ない

　上記3では、黒島語には半濁音の「パ行音」が多いことを確認したが、ここでは濁音は石垣語にくらべて少ないことを確認しておきたい。
　拙著『ＣＤ附 精選八重山古典民謡集（一）～（四）』の監修をしてくださった石垣語研究の第一人者・宮城信勇先生に、「石垣語は黒島語にくらべると濁音が多く、その点ではいささか響きがきつく品がないように思う」と言うと、先生は「自分の郷里の言葉に誇りを持つのは大いに結構だが、石垣の言葉を擁護する立場からすると濁音の少ない黒島の言葉はなんとなく淡泊で弱々しい感じがするけどなあ……」とやんわり反論された。宮城先生の薫陶を受けた私ではあるが、もちろん先生の感想に納得するはずもなく、結局、二人は郷里の言葉は郷里の人々

が自信と誇りをもって大事にすべきだということ、同時に他の島々や村々の言葉についても最大限に敬意をはらい尊重すべきだということで意見の一致をみたのであった。

黒島語	石垣語
バタ＝腹	バダ
タバク＝煙草	タバグ
アラクン＝歩く	アラグン
ビキル＝女からいう兄弟	ビギリゥ
ブトゥ＝夫	ブドゥ

5　黒島語には拗音が少ない

　黒島では今も旧暦で正月を祝い、正月の伝統行事であるシナピキ（綱引き）を旧正の元日に行なう。その綱引き儀礼の冒頭に歌われるのが〈ソンガチユンタ（正月ゆんた）〉である。これを石垣語に訳すと〈ショングヮジュユンタ〉になる。また黒島を代表する民謡〈黒島口説（くるしまくどぅき）〉の一番の囃子に「番所宿々」の句があり、これを黒島では「バンス　ヤドゥヤドゥ」と歌い、石垣では「バンシュ　ヤドゥヤドゥ」と歌う。さらに、面を被って踊る〈山崎節〉の主人公であるお爺さんのことを、黒島では「アブゼーマ」と歌い、石垣では「アブジャーマ」と歌う。

　以上に見てきたように、黒島語では拗音（キャ・キュ・キョ／シャ・シュ・ショ／チャ・チュ・チョ等）が、極端に少ない。

黒島語	石垣語
ケンギ＝槙（まき）・真木（まき）	キャーンギ
ミス＝味噌	ミシュ
ソーニヨイ＝生年祝い（せいねんいわ）	ショーニンヨイ
サー＝茶	チャー
スッカ＝急須（きゅうす）・土瓶（どびん）	チュッカー

〔注〕ケンギ＝キャーンギは、共通語では通常「イヌマキ（犬槙）」と称される。この呼び名は「杉＝真木」に劣るということから卑しんでの名称だという（『広辞苑』の「いぬまき」の項参照）。「ケンギ・キャーンギ」は八重山では杉を凌駕（りょうが）する最高級の建築材である実態に鑑みるなら、私たちは「イヌマキ」の蔑称を返上し本来の名称である「マキ＝真木・槙」を用いるべきだと思う。とりわけ、「キャーンギ」を市木に指定している石垣市は、率先して「イヌマキ」の「イヌ」の返上について取り組んでいただきたい。

6　黒島語には「長音（ー）」が少ない

　共通語の一音節の語「目（め）・手（て）・木（き）・歯（は）、等」の多くは、石垣語では長音化して「ミー・ティー・キー・パー、等」と二音節となるが、黒島語では一音節なのか二音節なのか判然とせず非常に微妙な状態で発せられる。強いて言えば「一音節半」という形になるだろうが、本書ではひとまず二音節の扱いをしておくこととする。ただし、これらの語は単独のときは微妙な長音なのに他の語と一緒に用いるときにはきちんと長音化して明確に二音節になる場合が多い。「ミー

ヌ　マチ（まつげ）」「ティー　パン（手足）」「キー　ヌ　ユダ（木の枝）」「パー　ヌ　ヤン（歯の痛み）」など。

　また上記1～5で紹介した用語例でも分かるとおり、石垣語にくらべ黒島語には全体的に長音が少ない。以下に両者の用語を対比する。

黒島語	**石垣語**
ハイヤン＝美しい	カイシャーン
パンタサン＝忙しい	ハ（パ）ンタサーン
ケンギ＝槙・真木	キャーンギ
スッカ＝急須・土瓶	チュッカー
トゥマン＝海	トゥモーリュ
イチバンザ＝一番座	イチゥバンザー

7　黒島語には特殊音Ｖ音「ヴァ・ヴゥ・ヴォ」がある

　黒島語には、上の前歯を下唇に軽く触れて発する音がある。英語のＶ音と同じであり、石垣語には確認できない音である。
以下、現在の黒島語および宮良當壯著『八重山語彙』から、「ヴァ [va]・ヴゥ [vu]・ヴォ [vo]」のつく語を拾ってみる。

黒島語
ヴァー [vaː]＝子／ヴァイダマ [vaidama]＝食いしん坊
ウヴァ [ʔuva]＝貴方・君／ウヴァッター [ʔuvattaː]＝貴方たち・君たち
ウヴァンザ [ʔuvandza]＝お前・貴様／ウヴァッテ [ʔuvatte]＝貴方の家・君の家
ウヴァンザンキ [ʔuvandzaŋki]＝お前たち・貴様ら
ヴゥイ [vui]＝陰毛・甥っ子／ヴゥイヤン [vuijaŋ]＝醜い／ヴォーッフォ [voːffo]＝黒

〔注１〕　このＶ音は、昭和初期生まれの人たちまでは用いていたが、昭和20年前後生まれの世代からは用いられなくなっている。
〔注２〕　ちなみに、Ｖ音の表記「ヴ」を発明したのは福沢諭吉だという。

8　黒島語にもかつては中舌音があった!?

　上記「１　黒島語には中舌音がない」のなかで、「わずかに残っている」「かつてはあったが現在は消滅している」と記したので、この点についてここで取り上げる。
　黒島語を収集するなかで気づいたのだが、大正生まれの年輩の言葉には中舌音がわずかながら認められるのに対し、昭和生まれの人たちの言葉にはほとんどみられない。また、宮良當壯著『八重山語彙』（昭和５年刊）に収録されている黒島語には、現在は直音で発音されている多くの語が中舌音で表記されている。宮良が収集したのは大正年間から昭和初期と思われるが、そのころは中舌音で話されていた語が現在は直音で発音されるようになったのか、宮良の聞き違いによるものなのか、あるいはインフォーマント（話者）の取材時における取材者への迎合や石垣語への同化作用によるものなのか。
　宮良が収集の対象にしたインフォーマント（話者）は、おそらく黒島の指導的な立場の知識

人であったであろう。これらの人々は石垣語を割と流暢に話していたし、石垣語への憧れと黒島語への劣等感から、無意識のうちに、あるいは意識的・積極的に中舌音を用いていたということはないだろうか、などの疑問が残るのである。
　以下に年輩と若年の言葉を、さらに『八重山語彙』と現在の黒島語を比較・紹介する。

（1）年輩者と若年者の黒島語の比較
　　年輩者　　　　　　　　　若年者
　　マハリゥ＝椀・碗　　　　　マハル（ン）
　　ムムダリゥ＝腿　　　　　　ムムダル（ン）
　　トゥナリゥ＝隣　　　　　　トゥナル（ン）
　　ビキリゥ＝女から言う兄弟　ビキル（リ・ン）
　　ブナリゥ＝男から言う姉妹　ブナル（リ・ン）
　　〔注〕中舌音は「ら行」に多くみられ、この中舌音は大正生まれの人に認められるが、若年者は直音「ル・リ」と発音し、若くなるにつれ撥音「ン」と発音する人が多い。

（2）『八重山語彙』と現在の黒島語の比較
　　『八重山語彙』　　　　　　現在の黒島語
　　アカシィキィ＝暁　　　　　アカシキ
　　アームリィ＝泡盛　　　　　アームル
　　イシィカハン＝少ない　　　イシカハン
　　シィキィ＝月　　　　　　　シキ
　　ウイピィス＝老人　　　　　ウイピ（プ）ス
　　〔注〕用例の「ウイピ（プ）ス」は、黒島では部落間、世代間、あるいは個人差によって「ウイピス」と「ウイプス」に分離している。上記1の〔注〕でも述べたとおり、かつては黒島でも中舌音が用いられていて、それが消滅する過程で「イ段音」の「ピス」と「ウ段音」の「プス」に分離してきたものと推測される。このことは、同時に、黒島語にも中舌音が広く用いられていたであろうことがうかがえる。

9　言語文化の保存・継承

　黒島語の特徴については、他に「促音（～ッ）が多い」とか「ほとんどの命令形に終助詞の『～バ（～せよ）』が付く」とか種々あるが、紙数の都合で割愛する。
　ところで、八重山古典民謡の白眉とされる〈越城節〉の一節に、若者の女性へのやるせない慕情を描写した「ウイビザーン　トゥリムーナ（せめて指でも取って〈握って〉みたい）」という句がある。「ウイビ」は共通語の古語「および＝指」に対応する石垣語の古語である。
　現在の石垣語は「ウビ」で、「ウイビ」は宮良當壯著『八重山語彙』にも宮城信勇著『石垣方言辞典』にも登場せず、かろうじて歌謡語としてのみ残っている。ところが、黒島語には音韻変化をしているものの共通語の古語と同じく三音節の「ウヤビ」として残っている（「ウヤビ　ヌ　シミ＝指の爪」。「ウヤベー　ドゥーハドゥ　ブル＝指は自分にこそ向けて折る＝我田引水」等々）。「ウヤベー」は、「ウヤビ　ヤ（指は）」の融合・約音した語。先にみたように「物

言い＝言葉」が石垣語は二音節の「ムニ」になっているのに、黒島語は三音節の「ムヌイ」として残っている。このように共通語との対応関係を比較してみると、石垣語より黒島語のほうが共通語の古形に近い形で残っていることが確認できる。

　今、「八重山語」はユネスコの認定した「重大な消滅の危機言語」になっている。一口に八重山語と言っても、石垣語と黒島語はじめ各離島や各村の言葉との間にはひとくくりには出来ないほど大きな隔たりがあり、これらの島々・村々の個性豊かな言語文化を保存・継承していくことは、まさしく喫緊の課題である。

　ところで、私はあえて「〜方言」の用語を用いず「黒島語」「石垣語」などと表記しているが、ユネスコの認定に伴う説明文も「〜方言」ではなく、「八重山語・与那国語・奄美語・国頭語・沖縄語・宮古語」（傍点は當山）などと表記していることを付記しておく。また、共通語が地方に伝播する際に音韻変化をきたすが、そのような現象を「転訛・訛語」などと表現する向きがある。それはあくまで「転化・変化」であって、共通語を基準にして地方の言語があたかも劣化しているものであるかのごとき印象を与える「訛り」という捉え方はせず、そのような表現は一切用いないことにしている。

黒島語の文法《原田　走一郎》

目　次

1. はじめに …………………………………………………………………………23
2. 音韻 ………………………………………………………………………………23
   2.1. 母音 …………………………………………………………………………24
   2.2. 子音・半母音 ………………………………………………………………24
   2.3. 語の先頭と末尾 ……………………………………………………………24
      2.3.1. 語の先頭 ………………………………………………………………24
      2.3.2. 語の末尾 ………………………………………………………………25
   2.4. 組み合わせなどによる音の交替 …………………………………………25
      2.4.1.「ア」が続く場合の音の交替 ………………………………………26
      2.4.2.「ハ」が続く場合の音の交替 ………………………………………26
3. 名詞類 ……………………………………………………………………………27
4. 動詞 ………………………………………………………………………………29
5. 助動詞 ……………………………………………………………………………32
   5.1. 使役の助動詞 ………………………………………………………………32
   5.2. 受身・可能の助動詞 ………………………………………………………32
   5.3. 尊敬の助動詞 ………………………………………………………………33
   5.4. 動作の継続の助動詞 ………………………………………………………33
   5.5.「～してしまった」を意味する助動詞 …………………………………33
   5.6. 希望の助動詞 ………………………………………………………………33
6. 断定の助動詞 ……………………………………………………………………33
7. 形容詞 ……………………………………………………………………………33
8. 助詞 ………………………………………………………………………………34
参考文献 ……………………………………………………………………………36

1. はじめに

　この「文法編」（以下、本稿とする）の目的は、以下の２つである。続いて、それぞれについて簡単に述べる。本書での呼称に則り、本稿で記述する言語を黒島語と称する。
　（１）a. 黒島語の概要を簡単に解説すること。
　　　　b. 本書に示されている例文の理解を助けること。

　まず（１a）について述べる。黒島語は現代標準日本語の遠い親戚である。しかしだからと言って、現代標準日本語や古典日本語と同じ方法で黒島語を分析していいというわけではない。黒島語は長い年月を経て、独自の姿に発展を遂げている。したがって、本当に黒島語の姿により沿って黒島語を描こうとすると、国文法とは異なる枠組みを用いる必要がある。一方で、一般の読者にとってはむしろ国文法の枠組みのほうが馴染みがあることが多い。また、近隣の八重山の言語も国文法の枠組みを用いて描かれることが多かった。そのため、本稿ではなるべく国文法に近い形で黒島語の記述を行う。具体的には『竹富方言辞典』や『石垣方言辞典』における文法の記述を参照しつつ、記述を行う（国文法とは異なる枠組みによる記述は原田（2016）を参照のこと）。
　また、黒島語は他の八重山の言語や宮古の言語に比べれば仮名文字で書くのに問題が少ないが、厳密には仮名文字ではなく、ローマ字などの表記を用いたほうが正確である。しかし、これについてもわかりやすさを優先して、本稿では主にカタカナで黒島語を表記する。
　次に、（１b）について述べる。黒島語は、単語の文中での位置などによって、発音が頻繁に変わる言語である。たとえば、"草"を意味する語を例にとると、以下のようになる。
　（２）a. ザー　　　　　"草"
　　　　b. ハリッサ　　　"枯草"

　"草"を意味するのは、単独の場合「ザー」（や「ッザ」）であるが、これが"枯草"になると「ハリッサ」となり、"草"をあらわす部分は「ッサ」となる。このように、黒島語はかなり音の置き換え（交替）が起こる言語であるため、例文だけを読んでいると、どこがどうなっているのかわかりにくい場合がある。そのため、音の交替のルールをおおまかに示し、読者の理解を助けたい。このように、本文を読んで疑問に思う点があった場合、この文法編を参照すれば理解できることもあるはずであり、そのような助けになるものを目指したい。ただし、筆者の力量と紙幅の関係上、黒島語のごく一部しか描けていないことを断っておく。

2. 音韻

　本節では黒島語の音の特徴について簡単に述べる。黒島語の音韻の体系は、いくつかの違いを除いて標準語と大きくは変わらない。特に、母音の数は基本的には５つであるため、本書のようにカタカナで表記するのに困難をそこまで感じない。ただし、いくつか問題になる点もあるため、そのような点に注意しながら述べる。

2.1. 母音

　黒島語の母音は「ア、イ、ウ、エ、オ」の５つである。また、長母音も「アー、イー、ウー、エー、オー」の５つがある。注意したいのは、中舌母音と呼ばれる音である。この音は、音声学的には非円唇中舌狭母音（[ɨ]）とされる。八重山では、四箇字（宮城 2003）、新城（久野・大野・久野・杉村 1992）、小浜（仲原 2004）などのことばにおいて報告がある。一方、竹富のことばには聞かれない（西岡・小川 2011）。黒島については、2020年現在、この音は聞かれない。しかし、本書の解説にあるとおり、大正生まれのかたはこの中舌母音を持っていたようである。中舌母音の衰退傾向は八重山に広く観察されるもののようである（平山・大島・中本 1967）。

2.2. 子音・半母音

　黒島語の子音は、母音「ア」を付して記すと、「パ、バ、マ、ファ、ヴァ、タ、ダ、ツァ、サ、ザ、ナ、ラ、カ、ガ、ハ」の15個である。半母音は「ヤ、ワ」の２つである。半母音とは、「キャ」「クヮ」などのように子音と母音の間にも生じる音である。

　黒島語の子音で注意すべきことは、「ヴァ」「ファ」のように「v」「f」があることである。それ以外の子音の発音で注意すべき点は多くない。（語末に来る「ル」に関しては2.3.2.で述べる。）「ヴァ」「ファ」などの発音は英語の「v」「f」と同じで、上の歯で下の唇をかむようにして出す音である。ただし、どちらの発音も若い世代ほど、上の歯を下唇に近づけるのではなく、上の唇と下の唇を近づける発音（[b]、[β]、[ɸ]）になっているようである。ただ、本文でも次に示す例のように、この区別はしっかりと存在している。

　（３）a. アバ　　　　　"オニダルマオコゼ"
　　　　b. アヴァ　　　　"油"

　黒島語には「ン」「ッ」がある。「ン」「ッ」の発音は標準語とかわらないが、「ン」、「ッ」が語の先頭に立つことがあり、「ン」「ッ」のあらわれうる位置について標準語と大きな違いがある。これについては次で詳しく述べる。

2.3. 語の先頭と末尾

　黒島語には、語の先頭と語の末尾に特徴的な現象がある。それぞれ述べる。

2.3.1. 語の先頭

　まず、先頭についてであるが、「ン」や「ッ」が語の先頭に立つことがあり、これは大きな特徴である。語頭の「ン」は次に示すようにナ行、マ行、カ行、ガ行、ザ行、バ行の前にしかたたない。つまり、「ンラ」「ンタ」などは確認されていない。

　（４）a. ナ行　　　ンナ　　　　"姉"
　　　　b. マ行　　　ンマ　　　　"馬"
　　　　c. カ行　　　ンクン　　　"剥く"
　　　　d. ガ行　　　ンガナ　　　"にがな"

  e. ザ行　　　　ンジルン　　　"出る"
  f. バ行　　　　ンブスン　　　"蒸す"

　「ッ」も黒島語では語の先頭に立ちうる。ただし、ファ行、ヴァ行、サ行、ザ行の前だけである。このうち、「ッ」＋「ヴァ行」と「ッ」＋「ザ行」に注意が必要である。まず、これらの音は、「ッ」が省かれて、かつ、長母音で発音されることがある。以下のような例である。なお、「ッ」＋「サ行」と「ッ」＋「ファ行」は、例がそもそも非常に少なく、例外的であるため、ここでは示さない。
（5）"降る"　a. ッヴゥン　　b. ヴゥーン
（6）"咳"　　a. ッザク　　　b. ザーク

　さらに、もともと語の先頭であった「ッ」＋「ヴァ行」と「ッ」＋「ザ行」が語の途中に来ると、それぞれ「ッ」＋「ファ行」、「ッ」＋「サ行」に音が変わる。以下のような例である。
（7）a. ッヴィ・ヴィー "降り"　　b. ウブッフィ "大降り"
（8）a. ッザク・ザーク "咳"　　　b. ハラッサク "空咳"

　この「ッ」が語の先頭に立つ現象は衰退しつつあるようで、本文でも"咳"を意味する語は「ザーク」としてあるし、"虱"は「ザン」としてある。これはよくこの現象を表していると言える。高齢の話者の間では、"ジュゴン"を意味する「ザン」と"虱"を意味する「ッザン」は区別されている。さらに上に述べたとおりヴァ行音のバ行音化が進んでいるため「ッヴァ」のほうはより複雑である。その結果、"降る"という語の活用などは一見、変格活用のように思えるほどである（が、実際は、活用自体はふつうの活用である）。

2.3.2. 語の末尾

　続いて、語の末尾であるが、「ン」が語の末尾に立つことと、「ッ」が語の末尾に立たないことは標準語と同じである。
　語の末尾に関して注意したいのは、軽い「ル」のように聞こえる語の末尾の音である。これは本書の解説で述べられている中舌母音を伴う「リゥ」が語の末尾に立つ場合である。本書の解説によると、大正生まれのかたはこの語末の「リゥ」を中舌母音で発音している。昭和初期世代は、これを母音なしの「r」だけで発音している（より正確な発音記号を書くとするならば[ɾ]。これをひらがなの「る」で表記することとする）。さらに若い世代では、中舌母音も子音だけの発音も聞かれず、「ン」に変化している。以下のようなものである。
（9）　大正世代　　　　　　昭和初期世代　　　　　より若い世代
　　"鳥" トゥリゥ　　　　　トゥる　　　　　　　トゥン

2.4. 組み合わせなどによる音の交替

　先にも述べたとおり、黒島語は要素と要素が組み合わさったときに音の交替が頻繁に起こる言語である。

2.4.1.「ア」が続く場合の音の交替

黒島語の音の交替でもっともよく耳にするのがこれである。これは、主題をあらわす助詞「ア」や、標準語の"である"に相当し名詞文を作る「アル」など、頻出する表現にあらわれるためであろう。主題の助詞を続けた場合を例にとって説明する。末尾に「る」を持つ場合にいろいろな言い方がある。なお、本文では主題の助詞は「ヤ」として立項してある。

(10) a. 末尾の母音が短い「ア」のとき　　　クマ"ここ"　　　　　クマー"ここは"
　　　b. 末尾の母音が短い「イ」のとき　　　サキ"酒"　　　　　　サケー"酒は"
　　　c. 末尾の母音が短い「ウ」のとき　　　イズ"魚"　　　　　　イゾー"魚は"
　　　d. 末尾の母音が短い「エ」のとき　　　メーヘ"墓"　　　　　メーヘー"墓は"
　　　e. 末尾の母音が短い「オ」のとき　　　イソ"海"　　　　　　イソー"海は"
　　　f. 末尾が長い母音のとき　　　　　　　グソー"あの世"　　　グソーヤ"あの世は"
　　　　　　　　　　　　　　　　　　　　　キナイ"家庭"　　　　キナイヤ"家庭は"
　　　g. 末尾が「ン」のとき　　　　　　　　イン"犬"　　　　　　インナ"犬は"
　　　h. 末尾が「る」のとき　　　　　　　　トゥる"鳥"　　　　　トゥッラ、トゥラー、
　　　　　　　　　　　　　　　　　　　　　　　　　　　　　　　トゥラ、トゥンナ
　　　　　　　　　　　　　　　　　　　　　　　　　　　　　　　トゥンヤ"鳥は"

このように、「ア」が続く場合の音の交替は種類が多い。また、後続する助詞などの音が交替するだけでなく、前の名詞の末尾の音まで交替が起こることがあるため複雑であると言える。そのためか、実際の発話では"酒は"という意味で「サケー」が予想されるところが「サキヤ」となることも多い。なお、この音の交替は、助詞などの場合にのみ起こり、名詞などが続く場合は起こらない。

2.4.2.「ハ」が続く場合の音の交替

上で述べた「ア」と似たような音の交替が、「ハ」を先頭に持つ助詞などの場合も起こる。これも助詞などが続く場合にのみ観察される現象である。方向を表す助詞「ハ」を例に示す。

(11) a. 末尾の母音が短い「ア」のとき　　　クマ"ここ"　　　　クマハ"ここへ"
　　　b. 末尾の母音が短い「イ」のとき　　　サキ"酒"　　　　　サケヘ"酒へ"
　　　c. 末尾の母音が短い「ウ」のとき　　　イズ"魚"　　　　　イゾホ"魚へ"
　　　d. 末尾の母音が短い「エ」のとき　　　メーヘ"墓"　　　　メーヘヘ"墓へ"
　　　e. 末尾の母音が短い「オ」のとき　　　イソ"漁"　　　　　イソホ"漁へ"
　　　f. 末尾が長い母音のとき　　　　　　　グソー"あの世"　　グソーハ"あの世へ"
　　　　　　　　　　　　　　　　　　　　　キナイ"家庭"　　　キナイハ"家庭へ"
　　　g. 末尾が「ン」のとき　　　　　　　　イン"犬"　　　　　インハ"犬へ"
　　　h. 末尾が「る」のとき　　　　　　　　トゥる"鳥"　　　　トゥるハ、トゥンハ"鳥へ"

この「ハ」を先頭に持つ助詞などの音の交替は若い話者層では観察されなくなりつつあるようで、「ヘ」「ホ」などに交替することなく、「ハ」のままである。つまり、「イゾホ"魚へ"」とはならず「イズハ"魚へ"」という発音になる。ただし、「ウボホン"大きい"」「ピーラケヘン"涼

しい"」などの形容詞の語尾にはその痕跡が見られる。

3. 名詞類

黒島語の名詞類は、大きく名詞と代名詞に分けられる。

名詞は小さいことや、愛情を持っていることなどを表す場合「(ア)マ」という接尾辞をとることがある。この際、2.4.1.で述べた「ア」が後に続く場合の音の交替が起こる。

(12) a. マヤ"猫"　　　　　b. マヤーマ"子猫"
(13) a. コーニ"男の子"　　b. コーネマ"男の子"

また、人間を表す名詞は複数であることを表す接尾辞もとれるが、これには2種類ある。「パー"おばあさん"」のように呼びかけに使える名詞の場合、複数接尾辞は「タ」を用いる。一方、「マー"孫"」のように呼びかけに使えない名詞には「ンキ」を使う。

(14) 呼びかけに使える　　　a. シンシ"先生"　　b. シンシタ"先生たち"
(15) 呼びかけに使えない　　a. ウシトゥ"弟、妹"　b. ウシトゥンキ"弟、妹たち"

黒島語の代名詞について、まず表のかたちで概略を示し、続いて詳しく述べる。なお、本書では1人称複数(包括)は「ビャーハ」で立項されている。

表1　代名詞の概略(代表的な形のみを示す)

1人称			2人称		3人称	
単数	複数(包括)	複数(除外)	単数	複数	単数	複数
バー	ビアハ	バンタ	ウヴァ	ウヴァタ	ウリ	ウッツァ

まず、1人称単数代名詞「私」であるが、これがもっとも複雑である。表に示す。

表2　1人称単数代名詞

"私が"、"私の"	バー	バー　ケーッティ　シカシ　ワーリユ "私が来たと伝えてください" バー　ヤー"私の家"
"が"	バヌ	バヌ　ケーッティ　シカシ　ワーリユ "私が来たと伝えてください"
"私は"	バナー	バナー　スーヌン"私はしない"
"私(に)" "私(を)"	バニ(ン) バニ(ユ) バニ(バ)	バニン　シカシ　ワーリ"私に聞かせてください" バニユン　サーリ　パリ"私も連れて行け" バニバ　サーリ　パリ"私を連れて行け"
"私" (上記以外の場合)	バン	ウレー　バン"(写真を見ながら)これは私" バントゥ　マズン　ヌマ"私と一緒に飲もう"

２行目の「バヌ」はあまり使用されず、"私が"や"私の"を表すときは「バー」が使用されることが多い。１人称単数代名詞はいろいろにかたちを変えるので注意が必要である。これ以外の代名詞はここまで複雑ではない。
　１人称複数代名詞は、日本語では"私たち"であるが、これが黒島語では２つに分かれる。１つが「ビアハ」で、もう１つが「バンタ」である。「ビアハ」は「聞き手を含んだ私たち」をあらわし、「バンタ」は「聞き手を含まない私たち」をあらわす。つまり、以下のような例のときに違いが出る。
　（16）（聞き手に対して）ビアハ　フタン　マズン　パラ　"私たち二人一緒に行きましょう"

　この場合、聞き手に「私たち二人で」と言っているので、この"私たち"には聞き手も含む。このような場合は、「ビアハ」を使い、「バンタ」は使わない。一方、次のような例の場合は、「バンタ」を使う。これは、自分より若い聞き手に向かって話す場合である。
　（17）ムカシ　バンタ　ヤラビ　シェーケーヤ　"昔私たちが子どもだったころは"

　この例では、話し手は聞き手に対して「君たちとは違う、自分たち」の世代の話をしようとしている。そのため、この"私たち"には聞き手は含まれない。このような場合は、「バンタ」を使い、「ビアハ」は使わない。これらの「ビアハ」と「バンタ」は、これらのかたちのあとに助詞をつけて、用いる。ただし、"私たちが"と"私たちの"の場合、助詞「ヌ」をつけて「ビアハヌ」「バンタヌ」とすることもあるが、なにも付けずただ「ビアハ」「バンタ」とすることのほうが多い。上の（17）などがその例である。
　また、これらを起源に持つと思われる、頻用される語がある。１つは「ビヤシマ」であり、これは"私たちの島（当然黒島のこと）"を意味する。黒島語を共有する人にとって、「あなたと私を含む、我々の島」というのは絶対に黒島しかないので、特別に名前を付ける必要はなかったのである。「ビヤシマ」と言えばそれで済んだのだ。もう１つの頻用される語は「バンテ」であり、これは"我が家"を意味する。この場合は、黒島語を話すからと言って、家が共有されているわけではないので、「あなたを含まない、私たち」のほうの「バンタ」が選択されるのである。
　２人称代名詞は、"あなた"が「ウヴァ」で、"あなたたち"が「ウヴァタ」である。「ウヴァタ」は「ウヴァッタ」のように「ッ」が入って発音されることもよくある。「ウヴァ」も「ウヴァタ」も、これらに助詞が付くかたちで使われるが、"が" "の"の場合に、「ウヴァー」「ウヴァター」のように、最後の音が伸びるかたちが用いられる。
　（18）ウレー　{ウヴァー／ウヴァヌ}　ムヌ　アラヌン　"これはあなたのものじゃない？"

　３人称代名詞はヒトとモノとで違わない。つまり、"彼"と"それ"の区別がない。そのため、単数の場合、ヒトであれモノであれ「ウリ」がよく用いられ、話者に近い場合は「クリ」、話者から遠い場合は「ハリ」が用いられる。「ウリ」を例にすると、"彼が" "彼の"の場合に「ウレー」というかたちも用いられる。それ以外の場合は、「ウリ」に助詞が続く。
　（19）ウレー　{ウレー／ウリヌ}　ムヌ？　"これは彼のもの？"

一方、3人称複数の場合「ウッツァ」「クッツァ」「ハッツァ」が用いられるが、これらはヒトと動物にしか用いられない。「ウッツァ」についても、これに助詞が続くのであるが、"彼らが""彼らの"の場合、「ウッツァー」もある。
（20）{ウッツァヌ／ウッツァー} ムヌ　"彼らのもの"

4. 動詞

ここでは動詞の活用について述べる。動詞はかたちをさまざまに変えるが、その変え方のパターンによって、3つに分類される。
（21）1. パターンA（古典日本語の四段活用動詞にほぼ相当）
　　　2. パターンB（古典日本語の一段・二段活用動詞にほぼ相当）
　　　3. 不規則（「シールン（する）」「フン（来る）」）

上に述べたとおり、古典日本語との対応は「ほぼ」であり、完全に一致するわけではない。たとえば、黒島語で"迎える"を意味する語は「ンコーン」でパターンAをとるが、古典日本語では一段活用である。まず、代表的な活用形を表のかたちで示す。

表3　パターンA・B動詞の活用

	パターンA		パターンB	
	"書く"	"漕ぐ"	"出る"	"酔う"
否定形	ハカヌン	コーヌン	ンズヌン	ビューヌン
連用形	ハキ	クイ	ンジ	ビー
終止形	ハクン	クーン	ンジルン	ビールン
連体形	ハク	クー	ンジル	ビール
意志形	ハカ	コー	ンズ	ビュー
禁止形	ハクナ	クーナ	ンジナ	ビーナ
仮定形	ハクカ	クーカ	ンジカ	ビーカ
理由形	ハキバ	クイバ	ンジリバ	ビーリバ
中止形	ハキティ	クイティ	ンジティ	ビーティ
過去形	ハクタン	クータン	ンジタン	ビータン

パターンA、Bのどちらをとるかは動詞の否定形を見ればわかる。次の表に示す。

表4　動詞活用の見分け方

パターンA	パターンB
①否定形の末尾が「ア段＋ヌン」 　ハカヌン（書かない） 　ワーヌン（泳がない） ②否定形の末尾が「オ段＋ヌン」 　コーヌン（漕がない） 　ヤコーヌン（休まない）	否定形の末尾が「ウ段＋ヌン」 　ンズヌン「出ない」 　クーヌン「越えない」 　ビューヌン「酔わない」 　バウヌン「驚かない」

このように、否定形の末尾が「ウ段＋ヌン」になっているものがパターンBであり、それ以外はパターンAであると言える。パターンAも筆者の知る限りでは「ア段＋ヌン」になるものと「オ段＋ヌン」になるものしかない。
　では、ここから、これらがそれぞれどのように活用するか見ていこう。パターンAのほうから説明する。こちらは終止形が「ウ段＋ン」となっている。たとえば、「ハクン"書く"」や「クーン"漕ぐ"」のように。この「ン」を落とし、「ン」の直前の音を変えて、場合によってはさらに語尾を続けることで、活用する。たとえば、否定形であれば、「ハクン」の「ン」の直前のウ段音をア段音に変えて（「ク」→「カ」）、さらに「ヌン」を続ける（「ハカヌン"書かない"」）。また、意志形であれば「ン」の直前の音をウ段音からア段音に変える（「ク」→「カ」）だけである（「ハカ"書こう"」）。また、"漕ぐ"のほうを見てみると、終止形が「クーン」であるが、これは「クウン」と同じことと考える。したがって、たとえば連用形を作る場合は、終止形「クーン」の「ン」の直前の音をウ段からイ段（「ウ」→「イ」）に変えるので、「クイ」となる。一見、"漕ぐ"の否定形「コーヌン」と意志形「コー」がわかりづらい。しかし、これも「ハクン"書く"」とまったく同じ原理で説明ができる。上でも述べた通り、パターンAの意志形は、終止形の「ン」の直前の音をウ段音からア段音に変える。したがって、「クーン"漕ぐ"」の意志形は「クア」が予想される。しかし、これは母音が融合することによって「コー"漕ごう"」というかたちに最終的にはなる。否定形も同様である（「コーヌン"漕がない"」）。概略を簡単に示すと以下のとおりである。

　（22）　動詞活用パターンAの概略。「ハクン"書く"」を例に。

　　　　ハ**ク**ン　　【終止形は「ウ段＋ン」で終わる】
　　　　　↑
　　　　終止形の「ン」の直前の音を変えることがある。ンは落とす。

　　　　ハ**カ**ヌン　【ウ段音をア段音に変えて、「ヌン」をつける。否定形】

　　　　ハ**キ**　　　【ウ段音をイ段音に変える。連用形】

　　　　ハ**ク**カ　　【ウ段音のまま。「カ」をつける。仮定形】

　続いて、パターンBについて述べる。こちらは終止形が「イ段音＋ルン」となっている。パターンBの場合は、ほとんどの場合、終止形から「ルン」を落としたかたちを利用する。たとえば、連用形の場合は終止形から「ルン」を落としただけであるし、禁止形の場合は終止形から「ルン」を落として、それに「ナ」をつける。ただし、否定形と意志形の場合だけ、終止形の「ル」の直前の音をイ段音からウ段音に変える。つまり、「ンジルン"出る"」であれば、まず「ルン」を落として「ンジ」というかたちを得るが、イ段音である「ジ」をウ段音である「ズ」に変える。意志形はそのまま「ンズ"出よう"」である。否定形はこれにさらに「ヌン」をつけて「ンズヌン"出ない"」とする。
　上の表3の"酔う"のほうを見ると、否定形が「ビューヌン」、意志形が「ビュー」となっている。

これもさきほどのパターンAの「クーン"漕ぐ"」「コー"漕ごう"」のときと同様に、母音の融合によって説明できる。終止形は「ビールン」であるから、「ビイルン」と考え、否定形と意志形の場合は「ルン」を落として、「ル」の直前のイ段音をウ段音に変える。つまり、「ビウ」が予想されるのであるが、これに母音の融合が生じ「ビュー」となるのである。概略を簡単に示すと以下のとおりである。

（23）動詞活用パターンBの概略。「ンジルン"出る"」を例に。

　　　ン<u>ジ</u>ルン　【終止形は「イ段＋ルン」で終わる】
　　　　↑
　　　終止形の「ルン」の直前の音を変えることがある。ルンは落とす。

　　　ン<u>ズ</u>ヌン　【イ段音をウ段音に変えて、「ヌン」をつける。否定形】

　　　ン<u>ジ</u>カ　【イ段音のまま。「カ」をつける。仮定形】

　黒島語の動詞は少数の例外を除いて上記のパターンのどちらかをとる。例外についていくつか述べる。
　まず、「パナスン"話す"」のように終止形で「ン」の直前が「ス」になるパターンAの動詞で、かつ、終止形が4音以上あるものである。この場合、否定形や禁止形などでア段音に変わった時に、「サ」ではなく「ハ」をとる。つまり、通常のルールに従うと「パナスン"話す"」のたとえば否定形は、「ン」の直前のウ段音をア段音に変えてヌンをつけるので「パナサヌン」となることが予想されるが、実際には「パナハヌン"話さない"」となる。同様に、意志形は「パナハ"話そう"」である。この「サ」が予想されるところに「ハ」が生じる現象は、受身の助動詞が後続する場合などにも生じる（「パナハリルン"話される"」）。なお、この現象は上に述べたとおり、終止形で「ン」の直前が「ス」、かつ、4音以上の場合にしか起こらない。終止形が3音の場合はこの現象は起こらない。たとえば、「プスン"干す"」の否定形は「プサヌン"干さない"」であって、「プハヌン」にはならない。
　別の例外として、「ブドゥルン（踊る）」のように終止形で「ン」の直前が「ル」になるパターンA動詞がある。禁止形を作る際、ルールに従うと、終止形の「ン」を落として「ナ」をつけるので、「ブドゥルナ"踊るな"」が予想される。これも用いられるのであるが、「ブドゥンナ"踊るな"」も同様に用いられる。また、過去形の場合、「ブドゥルタ"踊った"」が予想され、これも用いられるが、「ブドゥッタ"踊った"」も同様に用いられる。
　最後に、存在を表す動詞の例外性について触れておく。「ブン"いる"」「アン"ある"」などは、ほとんどパターンAと同じ活用をとる。しかし、終止形が規則どおりであれば「ブルン」「アルン」になることが予想されるが、そうはならず、「ブン」「アン」になる点において特殊である。また、これらは「ブー」「アー」というかたちで終助詞に続く場合もあり、このような現象は他の動詞には観察されない。
　（24）クマナ　｛ブン／ブー｝　ドー　"ここにいるよ"

そして、動詞活用パターンの最大の例外が不規則動詞「シールン"する"」と「フン"来る"」である。特に「フン"来る"」のほうは覚えるしかない。これらの活用を以下に示す。

表5　不規則動詞の活用

	「する」	「来る」
否定形	スーヌン	クーヌン
連用形	シー	キー
終止形	シールン	フン
連体形	シール	フル
意志形	スー	クー
禁止形	シーナ	フンナ
仮定形	シッカ	フッカ
理由形	シーリバ	フリバ
中止形	シッティ	キッティ
過去形	シタン	フッタン

5. 助動詞

助動詞は、動詞に続いて、意味を加えるものである。たとえば、「ハクン"書く"」に可能の意味を足して「ハカリルン"書ける"」とするようなものである。ここでは、代表的な助動詞をいくつか挙げるだけにとどめる。以下、本動詞は「ハクン"書く"」と「ンジルン"出る"」を例にとって示す。「シールン"する"」「フン"来る"」については注意が必要な場合にとりあげて示すことにする。なお、断定の助動詞については別に6節でとりあげる。

5.1. 使役の助動詞

使役の助動詞は、以下のようなものである。
　　（25）a. ハカスン　"書かせる"　　　　　b. ンジサシルン　"出させる"

ただし、すでに使役の意味が含まれている動詞にさらに使役の助動詞が続く場合、以下のようになる。
　　（26）a. フカスン　"沸かす"　　　　b. フカシムン　"沸かさせる"

使役の場合、「シールン"する"」は特殊で、「シミルン"させる"」というかたちになる。

5.2. 受身・可能の助動詞

黒島語においても、古典日本語と同様、受身、可能、自発の助動詞は同形である。
　　（27）a. ハカリルン　"書かれる"　　b. ンジラリルン　"出られる"

5.3. 尊敬の助動詞

古典日本語では受身、可能、自発の助動詞と同形のものが尊敬としても用いられるが、黒島語ではもっぱら尊敬をあらわすためには別の助動詞「ワールン "なさる"」を用いる。

(28) a. ハキワールン "お書きになる"　　b. ンジワールン "お出でになる"

5.4. 動作の継続の助動詞

動作の継続をあらわすには「ブン」という助動詞をもちいる。これはヒト・動物の存在をあらわす動詞「ブン "いる"」と同形である。

(29) a. ハキブン "書いている"　　b. ンジブン "出ている"

5.5.「～してしまった」を意味する助動詞

標準語の「～してしまった」とほとんど同じ意味をあらわすと思われる助動詞が黒島語にもある。「～してしまった」の意味は、1つはあるものごとが完了したことを言うが、もう1つの意味として「失敗」を言う場合もある。黒島語の助動詞「ナーヌン」もどちらの場合も使える。

(30) a. ハキナーヌン "書いてしまった"　　b. ンジナーヌン "出てしまった"

5.6. 希望の助動詞

「～したい」を意味する希望の助動詞は、形容詞と同様の活用（後述）をとる。

(@) a. ハキピサ "書きたい"　　b. ンジピサ "出たい"

6. 断定の助動詞

断定の助動詞とは、標準語では"今日は雨だ"や"これがその器です"のようなものである。黒島語の断定の助動詞は基本的には「アン」であると考えてよく、これは、ものごとの存在を意味する動詞「アン "ある"」と同じかたちで、活用も同様である。ただし、注意したい点が2点ある。1点目は、2.4.1.で示した「「ア」が続く場合の音の交替」に従う、ということである。たとえば、以下のような発音になることがある。

(32) a. サケーリバ "酒なので"　　b. イゾーリバ "魚なので"

ただし、以下のように音の交替が起こらない発音も許される。

(33) a. サキアリバ "酒なので"　　b. イズアリバ "魚なので"

もう1つの注意すべき点は、文末に来る際は、多くの場合、強調の副助詞「ドゥ」をともない、かつ、発音が融合した結果、「ダ」のようになる、という点である。なお、(32)(33)に示したとおり、文末ではない場合は、「ドゥ」を用いないことも多い。

(34) ウレー　サキ {ダ／ドゥアン} "これは酒だ"

7. 形容詞

ここでは形容詞の活用について述べる。まず、代表的な活用形を表のかたちで示す。

表6　形容詞の活用

	"赤い"	"重い"
否定形	アカハナーヌン	グッファナーヌン
連用形1	アカハ	グッファ
連用形2	アカク	グッファク
終止形	アカハン	グッファン
連体形	アカハル	グッファル
感嘆形	アカハヌ	グッファヌ
仮定形	アカハカ	グッファカ
理由形	アカハリバ	グッファリバ
中止形	アカハティ	グッファティ
過去形	アカハタ	グッファタ

　表に示したとおり、「アカハン"赤い"」と「グッファン"重い"」の間には大きな違いはない。1つ違いがあるのは、連用形2の「アカク」と「グッファク」のところである。「アカク」のほうは終止形「アカハン」から「ハン」を落としたかたちに「ク」がつくのに対し、「グッファク」のほうは終止形「グッファン」から「ン」を落としたかたちに「ク」がつく。

8. 助詞

　黒島語の助詞を、格助詞、副助詞（係助詞を含む）、接続助詞、終助詞の4つに分類して、表のかたちでそれぞれ示す。

表7　格助詞

黒島語	標準語	例文
ヌ	が	バタヌ　ヤムン　"お腹が痛い"
ヌ	の	マヤヌ　ミー　"猫の目"
ユ	を	イズユ　フォーシタン　"魚を釣った"
バ	を	イズバ　フォーシブル　"魚を釣っている"
ニ	に	パンニ　フォーリタン　"ハブに噛まれた"
ン	に	マーンキン　ナラーシタン　"孫たちに教えた"
ハラ	から	マヌマハラ　シーリ　"今からしなさい"
ハ	へ	パトゥマハ　パルン　"鳩間へ行く"
ナ	に、で	ウマナ　ビリ　ワーリ　"ここにおかけください"
シ	で	フディシ　ハクン　"筆で書く"
トゥ	と	ドゥシトゥ　マズン　パルン　"友達と一緒に行く"
バーキ	まで	メークバーキ　パルン　"宮古まで行く"
キン	より	ウンキン　マイヌドゥ　マシ　"芋よりご飯がいい"

表8　副助詞（係助詞含む）

黒島語	標準語	例文
ドゥ	ぞ(古典語)	ウリヌドゥ　マシ　"これがよりよい"
ア	は	バター　ヤマヌン　"お腹は痛くない"
ン	も	イズン　タクン　トゥッタ　"魚もタコもとった"
カ	か	ウレーカ　ウヴァー　キン？　"これはあなたの着物？"
タンカ	だけ	サキタンカドゥ　ヌム　"酒だけを飲む"
(ア)ッサン	さえ	ミジェッサン　ヌマンタン　"水さえ飲まなかった"
ニン	ように	イズニン　ウーン　"魚のように泳ぐ"

「(ア)ッサン」は、2.4.1.で示した「「ア」が続く場合の音の交替」に従う点に注意が必要である。

表9　接続助詞

黒島語	標準語	例文
ヌ	けど	キノーヤ　ピーヤタヌ　キューヤ　アッツァン "昨日は寒かったけど、今日は暑い"
ユンティ	ので	マヌマハラ　シールユンティ　"今からするから"
ヌ	か	ウブナイヌ　フンヌ　バハラヌン "大きい地震が来るかわからない"
ティ	と	オーティ　イジワーッタ　"はい、とおっしゃった"

表10　終助詞

黒島語	標準語	例文
ド	よ	ウレー　マーハンド　"これはおいしいよ"
ユ	よ	バナー　シンシユ　"私は先生ですよ"
ラ	の、か	ウレー　ヌーティドゥ　イズラ "これはなんと言うの？"
ヤ	の、か	ウヴァー　ナー　ヌーティドゥ　イズヤ "あなたは名前はなんと言うの？"
ワヤ	よね	ウレー　マーハワヤ　"これはおいしいね"
サ	よ	ドゥーヤ　アッツァ　ナーンサ　"私は暑くないよ"
カヤ	かな	アツァハヤ　アミカヤ　"明日は雨かな"
トゥ	って	プコラサトゥ　"ありがとうだって"
ヨ	よ	ミスコミスコ　ワーリタボーリヨ "気を付けていらしてくださいね"
カ(カヤ)	か	ハマナ　ブル　ムノー　ピシダカ(カヤ) "あそこにいるのはヤギか？"
ヤラ	ね	キューヤ　アッツァヤラ　"今日は暑いね"

参考文献

久野マリ子・大野眞男・久野眞・杉村孝夫（1992）『南琉球新城島の方言』國學院大學日本文化研究所

仲原穣（2004）「八重山小浜方言の音韻」『沖縄芸術の科学：沖縄県立芸術大学附属研究所紀要』16、pp. 259-287.

西岡敏・小川晋史（2011）「竹富方言の音韻・文法概説」前新透『竹富方言辞典』南山舎

原田走一郎（2016）『南琉球八重山黒島方言の文法』大阪大学博士学位申請論文（https://ir.library.osaka-u.ac.jp/repo/ouka/all/55692/）

平山輝男・大島一郎・中本正智（1967）『琉球先島方言の総合的研究』明治書院

宮城信勇（2003）『石垣方言辞典』沖縄タイムス社

付記

　本稿をなすことができたのは、ひとえに黒島のかたがたが辛抱強く私に黒島語を教えてくださったおかげです。心から感謝いたします。シカイットゥ　プコラサユ。また、このように多くのかたの手に届くものを書く機会に恵まれたことも非常にありがたく思います。すこしでも恩返しになればと思います。科研費17K13470、20K13051、22H00007の助成を受けました。

本文編（五十音順）

ア

ア[ʔa]〔感〕
　あ。感動、成功、発見、驚愕、悲嘆、喪失、失敗等々、生活の折々に遭遇する喜怒哀楽の場面でとっさに発する。【例】ア　ウマナ　ガーバツァヌ　シーヌ　アンドー、ザールンヨーン　タマンガリ（あ、そこにガーバツァ＝茅蜂の巣があるよ、刺されないよう気をつけろ）。

アー[ʔaː]〔感〕
　ああ。ある事態を受け、とっさに発する「ア」にくらべ、「アー」はすこし間を置いた時点で発する。【例】アー　クトゥシン　プリハラ　マキナーヌン（ああ、今年も保里部落に負けてしまった）。黒島の豊年祭のクライマックスは、海浜・海中で行なわれる部落間の「ウーニ競走・パーリー競漕」である。用例は対戦相手の保里部落に負けた東筋部落民の嘆きの声である。

アー[ʔaː]〔名〕
　〈植〉穀物の一種。アワ（粟）。粟は、黒島では昭和30年代ころまでは芋（甘藷）とともに主食であった。粟のほか米や黍には、ムツァー（糯）とサカー（粳）がある。戦前から終戦直後までは泡盛の原料としても使用されたことから、「粟盛」とも呼ばれたという。【例】①アーヤ　ジーユ　イラバンスクン　マキドゥ　ウスクッカ　ヌーバセー　ハトゥナン　ミールン（粟は土地を選ばず、播いてさえおけばどんな場所でも稔る）。②マキドー　シーッカ　シバナヌ　ウイナーン　ムイミシルン（播いてさえくれたら、岩場の上でも育ってみせる）。用例②は粟を擬人化したことわざで、宮良富さん（大正11年生まれ）に教えてもらった。粟が主語になっていて粟の心意気と生命力の強さが謳われている。
　黒島では「粟畑に肥料を施すことはしなかったよ」とは、私の長兄・賢昇（大正15年生まれ）の言であった。それでも、試みに石垣の我が家の畑（五穀園）で粟を播く際に基肥として牛糞の堆肥を使ってみると、予想を上回る大ぶりの穂が稔った。思うに、往時の黒島では、主要作物のサトウキビや野菜以外に肥料を施すゆとりがなかったということだったのであろう。

アーア[ʔaːa]〔感〕
　ああ　あ。落胆・失望・悲嘆・苦悩などの感情を表す。【例】アーア　アマミン　グマン　ヤサイン　タイフーシ　ビーッティ　シーラリ　ナーヌン（ああ　あ、小豆も胡麻も野菜も台風ですべてやられてしまった）。台風が例年より早く襲来すると「アトゥスクルムヌ（その年の後期の作物）」の小豆や胡麻はよく被害に遭った。台風のあと、もみくちゃになった作物を前に肩を落とし背中を丸めていた父・賢英（明治31年生まれ）の姿は今でも脳裏に焼きついている。

アアーイ[ʔaa:i]〔感〕
いやいや。「アーイ(いや)」より否定の程度が強い。【例】アアーイ バナー ヌーン ザヌン(いやいや、私は何も知らない〈分からない〉)。

アーイ[ʔa:i]〔感〕
いや。否定の返事。【例】アーイ バナー バハラヌン(いや、私は分からない)。

アーイシ[ʔa:ʔiʃi]〔名〕
岩石の名。「アー(粟)」と「イシ(石)」の複合語。アザ(石垣)やマヤーキ(門と家屋の間に目隠しや風除けのために設置される)などに用いられる。【例】アーイシェー プリヌ イリピザナ トゥレータ(粟石は、保里部落のイリピザで採った)。黒島での粟石の採取は、保里のイリピザ(地名)でのみ行なわれたようである。石垣やマヤーキに粟石を使用するのは保里と仲本であったが、それが出来たのは特定の裕福な家だけだった。保里では、イリマイスクヤー(西前底家)とプーリヤー(保里家)が粟石製の水タンクを使用していた。

アーイシミ[ʔa:ʔiʃimi]〔名〕
〈動〉魚の名。和名不明。【例】イシミッキン アーイシミヌドゥ マーハ(イシミ魚より、アーイシミ魚が美味しい)。アーイシミ魚は、黒っぽいイシミ魚に比べ大柄で、黄・橙(きい・だいだい)の鮮やかな色合いを帯びていて味もよかった。「綾・彩イシミ(彩り美しいイシミ魚)」の意か。

アーガイ[ʔa:gai]〔名〕
〈動〉魚の名。ヒブダイ。ブダイ科の魚で高級魚。【例】アーガイヤ キムユ ムンッツァーシ パヤーントゥ ミスナー アーシ ヴォーッカ ヌーッキン マーハッタ(アーガイ魚はキム=肝臓を潰して、酢と味噌で和えて食べると何よりも美味しかった)。

中学2年生から高校1年生までの三年間、私は従兄・安里善永(大正15年生まれ)が運営していたザコートゥヤー(カツオ釣り用の生き餌である雑魚捕り漁)のアルバイトをした。明け方に漁に出るが、主食の芋と味噌だけ用意しその日その日で好みの魚の刺身をおかずに漁場で昼食を摂った。魚は銛(もり)で捕えるのだが、その役目はいつも乗組員の前盛安永さん(昭和11年生まれ)だった。とりわけ美味しかったのがアーガイのキム(肝臓)の入った味噌和えで、思い出すだけで今でもよだれが出てくる。「アーガイ」のことを、島では「ボーダ」と称していたように記憶しているが、「ボーダ」の名称が図鑑では「ボーラー」となっている。「アカジンミーバイ」「ザコートゥヤー」「ハンメースガヤー」の項参照。

アーカシイズ[ʔa:kaʃiʔizu]〔名〕
炙(あぶ)り魚(ざかな)。(石)カーガシウイズ。【例】アーカシイゾー ピーフキンシドゥ アーカス(炙り魚は、熾火(おきび)でが炙る)。「〜シドゥ」は手段を表す格助詞「〜シ(〜で)」と強意の係助詞「〜ドゥ(〜ぞ・〜こそ)」から成っており、通常の共通語訳だと「〜で」となり、直訳だと「〜でこそ」となる。ところが、黒島特有の共通語訳では用例の訳のように「〜でが」となる。

この強意の係助詞「〜ドゥ」が黒島共通語〈標準語〉で「〜でが」と訳されることの不思議さと面白さを、本書の「文法編」を執筆していただいた長崎大学准教授・文学博士の原田走一郎先生は「八重山語黒島方言の癖」という標題の論考(『日本語学』第37巻第1号所収・明治書院2018年)で分析・考察し発表された。そこで、本書の【例】の共通語訳においても、黒島語の〈癖=特徴〉が滲み出て素の黒島語の微妙な味わいが違和感なく味わえるよう、随時、本項目の【例】のような「訳」を採用するのでご諒解いただきたい。

アーカシタク[ʔa:kaʃitaku]〔名〕
炙り蛸。(石)カーガシゥタク。【例】アーカシタコー　ナガラク　タブイラリッタワヤ（炙り蛸は、長い期間にわたって保存できた）。アーカシタクは、イジン（食物用籠）に入れて保管したのだが、僕とすぐ上の兄・豊彦（昭和14年生まれ）の二人は、家族の目を盗んで蛸の手（足？）先を少しだけ失敬してかじった。それが2～3度続くと、〝盗み食い〟されたのは明らかだが、母は誰の仕業か承知していたはずだったのにけっして咎めることはしなかった。

アーカスン[ʔa:kasuŋ]〔他〕
炙る。(石)カーガシゥン。【例】イズン　タクン　アマダナ　ノーシ　ピーフキンシ　アーカシティ　ヴァイバドゥ　マーハ（魚も蛸も炙り金網に載せ、熾火で炙って食べると美味しい）。冷蔵庫のなかった往時、魚や蛸の保存方法は炙るか塩干しにするかしかなかった。とりわけ、炙り魚は香りもよく魚の旨味成分が凝縮されるからなのか、一段と美味しかった。炙り魚を用いたおふくろの味で、印象に残っているのはシリキシマミの汁（豆汁）とナビラ（ヘチマ）の味噌煮が双璧であった。

アーグヤー[ʔa:guja:]〔固〕
屋号。新城家。

アーグル[ʔa:guru]〔名〕
粟の穂をとった後の茎。「粟の殻」の意。【例】アーグロー　ヌーン　シカイットーヌ　ナーナッテナ　モーシ　シティッタワヤ（粟殻はこれといった使い道がないので、燃やして捨てたよ）。

アーサ[ʔa:sa]〔名〕
〈植〉海藻の一種。アオサ。ヒトエグサ。【例】ビャーハシマヌ　アーサヌドゥ　イチンマーハッティ　ケーラ　イジワー（我が島産のアーサが、一番美味しいと皆おっしゃる）。黒島はアーサの名産地である。昭和30年前後の黒島小中学校では教職員はじめ全校生徒が学校行事の「アーサ採り」に従事し、採取されたアーサの販売代金は学校の備品購入等に充てられた。現在は、ＰＴＡの皆さんも加わって「アーサ採り」が行なわれ給食に供されているとのことである。
　ところで、当時のアーサの採取はもっぱら手摘みであったが、現在は能率を上げるために金属製の小道具を用いているという。手摘みの場合はアーサの着床である珊瑚礁の表面を傷めることはないが、金具だと砂混じりの着床までこそぎ取ることになり、このような採取方法はアーサの持続的な再生と採取に支障をきたすことにならないか、と懸念されるところではある。

アーザキ[ʔa:zaki]〔名〕
粟を原料に醸造した泡盛酒。「粟酒」の意。【例】ビャーハシマナーヤ　サケー　アーシドゥ　スクレートゥリ　アーザキッティ　シタ（我が島では、酒は粟で造ったのでアーザキと言った）。「シタ」は、「イズッタ（言った）」の転音で、頻繁に用いられる。
　黒島には田んぼがなく米が採れないので、戦後の一時期まで主食は粟と芋であった。酒の主な原料が粟であったことから、「粟盛」の呼び名もあったようである。「アー（粟）」の項でも述べたが、粟は土地を選ばず表土の浅い黒島の痩せ地でもよく稔り黒島の人々の命をつないでくれた貴重な穀物であった。芋も粟とともに主食の役を担い、酒の原料にもなった。ただ、芋を原料にしたからといって「ウンザキ（芋酒）」というような呼び名はなかったように思う。最近（2021年）、伝統的な酒造法で製造された「イムゲー（芋酒）」がコマーシャルで宣伝されているが、味はどんなだろうか。

アーサヌ　スー[ʔa:sanu su:]〔連〕
アオサ汁（石蓴汁）。アオサを主な具とす

る汁で、アーカシイズ（炙り魚）の身をほぐしサイコロ状の豆腐を混ぜネギをトッピングに用いた。【例】ヤースクリヤーヌ アセー アーサヌ スーッティ キマリブッタ（新築中の家の昼飯は、アオサ汁と決まっていた）。

　アオサ汁を美味しくするコツは、「豆腐を出来るだけ小さいサイコロ状にして豆腐とアオサがよく絡み合うようにすること」と教えてくださったのは、金城芳子（1901～1991）先生であった。芳子先生は、戦前の遊郭街であり社交の中心でもあった那覇市辻で生まれ育ち、後に「沖縄学の父」と尊称された伊波普猷（1876～1947）の薫陶を受け、名著『なはをんな一代記』や『金城芳子歌日記 おもひがなし』等を著わした。昨今の多くの食堂・レストランなどで「ウシヌ ミンタマヌ グトール マギサル トーフ（牛の目ん玉のような大きな豆腐／芳子先生の言葉）」を見るたび、先生の嘆きの声が聞こえてくる。

　もう1人、琉球舞踊家から本格的な琉球料理家になった山本彩香先生の著書『にちにいまし』の「アーサの汁」の説明にも、「豆腐は5mmのさいの目切りにする」とある。山本先生は2歳のときに、「辻」遊郭の「尾類」（芸妓）であった伯母（母の姉）の許に養子に出された。当時の尾類は芸事と同様料理の腕も厳しく鍛えられたというから、山本先生の舞踊家および料理家としての素地は養母との生活のなかで鍛練・醸成されたものであろう。

アーシ［ʔaːʃi］〔名〕
塩辛。塩漬け。「合わせ塩」の意か。【例】ギラヌ アーセー キムヌドゥ ヤーラヤーラシ マーハッタ（シャコガイの塩漬けは、肝の部分がやわらかくて美味しかった）。「アーセー［ʔaːseː］」は、「アーシ（塩辛）」と係助詞「〜ヤ（〜は）」の融合した語。人によって「アーシェー［ʔaːʃeː］」とも発音する。ほかに、「セー（兄）」や「ヤラビセーケー（子どもの頃）」の「セー［seː］」も、場合によっては「シェー［ʃeː］」となることもあるので、以後は二つの表記をその都度思いのまま自由に使用するのでご諒解いただきたい。

　ところで、シャコ貝の肝の食感はフワフワしていて、概して子どものころは苦手だが長ずるにつれその美味しさを感じるようになる。

アーシ［ʔaːʃi］〔名〕
処罰。厳しい躾。【例】ウヤヌ イズム ヌイユ シカナー ガイバ シーベー ムノー アーシ シキウシキ（親の言う言葉を聞かず、反抗しているやつは罰をしておきなさい）。

アージ［ʔaːʒi］〔名〕
駆けっこ。走り競争。【例】アージ パリ ダハプソー トゥクリシ アティンガーリッタワヤ（走り競争で足の速い人は、家系＝血筋で見当がついたものだ）。

　僕が中学校3年生のとき、黒島中学校は郡の運動会（八重山郡下の青年団陸上競技大会）の800メートルリレー〈4×200メートルリレー〉競走に参加し、学校単位で第2位になった。参加校は、石垣A・B 2チーム、大浜、白保、竹富、黒島の6チームで、1位石垣Aチーム、2位石垣Bチーム、3位黒島チームであった。黒島チームの第一走者・當山善堂、第二走者・竹越孝、第三走者・島仲秀憲（中2）、第四走者・比屋定恵の諸君であった。

　ちなみに、当時の黒島中学校3年生の生徒数は20人ほどで、石垣中学校3年生の学級数は9学級もあり、3年生の生徒総数は約360人であった。

アーシキン［ʔaːʃikiŋ］〔名〕
袷。裏地つきの着物。【例】キューヤ ピー

ヤリバ　アーシキンユ　キシワーリ（今日は、寒いので袷を着てください）。

アーシシキルン[ʔa:ʃiʃikiruŋ]〔他〕
　塩漬けする。【例】シマナー　ギラトゥ　ラッキョーユ　アーシシキッタワヤ（島では、シャコガイとラッキョウを塩漬けにしたよ）。

アーシシキルン[ʔa:ʃiʃikiruŋ]〔他〕
　処罰する。厳しく躾ける。【例】バナードゥキ　ヤマンゴホッティ　ガッコーナン　ヤーナン　ピッティヌピン　アーシシキラリ　ベータ（僕はあまりにやんちゃで、学校でも家庭でもいつも罰を受けていた）。

アーシタイ[ʔa:ʃitai]〔感〕
　喜びにみちた言葉。【例】アーシタイ　クヌピシダー　ヤジマルッティ　ウムッタヌ　ヴァーバ　ミッカラ　ナセーサー（ああ嬉しい、この山羊は不妊だと思ったのに三頭の子を産んだよ）。

アーシックナー[ʔa:ʃikkuna:]〔名〕
　喧嘩をさせあうこと。遊びの一環で犬や牛を闘わせることが多かった。【例】ウシュ　アーシックナーバ　シミ　ウヤン　ミシカリ　ウムイキシ　イザリッタ（牛を喧嘩させあって、親に見つかってしたたか叱られた）。牛との関わりは、僕より甥の榮一（昭和25年生まれ）のほうがいっそう強く、牛好きの彼は石垣島で本格的な肉用牛生産農家になり、息子の陽啓とともに百頭近くの母牛を飼っている。甥の榮一を牛好きに導いたのは、玉代勢泰弘君（昭和22年生まれ・父のイーリッファ）であったというが、彼も名うての牛好きで沖縄全島闘牛大会で横綱になった闘牛を送り出した実績があり、奥様の光子さんは「女闘牛士」として名を馳せた。

アーシフチ[ʔa:ʃiɸutʃi]〔名〕
　合わせ目。「合わせ口」の意。【例】ウヌ　タンゴー　アーシフチヌ　ガンッティ　シナイ　ブラナッテナ　ミジェー　ムリルワヤ（その桶は合わせ目がしっかり嵌っていないから、水が漏れているよ）。

アージヤー[ʔa:ʒija:]〔固〕
　屋号。大浜家。

アーシラ[ʔa:ʃira]〔名〕
　粟叢。【例】アーヤ　ハルッカー　ウラザナ　アーシラバ　スクリ　マジミ　ウシケータ（粟は刈り取ると裏の部屋にアーシラ＝粟叢を作って、積み上げて保管した）。
　粟の穂を裏の部屋に積み上げて保管し、これをアーシラ（粟叢）と呼んだ。必要分をその都度シラから取り出し、少量の場合は丸い珊瑚石（菊目石）で穂を擦って、大量の場合はニクブク（稲掃き蓆）でクルマボー（車棒）を用いて脱穀した。殻つきの実は木臼に入れ杵で搗いて精白した。臼には一人用と二人用があり、日常の精白は女が行なったが、行事の場合には男が手伝った。当時、わが家ではつねに猫を飼っていたが、今思うと猫はアーシラを狙う鼠退治の重要な任務を果たしていたのである。
　ところで、稲を刈り取って積み重ねたものを「稲叢」と言い、稲の籾を干すのに用いる蓆を「稲掃き蓆」と言うが、粟に関するこれらに対応する共通語はどの国語辞典でも確認できない。言語は、その国のその地域の生活と関わりのなかで主役を中心にして生まれ用いられるもののようである。

アース[ʔa:su]〔名〕
　琉球王国時代の百姓の位階。「阿頭」と「阿主」の２通りの表記がある。所定の納税を果たした上に米40俵を納めた者に与えられた。「メザシ（目差）」待遇。黒島の結願祭の奉納芸である〈スバンキョンギン（初番狂言）〉に、「チクドゥン（筑登之）」の配下「タープサヌ　アース（田補佐の阿主）」として登場する。「チクドゥン」の項参照。

アースクリシマ[ʔa:sukuriʃima]〔名〕

粟を中心に生産する島。水田がなく稲作が出来ないので、粟を主生産物にしている島のこと。〈類〉マイスクリシマ。【例】アースクリシマナーヤ マイヌ スクラルナーッテナー アーユ スクレータ（粟作り島では稲作が出来ないから、粟を作った）。

アーズティヤー[ʔa:zutija:]〔固〕
屋号。新里家。「アラザトヤー」の転。

アースン[ʔa:suŋ]〔固〕
〈地〉黒島の部落（集落）名。あがりすじ（東筋）。石垣では「アーリスン」と言い、伝統歌謡では「アリシジ〈黒島口説〉」「アリシン〈ぺんがん捕れ一節〉」などと歌う。島の東寄りにあることから名づけられたものであろう。【例】アースンムラヌ ムヌイヤ プリ メシトゥ ナハントゥヌ ミームラヌ ムヌイトゥ イメーミ ハーリ ブルワラー（東筋部落の言葉は、保里・宮里・仲本の三部落の言葉と少し変わっているよなあ）。この用例のような指摘は、黒島語の研究者によっても指摘されている。
　アースン（東筋）は、黒島に残存する部落のなかでは比較的新しいと言われる。東筋には士族がいたという話は聞かないが、保里・宮里・仲本の各部落には士族を名乗る人がいるという。研究者はその存在には否定的である（「ユカラプス」の項参照）。また、これら三部落の言葉は石垣言葉に近似している部分が数多く認められるが、東筋の言葉は石垣語からもっとも距離があり独自性が強いように感じられる。

アースン[ʔa:suŋ]〔他〕
合わせる。併せる。すり合わせる。比較する。【例】①ミソー ダイズトゥ ムンユ アーシ スクリバドゥ マーハ（味噌は、大豆と麦を合わせて造ると美味しい）。②ムカシトゥ アーシッカー マヌマヌ ユーヌドゥ ヤマシカーマ マシ（以前とくらべると、今の世がはるかによい）。

アースン[ʔa:suŋ]〔他〕
和える。【例】イラブツァーヤ ミストゥ パヤーンシ アーシ ヴァイバドゥ スーック マーハ（イラブツァー＝ブダイは、味噌と酢で和えて食べるとすこぶる美味しい）。

アースン[ʔa:suŋ]〔他〕
喧嘩させる。闘わせる。【例】アーシ ウシヌ フントーヌ シカラー アーシ ミラナッカ バハラヌン（闘牛の本当の力量は、闘わせてみないと分からない〈図体の大きさだけでは分からない〉）。沖縄闘牛界の伝説的な横綱牛「ゆかり号」も近年の横綱牛「八重山酋長」も比較的小柄であったが、多彩な技を駆使して堂々と横綱を張っていた。

アースン[ʔa:suŋ]〔他〕
脱穀する。実を殻から出す。【例】アートゥ ダイゾー クルマボーシ、ムンヤー ダッコッキシドゥ アーシタ（粟と大豆は車棒で、麦は脱穀機で脱穀した）。

アースン[ʔa:suŋ]〔他〕
乳を絞り出す。【例】シーヌ パリズーワッカ ヤムットゥリ ドゥーシ アーシタ（乳が張り過ぎると痛むので、自分で絞って処理した）。

アースン[ʔa:suŋ]〔他〕
腫れ物を潰して膿を出す。【例】アシヌプーヤ ウーマンケー アースムノー アラヌンドー（吹き出物は、膿まないうちに無理に膿を出すもんじゃないよ）。用例は、腫れ物がまだ膿みきらないうちにいじったりすると余計に悪化させることになるので、膿が熟して自然に外に出てくるまで待てという養生に関する教訓であったように思う。

アーダニ[ʔa:dani]〔名〕
粟の種子。【例】アーダネー ハミナー ハキング セータ（粟種は甕で保管した）。

アーダリ[ʔa:dari]〔名〕
　泡立ち。潮が満ち始めるころに見られる現象。【例】スーヌ　ミチハジミン　ンジフー　アーブクユドゥ　アーダリッティ　イズ（潮の満ち始めに出てくる泡をアーダリと言う）。

アーッサヨー[ʔa:ssajo:]〔感〕
　びっくりしたり、感激したりした時などに発する。沖縄語「アキサミヨー」の変化した語と思われるが、黒島での日常語は「ハーッサヨー」が主流だった。【例】アーッサヨー　ハブッツァヌ　ミーリヨーダラ（アーッサヨー、カボチャの実りようよ）。

アーッツヌベーン[ʔa:ttsunube:ŋ]〔副〕
　ほんの少し。わずかばかり。「アーッツンヌベーン」の約まった語。「粟粒くらいのほんの少しだけ」の意。「アーッツヌ（粟粒の）」と接尾語「～ベーン（～ほど・～だけ）」から成る。【例】ウラーリ　ムティ　パリッティ　イズッタヌドゥ　アーッツヌベーン　タンカ　ムティ　パレーワヤ（たくさん持って行くようにと言ったのに、ほんの少しだけ持って行ったよ）。
　食事時に再三のお代わりをする際、本音とは裏腹にこの言葉を遠慮気味に口にして手を差し出す。川柳の「居候　三杯目にはそっと出し」の気分と相通じる。子どものころはいつも腹を空かしていたのだが、とりわけ身長が急激に伸びた中学1年からの1～2年間はいくら食べても満腹感はなかった。兄嫁の米姉（昭和6年生まれ）に気を遣いながら「アーッツヌベン」と言い、ほんとうにそうなったときは身の不幸を嘆き、逆の場合は仕合せな気分に浸ったものである。

アーッツン[ʔa:ttsuŋ]〔名〕
　粟粒。ほんの少しの物。〈類〉マミッツン（豆粒）。【例】アーッツンヌベーンヌ　ムノーラバン　キョーダイヤ　バキドゥ　ヴォードゥラ（粟粒ほどのものであっても、きょうだいは分けて食べるのだよ）。母の残した貴重な言葉。「マミッツン」の項参照。

アーッツンヌベーン[ʔa:ttsunnube:ŋ]〔副〕
　ほんの少し。わずかばかり。「アーッツヌベーン」と同じ。

アーットゥ[ʔa:ttu]〔名〕
　早朝。明け方。【例】アーットゥハラ　フキ　ピスシグトゥバ　シー　ウンハラ　メーッサビ　ヴォータ（明け方から起きて一仕事を済ませ、それから朝飯を食べた）。

アーティンプー[ʔa:timpu:]〔名〕
　慌て者。要領を得ない人。〈類〉ハジシカンムヌ。「ナハラムヌ（知恵のないやつ）」とはニュアンスが異なる。【例】アーティンプーッテナ　ザークン　スーナ　アサビベー（要領を得ない者だから、仕事もせずに遊んでいる）。

アートートゥ[ʔa:to:tu]〔感〕
　あー尊と。「アートートゥー　ウートートゥ」「トートゥ　トートゥ」「トットゥイ」などとも言う。神仏や先祖に祈願するときの言葉。【例】アートートゥ　ウートートゥ　ヤーニンズ　ケーラ　ドゥーパダ　ガンズー　アラシタボーリ（あー尊と　うー尊と、家族全員が健康でありますように）。

アーナ[ʔa:na]〔名〕
　東隣。東隣の家。【例】バンテヌ　アーナー　ナウシキヤー　アッタ（我が家の東隣は、仲底家であった）。「アーナー」は、「アーナ」と「～ヤ（～は）」の融合・約音。両家ともすでに黒島を離れている。
　関連語／イーナ（西隣）。パイナ（南隣）。ジーナ（後ろ隣）。

アーナタントゥリヤー[ʔa:natanturija:]〔固〕
　屋号。東竹越家。

アーニナマ[ʔa:ninama]〔名〕
　花嫁。【例】ヤマトゥハラドゥ　アーニナマバ　サーリケーットゥ（大和〈本土〉か

ら花嫁を連れて来たそうだ）。黒島では、終戦後のひところまでは他府県人との結婚はきわめて稀であった。いや、それどころか島内においてすら、他の部落の人と結婚することは極端に少なかった。僕の母・清（明治34年生まれ）は、大正時代の初めごろに保里部落から東筋部落に嫁いできたのだが、それなりに苦労が多かったようである。それで、同じく保里から嫁いでこられた豊村ヒデ子さん（母より2、3歳上）とは、特に親密にしていた。

　ところで、母の通称は「マカミ」で戸籍上の名は「マカニ」であった。ここに記した「清」は、戦後改名するつもりで付けた名前らしいが、戸籍名は「マカニ」のままであった。父の名は元来「真茂那」で「マム」が通り名であった。後に「賢英」に改名し戸籍も変更したのに、母の「清」への戸籍変更はつい怠ったものらしく、母のぼやいていた姿が可愛らしかった。「マカニ」を孫たちは「マカロニ」と言って面白がっていたが、本義は「マンガニ（真の黄金）」を意味する素晴らしい名前だよ、という僕の説明に優しく微笑んでくれた母の美しく可愛らしい顔が忘れられない。

アーニナマアウ[ʔa:ninamaʔau]〔名〕
　花嫁の付添い。「アーニナマ（花嫁）」と「アウ（仲間）」の複合語。【例】アーニナマヨイヌ バソー ミドゥム ドゥシンキヌドゥ アーニナマ アウ セータ（結婚祝いのときは、女友だちが花嫁の付添いをした）。

アーニナマキン[ʔa:ninamakiŋ]〔名〕
　花嫁衣裳。【例】シマナーヌ アーニナマキンヤ マヌマニン ハイヤ ナーンタン（黒島での花嫁衣裳というのは、現在のようには綺麗ではなかった）。

アーニナマヨイ[ʔa:ninamajoi]〔名〕
　結婚祝い。「アーニナマ（花嫁）」と「ヨイ（祝い）」の複合語。「アーニナマ サーリヨイ（花嫁を連れて来る祝い）」とも言う。【例】アーニナマ ヨイヤ ムカシェー トゥジヌヤーナ フターン ミツァーン ヴァーバ ナシティハラドゥ セータ（結婚祝いは、昔は妻の実家で子を2人3人生んでから行なった）。

　戦前から戦後のある時期まで、両家または両人の間で結婚話がまとまると、男が女の家に通い2、3人の子をもうけてから結婚祝いをした。私の母は、自分の実家・安里家で3人、父の実家で5人生んでから分家した。それだけ本家のために、長期間尽くしたということであろう。我が家で「アーニナマヨイ」が行なわれたのは、長兄・賢昇が大枡家の次女・米を迎えたときであった。例によって実家で子供を2人生んでから嫁いできた。その頃の「アーニナマヨイ」の風習は、花婿側から一組、花嫁側から一組、都合二組の媒酌人が仲立ちをした。

アーヌ イー[ʔa:nu ʔi:]〔連〕
　粟のご飯。終戦後の黒島の主食は、粟と芋（甘藷）だった。【例】アーヌイーヤ アイナー マーハナーンタン（粟のご飯は、そんなには美味しくなかった）。

アーヌーザキヤー[a:nu:zakija:]〔固〕
　屋号。東野崎家。

アーヌ ズーシ[ʔa:nu dzu:ʃi]〔連〕
　粟の雑炊。【例】ハティムヌヌ ナーンバソー ユイヤ アーヌズーシ タンカーアッタ（副食物のない場合の夕食は、粟の雑炊だけであった）。粟の雑炊はただのご飯よりはいくらか美味しかったが、2、3日続くとさすがに辟易したものである。

アーヌ ッサ[ʔa:nu ssa]〔連〕
　粟畑の雑草。「アーヌ（粟の）」と「ザー（草・雑草）」の変化した「ッサ」の複合語。【例】アーヌ ッサー フタサーイ、ナルッカーミーサイ ソーリバドゥ ミサ（粟畑の除

草作業は2回、出来れば3回行なったほうがよい)。アーヌッサソーリ(粟の除草作業)は、雑草を除去しながら粟の苗を適当な間隔で残すための「間引き」が主目的であった。通常はアラッサ(1回目の除草)とマタッサ(2回目の除草)で終わったが、畑によってはミーッサ(3回目の除草)まで行なった。

　私は、小学校5、6年生のころから粟の除草作業を手伝った。父をまねながら作業するのだが、10センチメートル以上に伸びた苗を引き抜くのをためらっていると、父は思い切って間引きしないと「アーヤ　ユー　ミーラヌンドゥラ(粟はよく実らないよ)」と言って私が残した粟の苗を半分くらい間引きした。ばら撒きの粟の苗は、20～25センチメートルくらいの間隔で仕立てたのではなかっただろうか。

　我が家のアーヌッサソーリは、視力の弱かった兄たち(大正15年生まれの賢昇・昭和10年生まれの明良・昭和14年生まれの豊彦は、生まれつきの網膜色素変性症で幼少期から夜盲症を呈し50歳前後で失明)はほとんど行なわず、父と姉・泰子(昭和12年生まれ)と僕の3人で行なった。その泰子姉は妹・智子(昭和17年生まれ)や僕の進学を援助するため、自らは高校に進まず農業を手伝っていた。中学卒業後、4年ほど黒島で農業に従事し石垣島に移り洋裁学校を出て市内の幾乃呉服店で勤務し、妹や弟の進学を援助した。

　黒島では、戦前はもちろん、戦後のひところまではきょうだいのなかで島を出て進学出来るのは1人かせいぜい2人で、残りのきょうだいが進学を援助したのである(上記の兄3人も進学していない)。ちなみにそのころの兄弟・姉妹の数は、平均して7～8人はいたし、わが家では生まれて間もなく名前を付ける前に亡くなった1人を数えると12人きょうだいであった。

アーヌ　パンビン[ʔa:nu pambiŋ]〔連〕
　粟のてんぷら。【例】アーヌ　パンビンヤ　ムンヌ　パンビンニンナー　マーハナーンタン(粟のてんぷらは、麦粉のてんぷらのようには美味しくなかった)。

アーヌ　プー[ʔa:nu pu:]〔連〕
　粟の穂。【例】アーヌ　プーヤ　イラナシドゥ　ハル(粟の穂は、イラナで刈る)。イラナは、粟刈用の超小型の鎌。

アーパタキ[ʔa:pataki]〔名〕
　粟畑。【例】アーパタキナ　アーヌ　ナウリヨーユ　ミーッカ　キムザニヤーッタ(粟畑で粟の稔っている様を眺めると、心楽しかった)。

　石垣在の住宅の屋敷の一角を「五穀園」と名づけて粟などの五穀を栽培してきたが(現在は石垣島への行き来が思うようにできず甥の花城直人が管理している)、例文のように穂の稔った様は何といっても粟の稔り具合がもっとも美しく絵になる。そういうわけで、八重山での五穀豊穣を祈る伝統的な祭りの篭飾りにはかならず粟の穂が用いられる。また祭り歌では「イニアワヌナウリ(稲粟の稔り)」と歌われ、いまでも主役を務めている。しかし食卓においてはかろうじて「雑穀米」や「五穀米」として用いられているのみ。近年は、米では補えない粟の栄養素が見直されいずれ私たちの食卓に復帰するであろうと専門家はいう。その予兆は、病院食や学校給食などでの活用の広がりに見受けられるというから嬉しい限りだ。

アーピスマン[ʔa:pisumaŋ]〔名〕
　真昼間。「ピスマン(昼・昼間)」に強調の接頭語「アー～(真～)」がついている。「ティダピスマン」とも言う。(石)マーピゥローマ(真昼間)。【例】アーピスマンハラ　サキユ　ヌンプソー　マープカラサナーヌン

ドゥラ（真っ昼間から酒を飲んでいる人は、ろくでもないやつだぞ）。

アープー [ʔa:pu:]〔名〕
皮膚病の一種で、泡状の発疹。僕は、小学生のころ毎年のようにこの発疹に苦しめられた。【例】ティーナ アープーヌ ンジ ビューワン アリ ヤミン シールワヤ（手に泡状の発疹が出て、痒くもあり痛くもある）。これといった薬もなく、小学高学年のころには出なくなった。

アーフキ [ʔa:ɸuki]〔名〕
喘ぎ。激しく呼吸をすること。「アーフキルン」の連用形が名詞化した語。【例】ウヌウシェー アーフキヌ スーワリバ イメーミ ヤコーホイ（その牛は喘ぎ過ぎなので、少し休ませろ）。

終戦後の黒島では、サトウキビを搾る圧搾機は直径50センチメートルほどの鉄製の円柱を数個噛み合わせてその隙間にサトウキビを挟んで搾った。圧搾機の動力は牛であった。圧搾機の中心に回転軸を設け、そこから長い木の棒を渡し先端を牛が時計回りと反対回りに引いた。一頭の牛が引き続けるのは、1時間くらいであったように記憶している。僕も牛の鼻綱を持って牛と一緒に回るのだが、雨降りのときなど雨でぬかるんだ土に牛糞が混ざり、そのジャカジャカした軌道を引き続ける牛のストレスを思い、自らも泥んこの軌道を裸足で歩みながら、牛への〝連帯感〟をこめ「頑張れ、頑張れ！」と心のなかで応援したのであった。

アーフキハーフキ [ʔa:ɸukiha:ɸuki]〔副〕
喘ぎあえぎ。荒い息づかいをして。【例】アミン ゾーリ アーフキハーフキ セーッターナ ヤーハ ムドゥリケーッタ（雨に濡れ、喘ぎあえぎ家に戻ってきた）。

アーフキルン [ʔa:ɸukiruŋ]〔自〕
喘ぐ。激しく呼吸をする。「泡を吹く」の意。〈否〉アーフクヌン。【例】ヌーッティドゥ アイ アーフキ ブラー（なんでそんなに喘いでいるのか）。

アーブク [ʔa:buku]〔名〕
泡。牛が疲れたときに口から出すよだれ混じりの泡。豆腐を煮詰める時やサトウキビの搾り汁を煮詰める時などに盛り上がってくる泡。【例】アーブクヌ ナビハラ アビシトゥンヨーン コーラシ ハケーヘイ（泡が鍋から吹きこぼれないように、一所懸命掻き交ぜよ）。製糖工場では、サトウキビの搾り汁を煮詰めて砂糖を製造するのだが、搾り汁は煮詰まってくるにつれ勢いよく泡が立つ。それで泡が吹きこぼれないように竿で掻き交ぜるのだが、かなりの重労働であった。

アーフクリ [ʔa:ɸukuri]〔名〕
腫れ上がること。青く腫れること。打ち身。「アーフクリルン」の連用形が名詞化した語。「アウフクリ（青膨れ）」とも言う。〈類〉ビーフクリ。【例】アーフクリヤ フチヌ パーユ ジンザリ マミウスクッカ ナウルン（青い腫れは、ヨモギの葉を揉みつぶして塗っておくと治る）。

アーフクリルン [ʔa:ɸukuriruŋ]〔自〕
腫れる。青く腫れ上がる。〈否〉アーフクルヌン。【例】パチン ザーリ ミーン フチン アーフクリ ベー（蜂に刺されて、目も口も腫れている）。

アーフクン [ʔa:ɸukuŋ]〔自〕
喘ぐ。「アーフキルン」と同じ。〈否〉アーフクヌン。【例】ギューサ アージ パラバン アイナー アーフクン プスン ブルワラー（どんなに走っても、そんなに喘がない人もいるよなあ）。

アームリゥ [ʔa:muri]〔名〕
泡盛。特に醸造直後の濃度の濃い酒に言う。【例】①マリバナヌ サキユドゥ アームリゥッティ イズ（醸造直後の酒を、アー

ムリュと言う）。②サケー　ムカシェー　アーシドゥ　スクレーッタトゥドゥラ、アイッテナードゥ　アームリゥッティ　イズワー　アランヌンカヤ？（酒は、往時は粟を原料にして醸造したのだそうだよ、それだから粟盛と言うんじゃないのかね）。「アームル」「アマザキ」の項参照。

アームリヤー[a:murija:]〔固〕
屋号。東盛家。

アームル[ʔa:muru]〔名〕
「アームリゥ（泡盛）」と同じ。黒島語の現代語には中舌母音の使用はほとんど見られない。ただし、大正生まれの人たちの言葉にはわずかばかりその使用が認められる。特に「ら行」において顕著に現れる。「マハリゥ（碗）・ムムダリゥ（腿）・ビキリゥ（女からいう兄弟）・ブナリゥ（男からいう姉妹）・アーリゥ（東）・イーリゥ（西）」等。
　ところが、昭和生まれの世代からはその使用は直接には確認出来ない。それでもその人の記憶を刺激すると、両親や祖父母たちの言葉に「中舌母音」のあったことを思い出して認めてくれる。安里静・玉代勢秀夫・宮良富・新里秀（以上大正生まれの諸氏）、運道武弘・花城泰子・神山光祐・野底善行（以上昭和生まれの諸氏）に取材。「ウイプス」の項参照。

アー　メー[ʔa: me:]〔感〕
ああ、もう。さー大変だ。取り返しがつかない。【例】アー　メー　クヌ　フターンヌ　アイッツァーシヨーユ　ミーッカ　アイナレーハラ　ヌーン　シラルヌン（ああ、もう、この２人の言い争いぶりを見ると、こんなになってしまったらどうしようもない）。

アーラキ[ʔa:raki]〔名〕
東。東方。【例】ヤシキヌ　アーラキナー　ゴーナキヌ　ウラーリ　ムイベーッタ（屋敷の東側には、桑の木がたくさん生えていた）。黒島では、戦前から戦後の一時期まで養蚕が盛んだったことから、蚕の餌用に桑の木が奨励された。我が家では、屋敷林としては桑の木が数多く植わっていた。桑の葉は、山羊や牛の好物でもあることから、貴重であった。
関連語／イーレキ・イレーキ（西・西方）。パヤーキ（南・南方）。ニセーキ（北・北方）。

アーラシコーシ[ʔa:raʃiko:ʃi]〔名〕
蒸し菓子。米粉と黒糖を混ぜ、蒸して作る生年祝い用の祝儀菓子。往時の黒島では、最高級の菓子だった。（石）アーラシゥムチゥ（蒸し餅）。【例】ソーニヨイッティ　イズッカー　マヌマシキ　マーハッタ　アーラシコーシユ　ウムイザスワヤ（生年祝いというと、今でも美味しかったアーラシコーシ＝蒸し菓子のことを思い出すよ）。
　縦10センチメートル、横12センチメートルほどの大きさだったが、厚さは家庭の経済事情によって異なっていて、厚さで家庭の裕福さが示されたようである。父が生年祝いの座から持ち帰る土産のシトゥ（苞）は、てんぷら、さとーてんぷら、かまぼこ、揚げ豆腐、餅、そしてアーラシコーシ（蒸し菓子）に至るまで、母は家族全員にゆきわたるように細かく切って平等に分け与えた。その際の主役は、やはりアーラシコーシであった。
　なお、アーラシコーシ作りは、手間ひまがかかるうえに難しいので、ある家庭では火入れの際には神に祈願したという。

アーラシパク[ʔa:raʃipaku]〔名〕
アーラシコーシ（蒸し菓子）を蒸すための箱。【例】アーラシコーシェー　アーラシパクナ　アーラシ　スクレーッタ（アーラシコーシ＝蒸し菓子は、蒸し菓子用の箱で蒸して製造した）。

アーラスン[ʔa:rasuŋ]〔他〕

蒸す。餅や菓子などを蒸す。「アーラシパク」の項参照。

アーラスン[ʔa:rasuŋ]〔他〕
慌てさせる。急き立てる。【例】トゥジハラ パーク ハタジキリッティ アーラハリ ムヌハンガイ ナラヌン（妻から早く片付けよと急かされ、どうしようもない）。片付けの苦手な僕の部屋は、文献資料などがところ狭しと積み上げられていて、足の踏み場もない状態である。よって、用例のようなことと相成るわけである。

アーリスン[ʔa:risuŋ]〔固〕
「アースン（東筋）」と同じ。アガリスジ（東筋村）で、黒島の部落（集落）の一つ。主に石垣の人が言う。【例】イサナキプソー ビャーハムラヌ ナーユ アーリスンティ イズ（石垣島の人は、我が村・東筋の名称をアーリスンと言う）。

アール[ʔa:ru]〔名〕
東。太陽が上がる方向。「上がり」の意。「アーリュ[ʔa:rï]」とも言う。「アールン（上がる）」の語幹が名詞化した語。【例】アールカラ アーリワール ウブシキヌ ユー（東の空から上がって来られる大きいお月様／八重山民謡〈ツキヌカイシャー節〉の黒島語版）。
関連語／イール・イル（西）。パイ（南）。ニシ（北）。

アールティダ[ʔa:rutida]〔名〕
上がる太陽。「アール（上がる）」と「ティダ（太陽）」の複合語。【例】アール ティダドゥ ワーム（上がる太陽をこそ拝む）。用例は、勢いのある側に与(くみ)する意。

アールハジ[ʔa:ruhaʒi]〔名〕
東風。「アール（東）」と「ハジ（風）」の複合語。【例】アールハジトゥ パイハジェー ピーラケヘン（東風と南風は、涼しい）。
関連語／イリハジ（西風）。パイハジ(はえ)（南風）。ニシハジ（北風）。マヌパハジ（午の方＝真南の風）。ハーチバイ（夏至の頃の南風）。ミーニシ（その年の最初の北風。沖縄語の移入語）。

アールマ[ʔa:ruma]〔名〕
東。東方面。【例】ケンワンヤ アースンヌ アールマナドゥ アッタワヤ（喜屋武お嶽は、東筋部落の東方面にあったよ）。
関連語／イールマ・イルマ（西・西方）。パイマ（南・南方）。ニスマ（北・北方）。

アールマハタ[ʔa:rumahata]〔名〕
東側。東側の庭。「アールマ（東）ハタ（端）」の意。【例】バンテヌ ヤーヤ アールマハトゥ パイマハタナー フンツァマヌ アッタ（我が家の東側と南側には、縁側があった）。
関連語／イールマハタ・イルマハタ（西・西方）。パイマハタ（南・南方）。ニスマハタ（北・北方）。

アールムティ[ʔa:rumuti]〔名〕
東側。東方面。【例】ンガナー アールムティヌ シバナヌ ウイナードゥ ムイブッタ（ンガナ＝苦菜は、東方面の岩の上に生息していた）。山羊汁に入れる青菜には、ンガナ＝苦菜がもっとも相性がよかった。ンガナのある所までは相当の距離があったが、山羊汁が食べられると思うとまったく苦にならなかった。ちなみに、山羊汁に入れる青菜は沖縄全域でフチヌパー（ヨモギの葉）が定番で、久米島ではサクナ（ボタンボウフウ・長命草）が用いられる。
関連語／イールムティ・イルムティ（西側・西方面）。パイムティ（南側・南方面）。ニシムティ（北側・北方面）。イルムティは西表島をも意味し、パイムティは地名ともなっている。

アールン[ʔa:ruŋ]〔自〕
上がる。昇る。【例】ティダン シキン アールマハラ アーリ イールマハ イル（太陽も月も、東の方から上がり西の方へ

沈む)。

アールン[ʔa:ruŋ]〔自〕
明るくなる。【例】ユーヌ　アールッカ　ヤガティ　ティダン　アールン(夜が明けると、間もなく太陽も上がる)。

アールン[ʔa:ruŋ]〔自〕
慌てる。(必要以上に)急ぐ。騒ぐ。「アバッティルン」より「そわそわ感」が強い。【例】ウティシキヌ　ナーン　プソー　イチン　アーリ　ブー(落ち着きのない人は、いつも騒いでいる)。

アールンディヤー[a:rundija:]〔固〕
屋号。東の運道家。本家は「ウンディヤー(運道家)」。東に分家した「アールンディヤー(東の運道家)」。西に分家した「イルンディヤー(西の運道家)」。中間に分家した「仲運道家」。

アーレー[ʔa:re:]〔名〕
慌て者。はしゃぎ立てる人。【例】イチン　アーリワーッテナ　アーレーイザ・アーレーパーッティ　アザナーバ　シキラリワールワヤ(いつも慌てておられるので、アーレーイザ(慌て者のお父さん)・アーレーパー(慌て者のお婆さん)という綽名をつけられておられるのだよ)。アーレーイザの代表格は東筋部落・シマニヤー(島仲家)の島仲加那翁(明治22年生まれ)、アーレーパーの代表格は仲本部落・ナーパミヤー(黒島家)の黒島コマツ媼(明治34年生まれ)とイキミヤー(池間家)の池間カマト媼(明治32年生まれ)であった。

アーンナハイシヤー[ʔa:nnahaiʃija:]〔固〕
屋号。東仲石家。

アーンニシバリヤー[ʔa:nniʃibarija:]〔固〕
屋号。東西原家。

アーンヌ　ピー[ʔa:nnu pi:]〔固〕
〈地〉黒島東筋村の東方の干瀬。優良な漁場で、主に運道家や野底家がそこで漁業を営んでいた。

アーンヌ　ピー[ʔa:nnu pi:]〔固〕
尊敬を伴う呼び名。「アーンヌ　ピー」を漁場にしていた黒島東筋村のウンディヤー(運道家)の家長・運道佐真翁(明治28年生まれ)に対する他の部落の人たちの尊敬をこめた呼び名。

アイ[ʔai]〔名〕
喧嘩。争い。「合い」の意。【例】アイ　タンカ　シー　ベーリヨ(喧嘩ばかり、していなさいよ〈するものじゃないよ〉)。用例のような言い方は、肯定の言い回しをしながら、実際に言いたいのは「そうはするな」という否定・禁止の表現である。場合によっては、このような反語的な言い回しの方が直接に否定・禁止されるより強烈な効果を発揮する。

アイ[ʔai]〔名〕
あわい(間)。あいだ(間)。【例】イーナトゥバンテヌ　アイヤ　アザシドゥ　ピダミラリブー(西隣の家と我が家の間は、石垣で隔てられている)。

アイ[ʔai]〔副〕
そんなに。そのように。あんなに。【例】アイ　イザンスクン　オーッティ　イジウシキバ(あんなに言わずに〈消極的または否定的な返事をせずに〉、ハイと言っておきなさい)。

アイ[ʔai]〔感〕
そう。そうだ。肯定の返事。【例】バードゥ　アイッティ　イズッタ(私が、そうだと言った)。

アイ[ʔai]〔感〕
あれ。失敗した時などの否定的・消極的な場面や思いがけずに知人と出会った場面などに発する。【例】①アイ、ドゥーヌ　トゥシユ　バッシ　ナーンサ(あれ、自分の年齢を忘れてしまったよ)。②アイ、ウヴァー　イチドゥ　シマハ　ハイリ　ケーヤ(あれ、君はいつ島に帰って来たのだ)。

アイ[ʔai]〔感〕
　びっくりした時に発する。【例】アイ、デージ　ナリ　ナーヌン（あれ、大変なことになってしまった）。

アイ[ʔai]〔感〕
　はてな、という感じの時に発する。【例】アイ、ウレー　ヌードゥ　ナリ　ブラー（はて、それはどうなっているのか）。

アイアイ[ʔaiʔai]〔感〕
　あれあれ。あれまあ。予想外の事態に出合ったときなどに発する。【例】アイアイ、ヌッティドゥ　アイナレーヤ（あれまあ、なんでそうなってしまったのだ）。

アイアラバン[ʔaiʔaraban]〔接〕
　そうではあるが。そうではあっても。「アイラバン」とも言う。【例】アイアラバン　マーピスサイ　ハンガイナウシン？（そうではあっても、もう一度考え直してみてくれないか）。

アイイー[ʔaiji:]〔感〕
　そう。そうかい。念を押す場合に用いる。【例】アイイー、メー　マーラシワーリ　ナーニバヤラー!?（そう、もう亡くなられてしまったのですね）。

アイウティルン[ʔaiʔutiruŋ]〔自〕
　熟して自然に落ちる。【例】バンシルヌ　ナンヤ　ドゥキ　ウンタリッカ　アイウティルワヤ（バンシル＝グァバの実は、あまり熟れると〈熟れ過ぎると〉自然に落ちるのだよ）。その自然落果した実の香りは強烈であるが、食用としては自然落果する直前の実が美味しい。

アイジ[ʔaiʒi]〔名〕
　合図（あいず）。【例】アイジヌ　ナーナッカ　オークナ（合図がないと動くな）。

アイ　シーリ[ʔai ʃi:ri]〔連〕
　そうしなさい。「アイ（そのように）」と「シールン（する）」の命令形「シーリ（せよ）」の複合語。【例】イザー　アイ　シーリッティ　イジワーッタラ　アイ　スー（お父さんがそうせよとおっしゃったから、そうしよう）。

アイシチ[aiʃitʃi]〔名〕
　挨拶（あいさつ）。【例】ウイプスハヌ　アイシチェー　ゾーットニ　シーリヨラー（お年寄りへの挨拶は、丁寧にしなさいよ）。

アイシティ[ʔaiʃiti]〔接〕
　そうして。ぞんざいな言い方では「アイティ」となる。【例】アイシティ　ウヌフタラー　マズン　ナレーットゥ（そうして、その２人は一緒になった〈結婚した〉そうだ）。

アイシンハイシン[ʔiʃinhaiʃiŋ]〔副〕
　いずれにしても。ああしてもこうしても。【例】アイシンハイシン　スーナーッカ　ナランクトーリバ　パーク　シーウシキ（いずれにしてもしなければならないことだから、早く済ませておきなさい）。

アイティ[ʔaiti]〔接〕
　そして。丁寧な言い方では「アイシティ」となる。【例】アイティ　ウヌ　シジキヤ　ヌーナッタラー？（そして、その続きはどうなったのだ）。

アイズ[ʔaizu]〔名〕
　和え物の名。ボタンボウフウ〈サクナ〉の葉を細かく刻んで茹でて搾り、それと煎り胡麻を擂り鉢で擂って、味噌で味付けする和え物。味付けに酢を付け加えることもある。祝儀用の料理で、普段はめったに食しなかった。子の誕生後十日目の祝い「ソージバライ」では、アイズ・アーサ汁・イバチ（餅粟のお握り）を隣近所に配った。そのほか、結願祭には、アイズと牛肉料理が定番であった。「ソージバライ」「ウムトゥワーミ」の項参照。

アイズ[ʔaizu]〔名〕
　〈動〉魚の名。シモフリアイゴ。アイゴ類中もっとも多く漁獲される。塩煮、煮つけ

等で食される。セビレの棘に刺さると激しい痛みをおぼえる。(石)アイズ。(沖)エーグァ。【例】アイズヌ ンゲー ドゥコーリバ ザールンヨーン タマンガリ（アイゴの棘は毒だから、刺されないよう気をつけろ）。

アイダチ[ʔaidatʃi]〔名〕
杵（きね）。相槌（あいづち）。アイダチには、穀物の精白用と、月桃の繊維を取るためにその幹を叩いたり、建築用として楔（くさび）を打ち込んだりするのに用いる物など、用途ごとに幾種類もあった。また、穀物を精白する際には、両手用のアイダチのほかに片手用のシナシキがあった。

アイタンカ[ʔaitaŋka]〔副〕
これっぽっち。たったそれだけ。【例】アーサトゥリン パレッタヌドゥ アイタンカ トゥリケーサ（アーサを採りに行ったのに、たったそれだけ採ってきたよ）。

アイタンカヌ クトゥ[ʔaitaŋkanu kutu]〔連〕
これっぽっちのこと。たったそれだけのこと。【例】シントゥ アイタンカヌ クトゥシ クンゾーバ タイベール？（たったそれだけのことで、怒っているのか）。

アイッカー[ʔaikka:]〔接〕
それじゃ。そうであるなら。【例】アイッカー ウヴァー ハンガイシ マトゥミリ（それなら、あなたの考えでまとめよ）。

アイッカーフンカー[ʔaikka:ɸuŋka:]〔名〕
喧嘩。言い争い。【例】ウッツェー ウヤッファン トゥジブトゥン イチン アイッカーフンカー シーブー（その家庭は、親子も夫婦もしょっちゅう言い争いをしている）。「ウッツェー」は、「ウッツェ（その家庭）」と「～ヤ（～は）」の融合・約音。

アイックナー[ʔaikkuna:]〔名〕
言い争い。争い合い。互いに言い争い、争い合っている様。【例】ウヌフターラ ビーヤマヌ アイックナー シールニン ピーズ アイベードゥラ（その2人は、ひよこが争い合っているようにしょっちゅう喧嘩しているよ）。

アイッツァースン[ʔaittsa:suŋ]〔自〕
喧嘩し合う。争い合う。【例】サキユ ヌムッカー ウヌフターラ ヤディン アイッツァースワヤ（酒を飲むと、その2人は必ず争い合うのだよ）。

アイッティ[ʔaitti]〔接〕
それで。そして。そうして。【例】アイッティ シベー ヌーナッタラー（それで、結末はどうなったか）。

アイッティドゥ[ʔaittidu]〔接〕
それだからこそ。それゆえにこそ。【例】ウヤヌ イズ ムヌイユ シカナー アイッティドゥ ウカハベーッス（親の言う言葉を聞かないで、それだから負債を抱え込んだのだよ）。

アイッテナー[ʔaittena:]〔接〕
それだから。それゆえに。【例】ビンキョーヤ スーナ アサビ ベーッタ、アイッテナー ウティヤンマナー（勉強はせず遊んでいた、それだから落ちてしまったのだよ）。

アイッテナードゥ[ʔaittena:du]〔接〕
それだからこそ。そうだからこそ。「アイッテナー」を強めた言い方。「アイッティドゥ」と同じ。【例】ピッティヌピン アーピスマンハラ サキバ ヌミ アイッテナードゥ ウヌトゥジブトー バハリナーントゥ（毎日真っ昼間から酒を飲み、それでその夫婦は別れてしまったようだ）。

アイットゥ[ʔaittu]〔感〕
そんなだそうだ。そのようだ。【例】ウヌフターラ マズン ナレーッティ イズワラー？／アイットゥ（その2人は一緒になったそうだねえ／そのようだ）。

アイットゥリドゥ[ʔaitturidu]〔接〕
それだからこそ。そうだからこそ。「アイッティドゥ」「アイッテナードゥ」と同じ。

アイドゥラー[ʔaidura:]〔感〕

アイドゥ アリヤ シー

そうだよ。【例】アイドゥラー ウヌ フターラー マズン ナレーットゥ（そうだよ、その２人は一緒になったそうだ）。

アイドゥ アリヤ シー[ʔaidu ʔarija ʃi:]〔連〕
そうではある。【例】ウヴァー イズニン アイドゥ アリヤ シー（君が言うように、そうではある）。

アイドゥ ナリブー[ʔaidu naribu:]〔連〕
そうなっている。【例】アイヤ アラヌンティ イズヌ アイドゥ ナリブードゥラ（そうではないと言うけれど、そうなっているのだよ）。

アイナー[ʔaina:]〔副〕
それほど。そんなに。後接語はたいてい否定を伴う。【例】アイナー ラーサ ナーンタン（それほど立派でなかった）。

アイナハ[ʔainaha]〔名〕
間。中間。空間、時間ともに使う。【例】ガッコーヤ アーストゥ プリムラヌ アイナハナドゥ アー（学校は、東筋と保里村の中間にある）。

アイフズン[ʔaiɸuzuŋ]〔自〕
喧嘩する。口論する。「アウン（喧嘩する）」に「フズン（くじる）」がついた語で、「アウン」より深刻さが強い。【例】クヌ フターラ ピッティヌピン アイフジベー（この２人は、来る日も来る日も激しく言い合いをしている）。

アイヤ[ʔaija]〔副〕
そんなには。「ハイヤ」とも言う。【例】アイヤ イザンスクン ミサンッティ イジバー（そんなには言わずに、いいよと言えよ）。

アイヤ[ʔaija]〔感〕
あれえ。失敗・失望・損失など、消極的、否定的な場面で発する。【例】アイヤ アッタアミヌ ヴイ ゾーリナーヌン（あれえ、にわか雨が降って濡れてしまった）。

アイヤー[ʔaija:]〔感〕
ああ。あれええ。「アイヤ」より失望・消失感が強い。【例】アイヤー ウブアミヌ ヴイ ブッツブリ シーナーヌン（ああ、大雨が降ってずぶ濡れになってしまった）。

アイヤ アラヌン[ʔaija ʔaranuŋ]〔連〕
そうではない。【例】ウヴァー アイ イズヌ フントーヤ アイヤ アラヌンドゥラ（君はそう言うけれど、本当はそうではないのだよ）。

アイヤ アルヌ[ʔaija ʔarunu]〔連〕
そうではあるが。【例】アイヤ アルヌ イザー ハンガイユン シキバー（そうではあるが、お父さんの考えも聞いてあげなさい）。

アイヤ ナラヌン[ʔaija naranuŋ]〔連〕
そうはならない。そうはいかない。【例】ヤミリッティ イザルバン アイヤ ナラヌン（やめろと言われても、そうはいかない）。

アイラー[ʔaira:]〔感〕
そうだなあ。そうだよなあ。同意を表す場合に言う。【例】アイラー ウヴァー イズトゥール パジ（そうだなあ 君の言うとおりだろう）。

アイラバン[ʔairabaŋ]〔接〕
そうであっても。「アイアラバン」の融合・約音。【例】アイラバン バナー ヤディン パリー シー（それでも、私はかならず行く）。

アイリバ[ʔairiba]〔接〕
そうだから。それだから。【例】アイリバ パンナッティ イズッタヌラー（そうだから、行くなと言ったのになあ）。

アイリバ[ʔairiba]〔自〕
そうしなさい。「アイルン（そうする）」の命令形「アイリ（そうせよ）」に命令を示す終助詞「〜バ（〜せよ）」が付いている。【例】アイリバ バヌン テーナイ シールワー（そうしなさい、私も手伝いするよ）。

アイリバドゥ[ʔairibadu]〔接〕
　だからこそ。それだからこそ。相手の言ったことに同意、同調して発する。【例】アイリバドゥ　タマンガリッティ　イズッタ（だからこそ、注意しろと言ったのだ）。

アイリバドゥユー[ʔairibaduju:]〔感〕
　そのとおりだ。そうだねえ。本当だねえ。「アイリバドゥ」はあとに言葉が続くが、「アイリバドゥユー」は相手に全面的に同意してあとに言葉を発しない。【例】①A：アッツァダラ／B：アイリバドゥユー（A：暑いなあ／B：だからよ）。②A：ピーヤダラ／B：アイリバドゥユー（A：寒いねえ／B：そうだねえ）。③A：アバレヘダラ／B：アイリバドゥユー（A：綺麗だねえ／B：本当だねえ）。④A：ブイヤダラ／B：アイリバドゥユー（A：醜いねえ／B：まったくだねえ）。
　上述のようにこの言葉は、いかなる状況や状態にも適用出来る黒島語の万能語で、いわば「魔法の言葉」（親友の野底善行君の弁）として用いられる。我が連れ合いは石垣市の生まれであるが、黒島語のなかでは真っ先にこの言葉を身につけて、いかなる場合でも「アイリバドゥユー」と返してくる。そう言えば、妻の母・文（明治42年生まれ）は、その父親・伊舎堂孫詳（明治18年生まれ）が明治44年から大正２年まで黒島小学校の校長在任中の宿泊所だった仲本部落の山田家で、戦後の食糧難時代の一時期を過ごして糊口をしのぎ世話になったそうである。黒島滞在中の思い出としてもっとも強烈に残っているのが、何かにつけて連発される「アイリバドゥユー」という言葉であったと述懐していた。

アイルヌ[ʔairunu]〔接〕
　だが。けれども。【例】アイルヌ　ユダンスーンスクン　タマンガリ（だけれど、油断せず用心しろ）。

アイルワー[ʔairuwa:]〔連〕
　そうするよ。「アイルン」の連体詞「アイル」と終助詞「〜ワー（〜よ）」の複合語。【例】ウヌ　シグトー　キューヌウチン　ウチナハイ／アイルワー（その仕事は今日のうちに仕上げよ／そうするよ）。

アイルン[ʔairuŋ]〔自〕
　そうする。【例】アイルンティ　イズッタラ　アイリバッティ　イジウシケ（そうすると言ったので、そうしなさいと言っておいた）。「アイリバ（自）」の項参照。

アイルン[ʔairuŋ]〔自〕
　熟する。「ウンタリルン」とも言う。【例】ゴーナキヌ　ナンヤ　アイルッカー　マーハッタ（桑の実は、熟すると美味しかった）。果物の乏しかった黒島では、桑の実は貴重な果物の一つだった。熟すると赤紫色になって酸味と甘みのまじった、極上とは言えないがそれなりの旨味があって唇が染まるまでむさぼったものだ。

アイルン[ʔairuŋ]〔他〕
　和える。混ぜ合わせる。【例】アイズヤ　サクナヌパー　グマ　ミスヌッツァバ　アイ　スクレータ（アイズは、サクナ〈ボタンボウフウ〉の葉、ゴマ、味噌などを和えて作った）。

アイルン[ʔairuŋ]〔自〕
　膿(うみ)が出る。〈否〉アウヌン。[用例]アシヌプーヤ　ウーマンケーヤ　スゴー　アウヌン（出来物は、熟しないうちは直ぐには膿は出ない）。

アウ[ʔau]〔名〕
　仲間。「ドゥシ（友人）」と同義。付添い。【例】①キープスイ　アウ（薪取りの仲間）／ヤクザアウ（役員仲間）。②パー　アウバシーヤーバーキ　ウクリ　ウヤハイ（お婆さんの付添いをして、家まで送って差し上げなさい）。

アウ[ʔau]〔名〕

〈植〉樹木の名。アコウ。アコウの木。【例】アウキーヤ　キーヌ　ムトゥナー　ナンヌ　ナルワヤ（アコウの木は、木の幹に実が生るよ）。八重山民謡〈鷲ぬ鳥節〉の歌詞の一節に「ウフアコーヌ　ニザシゥニ（大きなアコウの木の根元に）／ナリゥアコーヌ　ムトゥバイニ（実の生っている太い幹に）」がある。ここの下の句「ナリゥアコーヌ　ムトゥバイニ」は、まさに幹に実の生っている状態を描写しているのである。

アウ[ʔau]〔名〕
　青。【例】ティンヌ　イルン　アウ　キーヌパーヌ　イルン　アウ（空の色も青、木の葉の色も青である）。信号機の「赤・黄・青（緑）」の捉え方と一緒である。一説に、古代日本では「あか」「くろ」「しろ」「あお」のみで、それは明・暗・顕・漠を原義とするという（『広辞苑』参照）。

アウイズ[ʔauʔizu]〔名〕
　〈動〉魚の名。ナンヨウブダイ。青（緑）色のブダイのことで、通常は「アウユ」と言う。【例】イラブツァーヌ　アウイゾーミストゥ　パヤーンシ　アジシキリバドゥ　マーハ（青色のナンヨウブダイは、味噌和えで味付けすると美味しい）。

アウイル[ʔauʔiru]〔名〕
　青色。「アウ（青）」参照。

アウーアウーシ[ʔau:ʔau:ʃi]〔副〕
　青々とした。【例】バンスロー　アウーアウーシ　ブルケーヤ　シビヤヌ　ヴァールヌン（グヮバの実は、青々としているうちは渋くて食べられない）。ここでの「青」は、実際の色合いでは「緑」である。

アウガン[ʔauɡaŋ]〔名〕
　〈動〉青みがかった蟹（和名不詳）。【例】アウガンヌ　オーキヌ　サララハダラ（アウガンの動きの素早いこと）。非常にすばしっこい動きを示す。

アウダ[ʔauda]〔名〕
　もっこ。【例】ウリン　ハリン　アウダナーイリ　ムティ　ゲータ（あれもこれも、もっこに入れて運んだ）。アダンの気根や月桃の繊維等で綯った縄で作った運搬用具。アンク（あいぐ・担ぎ棒）の前後に下げて芋（甘藷）や果菜類（カボチャ・トーガン等）を、時には堆肥を運んだ。

アウッサハン[ʔaussahaŋ]〔形〕
　生臭い。「アウ（青＝生）」と「ザーハン（くさい）」の融合・変化した語。【例】ウヌイゾー　アウッサハヌ　マーハ　ナーヌン（その魚は、生臭くておいしくない）。

アウッサリ　ハザ[ʔaussari haza]〔連〕
　生臭い臭い。「アウッサリ」と「ハザ」の複合語。【例】イズユ　バザウッタラドゥ　アウッサリ　ハザヌ　シー（魚をこしらえたので、生臭いにおいがする）。

アウッサリ　ムヌ[ʔaussari munu]〔連〕
　生臭い物。「アウッサリ」と「ムヌ」の複合語。【例】アウッサリ　ムノー　マダキシティリ（生臭い物は、退けて捨てよ）。

アウッタ[ʔautta]〔名〕
　〈動〉カエル（蛙）。【例】アウッター　アミヌ　ヴイバドゥ　パイジ　フー（カエルは、雨が降ると這い出てくる〈姿を見せる〉）。

アウッタヌ　ファー[ʔuttanu fa:]〔連〕
　〈動〉オタマジャクシ。「蛙の子」の意。【例】アウッタヌ　ファーヤ　ミジクムンナー　ミラリッタ（オタマジャクシは、水溜りで見られた）。

アウドゥゲーリ[ʔauduɡe:ri]〔名〕
　大声で叫ぶこと。大声を張り上げること。【例】ウター　アウドゥゲーリ　スーンスクン　フクローフクロー　イジ（歌は、大声を張り上げて歌うのではなく　柔らかに歌え）。「ナードゥゲーリ」とも言う。

アウナザ[ʔaunaza]〔名〕
　〈動〉ヘビの一種。サキシマアオヘビ。ア

オダイショウ。(石)アウナジュ。【例】シマナー ミラリ アウナザパンヤ マームヌパンニン ドゥコー ナーヌンティ イザリブー(黒島で見られるアオダイショウは、サキシマハブのような毒はないと言われている)。だが、鶏が床下の巣で卵を産むと、それを狙って侵入してきた。

アウヌル[ʔaunuru]〔名〕
〈植〉アオノリ(青海苔)。アオゴケ(青苔)。【例】アミヌ シギッサッカ ウマハマナ アウヌルヌ ムイフルワヤ(雨が頻繁に降ると、あちこちでアオノリが生えてくるよ)。

アウパービン[ʔaupaːbiŋ]〔名〕
〈動〉蝶の名。青みを帯びたアサギマダラ。オオゴマダラより一回り小さい。この蝶は、赤みを帯びた「アカパービン」と共に偏西風に乗って何千キロも旅するという。

アウバイ[ʔaubai]〔名〕
〈動〉ぎんばえ(銀蠅)。「青蠅(あおばえ)」の意。【例】アウバイヤ ザリベー プクンヌ ナンハドゥ シドゥイケータ(ギンバエは、腐ったフクギの実に群れてきた)。

アウバトゥ[ʔaubatu]〔名〕
〈動〉アオバト(緑鳩)。【例】アウバトー ミーッカ ハイヤールヌ ナキングイユ シクッカ キムシカハワヤ(アオバトは見た目には綺麗だが、鳴き声を聴くと物悲しいよね)。

アオバトは実際には緑色をしていて、『広辞苑』の見出し語は「あおばと【緑鳩】」と表記されている。キジバト(雉鳩)よりやや大きめ。鮮やかな外見とは裏腹(うらはら)に、鳴き声は「ウー ウー」と陰(いん)に籠っていて寂しげである。八重山古典民謡の白眉(はくび)とされる〈越城節(くいぐしくぶし)〉の一番の句に用いられている「ウ段」の音は、アオバトの鳴き声を模したものとされていて、恋する若者の切なくやるせない心情を表現するのに効果を発揮している。

アウパナダル[ʔaupanadaru]〔名〕
青洟(あおばな)。子どもが垂らす青い色の鼻汁。【例】ムカシェー アウパナダルユ タラシベー ヤラビヌ ウマハマナ ベーッタヌ マヌマー ミラルヌワラー(以前は青洟を垂らしている子どもがあちこちでいたが、今は見られないよなあ)。

アウバン[ʔaubaŋ]〔接〕
それでも。そうであっても。「アイラバン」と同じ。【例】アウバン マイダン ナーニバ ムリ スーンスクン ヤクイワーリ(それでも順調でないのですから、無理せずに休んでください)。

アウパン[ʔaupaŋ]〔名〕
子どもの尻の青い斑点。蒙古斑。【例】ヤラベー マリバソー シビナー アウパンバ シキ マリフー(子どもは、生まれるときは尻に蒙古斑を付けて生まれてくる)。

アウビ[ʔaubi]〔名〕
欠伸(あくび)。【例】ニフタハーッティ アウビタンカ シーベー(眠たくて欠伸ばっかりしている)。

アウフクリ[ʔauɸukuri]〔名〕
青く腫れ上がること。「アーフクリ」と同じ。

アウマサン[ʔaumasaŋ]〔形〕
気分が悪い。体調が良くない。(石)オーマサーン。(沖)アンマシャン。【例】アウマサリバ イメーミ ヤクターライ?(気分が良くないので、すこし横になろうね)。

アウマスン[ʔaumasuŋ]〔他〕
意地悪する。抑えつける。〈否〉アウマハヌン。【例】グマハーッテナ イチン ドゥシンキン アウマハリ ブー(小柄なので、いつも友だちに意地悪されている)。

アウマスン[ʔaumasuŋ]〔他〕
仕事を片付ける。〈否〉アウマハヌン。【例】ユナランケー クマバーキ アウマハイ(日が暮れないうちに、ここまで片付けよ)。「ユナルン(日が暮れる)」の類語に「ヴァ

ズムン（夜が更ける）」がある。

アウマミ[ʔaumami]〔名〕
〈植〉穀物の名。リョクトウ（緑豆）。「クマミ」とも言う。「あおまめ（青〈緑〉豆）」の意。モヤシ、ゼンザイの原料。【例】アウマミシドゥ マミナン シタマミン スクル（緑豆で、モヤシもゼンザイも作る）。
　黒島では、シタマミ（ゼンザイ）にはアズキ（小豆）ではなくもっぱら緑豆を用いた。その理由は、アズキは高値で売れることから換金用に回し、自家用の食材には主に緑豆を用いたということのようである。でも、食べ慣れてきたからだろうか、ゼンザイは緑豆のほうが断然ウマイッ！

アウユ[ʔauju]〔名〕
〈動〉魚の名。ナンヨウブダイ。青（緑）色のブダイのこと。「アウイズ」と同じ。

アウン[ʔauŋ]〔自〕
喧嘩する。争う。【例】ウヌヤーヌ ウヤッファー マドゥピドゥ ナーナ アイブルワヤ（その家の親子は、しょっちゅう喧嘩しているよ）。

アヴァ[ʔava]〔名〕
油。石油。【例】トゥールヌ アヴァユ ハイクー（ランプ用の油を、買って来なさい）。ランプに用いる油は石油だけだったので、ランプ用の「アヴァ」と言えば石油に決まっていた。

アヴァ[ʔava]〔名〕
食用脂。動物性の脂（豚脂＝ラード）と植物性の油（菜種油）があった。【例】パンビンユ ヤク アヴァトゥ ダシナー シカウ アヴァヌ アッタワヤ（てんぷら用の脂と出汁用の脂があったよ）。我が家では、菜種油は一斗缶入りのものを購入して使用していた。動物性の脂の代表は、豚の三枚肉（ばら肉）から抽出した「ラード」であった。

アヴァスブ[ʔavasubu]〔名〕
脂壷。【例】アヴァー アヴァスブナ イリドゥ ハキング セータ（食用脂は、脂壷に入れて保管した）。ラードは、たいてい脂壷に入れて保管し必要な分を取り出して使用していた。

アヴァッタル[ʔavattaru]〔名〕
脂身。【例】ドゥキ アヴァッタル ズーワーッテナー ビットゥリ ナーヌン（非常に脂身が多くて、食傷気味だ）。

アヴァナビ[ʔavanabi]〔名〕
脂鍋。揚げ物用の鍋。【例】アヴァナビヌ アシカイヨーバ ミリドゥ ミドゥムヌ タキユ パカレーッタトゥドゥラ（揚げ物の鍋の扱いようを見て、女性の器量を品定めしたそうだよ）。
　芯の入った大ぶりのてんぷらを揚げる場合、衣の表面の色合い、衣の内側の揚がり具合、何より芯の魚の揚がり具合、衣と芯の味付けの仕方等々、揚げたては言うに及ばず時間が経っても歯応えを残した揚げ具合は人によって千差万別である。沖縄全域で好まれ観光客にも人気の高いシタパンビン（サーターアンダギー＝砂糖てんぷら）も、甘みの加減から割れ目の美しさ・豪快さに至るまで、作り手（揚げ手）の腕の見せ所の多い揚げ物である。

アヴァヌ ハシ[ʔavanu haʃi]〔連〕
脂粕。ラードを取った後の粕。「脂の粕」の意。（石）アバヌ カシゥ。（沖）アンダカシ。【例】アヴァヌ ハシユドゥ スーナン イラキムヌナン イリ ダシ シタワヤ（油粕をおつゆにも炒め物にも入れて、出汁にしたよねえ）。
　見出し語の油粕は、豚の三枚肉から脂肪を精製した後の粕で、カラカラになった固形物である。搾り取った半固体のラードとともに、料理用の出汁に用いた。魚や肉などがない場合は、用例のように出汁として用いた。ソーメン汁など、アヴァヌ ハシ

が入るだけで香りも味も格段に旨味を増した。

アカ[ʔaka]〔名〕
赤。赤色。【例】ウンドーカインナー アカトゥ ゾーッソヌ ハチマキバ ハビキョーソー セータ（運動会には、赤色と白色の鉢巻きをして競争した）。

アカ[ʔaka]〔名〕
淦。船底に溜った潮水。豊年祭の神事である「ハーリー船」の「ユーアギ（世揚げ＝豊年の招来）」の際に船底に溜った「淦」を「ユー」と言うが、この場合の「ユー」は「豊作」を意味する「ユー」との掛け言葉である。【例】パーリーフニヌ スクナ タマレー ウブスヤ アカッティ イザナー ユーッティ イズ（パーリー船〈爬竜船〉の底に溜った潮水は、アカとは言わずユーと言う）。

アガ[ʔaga]〔名〕
傷や出来物がかさぶたで覆われた状態。【例】バンター ヤラビシェーケー ミドゥムン ビキドゥムン ティーパンナ アガヌ アッタワヤ（僕たちが子どものころは、女も男も手足にアガを抱えていたものだ）。ろくに薬のない情況で、治療らしい治療はせず自然治癒にまかせていたのだった。

アガ[ʔaga]〔感〕
あ痛っ。痛い。痛い目にあった時に思わず発する叫び。【例】アガ ガーバツァン ザーリナーヌン（あ痛っ ガーバツァ＝茅蜂に刺されてしまった）。

アガー[ʔagaː]〔感〕
「アガ」と同じ。「アガ」より切迫感がある。【例】アガー アカバツァン ザーリナーヌン（あ痛あっ アカバツァ＝赤蜂に刺されてしまった）。アカバツァはガーバツァより二回りほど大きく、刺されたときの痛みもはるかに強い。色合いや形は、テレビでよく見かけるスズメバチに似ているが、大きさはスズメバチより二回りほど小さく巣も小さくて平たく段状ではない。

本土で、いかにも「フキナージラ（沖縄人の風貌）」をしている人に「沖縄出身ですか」と尋ね、「違います」と応えたら足を踏みつけると「アガー」と発する。お里がバレル〈明白になる〉というおなじみの小話の一場面である。

アカーアカーシ[ʔakaːʔakaːʃi]〔副〕
赤々とした。【例】ウジヌ パナー ムカシェー ウマハマナ アカーアカーシ サキブッタヌ クナレー ヨーイニ ミラルヌン（デイゴの花は、以前はあちこちで赤々と咲いていたのに、昨今はめったに見られない）。

アカイル[ʔakaʔiru]〔名〕
赤色。【例】アカイルッティ イズッカー ウンドーカイヌ アカハチマキヌ イルトゥ アカマイヌ イルヌドゥ ウモーリルワヤ（赤色というと、運動会の赤い鉢巻の色と赤飯の色が思い出されるよ）。当時の黒島での赤飯は食紅を使って色付けしたもので、本土でのアズキなどの煮汁を糯米にまぜて蒸籠で蒸した強飯ではない。

アカギ[ʔakagi]〔名〕
赤毛。頭髪の赤いもの。【例】マリッタル ハラ アカギッティ バラーリ ブッタヌ マヌマヌ ユーヤ ジンバ タージ アマジヌキーユ アカーアカー スミルワヤ（生まれつきの赤毛でからかわれていたのに、今のご時世は金を掛けて頭髪を赤く染めるよねえ）。

アカクー[ʔakakuː]〔名〕
赤い粉。食紅。慶事の時の赤飯、カマボコやクマスムイ（甲イカ・コブシメ）を染めたりするのに用いた。「アカイル」の項参照。

アカクマスムイ[ʔakakumasumui]〔名〕
赤く染めたコブシメ。祝祭用に食紅で表面を染めたコブシメ。

アガクン[ʔagakuŋ]〔自〕
　一所懸命働く。力を尽くす。【例】マヌマヌ　シーヨーシヤ　ギューサ　アガカバン　マイハ　ナラヌン（今の仕方では、いくら力を尽くしても前にならない〈前に進まない〉）。

アカサナイ[ʔakasanai]〔名〕
　赤い褌（ふんどし）。【例】ウッツェヌ　イザー　イチン　アカサナイバ　キシ　ワーッタラドゥ　ヤーヌナーユ　アカヤーッティ　シタ（その家のお父さんは、いつも赤い褌を着ておられたので屋号をアカヤーと呼んだ）。

アカサビ[ʔakasabi]〔名〕
　赤錆（あかさび）。鉄に生じる錆。【例】パイユン　ピラン　ガッキン　シカイトゥーシ　ベーッカ　アカサベー　シカヌン（鍬（くわ）も箆（へら）も鎌（かま）も、使い続けていると赤錆はつかない）。

アカジ[ʔakaʒi]〔名〕
　欠損。赤字。【例】ビャーハシマー　マイヤ　アカジヌシマッティ　イザリブッタヌ　マヌマー　クロジヌシマッティ　イザリブー（我が黒島は、以前は赤字の島と言われていたが、現在は黒字の島といわれている）。昭和30年代あたりから島の過疎化が進み、主産業であったサトウキビ生産が衰退すると同時に島全体が肉用牛生産のための牧場と化し経済が比較的上向いてきた。そのような状況を「黒島の」の「黒」と掛けて用例のような言い方がなされるようになった。

アカシキ[ʔakaʃiki]〔名〕
　早朝。明け方。「暁（あかつき）」の意。一般には「アリバナ」と言う。【例】アカシキンナー　イザー　パタケヘ　ワーレヘン（明け方には、父は畑に行かれた）。

アカジラー[ʔakaʒira:]〔名〕
　赤面。恥をかいて顔が赤くなること。【例】プスン　バラーリ　アカジラ　ナリベールワヤ（他人に笑われ、恥ずかしくて顔が赤くなっているよ）。

アカジンミーバイ[ʔakaʒimmi:bai]〔名〕
　〈動〉魚の名。スジアラ。沖縄県の最高級魚の一つ。【例】イズヌ　マーハー　アカジンミーバイ　マクブ　アカマチッティ　イザリブー（魚の美味しいのは、アカジンミーバイ＝スジアラ／マクブ＝シロクラベラ／アカマチ＝ハマダイと言われている）。用例の、三魚は沖縄での三大高級魚とされている。僕の好みでは、アーガイ＝ヒブダイを加えて四大高級魚と称したい。アーガイのことを、黒島では「ボーダ」と呼んでいたように記憶しているが……。

アカスン[ʔakasuŋ]〔他〕
　離す。離乳させる。【例】ウシン　ピシダン　ヴァーユ　パーク　アカシバドゥ　ブナーヤ　パーク　ズブムイ　シー（牛も山羊も子を早く離乳させたほうが、母牛や母山羊は早く発情する）。子牛や子山羊が乳を飲んでいる間、母牛や母山羊は発情しないというから発情を促すためにも離乳が必要である。

アカチン[ʔakatʃiŋ]〔名〕
　マーキュロクロームの総称。「赤いヨードチンキ」の意。【例】ヌーバセー　キズン　アカチンユ　マミウスクッカー　ミサーナレーッタワヤ（どんな傷も、アカチンを塗っておくとよくなったよ）。

アカトゥル[ʔakaturu]〔名〕
　船の底の淦（あか）を汲み取る道具。淦取り。独特の形状をした木製の道具である。「ユートゥル」とも言う。【例】サバニヌ　スクナー　タマレー　アカー　アカトゥルシ　フミシティッタ（サバニ〈沖縄独自の板製の小型漁船〉の底に溜まった淦は、淦取りで汲んで捨てた）。

アカナー[ʔakana:]〔名〕
　〈動〉魚の名。バラフエダイ。神経・胃腸に障害が起こる「シガテラ毒」を有する毒

魚として知られ、流通が禁止されている。下瀬環『沖縄さかな図鑑』（沖縄タイムス社刊・2022）によると、「八重山では時折漁獲され、おいしいが販売が禁止されている」と説明されている。

アカバ[ʔakaba]〔名〕
〈植〉樹木の名。タブノキ。「タブ」の項参照。

アカバー[ʔakaba:]〔名〕
出来物などで顔の赤らんでいる子ども。皮膚病の一種。【例】ムカシェー ウマハマナー アカバーヌ ミラリッタヌ マヌマー ブラヌワラー（昔はあちこちでアカバーの子どもが見られたが〈いたが〉、今はいないよねえ）。

アカパービン[ʔakapa:biŋ]〔名〕
〈動〉蝶の名。赤みを帯びたアサギマダラ。オオゴマダラより一回り小さい。「アウパービン」の項参照。

アカハチ[ʔakahatʃi]〔固〕
〈人〉人名。歴史上実在した人物。波照間島で生まれ、大浜を拠点に活躍した豪族。1500年、首里王府に謀反したということで征討された。「オヤケアカハチ」の呼び名もあり、現在は島民のために起ち上がった英雄だったとする見方もある。

アカバツァー[ʔakabatsa:]〔名〕
〈動〉蜂の一種（和名不明）。赤茶けた色で「ガーバツァー（茅蜂）」より二回りほど大きく、刺されたときの痛みもはるかに強い。「アカハチ（赤い蜂）」の意。

アカパナ[ʔakapana]〔名〕
〈植〉ブッソウゲ（仏桑華）・ハイビスカス。「アカハナ（赤花）」の意で、往時の黒島では「赤色のブッソウゲ」が赤い花の代表的存在であったことからの呼び名。仏壇に供える花の代表格であることから「ソッコーパナ（焼香花）」とも言う。【例】トゥクナ ハザル パナユドゥ アカパナッティ イズッタ（仏壇に飾る花を、アカパナと言った）。

アカハビ[ʔakahabi]〔名〕
赤紙。正月や慶事に、黄、白の紙と一緒に花米を入れた重箱の下に敷き、床の間に飾る。同じ赤い紙でも、召集令状は「アカフダ（赤札）」と称した。

アカハマブク[ʔakahamabuku]〔名〕
赤い蒲鉾（かまぼこ）。祝儀用に食紅で表面を染めた蒲鉾。〈類〉アギハマブク（揚げ蒲鉾）・ズーハマブク（白い蒲鉾）。【例】ユヌ ハマブコールヌ アカハマブコー マーハルニンブッタ（同じ蒲鉾だのに、赤い蒲鉾はおいしい感じがした）。

アカハン[ʔakahaŋ]〔形〕
赤い。（石）アカサーン。【例】サキ ヌッカー ウムティヌ アカハ ナルワヤ（酒を飲むと、顔が赤くなるよ）。

アカフダ[ʔakaɸuda]〔名〕
召集令状。「赤札」の意。【例】アカフダヌ キー ヤマトゥハ パリナーヌン（召集令状がきて、大和（本土）に行ってしまった）。

アカプリムヌ[ʔakapurimunu]〔名〕
本当の耄（ほ）れ者（もの）。大馬鹿者。「プリムヌ（耄れ者）」に程度の甚だしい意の接頭語「アカ（赤・真）」がついている。「ウブプリムヌ」「ソープリムヌ」「マープリムヌ」とも言う。【例】ウヴァネー ムヌユドゥ アカプリムヌッティ イズ（お前のようなやつを、アカプリムヌ＝本当の耄れ者と言うのだ）。

『石垣方言辞典』では、「プリムヌ＝気違い。狂人。『狂れ者』の意」と説明されている。ところが、どの国語辞典にも「ふれもの（狂れ者）」は確認できず、黒島の「プリムヌ」に対応する語としては「耄れ者」しか見当たらない。「狂れる・気が狂れる」などの用語はあるのだから、「狂れ者（ふれもの）」があってもよさそうだけど……。ちなみに『鳩間方言辞典』は「プリムヌ」の語源を「耄（ほ）

れ者」としている。

アカマイ[ʔakamai]〔名〕
赤飯。食紅を用いて赤く炊いた米のご飯。慶事に食した。【例】ヨイヌバソー アカマイヌ ウバンユ ヴォータ（祝いのときは、赤飯を食べた）。
　一般に言う「赤飯」は、小豆やささげの煮汁とともに糯米を蒸し籠で蒸した「こわ飯」のことであるが、黒島では食紅で赤くしただけの米の飯を「アカマイ（赤飯）」と呼んだ。なお、稲の品種を表す「アカマイ」は黒島語には確認できない。

アカマター [ʔakamata:]〔名〕
西表島古見村、小浜島、新城島、石垣島宮良村などで信仰されている来訪神の名。豊年祭に催されるこの祭祀は、篤い信仰に裏打ちされた秘密結社によって行なわれていることから外部から内容を推し量ることはできない。
　なお、アカマターの他に、古見村ではクルマターとシルマターが出現し、小浜島、新城島、宮良村ではクルマターが出現する。

アカマチ[ʔakamatʃi]〔名〕
〈動〉魚の名。ハマダイ。沖縄県内の三大高級魚の一つ。「アカジンミーバイ」の項目参照。

アカマラウシ[ʔakamaraʔuʃi]〔名〕
牛の品種の一つで赤毛の牛。赤い陰茎の牛。「赤毛の牛、または赤いまら（魔羅＝陰茎）の牛」の意。黒島に伝わる「ゆんぐとぅ」の題名でもあるが、単に「赤毛の牛」と解するか、「赤い陰茎の牛」と捉えるか。

アカマラウシ　ユングトゥ
　　　　　　　　　[ʔakamaraʔuʃi juŋgutu]〔連〕
あかまらうし　ゆんぐとぅ。《古謡》に先行する唱えの一形態である「ゆんぐとぅ」の題名。「アカマラウシ」参照。八重山の伝統歌謡は、器楽伴奏を用いずに歌われるアユ（アヨー）・ユンタ・ジラバ等の《古謡》と古謡を母体にして三線の伝来に伴い三線の伴奏によって歌われる三線歌、すなわち個々の歌が「〜節」と呼ばれる《節歌》に大別される。

アカマル[ʔakamaru]〔名〕
〈動〉魚の名（和名不詳）。ヒメジ魚の一種で赤みがかったもの。群を成して産卵にくるヒメジ（ハトッシ）とは違って、アカマルは２〜30尾の群れでイノー（礁池）に生息していた。

アガミルン[ʔagamiruŋ]〔他〕
崇める。【例】プスユ アガミーッカドゥーン アガミラリルン（他人を崇めると、自分も崇められる）。

アカヤ [ʔakaja]〔感〕
失敗したり、落胆したりした時に発する。【例】アカヤ マキナーヌワヤ（アカヤ、負けてしまったなあ）。

アカヤー [ʔakaja:]〔固〕
新城家の別称。同家は、東筋部落のマヌパ（南方）に位置していたことから「マヌパ」が屋号として通用していた。一方で、当主が赤い褌を着ていたことから「アカヤー」とも呼ばれていた。

アガヤー [ʔagaja:]〔感〕
失敗したり、落胆したりした時に発する。「アカヤ」より落胆の気持ちが強い。【例】アガヤー マタ マキナーニバヤラー（アガヤ、また負けてしまったんだねえ）。

アカヤラビ[ʔakajarabi]〔名〕
全くの子ども。全くの未熟者。「ミーチヤラビ」と同じ。【例】ウレー シーヨーヤ アカヤラビトゥ ユヌムヌ（そいつのやり方は、全くの子どもと同じだ）。

アカラスン[ʔakarasuŋ]〔他〕
別れさせる。離乳させる。【例】ウヌ ウシヌッファー スック ウボービ ナレーリバ アカラハイ（その牛の子は、すっかり大きくなっているから離乳させなさ

い)。

　雌牛は離乳しないと発情しないことから、発情を促すには離乳は早いほうがいいという。大規模な牛舎では、子牛が生まれると早めに母牛から離しミルクで飼育することにより、母牛の発情を促がすという。効率的・経済的な飼育法とは言え、人為的な離乳・発情・出産のサイクルには、考えさせられる。

アカリルン[ʔakariruŋ]〔自〕
　別れる。離れる。離乳する。【例】ヴァーヌ　アカリリバドゥ　ミーウシェー　ズブムイ　シードゥラ（子牛が離乳すると〈した後に〉、雌牛は発情するのだよ）。本格的な畜産農家では、早々と母牛の授乳を絶ち〈子牛を人為的に離乳させ〉母牛の発情を促がす。「アカラスン」の項参照。

アガルン[ʔagaruŋ]〔自〕
　上がる。「アールン」と同じ。

アガローザブシ[ʔagaro:zabuʃi]〔名〕
　八重山民謡の節名。子守歌の代表格で、高音の張りのある旋律とほのぼのとした歌詞の内容が溶け合って、独唱曲としても人気の高い歌謡である。

アカンガニ[ʔakaŋgani]〔名〕
　銅。「あかがね（赤金）」の意。【例】クガニ　ナンザ　アカンガニ（金、銀、銅）。

アカンツァ[ʔakantsa]〔名〕
　赤い粘土。【例】アカンツァシドゥ　ハマン　スクリ　マタ　ハーラヤーヌ　ハーラユフクバソーン　アカンツァユ　シカウッタ（赤い粘土で釜戸を造り、瓦家屋の瓦を葺く場合も赤い粘土を使った）。

　黒島の土の表土はシマジリマージであるが、およそ30センチメートル下はアカンツァ（赤い粘土）であった。アカンツァだけでは植物は育たず、畑の周辺から茅が侵入してくると、アカンツァが出るところまで掘っておくとその侵入は防げた。現在、石垣島や沖縄本島の各地における茅の繁殖ぶりをみていると、地下茎からだけでなく種子が飛来して広がっているように感じられるが、実態はどうであろうか。黒島で生えていた茅と種類が違うのだろうか。

アカンマブシ[ʔakammabuʃi]〔名〕
　赤馬節。八重山民謡・八重山舞踊の名称。八重山芸能を代表する祝儀歌謡および祝儀舞踊として位置づけられている。首里王府に献上された駿馬の赤馬を称えた節歌で、八重山地方では祝宴や祭りのザーピラキ（座開き・開幕）に演じられる。

アギ[ʔagi]〔名〕
　おか（陸・丘・岡）。【例】アギヌ　プリムノービキドゥン（陸の劣れ者は男である）。まさに、「ビキドゥモー　ソーキブニヌ　タラーヌン（男は肋骨が足りない）」と言われる所以だ。

アギイズ[ʔagiʔizu]〔名〕
　揚げ魚。「アギシラシ」とも言う。【例】イズヌ　マーハー　アギイズトゥ　アーカシイズラー（魚が美味しいのは、揚げ魚と炙り魚だよねえ）。

アギウタ[ʔagiʔuta]〔名〕
　高音の歌。「上げ歌」の意。〈対〉サギウタ（下げ歌）。【例】バハルシェーケー　アギウタ　トゥシトゥッカー　サギウタ（若いころは高音の歌を、年を取ると低音の歌を〈好む〉。

アギウラシ[ʔagiʔuraʃi]〔名〕
　上げ下ろし。【例】ニユ　アギウラシ　シーバソー　クシバ　ンダミ　スーナッカ　クシユ　ヤマスンドゥラ（荷を上げ下ろしする場合、腰を据えて扱わないと腰を痛めるよ）。

アギサギ[ʔagisagi]〔名〕
　上げ下げ。【例】ハタヌ　ヤミドゥ　ウディヌ　アギサギン　エイッティ　ナラヌン（肩が痛くて、腕の上げ下げもすぐに出来

ない)。下着を脱ぐのに両手を交差させて行う動作がままならない情けない昨今の我が身を描写している、トホホ。

アキサミヨー[ʔakisamijo:]〔感〕
驚いたり落胆したりする場合に発する。沖縄語の移入語。黒島語の日常語では「ハキサミヨー」と言う。

アギジマー[ʔagiʒima:]〔名〕
泳げない人を軽んじて言う。「アギ（陸）ジマ（島）」の意。【例】プリプソー ミドゥムンキ バーキ ウイッセーッタヌ アースンヌ ミドゥムンケー ムール アギジマーアッタ（保里部落の人たちは女の子たちも泳げたのに、東筋部落の女の子たちは皆泳げなかった）。海に近い保里部落の女の子たちは、地の利を生かして泳ぎが達者だったのに、東筋部落の同世代の女の子で泳げる人は一人もいなかったのではなかっただろうか。

アギシラシ[ʔagiʃiraʃi]〔名〕
揚げ魚。【例】ヨイヤーヌ シームヌナーヤ ヤディン アギシラシヌ パイリブッタ（お祝いのある家の吸い物には、かならず揚げ魚が入っていた）。

アギゼー[ʔagize:]〔感〕
こんちくしょう。ええくそう。【例】アギゼー マタ マキナーヌン（こんちくしょう、また負けてしまった）。

アギドーフ[ʔagido:ɸu]〔名〕
揚げ豆腐。【例】アギドーフヤ キザルヌ ズーバクナ ヤディン パイリ ブッタ（揚げ豆腐は、行事の重箱にはかならず入っていた）。

アギヌ ソッコー[ʔaginu sokko:]〔名〕
最後の法事。三十三年忌。「トゥムライソッコー」とも言う。「仕舞いの焼香」の意。【例】アボー アギヌ ソッコーユ シーウヤセータ（お母さんの最後の法事〈三十三年忌〉を、して差し上げた）。

アギハマブク[ʔagihamabuku]〔名〕
揚げ蒲鉾。【例】アギハマブコー ナガラク タブイラリッタ（揚げ蒲鉾は、長らく保存できた）。

アギムヌ[ʔagimunu]〔名〕
揚げ物。【例】キザルヌ ズーバクヌ アギムノー イズヌパンビン アギドーフヤ キマリブッタ（行事の重箱の揚げ物には、魚の芯のてんぷらと揚げ豆腐が定番であった）。

アキヤー[ʔakija:]〔名〕
空いている家。空き家。【例】ウンヤーヤ ヤーニンズヌ ヒックシ ブラナナリ アキヤーナリ アキヤシキ ナリブー（その家は家族が引っ越していなくなり、空き家になって空き屋敷になっている）。

アキヤシキ[ʔakijaʃiki]〔名〕
空き屋敷。「アキヤー」の項参照。

アキラミルン[ʔakiramiruŋ]〔自〕
諦める。断念する。共通語からの借用語。本来の黒島語は「ウムイキスン」。【例】ウヌ ミドゥモー ウヴァンナ ウユバルニバ メー アキラミリ（その女性は君には及ばないから〈もったいないから〉、もう諦めなさい）。

アギルン[ʔagiruŋ]〔他〕
上げる。【例】キューヤ ピヌチヌ ハイヤリバ ンニギュ アギルントゥ（今日は、日和がよいので棟木(なぎ)を上げるそうだ）。
　新築の過程で、ナハバラ（大黒柱）を立てる日とムニアギ（棟木を上げる棟上げ）の日は、特別であった。

アギルン[ʔagiruŋ]〔他〕
揚げる。【例】トーフユ アギバソー アヴァヌ ピャンガリバ タマンガリヨー（豆腐を揚げる場合、油が跳ね上(あ)がるから気をつけなさいよ）。

アク[ʔaku]〔名〕
灰(あ)汁。【例】イズヌ スーヤ アクユ

ゾーットニ　トゥラナーッカ　マーハナーヌンドゥラ（魚汁は、灰汁を十分に取らないと美味しくないよ）。

アクグチ[ʔakugutʃi]〔名〕
わるぐち
悪口。通常は「ヤナフチ」と言う。【例】アクグチヌ　グーハジユ　シカハリッタ（悪口の数々を聞かされた）。

アザ[ʔaza]〔名〕
ほくろ
黒子。【例】バンテヌ　フタッツァー　コーコーセイナルヌ　マヌマシキ　アザシドゥ　パバカリ（我が家の双子は高校生になっているが、今でも黒子で見分けている）。

アザ[ʔaza]〔名〕
石垣。「グスク」とも言う。東筋村の「シナピキウタ（綱引き歌）」に自陣の強さを強調するのに「ギシクヌニー（石垣の根）」と言う表現があり、古い時代は「ギシク」と言っていたことが窺える。【例】ヤラビシェーケー　ウブナイヌ　キー　ヤーハジヌ　アザー　キューリ　ナーンターン（子どものころ大地震があって、家ごとの石垣が崩れてしまった）。

　中学生のころだったろうか、後にも先にも経験したことのないほど大きな地震に遭った。たまたま牛車を引かせているときで、牛はびっくりして後ろ足で立ったまま微動だにしなかった。一瞬の間をおいて、ガラガラとアザ（石垣）の崩れる音が聞こえた。

アザーッキリ[ʔaza:kkiri]〔形〕
清潔であれ。「アザーッケヘン」（形）の命令形。共通語の形容詞には文語にのみ命令形があるように、黒島語の形容詞のなかにもこの語のように命令形があるものがある。

アザーッケ　アザーッケ
　　　　　　　　　　[ʔaza:kke ʔaza:kke]〔連〕
清潔さ。清潔なこと。「アザーッケヘ」と同じ。繰り返して語意を強調している。

アザーッケヘ[ʔaza:kkehe]〔名〕
清潔さ。清潔なこと。【例】クヌ　ミドゥモー　アザーッケヘットゥリ　アバレヘダラ（この女性は、清潔感もあり器量よしでもあるよ）。

アザーッケヘダラ[ʔaza:kkehedara]〔感〕
身だしなみの悪い人へ「何とけばけばしいことよ」と、皮肉をこめて言う言葉。裏には「アザーッケ　アザーッケ　シー　アラキヨ（こざっぱりしてあるきなさいよ〈いなさいよ〉）」という戒めの意味がこめられている。

アザーッケヘン[ʔaza:kkeheŋ]〔形〕
小奇麗な。こざっぱりした。清潔な。心身のありよう全般について言う。（石）アザギシャーン。八重山の歴史・民俗・文化・芸能研究家の森田孫榮氏（大正10年生まれ）は、八重山びとの清雅な美意識がこの言葉「アザギシャーン」に凝縮・投影されていると強調した。私の母も、娘たちに身だしなみはもちろん特に台所や流しの「アザーッケヘ（清潔さ）」を保つよう厳しく躾けたと言う。

アサイアトゥ[ʔasaiʔatu]〔名〕
ばんじょあと
番所跡。竹富町〔史跡〕・昭和47年８月30日指定。アサイ（番所）は、琉球王国時代に黒島に置かれていたもので、現在の役所にあたる。伝承によると、黒島の番所は元々保里部落に置かれていたが、当時、役人を乗せた船が入港した場合、太鼓の合図で島民が大急ぎで歓迎のために集まっても、役人のほうが先に着いてしまうため、役人の不満をかっていたという。このことを解消するため、番所を宮里に移転したと伝えられている。『竹富町の文化財』（平成10年３月・竹富町教育委員会発行）参照。

　番所の保里から宮里への移転の理由については、八重山の近代史研究者らによると漂流船や不審船等の監視のため、八重山の内海に面している保里より外海に面してい

る宮里のほうが適している、ということによるものだとの説明であった。「プズマリ」の設置場所が宮里であることからも、この説のほうが整合性と説得性を備えているように思われる。

アザイナク[ʔazainaku]〔名〕
シャコガイの巨大な殻。「アザハイナク」とも言う。普通の大きさのシャコガイの殻は「ギラヌ　クー」と言う。【例】ウブンザー　アザイナクシ　ウンユ　アローッタ（巨大なシャコガイの殻で、芋を洗った）。長さが80センチほどもあるシャコガイの殻で芋を洗ったりしていたが、昔はそんな巨大なシャコガイが黒島周辺の海に生息していたのであろうか。

アサクイ[ʔasakui]〔名〕
早朝の祈願のためのパーリー漕ぎ。ムラプール（余興の行なわれる豊年祭）の早朝、「パーレー（爬竜船）」の乗組員が願いを込めて漕ぐこと。豊年祭行事では「クイ（漕ぎ）」と「クイ（請い＝願い）」を掛け、「パーレークイ（爬竜船漕ぎ）」は「ユークイ（世請い＝豊年招来）」を意味する、いわば神事儀礼である。

アザ　クイル　ミドゥム[ʔaza kuiru midumu]〔連〕
石垣を越える女。【例】ミドゥムヌ　アザー　クイルッカー　ピルマシ　クトゥ　ミルンドー（女が石垣を越えると、大変なことになるよ）。

黒島に伝わる「まかないおんな（賄女）」にまつわる悲しい言い伝えである。琉球王国時代、離島勤務の役人には身の回りの世話をする人があてがわれた。王府の定めでは51歳以上の男女、もしくは14歳以下の男子に限られていた。人頭税の課税対象者以外から選ぶように定められていたのだが、14歳以下の女子も用心深く除外されていた。でも実際は若い女子が選任されたことから、「まかないおんな（賄女）」と呼ばれた。おまけに賄女は役人と寝起きを共にすることを強要されたという。何のことはない、役人の任期中だけの「現地妻」の役目を担わされたのである。

そういう情況下の黒島で、賄女に名指しされた「フナットゥ・ブンタ」はこれをきっぱり拒絶した。役人の家に連れて行かれた彼女は、裏の「石垣を越えて」逃げ出した。彼女は再び強制的に役人宅に連れ戻され、そこでひどい折檻を受けた挙句惨殺された。この逸話で、彼女の「石垣を越える行為」は「禍をもたらすもの」と否定的に捉えられているが、役人の命令に背くことの許されなかった時代背景のなかで示された彼女の命懸けの勇気ある行為は、人間の尊厳を守る普遍的な正義の証として称賛され見直されるべきものと思う（當山善堂著『八重山の芸能探訪―伝統芸能の考察・点描・散策―』所収「賄女に関する一考察」（琉球新報社発行・2018年）参照。

アサジギョー[ʔasaʒigjo:]〔名〕
黒島の東筋部落の中学生が自主的に行なった早朝の資金造成のための農作業の手伝い。「朝事業」の意。僕たちが小、中学生のころ、旧暦の一月十六日の晩は生徒が仕組んだ演芸大会が行なわれた。その資金造成のために、早朝の一時間ほどの農作業の手伝いをした。サトウキビのカマグサ（下葉取り）やアズキの収穫などであった。アサジギョーは、青年団も行なった。

アササクライ[ʔasasukurai]〔名〕
朝食前の農作業。「アサスクル」と同じ。

アサスクル[ʔasasukuru]〔名〕
朝食前の農作業。「朝作る」の意。【例】パタラキダハー　プソー　アサスクルバシー　ウンハラ　メーッサベー　ヴォーッタ（働き者はアサスクルをし、それから朝食をした）。

アザスクン[ʔazasukuŋ]〔名〕
古い石垣。荒地などで崩れかかった状態のものに言う。【例】マイヤ シマヌ ウマ ハマナ アザスクンヌ ミラリッタヌラー（以前は島のあちこちで、古い石垣が見られたけどなあ）。島中が牧場になっている現在は、あまり見かけない。

アザナ[ʔazana]〔名〕
あだな（渾名・綽名）。その人の特徴などを捉えてつけた実名以外の名。愛称の意味と軽いあざけりの意味合いをこめる場合がある。【例】ヨーヨー アースンハ パルバソー ムノー タマンガリ イザナーッカ シグ アザナー シキラリルンドー（ほらほら、東筋部落に行くときは言葉に気をつけないとすぐ綽名をつけられるぞ）。

黒島では、東筋部落の人がよく綽名をつけたことから、例文のように余所の部落の人から警戒された。それでも、他の部落の人たちは「ショーカイセキ（蒋介石）」「ワッター カナー（我が家の加那）」「クラマテングヌ サバ（鞍馬天狗の草履）」「キタグニノ ハル（北国の春）」「モリノイシマツ（森の石松）」などのユニークな綽名を〝献上〟された。東筋部落内の傑作な綽名に「軍艦（体躯が並はずれて大きいことから）」「応援（三三七拍子などの掛け声や仕草などを初めて黒島に導入したことから）」「博士（農業に関して何でもよく知っていて自信満々に述べたことから）」「コンクリー頭（相手を罵るのにこの言葉を頻繁に用いたことから）」などがある。

なお、綽名をつけるには、人一倍の観察眼・教養・ユーモアのセンスなどが求められるが、東筋部落の名人としてはすでに他界された「仲嵩小町（通称クマッチ）・新城末（通称ナビッカ）」の両嫗が、健在の方では黒島郵便局長を務めた「又吉智永（通称ジロー）氏」が我が「黒島語研究会」の会員から推戴された。

アザナとは違うが、東筋部落の通りの名で傑作なのは、グロンサン通り（高級栄養ドリンク剤愛用通り）・グロモント通り（廉価栄養ドリンク剤愛用通り）、ダラッサ通り（嘘つき通り）など。面白くてユニークな屋号に、部落内の立地場所が石垣島における集落と似た位置にあるからというので東筋部落には「イバルマ（伊原間）」と「ペーブク（平久保）」があり、保里部落には村はずれにあるからというので「ヤケナ（屋慶名）」を意味する「ヤキニヤー」があった。

アサニヴィ[ʔasanivi]〔名〕
朝寝。【例】アサニヴィ シープソー ウヤケー スーヌン（朝寝をする人は、裕福になれない）。

アザハイナク[ʔazahainaku]〔名〕
巨大なシャコガイの殻。「アザイナク」と同じ。「アザイナク」の項参照。

アサパナ[ʔasapana]〔名〕
早朝。「朝端」の意。日常語にはなく、歌謡語として用いられている。

アサハン[ʔasahaŋ]〔形〕
浅い。【例】プリヌ ハーヤ アースンヌ ハーッキン アサハダ（保里村の井戸は、東筋村の井戸より浅い）。黒島の地下は海とつながっていることから、海抜の高低に応じて井戸の深浅がきまる。海に近い保里村は内陸部の東筋村にくらべ、標高が低いことが井戸の浅さによって立証できるわけである。「ハー（井戸）」の項参照。

アサビ[ʔasabi]〔名〕
遊び。神遊び。遊興。【例】キツガンマチリヌ ピーヤ ワンナ アツァマリ ブドゥル キョーンギンシ ピーズ アサビ ブッタ（結願祭の日は、お嶽に集まって踊りや狂言で日がな一日遊んですごした）。

遊びの原初の形態は、神々を喜ばせるための「神遊び」であったと言われ、人々は

神に寄り添うことによってのみ「遊び」が許され、日々の苦役からしばし逃れることが許された。その遊び＝遊興が「奉納芸」に発展し現在の「舞台芸」にまで洗練・昇華を遂げたというのである。

アサビアマイ［ʔasabiʔamai］〔名〕
遊び歓え。【例】アサビ アマイヤ ヲゥドゥイシャビラ（楽しみや歓びの極みに踊り楽しもう／八重山民謡〈目出度節〉より）。「遊」という漢字について漢字学の碩学・白川静は、自らの著書『文字逍遥』（平凡社・1994年刊）のなかで次のように述べている。「遊ぶものは神である。神のみが、遊ぶことができた。……この神の世界にかかわるとき、人もともに遊ぶことができた。神とともにというよりも、神によりてというべきかも知れない」。「アサビ（遊び・神遊び）」の項で記したように、遊び＝神遊び＝遊興が「奉納芸」に発展し、さらに「舞台芸」に洗練・昇華したのである。その「アサビ」にはつねに「アマイ（歓び）」が伴うのだ。

ここに取り上げた白川静の論述の実態は、僕が中学校まで過ごした黒島の人々の日常生活の実態そのものである。島の人々は、晴れた日には畑仕事＝農業に従事し雨や台風の日には家のなかで縄を綯い蓆や草鞋を編み農機具や大工道具の手入れをするなど、年がら年中働き詰めだった。そういうなかにあって、人々が苦役から解放されたのは季節の折々に行なわれる祭りの日であった。まさに祭りの日こそは、「人々は、神とともに、というよりも神によりて、遊び＝神遊びに興じるハレの日」であった。なお、日常の苦役に従事する日々は、「ハレの日」に対し「ケの日」と称された。

アサビザーク［ʔasabizaːku］〔名〕
遊び仕事。遊びながら出来る軽い仕事。手抜きした出来具合のよくない仕事。「アサ

ビシグトゥ」とも言う。【例】ウレー ザークヌ シーヨーヤ イチン アサビザークヤワヤ（そいつの仕事の仕方は、いつも手抜き状態の仕事ぶりだよ）。どちらかと言うと、自ら行なうものであれ他人の行なうものであれ積極的な評価をしない場合に用いる。

アサビシグトゥ［ʔasabiʃigutu］〔名〕
遊び仕事。日常語としては「アサビザーク」が多用された。

アサビシバナ①［ʔasabiʃibana］〔固〕
遊び岩。竹富町〔天然記念物〕・昭和47年８月30日指定。黒島の北海岸に突き出た平坦な岩の名。昔、この岩の上には芝生が生えていて、月夜ともなると、この岩の上で島の若者たちが歌ったり踊ったりして遊んでいたので、アサビシバナ（遊び岩）と名づけられたと言われている。アサビシバナからの眺めはよく、今日でも人々の憩いの場となっている。『竹富町の文化財』（平成10年３月・竹富町教育委員会発行）参照。

アサビシバナ②［ʔasabiʃibana］〔固〕
地名。大きな岩の上の広場の名。「遊び岩」の意。「アサビ」と「シバナ」の複合語。【例】アサビシバナー ヤラビシェーケー ウボホーッタヌ ウブプスナリ ミーッカ グマーグマーヌ シバナーワヤ（アサビシバナは子どものころは大きく感じたが、大人になって見たらうんと小さな岩石だ）。

保里部落の北方にあって、小学生のころはかなり高く広い所だったと感じたが、大人になって行ってみると、十畳くらいの広さで砂浜までの高さも３メートルに届かない感じである。それでも当時の保里部落の子どもたちは、満潮時にはその上から男子はもちろん女の子も飛び込んで遊んだという。まさに「アサビシバナ（遊び岩）」として親しまれていたわけだ。今は、防波堤の設置等で潮の流れが変わって砂が堆積し、

波打際ははるか遠くになってしまった由。
〔追記〕あとで聞いたところによると、そこは保里部落の青年男女の逢引き（今風に言うと「デート」）のスポットとして活用されていたのだそうだ。

アサビッファ [ʔasabiffa]〔名〕
正式な結婚相手との子ではなく、遊び仲間との間に出来た子。「グンボーッファ」とも言う。【例】ウヌッファー アサビッファー アッタヌ ウブザトゥ パーン アッタラサ シラリ マイフナー マリバシェードゥラ（その子は親の遊び子だったが、祖父母に大事に育てられて優れ者になったのだよ）。

アサビドゥシ[ʔasabiduʃi]〔名〕
遊び友だち。【例】ウヌフターラー アサビドゥシ アッタヌ マズンナレーットゥ（その二人は、遊び友だちだったのが一緒になった〈結婚した〉そうだ）。

アサビトーラ [ʔasabito:ra]〔名〕
遊び友だち。遊び仲間。古い言い回しの言葉で、三線歌の〈ちんだら節〉に出てくる。【例】ヤラビカラヌ アサビトーラ チンダラ チンダラヨー（子どものころからの遊び仲間であったのに、かわいそうに気の毒に―かわいい人よ いとおしい人よ―／黒島民謡〈ちんだら節〉より）。

アサビパダ[ʔasabipada]〔名〕
よく遊ぶ年ごろ。「パダ」は直接には「肌」を意味するが、「時期・年頃」の意もある。【例】①ヤラベー アマイドゥ パダ（子どもは、歓え時分）。②バハムノー アサビドゥ パダ（若者は、遊びたい年頃）。③ウイプソー シカイドゥ パダ（年寄りは使うのに適した年齢だ〈そのほうが健康によい〉）。

アサブン[ʔasabuŋ]〔自〕
遊ぶ。息抜きをする。遊興にふける。伝統歌謡に出てくる「アサブン」の本意は、仕事から解放され神々の前で行なわれる「神人交歓・神遊び」の遊興のことである。【例】ムカシェー マチリヌ ピータンカドゥ ワーンナ アサバリッタ（昔は、祭りの日だけお嶽で遊びに興じることができた）。「アサビアマイ」の項参照。

アサユー [ʔasaju:]〔名〕
朝夕。朝な夕な。共通語からの移入語。日常語には「ユナイシトゥムティ」が多用された。

アサルゴー [ʔasarugo:]〔名〕
潮干狩り。【例】パーッタンキナー アサルゴーヌ ゾーゼー サダミヤーヌ パーヌタクトゥリ トーミヤーヌ ウボーブヌ ギラコーシ シキッティヤーヌ パーヌ ガシカー（ガシチャー）トゥリラー（お婆さんたちで潮干狩りの達人は、佐渡山家のお婆さんの蛸捕り、當山家のお婆さんのシャコガイ捕り、比屋定家のお婆さんのウニ捕りなどであった）。記憶をたどると、干潮時に干上がった干潟にはシャコガイやウニはたくさんいたが、ウニを捕って食する慣習はほとんどなく、東筋部落では比屋定家のお婆さんの独壇場ではなかっただろうか。

アサルン[ʔasaruŋ]〔他〕
漁(あさ)る。探(さぐ)る。探し求める。【例】ヌーユドゥ アサリ ブラー（何を探っているのか）。

アシ[ʔaʃi]〔名〕
昼食。昼飯。（石）ピゥロームヌ。（沖）アサバン・アスィー。【例】ピスマンムヌユドゥ アシッティ イズ（昼食のことを、アシと言う）。二食時代の「朝食＝朝飯（あさいい）」が、三食時代の昼食になったことから「朝飯（あさいい）」の名称がそのまま残っているものと思われる（朝飯→あさいい→アシイイ→アシイー→アシー→アシ）。「あさいい→アシイイ」の「さ」から「シ」へ変化は、後接の「イ段音」に引かれたもので

アシ

あろう。

　ちなみに、三食時代の朝食を黒島語では「メーッサビ」と言う。「メーッサビ」は、二食時代の「朝飯」の前に摂る「まえすさび（前遊び＝軽食＝おやつ）」が三食時代には正式な朝食の地位を占め、「朝飯（あさいい）」は「昼飯」の位置に追いやられて定着したものであると言う。ちなみに夕食は「ユイ」と言う。沖縄語の昼食は「アサバン・アスィー」で、「アスィー」は農村で使うとか。「メーッサビ」の項参照。

アシ[ʔaʃi]〔名〕
　汗。【例】ドゥキ　アツァッテナ　シナーシ　ベーラバン　アシヌ　パリルワヤ（あまり暑いので、何もしていないのに汗をかくのだ）。

アジ[ʔaʒi]〔名〕
　味。【例】ピシダヌ　スーヤ　マースシ　アジ　シキリバドゥ　マーハ（山羊汁は、塩で味付けするほうがおいしい）。

アジェー[ʔaʒe:]〔感〕
　否(いや)だという意味をこめて言う、相手への拒絶の言葉。【例】アジェー　ギューサ　タヌマルバン　ウレー　ナラヌンドー（とんでもない、いくら頼まれてもそれは出来ないよ）。

アシカイ[ʔaʃikai]〔名〕
　扱い。【例】ヌーバセー　ダングン　アシカイヨーヌ　ナーナッカ　ヤバシ　シティルンドゥラ（どんな道具も、扱い方が悪いと壊してしまうよ）。

アシカイグリサン[ʔaʃikaigurisaŋ]〔形〕
　扱いにくい。扱いづらい。操作しにくい。人にも動物にも道具などにも用いる。日常語としては、「アシカイヌッサン」が多用された。

アシカイヌッサン[ʔaʃikainussaŋ]〔形〕
　扱いにくい。扱いづらい。操作しにくい。人にも動物にも道具などにも用いる。【例】ウッチェヌ　イザー　ムシカサプソーリバ　アシカイヌッサンドゥラ（その家のお父さんは、気難しい人だから扱いにくいぞ）。

アシカイヤッサン[ʔaʃikaijassaŋ]〔形〕
　扱いやすい。操作しやすい。人にも動物にも道具などにも用いる。【例】クヌウシェーワンダーサッテナー　アシカイヤッサン（この牛は、おとなしいので扱いやすい）。

アシカウン[ʔaʃikauŋ]〔他〕
　扱う。【例】トゥジユ　ヤラビッファーマニン　アシカウッカー　アトー　トゥジン　アシカーリルンドゥラ（妻を子どもっぽく扱うと、あとで妻から逆に扱われるぞ）。

アシカルン[ʔaʃikaruŋ]〔他〕
　預かる。【例】ウヌダンゴー　プスハラ　アシカレームノーリバ　ヤバハンヨーン　ハキング　シーリ（その道具は他人から預かったものだから、壊さないよう保管しなさい）。

アシキルン[ʔaʃikiruŋ]〔他〕
　預ける。【例】シマナーヤ　ギンコーヌ　ナーナッテナー　ジンヤ　ユービンキョクナードゥ　アシキタ（黒島では銀行がないので、金銭は郵便局に預ける）。

アジシキムヌ[ʔaʒiʃikimunu]〔名〕
　調味料。塩、味噌、醤油、酢、砂糖など。「味付け物」の意。【例】アジシキムヌヌ　ラーサナーナッカ　ムノー　マーハナーヌン（調味料がよくないと、食べ物は美味しくない）。

アシジブン[ʔaʃiʒibuŋ]〔名〕
　昼食どき。【例】ヤガティ　アシジブンリバ　パーク　アシ　スコーリ（もうすぐ昼飯時なので、早く昼食を用意しなさい）。

アシッサハン[ʔaʃissahaŋ]〔形〕
　汗臭い。「アシ（汗）」と「ザーハン（臭い）」の融合・複合語。【例】アシッサハヌ　ミジ　アミクー（汗臭いから、水を浴びてきなさい）。

アシッツァ [ʔaʃittsa]〔名〕
　下駄。【例】ハーヌパタナ　ミジバアミ　アシッツァバ　フミ　ヤーヌナハハ　パイレータ（井戸端で水を浴び、下駄を履いて家の中に入った）。

アシトゥ [ʔaʃitu]〔名〕
　明後日（あさって）。【例】ヴァー　マリビヤ　アシトゥ（私の誕生日は、明後日だ）。

アシトゥヌユー [ʔaʃitunuju:]〔名〕
　明後日の晩。【例】アシトゥヌ　ユードゥ　ズングヤー（明後日の夜が、十五夜だ）。

アシヌプー [ʔaʃinupu:]〔名〕
　出来物。おでき。「アシンプー」とも言う。【例】アシヌプーン　シドーリ　キムイッツァハダラ（出来物がたくさん出来て、気の毒だこと）。衛生面の影響か、栄養面の片寄りからか、どこの家の子どもも一つや二つの出来物を抱えていたなあ、あのころは。

アジピクン [ʔaʒipikuŋ]〔他〕
　痒いところを強く掻く。【例】ハウアーハトー　ヤラーミナ　ハクッカー　ミサナルヌ　アジピクーッカー　ハイチン　ゲーラックドゥ　ナル（痒いところは、そーっと掻くとよくなるが、強く掻くとかえって悪くがなる）。

アジフジ [ʔaʒiɸuʒi]〔名〕
　意味。「アジフジ」の「フジ」は強調のための語呂合わせで、それ自体には特に意味はない。「アジフジナーヌン・アジフジナーン（まったく意味のない）」の形で、否定語として用いられる。

アジフジナーヌン [ʔaʒiɸuʒina:nuŋ]〔形〕
　まったく意味のない。「味のない」の意。「アジフジナーン」とも言う。【例】ウレープスヌ　ムヌイヤ　ムットゥ　シカニバギューサ　イジ　シカハバン　アジフジナーヌンドゥラ（そいつは他人の言うことを一切聞かないから、いくら言って聞かせ

てもまったく意味がないよ）。

アジフジナーン [ʔaʒiɸuʒina:ŋ]〔形〕
　まったく意味のない。「味のない」の意。【例】アジフジナーン　ムヌタンカー　イジベーリヨ（意味のないことばかり、言っていなさいよ〈言うもんじゃないよ〉）。

アジマー [ʔaʒima:]〔名〕
　辻。十字路。【例】タティヌ　ミチトゥ　ユクヌ　ミチヌ　ユーハドゥヌ　ハトゥユドゥ　アジマーティ　シタ（縦道と横道の四つ角の所を十字路と言った）。

アジマハン [ʔaʒimahaŋ]〔形〕
　非常に美味しい。「アジ（味）」と「マーハン（美味しい）」の複合語であるが、こういう時には「マーハン」の長音「ー」が脱落する。【例】ピシダヌスーヤ　シバナヌ　ウイナ　ムイベー　ンガナユ　イリ　ヴァイバドゥ　イチン　アジマハ（山羊汁は、岩場の上に生えている苦菜を入れて食べるのが一番味わい深い）。

アシミジ [ʔaʃimiʒi]〔名〕
　汗水。【例】ウムイキシ　パタラクッカー　ダラダラッティ　アシミジヌ　ンジ　ピーラケヘ　ナルン（一所懸命働くとダラダラと汗水が出て、涼しくなる）。

アシン [ʔaʃiŋ]〔名〕
　あせも（汗疹）。（石）ナチュアシャブ。（沖）アシブ。【例】ナチンナー　アシンニン　シドーリ　ビューワータ（夏は汗疹（あせも）が吹き出て、痒（かゆ）かった）。

アシンプー [ʔaʃimpu:]〔名〕
　出来物。「アシヌプー」と同じ。

アダーシ [ʔada:ʃi]〔名〕
　叱りつけること。怒鳴りつけること。【例】アダーシ　ムヌイヌ　ドゥキ　スーワヌ（怒鳴りつける言葉があまりに強すぎる）。

アダースン [ʔada:suŋ]〔他〕
　叱りつける。怒鳴りつける。【例】ヤラビシェーケハラ　イザリ　アダーハリ

ケーッテナドゥ　マイフナー　ナレーワヤ（子どものころから叱られ怒鳴られてきたので、しっかり者になったのだよ）。

アターチマ［ʔata:tʃima］〔副〕
いっとき。しばらく。「アターツェマ」とも言う。（石）アターシュマ。【例】アツァリバ　アターチマ　ヤクイティハラ　パリバー（暑いので、いっとき休んでから行きなさい）。

アターツェマ［ʔata:tsema］〔副〕
いっとき。しばらく。「アターチマ」と同じ。

アタイ［ʔatai］〔副助〕〔形名〕
ほど。くらい。【例】シントゥ　ウヌ　アタイシ　ボーリヤンティ　イズナ（たったそれだけで、疲れたと言うな）。

アタグン［ʔataguŋ］〔名〕
短距離走、また、その優れた走者。〈対〉ナガグン。【例】アタグンヌ　パリダハープスッティ　イズッカー　マチタキヤーヌ　シュウブンセーラー（短距離走の優れた人と言うと、松竹家の秀文兄だよなあ）。

アダナシ［ʔadanaʃi］〔名〕
アダンの気根、またはそれから出来た繊維。縄・綱の原料。【例】ユルヌ　ナーンケー　ピキダマヌ　シナー　アダナシシドゥ　ナウッタ（木綿糸のないころは、凧の糸はアダナシで綯った）。アダナシの良質の繊維は、林の中などにある伸び伸びしたアダンの気根から取れた。特に凧の糸は、少年たちが自分で用意しなければならず、出来るだけ細くて強靭な糸（縄）にするにはスラリとした長めのアダナシ探しが肝心・必須であった。
　ところで、アダンの葉には蜂の巣が多く、またアダンの根っこの薄暗く湿った所にはハブも多く生息していたので、アダナシの採取は非常に危険な作業であった。それでも当時の少年たちは、良質のアダナシを求めて危険を顧みず果敢に行動した。

アダナシジナ［ʔadanaʃiʒina］〔名〕
アダンの気根から出来た繊維で綯った縄。【例】ウシヌ　シナーン　ピキダマヌ　シナーン　アダナシジナ　アッタ（牛の繋ぎ縄も凧の紐も、アダナシジナだった）。

アダニ［ʔadani］〔名〕
〈植〉アダン（阿檀）。タコノキ。（石）アザニ。八重山古典民謡の〈念仏口説〉には「アザギ」と歌われている。【例】アダニヌ　ムトーナビラダナヌ　パラー　セーッタ（アダンの幹は、ヘチマ棚の柱に用いた）。アダンは、気根は縄の原料に、葉は蓆や草履の原料に、新芽は食材に、幹は棚の柱材に、などと多方面に利用された。

アダニヌ　ナル［ʔadaninu naru］〔連〕
アダンの実。「アダニヌナン」とも言う。【例】ソーラヌ　ナンムヌナー　ヤディン　アダニヌ　ナルユ　ハザレーッタ（お盆の生り物には、かならずアダンの実を飾った）。
　パインの代わりにアダンの実を飾ったという言い方があるが、黒島の人がパインの存在を知ったのは後のことであり、それ以前からお盆の供え物にアダンの実は用いられていたように思う。たまたまパインと形状が似ているから、そのような言い方がなされたのであって、なぜ果物として食えないアダンの実が仏壇に供えられたのかは不明である。ついでに言うと、食べられない果物として「キダヌナル（リュウキュウコクタンの実）・イツァビヌナル（イヌビワの実。ビワの実に似ていることから犬琵琶と呼ばれる）」も仏壇に供えた。人によっては、キダヌナルもイツァビヌナルも食べられると言う。つけ加えると、アダンの実はヤシガニの好物である。

アダニヌ　パー［ʔadaninu pa:］〔連〕
アダンの葉。【例】アダニヌ　パーシドゥ　サババ　スクリ　ムスバ　アメーッタ（アダン葉で草履を作り、蓆も編んだ）。つい

でに言うと、アダン葉草履やアダン葉蓆の原料は、潮風にもまれた海岸端のアダン葉は短くて固いことから用途には不向きで、あまり陽の当たらない林の中の伸び伸びしたアダンを利用した。

アダニヌ パー サバ[ʔadaninu pa: saba]〔連〕
アダン葉で作った草履。【例】イザンケー アダニヌ パー サババ フミドゥ ヨイヤーハ ワーッタ（お父さんたちは、アダン葉草履を履いて祝い家にいらっしゃった）。

アダニヌ パー ムス[ʔadaninu pa: musu]〔連〕
アダン葉で編んだ蓆。【例】ナチェー アダニヌ パー ムスヌドゥ ピーラケヘーッタ（夏は、アダン葉蓆が涼しかった）。

アダニヌ フキ[adaninu ɸuki]〔連〕
アダンの新芽。精進料理の材料。【例】アダニヌ フケー ユディティ アクバトゥリ ヴォーッカ シカイットゥ マーハン（アダンの新芽は、アク抜きをして食べると非常に美味しい）。

アダラ[ʔadara]〔感〕
まずい。つまらない。下手だ。汚らわしい。許し難い。否定的・消極的・拒絶的な評価をする場合に発する言葉。【例】①アダラ、クレー ミザヌ ヴァールヌン（アダラ、これはまずくて食えない）。②アダラ、ヤニヤヌ マーラナ シティッティ クー（アダラ、汚いからどこかに捨ててきなさい）。

アダラー[ʔadara:]〔感〕
「アダラ」と同じだが、このほうが多少きつい感じがする。【例】アダラー、ザリハザヌ キッツァヌ クライラルヌン（アダラー、腐った臭いがきつくて我慢できない）。

アダリー[ʔadari:]〔感〕
「アダラ・アダラー」と同じ。

アタルマイ[ʔatarumai]〔名〕
当たり前。もちろん。当然。【例】ウヤコー ヴァーヌ アタルマイヌ シトゥ ミッティ ハンガイリ（親孝行は、子の当たり前の務めだと考えなさい）。この事典の第一の協力者である野底善行君からは、頻繁に語彙メモを受け取って参考にさせてもらった。ある日のメモに記されていた「アタルマイ」を目にして感動した。僕がすでに立項してあった見出し語は「アタリマイ」であった。黒島での実生活で身に付けた彼の黒島語に関する言語感覚の確かさを再認識させられ舌を巻いた出来事であった。

アタルン[ʔataruŋ]〔自〕
当たる。接触する。【例】ウヌユタヌ イズ ムヌイヤ ユー アタルントゥドゥラー（そのユタの言うことは、よく当たるそうだよ）。沖縄・奄美諸島で、占いを職業とする巫女(みこ)をユタと言うが、我が家では母がユタを篤く信じていたが、その伝統は姉の一人が受け継いでいる。

アタルン[ʔataruŋ]〔自〕
物にあたる（食当たりなど）。【例】シーリムヌユ ヴォーッカ アタリバ タマンガリヨー（饐(す)えた物を食べると、あたるので注意せよ）。

アタルン[ʔataruŋ]〔自〕
他人の言動で傷つく。【例】ウレー ウヴァームヌイシ アタリ ナキベーワヤ（そいつはお前の言葉で傷ついて、泣いているさ）。

アチーアチー[ʔatʃi:ʔatʃi:]〔副〕
熱々の。〈対〉ピーピー。【例】アツァバソー サーユ アチーアチー ヌムッカー ピーラケー ナルン（暑いときは、お茶を熱々と飲むと涼しくなる）。

アチーアチー[ʔatʃi:ʔatʃi:]〔副〕
厚々と。〈対〉ピシーピシー。【例】ハマブコー ドゥキ クバムンスクン アチーアチー キシ ヴァイバドゥ マーハ（蒲鉾は、あまり倹約せず厚々に切って食べたほうが美味しい）。

アチコーコー [ʔatʃikoːkoː]〔副〕
　熱々の。沖縄語の移入語。【例】コーヒーヤ　アチコーコー　ヌミバドゥ　マーハ（コーヒーは、熱々で飲んだほうが美味しい）。

アチビー [ʔatʃibiː]〔名〕
　柔らかいご飯で、粥とご飯の中間くらいのもの。沖縄語の移入語。【例】バソーバソー　アチビーヌ　ヴァイピサ　ナルワヤ（たまには、アチビーが食べたくなるさ）。

アチフツメーリ [ʔatʃɸutsumeːri]〔名〕
　ほろ酔い。酒に少し酔うこと。（石）ナマンダビー。（沖）サーフーフー。【例】ウレーサキバ　ヌミ　アチフツメーリ　ナルッカー　ヤディン　ウブムヌイヌ　パジマルワヤ（そいつは酒を飲んでほろ酔いになると、きまって法螺吹きが始まるよ）。

アチフツメールン [ʔatʃɸutsumeːruŋ]〔自〕
　ほろ酔い気分になる。酒がまわって上機嫌になる。〈否〉アチフツメーラヌン。【例】サキユ　イチンゴーバハン　ヌムッカー　アチフツメールン（酒を一合ほど飲むと、ほろ酔い気分になる）。

アチマイヤン [ʔatʃimaijaŋ]〔形〕
　厚い。分厚い。【例】ウヌ　シンムチヌ　アチマイヤダラ（その書物の分厚いことよ）。

アチユー [ʔatʃijuː]〔名〕
　熱い湯。熱湯。【例】アチユーヤ　イメーミ　ピーラシティハラ　サー　サイバドゥ　マーハ（熱湯は少し冷ましてから、茶を注いだほうが美味しい）。

アチライルン [ʔatʃirairuŋ]〔他〕
　誂える。注文する。頼む。〈否〉アチラウヌン。【例】ウブヨイヌバソー　トーフォー　プスヌヤーハ　アチライッタ（大きい祝いを行なう場合、豆腐は他家に頼んだ）。

アツァ [ʔatsa]〔名〕
　明日。【例】アツァー　タラーキンスクン　キューナ　シーウシキ（明日を当てにせず、今日のうちにしておきなさい）。

アツァアシトゥ [ʔatsaʔaʃitu]〔名〕
　明後日あたり。近日中。〈対〉キノブシトゥイ（一昨日あたり）。「アツァ（明日）」と「アシトゥ（明後日）」の複合語。【例】アツァアシトゥ　マリ　パジ（明後日あたり、生まれるはずだ）。

アツァーユー [ʔatsaːjuː]〔名〕
　明晩。「アツァ（明日）」に長音の付いた「アツァー」と「ユー（夜・晩）」の複合語。【例】アツァーユー　マーリ　クバー（明日の晩、訪ねて来なさい）。「クバー（来い・来なさい）」は、会話の流れ・勢いで「クー」「クーバ」などと変化するが、語尾に「バ・バー」が付くと命令口調の雰囲気が和らぐ感じがする。

アツァシトゥムティ [ʔatsaʃitumuti]〔名〕
　明朝。【例】アツァシトゥムティ　マーリ　クバ（明日の朝、回って〈訪ねて〉来なさい）。

アツァスン [ʔatsasuŋ]〔他〕
　あたた（温・暖・熱）める。〈否〉アツァハヌン。【例】ナチヌ　ムノー　ナガラク　シナーシ　ウスッカー　ザリリバ　トゥーシ　アツァシ　ウシキ（夏の食べ物は、長時間放っておくと腐るから、頻繁に温めておきなさい）。その場合、中途半端に温めると雑菌の繁殖を促す恐れがあるので、しっかり「フトゥッツァス（沸騰させる）」ことが肝心である。

アツァン [ʔatsaŋ]〔形〕
　暑い。熱い。【例】①ドゥキ　アツァッテナー　ムヌハンガイ　ナラヌン（非常に暑くて何も考えられない）。②クヌ　サーヤ　ドゥキ　アツァヌ　ヌマルヌン（このお茶は、とても熱くて飲めない）。

アツァマリ [ʔatsamari]〔名〕
　集まり。集会。【例】アツァマリヌ　アーッカー　ジカンニン　ウクルンヨーン　パリヨー（集会のあるときは、時間に遅れない

ように行きなさいよ)。

アツァマルン[ʔatsamaruŋ]〔自〕
集まる。集合する。【例】ハーヌ パタナ アツァマリ パナシ シーッテナードゥ イドバタカイギッティ イズワヤ (井戸の端に集まっておしゃべりをするから〝井戸端会議〟と言うのだ)。

アツァミルン[ʔatsamiruŋ]〔他〕
集める。【例】①ユーズヌ アリバ ケーラ シークバハ アツァミリ (用事があるので皆を飼育場に集めろ)。②ムラヌ スライズーヤ ムカセー シークバッティ シタヌ マヌマー コーミンカンティ イズ (村の集会所は、昔はシークバ=飼育場と言ったが今は公民館と言う)。飼育場の名称は、養蚕の盛んなころに集会所を蚕の飼育に利用した名残である。

アッカヤー[ʔakkajaː]〔感〕
「アカヤ」と同じだが、落胆の気持ちがより強い。【例】アッカヤー マタ クトゥシン マキナーヌン (アッカヤー、また今年も負けてしまったなあ)。

アッガヤー[ʔaggajaː]〔感〕
「アガヤー」と同じだが、落胆の気持ちが甚だ強い。【例】アッガヤー ソーイズバ シケッタヌ ピンガシナーヌン (ああ、しまった、高級魚を仕留めたと思ったら逃げられてしまった)。〈逃げた魚は大きい!〉。

アッタ[ʔatta]〔接頭〕
急な。突然。【例】アッタアミ アッタウヤキ アッタクンゾ……(にわか雨、成金、短気な怒り等々)。

アッタアミ[ʔattaʔami]〔名〕
にわか雨。【例】アッタアミヌ ヴゥイゾーリナーヌン (にわか雨に降られて、濡れてしまった)。

アッタウヤキ[ʔattaʔujaki]〔名〕
にわか金持ち。成金。【例】アッタウヤキ シープソー ナガムティ スーヌン (にわか金持ちは、長続きしない)。

アッタクンゾー[ʔattakunzoː]〔名〕
急な怒り。短気な怒り。【例】アッタクンゾー タイッカー スン シールンドゥラー (短気を起こすと、損するぞ)。

アッタサイ[ʔattasai]〔名〕
頓智(とんち)。機知。【例】ミドゥムヌ アッタサインナー ハナーヌン (女の頓智には、敵わない〈勝てない〉)。

アッタシニ[ʔattaʃini]〔名〕
急死。【例】ガンズワー プスヌドゥ アッタシニ シーダック (頑強な人ほど、急死をしがちである)。

アッタニ[ʔattani]〔副〕
急に。にわかに。【例】アッタニ イザリッカー タルン ザマンドゥリルン (急に言われると、誰でも戸惑う)。

アッタニチ[ʔattanitʃi]〔名〕
急な発熱。【例】アッタニチヌ ンジ コロナカヤーッティ シワーバ シーブー (急な発熱が出て〈起きて〉、コロナではないかと心配している)。

アッタハジ[ʔattanhaʒi]〔名〕
急に吹き出す旋風。【例】ニンガチハジマイヌ バソー アッタハジン キーシキリ (旧暦二月の時化のときは、急に吹き出す旋風に気をつけろ)。

アッタバッシ[ʔattabaʃʃi]〔名〕
ど忘れ。うっかり忘れること。【例】トゥジヌ ナーユ アッタバッシバ シー ピルマシ クトゥ ナレータ (妻の名をど忘れして、大変なことになった)。

アッタヤン[ʔattajaŋ]〔名〕
急病。【例】アッタヤンバ ハカリ、アッタシニバ シー パリナーヌン (急病に罹り、急死して逝ってしまった)。

アッタラサン[ʔattarasaŋ]〔形〕
愛(いと)しい。大事な。もったいない。【例】トゥジヌ アッタラサーッティ ドシキン

アッタラシ

ソージン シンタクン ムール ドゥーシ シーブー（妻が愛しくて、炊事も掃除も洗濯も、すべて自分でしている）。ときどき、用例のようなことを夢想して「よし、せめて誕生日の今日一日でも女房を家事一切から解放してあげよう」と心に誓うのだが、夕方ごろには疲れ果て、夕食には「久しぶりに山羊汁を食べに行こう」となる。ヤギジルに目がない女房殿は、夫の善意を「マルシンジ（した振り）をして」、いそいそとヤギジルの店に出かける優しい人なのである。ちなみに、「マルシンジ」は「何の疑いも抱かず信じ込むこと」を意味する沖縄共通語である。

アッタラシ [ʔattaraʃi] 〔名〕

いとし子。かわいい子。大切な子。【例】アッタラシ アッタラシ ヌーッティドゥ ハイ ナリナーンカヤー？（いとし子よ、かわいい子よ、なんでそんなになってしまったの）。僕の三兄・吉弘（昭和5年生まれ）は、大和（本土）の大学在学中に病没した。僕が小学5年生のときであった。郵便配達員から電報を最初に受けたのは僕だった。父に渡すと、みるみるうちに顔面が蒼白になって電報を握った手が震えていた。なぜか、父はその電報を僕に渡して茫然自失の体で沈黙していた。電文には「ヨシヒロシス」とあった。僕は不吉な予感を抱きつつ訳も分からず、電報を持って郵便局に走って行った。「シス」の意味が分からなかったので、郵便局長さんに尋ねたのである。「亡くなったということだ」と教えてもらったときの衝撃は、その後の人生のなかで受けた種々の衝撃のなかでも超弩級のものであった。

母はその後、半狂乱の情態で用例のように、3年ほど仏壇の前で泣き暮らしていた。泣き続ける母は子ども心にもいたましく言葉のかけようがなかった。父は父で、寡黙になりいつも厳しい表情をしていたが、かえってそのことが母とは別の意味であわれに思えた。当時「逆縁（先に死ぬ運命にある親が生き残って、子の供養をすること）」の字義など知るよしもなかったが、情況のもたらしたむごたらしさは骨身に沁みた。どんなことがあっても父母を哀しませてはいけない、僕の胸深く父母を大事にしなければならないという孝行心が芽生えた一大事件であった。

アッタラシェーマ [ʔattaraʃe:ma] 〔名〕

いとし子。かわいい子。大切な子。「アッタラシ」と同じ。「アッタラシ」が「アッタラシェー」に変化し愛称接尾語「〜マ」がついている。

アットゥビ [ʔattubi] 〔名〕

〈植〉木の名。オオバギ。（石）アカトゥフィ。（沖）クンチャーユーナ。葉が大きいことから「大葉木」と名付けられたという。山羊の好物である。小学生のころ、部落によって物の呼び名が違うことに気づいて軽いカルチャーショックを受けたが、植物の名で言えば見出し語などはその代表的存在であった。ちなみに、東筋以外の部落では「ウブパー（大きい葉っぱの木）」と言ったが、その即物的・直接的な呼び方に対し根拠のない優越感を覚えたのであった。

アッファスン [ʔaffasuŋ] 〔他〕

溢（こぼ）せる。吹き零（こぼ）らせる。類似語に「パントゥラスン（満たす）」があるが、この語は容器等を一杯にすることで、見出し語は容器等に収まらず外に溢れ出すことを意味する。【例】ナビハラ アッファハーンヨン ウムイキシ ハケーッハナーッカ（鍋から溢らせないように、しっかり掻き混ぜないと〈駄目だぞ〉）。用例は、製糖工場でのサトウキビの搾り汁が温まると大きな泡が勢いよく吹き出て、掻き混ぜ方が弱いと鍋から吹き零れる場面での叱咤の言葉。

アッフィルン[ʔaffiruŋ]〔自〕
　溢れる。吹き零れる。〈類〉パントゥリルン。【例】アッフィプソーリバ　イベービ　ピーユ　ヨーミリ（吹き零れそうだから、少し火を弱めなさい）。「アッファスン」の項参照。

アツン[ʔatsuŋ]〔自〕
　熱くなる。温まる。〈否〉アツァヌン。【例】スーック　アチブリバ　ピーヤ　ヨーミリ（十分温まっているので、火は弱めなさい）。

アティナシムヌ[ʔatinaʃimunu]〔名〕
　当てにならない者。頼りにならない人。【例】アティナシムヌ　フターンヌ　マズン　ナリ　ヌードゥ　ナルッカヤー？（頼りにならない２人が結婚して、どうなることやら）。黒島のことわざに、「タンカーキナイヤ　ムターンナラバン　フタールキナイヤ　ムトゥン（独りの家庭は保てなくても、２人の家庭は維持できる）」と言うのがある。結婚をためらっている若者を励ますもので、２人で智恵を出し合い協力し合っていけば何とかなるよという楽観論が素敵だ。

アティンガーリルン[ʔatiŋga:riruŋ]〔自〕
　見当がつく。理解出来る。〈否〉アティンガールヌン。【例】ウレー　イズムヌイユ　シッカー　バニンヌン　スーック　アティンガーリルワヤ（彼の言うことを聞くと、僕にも十分に理解できるよ）。

アティルン[ʔatiruŋ]〔他〕
　当てる。〈否〉アトゥヌン。【例】シマヌ　ウシマチリナ　クジシ　ウシピスッカラ　アタリ　ディカセーサ（黒島の牛祭りで、くじ引の牛一頭が当たり大儲けした）。

アテナーナ[ʔatena:na]〔副〕
　思わず。気づかずに。【例】アテナーナ　パンバ　フンシキ　ヤガテ　フォーリルンティ　セーッタ（気づかずにハブを踏みつけ、やがて咬まれるところだった）。

アテナーヌン[ʔatena:nuŋ]〔自〕
　気づかない。なんともない。平気だ。【例】①ウレー　アテナーンケ　パリナーヌン（そいつは、気づかないうちに行ってしまった）。②ウヌ　アタイヌ　ピーヤー〈アツァー〉　アテナーヌン（これくらいの寒さ〈暑さ〉は、平気だ）。

アテナラヌン[ʔatenaranuŋ]〔自〕
　当てにならない。頼りにならない。【例】ヤラベーリバ　アテナラヌン（子どもだから、当てにならない）。

アテナルン[ʔatenaruŋ]〔自〕
　当てになる。頼りになる。〈否〉アテナラヌン。【例】アテナルンティ　ウムッタヌ　マヌバーケー　ゾーイ　アテナラヌン（当てになると思ったのに、今のところはとても当てにならない）。

アトゥ[ʔatu]〔名〕
　後。「あと（後）」の意。【例】アトゥヌ　クトゥ　ハンガイッカー　ヤミスドゥ　マシッティ　ウモーリ（後のことを考えると、やめたほうがいいと思う）。

アトゥアトゥ[ʔatuʔatu]〔名〕
　後々。将来。【例】アトゥアトゥヌ　クトゥユ　ハンガイドゥ　ウリトゥ　マズン　ナレータ（後々のことを考えて、彼女と一緒になった〈結婚した〉）。

アドゥ[ʔadu]〔名〕
　踵（かかと）。【例】アドゥバ　ヤマシドゥ　パイツォーリアラキバ　シーベー（踵を痛めて、爪先（つまさき）歩きをしている）。

アトゥガー[ʔatuga:]〔名〕
　最後の力。後半の力量。【例】アトゥガーヌ　アルプスヌドゥ　スーボー　タイガイ　ハツ（後半に強い人が、勝負は大方勝つ）。高校生のころは目立たなかったのに、年を重ねるにしたがい美しくなってきた同級生の女性に対し「彼女はアトゥガー（後半の力）があるなあ」と歎（たん）じた上原義晴君の絶妙な表現に、深く感じ入ったものである。

アトゥサキ[ʔatusaki]〔名〕

前後。順序。「後先」の意。【例】アトゥサキン ハンガウンスクン ヌードゥヌーッティン ナーナ ザークバシーベールヌ ヌードゥ ナッカヤー？（順序も考えず何がどうなるともなく、仕事をしているがどうなるのかな）。

アトゥシズリ[ʔatuʃizuri]〔名〕
後ずさり。後しざり。後ろに退くこと。【例】ハンプトゥキヌ マイハラ ジーハ ユーズバソー アトゥシズリバ シードゥ ユーズドゥラー（神仏の前から後ろへ下がる場合は、後ずさりをして引き下がるのだよ）。

アトゥスクルムヌ[ʔatusukurumunu]〔名〕
その年の後期の作物。胡麻・小豆など。対語は「シザスクルムヌ（最初の作物）」で麦のこと。【例】グマ アマミ ヌッツァ ユドゥ アトゥスクルムヌッティ シタ（胡麻・小豆などのことを、後期の作物と言った）。「シザスクルムヌ・アトゥスクルムヌ」の用語は、船道賢範さん（昭和８年生まれ）から教わった。

アトゥトゥジ[ʔatutuʒi]〔名〕
後妻。後添い。【例】アトゥトゥジヌ ディキレヘーッティ ウッツェヌ キナイヤ ウヤッファ キョーダイ ケーラ ムチマサワヤ（後妻がよく出来た人だから、その家庭は親子きょうだい皆睦まじいのだ）。

アトゥハタジキ[ʔatuhataʒiki]〔名〕
後片付け。【例】アトゥハタジキバーキ ゾートニ シーッサナーッカ ダメ（後片付けまでしっかりできないと、駄目だぞ）。

アトゥバライ[ʔatubarai]〔名〕
後払い。掛けで買って後日支払うこと。【例】キューヤ ジンヌ ナーニバ ダイヤ アトゥバライ シミッフィーリ（今日はお金がないので、代金は後払いにさせてください）。

アトゥフー[ʔatuɸu:]〔名〕
後の幸運。遅れての幸運。【例】アトゥフードゥ マーフー（後からの幸運こそが真の幸運）。

アトゥマーシ[ʔatum:ʃi]〔名〕
後回し。【例】ワクチンヌ ズンバンヌ アトゥマーシ ナリ ヤットゥ キュードゥ ウワレー（ワクチンの順番が後回しになって、ようやく今日終わった）。

アトゥマサリ[ʔatumasari]〔名〕
後勝り。後になるにつれてよい結果が出ること。【例】アトゥマサリッティ イズクトゥン アリドゥブリバ ドゥキ アバットゥンスクン マティベーリ（後勝りということもあるのだから、あまり急がずに待っていなさい）。然り！ 果報は寝て待て!!

アトゥムドゥル[ʔatumuduru]〔名〕
後戻り。【例】アワリバ シー クマハバーキ ケーリバ メー アトゥムドゥロー ナラヌンドー（難儀してここまで来たのだから、もう後戻りはできないぞ）。

アトゥヤク[ʔatujaku]〔名〕
後厄。厄年の次の年。「ハリヤク（晴れ厄）」とも言う。【例】クトゥシェー アトゥヤコーリバ キーシキ アラキヨー（今年は後厄だから、気を付けて歩きなさいよ〈行動しなさいよ〉）。

アトー[ʔato:]〔連〕
後は。最後には。「アトゥ（後）」と係助詞「〜ヤ（〜は）」が融合・約音化した語。【例】マヌバーケー ミサルヌ アトー シマムヌイヤ ナーナ ナルワーアランカヤ？（今まではいいとして、後は島の言葉は無くなってしまうのではないだろうか）。

アドー[ʔado:]〔副〕
あれほど遠くへ。【例】アドー パラシ ハマラサヌ ナラヌン（あれほど遠くへ逝かせてしまい、悲しくて堪らない）。

アドーヌ[ʔado:nu]〔副〕

あれほど遠くの。【例】アドーヌ ハトゥ ハ ユミ パラシタラ マーンキン ヨーイニ ミラルヌン（あんなに遠くに嫁に遣ったので、孫たちもめったに会えない）。

アナ[ʔana]〔名〕
穴。人為的なものや蟹の住処などに言い、自然の地下壕は「アブ」と言う。

アナ[ʔana]〔名〕
落とし穴。【例】アナー プルッカー フターチ プリ（落とし穴を掘るなら、二つ掘れ／〔ことわざ〕）。他人を陥れようと思ったら、自分も陥れられることを覚悟せよ、という戒め。「アナー」は「アナ（落とし穴）」と格助詞「～ユ（～を）」の融合した語。

アナドゥムリ[ʔanadumuri]〔固〕
地名。東筋部落の北東方面の地名。

アナドゥムリワン[ʔanadumuriwaŋ]〔固〕
お嶽の名。アナドゥムリ方面の海岸近くにあるお嶽。

アナブルヤー[ʔanaburuja:]〔名〕
掘立小屋。「穴掘り家」の意。本格的な家屋は「ヌキヤー（貫き家）」と言って、「イシジ（礎）」の上に柱を立てて建てるが、掘立小屋は穴を掘りそこに柱を埋めて建てる。【例】バンテナーヤ ウブヤーヤ ヌキヤー パイマニヤートゥ ピシダヌヤーヤ アナブルヤー アッタ（我が家では、母屋はヌキヤーで、納屋と山羊小屋はアナブルヤーだった）。

アヌ[ʔanu]〔連体〕
あの。かの。【例】クヌ ウシ（この牛）、ウヌ ワー（その豚）、アヌ ピシダ（あの山羊）。

アバ[ʔaba]〔名〕
〈動〉魚の名。オニダルマオコゼ。【例】アバン ザーリーッカ キムビヤハラ ヤムンドゥラ（アバに刺されると、凄く痛いぞ）。

アバイ[ʔabai]〔名〕
お調子者。目立ちがり。「威張る人」だと言う説もあるが、すこしニュアンスが違う気がする。【例】ウナー ンズヌンティ イジベールヌドゥ アバイヤリバ アトーヤディン ンジフードゥラ（自分は出ないと言っているのだが、目立ちがりだから最後にはかならず出て来るよ）。

アバイルン[ʔabairuŋ]〔自〕
気が抜ける。酒や酢が長時間空気に触れ、主成分が抜けて水っぽくなること。【例】クヌサケー フタユ スーナ シナーシ ウシケーッタラ アバイ ヌマルヌン（この酒は、蓋をせずただ放置しておいたので気が抜けて飲めない）。

アバサー[ʔabasa:]〔名〕
おしゃべり。「アバッツァ（ハリセンボン）」にも言う。沖縄語の移入語。【例】アバサー ミドゥムヌヌ フターン ミツァーン アツァマルッカー メー ハサマサヌ フシガルヌン（おしゃべり女が２、３人集まると、もううるさくて堪らない）。

アバスクン[ʔabasukuŋ]〔名〕
お調子者。目立ちがり屋。「アバイ」と同義。「アバスコン」とも言う。

アバスコン[ʔabasukoŋ]〔名〕
お調子者。目立ちがり屋。「アバイ」「アバスクン」と同じ。

アバッタル[ʔabattaru]〔名〕
脂身。「アバッタン」とも言う。【例】アバッタルヤ マーハルヌ ドゥキ ヴォーッカ クダスンドゥラ（脂身は美味しいけれど、食べ過ぎると下すよ〈下痢するよ〉）。

アバッツァ[ʔabattsa]〔名〕
〈動〉ハリセンボン（針千本）。（石）アバシュトゥドゥ。（沖）アバシ・アバサー。【例】アバッツァー シカハッテナー ヤーンヌ ユータンカ オークットゥリ シキユーヌ マーンヤ ヨンガリ マーハ ナーヌントゥ（ハリセンボンは臆病な魚なので、闇の夜しか泳ぎ回らないことから月夜のころ

は痩せてまずいらしい)。この話は、ウミンチュ(漁師)の兼久善永氏(昭和4年生まれ)から教わった。

アバッティ [ʔabatti]〔副〕
慌てて。急いで。【例】アバッティ セーッタラ ハイヤーナーヌワヤ(急いでしたから奇麗じゃないよ)。

アバッティハッティ [ʔabattihatti]〔副〕
慌てふためいて。大急ぎで。【例】アバッティハッティ ハクッタラ ヤグリベーワヤ(大急ぎで書いたら、歪んでいるよ)。

アバッティルン [ʔabattiruŋ]〔自〕
慌てる。急ぐ。さっさと行なう。共通語の「慌てる」と「急ぐ」の語意には、明白な相違があるが、黒島語の「アバッティルン」には双方の語意が包含されている。〈否〉アバットゥヌン。【例】①アバットゥンスクン ヤラーミナ シーリ(慌てないで、ゆっくりしなさい)。②アバッティ ヤーハ ムドゥリ クーナッカー アミン ゾーリルンドゥラー(急いで家に戻って来ないと、雨に濡れるよ)。

アババ [ʔababa]〔名〕
啞。口のきけない人。【例】ムカシェー シマナー アババッティ イザリ プスヌ ワーッタワラー(昔、島にアババと言われた人がおられたなあ)。

アバリマリ [ʔabarimari]〔名〕
美しい生まれ。美しく生まれること。【例】マリッタルハラ アバリマリバ シーケーラハラ ウラマサー シラレーッタ(生まれた時から、美しい生まれをして皆から羨ましがられていた)。

アバレー [ʔabare:]〔名〕
綺麗な人。美人。【例】ミドーヌファー アバレー ナンナヨー(女の子は綺麗になるなよ)。琉球王国時代、石垣から赴任してきた王府役人の賄女(現地妻)になった私の曾祖母が、娘や孫娘らに言い残した戒めの言葉である。役人との間に2人の子を生し、置き去りにされた当時の賄女の血の叫びとして今に語り伝えられている。

アバレープス [ʔabare:pusu]〔名〕
綺麗な人。美人。可愛い人。「天晴れな人」の意。(石)アッパリピュウトゥ。(沖)チュラカーギ。【例】アバレープソー ナハナーヌンティ イズヌ アイユンアラヌン(綺麗な人は情がないと言うが、そうでもない〈人によるのだ〉)。

アバレーマ [ʔabare:ma]〔名〕
可愛いやつ。「可愛いやつ」の意から、軽い失態を演じた場合に好意的ニュアンスをこめ「仕様のないやつ」という感じで用いる。「アバレヘン」の語幹が長音化した「アバレー」に愛称接尾語「～マ」が付いた語。【例】アバレーマ マーダ マイメーミゾットニ シーリバ(可愛いやつめ、仕様がないなあ、もうちょっと上手にしなさいよ)。「相手を馬鹿にした言葉」だというふうに解釈する向きもあるが、けっして軽蔑や憎しみなどの拒否的・消極的な雰囲気はなく、愛称接尾語「～マ」が付いていることからも好意的な意味合いを含んだ言葉である。

アバレッカ [ʔabarekka]〔名〕
可愛いやつ。「アバレーマ」と同じ。「アバリッカ」とも言う。目下への声掛けの言葉で、親愛の情を含んでいる場合に発する。【例】アバレッカ マーダ(可愛いやつめ、憎めないやつだなあ)。

アバレヘ プス [ʔabarehe pusu]〔連〕
美しい人。「アバレヘ」と「プス」の複合語。「アバレープス」と同じ。

アバレヘン [ʔabareheŋ]〔形〕
美しい。【例】アバレヘ ミドゥムッキンキムハイヤ ミドゥムヌドゥ マシ(美しい女性より気立てのよい女性のほうがよい)。

アビシティルン[ʔabiʃitiruŋ]〔自〕
溢れる。零れる。吹き出る。【例】イーユ ネースバソー ピーヌ カゲンユ ゾーットニ スーナッカ アビシティルヌ（飯を炊くとき、火の加減をうまくしないと吹き出るよ）。

アヒャー[ʔaça:]〔名〕
〈動〉繁殖用の雌豚。多産の女性を冷やかし気味に言う場合がある。【例】ゾットー アヒャーヤ ピスサーイシ トゥッカランバハン ヴァー ナスワヤ（上等なアヒャーは、一度に10頭ほども子を産むよ）。石垣語の「アヒャー」には「貴婦人」の意味もあるが、黒島語にはそのような意味は確認できない。

アヒャーワー[ʔaça:wa:]〔名〕
〈動〉繁殖用の雌豚。「アヒャー」と同じ。

アピラ[ʔapira]〔名〕
〈動〉アヒル（家鴨）。【例】ビャーハ シマナー アピラ シカナウ プソー アイナー ブランタン（黒島では、家鴨を飼う人はそんなにいなかった）。

アビルン[ʔabiruŋ]〔他〕
焼べる。【例】ソーラヌ ウクル ピーンナー ウヤプスユ ウクルバソー トゥクヌ マイナー ウティンハビュ アビルワヤ（お盆の送りの日には、祖霊を送るときに仏壇の前で紙銭を焼べるよ）。

アブ[ʔabu]〔名〕
母。【例】ヤーナ アボー ブラナーッカ ハマーラサッティ ナキムヤーリ ベーッタ（子どものころ、母が家にいないと寂しくて泣きべそをかいていた）。なにしろ、小学校に上がっても寝床で母の乳房をふくんでいた末っ子の僕にとって、母は絶対的な存在で母がそばにいるだけで仕合せであった。

アブ[ʔabu]〔名〕
地下に出来ている大きな壕。「自然壕」のことで人為的なものには「アナ」と言う。

アブ[ʔabu]〔名〕
虻。【例】ウシェー アブン ザーリッカ ジーマイ バハランスクン アーリバ タマンガリ（牛は虻に刺されると、前後不覚で暴れ騒ぐので注意しろ）。

アブシ[ʔabuʃi]〔名〕
畔。通常は、田と田との仕切りに土を盛り上げた部分を言うが、田んぼのない黒島では畑と畑の仕切りに盛り上げた部分を意味した。

アブシバライ[ʔabuʃibarai]〔名〕
畔の除草。「アブシ（畔）バライ（払い＝除く）」の意。「アブシ（畔）」の項参照。

アブゼーマ[ʔabuze:ma]〔名〕
爺さん。日常語では用いられず、歌謡〈山崎ぬあぶぜーま節〉に出てくる語。（石）アブジャーマ。【例】ヤマサキヌ アブゼーマ ヤマバタヌ トゥシユリ（山崎村のお爺さん、山端のお年寄り／黒島民謡〈山崎ぬあぶぜーま節〉より）。

アブッタンキ[ʔabuttaŋki]〔名〕
母親たち。【例】ソンガチナーン プーンナーン アブッタンキヌ ガーリバドゥ ウムッサ（お正月でも豊年祭でも、お母さんたちが囃し立て踊るほうが面白い）。

アブナッサン[ʔabunassaŋ]〔形〕
危なっかしい。危ない。周囲をハラハラさせるような状態に言う。【例】ウレー ムヌイイジョー シクッカー アブナッサヌ キムン ピーピードゥ ナル（そいつの物の言い方を聞いていると、危なっかしくて気持ちが冷や冷やする）。

アブハタ[ʔabuhata]〔名〕
母方。〈対〉イザハタ。【例】ウレー アブハタンドゥ ネールワヤ（彼は、母方に似ているよ）。

アブハタ マリ[ʔabuhata mari]〔連〕
母方の生まれ。〈対〉イザハタ マリ。「ア

「ブハタ」の項参照。

アヴァナクン[ʔavanakuŋ]〔自〕
怠けて寝る。ふて寝する。疲れて所構わず寝る。(沖)アファナチュン。【例】ザーコースーナ　アヴァナキベー　ムノー　ターラ？（仕事しないでふて寝しているのは誰だ）。

アマイルン[ʔamairuŋ]〔自〕
嬉しがる。喜び楽しむ。歓える。神遊びをする。共通語の「甘える」とは異なった沖縄特有の言葉だとされている。【例】ヤラビヌ　アマイ　バライ（子どもの嬉しがって笑っている様子）。

アマイルン[ʔamairuŋ]〔自〕
甘える。他人の好意にすがる。甘ったれる。【例】アブンナ　アマイラリッタヌ　イザハヤ　アマイラルンタン（母には甘えられたが、父には甘えられなかった）。我が家では、母はどこまでも優しく、父はひたすらに厳しかった。父親の厳しい躾に対する感謝の念は社会人になってからしみじみと感じられ、その気持ちは年を取るごとに深まっている。

アマグイジラバ[ʔamaguiʒiraba]〔名〕
古謡の名。〈雨乞いじらば〉。隆起サンゴ礁の黒島は、地層が浅いため短期間の日照りで土地が乾き，旱魃状態となる。作物への被害だけでなく飲料水にも支障をきたす。よって、日照りが続くと往時の人々は「雨乞い」の儀式を行なうのであり、そのときに歌われたのが〈雨乞いじらば〉である。なお、現在、飲料水は西表島からの海底送水によって供給されている。

アマクマ[ʔamakuma]〔代〕
あちこち。あちらこちら。沖縄語の移入語。黒島語の日常語では「ウマハマ」と言う。

アマザ[ʔamaza]〔名〕
頭。【例】バタヌ　ヤムッカー　セーロガンユ　アマザヌ　ヤムッカー　ノーシンユ　ヌムッタ（腹が痛いとセイロガンを、頭が痛いとノーシンを飲んだ）。島で住んでいたころの常備薬は、「セイロガン」と「ノーシン」であった。

アマザキ[ʔamazaki]〔名〕
酢。一般には「パヤン」と言う。【例】サキヌ　ヨンバンドゥレー　ピヌチヌ　タツッカー　シーヤナリ　パヤーントゥ　ユヌムヌ　ナレータ（酒の四番取りは、日数が経つと酸っぱくなり酢と同じ状態になった）。
　泡盛は醸造後、一番取りから四番取りまで採取した。一番取りを「アームル」と称し60度を超す濃度を示し、次第に濃度が低下していく三番取りまでを酒として扱った。四番取りは度数が低く酒としては用いず、用例のように日数が経つにつれ酸味が出てくるので酢として用いた。酒にしては淡い味わいであることから「アマザキ」と呼んで酢の代用にしたのである（以上は、宮良當成氏から教わった）。
　黒島では、おつゆや炒め物の味が薄い場合「アマハン」と言うが、味が「甘い」のではなく「塩気が淡い・薄い」を意味する。「アマザキ」も同様の意味合いからの呼称であろう。ちなみに、石垣語でも味の「うすい」のは「ピゥサン（薄い）」「アマサーン・アファサーン（塩気が薄い・淡い）」と言う。「アームル・パヤーン」の項参照。

アマザダラ[ʔamazadara]〔感〕
頭よ。要領の悪い人にやや軽蔑の意を込めて言う。【例】アマザダラ　ユヌ　マチガイバ　シートゥーシベー（頭よ、同じ間違いをし続けている）。

アマジ[ʔamaʒi]〔名〕
頭髪。頭。【例】①アマジユ　スラシ　クー（頭髪を切らして来なさい〈散髪して来なさい〉）。②アマジヌ　ウボホダラ（頭の大きいことよ）。

アマジヌ　キー[ʔamaʒinu kiː]〔連〕
頭髪。髪の毛。「頭の毛」の意。【例】アマジヌ　キーバ　ムイハブラシ　ヤニヤダラ（髪の毛を伸び放題にして、醜いぞ）。

アマジヌ　ヤン[ʔamaʒinu jaŋ]〔連〕
頭痛。【例】アマジヌ　ヤンヌ　スーワリバ　イメーミ　ヤコー（頭痛がひどいので、少し休もう）。

アマスク[ʔamasuku]〔名〕
網袋。アダンの気根から取れた繊維で細い縄を綯い、その縄で造る。元来は箆や鎌などの農具入れとして用いられていたが、近年は観光客向けの小物入れなどとして人気を博している。

アマスン[ʔamasuŋ]〔他〕
浴びせる。【例】ウレー　ヤメーッタバソードゥーシ　ミジン　アミッサナーッテナバードゥ　ミジン　アマシ　シビン　ピーン　アライ　ヴィーッタドゥラ（そいつが病気のとき、自分で水浴びもできないので私が水を浴びせお尻〈肛門〉も秘所も洗って上げたんだよ）。「私の言うことを何にも聞いてくれない」と愚痴をこぼす妻に対し、用例のような赤裸々な表現でさりげなく返す従兄の、ほんとうの優しさに触れ僕もかくありたいとしみじみ思ったのだった。

アマスン[ʔamasuŋ]〔他〕
し残す。持て余す。「余す」の意。【例】ギーパラナーッカ　ウヌ　シグトー　アマスンドゥラ（頑張らないと、その仕事はし残すよ）。

アマダ[ʔamada]〔名〕
魚や肉などを炙るための金網。【例】イゾー　アマダナ　ノーシ　ピーフキンシ　アーカセータ（魚は金網に乗せて、熾火で炙った）。

アマダリミジ[ʔamadarimiʒi]〔名〕
雨垂れ水。軒から垂れる水。「アマダル」の項参照。

アマダル[ʔamadaru]〔名〕
雨垂れ。【例】スイドーヌ　ナーンケー　アマダルユ　ビーナ　ウキ　ウリユ　ミジタンクナ　タミ　ヌメーッタ（水道のなかったころは、雨垂れを樋に受けそれを水タンク〈水槽〉に溜めて飲んだ）。

アマダン[ʔamadaŋ]〔名〕
雨垂れ。「アマダル」と同じ。

アマダンヌ　フチ[ʔamadannu ɸutʃi]〔連〕
軒下。【例】ヤラビシェーケー　フンダイシーッカ　ヤーハラ　ンザハリ　アマダンヌ　フチナー　ガザンニ　シドーリ　ニブッタ（子供のころ駄々をこねると家から閉め出され、軒下で蚊に襲われながら寝た）。我が父は、ある面で容赦のない厳しさをもって僕に接した。末っ子で甘えん坊の僕にとことん優しいところもあったが、用例のような場面もあった。後年、他者との折衝・対峙の場で物怖じしない度胸を発揮できたのは、幼少のころから父に厳しく鍛えられたからだと感じ入った。

アマドゥ[ʔamadu]〔名〕
雨戸。日常語としては「ヤドゥ（戸）」が多用された。【例】アマドー　ピーヤバソートゥ　ハジヌ　スーワピーンドゥ　シミッタ（雨戸は、寒い時と風の強い日に閉めた）。「ヤドゥ」の項参照。

アマヌ[ʔamanu]〔副〕
非常に。あまりに。「ドゥキ」とも言うが、見出し語はその程度が小さい感じがする。【例】アマヌ　シカハナ　アルヌドゥ　トゥミラルンタン（非常に近くにあるのに、見つけられなかった）。

アマヌッケラン[ʔamanukkeraŋ]〔副〕
非常に小さくて。そのほか、程度の低さ、少なさなどを表す。【例】①アマヌッケラン　ムティ　ケール？（たったそれだけ持ってきたのか）。②バンキン　アマヌッケラン　アバレヘッティ　イバリベー（私

よりほんの少し可愛いからと威張っている)。③アマヌッケラン パーハン(僅かばかり速い)。

アマハン[ʔamahaŋ]〔形〕
　甘い。(石)アジュマサーン。(沖)アマサン。【例】クヌ シタマミヌ アマハッティ マーハダラ(このぜんざいの、甘くて美味しいことよ)。

アマハン[ʔamahaŋ]〔形〕
　味が薄い。(石)アファサーン。(沖)アファサン。【例】アマハリバ マースユ イメーミ イリリ(味が薄いから、塩を少し入れなさい)。

アマフム[ʔamaΦumu]〔名〕
　雨雲。「アミフム」とも言う。【例】アマフムヌ ユージクーンケー クヌ シグトー ハタジクナーッカ(雨雲が近づかないうちに、この仕事を片づけないと)。

アマミ[ʔamami]〔名〕
　〈植〉穀物の名。アズキ(小豆)。「あかまめ(赤豆)」の意。【例】アマミユ イリッカー ヌーバセー イーユン マーハッタ(小豆を入れると、どんな飯も美味しかった)。米の飯は言うにおよばず、芋の飯、ソテツの実の飯、イバチ(餅粟のお握り)など、皆そうであった。

アマミジ[ʔamamiʒi]〔名〕
　雨水。天水。【例】スイドーヌ ナーンケー タンクナ アマミジバ タミ ヌメーッタ(水道がないころは、水タンクに天水を溜めて飲んだ)。

アマミナ[ʔamamina]〔名〕
　〈動〉貝の名(和名不詳)。

アマムヨー[ʔamamujo:]〔名〕
　雨模様。【例】ウヌ アマムヨーヤ アミ ヴァースンドー(その雨模様は、雨を降らすぞ)。

アマムル[ʔamamuru]〔名〕
　雨漏り。【例】クナレー アマムルヌ シギッサヌ ムチ ヌリナウハナーッカ(このところ雨漏りが頻繁だから、漆喰を塗り直さないとなあ)。

アマリ[ʔamari]〔名〕
　余り。余分。【例】タニシンザー アマリヌ ンズンヨーン トーハイ(種用のサトウキビは、余りが出ないように倒しなさい)。サトウキビを新しく植える場合、その幹を2〜3節に切断して植えるのだが、よく育っているものが選ばれることから余分に倒して無駄が生じないようにした。

アマルン[ʔamaruŋ]〔自〕
　余る。【例】ピシッチナー パウッカー アマリ フターチナー パウッカー タラーンバン(一つずつ配ると余り、二つずつ配ると足らないよ)。

アマン[ʔamaŋ]〔名〕
　〈動〉ヤドカリ。「アマンツァ」とも言う。中身を魚釣りの餌にしたようだが、子どものころから今に至るまで釣りに興味がないことから、その面の利用について詳細は知らない。「アマンツァ」の項参照。

アマンガシ[ʔamaŋgaʃi]〔名〕
　庇(ひさし)。(石)アマハギュ。【例】フンッツァバー キドゥ ヤーヌウチ アマンガシヌ ザーラハラ ヤーヌプカ(縁側までが家の内で、庇の下からは家の外だ)。

アマンツァ[ʔamantsa]〔名〕
　〈動〉ヤドカリ。「アマン」と同じ。【例】アマンツァン バッタユン ヤキ ヴォーッタワヤ(ヤドカリもバッタも、焼いて食べたよなあ)。食料としてではなく、お腹を空かしている悪餓鬼たちが小腹を満たすためにオヤツ感覚で食べた。よその畑のキュウリやトマトなどの盗み食いと気分的には同じようなものであった。

アマンユー[ʔamanju:]〔名〕
　歓世(あまよ)。甘世(あまよ)。「神の恵みに満ちた平和で豊かな世」を意味し、「ミルクユー(弥勒世)・

カンヌユー（神の世）」「ムカシユー（昔世）」などと同義。「ユガフ（世果報＝豊作・豊年）」を祈願する際のキーワードで、祈りの言葉や歌謡語に用いられる。

アミ[ʔami]〔名〕
雨。【例】アメー　ヌーバセー　アミン　ユガフアミッティ　シタ（雨はどんな雨でも，世果報雨と言った）。降りすぎる雨への拒否反応もあるにはあったが、作物にとってもっぱら雨に頼っていた当時の人々は、雨に対しては概ね深い感謝と愛着をもって用例のような接し方をしていたような気がする。「ウブアミ」の項参照。

アミ[ʔami]〔名〕
砂糖飴。黒砂糖を製造するとき、十分に煮詰まった砂糖を鍋から汲み上げた後、鍋の底や側面に残っているのを取り出して繰り返し引き延ばすと甘みの強い「アミ（砂糖飴）」が出来た。銀色に輝き砂糖より光沢があり美味しかった。

アミリ[ʔamiri]〔固〕
〈地〉黒島東筋部落の東方の地名。

アミリミチ[ʔamirimitʃi]〔固〕
〈地〉道路名。アミリ方面への道。

アミルン[ʔamiruŋ]〔他〕
浴びる。【例】アシヌ　パリッカ　ハーミジュドゥ　アミッタ（汗をかくと、井戸水を浴びた）。黒島の井戸水は硬度が高く、石鹸の泡立ちも悪かった。洗濯石鹸にはアデカセッケンがあり、洗顔用石鹸にはカオセッケン（顔石鹸〈洗顔用石鹸〉の意か、銘柄の「花王」の意だったか）があった。高校に進学して、銭湯で洗顔用の石鹸（今風に言うとボディーシャンプー）を使うと、石鹸の泡がいつまでも肌にまとわりついているようで気持ち悪くてなかなか馴染めなかった。

アムン[ʔamuŋ]〔他〕
編む。【例】シマナー　ブルケー　イザハラ　アダニヌパームスヌ　アミヨーユ　ナライ　ドゥーシ　アミミッタ（黒島にいたころ、父からアダン葉蓆の編み方を教わり自分で編んでみた）。アダン葉蓆はアダンの葉をアダナシ縄（アダンの気根の繊維で綯った縄）で編むが、縄を巻きつけた二つの木片を編み機の手前側と反対側に交互に移し蓆用に細工したアダン葉を編み進めていくのである。その工程で難しかったのは、左端と右端の縄の締め具合の力加減である。少しでも力加減に差があると、蓆は確実に歪んでしまうのである。そういうとき、父は何も言わずに僕の編み進めた作業を元に戻し、素早くやり直してくれた。あら不思議、父が編んだ部分は左右きっちりと均整が取れているのである。熟練の凄さを目の当たりにしながら、試行錯誤のなかで徐々に左右の力加減を身に付けたのであった。

アモーキ[ʔamo:ki]〔名〕
面懸（おもがい）。頭絡（とうらく）。共通語では「馬具の緒の一つ」と説明されているが、黒島語では「子牛に鼻（端）綱を付ける前に施す道具」を言う。【例】ウシヌ　パナバ　ピッカシ　パナジナシ　アシカウ　マイナ　ハキル　ムヌユドゥ　アモーキッティ　イズ（牛の鼻中隔（びちゅうかく）に穴を開けて鼻綱で扱う前に掛ける物〈道具〉を、アモーキ〈面懸〉と言う）。「面懸・頭絡」「鼻中隔」の用語については、畜産業を営んでいる甥の當山榮一を介して鹿児島県奄美群島喜界島に在住の獣医師・高坂嘉孝氏に教えていただいた。

アヤークトゥ[ʔaja:kutu]〔名〕
あんなこと。「アヤールクトゥ」とも言う。【例】アヤークトゥヌ　バハヤナーナ　ウモーリタンマラー（あんなことを、恥ずかしくもなく思いついたもんだよなあ）。

アヤームヌ[ʔaja:munu]〔名〕
あんなもの。人にも物にも言う。多くは、否定的な場合に言う。「アヤールムヌ」と

も言う。【例】①アヤームノー サーリ フンナ（あんなやつは連れて来るな）。②アヤームノー ユーゾー ナーニバ シティリ（あんなものは役に立たないから捨てろ）。

アヤールクトゥ[ʔajaːrukutu]〔名〕
あんなこと。「アヤークトゥ」と同じ。

アヤールムヌ[ʔajaːrumunu]〔名〕
あんなもの。人にも物にも言う。「アヤームヌ」と同じ。

アヤッサン[ʔajassaŋ]〔形〕
危うい。疑わしい。【例】ウレー イズムノー アヤッサリバ シンヨーシーナ（そいつの言うことは、疑わしいので信用するな）。

アヤパニ[ʔajapani]〔名〕
美しい羽。綾なす羽。

アヤハルン[ʔajaharuŋ]〔他〕
肖（あやか）る。【例】ドーディン キンコーユ アヤハラシ タボーリ（どうぞ、健康を肖らせてください）。

アヤハリ[ʔajahari]〔名〕
肖（あやか）り。【例】ハジマヤーヌ ヨイヌ アヤハリバ タボーラリ プコーラサユー（九十七歳の生年祝いの肖りを賜り、ありがとうございます）。

アヤマチ[ʔajamatʃi]〔名〕
不慮の事故。思い掛けない負傷。共通語の「過ち」の借用語。【例】アヤマチヌ ナーンヨーン タマンガリ（思い掛けない怪我をしないように、気をつけろ）。

アヤマリ[ʔajamari]〔名〕
不慮の事故。思い掛けない負傷。「アヤマチ」と同じ。

アヤマルン[ʔajamaruŋ]〔自〕
間違いを犯す。誤まる。〈否〉アヤマラヌン。【例】ドゥーヌ パル ミチユ アヤマランスクン マットーバ トゥーリシキリ（自分の進む道を誤ることなく、真っすぐ突き進みなさい）。

アヤマルン[ʔajamaruŋ]〔自〕
謝る。詫びる。〈否〉アヤマラヌン。【例】ドゥーヌ バラサッティ ウムーッカ キムハラ アヤマリ（自分が悪いと思うなら心から謝りなさい）。

アユ[ʔaju]〔名〕
無伴奏で歌われる古謡の一つ。（石）アヨーン。【例】アユヤ ジラバ ユンタヌッツァー サンシンヌ ナーンケーヌ ウタヌ ナー（アユは、ジラバ、ユンタなどのような三線のないころの歌謡の名称である）。宮城信勇『石垣方言辞典』によると、「かつては八重山にも宮古と同じく「アヤグ」という言葉もあったが、グのg音が脱落してアヤウ→アヨーになったもの」と説明されている。なお、同辞典では「八重山の古い神歌」とされているが、黒島では祭り歌として歌うほか夫婦が互いに相方を務め座敷歌としても歌う。

アラ[ʔara]〔接頭〕
新しい。【例】アラ ヤー（新しい家）。アラ キン（新しい服）。アラ ハンガイ（新しい考え）。なお、「新年」は「アラトゥシ」とは言わず「ミートゥシ」と言う。

アラ[ʔara]〔接頭〕
荒（粗）い。【例】アラ ハイシ（荒耕し）。アラ ヌイ（粗縫い）。アラ トゥイ（粗研ぎ）。

アライノー[ʔarainoː]〔名〕
新しい砂。新鮮な砂。正月には、アライノー（新しい砂）を庭や家の周りの道に撒いて新年を祝った。日常語としては「ソンガチイノー（正月砂）」が多用され、その海浜からの運搬と散布は暮れの大仕事であった。

アラウン[ʔarauŋ]〔他〕
洗う。洗濯する。【例】ムカシェー ハーミジシドゥ キンユン アライ ミジン アミッタ（昔は井戸水で、衣服も洗い、水浴びもした）。用例は水道のない時代のこ

ととて、飲料水は天水に頼っていたことから、洗濯は硬度の高い井戸水で行なったのだが、石鹸の泡立ちも悪く汚れもなかなか落ちなかった。

アラカー[ʔaraka:]〔固〕
〈地〉新川。石垣市の四箇字（シカアザ・新川・石垣・大川・登野城）の一つ。

アラキ ヌッサン[ʔaraki nussaŋ]〔連〕
歩きづらい。歩きにくい。【例】ドゥルブッター ミツェー アラキ ヌッサリバ クルバンヨーン タマンガリ（泥んこ道は歩きづらいから、転ばないよう用心しろ）。

アラキン[ʔarakiŋ]〔名〕
新しい服。【例】アラキンユ キス バソーヌ サニヤーッタウユー（新しい服を着たときの嬉しかったことよ）。

アラグスク[ʔaragusuku]〔固〕
〈地〉新城島(あらぐすくじま)。カミジ（上地島）とシモジ（下地島）の二島から成り、「パナリ」と通称されている。「パナリ」の由来については、カミジとシモジの二島が離れて立地しているからという説と、琉球王国時代の主島であった黒島から離れているからという説がある。

アラクン[ʔarakuŋ]〔自〕
歩く。歩き回る。〈否〉アラカヌン。【例】①ナブラーッサリバ クルバンヨーン タマンガリ アラキヨー（滑りやすいので、転ばないように注意して歩きなさいよ）。②ウマハマユ アラキ ミリバドゥ ジンブンナー ンジフー（あちこちを歩き回って見聞を広げてこそ、知恵は身に付く）。用例②は、「可愛い子には旅をさせろ」につながる意がこめられている。

アラクン[ʔarakuŋ]〔自〕
いる。ある状態になる。そこで働く。〈否〉アラカヌン。【例】プスン バラールンヨーン キーシキ アラキ（他人に笑われないよう、気をつけて行動しなさいよ）。プロボクシング世界チャンピオンになった石垣島出身の具志堅用高選手が、「ボクサーでなければ、今ごろ海を歩いていたはず」と言った言葉が話題になったことがある。ここの「海を歩く」は「海で働く、すなわち漁師になる」ことを意味している。

アラシ[ʔaraʃi]〔名〕
荒地。未開墾地。（石）アラシュ。（沖）アリチ。【例】アラシユ ハイス バソーガー ドゥシキユ モーシティハラ ハイセーッタ（未開墾地を耕すときは、茅やススキを燃やして〈焼き払って〉から耕した）。

アラスン[ʔarasuŋ]〔他〕
明かす。夜を明かす。〈否〉アラハヌン。【例】ワーンナ ユングマル シーバソー フキトゥーシ アラセーッタ（御嶽で夜籠りするときは、寝ずに起き通して夜を明かした）。

アラスン[ʔarasuŋ]〔他〕
分配する。〈否〉アラハヌン。【例】イメーミナー ヤラバン バケーッツァミ ケーラン アラハイ（少しずつでも、分け合って皆に配りなさい）。

アラスン[ʔarasuŋ]〔他〕
新調する。拵(こしら)える。手に入れる。〈否〉アラハヌン。【例】アラキンヤ ソンガチトゥ プーンヌ バソンドゥ アラシタワヤ（新しい衣服は、正月と豊年祭の時に買ってもらった）。

アラスン[ʔarasuŋ]〔他〕
荒らす。荒れ放題にする。〈否〉アラハヌン。【例】パタケー アラハンヨーン ヤディン ヌワーラバ ヴィーウシケーッタ（畑を荒らさないように、かならず何かを植えておいた）。

アラタビ[ʔaratabi]〔名〕
新しい旅。初めての旅行。【例】フキナーハヌ アラタビ セーッタバソーヌ サニヤッタウユ（沖縄本島へ初めて旅行したときの、嬉しかったことよ）。

アラタマルン[ʔaratamaruŋ]〔自〕
　改まる。新しくなる。〈否〉アラタマラヌン。【例】アラタマルトゥシン　ヤーニンズ　ケーラハ　イークトゥタンカ　アラシタボーリ（新しい年も家族全員に、良いことだけ起きますように）。

アラタミルン[ʔaratamiruŋ]〔他〕
　改める。新しくする。直す。改心する。〈否〉アラタムヌン。【例】ドゥーヌ　セーッタ　ヤナクトゥユ　アラタミットゥリ　マイハアラキ（自分の行なった悪いことを改め、前進しなさい）。

アラッサ[ʔarassa]〔名〕
　初回の除草。特に粟畑の除草に言った。〈類〉マタッサ（二度目の除草）。【例】アラッサ　ソールバソー　ウムイキシ　アーヌ　ナイヤ　トゥリシティリ（初めての除草の場合、思い切って粟の苗を取って捨てなさい〈間引きしなさい〉）。「アーヌッサ」の項参照。

アラトゥイ[ʔaratui]〔名〕
　粗研ぎ。「アラトゥシ（粗い砥石）」の項参照。

アラトゥシ[ʔaratuʃi]〔名〕
　荒い砥石。黒島に伝わる長編のゆんぐとぅ〈ぱいふたふんたか〉に「アラトゥーンナ　アラトゥイ　シー　クマトゥーンナ　クマトゥイ　シー（粗い砥石では粗研ぎをして細かい砥石では細かく〈丁寧に〉研いで）」の一節がある。「砥石」の日常語は「トゥシ」であるが、古い時代は「トゥーン」であったと思われる。

アラナーッカ[ʔarana:kka]〔接〕
　そうでなければ。【例】ユー　ハンガイリ、アラナーッカ　ヤミリ（よく考えよ、そうでなければ止めなさい）。

アラナン[ʔaranaŋ]〔名〕
　荒い波。小満の季節、旧暦の四月すなわち新暦の五月下旬ごろに荒れる波。

アラナンカ[ʔaranaŋka]〔名〕
　初・七日忌。「アラ（新＝初）ナンカ（七日）」の意。【例】①フタナンカ（二・七日忌）、ミーナンカ（三・七日忌）、ユーナンカ（四・七日忌）、イチナンカ（五・七日忌）、ーナンカ（六・七日忌）、シンズクニチ（四十九日忌）。②アラナンカヌ　ピーン　シンズクニチヌ　ソッコバーキ　マトゥミティ　シーウヤハイ（初七日の日に、四十九日の焼香＝法要までまとめて営んで差し上げなさい）。昔は、正月を前に亡くなった人のナンカ（七日ごとの法要）は、喪服期間を新年まで持ち越すことを避けるため、ミー・ナンカ（三・七日）当たりで繰り上げて行なったが、さすがに初七日の日に繰り上げるようなことはしなかった。でも、昨今は、沖縄県内のほとんどの家庭で初七日の日に繰り上げ焼香がなされている。この風習は、新型コロナウイルスの影響で加速されているように思われるし、今後益々加速されるのではなかろうか。

アラヌン[ʔaranuŋ]〔自〕
　そうではない。【例】バー　セークトゥ　アラヌンティ　イズヌドゥ　タルン　シンヨー　スーンサー（私がやったことではないと言うけど、誰も信用しない）。

アラパー[ʔarapa:]〔名〕
　生え始めの永久歯。「新しい歯」の意。【例】アラパー　ゾーットーニ　ムイタボーリ（新しい歯さん、上等に〈綺麗に〉生えてください）。乳歯が抜けて永久歯が顔をのぞかせると、用例のようなお呪いを唱えながら抜けた下の乳歯は上に高く、上の乳歯は遠くへ投げたとか。この項は上里淳子さんからの聞き取り。

アラハン[ʔarahaŋ]〔形〕
　荒い。荒っぽい。【例】ウシェー　ヴァーナスッカー　アラハナルンドゥラ（牛は、子を生むと荒っぽくなるよ）。

アラマース[ʔarama:su]〔名〕
　正月の塩飾りで縁起物。大皿に塩を盛って

床の間に飾る。家長が家族をはじめ年頭あいさつに訪れる客にふるまう。塩は手の平で受け、舌の先端でなめるようにして飲み込む。「新しい塩」の意。【例】ソンガチヌ　アラマースユ　タボーラリルンユー（正月の縁起の良い塩をいただきます）。この語は、石垣方言辞典では「粗塩。精製していない結晶の粗い塩」と説明されている。

アラヤー[ʔaraja:]〔名〕
新しい家。新しい家庭。【例】アラヤーバンダミ　シカイットゥ　イークトゥユー（新しい家庭を構え、まことにおめでとうございます）。

アラヤー[ʔaraja:]〔名〕
屋号。本家の當山家から分家して新しく家を建てたので、「アラトーミヤー（新當山家）」と呼ばれ（アラヤー〈新しい家〉と略称）、古くなっても「アラヤー」は屋号となって残った。あと付けであるが、本家の東側に位置していたことから「アートーミヤー・アーラトーミヤー（東當山家）」とも呼ばれた。

アリ[ʔari]〔感〕
あら。ほら。「ウリ」とも言う。【例】アリ　タマンガラナーッカ　クルブンドー（ほら気をつけないと転ぶぞ）。

アリアリ[ʔariʔari]〔感〕
ほらほら。あれあれ。「ウリウリ」とも言う。「アリ」より緊迫感が強い。【例】アリアリ　アダンヌ　ミーカラ（ほらほら、アダンの茂みの中から／〈黒島口説〉より）。

アリシジ[ʔariʃiʒi]〔名〕
アースン（東筋）のことで、歌謡に用いられている言葉。【例】ナカントゥ　アリシジ　イク　フリムラ……（仲本、東筋、伊古、保里村……／黒島民謡〈黒島口説〉より）。

アリシン[ʔariʃiŋ]〔名〕
アースン（東筋）のことで、歌謡に用いられている言葉。【例】アリシン　ミヤラビ　ヨー　スリ　ピナシキヌ……（東筋村の娘はピナシキの……／黒島民謡〈ぺんがん捕れ一節〉より）。

アリバナ[ʔaribana]〔名〕
夜明け前。太陽が上がる直前の状態。【例】イザー　アリバナンナー　パタケヘ　ワールン（お父さんは、夜明け前に畑に行かれる）。夏の暑い盛りのころ、父は朝食前のひと時に畑仕事をこなしてきた。

アリヒャー[ʔariça:]〔感〕
あれーっ。そらそら。それそれ。「ウリヒャー」とも言う。自分が驚いた時にも他人に警告する時にも言う。【例】アリヒャー　アサビベーケー　ティダー　イレーッス（あれーっ、遊んでいるうちに陽が暮れてしまったぞ）。

アリフタ[ʔariɸuta]〔名〕
塵芥。ごみ。【例】タイフーヌ　アトーミナハン　ゾーヌ　ミチン　アリフタヌ　マジミ　ブリバ　ヤイッティ　ソージ　シーウシキ（台風の後は、庭も門の前の道も塵芥がいっぱいだからサッサと掃除しておきなさい）。

アリルン[ʔariruŋ]〔自〕
明るくなる。夜が明ける。【例】メー　ユーヌ　アリルンドゥラー（もう夜が明けるよ）。

アリン　ナーン[ʔarin na:ŋ]〔連〕
あってもなくても。【例】アリン　ナーン　ヤートゥナーントゥヌ　ピライヤ　スーナーッカ　ナラヌン（〈お金が〉あってもなくても、近所づきあいはしないといけない）。

アルッサ[ʔarussa]〔名〕〔副〕
あるだけ全部。【例】クンドゥヌ　タイフーナー　ヤサイン　グマン　アマミン　アルッサ　ジンザラリ　ムノーアラヌン（今度の台風で、野菜も胡麻も小豆もすべて揉みくちゃにされ、どうしようもない）。

[ʔaru riːja toːʃina naːn riːja tatina]〔連〕ある例は絶やすな、ない例は立てるな〔諺〕。伝えられている先例は途絶えさせてはならず、新しい例（習わし）は無闇に取り入れてはならない。「保守主義極まれり」という考えで肯定しがたいが、そういう考えの人もいるであろうことは認めたい。

アレイク[ʔareiku]〔名〕
〈植〉亜高木の名。和名不詳。山羊や牛の好物で、切り口から樹液（乳液）が出る。

アロースク[ʔaroːsuku]〔固〕
東筋東方の部落に隣接する地域の名。古い時代にあった村の名でもある。

アワリ[ʔawari]〔名〕
哀れ。難儀。辛苦。【例】バンニン アワリヌ マリッティ ブラヌンラー（私のような難儀を背負った生まれの人はいないよなあ）。

アワリサー[ʔawarisaː]〔名〕
難儀を背負っている人。【例】ウヴァー アワリサーヌ マリッティドゥ マリケー（あなたは、難儀を背負っている人として生まれてきた）。

アワリヌ グーハジ[ʔawarinu guːhaʒi]〔連〕
難儀や苦労の数々。ありとあらゆる難儀。【例】アワリヌグーハジ シーッティドゥ ヴァーンキユ スダティ ケー（あらゆる苦労をして子どもたちを育ててきた）。

アワリヌ ダンダン[ʔawarinu dandaŋ]〔連〕
難儀や苦労の数々。ありとあらゆる難儀。「アワリヌ グーハジ」と同じ。

アワリマリ[ʔawarimari]〔名〕
難儀苦労の生まれ。生まれつき難儀を背負っているひと。「アワリサー」と同じ。

アワリ ヨーリ[ʔawari joːri]〔連〕
哀れ。ひどい難儀。「アワリ（難儀）ヨーリ（弱り）」の意か。それとも「ヨーリ」は「アワリ」を強調するための語呂合わせの語か。【例】「アワリ ヨーリバ シー キムイッツァハヤラー（ひどい難儀をして、気の毒だよねえ）。

アン[ʔaŋ]〔名〕
網。【例】イゾー アンシドゥ ウラーリ トゥラリ（魚は、網でこそたくさん捕れる）。「一網打尽」の由来。

アン[ʔaŋ]〔名〕
〈動〉アリ（蟻）。【例】アンヌ ムトゥブンシ ピナルン（蟻の運ぶ分で減る）。「塵も積もれば山となる、の逆現象」。

アン[ʔaŋ]〔自〕
ある。存在する。〈否〉ナーヌン。【例】アルッカ アルシカイ ナーナッカ ナーンシカイ（あればあるような使いをし、無ければ無いような使いをする＝あれば無駄遣いをし、無ければ節約をする）。

アンカー[ʔaŋkaː]〔名〕
錨（いかり）。英語からの借用語。【例】ビキドゥモー アンカーヌ ナーン フニトゥ ユヌムヌ（男は、アンカーのない船と同じ）。男は「ソーキブニ（肋骨）が足りない」とも言われるように、やはりどこか間が抜けている存在なのだということを、自らに照らして認めざるをえない。

アンカーイシ[ʔaŋkaːʔiʃi]〔名〕
アンカー用の石。

アンカー イリルン[ʔaŋkaː ʔiriruŋ]〔連〕
アンカーを下ろす。【例】トー クマナー アンカー イリリ（さあ、ここでアンカーを下ろせ）。

アンカー ウラスン[ʔaŋkaː ʔurasuŋ]〔連〕
アンカーを下ろす。「アンカー イリルン」と同じ。

アンガマ[ʔaŋgama]〔名〕
女装した男と女、または女性だけの踊り。【例】ビャーハシマヌ アンガマー ソーラ アンガマ ヤースクルアンガマ ウブソッコーアンガマヌ アルワヤ（黒島でのアンガマ踊りには、お盆のアンガマ踊

り、新築祝いのアンガマ踊り、三十三年忌のアンガマ踊りがあるよ)。「ソーラ　アンガマ」は、旧盆の夜、頬被(ほおかぶ)りの女装をした青年団が各家庭を回り仏壇の前庭で三線歌と踊りを披露してその家の「ウヤプス(先祖)」を慰める。「ヤースクル　アンガマ」は、新築祝いの座で女の人が台所用品を頭に載せクバの葉の扇をあおぎながら座敷を回って踊る。「ウブソッコーアンガマ」は、三十三年忌のときに女の人がクバの葉の扇をあおぎながら仏壇の前で円を描きながら踊る。

「アンガマ」は「アネガマ→アンガマ(姉様)」を意味し女性(女装した男性)が主役の催しであることを暗示していると思うが、宮城信勇先生は「アンガマ」の語源を「あんぎゃ(行脚)」であろうと提示している。石垣の「アンガマ」はあの世から来たというじいさん・ばあさんが特有の仮面を被って登場するが、黒島の「アンガマ」はいずれも仮面は用いず素面で踊る。

アンガマクイ[ʔaŋgamakui]〔名〕
裏声。石垣の「アンガマ踊り」に登場するあの世から来たというウシュマイ(爺さん)とンミ(婆さん)が裏声で話すことからの呼称。普段の話し声が裏返るような高い声のこと。

アンギマースン[ʔaŋgima:suŋ]〔他〕
急(せ)かせる。急がせる。催促して急がせる。〈否〉アンギマーサヌン・アンギマーハヌン。【例】ドゥキ　アンギマースッカー　シリッコー　ナリバ　ヨーンナ　ヨーンナ　シミリ(あまり急かすと失敗するから、ゆっくりゆっくりさせなさい)。

アンギマーサリン[ʔaŋgima:sariŋ]〔自〕
急(せ)かされる。急がされる。【例】ドゥキ　アンギマーハリ　ムヌッテー　ウモールヌン(あまり急かされて、物とて思われない〈何も考えられない〉)。

アンク[ʔaŋku]〔名〕
担(にな)い棒(ぼう)。日本古語「朸(あふこ・あふご・おうご)」に対応。160センチほどの棒で、荷物を一人で担う場合は棒の両先端に下げ、二人で担う場合は棒の中心部に荷物を下げて運ぶ。【例】ムカセー　ミジンゴイヤ　コイタングナー　イリ　アンクシ　ハタミ　ムトゥッタ(往時、人糞を発酵させた水肥(すいひ)は肥桶(こえおけ)に入れ、担い棒で担って運んだ)。

お盆の供え物の一つに、「ナーガ　シンザ(長いサトウキビ)」があるが、お盆を終えて彼岸(あの世)に戻る際に、お土産を担うのに利用するのだとか。「タング(桶)」の項参照。

アンザーラスン[ʔanza:rasuŋ]〔他〕
もつれさせる。絡ませる。紛れさせる。混乱させる。〈否〉アンザーラハヌン。(石)アンチュクザーラスン。【例】ブトゥヌ　ドゥキ　サキヌンダハーッティドゥ　キナイバ　アンザーラシ　ブー(夫があまりに酒を飲むものだからが、家庭を混乱させている)。

アンザールン[ʔanza:ruŋ]〔自〕
もつれる。絡み合う。紛れる。こんがらかる。〈否〉アンザーラヌン。(石)アンツァールン・アンチュクザールン。【例】トゥジブトゥヌ　アンザールッカー　タルンニン　パンハルヌン(夫婦の仲がもつれると、誰にも外せない〈解(ほど)けない〉)。されば、夫婦喧嘩は犬も食わぬとか。

アンシカイ[ʔanʃikai]〔名〕
網使い。網を用いて行う漁のこと。【例】アンシカイヌ　ゾージプソー　タンカシドゥ　イソー　シールワヤ(網使いの巧みな人は、一人で漁をするよ)。

アンスクライ[ʔansukurai]〔名〕
網の修繕。「網繕(つくろ)い」の意。【例】キューヤ　イソー　パラルニバ　アンスクライユ　シーリ(今日は漁に出られないから、網繕

アンダ

いをせよ)。ザコートゥヤーシンカ（雑魚捕りの乗組員）は、台風で漁に出られないときは、網の修繕をした。各自、必要な小道具を持っていたが、その道具の一つに切っ先が三角に鋭く尖っていた〝シーグ〟と呼ばれるナイフがあり、それにまつわる忘れがたいコント（掌話）を紹介しよう。

　安里善永さん（大正15年生まれ）の率いるザコートゥヤーシンカの、ある日のアンスクライ（網修繕）の場での、伊古正輝さん（昭和10年生まれ）と前盛安永さん（昭和11年生まれ）の演じたコントの一場面である。いつも仕掛けるのは伊古正輝さんで受けて立つのは前盛安永さんだった。「トーハイ　アンエイ、シーグバ　ムティ　クマハ　クー（おい安永、シーグを持ってここに来い」で危ないコントが始まる。伊古さんが床の上で左手の指を思いっ切り広げる。向かい合った前盛さんが右手に持ったシーグの切っ先を伊古さんの指の間に順次突き立てていくのである。初めはゆっくりだが、「マーミ　パーク　シーリバ（もっと速くしろ！）」と煽る伊古さんの掛け声に前盛さんも次第に速度を速める。2人はともに興奮気味である。他のシンカ（仲間）は肝を冷やしながら押し黙って見ている。緊張感が絶頂に達したころ、親方代理・東兼久政次さん（昭和9年生まれ）の「マタマタ　プリザンマイバ　シーベーリ!!（またまた馬鹿げた行ないをしているのか!?　止めろ!!）の甲高い停止命令で幕となった。何を目的としてあのような〝狂気〟のゲームに興じていたのか分からなかったが、思い返してみると僕はハラハラしながらも、二人の度胸の据わった行為が男らしく思えて内心では〝侠気〟にも似た清々しさを感じていた。

アンダ[ʔanda]〔名〕
　油。脂。この語は、沖縄語の移入語で「アンダグチ（お世辞・無駄口）」「アンダミス（脂味噌）」などの語を派生させている。黒島語では「アバ」もしくは「アヴァ」と言う。

アンダグチ[ʔandagutʃi]〔名〕
　お世辞。おべっか。無駄口。油を塗ったように口が滑らかで口数の多い状態をさす。「油口」の意。【例】ウレー　アンダグチ　タンカ　イズッテナー　ギューサ　フミラルバン　サニヤー　ナーヌン（彼はお世辞ばかり言うので、いくら褒められても嬉しくない）。

アンダハーリ[ʔandaha:ri]〔副〕
　思い切って。大いに。【例】アンダハーリ　アサビ　アンダハーリ　パタラキ（思いっきり遊び、大いに働きなさい）。

アンダブーカ[ʔandabu:ka]〔名〕
　べた凪。「アンダプーカ」とも言う。

アンダプーカ[ʔandapu:ka]〔名〕
　べた凪。「アンダブーカ」と同じ。

アンダマ[ʔandama]〔名〕
　おしゃべり。「アンダ」に愛称接尾語「〜マ」が付いている。主に、おしゃまな女の子のおしゃべりに言う。

アンダミス[ʔandamisu]〔名〕
　油味噌。（石）アンダミシュ。（沖）アンダンス。味噌に細かく刻んだ豚肉を入れ油で炒めたもの。

アンツォ[ʔantso]〔名〕
　炭酸水素ナトリウム。通常は、「重炭酸曹達（ジュウタンサンソーダ）」の略称「重曹（ジュウソウ）」と言う。（石）アンツォー。黒島では、パンビン（てんぷら）の「ふくらし粉」に用いた。

アントゥリ[ʔanturi]〔固〕
　〈地〉網取。西表島の村の名。今は廃村になっている。

アンバイ[ʔambai]〔名〕
　塩梅。塩かげん。物事のほどあい。加減。【例】ウレー　アンバイバ　ミリドゥ　キミラリ

（それは、事の成り行きを見てが決められる）。

アンパカスン[ʔampakasuŋ]〔他〕
責任をなすりつける。【例】ドゥーシ ヤナクトゥバ シー プスン アンパカシブー（自分で悪いことをして、他人に責任をなすりつけている）。

アンパクン[ʔampakuŋ]〔自〕
責任を他人の分まで引き受ける。尻拭いをする。弁償する。【例】プリープリーシプスヌ シェークトゥバ アンパキ ブルワヤ（馬鹿みたいに、他人のしたことの尻拭いをしているよ）。

アンムチ[ʔammutʃi]〔名〕
餡餅（あんもち）。【例】ナームチッキンナ アンムチ ヌドゥ マーハ（何も入っていない〈餡の入っていない〉餅より、餡餅のほうが美味しい）。

イ

イ[ʔi]〔感〕
びっくりした時に、息を吸いこむようにして発する。【例】イ ヤミーワーッティ シクッタヌ ウーパー マーラシワーリナーニバヤラー（え、患っておられると聞いたけれど、そんなに早く亡くなられたのだねえ）。

イ[i]〔終助〕
～してよいか。自分の行為、意思について相手の同意を得るために問いかける場合の言葉の末尾につく。【例】①バン タンカシ パライ？（私一人で行っていい）。「パライ」は、「パラバン ミサン？（行ってもいいかい）」と同じ。②ボーリナーニバヤクターライ？（疲れたから、横になろうね）。

イー[ʔi:]〔感〕
思いがけない出来事に遭遇した時に、息を吸い込むようにして発する。「イ」より感情の露出度が強い。【例】イー パンニンフォーリドゥ アイ フクリ ブール？（ええっ ハブに咬まれて、こんなに腫れているの）。

イー[ʔi:]〔連体〕
良い。善い。上等な。【例】①タビハラー イーソー タンカ シカハイヨラー（旅先からは良い知らせだけ届けなさいよ）。②キナイナーヤ ヤディン イークトゥン ヤナクトゥン アン（家庭内では、かならず善いことも悪いことも起きる）。

新年を迎える際のミントゥー（年頭の飾り口）では、「アラタマル トゥセー イークトゥ タンカ アラシタボーリ（新しい年には、よいことだけあらしめてください）」と神仏に念願したものである。

イー[ʔi:]〔名〕
飯（めし）。ご飯。食事。握り飯。イモ（甘藷（かんしょ））を丸ごと食する場合は「ウン」と言い、皮を剥きこねてお握りにして食する場合には「ウンヌ イー（芋の飯）」と言う。【例】ムカセー アーヌイートゥ ウンタンカ ヴォーッタ（昔は、粟の飯と芋だけ食べた）。「ムカセー（昔は）」は、丁寧に言うと「ムカシ ヤ（昔は）」となるが、日常会話では「ムカシ（昔）」の語尾「シ」と係助詞「～ヤ（～は）」が融合・転音して「セー」になったものだが、人によって「ムカシェー」とも発音される（以後、「セー（ゼー）」「シェー（ジェー）」のいずれかを用いる）。

関連語／アーヌ イー（粟の飯）。キンヌ

イ～（黍の飯）。ウンヌ　イー（芋の飯）。マイヌ　イー（米の飯）。メーッサビ（朝食）。アシ（昼食）。ユイ（夕食）。

イー[ʔiː]〔名〕
絵。【例】バンター　ドゥシンキナー　イーヌ　ゾーゼー　ヒデユートゥ　アキボーアッタ（僕たちの同期生で絵が上手だったのは、ヒデユー〈小底秀勇君〉とアキボー〈玉代勢泰璋君〉だった）。

イイー[ʔijiː]〔感〕
「イ」や「イー」より、さらに感極まった場合に発する。【例】イイー　ヌッティドゥ　アイ　シーゴーダー　ナリブラー？（あれあれ、何でそんなに血まみれになっているのだ）。

イー　クトゥ[ʔi: kutu]〔連〕
よいこと。慶事。【例】クズッキン　マサラシ　クトゥシン　イー　クトゥ　タンカ　アラシタボーリ（去年に勝らし〈倍し〉、今年もよいことだけあらしめてください）。

イー　クトゥユー[ʔi: kutujuː]〔成〕
おめでとうございます。【例】ヤーニンズ　ケーラ　サニーサニーシ　ミートゥシユ　ンカイタボーリ　マイダン　イー　クトゥッティ　ワーマリユンユー（家族みんな喜びいっぱいで新年を迎えられ、まことにおめでとうございます）。

イーグン[ʔiːguŋ]〔名〕
蛸捕り用の銛。先端が湾曲して鉤状になっている。蛸捕りの名人は、サバニ（小型の板製漁船）の上から、蛸壺〈蛸の住処〉にイーグンを突っ込み蛸を突き差して捕える。蛸は、たいてい雄と雌が同居しているらしく2匹同時に捕獲することが多いという。蛸捕りの場合、サバニを安定的に進めるには艫を前にして操作したほうがいいということで、そのように操作したそうだ。

イーシマニヤー[ʔiːʃimanijaː]〔固〕
屋号。西島仲家。

イーダーラ[ʔiːdaːra]〔名〕
大飯食い。「飯俵」の意。「イー（飯）」と「ターラ（俵）」の連濁「ダーラ」の複合語。からかい、もしくは軽い蔑みをこめた言葉。【例】ドゥキ　ヴァイズワートゥリ　イーダーラッティ　ナーバ　シカリブー（大変な大食漢なので、「イーダーラ＝飯俵」と名をつけられている）。

イーナ[ʔiːna]〔名〕
西隣。【例】バンテヌ　イーナヌ　ヤーヌ　ナーヤ　ウラシキヤーッティ　シタ（我が家の西隣の家の屋号は、ウラシキヤー＝浦崎屋と言った）。同家の苗字は、屋号とは異なって「船道」だった。

イーバー[ʔiːbaː]〔名〕
よい折。いい機会。よい出来事。幸運なこと。【例】①イーバードゥ　マニアーシ　ケーワヤ（折よく間に合わせて来たね）。②バナー　クリトゥ　トゥジブトゥ　ナリキムハラ　イーバーッティ　ウムイブー（私はこれと夫婦になって、心からよかったと思っている）。

イーバー[ʔiːbaː]〔感〕
ざま見ろ。それ見たことか。逆説的に相手を嘲笑し軽蔑する場合に言う。【例】イーバー　マービ　シクジリバドゥ　ソーイル（それ見たことか、もっとしくじった〈失敗した〉ほうが反省する）。

イーパイ[ʔiːpai]〔名〕
位牌。「トートーメ」とも言うが、これは沖縄語の移入語。【例】イーパイヤ　トゥクヌ　マンナハナドゥ　ハザリウスク（位牌は、仏壇の真ん中に飾って置く）。

イー　ハンガイ[ʔi: haŋgai]〔連〕
よい考え。立派な考え。【例】イーハンガイリバ　ミーナスヨーン　ギーパリ（よい考えだから、仕上げるよう頑張れ）。

イーリッファ[ʔiːriffa]〔名〕
貰い子。【例】イーリッファー　ズンキョー

ダイトゥ ユヌムヌ アーッタ（貰い子は、本当のきょうだいと同じであった）。

　ある家の子が生まれつき病弱だったり途中で病気になったりした場合、健康に恵まれ社会的信用の篤い人を「仮の親」とすることによりその親の健康や人柄に肖(あやか)る風習。その場合、当の子は「イーリッファ（貰い子）」と言い、当の親は「ヤシナイウヤ（養い親）」と呼ばれる。こうして親子関係を結ぶと、その親との関係はもちろんその親の子たちとも実の兄弟・姉妹のように親密になり、それは生涯にわたって続く。

　我が家では、父・賢英がタモミヤー（玉代勢秀元家）の長男・泰寛君（昭和22年生まれ）のヤシナイウヤになった。彼は私より4歳下で、わが家では実の兄弟以上に大事にされ、愛称も「マムー（父の別名）」と呼ばれていた。私は、ある時期まで彼が実の弟で事情があって玉代勢家にあずけられていると思っていた。

　また、長兄・賢昇（大正15年生まれ）は野底善佐翁（明治21年生まれ。巨躯のためグンカン＝軍艦と呼ばれた）の、三姉・泰子（昭和12年生まれ）は運道佐真翁（明治28年生まれ）の、それぞれイーリッファとなってヤシナイウヤに大事にされ親密な関係を保っていた。賢昇兄は、この風習が縁となってヤシナイウヤの長男、野底与市・ハツ氏ご夫妻の媒酌で結婚している。「ヤシナイウヤ」の項参照。

イールン［ʔi:ruŋ］〔他〕
　貰う。〈否〉イーラヌン。【例】①イーナハラ サーフカシミジュ イーリクー（西隣の家から、お茶用の水を貰って来なさい）。②ハミナー タマレーミジシ サーフカシバドゥ マーハ（水瓶に溜っている水でお茶を淹れるほうがおいしい）。

　私が幼かったころの西隣りの家は茅葺きで、同家では大きな瓶を並べそれに飲料水を溜めていた。その瓶に溜った水は、茅を伝って流れてくるので薄いコーヒー色をしていたが、母はお茶を淹れるにはその水が適していると言って私をよく使いに遣ったのである。今思い出すと、母は自分専用のお茶としてコーヒー色の水を用いていたような気がする。

　ところで、お茶の味に影響を与えているのは何だろうか。同じ天水でも瓦葺きと茅葺きの水には成分上の違いがあるのだろうか、あるいは容器であるコンクリート製のタンクと素焼き瓶からにじみ出る成分が異なることによるものなのだろうか。亡き母を想いながら、幼いころの水貰いのことを思い出している。ついでながら、隣家に水乞いに行くときは自宅のタンクから薬缶一杯の水を持っていき、それと交換に瓶の水を貰ってきたのだった。

イールン［ʔi:ruŋ］〔他〕
　娶(めと)る。結婚する。〈否〉イーラヌン。【例】トゥゼー キムハイヤ ミドゥムヌユ イーリヨラー（妻は、気立てのいい女性をもらいなさいよ）。

イールン［ʔi:ruŋ］〔他〕
　貰い子として貰う。「イーリッファ」の項参照。

イーレキ［ʔi:reki］〔名〕
　西。西の方。西側。「イレキ」「イレーキ」とも言う。【例】ハーヤ ヤシキヌ イーレキンドゥ スクレーッタ（井戸は、屋敷の西側で造った）。

イカ［ʔika］〔名〕
　〈動〉イカ（烏賊）。【例】イカヌ スーヤ シンユ イリリバドゥ ハクビチ ダシマーハ（イカ汁は、イカ墨(すみ)を入れたほうが格別出汁(だし)が利いて美味しい）。

イカーシッカヤ［ʔika:ʃikkaja］〔感〕
　どんなかなあ。どうだろうか。【例】ウレー ダイゾーブッティ イジベールヌ イカー

シッカヤ（そいつは大丈夫と言っているけど、どんなだろうか）。

イカザン[ʔikazaŋ]〔名〕
〈動〉ムカデ（百足）。「ンカザン」とも言う。【例】イカザンヤ　ミーッカ　ハイヤルヌ　フォーリッカ　キムビヤハラ　ヤムンドー（百足は見た目には綺麗だが、咬まれるとひどく痛いよ）。
　縁起の良い生き物であるとの伝承もある。東筋部落では、豊年祭のユーアギ（世揚げ＝豊作招来）の儀式の際、パーリー（爬竜船）の上でウーニ（船頭）が打ち振る三角旗の図柄にはイカザン（百足）を用いている。パーリー競漕にあたっては、左右対称のイカザンの足のごとく一糸乱れぬ櫂捌きを目指せという願望がこめられているのだということを、豊年祭の旗頭元である野底家本家の家長・善行君から伺った。

イカスク[ʔikasuku]〔副〕
いかほど。どれほど。どんなに。【例】イカスクヌ　ムヌヤリバドゥ　アヤール　イバリムヌイユ　イジベーラ？（どれほどの者だから、あんなに威張った物言いをしているのだ）。

イカナ[ʔikana]〔副〕
如何に。いくら。【例】イカナ　ゲーラハッティ　イザバン　ハイバーキ　ウサイナ（いくら劣っているからといっても、そんなにまで馬鹿にするな）。

イカン[ʔikaŋ]〔形〕
いけない。悪い。まずい。【例】イカン　ハトゥヌ　アーッカー　シグ　ナウハイ（まずいところがあれば、すぐ改めよ）。

イキフクン[ʔikiɸukuŋ]〔自〕
息切れする。息が弾む。〈否〉イキフカヌン。【例】ズンパルシ　パルッカー　タルーン　イキフクン（全力で走ったら、誰でも息が弾む）。

イキプトゥキ[ʔikiputuki]〔名〕
仏のように徳の高い人。「生き仏」の意。【例】ウヌプソー　シマナーヤ　イキプトゥキッティ　アガミラリ　ワールワヤ（その方は、島では仏のように徳の高い人だと尊敬されておられるよ）。

イキムドゥル[ʔikimuduru]〔名〕
行き帰り。往復。往来。日常語では「ギームドゥル」が多用される。【例】イサナキヘヌ　イキムドゥロー　アースンヌ　コーシンマルトゥ　プリヌ　ホセイマルヌ　アーッタ（石垣島への往来は、東筋の興進丸と保里村の保盛丸があった）。興進丸は玉代勢家が、保盛丸は保里家が船主であった。

イキムシ[ʔikimuʃi]〔名〕
動物。「生き虫」の意。人の悪い行いを咎める場合に言う。【例】ヌーバセ　イキムシヤラバン　アヤール　クトー　スーヌン（どんな動物であっても、あのようなことはしない）。

イキルン[ʔikiruŋ]〔自〕
生きる。【例】ペック　ハタチ　バーキ　イキナガライワーリ（百歳二十歳まで、生きて長生きしてください）。

イク[ʔiku]〔固〕
〈地〉伊古（いこ）。黒島の一部落。日常語では「ヤク（伊古）」と言うが、〈黒島口説〉などでは「イク」と歌われている。歌のなかでは「イーク」と長音が入って伸びる。歌い手によっては「イーユク」と歌っているが、これは「イーク」の長音に節が入って「イー①ク」と歌っていたものを誤って「イー①ク」と歌うようになったのであろう。【例】ナカントゥ　アリシジ　イーク　フリムラ　フキヤ　ミヤザトゥ（仲本・東筋・伊古・保里村・保慶や宮里／黒島民謡〈黒島口説〉より）。

イクサ[ʔikusa]〔名〕
戦争。争い。【例】イクサヌ　クチサー

ハマラサー　フチシェー　イザルヌン（戦争の苦しさ悲しさは、口では言い表せない）。

イクサユー［ʔikusajuː］〔名〕
戦争の時代。【例】イクサユーバ　フキドゥマヌマヌユー　ナレー（戦争の時代をくぐり抜けて、今の世になった）。「イクサ（戦争）」と「ユー（世・社会・時代）」の複合語。私は、昭和19（1944）年1月の生まれである。よって、一歳七か月で終戦を迎えているから戦時中のことは覚えていないはずである。ところが、疎開のため舟に乗っている場面とか、防空壕での生活とかを断片的にではあるがはっきりと覚えているのである。この不思議な現象をどう説明すればいいのだろうか。

　思うに、上記の記憶は実体験したことを記憶しているわけではなく、折に触れて両親や兄姉たちが話していた戦時中の体験談を、繰り返し聞いているうちに私も疑似体験をしてあたかも自分が実体験をしたかのように錯覚しているのではないだろうか。

　人間は、動物と違って他人の体験を間接的に学ぶことによって追体験することが出来ると言われている。上記の疑似体験は、一種の追体験だと言えるのかも知れない。したがって、私たちは後世に残しておきたいと思う貴重な体験は、出来るだけ詳細かつ頻繁に語り継ぐように努めるべきであろう。

　なお、疑似体験または追体験とは趣が違うが、私には遺伝子による記憶の伝達というものがあるのではないかという「疑問」ないしは「願望」がある。両親のあの目には見えない極小の「精子」と「卵子」が結合して誕生する「子」が、成長するにつれて両親の持っている外見的な特徴のみならず内面的・性格的な特徴まで継承している厳然たる事実を目の当たりにするにつけ、両親の「記憶」を遺伝子レベルで継承しているのではないかと思うのである。この遺伝子による記憶の伝達についての研究は、どの程度進められているのだろうか。

イクン［ʔikuŋ］〔自〕
行く。通常は「パルン（行く・走る）」が用いられる。〈否〉イカヌン（パラヌン）。【例】バズマンケー　ギッティ　クー（夜が更けないうちに、行って来い）。「バズムン（夜が更ける）」の類似語に「ユナルン（日が暮れる）」がある。

　用例の「ギッティ」は、「イクン（行く）」の連用形「イキッティ（行って）」の語頭「イ」が脱落して「キッティ」となり、その語頭「キ」が濁音化して「ギッティ」となっている。同じく用例の「クー（来い）」は、「クーン（来る）」の命令形であるが、じつは、この「クーン」は、現在の日常語では「カ行」から「ハ行」への移行によって「フーン（来る）」に音韻変化しており、よって命令形は「フー（来い）」となりそうだが、なぜだか命令形は古形のまま「クー」と発音されている珍しい現象である。

イグン［ʔiguŋ］〔名〕
遺言。「イゴン」とも言う。【例】ウヤヌイグンヤ　タイシチ　シーリ（親の遺言は大切に守りなさい）。

イサ［ʔisa］〔名〕
医者。医介輔（いかいほ）。【例】バンターヤラビシェーケー　シロタシンシーヌドゥイサー　シーワータッタ（私たちの子どものころは、城田信広先生が医者を務めておられた）。

　黒島に医師が初めて就任したのは、大正7（1918）年のことであった。西表炭鉱会社より根本重次郎氏が来島し村医を務めた。次いで大正11（1922）年、校医として島袋全信氏が就任した。その後、昭和2（1927）年に金城義夫氏、昭和12（1937）年に山盛顕一氏、昭和18（1943）年に慶

田盛信念氏、昭和21（1946）年に再び山盛顕一氏、昭和23（1948）年に藤村政次氏、昭和25（1950）年に城田信広氏がそれぞれ就任した（運道武三氏著『黒島誌』昭和63年参照）。

　上記の方々が正規の医師免許に基づいて医療行為をしておられたかは、定かではない。用例で紹介した城田信広氏は、昭和26（1951）年に法令上の医介輔制度が誕生する前年から黒島で診療所を開設して島の女性と結婚され、島民の篤い信望を得て平成10年代までの半世紀以上の長きにわたって黒島の医療・保健に尽くされた。

　医介輔は、戦後の医師不足を補うために昭和26年に米国民政府布令により制度化されたもので、業務上制限つきの医療従事者を言う。大戦前、医師の代診あるいは薬局生（いずれも医師の診療の介助をしたり、または薬の調剤をしたりして何年か経験をつんだのち、医師の裁量によって医師に代わり、患者に簡単な治療行為を行なうことが出来る）として医療に従事していた者たちが、大戦終了直後（昭和20＝1945年）米国海軍軍政府布告によって医師の助手としての活動が認められた。その後、医介輔が制度化されたのである（沖縄タイムス社『沖縄大百科事典』1983年参照）。

イザ[ʔiza]〔名〕
父。呼びかけのときは「イザー」と伸びる。【例】イチチミーヤ　イザパナリ　ナナチミーヤ　アブパナリ　ブタソーヌ（五歳で父と死別し、七歳で母と死別していたそうだ／黒島の古謡〈まぺーらち　ゆんた〉より）。

　〈まぺーらち　ゆんた〉については、その発祥の地をめぐっていくつかの説がある。黒島もその一つであるが、その根拠の一つは「イザ（父親）」である。この歌は八重山全域で歌われていて、いずれも「イザ」が用いられている。そして、現在「父親」を「イザ」と言うのは黒島だけであることから、黒島が発祥地としてもっとも有力だというわけである。私の見解は、発祥地がどこであれ「八重山民謡」として広く愛唱されている事実を大事にして、伝承していけばいいのではないかと思っている。

イザシキ[ʔizaʃiki]〔名〕
いざり。膝行（しっこう）。尻を地に付けたまま、尻と膝をつかって進むこと。【例】ウレー　ミーチユーチバーキ　アラキッサナー　イザシキ　ナリ　ベータ（彼は、3、4歳まで歩けずに、いざりになっていた〈イザリ状態だった〉）。

イサナキ[ʔisanaki]〔固〕
〈地〉石垣島。石垣市の四箇字（しかあざ。新川・石垣・大川・登野城）。【例】イサナケヘ　パーッカ　スババ　ヴァイ　エイガ　ユ　ミーッカ　メー　マンズク　アーッタ（石垣へ行くと、そばを食べ映画を観るともう満足であった）。「イサナケヘ」は「イサナキ　ハ」の変形（文法編参照）。なお、年配の方たちは映画のことを「カツドーサシン（活動写真）」と言った。

イサヌヤー[ʔisanujaː]〔名〕
診療所。「医者の家」の意。現在は、公の診療所が設置されているが、診療所のなかったころの黒島では、民家を間借りして診療行為をしていたことから医介輔の住宅を「イサヌヤー」と呼んでいた。

イザハタ[ʔizahata]〔名〕
父方。〈対〉アブハタ（母方）。【例】ヤラビシェーケー　アブハタ　マリッティ　ウムッタヌ　ウブプス　ナリシンダイ　イザハタ　マリ　シーケーワヤ（子どものころは母方似の生まれだと思ったけど、成長するにつれ父方似の生まれをしてきたなあ）。

イザハタ　マリ[ʔizahata mari]〔連〕
父方の生まれ。〈対〉アブハタ　マリ。「イ

「ザハタ」の項参照。

イザリ[ʔizari]〔名〕
漁り。【例】イザリ シーバソー シジャーヤ タイマチヌ ピーユミガキ トゥビ フリバ キーシキリヨ（漁りをする場合、ダツは松明の火を目がけて跳んで来るので気をつけろ）。「キーシキリ」は「タマンガリ」とも言う。

イザリ[ʔizari]〔名〕
膝行。尻を地に付けたまま進むこと、また、いざる人。【例】タティ アラキ シーユーサナー シナーシ イザリ シーベーワヤ（立って歩けずに、ずーっと尻を付けて歩いているよ）。

イザリバタ[ʔizaribata]〔名〕
地機。（対）高機。【例】ムカシェー シマナー イザリバタ タンカドゥ アレー（昔は、島では地機しかなかった）。終戦後には、数は少なかったが高機もあったようである。

イザリルン[ʔizariruŋ]〔自〕
叱られる。怒られる。〈否〉イザルヌン。【例】イザリ シタカリドゥ マイフナー ナル（叱られ叩かれてこそ、立派な人になる）。

　幼少のころ、末っ子の僕は母に甘えぐずってばかりいた。すると父は「クヌ フンダイムノー イチバーキン ナキベーラ（この甘ったれは、いつまで泣いているんだ）」と叱りつけて僕を家の外に出し、戸を閉めて内鍵を掛けた。完全な閉め出しをくらったわけである。泣き疲れてアマンガシ（軒下）で寝ていると、父が寝た（ふりをした）後で母がそっと戸を開けて家に入れてくれた。このような父の容赦ない厳しさと慈母とも言うべき母の優しさのなかで育った僕は、一方では相当なヤマングー（やんちゃもの）になったが、他方では女の子に手を上げるようなことは一切しなかった。

　長じて高校生のとき、受験勉強に重きをおき地域の行祭事への参加やファイアストームなどを禁止した校長に反発した僕（たち生徒会執行部）は、校長と全面対決し校則をことごとく反故にする挙に出た。今思うと、何の処分・処罰も受けなかったのは僕（たち）の行動を陰で支持し庇ってくれた教師がいて校長にとりなしてくれたからであろう。

　さらに、沖縄県庁勤務時代には、大田昌秀知事の下で秘書課長や人事課長、財政担当・議会担当の総務部次長を務めたが、従来の行政手法に反する知事の指示・命令にオロオロしている部局長に代って「行政ルール上出来ません」と立ちはだかって知事と再三対峙した。知事との対峙に関しては、「私が責任を負うから実施せよ」という事案について、「一度くらいは判例や行政実例を無視して、知事の指示通り進めることがあってもよかったかなあ」と反省をこめて思うことがある。

　ともあれ、高校や県庁において最高権力者の校長や知事とひるまずに向き合うことが出来たのは、幼少のころから受けた父の厳しい躾のお陰で〝打たれ強さ〟を身に付けていたからであり、関連して、これまでの人生航路においてはつねに反国家権力の側に身をおいてきた。その限りでは父の容赦のない厳しい躾に対しては年を重ねるごとに尊崇と感謝の念を強くしたものである。そうは言っても、あまりに厳しい父の仕打ちに当時の僕は「本当の父親はどこかにいるはずだ」と幻の優しい父親を想い描いたことも一再ではなかった。

イザンタンティン[ʔizantantiŋ]〔副〕
言わなくても。もちろん。当然。【例】ウヌアタイヌクトー イザンタンティン バハリブンラミ？（これくらいのことは、言わなくても分かっているだろう）。

イサンチャヤー[ʔisantʃaja:]〔固〕

石造りの古い墓。竹富町〔史跡〕・昭和47年8月30日指定。黒島の首里大屋子(しゅりおおやこ)となった高嶺方昌の墓で、石を刻んで積み上げた屋根という意味から「イサンチャヤー」と呼ばれるようになったと言われている。また、高嶺方昌は、今から約300年前に「黒島に初めて農耕用の牛を導入した人物」としても知られている。『竹富町の文化財』(平成10年3月・竹富町教育委員会発行)参照。

黒島と牛の関わりについては、古くは1479年の『李朝実録』のなかで記録されている。同実録によると、1477年に朝鮮済州島民の金非衣らが、済州島から出帆したのち暴風に遭い漂流中に与那国漁民に救済された。与那国から西表・波照間・新城・黒島・多良間・伊良部・宮古の各島に滞在し、1478年に沖縄本島に送られた。漂流民はその後博多を経由して1479年に朝鮮に帰還し、同年に滞在してきた上記の島々の様子を記録した。その記録には、黒島では当時も牛が飼われていたことが記されているのである。

先の『竹富町の文化財』に記されている「農耕用の牛」と『李朝実録』に記されている牛とは、どう違うのだろうか。後者の牛が在来の小形黒島牛だったとすれば、現在重宝されている在来の小形与那国馬のような貴重な存在になったかも知れないのに、などと思ったりするのだが……。

イシ[ʔiʃi]〔名〕
石。【例】イシバ シミドゥ アザー スクレーッタ(石を積み上げて、石垣を造った)。

イシ[ʔiʃi]〔名〕
大きな下ろし金。【例】ウンヌ ムツェー ウンユ イシナ ジー ウリユ バサヌ パーナ ズーミ ンブシ スクレーッタ(芋の餅は、大きな下ろし金で芋を擦ってそれを糸芭蕉の葉で包み、蒸して作った)。

黒島では、どういうわけか芋の餅は月桃の葉ではなく糸芭蕉の葉を用いた。他に、キーウン(キャッサバ)の塊根(かいこん)から澱粉(タピオカ)を取る場合もイシを使用した。

イジ[ʔiʒi]〔名〕
意地。意気地。根性。【例】イジヌ ナーナッカ プスヌ ウイナー タタルヌン(意地がなければ、人の上に立つ指導者にはなれない)。

イジアースン[ʔiʒiʔa:suŋ]〔他〕
言い合わせる。相談する。【例】キナイムツェー ヤーニンズ ケーラシ イジアーシバドゥ マイハナル(家庭の運営は、家族みんなで打ち合わせてこそ前になる〈前進する〉)。

イジアウン[ʔiʒiʔauŋ]〔自〕
言い合う。相談する。【例】ヌーバシェークトゥン イジアウッカー ムヌ ナルン(どんなことでも、相談し合えば物になる〈解決できる〉)。

イシウシ[ʔiʃiʔuʃi]〔名〕
石の臼(うす)。豆腐用のダイズ(大豆)を挽いたり、麦粉用の麦を挽いたりするための石製の臼。上下の石を嚙み合わせ下の石には適当な溝を刻み上の石に取っ手をつけて回すと、その重みで穀物を潰して外に押し出すという仕組みである。

イシカハーラバン[ʔiʃikaha:rabaŋ]〔連〕
少なくても。【例】ヴァイムノー イシカハーラバン クバミ ケーラシ ヴァイ(食べ物は、少なくても小分けしてみんなで食べなさい)。

イシカハン[ʔiʃikahaŋ]〔形〕
少ない。(石)イチゥカサーン。【例】イシカハールヌ イベービナ バキーバキーシ ムティパリバー(少ないけれど、少しずつ分け合って持って行きなさい)。

イシカマーリ[ʔiʃikama:ri]〔連〕
五日ごと。五日おき。「五日回り」の意。【例】

イシカマーリヌ　ユーアミバ　タボーラリ　クトゥシェー　ユガフ（五日おきの夜雨を給わり、今年は豊作だ）。八重山古典民謡の〈上原ぬ島節〉〈祖納岳節〉などに、「イチュカマーリヌ　トゥカグシヌ　ユーアミバ　タボーラレ（五日回りの　十日越し＝置きの　夜雨を　給わり）」という常套句がある。

イシガンパラー[ʔiʃigampara:]〔名〕
石ころだらけの場所。【例】ミチン　パタキン　ムール　イシガンパラー（道も畑も、みな石ころだらけだ）。

イシギラ[ʔiʃigira]〔名〕
〈動〉シャコガイの一種。

イシジ[ʔiʃiʒi]〔名〕
礎（いしずえ）。本格建築における基礎の石。【例】イシジヌ　ウイナー　スクル　ヤーユドゥヌキヤーッティ　シタ（礎の上に建てる家を、貫き家と言った）。

　沖縄県は沖縄戦の犠牲者の名を敵味方の別なく刻み、1995年に糸満市摩文仁で「平和の礎（いしじ）」を建立した。碑の名称には共通語の「いしずえ」ではなく、沖縄で広く使われている島言葉の「イシジ（礎）」を用いた。刻まれた犠牲者の数は、当初234,183人（1995年6月現在）にのぼり、その後追加刻銘により241,632人（2021年6月現在）にのぼっている。「平和の礎」は、大田昌秀沖縄県知事（当時）の恒久平和へのゆるぎない信念が結集された記念碑的建造物である。費用対効果を理由に激しく批判し反対していた野党議員をねばり強く説き伏せ建立にこぎつけた。大田知事は秘書課で勤務していた私に「今は口に出来ないが、平和の礎は沖縄の平和希求のシンボルとして世界の人々から支持され、結果的に第一級の観光資源としても沖縄県の経済を潤すことになる」と断言された。大田知事の予言どおりになっている現状をみるにつけ、大田知事の熱い想いと先見の明に感服しているところである。

　私の執筆した原稿を基に「黒島語研究会」に参加している島言葉の達者な友人・野底善行君は、沖縄ヤンマーの取締役を辞任した後タクシー乗務員をして観光業に携わっているが、復帰後に県の行なった施策のなかでもっとも優れた事業は「平和の礎建立」だと断言する（2018年10月）。

イジシカスン[ʔiʒiʃikasuŋ]〔他〕
言い聞かせる。叱って教え諭す。【例】①クマークマー　イジシカシッカー　ケーラ　ナットゥク　シールワー（丁寧に言って聞かせると、皆納得するよ）。②ヤラベードゥキフンダイ　シムンスクン　イジシカシバドゥ　マイフナー　マリ（子どもは、あまり甘えさせずに叱って教え諭したほうが利口になる）。

イジシカハイ[ʔiʒiʃikahai]〔他〕
言い聞かせよ。叱って教え諭せ。「イジシカスン」の命令形。

イジタラースン[ʔiʒitara:suŋ]〔連〕
丁寧に言い聞かせる。「イズン（言う・叱る）」と「タラースン（足らす・満足させる）」の複合語。〈否〉イジタラーハヌン。【例】ヌーバシェー　プスン　イジタラースッカー　ガッティン　シルン（どんな人でも丁寧に言って〈説明して〉聞かせると、合点〈納得〉する）。

イシチ[ʔiʃitʃi]〔名〕
五つ。【例】ピシチ　フターチ　ミーチ　ユーチ　イシチ　ンーチ　ナナチ　ヤーチ　ククヌチ　トゥー（一つ　二つ　三つ　四つ　五つ　六つ　七つ　八つ　九つ　十）。

イジックナー[ʔiʒikkuna:]〔名〕
言い合い。言い争い。【例】イジックナーバ　シーベッカ　マイハ　ナラヌンドー（言い争いをしていると、前にならないよ〈進めないよ〉）。

イジッツァースン[ʔiʒittsa:suŋ]〔他〕
　激しく言い争う。悪しざまに言い争う。【例】①キューヌ　アツァマレー　イジッツァーシ　ヌーン　キミユーサナ　ウワレーットゥ（今日の集まりは、激しく言い争って何も決められずに終わったそうだ）。②トゥジブトゥヌ　イジッツァーシ　ベーッカ　キナイヤ　マイハ　ナラヌン（夫婦が悪しざまに言い争っていると、家庭は前にならない〈前進しない〉）。

イジトゥースン[ʔiʒitu:suŋ]〔他〕
　どこまでも言い張る。「言い通す」の意。【例】イズバソー　イジ　ドゥーヌ　ハンガイユ　イジトゥーシバドゥ　ミサ（言うときは言い、自分の考えを言い通すのがよい）。

イジナウスン[ʔiʒinausuŋ]〔他〕
　言い直す。上手に言い直す。【例】ドゥーヌ　ムヌイヌ　バラサンッティ　ウムーッカ　イジナウシ　ワビシーリ（自分の物言いが悪いと思ったら、言い直して詫びしなさい）。

イジフズン[ʔiʒiɸuzuŋ]〔他〕
　叱りつける。激しく叱責する。【例】ケーラハラ　イジフザリ　キムイッツァハダラ（皆から叱責され、気の毒だなあ）。

イシプツムイ[ʔiʃiputsumui]〔名〕
　表面が固い疣(いぼ)。(石)イシフチュベー。

イジマースン[ʔiʒima:suŋ]〔自〕
　言い繕う。上手に要領よく話す。【例】イジマーシヨーヌ　タイラサダラ（言い繕いの巧みなことよ）。この用語は、肯定的にも否定的にも用いる。

イジマカスン[ʔiʒimakasuŋ]〔他〕
　言い負かす。【例】プストゥ　ムンドーシーバソー　イジマカハリナヨー（他人と議論する場合、言い負かされるなよ）。

イシマシ[ʔiʃimaʃi]〔名〕
　石の垣。【例】イシマセー　クイラリルヌ　プスマセー　クイラルヌン（石の垣は越えられるが、人の垣〈人格〉は越えられない）。「イシマセー」は「イシマシ（石の垣）」と「〜ヤ（〜は）」の融合・約音化した語。同じく「プスマセー」は、「プスマシ（人の垣）」と「〜ヤ（〜は）」の融合・約音化した語である。見出し語「イシマシ」の「マシ」は共通語「ませ・まがき」に対応するが、黒島語の日常語での使用は用例の他は確認できない。
　琉球古典舞踊〈伊野波節(ぬふぁぶし)〉のなかで用いられている〈恩納節(うんなぶし)〉の一節に「七重(ななよ)八重(やへ)立(たてぃ)て　ませ内(しうちぬ)の花(はなん)も　匂移(にゅういつぅい)すまでの　禁止(でぃぬじ)や無さめ（七重八重に立てられ〈厳重に〉護られているませ内の花であっても、その匂いを移すことまでの禁止令はないであろう）」と歌われている。「マシ」「プスマシ」の項参照。

イジマラバスン[ʔiʒimarabasuŋ]〔他〕
　叱りつける。激しく叱る。「イジフズン」より強烈な叱責を意味する。【例】ヤラビシェーケー　ヤナクトゥユ　シーッカ　ヤディン　イザン　イジマラバハリッタ（子どものころは行き過ぎたいたずらをすると、かならず父親に厳しく叱りつけられた）。自分のいたずらが社会的に許容されるものかそれを逸脱したものかは、父や兄たちの叱責の度合いで経験則的に判断できるようになったように思う。

イシミ[ʔiʃimi]〔名〕
　〈動〉魚の名。サンゴ礁域に生息するハギの一種。トゥカザー（クロハギ）やアーイシミ（カンランハギ）はイシミの同類魚である。【例】グマイシミヤ　シカリッタヌ　アーイシミン　トゥカザーン　バニンナウユバルンタン（小さいイシミ魚は突けたが、アーイシミ魚もトゥカザー魚も私には及びもつかなかった）。
　小学高学年から中学生のころ、近所の先輩たち（運道泰弘・黒島当刃・新城賢晃・

船道泰友らの諸兄）とアーンヌピー（島の東方の干瀬）のクムル（礁池）で銛突き漁をしたが、私が仕留めることが出来たのはクルビラー（スズメダイの一種）や小さいイシミなどで、アーイシミやトゥカザーなどの高級魚は仕留めることが出来なかった。先輩たちのなかで、運道泰弘兄の魚突きの技量は抜きん出ていた。彼は自分の獲物の高級魚のなかから、いつも2～3尾を私に分けてくれた。母に褒められると貰い物だとは言えず、私は良心の痛みを覚えつつも黙っているしかなかった。

　大人の世界で許される「嘘も方便」として見逃してもらえる嘘であったのか、いまだに記憶の奥底によどんでいて彼岸の母を思い浮かべるたびにほろにがく甦ってくる。

イシミーバイ[ʔiʃimiːbai]〔名〕
〈動〉魚の名。メバルの一種。珊瑚の中で生息するのでそう呼ばれる。【例】イシミーバイヤ　グマハルヌ　マースニーバ　シーヴォーッカ　スーック　マーハッタン（イシミーバイは小さいけれども、塩だけで味付けして煮て食べるとすこぶる美味しかった）。

イジヨー[ʔiʒijoː]〔名〕
物の言いよう。叱りかた。転じて「上手な言い方、叱り方」。【例】イジヨーヌ　アッカー　シキヨーヌ　アン（言い方次第で聞き方も変わる、すなわち上手な言い方は上手な聞き方につながる）。（対）シキヨー（聞きよう）。今風に言うとコミュニケーションを円滑にする俚諺。

イジヨーダラ[ʔiʒijoːdara]〔成〕
言い方よ。物の言い方がよくない場合に非難を込めて言う。【例】イジヨーダラ、アイッテナードゥ　ウレー　イズムノー　タルン　シカヌン（言い方よ、それだからそいつの言うことを誰も聞き入れないのだ）。

イジン[ʔiʒiŋ]〔名〕
食物を入れる蓋のついた籠。ウムニ（芋のお握り）などを入れた。【例】ウムニヤ　イジンナー　イリ　ナハザナ　サイ　ウシケーッタ（芋の握りは、イジンに入れて台所で下げて置いた）。夏の暑い日など、風通しのよい台所の軒下でウムニの入ったイジンを下げておくと、よく烏に狙われた。イジンの蓋をしっかり閉めておかないと結果は無惨、カラスはいい加減な蓋の閉め方だと難なく紐をほどいてウムニを食い荒らした。

イジ　ンザスン[ʔiʒi nzasuŋ]〔連〕
精を出す。元気を出す。【例】アツァーバソー　アシヌパリッケー　イジ　ンザシ　パタラクッカー　ピーラケー　ナルン（暑いときは、汗が出るほど精をこめて働くと涼しくなる）。

イジ　ンジルン[ʔiʒi nʒiruŋ]〔連〕
励む。精が出る。元気が出る。【例】ビンキョーヤ　ドゥーヌ　タミッティ　ウムイ　イジ　ンザハイ（勉強は自分のためだと思って、励みなさい）。

イズ[ʔizu]〔名〕
魚。【例】トゥシトゥル　シンダイ　ニクッキンナー　イズヌドゥ　マーハ（年を取るにつれ、肉より魚が美味しい）。

イスガサン[ʔisugasaŋ]〔形〕
忙しい。「パンタサン」が一般的。【例】ドゥキ　イスガサヌ　ヌーン　ハンガイラルヌン（あまりに忙しくて、何も考えられない）。

イスガスン[ʔisugasuŋ]〔他〕
急がせる。急かせる。慌てさせる。〈否〉イスガサヌン・イスガハヌン。【例】ドゥキ　イスガシッカー　ハイチン　ニバック　ドゥ　ナル（あまり急かせると、かえって遅くなる）。まさに「急がば回れ」だ。

イスク[ʔisuku]〔名〕
いとこ。従兄弟・従姉妹。【例】イスクバーケ　キョーダイトゥ　ユヌムヌ（いとこま

では、きょうだいと同じ近さである）。

　黒島で生活していたころの感覚では、いとこどころかまたいとこまできょうだいのような親近感があった。当時は「またいとこからは他人の始まり」という言い方に違和感をおぼえたが、長い間那覇市で生活してみると、特定のいとこととしか親戚づきあいをしていないし、またいとことの親戚づきあいなんてほとんどしていなことに気づく。親戚づきあいも距離的・空間的な生活環境に左右されるものであることを痛感させられる。

イスクキョーダイ[ʔisukukjo:dai]〔名〕
　いとこきょうだい。「イスク」の項参照。

イスクザーン[ʔisukuza:ŋ]〔名〕
　いとこ同士。【例】ウヌトゥジブトー　イスクザーン　マズンナレーットゥ（その夫婦は、いとこ同士で一緒になった〈結婚した〉そうだ）。

イスクブイ[ʔisukubui]〔名〕
　いとこ甥・いとこ姪。

イスクブザサ[ʔisukubuzasa]〔名〕
　いとこ叔父・伯父。

イスクブバマ[ʔisukububama]〔名〕
　いとこ叔母・伯母。

イスグン[ʔisuguŋ]〔自〕
　急ぐ。多くは共通語「慌てる」の変化した「アバッティルン」を用いる。共通語の「急ぐ」と「慌てる」は、意味するところに明確な違いがあるが、黒島語の「アバッティルン」は「急ぐ・慌てる」の両義に用いる。

イズッサハン[ʔizussahaŋ]〔形〕
　生臭い。「イズ（魚）」と「ザーハン（臭い）」の融合・転音。【例】イユ　ウティヌ　アトゥヌ　アングァーターヌ　ニウイヌ　シュラサーヨ（魚を売った後の娘たちの匂いの芳ばしさよ／沖縄民謡〈谷茶前節〉より）」。「イズッサハン（生臭い）」どころか、ニウイヌ　シュラサ（匂いが芳しい）」と歌うところなど、じつに爽やかな表現の名作だと思う。

イズベーシッサ[ʔizube:ʃissa]〔名〕
　魚を中毒させる草。黒島語名はミザサで和名不詳。その草をシッキンザリ（搗き潰して）、魚の籠っている所に撒き、中毒状態でフラフラしている魚を捕獲する。

イズヌ　スー[ʔizunusu:]〔連〕
　魚汁。【例】イズヌ　スーヤ　シルドゥミー（魚汁は、汁こそが身である）。子どものころ、魚汁が出されると、たいていの場合ネギやナッパが浮かんでいるだけ。箸で挟めるような魚の身はほとんど入っていない場合が多かった。「身が入っていない」と泣きべそをかいて母にうったえると、四兄・明良（昭和10年生まれ）のゲンコツが飛んできた。「イズヌスーヤ　シルドゥミー（魚のおつゆは、汁が身だよ）」と。

　黒島には糸満はじめ沖縄本島の各地から寄留した漁師の住む「伊古村（島ではヤクと呼んだ）」があり、海産物は主にそこから供給された。女の人が金属製のタライに入れた魚介類を頭に載せて、「イユ　コーンチョーラニー（魚を買いませんか）」と呼びかけながら各家庭を訪問して販売した。我が家では、いつも野菜・豆・芋との物々交換であった。そんなにたくさんの魚を買うことはなかったので、上記のようなことが起きたのである。それにしても「シルドゥミー（汁こそが身だよ）」という兄の発した言葉は、悔しいけど当時の食卓の事情をよく言い表している名言だなあ、とつくづく感心するばかりである。

イズヌ　パンビン[ʔizunu pambiŋ]〔連〕
　魚のてんぷら。魚を芯にして揚げたてんぷら。【例】イズヌ　パンビンヤ　ヨイヌバソー　キザルヌバソー　タンカドゥ　ヤクッタ（魚のてんぷらは、祝いや行事の場合だけ焼いた〈揚げた〉）。

イズヌミー[ʔizunumi:]〔名〕
　魚の目。皮膚の角質の一部が厚く増殖し、皮膚の奥に食い込んでいるもの。足の裏や指の間に出来ることが多く、押すと痛い。(沖)イユヌミー。【例】イズヌ　ミーヌ　ヤミドゥ　アラカルヌン（魚の目が痛くて、歩けない）。

イズヌ　ミンタマ[ʔizunu mintama]〔連〕
　魚の目玉。【例】イゾー　ミーッキンナー　ミンタマヌドゥ　マーハ（魚は、身よりも目玉のほうが美味しい）。そのゼラチン質の食感といい、食味といい絶品である。我が家では、魚の目玉は、頭全体の一部として父に供された）。

イズヌ　ムンダニ[ʔizunu mundani]〔連〕
　魚の餌。魚釣り用の餌。【例】イズヌ　ムンダネー　アマンツァヌドゥ　ディキレヘータ（魚釣り用の餌には、ヤドカリが適した）。

イズン[ʔizuŋ]〔他〕
　言う。歌う。〈否〉イザヌン。(石)イズン。(沖)イユン。【例】①ウヤヌ　ユナイ　シトゥムティ　イズ　ムヌイユ　イグンティ　ウムイ（親の朝夕話す言葉を、遺言と思いなさい）。②ウター　イズッカ　イズムティ　ゾージ　ナルン（歌は歌えば歌うほど、上手になる）。

イズン[ʔizuŋ]〔他〕
　叱る。怒る。〈否〉イザヌン。【例】ヤラベー　イゼーターナ　シカシマーセータナ　スダティリ（子どもは、叱りつつ宥（なだ）め賺（すか）しつつ育てなさい）。

イソー[ʔiso:]〔名〕
　漁。漁労。「いそ（磯）」の意。【例】イソーホ　パルバソー　ヤディン　シンカザーン　パリヨー（漁に行くときは、かならず仲間たちと一緒に行きなさいよ）。
　小学校の高学年になると、建築用の鉄筋の切れ端でユン（もり＝銛）の先端部を作って竹竿に括り付け、反対側には自転車の廃品チューブを括り付けて「ゴムテッポー」に仕上げた。漁場は東筋部落のアーンヌピー（東の方の干瀬）のクムル（水溜り）で、小学生の未熟な技で仕留められたのは「クルビラー（スズメダイの一種）」がほとんどであった。

イソーアウ[ʔiso:ʔau]〔名〕
　漁仲間。「イソー（磯＝漁）」と「アウ（仲間）」の複合語。【例】イソーホ　パルバソー　ヤディン　イソーアウトゥ　マズン　パレータ（漁に行くときは、かならず漁仲間と連れ立って行った）。

イソーシンカ[ʔiso:ʃiŋka]〔名〕
　漁仲間。「イソー（磯＝漁）」と「シンカ（仲間）」の複合語。「イソーアウ」と同じ。

イソーダング[ʔiso:daŋgu]〔名〕
　漁の道具。本格的なアン（網）から、ミーハンガン（漁用のめがね）、ユン（銛（もり））、ウキ（浮き道具）、ティープスイ（捕獲した魚を抜く縄）等。

イソープス[ʔiso:pusu]〔名〕
　漁師。漁業で生計を支えている人。【例】イソープスヤ　ヤクムラナ　ワータ（漁師は、伊古部落におられた）。伊古部落には、沖縄本島の糸満などの地域からの寄留者が多く、漁業で生計を立てていた。

イダ[ʔida]〔名〕
　枝。「ユダ」とも言う。「ユダ」の項参照。

イタジラ[ʔitaʒira]〔名〕
　無駄。何の効果もないこと。【例】イタジラ　ムヌイ　タンカー　イジ　プスン　バラーリナヨー（何の役にも立たないことばかり言って、他人に笑われる〈嘲笑される〉なよ）。

イタムン[ʔitamuŋ]〔自〕
　生ものが腐敗しはじめる。生ものが傷む。【例】イゾー　ネーハナ　ヤリシティ　ウスクカー　シグ　イタムンドゥラー（魚は

煮ないで放っておくと、すぐ傷むよ)。

イタラン ムヌ[ʔitaraŋ munu]〔連〕
未熟者。行き届かないもの。【例】イタラン ムヌンキ タンカ アツァマリ ヌー ティグミユ シーブラー？（未熟者だけ集まって、何の相談〈悪だくみ〉をしているのだ)。

イタラン ムヌイ[ʔitaraŋ munui]〔連〕
無駄な言葉。気の利かない言葉。【例】イタラン ムヌイユ イズッカー イズムティ ドゥーヌ タキユ プスン バラーリルンドゥラ（無駄な言葉を口にすればするほど、身の程を他人に笑われる〈嘲笑される〉よ)。

イタンダ[ʔitanda]〔名〕
無料。代金が要らないこと。(石)イタンダ。(沖)イチャンダ。【例】ナルッカー イタンダ ムヌヤ イーンナ（出来るなら、ただの物は貰うな)。

イタンダパタラキ[ʔitandapataraki]〔名〕
手間賃を貰わないただ働き。「ナーパタラキ」とも言う。(石)イタンダパタラギゥ。(沖)イチャンダブークー。【例】ジンブンヌ ナーナッテナー シナーシ イタンダパタラキバ シーブルワヤ（知恵がないので、いつもただ働きをしているよ)。

イタンダムヌ[ʔitandamunu]〔名〕
無料の物。代金がいらない物。【例】イタンダムノー ハイチン タカアタリ シードゥラ（ただで貰うものは、かえって高くつくよ)。

イチ[ʔitʃi]〔名〕
一。【例】イチダイ（一台・一代）。イチニンマイ（一人前）。イチリ（一里）。一に下接する語頭の子音が[p,t,k,s]の場合、[-tʃi]が融合変化を起こして促音となる。イッパン（一斑）[ʔippaŋ]、イッタン（一反）[ʔittaŋ]、イッキン（一斤）[ʔikkiŋ]、イッス（一升）[ʔissu]など。

イチ[ʔitʃi]〔名〕
五。【例】イチナンカ（五・七日忌）[ʔitʃinaŋka]、イチシキ（五か月）[ʔitʃiʃiki]など。

イチ[ʔitʃi]〔名〕
いつ（何時）。【例】イチハラ イチバーキ クマナー トゥマル ハンガイヤ？（いつからいつまで、ここで宿泊する考え〈つもり〉か)。

イチイチ[ʔitʃiʔitʃi]〔副〕
一々。一つ一つ。「クマークマー」とも言う。【例】イチイチ ヌガハンヨーン シラビリヨー（一々、見逃さないように調べなさいよ)。

イチェーラバン[ʔitʃe:rabaŋ]〔副〕
何時でも。「イチヤラバン」の変形。【例】イチェーラバン ミサールヌ ハレール ジンヤ ヤディン ハイハイ（いつでもいいけど、借りた金銭はかならず返しなさい)。

イチドゥシ[ʔitʃiduʃi]〔名〕
もっとも親しい友人。無二の親友。「イチバンドゥシ」と同じ。

イチドゥ ヤルユー[ʔitʃidu jaruju:]〔連〕
いつのことか。いつのことやら。【例】アメリカーヌ グンジキチヌ フキナーハラナーナ ナルトゥケー イチドゥ ヤルユー？（アメリカの軍事基地が、沖縄から無くなるときはいつのことやら)。

イチニンマイ[ʔitʃinimmai]〔名〕
一人前。大人になること。人並みに技芸などを修得すること。【例】ウリユ シーッサナカ イチニンマイッティ イザルヌンドゥラ（それが出来ないと、一人前とは言えないぞ)。

イチヌ マドゥン[ʔitʃinu maduŋ]〔連〕
いつの間に。いつの間にか。【例】マヌマー タバーキ ウブアミ アッタヌ イチヌ マドゥン ヤミブルワヤ（今先まで大雨だったのに、いつの間にか止んでいるよ)。

イチバーキン[ʔitʃiba:kiŋ]〔副〕
いつまでも。【例】イチバーキン アンティ ウムーナ ウヤトゥ ジン(いつまでもあると思うな、親と金)。

イチバン[ʔitʃibaŋ]〔名〕
一番。もっとも優れていること。「イチン」とも言う。【例】イチバン ナラバン ユダン スーンスク イジンザハイ(一番になっても、油断することなく励みなさい)。

イチバン ウラザ[ʔitʃibaŋ ʔuraza]〔連〕
一番座の裏の部屋。「一番裏座」の意。以下、二番裏座、三番裏座と呼んだ。家庭によっては、一番座の裏の部屋だけ「裏座」と称し、二番座や三番座の裏の部屋の名称は特になかったようである。一番裏座のことを、「トゥランパー」と称したが、その部屋が家屋の「寅の方角」に位置していることからの名称である。

イチバンザ[ʔitʃibanza]〔名〕
一番座。客間。以下、二番座、三番座がある。黒島の多くの家では、一番座には床の間があって掛軸が掛かっていた。黒島の家屋はほとんどが南向きで、東側から一番座、二番座、三番座と続く。後野底家(ジーヌシキヤ・分家)だけは、東向きで北側から一番座、二番座、三番座と続く構造であった。野底家は、前方(南側)に本家があり、後方(北側)に分家が建てられた。その際、後方の分家が前方の本家を抱くような建て方は好ましくないということから、東向きにしたとのことである。

なお、黒島の家屋の向きは真南よりはやや南西向きに建てられたが、それは台風の際に最も強い真南の風を家屋の角で受け止めるように工夫されていたようである。この話は、自ら大工棟梁(とうりょう)を務め、後に建築業者として請負業を営んでいた従兄・大城正三さん(大正15年生まれ)から教わったものである。

イチバン シームヌ[ʔitʃibaŋ ʃi:munu]〔連〕
祝い座で最初に出す吸い物。以下、二番、三番と続くが、二番吸い物で終わる場合もあった。【例】イチバンシームヌヤ ワーヌニク ニバンシームヌヤ アギイズ サンバンシームニヤ ソーミン アッタ(一番吸い物は豚肉、二番吸い物は揚げ魚、三番吸い物は素麺だった)。

イチバンドゥシ[ʔitʃibanduʃi]〔名〕
もっとも親しい友人。無二の親友。通常は「イチドゥシ」と言う。【例】タルッキン ムイサール ドゥシユドゥ イチバンドゥシッティ イズ(誰よりも睦まじくしている友を、一番の親友と言う)。

イチバンドゥリ[ʔitʃibanduri]〔名〕
夜明けに最初に鳴く鶏の声。「一番鶏」の意。午前3時ごろに鳴き、続いて3〜40分おきに「ニバンドゥリ(二番鶏)」、「サンバンドゥリ(三番鶏)」が鳴く。【例】イチン パーク ナク トゥンナキユドゥ イチバンドゥリッティ イズ(一番早く鳴く鶏鳴(けいめい)を、一番鶏と言う)。用例の「トゥンナキ(鶏明)」は、本来の「一番鶏の鳴き声」の意から「一番鶏の鳴く頃」の意が派生し、さらに「夜明け」を意味するようになった。

イチバンムク[ʔitʃibammuku]〔名〕
長女の婿。「一番婿」の意。【例】イチバンムコー シトゥヤハラ スーック アタラサ シラリッタ(一番婿は、義理の親からたいへん大事にされた)。

イチバンヤク[ʔitʃibaɲjaku]〔名〕
豊年祭に登場するパーリー船(爬竜船)の先頭の漕ぎ手。「イチバン(一番)」と「ヤク(櫂)」の複合語。【例】イチバンヤクヌ ラーサナーナッカ パーレーヤ マンカ パリッサヌン(先頭の漕ぎ手がしっかりしていないと、パーリー=爬竜船は真っ直ぐ走れない〈進めない〉)。

イチヤラバン[ʔitʃijarabaŋ]〔副〕

何時でも。通常は「イチェーラバン」と言う。【例】イチヤラバン ミサーリバ アサビン クバ（何時でもいいから、遊びに来なさい）。「イチェーラバン」の項参照。

イチュマンウイ[ʔitʃumanʔui]〔名〕
糸満売り。沖縄語の移入語。【例】イズクトゥユ シカナーッカ イチュマンウイ シラリルンドー（言うことを聞かないと、糸満売りされるよ）。

　子どものころ、「ハシガー（穀物入れの麻袋）に入れられるよ」と「イチュマンウイ（糸満売り）されるよ」という言葉が何より怖かった。黒島の伊古部落は、糸満をはじめ沖縄本島各地からの寄留者が漁を営む漁師村であった。そこに2, 3の網元があって、学校にも通わず漁に従事しているヤトゥイングヮ（雇い子）がたくさんいた。

　「糸満売りされる」というのは、糸満漁夫のもとで10歳前後のこどもを前借金と引き換えに年季奉公させることである。糸満売りされた子どもたちをヤトゥイングヮ（雇い子）と呼び、漁夫・馬車引き・女中奉公・魚売りなどの労働に従事させた。雇い子は、各地の貧しい農家を中心にした貧困層の出身者であった。糸満売りの背景には、他県には例のないほどの構造的ともいうべき沖縄社会の貧しさ、なかでも農村の貧困が存在した（『沖縄大百科事典』参照）。

イチン[ʔitʃiŋ]〔副〕
何時も。【例】ザーコー スーナ イチン アサビ ビサレーワヤ（仕事をしないで、いつも遊んでいやがるよ）。

イチン[ʔitʃiŋ]〔数〕
一番。「イチバン」と同じ。【例】ウレー ヤラビシェーケハラ イチン アバレヘーッタヌ マヌマン イチン アバレヘーワヤ（彼女は、子どものころから一番綺麗だったけど、今でも一番綺麗だよ）。

イチンガチ[ʔitʃiŋgatʃi]〔名〕
一月。「ソンガチシキ（正月のある月）」とも言う。【例】①イチンガチヌ パチニガイナー ヤーニンズヌ ドゥーパダニガイユン セーッタ（一月の初祈願には、家族の健康祈願も行なった）。②イチンガチ（一月）、ニンガチ（二月）、サンガチ（三月）、シンガチ（四月）、グンガチ（五月）、ルクンガチ（六月）、シチンガチ（七月）、パチンガチ（八月）、クンガチ（九月）、ズンガチ（十月）、ズーイチンガチ（十一月）、ズーニンガチ（十二月）。

イチンゴー[ʔitʃiŋgo:]〔名〕
一合。【例】イチンゴー（一合）、ニンゴー（二合）、サンゴー（三合）、シンゴー（四合）、グンゴー（五合）、ルクンゴー（六合）、シチンゴー（七合）、パチンゴー（八合）、クンゴー（九合）、イッス（一升）。

イツァ[ʔitsa]〔名〕
板。【例】サンバンザーヤ イツァヌ フンツァーッテナ アダニヌパー ムスユ シケーッタ（三番座は板の床だから、アダン葉の筵を敷いた）。

　関連語／マナイツァ（俎板）。スギイツァ（杉の板）。ケンギイツァ（槙の板）。

イツァーマキ[ʔitsa:maki]〔名〕
〈植〉植物の名（和名不詳）。神棚に供える。

イツァクビ[ʔitsakubi]〔名〕
板壁。〈類〉トゥルックビ（取り壁＝草戸）。

イツァハン[ʔitsahaŋ]〔形〕
惜しい。もったいない。痛ましい。「痛ましい」の意では「キムイツァハン」と言う場合が多い。【例】ドゥーヌ ユメール シンムツェー ヌーバシェー ムノーラバン イツァハヌ シティラルヌン（自分の読んだ書物は、どんなものでも惜しくて捨てられない）。

　今年（2021年）9月四半世紀にわたって住み慣れた那覇市首里の自宅を離れ、那覇市識名に引っ越した。首里の高台にある

自宅からは慶良間諸島や粟国島が眼下に見え、遠くには渡名喜島が望めた。屋上からは消失する前の首里城が手に取るような近さで眺められ、新都心の高層ビルが建つ以前は久米島も遠望できた。若さの勢いで、ロケーションのよさに惹かれて三階の部屋を選んだが、後期高齢の身にはエレベーターのない部屋への出入りはきつかった。それで平家への引っ越しと相成ったのだが、学生時代から収集した稀覯本(きこうぼん)等を含む蔵書の処分には文字通り心が痛んだ。「用例は」その時の心情である。

イツァビ[ʔitsabi]〔名〕
〈植〉イヌビワ。お盆の供え物の一つ。「食べられない供え物」と思っていたが、熟すると甘くて美味しいと言う人もいる。2メートル弱の低木。ビワの実を小型にしたような小さい実を付けることから、犬琵琶(いぬびわ)と名付けられたようだ。

イツァフンツァ[ʔitsaɸuntsa]〔名〕
板張りの床。板張りの縁側。【例】ナチヌ アツァルバソー イツァフンツァナー ニビバドゥ ピーラケヘータ（夏の暑いときは、板の縁側で寝たほうが涼しかった）。

イッキン[ʔikkiŋ]〔名〕
一斤。竿秤で重さを測るときの単位。普通は、一斤600グラム。【例】バンター ヤラビシェーケー ムヌユ ハウバソー イッキン ギューサッティ イジドゥ ハウッタ（僕たちが子どものころ、物を買う場合は一斤幾らと言って買った）。

イッケン[ʔikkeŋ]〔名〕
一間。長さの単位。一間は六尺、約1,818メートル。【例】バンテヌ シマヌヤーヌ ウブヤーヤ ヨンケンハンナ ヨンケン アッタ（我が家の黒島の母屋は、四間半に四間であった）。

イッス[ʔissu]〔名〕
一升。【例】バハルシェーケ イッスヌサケー ヌーンアラナ ダラミラリッタワヤ（若い頃は一升の酒は、わけなく飲み干せたよ）。「飲み干す・平らげる」を意味する語には「ダラミルン」のほかに「マラバスン」もある。ちなみに、用例の「イッスヌサキ（一升酒）」は酒を覚えた学生のころの話だから、清酒（日本酒）のことである。今でも、酒の中でもっとも好きなのは清酒である。

イッスビン[ʔissubiŋ]〔名〕
一升瓶。【例】パタケヘ パルバソー イッスビンナ ミジバイリ ムティ ゲータ（畑に行くときは、一升瓶に水を入れて持って行った）。

イッチョーラ[ʔittʃoːra]〔名〕
一張羅。一枚しかない大事な衣服。共通語からの移入語。【例】イザー イッチョーラバ キシ ヨイヤーハ ワーレ（父は、一張羅を着てお祝いのある家に行かれた）。

イットゥ[ʔittu]〔名〕
一斗。容量の単位。十升。【例】アヴァー イットゥカンバ ハイドゥ シカウッタ（油〈食用油〉は、一斗缶〈入りの油〉を買って使った）。

イッパ[ʔippa]〔名〕
子どもたちの木製の遊び道具。長さ17,8センチほどの木の枝を幅3センチ高さ2センチほどの四角にして一方の先端を斜めに切ったもの。斜めにした部分の先端部を別の棒切れで叩いて打ち上げ遠くへかっ飛ばして遊んだ。

イッパ遊びの一つは、4、5人の仲間で山羊の草刈りに行ったとき、次のルールで草刈りのユイマール（相互扶助）をした。①まず、各自が一抱えの草を参加人員の分だけ予め揃えて置く。②次にイッパを叩いて遠くまで飛ばしその距離の長かった人から優先的に各自の草の中から好きなものを選ぶ。③順次、人数の回数だけ競争を行な

う。④かくして、イッパをより遠くまで飛ばした人が、各自の揃えて置いた草のなかからマーッサ（上等な草・美味しい草）を順に選んでいくのである。より複雑な遊びとしては、イッパを空中で何回か触れた後にかっ飛ばすという方法であった。この場合、実際に飛ばした距離に空中で触れた回数を掛けるので、器用な人の距離はサンミン（計算）が出来ないほどだった。この遊びでも運道泰弘兄はいつも圧倒的に強かった。

イツマンプス［ʔitsumampusu］〔名〕
糸満の人。伊古部落には、糸満やその他の地域からの寄留者が漁業を生業にいていた。それらの一々の出身地は度外視して「イツマンプス」と称していた。

イトゥ［ʔitu］〔名〕
糸。【例】パンヌ　ミーハラ　イトゥユ　トゥーシ　アボー　テーナイユ　セーッタ（針の穴から糸を通し母の手伝いをした）。
　末っ子の私が物心ついたころ、母は老眼で針に糸を通すことが出来なかったので、その手伝いをして喜ばれたものである。ところで、「パンヌミー（針の穴）」のときは「パン（針）」だが、「ナーガ　パル（長い針）」「マッカ　パル（短い針）」「ウブ　パリ（太い針）」「グマ　パリ（細い針）」など「パル」「パリ」などと変化する。

イトゥパレーン［ʔitupareːŋ〕〔名〕
イトゥパレーン（糸張れ網）。保里村由来の古典舞踊。竹富町〔無形民俗文化財〕昭和50年11月26日指定。漁り火を左手に持ち糸張り網を右手に持って、魚を掬い上げる様子を舞踊化したものである。往時の素朴な風俗、島民生活の一端を垣間見るような感を抱かせてくれる古典調の傑作である。用いられている音曲は、沖縄古典音楽の〈金武節〉を本踊りに、〈しほらい節〉を入羽に配し、歌詞は舞踊の内容を具現化したものになっている。仲本村の〈ヌヌサラシブシ（布晒節）〉と並ぶ黒島を代表する古典舞踊の一つである。『竹富町の文化財』（平成10年3月・竹富町教育委員会発行）参照。
　仲本村由来の〈布晒節〉が竹富町〔無形民俗文化財〕に指定されていないのは残念だが、竹富町が指定作業を行なっていた昭和50年のころには、担い手が途絶えていて調査の対象にならなかったということであろうか。〔無形文化財・無形民俗文化財〕は、その担い手である保持者や保持団体の不断の努力によって伝承されていくものであり、それが一旦途絶えると再現は極めて困難であり、場合によっては不可能となる。担い手の方々はまだ健在だと聞いているので、是非再現して若い人に引き継いでほしいと念ずるものである。なにしろ、正月の伝統行事である「シナピキ（綱引き）」を復活させた「ムトゥムラ・ナハントゥ（元村・仲本）」の方々の、叡智と情熱に期待したい。

イナバ［ʔinaba］〔固〕
〈地〉西表島の集落の名。

イナムヌ［ʔinamunu］〔名〕
残念。悔しいこと。可哀そうなこと。身の上のことについても他人のことについても用いる。【例】①タイフーナ　スクルムヌバ　ビーッティ　ジンザラリ　マイダン　イナムヌッティ　ウモーリ（台風で作物のすべてを散々にやられ、つくずく残念に思う）。②イナムヌラー　ビコーヌッファバ　パラシ　フタケナ　ブトゥン　パラシラー（可哀そうだねえ、男の子を逝かせ、すぐに夫をも逝かせてねえ）。

イナムルチ［ʔinamurutʃi］〔名〕
料理名。沖縄語の移入語。豚の三枚肉（豚バラ）、カマボコ、コンニャク、ダイコン、タケノコ、シイタケなどを白味噌で味付けした汁物。往時は、行祭事のときに出す料理であったが、現今は普段から食する。

見出し語は那覇語で、首里語では「イナ_・ムドゥチ」と言う。那覇語と首里語は、サーターアンラギー（那覇語）・サーターアン_・ダギー（首里語）のような相違が確認できる。

イニ[ʔini]〔名〕
〈植〉イネ（稲）。黒島では稲作がないことから、「イニ」は歌謡語の「イニアワ（稲粟）」の形で用いる。【例】イニアワン ナウラシ ムギマミン ミキラシ（稲粟も稔らせ、麦豆も実らせ／八重山民謡〈夜雨節ゆるあみぶし〉より）。

イヌムル[ʔinumuru]〔名〕
按司あじの城跡。竹富町〔史跡〕・昭和47年8月30日指定。黒島には按司の居城跡と伝承される遺跡が11箇所あり、イヌムルもその一つで、イヌムル按司の居城跡と伝えられている。イヌムルは、島の西部にある宮里部落の近くに位置し、そこは標高3〜5メートルの低地で、周囲に約100メートルの石積みが残っている。現在、城跡と確認できる手がかりはこの石積みだけである。石積みの内部は近年まで耕作地として利用されていたと言われ、出土した遺物はごくわずかである。『竹富町の文化財』（平成10年3月・竹富町教育委員会発行）参照。

私は、竹富町史編集委員のころ同城跡を踏査したことがあるが、まるで広大なジャングルの山奥を歩き回っているような感覚を味わった。あんな小さな島に11箇所も〝按司〟の居城があったというのは、歴史のロマンを掻き立てられるが、何しろ史実を確かめることのできる史料がないというのだから、言い伝え・伝承の域を出ないのが残念である。

イノー[ʔino:]〔名〕
砂。【例】ソンガチンナ ミナハナ アライノーユ マクッタ（お正月は、庭に新しい砂を撒いた）。

イノー[ʔino:]〔名〕
礁池。礁湖。海底に「イノー（砂）」が堆積しているからの呼称だろうか。【例】ピーヌ ウチユ イノーティ イズ（干瀬の内を礁池と言う）。

黒島、西表島および石垣島に囲まれた内海は石西礁湖せきせいしょうこと称されている。この礁湖に散在する珊瑚礁には、約400種におよぶイシサンゴ類と多種多様のサンゴ礁生物群が生息し、その規模はわが国最大と言われ世界に誇れる貴重な自然資産である。県内屈指の美しいエメラルド・グリーンの石西礁湖には、黒島・西表島・石垣島に囲われるように新城島、由布島、小浜島、嘉弥真島、竹富島が浮かんでいる。

イノージー[ʔino:ʒi:]〔名〕
砂地。通常は「ハニクジー」と言う。【例】ウンヤ イノージーナドゥ ミール（芋〈甘藷〉は、砂地でよくできる）。「ハニクジー」の項参照。

イバチ[ʔibatʃi]〔名〕
ムチアー（ムツァー＝餅粟）のお握り。タニドゥル・マチリ（種子取り祭り）やソージバライ（出産十日目の祝い）のときなどに、小豆を入れて作った。

イバヤー[ʔibaja:]〔名〕
威張っている人。「イバラー」とも言う。どちらかというと若者言葉。【例】ウレー イバヤーッテナー タルン ウレーハトホ ユージ クーヌン（そいつは威張っているやつだから、誰もそいつのところに寄って来ない〈近づかない〉）。

イバラー[ʔibara:]〔名〕
威張っている人。「イバヤー」と同じ。

イバルマ[ʔibaruma]〔固〕
〈地〉伊原間いばるま。石垣島の一集落名。平久保半島の付け根の所にある。

イバルマ[ʔibaruma]〔固〕
東筋部落の仲道家の通称。同家の部落での位置が、石垣島におけるイバルマ（伊原間）の位置に相当することからの呼び名。その

北側の運道家は「ペーブク(平久保)」と呼ばれた。

イバルン[ʔibaruŋ]〔自〕
威張る。自慢する。〈【例】ヌーバセーハトゥ ナン ドゥーバ フミ イバリベープソー マープカラサナーヌン(どんな場所〈場面〉でも、自分を褒め威張っている人は真っ当でない)。

イビ[ʔibi]〔名〕
指。元来の黒島語は「ウヤビ」であるが、「イビ」とも言う。特に、5本の指を個別に言う場合は「ウヤイビ(親指)」「ナハイビ(中指)」などと言う場合が多い。

イビ[ʔibi]〔名〕
お嶽の中の特別のニガイズ(願い所・拝所)。社(やしろ)の後部にあり、そこにはハンシカサ(神司)のみ出入りを許された。【例】ティジリヤラバン イビハヤ パイラルンタン(ティジリ〈手摺り〉でも、イビには入れなかった)。「ティジリ(手摺り)」は男の神役、女の神役は「シカサ(司)」と言う。

イビラ[ʔibira]〔名〕
飯炊き用の大型の杓文字(しゃもじ)。皮を剥いた芋を潰してウムニー(芋のおにぎり)を作るときなどに使用した。【例】ウブンザー ユーピナイユドゥ イビラッティ イズッタ(大きな杓文字をが、イビラと言った)。

イビンガニ[ʔibiŋgani]〔名〕
指輪。「指金」の意。(石)ウビンガニ。(沖)イービガニー。【例】クヌ イビンガネー ヌーシドゥ スクラレーッカヤー?(この指輪は、何で〈何を材料にして〉作られているのだろうか)。

イベービ[ʔibe:bi]〔副〕
少し。少量。主に物の量に対して用いた。「イメーミ」とも言うが、この語は物の量にも時間の長さにも言う。【例】イベービ マースヌ タラーナッテナー アマハヌ(少し塩が足らなくて、味が薄い)。

イベービナ[ʔibe:bina]〔副〕
少しずつ。「イメーミナ」とも言う。【例】マーソー イベービナ イリ アジシキリ(塩は少しずつ入れて味付けしなさい)。

イフナ[ʔiɸuna]〔連体〕
風変わりな。変な。妙な。下接する言葉によって、促音「イッフナ」となったり長音「イフーナ」「イフナー」となったりする。この語には否定・消極の言葉が続く。【例】①イフナ スガイバ シー プスユ ウドゥルカシ ベールワヤ(変な装いをして、人をびっくりさせているよ)。②イッフナ ムヌイタンカ イジベーサ(妙な言葉ばかり言っているよ)。③ウレー シナタ イメーミ イフーナ アラヌン?(そいつの様子は、すこし変じゃないか)。④イフナー フシャ パーク ナウハイ(妙な癖は、早く直せ)。

イフナ ハンガイ[ʔiɸuna haŋgai]〔連〕
変な考え。風変わりな思い付き。【例】アヤール イフナ ハンガイヤ タルン ミトゥ ムヌンラミー?(あんな変な考えは、誰も認めないだろう)。

イフナ プス[ʔiɸuna pusu]〔連〕
変な人。風変わりな人。気の狂れた人。【例】イフナ ムヌイヌ ウラハーッテナー ケーラハラ イメーミ イフナ プスッティ ウモーリブー(妙な言葉が多いので、皆から少々気が狂れていると思われている)。

イフナ ムヌイ[ʔiɸuna munui]〔連〕
変な言葉。妙な言葉。気の狂れた言葉。【例】ウレー イズ ムヌイユ シクッカー タルン イフナ ムヌイッティドゥ ハンガイラミー?(そいつの言う言葉を聞くと、誰も気の狂れた言葉だと考えるんじゃないか)。

イマシミ[ʔimaʃimi]〔名〕
戒め。教訓。諭し。【例】ウヤヌ イマシ

ミヤ　タイシチシーリヨ（親の教訓は、大事にしなさいよ）。

イマシミルン[ʔimaʃimiruŋ]〔他〕
戒める。諭す。【例】ヤラベー　バソーバソー　スーック　イマシミリバドゥ　マイフナーマリル（子どもは、時々厳しく諭したほうが利口になる）。

イマラ[ʔimara]〔名〕
歩き方の名称。後ろ足を横に蹴るようにして歩く牛を「イマラウシ」と言ったのが語源だとか、足を横に蹴るように歩いた「イマラ」という人の歩き方が語源だとか、言われているようだが、はて……。

イミ[ʔimi]〔名〕
夢。【例】イミナ　ミラリッタヌ　プスクイヌ　クイン　ナーンタン（夢で見られたのに、ひと言の声もなかった）。

イミ[ʔimi]〔名〕
意味。【例】ウヴァー　イズ　ムヌイヤ　イメー　バハラヌン（お前の言う言葉は、意味が分からない）。

イミ[ʔimi]〔名〕
増量。使い出があること。【例】ソーミンヤ　ユディヨーヌ　アーッカ　シカイットゥ　イミ　シールン（素麺は茹で加減がよければ、十分に増量する）。余談だが、山羊肉は煮ると縮んで減り犬の肉は膨らんで増えるという（宮城信勇著『新編増補版 八重山ことわざ事典』〔752〕参照）。僕たちが幼少のころ、犬は屠って食するものであった。

イミフジ[ʔimiɸuʒi]〔名〕
意味。「イミフジ」の「フジ」は、「イミ」を強調するための語で、それ自体には特に意味はない。〈類〉アジフジ。【例】ウレー　イズムヌイヤ　ムットゥ　イミフジ　バハラヌン（そいつの言う言葉は、ちっとも意味が分からない）。

イミ　シールン[ʔimi ʃiːruŋ]〔連〕
増量する。使い出がある。〈否〉イミ　スーヌン。「イミ（増量）」の項参照。

イミラリルン[ʔimirariruŋ]〔自〕
ねだられる。催促される。〈否〉イミラルヌン。【例】ウリハラ　ジンバ　ハレールヌ　キゲンヌ　クーンケーハラ　ピンサイユ　イミラリ　フシガルヌン（そいつからお金を借りたのだが、〈返済〉期限が来ないうちから返済を催促され堪らない）。

イミルン[ʔimiruŋ]〔他〕
ねだる。催促する。〈否〉イミラヌン。（石）イミルン。（沖）イミユン。【例】ハレージンヤ　ヤクスクドゥール　ハイハイ　アイルヌ　ハラセー　ジンヤ　ドゥキ　イミルナ（借りた金は約束通り返しなさい、だけど貸した金はあまり催促するな）。

イムゲー[ʔimugeː]〔名〕
芋を原料にして醸造した泡盛。

イメーッツァン[ʔimeːttsaŋ]〔連〕
夢でも。夢さえも。「イミ（夢）」の「ミ」と副助詞の「ヤッツァン（さえも）」の「ヤ」とが融合・転音・長音化して「メー」になっている。【例】ウレー　パリハラ　ミーッティ　ナルヌ　プスーサイヌ　イメーッツァン　ミスヌン（その人が逝ってから3年経つのに、一度の夢さえ見せてくれない）。夢枕に立ってくれない亡き夫に対する妻の嘆きであるが、夫は迷うことなく極楽往生を遂げたから夢に現れないと考えるべきか、それとも夢の一般的な原理（見る側の内面が現れるという）からすると亡き夫を深く想っていない妻の側に問題があると考えるべきか。

イメーミ[ʔimeːmi]〔副〕
少し。わずかな。物の量にも時間の長さにも言う。「イメービ」「イベービ」とも言う。

イメーミナ[ʔimeːmina]〔副〕
少しずつ。【例】ウブナビナ　スーユ　ネーシバソー　アジシキムノー　イメーミナ

イリッティドゥ　アジェー　シキル（大きい鍋で汁物を炊くときは、調味料は少しずつ入れて味を調える）。

イヤリ[ʔijari]〔名〕
便り。言伝(ことづて)。お土産。手土産。【例】①ナカビ　トゥブ　トゥリヌ　ムヌイズ　ムヌヤラバ　ンニヌ　ウムイユ　イヤリシ　ムツァハリルヌ（空を飛ぶ鳥が言葉を話せるならば、胸の想いを言伝できるのに／八重山民謡〈とぅばらーま節〉より）。②～ムラ　メーラビターヌ　イヤリヤ　～ヌ　アーシドゥ　イヤリス　エイスリサー「トゥドゥケンナー　ビラマ？」「トゥドゥケンドー　メーラビ」（～村の娘たちの土産は、～の塩漬けが土産だよ「届きましたかビラマ」「届きましたよメルビ」／黒島民謡〈いやり節〉より）。

用例①の〈とぅばらーま節〉は、一部黒島語に置き換えた。「ナカビ（なかぞら・天空）」は日常語としては確認できない。用例②は、島の人はよっぽど「アーシ（塩漬け）」が好物だったようで、各部落のメーラビ（女童＝恋女）たちがビラマ（恋男）たちに贈るイヤリ（手土産）はすべてアーシである。その材料は、宮里は「ギラマ（シャコガイ）」、仲本は「ムチラバ（魚名）」、東筋は「シンナマ（小魚）」、伊古は「ンーナグヮ（タカセガイ）」、保里は「シヌマン（テングハギ）」、保慶は「フクラビ（カワハギ）」という具合である。

イヤリブシ[ʔijaribuʃi]〔名〕
黒島民謡の名。〈いやり節(ぶし)〉。軽快な曲で、若い恋人同士の溌剌(はつらつ)とした出で立ちの舞踊もある。歌詞の内容については、「イヤリ」の項の用例②を参照のこと。

イラ[ʔira]〔名〕
〈動〉クラゲ。無毒のものと毒性のものがいた。【例】イラン　ザーリッカー　パダー　ピューキルンドゥラ（クラゲに刺されると、肌がただれるよ）。無毒のクラゲもいるが、有毒のクラゲに刺されると用例のような状態になる。

イラ[ʔira]〔助数〕
枚。紙、蓆、畳、皿、木の葉など、数える語に後接して枚数を表す。【例】ピスイラヌ　ハビヤラバン　タイシチ　シーリ（一枚の紙でも、大事にしなさい）。子供のころ、身の回りには白紙なんてめったになかったから、用例のようなことになった。

イラ[ʔira]〔副〕
甚だ。大変。この上なく。ただし、この語は現在の黒島語には確認出来ず、歌謡語としてのみ用いられている。【例】イラ　サニシャ　キュヌ　フィー（この上なく嬉しい今日の日よ／八重山民謡〈赤馬節〉より）。

イライ[ʔirai]〔名〕
答え。応え。返答。「イレイ」とも言う。（石）イライ。（沖）イレー。【例】ユラバリッカ　ゾットニ　イライ　シーリ（呼ばれたら、はっきり返事しろ）。共通語「いらえ」・古語「いらへ」と黒島語の三母音（アイウ）の法則に照らすと「イライ」が自然であるが、「イレイ」のように島言葉にはこういう変則的な現象がよくみられる。

イライピントー[ʔiraipinto:]〔名〕
返事。返答。応答。【例】マーハ　パラバン　イライピントーユ　ゾートニ　シーッサナーッカ　ナラヌンドゥラ（どこに行っても、応答を上手にできなければいけないぞ）。

イライルン[ʔirairuŋ]〔自〕
答える。応じる。【例】ヌーヤラバン　ミサリバ　マジ　イライリバ（何でもいいから、とにかく答えなさい）。

イラキ[ʔiraki]〔名〕
鱗(うろこ)。【例】イズユ　バザウバソー　イラキユ　クマークマー　トゥリヨラー（魚を拵える際、鱗をきちんと取りなさいよ）。

イラキナビ[ʔirakinabi]〔名〕
　炒め用の鍋。【例】イラキムノー　イラキナビナドゥ　イラケータ（炒め物は、イラキナビで炒めた）。

イラキフム[ʔirakiɸumu]〔名〕
　うろこ雲。【例】イラキフムヌ　タトゥッカー　アミヌ　ブー（うろこ雲が立つと、雨が降る／「黒島の諺」より）。

イラキムヌ[ʔirakimunu]〔名〕
　炒め物。【例】イラキムノー　アヴァヌドゥ　ハヴァサーンアリ　アジマーハッタ（炒め物は、脂が香りよく味を引き立てた）。

イラクン[ʔirakuŋ]〔他〕
　炒める。【例】ソーミンヤ　イラカバン　ミスズルハ　イルバン　シームヌ　スーバン　マーハダ（素麺は、炒めても味噌汁に入れても吸い物にしても美味しい）。

イラスザー[ʔirasuza:]（名）
　非常に好ましいこと。羨ましいこと。石垣の歌謡語からの移入語。【例】ナハティ　マリヌ　イラスザー（中ほどの生まれが、ちょうどよい〈好ましい〉）。

イラナ[ʔirana]〔名〕
　粟刈り用の小型の鎌。【例】アートゥ　キンヤ　イラナシドゥ　ハル（粟も黍も、イラナで刈り取る）。片手で操作できる、それ専用の超小型の鎌であった。

イラナン[ʔiranaŋ]〔名〕
　台風が近づいたとき、潮が泡をたてながら急に満ちてくる波のこと。

イラヌン[ʔiranuŋ]〔形〕
　要らない。【例】イラヌンッティ　ウムウヌドゥ　イツァハーッティ　シティラルヌワヤ（必要ないと思うのだが、もったいなくて捨てられないよ）。

イラビックル[ʔirabikkuru]〔名〕
　選び残り。選んだ残りの屑。【例】ムヌヌ　イラビックロー　アルヌ　プスンナー　イラビックルッティ　ナーヌンドー（物には選び残りはあるが、人には選び残りと言うものはないぞ）。「イラビックル」と思われていた人が大成した例はいくらでもある。用例は、外見で他人の価値を量ろうとすることへの戒め。

イラブ[ʔirabu]〔名〕
　〈動〉エラブウナギ。【例】イラボー　ユンシ　シクッカー　ショーバイ　ナラナーッテナ　ティーシ　シカムッタワヤ（エラブウナギは銛で突いて捕ると傷がついて商品にならないので、素手で捕まえたのだよ）。
　黒島の民謡〈ぺんがん捕れ一節〉の「イラブネ　シケー（エラブウナギ突き）」は、歌も踊りもエラブネ漁の実態に即して「トゥレー（捕れー）」にしたほうがよいのではないだろうか。

イラブチ[ʔirabutʃi]〔名〕
　〈動〉魚の名。「イラブツァー」と同じ。

イラブチイズ[ʔirabutʃiʔizu]〔名〕
　〈動〉魚の名。「イラブツァー」と同じ。

イラブツァー[ʔirabutsa:]〔名〕
　〈動〉魚の名。ブダイ。「イラブチ」「イラブチイズ」とも言う。【例】シマナー　イズッティ　イズッカー　イラブツァーヌドゥ　イチン　ウラハー　アランタカヤ？（島では魚と言うと、イラブツァーがもっとも多かったのではないかなあ）。島独特の待ち受け網漁「ユブサン」の主な捕獲魚は「イラブツァー」であった由。味噌汁、煮つけ、揚げ物、刺身、味噌和えなどのいろんな食べ方があったが、とりわけ美味しかったのは「味噌和え」だった。イラブツァーの王様格のアーガイの肝入り味噌和えは、島では最高級の食べ物であったのではないか。「ザコートゥヤー（カツオの餌捕り漁）」の項参照。

イラブネ[ʔirabune]〔名〕
　〈動〉エラブウナギ。日常語では「イラブ」と言うが、黒島民謡〈ぺんがん捕れ一節〉

イラブン

では「イラブネ」と歌われており、古い時代の呼称なのか、あるいは歌謡語なのか。「イラブ」の項参照。

イラブン[ʔirabuŋ]〔他〕
　選ぶ。選別する。【例】プーンヌ　ウーニユ　イラブバソー　ムカシェー　バラザンシドゥ　イラベーッタトゥ（豊年祭のウーニ＝船頭を選ぶときは、昔は藁算で選んだそうだ）。「バラザン」の項参照。

イラン[ʔiraŋ]〔連体〕
　不必要な。余計な。【例】イラン　ムヌイバ　イジ　プスン　ニッタハー　シラリナ（余計なことを話して、人に恨まれるな）。

イランクトゥ[ʔiraŋkutu]〔名〕
　不必要なこと。余計なこと。【例】イランクトゥバ　イジ　フターンヌ　ナハユ　アンザラシナヨー（余計なことを言って、2人の仲をもつれさせるなよ）。

イリ[ʔiri]〔名〕
　錐。大工道具の一つ。【例】タキフンユ　ウトゥ　バソー　イリシ　アナバ　プリ　ウマハ　タキフンユ　ウテーッタ（竹製の釘を打つ場合、錐で穴を掘り〈開けて〉そこに竹の釘を打った）。

イリシキッティヤー[ʔiriʃikittija:]〔固〕
　屋号。西比屋定家。

イリジブン[ʔiriʒibuŋ]〔名〕
　日没時。日の入り時分。日暮れ時。【例】ティダヌ　イリジブンバーキ　パタラクッタ（日が暮れる時分まで働いた）。

イリティダ[ʔiritida]〔名〕
　夕日。「入る＝日暮れ沈む太陽」の意。【例】イリティダヌ　ハイヤッカ　ナーツァヌ　ワーシケー　ナウルン（夕日が奇麗だと、翌日の天気は直る〈よくなる〉）。

イリマイニヤー[ʔirimainija:]〔固〕
　屋号。西前仲家。

イリムク[ʔirimuku]〔名〕
　入婿。【例】イリムク　ナリ　トゥジン　ウタイマーハリ　キムイッツァハダラ（入婿になって、妻の言いなりになり気の毒なことよ）。

イリムヌ[ʔirimunu]〔名〕
　入れ物。容器。【例】ヤラビシェーケー　ヤマング　シーッカ　ムンヌッツァヌ　イリムヌヌ　ハシガーン　クミラリッタ（子どものころやんちゃをすると、麦など穀物入れの麻袋に籠められた）。

イリユー[ʔiriju:]〔名〕
　必要。必要な経費。「入り用」の意。【例】イリユーッティ　ウムイ　アタラサシ　ハキングシー　ウシケールヌ　メー　イラヌントゥ（必要だと思って大事に保管しておいたのに、もう要らないそうだ）。

イリルン[ʔiriruŋ]〔他〕
　入れる。【例】ミドゥムンケー　ウンヤ　プルッカー　ティルナ　イリ　アマザヌ　ウイナ　ノーシティ　ムティケーッタ（女性たちは芋は掘ると籠に入れて、頭の上に載せて持ってきた〈運んだ〉）。そのような風習・情景は、昭和30年ころまでの黒島ではごく当たり前であった。今は、芋そのものが作物としては作られなくなってしまった。

イル[ʔiru]〔名〕
　色。【例】ウヌキンヌ　イルヌ　ハイヤーダラ（色付きの衣服の、色の綺麗なことよ）。

イル[ʔiru]〔名〕
　心延え。心持ち。心の内。本心。表情。【例】イロー　プスン　ミシナ（本心は他人に見せるな）。黒島に「イルピシチ　キムピシチ」または「キムピシチ　イルピシチ」という標語がある。「イル」と「キム」は対語として用いられており、「表情・心・気持ち・本心」などの意味合いである。この標語は、現在の黒島では「島民は心を一つにしてことにあたるべし」と解釈され、黒島小中学校にも碑文が建立されている。

ところで、この標語は〈正月ゆんた〉に歌われている「キムピシチ　ムチトーリ（肝一ち持ちとーり）／イルピシチ　アワショーリ（色一ち合わしょーり）」に由来する。歌意は、「心を一つに持ち、顔色を一つに合わせ」ということで、「心を一つに、表情を一つにして事に当たるべし」という島民の心構えを示したものとされている。ただ、「イルピシチ（色一つ）」の「イル」を、外面的な「顔色・表情」と捉えるか、「キムピシチ（肝＝心を一つに）」の「キム」と同義の内面的な「心延え・心構え」とみるか、という解釈上の問題がある。

　この点について、私は文脈上、後者の視点で捉えるのが妥当ではないかと考えている。すなわち、「キムピシチ　イルピシチ」は「心を一つに、気持ちを合わせて」と解釈するのが自然ではないかと思うのである。この解釈を裏付けるものとして、次のような民謡の用語がある。八重山民謡の〈首里子節〉では「アマヌ　キムダガサーン（余りに気位が高くて）　ドゥケヌ　イルダガサーン（非常に心持ちが高慢で）」のごとく「イル」は「キム（肝＝心）」と同義の対語として用いられている。また、宮古民謡の〈なりやまあやぐ〉でも「ヌマヌカギサヤ　シルサドゥカギサ（馬の美しさは白さこそが美しい）　ミヤラビ　カギサヤ　イルドゥカギサ（娘の美しさは心延えこそが美しい）」のように「イル」は「心持ち・心延え」を意味している。

　上記の標語は、豊年祭の歌〈ぺんさー〉では「イルピシチ　アワショーリ／キムピシチ　ムチトーリ（気持ちを一つに合わせて　心を一つに持って）」と「イル」と「キム」の語順が入れ替わっている。この歌は、「ユーアギ（世揚げ＝豊年・豊作の招来）」を祈って行なわれるウーニ走（船頭の競走）・パーリー漕（爬竜船の競漕）の前に歌われる。黒島の豊年祭は、今年の豊年を祝い・感謝するとともに来年の豊作を祈願・予祝する農耕神事として催されるが、豊穣は海の彼方からもたらされるという沖縄全域にみられる「ニライ・カナイ信仰」と共通の精神に根ざしており、そのためなのか海浜で行なわれる。

　催し物の中心は二つの村（島の南側に位置する宮里村と仲本村の南二村および北側に位置する保里村と東筋村の北二村）の「ウーニ競走・パーリー競漕」である。本来は「ユーアギ（世揚げ＝豊作・豊年の招来）」を感謝・祈願・予祝する厳粛な神事であるのに、村びとの現実的な肌感覚・心象面での捉え方は、あくまで他の村との激しい対抗・競争意識に傾斜していく。

　もう一つ、正月の神事として行なわれる「ユーピキ（世引き＝豊作招来）」の「綱引き行事」も、厳粛な信仰心の漂う雰囲気は希薄となり激しい競争心が前面に出ている。

　以上のことから、祭り本来の信仰的な「ユーピキ（世引き＝豊作招来）・ユーアギ（世揚げ＝豊年招来）」の精神は影を潜め、血気盛んな若者たちの血湧き肉躍る「対抗・闘争」の意識に彩られた命懸けの競争が主目的であるかのような倒錯した様相を呈するのである。よって豊年祭の「船漕ぎ歌」も正月の「綱引き歌」も、相手の村や地域との「競争」にあたっては「キムピシチ　ムチトーリ／イルピシチ　アワショーリ（心を一つにして／気持ちを一つにして競争に臨むべし）」と必勝の心構えを奨励・鼓舞しているのである。

　要するに、歌の中で歌われている標語は、島びと全員への呼びかけではなく、あくまで競争相手の「他の村」あるいは「他の地域」に対して立ち向かう我が陣営の心構えなのである。現に黒島では、島全体の統一的な歌というのは一つとしてない。似たよ

うな内容の歌はあるが、部落ごとに微妙に異なる内容の歌をそれぞれ自分の部落の歌として歌うのである。

　それゆえであろうか、黒島の部落間の対抗心は極めて熾烈(しれつ)で何かにつけて激しくぶつかり合い、島びとが一丸となって事に当たらなければならない日常的な各局面では、大きな障害となってきたようである。

　身近な例では竹富町長選挙の場合、他の島ではその島の出身者が立候補するとほとんどの島民は日頃の政治的な立場を超えて島出身者の候補者に投票するが、黒島ではそういう情況には至らなかったようだ。現に、戦後において黒島からは町長選に二度も島出身の候補者が出馬したが島民の結集には至らず一人も当選していない。その根底には、行祭事のなかで醸成された部落間の根強い対抗心・競争心が選挙の際の政治的判断にまで持ち込まれたのではないかと評されてきた。

　ともあれ、歌謡に歌われている「キムピシチ　イルピシチ（心一つに、気持ち一つに）」は、豊年祭行事のウーニ競走やパーリー競漕で他の部落に勝利するために、また部落内の南北もしくは東西で争われる正月行事の綱引きでは相手側に勝利するために、自らの陣営を鼓舞する標語であった。ところが、いつのころからか部落間ないしは島民間の対立・抗争のもたらす弊害を反省し、「そうあってほしい」という島民全体の一致協力の精神を表現する統一標語として掲げられるようになってきたようである。そうであれば、標語そのものの意味合いが変化・深化を遂げ新しい時代にふさわしい意義を持つようになったものとして大事にしたいと思うのである。その表れの一つとして、黒島小学校創立百周年記念誌の表題にも「きむぴしち　いるぴしち」の標語が用いられ、同じく百周年記念碑の碑文にもこの標語が刻まれて黒島校の校庭に立っている。

イルダン[ʔirudaŋ]〔名〕
赤と白とを交互に置いた碁盤縞を並べた凧(たこ)の模様。「色段」の意か。歌舞伎で用いられている紺と白の「市松模様」を取り入れたデザインが、2020年開催予定の東京オリンピック・パラリンピックのエンブレムに採用された。凧の「イルダン」と「市松模様」は色の組み合わせが違うが、両者の関連はあるのだろうか。

イルッサイルン[ʔirussairuŋ]〔連〕
顔面が青白くなる。真っ青になる。青ざめる。【例】ドゥキ　ウドゥラキ　イルッサイ　ベー（ひどく驚いて、真っ青になっている）。

イルヌガー[irunuga:]〔名〕
顔色が青白い状態、また、そういう状態の人。【例】ウブヤンバ　ハカリ　イルヌガー　ナリブー（大病を患って、顔色が青白くなっている）。

イル　ヌギルン[ʔiru nugiruŋ]〔連〕
顔面が蒼白になる。血の気が引く。【例】ドゥキ　ウドゥラキ　イル　ヌギブルワヤ（あまり驚いて、顔面が蒼白になっているよ）。

イルピシチ[ʔirupiʃitʃi]〔成〕
気持ちを一つに。「キムピシチ（心を一つに）」と対で用いられる黒島の標語。「イル（心延え・本心）」の項目参照。

イルムティ[ʔirumuti]〔固〕
〈地〉西表島。黒島からやや北西寄り、最短の大原までは12,3キロメートルの距離である。「イリ（西）」の転「イル」と「〜ムティ（〜方面）」から成る。ほかに「イリ（西）」の転「イル」と「ウムティ（面）」の「ウ」が脱落した「ムティ」から成る、という説もある。

イルムティヤー[ʔirumutija:]〔固〕
屋号。西表家。

イルルクン[ʔirurukuŋ]〔自〕
　忙しなく動き回る。そわそわする。【例】ソンガチヌ　ズンビ　シールンティ　ケーラ　イルルキ　ブルワヤ（正月の準備をしようと、みんな忙しなく動き回っている）。

イルン[ʔiruŋ]〔自〕
　入る。没する。【例】ティダヌ　イリ　ヤーン　ナルッカー　パンヌ　パイジフリバ　タマンガリ（日が沈み暗くなるとハブが這い出てくるから気をつけろ）。

イルン[ʔiruŋ]〔自〕
　要る。費用が掛かる。【例】トゥシ　トゥッタラー　ウマハマ　ヤミ　ヤカダイヌ　イルヨーン　ナリブー（年を取ったら、あちこち病んで治療代が要るようになっている）。

イルンカスン[ʔiruŋkasuŋ]〔他〕
　太陽の熱に当てて衣類や寝具などを干す。【例】ウゾー　ティダナー　イルンカハイ（布団は、太陽の熱で干しなさい）。

イルンディヤー[ʔirundija:]〔固〕
　屋号。本家「運道家」の西側に分家したので「西の運道家」。

イレイ[ʔirei]〔名〕
　返事。返答。「イライ」と同じ。

イレキ[ʔireki]〔名〕
　西。西側。「イーレキ」「イレーキ」とも言う。

イン[ʔiŋ]〔名〕
　犬。【例】インヤ　ヤーヌバン　トゥリヤ　トゥキトゥル　スクブン（犬は家の番をするのが、鶏は時を告げるのが、職分〈役目〉である／八重山民謡〈でんさ節〉より）。
　終戦直後の黒島では、犬は愛玩用として飼っていたが、最終的には食料として屠って食した。僕が「ジョン」と名づけて可愛がっていた犬が、ある日食卓に供されるという事態が出来(しゅったい)した。だが、それほどの驚愕はなかった。毎日のように草を与えて育てている山羊が、いずれ屠られ食卓に上る運命にあるのとそう変わらないのではないかと考えていたのかも知れない。
　うろ覚えだが、学生時代にジャーナリスト・本田勝一のリポート『極限の民族』（『朝日新聞』に連載）でエスキモーの犬橇(いぬぞり)を引く犬の扱いをめぐって、掲載紙の『朝日新聞』で大きな論争があった。犬橇は十頭ほどの犬に引かせるのだが、そりの主は一番身近に「叩かれ役、すなわち警告を発する鳴き役」を置き、もっぱらその犬を叩く。他の犬は叩かれないように一所懸命に走るという仕組みだったと思う。叩かれ役の犬は、毎日のように叩かれ皮膚がただれ日に日に弱っていく。すると、飼主は叩かれ役の犬を容赦なく投げ捨て新しい犬に挿(す)げ替えるのである。
　その叩かれ役の犬の扱いが残酷だということでそれを報道した『朝日新聞』に対し、動物愛護団体などからの抗議があり同紙の不買運動にまで発展したのではなかったか。僕自身は、牛肉や豚肉を平気で食べている人たちが、酷寒の生活圏でのエスキモーの生活態度またはその描写・報告を「残酷」だと捉える無神経・無責任な感覚に違和感を覚えたのであった。

イン[ʔiŋ]〔名〕
　戌(いぬ)。十二支の十一番目に位置する。西から北へ30度の方角を表す。【例】インディマリ（戌年生まれ）。

イン[ʔiŋ]〔名〕
　印鑑。【例】ドゥーヌ　インバ　ムティ　シグトゥナ　シカウッタ（シコーッタ）バソーヌ　サニヤッタウユ（自分の印鑑を所持し、仕事で決済用に使ったときの嬉しかったことよ）。

イン[ʔiŋ]〔名〕
　海。【例】インヌ　ナールッカー　ウブタイフーヌ　フーンドー（海が鳴ったら〈海鳴りがしたら〉、大きな台風が来るぞ）。

イン[ʔiŋ]〔名〕
縁。ゆかり。【例】インヌ　アリドゥ　フターラー　マズン　ナレーリバ　マリハンゾーキナイハンゾー　アラスヨーン　シトゥミリ（縁があって２人は一緒になった〈結婚した〉のだから、子孫繁栄、家庭繁盛に努めなさい）。

イングミ[ʔiŋgumi]〔名〕
縁組。【例】フターンヌ　イングメー　パーンティナ　シマシダーットゥ（２人の縁組は、ずっと前に済ませたそうだ）。

インキラハン[ʔiŋkirahaŋ]〔形〕
不快な。無愛想な。身勝手な。見出し語から「インキリムヌ」「インキリムヌイ」「インキルン」までの語は、「縁を切りたいほど不快なこと」から派生した言葉だと思われる。【例】インキラハ　ミドゥムンナーキナイヤ　ムタルヌン（無愛想な女には、家庭は治められない）。

インキリムヌ[ʔiŋkirimunu]〔名〕
不快な人。無愛想な人。身勝手な人。【例】インキリムヌットー　ドゥシ　スーバン　ユッツラーナーヌン（身勝手な人と友だちになっても、ろくなことはない）。

インキリムヌイ[ʔiŋkirimunui]〔名〕
不快な言葉。無愛想な言葉。身勝手な言葉。【例】インキリムヌイヤ　シカバン　イザバン　ユーゾナーニバ　シカーヌンヨーン　イザンヨーン　シーリ（不快な言葉は聞いても言っても何の役にもたたないから、聞かないように言わないようにしなさい）。

インキリルン[ʔiŋkiriruŋ]〔自〕
あきれ果てる。嫌になる。愛想がつきる。【例】ウレー　シーヨーユ　ミーッカー　インキリ　ヌッティン　イザルヌン（そいつの振舞いを見ると、あきれ果てて何とも言葉が出ない）。

インダイミー[ʔindaimi:]〔名〕
ものもらい(物貰い)。麦粒腫の俗称。(石)インヌヤー。(沖)ミーインデー。【例】ミーナ　インダイミーヌ　ンジドゥ　ヤミ　フシガルヌン（目に物貰いが出来、痛くて堪らない）。「インダイミーヨ　カーサーミー」の項参照。

インダイミーヨ　カーサーミー
　　　　　　[ʔindaimi:jo ka:sa:mi:]〔成〕
物貰いを治す呪文。物貰いが出来たとき、棒切れの先に紐で縛った石粒を吊るし豚小屋の庇からぶら下げ、豚小屋の前で「インダイミーヨ　カーサーミー　カーサーミーヨ　インダイミー（ヌンツァラ　クンツァラ……と唱えたが、後段の呪文は思い出せない）」という節を付けた呪文を唱えた。父がその呪文の唱え主であったが、不思議とよくなった。

インディマリ[ʔindimari]〔名〕
戌年生まれ。「イン（戌）」の項参照。

インドゥー[ʔindu:]〔名〕
大海。沖。同義語に「ウブドゥー」があり、「ウブドゥー　インドゥー」の成句として用いられる。【例】ニガイスクバ　ウブドゥー　インドゥーハラ　ミルクユーバ　マーシワーリ（祈願しますので、大海・沖の彼方からミルクユー〈弥勒世＝豊穣の世〉を引き寄せてください）。

イントゥク[ʔintuku]〔名〕
陰徳。日常語としてはあまり耳にせず、歌謡語から採用した。【例】シューヌマイヌ　イントゥク（お役人様の陰徳）。〔参考〕主ぬ前ぬ陰徳　幾代迄ん村ぬ　名ゆ立ている　徴　あらし給り（お役人様の施された陰徳が、幾代後の世迄も村の名を挙げる象徴として存続しますように／八重山民謡〈真栄里節〉より）。「マイザトゥ」の項参照。

イントゥ　マヤ[ʔintu maja]〔連〕
犬と猫。不仲の象徴として用いられている語。【例】ウヌ　フターラー　イントゥ　マヤリバ　イチン　アイッツァーシ　ベー

(その2人は犬と猫〈のような間柄〉なので、いつも喧嘩〈口論〉ばかりしている)。「マヤ」の項参照。

インドゥミ[ʔindumi]〔名〕
海止め。海に入ることを忌み慎む日。〈類〉ヤマドゥミ。僕の記憶には、「インドゥミ」が残っているが、幸地厚吉著『さふじま―黒島の民話・謡・諺集』では「スードゥミ（潮止め）」となっている。「スードゥミ」の項参照。

インニシバリヤー[ʔinniʃibarija:]〔名〕
屋号。西西原家。

インヌ キー[ʔinnu ki:]〔連〕
犬の毛並み。【例】インヌキートゥ マヤヌキートゥ タトゥイラリ（犬の毛並みにも 猫の毛並みにも 譬えられ／黒島の古謡〈種子取あゆ〉より）。「タニドゥル・アユ」「タニドゥルヨイ」の項参照。

インヌシマ[ʔinnuʃima]〔固〕
〈地〉西表島の別称。「イリヌ（西の）」の変化した「インヌ」と「シマ（島）」の複合語。【例】ムカセー ケーンギキーヤ インヌシマヌ ヤマハラドゥ トーシ ムティケーッタトゥ（往時は、槙の木は西表の山から伐り倒して運んできたそうだ）。

インヌ ヤー[ʔinnu ja:]〔連〕
犬小屋。粗末な板製の小屋であった。

インピツ[ʔimpitsu]〔名〕
鉛筆。

ウ

ウ[ʔu]〔語素〕
中称の指示語を作る。【例】ウリ（それ）、ウヌ（その）、ウマ（そこ）など。

ウ[ʔu]〔接頭〕
お（御）。体言の上〈前〉に付いて尊敬を表す。【例】ウサイ（お菜）、ウカギ（お陰）、ウガン（お願）、ウタキ（お嶽）、ウスバ（お側）、ウトゥルムチ（お持て成し）など。

ウー[ʔu:]〔名〕
う（卯）。十二支の第四番目。【例】ウーディマリ（卯年生まれ）。

ウアガリ[ʔuagari]〔固〕
〈地〉東筋村の北東方面の地名。接頭語「ウ」と「アガリ（東）」から成る。「ウ」の意味するところは、接頭語の「御（ウ）・上（ウイ）・大（ウフ／ウブ）」が考えられる。

ウイ[ʔui]〔名〕
上。上級。上等。優れていること。【例】ウイトゥ ザーラハラ パキットゥ マリットゥバ シー ムヌハンガイ ナラヌン（上と下から吐いたり下したりして、なにも考えられない）。

ウイ[ʔui]〔名〕
老い。「ウイルン（老いる）」の連用形「ウイ」が名詞化した語。【例】ウイプス（老人）。ウイズール（老いて盛んな状態、また、そのような人）。

ウイガタ[ʔuigata]〔名〕
身分や職位の上級の人。【例】ウイガタヌ プソー ムヌヌ イジヨーン ハーリブー（上に立つ人は、物の言い方も変わっている〈立派である〉）。

ウイシキルン[ʔuiʃikiruŋ]〔自〕
追いつく。追いつける。【例】ヤマシカ アトゥハラ ンザセーッタヌ キッサ ウイシケーッス（相当あとから出した〈出発した〉けど、すでに追いついたよ）。

ウイジムヌ[ʔuiʒimunu]〔名〕

賢い人。利口な人。歌謡語で、日常語としては用いられていない。

ウイスーブ[ʔuisu:bu]〔名〕
水泳競争。「泳ぎ勝負」の意。【例】ヤラビシェーケー　オンダーセーターナ　ドゥシンキザーンシ　ウイスーブ　セーッタワラー（子どものころ、泳ぎ遊びをしながら友だち同士で水泳競争をしたよなあ）。

ウイズール[ʔuizu:ru]〔名〕
老いて益々盛んな状態。【例】ウイズールバ　シー　ガンズーシ　ヌーンクイン　ドゥーシ　シーワールワヤ（老いて益々元気になって、何もかも自分でやっていらっしゃるよ）。

ウイッツァースン[ʔuittsa:suŋ]〔他〕
追い散らす。【例】ヤママヤヌ　ミナハナ　アツァマリ　ベーリバ　ウイッツァーシ　パラハイ（野良猫が庭で集まっているので、追い散らしなさい）。

ウイパラスン[ʔuiparasuŋ]〔他〕
追い払う。追っ払う。【例】ガラサーヤ　ピシダヌ　ヴァーン　ウスイバ　ウイパラハイ（カラスは山羊の仔も襲うから、追っ払いなさい）。

ウイバル[ʔuibaru]〔固〕
〈地〉西表島の北部に位置する部落名。ウイバル（上原）。八重山民謡〈でんさ節〉の発祥の地として知られるが、古い上原村は1909（明治42）年ごろ廃村となっている。現在の上原村は、第二次世界大戦中に鳩間島の住民が疎開してきて戦後もそのまま定住し、くわえて新天地を求めて移り住んだ開拓移住者たちによって形成されたものだという。

ウイプス[ʔuipusu]〔名〕
年寄。老人。高齢者。「老い人」の意。「ウイピス」とも言う。【例】ウイプソー　シカイドゥ　パダ（年寄りは、使うのにちょうどいい年頃／黒島の諺）。

黒島に伝わる諺は、年寄りを大事にするあまり何もさせない「過保護」をたしなめたものだと考えられる。超高齢化社会を迎えるこれからの時代に、年寄りの生き方あるいは扱い方に示唆を与える金言ではないだろうか。

私の父・賢英（明治31年生まれ）は、晩年は郷里・黒島を離れ末っ子の私と生活を共にした。私の勤務の都合で石垣市と那覇市で暮らしながら、クバ（ビロウ）の葉を四兄の妻・和子姉の郷里・与那国島から取り寄せ「クバ笠」を製作していた。クバ笠は、元来は農作業に用いるための自家用として自ら製作していたが、父は観光土産品用に見映えよく仕上げ土産品店に納品し、結構稼いでいた。

ところで、「ウイピス」と「ウイプス」の両語が併存しているのはなぜだろうか。現在の黒島語では基本的に「中舌音」は用いられていず、「ら行」に、しかも大正生まれの人たちの話す言葉にかろうじて認められる（アーリゥ＝東／マハリゥ＝碗・椀／ビキリゥ＝女から言う兄弟／ブナリゥ＝男から言う姉妹など。2018年現在）。大正末から昭和初期の頃に採集されたという黒島語の収められている宮良當壯著『八重山語彙』には「ウイ・ピィス[ui-pïsu]」と中舌音で表記されている。そのことから類推すると以前はパ行にも中舌音があって「人＝ピィス・ピゥス[pïsu]と発音されていたのが、次第に「イ段音」の「ピス[pisu]」と「ウ段音」の「プス[pusu]」に分離し直音で発音されるようになったもと思われる。ついでに言うと、同辞典では黒島の分村とされている鳩間島の言葉は「ウイプス[ui-pusu]」と直音で表記されている。

なお、ここで中舌音と言っているのは、五十音表の「い段音」と「う段音」の中間音のことで、その表記法には「パ行」の例

だと「ピィ（い段音のみ表記）」「ピゥ（い段音中心表記）」「プィ（う段音中心表記）」の三通りあるが、本書では原則として「ピゥ（い段音中心表記）」を採用する。

ウイワー [ʔuiwa:]〔名〕
未経産牛。まだ子を産まない牛、山羊、豚等に言う。〈対〉経産牛。【例】ウヌウシェー ウイワーヤルヌ ズブムイ シーベーリバ ズバシクー（その牛は未経産牛だが、発情しているので交尾させて来なさい）。現在は、精子を冷凍保管しておいて人工授精師が授精するが、僕たちが牛の世話をしていたころは雌牛を種牛のところに連れて行って生付け〈直に交尾させること〉をしたものである。

ウインザスン [ʔuindzasuŋ]〔他〕
追い出す。日常会話では「ウイザスン」と略する場合が多い。「ウイパラスン（追っ払う）」とも言う。「ウイパラスン」の項参照。

ウー [ʔu:]〔名〕
卯。十二支の四番目に位置する。東の方角を表す。【例】ウーディマリ（卯年生まれ）。

ウーキ [ʔu:ki]〔名〕
桶。「タング」とも言う。

ウーキヤー [ʔu:kija:]〔名〕
桶職人、またはその家。「おけや（桶家）」の意。昭和30年ころまで、伊古部落に「ウーキヤー」の屋号で呼ばれている親泊家があった。「桶」を中心に家財道具造りを家業にしていたので、「ウーキヤー（桶家）」が屋号になったようだ。

ウージナ [ʔu:ʒina]〔名〕
男綱。〈対〉ミージナ（女綱）。「シナピキ（綱引き）」の際、「ウージナ」の先端の輪っかを「ミージナ」の輪っかに挿入しウージナの輪っかに貫き棒を差し込んで双方に引きあう。「ミージナ」の項参照。

ウーソー [ʔu:so:]〔名〕
間抜け。そそっかしい人。「ウフソー」とも言う。（沖）ウフショー・ウフショームン。【例】ウーソームノー タマンガリ ヨーッティ イザバン シカナ パンニン フォーリ ベーワヤ（馬鹿なやつめ、気をつけろよと言っても聞かずにハブに咬まれていやがる）。

ウーディマリ [ʔu:dimari]〔名〕
卯年生まれ。「ウー（卯）」の項参照。

ウードゥリ [ʔu:duri]〔名〕
〈動〉雄鶏。〈対〉メーンドゥリ（雌鶏）。【例】ウードゥリヌ ナキングイユ シクッカーユーヌ アールジブンヤ アティンガーリッタワヤ（雄鶏の時を告げる鳴き声を聞くと，夜明け時は見当がついたよ）。「トゥンナキ（鶏鳴）」の項参照。

ウーニ [ʔu:ni]〔名〕
豊年祭の「ウーニ走」の主役で「パーリー船（爬竜船）」の総指揮官。船の古語「ウニ」が「ウーニ」と変化し、「船頭」の意にまで発展した語。【例】ウーニ フタトゥクル ウブドゥー インドゥーハラ ミルクユーバ アギ タボートゥリ ムラズー シマズーバ ユルクバシ タボーリ（船頭お二人殿、大海・遠い沖から弥勒世を招き寄せて頂き、村中・島中の人々を喜ばせてください）。パーリ競漕およびウーニ競走は、二つの村の競争なのでそれぞれの村の船頭がいて「フタトゥクル（お二人殿）」となるのである。

ウーニヌヤージラバ [ʔu:ninuja:ʒiraba]〔名〕
古謡の名。〈大船ぬ親じらば〉。

ウーパー [ʔu:pa:]〔副〕
そんなに早く。【例】ウーパー アーニナーバ サーリ ヴァーン ナシ マイフナー（そんなに早く妻をめとり、子ももうけて立派だ）。

ウーマスン [ʔu:masuŋ]〔他〕
熟させる。〈否〉ウーマハヌン。【例】ウヌバサヌナロー マーミ ウーマハナーッカ

シビヤンドゥラー（そのバナナは、もっと熟させないと渋いよ）。

ウームン[ʔu:muŋ]〔自〕
熟する。〈否〉ウーマヌン。【例】ウヌ マンゾー ドゥキ ウーミ マーハナーヌン（そのパパイアは、あまりに熟して〈熟しすぎて〉おいしくない）。

ウーン[ʔu:ŋ]〔自〕
泳ぐ。〈否〉オーヌン・ワーヌン。（石）ウムン。（沖）ウィージュン。他に名詞形の「オンダー（泳ぎ・水泳）」があって、「オンダーシールン」（水泳をする＝泳ぐ）という言い方もある。【例】クマバーキ タンカシ ウイクー（ここまで独りで、泳いで来なさい）。

ウヴァ[ʔuva]〔名〕
あなた。【例】ウヴァ タンカ ドゥキナリ ヌユスクニ バキラリ（あなただけ酷いことに、野底村に移住させられ／黒島民謡〈ちんだら節〉より）。「ヌユスクニ（野底に）」は本来「ヌスクニ」であるが、音数律を調え歌いやすくために行なわれる「延言（音数を増やすこと）」によるものである。逆の操作を「約音（音数を減らすこと）」と言う。

ウヴァンザ[ʔuvandza]〔名〕
お前。きさま（貴様）。【例】ウヴァンザンケー ギューサ イザバン シカニバ ズンサヌヤーハ サーリ パルンドー（お前たちはいくら言っても〈注意しても〉聞かないから、駐在所に連れて行くぞ）。用例は、たとえば、トマトやキュウリなどを盗って食べる常習犯の悪餓鬼を捕まえたときの大人の台詞であったが、僕たちは捕まって叱られたときは恐怖を感じつつ、解放されると性懲りもなく同じ悪さを繰り返していた。畑主も、実際に駐在所に届けたりはしなかった。

ウカ[ʔuka]〔名〕
借金。負債。【例】ウカー ハザヌ パウニンドゥ パイパル（借金は蔓草が這うように、止めどなく広がっていく）。

ウカーサン[ʔuka:saŋ]〔形〕
不安である。危なっかしい。病人の状態などが危ない。沖縄語の移入語。（沖）ウカーシャン。【例】ウナン マカハイッティ イズッタヌ ウレー イズヌイヤ ウカーサンドー（自分に任せろと言ったけど、そいつの言うことは当てにならないぞ）。

ウカットゥ[ʔukattu]〔副〕
ぼんやり。おろそかに。軽率に。【例】ウカットゥ シーベーットゥリドゥ ドゥーヌ ウブヤンニン キーシカナー ハイナーレッス（ぼんやりしているから、自分の大病にも気づかずあんなになってしまったのだ）。

ウカットゥン[ʔukattuŋ]〔副〕
ぼんやり。おろそかに。軽率に。「ウカットゥ」を強調した語。【例】ウヤヌ ブンゲー ウカットゥン ハンガイカー バチハブンドー（親の恩義を、おろそかに考えると罰が当たるぞ）。

ウカハヴィムヌ[ʔukahavimunu]〔名〕
借金を負っている人。負債だらけの人。「負債を被っている者」の意。【例】ウブムヌ イタンカ イジベーッタヌ ウカハヴィムヌ ナリベーンマナー（大口ばかり叩いていたのに、負債だらけになっているさ）。

ウカハヴン[ʔukahavuŋ]〔他〕
借金を負う。〈否〉ウカハヴァヌン。【例】ドゥーヌ パタラキトゥ アーシ ジンユ シカーナッカ ウカハヴンドゥラ（自分の働きに応じて金を使わないと、借金を負うよ）。

ウキムキ[ʔukimuki]〔名〕
幸不幸。「有卦無卦」の意。陰陽道で、その人の生年の干支により７年間吉事が続くという年回りを「有卦」と言い、５年間不

吉が続くという年回りを「無卦」と言う。【例】プスヌ　ウキムケー　ヌードゥ　ナルッティ　タルン　バハラヌン（人の有卦無卦〈幸不幸〉は、どうなるか誰にも分からない）。

ウキルン[ʔukiruŋ]〔他〕
受ける。受験する。【例】バンター　ドゥシンキナー　ウイヌ　ガッコーホ　ウキプソー　アイナー　ブランタン（僕たちの友だち〈同級生〉で、上の学校〈高等学校〉に受験する人はそんなにいなかった）。僕たちが黒島小学校に入学したときは級友36人だったが、過疎化が進み黒島中学校を卒業したのは20人ほどで高校へ進学したのは6人であった。そして、現在は人口が200人余、各学年の生徒は1～3人で全校生徒は20人弱という状況である。

ウクジ[ʔukuʒi]〔名〕
米粒の数の組み合わせにより吉凶を判断する占いの方法。「ウカジ」とも言う。「御籤（おくじ）」の意。當山家では、本家の伯母・澄（明治32年生まれ）がフノーラワン（船浦御嶽）のハンシカサ（神司）をしていたことから、お盆の上でよく「ウクジ」を行なっていた。一掴みの米粒をお盆にのせ、二粒または三粒ずつ選り分け、最後に残った米粒の数で吉凶を判断したようである。

ウクスン[ʔukusuŋ]〔他〕
興す。再興する。【例】ウッツェヌ　キナイヤ　ソーユミヌ　キードゥ　ウクシ　マヌマヌ　ウヤキヤー　ナレーットゥ（その家庭は、立派な嫁が来て再興し今の裕福な家になったそうだ）。家運の趨勢が嫁次第というのは、八重山の伝統歌謡〈でんさ節〉にも歌われているところだが、身近な体験に照らしても首肯できることである。もちろん、逆の場合もある。

ウクスン[ʔukusuŋ]〔他〕
発電する。エンジンを掛ける。【例】アヴァバイリ　キカイユ　ウクハイ（燃料を入れ、機械〈エンジン〉を掛けろ）。

ウクスン[ʔukusuŋ]〔他〕
怒り出す。怒りを爆発させる。【例】ウレーサキユ　ヌンッカー　ヤディン　クンゾー　ウクスワヤ（そいつは酒を飲むと、かならず怒りを爆発させるよ）。

ウグナウン[ʔugunauŋ]〔他〕
虐待する。ひどくいじめる。【例】ウヤユ　ウグナウッカー　ヤディン　ヴァーン　ウグナーリルン（親を虐待すると、かならず子に虐待される／黒島の諺）。

ウグユ[ʔuguju]〔感〕
おお。ああ。びっくりしたときに発する言葉。【例】ウグユ　ナハブラ（おお　怖い）。〈黒島口説〉の最後の一節に用いられている言葉。この歌は全編を沖縄語でつづっているが、最後を黒島語「ウグユ　ナハブラ」で締めている。

ウクリルン[ʔukuriruŋ]〔自〕
遅れる。間に合わない。【例】アバットゥ　ナーッカ　ガッコー　ウクリルンドゥラ（急がないと、学校〈の授業〉に遅れるぞ）。

ウクリルン[ʔukuriruŋ]〔自〕
起こる。発症する。【例】アマジャンヌ　ウクリ　シグトー　ナラヌン（頭痛が起こって、仕事は出来ない）。

ウクルン[ʔukuruŋ]〔他〕
送る。【例】ウイヌ　ガッコー　パラシタラ　ジン　ウクリッティ　タンカー　デンポーヌ　フルワヤ（上級学校に行かせたら、金送れとだけ電報がくるよ）。

ウグヮ[ʔugwa]〔感〕
あれーっ。おやっ。なんっと。びっくりした時に発する言葉。【例】ウグヮ　ピルマシクトゥ　アマダンヌ　フチナー　パチヌ　シーバ　スクリ　ベー（あれーっ大変だ、軒の縁（ふち）で蜂が巣を作っているよ）。

ウザ[ʔuza]〔名〕

〈動〉ウズラ(鶉)。【例】ムカシェー ウザーユー ミラリッタヌ マヌマー ミラルヌンティ イズサー(以前はウズラをよく見かけたが、今は見られないと言う)。

ウサースン[ʔusa:suŋ]〔他〕
合わせる。一つにする。合計する。【例】ウシ フタッカラヌ ダイユ ウサーシーッカ ギューサ ナラー？(牛2頭の代金を合計すると、幾らになるのだ)。

ウサースン[ʔusa:suŋ]〔他〕
合掌する。手を合わせる。【例】ドゥシヌ マーラシ ミーッティ ナルヌ マダティーユ ウサーシ ブラヌン(友人が亡くなって3年なるのに、まだ手を合わせていない)。

ウサイ[ʔusai]〔名〕
肴。つまみ。「お菜」の意。【例】ウサイヌ ナーナッカ サケー マーハナーヌン(つまみがないと、酒は美味くない)。

ウサイルン[ʔusairuŋ]〔他〕
抑える。抑圧する。馬鹿にする。〈否〉ウサウヌン。【例】プスユ ウサイッカ ヤディン プスン ウサイラリルン(他人を馬鹿にしたら、必ず他人に馬鹿にされる)。

ウザヌ　パン[ʔuzanu paŋ]〔連〕
足の速い人のこと。小柄で足の速い人にのみ言う。「ウザ(ウズラ)のようにパン(足)の速い人」の意。【例】グマハルヌ パリダハーッティ ウザヌパンッティ イザリブルワヤ(小柄だがよく走るから、ウザヌパンと言われているよ)。僕たちの身近では西原勉さん(昭和16年生まれ)や前盛和子さん(昭和18年生まれ。僕の同級生)が、そう呼ばれた。

ウザヌ　ヤマ[ʔuzanu jama]〔名〕
ウズラの捕獲器。約25センチ四方の木枠の上に角錐体の網をかぶせ、一辺を地に付け他を棒で支えて角錐体の中に餌を撒いてウズラを誘い寄せた。ウズラが餌をついばむ際に支え棒が取れて角錐体が地面を覆いウズラを捕えるという仕掛けであった。

ウサンダイ[ʔusandai]〔名〕
仏前に供えたご馳走のお下がり。(石)ウサンダイ。(沖)ウサンデー。【例】キザルヌ バソー ウサンダイユ ヤーニンズケーラシ タボーラリルワヤ(行事の場合、ウサンダイ〈お下がり〉を家族皆でいただくよ)。

ウシ[ʔuʃi]〔名〕
〈動〉ウシ(牛)。【例】ビャーハシマネール イシガンパラヌ パタキナーヤ ンーマキンナ ウシヌドゥ シカイヤッサ(私たちの島のような石の多い畑では、馬よりは牛が使いやすい)。鋤を引かせるとき、鋤の先端が石に当たると牛はすぐ立ち止まるが、馬は余計に力むので鋤を壊してしまうという結果をもたらした。「ウシマツリ」の項参照。

ウシ[ʔuʃi]〔名〕
丑。十二支の二番目に位置する。北から東へ30度の方角を表す。【例】ウシディマリ(丑年生まれ)。

ウシ[ʔuʃi]〔名〕
臼。石臼・木臼があった。【例】トーフヤ トーフマミユ ミジナ フクラシ ウシナ ピキ ウリユ スブリ ウブナビナ ネーシ スクレーッタ(豆腐は大豆を水につけて膨らし〈柔らかくし〉、それを臼で挽いて布でしぼり、しぼり汁を大きな鍋で煮詰めて造った)。その工程で出来る絞り粕を「トーフヌ ハシ(豆腐の粕)」と称し、炒め物に用いた。なお、豆腐を固める苦汁には、海水を用いた。

　粟や黍を精白する際には、粟や黍の殻を剥がし木臼に入れて杵で搗いた。

ウジ[ʔuʒi]〔名〕
〈植〉デイゴ。沖縄県の県花。三月から四月にかけて真紅の花を咲かせる。僕たちが

小・中学生だった昭和30（1955）年前後は、卒業式や入学式には真紅のデイゴの花が飾られた。昨今は、あのころのような豪快なデイゴの花は県下のどこにも見られない。温暖化のせいとも言うし、天敵だったウリミバエの絶滅によってヒメコバチが異常に増えたからだとも言うが、真相はどうだろうか。八重山の一部でＮＰＯ法人がデイゴの木に注射をして花を咲かせるのに成功しているという。民間の方々の営みには頭が下がるが、このような作業は行政が長期的な観点に立って、原因究明から弱った樹木の再生に全県的に取り組まなければ解決困難であろう。特に「県花」に指定されたデイゴの木が、至る所で葉を縮らせ時期が来ても花を咲かせずデイゴ特有の深い緑葉を湛えることもなく惨めな姿を晒している姿を、県の首脳や幹部、担当課の職員、そして県議会議員の皆さんはどういう思いで日々眺めているのだろうか。

ウジ[ʔuʒi]〔名〕
〈動〉ウジ（蛆）。ウジムシ（蛆虫）。【例】ビャーハシマヌ　ムカシヌ　ズーマリハトゥナーイチン　ウジヌ　シドゥイ　ベータ（島の大便所には、いつもウジが湧いていた）。僕たちが幼少の頃の便所はすべて汲み取り式で、そこにはつねにウジが湧いていた。雨の日など用を足していると、意外にもキレイ好きな（？）ウジは肥壺から這い上がってきて裸足の甲に這い上がるのである。あの妙に柔らかくむず痒い名状しがたい感触の気持ち悪さは今でも夢に出てくる。現在は水道が敷設され水洗便所が普及しているので、便所にウジが湧くという話は昔物語になっているであろうが、用例のような話はわずか50年前の状況だったのである

ウシェーマ[ʔuʃeːma]〔名〕
子牛。【例】ウシヌッファユドゥ　ウシェーマッティ　シタ（牛の子を、ウシェーマと言った）。山羊の子や豚の子を見出し語のような愛称で呼ぶことはなかったように記憶しているが、農家にとって換金用の家畜としての価値が高かったからであろうか。そういえば、牛に関連する用語も山羊や豚にくらべ圧倒的に多いことに気づく。

ウシカミルン[ʔuʃikamiruŋ]〔他〕
押し込んで片づける。〈否〉ウシカムヌン。【例】ヌーンクイン　オシイレナ　ウシカカミ　ハタジキナ（なにもかも押し入れに押し込んで片づけるな）。

ウシクミルン[ʔuʃikumiruŋ]〔他〕
押し込める。詰め込む。〈否〉ウシクマヌン。「ウシカミルン」と同じ。

ウシクルバスン[ʔuʃikurubasuŋ]〔他〕
押し転ばす。押し転がす。〈否〉ウシクルバサヌン・ウシクルバハヌン。【例】プスヌマイハー　パルッカー　ヤディン　ターンナハラ　ウシクルバサリリバ　タマンガリ（他人の前に行くと、かならず誰かから押し転ばされるから用心しろ）。

ウシグルマ[ʔuʃiguruma]〔名〕
牛に引かせるサトウキビ圧搾機（あっさくき）。製糖のためのサトウキビの圧搾機を牛の力で動かしたことから「ウシグルマ（牛車）」と称した。【例】キカイヌ　ナーンケー　シンザーウシグルマシドゥ　スブレータ（圧搾用の機械のない〈導入されない〉ころ、サトウキビは牛に引かせたウシグルマで圧搾した）。

　製糖の工程は、サトウキビの汁を搾り出す「圧搾作業」から始まる。昭和30年ころまでの圧搾機は、牛に引かせていた。圧搾機の中心部と牛を7、8メートルの棒で繋ぎ、その棒を左回りに円を描くように引かせた。なにしろ、牛にしてみれば体の左横から力が加わるのだから大変だったと思う。一頭の牛が継続して稼働したのは一時間くらいであったろうか。圧搾機の構造は、

直径約60センチメートル・高さ約50センチメートルの鉄製の円柱が三個並んでいて、最初にサトウキビを圧搾するほうの隙間はやや広く、二番目に搾るほうの隙間はやや狭くしてあった。要するに、初めに荒搾りをして反対側に出てきた搾り殻を隙間の狭いほうに通して二度搾ったのである。二度搾りをしたサトウキビの殻は束ねて乾燥させ、砂糖を煮詰めるためのタンムヌ（焚き物燃料）として活用した。

中学生のころ圧搾機を引く牛を扱う作業を担当したが、牛は出来るだけゆっくり歩もうとするし、工場からは搾り汁の催促が来るしで、牛の歩を速めるためにヤングイ（掛け声）を飛ばし、時には心ならずも鞭(むち)を振るったりもした。製糖期は真冬なので、雨の日などは牛糞と泥でぬかるんだ軌道をひたすら圧搾機を引き続ける牛に同情しながら、自分も裸足で牛糞交じりの泥の軌道を踏みしめ心のなかで牛と〝連帯〟しながら必死に歩んだ。

後年、圧搾機は機械化され飛躍的に能率も上がったが、サトウキビの搾り殻が縛りにくくなって大変だった。それよりも圧搾機の前にサトウキビを運ぶ作業のほうがはるかに重労働であった。機械が故障して作業が止まると正直言ってホッとしたものである。

ウシクン[ʔuʃikuŋ]〔他〕
　置く。〈否〉ウスカヌン・ウシカヌン。（石）チュクン。【例】バッスンヨン ドゥーヌ スバナ ウシキ（忘れないように自分の側に置いておきなさい）。

ウシケラスン[ʔuʃikerasuŋ]〔他〕
　押して蹴飛ばす。〈否〉ウシケラハヌン。【例】ウマナー ヴィーッタリ アヴァナキベームノー ハマハ ウシケラシ マダキリ（そこで酔っぱらって寝そべっているやつは、あそこへ押して蹴飛ばし片付けろ）。

ウシタキ[ʔuʃitaki]〔副〕
　総出で。皆で一緒に。【例】シンザ トーシャ ヤーニンズ ケーラ ウシタキ セータ（サトウキビ刈りは、家族総出で行なった）。

ウシタクン[ʔuʃitakuŋ]〔自〕
　大勢で押しかける。〈否〉ウシタカヌン。【例】プーンヌ バソーン キツガンヌ バソーン ムラズー シマズーヌ プスヌ ウシタキ パレータ（豊年祭のときも結願祭のときも、村中島中の人が大勢で押しかけて出かけた）。

ウシダマ[ʔuʃidama]〔名〕
　癲癇(てんかん)。体全体を硬直させて目玉を反転させ、失神状態になること。症状によっては泡を吹くこともある。（石）ウシゥダマ。（沖）ククチ。【例】ウシダマヌ ヤンヤ マイヤ ユー ミラリッタヌ マヌマー ヨーイニ ミラルヌ（癲癇の病は、以前はよく見かけたが今はあまり見られない）。

ウシダマルン[ʔuʃidamaruŋ]〔自〕
　押し黙る。じっと沈黙する。〈否〉ウシダマラヌン。知っていることなどを隠して黙っている状態に言う。【例】ウレー ガイシーッカ ウシダマリ プスクイヤッツァン ムヌ イザヌン（そいつは反抗すると、押し黙って一声も物を言わない〈喋らない〉）。

ウシックミルン[ʔuʃikkumiruŋ]〔他〕
　押し込める。〈否〉ウシックマヌン。「ウシカミルン」の強い言い方。【例】ウレー ヤニヤーリバ ジーヌナハナー ウシックミウシキ（それは汚いから、土の中に押し込んでおきなさい）。

ウシックムン[ʔuʃikkumuŋ]〔他〕
　押し込む。〈否〉ウシックマヌン。「ウシクムン」の強い言い方。

ウシットースン[ʔuʃittoːsuŋ]〔他〕
　押し倒す。〈対〉ピキットースン。【例】ウレー

ハラッター　グマハルヌ　シマー　トゥラ
シーッカー　ウブプスン　ウシットースン
ドゥラー（彼は身体は小さいけれど、相撲
を取らせると大きな人も押し倒すよ）。

ウシディプス[ʔuʃidipusu]〔名〕
丑年生まれ。「ウシディマリ」とも言う。

ウシディマリ[ʔuʃidimari]〔名〕
丑年生まれ。「ウシ（丑）」の項参照。

ウシトゥ[ʔuʃitu]〔名〕
弟妹。年下の者。〈対〉シザ。【例】ウシトゥ
ンケー　アタラサシー　スダティッカー
ヤディン　ムラヌタミ　シマヌタミ　ナル
ン（後輩たちを大事に育てると、かならず
村のため島のためになる）。

ウシトゥッファ[ʔuʃituffa]〔名〕
弟妹。長男、長女以外の子ども。【例】キョー
ダイヌ　ウラハッティ　ウシトゥッファン
ウラハッタ（きょうだいが多くて、弟妹も
多かった）。

ウシトゥビキル[ʔuʃitubikiru]〔名〕
弟。「年下の男兄弟」の意。〈対〉シザビキル。

ウシトゥブナル[ʔuʃitubunaru]〔名〕
妹。「年下の女きょうだい」の意。〈対〉シ
ザブナル。

ウシトゥマキ[ʔuʃitumaki]〔名〕
弟負け。乳離れしない子のいるうちに母親が
次の子をはらむこと。そのため、授乳が十
分でなく乳児が痩せ衰えること。「弟負け」
の意。（石）ウトゥドゥミーマキ。【例】ウ
ヌッファヌ　マリ　ヤータシ　アボー　パ
ルミドゥ　ウシトゥマキバ　シー　ヨーガ
リブルワヤ（その子が生まれて間もなくし
て母親が妊娠したので、弟負けして痩せて
〈衰えて〉いるのだよ）。

ウシトゥマリ[ʔuʃitumari]〔名〕
弟妹。「弟（妹）生まれ」の意。

ウシトゥラ[ʔuʃitura]〔名〕
丑寅。東北の方角。

ウシトゥンキ[ʔuʃituŋki]〔名〕
弟たち。妹たち。【例】ウシトゥンケー　ヤ
バハリバ　シー　ドゥーバ　ムティ　ヤー
ハラ　ンジパリナーヌン（弟や妹たちは、
分家し身を固め〈結婚し〉て家から〈実家
から〉出て行ってしまった）。

ウシトーマ[ʔuʃito:ma]〔名〕
末っ子。男女ともに言う。【例】ウシトー
マッティ　ウムイ　スエコッティ　ナーユ
シキッタヌドゥ　ウンハラ　フターン　ミ
ドーヌファーヌ　マリケーワヤ（末っ子だ
と思って末子と名を付けたのだが、それか
ら女の子が２人も生まれてきたよ）。

　僕たちが子どものころの黒島では、用例
のようなケースがよく見られた。今のよう
な避妊薬もなく計画的な出産ができなかっ
た時代の物語である。

ウジトゥリ[ʔuʒituri]〔名〕
蛆がわくころの凪。フクギの実が熟して落
下するころ。

ウシナクン[ʔuʃinakuŋ]〔他〕
押し込む。〈否〉ウシナカヌン。【例】ヌー
ンクイ　オシイレナー　ウシナキ　ウシキ
ヤニヤダラ（何もかも押し入れに押し込ん
でおいて、きたない〈不潔な〉こと）。

ウシヌ　クラ[ʔuʃinu kura]〔連〕
牛の鞍。クルマ（牛に引かせる荷車）やウ
シヌヤマ（牛に引かせる鋤）を引かせる時
に用いる。

ウシヌ　コイ[ʔuʃinu koi]〔連〕
牛舎で出来た堆肥。サトウキビの葉柄やチ
ガヤ・ススキなどを敷き草にし、それを発
酵させ堆肥を量産して畑に投入、反収を
上げた。「牛の肥やし」の意。【例】ウシ
ヌ　コイッキン　ピシダヌ　コイヌドゥ
ゾーットー　アッタ（牛の肥やしよりも、
山羊の肥やしの方が上等だった〈効き目が
大きかった〉）。

ウシヌ　シナ[ʔuʃinu ʃina]〔連〕
牛を繋ぐのに用いる縄。【例】ウシヌ　シ

ナー アダナシシドゥ ナウッタ（牛を繋ぐ縄は、アダンの気根から取れる繊維で綯った）。

ウシヌ　シヌ[ʔuʃinu ʃinu]〔連〕
牛の角。三線の爪やプゾー（煙草入れ）などに利用した。

ウシヌ　スー[ʔuʃinu suː]〔連〕
牛汁。【例】ニクン　マーハルヌ　バタダングヌドゥ　ハクビチ　マーハ（肉も美味しいが、臓物がとりわけ美味しい）。

ウシヌ　ハー[ʔuʃinu haː]〔連〕
牛の皮。太鼓の革として重宝された。

ウシヌ　マラ[ʔuʃinu mara]〔連〕
牛の陰茎。「ウシ（牛）のマラ（魔羅）」の意。「マラ」の項参照。

ウシヌ　マラ[ʔuʃinu mara]〔連〕
臼が二段になっていて下段の臼から突起している棒のこと。その棒に上段の臼を嵌めて回し、豆や穀物を精白したり砕いたりした。【例】ピキウシニン　マラー　ウイナリ　ウツァバナキ　ニビットゥリ　シキバドゥ（挽き臼のようにマラ〈魔羅、ここでは心棒〉を上にして、仰向けに寝たまま聞いていると／〈ぱいふたふんたか・ゆんぐとぅ〉より）。「臼の心棒」は「マラ＝魔羅＝陰茎」と形状が似ていることからの比喩的な呼称。

ウシヌ　ヤー[ʔuʃinu jaː]〔連〕
牛小屋。牛舎。【例】ウシヌヤーヌ　コイヤ　ヤマシカーマ　タマレーリバ　パークンザハイ（牛小屋の肥しは相当溜っているから、早く出しなさい）。

　昭和30年代ころまでの黒島での牛の飼育法は、畑地に適しない原野での繋ぎ飼いが中心であったが、堆肥を生産する必要から役畜として飼養した雄牛の一頭はつねに舎飼いをした。そのため、その牛や山羊の世話は農家の少年たちの欠かせない仕事であった。たとえ高校受験を控えている中学3年生であっても、原野で繋ぎ飼いをしている牛の面倒や舎飼いの牛と山羊の草刈り作業は免れなかった。

ウシヌ　ヤマ[ʔuʃinu jama]〔連〕
牛に引かせる鋤。【例】ウシヌヤマシ　パタキユ　ハイスッカ　プスヌ　ハイスッキン　ヤマシカ　ナシケーッタワヤ（鋤で畑を耕すと、人が耕すよりずっと捗った）。

ウシヌヤマヌ　ナーティ[ʔuʃinujamanu naːti]〔連〕
牛に引かせる鋤の一部で長い棒。牛の鞍の両側から牛の尻の所に逆くの字型のパルグシという道具の両端を縄で結びつけ、さらにそれとウシヌヤマヌナーティを繋いで牛に引かせる。

ウシヌヤマヌ　ピラ[ʔuʃinujamanu pira]〔連〕
牛にひかせる鋤の鉄製の箆。

ウシバクロー[ʔuʃibakuroː]〔名〕
牛博労。牛の売り買いをすること、またその人。現在は、牛の売買は「競り市」で行なわれるが、僕たちが子どものころは「バクロウ（博労）」と呼ばれる人が個人的に行なっていた。ちなみに、現在、牛の競り市は石垣市で毎月、黒島で二か月に一回行なわれている。

ウシマチリ[ʔuʃimatʃiri]〔名〕
牛祭り。毎年2月の最終日曜日に催されている現在の黒島最大の産業祭り。【例】シマヌ　ムカシハラヌ　マチリヤ　ワーングトゥトゥ　ピシッチ　アッタヌ　ウシマチリヤ　アイヤアラヌン（黒島の伝統的な祭りは御嶽信仰と一体であったが、牛祭りはそうではない）。

　現在、黒島で実施されている伝統行事は、五穀豊穣を神々に祈り・感謝するという農耕神事として行なわれてきたものである。「三大祭り」と称されている正月行事・豊年祭・結願祭をはじめ、季節の折々に催されてきた行事はすべて穀物を中心とした

農作物の豊作を神々に祈り、感謝の気持ちを表すための神事儀礼が基底を成していた。

ところで、現在の黒島の産業構造をみると、これらの伝統行事の拠りどころであった穀物の栽培を目的とする農耕はほぼ皆無である。島全体が肉用牛育成のための牧場もしくは牧草地と化し、「牛の島」と称され小規模ながら「畜産王国」の様相を呈している。

黒島と牛の関わりについては、古くは1479年の『李朝実録』のなかで記録されている。同実録によると、1477年に朝鮮済州島民の金非衣らが済州島から出帆したのち暴風に遭い漂流中に与那国漁民に救助され、与那国から西表・波照間・新城・黒島・多良間・伊良部・宮古の各島に滞在し、1478年に沖縄本島に送られた。漂流民はその後博多を経由して1479年に朝鮮に帰還し、同年に滞在してきた上記の島々の様子を記録した。その記録には、黒島では当時も牛が飼われていたことが記されているのである。

ともあれ、黒島と牛の関わりは極めて深く、農耕や車両牽引用の役畜とし、また肉用牛として換金用にも飼養されてきた。その延長線において、今では畜産業は島随一の主要産業となり、島全体が牧場や牧草地で覆われ文字通り「牛の島」に様変わりしたのである。ちなみに、人口217人に対し牛の数が3670頭を数え、年間の生産額は5億1591万円に達している（2022年12月現在）。

このような状況を反映して、島の祭りも従来の伝統的祭りや行事がその拠りどころであった農作物の生産基盤を失うなかで衰退・変容を余儀なくされている反面、日常の生産活動である肉用牛育成と直接に結びついて誕生した「牛祭り」は年々賑わいを見せており、今や黒島のみならず八重山を代表し新時代を象徴する文字通りの「産業祭り」に発展しているのである。

そもそも、黒島は隆起珊瑚礁の島で耕土が浅く農耕には適していなかった。特に沖縄の日本復帰前年の昭和46（1971）年の大旱魃（だいかんばつ）によってサトウキビ作を主とする耕作は壊滅的な打撃を受け、それを契機に人口が激減し過疎化が著しく進行した。

一方、1950年に西表島からの海底送水が実現し、また国の助成事業である「畜産基地建設事業」等の草地開発事業が導入され、各種の基盤が整備され畜産業が急速に発展した。なかでも、岩盤や岩石を破砕するスタビライザー工法は、破砕された小粒の石が土と混ざり合って生産性の高い牧草地を造成し、畜産業発展の画期的な契機となった。このような趨勢（すうせい）を踏まえ、1991（平成3）年度に国や町の地域活性化事業を活用した「牛祭り」が誕生し、日常の生産活動と直結した時代を先取りする祭りとして内外の注目を集めている。この「牛祭り」の発案については、仲本出身で印刷会社を経営していた小濱保氏が深く関わっていたことを記しておく。

願わくは、数百年にわたる島の主産物であった穀物の豊作を神々に祈り、感謝を捧げる過程で自然発生的に生まれた「伝統行事や祭り」、そのなかで創出され今日まで連綿と継承されてきた数々の文化遺産である「伝統芸能」を守るということと、現在の主産業である畜産業を基に誕生し未来を展望することの出来る「牛祭り」との有機的な結びつきを強め、さらに観光産業などとの複合的な連携も模索・強化し、島の安定的・持続的な発展に繋げてほしいと切に念ずるものである。

ウジムシ[ʔuʒimuʃi]〔名〕

〈動〉ウジムシ（蛆虫）。「ウジ」と同じ。

ウシルン[ʔuʃiruŋ]〔自〕

ウズ

失せる。無くなってしまう。〈否〉ウスヌン。【例】パギジーナ ムヌスクル シーッカ フドゥブナー ウシドゥパー（地力のない土地で作物を植えると、生長せずに痩せ細っていく）。

ウズ[ʔuzu]〔名〕
布団（ふとん）。【例】ウズッティ イザバン シマナー ブルケーヤ ハビウズタンカー アッタ（布団と言っても、島にいたころは掛け布団だけだった）。敷き布団を用いていた家庭もあったのだろうか。当時、畳は竹床の上に敷いたので畳の隙間から冷たい気流〈風〉が吹いてきて寒かったが、それを当たり前のこととして受け入れていたのである。

ウズイルン[ʔuzuiruŋ]〔自〕
感心する。びっくりする。怖気づく。〈否〉ウズーヌン。【例】①ウレー シーヨーヌ タイラサーヤ ウズイドゥ シーラリ（そいつの仕方の巧みさは、驚かずにはいられない）。②ウリヌ ムヌイズッカー ケーラ ウズイ タルン フチッタイ スーヌン（彼が発言すると、みんな怖気づいて誰も反論しない）。

ウスウン[ʔusuuŋ]〔他〕
襲う。〈否〉ウスワヌン。（石）ウソーン。（沖）ウスユン。【例】タイフーン ウソーリ ヤーヤ ハトンキナーヌン（台風に襲われ、家屋は傾いてしまった）。

ウスシキルン[ʔusuʃikiruŋ]〔他〕
押しつける。なすり付ける。〈否〉ウスシクヌン。【例】ドゥーヌ シービキ シグトゥユ プスン ウスシキナ（自分のなすべき仕事を、他人に押しつけるな）。

ウスダイ[ʔusudai]〔名〕
お祝儀。「スダイ（祝儀）」の丁寧体。

ウスブン[ʔusubuŋ]〔自〕
伏す。うつ伏す。俯（うつむ）く。頭（あたま）を下げる。【例】マキヤン マキヤン スディユイ ウスビバ（負けたよ負けたよ　袖を結って頭を下げよ／〈黒島口説〉より）。

ウスマシ[ʔusumaʃi]〔連体〕
物凄く。大変な。【例】ウスマシ クトゥナリブー（大変なことになっている）。

ウスマシ スク[ʔusumaʃi suku]〔連〕
物凄いほどに。大変なほどに。【例】クンドゥヌ ハゼー ウスマシ スク フキ スクルムノー ムルッティ シーラリナーヌン（今度の風〈台風〉は物凄いほどに吹き、作物はすべてやられてしまった）。

ウズマルン[ʔuzumaruŋ]〔自〕
埋（う）まる。埋もれる。〈否〉ウズマラヌン。【例】クナリヌ ウブアミナー ヤサイヤ ヴィッティ ウズマリ ユーゾ ナーヌン（この前の大雨で、野菜はすべて埋もれて全滅した）。

ウズムン[ʔuzumuŋ]〔他〕
埋（う）める。埋（うず）める。埋（う）む。【例】ムヌダネー ドゥキ フカハ ウズムッカー バイヤンジクーヌンドゥラ（物種〈穀類の種子〉は、あまり深く埋めると芽が出てこないよ）。

ウズラミー[ʔuzurami:]〔名〕
琉球黒檀（黒木）の芯に赤みがかった模様が混じっているもの。三線の竿材としては最高の素材とされている。【例】サンシンヌ サウヤ ウズラミーヌドゥ イチンゾーットーッティ イザリブー（三線の竿材には、ウズラミーが一番優れていると言われている）。ちなみに、村祭りの地方（ジーポー）を務めていた父の遺した三線の竿は、二丁ともウズラミーである。

ウスワン[ʔusuwaŋ]〔形〕
薄気味悪い。【例】ガンヌヤーヌ マイヌドゥ ヌーッキン ウスワーッタ（ガン屋の前が、なによりも薄気味悪かった）。

　往時の黒島では、便所は汲み取り式で母屋から相当の距離があり灯（あ）りもないことから、夜の用便時はとても気味悪かった。ま

た、当時の風習で遺体は火葬せず棺(ひつぎ)に入れたまま墓に納めたので弔旗(ちょうき)の立っている49日忌までの墓の付近や、村はずれにあった棺を運ぶ「龕(がん)」の保管小屋(「ガンヌヤー」と言った)の前などを夜間に通過する時は、冷や汗の出るほど薄気味悪く怖かった。

ウズンキルン[ʔuzuŋkiruŋ]〔他〕
夜中に目覚める。〈否〉ウズンカヌン。(石)ウズンギルン。(沖)ウズヌン。【例】アマジヌ ヤミ プスユーヌ サーットゥ ウズンキドゥーシ ベー(頭が痛くて一晩中、目覚めている)。

ウソーリルン[ʔuso:riruŋ]〔自〕
襲われる。覆いかぶされる。〈否〉ウソーリルヌン。(石)ウソーリルン。(沖)ウサーリユン。【例】イミヌ ナハナ マズムヌニン ウソーリ ギーリ ベータ(夢の中でお化け〈妖怪〉に襲われ、叫んでいた)。

ウソン[ʔusoŋ]〔名〕
後頭部。ぼんのくぼ。(石)ウソン。(沖)ウシルクブー。【例】ヤンプスヌ ウソンヌ トゥブッティッカ メーンガタ(病人の「ぼんのくぼ」が陥没すると、危篤状態だ)。

ウタイ[ʔutai]〔名〕
命令。指図。【例】シンカザーン シグトゥ シーバソー ウタイ プスヌ ブラナーッカ マイハ ナラヌン(大勢で仕事する場合は、指図する人がいないと捗らない)。

ウタイマースン[ʔutaima:suŋ]〔他〕
頭ごなしに命令する。一方的に指図する。【例】クンゾサーリ ウタイマースッカー タルン キムハラ オーカヌン(怒りにまかせて命令すると、誰も心から働かない)。

ウタウン[ʔutauŋ]〔他〕
命令する。指図する。【例】シグトー プスン ウタールンスクン ドゥーヌ ハンガイシ シーリバドゥ ウムッサ(仕事は、他人に指図されずに自分で率先してしたほうが面白い)。

ウタガーリルン[ʔutaga:riruŋ]〔他〕
疑われる。不審に思われる。【例】プスユ ウタガイベーッケ ドゥーン ウタガーリベールワヤ(他人を疑っているうちに、自分も疑われているよ)。

ウタガウン[ʔutagauŋ]〔他〕
疑う。不審に思う。【例】プスユ ウタガウッカー ドゥーン ウタガーリルンドゥラー(他人を疑うと、自分も疑われるよ)。

ウタタノール[ʔutatano:ru]〔名〕
歌の妙味。歌唱力。(石)ウタタノーリゥ。【例】クイユン アリ ウタタノール アーッテナー ウレー ウター イチ シカバン ウムッサワヤ(声〈声量〉もあり歌の妙味もあるので、彼の歌はいつ聞いても面白い)。

ウタフクロホン[ʔutaɸukurohoŋ]〔形〕
歌が上手である。【例】ウヤン ウタフクロホッタヌ ヴァーン ウタフクロホワヤ(親が歌上手だったが、子も歌上手だよ)。

ウタムチ[ʔutamutʃi]〔名〕
三線歌の前奏・間奏・後奏のこと。(石)ウタムチュ。(沖)ウタムチ)。【例】サンシンウター ウタムチヌ ウムッサリバドゥ ウムッサー(三線歌は、ウタムチ〈前奏・間奏・後奏〉が面白いのが面白い)。

ウダヤカ[ʔudajaka]〔形動〕
穏やか。共通語からの移入語。【例】カイショー ウダヤカ イチロー ヘイアン カリユシ カリユシ(海上穏やか、一路平安、嘉例吉嘉例吉/八重山民謡〈海上節(かいしょうぶし)〉より)。

ウチアタイ[ʔutʃiatai]〔名〕
自己反省。人の言葉が自分の場合にも当てはまると考え内省すること。「うち(内・心)あたり(当たり)」の意。(石)ウチュアタリゥ。(沖)ドゥーアタイ。【例】プスヌ イズ ムヌイバ シキ ウチアタイバ

シー ブー（他人の言うことを聞いて、自分にも当てはまるのだと反省している）。

ウチアミ[ʔutʃiʔami]〔名〕
雨が室内に降り注ぐこと。雨が室内に吹き込むこと。（石）ウチゥアーミ。（沖）ウチアミ。【例】パーク ヤドゥ ホーナーッカ ウチアミ シールヌ（早く戸を閉めないと、雨が吹き込むぞ）。僕たちが子どものころの黒島では、どの家にもガラス戸はなく板戸のみだったので、少しの風でも雨は室内に吹き込み例文のような状態になった。

ウチアン[ʔutʃiʔaŋ]〔名〕
投網（とあみ）。被せ網の一種。円錐形で、上部に手網、下部に沈子をつけたもの。主にパダライズ（オキナワトウゴロウイワシ）などの浅海魚を捕るのに用いる。（石）ウッチャン。【例】パダライゾー ウチアンシ トゥレータ（オキナワトウゴロウイワシ魚は、投網で捕獲した）。身近で投網の名人といえば、仲本部落出身の上原邦雄氏（昭和14年生まれ）であった。県庁の先輩ということもあって、たびたび、パダライズを分けてもらった。上原氏は書家でもあり、沖展入賞者の常連だった。

ウチダリルン[ʔutʃidariruŋ]〔自〕
がっくりする。しょげかえる。落胆する。（石）ウチゥダリルン。【例】マタマタ ミドーヌ ファーヌ マリ ウチダリ ベー（またまた女の子が生まれて、気落ちしているよ）。跡取りは男の子に限ると考えられていたころ、3人、4人と続けて女児が生まれると、例文のような情景がよく見られた。

ウチナスン[ʔutʃinasuŋ]〔他〕
仕事を完了する。済ませる。〈否〉ウチナハヌン。【例】ウヌ シグトー ティダヌ イランケーナ ウチナスヨーン シーリ（その仕事は、陽が暮れないうちに完了するようにしてくれ）。

ウチニチ[ʔutʃinitʃi]〔名〕
体内が熱っぽく感じられること。「内熱」の意。【例】ムカシェー ウチニチヌ ンジッカー ウディヌ ウチハタユドゥ ピーミジシ ゾーラシ パンパンティ シタキ ナウセータットゥ（昔は内熱が出ると、腕の内側を冷や水で濡らしパンパンと叩いて治したそうだ）。
　用例の治療法は、東筋秀吉君の野底幸生氏からの聞き取りだと言うが、僕の記憶にはない。見出し語の「ウチニチ」は頻繁に耳にしており、ひとまず「内熱」と説明したが、「うちねつ＝内熱」という共通語は身近にある辞典では確認できない。また、沖縄語辞典や石垣語辞典にも確認できないが、『鳩間方言辞典』と『竹富方言辞典』には立項されていて黒島語と同じ内容で説明されている。

ウツァースン[ʔutsa:suŋ]〔自〕
合わせる。くっつける。【例】ボーユ ウツァーシ バソー キヤイバ イリ スーナーッカー ヌーン ウムッサナーヌン ドゥラー（棒を合わせる〈打つ〉ときは、気合を入れて演じないとまったく面白くないぞ）。

ウツァバナクン[ʔutsabanakuŋ]〔自〕
仰向け（あおむ）になる。〈対〉ナーブタルン（俯（うつぶ）せになる）。〈否〉ウツァバナカヌン。【例】ドゥキ ナガラク ウツァバナキ ニブーッカ クシヌ ヤムワヤ（あまり長らく仰向けに寝ると腰が痛くなるよ）。

ウッスイ[ʔussui]〔名〕
風呂敷。（石）ウチゥパイ。（沖）ウチュクイ。【例】ムカシェー ヌーンクイン ウッスイナ ズーミ ムトゥッタ（以前は、何もかも風呂敷に包んで運んだ）。

ウッツァ[ʔuttsa]〔名〕
それら。指示代名詞。中称の複数形。人、

物にも言う。(石)ウッター・ウリッター。【例】ウッツァー ハンガイヤ マイダンバハラヌン(そいつらの考えは、よく分からない)。

ウッツェ [ʔuttse]〔名〕
その家庭。【例】ウッツェヌ ウヤッファー ピッティヌピン アイッツァーシ ブー(その家庭の親子は、毎日のように言い争っている)。

ウッフ [ʔuɸɸ]〔感〕
お呪(まじな)いの最後に唱える語。【例】パーク ナウリ パーク ナウリ ウッフ!(早く治れ、早く治れ、ウッフ!)。「ウッフ」の唱え方は、「ウ[ʔu]」に力を入れて発音し「ッフ[ɸɸu]」は母音を省き子音のみ[ɸɸ]を発音するようにする([ʔuɸɸu]→[ʔuɸɸ])。要するに「ウッフ」を一音節のつもりで一気に言い切るのである。「ミツムヌ」の項参照。

ウッファスン [ʔuffasuŋ]〔他〕
溺れさせる。〈否〉ウッファサヌン・ウッファハヌン。【例】ヤクプソー ヤラベー ワザトゥ ウッファシティドゥ オンダー ナラーシタ(伊古部落の人は、わざと幼児を溺れさせて泳ぎを教えた)。ここで「伊古部落の人」と言うのは、同部落で漁業を専門にしていた網元の人たちのことである。終戦直後の昭和25年ごろまでは、「イチュマンウイ(糸満売り)」と呼ばれる人身売買があり、網元には義務教育に通うべき年齢の人やもっと幼い子たちも何人かいて学校に通わず漁に従事していた。それらの子に泳ぎを教えるには、用例のように足のつかない深い海に放り投げ人為的に「溺れさせる」のである。ところがどっこい、幼い子は顔を海面に浮かべ必死に手足を動かし、いわゆる犬掻きをしながら立ち泳ぎをして踏ん張るのである。2〜3分すると船に引き上げ、しばらくすると再び海に放り投げる。同じことを何回か繰り返すうちに、その子は自力で泳いで船に辿り着くのだ。一見残酷そうに思えたが、容易に泳げるようになるという手品のような不思議な光景でもあった。

このような荒っぽい訓練で注意すべきことは、溺れかかった子を助ける場合、絶対に正面から向き合わないことだという。溺れかかった子は助けようと近づいてくる人に必死でしがみついてけっして離れないからだという。その子の横または後ろからそっと抱きかかえること。もし前面から抱きつかれた時は、あわてずにその子ともども海底にもぐること。息苦しくなったその子はあわてて海面に浮上するので、そのときに先ほどの要領で抱きかかえて救助する。そのような場面もじつに鮮やかであった。「イチュマンウイ」の項参照。

ウッフィルン [ʔuffiruŋ]〔自〕
溺れる。〈否〉ウッフヌン。【例】オンダーシェーターナ ガラシナイヌ ウクリッカ ウッフィリバ タマンガリヨ(泳いでいるとき、痙攣(けいれん)が起きると溺れるので気をつけよ)。

20歳台の後半、勤務地の石垣島でのこと。旧盆の送り日に、友人たちと4人で名蔵湾の崎枝半島南側に釣りに出かけた。私は釣りには興味がなく釣り道具も所持していないことから、独りだけシャコガイ捕りをした。そのころ、当該場所にはシャコガイがたくさんいて、1時間そこらでハシガー(穀物入れの麻袋)の一杯分が捕れた。20〜30メートル間隔にあるグー(小さな岩礁)を渡って獲物を陸揚げするつもりで陸地に向かって泳いだ。グーをもう一つ越せば、あとは歩いて陸揚げ出来るだろうという地点で、経験したことのない痛み、ガラシナイ(痙攣(けいれん))がクンダ(脹脛(ふくらはぎ))を襲いとても泳げる情態ではなかった。背負って

いた獲物を放り投げて近くのグーまで必死でもがきながらなんとか辿り着いた。ガラシナイを起こしたほうのクンダを揉みほぐし激しい痛みは治まったものの、もはや獲物を担いで泳ぐことは不可能であった。

サバニで釣りをしている3名の仲間にSOSの合図を送るのだが、まったく通じず1時間近く経ってから救助された。釣果ゼロの仲間らとシャコガイを分け合って家路についた。あの痙攣に襲われたとき、よりによって旧盆の送り日に溺れ死ぬのかという恐怖と無念さが頭をよぎり、すでに亡くなっていた母と、一緒に住んでいた老父の顔が浮かんできたのが不思議だった。以後、独りで泳ぐことには臆病になり慎重になったものである。

ウツヤマ[ʔutsujama]〔固〕
〈地〉東筋部落の南東方面に広がる灌木林。現在は牧場になっている。【例】ウツヤマヤ パタキ シーラルンタヌ マヌマームール ボクゾー ナリブー(ウツヤマは畑には不向きだったが、今は全域が牧場になっている)。

ウツルン[ʔutsuruŋ]〔自〕
転居する。移る。移動する。〈否〉ウツラヌン。(石)クスン・ムチュナルン。(沖)クシュン。【例】クゾー ヤーバ ウツリ マヌマー シキナナ ブー(去年は家を移り〈転居し〉、現在は識名にいる〈住んでいる〉)。これまで、首里の高台に建てた集合住宅の三階に30年近く住んでいたが、同住宅にはエレベーターがなく階段の上り下りがつくて平家に引っ越した。首里城が手の届きそうな至近距離にあり慶良間諸島が望めるロケーションが気に入っていた家屋だったが、80歳を目前にした後期高齢者には快適とは言えなかった。

ウツルン[ʔutsuruŋ]〔自〕
感染する。〈否〉ウツラヌン。(石)ウチュルン。(沖)ウチユン。【例】プスヌ ミーハ パルッカー コロナ ウツリバ ヤーナ クマリベーリ(人の中〈人込みの中〉に行くと、コロナ〈新型コロナウイルス〉に感染するから家に籠っていなさい)。

2022年6月20日、不覚にも新型コロナウイルスに感染し家人も1日後れで感染した。2人とも基礎疾患持ちの高齢者なので、保健所の指示によって那覇市内のXホテルに隔離された。ワクチンは三回打っていたからなのか、重症化することなく10日で解放された。

ウツンキルン[ʔutsuŋkiruŋ]〔自〕
俯せる。〈否〉ウツンクヌン。(石)ウシゥフカシゥン。(沖)ウスバシュン。【例】サバンヤ サバン ウツンキムヌナー ウツンキウシキ(湯のみ茶碗は、茶碗容器に俯せておきなさい)。

ウディ[ʔudi]〔名〕
腕。【例】ビャーハ シマハラ ニスマハンカイ ウディバ ピルギ ミーッカ ピダリヌ ハトゥンナ イルムティヌ ミラリ ニジリヌ ハトゥンナ イサナキヌ ミラリルワヤ(我が黒島から北の方角を、腕を広げて見ると左の方には西表島が見られ、右の方には石垣島が見えるよ)。用例の黒島の立場を大相撲の横綱土俵入りの横綱に見立てると、右前方の石垣島は「太刀持ち」の役を、左前方の西表島は「露払い」の役を担い、この二島を従えた「横綱・黒島」が土俵上に浮かんでくるではないか。

ウティシキ[ʔutiʃiki]〔名〕
落ち着き。【例】ウチシキヌ ナーン プソー シキンハラ ナカナカ ミトゥミラルヌンドゥラ(落ち着きのない人は、世間からなかなか認められないぞ)。

ウティシクン[ʔutiʃikuŋ]〔自〕
落ち着く。〈否〉ウティシカヌン。【例】トゥジヌ ブラナーッテナドゥ ウティシカニ

バ パーク トゥジ トゥミリ（妻がいないから落ち着かないので、早く妻を求めなさい）。

ウティダニ[ʔutidani]〔名〕
自然に落ちた種子、また、それから生えた豆や麦などの穀物。「落ち種」の意。(石)ウティダニ。【例】ウティダニハラ ムイケールヌドゥ アイ ミーリブルワヤ（落ちた種から生えてきたのに、あんなに実っているよ）。

ウティダニ[ʔutidani]〔名〕
落とし胤。落胤。役人が、妻以外の女に生ませた子。【例】ムカシェー ビャーハ シマナーヤ ウティダニヌ ウマハマナ ミラリッタトゥ（昔は我が黒島では、役人の落とし胤があちこちで見られた〈いた〉そうだ）。役人の囲う女のことを「賄女」とよび、いろんな悲劇を生んでいる。「マカナイ」の項参照。

ウティナン ススナン[ʔutinaŋ susanaŋ]〔連〕
八重山民謡における歌唱法の一つ。男性の低い声を「ウティナン（落ち波）」に、女性の高い声を「ススナン（白い波）」に譬え、男女が交互に歌う唱法。(石)ウティナンッサナン。石垣語の移入語。【例】アユ ユンタ ジラバヌ ナハナー ウティナン ススナンシ イズ ムヌヌ アルワヤ（アユ、ユンタ、ジラバの中には、ウティナン・ススナンの方法で歌うものがあるよ）。

ウディヤライ[ʔudijarai]〔名〕
腕を互いに掛け合わせること。(石)。ウディヤライ。【例】ウディヤライ ムムヤライ ニンバシー（腕を絡ませ腿を絡ませて、寝ているよ／八重山古謡〈キダムルヌクンツェーマユンタ〉より）。

ウティルン[ʔutiruŋ]〔自〕
落ちる。〈否〉ウトゥヌン。【例】ヤラベー フンツァマハラ ユー ウティッタヌ マーン ヤマハンタンドゥラ（子どもは縁側からよく落ちたが、どこも傷めなかったよ）。身体の柔らかさが衝撃を吸収して、怪我を防いでいたのだろうか。そう言えば、「巨人・大鵬・卵焼き」で知られる昭和の名横綱・大鵬は、どんな相手をも正面で受け止めるのだが自分の柔らかい身体で相手の力を吸収して相手の破壊力を半減させたという。

ウティンガビ[ʔutiŋgabi]〔名〕
紙銭。「打ち紙」の意。(石)ウチュンガビゥ。(沖)ウチカビ。【例】ウティンガベー グソーヌ ジン トゥー（紙銭は、グソー（後生・あの世）の銭（貨幣）だそうだ）。黄金色の藁紙いっぱいに硬貨の型を打ちつけたもので、お盆や法事の際に祖霊を送るときに土産の意味でこれを焼いて祀る。

ウトゥ[ʔutu]〔名〕
音。音声。評判。【例】①ハサマサリバ ウトゥ ンザシナ（喧しいから、音を出すな）。②ウトゥヌ タカハーッカ ハジン スーワン（音〈評判〉が高いと、風〈世間の風当たり〉も強い）。

ウドゥカー[ʔuduka:]〔名〕
大損を被っている人。大きな負債を抱えている人。【例】ウブモーキ シールンティ ウブシーハキバ シーベーッタヌ ウドゥカー ナリブルワヤ（大儲けをしようと大仕掛けをしていたのに、大損をして借金を抱えているのだよ）。

ウドゥキムヌ[ʔudukimunu]〔名〕
「ウドゥカー」と同じ。

ウドゥキルン[ʔudukiruŋ]〔自〕
大損を被る。財産を摩る。〈否〉ウドゥクヌン。(石)ウドゥギルン。(沖)ウドゥキユン。【例】ユクシクッカー ウドゥキリバ ドゥキ ユクシクナ（欲張ったら大損するから、あまり欲張るな）。

ウトゥザ[ʔutuza]〔名〕
親類。親戚。【例】ビャーハ シマナー

ウトゥザピライ

ウトゥザ ムイサー プリムララー（我が島で親戚づきあいの濃いのは、保里村だよなあ）。

　用例のような感想は、母が保里村出身であることからくる僕の個人的な肌感覚にすぎないのかも知れないが……。たとえば、父方のまたいとこと母方のまたいとこを比べてみると、親戚としての温度差は歴然としていた。また、父や母と接する甥や姪たちを比べてみても、その親密度にはかなりの差があったように思う。黒島内における戸数・人口については、東筋は保里の２倍以上であったことから、東筋の人間関係は小規模ながら〝都市化（人間関係の希薄化）現象〟が進んでいたのだろうか。そうだとすれば、保里と同規模だった仲本あるいはさらに小規模だった宮里ではどうだっただろうか。

ウトゥザピライ[ʔutuzapirai]〔名〕
　親戚づきあい。【例】ウブザー　グンボーッファッティ　イジドゥ　クナレハラ　ウトゥザピライバ　シーブルワヤ（お祖父さんの外腹の子だと言って、最近から親戚づきあいをしているよ）。用例は、「某家の何某はお前の妹だから、以後きょうだいづきあいをするように……」と、いまわの際に父親から言われた息子の家庭の実話である。黒島では親の分からない人については、たいてい「マリシ　バハルワヤ（生まれながらの血筋・血統で分かるよ）」とされていたが、特定できない場合もあったようである。

　僕の姉の一人は父が外腹でもうけたのだが、僕は物心ついたころからその人の家に芋や野菜などを届ける役割を担っていた。そのころは、その人が父の娘、すなわち腹違いの自分の姉だとは知らなかった。その後その姉は島を離れ、僕が高校一年生のときに石垣市の下宿先に訪ねてきた。その人を久しぶりに見て「あっ、この人は実の姉だったのだ！」と瞬間的に確信した。戸籍上の三姉とそっくりだったからである。その後、歳を重ねるごとに、その姉は父方の叔母（父の妹）に、したがって父にそっくりになっていき、あれほど似ていた腹違いの姉は実母に似ていった。「ムヌダネー　ハクハリルヌ　プスダネー　ハクハルヌン（穀物の種はごまかせるが、人の素姓はごまかせない）」のことわざどおり、父が外腹でもうけた姉が父にもっとも似ていた。

　余談だが、父の生まれ年（73歳）と母の古稀（70歳）の祝いをしたとき、きょうだいの連名で案内状を出したのだが、件の姉も當山の両親の子として名を連ねた。その扱いを姉はもちろん、とりわけ義兄が喜んでくれたのが嬉しかった。そのころ、母は寝たきりだったが、祝いの日は背もたれ付きの椅子で終始笑顔を絶やさず楽しげだった。そして、その年の暮れ「コッコーマ（孝行の子）」と言って可愛がっていた末っ子の僕と同居していたこともあって、僕の腕のなかで静かに息を引き取り旅立った。

ウトゥザマリ[ʔutuzamari]〔名〕
　親類。親類筋。「親類生まれ」の意。【例】ウヴァッテヤ　ウトゥザマリヌ　ハナイ　ウラーマサヤラー（君の家庭は親類筋に恵まれ、羨ましいことよ）。

ウトゥシカルヌン[ʔutuʃikarunuŋ]〔形動〕
　音沙汰がない。

ウトゥダカハムヌ[ʔutudakahamunu]〔名〕
　評判の高い人。有名な人。「ウトゥンジムヌ」とも言う。【例】ヤラビシェーケー　ウトゥダカハムヌ　アッタヌ　マヌマー　ヌッティン　ナーヌワヤ（子どものころは評判が高かったのに、今は何ともないよ）。

ウトゥダカハン[ʔutudakahaŋ]〔形〕
　評判の高い。有名な。【例】マヌマ　キム

ビヤハラ　ウトゥダカハールヌ　アトーヌーバシッカヤ（今はすごく評判が高いけれど、将来はどんなだろうか）。

ウトゥナッサン［ʔutunassaŋ］〔形〕
大人しい。「ワンダーサン」とも言う。【例】ウレー　ピージーヤ　ウトゥナッサルニン　ブルヌ　クンゾー　タイッカー　タルンニン　シズミラルヌンドゥラー（彼は平生は大人しいように見えるが、怒り出すと誰にも抑えられないよ）。

ウドゥラクン［ʔudurakuŋ］〔自〕
驚く。びっくりする。「バイルン」とも言う。〈否〉ウドゥラカヌン。（石）ウバイルン。【例】ウシェー　アブン　ザーリッカー　キムビヤハラ　ウドゥラクンドゥラ（牛は虻に刺されると、ひどく驚くよ）。

ウドゥルカスン［ʔudurukasuŋ］〔他〕
驚（おど）かす。びっくりさせる。〈否〉ウドゥラカハヌン。【例】プスユ　イチン　ウドゥルカシ　ベーッカ　アトー　ドゥーヌドゥ　ウドゥラカハリドゥラ（他人をいつも驚かしていると、仕舞いには自分がが驚かされるぞ）。強意の係助詞「ドゥ」は、黒島語では頻繁に用いられ、その存在感は抜きん出ている。そのシマムヌイ（島言葉）のニュアンスを素のまま共通語に訳すと用例のように「がが」となるのである。以後、この強意の係助詞「〜ドゥ（〜ぞ・〜こそ）」の共通語訳については、「黒島共通語」の臨場感を表出するため所々で用いるので、びっくりしないでほしい。

　ところで、明治書院発行『日本語学』（第37巻第1号・2018年）所収の、長崎大学准教授・原田走一郎氏「八重山語黒島方言の癖」では、黒島語の強意の係助詞「〜ドゥ（〜こそ）」が、現在の「黒島標準語」でどのように用いられているかを、言語学の専門的立場から分析・解明している。この論文のコピーを僕に最初に届けてくださった

のは、学校法人沖縄キリスト学院大学の特任教授・山盛淳子氏であった。山盛氏は父親が黒島出身で、僕の八重山古典民謡研究所の会員でもあるという幸運によるものであった。その後、僕は原田走一郎氏が、『南琉球八重山黒島方言の文法』で博士号を取得されたことを知ったのである。氏の知己を得たお陰で本書の「黒島語の文法」編および「解題」を執筆していただいたほか、言語学上の種々のご教示をいただくことになった。

ウトゥルムチ［ʔuturumutʃi］〔名〕
接待。お持て成し。「お取り持ち」の意。【例】キューヤ　ウイガタヌ　プスヌ　ワーリバ　スーック　ウトゥルムチ　シー　ウヤハイ（今日は上役の方がいらっしゃるので、十分にお持て成しして差し上げなさい）。

ウトゥン［ʔutuŋ］〔他〕
打つ。〈否〉ウタヌン。（石）ウツン。（沖）ウチュン。【例】ハゼー　マービ　スーワナリバ　クビヌ　イツァー　フンバ　ウティ　トゥミウシキ（風〈台風〉は、もっと強くなる〈吹く〉から、壁の板は釘を打って止めておきなさい）。

ウトゥングイ［ʔutuŋgui］〔名〕
音沙汰。音信。便り。「ウトゥ（音）グイ（声）」の意。（石）ウトゥン　グイン（音も声も＝音信も）。【例】ヤマットゥハ　パッタヌヌーヌ　ウトゥングイン　ナーヌン（大和〈本土〉へ行ったきり、何の音沙汰もない）。

ウトゥンジムヌ［ʔutundʑimunu］〔名〕
評判の高い人。有名な人。「音の出る者」の意。「ウトゥダカハムヌ」と同じ。【例】ヤラビシェーケハラ　シマナー　キムビヤハラ　ウトゥンジムヌ　アッタ（子どものころから、島ではたいへんに評判の高い人だった）。

ウトゥンジルン［ʔutundʑiruŋ］〔自〕
評判になる。有名になる。〈否〉ウトゥン

ズヌン。【例】バハルシェーケハラ アバレヘーッティ ウトゥンジベーッタヌ マヌマ ミリバン アバレヘワヤ（若いころから美しくて評判だったけど、今見ても綺麗だね）。

ウナ[ʔuna]〔名〕
自分。【例】ウナー ウムハトゥヌ アルニン シミウシキ（自分の才覚のあるように〈才覚に任せ〉、させておけ）。自らを指すのではなく、第三者がある人の立場に立って言う場合の言葉。

ウナーニン[ʔuna:niŋ]〔副〕
いつもの自分のように。特に心配しなくていいような状態の場合に言う。具合のよくない身内の健康状態を尋ねられた際の返事に使う常套句。【例】〔問い掛け〕イザークナレー ヌーバシ ワーラ？（お父さんは、最近どんな状態ですか）。〔応え〕プコーラサユー ウナーニンナー ワールンユー（有難うございます、いつもどおり自分なりの状態で〈すごして〉いますよ）。〔問い掛け人のコメント〕ボーレニッカ（それはよかった）。

ウナターナ[ʔunata:na]〔副〕
そのまま。あるがまま。「ウヌターナ」とも言う。【例】ウナターナ ヤリシティ ウシキ（そのまま放っておけ）。

ウナタンカ[ʔunataŋka]〔副〕
自分だけ。自分一人で。「ドゥータンカ」とも言う。【例】ハマハ パルバソー マズンドゥラーッティ イジトゥーシ ブッタヌドゥ ウナタンカ マイナリ パリナーヌン（あの世へ行くときは一緒だよと言い続けていたのに、自分一人で先に行ってしまった）。

ウナハッティ[ʔunahatti]〔副〕
自分勝手。「ドゥーハッティ」とも言う。【例】ウレー ウナハッテーリバ プスヌ ムニヤ マタッティ シカヌン（そいつは自分勝手だから、他人の忠告はまったく聞き入れない）。

ウニ[ʔuni]〔名〕
〈動〉ウニ（雲丹）。一般的ではないが、沖縄語そのままに「ガシチャー・ガシカー」とも言う。【例】アースンナヤ シキッティ ヤーヌ パータンカドゥ ウニユ トゥリワーッタ（東筋では、比屋定家のお婆さんだけがウニを採取しておられた）。

東筋部落では、どういうわけかウニを食する習慣がなく、比屋定家のお婆さんだけがウニを採取しておられた。保里部落では、炒め物にして食していたというから、小さな島でも海産物の活用の仕方は片寄っていたのであり、今考えるともったいない話ではある。

ただ、残念ながら、あれだけ豊富にいたウニは浅瀬ではほとんど見られなくなっているという。ついでに言い添えると、県庁在職中に部瀬名リゾート前の浅瀬でウニを収穫し、海水に浸かりながらウニの殻を割って海水で腸を洗って身を食べていると、同行した国の職員ともどもウニの腸から出て来たと思われる毒素で肌がかぶれ、ひどい目にあったことがある。ウニの腸には強烈な毒素があることをお忘れなく、ご用心を！

ウヌ[ʔunu]〔連体〕
その。【例】ウヌ サンシンヌ サウヤ ヌーヌ キーヤ？（その三線の竿は、何の木だ）。

ウヌターナ[ʔunuta:na]〔副〕
そのまま。あるがまま。「ウナターナ」と同じ。【例】マリッタルハラ ハーラナ ウヌターナ ブルワヤ（生まれたときから変わらず、そのままだよ）。

ウヌタキ[ʔunutaki]〔副〕
たったそれだけ。【例】ウレー ジンブンナー ウヌタキドゥ アー（そいつの知恵

は、たったそれだけだよ)。

ウヌピー[ʔunupi:]〔名〕
そのまま。約束が果たされないままの状態。「その日のまま」の意。【例】ウリハ ハラセー ジンヤ ウヌピードゥラ(そいつに貸した金は、そのままだよ)。

ウヌママ[ʔunumama]〔副〕
そのまま。【例】ドゥキ ピーヤッティ ヌーンスンスクン ウヌママ スクマリベーワヤ(あまり寒くて何もせず、そのままぼんやりしているよ)。

ウバ[ʔuba]〔名〕
あなた。君。(石)ウラ。ワヌ。(沖)ウンジュ。

ウバマ[ʔubama]〔固〕
〈地〉大浜。石垣島の一集落。【例】ウバマ プソー キーヌ アラハンティ イザリブードゥラ(大浜村の人は、気性が荒いと言われているよ)。

ウバン[ʔubaŋ]〔名〕
飯。「ウボン」とも言う。【例】マイヌ ウバン(米の飯)。なぜだか、「アーヌ ウバン/ウンヌ ウバン/シトゥッチヌ ウバン」などとは言わず、「アーヌ イー(粟の飯)/ウンヌ イー(芋の飯)/シトゥッチヌ ユー(ソテツの飯)などと言った。「マイヌ ウバン(米の飯)」は、正月と盆にしか食べなかったことから、呼び方にも特別な扱いをしたのだろうか。そういえば、石垣語では「ンボン」と言い、その語源を貴人の食べる「おもの(御物)」だと説くが、そういうことと関連があるのだろうか(『石垣方言辞典』参照)。ちなみに、東筋部落では「ウバン」と言うが、宮里・仲本・保里部落では「ウボン」言い、そのことによって部落ごとに言葉が変わることを知らされたのだった。

ウブ[ʔubu]〔接頭〕
「ウブ アミ(大雨)」「ウブ ヤー(母屋)」「ウブ シェー(長兄)」など、ある語の前に付けてその語の意味を量的・質的に強化・拡大するための接頭語。【例】ウブヨイバ タボーラリ マイダン プコーラサユー(大きい〈素晴らしい〉お祝いにお招き頂き、まことにありがとうございます)。

ウブアミ[ʔubuʔami]〔名〕
大雨。【例】キューヌ ウブアメー ユガフアミ(今日の大雨は、世果報雨だ)。
本土における昨今の大雨による被害は、とても「世果報」などとは言えない。

ウブイキ[ʔubuʔiki]〔名〕
大きな呼吸。ため息。深呼吸。【例】ヤンプソー マーラスバソー ウブイキバシードゥ トゥジマル(病人は、死ぬ〈息を引き取る〉場合、大きな息〈呼吸〉をして終わる)。僕は、母も父も胸に抱いて旅立ちを見守った。こと切れる直前に、母も父も同じくウブイキ(大きい呼吸)をして永遠の眠りに就いた。

ウブイザ[ʔubuiza]〔名〕
最年長の伯父。〈対語〉ウボーブ。【例】イザー アボー ビキドゥム キョーダイヌ イチン ウイユドゥ ウブイザッティ イズワヤ(父母の兄弟の一番上を、ウブイザと言うのだよ)。

ウブイルン[ʔubuiruŋ]〔他〕
覚える。記憶する。〈否〉ウブウヌン。【例】キノブシトゥイヌ クトー バッシブルヌ ハマータ マイヌ クトー クマークマー ウブイブーサ(3、4日前のことは忘れているのに、かなり以前のことは細々と覚えて〈記憶して〉いるよ)。若いころ、両親の用例のような様子をおかしいと思っていたのに、後期高齢の自分がまさにその立場に立たされている。

ウブキザル[ʔubukizaru]〔名〕
大きな行事。【例】ソンガチ ズールクニチ プーン ソーラ キツガンヌッツァーユドゥ ウブキザルッティ イズッタ(正

月、十六日、豊年祭、盆、吉願などをウブキザルと言った)。

ウブキナイ[ʔubukinai]〔名〕
大所帯。【例】ウブキナイヤ ユミヌ ラーサーッカ ムトゥン(大所帯は、嫁がしっかりしていれば持つ〈うまくいく〉)。

ウブグァンス[ʔubugwansu]〔名〕
先祖伝来の位牌。「大元祖」の意。【例】ヤームトゥヌ トゥクナーヤ ウブグァンスヌ ハザラリベー(本家の仏壇には、先祖伝来の位牌が飾られている)。

ウブザ[ʔubuza]〔名〕
祖父。爺さん。【例】バー マルンケーナ ウブザー マーラシ ワーリダ(私が生まれないうちに、祖父は亡くなっておられた)。

ウブサー[ʔubusa:]〔副〕
大方は。大半は。(石)フーサー。【例】ドゥシンキヌ ウブサー ヤンバ ハタミ ブルワヤ(友人の大方は、病を抱えているよ)。黒島小中学校の同級生の「73歳祝い」を企画した際のこと、N君から73歳のころだと自分は遠出は無理だと思うという申し出があったので、急遽「古稀・70歳の祝い」に切り替えた。18名の同級生が出席し、恩師の西島本進先生、成底方針先生、村田栄正先生を囲んで楽しいひと時を過ごした。あれから7年が経過し、その間に小底秀勇君と宮良一美君が他界し、体調不良でご出席いただけなかった石垣カツ子先生も黄泉路へ旅立たれた。N君は病状が進んで外出もままならないという。無病息災は無理だが数病息災を心掛け、いつまでも声を掛け合う仲でありたいとつくづく思う。先立たれた恩師や友人たちのご冥福を心からお祈りしたい。合掌!

ウブシェー[ʔubuʃe:]〔名〕
長兄。「シェー(兄)」に尊敬接頭語の「ウブ(大)」がついている。概して年配者は「シェー[ʃe:]」、若年者は「セー[se:]」と発音する。〈類〉ナハシェー(中の兄。次兄・三兄。)。シェーガマ・シェーマ(末の兄、すなわち末弟)。

ウブシカサ[ʔubuʃikasa]〔名〕
大司様。「シカサ(司)」に尊敬接頭語の「ウブ(大)」が付いている。歌謡では「ウフシカサ」と清音で歌う。【例】ウフシカサ ハンシカサ トゥユマス(大司を、神司を称えます)。

ウブシキヤー[ʔubuʃikija:]〔固〕
屋号。大底家。黒島には「底」の付く屋号が何軒かあるが、小底家は「クスクヤー」、本底家は「ムトゥスクヤー」、仲底家は「ナウシキヤー」、前底家は「マイスクヤー」、野底家は「ヌシキヤー・ヌスクヤー」などと呼ばれている。

ウブシキンガナシ[ʔubuʃikiŋganaʃi]〔名〕
大月様。「大月加那志」の意。満月を愛で敬った語。【例】アールカーラ アーリワール ウブシキンガナシ バンテーヌ コーネ マーユ ティラショーリ ホーイ チョーガ(東方から上がっていらっしゃる〈満月の〉お月様、我が家の男の子を照らしてください。ホーイ チョーガ)。

ウブジン[ʔubuʒiŋ]〔名〕
大金。大きな紙幣。【例】ウブジンバ モーキ シグトゥ スーナ ピスマンハラ サキバ シカンッファイベールワヤ(大金を儲けて仕事もせず、昼間から飲んだくれているよ)。

ウブシンカ[ʔubuʃiŋka]〔名〕
大人数。大家族。多数の乗組員。【例】ヌーバセー ムシカサー シグトゥ ウブシンカシ シーッカ シグ ハタジキラリルン(どんな難しい仕事も大人数ですると、直ちに片付けられる)。

ウブス[ʔubusu]〔名〕
潮。海水。【例】トーフ スクルバソー ウブスユ ハキドゥ ハタミッタ(豆腐を

作る時、海水を掛けて固めた）。

　戦後の黒島では、豆腐を製造するのに用いる苦汁（にがり）は潮水を直接掛けて代用した。そのための潮水汲みは、子どもたちの重要な仕事であった。島の中心部に近いところに立地している東筋部落の子どもたちにとって、1.5キロメートルほど離れた海からの潮汲みは相当に難儀な仕事であった。

　一斗缶に紐をつけ、アンク（担ぎ棒）の真ん中に下げてすぐ上の姉・智子（昭和17年生まれ）か、その上の兄・豊彦（昭和14年生まれ）が相棒であった。缶の潮水が揺れて零れないよう表面に草の葉を浮かべて運んだ。その草にはスーキ（クサトベラ）が最適であった。相棒と息を合わせてそろりそろりと歩むのだが、それでもチャッポンチャッポンと揺れ少しずつ零れてしまい、家に着くころには7〜8割くらいに減っていた。相棒の兄はすでに亡くなりもう1人の相棒の姉とは戦友よろしく当時を懐かしく思い出している。

ウフソー [ʔuɸuso:]〔名〕
　大馬鹿者。沖縄語の移入語。

ウブソーガ [ʔubuso:ga]〔名〕
　大まぬけ。大馬鹿者。〈類〉ウブプラー（大馬鹿）。【例】ウブソーガッテナー　プスンバラーリ　クトゥ　タンカー　シーブルワヤ（大まぬけな者だから、他人に笑われる〈嘲笑される〉ことばかりしているよ）。

ウブソッコー [ʔubusokko:]〔名〕
　二十五年忌または三十三年忌の法要。「大焼香」の意。【例】ウブソッコーヤ　ドングムヌバ　ウヤシ　アンガマユ　パーシタ（二十五年忌または三十三年忌の法要は、霊供（りょうぐ）を供えアンガマ踊りを奉げた）。

ウブダラッサ [ʔubudarassa]〔名〕
　大嘘。大嘘つき。「ウブッス」とも言う。【例】ウレー　イズ　ムヌイヤ　ムール　ウブダラッサドゥラ（そいつの言うことは、すべて大嘘だよ）。「ダラッサ」の項参照。

ウブッス [ʔubussu]〔名〕
　大嘘。大嘘つき。「ウブダラッサ」と同じ。

ウブッタニ [ʔubuttani]〔名〕
　大きい男根または陰嚢（いんのう）。「大きい種」の意。【例】ミリミラヌーヌ　ウレームノー　ウブッタニッティ　イザリブー（見たことはないが、そいつの持ち物は巨根だと言われている）。黒島での小話。大谷さんに嫁いだ姪っ子のぼやき。「オオタニッティ　ナーユ　シキラリッタンマラー（オオタニという名を、付けられたものだねえ）」。

ウブッタニ [ʔubuttani]〔名〕
　〈植〉アマリリス。大きい男根に対して言うことがある。【例】ウブッタニヌ　パナー　サクッカー　アミ（アマリリスの花が咲くと、雨だ）。

ウブドゥー [ʔubudu:]〔名〕
　大海。沖。「大きい海」の意。同義語の「インドゥー」と成句をなす。【例】ユガフヤ　ウブドゥー　インドゥーハラ　フー（世果報は、大海・大沖からやって来る）。

ウブドッカ [ʔubudokka]〔名〕
　〈動〉大きい雄鶏（おんどり）。見出し語は日常語ではなく、非常に活発で立ち振る舞いの男っぽい特定の女性を差して言った「綽名（あだな）」であった。日常語では「ウードゥリ（雄鶏）」「メンドゥリ（雌鶏（めんどり））」と言う。

ウブナ [ʔubuna]〔名〕
　長姉。「ウブ（大きい）ンーナ（姉）」の略。「ンーナ（姉）」に尊敬接頭語の「ウブ（大）」が付いている。【例】バナー　ウブナー　シーユ　イーリドゥ　スダテーットゥ（僕は長姉のおっぱいを貰い飲みして、育ったそうだ）。

　僕の誕生は、母が高齢出産のうえ第二次世界大戦の真っ最中で食料難のときだったことから、母のおっぱいだけでは育てることは不可能だったという。折よくウブナ（長

姉）の第一子（私の甥）が離乳期を迎えていたことから、甥の飲み残しのおっぱいをもらって命拾いをしたのだそうだ。大正12年生まれの姉は、ハジマヤー（数え97歳の生まれ年）を前に控えて、認知症が進み誰も認知できなくなっていたが、それでも僕の黒島語での呼び掛けには確実に反応してくれた。シマムヌイ（郷里の言葉）の強烈な威力を感じる場面であった。

　そのウブナ・新里秀は、2020年8月31日（お盆の迎えの日）に、98歳の長寿を一期に静かに旅立った。

ウブナシキ［ʔubunaʃiki］〔名〕
　大いに捗ること。【例】テーナイ　シープスヌ　ハナイ　ウブナシキバ　セーワヤ（手伝いする人が叶って〈揃って〉いて、大いに捗ったよ）。

ウブナダッサ［ʔubunadassa］〔名〕
　温和。【例】シマプソー　ウブナダッサ　タキフンツァ　マリッティ　ウタナー　ユマリブー（黒島の人は、温和で竹床のような生まれだと歌に詠まれている）。「タキフンツァマリ」の項参照。

ウブナハブラ［ʔubunahabura］〔感〕
　大きな恐怖。「ナハブラ」に接頭語「ウブ」が付いている。【例】ウブナハブラ　マヌマータヌ　ナイシ　ヤーヤ　キューリルンカヤーッティ　ウムッタ（おお怖いこと、先ほどの地震で家は壊れるのではないかと思った）。

ウブナン［ʔubunaŋ］〔名〕
　大波。津波。日常語としては「タカナン（高波）」が多用される。「タカナン」の項参照。

ウブプス［ʔubupusu］〔名〕
　大きい人。立派な人。【例】ウブプス　タカプス　ナリ　シマムチ　ムラムチ　ナリ　タボーリ（立派な人に偉い人になって、島を治め村を治める人になっておくれ）。「ウブプス　タカプス」は、成句として用いられている。

ウブフユー［ʔubuɸuju:］〔名〕
　大怠け者。【例】ウレー　ウブフユーリバアテー　ナラヌン（そいつは大怠け者だから、当てにならないよ）。

ウブプラー［ʔubupura:］〔名〕
　大ばか者。「ウブ（大）」と「フラー（気違い）」の連濁「プラー」の複合語。「アカプラー」「ソープラー」などとも言う。

ウブマシャー［ʔubumaʃija:］〔固〕
　屋号。大舛家（おおますけ）。

ウブムヌイ［ʔubumunui］〔名〕
　大口（おおぐち）。法螺（ほら）。「大きい物言い」の意。【例】ウブムヌイ　タンカー　イジベーッカ　タルン　ウヴァームヌイユ　シンヨー　スーヌンドゥラ（大口ばかり叩いていると、誰もお前の言うことを信用しないよ）。

ウブヤー［ʔubuja:］〔名〕
　母屋（おもや）。「大きい家」の意。【例】ヌシキヤーヤ　ウブヤートゥ　トーラー　ビチビチヌンニ　アルヌ　ニシトーミヤーヤ　ハキヅクリヤーッテナ　ウブヤートゥ　トーラー　マズン　ナリブルワヤ（野底家は母屋と台所は別々の棟だが、北當山家は掛け造りの家だから母屋と台所は一棟に収まっているんだよ）。

　古い時代の黒島の家屋構造は、「ウブヤー（母屋）」と「トーラ（台所）」が別々の棟だった。その後、「ハキヅクリ（掛け造り）」と呼ばれる母屋と台所が一体化した家屋構造へと変わってきた。概して、昭和10年代以降の新築家屋は掛け造りであった。

ウブヤー［ʔubuja:］〔名〕
　大家（たいけ）。「ウヤキヤー」とも言う。「大きな家・裕福な家」の意。【例】バナー　ウブヤーヌ　ユイシン　クーンタン　ヌキヤーヌ　ユイシン　クーンタン　ウヴァー　キムバミリドゥ　バナー　クマー　ケー（私は裕福な家だからといって来たのではない、立

派な家だからといって来たのでもない、貴方の肝=心延えを見てこそ私はここに来た〈嫁いで来た〉／八重山民謡〈でんさ節〉の黒島語版）。

ウフヤガン[ʔuɸujagaŋ]〔名〕
神様。日常語にはなく、歌謡語として用いられている。【例】タルタルドゥ トゥユマス ウフヤガンドゥ トゥユマス（誰を称えるか、神様をこそ称える／〈豊年祭じらば〉より）。

ウブヤン[ʔubujaŋ]〔名〕
大病。【例】ウブヤンバ ハカリ メートーッカヤーッティ ウムッタヌドゥ ヤットゥシ ナウリ フキ アラカリルワヤ（大病を患って、もう駄目かと思っていたのにようやく回復し起きて歩ける〈ようになった〉よ）。

ウブユク[ʔubujuku]〔名〕
強欲。「大きい欲」の意。【例】プソー ウヤキ シームティ ウブユク ナルワラー（人は、裕福になるほど欲張りになるよなあ）。

ウブン[ʔubuŋ]〔名〕
〈植〉穀物の一種。モロコシ。(石)フームン（大きい麦の意）。【例】ウブンヤ アートゥ マズン マクッタ（モロコシは、粟と一緒に播いた）。幹高2メートルほどに伸び、直径3ミリメートルくらいの実をたっぷりつける。ご飯や餅の素材にも用いた。実を砕いてお粥にしたものを「フカンギ」と呼んだ。「ムヌヌ ミザー フカンギヌ ユーッティドゥ アー（物のまずさは、フカンギの粥に限る）」とは、宮良当成氏（昭和10年生まれ）の口癖である。終戦直後の黒島では、刈り入れを済ませた幹は庭の日陰用や豊年祭の見物席の日陰用に活用した。

ウブンザ[ʔubundza]〔連体〕
大きい。大物。形容詞の特殊な形。物にも人物にも言う。【例】①ウブンザ イシェーティンガラシ オーカハイ（大きな石は、鉄梃で動かせ）。②ヤラビシェーケー ゲーラハーッタヌ マヌマー ウブンザナリ ケーラハラ ウヤマイラリ ブー（子どものころはみすぼらしかったけど、今は大人物になって皆から敬われている）。

ウボービ[ʔuboːbi]〔副〕
大きく。人の成長にも植物や動物の生長にも用いる。【例】①グマーグマー ナシ ウボービ スダティリ（小さく生んで、大きく育てなさい）。②ウヌウセー マーイ メーミ ウボービ ナッカ クルマ ピカハイ（その牛は、もう少し大きくなったら荷車を引かせなさい）。

ウボーブ[ʔuboːbu]〔名〕
最年長の伯母。〈対語〉ウブイザ。【例】イザー アボー ミドゥム キョーダイヌ イチン ウイユドゥ ウボーブッティ イズワヤ（父母の姉妹の一番上を、ウボーブと言うよ）。

ウボーミヤー[ʔuboːmijaː]〔固〕
屋号。東筋家。

ウボッタ[ʔubotta]〔名〕
腹の大きい人。出っ腹。腹の形状に関係なく、同僚または目下への軽い蔑称に用いる。【例】ウボッター マーダ シカッテマサーリバ ハマハ パリベーリ（出っ腹なやつめ、邪魔だからあっちへ行っておれ）。

ウボホヤー[ʔubohojaː]〔固〕
屋号。保里家。

ウボホン[ʔubohoŋ]〔形〕
大きい。【例】ウレー ハラッター ウボホルヌ シカラー ヨーホヌ（そいつは、体は大きいが力は弱いよ）。

ウボン[ʔuboŋ]〔名〕
ご飯。「ウバン」とも言う。【例】アースンナヤ ウバンティ イズヌ プカヌ ムラナーヤ ウボンティ イズ（東筋部落では

ウバンと言うが、余所の部落ではウボンと言う）。子どものころ、部落によって言葉が異なることを知ったのは「ウバン」と「ウボン」の相違を通してであった。言わば、最初に味わったカルチャー・ショックだったのかも知れない。その後、判明したのは、東筋の言葉に対し保里・宮里・仲本三部落の言葉は概して共通しているということ、そのうえ三部落の言葉は石垣語に相対的に近似しているということである。「ウバン」の項参照。

ウマ[ʔuma]〔代〕
そこ。場所を表す中称の指示代名詞。話者から少し離れた所を示す。〈近称〉クマ。〈遠称〉ハマ（アマ）。【例】①ウマハ ムティクー（そこに、持って来い）。②ウマ ハマナ アンドゥラ（そこかしこに、あるよ）。③ウマヌ パタケー ヤサイヌ ユーディキルンドゥラー（そこの畑は、野菜がよく出来るよ）。

ウマハマ[ʔumahama]〔代〕
あちこち。方々。【例】ウマハマ タジナイ パバケードゥラ（あちこち尋ねて、捌いたのだよ）。

ウムイ[ʔumui]〔名〕
思い。想い。考え。【例】バー ウムイトゥ ウヴァー ウムイヤ アタラヌン（私の想い〈想いの深さ〉と、あなたの想い〈想いの深さ〉とは当たらない〈つり合いが取れない〉）。

ウムイキシ[ʔumuikiʃi]〔副〕
思いっ切り。【例】ヌーンクイン ウムイキシ シーッカ ニガイヤ ハナウン（何事も思い切って行なえば、願いは叶う）。

ウムイキスン[ʔumuikisuŋ]〔他〕
断行する。断念する。諦める。〈否〉ウムイキサヌン。「思い切る」の意であるが、積極・消極、肯定・否定の両方に用いる。【例】ター ヌッティ イザバン ウヌ ミドゥムヌ クトー ウムイキサルヌン（誰が何と言おうとも、その女性のことは諦められない）。

ウムイクガリルン[ʔumuikugariruŋ]〔自〕
思い焦がれる。一途に恋い慕う。【例】ヨーガリーッケ ウムイクガリドゥ ウリトゥマズンナレータ（痩せこけるほど思い焦がれて、彼女と一緒になった〈結婚した〉）。

ウムイザシバライ[ʔumuizaʃibarai]〔名〕
思い出し笑い。【例】トゥーシ ウムイザシバライユ シーベッカ プスン プリムヌッティ ウモーリルンドゥラ（しょっちゅう思い出し笑いをしていると、他人に気違いだと思われるよ）。

ウムイザスン[ʔumuizasuŋ]〔他〕
思い出す。「ウムインザスン」の約まった語。〈否〉ウムイザハヌン。【例】バハルシェーケーユ ウムイザスッカー ナシカサーッティ ナダヌ ウティフルワヤ（若いころのことを思い出すと、懐かしくて涙が落ちて〈滲んで〉くるよ）。

ウムイッツァハン[ʔumuittsahaŋ]〔形〕
懐かしい。愛しさを籠めて懐かしい感情を表わす言葉。【例】ウムイッツァハッティ ウムイトゥーシ ブルヌ ウレー ピスサイヤッツァン イメー ミスヌン（愛しくて懐かしくて想い続けているのに、彼は一度さえ夢を見させてくれない）。用例は、先立った夫が逝ったきり一度も夢に現れないという妻の嘆きである。不思議なのは、妻が先立った場合の残された夫の嘆きは聞いたことがない。配偶者への情の深さには夫と妻では差があるのだろうか。

ウムイトゥ アタラヌン
　　　　[ʔumuitu ʔataranuŋ]〔連・成〕
こちらの想いの深さと相応しない。予想外である。【例】ウレークトゥバ ヌチハギリ ウムイトゥーシ ケーッタヌ バー ウムイトゥ アタラナ ミームタイ シラ

ルンタン（彼女のことを命懸けで想い続けてきたのに、僕の想いの深さとは違って相手にされなかった）。

ウムイナウスン[ʔumuinausuŋ]〔自〕
　思い直す。思い改める。考え直す。〈否〉ウムイナウハヌン。（石）ウムイノーシュン。（沖）ウムイケーシュン。【例】ドゥーヌ ハンガイユ ウムイナウシ マープス サイ シーハキミリ（自分の考えを思い直して、もう一度仕掛けてごらん）。

ウムイナスン[ʔumuinasuŋ]〔他〕
　馬鹿にする。軽く扱う。抑え付ける。〈否〉ウムイナハヌン。【例】ウヤユ ウムイナスッカー ヴァーン ウムイナハリルンドゥラー（親を馬鹿にすると、子に馬鹿にされるよ）。

ウムイヌクスン[ʔumuinukusuŋ]〔他〕
　思い残す。後悔する。〈否〉ウムイヌコホヌン。（石）ウムイヌクシゥン。（沖）ウムイヌクシュン。【例】ウムイヌクス クトゥヌ ナーンヨーン ガンッティ シーウシキ（思い残すことのないように、しっかりとしておくように）。

ウムイプス[ʔumuipusu]〔名〕
　恋人。好きな人。「想い人」の意。【例】バハル シェーケーヌ ウムイプスヤ マヌ マシキッティン バッシラルヌン（若いころに好きだった人は、今もって忘れられない）。

ウムイムヌ[ʔumuimunu]〔名〕
　後悔の念。忘れがたい出来事。【例】ウムイプストゥ マズン ナラルンタ クトゥヌドゥ ヌチズーヌ ウムイムヌ ナリベー（好きな人と一緒になれなかった〈結婚できなかった〉ことが、生涯の後悔の念になっている）。「ウムイプス」「ウムイムヌ」の用例のような感懐は、概して未練がましい男性的述懐であって女性は過去の出来事にはきっぱりと決別してしまうというのだが、実際のところはどうだろうか。

ウムイヤイルン[ʔumuijairuŋ]〔自〕
　気が進まない。億劫である。気が重い。躊躇する。〈否〉ウムイヤイラヌン。【例】ピーヤバソー プカハ ンジクトー ウムイヤイルワヤラー（寒い時は、外に出るのは気が重いよなあ）。

ウムイヤミ[ʔumuijami]〔名〕
　思い悩むこと。後悔すること。【例】ハリトゥ クリトゥ ヌーヌドゥ マシッカヤーッティ イラビユーサナ シナーシ ウムイヤミ シーベールワヤ（あれとこれとどれがいいのか、選べずに思い悩んでいるよ）。物の選択にも伴侶の選択にも用いる。

ウムイヤムン[ʔumuijamuŋ]〔自〕
　思い悩む。後悔する。【例】ハリトゥ マズン ナレーラバッティ トゥーシ ウムイヤミベー（あれ〈彼または彼女〉と一緒になっていたら〈結婚していたら〉と、ずーっと後悔しているよ）。

ウムインザスン[ʔumuindzasuŋ]〔他〕
　思い出す。〈否〉ウムインザハヌン。日常会話では多くの場合「ウムイザスン」と省略される。【例】ウムインザスンティ シールヌドゥ ナカナカ ウムインザハルヌン（思い出そうとするが、容易に思い出せない）。

ウムウン[ʔumuuŋ]〔他〕
　思う。想う。〈否〉ウモーヌン。【例】ウヤヌ クトゥバ ウムイ バソーバソー マヌマン ナダマーリ ブー（親のことを思い、時々は今でも涙ぐんでいる）。

ウムジ[ʔumuʒi]〔名〕
　〈動〉イイダコ（飯蛸）。【例】ウムジェー グマハルヌ シカイットゥ マーハンドゥラ（イイダコは小さいけど、たいへん美味しいよ）。

ウムッサン[ʔumussaŋ]〔形〕
　面白い。【例】キツガンヌ キョンギンヌ

ウムッサー メシトゥヌ モリノイシマツトゥ アースンヌ アマノヤリベー アッタ（結願祭の狂言の面白さは、宮里村の森の石松と東筋村の天野屋利兵衛だった）。森の石松は友知政昌氏、天野屋利兵衛は又吉靖氏の名演技が今も脳裡に刻みこまれている。

ウムティ [ʔumuti]〔名〕
表。面（おもて）。顔。【例】ビンダライナ ミジバイリドゥ ウムティユ シミッタ（洗面器に水を入れて、顔を洗った）。僕は蛇口の水を流しっぱなしで顔を洗い、連れ合いは流しの洗面器に水を貯めて顔を洗う。男女の違いからなのか、性格の違いからなのか。

ウムトゥワーミ [ʔumutuwa:mi]〔名〕
於茂登岳への拝み。子どもが生まれて10日目の祝い「ソージバライ」のなかで行なわれる行事。ソージバライの日には、家の東側の庭で小型の弓矢で石垣島の於茂登岳に向かって「ピャックドー（百歳までだよ）」と叫んで祈願の矢を飛ばした。そして、矢の落ちた所から小石を3個拾って、子どもの懐に収めた。この於茂登岳に向かって行なう祈願を「ウムトゥワーミ（於茂登拝み）」と言い、「ウブプス ナリタボーリ タカプス ナリタボーリ（偉い人になっておくれ、立派な人になっておくれ）」という拝み言葉を唱えた。「ソージバライ」の項参照。

ウムニー [ʔumuni:]〔名〕
芋のお握り。「ンムニー」とも言う。「ンムニー」の項参照。

ウムハトゥ [ʔumuhatu]〔名〕
思慮。分別。智恵。物事に対処する力。「ジンブン」とも言う。（石）ウンクトゥ。【例】ウムハトゥヌ ナーンプソー ヤラビトゥ ユヌムヌ（分別のない人は、子どもと同じだ）。

ウムヤールニン [ʔumuja:runiŋ]〔副〕
思い通りに。思うがままに。【例】トゥシバ トゥリ スブシヌ ヤミ ウムヤールニン アラカルヌン（年を取って膝が痛み、思うように動けない）。

ウヤ [ʔuja]〔名〕
親。【例】ウヤヌ ムヌイヤ ハンヌ ムヌイ（親の言葉は、神の言葉〈と同じである〉）。歳を重ねるごとに、この言葉はいよいよ重みを増して胸に迫ってくる。母の無私無上の優しさ、父の計算しつくされた厳しさと奥深い優しさ、躾けられた一つ一つが心身の核を成している。父のことに関し村の人たちがどう評価していたかについて、この事典の編纂を共に進めている親友・野底善行君が令兄・幸生氏から聞いたという言葉が忘れられない。「ビャーハ ムラナー アザナーユ シキラルン プソー ニシトーミヤーヌ イザタンカドゥラー（我が村で綽名をつけられていない人は、北當山家のお父さんだけだよ）。

ウヤーンティズン [ʔuja:ntizuŋ]〔他〕
神仏に祈願する。「拝み手摺る」の約まった語。〈否〉ウヤーンティザヌン。【例】①ウヴァー ヤンヌ ミサナルヨーン ユナイ シトゥムティ ウヤーンティジ ブードゥラ（君の病気がよくなるように、朝晩ご本尊様にお祈りをしているよ）。②ウヤーンケー ヴァーマーンキヌ マイフナー マリリヨーッティ ウヤーンティジ ワールドゥラ（親たちは子や孫たちが立派な人になってくれと、神や仏に祈願していらっしゃるのだよ）。

用例①は、高校・大学の同期・同窓の親友・山田巽君の電話での話を黒島語にしたものである。病を抱えながら事典の編纂・執筆をしている僕を気遣いながら、お祈りをしてくれているという彼の言葉が身に沁み、ただただ感謝するばかりである。

ウヤイシ [ʔujaʔiʃi]〔名〕
墓の屋根石。「親石」の意。【例】ウヤイシェー

ピザライ　イシユドゥ　シカウッタ（墓の屋根石には、ピザライ石を用いた）。
　亀甲墓の屋根石は平たい石材を用いたが、東筋ではピザライイシを切り取って来た。保里では、イリピザ（西方）の浜から取った。

ウヤイビ[ʔujaʔibi]〔名〕
　親指。「ゆび（指）」を単独で表現する場合は「ウヤビ」と言うが、見出し語の場合には「イビ」となる。〈類〉ピスッサシイビ（人差し指）・ナハイビ（中指）・フシルイビ（薬指）・グマイビ（小指）。「ウヤビ」の項参照。

ウヤウヤビ[ʔujaʔujabi]〔名〕
　親指。「ウヤイビ」とも言うが、見出し語のほうが古形と思われる。

ウヤキ[ʔujaki]〔名〕
　裕福。資産持ち。【例】ウヤキ　ピンスーヤ　ユーヌ　ナライ　ウラマサーン　シーナ　ハマラサーン　シーナ（裕福・貧乏は世の習い、羨ましくも思うな、残念とも思うな）。

ウヤキアカハチ[ʔujakiʔakahatʃi]〔固〕
　〈人〉人物名。16世紀の初頭に首里王府に対し謀反を起こした八重山の豪族。波照間島から身を起こし、石垣島に渡って大浜を拠点に勢力を展げたといわれている。

ウヤキパンゾー[ʔujakipandzoː]〔名〕
　富貴繁盛。裕福で子孫繁盛すること。

ウヤキプス[ʔujakipusu]〔名〕
　金持ち。裕福な人。金満家。

ウヤキミン[ʔujakimiŋ]〔名〕
　福耳。耳たぶの大きな耳。

ウヤキヤー[ʔujakijaː]〔名〕
　裕福な家。資産家。

ウヤク[ʔujaku]〔名〕
　親戚。親類。「ウトゥザ」とも言う。【例】プカヌ　ムラハ　ギッティ　パータンキハラ　ウヤクドゥラーッティ　イザリーッカ　シカイットゥ　サニヤーッタ（余所の部落に行って、お婆さんたちから「親戚だよ」と言われると非常に嬉しかった）。そう言ってくださったお婆さんは、たいてい母のまたいとこくらいの遠い親戚の方だった。わずか6〜70年前の黒島では、またいとこも近い親戚だったのである。

ウヤグヮンス[ʔujagwansu]〔名〕
　ご先祖様。「ウヤパーフジ」とも言う。「親元祖」の意。【例】ウヤグァンスヌ　ハル　イシキワーットゥリドゥ　ドゥーパダ　ガンズーシ　ブラリドゥラ（ご先祖様が見守っていらっしゃるから、身体は元気にしていられるのだぞ）。

ウヤコーコー[ʔujakoːkoː]〔名〕
　親孝行。【例】マヌマハラドーッティ　ウムイベーッタヌ　ウヤコーコーユ　スーンケーナ　ウヤー　マーラシワーリナン（今からだと思っていたのに、親孝行をしないうちに親は亡くなってしまわれた）。「いつまでもあると思うな、親と金」。

ウヤスン[ʔujasuŋ]〔他〕
　奉（たてまつ）る。差し上げる。お供えする。〈否〉ウヤハヌン。【例】ウヤプスヌ　マイハーサードー　シー　ウヤスン（ご先祖様の前に、御茶湯を奉る）。

ウヤダル[ʔujadaru]〔名〕
　公事。公務。「ウヤダン」とも言う。（石）オーデーリゥ。（沖）ウゥエーダイ。【例】ウヤダル　マイフナー（公務に優れた者）。用例は褒め言葉と言うよりは、公務にかまけて農作業に熱心でない人に対するからかいの意味をこめた言い草。一般にはあからさまに「ピラシカー」と言う。

ウヤダルプス[ʔujadarupusu]〔名〕
　公務員。「ウヤマールプス（役人）」という言い方もある。【例】ウヤダルプス　ナリ　ウラマサダラ（公務員になって、羨ましいこと）。私は社会人のスタートは、琉球政府八重山地方庁での勤務であった。父母を引き取って父母との生活が始まったのだ

が、ほとんど毎晩のように公的な接待業務か私的な飲み会であった。実態を知らない父は「ウヤダルヌ　スーワーッティ　ユナイユン　ヤーハカラヌン（公務が忙しくて、夜も家にいない）」と言い、公私を含む夜の付き合いをすべて公務と思っていたようである。そのころの接待あるいは飲み会は、昼間の公務を終えると一旦は帰宅し7〜8時ころから始めるのが習わしであった。石垣の我が家では山羊を飼っていたので、役所から帰ると山羊の草を刈ってきて再び夜の「ウヤダル（務めもしくは私的な飲み会）」に出かけたのだった。

　ちなみに、僕は独身だったので我が家には高校生の姪・宮子（現・波照間宮子）が住んで家事を手伝ってくれたので有難かった。

ウヤダル　マイフナー
　　　　　　　[ʔujadaru maiɸuna:]〔連〕
公務に優れたひと。公務に熱心な人。「ウヤダル」の項参照。

ウヤッファ[ʔujaffa]〔名〕
　親子。【例】ウヤッファッティ　イジ　アーイ　ネーンマラー　フビヌ　ハトンキヨーバーキ　マッタケーワヤ（親子と言ってあんなにも似るもんだねえ、首の傾げ方までまったく〈そっくり〉だよねえ）。

ウヤパーフジ[ʔujapa:ɸuʒi]〔名〕
　先祖。（石）ウヤパーフジゥ。（沖）ウヤファーフジ。【例】ウヤパーフジェー　ヤーニンズヌ　クトー　トゥーシ　ハルイシキワー（ご先祖様は家族のことを、ずっと見守っていらっしゃる）。畏友・亀谷長伸氏にお盆のあとで電話をすると、「君の病気快癒（かいゆ）のことを我が家のウヤファーフジ（先祖）に祈っているよ」という話があり有難く思ったものである。彼は2年先輩であるが、高校3年に進級した時点で2年間休学し復学したときに僕と同学年・同学級になって以来の長い付き合いである。拙著『八重山の芸能探訪―伝統芸能の考察・点描・散策―』に「〔解題〕明察と実践の人・當山善堂」という名文を寄せ、同著の洛陽の紙価を高めてくれた。亀谷家の仏壇に祀（まつ）られておられる彼の父御は高校時代の恩師であり、「亀谷商店」を営んでおられた母御にもよくしていただいた。御祖母とも顔なじみであったから僕のことを祈ってくれても亀谷家のご先祖様が戸惑うことはないだろうと思うが、彼の続く言葉に大笑いをしてしまった。なにしろ、お盆明けから1週間ほども経っているのに、まだ「ウークイ（盆の祖霊送り）」をしていないと言うのだ。彼の奥さんは那覇市在住で、ＣＡ（キャビン・アテンダント＝客室乗務員。古い言い方ではスチュワーデス）を務める娘さんの近くに住んで孫の世話をしていることから、石垣に住む彼とは「円満別居」だと言うのだが、お盆の「ウクリ・ウークイ」を1週間以上も遅らせるという浮世離れした彼の価値観に基づく「お祈り」の御利益は、いったいどういうものであろうか。軽妙洒脱ながら重厚感漂う筆致が彼の文章の持ち味だし、既成概念に捉われない彼の生き方に僕は憧憬の念を抱いているのではあるが、祖父母の代に首里から石垣に寄留したという亀谷家と黒島という小さな離島の農家である當山家の家風の違いからくるものなのか、彼と僕の生活上の規範・規矩には容易に交わらない部分もある。

ウヤビ[ʔujabi]〔名〕
　指。「イビ」とも言う。（石）ウビ。（沖）イービ。【例】①ウヤベー　ドゥーハドゥ　ブル（指は自分に向けて折る、すなわち「我田引水」の意）。②トゥーヌ　ウヤベー　マータケーナーヌン（十の〈十本の〉指は同じ長さでない、すなわち各々個性を発揮するのだから、の意）。「ゆび」の共通語の古語は「お

よび」であり、「および→ウユビ→ウヤビ」と変化したものと思われる。石垣語「ウビ」が二音節で現代日本語「ゆび」に近似しているのにくらべ、黒島語「ウヤビ」は日本語の古語「および」に近似していて、石垣語より古形を保っていることが窺える。

ウヤフコー[ʔujaɸukoː]〔名〕
親不孝。【例】ウヤハ ガイ シークトゥ ユドゥ ウヤフコーッティ シタ（親に反抗することを、親不孝と言った）。

ウヤプス[ʔujapusu]〔名〕
ご先祖様。【例】ウヤプソーハヤ ヴァーマーンキユ ハルイシキタボーリッティ ニガイトゥーシ ブー（ご先祖様には、子や孫たちのことを見守ってくださいと祈願し続けている）。

ウヤマーリルン[ʔujamaːriruŋ]〔自〕
敬われる。尊敬される。【例】プスユ ウヤマイバドゥ プスハラン ウヤマーリル（他人を敬ってこそ、他人からも敬われる）。

ウヤマール[ʔujamaːru]〔名〕
親廻り。琉球王国時代に、在番や頭等が村々を巡視すること。「ウヤマーン」とも言う。

ウヤマールプス[ʔujamaːrupusu]〔名〕
親廻りのご一行様。琉球国時代、村々を巡視する在番や頭等の役人。転じて、現在は公務員一般にも言う。【例】ウッツェヌ ヴァーンケー ムール ウヤマールプス ナリ ウラマサダラ（その家の子たちは、皆公務員になって羨ましいことよ）。

ウヤマウン[ʔujamauŋ]〔他〕
敬う。尊敬する。〈否〉ウヤマワヌン。【例】プスユ ウヤマウッカー ドゥーン ウヤマーリルン（他人を敬うと、自分も敬われる）。

ウヤマサリ[ʔujamasari]〔名〕
親勝り。【例】①ウヤマサリ ナリ シマムティプス ムラムティプス ナリヨラー（親勝りになって、島の統治者に、村の指導者になりなさいよ）。②タキヌッファヌ ウヤマサリ（竹の子の親勝り）。

ウヤムラ[ʔujamura]〔名〕
親村。黒島では、琉球王国時代の番所のあった宮里村を「ウヤムラ（親村）」と称しており、隣の仲本村では自らの村を「ムトゥムラ（元村）」と名乗っている。後者は、「最も歴史の古い村」の意だと言う。

ウヤンツ[ʔujantsu]〔名〕
〈動〉ネズミ（鼠）。【例】ウヤンツヌ ブーッカ パンヌン ブリバ ユー タマンガリヨラー（ネズミがいると、ハブもいる〈生息している〉ので重々気をつけなさいよ）。

ウユー[ujuː]〔接尾〕
〜だったことよ。形容詞の語尾に付いて強意を表す。【例】①シンシン フミラリ サニヤッタウユー（先生に褒められ、嬉しかったことよ）。②ウヤン イジフザリ ハマラサッタウユー（親に叱り飛ばされ、悔しかったことよ）。

ウユブン[ʔujubuŋ]〔自〕
及ぶ。ある所に達する。〈否〉ウユバヌン。【例】ヌー スーバン ゾージッテナー ウリンナー ウユバンタン（何をしても巧みだったので、そいつには及ばなかった〈太刀打ち出来なかった〉）。

ウラ[ʔura]〔名〕
あなた（貴方・貴女・貴男）。歌謡語として用いられる。【例】ハーラヌ ミジヤ インニドゥ タマル バンガ ウムイヤ ウラニドゥ スマル（川の水は海に溜る、私の想いはあなたに染まる／八重山民謡〈トゥバラーマ節〉より）。

ウラ[ʔura]〔名〕
裏。逆。【例】ウラ ムヌイ タンカ イズナ（〈皮肉をこめた〉逆の言葉だけ言うな）。

ウラ[ʔura]〔名〕
浦。港。海が湾曲して入りこんでいる所。黒島には地形的な意味での浦はないが、昔

造船所があった所として、「フナウラ→フノーラ（船浦）」があり、同所に「フノーラワン（船浦御嶽）」がある。

ウラウムティ[ʔuraʔumuti]〔名〕
裏と表。【例】プスピライヤ　ウラウムティヌ　ナーンヨーン　ピラーナーッカ（他人との付き合いは、裏と表のないように付き合わないと〈駄目だぞ〉）。

ウラーリ[ʔura:ri]〔副〕
多く。たくさん。【例】ナビラヌ　ウラーリ　ナリベーリバ　ムタリスク　ムティ　パリバー（ヘチマがたくさん生っているから、持てるだけ持って行きなさい）。ヘチマやゴーヤは、自家用として屋敷内で栽培していた。父や兄たちがこしらえた苗床には、あらかじめ堆肥を基肥（もとごえ）として投入したが、母は根元から5〜60センチのところに生ごみを埋めていた。母の行為は「追肥」の効果があったのだと思う。

ウラザ[ʔuraza]〔名〕
裏の部屋。「裏の座敷」の意。「ヤク」とも言う。【例】ヤーヌ　ニスマハタヌ　ザーユドゥ　ウラザッティ　シタ（家の北側の部屋を、ウラザと称した）。表の部屋を東側から「一番座・二番座・三番座」と称し、それぞれの裏の部屋を「一番裏座・二番裏座・三番裏座」と称する。家庭によっては、一番座の裏の部屋のみ「ウラザ」と称したと言う。

　共通語には、黒島語や石垣語で用いられている「うらざ（裏座）」の概念がなく、よって普通の国語辞典の見出し語にはない。小学館『日本国語大辞典』には「うらざ【裏座】〔名〕裏通りにある座のことか。方言①いろりばたの客の席。②いろりばたの家長の席。③寝間。琉球宮古島984。」と説明されているが、内容が違う。

ウラシキヤー[uraʃikija:]〔固〕
屋号。船道家。

ウラスン[ʔurasuŋ]〔他〕
降ろす。〈否〉ウラハヌン。【例】クルマハラ　ニーユ　ウラハイ（荷車から荷物を下ろしなさい）。

ウラハン[ʔurahaŋ]〔形〕
多い。【例】キョーダイヌ　ウラハッティ　ウラーマサダラ（きょうだいが多くて、羨ましいなあ）。僕のきょうだいは12人だったが、姉2人と僕の3人になってしまった（2020年1月現在）。

ウラフニジラバ[ʔuraɸuniʒiraba]〔名〕
古謡の名。〈浦舟（うらふに）じらば〉。

ウラマサン[ʔuramasaŋ]〔形〕
羨ましい。【例】ウイバ　ミリ　ウラマサ　スーバン　ハギリ　ナーヌン（上を見て羨ましく思っても限りがない）。

ウラムヌイ[ʔuramunui]〔名〕
皮肉。反対意見。「ウラ（裏）」と「ムヌイ（物言い＝言葉）」の複合語。【例】ウラムヌイ　タンカ　イジベーッカ　プスン　ニッファハ　シラリルンドー（皮肉だけ言っていると、他人に嫌われるぞ）。

ウラムン[ʔuramuŋ]〔他〕
恨む。憎む。〈否〉ウラマヌン。【例】プスユ　ウラミトゥーシ　ベーッカ　ドゥーヌ　キムン　イチバーキン　パルヌンドゥラー（他人を恨み続けていると、自分の心もいつまでも晴れないよ）。自分を悲劇の主人公にしたがる傾向は世間一般によく見かけるが、そういうことは結局、恨み・憎しみの対象にしている負の材料を自分で背負い続けるという矛盾をおかし続けることにほかならない。されば、恨み・憎しみは可及的速やかに自分の心から排除すべし。

ウリ[ʔuri]〔代〕
それ。その人。そのこと。「クリ（これ）」よりは遠く、「ハリ・アリ（あれ）」よりは近い、人・物・事に関することを表す。中称。〈近称・クリ〉。〈遠称・ハリ、アリ〉。【例】

①ウリトゥドゥ　マズン　ナレードゥラ（そいつと、一緒になったよ）。②ウリドゥウヴァー　ムヌ（それが、あなたのものだ）。②ウリン　ウムッサルヌ　ハリン　ウムッサワヤ（それも面白いが、あれも面白いよ）。

ウリ[ʔuri]〔名〕
〈植〉野菜の名。ウリ（瓜）。原産地はインドとされ、中国から渡来。【例】ヤラビシェーケー　プスヌヤーヌ　パタケハラ　ウリバトゥリ　ヴォーッタワラー（子どものころ、他家の畑からウリを盗って食べたよなあ）。

ウリ[ʔuri]〔感〕
それ。ほら。相手を急かせる時や窮迫・緊迫した事態の到来が予測される状況などで発する。【例】ウリ　アバッティ　パラナーッカ　ガッコー　ウクリルンドゥラー（ほら、急がないと学校に遅れる〈遅刻する〉よ）。

ウリー[ʔuri:]〔名〕
潤い。お湿り。「ウルイ」とも言う。【例】ウリーヌ　アーッケーナ　ウンヌクラユ　ビーウシキ（お湿りのある間に、芋カズラを植えておきなさい）。

ウリウリ[ʔuriʔuri]〔感〕
ほらほら。それそれ。相手を急かせる時や窮迫・緊迫した事態の到来が予測される状況などで発する。「ウリ」より緊迫感が強い。【例】ウリウリ　アバットゥナーッカ　アミン　ゾーリルヌ（ほらほら急がないと、雨に濡れるよ）。

ウリズン[ʔurizuŋ]〔名〕
陽春。若夏の直前。旧暦の２、３月ごろ。（石）ウリゥジュン。（沖）ウリジン。【例】メー　ウリズンヌ　シチェー　ナレーリバ　ピラコー　クーヌンラミ？（もうウリズン＝陽春の季節になったから寒波は来ないだろう）。

ウリハー[ʔuriha:]〔名〕
下へ降りて行って水をくむ井戸。「下り井戸」の意。〈対〉シルハー（釣瓶井戸）。黒島では、どの村にも村の中や村はずれに「ウリハー」があった。

ウリハリ[ʔurihari]〔代〕
あれこれ。【例】ウリハリ　イラビマキベーケー　プスン　トゥラリヤッス（あれこれ選びまけて〈選びきれずに〉いるうち、他人に取られてしまったさ）。

ウリヒャー[ʔuriça:]〔感〕
そらそら。それそれ。「アリヒャー」と同じ。自分が驚いた時にも他人に警告する時にも言う。【例】ウリヒャー　ピシダヌ　ザーン　ハラナー　オンダーバ　シー　アサビベーケー　ティダー　イレーッス（ウリヒャー、山羊の草も刈らずに泳いで遊んでいるうちに日が暮れてしまったぞ）。

ウリヤー[ʔurija:]〔名〕
銛漁（もりりょう）。【例】ウリヤーヤ　ユンユ　フターチ　ムティ　セーッタ（ウリヤー漁は、銛二つを持って〈使用して〉行なった）。ウリヤーは、リーフの内側にある漁礁での銛（もり）を用いたシンプルな漁である。用意する道具は銛２本、１本は先端が真っ直ぐに伸びたストレートな銛で、あと１本は先端が多少湾曲し返し（鉤（かぎ））が付いているものである。前者は「シーメーユン」、後者は「ガリユン」と言う。獲物は、ミーバイ・シヌマン等であった。

　文字通り単独での漁で、戦後の黒島では東筋部落の真盛武宣氏（大正３年生まれ）と仲本部落の多良間嘉奈氏（明治43年生まれ）がレジェンド的存在を誇っていた。なおお２人は、蛸捕りの名人としても有名であった。若手でウリヤーの名人は、東筋部落の石良茂氏であった。以上は野底善行君からの聞き取りである。

　多良間嘉奈氏の長男・光男君（僕の小中高の友人）は、上京しテレビ界で活躍して名を挙げた立志伝中の人物である。退職後

に黒島の自宅を別荘にして東京と黒島を往き来しているが、父親から「蛸の住み処」を教えてもらえなかったことを何よりも残念がり、今となっては「あとのまつり」だと嘆く。

ウリルン[ʔuriruŋ]〔自〕
　降りる。下りる。【例】カイダンヤ　ヌブルッキンナー　ウリルバソーヌドゥ　クチササー（階段は、上るよりは下りるときのほうがきついなあ）。後期高齢の身には、実感を伴って感じられる切実な身辺事である。

ウル[ʔuru]〔名〕
　珊瑚。【例】ヤラビシェケー　ウルヤ　ミートゥーシ　ベーッテナ　アイナー　ハイヤンティ　ウモーンタン（子どものころ、珊瑚はいつも見ていたので、そんなに綺麗だと思わなかった）。

ウルバイ[ʔurubai]〔名〕
　石灰。珊瑚石を焼いて粉状にしたもの。【例】ハーラヤーヌ　ムチェー　ウルバイシドゥ　スクル（瓦屋根用の漆喰は、石灰で作る）。「ムチ（漆喰）」の項参照。

ウワリ[ʔuwari]〔名〕
　終わり。仕舞い。【例】ビャーハシマナー　サンズーサンネンキヌ　ウワリソッコーユ　ドゥ　トゥムライソッコーッティ　イズッタワヤ（わが黒島では、三十三年忌の終わり焼香をトゥムライ焼香と言ったよ）。

ウワルン[ʔuwaruŋ]〔自〕
　終わる。仕舞う。〈否〉ウワラヌン。（石）ウワルン。（沖）ウワユン。【例】コロナヌ　ウワラナーッカ　マーン　パラルヌン（コロナの感染が終わらないとどこにも行けない）。

ウン[ʔuŋ]〔名〕
　〈植〉芋。甘藷。【例】ウントゥ　アーシドゥ　フドゥビ　ケー（芋と粟とで、育ってきた）。
　終戦後の黒島では、主食は芋と粟だった。朝は昨夜の粟飯の残りと芋、昼は芋、夜は粟の飯が定番であった。米の飯は、お盆とお正月（たまに運動会の時も）だけだった。現今の食料事情からすると、芋は非常に高価で焼き芋なぞは贅沢な食品になっていて、そうそう手軽に食べられるものではない。僕は、今でも芋は好物であるが、すぐ上の姉は幼少のころの〝イモアレルギー〟から、芋には食指が動かないという。北海道出身の学生時代の友人Ｉ君も、貧しさの象徴だったヒエなどの入った「五穀米・雑穀米」などは真っ平だと声を荒げる。全国チェーン店を展開する定食の店「大戸屋」では白米と五穀米を選択させるが、僕も連れ合いも躊躇なくおいしい五穀米を選ぶ。

ウン[ʔuŋ]〔名〕
　運。運命。【例】プスヌ　ウンティ　イズムノー　タルンニン　バハラヌ（人の運というのは、誰にもわからない）。

ウン[ʔuŋ]〔名〕
　鬼。【例】ウッツェヌ　ウブザー　クンゾ　タイッカー　ウンニン　ナハブラーッタ（その家のお祖父さんが怒ると、鬼のように怖かった）。実在の鬼に会ったわけでもないのに、身近な人の怖い形相を鬼に見立てたのであった。

ウンキ[ʔuŋki]〔名〕
　運気。運勢。【例】プソー　ウンキヌ　ヨーサーッカ　ヤン　ハカルン（人は運気が弱いと、病気に罹る）。運気が弱いと病気になると信じられていて、サンギンソー（易者）に家族の運勢を占ってもらった。

ウンキニガイ[ʔuŋkinigai]〔名〕
　家族の健康、安全、幸福の祈願。「運気願い」の意。【例】ヤーニンズヌ　ウンキニガイ　ユ　シー　ウヤセーリバ　ケーラ　ガンズナルン（家族全員の運気の祈願をして差し上げたので、全員元気になるよ）。

ウングリルン[ʔuŋguriruŋ]〔自〕
　気性が荒くなる。激高する。怒り狂う。〈否〉

ウングルヌン。【例】サキバ ヌミ ウングリプソー マープカラサナーヌン（酒を飲み気性が荒くなる人は、まともな人ではない）。「マキウシ（牧牛）」の項参照。

ウンゲールン[ʔuŋgeːruŋ]〔自〕
叫ぶ。大声を張り上げる。〈否〉ウンゲーラヌン。【例】ウター イズバソー ウンゲーランスクン フクローフクロー イジ（歌を歌う場合は、大声を張り上げるのではなくやわらかく歌いなさい）。

ウンザ[ʔundza]〔代〕
そいつ。見出し語の中称。近称の「クルザ・クンザ（こいつ）」はあるが、遠称「アンザ？」は確認できない。【例】ヌーシン ウンザヌドゥ セーパジ プソー スーヌンヨ（どうせそいつがしたであろう、他の人はしないよ）。

ウンタマ[ʔuntama]〔名〕
性悪なやつ。ずる賢い人。狡猾な者。軽蔑や憎悪をこめて言う言葉。【例】クルザー ウンタマーリバ ダマハルンヨーン キーシキリ（こいつは性悪だから、騙されないように気をつけろ）。

ウンタマギール[ʔuntamagiːru]〔固〕
〈人〉人物名。沖縄本島にいたといわれる義賊の名。

ウンタリルン[ʔuntariruŋ]〔自〕
熟する。〈否〉ウンタルヌン。【例】ウンタリ バンスルヌ ハバサダラ（熟したグヮバの実の香ばしいことよ）。

ウンチュー[ʔuntʃuː]〔名〕
下男。彼らは親の借金の穴埋めとして、一定年限を金貸しの下で働いた。【例】シマナーン ウンチューヌ ウマハマナ ブタワヤ（黒島でも、下男があちこちにいたよ）。黒島でウンチューとして働いた人のなかには、その後成功して財を成した人もおり、石垣市の商店街のH商店の店主がその１人であったという。その成功譚を、父は尊敬の念をこめて教えてくれた。

ウンツァイ[ʔuntsai]〔名〕
〈植〉植物（野菜）の名。①ツルムラサキ。②ヨウサイ・クウシンサイ（空芯菜）。【例】①ウンツァイヌ パーヤ ソーミンヌ スーナ イリッカー マーハーッタ（ツルムラサキの葉は、素麺汁に入れると美味しかった）。②ウンツァイヤ パーッキンナ ウディヌドゥ マーハッタ（クウシンサイは、葉よりは茎のほうが美味しかった）。黒島では、ツルムラサキもクウシンサイ＝ヨウサイもウンツァイと称した。ツルムラサキは石垣に這わせ、クウシンサイはミンタラ（井戸端の排水池）の周辺に這わせた。いずれも夏の葉野菜として貴重であった。

ウンディヤー[ʔundijaː]〔固〕
屋号。運道家。半農半漁の家庭。アーンピー（東筋の東方の干瀬）を漁場にしていたことから、他所の部落の人々は当家に敬意をこめて「アーンヌピー」と呼んだ。

ウンヌ イー[ʔunnu ʔiː]〔連〕
芋の飯。「ンムニー」とも言う。芋は、通常は皮付きのまま丸ごと煮て皮を剥いて食した。ただし、傷ついた芋や虫食いのものはその部分を削り取り、皮を剥いて煮たうえイビラ（大きな杓文字）で潰しお握りにして食した。そのお握りに小豆を混ぜるとその美味しさは格段に増した。

ウンヌ クジ[ʔunnu kuʒi]〔連〕
芋の澱粉。「ウンヌ ムチ（芋の餅）」を作る手順と途中まで一緒で、皮を剥いた芋をイシ（巨大な下ろし金）で擦り、それを水に溶かし豆腐を作る方法と同じ要領で木綿布の袋に入れて搾る（絞り粕をウンヌハシと言った）。その搾り汁を容器に入れておくと、澱粉が容器の底に沈殿する。頃合いをみて、上澄みを捨て底に沈んだ澱粉を天日干しにして出来上がったものが、固形物

の澱粉である。その澱粉の用途は、「ウンヌ　パンビン」や「ウンヌ　ブットゥルー」などの材料である。

ウンヌ　クラ[ʔunnu kura]〔連〕
芋蔓。生のイモカズラにも枯れたイモカズラにも言う。【例】①ナマヌ　ウンヌ　クラー　ウシン　ピシダン　ワーン　シカ　イットゥ　マーハ　セータ（生のイモカズラは、牛も山羊も豚も非常に美味しくした）。②ハリ　ウンヌ　クラーナードゥ　カイコー　マユ　マクッタ（枯れたイモカズラで、蚕は繭を巻いた）。

ウンヌ　ハシ[ʔunnu haʃi]〔連〕
芋の粕。ウンヌクジ（芋の澱粉）を作る際に生ずる芋の粕である。乾燥させて蓄えておき、ンムニー（芋のお握り）に入れたりして食したが、大方は豚の飼料にした。

ウンヌ　パンビン[ʔunnu pambiŋ]〔連〕
芋のてんぷら。「芋のてんぷら」には、二通りある。一つは、芋を1センチほどの厚さに切り衣を付けて揚げた物。もう一つは、「ウンヌ　クジ（芋の澱粉）」と芋を混ぜて水でこねて揚げた物。後者は「ンムクジ」とも言うが、これは石垣語「ンムクジュ（芋の澱粉）」の移入語。てんぷらと異なる今一つの料理に、「ウンヌ　クジ」だけを水でこね韮をいれて炒めたものを「ブットゥルー」と言う。

ウンヌ　ムチ[ʔunnu mutʃi]〔連〕
芋の餅。芋の皮を剥きイシ（巨大な下ろし金）で擦って、それを糸芭蕉の葉で包んで蒸して作った（どういうわけか、黒島ではサミン〈月桃〉の葉は用いなかった）。「イシ（大きな下ろし金）」の項参照。

ウンヌパーヌ　ズーシ[ʔunnupaːnu dzuːʃi]〔連〕
芋の葉の雑炊。【例】ズーシヤ　ウンヌパーヌ　ズーシヌドゥ　イチン　マーハ（雑炊は、芋の葉を入れた雑炊がもっとも美味しい）。芋の葉には独特の苦みがあり、それが雑炊の味に深みをもたらしているのかも知れない。

ウン　ネーシナビ[ʔun neːʃinabi]〔連〕
芋を煮る鍋。主にサンマイナビ（三枚鍋）が用いられた。

ウンパイ[ʔumpai]〔名〕
礼拝。「御拝」の意。祖霊の前で正座をして合掌・礼拝のあと、立って合掌・礼拝をして正座する。その一連の動きを4回繰り返す。その動作は男だけで行ない、その間、女は座ったまま頭を垂れて手を合わせている。通常は「パイ（拝）」と言うが、「ウンパイ」は尊敬接頭語「ウン（御）」のついた語。

ウンパンシン[ʔumpanʃiŋ]〔名〕
運搬船。昭和に入って沖縄の日本復帰後あたりまで黒島と石垣島の間の定期航路に就航し、貨客船として活動した。古い記憶をたどると、保里村にはプーリヤー（保里家）所有の保盛丸がいて後にムラバシヤー（宮良家）の黒潮丸に代わった。東筋村にはマチヤー（玉代勢家）所有の共進丸がいて後に名称が興進丸に代わった。

　その後、時期は定かではないが超快速船のホバークラフトに取って代わり、さらに港湾整備が進んで現在も運航している大型のフェリーへと代わった。今考えるといささか滑稽なことだが、ある時期には政治的な立場によって運搬船を選び反対派の船には絶対に乗らなかった。概して、保里・宮里・仲本の人々は保盛丸か黒潮丸に、東筋村の人々は共進丸・興進丸に、と色分けされた。

ウンプリ[ʔumpuri]〔名〕
芋掘り。【例】ウン　プリ　ハイヤー　ミドゥモー　パタキヌ　ザーユ　タニ　キサスン（芋掘り上手な女は、畑の雑草を種切れさせる）。

　芋を掘りながら目につく雑草をていねいに取り除き、畑の雑草を根絶やしにする女への称賛である。もう一つ、「ティーヌ

ナル」の項で述べたとおり蔓にていねいに土を被せておく女も称賛されるべきでしょう。

ウンプリ ハノーシ[ʔumpuri hanoːʃi]〔連〕
芋掘り用の鉄製の道具。「ウンプリ（芋掘り）」と「ハノーシ（土を掘る道具）」の複合語。「ハノーシ」（石垣語ではカノーシゥ）は、共通語の「かなふくし（鉄製の掘串）」の転じた言葉）。

エ

エイエイッティ[jeijeitti]〔副〕
すぐに。ただちに。さっさと。「ヤイヤイッティ」とも言う。見出し語は「エイッティ（すぐに）」の「エイ」を重ねて言うことにより緊迫感を増している。【例】エイエイッティ ハタジクナーッカ アミン ゾーラスンドゥラー（さっさと片付けないと、雨に濡らしてしまうぞ）。

エイサー[ʔeisaː]〔名〕
盆踊り。沖縄語の移入語。【例】マイヤ セーネンキヌ ヤーヤーバ マーリ エイサーユ ブドゥレーッタ（以前は青年たちが、各家庭を廻ってエイサーを踊った）。その報酬は、酒一合であった。一番若い青年２人が一斗瓶を担いで「サキグヮー イチンゴー クィミソーレ（酒一合をください）」と家主にねだった。僕たちが子どものころはどの家も貧しく、酒一合も非常に貴重で家庭によっては水で薄めた酒を提供したというから、何ともうらがなしい話ではある。

エイッティ[jeitti]〔副〕
すぐに。ただちに。さっさと。「ヤイッティ」とも言う。【例】エイッティ ニビ シトゥムテー パーマリ フキリ（さっさと寝て、朝は早く起きなさい）。

エー[jeː]〔感〕
同格または目下の者への呼びかけの言葉。【例】エー シトゥケー マダーリバ ドゥキ アバッティナ（ほら、潮時はまだかからあまり急ぐな）。

エーエー[jeːjeː]〔感〕
同格または目下の者への呼び掛けの言葉で、「エー」で反応のない場合に重ねて言う。【例】エーエー アバッティ パラナーッカ マニアーヌンドゥラ（ほらほら、急いで行かないと間に合わないぞ）。

エーグヮー[ʔeːgwaː]〔名〕
〈動〉魚の名。アイゴ。通常は「オンデー」と言うが、沖縄語の移入語である見出し語も用いる。【例】エーグヮーヤ マースニーヌドゥ スーック マーハ（アイゴは、塩味の煮つけがすこぶる美味しい）。

エーッ[jeːʔ]〔感〕
ええッ。驚きや感動などで発する言葉。【例】エーッ パンニン フォーリッタ？（ええっ、ハブに噛まれたってえ）。

エン[jeŋ]〔名〕
来年。【例】エンヤ バー マリドゥシ（来年は、私の生まれ年だ）。

エンヌ トゥシ[jennu tuʃi]〔連〕
来年の年。【例】クトゥシヌ トゥシッキン エンヌ トゥシェー ユクン マサラシ タボーリ（今年の年より、来年の年はなお一層豊作を賜りますように）。あらたまった祈願の口上では、このような重ね言葉が用いられる場合がある。

エンヌ ユー[jennu juː]〔連〕
来年の作物。来年の豊作。「ユー」には、

オー

①世（マヌマヌ　ユー＝今の世。ムカシユー＝昔の世）、②作物・収穫・豊作・豊年（ユーニガイ＝豊穣の祈願。ユーアギ＝豊年・豊作の招来）の意がある。

オ

オー[ʔoː]〔感〕
　はい。目上の人に対する目下の人の返事。【例】〈目上の人の問いかけ〉クナレー　ミラルヌヌ　ガンズーラミ？（最近見られないけど元気だろう）。〈目下の人の返答〉オー　ガンズユー（はい、元気です）。

オーカスン[ʔoːkasuŋ]〔他〕
　動かす。移動させる。〈否〉オーカハヌン。【例】オーカハンスクン　ウヌママ　ヤリシティ　ウシキ（動かさずに、そのまま放置しておきなさい）。

オークン[ʔoːkuŋ]〔自〕
　動く。移動する。〈否〉オーカヌン。【例】バーアイジ　シーリバ　ウンバーケー　オークナ（私が合図するから、それまで動くな）。

オークン[ʔoːkuŋ]〔自〕
　働く。「パタラクン」とも言う。【例】アシヌ　パリッケー　オークッカー　アツァン　ピーヤン　ナーナナルン（汗が出るまで働くと、暑さも寒さも無くなる）。

オーグン[ʔoːguŋ]〔他〕
　扇ぐ。「オングン」とも言う。〈否〉オーガヌン。（石）オングン。（沖）オーズン・オージュン。【例】クバヌ　パーヌ　オンギシ　オーギバドゥ　ピーラケヘ（クバの葉の扇で扇ぐと、涼しい）。

オーザ[ʔoːza]〔固〕
　〈人〉男性の名。

オーサン[ʔoːsaŋ]〔形〕
　気が引ける。心苦しい。肩身が狭い。恐縮である。石垣語「ドゥーングリシャーン」に近い「ドゥングリサン」と言うこともある。（石）ドゥーングリシャーン。（沖）ドゥーグリシャン。【例】ウリハラ　ギーサイン　ジンバ　ハリ　メー　オーサヌ　マービ　ハラハイッティ　イザルヌン（彼から何回も金を借りているので、もう心苦しくてもっと貸してくれとは言えない）。

オーシッファ[ʔoːʃiffa]〔名〕
　自分の子を他人の子として押しつけた子。黒島での逸話。嫉妬深い妻を持つ男が、ある女性とのなかで子をつくり、気の弱い従弟に言い含めて彼に押しつけ妻の追及を逃れてきた。今わの際〈死に際〉に息子を枕元に呼び「どこそこの○○女は、お前の妹だから今後はきょうだいづきあいをしてくれ」と頼まれたとのこと。件の○○女いわく「イザー　イキベーケナー　イズヌ　ピスッカラッツァン　イーリミランタン（お父さんの生存中に、魚の一匹たりとも貰ったことはなかった！）」。ちなみに、男の家は半農半漁のN家で、以後は親の遺言どおり親密なきょうだいづきあいをしたという。

オースン[ʔoːsuŋ]〔他〕
　責任をなすりつける。責任を他人に負わせる。〈否〉オーハヌン・オーサヌン。（石）ウスン。（沖）ウーシユン・シリナシーン。【例】ドゥーシ　セークトゥユドゥ　プスン　オーシ　ビッサレーワヤ（自分でしたことを、他人のせいにしていやがるよ）。

オーセ[ʔoːse]〔名〕
　琉球王国時代の村役場。宮里村に設置されていたことから、黒島では宮里村を「親村（うやむら）」と尊称した。（石）オーシェー。（沖）

バンズ・バンドゥクル。

オーックヮ [ʔoːkkwa] 〔感〕
おお。感動したり、驚いたりした時に発する。【例】オーックヮ フタッツァーバナシ ウブナシキ セーワヤ（おお、双子を生んで大きく捗ったよ）。「フターッツァ」の項参照。

オートミ [ʔoːtomi] 〔固〕
〈地〉大富。西表島の東部に位置する村の名。

オーヌ バラサッテナーヌン [ʔoːnu barasattenaːnuŋ] 〔成〕
はい〈と言って〉悪いことはない。目上の人の指示・命令には素直に従ったほうが無難だ、という教え。【例】オーヌ バラサッテナーニバ シザンキヌ イズムヌイヤ オーッティ シキウシキ（はい、と言って悪いことはないから、目上の人たちの言うことは「はい」と聞いておきなさい）。

オーハラ [ʔoːhara] 〔固〕
〈地〉大原。西表島の東部に位置する村の名。新城村の、移住先であった。

オーヤー [ʔoːjaː] 〔名〕
喧嘩(けんか)。よく喧嘩する人。沖縄語の移入語。黒島語では「アイ（喧嘩）」とは言うが、「喧嘩好き」に対応する独立した言葉は確認できない。牛の喧嘩〈闘牛〉については「ウシ アーシ」と言うが、「アーシ」は「アースン（喧嘩させる）」の連用形が名詞化した語である。

オカー [ʔokaː] 〔名〕
〈幼〉母。一般的には「アブ」と言い、「オカー」は「オッカー」とともに幼児語的な言葉である。

オッカー [ʔokkaː] 〔名〕
〈幼〉母。「母」の幼児語。【例】オッカー オットーティ イジナライ〝オカーサン オトーサン〟ッティ イズッタバソーヌ バハヤーッタウユ（オッカー オットーと呼び慣れて、〝お母さん お父さん〟と呼んだときの照れくさかったことよ）。

オットー [ʔottoː] 〔名〕
〈幼〉父。「父」の幼児語。「オカー」参照。

オヅナ [ʔozuna] 〔名〕
男綱。

オトー [ʔotoː] 〔名〕
〈幼〉父。一般的には「イザ」と言い、「オトー」は「オットー」とともに幼児語的な言葉である。

オブ [ʔobu] 〔名〕
水。幼児語。

オンギ [ʔoŋgi] 〔名〕
扇。古い時代はクバ（ビロウ）の葉で作ったことから、「クバヌパーオンギ」が扇の代表的な存在であった。【例】ヤマトゥオンゲー アジフジナーニバ クバヌパーオンギシ オーギバ（ヤマトゥの扇は大して役に立たないから、クバの葉の扇で扇ぎなさい）。

オンダー [ʔondaː] 〔名〕
〈幼〉泳ぐこと。水泳。【例】プリプソートゥマンヌ シカハッテナ ビキドゥン ミドゥムン ムール オンダー ゾージ アッタ（保里の人は、海が近いから男も女も皆泳ぎが上手であった）。

オンデー [ʔondeː] 〔名〕
〈動〉魚の名。アイゴ。「エーグヮー」と同じ。青みがかった色合いを帯び、ピーヌフカ（干瀬の外）の深い所に生息する。「エーグヮー」の項参照。

カ

カ[ka]〔数詞〕
　日を数える単位。一日は「ピスイ」と言い、二日以降は用例の通り。【例】フツカ（二日）・ミッカ（三日）・ユッカ（四日）・イシカ（五日）・ンーカ（六日）・ナンカ（七日）・ヤウカ（八日）・ククヌカ（九日）・トゥカ＝トゥッカ（十日）。

カー[ka:]〔接助〕
　～なら。～たら。【例】①トゥヌンギ　パラナーッカー　マニアーヌンドゥラ（急いで行かないなら、間に合わないよ）。②ハジヌ　スーワッカー　イソー　パンナ（風が強いなら、漁に行くな）。③ピーヤッカー　ウズユ　ハビバー（寒かったら、布団を被りなさい）。

ガー[ga:]〔名〕
　忍耐力。持続力。【例】ガーヌ　ナーンプソーヌーシムバン　セイコー　スーヌン（忍耐力のない人は、何をさせても成功しない）。「アトゥガー」の項参照。

ガー[ga:]〔名〕
　意地。我。【例】ドゥキ　ガーヌ　スーワヌ　クリトー　ナラヌン（あまりに我が強くて、こいつとはやってられない）。

ガー[ga:]〔名〕
　〈植〉チガヤ（茅）。「ガヤ」とも言う。【例】ガーヌパーユ　シビラシ　ウリユ　クージシ　マケーターナ　ナビヌフター　スクレーッタ（カヤの葉を乾燥させ、それをトゥズルモドキの蔓で巻きながら鍋の蓋を作った）。

カーキ[ka:ki]〔名〕
　指切り。【例】ハマナ　タティラリ　ミンギヌ　ハトゥナー　カーキバ　シー　ザルッティ　ウクシワーリ（あそこに立てられている澪木(みおぎ)の所で指切りをして、直ちに疾走してください）。用例は、豊年祭の「ウーニ競走」の主役である「ウーニ」がパーリー船に向かって走り出す前に神の盃を授けられるが、その際の口上である。

カーギ[ka:gi]〔名〕
　容姿。【例】トゥジ　トゥミルバソー　カーギハイヤーッキン　キムハイヤー　ミドゥムユ　トゥミリ（妻を求めるなら、容姿の美しさより心延えのいい女性を求めなさい）。
　共通語の「影(かげ)」に対応する語。「影」には「光・姿」などの意と、物体が光を遮ったため光源の反対側に出来る暗い部分の意（この場合は陰を用いることが多い）があり、前者の意が「人の姿→容姿」へと意味が広がったものと考えられる。光→月影・星影・日影。姿→面影・島影・人影。影＝陰→影法師・木陰・日陰。
　石垣語の「カイシャーン（美しい）」も、黒島語の「ハイヤーン（美しい）」も、「影」が形容詞として用いられたものと言われている。石垣語は音韻変化の過程で子音の[g]が脱落し、黒島語は語頭の子音[k]が[h]に替わり[g]が脱落したものと思われる。石垣語も黒島語も、音韻変化によって「影」との類縁関係が理解しにくくなっているが、宮古語の「カギサン（美しい）」は「影」との関連が分かりやすく投影されている。

ガーズー[ga:zu:]〔名〕
　我の強い人。意地っ張り。（石）ガーバレー。（沖）ガージュー。【例】アヤール　ガーズーヤ　ミリミラヌン（あんな意地っ張りは、見たことがない）。

ガースーブ[ga:su:bu]〔名〕
　我慢比べ。力比べ。【例】ヌーバセー　シ

グトゥン アトー ガースーブ ドゥラー（どんな仕事も、最後は忍耐強さの勝負だよ）。

ガーズーワン[ga:zu:waŋ]〔形〕
我慢強い。強情な。「ガーズワン」とも言い、その方が多用される。「ガーズワン」の項参照。

ガーズワン[ga:zuwaŋ]〔形〕
我慢強い。強情な。「ガー（我慢）」と「スーワン（強い）の濁音化・約音化したズワン」の複合語。「ガーズーワン」と同じ。【例】①パイウティ スーバン パリスーブ スーバン ガーズワー プスンナーマキドゥ シー（鍬で畑を耕しても走り競争をしても、我慢強い人には負けてしまう）。②ドゥキ ガーズワーッカ プスピライ シラルヌンドゥラ（あまり強情だと、人付き合いもうまく出来ないよ）。

ガーヌ シカマ[ga:nu ʃikama]〔連〕
茅の新芽。【例】ガーブシュ アラクバソー ガーヌシカマン キーシキリヨ（茅の茂みを歩くときは、茅の新芽に気をつけよ）。

　茅の新芽は、針のように硬く尖っていて足に刺さると非常に痛かった。父や兄たちは、茅の生えている原野を裸足のまま平気で歩いていたが、私の足の裏は茅の新芽をはねつける硬さはなく刺さると血がにじんできて痛かった。思えば、昭和30年代の初めころの小中学生のほとんどは裸足の生活を送っていたのだから、茅の生い茂っている原野も裸足で駆けめぐっていたのだ（まさに「隔世の感あり」である）。

ガーバツァー[ga:batsa:]〔名〕
〈動〉蜂の一種。「かや（茅）の転ガー」と「パチ（蜂）の転バツァー」の複合語。「かやばち（茅蜂）」の意。カヤ（茅）・ススキ・サトウキビ・アダンなどの葉やバンスル（グァバ）の枝などに巣をつくることが多い。体長15ミリほどの小蜂だが、刺されるとかなり痛い。子どものころはよく刺され、瞼や唇をしょっちゅうパンクラシ（腫らし）ていた。他に体長が大きく毒性の強烈な「アカバツァー・グンバツァー」が生息していた。

ガーブシ[ga:buʃi]〔名〕
茅の生い茂った原野。【例】ガーブシナ ウシユ ユシキバソー パタキハ トゥドゥカンヨーン キーシキリヨ（茅の原野で牛を繋ぐ場合、畑に届かないよう気をつけろ）。用例は、農耕に不向きな原野で牛を繋ぎ飼いしていたころの話である。耕作地の一角の原野で牛を繋ぐ場合、牛を繋ぐ縄と牛の体長を見計らって、牛が耕作物を食べたり後ろ足で畑や作物を荒らしたりしないよう正確な目測・判断が必要であった。

　なお、ガーブシではヒバリ（？セッカ＝雪加・雪下）が壺状の巣を作った。巣を見つけ、中の卵を取ろうとすると、空から親鳥が「やめてくれ！」というような鋭い鳴き声を発する。さすがに、その必死の訴えを聞くと卵を持ち去るわけにはいかなかった。ヒバリは今もいるだろうか。

ガーブリルン[ga:buriruŋ]〔自〕
根負けする。へこたれる。〈否〉ガーブルヌン。「ガー（意地が）ブリルン（折れる）」の意。【例】ウリン ムヌナラーシ シールンティ ガーブリナーヌン（そいつに物を教えようとして、疲れ果ててしまった）。

カーマ[ka:ma]〔副〕
はるか。ずっと。【例】ハリドゥ ウヴァッキン カーマ ウイ（彼が、お前よりずっと上だよ）。

ガーヤ[ga:ja]〔名〕
茅葺きの家。【例】ガーヤヌドゥ ナチェーピーラケヘ フヨー ヌッサッタ（茅葺きの家が、夏は涼しく冬は暖かかった）。昭和30年代の黒島では、茅葺きの家が3割くらいで残りは瓦葺きであった。現在は、

茅葺きがなくなって鉄筋コンクリートの家屋が増え、瓦葺きが少なくなっている。茅葺きや瓦葺きには、伝統的な家屋としての風情があったが、台風に弱いという欠点があり、また瓦葺きは現在ではメンテナンスに費用が掛かりすぎるという難点があるようだ。

ガーラ[ga:ra]〔名〕
〈動〉魚の名。シマアジ。「マース煮（塩と泡盛で味つけした煮つけ）」にすると美味しい。

ガーリ[ga:ri]〔名〕
威勢よく乱舞すること。祭りのクライマックスで行なわれる巻き踊り。【例】プーヌ ガーリヤ ハクビチ ウムッサッタ（豊年祭のガーリは、格別に面白かった）。パーリー競漕、ウーニ競走の後は、旗頭を中心にウーニはじめ漕ぎ手たちが円陣を組み、そのなかでアブッタンキ（お母さんたち）・パーッタンキ（お婆さんたち）が力強い乱舞を催す。そこでは競争の勝ち負けとは関係のない「ユーアギ（豊作・豊年の招来）」本来の喜びが爆発的に表現された。

ガールン[ga:ruŋ]〔自〕
威勢よく掛け声を掛け合い乱舞する。〈否〉ガーラヌン。「ガーリ」の項参照。

ガイ[gai]〔名〕
反抗。抵抗。【例】ガイタンカ シーベーッカ プスン ニッタハ シーラリルンドー（反抗ばかりしていると、人に嫌がられるよ）。

ガイズワン[gaizuwaŋ]〔形〕
反抗心が強い。我が強い。【例】ガイズワープソー プスピライユン ゾーットニ シーッサヌン（我の強い人は、人づきあいもうまく出来ない）。

カイゾク[kaizoku]〔名〕
ダイナマイト漁で船主（ダイナマイトの仕掛け主）の捕り残した魚に群がる人々。「ハトーッシ（タカサゴ）」が産卵のために島の東のピーヌウチ（干瀬の内・礁池）に群れを成してやってくるが、その群れにハッパ〈ダイナマイト〉を仕掛ける。船主は、サバニ（漁業用の板船）の一杯分を捕ると石垣のほうに向かう。取り残しの魚は、ダイナマイトの音を聞きつけてやってきた「海賊」とよばれた島の人たちがひろう。

ガイナ[gaina]〔名〕
〈植〉イネ科の雑草の総称。【例】ガイナーグマハケーナ ソーリ シティリヨー（雑草は小さいうちに除いて捨てなさいよ）。

ガイルン[gairuŋ]〔他〕
出会う。すれ違う。〈否〉ガウヌン・ガイラヌン。【例】ウイプストゥ ガイルバソー キムハラ アイシチ シーリヨラー（年寄りと出会う場合は、丁寧にあいさつしなさいよ）。

ガウ[gau]〔名〕
仲間。道連れ。付添い。「アウ」と言う場合が多い。【例】ガウバ シーマズン パリバ（道連れをして、一緒に行きなさい）。「アウ」の項参照。

ガウサ[gausa]〔名〕
出来物の群れ。多くの出来物。【例】ガウサン シドーリ キムイッツァハーダラ（出来物に覆われ、気の毒だなあ）。水の問題でもあったろうが、ガウサに覆われている子が多かったなあ、あのころは。

ガウリルン[gauriruŋ]〔自〕
穴が大きく開く。締まりが悪くなっている。【例】①グマーグマーヌ アナ アッタヌ クナリヌ ウブアミナー ガウリ ブルワヤ（小さな穴だったのに、この前の大雨で大きな穴になっているよ）。②ミスハミヌ フター ガウリ ブリバ ガンッティ シナウヨーン スクリナウハイ（味噌瓶の蓋は締まりが悪くなっているので、きちんと締まるように作り直しなさい）。

カキマカル[kakimakaru]〔名〕
　欠けた碗。転じて、欠けた碗しか財産分与のない次、三男に言う。黒島語の音韻の原則からすると「hakimaharu（ハキマハル）」となるところだが、私の耳朶には見出しの音が残っている。石垣語の影響であろうか。黒島の習わしでは、親からの財産分与は長男が圧倒的に優遇され、次男以下には一切れ二切れの畑地のみ、娘には箪笥の一竿のみであったようだ。

ガクブリ[gakuburi]〔名〕
　学問をして気が狂った人。学識に優れているが常識のない人。(石・沖)ガクブリ。【例】ドゥキ　ビンキョーバ　シー　ガクブリナリ　ナーントゥ（あまり勉強をして、気が狂ってしまったそうだ）。

ガクムン[gakumuŋ]〔名〕
　学問。勉学。【例】ギューサ　ガクムンユ　スーバン　ドゥーヌ　クトゥンカーシーベープソー　アジフジナーヌン（どんなに学問をしても、自分のことしかしない人は何の意味もない）。身につけた学問は、社会に一木一草を加えて〈役立って〉こそ価値がある。

カケル[kakeru]〔名〕
　凧の一種。「ハーブヤー」とも言ったが、子どもたちは「カケル」と呼んでいた。(石)カブヤー。縦長の四角い紙の対角線に竹ひごを縫い付けて作るもっとも簡便な凧。竹ひごを交差させて作ることから「×＝掛ける＝カケル」と呼んだのであろう。

ガザン[gazaŋ]〔名〕
　〈動〉蚊。【例】ガザンヌ　クイニン　ムヌイズッカー　ウイプスンナー　シカルヌンドゥラ（蚊の鳴き声のように〈小声で〉しゃべると、年寄りには聞き取れないよ）。

ガサガサー[gasagasa:]〔名〕
　〈動〉カツオの撒き餌となる雑魚の一種。撒き餌には、他に「サネラー」「シラウミ」「バカー」があったが、最も評価が低かった。ちなみに、「サネラー」はグルクン（タカサゴ）の稚魚で、カツオの撒き餌の最高級とされている。

ガシ[gaʃi]〔名〕
　極端な凶作状態。特に貧困な食糧事情。語源は「餓死」であろうが、「飢え死に」の意はない。【例】ソンガチヌ　シナピキヌ　バソー　ニスマヌ　ハツッカー　ガシッティ　イジドゥ　ヤディン　パイマユ　ハツァセータ（お正月の綱引きの際、北が勝つと凶作だと言ってかならず南を勝たせた）。「ソンガチ（正月）」の項参照。

ガシカー[gaʃika:]〔名〕
　〈動〉ウニ（雲丹）。【例】ビャーハムラナー　ガシカーユ　トゥルプソー　シキッティヤーヌ　パータンカ　アッタ（我が村＝東筋部落でウニを捕るのは比屋定家のお婆さんだけであった）。黒島の海浜にはウニはたくさんいたが、なぜだか捕獲したのは比屋定家のお婆さんだけだった。「ウニ」の項参照。

カシキ[kaʃiki]〔名〕
　おこわ。「ハシキ」とも言う。黒島語では「カ」は大方「ハ」に変わることから、黒島では「ハシキ」が主流。「ハシキ」の項参照。

ガジマン[gaʒimaŋ]〔名〕
　〈植〉樹木の名。ガジュマル。(石)ガザムネー。(沖)ガジマル。枝から気根を下ろし、地中に根を張って幹となることから、一本の木が時には何十本の幹になる。材質は柔らかくて建築材には不向きだが、盆や容器のほか獅子頭などの素材として重用される。葉は牛や山羊の餌になる。旗頭の髭には気根が用いられる。

ガチマヤー[gatʃimaja:]〔名〕
　食いしん坊。「ヴァイダマ」とも言う。沖縄語の移入語。(沖)ガチ・ガチマヤー。【例】ヤーサヌッティ　タンカ　イジベーリ　ウ

ヌ　ガチマヤーヤ（ひもじいとだけ言っていなさい、この食いしん坊は）。

ガッキ[gakki]〔名〕
鎌(かま)。【例】ピシダヌッサン　ウシヌッサン　ガッキシ　ハルッテナー　ヤラビシェーケハラ　ガッキヌ　アシカイヤ　ゾージアッタ（山羊の草も牛の草も鎌で刈るから、子どものころから鎌の扱いは巧み〈慣れたもの〉だった）。とは言っても、手の生傷は絶えなかったけど。

ガッキヌ　パー[gakkinu pa:]〔名〕
鎌の刃。【例】ガッキヌ　パーヤ　トゥーシ　トゥイ　シカウッタ（鎌の刃は、頻繁に研いで使った）。刃がなまってしまうと、滑ってしまい怪我をするので危険であった。

ガッキヌ　マラ[gakkinu mara]〔連〕
鎌の、柄に差し込む部分。「ガッキ（鎌）」の「マラ（魔羅＝陰茎）」の意。

ガッキヌ　ユイ[gakkinu jui]〔連〕
鎌の柄(え)。【例】シザハ　ガイ　シーッカ　ガッキヌ　ユイシ　シタカリッタ（兄に抵抗すると、鎌の柄で叩かれた）。

ガッキブドゥン[gakkibuduŋ]〔名〕
鎌踊り。「ハサブドゥン（笠踊り）」と対を成す。豊年祭に青年男女によって演じられる民俗舞踊の一つ。女は鎌を男は鍬を手に採って踊るが、舞踊名には女性を重んじてなのか「ガッキ（鎌）」だけが用いられる。なお、保里村では「コームッサー」と称して鍬だけを用い、仲本村では鎌だけを用い三線伴奏なしの歌にのせて踊る。こういうところにも「部落間の競争意識」がはたらき、黒島芸能の多様性と面白さの源泉が顔をのぞかせていて興味深い。「ハサブドゥン」の項参照。

ガッキボー[gakkibo:]〔名〕
豊年祭と結願祭で演じられる棒術の一つ。「ガッキ（鎌）ボー（棒）」の意。鎌を手にした武者と、槍を手にした武者による棒術。【例】アースンヌ　ガッキボーヤ　ガッキユ　ムトゥプスヌ　ハタティーヌ　ガッキシ　ヤリバ　ウサイ　マーピシッチヌ　ガッキシ　ヤリユ　シカウプスユ　ワースンティ　ハマイ　ベールワヤ（東筋のガッキボーでは、鎌を持っている武者が片方の鎌で槍を押さえ、もう一方の鎌の切っ先で槍を使う武者を突き刺そうと構えている）。この用例はガッキ棒のクライマックスの場面だが、鎌を持つ武者は槍遣いの武者の脳天に鎌の切っ先を突き立てようと必死の形相で迫るのである。その演舞には、子ども心にも戦慄(せんりつ)を覚えたものである。記憶に残る名手は、ニソルシキヤー（北新城家）の新城信良さんと幾乃英純さんである。さらにさかのぼると、記憶にはないが野底正雄さん（オーザセー）と運道武雄さん（ハマダセー）の演技が秀逸であったと伝えられている。

ガック[gakku]〔名〕
鉤(かぎ)。【例】①イジンヤ　ナハザヌ　ガックナ　サイウシキ（飯籠(めしかご)は、台所の鉤に下げて置け）。我が家の台所の土間の上部には、竹で編んだ棚があり竹から吊るされた鉤に飯籠を吊るした。②ティンハラ　ガックヌ　ウリキー　パナヌミーバ　ハキ　ティンハー　サーリ　パラリルンドー（天から鉤が下りてきて、鼻の穴を引っかけ天に連れて行かれるぞ）。甘えてぐずっている僕を、父は屋外に締め出し用例のような言葉をかけた。そういうとき、鼻を引っかけられないように用心深く顔を外に向けずにうずくまっていた、幼いころの恐怖におののいていた思い出の断片である。

ガッコーシートゥ[gakko:ʃi:tu]〔名〕
通学生。学校に通っている生徒。「学校生徒」の意。【例】ガッコーシートゥヌ　ブラナーナーッカー　ガッコーン　ナーナ　ナルン（通学生がいなくなると、学校もなくなる）。

離島の過疎地域では、児童生徒の消滅は即小中学校の廃止につながる。高等学校においても一定程度の生徒が確保できないと、学級閉鎖ひいては学校自体の閉鎖〈分校化〉に直結することから、住民の定住と同じく重要な課題である。

ガッコーダング[gakko:daŋgu]〔名〕
学用品。「学校道具」の意。教科書、ノート、筆記用具、筆入れ、カバン等。【例】ガッコーダンゴー タイシチ シーリヨー（学用品は大事にしなさいよ）。

ガッコーミチ[gakko:mitʃi]〔名〕
通学路。「学校道」の意。東筋からの学校道はおよそ800メートルでもっとも近く、宮里と保里の学校道が約1300メートル、仲本と伊古の学校道が約1000メートルであった。ちなみに、黒島校から東筋の黒島芸能館までの道路は、「日本の道百選」に選定されている。

ガッコーヤシミ[gakko:jaʃimi]〔名〕
夏休みや冬休みなどの長期休暇。「学校休み」の意。

ガッパイ[gappai]〔名〕
後頭部の出っ張り、また、そのような頭の人。おでこの突き出た人のことは「マイガッパイ」と言う。【例】ガッパイナヤ ソームヌヌ パイリブリバ プスン ヌッティ イザルバン ハマラサ シーナ（出っ張った後頭部には、大事なものが詰まっているので他人に何と言われても悔しがることはないぞ）。日頃は厳しかった父のこのような励ましの言葉は、骨身に染みるほど嬉しかった。「ガッパヤー」の項参照。

ガッパヤー[gappaja:]〔名〕
後頭部またはおでこが出っ張っている人に、からかってまたは軽侮をこめて言う。僕の後頭部は自分でも相当に出っ張っているなあと感じていたことから、兄たちに「ガッパヤー」と言われると、合点しながらもちょっぴり悔しい思いもしていた。そのガッパイを母は口の中で呪文らしきものを唱えいつも優しく撫でてくれた。そのお陰だろうか、今は目立つほどの出っ張りは感じられず、亡き母に感謝している。「ガッパイ」の項参照。

ガッフェ[gaffe]〔名〕
〈動〉ヒバリ。〈類〉フナドゥル[Φunaduru]・フナドゥレー[Φunadure:]（名）〈動〉スズメ。「ヒバリ」は、セッカ（雪加・雪下）のこと。

ガツン[gatsuŋ]〔名〕
〈動〉魚の名。アジの仲間。ガチュンとも言う。

ガニ[gani]〔接尾〕
接尾敬称語。童名(わらべな)の末尾に付けて敬意を表す。【例】マチンガニヌ 『ヒーハーヒ』（『 』内は囃子言葉。以下同じ） マイフナーヌ『ヒヤーサー』 ヤータティヤ 『ヤーラムチ ムツァイ』（マチンガニと言う、成功を収めた男の、家造りの〈成功譚〉は）。赤貧洗うがごとき境遇のマチンガニ（松金）が、刻苦勉励・粉骨砕身ののちに立派な家を建てるとともに、首里王府の八重山行政官庁・蔵元の最高官・頭職に上り詰めるという成功譚を歌った古謡の冒頭部分である。
　古来、八重山地方ではマチンガニの成功譚に肖(あやか)ろうと新築祝いの際には真っ先にこの歌を歌う習わしになっていたようだが、昨今の事情はどうであろうか。

カヌシャーマ[kanusja:ma]〔名〕
男性からいう女性の恋人。愛しい人。石垣語からの移入語で、歌謡語として用いる。【例】ナカドーミチカラ ナナケーラ カヨーケ ナカシジ カヌシャーマ ソーダンヌ ナラヌ（仲道路から七度も通ったけど、仲筋カヌシャーマとは相談ができなかった〈心が通じなかった／〈とぅばるま節〉）。

ガバ[gaba]〔名〕
汚れ。体の汚れにも服の汚れにも言う。【例】

ガババ フイ ガバキンバ キシ アラクッカ プスン バラーリルヌ（汚れた体に汚れた服を着ていると、他人に嘲笑される〈馬鹿にされる〉ぞ）。

ガバッティ [gabatti]〔副〕
勢いよく跳ね起きるさま。【例】フキバソー ガバッティ フキ シービキシグトー バザラーッティ シーリ（起きるときはガバッと起き、するべき仕事をバザラーッと〈さっさと〉片付けなさい）。我が父親の立ち振る舞いは例文の如しで、愚息のそれは正反対で未だに愚図愚図である。ああ、情けないッ！

ガバサー [gabasa:]〔名〕
垢（あか）まみれの人。容姿の悪い人。【例】ヤラビシェーケー ガバサー アッタヌ ウブプス ナリ ミリバドゥ アバレヘッテナ ミッサルンタン（子どものころはガバサー〈容姿のよくない子〉だったのに、大人になってみると美しくなっているので気がつかなかった）。

ガバフヤー [gabaɸuja:]〔名〕
垢まみれの人。「ガバサー」と同じ。

ガバラ [gabara]〔名〕
石ころや小さい根石の多い状態。「イシガンパラ」とも言う。【例】クヌ パタケー ガバラッテナー スクルムノー ディキラヌン（この畑は、石ころや根石が多くて、作物はよく出来ない）。

ガバラパタキ [gabarapataki]〔名〕
石ころや小さい根石の多い畑。【例】ガバラパタキナ ウシヌヤマ ピカシバソー タマンガラナーッカ パーユ ハカイシティルンドゥラ（ガバラパタキで鋤を牛に引かせる場合、気をつけないと刃を壊してしまうぞ）。

ガバラミチ [gabaramitʃi]〔名〕
石ころや小さい根石の多い道。【例】ガバラミチェー アラキヌッサーリバ クルバンヨーン キーシキリヨ（石ころの多い道は歩きづらいから、転ばないように気をつけなさいよ）。「キーシキリ」は「タマンガリ」とも言う。

カバン [kabaŋ]〔名〕
学用品入れ。軍服の切れ端で作られ、肩に掛ける紐が付いていた。「ガッコーカバン（通学用カバン）」と呼んでいた。多分、そのカバンを中学校を卒業するまで持っていたのではなかっただろうか。

ガバン [gabaŋ]〔名〕
船底の敷板。【例】サバニヌ スクナーシク イツァユドゥ ガバンティ シタ（サバニの船底に敷く板を、ガバンと言った）。

ガマ [gama]〔名〕
隅っこ。奥まった所。【例】ガマナ ハクリ ベーリ（隅っこに隠れていなさい）。共通語の「がま＝晶洞（しょうどう）」に対応する語は、黒島語では「アブ」と言う。石垣語では「ガマ＝大きな穴。竪穴にも横穴にも言う」と説明され、沖縄語では「ガマ＝洞窟。ほら穴。その多くは鍾乳洞である」と説明されていて、共通語と近似している。沖縄本島の「ガマ」は、戦時中には住民の避難場所や日本軍の陣地となって、そのなかで〝集団自決〟（〝強制集団死〟）が行なわれるなど、悲惨な場ともなった。

ガマク [gamaku]〔名〕
腰。沖縄語の移入語。

カマチ [kamatʃi]〔名〕
床（とこ）の間（ま）の床（ゆか）の周囲に渡す横木。黒檀などの高級材を用いた。【例】ザートゥクヌ カマチヤ キダヌ シンシドゥ ハザレーッタ（床の間の框（かまち）は、黒檀の芯材で飾った）。今でも古い木造建築の家屋に用いられた黒檀の框が見つかると、三線の竿材として重宝される。

友人の小底秀勇君は腕のいい大工棟梁

だったので、石垣市在の家屋の造作を彼に頼んだ。見事な仕上がりであった。その完成記念として小底君から古民家の框に用いられていたという黒檀を贈ってもらい、三線を2丁造らせ今も愛用している。彼は、残念ながら70代の半ばで他界した。合掌！

ガヤ[gaja]〔名〕
〈植〉チガヤ（茅）。「ガー」と同じ。

カヤー[kaja:]〔終助〕
〜だろうか。〜かなあ。〜かしら。疑問の終助詞「カ」に間投助詞「ヤー」が融合して出来た語。【例】①アメー ヴーン カヤー？（雨は降るだろうか）。②ヌーバ シードゥ アサブカヤー？（何をして遊ぶかな）。③バヌン パラバン ミサンカヤー？（私も行っていいかしら）。

カラ[kara]〔数〕
動物を数える単位。匹、頭、羽など。【例】①ピスッカラ・プスッカラ フタッカラ ミッカラ ユッカラ イシカラ ンーッカラ ナナッカラ ヤーッカラ・ヤッカラ ウヌッカラ トゥッカラ（1匹、2匹、3匹、4匹、5匹、6匹、7匹、8匹、9匹、10匹）。②ピシダヌ ミッカラ ヴァーバナセー（山羊が、3頭子を産んだ）。③トゥンヤ ギッカラ シカナイブーヤ？（鶏は、何羽飼っているか）。

ガラ[gara]〔名〕
サトウキビの絞り殻。サトウキビの汁を搾る圧搾機は、僕たちが子どものころは牛に引かせていたが、後にディーゼルヤンマーの導入によって機械化された。牛が動力のころのサトウキビの搾り殻（以下「キビ殻」という）は紐で容易に束ねることができ、キビ殻は製糖工場の近くの畑の一角で積み上げて置き（シラと言った）乾燥させ製糖用の焚き物（燃料）にした。ところが、機械化によって圧搾されたキビ殻はポロポロの状態で束ねることはできず、多分その

ままま製糖用の竈に放り込んで燃料にしたのではなかっただろうか。

カラクイ[karakui]〔名〕
三線の弦を引き締める糸巻き。「カラクリ」とも言う。

カラクリ[karakuri]〔名〕
三線の弦を引き締める糸巻き。「カラクイ」と同じ。

ガラサー[garasa:]〔名〕
〈動〉カラス。通常は「ガラシ」と言うが、黒島の人を揶揄して言う場合には「フシマ ガラサー」と言う。【例】プスヌ シマプソー ビャーハシマプスユ フシマ ガラサーッティ イズドゥラ（余所の島の人は、我が黒島の人を「フシマ ガラサー」と言うのだよ）。

その謂われについては、①カラスがガーガー鳴き騒ぐようにおしゃべりだから、②カラスのように賢いから、③カラスのように色が黒いから、など諸説あるが皆さんに思い当たるのはどれでしょうか、それともどれもまったく当てはまらないと言えますか。

それはともかく、あれほどたくさんいたカラスが現在はそんなにはいないとのこと。島中が牧場になって、かつてはカラスの餌になった穀物類が消滅してしまったのだから、カラスにとっては住みにくい島になったのだろうか。

ガラサパン[garasapaŋ]〔名〕
〈動〉ヘビの一種。無毒と言われていたが、軒下の巣で鶏が卵を産むと飲み込んだ。

ガラシ[garaʃi]〔名〕
〈動〉カラス。【例】ガラシヌ クガー アウーアウシ ハイヤンドゥラ（烏の卵は、水色をしていて綺麗だよ）。

ガラシナイ[garaʃinai]〔名〕
痙攣。【例】ガラシナイヌ ウクリッカー ヤミ ヌーン シラルヌン（痙攣が起きる

と、痛くて何もできない)。海中での「ガラシナイ」は、命に係わるほど極めて危険である。「ウッフィルン」の項参照。

ガリユン[garijuŋ]〔名〕
返しの付いた銛。【例】タクユ シクバソー ヤディン ガリユンユドゥ シカウ(蛸を突くときは、かならず返し付きの銛を使う)。タクヌヤー〈蛸の穴〉に籠っている蛸を捕えるには、先端に返しが付いている銛でないと穴から引っぱり出せないからである。蛸は夫婦で穴籠りする習性があることから、対で捕えることが多いという。「シーメユン」参照。

ガン[gaŋ]〔名〕
龕(がん)。棺(ひつぎ)を納めて墓に運ぶ木製の輿(かご)。屋根のついた朱塗りの箱型であった。前後に各2本の長い棒がついていて、8人で担いで運んだ。運搬途中で担ぎ手の交代は許されなかったことから、墓まで距離のある場合の担ぎ手には屈強な人が選ばれたようである。
　現在、黒島在の人が亡くなる場合、たいてい石垣市内の病院か老人ホームなどで臨終を迎えることから、石垣市の火葬場で火葬されたあと島の墓に納骨されるので、龕が用いられることはほとんどないという。

ガンガンッティ[gaŋgantti]〔副〕
さっさと。迅速に。「エイエイッティ」「ヤイヤイッティ」とも言うが、見出し語のほうが緊迫感が強い。【例】ガンガンッティ ハタジキリ(さっさと片付けろ)。

ガンキョー[gaŋkjo:]〔名〕
眼鏡(めがね)。〈類〉ミーハンガン(漁業用の眼鏡)。【例】ガンキョーユ ハクナーッカ ムノーヌーン ミラルヌン(眼鏡を掛けないと物は何も見られない)。

ガンク[gaŋku]〔名〕
頑固。【例】トゥシ トゥル シンダイ ガンク ナリ アシカイヌッサヌ(年を取る次第、頑固になって扱いにくいこと)。

ガンズ[gandzu]〔名〕
元気。頑健。「頑丈」の意。【例】ガンズシー ハジマヤーヌ ヨイバ ンカイワーリ ウラマサダラ ドーディン アヤハラシ タボーリユー(元気でハジマヤーの祝い=97歳の生年祝いを迎えられ羨ましいこと、どうぞ肖(あやか)らせてください)。

ガンズワン[gandzuwaŋ]〔形〕
元気である。丈夫である。健康状態にも、物の頑丈さにも言う。【例】ガンズワーリ バドゥ ウムウクトゥン ニガウクトゥン ハナーハリ(丈夫であるからこそ、思っていることも願い事も、叶えられる)。

ガンッティ[gantti]〔副〕
しっかりと。きちんと。確かに。【例】ドゥーヌ シービキクトー ガンッティ シーウシキ(自分のやるべきことは、きちんとやっておきなさい)。

ガンヌヤー[gannuja:]〔名〕
龕(がん)の保管小屋。【例】ガンヌヤーヌ スバユ トゥール バソー ウスワーッタ(龕の保管小屋のそばを通るときは、薄気味悪かった)。

ガンマリ[gammari]〔名〕
悪戯(いたずら)。【例】ガンマリ シーダハッティ シンシン ピッティヌピン イザリベーッタ(悪戯が多くて、先生に毎日のように叱られていた)。僕の通信簿(通知書)には、毎回「素行に難あり」の評がついていたなあ。死んだハブの子をチョーク箱に入れておいて女の先生がびっくりする様子を見て楽しんだり……。犯人を先生に告げ口するような友人の(いるはずが)ないなかで、先生は誰の仕業かを問いただすこともせずどうやって犯人を特定出来たのだろうか、不思議だったが不気味でもあった。「ヤナガンマリ」の項参照。

ガンマラー[gammara:]〔名〕
悪戯好きな人。どちらかと言うと、若者言

葉といった感じがする。

キ

キ[ki]〔接尾〕
　食。食事を数える単位。【例】マイヤ　フタキ　アッタヌ　マヌマー　ミーキ　ナレートゥ（以前は二食だったが、現在は三食になったそうだ）。「アシ（昼食）」の項参照。

キー[ki:]〔名〕
　木。樹木。【例】ウジヌ　キーヤ　パナヌ　ウワルッカー　パーバ　タタイ　ウヌハイナー　ピーラキ　シタヌ　マヌマー　パナン　サカナー　パーン　プズナリ　ピルマシムヌ（デイゴの木は花が咲き終わると葉を湛え、その陰で涼をとったのに、今は花も咲かず葉も縮れて大変だ）。

キー[ki:]〔名〕
　毛。【例】ティーパンヌ　キーン　アマジヌ　キーン　ピナリバッティ　アトーヌーナッカヤ？（手足の毛も頭の毛も減ってしまい、あとはどうなるのだろうか）。

キー[ki:]〔名〕
　やる気。心意気。気概。気合。【例】キーヌ　ナーン　プソー　ヌーシムバン　セイコー　スーヌン（やる気のない人は、何をさせても成功しない）。

ギー[gi:]〔名〕
　意地。意固地。意地っ張り。息。【例】ギーヌ　ドゥキ　スーワ　プソー　アトードゥーヌ　ギーンドゥ　マキ（意地っ張りな人は、仕舞いには自分の意地に負ける）。

キーイル[ki:ʔiru]〔名・形〕
　黄色。黄色い。【例】ミーラクヌ　キンヤ　キーイル（弥勒神の衣装は、黄色である）。

キーウン[ki:ʔuŋ]〔名〕
　〈植〉キャッサバ。「木の芋」の意。キャッサバの塊根から製した澱粉を「タピオカ」と言う。通常「イモ（芋）」類は蔓性だが、キャッサバはしっかりした幹状を呈する高さ２メートルほどの低木であることから「キーウン（木の芋）」と呼ばれたのであろう。30センチメートルほどの芋から取れる上質の「クジ（澱粉・タピオカ）」は、食用や洗濯糊として重用された。ウンヌクジ（芋の澱粉）などと比べ、餅みや粘り気が強い。

キーガサガサー[ki:gasagasa:]〔名〕
　イライラして気が落ちつかない様子。また、そんな状態の人。【例】ウレー　キーガサガサーッテナー　ヌーシムバン　ラーサナーヌン（彼は気の落ちつかない人だから、何をさせてもうまくいかない）。

ギーグイ[gi:gui]〔名〕
　不平不満。苦情。愚痴。（石）ギューグイ。（沖）ジーグイ。【例】ヌーッテイドゥ　アイ　ギーグイバ　シーブラー？（なぜあんなに愚痴をしているの〈こぼしているの〉）。

ギーグヤー[gi:guja:]〔名〕
　愚痴っぽい人。不平不満の多い人。【例】ウレー　ギーグヤーリバ　ウリンナー　タヌマルヌン（そいつは愚痴っぽい人だから、そいつには頼めない）。

ギーゴーサン[gi:go:saŋ]〔形〕
　意地っ張りである。強情である。（石）ギューゴーサーン。【例】ギーゴーサヌ　ウリトーナラヌン（強情なので、そいつとはやってられない）。

ギーコールン[gi:ko:ruŋ]〔連〕

意地を張る。【例】ドゥキ　ギーコールッカー　プスン　ニッタハ　シラリルンドゥラ（あまり意地を張っていると、他人に嫌がられるよ）。

ギーサイ[gi:sai]〔名・副〕
何回（も）。何度（も）。「ギームサイ」とも言う。【例】クルザー　ギーサイ　イジ　シカハバン　ミンハ　イルヌン（こいつは、何回言って聞かせても耳に入れない）。

キーシクン[ki:ʃikuŋ]〔連〕
気がつく。気づく。〈否〉キーシカヌン。【例】プスン　イザルンケーナ　キーシクヨーン　シーリ（他人に言われないうちに、気が付くようにしなさい）。

キーシキルン[ki:ʃikiruŋ]〔他〕
気をつける。注意する。〈否〉キーシカヌン。「タマンガルン」とも言う。【例】プスン　バラールンヨーン　キーシキリ（他人に笑われないように、気を付けろ）。

キーシチ[ki:ʃitʃi]〔名〕
警察。「けいさつ（警察）」の意。【例】ヨーヨー　キーシチヌ　ヤッカイ　ナランヨーン　タマンガリヨー（ぜったいに警察のやっかいにならないように、注意しろよ）。

ギーズーサン[gi:zu:saŋ]〔形〕
意地っ張りである。意固地である。【例】ウレー　ドゥキ　ギーズーサッティ　ムヌソーダン　ナラヌン（そいつはあまりに意固地なので、あれこれ相談ができない）。

キースラスン[ki:surasuŋ]〔他〕
気分を蘇らす。気分を爽快にさせる。気分を晴らす。〈否〉キースラハヌン。【例】コロナ　コロナッティ　イジ　ヤーグマイタンカ　スーンスクン　ピスサイナー　ヤーヌ　プカー　ンジ　キースラハイ（コロナコロナと言って、家に籠ってばかりいないで、偶には家の外に出て気分を晴らしなさい）。

キースリルン[ki:suriruŋ]〔自〕
気分が蘇る。気分が爽快になる。気分が晴れる。〈否〉キースルヌン。〈対〉キーダリルン。【例】ユドゥンヌ　シチヌ　ウワッタラ　キースリ　シグトゥン　ナシクワヤ（梅雨の季節が終わったら、気分が爽快になり仕事も捗るよ）。

ギーズワン[gi:zuwaŋ]〔形〕
意地っ張りである。意固地である。「ギーゴーサン」「ギーズーサン」と同じ。

キーダリ[ki:dari]〔名〕
気持ちが萎えること。【例】クトゥシン　プリン　マキッタラ　ムラズー　キーダリ　ベーワヤ（今年も保里部落に負けたので、村中が落ち込んだ状態になっているよ）。例文は、豊年祭のパーリー〈爬竜船〉競漕に負けた東筋部落民の歎いている様子である。

キーダリルン[ki:dariruŋ]〔自〕
気持ちが萎える。落胆する。【例】ウリンニーバッティ　イザリ　キーダリ　シグトゥン　スーナ　スクマリブルワヤ（彼女に嫌だと言われ、気持ちが萎えて仕事もせずぼんやりしているよ）。

ギーチ[gi:tʃi]〔名〕
幾つ。何歳。何個。物の量を問いかける疑問詞。【例】①ギーチ　ムティ　ケーヤ？（幾つ持ってきたか）。②ヴァー　ギーチ　ナレーヤ？（子は何歳になったか）。

ギーッティ[gi:tti]〔副〕
ぎゅっと。力をこめて強く握ったり掴まえたりする様子。【例】①バー　ティーユ　ギーッティ　パサミ　パンシナ（私の手を、ぎゅっと掴まえて放すな）。②クリッティ　ウムウ　ミドゥモー　ヌチハギリ　ギーッティ　ダキ　パナハンヨーン　スーナッカー　マズン　ナラルヌンドゥラー（この人だと想う女性は、命懸けでぎゅっと抱き締め離さないようにしないと一緒になれないよ）。

キーナキ[ki:naki]〔名〕
〈植〉樹木の名。マルバチシャノキ。(石)ケージュ。【例】キーナキヌ　ナンヌ　ウーミジブンヤ　ハトゥッシヌ　マージキ（マルバチシャノキの熟する時分〈時期・頃〉は、タカサゴ捕獲の絶好期）。白い花には芳香があり、実は熟すると黄色くなる。楕円形の葉には固い毛が密生しているので、床、柱などの垢を落とすのに用いた。

キーヌ　キシ[kinu kiʃi]〔連〕
木の切れ。木の切れ端。【例】キーヌ　キシェー　シカーリルヌ　ムヌイヌ　キシェー　シカールヌン（木の切れ端は使えるが、言葉の切れ端は使えない）。されば、半端な物言いには気を付けるべし！

ギーヌ　サーキ[gi:nu sa:ki]〔連〕
大いに。したたかに。「息の尽きる、切れるまで」の意。【例】パナシヌ　ドゥキ　ウムッサッティ　ギーヌ　サーキ　バライ　バタジンヌ　コーリナーヌン（話が面白くてしたたかに笑い、腹の芯が固まってしまった）。「ギーヌ（息の）サーキ（尽きるまで）」の「サーキ」は、「サールン（尽きる・切れる）」の連用形で名詞化した語である。

キーヌ　シル[ki:nu ʃiru]〔連〕
樹液。「木・樹の汁」の意。【例】キーヌ　シルヌ　キンナー　ママルッカー　アラーバン　ウトゥヌンドゥラ（樹液が着物に染まると、洗っても落ちないよ）。

キーヌ　ナル[ki:nu naru]〔連〕
木の実。果物。果実。【例】ソーランナー　バンスル　キダ　アダニ　イツァビヌッツァー　キーヌ　ナルバ　トゥクナー　ハザレータ（盆祭りには、グァバ・クロキ・アダン・イヌビワなどの木の実を仏壇に飾った〈供えた〉）。

キーヌ　ハイ[ki:nu hai]〔連〕
木陰。「木の陰」の意。【例】ウシェー　ナチヌ　アツァサーリンナ　キーヌ　ハイナ　ヤコーシ　ウシケータ（牛は、夏の暑い盛りには木陰で休ませておいた）。

キーヌ　マガリ[ki:nu magari]〔連〕
木の曲がり。木の曲がったもの。【例】キーヌ　マガレー　ナウハリルヌ　プスヌ　マガレー　ナウハルヌン（木の曲り〈曲がったもの〉は直されるが、人の曲り〈悪い癖〉は直されない）。

ギーパー[gi:pa:]〔名〕
簪（かんざし）。(石)ヨージュ。(沖)ジーファー。【例】ムカシェー　タッツェヌ　パーッタンキン　ギーパーバ　ジー　ワーッタヌ　マヌ　マー　アヤープスッティ　ワーラヌワラー（以前はどの家のお婆さんも簪を差しておられたのに、昨今はそういう人はおられないよねえ）。

ギーパー[gi:pa:]〔名〕
犬歯。糸切り歯。(石)ギューパー。(沖)チーバ。【例】ギーパーヌ　ハイヤー　プスン　アイアラン　プスン　ブルワラー（犬歯の奇麗な人も、そーでない人もいるよねえ）。
　犬歯は、肉食獣ではよく発達して牙となるが、草食獣では一般に退化するようである。女優さんたちは犬歯をよく矯正するが、人によっては愛嬌を生み出す場合もある。玉城デニー・現沖縄県知事の犬歯はいいアクセントになっていると私は思うが、どうだろうか。

キーバイ[ki:bai]〔名〕
気弱な人。度胸のない人。「キーバイサン」の語幹が名詞化した語。

キーバイサン[ki:baisaŋ]〔形〕
気が小さい。度胸がない。こわがる。【例】ウレー　キーバイサーットゥリ　トーッティ　イズッカー　シカラー　ンザシユーサヌン（そいつは度胸がないから、いざとなったら力を発揮できないよ）。

キーバツァー[ki:batsa:]〔名〕
気が荒くせっかち。【例】キーバツァー

アルヌ　フントーヤ　キムハイヤンドゥラー（気が荒くせっかちだが、ほんとうは気持ちは優しいよ）。

キーバツァーン[kiːbatsaːŋ]〔形〕
気が荒くせっかちである。【例】ウレー　ウトゥナッサルニン　ブルヌ　デージ　キーバツァーンドゥラ（そいつは大人しいようにみえるが、たいへん気が荒くせっかちだよ）。

キーバリアミ[kiːbariami]〔名〕
霧雨（きりさめ）。小雨。「煙り雨」の意。（石）キバーリャーアーミ。【例】キーバリアミヌ　アタイシ　シグトー　ヤミムノー　アラヌン（霧雨の降る程度で、仕事を止（や）めるもんじゃないよ）。

ギーパリ[giːpari]〔名〕
頑張り。奮闘。尽力。【例】ギーパリヨーヌ　タラーラナーットゥリ　クトゥシン　プリハラ　マケース（頑張り方が足りないものだから、今年も保里村に負けてしまったさ）。

ギーパルン[giːparuŋ]〔自〕
頑張る。奮闘する。尽力する。（石）ギュバルン。（沖）チバユン。【例】アシヌ　パリッケー　ギーパルッカー　ピーラケー　ナルン（汗が出るまで頑張れば、涼しくなる）。

キーフキルン[kiːɸukiruŋ]〔自〕
気が高ぶる。緊張する。気が浮き浮する。【例】キーフキダハー　プソー　トーッティンナー　ブイッツォーリ　ヌーン　ヤコータタヌン（緊張の強い人は、いざという場面ではひどく震えて何も役立たない）。

キーフキシバン[kiːɸukiʃibaŋ]〔名〕
緊張感による小便。【例】ウンドーカイヌ　バソー　ヤディン　キーフキシバンヌ　ンジフッタワラー（運動会のときは、かならずキーフキシバン〈緊張感による小便〉が出てきたよなあ）。

キープスイ[kiːpusui]〔名〕
薪取り。「キー（薪）プスイ（拾い）」の意。【例】キープスイヤ　ミドゥムヌ　シグトゥ　アッタ（薪取りは、女子の仕事だった）。

キープスイ　アウ[kiːpusui ʔau]〔連〕
薪取り仲間。〈類〉ザーハリ　アウ（草刈り仲間）。【例】キープスイ　アウザーンドゥ　キープスイン　ゲータ（薪拾い仲間同士で、薪拾いに行った）。

キープスウン[kiːpusuuŋ]〔他〕
薪を拾う。【例】キープスウ　バソー　タイフーヌ　アトー　ゾーリンヌ　ナハナー　ハリユダヌ　マジミ　ブリバ　ギー　プスイクー（薪を拾う場合、台風後の造林の中には枯れ枝がたくさんあるから、行って拾ってきなさい）。台風の後、造林の中には風に煽られて樹上の枯れ枝が落ちており、薪拾いの格好の場所であった。同じく造林の中は、山羊の草が塩害から守られていて草刈りの穴場でもあった。造林の主が他家であっても、薪拾いや草刈りは自由であった。

キープゾー[kiːpuzoː]〔名〕
木製の煙草入れ。円筒形に拵（こしら）えた木製の煙草入れで、漁師が漁に行く際に用いた。【例】キープゾーヤ　イソープスヌ　ダング　アッタ（木製の煙草入れは、漁師の道具であった）。

ギームサイ[giːmusai]〔副〕
何回も。「ギームシ」とも言う。【例】ギームサイ　イジ　シカハバン　ソーイラヌン（何回言って聞かせても、心に留めない）。

キームシ[kiːmuʃi]〔名〕
〈動〉毛虫。【例】キームシン　サールッカー　ビューワナリバ　キーシキリヨ（毛虫に触ると痒くなるから、気をつけなさいよ）。

ギームシ[giːmuʃi]〔名〕
何回も。「ギームサイ」と同じ。

キームチ[kiːmutʃi]〔名〕
賑やかで陽気な人。よくはしゃぐ人。「元

気持ち(の人)」の意。【例】ヨイザーナ キームチヌ ブーッカー ザー ウムッサン (祝い座で陽気な人がいると、座は面白い)。

ギームチ[gi:mutʃi]〔名〕
芸達者。【例】ギームチヌ ブーッカー ヌーバセー ザーン アツン (芸達者がいると、どんな座も熱くなる〈賑やかになる〉)。

キームツァー[ki:mutsa:]〔名〕
賑やかで陽気な人。よくはしゃぐ人。「キームチ」と同じで、沖縄語風な表現。

ギームドゥル[gi:muduru]〔名〕
行き帰り。往来。

キーランク[ki:raŋku]〔名〕
カステラ。「キューランク」とも言う。(石)キーランコー。(沖)カシティラ。【例】シマナーヌ キーランコー ヴーシタシ スクレーッタラー ヴォーッフォーシ ブッタ (黒島でのカステラは、黒糖で作ったので黒っぽかった)。

ギーリルン[gi:riruŋ]〔自〕
苦しむ。苦しくなる。「ギールン」とも言う。【例】ウリン フビュ シミラリドゥ ギーリ イケー シーラルンタン (そいつに首を絞められ、苦しくて息ができなかった)。

キール[ki:ru]〔名〕
黄色。「キーイル」とも言う。【例】ナビラン ハブツァン キールヌ パナヌ サクワヤ (ヘチマもカボチャも黄色の花が咲くよ)。

ギールン[gi:ruŋ]〔自〕
苦しむ。苦しくなる。「ギーリルン」と同じ。

キーンキーン[ki:ŋki:ŋ]〔名〕
黄色い。「キンキン」とも言う。【例】キンヌ プーヌ キーンキーン ミーリ キムザニヤワヤ (黍の穂が黄色に稔って、心楽しいことよ)。

キーンキーンシ[ki:ŋki:ŋʃi]〔副〕
黄色に。黄色く。【例】ミーラクヌ キンヤ プクンヌ ハーバ シジ キーンキーンシ スミウシケー (弥勒神の衣装は、福木の皮を煎じて黄色に染めてある)。

キサ[kisa]〔名〕
先。先ほど。「キッサ」とも言う。【例】ドゥータンカシ キサ パリナーヌン (1人だけで、先ほど行ってしまった)。

キザーサリルン[kiza:sariruŋ]〔他〕
引っ掻き回される。

キザースン[kiza:suŋ]〔他〕
引っ掻き回す。【例】クルザーン キザーサリ ムノーアラヌン (こいつに引っ掻き回されて、台無しだ)。

キサーッタ[kisa:tta]〔副〕
先ほど。「キサ」よりはもっと前の時間帯を指す。【例】キサーッタ フネー ンジナーヌン (先ほど船は出航してしまった)。

キサスン[kisasuŋ]〔他〕
着せる。〈否〉キサハヌン。【例】マーラセープスンナー イッチョーラバ キサシワーラセーッタ (亡くなった人には、一張羅を着せてお見送りした)。

キサスン[kisasuŋ]〔他〕
切らせる。種切れさせる。〈否〉キサハヌン。【例】ウヌハブッツァー ミーリダハーリバ タニ キサシナ (そのカボチャはよく実るので、種切れさせるな)。

キザパン[kizapaŋ]〔名〕
足を卑しめて言う語。鳩間語では「裸足」を意味するという。黒島語の裸足は、ハラピサ。【例】プスヌマイナ キザパンバ ヌバシ ヌーヌ マービヤ (人の前にキザパンを伸ばして〈いるのは〉何のまねだ〈みっともないから止めなさい〉)。

キザムン[kizamuŋ]〔他〕
刻む。【例】ナマシヌ グーヤ サクナヌパー シーソヌパーバ キザミ ンザセーッタ (刺身の具には、ボタンボウフウ・シソの葉を刻んで出した)。

キザミタバク[kizamitabaku]〔名〕

刻み煙草。【例】マキタバクヌ ナーンタバソー キザミタバクユドゥ フクッタ（紙巻煙草のなかったころは、刻み煙草を が吹いた）。黒島語の「フクン」には「吹く・吸う」の両義があり、用例の「フクッタ」は共通語では「吸った」の意を表している。もっとも、黒島の人たちの話す共通語では島言葉を直訳して「煙草を吹く」と言う。

刻み煙草の作り方は、熟したタバコの葉を十分に乾燥させ、葉脈を丁寧に取りさった柔らかい部分を麻糸で直径7〜8センチ大の筒状に縛りつけ、一日分だけ刻んで刻み煙草入れで保管して吸った。煙草の葉を伸ばすのに、重宝したのは「ヤクンガイ（夜光貝）の蓋だった。刻み煙草を作る際に重要なことは、包丁の切れ味を良くするため丁寧に研ぐ作業であった。僕は小学校の高学年のころから、刻み煙草の作り方を父に仕込まれ、包丁の研ぎ方も丹念に仕込まれた。研ぎが十分であるかを確かめるには、左手の親指の爪に包丁の刃を載せて手前に引くのである。研ぎ澄まされた包丁の刃は爪に食い込み、そうでない場合は上滑りするのである。その習慣は今も身についていて、包丁を研ぐ度に親指の爪に包丁の刃を立てる。魚をバザイ（拵え）て三枚下ろしにする場合の包丁の研ぎ方も同じ要領であった。「バザウン」の項参照。

キザル[kizaru]〔名〕
祭祀行事。年中行事。「キザン」とも言う。【例】シマヌ ウブキザルッティ イズッカー ソンガチ プーン キツガンラー（島の大きい行事と言うと、正月、豊年祭、結願祭だねえ）。

キザン[kizaŋ]〔名〕
祭祀行事。年中行事。「キザル」と同じ。

キシ[kiʃi]〔名〕
一区切り。一定の広さの畑。畑を数える単位。【例】ヤーバハル セーッタ バソー シントゥ ミーキシヌ パタキユドゥ バタハリッタ（分家したとき、たった三切れの畑を譲渡された）。

キシ[kiʃi]〔名〕
切れ端。木や布などの切れ端を数える単位。【例】キーヌ キシバ アツァミ タンムヌ セーッタ（木の切れ端を集めて薪にした）。

キシカハン[kiʃikahaŋ]〔形〕
臆病である。気弱である。「シカハン」とも言うが、「キ（気）」を語頭に置いた見出し語のほうが臆病さを強調している。【例】タルッキン ジンブンヌン ハナイ プスピライン ゾットールヌ イベービ キシカハーッテナ プスヌ ウイハー ナリユーサナ ベールワヤ（誰よりも知恵も豊富で人づきあいも立派だが、少し気弱なので〈なところが邪魔して〉人の上に立てない〈指導者になれない〉でいるのだよ）。

キシキ[kiʃiki]〔名〕
景色。情景。（石）キーキゥ。（沖）チーチ・チシチ。【例】サティム カワラン クルシマヤ シマヌ ナガリヤ ハナイカタ イワウクトゥブキ スヌ キシキ（さても変わらん黒島を眺めると 島の成り立ちは見事に調和していて、祝い寿ぐその情景の素晴らしいことよ／〈黒島口説〉より）。

ギシク[giʃiku]〔名〕
石垣。通常は「アザ」「グシク」と言う。東筋部落の〈ソンガチユンタ（正月ゆんた）〉のなかに「ギシクヌ ニーヌ アヌチ（石垣の根っこのような強さ）」と歌われていることから、古い時代には、「ギシク」と言っていたと思われる。

キシシティルン[kiʃiʃitiruŋ]〔他〕
切って捨てる。諦めて放り投げる。【例】イチバーキ マタルニバ メー キシシティリバ（いつまでも待てないから、もう諦めて切り捨てなさい）。成長を期待され

ながら、伸び悩んでいる人に対する拒絶宣言である。

キシッツァースン[kiʃittsa:suŋ]〔他〕
　切り刻む。ぶった切る。〈否〉キシッツァーハヌン。(石)キゥシゥッツァーシゥン。【例】ピシダヌ　スーヤ　ニクン　プニン　バタダングン　キシッツァーシ　イリリバドゥ　シカイットゥ　マーハ（山羊汁は、肉も骨も臓物もぶった切って入れたほうがすこぶる美味しい）。

キシットースン[kiʃitto:suŋ]〔他〕
　切り倒す。なぎ倒す。〈否〉キシットーサヌン。(石)キゥシゥットースン。【例】シンザー　トースバソー　スラバ　キシシティ　ニッパルバ　キシットーシ　パーガラバ　トゥリシティッティハラ　マラクッタ（サトウキビを倒す〈刈る〉ときは、梢頭部(しょうとうぶ)を切り捨て根っこを切り倒して葉殻を取り払ってから束ねた）。

キシル[kiʃiru]〔名〕
　煙管(きせる)。「キシン」とも言う。「キザミタバク（刻み煙草）」を詰め、火をつけて吸う道具。【例】ムカシェー　ウブザッタンケー　ムール　キシルシドゥ　タバコー　フキワーッタ（昔は、お爺さんたちは皆煙管で煙草を吸っておられた）。

キシルン[kiʃiruŋ]〔自〕
　切れる。〈否〉キスヌン。【例】ポッツァン　ガッキン　トゥーシ　トーナッカー　ユーキスヌンドゥラ（包丁も鎌も、頻繁に研がないとよく切れないよ）。包丁の切れ味は、調理の出来具合に直結するものであることを、僕は幼少のころに父から学んだ。

キシン[kiʃiŋ]〔名〕
　煙管。「キシル」と同じ。

キスン[kisuŋ]〔他〕
　切る。【例】ガッキヌ　パーヌ　ナマリ　キシッサナーッカ　ハイチン　ドゥー　ヤマスンドー（鎌の刃が鈍(なま)って切れないと、かえって身を傷つけるよ）。山羊や牛の草を刈る場合、切れ味のよい鎌は草木の枝に食い込んで思い通りにいくけど、鈍った鎌は滑って手を傷つける場合が多かった。左手の指に残っている傷跡は、鎌を研ぐことの大事さを忘れさぼった代償の痕跡である。

キスン[kisuŋ]〔他〕
　着る。【例】ヤラビシェーケーヌ　アラキンユ　キスッタバソーヌ　サニヤーヤ　マヌマシキッティン　バッシラルヌワヤ（子どものころの新しい衣服を着たときの嬉しさは、いまだに忘れられないよねえ）。

キズン[kizuŋ]〔他〕
　削る。【例】タナキーン　ハツブシン　ハナシドゥ　キズッタ（角材も鰹節も、鉋(かんな)で削った）。鰹節専用の鉋のなかったころは、包丁や鎌を枡の枠に渡して削ったが、その作業はとても難しかった。

キズン[kizuŋ]〔他〕
　梳(くしけず)る。梳(けず)る。【例】アマジヌ　キーヤ　イチン　フチシ　キジ　アザーッケ　アザーッケ　シーベーリヨラー（頭髪はいつも櫛で梳って、小奇麗にしていなさいよ）。

キタ[kita]〔名〕
　桁(けた)。桁材。【例】ドゥスヌユ　マカシ　キタザイヤ　ナーヌン（ドゥスヌ〈タイワンオガタマノキ〉を凌駕(りょうが)する桁材はない）。我が実家の材木は、ナハバラ（中柱＝大黒柱）はヒノキ〈檜〉、その他のパラ（柱）はケンギ〈槙〉、一番座・二番座・三番座の目につく桁材はドゥスヌ〈タイワンオガタマノキ〉であった。これらの建築材は、父が分家する前に数回のインヌシマヌ　ヤマタビ（西表島への材木伐り出しの旅）で用意したものであったという。父の自慢はとりわけ桁材のドゥスヌであったが、その伐り出しには相当の苦労が伴ったようである。

キタ[kita]〔名〕

網を数える単位。桁（張り）。

キタ[kita]〔名〕
　縄を数える単位。ピスキタ（1桁）はサンジッピル（30尋）（1尋は約1メートル50センチ）であった。

キダ[kida]〔名〕
　〈植〉リュウキュウコクタン（琉球黒檀）。生長すると幹の中心部が黒くなり、それを床の間の框(かまち)や三線の竿に用いる。八重山の別名として「北木山(ほくぼくさん)」という呼び名がある。『石垣市史叢書16　北木山風水記(そうしょ)』（2008年1月刊）が引用した沖縄タイムス社刊『沖縄大百科事典』の「北木山(ほくぼくさん)」の説明は次のとおりである。
　　八重山の異称。程順則の『指南広義』の三十六島図に〈一名北木山〉とあるのがその初見である。『南東風土記』（東恩納寛惇著）によると、八重山は黒木(くろき)（リュウキュウコクタン）の産出で著名、その黒木は烏木(うぼく)ともいい、烏黒は五行の方色で北に相当するので〈北木山〉と称したようである（嘉手納宗徳）。

キタアン[kitaʔaŋ]〔名〕
　桁網。高さ約1メートル、長さ約10メートルの低い網。

ギターン[gitaːŋ]〔数〕
　なんにん（何人）。【例】シマナー　ハサヌ　ウクリッタ　バソー　ギターン　ハカリ　ギターン　マーラセーッタカヤ？（黒島で天然痘が発生したとき、何人発症し、何人亡くなったのだろうか）。「ハサ（天然痘）」の項参照。

キタイルン[kitairuŋ]〔他〕
　鍛える。鍛錬する。【例】バハルウチナー　ハラッタン　ククルン　キタイウシキ（若いうちに、体も心も鍛えておけ）。近年（2021年10月現在）、高齢者の筋肉鍛錬の話題が多い。筋肉は何歳からでも鍛えられるらしく、いわく「筋肉は嘘をつかない」。僕を大学院に導いてくれたI君は、元来軟弱だった体を60歳代から鍛え始め、70歳代後半のボディービルコンテストで同年代の三位入賞を果たした。見るからに胸板も厚く、腕の筋肉も隆々としていて、まさしく「筋肉は嘘をつかない」を実践している。学生時代に左腕一本で懸垂の出来た僕は、今や両手でぶら下がるのが精いっぱいなのに彼は懸垂15回は軽くこなすという。さあ、傘寿を目前に控え萎(しな)びた筋肉を鍛え直してみるか。

キダヌナン[kidanunaŋ]〔名〕
　黒檀の実。黄色い実をつけ果物として食されることはほとんどなかったが、旧盆の供え物にした。【例】キダヌナンヤ　ヴァールヌ　ソーラヌ　ナリムヌッティジ　トゥクナー　ハザレーッタ（黒檀の実は食べられないのに、盆の生り物と言って仏壇に供えた）。
　現在、「黒島語研究会」のメンバー宅、野底家・上里家・玉代勢家・前船家・東筋家・本原家では黒島での昔の風習通りキダヌナンを供えているか確かめたところ、皆無であった。

キタンシキルン[kitanʃikiruŋ]〔自〕
　精根尽きる。極端に弱まる。「桁(けた)（数の位）が尽(つ)きる」の意か。〈否〉キタンシクヌン・キタンスクヌン。(石)キタチュキルン。【例】ヤンヌ　スーワッティ　メー　キタンシキドゥ　ワール（病が重くて、もう相当に衰弱して〈最後に近づいて〉おられる）。

キタンシクン[kitanʃikuŋ]〔自〕
　精根尽きる。「キタンシキルン」と同じ。

キチ[kitʃi]〔名〕
　垂木(たるき)。(石)キチゥ。(沖)キチ。えつり（桟）を乗せるために棟から軒下に渡す木。瓦葺の家では、ケンギ（真木）やピニキ（ひるぎ）を用い、茅葺の家ではヤラブ（テリハボク）を用いた。【例】キチヤ　ケンギトゥ

ピニキヌ　ウラハーッタ（垂木材は、ケンギキー＝真木とピニキー＝ひるぎが多かった）。

キッツァン[kittsaŋ]〔形〕
きつい。難儀である。厳格である。【例】ウヤヌ　ドゥキ　キッツァットゥリ　ウッツェヌ　ヤラビンケー　マグマーリ　ヌビユーサヌン（親があまりに厳格なので、その家の子どもたちは縮こまって伸びることができない）。

ギッカジ[gikkaʒi]〔名〕
〈植〉ゲッキツ。【例】ギッカジヌ　ナンヌ　アカハ　ナルッカー　ハトーッシヌ　ジキ（ゲッキツの実が赤くなると、タカサゴ魚の捕獲時期）。野底幸生氏（昭和12年生まれ）から教わった。

　この木の花は、可憐な白色で強烈な芳香を放つ。現在（2021年9月以降）の那覇市字識名在の住宅の庭には、古木と言ってもいいほどのゲッキツの大木が二本もあり、花の時期には香りを満喫している。この木のもう一つの効能は、パトゥヤマ（鳩の捕獲罠）の主要材に適していることである。大人の指の太さに伸びた枝を、弓なりに曲げて仕掛ける罠の適材であった。また、葉は光沢があり公共の生け垣用としても重用されている。「パトゥヤマ」の項参照。

ギッカジヌ　ナン[gikkaʒinu naŋ]〔連〕
ゲッキツの実。那覇市首里汀良町から一昨年（2021＝令和3年）の9月に現在地の那覇市字識名に転居した。庭にゲッキツの大木が2本植わっていて、今日現在（2015年2月19日）真っ赤な実を付けている。諺〔078〕では「ゲッキツの花が赤くなると、タカサゴ魚に捕獲時期」と表示されていることからすると、実が赤くなる本来の時期は旧暦の5月初旬から中旬ころだと思われるが、この季節外れの現象は何だろうか。地球の温暖化がこういうところにも表れているのだろうか。熟して地面に落下している実をキジバトが啄むのだがすぐ吐き出してしまう。美味しくないからであろう。「ギッカジ」の項および諺抄録〔078〕参照。

ギッカラ[gikkara]〔数〕
何匹。何頭。【例】アヒャーワーヤ　クヌマイヤ　ウヌッカラ　ナセーッタヌ　クンドー　ギッカラ　ナセーヤ？（繁殖用豚は、前回は9頭産んだが今度は何頭産んだか）。

キツガンマチリ[kitsugammatʃiri]〔名〕
結願祭。旧暦8月に行なわれる。【例】キツガンヤ　ドゥードゥーヌ　ムラナーシール　ムラキツガントゥ　メシトゥナ　ユームラヌ　アツァマリ　シール　シマキツガンヌ　アーッタ（結願祭は、各部落で行なう村結願祭と四部落が宮里村に集まって行なう島結願祭があった）。

　黒島の伝統行事は、①ソンガチ＝正月行事（旧暦一月）②プーン＝豊年祭（旧暦六月）③キツガン＝結願祭（旧暦八月）、を「三大祭り」と称している。正月行事や豊年祭にもそれぞれに特有の芸能が演じられるが、結願祭こそは祭りの華とされる「伝統芸能の集大成の場」である。

　そもそも芸能の核を成す歌や踊りは、農耕神事のなかで人々が農作物の豊作・豊年を神々に祈り・感謝を捧げるための唱えや振る舞い〈所作〉が原初の形態だと言われている。この段階の芸能は、神々の鎮座する御嶽の社でひそやかに行なわれ、神々へ捧げるという厳粛な精神を内包していた。よって芸能の目的はあくまでも神々を喜ばせ楽しませることであり、人々は神々に寄り添い神々に奉納するということをとおしてのみ芸能を楽しむことを許されたのである。

　八重山の伝統歌謡のなかで歌われている「アスビ・タヌシム（遊び・楽しむ）」「アスビ・アマイ（遊び・歓え）」「アスビ・ブドゥリ

（遊べ・踊れ）」の本来の意味は、人々が神々の前で神々を喜ばせ・楽しませるために行なった行為、言い換えれば神々に寄り添い神々に奉納することによってのみ人々に許された遊興行為だったと言われている。八重山の歌や踊りの原形が「奉納芸」と称される所以である。このような奉納芸は、いつのころからか「結願祭の芸能」として各村の特定の御嶽の神前において村びと総出で集約・披露されるようになった。

黒島における往年の結願祭は、初日は各御嶽においてそれぞれの神役（司と手摺り）を中心とするヤマニンズ（御嶽人数＝構成員）が集い、夜通し線香を切らすことなく焚いて祈願した。これを「ユングマル（夜籠）」と称した。二日目は各村の所定の御嶽で終日「村結願」の儀式と芸能が奉納された。そして三日目には、親村である宮里村の「オーセ（番所）跡」の広場で、朝から夕刻まで四村（宮里・仲本・保里・東筋）の芸能が途切れることなく繰り広げられた。

この番所での芸能は、役人が所望して催したのが習いになったものという。御嶽の境内で行なわれる「村結願」の芸能には、まだ「神々への奉納芸」の色彩が色濃くにじんでいた。ところが、境内を離れて番所跡でなされる「島結願」の芸能は、「人々が自ら楽しむための芸能・人々に見せるための舞台芸能」に質的に変化していったように思われる。すなわち、神々から解き放たれ役人をはじめ村びとや島びとが中心となり、演じるほうも観るほうも自分たちの娯楽として自由に開放的に楽しむ方向へと展開していったのではないだろうか。

この「島結願」における芸能の質的な変化は、芸能における部落間の熾烈な競争を引き起こしたのである。豊年祭における体力を駆使した「力技」の競争とともに結願祭の舞台では華やかで艶やかな「技芸」の競争が展開され、黒島は八重山のなかでも有数の芸能所に発展したものと思われる。〈黒島口説〉や〈初番〉などを比べてみると、意識的に歌い方や演じ方を変え、他の部落より少しでも面白くしようとする工夫のあとがうかがえる。我が国の民俗芸能研究の第一人者・本田安次（1906〜2001）が、『南島採訪記』（明善堂書店・1962年）の「八重山諸島・黒島へ」のなかで引用した「黒島口説の舞踊理来」には、いみじくも「黒島邑ハ四部落共舞踊ノ競争ハゲシキ所ナリ」と記されている。

八重山舞踊「勤王流」の始祖・比屋根安弼（1835〜1901）、二代目師匠・諸見里秀思（1876〜1945）、三代目師匠・渡慶次長智（1887〜1962）は、いずれも一時期を黒島で暮らしている。また大正時代から昭和初期の八重山古典民謡の第一人者であった玉代勢秀喜（1875〜1942。一世を風靡した八重山を代表する昭和の歌姫・大濵みねの叔父）も若いころの一時期を親戚の諸見里秀思（旧姓・玉代勢）と共に黒島で過ごし、芸能活動をとおして黒島の芸能発展に尽力していたのである。ちなみに、秀喜は黒島在住の間、東筋家の女性と懇ろになって未婚のまま子をもうけており、その子孫は相当に繁昌している。

なお、黒島の結願祭は、1860（咸豊10）年に赴任した葛孫氏四世の黒島首里大屋子・玉代勢秀起（1798〜1870）が1863年に創始したという。また黒島に甘蔗（芋）をもたらしたのも秀起だと伝承されている。この秀起と前述の秀喜とは系図によると世代違いの近い親戚関係にある。詳細については、幸地厚吉氏著『さふじま黒島の民話・謡・諺集』参照。「キンノーリュー」の項目参照。

キッケラスン[kikkerasuŋ]〔他〕
蹴り飛ばす。蹴っ飛ばす。「キリッケラスン」

「キリマラバスン」とも言う。【例】プスヌ マイナ アヴァナキ ベームノー キッケラシ ハマハ マダキリ（人の前で寝そべっているやつは、蹴っ飛ばしてあそこに移せ）。

キッサ[kissa]〔名〕
先刻。先ほど。とっくに。「キサ」とも言うが促音を伴う見出し語のほうが切迫感が強い。【例】イザー アサスクル シールンティ キッサ パタケヘ ワータ（お父さんは朝の作業をするため、とっくに畑に行かれた）。

ギッティ クイ[gitti kui]〔連〕
行って来ようか。「ギッティ」は、「イクン（行く）」の連用形「イキッティ（行って）」の音韻変化した語で、「クイ」は「フン（来る）」疑問形である。【例】ウヴァー パラルナーッカ バー ギッティ クイ？（君が行けないなら、僕が行って来ようか）。

ギッティ クー[gitti kuː]〔連〕
行って来い。「クー」は「フン（来る）」の命令形である。【例】ティダヌ イランケーナ ギッティ クーヨラー（日が暮れないうちに、行って来なさいよ）。

ギッティ フリバ[gitti ɸuriba]〔連〕
行って来るから。「フリバ」は「フン」の未然形である。【例】ヴァー ギッティ フリバ ヌーン シワーシーナ（僕が行って来るから、何も心配するな）。

ギッティ フン[gitti ɸuŋ]〔連〕
行って来る。【例】バー ギッティ フーッケ クマナー マティ ベーリヨラー（私が行って来るまで、ここで待っていなさいよ）。

　　上記の四項目において示されているように、動詞「フン（来る）」の活用形は「ɸ音」と「k音」に分離するという珍しい現象を見せる。

キッパイ[kippai]〔名〕
活気に満ちた様子。【例】ボーヤ キッパイヌ ナーナッカー ウムッサナーヌン（棒術は、活気あふれる動きがないと面白くない）。

キッパマルン[kippamaruŋ]〔自〕
困る。困り果てる。困窮する。「きわまる（極まる・窮まる）」の意。【例】ウッチェヌ プソー イザー マーラシタラ キッパマリ ブー（その家の人は、父親が亡くなって困窮している）。

キドゥ[kidu]〔名〕
時間。暇。【例】パイガブシ ンマリタル キドゥンナヨー（南の星が、光り輝く時間には〈思い出すのです〉／黒島のゆんぐとぅ〈ぱいがぶし・ゆんぐとぅ〉より）。この語は、現在の黒島語には確認できないが、文脈から「その時・その時分」の意であろうと思われる。類似語に「マドゥピドゥ（暇々・合間合間）」があり、同語の「ピドゥ」の古形が「キドゥ」であったのだろうか。そう言えば、石垣の〈ウリゥジュンヌ マイヌトゥー ジラバ〉に、「マドゥ」と「キドゥ」が「暇」という「同義の対語」として用いられているところからすると、黒島語の「マドゥ ピドゥ」も古くは「マドゥ キドゥ」であったものが、転音・変化したのかも知れない。「マドゥピドゥ」の項参照」。

キナイ[kinai]〔名〕
家庭。家計。【例】ブトゥヤ キナイヌ ナハバシラ トゥジヤ キナイヌ ハンガン（夫は家庭の中柱〈大黒柱〉で、妻は家庭の鑑〈規範〉である／〈でんさ節〉より）。

キナイニンズ[kinainindzu]〔名〕
家族。「家庭人数」の意。普通は「ヤーニンズ（家人数）」と言う。【例】ウッツェヌ キナイニンゾー ムチマサン（その家の家族は、睦まじい）。

キナイダング[kinaidaŋgu]〔名〕
家具。家財道具。【例】ヤーバ スクリ

キナイダングン スラーシ ヤーバハリ セーッタ（家を造り家財道具も揃えて、家別れ〈分家〉した）。

キナイ　ハージ[kinai haːʒi]〔連〕
家庭ごと。各家。【例】ビャーハシマナー ムカシェー キナイハージナ ミス シタッティユ マラセーッタ（わが黒島では、昔〈以前〉は味噌・醤油は家庭ごとに醸造した）。

キナイムティ[kinaimuti]〔名〕
家庭の切り盛り。【例】キナイムティヌ ハイヤール トゥジユ トゥミッカー キナイヤ ンズメヘン（家庭の切り盛りの上手な妻を求めると、家庭は盤石である）。

キナイムティ　ゾージ[kinaimuti dzoːʒi]〔連〕
家庭持ち上手。家庭の切り盛り上手。家計の遣り繰り上手。【例】キナイムティ ゾージヌ トゥジン タシキラリ バナー カフーナムヌッティ ウムイブー（家庭の切り盛り上手な妻に助けられ、私は果報な者〈仕合せ者〉と思っている）。

キナイ　ムトゥン[kinai mutuŋ]〔連〕
家庭を持つ。分家する。【例】トゥジン トゥミ ヴァーン ナセーリバ エンヤ ヤーバ スクリ キナイ ムトゥ ハンガイバ シーブー（妻を求め子も生んだので、来年は家を造って分家しようと考えている）。

キナマリ[kinamari]〔名〕
人に嫌われる性格。憎まれっ子。（石）キナマリ。【例】キナマリバ シールユンハラ ウリトー ピライヌッサヌ（人に嫌われる性格だから、そいつとは付き合いにくい）。

キナムヌイ[kinamunui]〔名〕
憎まれ口。憎々しい物言い。（鳩）キナムニ。【例】ウレー ヌッティドゥ キナムヌイ タンカー イジベーッカヤー？（そいつは、なぜ憎まれ口だけ叩いているのだろうか）。

キニー[kiniː]〔名〕
キニーネ。マラリアの特効薬。（石）キニ。【例】マラリアン ハカルッカー キニーバ ヌミ ナウセーッタ（マラリアに罹るとキニーネを飲んで治した）。「ヤキヤン」の項参照。

キノー[kinoː]〔名〕
昨日。【例】キノーヌ キノーユ ブシトゥイッティ イズ（昨日の昨日は、ブシトゥイ〈一昨日〉と言う）。

キノブシトゥイ[kinobuʃitui]〔名〕
２、３日ないし３、４日前。「キノー（昨日）の約音キノ」と「ブシトゥイ（一昨日）」の複合語で、「ブシトゥイ（一昨日）」より少し長い過去の日数を表わす。〈対義語〉アツァアシトゥ。【例】キノブシトゥイッティ ウムッタヌ アイナー ナリナーニバヤラー（３、４日前と思ったのに、そんなに長く経ってしまったんだねえ）。

キブシ[kibuʃi]〔名〕
煙。【例】パタキヌ ザーユ モースバソー キブシン マカルンヨー ヤディン ザウ マハラ ピー シキリヨー（畑の草を燃やす場合、煙に巻かれないようかならず風下から火を付けなさいよ）。

キブサン[kibusaŋ]〔形〕
煙たい。共通語の「煙たい」には「窮屈で敬遠したい気持ちである」の意があるが、黒島語の「キブサン」にはそういう意味は認められない。【例】ナマキユ モースッカ キブサヌ（生木を燃やすと煙たい）。

キブサールン[kibusaːruŋ]〔自〕
煙る。【例】タンムヌヌ モーシヨーヌ ナーナッカー キブサールンドゥラー（薪の燃やし方がよくないと、煙るぞ）。

キブサーラスン[kibusaːrasuŋ]〔他〕
煙らせる。【例】ヌーバセー タンムヌユ モーシタラドゥ ヤーズーバ キブサーラシベーラ？（どんな薪を燃やしたから、家(いえ)中(じゅう)を煙らせているのだ）。

キブシハザ[kibuʃihaza]〔名〕
煙るにおい。【例】キブシハザヌ シーブルヌ ヌワー？（煙るにおいがしているが、何だ〈においの原因は何だ〉）。

キブル[kiburu]〔数〕
戸。軒。家、所帯を数える単位。「キブン」とも言う。ピスキブル（1軒）。フタキブル（2軒）。ミーキブル（3軒）。ユーキブル（4軒）。イチキブル（5軒）。ンーキブル（6軒）。ナナキブル（7軒）。ヤーキブル（8軒）。ウヌキブル（9軒）。トゥーキブル（10軒）。【例】バンター ヤラビシェーケー アースンムラー ペックバハンヌ キブルヌ アッタパゼールヌ マヌマー ギーキブルバハン アーッカヤー？（僕たちが子どものころ、東筋村には100軒ほどの戸数があったはずだが、今は何軒くらいあるのかなあ）。

キマリ[kimari]〔名〕
約束事。法則。「決まり」の意。【例】キマリヌ ナーナッカ シマン ムラン ウサミラルヌン（約束事がないと、島も村も治められない）。

キマリ[kimari]〔副〕
きまって。かならず。「ヤディン」とも言う。【例】キマリ ハイ ナルンティ イザリブッタ（かならずそうなると、言われていた）。

キマルン[kimaruŋ]〔自〕
決まる。【例】ムカシェー プーンヌ ウーニ トゥージェー バラザンシドゥ キマレータソーナ（昔は、豊年祭のウーニ＝船頭もトゥージ＝舵取りも藁算で決まったそうだ）。言わば、部落民による人気投票なのだが親類縁者の多い人が選ばれる傾向が強く、かならずしも実力者が当選するとは限らなかったようだ。

キミルン[kimiruŋ]〔他〕
決める。【例】ムカシェー トゥジン ブトゥン ウヤヌ キミルニンドゥ アッタ（以前は、妻も夫も親の決めるとおりに従った）。

キム[kimu]〔名〕
肝。心。【例】トゥジェー キムハラ アッタラサ シーリヨラー（妻は、心から大事にしなさいよ）。

キム アタルン[kimu ʔataruŋ]〔連〕
気が合う。心が通う。〈否〉キム アタラン・キム アタラヌン。【例】キム アタラン プスットゥン ゾーットニ ピライッサナーッカ シキンヤ バタラルヌンドゥラ（気の合わない人とも上手に付き合えないと、世間は渡れないよ）。

キムイッツァハ[kimuittsaha]〔名〕
気の毒なこと。可哀そうなこと。「キムイッツァハン」の語幹が名詞化した語。

キムイッツァハン[kimuittsahaŋ]〔形〕
気の毒である。可哀そうである。（石）キュムイタサーン。（沖）チムグリシャン。【例】キムイッツァハッティ ウモールナータカヤー アヤール アカヤラビバ ブトゥン アシキ トゥジェー ヤーハラ ンジパリナーントゥ（可愛そうだと思わなかったのか、あんな幼い子を夫にまかせて妻は家から出て行ってしまったそうだ）。

キムイラヌン[kimuʔiranuŋ]〔他〕
気に入らない。【例】キムイランナラバン マズン ナルッカー アタラサ ナルン（気に入らなくても、結婚したら愛しくなるよ）。

キムイルン[kimuʔiruŋ]〔他〕
気に入る。〈否〉キムイラヌン。【例】キムイルンティ シタラ マズン ナセーッタヌドゥ アターチマシ バハリナーヌン（気に入っていると言ったので一緒にしたけれど、しばらくして別れてしまった）。最近の若者たちは、結婚前に共同生活（以前は同棲と言った）をして互いに相性を確

かめたうえで入籍するという。賢明であろうと思うが、果たしてどのくらいの期間で、互いの本性を確認し合えるのだろうか。

キムウボホン[kimuʔubohoŋ]〔形〕
大胆である。胆力がある。【例】キムグマハ プスッキン キムウボホ プスヌドゥヌーシムバン ディキレへ（気の小さい人より大胆な人のほうが、何をさせてもうまくいく）。

キムガカリ[kimugakari]〔名〕
気掛かり。心配。【例】タビナー ブー ヴァンキヌ クトゥバ ウムイ シナーシ キムガカリバ シーブー（旅〈他所の居住地〉にいる子供たちのことを思い、気掛かり〈心配〉している）。「タビ」には「旅行」の他に「郷里以外の居住地」の意がある。「タビ」の項参照。

キムガサガサー　シールン
　　　　　　　[kimugasagasaː ʃiːruŋ]〔連〕
気がいらいらする。心が急く。〈否〉キムガサガサー スーヌン。【例】ウレー ドゥキ ティーフコホーッティ キムガサガサー シー ウリトー マズン シグトーナラヌン（そいつはあまりに不器用なので、気がいらいらしてそいつとは一緒に仕事できない）。

キム　ガタガター[kimu gatagataː]〔連〕
興奮して震えるさま。胸がどきどきして震えるさま。【例】ピシダヌ ザーユ ハレーッタナ パンバ フンシキ キム ガタガターシ ブイッツォーリ ベーッタ（山羊の草を刈りながら、ハブを踏んづけ胸がどきどきして震えあがっていた）。

キムククル[kimukukuru]〔名〕
心。心持ち。「キモ（肝）ココロ（心）」の意。（石）キュムグクル。（沖）チムククル。【例】キムククル ユー ムツァバドゥ シキンヤ バタラリ デンサー（心延えをよく持ってこそ、世間は気持ちよく渡られるのだよ／八重山民謡〈でんさ節〉より）。

キムグマー[kimugumaː]〔名〕
臆病者。小心者。【例】キムグマーヤ プスヌ ウイナー タタルヌン（臆病者は、人の上には立てない〈指導者にはなれない〉）。

キムグマハン[kimugumahaŋ]〔形〕
臆病である。気が小さい。胆力がない。【例】ギューサ ジンブンヌ アラバン キムグマハーッカ セイコー スーヌン（いくら智恵があっても、胆力がなければ成功しない）。

キムザニヤン[kimuzanijaŋ]〔形〕
気持ち良い。気持ちが晴れ晴れしている。「キム（肝・心）」と「サニヤン（嬉しい・喜ばしい）」の連濁「ザニヤン」の複合語。【例】ムンヌ ナウリヨーユ ミーッカ キムザニヤッティ ヌッティン イザルヌン（麦の稔り具合を眺めていると、その心地良さは何とも言えない）。

キムシカハン[kimuʃikahaŋ]〔形〕
寂しい。心細い。頼りにならない。落ち着かない。【例】ウヤヌ ブラナナリ キムシカハヌ フシガルヌン（親がいなくなって、寂しくて堪らない）。

キム　シナースン[kimuʃinaːsuŋ]〔連〕
心を合わせる。満足させる。適合させる。【例】ウヤッファ キム シナーシバドゥ キナイヤ ムタリ（親子は心を合わせてこそ、家庭は保てる）。

キム　シナウン[kimuʃinauŋ]〔連〕
満足する。気が合う。適合する。〈否〉キム シナーヌン・キム シナワヌン。【例】ウレー ハサマサ プソーッテナー ウリトゥ キム シナウ プソー ナカナカ ブラヌン（そいつは気難しい人だから、そいつと気が合う人は滅多にいない）。

キムズーワン[kimuzuːwaŋ]〔形〕
心強い。頼りになる。「キムズワン」とも言う。

キム　スクッツァーラスン[kimu sukuttsa:rasuŋ]〔連〕
心が乱される。心を打ち砕かれる。〈否〉キム　スクッツァーラサルヌン。【例】ウリン　キム　スクッツァーラハリ　ヌーン　クイン　シリッコー　ナリナーヌン（そいつに心を打ち砕かれ、何もかも駄目になってしまった）。

キム　スラスン[kimu surasuŋ]〔他〕
気分を蘇らす。気を晴らす。晴れ晴れとした気分にする。〈否〉キム　スラハヌン。【例】マーハムヌバ　ヴァイ　ユリーットゥ　ヤクイ　キムスラハイ（美味しいものを食べゆっくり休んで、気分を晴らしなさい）。

キム　スリルン[kimu suriruŋ]〔自〕
気分が蘇る。気が晴れる。晴れ晴れとした気分になる。〈否〉キム　スルヌン。【例】マヌマータバーキ　ナキムヤーリ　ベーッタヌ　ブネーヌ　ミラリッタラ　キー　スリ　バライブルワヤ（今さっきまで泣きべそをかいていたのに、母親が見られたら気が晴れて笑っているよ）。

キムズワン[kimuzuwaŋ]〔形〕
心強い。頼りになる。【例】ピスッツンピーマヌ　ゾーットー　ムクバ　アタリ　シカイットゥ　キムズワン（一人娘が立派な婿に当たり〈と結婚して〉、非常に心強い）。

キムダリナマシ[kimudarinamaʃi]〔名〕
魚の肝を入れた刺身。「キモタレ（肝垂れ）ナマス（酢の物または刺身）」の意。【例】キムダリナマシユ　ウサイバ　シー　サキヌンカー　メー　マンズク（魚の肝入り刺身をつまみに酒を飲むと、もう満足だ）。

キムッケラハン[kimukkerahaŋ]〔形〕
気持ち悪い。食欲を失うような情態を指す言葉。【例】キムッケラハヌ　ヌーン　ヴァイ　ピサ　ナーヌン（気持ち悪くて何も食べたくない）。男は二日酔いでいやというほど味わうが、女性にとっては妊娠中の「つわり」のときの情態がそうだという。

キム　トゥルン[kimu turuŋ]〔連〕
機嫌を取る。気に入られようとする。〈否〉キム　トゥラヌン。【例】トゥジヌ　キム　トゥルンティ　ウリハリ　ハイ　フルヌドゥ　ミームタイ　スーヌン（妻の機嫌を取ろうとあれこれ買って来るのだが、一顧だにしない）。

キムヌファ[kimunuɸa]〔名〕
特に気に入りの子。「肝の子」の意。多くの兄弟・姉妹のなかで特に親に可愛がられる子がいて、そう呼ばれた。【例】ウヌッファー　トゥシバトゥリ　ナセーットゥリドゥ　キムヌファッティ　アタラサ　シラリブー（その子は年を取って生んだものだから、特に気に入られ可愛がられている）。

キムハイヤン[kimuhaijaŋ]〔形〕
気立てのよい。心の優しい。【例】カーギハイヤー　ミドゥムッキン　キムハイヤー　ミドゥムユ　トゥミリ（顔立ちのよい女性より、気立てのよい女性を求めなさい〈女性と結婚しなさい〉）。

キムピシチ[kimupiʃitʃi]〔成〕
心を一つに合わせること。「キムピシチ　イルピシチ／イルピシチ　キムピシチ」という黒島の島民または部落民の標語の一句。「イルピシチ」参照。

キムビ　ムヌ[kimubi munu]〔名〕
凄い人、または物。規格外の優れた人や物を言う。【例】キムビ　ムヌヌ　マリケー（凄い優秀な人が、生まれてきた）。

キムビヤ[kimubija]〔名〕
凄いこと。素晴らしいこと。優秀なこと。「キムビヤン（凄い）」の語幹が名詞化した語。

キムビヤン[kimubijaŋ]〔形〕
凄い。素晴らしい。優秀な。立派な。【例】ビャーハシマナー　キムビヤ　パリダハープスッティ　イズッカー　マチタキヤーヌ　シューブンセーラー（我が黒島で凄い

走り手と言ったら、松竹秀文兄さんだよなあ)。昭和30年前後、宮里部落の松竹秀文さん(昭和4年生まれ)は、100メートル走の八重山記録保持者であった。小柄で華奢な体つきながら、ロケットスタートで飛び出し大柄な選手を寄せ付けなかった。名ウーニでもあり、陸地と岩場では断トツ速かったが、ウブス(潮)のなかではやや失速しライバル・仲本部落の本原孫宗さん(昭和5年生まれ)に追いつかれるという展開であった。

キムフギルン[kimuɸugiruŋ]〔自〕
満足する。納得する。「キム(心)」と「フギルン(祝ぐ・満足する)」の複合語。「キムフグン」とも言う。【例】ウヌミドゥムヤルッカー ウヤーン スーック キムフギルンヨ(その女性なら、親も全面的に満足するよ)。

『石垣方言辞典』の「キゥム フギルン」は「肝にかかるものがなく、すうっとする」と説明し、「フギルン」は「底が抜ける」の意、と補足している。ここの「フギルン」は「穴があいて底が抜ける」の意と解釈するよりは、共通語の「祝ぐ=祝いの言葉をのべる・称えて祝う」に対応する「満足する」などの意に解釈するほうが適切であろう。

この「フギルン」を共通語の「ほぐ(祝ぐ)」に対応する語であろうと私にご教示くださったのは、『古代琉球語の旅』(那覇出版社2006年)『琉球語は古代日本語のタイムカプセル』(那覇出版社2007年)の著者・具志堅敏行氏である。氏は、他にも砂地を意味し「兼久」の当て字で表示されている「カニク(黒島語ではハニク)」の語源を「カニク(蟹処・蟹の住み処)」であろう、と傾聴に値する説を提唱している。

キムフク[kimuɸuku]〔名〕
肝蔵と肺臓。【例】キムフクッティ イズッカー キムヌアッカー フクンアンティヌムヌイ(肝臓と肺臓と言うのは、「肝臓があるなら肺臓もある」と言う意味の言葉で、すなわち「魚心あれば水心あり」の意だ)。

キムフクリサン[kimuɸukurisaŋ]〔形〕
精神が悪い。愛情がない。思い遣りがない。「キンフクリサン」とも言う。【例】ウヴァームヌイジヨーヌ キムフクリサダラ(あなたのものの言い方の、思い遣りのないことよ)。

キムフグン[kimuɸuguŋ]〔自〕
満足する。納得する。「キムフギルン」と同じ。

キムヤニヤン[kimujanijaŋ]〔形〕
意地が悪い。情がない。【例】ギューサアバレヘーラバン キムヤニヤ ミドゥムユ サーリフンナ(いくら美しくても、情のない女性は連れて来るな〈女性とは結婚するな〉)。

キムヤミ[kimujami]〔名〕
気落ちすること。悲しむこと。【例】サクシッファヌ シンッタラ キムヤミバ シーキムイッツァハーワヤ(長男が亡くなって気落ちしており、気の毒だよ)。

キムヤムン[kimujamuŋ]〔自〕
気落ちする。悲しむ。〈否〉キムヤマヌン。「キム(肝・心)ヤムン(痛む・病む)」の意。【例】ウヴァー ムヌイジヨーシ タルン ニバルンスクン キムヤムンドゥラー(あなたの物の言いようでは、だれも眠れないほど心を痛めるよ)。

キモッサン[kimossaŋ]〔形〕
気持ちいい。心地良い。「キムッサン」とも言う。【例】ウシン ピシダン ズブバソー キモッサンカヤー?(牛も山羊も交尾するときは、気持ちいいのだろうか)。「マラ」の項参照。

キヤイ[kijai]〔名〕
気合。【例】スーブ シーバソー キヤイバ イリ スーナッカー マキルンドゥラー(勝負をするときは、気合を入れてしな

いと負けるぞ)。

キュー[kju:]〔名〕
今日。【例】①キュー アツァ アシトゥ ヨーホ……（今日・明日・明後日・四日後……）。②キュー キノー ブシトゥイ ヨーホナッティ……（今日・昨日・一昨日・四日前……）。

キュー[kju:]〔名〕
旧。【例】シマヌ ソンガツェー マヌマン キューヌ シキンドゥ シーブー（島の正月行事は、今でも旧の月〈旧暦〉で行なっている）。

ギューサ[gju:sa]〔名〕
幾ら。如何ほど。物の値段について言う。【例】ウヌヤーヤ ギューサバハン シーリラー？（その家は、幾らくらいするだろうか）。

ギューサ[gju:sa]〔副〕
いくら。いくばく。どんなに。【例】ギューサ ゲーラハラバン ハイバーキ ウサイナ（いくら劣っていても、そこまでは馬鹿にするな）。

ギューサン[gju:saŋ]〔副〕
何回も。何度も。(石)イフケン。(沖)イクケーン。【例】ギューサン ユヌムヌイユ イザシナ（何回も、同じこと〈言葉〉を言わせるな）。

キュースン[kju:suŋ]〔他〕
壊す。崩す。〈否〉キューハヌン。【例】マヌマヌ ヤーバ キューシ アラヤーユドゥ スクル（今の家を壊し、新しい家が建てる）。

キューランク[kju:raŋku]〔名〕
カステラ。「キーランク」と同じ。

キューリルン[kju:riruŋ]〔自〕
壊れる。崩れる。【例】ミリミラン ウブ タイフーシ ウマハマナ ヤーヌ キューリヤン（見たことのない大きな台風で、あちこちの家が壊れた）。

キユガピーアユ[kijugapi:ʔaju]〔名〕
古謡の名。〈今日(きゆ)が日(ぴー)・あゆ〉。この歌は、黒島では特別にめでたい日に祝う歌だと言われている。喜舎場永珣『八重山古謡(下)』に黒島の古謡として収載されている〈元服(ギンブク)祝(ヨイ)ヌアユ〉が、見出しの〈今日が日・あゆ〉とほぼ同じ流れであることから、黒島の古い時代の「元服祝い」を歌ったものであろう。歌のなかには、現在の日常語には確認できない用語「キタティシル（タダニショールの対語）」「ナリパダ（ドゥーパダの対語）」「ハボーラバ（タボーラバの同義語）」などが用いられている。

キョーダイ[kjo:dai]〔名〕
兄弟姉妹。共通語からの借用語。そもそも「きょうだい」は「兄(あに)・弟(おとうと)」を音読した語であるが、「姉妹」にも言う。「姉妹」を表す独自の言葉はなく、ここにも「男尊女卑」の考えが色濃く示されている。(石)キョーダイ。(沖)チョーデー。【例】ビキドゥム キョーダイ(男兄弟)。ミドゥム キョーダイ(女兄弟)。ムクキョーダイ(婿兄弟)。ユミ キョーダイ(嫁兄弟)。

キョーダイサ[kjo:daisa]〔名〕
兄弟姉妹達。兄弟姉妹同士。親族同士。(石)キョーダイシャー。【例】ウンヤーヤ キョーダイサ ナハー ハイヤーッティ ウラーマサワヤ（その家は兄弟姉妹の仲が良くて羨ましい）。

キョーダイサムイサン[kjo:daisamuisaŋ]〔形〕
兄弟姉妹思いである。【例】ムカシハラ キョーダイサムイサーッタヌ マヌマン アイドゥラ（昔から兄弟姉妹思いだったが、今もそうだよ）。

キョンギン[kjoŋgiŋ]〔名〕
狂言。(石)キョーギン。(沖)チョーギン。【例】キョンギンヤ キツガンヌ バソーセーッタヌ メシトゥムラヌ キョンギンヌドゥ イチン ウムッサッタ（狂言は結

願祭のときに催されたが、宮里村の狂言が一番面白かった）。

ギラ[gira]〔名〕
〈動〉貝の名。シャコガイの総称。【例】ギラー　クーヌフチヌ　アカーアカーシ　ブルムヌヌドゥ　ダシ　マーハ（シャコガイは、殻の淵が赤みを帯びているのが出汁（だし）があってうまい）。

　往時の黒島の遠浅の海浜では、干潮になると踝（くるぶし）あたりまでの海中でシャコガイが捕れた。そういう所の貝は暗黙の了解でお婆さんたち専用の「アサルゴー（潮干狩り）」の場所だった。泳げる少年たちは、自分の背丈ぐらいの深い所にもぐってシャコガイを捕ったものである。現在は、乱獲や環境悪化の影響によるものなのか相当深い所にしか生息していないという。

　なお、用例の赤みがかったシャコガイの美味さについては、アサルゴーの名人であった本家のウボーブ（伯母）や母から教わったことで当時はそのようなシャコガイを選び選び捕ることが可能であった。

キラザ[kiraza]〔名〕
〈動〉巻き貝の一種。マガキガイ。（石）ティラザ。（沖）ティラジャー。【例】キラザー　マイヤ　ハシガーヌ　パントゥリ　トゥラリーッタヌラー（マガキガイは、以前は麻袋の一杯も捕れたのになあ）。この貝も波打ち際で幾らでも捕れたのに、ギラ（シャコガイ）と同じく激減しているという。

キラマンギ[kiramaŋgi]〔名〕
麦粉で作るうどん状の食物。炒め物や汁物で食した。「キラマンギン」「キリムンギ」とも言う。【例】キラマンギユ　イラクバソー　ビラヌパーユ　イリリバドゥ　マーハー（キラマンギを炒めるときは、ニラの葉を入れると美味しい）。

　終戦後の昭和30年前後、黒島ではソーミン（素麺）は現金で購入しなければ手に入らないことから、いわばちょっぴり上品で贅沢感の漂う食品であった。そこで現金がなくても手軽に食卓に載せることのできる「キラマンギ」は、貴重であった。本土で戦中戦後の食料難の時代に主食の代用にされたという「すいとん（水団）」と似たような食品である。麦粉をこねて軽く湯掻（ゆが）いたあと炒めるが、汁物にする場合は湯掻かずに汁鍋に入れた。

ギラヤータ[giraja:ta]〔名〕
若者たち。「立派な若者たち」の意味合いを帯びる語だが、日常語にはなく歌謡語としてのみ残っている。

キリッケラスン[kirikkerasuŋ]〔他〕
蹴り飛ばす。「キッケラスン」と同じ。

キリマーシ[kirima:ʃi]〔名〕
切り回すこと。積極的な処理。【例】ヌーンクイン　キリマーシ　ハタジキ　ウシキ（何もかも積極的に処理して、片づけておきなさい）。

キリマースン[kirima:suŋ]〔他〕
切り盛りする。積極的に処理する。「切り回す」の意。【例】ユミヌ　ディキレヘーッカ　キナイユ　ユー　キリマースン（嫁が立派だと、家庭を立派に切り盛りする）。

キリマラバスン[kirimarabasuŋ]〔他〕
蹴り飛ばす。「キッケラスン」「キリッケラスン」と同じ。

キリムヌ[kirimunu]〔名〕
切れ者。敏腕家。（石）キュリムヌ。【例】シマイチバンヌ　キリムヌ（島で一番の切れ者）。

キル[kiru]〔名〕
霧。【例】キル　シユヌ　ウリリバドゥ　アーヤ　ウドゥラク（霧露が降りたら、粟は驚く〈いて根を張る〉／黒島の諺より）。

キルン[kiruŋ]〔他〕
蹴る。【例】ウシェー　ヨーイニ　プスユ　キラヌヌ　バソーバソー　キルウシン　ブ

リバ キーシキリ（牛は容易に人を蹴らないが、たまに蹴る牛もいるので気をつけろ）。

キン[kiŋ]〔名〕
衣服。着物。【例】キンヤ イチン アザーッケ アザーッケ キシ（衣服は、いつも清潔にしていなさい）。

キン[kiŋ]〔名〕
〈植〉穀物の名。キビ（黍）。糯（もち）と粳（うるち）がある。【例】マイヌ ナーン ビャーハシマナーヤ キンヌ イーヌドゥ イチン マーハッタ（米の栽培が出来なかった我が黒島では、黍の飯がもっとも美味しかった）。現在、沖縄県内で市販されている「モチキビ」は、主に波照間島産と粟国島産であるが、僕の感覚では「モチ（糯）」ではなく「ウルチ（粳）」だという気がする。島で食した「キンヌ イー（黍の飯）」はもっと粘りが強く糯味があったのではなかったか。その感覚は僕の三姉・花城泰子（昭和12年生まれ）も一緒である。波照間島の黍作農家の方から黍の種を譲ってもらった際に、上記の感想を述べたらその方も同感だと言われた。現在、波照間島で栽培されている黍は粟国島産の黍の種で、糯味の強かった品種は種切れしているということだった。

ところで、伝統的な農耕儀礼の祭りの場で「ググクムヌダニ（五穀物種）」が主役を演じる場面があるが、その「五穀」に黒島では「アワ・ウブン・ムン・グマ・ウン（粟・モロコシ・麦・胡麻・甘藷）」などが選ばれる。「キン（黍）」は除外されているのだ。その除外の理由が、哀しくて悔しくて到底納得できないのである。そもそも「キンダニ（黍種）」は、ある女性が余所の島からこっそり持ち出して島に持ち込み、大事に育て黒島の主要穀物の一つにしたのだという。キンダニは貴重な穀物ゆえに島外への持ち出しが禁じられていたところを、当の女性は知恵を振り絞って自らの秘所を覆うメーヘン（女性用褌）で隠して島へ運んだというのだ。しかし、彼女の機転の利いた行為はメーヘンで包まれてもたらされたという理由で「不浄」だとされ、「キンダニ」はいまだに「神前」に奉納されることなく軽く扱われているのだという。哀しいではないか、悔しいではないか。彼女の勇気と才知を、黒島の神々は本当に「不浄な行ない」として「キンダニ」を「ググクムヌダニ」から排除することを是認したのであろうか。いや、そうではあるまい。女性の生理が、生命誕生の根源と関わる重要な生理現象であるにもかかわらず、「不浄なもの」として扱ってきた古い時代の人々の理不尽・不合理な考えの名残にすぎないものであろう。僕は、今からでも遅くはない、「キンダニ」の「ググクムヌダニ」への加入・参入を是非とも検討してほしいと念ずるものである。拙著『ＣＤ附 精選八重山古典民謡集（二）』〔こぼればなし⑫〕「伝統」について、参照。

〔追記①〕ここまで書いてきて、今更ながら気付かされたのだが、現在の黒島には「キン」どころか上述の「ググクムヌダニ」類は作物としてはすべて消滅している。穀物の耕作に代って肉用牛の生産のため、島中が牧場と化しているからである。それはそれとして、時代の流れのなかで島民が選択したものでありその振興発展を共に願うとしよう。そのうえで、僕は提案したい。各部落内の空屋敷（あきやしき）を活用した「五穀の復元・生産」を畜産業と観光業を結び付け強化する産業にしてほしいということである。「五穀」は、それらの有する優れた栄養素の面から病院食や学校給食に広く取り入れられているし、黒島の伝統歌謡や民俗芸能を理解する上でも必要不可欠だからである。

〔追記②〕〝下町の玉三郎〟の異名をとる大衆演劇の花形役者・梅沢富美男の話。テレビタレントとしても活躍中の彼は、料理

上手としても知られる。彼は小学生のころ、親許を離れひもじい思いをしたそうだが、それが彼の食へのこだわりの原点になっているようだ。奥様が「健康によい自然食・雑穀米」を推奨するが、「こういうのを食いたくないから汗水たらしてやってきたんじゃねえか。銀シャリを出してくれ、銀シャリを！」と啖呵を切る。分かる、わかる！でも、最近の「五穀米や十穀米」が美味しいのも事実だぜ、梅沢君！（2021年2月『週刊現代』連載コラム「梅沢富美男・人生70点主義」より）。

キンキン[kiŋkiŋ]〔副〕
　黄色い。「キーンキーン」と同じ。

キンコー[kiŋkoː]〔名〕
　健康。日常語では「ドゥーパダ（胴肌）」と言う。【例】キンコー　ダイイチ（健康第一）。

キンダイクニ[kindaikuni]〔名〕
　〈植〉ニンジン（人参）。【例】ニーヌヤサイッティ　イズッカー　ダイクニトゥ　キンダイクニラー（根の野菜〈根菜〉と言えば、大根と人参だよね）。

キンタマ[kintama]〔名〕
　睾丸（こうがん）。共通語からの借用語で、日常語では「クガ（卵の意）」と言う。男性の性器全体は「タニ（種）」と称し、陰茎は「マラ（魔羅）」、睾丸は「クガ」「キンタマ（金玉）」と言う。

キンノーリュー[kinnoːrjuː]〔名〕
　勤王流。八重山舞踊の一流派「勤王流」のことで、黒島とのゆかりが深いが、その誕生については未（いま）だ謎が多い。そういう状況を踏まえて、1996（平成8）年、黒島東筋部落において「八重山舞踊勤王流ゆかりの地」と称する記念碑が建立された。その関連事業として『八重山舞踊勤王流記念碑建立記念誌　八重山舞踊勤王流関係論考・資料集』（以下『記念誌』と称する）が発行されたので、拙稿の巻頭小論「八重山舞踊『勤王流』伝承略譜」に多少手を加え以下に転載する。

八重山舞踊「勤王流」伝承略譜

　八重山舞踊「勤王流」は、多くの謎に包まれながらも、八重山芸能史のなかで厳然とした足跡を残し、今なお大きな潮流を形成している。

　始祖・比屋根安弼（ひゃごんあんひつ）（1835〜1901）は、琉球王府の尚育王元（1835）年に毛姓十二世御用物座筆者・安睦の次男として首里で出生し、尚泰王7（1854）年に首里城納殿筆者となり若里之子に叙されている。比屋根は、尚泰王18（1865）年、30歳のとき、ある罪過により八重山鳩間島への遠島流刑を科せられた。鳩間島への遠流の後、同島で14年間滞在し、明治12（1879）年の琉球処分、すなわち廃藩置県の年に西表島古見村に移され、そこで流罪放免となった。比屋根の鳩間島から古見村への移動・流罪放免と琉球処分・廃藩置県とは時期が重なっておりその因果関係が気になるところではある。琉球（沖縄）の中央が騒然としているなかでの出来事であることから、何らかの影響はあったものと思われる。

　比屋根は、放免後も首里には帰らず古見村に13年間も滞在している。次いで、明治25（1892）年に黒島島民の招請により黒島に移り住み、そこを終生の地として、明治34（1901）年に没している。黒島島民の招請を行なったのは直接的には仲本部落民であったと推定されるが、その動機には後述する「同邑（むら）（黒島のこと。當山注）ハ四部落共舞踊ノ競争ハゲシキ所ナリ」と言われていることが根底にあったのではないだろうか。

　勤王流の創設・発祥の由来は、琉球王国における宮廷舞踊の秘伝もしくは奥義とされる22の手振型とそれを表現する際の心

構えを記した芸能論ともいえる秘伝書に依拠しているとされる。この秘伝書こそは、冒頭に述べた「謎」の最たるものである。いったい、その創案が誰の手によるものなのか、王府での位置づけや活用状況はどうであったかなどすべてが不明であり、〝謎〟だと言われる所以である。

確かなことは、この秘伝書が、比屋根安弼の遠島流罪に伴って八重山にもたらされ、比屋根安弼から諸見里秀思（1876～1945）の手に渡り、さらに諸見里から渡慶次長智（1887～1962）に譲渡され、八重山舞踊の創作や洗練・昇華の手立てとして大きな役割を果たしたであろうということである。

比屋根安弼が、宮廷舞踊の世界でどの位置に属していたか、これまた判然としないが、彼の家系や鳩間島、古見村、黒島における芸能活動の状況等から、芸能全般にわたって造詣が深く、特に舞踊に関しては相当の素養と技量を身に付けていたものと推定される。比屋根は晩年の9年間を黒島の仲本部落に住み、腰を据えて琉球舞踊を島民に伝授するとともに八重山舞踊の創案とその伝授に尽くしている。当時、比屋根の下で舞踊の修行に励んだのが、諸見里秀思である。

諸見里は、幼少のころ、両親とともに石垣島から黒島に移り、16歳のころ、古見村から黒島に移ってきた比屋根安弼と出会うのである。

比屋根に芸能の資質を認められた諸見里は、師匠の他界に至るまでその側近にあって、舞踊についての教えを受け、あるいは共同して新しい舞踊の振り付けに携わることとなった。かくして諸見里は、件の秘伝書を比屋根から伝授され、勤王流二代目の師匠の地位を得たのである。

勤王流の秘伝書は、比屋根から諸見里に授与されたが、原本はある事情で焼失し写本が渡慶次長智の手に残された。その写本の奥に「黒島口説の舞踊理来」（ママ）が記されている。それによると、明治27年当時の東筋部落総代・大舛三戸と當山慶屋が諸見里秀思と音楽家・玉代勢秀喜（1875～1942）に〈黒島口説〉の舞踊振付けを依頼し、その年の結願祝に初演された。その時の踊り手は竹越ナサ、仲嵩ヒデ、舟道ヨボシ、仲道ナビの四人であった。同秘伝書には、いみじくも「同邑ハ四部落共舞踊ノ競争ハゲシキ所ナリ」と記されている。

この秘伝書における黒島口説の舞踊由来記は、我が国の民俗芸能研究の第一人者である本田安次が『南島採訪記』（明善堂書店 1962年刊）に収録し、学術上の重要な文献記録として広く学会に紹介している。

諸見里秀思は、師匠の比屋根安弼の没後3年目の明治37（1904）年、28歳のときに渡慶次ウムチカネと結婚した。ウムチカネは、後に勤王流三代目の師匠となる渡慶次長智の姉にあたり、結婚当時、すでに家族とともに石垣島から黒島に移り住んでいた。

渡慶次家が、いつごろ黒島に移ったのか、また渡慶次長智が諸見里秀思を舞踊の師匠として交わるようになったのは何歳のころからなのか、いずれも定かではないが、2人は諸見里秀思とウムチカネの結婚により、義兄弟となったこととも重なって一段と緊密の度合いを増したものと思われる。ともあれ、渡慶次長智は、諸見里秀思の義弟という立場にとどまらず、諸見里に舞踊家としての素質を認められその門弟となるのである。

渡慶次長智は、大正2（1912）年、先述したとおり諸見里秀思と玉代勢秀喜が明治27（1894）年に創作した〈黒島口説〉の舞踊を、竹富村役場主催の「大正天皇御

即位式御大典」で演じている。そのときの共演者は、大浜盛安、運道佐真、玉代勢太郎であった。

諸見里秀思と渡慶次長智とは、時期は明らかでないが、相次いで黒島を去って石垣島に移り、〈赤馬節〉や〈天川鴛鴦の舞い〉等の舞踊創作および伝来の作品の手直しに関わり、八重山舞踊の研究・伝承・普及に尽力している。

渡慶次長智は、昭和5（1930）年、40歳のとき、勤王流秘伝書を諸見里秀思から譲り受け、名実ともに勤王流三代目の師匠の地位を得た。

勤王流が、八重山舞踊の主要な一流派であったことは、諸見里秀思が昭和3（1928）年に開催された「日本青年館主催第三回郷土民謡舞踊大会」の八重山舞踊男踊りの監督を務め、渡慶次長智が昭和31（1956）年に開催された「文化庁主催第七回全国民俗芸能大会」の八重山舞踊団の責任者となり、それぞれの公演の中心的役割を担っていたことからも窺い知ることができる。

東恩納寛惇は、昭和31年の東京公演における渡慶次長智の舞う〈赤馬節〉を次のように評している。「歌詞は違うが、服装も手振もすべてが〈かぎやで風〉の老人踊そのものであった。私はかつて島袋光祐のこの踊を絶賛したことがあったが、渡慶次のは又、堂々たる姿勢、円熟した手振、彼に勝るとも劣るまじきものであった」「老人踊としては玉城（盛重）にも比すべき、出色の出来ばえであろう」と。この批評には、よくもわるくも、八重山舞踊勤王流と琉球宮廷舞踊の相似性を垣間見ることでき、興味深い。

同じく昭和31（1956）年、渡慶次長智が舞踊家としてはただ一人、八重山文化協会（糸数用著会長）から師範の称号を授与されている事跡も、勤王流が当時の八重山舞踊界において確固たる地位にあったことを物語っている。ちなみに、八重山文化協会は歌・三線については、大濱安伴と大浜津呂に師範の称号を授与している。

なお、勤王流に関しては多くの研究者がその真相を解明すべく労作を発表してきたが、先述した我が国の民俗芸能研究の第一人者・本田安次もその一人である。本田は、『南島採訪記』や『離島・雑纂』のなかで繰り返し勤王流に関する考察を試み、「八重山風の特色を主張し得る各曲を生み出したのは、やはり比屋根前後と見てよいようである」と論じている。

勤王流は、現在、八重山、沖縄本島および東京周辺において、秘伝書の精神ないし理論を踏まえて伝承されている。伝承活動の広がりという観点からみれば他の団体をしのぐ状況にあるが、伝承者の層の厚さや社会的評価という観点からみると、かならずしも先代のころの輝かしい存在を誇れる状況にあるとはいえない。

伝統芸能の継承・発展は、権威ある「伝統」それ自体が決め手になるのではなく、今を担う伝承者の技量と情熱がその趨勢を決定するものであることを思うとき、勤王流の第四世代師匠およびその門弟たちのさらなる奮起と自覚を心から願わずにはいられない。

キンハー [kiŋha:]〔名〕
衣服類。着物など。【例】キンハーユ タイシチ シール プスヌドゥ マイフナー マリ（衣服類を大事にする人が、立派な人になる）。

キンバイ [kimbai]〔名〕
〈動〉キンバエ（金蠅）。【例】キンバイン ギンバイン ズーヌ ナハハラ マリケールヌ ミーッカ ハイヤールヌラー（キンバイ〈金蠅〉もギンバイ〈銀蠅〉も糞の中から生まれてきたのに、見ると綺麗だよな

あ)。「やれ打つな 蝿が手をすり 足をする」と詠んだ小林一茶の心境はどうだったのだろうか。

ギンバイ[gimbai]〔名〕
〈動〉銀蝿（ギンバエ）。「キンバイ」の項参照。

キンフクリサン[kiŋɸukurisaŋ]〔形〕
精神が悪い。愛情がない。思い遣りがない。「キムフクリサン」と同じ。

キンフコホン[kiŋɸukohoŋ]〔形〕
精神が悪い。愛情がない。思い遣りがない。「キムフクリサン」「キンフクリサン」と同じ。同項参照。

ク

ク[ku]〔名〕
九。九つ。数の名で、数量や順序などを表す。【例】クニン（九人）、クニチ（九日）、クンゴー（九合）、クンガチクニチ（九月九日）。用例のように、「九」には「ク」と「クン」の表示がある。

ク[ku]〔接尾〕
個。卵、石、芋、瓶、甕、急須、木の実など物を数える単位。【例】ピスック・プスック、フタック、ミック、ユック、イスク、ヌーク、ナナック、ヤック、ウヌック、トゥック（1個、2個、3個、4個、5個、6個、7個、8個、9個、10個）。

グ[gu]〔名〕
五。五つ。数の名で、数量や順序などを表す。【例】グニン（五人）、グニチ（五日）、グンゴー（五合）、グンガチユッカ（五月四日）。用例のように、「五」には「グ」と「グン」の表示がある。

グ[gu]〔接頭〕
御。尊敬を表す。【例】グリー（御礼）。グブリー（御無礼）。グーシ（御酒）。グユー（御用）。グユーフ（御用布）。

クイ[kui]〔名〕
声。歌声。【例】バンタ ヤラビシェーケ ウタングイヌ ハイヤー メーフンティヤーヌ イシキアブッティ イザリブッタ（私たちの子どものころ、歌声の美しいのは前船道家のイシキお母さんと言われていた）。たしかにイシキお母さんの歌声は、高音の力強い響きを轟かせて今も耳朶に残っている。

クイ[kui]〔名〕
乞い・請い。漕ぎ。【例】ユークイ（豊年・豊作を漕ぎ寄せる儀式）。「クイ（請い）」と「クイ（漕ぎ）」を掛けて、沖の彼方から「ユー＝豊穣な世＝豊年・豊作」を漕ぎ寄せるという「ニライ・カナイ信仰」に則った黒島の豊年祭に行なわれる「パーリークイ（爬竜船漕ぎ）」の儀式。

クイリー[kuiri:]〔名〕
豚汁や山羊汁などが冷めたときに、白く固まって浮いている脂。【例】クイリーヌ フケーリベー ピシダヌ スーユ アツァハナ ウヌママ ヴォーッカ クダスンドー（脂の固まりが浮いている山羊汁を温めずにそのまま食べると下痢をするよ）。されば、かならず温めて食べるべし。

クイルン[kuiruŋ]〔他〕
越える。【例】ウヤヌ タケー クイラルラバン ウムイヌ フカサー クイラルヌ（親の背丈は越えられても、親の子に対する想いの深さは越えられない）。「ウヤヌ ウグヌヤ フカキヌ イザヌ ウムイヤ ヤマタカサ アブヌ ウグヌヤ ウミフカサ（親のご恩は深いもの、父御のご恩は山

より高く、母御のご恩は海より深い／黒島民謡〈無蔵念佛(んぞーにんぶつぁー)〉より)。

クー[ku:]〔名〕
粉。【例】ムンヌ　クーヌ　パンビン（麦粉のてんぷら）。

クー[ku:]〔名〕
功。年の功（年を取り多くの経験を積むこと。また、その経験の力）。甲。亀の甲（亀の体を覆う角質の甲羅で、高価な工芸品の素材）。【例】ハミヌ　クーッキン　トゥシヌ　クー（亀の甲より年の功）。「亀の甲」は工芸品の貴重な材料であるが、年齢を重ね経験を積んだ人の「年の功」のほうがより価値があるのだという教えである。

クー[ku:]〔名〕
金物や着物などの穴を塞ぐこと。「クーサー・クーサビラ」とも言う。【例】ムカシェー　ヤリナビン　ヤリキンヌン　クーバ　シードゥ　シカウッタ（往時は、穴の開いた鍋も破れた衣服も穴を塞ぎ、継ぎを当てて利用した）。

グー[gu:]〔名〕
仲間。連れ。対(つい)。夫婦。恋人。【例】①ヤナドゥシットー　グー　ナンナヨー（悪い友だちとは、仲間になるなよ）。②ウヌ　フターラ　ヤガティ　グーナルントゥ（その二人は、やがて夫婦になるそうだ）。

グー[gu:]〔名〕
イノー（礁池）にある岩礁。【例】イノーヌナハヌ　グーナヤ　ギラヌ　マジミブッタ（礁池の中の岩礁には、シャコガイがたくさんいた）。グー（岩礁）には、小さなものから大きなものまで種々ある。多くの場合、満潮時には海中に沈んでいるが干潮時には海上に浮き上がる。アーンヌピー（東筋の東方の干瀬）に漁に行く場合、行きはグーで休憩しながら進んだが、帰りは満ち潮で足が付かない場合が多かったので、潮の流れに乗って泳ぎ一気に上陸した。

クーゴーシ[ku:goːʃi]〔名〕
落雁(らくがん)。「粉菓子」の意。盆や法事などで霊前に供える。僕たちが子どものころの黒島では、鯛魚と蓮の花を象(かたど)ったクーゴーシ一対が、ほとんどの家の仏壇に供えられた。（石）クーグァーシゥ。（沖）コーグァーシ。【例】ソーラヌバソー　タイイズトゥ　ハスヌパナヌ　ハタヌ　クーゴーシユ　ハザレータ（旧盆のときには、鯛魚と蓮の花の型のクーゴーシを飾った〈供えた〉）。

クーサー[ku:sa:]〔名〕
金物や着物などの穴を塞ぐこと。「クー」の項参照。

クーサビラ[ku:sabira]〔名〕
継ぎ接(は)ぎだらけの服。（石）クーシャービラ。「クーサビラキン」の項参照。

クーサビラ　キン[ku:sabirakiŋ]〔連〕
継ぎ接ぎだらけの服。【例】ヤラビシェーケー　クーサビラ　キンタンカ　キシベータ（子どものころは、継ぎ接ぎの服だけ着ていた）。

クーサン[ku:saŋ]〔形〕
貧しい。（石）クーサーン（貧しい・小さい）。黒島語では通常「ピンスー」と言う。

クージ[ku:ʒi]〔名〕
〈植〉トウズルモドキ。（石）クジゥ。蔓性(つるせい)で柔軟さと強靭さを兼ね備えていることから、笊(ざる)などの製作材料や屋根瓦をのせるためのユツル（えつり）を編む材料に用いる。また、正月の「ユーピキジ（綱引き神事）」に用いられるシナ（綱・縄）がヤマハザやジームリハザなどの蔓(かずら)を束ねて作っていたころ、綱の強度を補強するのにも用いられていたようである（玉代勢昇氏談）。他に、その新芽は豊年祭の主役であるウーニ（パーリー船の船頭役）の鉢巻きに縁起物として結び付ける「シバ」として用いる。

グーシ[gu:ʃi]〔名〕
御酒(ごしゅ)。神や先祖に捧げる酒の尊敬語。【例】

グーシユ ヤーニンズ ケーラハ マーハイ（御酒を、家族全員に回しなさい）。

　お正月やお盆のときなど、神棚に捧げたり仏壇に供えたりした御酒を、初めに家長が戴き順次家族全員に回して戴く。我が家では、グーシ（御酒）は幼児にも回し子どもであってもかならず盃に唇をつけ酒をなめさせた。この風習によって飲酒というほどのことではなかったが、酒の発する強烈な味と匂いを幼児期からじかに体験した。そのお陰だろうか、高校時代に禁を犯した飲酒にも他の友人たちとはちがい、急性アルコール症になることを免れた（褒められたことではないが……）。

クー　シールン[ku: si:ruŋ]〔連〕
鍋の穴を塞ぐ。

クー　シールン[ku: si:ruŋ]〔連〕
着物や服の継ぎを当てる。

クーシムヌ[ku:ʃimunu]〔名〕
貧乏人。石垣語からの移入語。黒島語では「ピンスームヌ」が一般的である。

クージワン[ku:ʒiwaŋ]〔名〕
首里王府の認定を受けた御嶽。「公事御嶽」の意。黒島では八つの御嶽が認定されたことから、通常は「ヤーヤマ（八嶽）」と言う。「ヤーヤマ」の項参照。

クージン[ku:ʒiŋ]〔名〕
小銭(こぜに)。（石）クージン。（沖）グマジン。【例】マヌマヌ ジンヤ ウブジンヤ ハビジンシ クージンヤ ハニジンシ スクラリブー（現在の銭〈お金・貨幣〉は、大きいお金は紙幣で、小銭は硬貨で造られている）。

クース[ku:su]〔名〕
〈植〉トウガラシ。「コショウ（胡椒）」の転音。【例】タッツェヌ ヤシキナーン クーソー ピシシン フタシンナー ビーラリブッタ（どの家の屋敷にも、トウガラシは１～２本植えられていた）。刺身を食べるときは、トウガラシの実を潰し醤油に溶かして食し

た。また、ユシドーフにもトウガラシの辛味を利かして食するのが定番であった。現在は、大衆食堂あたりではトウガラシの実を泡盛に漬けて瓶詰にし、「沖縄そば」「ティビチ汁」「ソーキ汁」などの味を引き締めるのに供している。

グー　ナルン[gu:naruŋ]〔連〕
結婚する。味方になる。仲良くなる。【例】ウリトゥ グー ナル ハンガイアッタヌ ウユバルンタン（その人と結婚する考えだったが、及ばなかった〈叶わなかった〉）。

グーハジ[gu:haʒi]〔名〕
数々。色々。【例】トゥシ トゥッタラー ヤンヌ グーハジユ ハタミ アワリバシーブー（年を取ったので病の数々を抱え、難儀しているよ）。「無病息災ではなく一病息災(すこ)がよい」と賺され喜んでいたのは、いつのころまでだったか。さしずめ、現在の情況は「多病息災・万病息災」とでも言うのだろうか。

クーフキウン[ku:ɸukiʔuŋ]〔名〕
十分に熟した芋。煮ると水気がなくふかふかした状態になる芋。甘みが増して美味しさも倍加する。【例】クーフキウンヌ マーハー ヌーッティン イザルヌン（クーフキ芋の美味しさは、なんとも表現のしようがない）。

　昨今のスーパーマーケットなどで出回っている芋は、どちらかというと水気を含んで餅味を帯びた柔らかめのものが好まれるようで、味覚が変わってきたのかも知れない。そういえば黒島で食した「クーフキウン」は、水気が少ないため飲み込みづらくて（「ヌクンツァハン」）水やお茶を飲みながら食べたものである。

クーフクン[ku:ɸukuŋ]〔自〕
芋などが十分に熟する。煮ると水気が取れてふかふかした状態になる。【例】ウンヤ クーフカンケー プルッカー マーハナー

ヌン(芋は十分に熟しないうちに、収穫すると美味しくない)。

ところで、宮城信勇著『石垣方言辞典』の「クーフクン」は、「粉がふく。サツマイモが粉のようにふかふかすることを言う。おいしいので喜ばれる。」と説明されている。「おいしい」という感覚は同じだが、「粉がふく。粉のように……」という説明にはいささか違和感がある。「水気や粘り気が取れてフカフカした食感」であって、「粉をふく」感じではないと思われるのだが、どうであろうか。

なお、黒島での芋の収穫は土の盛り上がり具合(石垣語では「ピンティカンティ」と言う)を確かめ、大きくなったものからハノーシ(かなふくし＝鉄製の土掘り道具)で探り掘りをした。また、伸びた蔓に土を被せ「ティーヌ ナル(手＝蔓から出来る成り物)」の生長を待って二次収穫をした。

クームチ[kuːmutʃi]〔名〕
　供物。「クバン(神饌)」とも言う。【例】クームチバ ウヤシ ハウ タティリ(供物を捧げて、線香を立てなさい〈焚きなさい〉)。

クーン[kuːŋ]〔自〕
　来る。日常語は「フーン」と言うが、見出し語はその古形か。〈否〉クーヌン。【例】パーク クーッティ シタヌドゥ マダ タルン クーヌワヤ(早く来なさいと言ったのに、まだ誰も来ていないなあ)。

クーン[kuːŋ]〔他〕
　乞う。請う。求婚する。〈否〉コーヌン。【例】ムカシェー トゥジ クーッカ ヤートゥ ナルハラッティ シタヌ マヌマヌ ユーヤ アイヤ アラヌン(昔は妻を請うなら隣近所からと言ったが、現在はそうではない)。八重山伝統歌謡の〈ゆんたしょーら〉には、「トゥジ トゥムバ トゥナリュカラ(妻を求めるなら、気心の知れた隣近所の娘を)」と歌っているが、現代社会では外国人との結婚も珍しくなくなっている。

クーン[kuːŋ]〔他〕
　借りる。〈否〉コーヌン。【例】ウブヨイヌ バソー パツェー ヤーヤーハラ クイドゥ マニアーセータ(大きい祝い事の場合、皿は各家庭から借りて間に合わせた)。「ジンバイ」の項参照。

クーン[kuːŋ]〔他〕
　漕ぐ。〈否〉コーヌン。【例】プーンヌ パーリーユ クーバソー イルピシチ キムピシチ ナリ コーナッカ プリン マキルンドー(豊年祭の爬竜船を漕ぐときは、気持ちを揃え、心を合わせて漕がないと保里村に負けるぞ)。

クガ[kuga]〔名〕
　睾丸。鶏の卵には「トゥンヌッファ」、その他の鳥の卵には「トゥナガ」と言う。【例】タニヌ ナハナ マラトゥ クガヌ フターチ アルワヤ(男の性器には、魔羅＝陰茎と睾丸２個があるよ)。

クガニ[kugani]〔名〕
　黄金。大事なもの。貴重なもの。【例】サクシッテナ クガニ・タマクガニッティ アッタラサ シラリ スダティラリ ウブプス ナレードゥラー(長男だから黄金・玉黄金と大事にされ育てられ、大人になったんだよ)。

クガニクトゥバ[kugani kutuba]〔連〕
　格言。諺。「黄金のような大事な言葉」の意。【例】ウヤヌ ユナイシトゥムティ パナシワーッタ クガニクトゥバヌ ハジハジユ マヌマナリ ウムイザシブー(親が朝夕話してくださった黄金言葉〈格言・諺〉の数々を、今になって思い出している)。

クガニピー[kuganipiː]〔連〕
　吉日。佳き日。ここの「クガニ(黄金)」は、美称接頭語。【例】キユガ ピーバ ムトゥバ シー クガニ ピーバ ムトゥバ シー(今日の日を基にして、黄金の日〈吉日〉

クガニマース[kugani ma:su]〔名〕
　縁起のよい塩。「黄金の塩」の意。「ナンザクガニ　マース（銀と金のように貴重な塩）」の常套句で用いられる。「ナンザマース」の項参照。

ククク[gukuku]〔名〕
　五穀。狭義には人が常食とする5種の穀物の意だが、広義には穀類の総称にもなる。五穀に何を入れるかは、地方によって異なる。黒島では、粟・麦・豆・モロコシ・甘藷が五穀の定番であった。「キン（黍）」の項参照。

クククムヌダニ[gukukumunudani]〔名〕
　五穀の種子。「五穀物種」の意。正月行事の綱引きのあと、ミーラク（弥勒神）が登場しその名代のソーザ（長者）から、部落民の代表役・チクドゥン（筑登武）に「ククムヌダニ(五穀物種)が手渡される。「チクドゥン」は沖縄語で、黒島語は「スクドゥン」と言う。

クサ[kusa]〔名〕
　瘧（おこり）。フィラリアまたはマラリアによる熱帯性熱病。【例】クサバ　ハカリ　トゥーシ　ニチン　アウマハリ　ブー（瘧を患って、いつも熱に苦しめられている）。

グサシ[gusaʃi]〔名〕
　所属するワン（お嶽）に納める穀物。【例】ヤマニンズヤ　アカヤラビハラ　ウイプスバーキ　ピスンピスン　グサクナーヌ　グサシユ　ウサミッタ（御嶽の所属員は、赤ちゃんから年寄りまで一人宛五勺（しゃく）ずつの穀物を納めた）。

　往時はスーダイ（総代＝世持）の指示を受けたムラバサ（村夫佐・村補佐）が、部落の人口調査を綿密に行ない、その結果はバラザン（藁算（わらざん））で正確に表示して報告する。各部落の総代は、藁算を持ち寄って島全体の総人口を確認・確定する。バラザンで確定・表示された人数に基づき、一人あて五勺（一合の半分）の穀物を徴収する。徴収された穀物は、首里王府公認の「ヤーヤマ（八嶽）＝浮海（ふかい）・迎里（んぎしとう）・南風保多（ぱいふた）・保里（うぶ）・仲盛（なはむる）・南神山（ぱいはめーま）・北神山（にしはめーま）・喜屋武（けーん）」に分配され神前に供えられる。

　グサシの語意は、徴収される穀物の量を表す「グサク＝五勺」からきたとされるが、近年はもっぱら米で徴収されたことからか、「グサシマイ」ともいう。この「グサシマイ」の語意については、於茂登参りの際に提供する「グサシ」に「マイリ＝参り」が付いて「グサシマイリ→グサシマイ」になったもので、「グサシ」と「グサシマイ」は別の用語であるという船道賢範氏の説があるので付記しておく。

　なお、バラザンによって確定された人口統計は、人頭税時代には徴税の根拠となる重要な役割を担ったということ、また近年の徴収・分配されたグサシ（粟・麦・豆）は神前に供えられたあとは神役の司（しかさ）（女性）・手摺（ていじり）（男性）への手当（報酬）として供与されたということを、神山光祐氏（ニシハメーマワン＝北神山御嶽のティジリ＝手摺）から教わった。グサシは年に三度で、2月は麦、5月は粟、10月は豆が徴収されたが、現在は米のみを徴収する。

クサムクン[kusamukuŋ]〔自〕
　憤慨する。癪（しゃく）に障る。気持ちが滅入る。〈否〉クサムカヌン。【例】アイタンカヌ　クトゥシ　クサムカンスクン　バライ　ベーリ（それだけのことで憤慨せずに、笑っていなさい）。

クサムヌイ[kusamunui]〔名〕
　知ったかぶりの物言い。ひけらかすような物言い。沖縄語「クサムニー」の移入語。【例】クサムヌイ　タンカー　イジベーッカ　プスン　バラーリルンドゥラ（知ったかぶりの物言いばかりしていると、人に笑われる

〈嘲笑される〉よ)。

クサヤン[kusajaŋ]〔名〕
瘧(おこり)の病。間欠的に発熱する病。【例】ウブザー クサヤンヌ ウクリ ニビ ワー(お爺さんは、瘧の病が起きて寝ていらっしゃる)。

グサン[gusaŋ]〔名〕
杖。(石)グサン。(沖)グーシャン・グーサン。【例】クシヌ ヤミドゥ グサンヌ ナーナッカ マーン パラルヌン(腰が痛くて、杖がないとどこにも行けない)。

クシ[kuʃi]〔名〕
腰。【例】トゥシバ トゥリ クシン マガリ パンヌン ヨーリ ヌーン ユーゾー ナーヌン(年を取って、腰も曲がり足も弱って何の役にも立たない)。僕たちが子供のころ(昭和20年代)の黒島には多くの年寄りがいて、その大半は腰が曲り杖をついていた。

クシ[kuʃi]〔名〕
後ろ。【例】ハラッタヌ クシナ アッテナドゥ クシナハッティ イズラミ?(体の後ろにあるから、クシナハ=背中と言うのだろう)。

クジ[kuʒi]〔名〕
澱粉。【例】①ウンヌ クジ(芋の澱粉)。②シトゥッチヌ クジ(ソテツの澱粉)。③キーウンヌ クジ(キャッサバの澱粉=タピオカ)。

グシ[guʃi]〔名〕
木の切れ端。通常「グシヌ ブリ(木の枝)」として用いられることが多い。【例】ヤナ クトゥユ シーッカー グシヌ ブリシ シビユ シタカリッタ(悪いこと〈いたずら〉をすると、木の切れ端で尻を叩かれた)。

グシク[guʃiku]〔名〕
石垣。「グスク」「ギシク」「ギスク」「アザ」などとも言う。

クシナハ[kuʃinaha]〔名〕
背中。「クシヌハ」とも言う。【例】クシナハヌ ビューワリバ ハキッフィーリ(背中がかゆいので、掻いてくれ)。

グシヌ ブリ[guʃinu buri]〔連〕
木の枝。木の切れ端。「グシ」の項参照。

クシブニ[kuʃibuni]〔名〕
背骨。「腰骨(せぼね)」の意。「クシ(腰)」と「プニ(骨)」の連濁「ブニ」の複合語。【例】クシブニヌ ヤミ オーカルヌン(背骨が痛くて動けない)。

クシヤン[kuʃijaŋ]〔名〕
腰痛。【例】クシヤンヌ ウクリ マーン パラルヌン(腰痛が起こり、どこにも行けない)。

グジラ[guʒira]〔名〕
小柄で痩せている人。【例】ウレー グジラールヌ シカラー スーワンドゥラ(彼は痩せて小柄だが、力は強いぞ)。

グジラハン[guʒirahaŋ]〔形〕
痩せて小さい。【例】ウヌウシェー マリッタンナー グジラハッタヌ スダティ シンダイ ウブウシ ナレーワヤ(その牛は生まれた時は痩せて小柄だったが、成長するにつれ大柄な牛になったよ)。

グジリムヌ[guʒirimunu]〔名〕
小柄で痩せている人。「グジラ」と同じ。

クズ[kuzu]〔名〕
去年。昨年。共通語の「こぞ」が、八重山語一般の音韻変化の法則(「お段音」は「う段音」に転じる)によって「クズ」となっている。【例】クゾー タイフーヌ ウラハッタヌ クトゥセー ヌーバシーッカヤ?(去年は台風が多かったが、今年はどんなだろうか)。

グスグス[gusugusu]〔副〕
風邪を患ったときの鼻づまり状態。【例】パナシキダル パナヌ グスグス シーブーサ(風邪なのか、鼻がグスグスしているよ)。

グズルン[guzuruŋ]〔他〕

くすぐる。(石) グジュグルン。(鳩) グズルン。(沖) クチュグユン。【例】ヤラベーバタユ　グズルッカー　サニヤ　シールワヤ（子どもは、腹をくすぐると嬉しがるよ）。

グソー[guso:]〔名〕
あの世。来世。「後生（ごしょう）」の音韻変化した語。(石) グショー。(沖) グショー。【例】アブー！　グソーホヌ　ミツェー　ピスミチッティドゥ　イザリブリバ　マヨーンスクン　マットーバ　トゥーリシキ　タボーリヨラー（お母さん！　あの世への道は一方道〈一方通行〉であると言われていますから、迷うことなく真っ当に〈真っ直ぐ〉たどり着いてくださいね）。

　旅立ちの際の別れの場面では、島言葉の妙味が存分に発揮される。用例は母が亡くなったとき、姉・泰子（昭和12年生まれ）の述べた今も心に残る別れの言葉である。他に船道賢範さんから聞いた話であるが、早世（そうせい）した弟・アダへの姉の一言「アダーマイドゥ　ナル!?（アダー、前になるの〈弟・アダよ、先に逝ってしまうの〉）」という万感胸に迫る簡潔な別れの言葉が深く印象に残っている。

クダスン[kudasuŋ]〔自〕
下痢する。〈否〉クダハヌン。(石) クダシゥン。(沖) クダシュン。【例】ヨシヒローバイダマムノー　シタマミユ　ウブッファイバシー　ウムイキシ　クダセーッタワヤ（吉弘の食いしん坊奴（め）は、ゼンザイを大食いしてひどい下痢をしたんだよ）。緑豆と黒砂糖で作ったシタマミ（砂糖豆＝ゼンザイ）は、当時の最高のご馳走であった。

　本土の大学に進んだ次兄・吉弘（昭和5年生まれ）は在学中に病に倒れ亡くなったが、帰省中にゼンザイを食べ過ぎて下痢したときのことを、長兄・賢昇は弟への哀惜の念を冗談に紛らせてよく話してくれた。

クタンディルン[kutandiruŋ]〔自〕
非常に疲れる。疲労困憊する。「ボーリルン（疲れる）」より、疲労の度合いが強い場合の表現。〈否〉クタンドゥヌン。(石) クタンディン・クタンディルン。(沖) クタンディユン。【例】イザー　クタンディバソー　グーシバンキ　ボーリナウシユ　シーワータ（父はうんと疲れたときは、お酒を飲んで疲れ直しをしておられた）。用例のような場合に飲むのは、同じ酒でもサキ（酒）とは言わずグーシ（御酒）と称した。ちなみに、「グーシ（御酒）」は神仏に捧げる場合の、または、そのウサンダイ（お下がり）の尊称である。

クチサ[kutʃisa]〔名〕
苦しさ。苦労。難儀。【例】ウヤンケーイクサユーヌ　クチサー　マヌマシキッティン　バッシラルヌンッティ　イジワータッタ（親たちは、戦争中の苦労は今でも忘れられないと言っておられた）。

クチサン[kutʃisaŋ]〔形〕
苦しい。辛い。難儀である。【例】クチサラバン　ウリユ　アタルマイッティ　ウムイ　パタラクッカー　クチサナーヌン（難儀でも、それを当たり前だと思って働くと難儀だと感じなくなる）。

クッツァ[kuttsa]〔名〕
この人たち。【例】クッツァ（この人たち）・ウッツァ（その人たち）・ハッツァ（あの人たち）。

クッツェ[kuttse]〔名〕
この家庭。【例】クッツェ（この家庭）・ウッツェ（その家庭）・ハッツェ（あの家庭）。

グッファン[guffaŋ]〔形〕
重い。重たい。【例】グッファリバ　タマンガラナーッカ　クシ　ヤマスンドー（重いので気を付けないと、腰を痛めるぞ）。

クティ[kuti]〔名〕
異なること。別。【例】ユヌ　ヤーナ　ブルヌ　ウヤー　クティ　ヴァーン　クティ

(同じ家に住んでいるが、親は別、子も別である)。

クティン[kutiŋ]〔名〕
異なること。「クティ」と同じ。

クトゥシ[kutuʃi]〔名〕
今年。(石)クトゥシュ。(沖)クトゥシ。【例】クトゥシ ユーヌ ナウラバ クナチ ユーヌ ディキラバ(今年の作物が豊作なら、来たる夏の作物が稔ったら/〈そんがちゆんた〉より)。

クトゥパナシ[kutupanaʃi]〔名〕
話。「事話」の意。「ムヌパナシ(物語)」の対句。【例】ヤラビシェーケー ムヌパナシトゥ クトゥパナシユ ウブザトゥ パーハラ ユー シカハリッタ(子どものころ話をお祖父さんとお祖母さんから、よく聞かされた)。「ムヌパナシ シーシカサイ クトゥパナシ イジシカサイ(昔話をして聞かそうね、事の成り行きを言って聞かそうね/〈群か星ゆんた〉より)。

クトゥバルン[kutubaruŋ]〔他〕
断る。〈否〉クトゥバラヌン。(石)クトゥバルン。(沖)クトゥワユン。【例】ギューサ タヌマルバン クトゥバルンティドゥ ウムイブー(どんなに頼まれても断ろうと思っている)。

クナレー[kunare:]〔名〕
最近。この間。このところ。(石垣)キノーレー・クノーレー。(沖)クネーダ。【例】クナレー トゥシヌ ユイダル サキン アイナー ヌマルンサー(最近、年のせいなのか、酒もそんなに飲めないなあ)。

クナレータ[kunare:ta]〔名〕
ついこの前。【例】クナレータドゥ ソンガチ アッタヌ メー ソーラヌ シチヤワラー(ついこの前が正月だったのに、もうお盆の季節なんだねえ)。年を重ねるごとに年月が短く感じられるが、用例はその実感をのべたものである。NHKの人気番組「チコちゃんに叱られる」で、「ときめかなくなるとそう感じる」と解説していたが、なるほど好奇心を失うとそうなるということか、それなら「よしっ、頑張って恋心を燃やしてみるか!?」。

クヌ[kunu]〔連体〕
この。【例】ウヤヌ トゥシキワーッタ クヌ ムヌイヤ イッカナ バッシラルヌン(親の諭されたこの言葉は、けっして忘れられない)。

クバ[kuba]〔名〕
〈植〉ビロウ。蒲葵。ビロウは九州南部から南西諸島に自生する。八重山では、農具用のクバーッサやミノーッサ、クバヌパーオンギなどの材料として重用される。

クバーッサ[kuba:ssa]〔名〕
クバ笠。ビロウ(クバ)の葉で作る笠。【例】クバーッサヤ アツァサーリン アミサーリン イチン ゾットー(クバ笠は、暑さにも雨にも一番上等〈もっとも役に立つ〉)。

クバヌパーオンギ[kubanupa:ʔoŋgi]〔連〕
クバの葉で作った団扇(うちわ)。【例】クバヌパーオンギシ オーギバドゥ ピーラケヘ(クバの葉の扇で扇ぐと、涼しい)。

クバハン[kubahaŋ]〔形〕
不器用である。流暢でない。【例】ウヴァー シマムヌイヤ クバハリバ マーミ イジナライ(お前の島言葉は流暢でないから、もっと言い習いなさい)。長姉・新里秀(大正12年生まれ)は、用例のように僕のシマムヌイ(島の言葉)にいつもダメ出しを突き付けた。晩年になって認知症が進んで普通の会話は成り立たなかったが、僕のシマムヌイの呼び掛けには敏感に反応してくれた。嬉しくて昔を思い出していたのか、弟の危なっかしいシマムヌイにヒヤヒヤしながら聞いていたのか、98歳の長寿を全うして静かに旅立った。合掌!

クバミルン[kubamiruŋ]〔他〕

細かく分ける。小分けする。倹約する。〈否〉クバムヌン。【例】①アボー ヨイヤー ハラヌ シトゥヤ ハマブクン ムチン ヤーニンズ ケーラハ クバミ ヴァーセータ（母は祝いのある家からの土産のご馳走は、カマボコも餅も家族全員に細かく分けて食べさせた）。②ウラーリ アラバン アトゥアトゥヌ クトゥバ ハンガイ クバミ シカイヨラー（沢山あっても、あとあとのことを考え倹約して使いなさいよ〈消費しなさいよ〉）。用例①の仕方は母の行ないであり、用例②の戒めは父の言葉であった。

クバヤマクイチブシ[kubajamakuitʃibuʃi]〔名〕
八重山民謡の名。〈久場山越路節〉。この歌は、元来は節名の示すとおり石垣島の野底村に近接する「久場山の峠道」に関わるものである。ところが、通常はもっぱら〈ちんだら節〉の「退き羽」として歌われる。歌の内容を注意深くみてみると、黒島に残された「恋男」は「かなしゃーま」と歌われ、野底に移住された「恋女」は「とぅばらーま」と歌われている。他の歌でも確認されるが、「かなしゃーま＝かぬしゃーま」と「とぅばらーま」は、元々は男にも女にも共通に用いられていたものが、いつのころからか「とぅばらーま＝恋男」、「かなしゃーま・かぬしゃーま＝恋女」と特定されるようになってきたのである。

クバリルン[kubariruŋ]〔自〕
寒くて震える。〈否〉クバルヌン。【例】ヤラビシェーケー フユヌ ピーサバソーイチン クバリ ベータワヤ（子どものころ、冬の寒いときはいつも寒さに震えていたよなあ）。

クバルン[kubaruŋ]〔他〕
配る。配分する。〈否〉クバラヌン。【例】ケーラハ ユヌフラーン クバリヨラー（皆に同じように〈公平に〉配りなさいよ）。

クバン[kubaŋ]〔名〕
供物。神饌。神に供える飲食物。

クビ[kubi]〔名〕
壁。【例】イツァクビヌ ヤリベーリバ ナウシ ウシキ（板壁が壊れているので、修理しておきなさい）。

クビ[kubi]〔数・接尾〕
～着。～枚。衣服を数える単位。（石）フビゥ。【例】ピスックビ（1着）。フタックビ（2着）。ミックビ（3着）。ユックビ（4着）。イチックビ（5着）。シーックビ（6着）。ナナックビ（7着）。ヤックビ（8着）。ウヌックビ（9着）。トゥックビ（10着）。

クビン[kubiŋ]〔名〕
瓶。【例】①イッス ビン（一升瓶）。「イッス クビン」の「ク」が脱落した約音。②ハザリ クビン（一対の飾り瓶。神棚で用いる一対の酒瓶。転じて仲の良い友だちに言う）。

クブ[kubu]〔名〕
〈植〉コンブ（昆布）。【例】クボー ワーヌ ソーキブニヌ スーナ イリリバドゥ ハクビチ マーハ（昆布は、豚のソーキ汁に入れたらが特に美味い）。沖縄県の昆布の消費量は、全国的に上位に位置するようだが、黒島でもズーバク（重箱）の中にはつねに昆布料理が入っていた。

クブマキ[kubumaki]〔名〕
昆布巻き。魚の肉、豚肉、ゴボウなどを芯にして昆布で巻く料理。「クブ（昆布）」の項参照。

クマ[kuma]〔代〕
ここ。場所を表す近称の指示代名詞。話者に近い所を示す。〈中称・ウマ〉。〈遠称・ハマ〉。【例】①クマナー ヤクイワーリ（ここで、休んでいらっしゃい）。②クマハラ オークナ（ここから、動くな）。③クマー ピーラケヘン（ここは、涼しい）。

グマ[guma]〔名〕

〈植〉ゴマ（胡麻）。【例】グマアヴァヌ ハザヤ ハクビチ ハバサータ（胡麻油の香りは、格別に香ばしかった）。

クマークマ[kuma:kuma]〔副〕
細部まで丁寧に。こまごまと。くわしく。【例】ミーヌガハンヨーン クマークマ トゥミリヨ（見逃さないように、こまごまと探しなさいよ）。

グマーグマ[guma:guma]〔副〕
小さい状態を表す言葉。小さく。【例】ヤラビシェーケー グマーグマーシ ブッタヌ ウブプスナリ マギー ナリブルワヤ（子どものころは小柄だったのに、大人になったら大柄になっているよ）。

グマイビ[gumaʔibi]〔名〕
小指。「グマウヤビ」「ミンクゼーマ」とも言う。「ミンクゼーマ」は「耳をほじくる」用途からの命名。

グマウヤビ[gumaʔujabi]〔名〕
小指。「グマイビ」とも言うが、見出し語のほうが古形であろう。

クマスムイ[kumasumui]〔名〕
〈動〉イカ（烏賊）の種類。コウイカ（甲烏賊）。コブシメ。大型のイカで肉が厚く美味。【例】クマスムイヤ マイヤ ユーミラリッタヌ マヌマー ヨーイニ ミラルヌン（コブシメは、以前はよく見られたが昨今はあまり見られない）。八重山のお土産には、コブシメの燻製が定番であったが、昨今は売店でもあまり見かけなくなった。水揚げの減少によるものなのか、もしそうだとしたらその原因は何だろうか。

クマハキ[kumahaki]〔名〕
小粒の黒砂糖など。【例】ウブムルシェーヴァイバッティ クマハキタンカ ノホリベー（大粒の砂糖は食べ尽くして、粉状の砂糖しか残っていない）。

クマハン[kumahaŋ]〔形〕
細かい。器用である。倹約がうまい。〈対〉ウブハタサン（不器用である）。【例】クマハープスン ウブハタサープスン シグトー ムキムキヌ アー（器用な人も不器用な人も、仕事はそれぞれ向き不向きがある）。

グマハン[gumahaŋ]〔形〕
小さい。〈対〉ウボホン。【例】ウヤー グマハルヌ ヴァー ウボホワヤ（親は小柄だけれど、子は大柄だよ）。

クマミ[kumami]〔名〕
〈植〉穀物の名。緑豆（りょくとう）。「アウマミ（青〈緑〉）」とも言う。【例】ビャーハシマナーヤ クマミシドゥ シタマミヤ スクレータ（我が黒島では、ゼンザイは緑豆で作った）。「アウマミ」の項参照。

クバミルン[kubamiruŋ]〔他〕
細分化する。細分配する。【例】イメーミナーラバン ケーラハ クバミリバー（少しずつだけでも、みんなに分けてあげなさい）。

グマムヌ[gumamunu]〔名〕
小さいもの。【例】グマムヌナドゥ ソームヌヌ パイリブードゥラ（小さいものに上等なものが入っているんだよ）。

クマルン[kumaruŋ]〔自〕
籠る。〈否〉クマラヌン。(石)クマルン。(沖)クマユン。【例】キムグマハーッティ ピーズ ヤーナ クマリタンカ ベーワヤ（臆病〈人見知り〉で、一日中家に籠ってばかりいるよ）。

クミルン[kumiruŋ]〔他〕
籠める。【例】ヤラビシェーケー ドゥキ ヤマンゴホッティ トゥーシ ハシガーン クミラリッタ（子どものころ、あまりにやんちゃだったのでよくハシガ（穀物入れ用の麻袋）に籠められた）。

グミクン[gumikuŋ]〔他〕
　咳き込む。咳払いをする。【例】ナナズーナル　ウブザヌ　グミクニン（70歳になるお爺さんが咳き込むように／ゆんぐとぅ〈ぱいふたふんたか〉より）。

クムン[kumuŋ]〔名〕
　水溜り。潮溜り。「クムル」とも言う。【例】ヤラビシェーケー　ピーヌ　クムンナ　イソー　セーッタ（子どものころ、干瀬の潮溜りで漁をした）。

クラ[kura]〔名〕
　鞍。牛の鞍。黒島では、役畜の代表は牛であったことから、鞍と言えば「牛の鞍」を指した。(石)ッファ。(沖)クラ。【例】ドゥーシ　ウシン　クラバ　ハキ　クルマユ　アシカイセッカ　イチニンマイ　アッタ（自分で牛に鞍を掛け、荷車を扱うことができれば一人前だった）。

クライルン[kurairuŋ]〔自〕
　耐(堪)える。堪える。我慢する。【例】ギューサ　ヤマバン　クライリ（いくら痛くても、我慢しろ）。

クラガー[kuraga:]〔名〕
　〈植〉甘藷（芋）の名。「ユークラガー」とも言う。

クラスン[kurasuŋ]〔他〕
　屠殺する。屠る。【例】マイヤ　ウシン　ピシダン　ワーン　ドゥーシドゥ　クラセータ（以前は、牛も山羊も豚も自分で屠殺した）。現在は、保健所の許可が必要だと言う。

クラスン[kurasuŋ]〔他〕
　懲らしめる。言葉だでなく、時には手を掛けて行なう。【例】ヤラベー　ヤナクトゥユ　シーッカ　ウムイキシ　クラシバドゥ　ソーイル（子どもは、悪いことをすると思いっきり懲らしめたほうが心に留める）。

クラミフン[kuramiɸuŋ]〔自〕
　来やがる。【例】ヤナクトゥバ　シー　ヤーハラ　ンジパッタヌ　パジンナーナダル　ヤーハ　クラミケーワヤ（悪いことをして家から出て行ったのに、恥もなく家に来やがったよ）。この動詞の終止形は「クラミフン[kuramiɸuŋ]」で語尾は「Φ音」なのに、過去形[kuramike:]の語尾は「k音」になっている。「ギッティ　フン[gitti ɸuŋ]」の項参照」。

クリ[kuri]〔代〕
　これ。近称。近くの人・物・事などを指す。〈中称〉ウリ（それ）。〈遠称〉アリ・ハリ（あれ）。【例】①クリッキンナ　ハレー　カーマ　マシ（これよりは、あれ〈あのほう〉が遥かに良い）。②ハリクリ　イラビマキ　ザマンドゥリ　ベーケー　プスン　トゥラリナーヌン（あれこれ、選び負けて〈選びきれずに〉迷っているうち他人に取られた）。

グリ[guri]〔名〕
　液体の底に溜った雑物。沈殿物。「残り」の意か。(石・沖)グリ。【例】①ミスズルヌ　グリ（味噌汁の残り）。②シタッティヌ　グリ（醤油の粕。この場合には、ハシとも言う）。

グリイシ[guriʔiʃi]〔名〕
　小石。「バタイシ（腹石）」とも言う。【例】アザユ　シムバソー　ナハナー　イリイシユドゥ　グリイシッティ　シタ（石垣を積むときに、中に入れる小石をグリイシと言った）。石垣を積む際に、表面には大きい石を用い中にはこぶし大のグリイシを入れて積み上げた。「バタイシ」参照。

グリッカイシ[gurikkaiʃi]〔名〕
　ひっくり返すこと。「グリッカイスン」の連用形が名詞化した語。

グリッカイスン[gurikkaisuŋ]〔他〕
　ひっくり返す。覆す。【例】ジーヤ　ウムイキシ　グリッカイシバドゥ　スクルムノー　ユー　ミール（土地は思いっきりひっくり返す〈天地返しを行なう＝深耕す

る〉ほうが、作物はよく稔る)。

グリッカイリ[gurikkairi]〔名〕
ひっくり返ること。「グリッカイルン」の連用形が名詞化した語。

グリッカイルン[gurikkairuŋ]〔自〕
ひっくり返る。覆（くつがえ）る。【例】ウヌヤラベー クナリハラ ドゥーシ グリッカイルワヤ（その子は、この前から自分でひっくり返るよ）。

グルクン[gurukuŋ]〔名〕
〈動〉魚の名。タカサゴ。【例】グルクンヤ アヴァナ アギ ヴァイバドゥ マーハ（グルクンは、油で揚げて食べると美味い）。大衆魚で、空（唐）揚げにすると味が引き立つ。沖縄県の「県魚」である。

クルザー[kuruza:]〔代〕
こいつ。この野郎。「クンザ」とも言う。〈類〉ウンザ（そいつ）。【例】クルザー シーヨーヤ タルン ユラハヌン（こいつの振舞いは、誰も許さない）。

クルシマ[kurusima]〔固〕
〈地〉クロシマ（黒島）。八重山諸島の一つで八重山郡竹富町に属する。古い呼称に「フシマ」「サフシマ」「サフジマ」などがある。

クルシマクドゥキ[kuruʃimakuduki]〔名〕
黒島口説。黒島の民俗芸能を代表する歌謡であり舞踊である。この歌謡および舞踊は昭和50年11月26日、竹富町の〔無形民俗文化財〕に指定された。〈黒島口説〉の作者は、1829年より黒島目差役の任に就いていた宮良孫賢と言われている。黒島の風俗を歌いこんだ歌に踊りを振り付けたのは、諸見里秀思である。1894（明治27）年、東筋部落の結願祭において奉納舞踊として演じられたのが始まりで、その後島外、全国に広く紹介され好評を得て今日では沖縄を代表する民俗舞踊の一つになっている。この踊りの振り付けには、往時の風俗、祭りの要素がふんだんに取り入れられており、そのコミカルな動きが見る者を引きつけてやまない。『竹富町の文化財』（平成10年3月・竹富町教育委員会発行）参照。
　関連する歴史的文献があるので紹介する。本田安次著『南島採訪記』所収・「黒島口説の舞踊埋来（ママ）」によると、明治27年、黒島東筋部落に滞在中の諸見里秀思氏並びに玉代勢秀喜氏が、時の総代・大舛三戸並びに當山慶屋両人の依頼を受け、日夜兼行苦心の結果その舞い方を作成し、同部落の竹越ナサ・仲嵩ヒデ・舟道ヨボシ・仲道ナビの4名に伝授、同年8月の結願祝いに初めて上演するに至った。爾後、同舞は同部落において毎年開催される結願祝いを始め一般祝事に演じられるに至った。そして大正2年、大正天皇の御即位式御大典の際に竹富村役場において出張上演することになり、再び諸見里秀思氏は監督として同舞に手を加えた。その時の演者は、渡慶次長智・大浜盛安・運道佐真・玉代勢太郎の4名だった。
　なお、〈黒島口説〉の舞踊で僕の記憶に残っている最高の踊り手は、保里部落の我謝好子（旧姓出盛）・渡口秀（旧姓前底）・我謝ノブ子（旧姓前底）・赤山正子（旧姓前底）さんの4名である。容姿にも声量にも恵まれ、彼女たちの演ずる妙技は今も脳裡に焼き付いている。地方（じかた）がマイクを用いる場合でも踊り手たちはつねに地声（じごえ）で囃子を唱え、地方に一歩も引けを取らなかった。その声量の豊かさと唱えの味わい深さは圧巻であった。ちなみに、踊り手4名は従姉1人と3人姉妹との組み合わせだった。

グルハキルン[guruhakiruŋ]〔他〕
巻き付ける。【例】ソンガチヌ シナピキヌ バソー ニスマヌ バハムヌンケー シナヌ パンタユ トゥージヤーヌ ゴーナキナー グルハキッタ（正月の綱引きの際、北側の青年たちは綱の端を豊村家の桑の木に巻き付けた）。

左四つに組み合って始める沖縄相撲で、体格の勝るほうが相手を吊り上げると吊り上げられたほうは相手の太腿に自分の足をグルハキティ（巻き付けて）応じる。その場合、同時に両腕を強力に引き付けると、大男は成す術なく体力を消耗して崩れ落ちる。この技は「小よく大を制す」の見本で、神山光祐氏（昭和14年生まれ）の得意技であった。「シマ（相撲）」の項参照。

クルビ[kurubi]〔名〕
　転ぶこと。「クルブン」の連用形が名詞化した語。

クルビマラビ[kurubimarabi]〔名・副〕
　転び転び。(石)マラベークルベー。【例】ドゥキ　ウムッサッティ　クルビマラビ　バライブー（余りに面白くて、笑い転げている）。

クルビラ[kurubira]〔名〕
　〈動〉魚の名。スズメダイの一種。黒っぽくて体長12〜3センチメートルの小魚。味は美味。小学校の高学年から中学生のころ、近所の先輩たちと手造りの銛を持ってアーンヌピー（島の東方の干瀬）で漁をしたときの僕の獲物は、ほとんどがクルビラであった。漁の出来る兄にはからかわれたが、母はいつも褒めてくれた。「イシミ」の項参照。

クルブン[kurubuŋ]〔自〕
　転ぶ。〈類語〉マラブン（転ぶ）。【例】ウイプソー　クルブッカー　プニヌ　ブリアタヨーリ　シーリバ　タマンガリヨー（年寄りは転ぶと骨折して、急に弱ってしまうので注意しなさいよ〈注意深く介護してあげなさいよ〉）。

クルマ[kuruma]〔名〕
　車。牛に引かせる荷車のこと。【例】ムカシェー　ニーユ　ウンパン　シール　クルマッティ　イズーッカー　ウシン　ピカス　クルマ　タンカー　アッタ（以前は荷物を運搬する車というと、牛に引かせる車だけだった）。往時の黒島では用例のごとく、荷物の運搬用の車と言えば牛に引かせる車だけであった。また、耕耘用の鋤を引かせる役畜としては、黒島の畑には石ころや根付き石が多いことから足の速い馬よりはゆったり歩む牛が適していた。馬より牛が好まれるもう一つの理由は、鋤を引かせる際に鋤が地中の石にぶつかると、牛はすぐ止まるのに馬は止まるどころか逆に力んで前進しようとするので、鋤を壊してしまうことが多かったからだという。そのことに関する限りでは、牛のほうが馬より賢かったと言えよう。

沖縄の日本復帰前の黒島では、自動車は普及していなくて「クルマ」と言えば「ニグルマ」のことで、また「ニグルマ」と言えば「牛車」のことであった。八重山全域の荷車の中心は馬に引かせる「馬車（荷馬車）」であったが、黒島では「牛車」が中心だった。日本復帰前後から、自動車が徐々に導入され牛車は次第に姿を消していった。

各部落から学校への道は「ガッコミチ（学校道）」と呼ばれ、砂が撒かれて雨の日でも泥んこ状態になることはなかった。しかし、ほとんどの農道には砂が撒かれることはなく雑草が生えていた。道幅も牛車が一台通るくらいの広さだったので、どの農道にもくっきりと轍が出来ていた。

クルマター[kurumata:]〔名〕
　西表島古見村、小浜島、新城島、石垣島宮良村などで信仰されている来訪神の名。「アカマター」の項参照。

クルマボー[kurumabo:]〔名〕
　車棒。大豆などの脱穀用の農具。【例】クルマボーヤ　アシカイヨーヌ　ナーナッカ　ドゥー　ヤマスンドー（脱穀用の車棒は、扱い方を誤ると怪我するよ）。「クルマボー（車棒）」とは、約1メートル30センチメートルと約70センチメートルの長短

二本の縦棒の上部先端を約25センチメートルの横棒でつないで作る。短い縦棒のつなぎ目は固定し、長い縦棒のつなぎ目は回転するようにして、短いほうを両手で握り長い縦棒を回転させその先端で収穫した大豆の鞘などを叩いて脱穀した。往時の黒島では、小学校の高学年のころからクルマボーを扱ったが、慣れるまではよく長い縦棒を脛や膝にぶつけて痛い目にあったものである。

クレー [kure:]〔代〕
これは。【例】クレー バー サクシ ユー（これは、私の長男です）。

クンカー [kuŋka:]〔名〕
ハンセン病、またはその患者。（石）クンキャー。（沖）クンチ・クンチャー。【例】ムカシェー ビャーハシマナーヤ クンカーッティ イザリ プスンキヌ ウマハマヌ ヤマヌ スクヤーナ クミラリベーッタトゥ（昔は、黒島にはクンカーと言われていた人たちが、あちこちの森林のなかの掘っ立て小屋に籠められ〈隔離され〉ていたそうだ）。

　黒島におけるハンセン病に関する伝承史の一部を、ここに記述する。

1　はじめに
　黒島におけるハンセン病は、戦前から戦後のある時期まで相当数の新患者が発生し島民に怖れられていた。私の知っている限りでは、戦後生まれの発症者は3人である。
　戦前においては、ハンセン病についての極端な無理解や偏見から、伝染病であるにもかかわらず、遺伝性の疾病だと誤解され患者やその家族のみならず親族に至るまで肩身の狭い思いをしたようである。また、ライ菌は感染力が非常に弱く接触感染しかしないのに、空気感染をするものだと誤解され必要以上に怖れられていた。

　そのため患者は症状の軽いうちは家屋の一角で幽閉されていたが、症状が進むにつれ、時には自ら進んで時には家族や周辺の人々に追い立てられるようにして、人里離れた雑木林や森林の中の掘っ立て小屋に隔離されたそうだ。このことにより患者は心に二重、三重の傷を受け地獄の責め苦を味わったようだ。家族や親族も患者の受けた苦しみを共有または強要される情況に追い込まれ、けっして平穏な生活は許されなかったという。なお、ハンセン病に関する誤解や偏見は、戦前ほどではないにしても今も根強く残っている。
　上記のように家庭内で幽閉されたり雑木林等の掘っ立て小屋に隔離されたりしていた黒島のハンセン病患者は、昭和13（1938）年に羽地村屋我地（現名護市屋我地）で開設された県立（現国立）ハンセン病療養所沖縄愛楽園に、らい予防法に基づいて強制収容された。新規患者も発症が公式に認定されると、否応なく同施設や他のハンセン病療養施設に強制的に収容された。

2　らい予防法の制定・廃止等
　ここで、一世紀近くもハンセン病患者の強制隔離・収容をもたらした「らい予防法」の制定から廃止までと、同法の違憲国家賠償訴訟等の出来事を時系列を追って記しておく。
①らい予防法の制定　　（明治40＝1907年）
②国立ハンセン病療養所宮古南西園設立
　　　　　　　　　　　（昭和06＝1931年）
③国立ハンセン病療養所沖縄愛楽園設立
　　　　　　　　　　　（昭和13＝1938年）
④新薬プロミン発明　　（昭和18＝1943年）
⑤プロミンの日本での使用開始
　　　　　　　　　　　（昭和22＝1947年）
⑥らい予防法改正　　　（昭和28＝1953年）
⑦らい予防法廃止　　　（平成08＝1996年）

⑧らい予防法違憲国家賠償訴訟
　　　　　　　　　　（平成10＝1998年）
⑨同訴訟原告全面勝訴（平成13＝2001年）
　らい予防法は1907年に制定され1953年に改正されたが、強制的に隔離・収容することによって患者を終生隔離するという明治以来の政策は基本的に変わらなかった。また、特効薬プロミンによって医学的に治癒が証明されたにもかかわらず、改正法には患者の「退所規定」がなく、同法が1996年に廃止されるまで強制隔離の政策は続けられた。

　らい予防法違憲国家賠償訴訟は原告の全面勝訴となり、訴訟参加の有無に関係なくすべてのハンセン病患者および元患者の受けた「被害」の度合いによって、一人当たり500～1500万円の賠償金が支払われた。同時に患者および元患者の失われた尊厳を回復し、社会復帰にも大きな役割を果たした。しかしながら、国民の脳裏に染み込んだハンセン病への「誤解・偏見・差別」は予想以上に根強く、おまけに賠償金にまつわる数々の金銭トラブルが発生するなど、患者および元患者に新たな「人間不信」をもたらすという「二次被害」を招来した。

3　Ｔ君の痛ましい自裁

　私が、黒島出身のハンセン病患者（正確には元患者）と近しく接し、直接本人からハンセン病患者としての、あるいは元患者としての苦痛や苦難に関する生々しい体験談を初めて聞いたのは、一回りも年の違う後輩のＴ君からであった。昭和50年代のことで、そのころＴ君は20代半ばの春秋に富む年齢で、私は30代半ばであったように記憶している。

　東京への公務出張の際、幼馴染のＫ子さんの営む渋谷のスナックバーＧでＴ君と出会ったのである。出会いがしらの挨拶を交わしたあと、同行した同僚と酌み交わしているさ中にＴ君が隣席の人と口論を始めた。すると明らかに八重山出身者とおぼしき御仁が信じがたい言葉を、低い声ながらＴ君にも聞こえる音量で発した。「〝○○○○○〟のくせに！」。私は一瞬のうちに凍りついてしまった。Ｔ君はというと、名状しがたい悲痛・憤怒の形相で件の御仁をねめつけ、「ママー、お勘定！」と会計を済ませて席を立った。私は店の外までＴ君を追って行き、翌日会う約束をして店に戻った。Ｋ子ママから、Ｔ君はいつも荒れ気味で手を焼いているという話を聞かされ胸を痛めた。件の御仁に「心無い発言は慎むようにしましょうよ」と話しかけると、「大人気ないことをしてしまいました」と反省の態度を示してくれたので安堵した。ちなみに〝○○○○○〟は、口にすることさえはばかれるハンセン病患者を侮蔑する強烈な響きの言葉である。

　翌朝、約束の場所でＴ君と会い、彼のハンセン病発症から鹿児島県の国立療養所星塚敬愛園の療養生活を経て東京での過酷な生活の模様について詳細に聞かせてもらった。「苦しく厳しい境遇だけれどもめげずに生き抜きたい」という決意と覚悟についても力強く語ってくれた。彼の豊かな才能、とりわけ文学面での能力を信じていた私は、「これまでたどってきた凄惨・過酷な経験は今後の人生に必ず活かせるはずだ」と励まし、再会を約束して彼と別れた。以後、2、3の文通はあったものの彼の相談相手になれないまま年月が過ぎた。それから何年が経過したであろうか、Ｔ君は周囲の冷たい視線のなかで疲れ果て失意のまま自ら命を絶ったという悲しい知らせを耳にした。

　Ｔ君は、私が身近で知りうる限り黒島随一の秀才であったのではないかと思っている。彼は黒島中学校から八重山高等学校に

進学した。入学時点から成績上位に位置し注目されていたようである。ところが、高等学校2学年時にハンセン病を発症し、急転直下、奈落の底に突き落されたのである。そして、上記の経緯をたどり自裁という他人にはけっして推し量ることのできない衝撃的な道を選んだのである。

T君の苦悩や苦闘の詳細については、同君の兄・E君に記録にまとめてくれと頼んだが、諸般の事情により実現していない。E君とは長年の交流があり、今も緊密に交わっている。世間の無理解、そのための偏見・差別にさらされ続けた挙句の弟の自裁を誰よりも悲痛・無念の思いで受け止め、かつ抑えることの出来ない怒りのほむらを抱いているE君に、現段階で手記の執筆を催促することは、いわゆる二次加害になりかねない。いつの日にか、気持ちの整理がついたところで手記を認め講演等を行ない、これからも長く続くであろうハンセン病に対する世間の偏見・差別の壁を取り除く役割を担ってほしいと願うばかりである。E君には、それだけのピュアな気持ちと文章力・話術があるのだから。

4　縁類F姉との出会い

T君の自裁は、その後の私の生き方に大きな影響を及ぼした。ハンセン病は遺伝性だという誤解にとどまらず、前世の祟り説から天刑（天罰・神の罰）説まで、ハンセン病患者および親族等の受けた理不尽な仕打ちは筆舌に尽くせるものではない。

身内に障害者を抱えていた私は、幼少のころからいわゆる弱者への眼差しは人一倍敏感であった。しかしT君の力になれなかった自分の傍観者的態度については深刻に受け止めざるを得なかった。以後、公務遂行の場でも公務外の私的な場でも、弱い立場の人々に寄り添うという態度を堅持し、それに敵対する側に対しては容赦のない視線を向けるという姿勢を持ち続けるよう心掛けてきた。

このような折、私の長姉・新里秀（大正12年生まれ）の長男・八十宏（私の年上の甥）と夫・英一（私の義兄）が相次いで他界したので、その年（平成9＝1997年）の暮れから正月にかけ姉を慰めようとすぐ上の姉夫婦と私たち夫婦で沖縄本島北部（ヤンバル）への二泊三日の旅をした。名護市で宿泊した初日の晩、長姉が「そういえば、愛楽園のF姉さんにしばらく会っていないけど元気かねえ？」と私たちに話しかけるともなく独りごちた。私とすぐ上の姉は「!?　!?」の体で背筋に電気が走った。翌日、私たちは面会をしぶるF姉をねばり強く説得し連れ立って愛楽園を訪ね、私はF姉と初めて対面した。

F姉（大正8年生まれ）は私の父方の従姉で小学生のころにハンセン病を発症し、初めのうちは家庭内で幽閉されていたが症状が進むと部落から1キロメートルほど離れた雑木林の中の掘っ立て小屋に隔離され（昭和8年・14歳時）、後に沖縄愛楽園に強制収容された（昭和13年・19歳時）というのである。その事実は、わが家では封印され続けていたのだが、私の長姉とF姉とは年も近く発症以前はもちろん、雑木林へ隔離されていたころから沖縄愛楽園へ強制収容されてからも交流していたらしく、上述の経緯で私たちの知るところとなったのである。

私は、F姉との衝撃的な出会いを契機に、愛楽園に足しげく通い多くの聞き取りをした。初めのころ、F姉は自分の病歴に関してはなかなか語ろうとしなかった。私も出来るだけそのことには触れず、持参した三線でF姉の希望する曲を弾唱し、合間にはよもやま話をしながら時を過ごした。行く

度に要望されたのは、〈でんさ節〉〈ちんだら節〉〈黒島口説〉〈あがろーざ節〉〈高那節〉〈とぅばらーま節〉などであった。

　通いはじめのころは、缶入りの飲み物しか出してもらえなかったけれど、三か月を経たころには湯のみ茶碗でのお茶の接待を受け、半年が経過したころには「魚のおつゆがあるけど食べる？」と言われるようになった。ご馳走になったのは言うまでもない。そして「あなたのお父さんは、祭りのジーポー（地方）をしていて歌がうまかったよ、お母さんは優しい人だったよ」などと、踏み込んだ会話が出来るようになった。F姉は、私が訪問する日には園内の知人友人たちを自宅に招き、自分の親類だよと誇らしげに私を紹介してくれた。その態度から、大方の親族から遠ざかっているF姉の孤独な胸の内を察することが出来た。

　そのころには、島での隔離生活のことなども話してくれるようになった。山小屋で過ごした14歳から19歳までの5年間の隔離生活での日々、死にたいと思わない日は一日もなかったという。ある日、猛毒のマームヌパン（サキシマハブ）が小屋に侵入してきたが、怖さよりも自分を咬んで死なせてくれと思う気持ちのほうが強かったという。そういうなかで唯一の楽しみは、友人たちが山小屋に来てくれることだった。彼女たちといっときでも長くおしゃべりして過ごせるように、朝から彼女たちのための薪拾いに精を出したという。

　F姉は、療養所の生活のなかである男性と懇ろになり子を宿した。けれども出産について当時の状況は厳しく、男女ともに避妊のための断種手術が強要されたり妊娠が発覚した女性には堕胎手術が強行されたりした。そこで、F姉は園を脱出し男性の郷里であるN町に逃亡・避難し、女児を出産した。昭和17年のことである。事情が事情であったことから、女児は男性の兄の子として出生を届け出た。F姉は出産後ただちに愛楽園に戻ったので、娘との共同生活は許されなかったけれども、娘は成長する過程で出生の秘密を知らされ、以後は親子づきあいもしてきた。

　案の定、娘にも凄まじい苦難の波は押し寄せてきた。自殺を図って井戸に飛び込んだこともあったそうだが、幸い一命を取り留めた。成人して良縁に恵まれ、三女一男をもうけた。晩年のF姉は、子や孫、ひ孫に囲まれて人並みの幸せを味わい、平成26年96歳の長寿を一期に昇天した。

5　愛楽園訪問公演・交流懇親会

　閑話休題。私は定年退職（還暦）を迎える年に、沖縄本島在黒島郷友会会長に選任された。還暦を迎える人たちの互選で会長を選任するようにしよう、という郷友会の申し合わせを受け入れた結果の就任であった。郷友会員の2世、3世にとっての郷友会活動は、両親や祖父母のノスタルジーに付き合うという程度の意味しかなく、その人たちが成長するにつれ会の存続そのものが困難になることは十分予想される情況下での会長就任であった。

　予想通り、3期後輩のときまで引き継ぎが出来ず、結局4期連続で会長を務めた。後輩たちへの引き継ぎが出来なかったのは不本意ではあったが、想定内のことでもあった。そこで私は年来の夢を実現すべく行動をおこした。夢というのは、昭和13（1938）年以来、黒島出身のハンセン病患者がお世話になっている沖縄愛楽園において、郷里・黒島の芸能を中心にした八重山芸能公演を催し収容者たちを慰め懇親の機会を持つことであった。F姉を訪問した際に、F姉を含む黒島出身収容者の方々（4人）に趣旨を説明すると賛成してもら

えたので、さっそく園当局との調整を進め2005（平成17）年8月21日（日）午後1時に交流公演会を持った。

舞台では、宮里・仲本・東筋・伊古・保里の5つの部落から提供された黒島を代表する民俗芸能のほか、玉代勢泰興・當山善堂八重山古典民謡研究所、當山規子八重山古典民謡箏曲研究所提供の独唱・斉唱・交互唱のほか喜舎場慶子舞踊研究所提供の八重山舞踊が繰り広げられた。

そのあと、交流懇親会が開かれたが、黒島出身の4人の表情は終始晴れやかであった。そのなかで、80歳代のある女性Yさんが挙手して発言を求めた。彼女は、じつは黒島の伊古部落出身だが、愛楽園では黒島出身だということを伏せていたとのこと。今日の舞台を見て黒島の人々の人情にふれ懐かしさがこみあげ出身地を明かす気になったのだと告白してくれたのであった。伊古部落出身のYさんが加わって、宮里のKさん、仲本のNさん、東筋のF姉、保里のHさんと、結果的に全部落の出身者5人が揃ったわけだが、このことからも黒島でのハンセン病は島全体に広がっていたものであることが分かる

6　Hさんの悲劇

愛楽園訪問公演・交流会は、上記のとおり黒島出身の5人全員が出席し和やかに過ごすことが出来た。園の担当職員も、こんなに盛り上がった交流会は初めてではないだろうかと話してくださった。

ところで、じつは、交流会当日の朝、思わぬ〝事件〟がおきたのである。郷友会の役員と出演者は、諸準備のため午前10時までに愛楽園に集合することにしていたが、私は園の担当者や黒島出身収容者の代表格Kさんとの打ち合わせなどがあって、早めに出かけた。園に到着すると、Kさんが血相を変えて「大変なことになった。Hさんが今朝になって今日の交流会には参加しない、と言い出して困っている。私の言うことは聞いてくれないので、當山君のほうで説得してくれ」と言うではないか。Hさんの家に行こうとすると、Hさんはイソー（磯＝漁のこと）に行くと言っていたから浜に行ってみようということで直接浜に駆けつけた。Hさんは、船出寸前であった。「島の人には会いたくない」と繰り返すHさんを私はあらん限りの知恵をしぼって説得した。私の母が保里部落出身でHさんの母親と親しかったこと、そういう縁もあってHさんの父親に私の長姉の長男・八十宏（私の甥）の「養い親」になっていただき、當山家とHさんの家とは親戚づきあいをしてきたことなどを話しつつ、Hさんが出席しないと今日の交流会は意味がないと強調した。

あれほど頑なだったHさんが、「タカ坊（私の幼名）がそこまで言うなら、一応参加はするが、公演後の交流会にはやはり出席したくない」というところまで折れてくれた。Kさんと目配せし安堵した私は園に戻った。公演と懇親会は上記5、で記したとおり、出席者全員が心から楽しみ喜んでくれた。とくにHさんは懇親会にも参加し「今日の交流公演・懇親会で、黒島に抱いていた私のわだかまりは吹っ飛んでしまったよ。タカ坊ありがとう！」と涙ながらに話してくれた。Hさんが抱いていた「黒島へのわだかまり」について、その真相を知ったのは後日のことである。

Hさんは、病が完治したこともあって昭和X年ころ愛楽園を出て黒島に戻った。そして得意の漁で生計を立てるべく村の人とも楽しく交流しながら故郷でのんびりと生活を始めた。漁で獲った獲物はその日のうちに部落内で捌けたことから、島での生活

のめども立ち安心したのである。

　そんなある日、魚を売り終えたあと、Ｈさんの母親は用事があって家を出て先ほど魚を買ってくれた人の後をついて行った。その人は魚を持ったままとつぜん雑木林に入って行き、すぐに出てきた。その時、その人の手には何もなかった。母親からこの話を聞いたＨさんは、故郷がまだまだ自分の居場所でないことを思い知らされた。間もなく黒島を去り、心ならずも再び愛楽園に戻った。心が凍るような逸話であるが、関連するもう一つの悲話もある。

　Ｈさんと同部落のＪ子さんは夏休みで帰省した際の旧盆の日、遠縁にあたるＨさんの家に親の名代で焼香に行った。Ｈさんの家の両親はすでになく、次女のＥ子姉さん母子が暮らしていた。焼香を済ませ雑談をしていると、「ご馳走もたくさん作ってあるけど、どうせ出しても食べないでしょう⁉」と言われたＪ子さんは、返す言葉もなく身のすくむ思いでその家をあとにしたという。Ｈさんの受けた心の傷は、本人のみならず親きょうだいたちの心をも深く傷つけ、いつまでも人間不信の〝トラウマ〟現象をもたらすことを、Ｊ子さんは目の当たりにし数十年経った今もその時の場面を鮮明に記憶しているというのである。

　それにしても、上記のような悲惨な目にあったＨさんが、島の人には会いたくないと言った心の闇は、私たちの理解をはるかに超えるものであったにちがいない。にもかかわらず、交流公演のみならず交流懇親会にまで参加され、閉ざされていた心の扉を開いてくださったのはほんとうにありがたく感謝に堪えない出来事であった。

7　Ｔ家の悲惨・過酷な出来事

　ところで、「事実は小説よりも奇なり」と言うが、ハンセン病にまつわる別の凄惨な事実がある。Ｔ家の祖父Ｋ（安政４年生まれ）のハンセン病にまつわる出来事である。発症の時期は不明だが、Ｋは明治時代の末期か大正時代の初期ころにハンセン病を患い、初めのころは裏座に閉じ籠って過ごしていたが病状が進んでから亡くなるまでの間は部落外れの雑木林の小屋で暮らしたという。私がこの事実を耳にしたのは今（平成28年）から７〜８年前のことである。

　Ｋの裏座への引き籠りや雑木林の掘っ立て小屋への隔離は、自らの意思によるものだったという。その事実が凄惨さを極めるのは、生前における山小屋への隔離のみならず、当人の遺言によってなされたという想像を絶する死後の処遇についてであった。すなわち、自分の遺体は先祖の眠る墓には納めず部落から遠隔の地にある畑の奥まった箇所でひっそり埋めてほしいというものであったとのこと（当時の黒島では、遺体は火葬をせず棺桶（かんおけ）に収めたままで墓に葬った）。そういえば、小・中学生のころ（昭和30年前後）山羊や牛の餌となる草を刈る場は同家の畑に隣接している森であった。そこの同家の畑のもっとも奥まった場所に、高さ70センチメートル、幅80センチメートル、奥行き120センチメートルほどの漆喰で覆われた「シームルサー（盛り）」があった。今思えば、そのシームルサーがＫの墓だったのだ。

　Ｋの位牌は、これも遺言によって二番座に設置されていた同家の仏壇には安置されず、三番裏座の一角に設けられた簡易な祭壇に置かれていたというのである。Ｋの遺骨が同家の墓に埋葬され、位牌が仏間の仏壇に移され合祀されたのは戦後の昭和30年代後半のことであったという。この間、Ｋ自らの意思（遺言）によるものであったとはいえ、墓も位牌も家族と一緒になれなかったＫの御霊はどのような思いでおられ

たのだろうか。また、遺言に従っての処置だったとはいえ、その遺体を他の先祖と同じ墓に葬らず位牌も仏間の仏壇に安置出来なかった同家の人たちの心境はどんなものであっただろうか。ともあれ生存中のみならず死後においてもなお、自ら望んだことだったとはいえ当時のハンセン病者の過酷で凄惨な体験・情況は、私たちの想像をはるかに超えとうてい筆や口頭で記し語り尽くせるものではない。

クンガチ[kuŋgatʃi]〔名〕
9月。【例】クンガチ（9月）・ズンガチ（10月）・ズーイチンガチ（11月）・ズーニンガチ（12月）。

グンガチ[guŋgatʃi]〔名〕
5月。【例】グンガチ（5月）・ルクンガチ（6月）・シチンガチ（7月）・パチンガチ（8月）。

クンガチヨイ[kuŋgatʃijoi]〔名〕
9月祝い。旧暦の9月9日に行なう。【例】クンガチヨイッティ イズッカー ミキ トゥ マガレユ ウムイザスワヤ（九月祝いというと、神酒とマガレを思い出すなあ）。各々の所属するワン（御嶽）に家族総出で参詣し、ご馳走やミキ（神酒）を神前に供え家族全員のドゥーパダニガイ（健康祈願・無病息災）を行なう。クンガチヨイを象徴するご馳走は、小麦粉と粟粉をこねて作った「マガレ」と称する揚げ物であった。

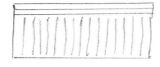

クンガチヨイジラバ[kuŋgatʃijoiʒiraba]〔名〕
古謡の名。〈九月祝いじらば〉。

グングルマースン[guŋguruma:suŋ]〔他〕
掻き乱す。引っ掻き回す。撹乱する。丸め込む。【例】トゥジヌ スーワーッテナー ヤーナ イチン グングルマーハリ ブー（妻が強いので、家ではいつも引っ掻き回されている）。

クンザ[kundza]〔代〕
こいつ。「クルザ」と同じ。

クンザンケー[kundzaŋke:]〔名〕
こいつら。【例】クンザンケー マタマタ ザークン スーナ シナーシ アツァマリ アサビ ビッサレー（こいつらは、またまた仕事もしないでただ集まって遊びやがって）。

クンゾー[kundzo:]〔名〕
怒り。怒りっぽい人。怒りん坊。「こんじょう（根性）」の意。通常は否定的に用いるが、畏敬の念を内包する場合もある。【例】クンゾーサーリ イズムヌイヤ タルン シカヌン（怒りにまかせて言う言葉は、誰も聞かない〈心に留めない〉）。

黒島での名立たる「クンゾー」は、僕が記憶しているなかでは、當山武喜志・運道佐真・玉代勢太郎・幾乃伸が四天王に位置づけられていたように思う。あえて「四天王」と尊称するのは、4人とも「クンゾー」と呼ばれながらもある意味では周囲から一目置かれるような存在であったからだ。
その次の世代では、野底与市・又吉智清・新里英一・又吉政友・幾乃英純の5人である由。この次世代5人は従兄弟同士で、祖父の又吉宇佐翁の「ウサー・クンゾー」をまともに受け継いでいる、と解説するのは与市の二男・野底善行君（本事典執筆の第一の協力者）である。5人のうち、又吉智清は僕の父方の従兄、新里英一は僕の義兄であり、僕にとって「クンゾー」という印象はなかったが、野底君は「彼らの本当の姿を君は知らないからだ」と断定する。人は見かけによらないとはよく言うが、本当によく分からないものである。

クンゾー　プス[kundzo: pusu]〔連〕
怒りっぽい人。四六時中怒っている人。【例】クンゾープスヌ ハトゥハー タルン ユージ クーヌン（怒りっぽい人のところ

には、誰も寄りつかない）。

クンゾー　ムヌイ[kundzo: munui]〔連〕
　怒り言葉。怒り口調。【例】クンゾームヌイ　タンカー　イジベーッカ　トゥジ　トゥミラルヌンドゥラ（怒り口調でだけ話していると、妻は見つからないぞ）。

クンゾー　ンジルン[kundzo: ndʒiruŋ]〔連〕
　怒る。立腹する。【例】クンゾー　ンジルバソー　ウブイキバ　シー　クライリ（腹が立つときは、深呼吸をして我慢しなさい）。

クンゾー　タイルン[kundzo: tairuŋ]〔連〕
　怒る。立腹する。怒りを顕わにする。【例】ドゥキ　プスン　ウサイラリッカー　ヌーバセー　プスン　クンゾー　タイルン（あまり他人に馬鹿にされると、どんな人でも腹を立てるよ）。「タイルン」の項参照。

クンゾホン[kundzohoŋ]〔形〕
　怒りっぽい。短気である。【例】ウレー　ウトゥナッサールニン　ブルヌ　クンゾホリバ　タマンガリ（そいつは大人しいようにみえるが、怒りっぽいので気をつけろ）。

クンダ[kunda]〔名〕
　ふくらはぎ（脹脛）。こむら（腓）。【例】クンダー　ガラシナイヌ　ウクリッカー　コッパリ　ピキシキ　キムビヤハラ　ヤムンドゥラー（ふくらはぎに痙攣が起きると、固くなって引きつり激しく痛むよ）。「ウッフィルン（溺れる）」の項参照。

クンチ[kuntʃi]〔名〕
　根気。精力。気力。【例】クンチヌ　ナーナナルッカー　ヌーン　ナラニバ　マーハムヌバ　ヴァイ　クンチ　シキリ（根気がなくなると何も出来ないので、美味しい物を食べて根気をつけなさい）。

クンドゥ[kundu]〔名〕
　今度。今回。このたび。【例】クンドゥヌ　フキナータベー　ワーシキン　ハイヤリバ　ヌーン　シワー　ナーヌン（今度の沖縄旅〈沖縄島への旅行〉は、天気も奇麗だから（よ

いから）何も心配ない）。

グンバツァー[gumbatsa:]〔名〕
　〈動〉蜂の一種（和名不詳）。【例】ビャーハシマナ　ミラリパチヌ　イチン　ナハブラームノー　グンバツァー　アッタ（黒島で確認された蜂のなかで、もっとも危険なのはグバツァーだった）。グンバツァーの形状はスズメバチに似ているが、色合いは見るからに不気味な暗紫色をおび、体長3～4センチメートルほどもある大形の蜂。黒島で確認された他の蜂（ガーバツァーやアカバツァー）に比べると、体型も大きく毒性も強烈で、刺されると腫れ上がりうなされるほどの高熱を発する。人目につかない森林に営巣することが多い。私の兄明良（昭和10年生まれ）が刺されて、1週間ほど寝込み生死の間をさまよったことがあった。巣の形も段状を呈し大きさも圧倒的だった。

グンボー[gumbo:]〔名〕
　〈植〉ゴボー。島で栽培されることはなかったが、豚汁やイナムドゥチに好んで用いられた。

グンボー[gumbo:]〔名〕
　①交ぜ織り。【例】グンボー　ヌヌ（交ぜ織り布）。②混血児。【例】ヤマトゥ　グンボー（本土の人との混血児）。③妾腹の子。【例】グンボーッファヌ　マイフナーマリ（夫婦以外の人の間に出来た子の優れ者）。

グンボーッファ[gumbo:ffa]〔名〕
　夫婦以外の人の間に出来た子。（石）グンボーファー。【例】グンボーッファー　マイフナー　マリヌ　ウラハッティ　イザリブー（夫婦以外の人の間に出来た子は、優秀な人が多いと言われている）。
　黒島のことわざに、「ムヌダネー　ハクハリルヌ　プスダネー　ハクハルヌン（穀物の種は隠せるが、人の種〈生まれ＝素姓〉は隠せない）」というのがある。実際、黒

島のような小さな島では夫を亡くした後に出来た子の父親が誰だか取り沙汰されることがよくあったが、当の子が成長するにつれ自ずと父親は判明する。いわゆる「マリ（血筋・血統）で捌ける」というわけである。そのような親子関係を観察してきた自らの経験に照らすと、本妻との間に出来た子より、余所の女との間に出来た子のほうが外観のみならず知的能力面でも父親に似るケースが多かったように思う。

　ここで参考までに、16～17世紀に活躍したイギリスの劇作家・シェークスピアの四大悲劇の一つ『リア王』の一節、嫡子（本妻の子）と庶子（妾の子）の話を紹介しよう。庶子が父や兄（嫡子）に抱く憎悪・怨念を吐露する場面の台詞である。

　いわく、「（庶子は）人目を忍ぶ欲情が造った自然の産物、親から心身の養分と活力をたっぷり授かっているのだ。退屈、陳腐、飽き果てた寝床のなかで、夢かうつつか、あくびまじりの間に出来た阿呆（嫡子のこと・當山記）どもとは、どだい訳がちがう」（岩波文庫・シェークスピア／野島秀勝訳『リア王』39ページ参照）。

ケ

ケー[ke:]〔接尾〕
　～たちは。～らは。「～キ（～たち）」と係助詞「～ヤ（～は）」の融合・約音で出来た語。【例】①ウヤンケー ガンズシ ワールンラミ？（親御さんたちは、元気にしていらっしゃるでしょう）。②ビキドゥンヌ シザンケー マーラシバッティ ナーヌン（兄たちは、みんな亡くなってしまった）。

ケー[ke:]〔接助〕
　～まで。～の間。～と。【例】①ヴァーパルッケー マティ ワーリ（私が行くまで、待っていてくだささい）。②ヌチヌ アルケー パタラキ（命のある間、働け）。③サンバシハ パーッケー フネー ンジパリ マニアーンタン（桟橋に行くと、船は出て行って間に合わなかった）。

ケーラ[ke:ra]〔名〕
　皆。全員。全部。共通語の、限界や限度までの範囲を意味する「限り」に対応する。【例】ケーラ クマハ アツァマリ ティグミ スー（皆ここに集まって、手組み〈相談〉しよう）。

ゲーラハン[ge:rahaŋ]〔形〕
　劣っている。駄目である。人にも家畜にも野菜にも言う。【例】クヌウセー マヌマー ゲーラハールヌ スダティヨーヌ ミサーッカー アトー ダーサナルンドー（この牛は、今は劣っているが育てようがよいと最後は立派になるよ）。

ケーランナリ[ke:rannari]〔感〕
　皆様。挨拶言葉で、大勢の前で話をする場合の冒頭に用いる挨拶言葉の常套句。沖縄語の「グスーヨー（皆様）」に、石垣語の「ケーランネーナ（皆様方）」に相当する。【例】ケーランナリ ザーヌ パントゥリッケー ワーリタボーリ マイダン プコーラサッティ ワーマリルンユー（皆さん、座敷がいっぱいになるほどお出でくださり、まことにありがとうございます）。

ケールン[ke:ruŋ]〔他〕
　たたっきる。「キスン（切る）」より力を込める感じ。【例】クヌイズヌ プネー コーサリバ ヤマーラシシマン ケーリバ（この魚の骨は固いから、鉈で切りなさい）。

ケンギ[keŋgi]〔名〕
　〈植〉マキ（槇）。一般に「イヌマキ」と言う。（石）キャーンギ。（沖）チャーギ。【例】ケンギパラー　ムカセー　インヌシマハラドゥ　トゥリケーッタトゥ（槇材の柱は、古い時代には西表島から伐り出して来たそうだ）。
　共通語の「イヌマキ」の呼び名は、立派な建材を意味するマキ（真木・槇）の代表である杉に比べ、建築用材として劣ることからの蔑んだ呼称だと言う（『広辞苑』参照）。しかし、ケンギ材は、黒島・八重山を含め沖縄県内では最高級の建築材であることに鑑みると、少なくとも沖縄では「イヌマキ」の名は返上して「マキ（真木・槇）」と呼びたい。いみじくも『石垣方言辞典』は、「キャーンギ」を「けやき（欅）」と同源語であろうと説明している。
　建築用資材のケンギは、用例のとおり戦前はインヌシマ（西表島）から伐り出した。当時は、新築の計画を立てると、長期間にわたってインヌシマの山に籠ってケンギを伐り出し、島に運んで来ると一定期間を波打際の砂浜に埋めて置いた。それを「スーカン（スーガン・潮晒し）」と称したが、木材のひねりを防ぐとともに防虫効果をねらったものであった。
　この山旅の苦しさについての諺がある。「ビコーヌ　ファー　ヤマタビバ　シードゥ　ウヤヌクトゥ　ウムウ（男の子は、建材伐り出しの山旅を経験してこそ親のこと〈親の有り難さ〉を思い知る）。また「ヤマボーリドゥ　マーボーリ（建材伐り出しの山旅の疲れこそが、真の疲れである）」とも言う。
　戦前のケンギの伐り出しは、いわば盗伐であった。戦後は国の営林署の監視が厳しくなってインヌシマへの山旅はいつの間にか途絶えたようだ。

ケングチ[keŋgutʃi]〔固〕
　喜屋武口。黒島の東方のピー（干瀬）にある、イノー（礁池）とピーヌフカ（干瀬の外＝大海）を結ぶ通り道。【例】ハトーッシイゾー　ケングチハラ　ピーヌ　ウチハ　パイリフッタ（オオスジヒメジは、喜屋武口から礁池に入って来た）。ハトーッシ（オオスジヒメジ。通称はオジサン）は、産卵のために群を成してピーヌ　ウチ（礁池）に入ってきた。そこで、ハッパ漁や待ち受け網漁で捕獲した。

ケンワン[keŋwaŋ]〔固〕
　喜屋武御嶽。琉球王府の指定した黒島の「ヤーヤマ（八御嶽）」の一つ。現在、神役のシカサ（司）もティジリ（手摺り）もいなくて、集団的な信仰活動は途絶えている。

コ

コイ[koi]〔名〕
　肥料。肥し。【例】イチン　ゾーットー　コイヤ　ミジンゴイ　アッタ（一番効き目の強い肥しは、〈人糞を発酵させた〉水肥だった）。現在は、黒島でも水洗便所が普及し、人糞が液肥として活用されることはない。衛生面からするとやむを得ないと思われるが、人糞の液肥が劇的な効果を示したあのころの黒島での経験は忘れることが出来ない。循環型の生き方から人間だけが「解放」されている現状は本当に「健全」と言えるのだろうか。「ミジンゴイ（水肥）」

の項参照。

コイタング[koitaŋgu]〔名〕
水肥入れの桶。肥担桶(こえたご)。(石)コイターング。【例】ミジンゴイヤ コイタングナー イリ パタケヘ ムトゥータ(水肥は、肥桶に入れて畑に運んだ)。

　黒島での我が家の便所は、三曹になっていて第三曹の中の糞尿は十分に腐食・発酵し野菜などへの水肥として用いた。その効果は抜群であったが、現在は水洗便所が普及し人糞が肥料として利用されることはなくなっている。長兄・賢昇(大正15年生まれ)はアンク(担い棒)の両端にコイタング(肥桶)を下げてミジンゴイ(水肥)を易々(やすやす)と畑に運んだが、四兄の豊彦(昭和14年生まれ)と僕は一つのコイタングをアンクの真ん中に下げて運んだ。コイタングは後ろの豊彦兄寄りに吊ることから、少しでも溢れ出るとどうしても兄の足に降りかかる。発酵しているとはいえ、その臭さは相当のものだったので、畑に着くと同時に水肥を野菜に掛けるのはそっちのけで、「お前の歩き方が悪いから、ミジンゴイはアビシティティ(水肥はこぼれて)僕の足を汚すんだよ」と理不尽な(と僕は思ったのだが)鉄拳が飛んできたのだった。気の短かった兄は五十代半ばで他界したが、あの世で両親や兄姉たちと楽しく過ごしているのだろうか。懐かしい思い出をたくさん残してくれた兄たちを偲びつつ……。

コイッスブン[koissubuŋ]〔名〕
肥溜め。「肥壺(こえつぼ)」の意。(石)コイチュブ。【例】コイッスブンナー マレール ズーシバン ユ タミ ミジンゴイン セータ(肥溜めに放出した大小便を溜め、水肥にした)。

コイハマサ[koihamasa]〔名〕
肥し用の柄杓(ひしゃく)。【例】コイハマサヤ タイガイヤ イツァシ スクレータタヌ ミルクヌ カンカンシン スクレータタワヤ(肥柄杓はたいがい板で作ったが、ミルクの空き缶でも作ったよ)。

コイマキ[koimaki]〔名〕
肥やし気(か)触(ぶ)れ。「肥し負(か)け」の意。肥料を扱っていて、手足が気触れること。【例】コイユ ムタシカウッカー コイマキバシー ティーパンヌ ビューワ ナレータ(堆肥を扱うと、肥し負けをして手足が痒くなって気触れた)。

コー[ko:]〔名〕
孝行。【例】ウヤヌ コーユ シーッセム ノー プスニンギン タンカドゥラ(親孝行が出来るのは、人間だけだよ)。言外に孝行の出来ないのは人間でないよ、という戒めがこめられている。

コー[ko:]〔名〕
香。線香。通常は「ハウ」と言う。【例】コーバ タティ ケーラ マズン ウヤプスハティー ウサーハイ(香を立て、家族全員ご先祖様に手を合わせろ)。

コーガーキ[ko:ga:ki]〔名〕
頬被り。覆面。【例】エイサーヌ バソー ケーラ コーガーキバ シー ミドゥムスガイシ ブドゥレータ(エイサーのときは、みんな頬被りをして女装で踊った)。

コーカビ[ko:kabi]〔名〕
固い紙。「紙」は、通常は「ハビ」と言うが、見出し語の場合は「カビ」と言った。

コーキー[ko:ki:]〔名〕
堅い木。木質の堅い木。【例】コーキーヌドゥ ブリヤッサ(堅い木が折れやすい)。

コーグ[ko:gu]〔名〕
猫背。腰の曲がった者。【例】トゥシ トゥッタラ コーグ ナリ ウムヤールニン アラキユーサヌン(年を取ったので、腰が曲がって思うように歩けない)。

ゴーグチ[go:gutʃi]〔名〕
罵詈雑言。強い苦言。ひどい悪口。不平不満の悪口。【例】ウレー イチン ゴーグ

チタンカ　イジベー（彼は、いつも不平不満の悪口だけ言っている）。

コーコー [ko:ko:]〔名〕
孝行。【例】ウヤハヌ　コーコーヤ　アタルマイッティ　ウムイ　シーリ（親への孝行は、当たり前〈当然のこと〉だと思ってやりなさい）。

コーコークドゥキ [ko:ko:kuduki]〔名〕
口説歌謡の名。〈孝行口説〉。【例】ウヤヌ　マリドゥシヌ　ヨインナー　ヴァーマンキヌ　コーコークドゥキユ　ユメーッタ（親の生まれ年の祝いでは、子や孫たちが孝行口説を読んだ）。

コーサ [ko:sa]〔名〕
拳骨。（石）コーシャー。（沖）コーサー。【例】シザンキハラー　トゥーシ　コーサー　シラリッタヌ　イザハラ　ピスサイヤッツァン　シラルンタン（兄たちからはしょっちゅう拳骨をされたが、父からは一度もされなかった）。

コーサン [ko:saŋ]〔形〕
硬い。固い。堅い。頑固である。物の硬さにも意志の固さ（頑固さ）にも用いる。【例】①ムカシヌ　シンザー　ヤーラハッティ　マーハッタヌ　マヌマヌ　シンザー　コーサヌ　ヴァールヌン（昔のサトウキビは柔らかくて美味しかったが、今のサトウキビは、硬くて食べられない）。②ウレー　ドゥキ　ギーゴーサヌ　ヤコー　タタヌン（そいつは、余りにも頑固で役に立たない）。
用例①のサトウキビは、太茎種と言って幹が太く柔らかく台風にすこぶる弱かったことから品種改良され、台風に強い幹が細く長いＮＣＯ系の新種が導入された。改良種は太茎種にくらべ皮が硬くて剥きにくいが、糖度ははるかに高いので本当は甘くておいしいはずなのに、実感としては皮の剥きやすかった太茎種のほうが美味しく感じられ、記憶に残っているのである。

コーサン [ko:saŋ]〔名〕
降参。負けの合図。共通語の借用語。【例】トーセーガユ　シーバソー　ナケーターナ　コーサンッティ　イザン　プソー　ナハブラーッタ（倒し勝負の際、泣きながらも負けたと言わない人は恐かった）。子どものころ、砂場や芝生の上で相手と組み合って倒し勝負をしたが、相手を組み伏せ身動き出来ない状態にすると相手が「コーサン」と言って勝負を終えた。ところが、組み伏せられ身動き出来ないのに泣きながらもけっして「コーサン」を言わないやつがいて、なんとなく不気味でいやだった。

コーシ [ko:ʃi]〔名〕
菓子。【例】ヤラビシェーケー　アキビンバ　アツァミ　ウリトゥ　コーシユ　コーカンバ　セーッタワヤ（子どものころ、空き瓶を集めそれとお菓子を交換したのだった）。

ゴージル [go:ʒiru]〔名〕
呉汁。大豆を水につけて柔らかくし、擂り鉢で粗挽きして汁にしたもの。日常語では「シリキシマミヌスー」と言う。同じ大豆食品の豆腐とは食感の違う旨味があった。炙ったハトゥッシ魚（オジサン・ヒメジ）を入れたゴージルは、往時の黒島ではかなり高級なご馳走であった。

コースン [ko:suŋ]〔他〕
引き抜く。根こそぎにする。〈否〉コーサヌン。【例】キーヌ　ニーユ　コースンティ　シーブルヌドゥ　ドゥータンカシーヤ　ゾーイコーサルヌン（木の根を引き抜こうとしているのだが、自分一人では到底引き抜けない）。

コースン [ko:suŋ]〔他〕
嫁に遣る。貸す。〈否〉コーホヌン。【例】①ウカハビムヌッティ　シカリリバ　ウリンナー　コーシナ（借金を抱えているとの噂があるから、そいつには嫁に遣るな〈嫁

がせるな〉)。②ドゥーヌ ダンゴー プスン コーシナ（自分の道具は、他人に貸すな）。

ゴーダー[go:da:]〔名〕
汚れ。【例】マーナードゥ アイナー ゴーダー シーケーヤ？（どこであんなに汚れてきたのだ）。

ゴーダー[go:da:]〔接尾〕
〜まみれ。名詞に付いて、全体にそのものにまみれた状態を表す。【例】シーゴーダーバ シーベー（血まみれになっている）。

ゴーッファゴーッファ[go:ffago:ffa]〔副〕
居眠りするさま。こっくりこっくり。（石）ゴッファゴッファ。【例】ニーナブンバシー ゴーッファゴーッファ シーブー（居眠りをして、こっくりこっくりしている）。

ゴーナキ[go:naki]〔名〕
〈植〉クワ（桑）。桑の木。桑の葉は蚕の餌となる。黒島の屋敷林には桑の木が多かったが、これは戦前から戦後の一時期、養蚕が盛んだったころの名残である。もう一つ、現今の公民館にあたる村の集会場を「シーックバ」と称したが、これは公営の「蚕の飼育場」のことであった。

　桑に関しては次の諺がある。「ゴーナケー ハジヌ ナナサーイ フクッカー ナナサーイ ナンヌ ナルン（桑の木は暴風が七回吹けば七回実を付ける）。実だけでなく、暴風のあとどの植物よりも真っ先に芽吹くのも桑であり、生命力の強さを物語っている。材質は木目が美しいことから床の間の框のほか、ひねりのないことから三線の竿にも重宝されている。囲碁愛好家にとっては、最高級の碁笥（囲碁の碁石容器）として垂涎の的である。

　さらにもう一つ、宮良長包の曲〈桑の実〉で歌われているように、赤紫の実は子どもたちの好物であった。桑の葉は、山羊や牛がもっとも好む餌の一つであることも見逃せない。蚕を飼っていないときは、屋敷内の桑の葉を定期的に刈り取って牛や山羊に与えた。

ゴーナキヌ ウブキー[go:nakinu ubuki:]〔連〕
桑の大木（老木）。竹富町〔天然記念物〕・昭和47年8月30日指定。この桑の老木は、横目喜良が徴兵検査を受けたのを記念して自宅の庭に植えたものだと言われている。樹高約4〜5メートル、胸高周囲約2〜3メートル、枝葉の周囲約12メートルという立派な木で、樹齢は約80年と推定される。生き生きと力強く、夏には木陰をつくり、多くの島の人々が桑の下に涼を求めて集まってくる。桑は和名をシマグワといい、黒島ではゴーナキ、沖縄本島周辺ではクワギと呼んでいる。『竹富町の文化財』（平成10年3月・竹富町教育委員会発行）参照。

コーニ[ko:ni]〔名〕
男児。〈対〉ピーマ。【例】コーニヌ マリッタラ ウブザーナーユ タボーラリッタ（男児が生まれたので、祖父の名を戴いた）。「コーネマ」の項参照。

コーネマ[ko:nema]〔名〕
男児の愛称。「コーニ」に愛称接尾語「〜マ」がついて「コーニマ」から「コーネマ」に音韻変化している。【例】コーネマヌ ナーヤ ウシュマイヌ ナーヌ マチュンガニ タボーレル／スッツァラ スッツァラ マチュンガニ タボーラレ（男児の名は、祖父の名のマチュンガニを戴きました、なんと羨ましいこと、マチュンガニを戴いて。／八重山古典民謡〈こーねま節〉より）。

　往時の八重山方面では、初孫が生まれると男児なら祖父の名を、女児なら祖母の名を付けるという風習があったようで、〈こーねま節〉は上記のような歌詞で歌われている。ちなみにピセーマ（女児）の名は「マカドムイ」である。

コーミンカン[ko:miŋkaŋ]〔名〕
　公民館。社会教育法に基づき、市町村に設置され、住民のために実生活に即した教育・学術・文化に関する各種事業を行なう施設。僕たちが子どものころは、元来は公の蚕の飼育場（シークバと称した）が、部落の集会場として活用されていた。現在は、黒島芸能館がその役目を果たしている。

コームッサ[ko:mussa]〔名〕
　民俗芸能の名。保里村の出し物。波照間島に同名の民俗芸能がある。

ゴーヤ[go:ja]〔名〕
　〈植〉野菜の名。ニガウリ（苦瓜）。【例】シマナーヤ　ウブサー　ゴーヤッキン　ナビラユ　スクレータ（黒島では多くの家庭では、ゴーヤよりヘチマを作った〈栽培した〉）。

ゴーヤパービン[go:japa:biŋ]〔名〕
　〈動〉蝶の名。オオゴマダラ。単に「パービン」とも言う。「パービン」の項参照。

コーラスン[ko:rasuŋ]〔自〕
　一所懸命働く。〈否〉コーラハヌン。【例】パタキユ　ハイスバソー　パイウティユ　コーラスムティ　ジーヤ　フキ　スクルムノー　ユー　ミールン（畑を耕す場合、鍬での天地返しを一所懸命にすればするほど土地は柔らかくなって作物はよく稔る）。

コールン[ko:ruŋ]〔自〕
　固くなる。【例】トゥーシ　トゥッタラ　マラー　ムットゥ　コーラナナリ　フナドゥルニン　スクマリベールワヤ（年取ったら、魔羅はまったく固くならずに福良雀のように佇んでいる）。福良雀は「寒気のために羽毛を膨らませている雀」だと説明されている。何かの書物で、ノーベル文学賞作家の大江健三郎が自らのイチモツを「福良雀」のようだと描写しているのを読んで、その表現力の確かさに感銘・共感し大笑いしたのを憶えている。

〔追記〕大江健三郎は、2023年3月3日に88歳で亡くなった。米軍占領下の沖縄を訪れて、著作『沖縄ノート』を発表したほか、2015年には米軍の新基地建設が進む名護市辺野古を訪れるなど、沖縄に強い関心を寄せた。ノーベル賞決定直後に「文化勲章」を辞退し「戦後民主主義と（国が与える）文化勲章は似合わない」と述べた。それにしても、若いころ国家権力と勇ましく対峙していた人たちが、嬉々として「叙勲」を受けている姿を見るにつけ大江健三郎の潔さが目立つ。

ゴシタン[goʃitaŋ]〔名〕
　後退。後ろに進むこと。英語の「Go astern（後退）」の移入語。〈対〉「Go ahead（前進）」。(石)ゴーシュタン。【例】フネー　マイハ　パラスキン　ゴシタンヌドゥ　ムシカサ（船は、前に走らすより後ろに退くことのほうが難しい）。

ゴッカル[gokkaru]〔名〕
　〈動〉鳥の名。リュウキュウアカショウビン。全体が赤褐色で、太い嘴と脚も赤い。夏の到来を告げる渡り鳥である。【例】ゴッカルッティ　ナクットゥリドゥ　ゴッカルッティ　イズッタ（ゴッカルと鳴くので、ゴッカルと呼んだ）。フィリピンなど東南アジアで冬を越し、毎年4～5月になると繁殖のため南西諸島にやってくる。

コッコーマ[kokko:ma]〔名〕
　男の子への呼び掛け。「孝行な子」の意。【例】ヤラビシェーケー　アボー　バニユ　コッコーマッティ　ユラブッタ（子どものころ、母は僕のことをコッコーマと呼んだ）。

コッコーヌ　ファー[kokko:nu fa:]〔連〕
　孝行の子。「キムヌ　ファー」とも言う。【例】キョーダイヌ　ナハナー　コッコーヌ　ファーティジ　ハクビチ　アッタラ　シーラリ　ヴァーヌ　ブッタワヤ（兄弟・姉妹のなかで、コッコーヌ　ファーと言われ

特に可愛がられる子がいたよなあ）。「キムヌ　ファー」の項参照。

コッタル[kottaru]〔名〕
こんちきしょう。こんちくしょう（此畜生）。不平・不満がある場合に、他人をののしったり、地団太踏んだりするときに発する。【例】コッタル　クルザー　クンドーヌガラスサコー　アラヌン（こんちくしょう、こいつは今度は見逃さないぞ）。

コッチ[kottʃi]〔名〕
ご馳走。（石）コッキー。（沖）クヮッチー。【例】キザルヌ　バソー　コッチバ　スコーリ　ウヤプスハ　ウヤセーッタ（行事の際は、ご馳走を作ってご先祖に供えた）。

コッパルン[kopparuŋ]〔自〕
固まる。勃起する。【例】①ドゥキ　ピーヤバソー　イゾー　コッパリ　ナンヌウイナー　フケーリ　ブッタ（余りに寒いとき、魚は固まって波の上で浮いていた）。②ウイプスナリ　マラン　コーパラナー　ナリメー　ユーゾー　ナーヌン（年寄りになって、マラも勃(た)たなくなりもう役に立たなくなってしまった）。

　用例①の現象は、昭和30年代のころまでは黒島の周囲の浅瀬では頻繁にみられた。この冬一番と思われるような寒い日には、「ピラクヤー（凍え死にあるいは仮死状態になった魚）」を拾いに遠浅の浜辺に出かけたものだ。ところが昨今、このような現象はまったく見られないという。温暖化の影響は、こういうところにも影を落としていることに現代の人々は気づくべきであろう。用例②は、晴れて後期高齢者になった筆者を含む同輩たちの嘆きの声である。書物の説くところによると、筋肉は年齢に関係なく鍛えれば発達するというのだが、男のイチモツについても言えるのだろうか。

ゴッファ[goffa]〔副〕
ゴッファと言う擬態語。拳骨をしたとき、または、されたときの音。

ゴッファゴッファ[goffagoffa]〔副〕
ゴッファゴッファという擬態語。【例】イシガンパラ　パタケーリバ　ピラシ　ゴッファゴッファティ　ザー　ソーリ（石ころだらけの畑だから、ヘラでゴッファゴッファと除草しなさい）。ちなみに、『石垣語辞典』では、見出し語は「居眠りするさま。こくりこくり」と説明されている。「ゴーッファゴーッファ」の項参照。

ゴムカン[gomukaŋ]〔名〕
鳥を撃ち落す道具。【例】ミッキラーヤ　ゴムカンシ　ウティ　トゥレーッタ（ヒヨドリは、ゴムカンで撃って捕った）。ここでまた運道泰弘兄の登場である。ゴムカンは、Y字型の木の枝（想思樹の木の枝が最適だった）に自転車の廃材チューブを結んで作った。そこらへんに転がっている直径１センチほどの石ころを球にしてミッキラー（ヒヨドリ）を狙うのである。泰弘兄の放つ球は百発百中という感じだった。ちなみに、僕の放つ球はほとんど当たらなかった。「マタイ」の項参照。

コン[koŋ]〔名〕
棺(ひつぎ)。（石）クヮン。（沖）クヮンバク。【例】シマナー　プスヌ　マーラシカ　マイヤ　コンナ　イリ　ウヌママ　パカハ　イリッタヌ　マヌマー　イサナキヌ　カソーバナ　カソーバ　シー　パカハ　イリルヨース（黒島で人が亡くなると、以前は棺に入れてそのまま墓に納めたが、現今は石垣の火葬場で火葬をして納骨するそうだ）。以前は、他の家族が亡くなった時に洗骨（骨を浄めて焼く儀式）して骨壺に入れ納骨した。

サ

サー [sa:]〔名〕
お茶。【例】サー フカセーリバ ゾーンキワーリ（お茶を沸かしたので、どうぞお上がりください）。

サー [sa:]〔名〕
枡。度量衡用の器。【例】グサク サー（五勺枡）・イチンゴー サー（一合枡）・グンゴー サー（五合枡）・イッス サー（一升枡）。尺貫法における容量を量る容器。勺は升の100分の1、合の10分の1で、約0,018リットル。

サー [sa:]〔名〕
神の霊威。【例】サー ダカハ プスヌドゥ ハンシカサ ナリワー（神の霊威の高い人が、神司になっておられる）。

サー [sa:]〔副〕
つねに。いつも。なんでも。【例】マイヤ スーワッタヌ マヌマー サー マキトゥーシ（以前は強かったが、今はいつも負けてばかり）。

サー [sa:]〔終助〕
～よ。～だよ。推量、断定、問い掛けなどに用いる。【例】①アミヌ ヴゥイプソー サー（雨がふりそうだよ）。②ムール シカイキシナーンサー（全部使い切ってしまったよ）。

ザー [dza:]〔名〕
座。座敷。「イチバンザ（一番座）」「ニバンザ（二番座）」などの場合は、「～ザ」と言い、長音にしない。【例】ザーヌ ウチハ シカイハイ（座敷の中に案内しなさい）。

ザー [dza:]〔名〕
草。雑草。畑の雑草や家畜の餌用の草。【例】①ザーヌ ムイハブリ アラカルヌン（雑草が生い茂って歩けない）。②アーヌッサ バ ソーリティハラ ピシダヌッサトゥ ウシヌッサユ ハリクー（粟畑の草取りをしてから、山羊の草と牛の草を刈って来なさい）。用例①のように言葉の冒頭に使用する場合は「ザー」と言うが、「～の雑草」や「～の草」などの場合は「アーヌッサ（粟畑の雑草）」「メーッサ（庭の雑草）」「ピシダヌッサ（山羊の草）」のように「～ッサ（～の草）」と音韻変化した表現になる。

ザー アツァスン [dza: ʔatsasuŋ]〔連〕
一座を面白く盛り上げる。一座を楽しくする。「座をあたためる」の意。【例】ザー アツァシプスヌ プスル ブーッカー ウヌザーヤ ウムッサン（一座を盛り上げる人が一人いると、その座は面白い）。

サーイ [sa:i]〔数詞〕
～回。～度。「サイ」と同じ。

ザー ウイナスン [dza: ʔuinasuŋ]〔他〕
引っ繰り返す。逆さにする。裏返す。〈否〉ザー ウイナサヌン。「下を上にする」の意。【例】クビンヤ アラウッカー ザー ウイナシ ウシキ（瓶は洗うと、引っ繰り返しておきなさい）。

サーキ [sa:ki]〔副助〕
～さえ。～すら。【例】ジンサーキ アーッカ ヌーン シワーナーヌン（お金さえあれば、何の心配もない）。

ザーク [dza:ku]〔名〕
咳。（石）サーグ。【例】ピスユーヌ サーットゥ ザークバ シー ニバルンタン（一晩中咳をして、眠れなかった）。

ザーク [dza:ku]〔名〕
仕事。（石）ッサーフ。【例】ザーコー ザークヌドゥ ナラース（仕事は、仕事が教える）。「ザーコー」は、「ザーク（仕事）」と

係助詞「〜ヤ（〜は）」の融合・約音。「ナラース」は「ナラースン（教える）」の連体形で、前の係り結びの助詞「〜ドゥ」によって連体形で結んでいる。「ナラースン」の項参照。

サーサバン[saːsabaŋ]〔名〕
茶碗。湯飲み茶碗。「サー（茶）」と「サバン（茶碗）」の複合語。「サバン」だけで「茶碗」を意味するが、「スーマハン（汁碗）」「ユーマハン（飯碗）」と同じように「サー（茶）」を頭に付けて丁寧な言い回しをしている。【例】イザー ボーリナウシヌ グーシヤ サーサバンシドゥ ンキワータ（お父さんは疲れ直しのお酒は、茶碗で上がった）。

サーシキ[saːʃiki]〔名〕
さかずき（盃・杯）。部落によっては「サカシキ」とも言う。東筋部落でも部分的には使われていると言うが、私たち世代の感覚では「さーしき」が主流である。「さかずき→サカジキ→サカシキ→サーシキ」の音韻変化が考えられる。【例】シンドゥーヌマイ フタトゥクル ハンヌ サーシキ ユ フキトゥリ タボーラリッタトゥキンドゥ ハマナー タティラリ ミンギヌ ハトゥナ カーキーバ シー ザルッティ ウクシワーリ（船頭お２人殿、神の盃をお受けになられたところで、あそこに立てられている標識の所で指切りをして直ちに駆け出してください）。

用例の口上は、豊年祭行事のクライマックスで行なわれる「ウーニ競走」に臨む前、２人のウーニが神の名代である「サーシキトゥラシ プス（盃を授ける人）」から、神の盃を受ける場面である。盃を受けたあと、２人は立ち上がってミンギ（標識）まで歩み、そこでカーキ（指切り）をして勇ましく砂浜・岩礁・海中を韋駄天走りで駆け抜けパーリー船に跳び乗る。

この授盃の口上の「シンドゥーヌマイ（船頭殿）」と言う用語に、「ウーニ」がパーリー船（爬竜船）の乗組員の総大将・総指揮官であることが明示されている。

サーシキ トゥラシ[saːʃiki turaʃi]〔連〕
授盃。「盃を授けること」の意。「サーシキ」の項参照。

サーシキ トゥラシプス[saːʃiki turaʃipusu]〔連〕
盃を授ける人。「ウーニ」は「パーリー（爬竜船）」の総指揮官であり、一面では神の化身であるという絶対的な存在であることを考えると、そのウーニに盃を授ける「サーシキ トゥラシプス」こそは、一連の神事儀礼のなかでもっとも神に近い存在であろうと考えられる。

その「サーシキ トゥラシプス」の口上でもっとも格調高かったのは、僕の記憶している限りでは保里部落の新田當吉氏（昭和２年生まれ）であったように思う。ところが、2019（令和元）年の豊年祭での東筋部落の野底善行氏（昭和18年生まれ）の口上は、それに一歩も引けを取らない最上級の出来栄えであった。じつは、野底氏はこの事典編集の第一の協力者であり、僕の小中学校の同級生で親友である。以下、友人・野底善行君の述べた口上と新田當吉氏の口上を記載しておく（多少の手直しと共通語訳は當山が行なった）。

〔野底善行氏の口上〕

シンドゥーヌマイ フタトゥクル ムラズーハラ バラザンシ イラバリ シカイットゥ イークトゥッティ ワーマリルンユー（船頭お二人殿、村中から藁纂で選出されまことにおめでとうございます）。キューヤ シマヌ プーン ルクンガチヌ シキヌ タトゥッカ シマ・ムラヌ ヤクニンケー プーンヌ ピュールバ トゥリワートゥリ（今日は島の豊年祭であり、６月になると島や村の役人たちが豊年祭の日程を取り決め）

ウブヤーンガナシバ タカビ エンユー

サーシキ トゥラシプス

バ ニガイッサリルンティ キューヌ イーピヌチ イートゥキ ハイトゥキサーリ（大嶽神加那志に祝詞を奉げ、来年の豊作を祈願致すべく今日の吉日のよい時間に、好ましい時刻にあたり）

フタムラヌ ウーニヌ パリスーブ パーリーフニヌ クイスーブユ ヌシキタ トゥキンドゥ シンドゥーヌマイ フタトゥクルヌ パリハイヤ シータボーットゥリ パーリフニン クイハイヤ ムティハイヤ シータボーットゥリ（二村(ふたむら)の船頭殿の競走と爬竜船の競漕の用意が整ったところで、船頭殿お二方の見事な走りを実行され爬竜船も巧みな漕ぎと安定した操舵を実現され）

ウブドゥー・インドゥーハラ ユガフバ ミルクユーバ アギタボーットゥリ ムラズー シマズーバ ユルクバシタボーリユー（大海原から世果報と豊穣を招き寄せ、村中島中〈の人々〉を喜ばせてください）。

トー ハンヌ サーシキバ ハミタボーリ ハリユシヌ ナンザクガニマースユ フキトゥリタボーリユー（それでは、神の盃を頂き嘉例吉の白銀黄金の真塩をお受け取りください）。

《盃を授ける》

シンドゥーヌマイ フタトゥクル ハンヌ サーシキン ナンザクガニマースン フキトゥリタボーッタ トゥキンドゥ タティタボーッカ マイナタティラリ ミンギヌ ハトゥナ カーキバシー ザルッテ ウクシ パリハイヤ シータボーリユー（船頭殿お二方、神の盃を頂き白銀黄金の真塩をお受けなさったところで、お立ちになられたら前に立てられている標木の所で指切りをして颯爽と走り始め見事に走り遂げてください）。

〔**新田當吉氏の口上**〕

フターンナリ シカイットゥ イーク トゥッティ ワーマリルンユー（お二人殿、まことにおめでとうございます）。

キューヤ シマヌ プーン ヤイネユーユ ニガイ ウクスンティ ハニティハラ シマムラヌ ヤクニンパジミ バハムヌンケー パーレーフニバ シザシ ウーニ トゥージバ ヌズミーットゥリ（今日は島の豊年祭で、来年の豊作を祈願しようと兼ねてから島および村々の役人をはじめ若者たちは、爬竜船を整備しウーニ＝船頭とトゥージ＝舵取り役を選出し）

キューヌ アキトゥラハラ ヌーリンジンシ ウフヤーンガナシバ タカビ マヌマヌ イートゥキ ハイトゥキサーリ スーブ ヌシキタボーッタ トゥキンドゥ（今日の未明から爬竜船の初漕ぎの儀式を行い、大嶽神加那志に祝詞を奉げ唯今のよい時間に好ましい時刻にウーニ競走とパーレー競漕を始めるにあたり）

ニガイスクバ フターンナリ ティーパンヌ アヤマレー ナーンスクン パリハイヤ シラリンタボール フネー リッパンニ クイミチシキラリ タボーラバ（願わくはお二人殿には何の障りもなく、美しく走り遂げパーレー船も立派に漕ぎおさめ）

ウブドゥーインドゥーハラ ユーバ アギットゥリ シマズーバ ユルクバシ ムラズーバ ユルクバシタボーリ（大海原から豊穣の世を招き寄せ、島中の村中〈の人々〉を喜ばせてください）。

《盃を授ける》

フターンナリ ハンヌ サカシキ トゥリドゥ アッタル トゥキンドゥ ハマナタティラリ ミンゲハラ ザルッティ ウクシタボーリ（お二人殿、神の盃をお受けなさったところで、あそこに立てられている標識のところから直ちに走り始めてください）。

サージンギリ[saːʒiŋgiri]〔名〕
　茶筒。【例】サーヤ　シミランヨーン　サージンギリナ　イリ　ハキング　シーリ（茶は湿らないように、茶筒に入れて保管しなさい）。

サースッカ[saːsukka]〔名〕
　お茶用の急須または土瓶。お茶を淹れ、お湯を差し、煎じるのに用いる急須または土瓶。【例】サースッカヌ　ビーヌ　ハカイナーヌン（お茶用の急須の注ぎ口が、欠けてしまった）。

サーソッキ[saːsokki]〔名〕
　お茶請け。【例】ラッキョーユ　サーソッキ　シー　ワーリ（ラッキョウを、お茶請けにお上がりください。「サー（茶）」と「ソッキ（茶請け・小料理）」の複合語。「ソッキ」だけで「茶請け」を意味するが、「サー」を語頭につけて強調している。
　お茶請けの定番は、ラッキョウの黒糖漬けであった。口の大きなガラス瓶で漬けられたラッキョウの黒糖漬けは、子どもやお婆さんたちの大好物であったが、酒の具には塩漬けのラッキョウが好まれた。今どきの居酒屋では、「島ラッキョウのてんぷら」がいつも人気メニューの上位にランクインしている。

サーダカマリ[saːdakamari]〔名〕
　霊感能力の高い人。【例】サーダカマリバシー　ヌーンクイン　ミシカシ　ワールワヤ（霊感能力の高い生まれで、何もかも見透かしていらっしゃる）。

サーダカハン[saːdakahaŋ]〔形〕
　霊感能力が高い。霊験あらたかである。「シジダカハン」とも言う。【例】ウレー　マリッタルハラ　サーダカハンッティ　イザリ　ブッタヌ　クンドー　ハンシカサハナレーットゥ（彼女は生まれつき霊感能力が高いと言われていたが、このたび神司に就いたそうだ）。

ザーッチバ[dzaːttʃiba]〔名〕
　下唇。〈対〉ワーッチバ。(石)シウタスバ。(沖)シチャシバ。【例】ムヌイユ　イズバソー　ワーッチバトゥ　ザーッチバユ　プラキ　ムヌユ　ヴォーバソー　ザウワヤ（言葉を話す場合は上唇と下唇を開け、物を食べる場合は閉じるよ）。

サーッティ[saːtti]〔感〕
　さて。さてと。さても。【例】サーッティ　クトゥシヌ　アーヌ　ミーリヨーダラ（さても、今年の粟の稔りようよ〈見事な実り具合だこと〉）。

サーットゥ[saːttu]〔接尾〕
　〜のあいだ中。【例】ピスユーヌサーットゥ　アメー　ヴイトゥーシ　ベータ（一晩中、雨は降りとおしだった〈降り続けていた〉）。

ザートゥク[dzaːtuku]〔名〕
　床の間。「座床」の意。【例】ザートゥクヤ　イチバンザーナドゥ　アー（床の間は、一番座にある）。

サードー[saːdoː]〔名〕
　霊前（仏壇）にお茶を供えること。「ちゃとう（茶湯）」の意。(石)チャドー。(沖)ウチャトー（『琉球語辞典』では、【御茶湯】〈月の1日と15日に〉霊前[仏壇]に備えるお茶、と説明されている）。【例】サードーヤ　マイニチ　バッスンスクン　シーリヨラー（お茶湯は、毎日忘れずにしなさいよ）。

サーバル[saːbaru]〔固〕
　〈地〉地名。「サーバン」とも言う。東筋村から保里村へ通じる「イサラ道」と伊古村の間の地名。

ザーハン[dzaːhaŋ]〔形〕
　臭い。【例】サニピシダヌ　ザーハヤン　カールンタン（種付け用の山羊の臭さは、我慢出来なかった）。種付け用の雄山羊の臭いは、自分の身体にも染まるのではないかと思うほど臭かった。それで、子どもた

ちが水浴びもせずに汚れたままでいると「サニピシダヌ ハザバ シー ザーハヌ（種付け用の山羊のにおいがして臭い）」と叱られた。山羊の世話をしていて、雄山羊、とりわけ種付け用の山羊の強烈な悪臭は肌で感じていたことから、「サニピシダヌ ハザ（種付け用の山羊の臭い）」と叱責されることは不名誉極まりなかった。

　役割を終えた種付け用の山羊は、屠られて食卓に供されるのだが、生身の発する悪臭は肉の味にまで染み込んでいてお世辞にも美味しいとは言えなかった。獣医師の宮良当皓君の説明によると、雄山羊の強烈な臭いは、自らの存在を雌山羊にアピールするために発せられる分泌物によるものであろうと言う。臭いの成分は雄山羊の皮下脂肪に含まれている「カブロン酸」が関係しているようである。したがって、去勢された雄山羊は悪臭を発することはないと言う。

　なお、「臭い」だの「悪臭」だのと言うのは、人間の感じる嗅覚であり、山羊の世界では恋の成就、ひいては生命の誕生に結びつく切実かつ厳粛な事情を秘めていることを、飼い主たる僕は深く理解すべきだと反省をこめて思ったものである。

ザーピラキ[dza:piraki]〔名〕
演奏会や祝宴などでの開幕の際に演目、または演じられる歌舞。「座開き」の意。祝い座の冒頭で景気付けに演じられる三曲の祝儀歌舞は「サンビン」と称された。「ザーピラキ」も「サンビン」も祝儀歌舞の中から選ばれた。【例】キューヌ ヨイヌ ザーピラキヤ アカンマブシュ シーリ（今日の祝宴のザーピラキハは、〈アカンマブシ（赤馬節）〉を演じなさい）。「サンビン」の項参照。

サーフカスン[sa:Φukasuŋ]〔連〕
茶を沸かす。湯を沸かして茶をたてる。【例】サーフカセーリバ ンキワーリ（お茶を沸かせてあるので、あがってください）。

ザーフキルン[dza:Φukiruŋ]〔自〕
青ざめる。【例】バクダンヌ ウティッタラドゥ ウドゥラキ ザーフキバシー ピンギケートゥ（爆弾が落ちたからが、驚き青ざめて逃げて来たと）。戦時中、空襲警報が鳴ったので家族は遠くの山林に避難したが、逃げ遅れた男の子が家にいる時に家のすぐ側に爆弾が落ちたという。用例は、その様子を述べたものである。第二次世界大戦では、小さな離島にもあちこち爆弾が投下された。「ミジグムン」の項参照。

サーブン[sa:buŋ]〔名〕
お盆。お茶碗用の盆。「お茶の盆」の意。【例】サーン サースッカーン サーブンナ ノーシティ ウヤハイ（お茶もお茶用の急須もお盆に載せて、差し上げなさい）。
　黒島語では、一般名称としての共通語の「盆」に相当する言葉はなく、「サーブン」がそれらを代表し用いられている。

サーミルン[sa:miruŋ]〔他〕
奪い取る。全滅させる。抑え付ける。やりこめる。〈否〉サームヌン。【例】①ミリミラン ウブタイフーヌ キー スクルムノー ビーッティ サーミラリ ナーヌン（見たことのない大型台風がきて、作物はすべて全滅してしまった）。②プスユ ハラハイ プスン サーミラリ ベー（人をからかい、その人にやりこめられている）。

ザームチ[dza:mutʃi]〔名〕
座の盛り上げ役。「座持ち」の意。【例】ザームチヌ プスン ブッカー ヌーバセー ザーン ウムッサン（座の盛り上げ役が1人いると、どんな座も面白い）。
　黒島での名だたる「ザームチ」は、東筋部落の又吉智永（通称「ジロー」）さん。かなりきつい毒舌を吐きながらもあらん限りのユーモアを盛りこみ、息もつかせず連発するジローさんの話術は、抜群の面白さ

を発揮して座をわかせる。本人の明るい性格ゆえだろうか、揶揄された当人も腹を立てずに受け入れてしまうという離れ業は、見事である。

　滑稽狂言の演者としては、仲本部落の生盛精広さん、宮里部落の銘里長善さんが秀逸であった。お二人とも鬼籍に入っておられるが、腰を前後に振りながら演じた〈イーヤサッタ〉のキョンギン（狂言）の面白さは時空を超えて今も語り継がれている。

サーラ[saːra]〔名〕
〈動〉魚の名。サワラ。

ザーラ[dzaːra]〔名〕
下。下方。【例】ケンギキーヌ　ザーラナヤ　ケンギキーヌドゥ　ムイル　ウジキーヌ　ザーラナヤ　ウジキーヌドゥ　ムイル（槙の木の下では槙の木が育ち、デイゴの木の下ではデイゴの木が育つ）。

　用例は黒島のことわざで、一般には建築材としての優劣を説き、優秀な親からは優秀な子が生まれると解釈されている。しかし、私の父・賢英は両木の個性を尊重すべきものと捉えたうえで、子は親の背中を見て育つのだから子の目標になるよう精進せよと説いているものだと教えてくれた。デイゴの緑陰で受けた夏至のころに吹くハーチバイ（南風）の心地良さといい、卒業式や入学式のころに真紅の花で私たちを励まし慰めてくれたデイゴの花の効用といい、弥勒面や獅子頭等の用材として活用された貴重な効用といい、デイゴの木は何物にも替えがたい価値を有していたのではないか。それにしても、花の咲かなくなった近年のデイゴには、何が起きているのだろうか。デイゴだけでなく、昨今（2020年）は至る所のアカギの葉が赤茶けて異様な状況を呈しているし、僕たちが子どものころには見たことのなかったソテツの新芽が縮れて枯れている状況など、何が原因なのだろうか。

サーラマキ[saːramaki]〔名〕
つわり。【例】サーラマキバ　シー　キムッケラハヌ　ヌーン　ヴァールヌン（つわりをして、気持ちが悪くなにも食べられない）。

ザーラスン[dzaːrasuŋ]〔他〕
吊るす。ぶら下げる。【例】①ブラヌ　ミーヤ　ブラユ　キーナ　ザーラシウシキドゥ　トゥレータ（法螺貝の実は、法螺貝を木にぶら下げておいて取った）。②ピシダユ　クラスバソー　ジーパンバ　フビリ　キーナ　ザーラシ　ヌドゥヌ　ピキッパンユキシ　クラセータ（山羊を殺す〈屠る〉ときは、後ろ足を縛って木にぶら下げ喉の静脈を切って屠った）。その際、吹き出る血は容器に入れて凝固させ「シーラキ（血の炒め物）」にしたり「スー（山羊汁）」に入れたりした。

サーリ[saːri]〔格助〕
〜のさなか。〜のさなかに。〜とともに。【例】①アヤー　アッツァサーリ　ボーシン　ハバナ　プカー　アラクナ（こんな暑さのなか、帽子も被らずに外を出歩くな）。②クンゾサーリ　イズッカー　タルン　ガッティン　スーヌンヨ（怒りとともに〈怒りにまかせて〉言うと〈言い聞かせても〉、誰も合点〈納得〉しないよ）。

サーリジブン[saːriʒibuŋ]〔名〕
男の結婚適齢期。〈対〉ドゥームティジブン・ヤームティジブン（女の結婚適齢期）。【例】サーリジブン　ナレーリバ　パーク　トゥジュ　トゥミリ（結婚適齢期になったので、早く妻を見つけなさい）。

ザーリルン[dzaːriruŋ]〔他〕
刺される。「ザールン」とも言う。〈否〉ザールヌン。【例】ミーフチヌ　フクリーッケ　パチン　ザーリ　ムノー　マイダン　ミラルヌン（目や口が腫れるほど蜂に刺され、物がちゃんと見られない）。見出し語

は「ズーン[dzu:ŋ]（他）の受動態で、能動態はあまり用いられない。「ズーン」の項参照。

サールン[sa:ruŋ]〔他〕
　触る。手で触れる。〈否〉サーラヌン。【例】キンヌ キジェー ティーシ サールッカー ゾーットー ヤナー シグ バハルン（衣服の生地は、手で触ると良し悪しはすぐ分かる）。

サールン[sa:ruŋ]〔他〕
　連れる。結婚する。〈否〉サーラヌン。【例】①バヌン マズン サーリ パリッフィーリ（私も一緒に連れて行ってくれ）。②アバレヘ ミドゥムッキン パタラキダハール ミドゥムヌユ サーリクー（綺麗な女より、よく働く女を連れて来なさい〈女と結婚しなさい〉）。

サールン[sa:ruŋ]〔自〕
　尽きる。切れる。【例】ギーヌ サールケーバライ バタジンナ コーリナーヌン（息が尽きる〈切れる〉まで笑い、腸（はらわた）は固まってしまった）。

ザールン[dza:ruŋ]〔自〕
　下がる。ぶら下がる。〈否〉ザーラヌン。【例】ナハブラー ナーナダル キーヌ ユダヌ パンタナ ザーリ ベーワヤ（怖くないのか、木の枝の先端にぶら下がっているよ）。

ザーン[dza:ŋ]〔接尾〕
　たち。同士。名詞に付いて、それと同じ種類、同じ関係にあることを表す。【例】ドゥシンキザーン アツァマリ アサベーッタ（友だち同士で集まって、遊んだ）。

ザーンフォーン[dza:ŋɸo:ŋ]〔名〕
　知らんふり。【例】クルザー ピーバ ピシ ザーンフォーンバ シー ビッサレー（こいつは、屁をして知らんふりしていやがる）。

サイ[sai]〔名〕
　才能。才知。【例】ギューサ ハラッタヌ スーワラバン サイヌ ナーナッカ プスヌ ウイナ タタルヌン（どんなに体が強くても、才知がなければ人の上には立てない）。

サイ[sai]〔名〕
　菜。通常は「ウサイ（お菜）」と言う。お茶請けや酒のつまみなど。【例】サイヌ ハナイバドゥ サーン サキン マーハ（菜が上等だと、お茶も酒も美味い）。

サイ[sai]〔接尾〕
　〜回。〜度。「サーイ」と言う場合もある。【例】ピスサイ（1回・1度）、フタサイ（2回・2度）、ミーサイ（3回・3度）……。

ザイ[dzai]〔名〕
　白髪（しらが）。【例】ヴァーヌ シンタラドゥ イザン アブン アーッタニ ザイハブリワールワヤ（子が死んだので、父も母も俄かに白髪に覆われておられる）。「死ぬ」は、通常は「シヌン」と言うが、丁寧語・敬語では「マーラスン」が用いられる。

ザイ[dzai]〔名〕
　舞踊の採り物の一つ。白紙や色紙を末広に折って、篠竹の先に結びつけたもの。軍隊の指揮者の持つ采配（さいはい）を、舞踊の小道具に取り入れた。「ザイブドゥン」の項参照。

ザイ[dzai]〔接尾〕
　熱中すること。専念すること。【例】イスガサーッテナー シグトゥザイバ シードゥーヌ ヤンヌ クトゥナータ ハイガイラルヌン（忙しくて仕事に夢中で、自分の病気のことなど考えられない）。

ザイギ[dzaigi]〔名〕
　材木（ざいもく）。建築用材木。【例】ヤースクル ザイギヤ インヌシマハラ トゥリケーッタ（建築用の材木は、西表島から取ってきた）。当時は1か月ほども山に籠って材木〈主にケンギ＝真木〉の切り出しに従事したという。当時は無許可の違法行為であったが、その後営林署の監視が厳しくなったことか

らインヌシマへの山旅はいつの間にか途絶えた。それでも僕たちが幼少のころ（昭和30年前後）までは、伊古部落の砂浜には多くの材木が埋められスーカン（潮乾）されていた。

サイシン[saiʃiŋ]〔名〕
お代わり。再進。【例】ゾー サイシンバシー ンキワーリ（どうぞ、お代わりをしてお上がりください）。この用例のように、他人にお代わりを勧めるときに用い自らお代わりを要求する際には使わない。

　黒島語は、共通語の再進と発音も意味もまったく同じである（①『岩波古語辞典』▼さいしん【再進】饗応の時の飯・汁のおかわり。／②『日本国語大辞典』▼さいしん【再進】供応の時など、おかわりをすすめること。また、おかわり。）。なお、『石垣方言辞典』は「サンシン＝飲食物のお替わり。再饌の義かという（八重山語彙）。」と説明し、『沖縄語辞典』は「シェーシン＝食べ物のおかわり。再饌の意か。」と説明している。「再饌」という用語は、管見によれば共通語の古語辞典・国語辞典・漢和辞典等で確認出来ない。

　石垣語も沖縄語も音韻変化をして共通語と異なっているのに、黒島語は共通語とまったく同じ形で用いられている。中央の言葉が、より僻遠の地において長く残ると言う柳田國男の「方言周圏論」の主旨を色濃く投影している好個の例である。

ザイバン[dzaibaŋ]〔名〕
在番。琉球王国時代に首里王府から宮古、八重山に派遣された行政長官。【例】ザイバントゥ カシラバ ウイナシドゥ ウヤマーリユ シーワータ（在番と頭職を先頭にウヤマーリ〈離島巡視〉をされた）。

サイフ[saiɸu]〔名〕
大工。家屋の建築や家財道具の製作に携わる人。（石）サイフ。（沖）セーク。【例】サイフヌ キモー ナナキムッティ イザリブー（大工の肝〈大工の心〉は、七つの肝〈七つの心を持っている〉と言われている）。されば、大工のもてなしは非常に重要で下にも置かぬ扱いをしたという。

ザイブドゥン[dzaibuduŋ]〔名〕
ザイ（采配）を採り物にした踊り。古くは「ザイブドゥリュ」「ザイブドゥル」だったと思う。【例】ザイブドゥンヤ アースントゥ プリナ ブドゥラリ ブッタソーナ（ザイ踊りは、東筋部落と保里部落で踊られていたそうだ）。東筋部落では、豊村（旧姓・神山）トシ子さんと當山（旧姓・新城）光子さんのコンビが古く、その次は東筋（旧姓・野底）常子さんと竹越喜久枝さんのコンビで、舞踊名は〈揚古見ぬ浦節〉だったようである。保里部落では、安里（旧姓・東兼久）千代さんと前盛キヨさんのコンビでザイブドゥンを踊ったそうだが、舞踊名は確認できない。

ザイライ[dzairai]〔名〕
在来種。ある地方で永年飼育または栽培され、その地方の風土に適応した動植物の品種。【例】ピシダー ザイライヌドゥ マーハ（山羊は、在来種がおいしい）。山羊料理が好きでよく食べ歩きをするのだが、山羊肉特有の香りもなく肉が大味でゴムタイヤを噛んでいるような山羊肉に出合うことがある。多分、いや間違いなく改良種に違いないと思い、そういう店には二度と出向かない。

サイルン[sairuŋ]〔他〕
下げる。吊るしておく。〈否〉サウヌン。【例】ウンヌ イーヤ イジンナー イリ サイウシケータ（芋の握り飯は、イジンに入れて吊るしておいた）。「イジン」は主に芋の握り飯用の蓋つきの容器でクージ〈トウズルモドキ〉で作った。

サウ[sau]〔名〕

竿。「ソー」とも言う。【例】キンヤ　アローッカ　サウナードゥ　ピルギ　プス（衣服は洗うと竿で広げて乾す）。「ソー」の項参照。

サウパサン[saupasaŋ]〔名〕
竿挟み。竿挟みに縛ること。台風対策として、板戸の内側にはサンガマチ（小さめの角材）と外側には竿を渡し両者を縛り付けて固定し風圧に耐えるようにすること。【例】クンドゥヌ　タイフォー　スーワプソーリバ　ヤドゥヌ　サウパサンユ　パーマリナ　シーウシキ（今度の台風は強そうだから、板戸の竿挟みを早めにしておきなさい）。

ザウマ[dzauma]〔名〕
風下。風の吹き進む方向。〈対〉ワーラ（風上）。【例】パタキヌ　ザーユ　モースバソー　ヤディン　ザウマハラ　ピーシキリ（畑の草を燃やすときは、かならず風下から火を付けよ）。
　　風の強い日など、ワーラ（風上）から火を起こすと煙にまかれて窒息するなど、非常に危険である。現に、黒島ではかつて老人が焼死するという痛ましい事故があった。

ザウマハジ[dzaumahaʒi]〔名〕
風下から吹く風。船の進む方向へ吹く風。追い風。順風。〈対〉ワーラハジ。【例】ザウマハジン　ウサリ　パル　プーシンヤ　キモッサスク　パーハンドゥラ（追い風に押されて走る帆船は、気持ちのよいほど速く走るよ）。

サウン[sauŋ]〔他〕
注ぐ。お茶や酒などを容器から茶碗や盃などに入れる。〈否〉サーヌン。【例】グーシユ　サイ　ウヤハイ（お酒を注いで差し上げなさい）。

ザウン[dzauŋ]〔他〕
塞ぐ。閉じる。閉める。〈否〉ザーヌン。【例】①ミスハミヌ　フター　ガンッティ　ザイウシカナッカ　ヤマッタン　フダッツァミン　パイルンドー（味噌瓶の蓋は、きちんと閉めておかないとゴキブリもヤモリも入るぞ）。②トゥシ　トゥッカー　ハタミートゥ　ハタミンヤ　ザイベーリ（年を取ると、片目と片耳は閉じていよ）。用例②は、年寄りは一歩退いて若者に任せよと言う年寄り自らの謙虚な気構えが窺える。

ザオチ[dzaotʃi]〔固〕
〈地〉ページワン（比江地・比屋地御嶽）の通称。通常は「ザワチ」と言うが、若い世代は「ザオチ」と言う人が多い。「ザワチ」の項参照。

サカー[saka:]〔名〕
粳（うるち）。〈対〉ムツァー（糯（もち））。【例】スクルムノー　サカートゥ　ムツァーヌ　アッタヌ　サカーヤ　ウラーリ　トゥラリッタヌ　マーハナーンタン（穀物には粳と糯があって、粳のほうが収量は多かったけど美味しくなかった）。サカーは酒の原料に用い、食用には主にムツァーを用いた）。「ムツァー」の項参照。

ザカー[dzaka:]〔名〕
〈植〉和名不詳。木肌の白っぽい亜高木。木質は柔らかく有用木ではない。

サカイ[sakai]〔名〕
栄え。繁盛。【例】サカイパンゾー（栄え繁盛）。

サカイルン[sakairuŋ]〔自〕
栄える。繁盛する。【例】サカイパンゾーシールン（栄え繁盛する）。

サカラスン[sakarasuŋ]〔他〕
栄えさせる。植物の苗を増やす。

サガラスン[sagarasuŋ]〔他〕
掛け買いする。掛け売りする。掛け金を記帳した帳簿（通い帳）を「サガラス（下がらす・下げて置く）」ことから生まれた語か。【例】キューヤ　ジンヤ　ナーニバ　サガラシ　クー（今日は、銭〈現金〉がないので掛けで買ってきなさい）。

サカルン[sakaruŋ]〔自〕

栄える。盛る。繁栄する。植物が繁茂する。【例】タイフーヌ　アトー　スーミジバハビ　キーヌパーヤ　ハリルヌ　アミヌヴーッカ　ウムイキシ　サカルワヤ（台風の後は潮水を被って木の葉は枯れるが、雨が降ると思いっきり繁茂するよ）。用例の現象は、潮水に含まれているミネラル分が雨で適当に融和され植物の栄養分になるのではなかろうか。

サガリ[sagari]〔名〕
お下がり。着古し。兄や姉の着古したものを弟や妹が着用することをいう。【例】ヤラビシェーケ　シザンキヌ　サガリユイーリ　キセーッタ（子どものころ兄・姉たちの着古しを貰って着た）。

サキ[saki]〔名〕
酒。【例】サケー　ビャーハシマナーヤアートゥ　ウンシドゥ　スクレーッタ（酒は、我が島では粟と芋で造った）。

　東筋部落では、終戦後の一時期まで酒造所が玉代勢家、當山家、島仲家の3軒あって、相当量の酒を醸造していた。昭和24（1949）には、一町村一軒を原則として全県下で120軒の酒造業者が認可された（『沖縄大百科事典』参照）。それで黒島の酒造所は表向き廃業したが、実際はその後も無認可のまま製造を続け、相当期間にわたって島民の需要に供していたようである。黒島産の酒に「銘柄」は、なかったように思う。

　我が當山家の本家では、姉や従姉たちの話によると昭和30年近くまで製造を続け、島外にも樽詰めで出荷していたようである。昭和24年以降は認可外の製造であったことから、島外への運搬は夜間に行ない、小浜島では米と交換し石垣島では現金販売をしていたとのこと。思うに認可制を布いたとはいえ、監督官庁はただちに製造の全面禁止を強行したのではなく、島内での消費分の製造については大目にみていたのであろう。それでも、現金収入の乏しい状況下でその中心であった島外への出荷・販売は、税務署の監視の目をくぐり抜けて継続していたそうだ。本家が酒造元であったこともあり、自分の家の醸造の日には本家に行って粟や芋を洗ったり蒸したりしていた活気あふれる光景や蒸された粟や芋、それに諸味の独特の甘酸っぱい香りを醸し出す醸造工程の雰囲気などは、今も記憶の襞に残っている。

　それにしても、漁におけるハッパ（発破）の使用や酒造業における密造・密売などは、法に抵触するものであることを承知の上で、庶民が命懸けで自らの生活を守るために行なったものである。酒の原料である粟や芋を提供していた我が家の家計をも潤していたであろうことを思うと、違法行為ぎりぎりのところで呻吟していた当時の人々の姿に、とりわけ暗い夜の海で酒樽を積んだ船（多分小型の帆船）を操る本家の伯父の姿に、かなしさとしたたかさを感じ胸が熱くなる。

サギグスイ[sagigusui]〔名〕
胃腸を調える食べ物。沖縄語の移入語。「下げ薬」の意。【例】ハラッタヌ　マイダンナーナッカ　サギグスイユ　ヴァイドゥ　クンチ　シキッタワヤ（体が不調のときは、サギグスイを食べて英気を養ったよ）。シャコガイの汁、イカ墨汁などが「サギグスイ」の定番であった。

サギジン[sagiʒiŋ]〔名〕
吊るし籠。「サギディル」とも言う。竹製の容器で、主に炙り魚などを入れた。【例】サギジンナーヤ　アーカシイズバ　イリイジンナーヤ　ウンヌイーユ　イリッタワヤ（サギジンには炙り魚を入れ、イジンには芋のお握りを入れたよね）。

サキスブ[sakisubu]〔名〕
酒壺。【例】サケー　マチヤーハラ　ハイ

フッカ　サキスブナ　イリ　タブイ　ウシケータ（酒は売店から買ってくると、酒壺に入れて蓄えておいた）。

サキゾーグ[sakizo:gu]〔名〕
酒の好きな人。大酒飲み。（石）サキジョーグ。（沖）サキゾーグ・サキジョーグ。「酒上戸」の意。【例】ウレー　タリン　ニーッ　タラドゥ　サキゾーグヌ　マリッタカヤ（彼は、誰に似たから酒好きが生まれたのかな）。日本語（共通語）には、「上戸（じょうご・大酒のみ）／中戸（ちゅうご・少し酒の飲める人）／下戸（げこ・全く酒の飲めない人）」がある。沖縄語・八重山語・黒島語には、面白いことに「上戸」に対応する「サキゾーグ・サキジョーグ」しかない。

サキッファヤー[sakiffaja:]〔名〕
大酒飲み。「サキゾーグ」と同じ。

サギディル[sagidiru]〔名〕
吊るし籠。「サギジン」と同じ。

サキヌマー[sakinuma:]〔名〕
大酒飲み。「サキゾーグ・サキッファヤー」と同じ。

サギルン[sagiruŋ]〔他〕
下(くだ)す。下痢(げり)をする。解毒する。「クダスン」とも言う。【例】バタヌ　ヤムッカー　ヌーン　ヴァーンスクン　サギ　シティリバドゥ　ミサーナル（お腹が痛むと何も食べずに、下(くだ)してしまったほうがよくなる）。

サクシ[sakuʃi]〔名〕
嫡子。長男。（石）チャクシュ。（沖）チャクシ。【例】サクシヌ　マリ　ザニヤバ　シーブー（長男が生まれて、嬉しくしている）。

サクシミドー[sakuʃimido:]〔名〕
長女。【例】クリドゥ　バー　サクスミドーユ（これが、私の長女です）。

サクシメ[sakuʃime]〔名〕
凧揚げに用いる遊具。（石）シャクシュメー。蝶を型取ったもので、風を受けて手許から凧糸を伝って上がっていき、凧のサク（紐）と凧糸の結び目にぶつかると開いていた羽が閉じて手許に戻ってくる。ぶつかるときに、仕掛けてあった紙吹雪が空中に舞い散る。

サクナ[sakuna]〔名〕
〈植〉草の名。ボタンボウフウ。（石）サフナ。（沖）チョーミーグサ。万病に効くということから通常は「長命草(ちょうめいそう)」と呼ばれる。【例】サクナヌ　パーシドゥ　アイゾースクレータ（サクナの葉で、アイズ〈和え物〉を作った）。

サグヤー[saguja:]〔名〕
夜這(よば)い風の行ない。また、それを行なう人。【例】サグヤー　シーバソー　ウトゥヌ　ンズンヨーン　シキユ　ゾーラシティ　ハラ　ヤドゥユ　ヤラーミナ　ハキッティナハハ　パイレーッターットゥ（サグヤーを決行するときは、音が出ないように敷居を濡らしてから戸をソーッと開けて侵入したそうだ）。水の代わりに小便をひっかける横着なサグヤーもいたとか。

　共通語の「夜這い」は、「夜、恋人のもとへ忍んで行くこと。相手の寝所へ忍び入ること（『広辞苑』）」で、2人の間には忍び入ることがあらかじめ了解されている。黒島の「サグヤー」は、男が事前の了解なしに女の寝所に忍び入る作法であったとか。よって、拒絶されるとあっさり引き下がる場合が多かったという。それで、「夜這い風の行ない」と説明したのである。

　私の姉の一人・泰子（昭和12年生まれ）は、母親だけの友人の家で他の友人と3人でよく泊まったが、そのときに何回かサグヤーに襲われたそうだ。侵入した男は、目当ての女が気づくと何もせずに逃げ出したという。3人は一計を案じて、入口の所に紐(ひも)で繋(つな)いだカンカラ（空き缶）を並べて置き、男がそれに足を引っかけカンカラの

音に驚いて逃げて行く様子を見て楽しんだという。いうなれば、サグヤーは若い男女の健康的な知恵比べゲームのようなものでもあったように思う。

　サグヤーをしそこねて、当家の父親や祖父にとっちめられた失敗談も数多くある。だが、娘や孫娘が誰からもサグヤーの相手にされないとなると、父や祖父にとっては心配の種でもあったというから、「痛し痒し」というややこしい事情も内包していたようだ。

　その後の聞き取りで同級生のＫ子さんから聞いた話。中学生のころ弟や妹たちと一緒に寝ているところを襲われ、胸をまさぐられ異変に気づいたのだが緊張感と恐怖心で体がコッパッテ（硬直して）声が出せない、そのうち男の手が下半身に伸びたところで悲鳴を上げると、男は家の後ろの石垣を跳び越え逃げて行ったとのこと。Ｋ子さんから、サグヤーの手柄話のなかで自分を襲った犯人が誰であったか、思い当たる人はいないかと聞かれた。それらしい人が２人いるが、あえて名前は告げなかった。こういう場合の相手は「知らぬが花」というものである。

サクラハン[sakurahaŋ]〔形〕
辛い。塩っぱい。〈対〉アマハン（味が薄い）。【例】ウヌスーヤ　サクラハヌ　ヴァールヌン（この汁は、塩っぱくて食べられない）。

サグルン[saguruŋ]〔他〕
探る。【例】ウンヤ　ジーヌ　ナハバ　ハノーッシシ　サグリ　プルッタ（芋は土の中をハノーッシ（かなふくし）で探り掘りした）。

サグルン[saguruŋ]〔他〕
弄る。「サグヤー」を行う際、目当ての女性の寝所に侵入し、胸や秘所に手をのばす行為。【例】サグヤーヤ　パジミン　シーバ　サグリ　ミドゥムヌヌ　オーカナッカティーヤ　ザーラハ　ムチナシタットゥ（サグヤーを実践する場合、初めは乳房をまさぐり、女性が動かないと〈騒ぎ立てなければ〉手は下の方へ移動したそうだ）。ここの用例は、「サグヤー」の項でのＫ子さんの体験談を再現したものであるが、Ｋ子さんからサグヤーでは交接まで辿り着いたのだろうかと問われ、耳にした逸話を話した。

　ある女性が２人のサグヤーを受け入れ、２人と懇ろになったすえ妊娠してしまったそうだ。そこで、２人の男性が父親を名乗り出た。困った彼女は村の産婆さんに相談した。産婆さんは件の２人を呼びつけ、子が生まれた時に誰が父親であるかを私が裁定するからそれまで静かに待っていなさいと言いつけたとのこと。

　月日が満ちて珠の赤子が生まれたので、２人の男性を呼びつけた産婆さんは男性２人と赤子の爪を見比べ、赤子の父親を即決裁断したという。メデタシ　メデタシ!!

ザコートゥヤー[dzako:tuja:]〔名〕
雑魚捕り漁。雑魚はカツオ釣り用の生き餌である。【例】ビャーハシマプソー　ザコートゥヤーヤバシー　ザコーバトゥリ　パティルマプソー　ハツーイズヌ　ムンダニシールンティ　ザコーユ　ハウッタ（黒島の人は雑魚捕り漁に従事して雑魚を捕り、波照間島の人はカツオの餌として雑魚を購入した）。

　黒島と小浜島に囲まれた近海には、カツオ釣りのための生き餌に適した雑魚の住み処（「ヤナー」と称した）であるグー（岩礁）が豊富に存在していた。残念ながら、あれほど豊富にいた雑魚は、現在は見当たらないという。考えて見ると、黒島と小浜島の間には、年間を通して石垣島と各離島を往来するフェリーや快速船が凄い音を響かせ波を激しく掻き分けて進む。そのような状

況は、雑魚をはじめ魚たちの住み処を脅かし生態系に大きな影響を及ぼしているのではないだろうか。

ところで、昭和30年代の黒島には見出し語の「ザコートゥヤー（カツオ釣り用の生き餌である雑魚捕り漁）」を生業とする家が保里村に3軒あった。プーリヤー（保里源吉氏家）、ナバーピーヤー（本名不詳・保里家の婿）とそれを引き継いだパマヤー（安里善永氏家・保里家の婿）、それとシームリヤー（添盛景三氏家）であった。それぞれ波照間島のカツオ船と専属契約を交わしていたようだ。

ザコートゥヤーの乗組員は8人で、構成は親方1人、親方補佐1人、潜り専門5人、網手繰り専門（年配者）1人であった。親方は生産手段として、エンジン付きサバニ、幾つかの網および複数の大型雑魚籠（生簀）を所有していた。

日の出ころに浜を出発して、最初に行なうのは前日捕獲して雑魚籠＝生簀に保管しておいた雑魚を波照間島から来たカツオ船へ引き渡す作業であった。生餌の雑魚を積んだカツオ船は直ちに波照間島沖のカツオ釣り場に向かって行った。雑魚をカツオ船に積み込んでいる時、もう一方でカツオ船からは米のご飯（たいていおこげ混じりのおにぎり）と湯掻いたカツオの頭をもらい、こちらからは炊きたての芋を手渡した。その交換情景のほうが僕には忘れがたい光景として鮮明に残っている。ちなみに、波照間島にはジャーガル地層があり、その上で田んぼが出来たので稲作が可能だったというわけである。

さて、空いた雑魚籠には、前日仕掛けておいた網をヤナーから引き揚げ、雑魚を雑魚籠に移す。その作業を2〜3のヤナーで行なって2つの雑魚籠を一杯にし、翌日のカツオ船への引き渡しに備える。雑魚の種類は、僕の記憶では「サネーラー」「ガサガサー」「シラウミ」に「バカー」の四種類であった。サネーラーは、グルクンの稚魚で最良の餌だとされた。サネーラーのヤナーは、伊古村のマイビシの沖に位置し、水深約20尋（約30メートル）の深海であったことから、過酷な作業であったと記憶している。マイビシ沖で捕獲したサネーラーの入った籠はサバニで保里までゆっくり引っ張って行き翌朝カツオ船に引き渡した。

なお、雑魚のヤナーには上下のランク付けがなされており、どのヤナーを誰が利用するかについては毎年公平に割り当てるよう親方間で調整をしたようである。「ハンメースガヤー」「アーガイ」の項参照。

サジ[saʒi]〔名〕
手拭い。【例】アシヌ　パリッカー　サジシドゥ　アセー　フケーッタ（汗が出ると、手拭いで汗を拭いた）。用例の傍点の用法については、「ザスキ」の項参照。

サシニガンアユ[saʃiniganʔaju]〔名〕
古謡の名。〈さしに蟹・あゆ〉。嫁入りした娘が、自分の巣穴以外は決して住処としない蟹の如く、梯梧の花のような真紅に染まった苧麻の如く、食わず芋の葉のような青色に染まった苧麻の如く、水面を揺らすことのない井戸や壺の水の如く、婚家に根を下ろし、婚家の風習に染まり、身じろぎすることなく、嫁の立場を全うして欲しいという親の深い愛情が描かれている。娘を嫁に遣る時に歌う。

サジヌ　フタ[saʒinu ɸuta]〔連〕
チョウセンサザエの蓋。【例】サジヌフタ　トゥ　ヤラブヌ　ナンヤ　ヤラビンキヌ　アサビダング　アーッタ（チョウセンサザエの蓋とヤラブ＝テリハボクの実は、子どもたちの遊び道具であった）。サジヌフタは、考古学上の確認によると死体の近くで散らばっているのが発見されているが、装

飾品として活用されていたかは未確認のようである（考古学者・安里嗣淳氏談）。

ザスキ[dzasuki]〔名〕
〈植〉木の名。モンパノキ。（石）ソーギキー。海岸に自生している「スーキ（テリハクサトベラ）」との関係では、より海辺に近い所、すなわち下辺を好むことから「ザーラ スーキ→ザースーキ→ザスキ」となったのだろうか。【例】ザスキヌ ムトゥシドゥ イソーミーハンガンヌ ワコー スクレーッタ（モンパノキの幹でが、漁業用の眼鏡の枠は作った）。シマムヌイの「〜シドゥ」は、格助詞「〜シ（〜で）」と係助詞「〜ドゥ（〜こそ）」から成っており直訳すれば「〜でこそ」となるが、黒島の日常共通語では「〜でが」と言うほうがごく自然で収まりがいい。

ザダニ[dzadani]〔名〕
雑草。畑や庭などに生える有用でない草の総称。【例】パタキヌ ザダネー グマーグマーシ ベーケーナ トゥリシトゥリ（畑の雑草は、小さいときに取って捨てろ）。そうしないと、畑の栄養分は雑草が摂取してしまうぞと言うのが、父の口癖であった。

サッコー[sakko:]〔副〕
非常に。たいへん。甚だしく。積極・消極の両面で用いるが、消極・否定的な面のほうが収まりがよい。【例】サッコー ユクッサハン（甚だ欲張りだよ）。②サッコー シカハン（とても臆病だよ）。③サッコー キムハイヤン（非常に情持ちだよ）。

サッティ[satti]〔感〕
さて。さあ。沖縄語の移入語。【例】サッティ ドゥータンカシ ナルンティ イジベーッタヌ ヌーバシーッカヤー？（さて、自分一人で出来ると言っていたがどうかな）。

サッティム[sattimu]〔感〕
さても。いやはや。「サッティ」を強調した語。沖縄語の移入語。【例】サッティム カワラン クルシマヤ（さても、変わらぬ黒島は／〈黒島口説〉より）。

サディ[sadi]〔名〕
申年（さるどし）。【例】サディヌ ツゲー ピチディ（申年の次は、未年（ひつじどし）である）。

サディマリ[sadimari]〔名〕
申年生まれ。「サル（申）」の項参照。【例】バナー サディマリッテナードゥ ヤマンゴホーッタパジ（僕は申年生まれだからが、やんちゃだったはず）。
　僕はいわゆる早生まれで、干支（えと）で言うと「申年」となる。母は、僕のやんちゃな性格を心配して、「ウヴァー ピチディマリドゥラ（おまえは、未年（ひつじどし）生まれだよ）」と呪文（じゅもん）のように言い続け、父に「プリムヌイバ イジベーリ タカボーヤ サディマリ（馬鹿なこと言うな、タカボー（僕の童名）は申年生まれだ）」と、いつも言い返されていた。旧暦で考えると、母の言うとおり「ピチディマリ（未年生まれ）」となるのだろうが、父は頑として新暦で考えるべきだと主張した。長じてつねに権力側と対峙する反体制側〈反国家権力側〉に与する生き方を身上としてきた息子を、泉下の両親はどう見ているのだろうか。

サナ[sana]〔名〕
傘（かさ）。からかさ、こうもりがさ、ひがさなどの総称。頭に直にかぶるものは「笠」の字を当てる。例；クバガサ。【例】バンター ヤラビシェーケー サナッティ ナーンタラ アミヌ ブーバソー ハシガーバ アマザハラ ハビ ガッコーホ パッタ（私たちが子供のころは傘なんてなかったので、雨の日はハシガーを頭から被って学校に通った）。「ハシガー」は穀物入れの麻袋のことで、それを頭巾のように折り曲げて頭に被り雨除けにした。いっときは雨除けになったが、時間が経つにつれ雨は容赦なく染み込んできて、やけに重くなるだけで役

に立たなかった

サナイ[sanai]〔名〕
褌（ふんどし）。女性用の下穿き（したばき）は「メーヘン」と言った。【例】ムカシェー イザッタンケー サナイバ キシ アブッタンケー メーヘンバ キシワーッタ（往時は、お父さんたちはサナイを着て、お母さんたちはメーヘンを着ておられた）。

男のサナイは白、女のメーヘンは紺ないし黒であった。サナイと言えば、私たちの世代にとって真っ先に脳裏に浮かぶのは「ユークイ（世請い＝豊年の招来）神事」として行なわれる豊年祭の「ウーニ競走・パーリー競漕」の主役・ウーニ（神の遣いに擬せられた船頭役）」の勇壮な装束である。上半身は袖をからげたバサーキン（芭蕉布の着物）を纏い、下半身は純白の木綿のサナイを今風に言うとＴバック・スタイルで決め、頭は紅型の布で覆って鉢巻き（色は部落によって異なる）をする。鉢巻きには神から授かったシバ（クージ＝トウズルモドキの新芽）を差す。その野性味を帯び鍛え抜かれた太腿と臀部（でんぶ）を曝した褌姿は、若い女性の溜息を誘い少年たちにとっても憧憬（しょうけい）の的であった。

少年のころ、いつかは自分も「ウーニ」になりたいと恋い焦がれるような想いに駆られたのであるが、ついにその機会に恵まれなかった。私は同世代のなかでは足の速いほうであったから、島で青年期を過ごしていたら夢は叶えられたかも知れないのに、と今も見果てぬ夢を見続けている。

サニ[sani]〔名〕
種。【例】サニウシ（種付け用の牛）・サニピシダ（種付け用の山羊）・サニワー（種付け用の豚）。穀物の種は「タニ」と言い、「ムヌダニ（物種）」「アーダニ（粟種）」「マミダニ（豆種）」「シビラダニ（ネギ種）」などと表現する。また、男性の性器の総称は「タニ」で、陰茎には「マラ」、睾丸には「フル」「クガ」などと言った。

サニウシ[saniʔuʃi]〔名〕
種付け用の牛。【例】ミーウシヌ ズブムイ シーッカ サニウシン ズバセーッタ（雌牛が発情すると、種付け用の牛に交尾させた）。「ズブムイ（発情）」の項参照。

サニチ[sanitʃi]〔名〕
旧暦三月三日の行事。色とりどりの菱形（ひしがた）に作った餅で祝う。詳細は「サニチ マチリ」の項参照。

サニチマチリ[sanitʃimatʃiri]〔名〕
サニチ（三日）と称し、旧暦の三月三日に祖霊に健康祈願をする。「女子の節句」という側面もあり、ヨモギ餅を作り霊前に供える。昼から潮干狩りに出かけ、その獲物でご馳走を作っていただく。

由来説。昔、動物が長生きすると色々なものに化けた。ある若い女の寝所に毎晩のように若い男が忍んで来た。名前を聞いても返事をしないので不思議に思い、老母に相談した。男が帰る時に針に糸を通してその髪に差して帰し、翌日その糸をたどって行くと男の正体が分かると教えてくれた。教わったとおりに実行して、翌日糸をたどって行くと穴の中に蛇が眠っていた。また老母に、教えてくださったとおり実行したらその男は蛇になっていたが、どうしたらよいかと相談した。老母は、来る三月三日にヨモギ餅を食べて海に下りて海水に浸（ひた）りなさい、と教えた。三月三日に教わったとおり、ヨモギ餅を食べて海水に浸っていると小さな蛇の子が何十匹も下りて来たそうな。その後、この男は来なくなったという。

それから三月三日の行事は始まり、朝はヨモギ餅を霊前に供え、昼からは老いも若きも子供に至るまで潮干狩りに行き、各自獲ってきたものでご馳走を作り霊前に供え、晩は集会場に全員集まって三日祝いを行な

う。各自十八番や、のど自慢をして盛り上げる。以上は、幸地厚吉著『さふじま―黒島の民話・謡・諺集―』参照。

サニピシダ[sanipiʃida]〔名〕
種付け用の山羊。【例】サニピシダヌ ヤナハザー トゥーサハラン ハバリッタ（種付け用の山羊の悪臭は、遠くからも嗅(か)げた）。「ザーハン（臭(くさ)い）」の項参照。

サニヤン[sanijaŋ]〔形〕
嬉しい。喜ばしい。楽しい。(石)サニシャーン（楽しさあり）。【例】ウブドゥー インドゥーハラ ミルクユーバ クイアギタ ボーットゥリ ムラズー シマズーヌ プスバ サニヤ シミタボーリ（遥か遠方の大海から豊かな世を漕ぎ寄せて、村中島中の人々を喜ばせてください）。

サニワー[saniwa:]〔名〕
種付け用の豚。【例】ミーワーヌ ズブムイ シーッカ サニワーバ サーリキーズバセーッタ（雌豚が発情すると、種付け用の豚を連れてきて交尾させた）。今どきの家畜の種付けは、雄の精液を冷凍保管しておいて必要なときに人工授精士が授精を行う。僕たちが子どものころは、種付け用の豚を飼っている家から雄豚を連れてきて交尾させた。飼い主がムチで巧みにリードしながら雄豚を連れてくるのだが、これから起きることを察知しているのだろうか見るからに意気揚々とした足取りであった。そして、役目を果たした帰りの足取りは、心(こころ)做しか疲労感を漂わせ意気消沈しているように映った。

サニンケールン[saniŋke:ruŋ]〔自〕
嬉しがる。有頂天になる。「サニッケールン」とも言う。【例】クトゥシェー プリハラ ハチ アースンプソー ムール サニンケーリ ブー（今年は保里村から勝って、東筋村の人は皆嬉しがっている）。用例は、豊年祭のウーニ競走・パーリー競漕で負けてばかりの東筋村が久しぶりに勝って喜びにわいている情景。

ザヌン[dzanuŋ]〔自〕
知らない。分からない。【例】ザナーッカ ザヌンティ イジ ダマリベーリ（分からないなら分からないと言って、黙っていなさい）。知ったかぶりのおしゃべりな人をたしなめる場合の言葉。

サバ[saba]〔名〕
草履。(石)サバ。(沖)サバ。【例】アダニヌパー サバ（アダンの葉で作った草履）。

サバクン[sabakuŋ]〔他〕
尋ね探す。探り当てる。解き明かす。「パバクン」とも言う。〈否〉サバカヌン。【例】ガンスユ サバクンティ ユタヌ ヤーハ ゲーッタヌ サバカルンタン（元祖〈先祖〉を尋ね探そうと、占い師の家に行ったが探せなかった）。

サバクン[sabakuŋ]〔他〕
整理する。奇麗にする。【例】マメー ソーキナ イリ ハジン フカシ サバケーッタ（豆は、ソーキ＝箕(み)に入れ風に吹かせ〈風で煽って〉奇麗にした）。

サバニ[sabani]〔名〕
漁業用の板船。沖縄独特の漁船で、推進力は櫂(かい)から帆へ、さらにエンジンへと進んできた。【例】ビャーハムラナー サバニバ ムティワー ヤーヤ ウンディヤー ヌシキヤー ハナグスクヤー アラハキヤー イーゾヤー アッタ（我が村でサバニを所有しておられた家は、運道家・野底家・又吉家・新城家・真盛家であった）。

サバラクン[sabarakuŋ]〔他〕
荒れ地を整地する。荒れた山道を奇麗にする。【例】ウヌ ミツェー キーヌ ムイハブリ サバラカナーッカ アラカルラヌン（その道は木が覆い被さって、奇麗にしないと歩けない）。

サバン[sabaŋ]〔名〕

茶碗。「サバル」とも言う。【例】ピスサバンヌ　サーヤ　ヌマヌン（一杯だけのお茶は飲まない）。

　石垣語にも「チャーピトゥチャバン」という言葉があって、お茶を一杯だけ飲むのは不吉とされているようである。一杯だけのお茶が不吉とされるのは、仏壇に供えるのは一杯だけだからということと関係があるのか、おもてなしの気持ちで差し出すお茶が一杯だけでは十分でないという意味からなのか。

　お茶を一杯だけ出してお代わりを用意しないと、「ヤマトゥ　プスニン（大和＝本土の人のように）」と言って非難する場合があった。沖縄風のお茶の接待は、一杯だけでなくお代わりが出来るように、人数に合わせた大きさの急須にお茶を入れて客の前に差し出しておく。

サバン　イリムヌ[saban ʔirimunu]〔連〕
茶碗を入れる容器。水切り。「サバン　ウツンキムヌ」とも言う。【例】サバンヤ　アライ　サバン　イリムヌナ　イリウシキ（茶碗は洗って、容器に入れておきなさい）。
　以前は、クージ（トウヅルモドキ）で作った笊だったが、後にプラスチック製の容器に代わった。

サバン　ウツンキムヌ
　　　　　　　[saban ʔutsuŋkimunu]〔名〕
茶碗を俯せて置く容器。「サバン　イリムヌ」と同じ。【例】サバンヤ　アラウッカー　サバン　ウツンキムヌナー　ウツンキ　ウシケーッタ（茶碗は、洗って茶碗用の容器に伏せて置いた）。茶碗を入れ俯せて置く容器の名前が見つからず、この直接すぎる二つの用語に辿りついたのだが、他にちゃんとした名称があるはずなので、引き続き追究したい。

サビ[sabi]〔名〕
錆。【例】パイン　ピラン　マイニチ　シカウッカー　サビフォーヌン（鍬も箆も毎日使うと、錆は付かない）。

サビ[sabi]〔名〕
障り。災厄。【例】ビーン　サビン　ナンスクン　ヤーニンズ　ケーラヌ　ウイナー　サー　イークトゥタンカー　アラシタボーリ（災いも障りもなく、家族全員のうえにずーっといいことだけあらしめてください）。「ビー」「ビーサビ」の項参照。

ザブ[dzabu]〔固〕
〈地〉白保。石垣島の東海岸沿いに位置する一集落。戦後の一時期、黒島の主食である甘藷（芋）の蔓がバイラス（ウイルス）にやられ、島内でカズラの調達ができなかったとき、その窮地を救ってくれたのが白保であった。我が當山家では父の姉夫婦が白保に移住し、娘２人が白保に嫁いだこともあって、急場を凌ぐことが出来たのであった。感謝！

サフジマ[saɸuʒima]〔固〕
黒島の別称。「サフシマ」「フシマ」「プシマ」とも言う。【例】ビャーハシマヌ　ナーヤ　サフジマッティン　イズワヤ（黒島の名は、サフジマとも言うよ）。

　黒島の通称・異称には「クルシマ／フシマ／プシマ／サフシマ／サフジマ」がある。その「フシマ・サフシマ・サフジマ」の語源は何だろうか。また「クルシマ＝くろしま・黒島」の由来は何だろうか、そして「くろしま＝黒島」と「フシマ・サフシマ・サフジマ」との関連はどうなっているのだろうか、古謡での使用例や先達の考察をとおして考えてみたい。

　はじめに、『黒島の民謡集』（1968年・黒島民俗芸能保存会編集）所収の古謡で歌われている島の呼称を確認しておこう。
① 〈正月ゆんた〉
　○クルシマヌ　バハムヌ（クルシマの若者）
　　サフシマヌ　ギラヤータ（サフシマの男達）

サフジマ

② 〈雨乞いじらば〉
　○バガフシマヤ　カラジマヤリバ
　　　　　　　　（我がフシマは乾き島だから）
　　サフシマヤ　イシジマヤリバ
　　　　　　　　（サフシマは石の島だから）
　○バガフシマヌ　ウイナ
　　　　　　　　（我がフシマの上に）
　　サフジマヌ　ウイナ（サフジマの上に）
③ 〈島廻りじらば〉
　○クルシマヌ　カマドーマ
　　　　　　　　（クルシマのカマドーマ）
　　サフシマヌ　ミヤラビ（サフシマの女童）
④ 〈ちんだら節・退き羽〉
　○クルシマニ　ブルケーヤ
　　　　　　　　（クルシマに居る間は）
　　サフジマニ　ブルケーヤ
　　　　　　　　（サフジマに居る間は）

　以上のとおり、歌謡語には古くから「クルシマ」「フシマ」「サフシマ」「サフジマ」が同義語として用いられている。このことを確認したうえで、いくつかの語源説を検討してみよう。
　まず、「さふしま・さふじま」は、「さくしま・さくじま」の音韻変化した語だという説がある。黒島は隆起珊瑚礁の島で至るところ珊瑚石に覆われており、そのため「石の島」すなわち、「さくしま（～島）」と呼ばれるようになったというのである（喜舎場永珣『八重山民謡誌』249頁／『八重山民俗誌・上巻』9頁参照）。八重山語では「く」はしばしば「フ」に音韻変化する。例：「くぎ（釘）→フン／くさ（草）→フサ／くし（櫛）→フシ」等。よって「さくしま→さふしま＝さふじま」になったと説く。そして、「さふしま」の語頭「さ」が脱落して「ふしま」となり、その「ふしま」に「黒島」の字が当てられたと言うのだ。
　しかしこの説は、古い歌謡にも「くるしま」が「さふじま」と一緒に登場すること

への考察が欠如している。
　つぎに、「ふしぬしま（星の島）」が「ふしま」の語源だという説がある。黒島は、古くはいくつかの島に分かれていて、その有様は天に輝く星のようであった。すなわち、「星宿＝星の宿り」に象って村の配置が美しく安定的な姿に形成されたということから「ふしぬしま＝星の島」と称され、それが「ふしぬしま→ふししま→ふしま」と音韻変化したものと説く。そして「ふしま」を漢字で表記する際に「黒島」になったと言うのである（竹原孫恭『八重山の民話』所収の黒島出身・横目喜良談参照）。
　この説は、〈黒島口説〉で村の成り立ちを描写している「村ぬ有様見渡しば　天ぬ星宿に象りて＝村の有様を見渡すと、天の星宿（星座）に象って」という表現と符合している点は注目に値するが、「さふしま」の語頭「さ」がどのような音韻変化によって生ずるのか説明しがたいのが難点である。
　もう一つ、低く平らな島の形状から「伏せ島」と呼ばれ、「フシマ」になったのではないか、あるいは土地が浅く土壌の乾いている状態の「干し・乾し」から「フシマ」と称されたのではないか、という説がある。この説も「さふしま」の語頭「さ」についての説明がないのが欠点である。
　さらに今ひとつ、島全体が平坦でいつも波しぶきに洗われ浄化されているようなたたずまいから、「黒潮洗う島」と呼ばれ「黒島」になったのではないだろうかという説もある（宮城信博氏）。氏は、こうつけ加えた。「黒潮に洗われ、赤貧洗うがごとし」と。この説は、詩的・情緒的な面で共感を覚えるが、古い呼称「ふしま・さふしま」への考察がなく物足りない。
　以上にみてきたとおり、各々の語源説にはそれぞれにそれなりの説得力があるものの、古謡には「クルシマ・フシマ・サフシ

マ・サフジマ」が同時に登場していることを前提に検討すると、いずれもさらなる合理的・科学的・歴史的な考察および説明が必要だと考えられる。

サフン[saɸuŋ]〔名〕
石鹸。(石)サフン。【例】〔コロナ禍の注意事項〕ティーヤ サフンシ シカイットゥ アライヨー（手は石鹸で、しっかり洗いなさいよ）。

石鹸にまつわる黒島での小話。いたずら好きの黒島のカラスは、洗濯石鹸のアデカセッケンには目もくれず、洗顔用の花王石鹸を好んだ由。その後、外国製のラックスセッケンが用いられるようになると、ラックスしか持ち去らなくなったとか。嘘のような本当のような話だが、とにかくカラスの悪知恵には島の人々はいろいろな場面で苦しめられてきたのであった。

サマスン[samasuŋ]〔他〕
熱を冷ます。酔いを覚ます。〈否〉サマハヌン。【例】①ニチェー バサヌ ムトゥバ マッファバシ ウリユ ゾーラシティ サマセータ（熱は芭蕉の幹を枕にし、それに水を掛けて冷ました）。②アッツァリバ サマシ ンキワーリ（熱いので、冷ましてお上がりください）。

ザマスン[dzamasuŋ]〔自〕
惑う。戸惑う。迷う。【例】クリッカヤー ハリッカヤーッティ ザマシ キミマキベー ワヤ（これかなあ、あれかなーと決め兼ねて、迷っているよ）。

ザマンドゥリルン[dzamanduriruŋ]〔自〕
まごつく。うろたえる。迷う。ザマンドゥルン」とも言う。【例】ウブヤンバ ハカリ ヌースバドゥ ミサーッカヤッティ ザマンドゥリ ブー（大病に罹り、どうすれば良いのかまごついている）。「ダマングリルン」の項参照。

ザマンドゥルン[dzamanduruŋ]〔自〕
まごつく。うろたえる。迷う。「ザマンドゥリルン」と同じ。

サミシン[samiʃiŋ]〔名〕
三味線。近年、沖縄では「サンシン（三線）」を統一呼称にしているが、八重山の伝統歌謡〈やぐじゃーま節〉〈世果報節〉等では「サミシン（三味線）」が用いられているし、黒島の代表的民謡〈クルシマクドゥキ（黒島口説）〉にも、「ウタヤ サミシン テンクル テンクル ウムシル ムヌサミ（歌や三味線、テンクルテンクル、なんと面白いことよ）」と歌われていることにも留意したい。

サミルン[samiruŋ]〔自〕
熱が冷める。熱い飲み物や食物が冷める。酔いが覚める。【例】ドゥキ ウドゥラキビーン サミナーヌン（あまり驚き、酔いも覚めた）。

サミン[samiŋ]〔名〕
〈植〉ゲットウ（月桃）。(石)サミン。(沖)サンニン。【例】サミンヌ パーヌ ムツェー ハバサン（月桃の葉で包む餅〈カーサームーチ〉は、香ばしい）。

月桃の葉は、用例のように餅を包むのに用いたり、茎は繊維にして縄を綯ったり、草鞋の材料にしたり、極めつきはダイズ（大豆）やアズキ（小豆）などの穀物を脱穀するときの厚手の敷物＝稲掃蓆（「ニクブク」と称した）の材料にしたり、などと重用された。黒島では、なぜだか餅を包むには月桃の葉ではなく糸芭蕉の葉が多用された。

サミンヌ パナ[saminnu pana]〔連〕
月桃の花。白・黄色・橙色の楕円形をした球形の連なる清潔・可憐で美しい花は、生け花にも用いられる。熟した実は虫除けに効くというので、わが家では開けっ放しのトイレの窓際に置いている。ゴキブリはいないがヤモリは我が物顔で同居しているので、効能についてはよく分からない。

〔追記①〕2021年9月に転居した那覇市字識名の庭の一角に、群れを成して自生している30本余の月桃が、今朝（2023年4月13日）華麗な初花(はつはな)を咲かせた。大半の株が花を咲かせようと蕾を膨らませているので、今月下旬から来月上旬にかけての満開のころは見応え十分に咲き乱れることであろう。

〔追記②〕沖縄タイムス社刊・タウン誌『週刊ほーむぷらざ』（2023年4月27日号）に、月桃の爽やかな香りを楽しめるほか、除菌・消臭・防カビ・虫よけなどの効果の期待できる商品が紹介されている。なお、我が家の庭には5月1日現在・20株以上の花が咲いていて、蜜蜂が懸命に蜜を吸っている。

サム[samu]〔固〕
〈人〉男性の名。

サラ[sara]〔名〕
皿。「パチ」とも言う。通常は用途に応じて「クザラ（小皿）」「チューザラ（中皿）」「ウーザラ（大皿）」などと呼び分けた。小皿には、別に「ハユキ」という呼び名があった。【例】ソンガチヌ　アラマースー　ウーザラナードゥ　ムリ　ハザレータ（お正月のアラマースは、大皿に盛って飾った）。
　お正月などに飾る縁起物の盛り塩を「アラマース」と呼んだ。元日の朝は父親以下家族全員が一番座に集い、座敷神に捧げたグーシ（御酒）を戴いたあと、アラマースをほんの一つまみ手の平に受けて戴いた。

サラ[sara]〔接頭〕
超。非常に。めっちゃ（若者言葉）。【例】サラバンジン（最絶頂期）。サラシンピン（真(ま)っ新(さら)な品物）。

ザラザラ[dzarazara]〔副〕
物の擦(こす)れる音。擬音語。皮膚や生地などが滑らかでないこと。【例】ムンノーラバヌ　ムンノーラバヌヨー　ムンヌ　ナウリスーヤ　ザラザラシ（麦が稔るのは、すなわち麦の稔り具合は、麦に穂がザラザラするほどに／八重山民謡〈山入らば節〉より）。
　しからば、用例の「ザラザラ」はいったい何を意味するか、何によって引き起こされているのか。少年のころいつも農作業を手伝っていた僕の実体験からすると、収穫前の熟した麦の穂がそよ風に揺れ穂先のひげが互いに擦れ合うと「ザラザラ」という乾いた音がする。すなわち「穂擦れの音」に違いないと思われるのである。ほかに「麦の穂がくば笠や手に触れる音」だとする解釈もある。だが、麦の穂が何かに触れて音を立てるのは収穫直前のころであり、そういう状況下で人の被ったくば笠と麦の穂が触れ合うということは実際の農作業の場面ではありえないし、仮にそうだとしてもせいぜい「ガサガサ」という音であって、詩的な擬音語「ザラザラ」にはならないのではないだろうか。拙著『ＣＤ附　精選八重山古典民謡集（三）』の〈山入らば節〉参照。

サラバンジン[sarabandʑiŋ]〔名〕
最絶頂期。最も旺盛な時期。「バンジン」に強調の接頭語「サラ」が付いている。【例】〔年配者への問い〕マヌマン　マラー　タティワールン（今も、魔羅は勃起されますか）。〔応え〕ウヴァー　ムヌ　イジヨーダラ　バナー　マヌマドゥ　サラバンジンドゥラ（お前の物の言い方よ、私は今が最絶頂期だよ）。
　2017年現在、ちょうど後期高齢者の仲間入りをしたばかりの我が友人たちの反応が面白かった。強気の人、弱気の人、無関心を装う人、話題にするのを嫌う〈素振りの？〉人など様々だったが、各人の真意はどうだったであろうか。ちなみに、私の場合は……言わぬが花か。

サララハン[sararahaŋ]〔形〕
敏捷である。すばしっこい。【例】サーッティ

ビャーハムラヌ　パーリーフニヌ　サララハダラ（さても、我が村の爬竜船のすばしっこいことよ）。

ザリハザ[dzarihaza]〔名〕
腐った臭い。【例】ウヌ　ザリハザヌ　ムトー　ヌワ？（その腐った臭いの元は、なんだ）

ザリムシ[dzarimuʃi]〔固〕
〈動〉昆虫の名。和名は不詳。臭い虫。「腐れ虫」の意。【例】ザリムシヌ　シドゥーッカ　ハトーッシヌ　フー（ザリ虫が飛び交うと、ヒメジ魚が〈産卵のために〉くる）。
　ザリ虫が発生すると、島の東方海域に「ハトーッシ（オジサン・ヒメジ）」の大群が産卵のために押し寄せてきた。それを待ち構え、ある漁師はハッパ（発破）を使い、別の漁師は待ち受け網を仕掛けた。その大群は、今も押し寄せて来るのだろうか。

ザリムヌ[dzarimunu]〔名〕
腐れ物。【例】ザリムノー　ハマハ　マダキシティリ（腐れものは、あそこに退けて捨てよ）。

ザリルン[dzariruŋ]〔自〕
腐る。【例】ウヌママ　ウスックカ　ザリリバ　ハセーッシ　アツァシ　ウシキ（そのままにしておくと、腐るからしっかり温めておきなさい）。
　汁物の腐敗を防ぐのに温めておく場合、沸騰するまで温めずに半端なところで火を止めると、却って腐敗を促がすことになるので要注意である。

ザリルン[dzariruŋ]〔他〕
申し上げる。案内申し上げる。「イズン（言う・知らせる）」の丁寧・尊敬語。【例】アツァユーヤ　アツァマリヌ　アリバ　スライワーリッティ　ザリルンユー（明日の晩は集会がありますので、お集まり下さるようお知らせ申し上げます）。

サル[saru]〔名〕

申。「サン」とも言う（「サンヌ　パー」の項参照）。十二支の9番目に位置する。西から南へ30度の方角を表す。【例】サディマリ（申年生まれ）。

ザルッティ[dzarutti]〔副〕
さっと。ただちに。すぐに。「エイッティ・ヤイッティ」とも言う。【例】ハマナータティラリ　ミンギヌ　マイナー　カーキーバ　シー　ザルッティ　ウクシワーリ（あそこに立てられている標木の前で指切りをして直ちに疾駆してください）。豊年祭のクライマックスであるウーニ競走に際し、授盃の儀式を掌る神の代役が二人のウーニに神の盃を授け「いざ行け！」の号令を、「ザルッティ（直ちに）」という胸に心地良く響く擬態語に込めて発する。

ザワチ[dzawatʃi]〔固〕
〈地〉ページワン（比江地・比屋地御嶽）の通称。若い世代では「ザオチ」と言う人が多い。東筋部落の南はずれに立地する。【例】ムラキツガンヤ　ザワチナドゥセータ（村結願祭は、ザワチで行なった）。往時の結願祭は、初日の各御嶽における祈願およびユングマル（夜籠り）、二日目のザワチにおける村結願祭、そして三日目のオーセ（番所）跡における島結願祭で幕を閉じた。
　余談だが、ザワチの境内には直径1メートルを越すトゥヌンギ（アカテツ）の大木が生えており、おそらく島随一の大木ではないかと思われるので天然記念物に指定するなどの行政措置が望まれる。なお、隣接する野底家にもやや小振りながら樹齢についてはザワチ境内のトゥヌンギと同じくらいだと思われる古木があるので、同様の扱いをして保存する必要がある。「キツガンマチリ」の項参照。

サン[saŋ]〔名〕
申。「サル（申）」と同じ。十二支の第9。

動物では猿の字を当てる。西から南へ30度の方角。

ザン[dzaŋ]〔名〕

〈動〉ジュゴン。「儒艮」の字を当てる。【例】プリプソー　シューセンゴヌ　イットゥケー　ザンバ　トゥリ　ハーシ　ブッタヨース（保里村の人は、終戦後のいっときジュゴンを捕獲して販売していたらしい）。

保里部落出身で「海の申し子」と称されたサンダー兄さん（上原吉廣さん）は、義父の保里源吉さん、義兄の保里源修さん、同じく義兄の宮良當秀さんらとジュゴンを捕獲して上等な肉は石垣の仲買人に売り、残りは島の親戚に配ったそうである。私は、竹富町史編集の仕事の一環で上原さんからジュゴン漁の取材をした。

上原さんの証言によると、漁場は西表島の東部で仕掛けはハッパ（発破。爆薬を使い爆発させ魚類を捕獲する仕掛け）であったとのこと。重さは500斤（300キログラム）ほどの大型魚で、馬の顔そっくり、味は極めて美味であったという。昭和30年ころまでに5頭くらい捕獲したが、ハッパによる密漁の取り締まりが厳しくなったのでジュゴン漁は止めたそうだ。

この証言は、黒島語より糸満語のほうが流暢な上原さんから、私の友人で漁師の宮良一美君が糸満語で聞き出し通訳をしながら収録した。ほかに、宮良当皓君の仲立ちで、保里源修さんからも貴重なザン漁の話を伺った。宮良一美君は亀の捕獲漁をしていた昭和40年ころまでに、何度かジュゴンに出合ったらしい。ジュゴンが立ち泳ぎしながら胸鰭（実は前肢）で赤ちゃんを抱きかかえるようにして授乳している姿は、人間そっくりで微笑ましくもあり神々しくもあり、とても捕獲する気にはなれなかったと証言してくれた。惜しむらくは、時代的情況の相違もあるにはあるが、先の漁師たちが宮良一美君のようなジュゴンの授乳場面との遭遇を体験することなく発破漁に及んだことである。ともあれ、ジュゴン親子への優しい眼差しを向け貴重な体験談を残して、彼は去年（2018年）足早にあの世に旅立った。痛恨の極みである。心からご冥福を祈る。合掌！

ジュゴン（儒艮）は宮良一美君も上記のとおり証言したように、古来、子を抱いて哺乳する姿から人魚に擬せられてきたのであり、その希少性ゆえに天然記念物に指定されるなど、世界的にも貴重な存在である。インド洋・南太平洋などの浅海に少数が生息すると言われているが、名護市辺野古に面する大浦湾でも遊泳する神々しい姿が近年も確認されている。その大浦湾を埋め立て新基地の建設が進められているが、沖縄県民の総意を無視した日本政府の暴挙を、私たちは反戦平和の観点のみならず豊かな自然を守る観点からもけっして許してはなるまい。

折も折、2019年8月19日の「琉球新報」の一面に、全国高校生短歌大会で「特別審査員小島ゆかり賞」に昭和薬科大学付属高校2年生の國吉伶菜さんの作品が選ばれたと報じられた。「碧海に　コンクリートを流し込み　儒艮の墓を建てる辺野古に」と詠んだ國吉伶菜さんの豊かな感性，透徹した時事批評に心から拍手を送りたい。同日の同紙5面では、タイのバンコクでジュゴンの赤ちゃんが死亡したがプラスチックごみの誤飲が死因だとみられると報じている。解剖の結果、腸に大量のプラスチックごみが詰まっていて、これによる炎症で感染症を引き起こし、死んだとみられているという。何とも痛ましくやりきれない〝事故〟、いや〝事件〟ではないか。

ザン[dzaŋ]〔名〕

〈動〉シラミ（虱）。〔関連語〕ウブッサン（親

虱)・ミジラン（子虱）・ケーサ（虱の卵）・ナリゲーサ（生きている虱の卵）・シディゲーサ（虱の卵の抜け殻）。【例】ザンッサリムヌ（虱にたかられている人への蔑称）。

　僕たちが幼少のころ、ほとんどの女性の頭髪（男性の長髪にも）には虱が湧いていた。どの家の年寄りも、目の細かい黄楊櫛（つげぐし）（黒島語で「パータ」と称した）で虱を落とし、同時に髪に付着していた虱の卵（ケーサ）を取り除いた。それでも頭髪に残っている卵は、子どもたちが指でつまんで親指の爪に乗せもう一方の親指の爪で押し潰した。その「プチッ・プチュッ」という卵の潰れる音は、妙に生々しく今も耳に残っている。

　僕の連れ合いは、石垣市の生まれだが小学生のころは虱を湧かせ、ＤＤＴ（かつて使われていた有機塩素系の殺虫剤。農薬で、日本では1971年５月に農薬登録が失効した）を浴びたと言うから虱騒動は黒島だけのことではなかったようである。

サンガチ[saŋgatʃi]〔名〕
三月。【例】イチンガチ　ニンガチ　サンガチ　シンガチ　グンガチ　ルクンガチ　シチンガチ　パチンガチ　クンガチ　ズンガチ……（一月　二月　三月　四月　五月　六月　七月　八月　九月　十月……）。

サンガチャー[saŋgatʃa:]〔名〕
三月三日。沖縄語の移入語。「サニチ　マチリ」参照。

サンガマチ[saŋgamatʃi]〔名〕
戸などの桟。「桟（さん）」と「框（かまち）」の連濁「がまち」の複合語。【例】ウヌヤドゥヌ　サンガマツェー　ヨーリブリバ　アラムヌトゥ　ハイリ（その戸の桟は、弱っているので新しいものと取り替えよ）。

サンキザスン[saŋkizasuŋ]〔連〕
引き摺り出す。〈否〉サンキザハヌン。【例】ヤナクトゥ　シェームノー　ケーラマイハ　サンキザシ　バチ　シーリ（悪いことをした者は、皆の前に引き摺り出して罰せよ）。

サンキシティルン[saŋkiʃitiruŋ]〔連〕
引き摺り捨てる。〈否〉サンキシトゥヌン。【例】クレー　ヌーン　ヤコー　タタニバ　サンキシティリ（これは何の役にも立たないから、引き摺って捨てよ）。

サンキンザスン[saŋkindzasuŋ]〔他〕
引っ張り出す。引き摺り出す。【例】ガマナ　ハクリ　ベームヌバ　サンキンザハイ（隅っこに隠れている者を、引っ張り出せ）。

サンギンソー[saŋginso:]〔名〕
易者。占い師。「三世相（さんぜそう）」からきた言葉であろうと言う。〈類〉ムヌシン・ユタ。【例】サンギンソーヌ　イズ　ムヌイユ　ヌーンクイン　シキベーッカ　マイハ　ナラヌンドゥラ（占い師の言うことをなんでもかんでも聞いて〈信じて〉いたら、前に進めないよ）。

サングナー[saŋguna:]〔名〕
淫乱（いんらん）な女。浮気っぽい女。沖縄語「サングヮナー」の転音。【例】ウヌ　ミドゥモー　サングナーッテナー　ブトゥ　ムタナーブー（その女は、淫らな女だから夫を持たずに〈結婚出来ずに〉いる）。男性の浮気を咎める語はなく、女性蔑視の差別用語と言えよう。

　我が国では、女性が手当たり次第に男性と関係を持つような場合、「売女（ばいた）」「淫乱」などと罵（ののし）られてきたが、男性が同じようなことをしてもさほど咎められなかった。なぜ、女性の多情だけが蔑（さげす）まれるのかについては、かつては夫以外の男性と関係を持たない女性があるべき女性像だったからだと言われている。このような考え方は、武家社会における倫理観の名残（なごり）だとされているが、同じ価値観が沖縄全域においても長く尾を引いているものと思われる。現在は、政治家であれ芸能人であれ、男女を問わず

いわゆる不倫をすれば世の指弾を受ける。当たり前である。

　ところで、「サングヮナー」の語源について以下の説があるので紹介しておく。昔、辻遊郭のジュリ（遊女）の相場が五貫（グクヮン）だったころ、器量の劣る渡地（ワタンジ）のジュリの相場は三貫（サングヮン）であったとか。客足が安いほうへ流れるなか、辻のジュリの一部は渡地へ出稼ぎに行くようになった。五貫を守り通したプライドの高い辻のジュリたちが渡地通いの仲間を蔑んで「サングヮナー（三貫の奴）」と呼ぶようになり、それがいつの間にか世間一般での不貞な女の呼称になったという（2019年4月25日『沖縄タイムス』茶飲み話参照）。真相はともあれ、何ともやりきれない話ではないか。

サンクン[saŋkuŋ]〔他〕
引き摺る。引っ張る。【例】アヤール　グッファムヌバ　ヌッティドゥ　サンキ　ブラー（あんなに重い物を、なぜ引き摺っているのだ）。

サンシン[saɲʃiŋ]〔名〕
三線。三味線。14世紀ごろに中国から琉球（沖縄）に伝来し、琉球から大和（日本本土）に伝わった楽器。【例】サンシンヌ　サウヤ　ヤイマヌ　キダキーヌドゥ　イチン　ゾーットッティ　イザリブー（三線の竿は、八重山〈八重山産〉の黒檀が一番上等だと言われている）。

　沖縄では「サンシン」と呼称され、本土では「しゃみせん（三味線）」と呼ばれている。なお、本土の人が「ジャビセン（蛇皮線）」と呼ぶことがあるが、それは胴張りの材料が「蛇皮（ニシキヘビの皮）」であることに由来する。本土の三味線の胴張りは犬や猫の皮であるのに、「犬皮線・猫皮線」などとは言わず「シャミセン」と呼んでいるように、沖縄の三線は胴張りが蛇の皮であっても「サンシン」であり、「ジャビセン」とは言わない。ついでに言うと、近年沖縄では「サンシン（三線）」を統一呼称にしているが、八重山の伝統歌謡〈やぐじゃーま節〉〈世果報節〉等では「サミシン（三味線）」が用いられていることにも留意したい。

サンシンウタ[saɲʃiŋʔuta]〔名〕
三線を伴奏にして歌う歌。【例】サンシンユ　ピケーターナ　イズ　ウタユドゥ　サンシンウタッティ　イズ（三線を弾きながら歌う歌を、三線歌と言う）。

　八重山の伝統歌謡の成り立ちを概観すると、豊作を神々に祈り感謝する際に自然発生的に唱えた〝ニガイフチ（願いの口上）〟や〝ハンフチ（神の言葉）〟を原初の形態とし、次いで自分の想いを抑揚のついた語り口調で述べる〝ユングトゥ（誦み言）〟へと進み、この段階の唱えを《呪詞》または《寿詞》と呼ぶ。さらに進むと確かな旋律を伴って歌われる〝アユ・ユンタ・ジラバ〟などの《古謡》へ発展する。そして、時代を経て中国からの三線の伝来に伴い、古謡を基調としつつ外来の音楽文化を吸収し、三線伴奏付きの「〜節」と称される《節歌》が創出されるのである。節歌という呼び名は、八重山固有のものである。

　節歌のことを黒島では《三線歌》と称した。この呼称には「三線を弾きながら歌う」という、伴奏無しで歌われている古謡との相違が直截・的確に表現されていて、実態がわかりやすいという観点からも適切な呼び名ではないかと思う。

サンナン[sannaŋ]〔名〕
三男。サクシ（嫡子＝長男）、ジナン（次男・二男）・サンナン（三男）・ユナン（四男）・グナン（五男）・ルクナン（六男）と続く。

サンヌパ[sannupa]〔名〕
西から南へ30度の方角。「申の方角」の

意。【例】サンヌパヌ　アールッカ　アメーヤムン（申の方角が明るくなると雨は上がる。黒島のことわざより）。

サンバ[samba]〔名〕
産婆。終戦後の黒島では、現在のような資格を持った助産婦（現在は「助産師」）ではなく、経験で子を取り上げる役のお婆さんがそう呼ばれていた。【例】バンターヤラビシェーケー　ナーティキヤーヌ　パーヌドゥ　サンババ　シーワーッタ（僕たちが子供のころは、仲嵩家のお婆さんが産婆をしておられた）。

　資格を持った産婆さんの第一号は、石垣島から赴任された中野藤さん（明治31年生まれ）であった。息子・宏君（昭和21年生まれ）の証言によると、昭和21年から同25年まで勤務されたようである。住居は、「オンの隣のハイカラブジャーの家」だと言うから、まさしく「ナハディヤー（仲道家）」である。その後に「マーチ・アンマ」と称する産婆さん（？）がいて、僕の記憶ではナハルシキヤー（中新城家・新城安信氏宅）に住んでおられた。その方の娘に、僕の五姉・智子の同級生がいて彼女に確かめたところ、本名は「石垣マワチさん（明治39年生まれ）」で、たまたま食料難のために来島した折に中野産婆さんと出会いその助手をされたとのことである。黒島を引き上げたのは、昭和23年であったという。中野藤さんの後任は、黒島出身の次呂久トヨさんが助産師を務めた。

サンバンザ[sambandza]〔名〕
三番座。一番座、二番座、三番座と続く。「三番座」や次項の「〜ウラザ」の呼び名は家庭によって異なっているようである。【例】サンバンザヤ　イツァフンツァヌ　ウイナー　アダニパーヌ　ムスバ　シケーッタ（三番座には、板床の上にアダン葉の蓙を敷いた）。

サンバンウラザ[sambaŋʔuraza]〔名〕
三番裏座。一番裏座、二番裏座、三番裏座と続く。【例】ムヌダネー　ハミナー　イリ　サンバンウラザナドゥ　ハキングセーッタ（穀物の種子は甕に入れ、三番裏座で保管した）。

サンバンドゥリ[sambanduri]〔名〕
夜明けを告げる鶏の三番目の鳴き声。「三番鶏」の意。「イチバンドゥリ（一番鶏）」「ニバンドゥリ（二番鶏）」に次いで、三番目に鳴くことからの名称。

サンビン[sambiŋ]〔名〕
祝い座の冒頭で景気付けに弾唱する三曲の祝儀歌。【例】マヌマヌ　ハイシトゥキサーリ　サンビン　シキリ（今のよい潮時に合わせて、サンビンを付けよ〈弾唱せよ〉）。

　語源については、能の「三番叟（さんばそう）・式三番（しきさんば）」との関連を指摘する専門家もいるが、石垣語・竹富語では「三品」の字を当てている。東筋村でサンビンに用いられる祝儀歌は、いくつかの組み合わせがあったが、一般的には〈赤馬節・鷲ぬ鳥節・鳩間節〉や〈かぎやで風・赤馬節・鷲ぬ鳥節〉の三曲が選ばれた。結願祭の場合のサンビンは〈かぎやで風・赤馬節・鷲ぬ鳥節〉の三曲で、スバン（初番）の直後に奏し、ここまでが神への捧げもの、すなわち「奉納芸」とされていた。

サンボー[sambo:]〔名〕
三方(さんぼう)。神仏への供物を載せる足の付いた四角の盆。【例】ソーラヌ　ナルムノー　サンボーナ　ハザリ　ウヤシタ（お盆の果物は、三方に載せて供えた）。

　三方は栴檀材(せんだんざい)で製作するが、四角い盆を支える台も四角で、台の前・右・左の三方に丸い孔(あな)を開けることから「さんぼう（三方）」と呼ばれるのであろうか。

ザンマイ[dzammai]〔名〕
為様(しざま)。仕種(しぐさ)。【例】ウレー　ザンマイヌ

サンマイナビ

ウムッサダラ（彼の仕種の面白いことよ）。
サンマイナビ[sammainabi]〔名〕
　三枚鍋。大型の鍋。「シンマイナビ」の項参照。
サンミン[samminŋ]〔名〕
　計算。【例】ウヌサンミンヤ　アテーナラニバ　マーミ　クマークマー　サンミン　シーナウハイ（その計算は信用できないので、もっと細々と〈正確に〉計算し直しし なさい）。

シ

シ[ʃi]〔格助〕
　〜で。①材料を表す。【例】ティロー　クージシ　スクレータ（笊はトウズルモドキで、作った）。②原因、理由を表す。【例】ウブアミシ　キラルンタ（大雨が降ったので、来られなかった）。③手段、方法を表す。【例】イゾー　アンシドゥ　トゥル（魚は網で捕る）。④人数や数を表す。【例】タンカシ　オーカハルニバ　フターンシ　オーカハイ（1人では動かせないから、2人で動かしなさい）。
シー[ʃi:]〔名〕
　乳。乳房。【例】ウシン　ピシダン　ヴァーユ　ナスッカー　シーヤ　ウボービ　ナルン（牛も山羊も子を生むと、乳房は大きくなる）。
シー[ʃi:]〔名〕
　血。樹液。【例】①シーヌ　パリブリバ　ヨーゾ　シーリ（血が出ているから、治療しなさい）。②キーヌ　シーヌ　ティーナ　ママルッカー　ビューワ　ナルンドゥラー（樹液が手に付くと、痒くなるよ）。
シー[ʃi:]〔名〕
　巣。【例】ガーヌ　ミーナン　シンザヌ　ミーナン　パチヌ　シーヌ　アリバ　ザールンヨーン　キーシキリ（カヤ＝茅のなかにもサトウキビのなかにも、ハチの巣があるので刺されないように気をつけろ）。
ジー[ʤi:]〔名〕
　後ろ。【例】ヤーヌ　ジーナードゥ　ワーマキン　ウシヌヤーン　ピシダヌヤーン　スクレータ（家の後ろに、豚小屋も、牛小屋も、山羊小屋も作った）。「ワーマキ」は、豚小屋と便所を意味した。「ワーマキ」の項参照。
ジー[ʤi:]〔名〕
　土。土地。地面。【例】ウレー　ザリベーリバ　ジーナ　ウズミウシキ（それは腐っているので、土に埋めておけ）。
シーイラキ[ʃi:ʔiraki]〔名〕
　血の炒め物。通常は「シーラキ」と言う。「シーラキ」の項参照。
シーグ[ʃi:gu]〔名〕
　小刀。ナイフ。刃が鋭利な三角を呈することから、板製の蓋にしっかり収めないと危険だった。【例】アンスライヌ　バソー　シーグユ　シカウッタ（網の修理の時には、シーグを使った）。小中学生のころ、シーグは工作用にも鉛筆削りにも重用した。
シーゴーダ[ʃi:go:da]〔名〕
　血まみれ。【例】ヌーッティドゥ　シーゴーダ　ナリ　ベーラ？（なぜ血まみれになっているのだ）。
シーシ[ʃi:ʃi]〔名〕
　獅子舞い。「獅子」の意。宮里村および仲本村の民俗芸能。古い時代には、東筋村にもあったというが、後に〈シーシボー〉の項目で述べるようにユームラ（四村）で一鎖の芸の形態に収まったようである。宮里村の獅子は雌で大人しく、仲本村の獅子は

雄でその動きは激しく獰猛な性格を演じ、人が演じていることが分かっているのに本当に怖かった。

ジージ[dʒiːʒi]〔名〕
〈幼〉祖父を指す幼児語。呼びかけの場合は「ジージー」となる。〈対語〉バーバ（バーバー）。【例】バー マリッタンナー メー ジージェー マーラシワータ（僕が生まれたころには、もうジージ〈祖父〉は亡くなっておられた）。僕は末っ子で父母が高齢での出産だったので、父方、母方ともに祖父は亡くなっていたが、バーバ（祖母）は両方とも健在であった。

シーシキルン[ʃiːʃikiruŋ]〔他〕
厳しく躾ける。折檻する。【例】ヤラベー シシキナラーシバドゥ マイフナー マリ（子どもは厳しく躾けたほうが、立派に育つ）。厳しい躾けと折檻は紙一重であり、躾けには愛情が伴っていたように思う。我が父親の躾けは、大人になって考えると計算された厳しさのうちに愛情が籠っていたように思う。

シーシボー[ʃiːʃiboː]〔名〕
獅子棒。東筋村の民俗芸能。竹富町〔無形民俗文化財〕昭和50年11月26日指定。八重山全域で「フェーヌシィマ（南方の島由来の芸能）」と称される芸の一つ。【例】アースンムラー シーシボーユ セータ（東筋村は、獅子棒を演じた）。保里村の〈タイラク〉・東筋村の〈シーシボー（獅子棒）〉・宮里村・仲本両村の〈シーシ（獅子舞い）〉の三演目で一鎖の民俗芸能を形成している。
〈タイラク〉の笛・小太鼓・ヤングイ（掛け声）に乗せた滑稽な道行き踊りで眠れる森の獅子を目覚めさせ、〈シーシボー（獅子棒）〉の奇怪な出立ちと棒を振り回しながら発する奇声で獅子を村に誘い寄せて、雌雄二頭の獅子による勇壮活発な〈シーシ（獅子舞い）〉で悪霊を祓い、村びとの無病息災を祈願し、村の安寧と豊穣を祈願する。「シーシ」「タイラク」の項参照。『竹富町の文化財』（平成10年3月・竹富町教育委員会発行）参照。

シージン[ʃiːʒiŋ]〔名〕
血の滲み。「シーゴーダ」とも言うが見出し語は「血が滲んでいる状態」の感じ。【例】シージンバ シーベーハトホ アカチンユ マミウシキ（血の滲んでいるところに、アカチンを塗っておきなさい）。往時はたいていの傷は、医者に診せることなく赤チン（マーキュロクローム）を塗るだけで済ませた。

シーソ[ʃiːso]〔名〕
〈植〉シソ（紫蘇）。アカジソとアオジソがあるが、往時の黒島で栽培していたのはもっぱらアカジソであった。屋敷の一角で栽培し、ナマシ（膾＝刺身）のツマ（具）として重用した。【例】シーソヌ パーバ キザミ ナマシヌ グー シーリ（紫蘇の葉を刻んで、刺身の具にせよ）。宮古民謡〈ナマスヌグー〉では、「ナマスヌ グーヤ ノーヌガ ミグトゥ／アカナガマヌドゥ サラミグトゥヨー（膾＝刺身の具は何が適当か／赤紫蘇が最適だよ）」と歌われている。

シーックバ[ʃiːkkuba]〔名〕
往時の集会所。現在の「公民館」の役割を果たしていた。【例】シーックバヤ カイクユ シカナウ ハトゥ アッタトゥー（シーックバは、蚕を養う場所であったそうだ）。

シーックバは、元来は部落共同の蚕の飼育場＝飼育場だったことから、「しいくば→シークバ→シーックバ」と称し、部落の集会場としても使用されたものであった。僕たちが子どものころに建っていた東筋のシーックバは、瓦葺で建坪40坪くらいの大きな建物であった。どの部落にもあり、子どもたちは「シックバ・スックバ」

と発音した（飼育場→しいくば→シークバ→シークッバ→シックバ→スックバ）。戦争をくぐりぬけてきた建物で、柱にいくつかの弾痕（砲弾の痕跡）があった。「コーミンカン」の項参照。

シーッシェーン[ʃiːʃʃeːŋ]〔自〕
　出来る。可能である。し切れる。「シッセン」とも言う。【例】クヌ　シグトー　バナー　シーッシェールヌ　ウヴァー　シーッシェーン？（この仕事は、私は出来るがあなたは出来るか）。

シーッツァン[ʃiːttaŋ]〔他〕
　〜したい。通常は「〜ピサン」と言うが、「小便をしたい」と言う場合は「シバン　シーッツァヌ（小便をしたい）」と言う。ちなみに、「大便をしたい」は「ズー　マリピサヌ（大便をしたい）」と言う。

シートゥヤー[ʃiːttujaː]〔名〕
　製糖工場。【例】シートゥヤーヤ　ユームラナ　アッテナー　ドゥードゥーヌ　ムラナードゥ　シター　スクレータ（製糖工場は四つの各村にあったので、それぞれの村で砂糖は製造した）。

シーッパイ[ʃiːppai]〔副〕
　たくさん。十分に。たっぷり。【例】シーッパイ　タボーラリ　シカイットゥ　プコーラサユー（十分にいただき、まことにありがとうございます）。用例は、ご馳走になったり、物品を貰ったりした場合の謝礼の言葉。

ジードー[ʤiːdoː]〔名〕
　優良な土地。「ジーフクン」とも言う。【例】ジードーナヤ　ヌーバセー　スクルムヌン　ユー　ミーレッタン（優良な土地ではどんな作物も、よく出来た）。ジードーの要件は、①根付き石がないこと、②粘土までの表土の層が厚いこと、であった。農作物が根を張るのは、表土のみで底の粘土（赤土）には根を下ろさなかった。ヤラブ（テリハボク）やプクン（フクギ）も基本的には表土に根を張って生長するのではなかろうか。竹富町史編集委員のころ、町内の島々を巡見して衝撃を受けたのは、他の島々の御嶽の境内で見たヤラブ（テリハボク）やプクン（フクギ）の幹回りの太さ・幹丈の大きさに対してであった。黒島と同じく隆起珊瑚礁だと言われている波照間島、新城島（パナリ）、竹富島などの樹木は黒島の樹木に比べて一回り大きいのである。いずれの島も低島で、台風に痛めつけられる条件は一緒だから、あとは地層の厚さ・豊かさの相違によるものであろう。

ジーナ[ʤiːna]〔名〕
　後ろ側の隣家。北側の隣家。【例】バンテヌ　ジーナー　ニソルシキヤー　アッタ（我が家の後ろ隣は、北新城家であった）。「ニソルシキヤー」は「ニシ　アロースキヤー」が変化している。隣家の呼び名は、「パイナ（南側の隣家）」「アーナ（東側の隣家）」「イーナ（西側の隣家）」と言った。

ジーナハタ[ʤiːnahata]〔名〕
　後方。後ろ側。「ジーヌハタ」とも言う。【例】ヤシキヌ　ジーヌハタンドゥ　ウシヌヤーン　ピシダヌヤーン　ワーマキン　アータ（屋敷の後ろ側にが、牛小屋も、山羊小屋も、便所＝豚小屋も、あった）。「ワーマキ」の項参照。

ジーヌシキヤー[ʤiːnuʃikijaː]〔固〕
　後ろ側の野底家。【例】ジーナハタハ　ヤーバハリ　セータラドゥ　ジーヌシキヤーッティ　イズラミー？（後ろ側に分家したから、後ろ側の野底家と言うのだろう）。

　黒島での分家した場合の屋号は、通常は本家を中心にして分家の位置が東西南北あるいは前後のどの方角にあるかによって付けられた。東の「アールンディヤー（東運道家）・アーフンティヤー（東舟道家）」、西の「イリマイニヤー（西前仲家）・イリ

シキッティヤー（西比屋定家）」「イルンディヤー（西運道家）、南の「パイシマニヤー（南島仲家）」、北の「ニシフナッティヤー（北船道家）」「ニシハメミヤー（北神山家）」「ニシトーミヤー（北當山家）」等々。分家が東西南北で収まらない場合は、前の「メーフンティヤー（前船道家）」、中の「ナハンディヤー（中運道家）」「ナーフナッティヤー（中東舟道家）」、後ろの「ジーヌシキヤー（後野底家）」、新しいまたは東の「アラトーミヤー（新當山家または東當山家）」などとなる。

　屋号の付け方で独特なものに、部落内の位置が石垣島における部落の位置と重なっていることから名づけられた「イバルマ（伊原間＝仲道家）」と「ペーブク（平久保＝運道家）」がある。

ジーヌハタ[ʤi:nuhata]〔名〕
後方。後ろ側。「ジーナハタ」と同じ。

シーバイ[ʃi:bai]〔名〕
〈動〉コバエ（小蠅）。【例】ザリムヌヌ アーッカ シーバイヌ シドゥイフリバ アザーッケ アザーッケ シーウシキ（腐った物があると、コバエが群がってくるので清潔にしておきなさい）。

シーハキルン[ʃi:hakiruŋ]〔他〕
仕掛ける。〈否〉シーハクヌン。【例】トーハイ イー シトゥケーリバ スーブ シーハキリ（さあ、いい潮時だから勝負を仕掛けよ）。「シーハキリ」は「ヌシキリ」とも言う。「シトゥケーリバ」は「シトゥキ（潮時・好機）」と「アリバ（あるから）」の融合・約音した語。

シーハタ[ʃi:hata]〔名〕
母方。「乳方」の意。〈対〉タニハタ（種方＝父方）。【例】ウトゥザムイサー タニハタッキン シーハタヌ ヤーン アリ シーハタッキン タニハタヌ ヤーン アルワヤ（親戚の親密さは、父方より母方のほうが濃い家もあり、母方より父方のほう が濃い家もある）。「タニハタ」の項参照。

シーバラハン[ʃi:barahaŋ]〔形〕
飲食物が傷口や腫物などに悪い影響を及ぼす。（石）チュバラサーン。【例】ウヌ イゾー シーバラハリバ ヴォーナ（その魚は刺激が強いから食べるな）。

シーピサン[ʃi:pisaŋ]〔形〕
してみたい。やってみたい。【例】ブドゥルユ シーピサンティ イズヌ ウヴァータムケー ナーニバ ヤミリ（踊りをしてみたいと言うけど、あなたはその面の才能がないのでやめなさい）。

ジーフカスン[ʤi:ɸukasuŋ]〔連〕
土地を耕し豊かにすること。【例】ジーユ フカーフカー ハイシ ジーフカシ ウスックッカー スクルムノー ユー ナウルン（土地を深く耕し、豊かな土壌にしておくと作物はよく出来る）。

シーフクル[ʃi:ɸukuru]〔名〕
乳房。「乳袋」の意。「シーフクン」とも言う。【例】シーフクルヌ ウボホ グマハヤ ハラッタヌ ウボホ グマハトー カンケーナーヌン（乳房の大小は、身体の大小とは関係ない）。

シーフクン[ʃi:ɸukuŋ]〔名〕
乳房。「シーフクル」と同じ。

ジーフクン[ʤi:ɸukuŋ]〔名〕
優良な土地。「ジードー」と同じ。【例】ビャーハシマヌ パタキナー ジーフクンッティ アイナー ナーンタン（我が黒島の畑には、ジーフクンはそんなにはなかった）。

ジー　フクン[ʤi: ɸukuŋ]〔連〕
土地が豊かになること。〈否〉ジー フカヌン。【例】ジー フクヨーン ウムイキシ ハイハイ（土地が豊かになるように、思いっきり耕しなさい）。用例の主旨は、いわゆる「天地返し」の重要さを説いているもので、土中に酸素を取り入れて土地改良を図っているのである。

我が家では、四兄の明良（昭和10年生まれ）が黒島で初めて耕耘機を導入し、土地を深く耕す画期的な土地改良を試みた。残念ながら、石ころや根石の多い黒島では耕耘機は刃こぼれがひどく、上手くいかなかったようである。でも、兄の先駆的で大胆な試みは父も支持し、僕にとっても誇らしい出来事であった。

ジーフナイ[ʤi:ɸunai]〔名〕
陸地での船酔い。黒島語では、下船しても続く船酔いを「ジーフナイ（陸地酔い）」という、独特な言い回しで表現する。以前の石垣島への連絡船は、焼き玉エンジン付きで黒島・石垣島間を約2時間で航海したことから、波の荒い日などは多くの人が船酔いに苦しんだ。そんな日は下船してもしばらくは船酔いが覚めず、そのような状態を「ジーフナイ（陸地酔い）」と呼んでいた。

ジーポー[ʤi:po:]〔名〕
地方。地謡。（石）ジゥーウタ（地謡）。（沖）ジーウテー。【例】ウタサンシンシ　ブドゥラス　プスユドゥ　ジーポーッティ　イズ（歌三線で踊らせる人を、ジーポー＝地方と言う）。

ジーマミ[ʤi:mami]〔名〕
〈植〉落花生。（石）ジゥーマミ。（沖）ジーマーミー。【例】ビャーハ　シマナーヤ　ジーマメー　スクランタン（黒島では、落花生は作らなかった）。

シーミシルン[ʃi:miʃiruŋ]〔他〕
してみせる。実行してみせる。〈否〉シーミスヌン。【例】フチシ　イズッキンナ　ドゥーシ　シーミシリバドゥ　バハリヤッサ（口で言うより、自分でやって見せたほうが分かりやすい）。

シーミルン[ʃi:miruŋ]〔自〕
してみる。実行する。〈否〉シーミラヌン。【例】フチタンカ　ナリ　ベーランスクン　エイエイティ　シーミリ（おしゃべりだけしていないで、さっさと実行してみろ）。「エイエイティ（さっさと・直ちに）」は「ヤイヤイティ」とも言う。

シームヌ[ʃi:munu]〔名〕
吸い物。祝宴の時などに客に振る舞うあっさりした味の汁物。【例】ヨイヤーナ　シームヌヌ　ンジクーバン　パーッタンケ　シルタンカバ　ンキ　ミーヤ　マーンケヘヌ　シトゥッティ　イジ　ヤーハ　ムティワータ（お祝いのある家で吸い物が出てきても、お祖母さんたちは汁だけを戴き中身は孫たちへの土産として家に持ち帰られた）。

慣例として「イチバン　シームヌ（一番目の吸い物）」から「サンバン　シームヌ（三番目の吸い物）」まであった。具の主な内容は、①野菜・かまぼこ・豚肉・揚げ豆腐・昆布など、②ソーメン、③魚の油揚げの三種であったが、どれにも香りづけにシマネギが入っていた。

シーメユン[ʃi:mejuŋ]〔名〕
返しの付いていない銛。【例】タクユ　トゥルバソー　ガリユンバ　シカイ　イズユ　シクバソー　シーメユンシ　シク（蛸を捕るときは返し付きの「ガリユン」を使い、魚を突くときは返しのない「シーメユン」で突く）。「ガリユン」参照。

シーヤン[ʃi:jaŋ]〔形〕
酸っぱい。【例】パヤーンヌ　ドゥキ　スーワッテナー　シーヤヌ（酢があまり強すぎて、酸っぱい）。

シーユースン[ʃi:ju:suŋ]〔他〕
し遂げる。完遂する。〈否〉シーユーサヌン。【例】ハジヌ　フクーッケ　ハジンガムイユ　シーユーサナ　ビッサレー（風〈台風〉が吹く〈吹き荒れる〉まで、防風対策を成しえずにいやがる）。

シーラキ[ʃi:raki]〔名〕
血の炒め物。山羊の血を凝固させ、肉と

一緒に炒めた物。「シーイラキ（血の炒め物）」の略。【例】シーラキヤ　イザタンカドゥ　ンキワーッタ（血の炒め物は、お父さんだけが食された）。山羊の草刈りはもっぱら僕の役目だったことから、父に供された「シーラキ」から父が一つまみだけ僕に分けてくれた。非常に嬉しく誇らしく思ったことだった。

シーラリヤン [ʃi:rarijaŋ]〔自〕
してやられた。損を被った。〈否〉シーラルヌン。【例】ダラッサプスッティ　ザナーシンヨーバ　シー　ウリン　マサーマサー　シーラリヤン（嘘つきだと知らずに信用して、そいつに見事にしてやられた）。

シーリハザ [ʃi:rihaza]〔名〕
饐えた臭い。【例】シーリハザヌ　シーブリバ　ヴァーンスクン　シティリ（饐えた臭いがするので、食べずに捨てなさい）。

シールン [ʃi:ruŋ]〔自〕
饐える。飲食物が腐りかけて酸っぱくなる。〈否〉シーラヌン。【例】シーラハンヨーン　ヤディン　フトゥッツァシ　ウシキ（饐えさせないように、かならず沸騰させておきなさい）。特に汁物を温める場合、半端な温め方をしておくと逆効果なので、沸騰するまで熱することが肝要である。

シールン [ʃi:ruŋ]〔自・他〕
する。やる。行なう。〈否〉スーヌン。【例】マヌマ　シグ　シールンティ　イジ　ビッサレーッタヌ　マヌバーキ　スーンヌ？（今すぐやると言っていたのに、今までやっていないのか）。「ビッサレーッタ」は「ブン（居る）」の罵り言葉「ビッサルン（居やがる）」の過去形。「スーンヌ（しないのか）」は「シールン（する）」の否定・疑問形。

シェー [ʃe:]〔格助＋係助〕
〜では。〜をもっては。「〜シヤ」の約転。【例】①ドゥー　タンカシェー　ナランタラー　フターンシ　ハタジキッタ（自分一人では出来なかったので、二人で片づけた）。②ポッツァシェー　キサルニバ　ヤマーラシシ　キシバー（包丁では切れないので、鉈で切りなさい）。この語は、「セー」への転音が進み、若い世代では「セー」が主流である。

ジェーン [dʒe:ŋ]〔他〕
見知る。見分ける。「ミッスン」とも言う。〈否〉ザヌン。【例】バニユ　タートッティ　ジェーンッカヤ？（私を誰だか知っているかな）。

シカ [ʃika]〔固〕
〈地〉石垣島の中心を成す新川・石垣・大川・登野城の四箇字の総称。【例】シカハ　パルッカー　ヤディン　スババ　ヴァイエイガユ　ミーッタ（四箇村に行くと、かならずそばを食べ映画を観た）。

シカーシカー [ʃika:ʃika:]〔副〕
弱々しげな。臆病風な。（石）シゥガーシゥガ。【例】ムヌイジョーハラ　シカーシカーシ　ブリバ　アテー　ナラヌンヨ（物の言い方から弱々しげにしているので、当てにならないよ）。

シカイスン [ʃikaisuŋ]〔他〕
案内する。お供する。招待する。【例】ムカシェー　ソーニヨイヌ　バソー　シマズー　ムラズーヌ　プスバ　シカイシドゥヨイ　セータドゥラー（以前は生年祝いの場合、島中村中の方を招待して祝宴を行なったよ）。なお「シカイスン」と「ウファラスン」は、「案内する」「先導する」という対語形式の常套句として八重山伝統歌謡に用いられている（蔵ぬ花道節・大浦越路節等）。「ソーニヨイ」の項参照。

シカイットゥ [ʃikaittu]〔副〕
しかと。しっかりと。確かに。十分に。「マイダン」とも言うが、このほうはあらたまった場合に用いる感じがする。【例】ウヤヌ　ムヌイヤ　シカイットゥ　ンニヌ

スクナー スミアラキ（親の言葉は、しっかりと胸の底に染めて歩きなさい〈置きなさい〉）。

シカイットー[ʃikaitto:]〔名〕
利用価値。使い勝手。使っての便利さ。【例】シカイットーヌ ナーン プソー テーナイ スーバン ヌーン ヤコー タタヌン（使い勝手の悪い人は、手助け〈加勢〉しても何の役にも立たない）。

シカイパー[ʃikaipa:]〔名〕
支度金。【例】ソンガチヌ シカイパーヤ ギューサバハン イリヨーッカヤー？（正月の支度金は、幾らくらい必要だろうか）。終戦後の黒島では、現金収入の主な作物はサトウキビであり、それから製造される黒糖であった。よって、正月の支度金が必要になる正月前の製糖工場では製造量の割り当てが、各家庭に公平にゆきわたるよう綿密に調整されたようである。ただ、実際には我が家をはじめ多くの家庭では黒糖代金の大半は前借り金の返済に充てられるという厳しい現状であった。

シカイミチ[ʃikaimitʃi]〔名〕
用途。利用価値。使い方。「使い道」の意。【例】ジンヤ ギューサ モークバン シカイミチユ ザナーッカ ヌーン ユーゾ ナーヌン（お金〈銭〉はどんなに儲けても、使い方を知らなければ何の意味もない）。

シカウン[ʃikauŋ]〔他〕
使う。手伝わせる。〈否〉シカーヌン。【例】ヌーバシェー ダングン シカイヨーヌ ワッサッカ ドゥー ヤマスンドー（どんな道具も使い方が悪いと、体を傷めるよ）。

シガウン[ʃigauŋ]〔自〕
違う。異なる。〈否〉シガーヌン・シガワヌン。【例】ウヤトゥ シガイ ウトゥナッサワヤ（親と違い、おとなしいよなあ）。

シカサ[ʃikasa]〔名〕
司。神事を司る人。神女。(石)チュカサ。〈対〉ティジリ。

シカシマースン[ʃikaʃima:suŋ]〔他〕
大いに賺す。大いにおだてる。〈否〉シカシマーハヌン。【例】パラヌンティ イジベーッタヌ シカシマーシ サーリケーワヤ（行かないと言うのを、大いにおだてて連れてきたのだよ）。

シカスン[ʃikasuŋ]〔他〕
聞かせる。〈否〉シカハヌン。【例】ウヌクトー タルンニン シカシナ（そのことは、誰にも聞かせるな）。

シカスン[ʃikasuŋ]〔他〕
賺す。おだてる。〈否〉シカハヌン。【例】ヤラベー フメーッターナ シカシェーッターナ シカイ（子どもは、褒めながら賺しながら使いなさい〈手伝わせなさい〉）。

シカターナーヌン[ʃikata:na:nuŋ]〔自〕
どうしようもない。「仕方ない」の意。【例】ドゥーヌ シェークトーリバ メー シカターナーヌン（自分の仕出かしたことだから、もうどうしようもないよ）。

シカッティコッティ[ʃikattikotti]〔副〕
あっちにぶつかりこっちにぶつかり。うろちょろ。(石)チュカティコーティ・チュカディコーディ。【例】ウレー ダゴーナーナッテナー ヌーシムバン シカッティコッティシー ヤコータタヌン（そいつは要領のよくないやつだから、何をさせてもうろちょろしていて役にたたないよ）。

シカッティルン[ʃikattiruŋ]〔他〕
触れる。さわる。【例】ミドゥムヌ ハラッタハ イメーミヤラバン シカッティッカ マヌマヌ ユーヤ ˝セクハラ˝ッティ イザリ デージドゥラ（女性の身体に少しでも触れると、昨今は˝セクハラ˝と言われ大変だよ）。

シカッテマサン[ʃikattemasaŋ]〔形〕
邪魔である。足手まといである。【例】ウヴァー シカッテマサリバ ヌーン スー

ンスクン　ハマナ　スクマリベーリ（お前は邪魔だから、何もせずあそこにじっとしていなさい）。

シカナイバキ[ʃikanaibaki]〔名〕
母牛を預かった場合、生まれてくる子牛を母牛主と交互に分け合うこと。【例】ウシユ　シカナイバキ　シーバソー　パジミンマリウシェー　ヌシヌ　ムンアッタ（牛をシカナイバキする場合、初めに生まれたのは牛の所有者のものとなった）。牛は原野での繋ぎ飼いの場合、平均して一年半に一産だった。よって、預かった牛の子が自分のものになるには３年以上かかった。

シカナイパンタ[ʃikanaipanta]〔名〕
子育ての真っ最中。（石）チュカナイヌパンタ。【例】シカナイパンタッテナーイスガサヌ　ムヌハンガイ　シラルヌン（子育ての真っ最中なので、忙しくて物考えなど出来ない）。

シカナウン[ʃikanauŋ]〔他〕
養う。飼う。面倒をみる。〈否〉シカナーヌン。（石）チュカノーン。【例】①ウヤーバー　シカナイバ　シワー　シーナ（親の面倒は私がみるから、心配するな）。②トゥンヤ　ヤシキウチナ　シカナイ　ベーッタヌ　マーン　ピンギパラッタン（鶏は屋敷うちで放し飼いしていたけど、どこにも逃げて行かなかった）。

シカハン[ʃikahaŋ]〔形〕
近い。親しい。【例】①シーックバー　バンテハラ　シカハン（飼育場は、我が家から近い）。飼育場は戦前から戦後にかけて、蚕の飼育場であったことからその名があり、現今の公民館の役割を果たした。その後、同敷地に「黒島芸能館」が建設され公民館としても活用されている。②ウッツェートゥ　バンテヤ　シカイットゥ　シカハンドゥラ（その家と我が家はたいへん親密だよ）。

シカハン[ʃikahaŋ]〔形〕
臆病である。勇気がない。「キシカハン」「キムグマハン」とも言う。【例】シカハーッカ　トーッティンナー　ヤコータタヌン（勇気がないと、いざというとき役に立たない）。

シカボー[ʃikabo:]〔名〕
臆病者。小心者。「シカムヌ」とも言う。【例】フドー　ウボホルヌ　シカボーッテナー　ヤコー　タタヌン（体は大きいが、臆病者だから役に立たない）。

シカムヌ[ʃikamunu]〔名〕
臆病者。小心者。「シカボー」と同じ。

シカムヌイ[ʃikamunui]〔名〕
臆病な物言い。こわごわ言うこと。【例】シカムノーリバ　イチン　シカムヌイ　タンカ　イジベールワヤ（小心者なので、いつも臆病な物言いをしているよ）。

シカムン[ʃikamuŋ]〔他〕
掴む。〈否〉シカマヌン。【例】プリプソーイラブヤ　ティーシドゥ　シカミ　トゥレーッタトゥ（保里部落のの人たちは、エラブウミヘビは素手で捕まえて獲ったそうだ）。「イラブ」の項参照。

シカラ[ʃikara]〔名〕
力。実力。【例】ピージーヤ　ウシトゥヌ　シカラズーックニン　ブルヌ　トーッティンナー　シザー　シカランナー　ウユバヌン（普段は弟が力強いようだが、いざとなったら兄の力には及ばない）。用例の「シカラ＝力量」には、物理的な力だけでなく胆力や知的能力、人望など総合的な人間力を含めている。

シカラズーサン[ʃikarazu:saŋ]〔形〕
力強い。「シカラズーワン」「シカラハン」とも言うが、日常語の多くは「シカラズーワン」である。

シカラズーワン[ʃikarazu:waŋ]〔形〕
力強い。【例】グタイン　ハナイ　シカラ

ズーワルニン　ブルヌ　ウレー　グタイヤ　ナーグタイ（体格も立派で力強いようにいるが、そいつの体格は見かけ倒しだ）。

シカラハン[ʃikarahaŋ]〔形〕
　力強い。「シカラズーワン」と同じ。

シカラハン[ʃikarahaŋ]〔形〕
　寂しい。石垣語「シカラサーン」の移入語。本来の黒島語では「キムシカハン」と言う。【例】シンダイ　シンダイ　ヤーヤーヌ　ピナリ　シカラーサ　ナリナーヌワヤ（次第次第に〈徐々に〉家々が減り、寂しくなってしまった）。用例は、過疎化が進行していく状況を表している。

シカリルン[ʃikariruŋ]〔自〕
　聞こえる。聞かれる。【例】ヌッティドゥ　イジベーッティ　ムットゥ　バハラヌン（何と言っているか、さっぱり分からない）。

シカル[ʃikaru]〔名〕
　茅葺き屋根の補強用の綱または網。（石）シゥカリゥ（瓶などの保護用の網）。【例】クンドゥヌ　ハジェー　スーワリバ　ヤーヌ　シカルヤ　ガンッティ　ハキウシキ（今度の台風は強いから、屋根の補強網はしっかり掛けておきなさい）。

シカルハキ[ʃikaruhaki]〔名〕
　茅葺き屋根に補強綱（網）をかけること。「シカル」の項参照。

シカルフクビ[ʃikaruɸukubi]〔名〕
　おんぶ用の帯。略して「シカルフビ」とも言う。（石）シゥカレーウビゥ。【例】ヤラベー　シカルフクビシドゥ　ハサイッタ（子どもは、シカルフクビでおんぶした）。

シカンッフォン[ʃikanffoŋ]〔他〕
　貪る。がつがつ食べる。がぶがぶ飲む。「ハキナクン（掻き込む）」より貪る感じが強い。【例】サキバ　シカンッファイ　シグトゥン　スーナ　アヴァナキ　ベールワヤ（酒をガブガブ飲んで、仕事もせず寝ている）。

シカンナクン[ʃikannakuŋ]〔他〕
　貪る。「シカンッフォン」と同じ。

シキ[ʃiki]〔名〕
　月。【例】シキユ　ミーッカ　ナシカサーッティ　ウヴァー　クトゥバ　ウムイザシブー（月を見ると懐かしくて、あなたのことを思い出している）。親子の情愛もあれば、友情もあり、恋愛もしくは失恋もあり、月明かりは不思議とあらゆる情趣を掻き立てる。

シキ[ʃiki]〔名〕
　敷居。【例】シキナー　ローユ　ヌールッカー　フスマン　ソージン　サララハーナレーッタ（敷居に蝋燭を塗ると、襖も障子もスルスルと滑った）。

シギ[ʃigi]〔副〕
　もっと悪く。一段と悪く。「シンギ」とも言う。【例】ヤンヤ　シギ　ナリブルニン　ウモーリサー（病はもっと悪化しているように、思われるよ）。

シギイツァ[ʃigiʔitsa]〔名〕
　杉板。【例】ヤーヌ　ヤドー　シギイツァシドゥ　スクラリ　ベーッタ（家の戸は杉板で作られていた）。僕たちの子どものころ、黒島の家屋の戸はほとんどが杉板で作られた板戸で、ガラス戸はなかった。

シキザ[ʃikiza]〔名〕
　出しゃばり。【例】ウレー　シキザーッティ　イザリブッタヌ　タルーッキン　サンシンヤ　ゾージ　ナレーッス（そいつは出しゃばりと言われていたのに、誰よりも三線は上手になったよ）。

　一般には、非難をこめて言う言葉だが、習い事などでは「シキザ」と揶揄されていた者のほうが確かな技芸を早く身に付けて成功する場合が多い。遠慮することなく積極的に場数をこなしているうちに、物怖じしない舞台度胸がついて優れた演者に育つというわけである。

シキジルン[ʃikiʒiruŋ]〔自〕

出しゃばる。しゃしゃり出る。「シキンジルン」の約まった語。〈否〉シキズヌン。【例】ドゥキ シキジッカ プスン バラーリルヌ（あまり出しゃばると、ひとに笑われるぞ）。「稽古ごとにおいては、笑われることを気にするな」と言いたい（「シキザ」の項参照）。

シキタティ[ʃikitati]〔名〕
朔日(ついたち)。一日。【例】シキタティトゥ ズングニチンナー ウヤプソホ サードーバシー ウヤスン（一日と十五日には、先祖にお茶湯を供えている）。毎日、しかも朝晩のように行なう家庭もあったようだが、我が家では用例のとおりであった。それで、サードーサバン（お茶湯用の茶碗）には、いつも赤茶けたお茶の汚れが付着していた。その汚れは、竈(かまど)の灰か目の細かい砂、あるいは軽石で擦(こす)って落とした。

シキタンク[ʃikitaŋku]〔名〕
ドラム缶。「石油タンク」の意か。黒島に持ち込まれた最初のドラム缶は、石油の入ったドラム缶だったことからそう呼ばれたのであろう。

シギッサン[ʃigissaŋ]〔形〕
頻繁である。度々である。【例】ウヤヌ ハトゥハヤ マービ シギッサ ハヨーナッカ（親の所には、もっと足しげく通わないと〈いけないよ〉）。

シキッティヤー[ʃikittija:]〔名〕
屋号。比屋定家。東筋部落の綱引き行事が比屋定家の前の道路で行なわれていたころ、同行事の「仕切り役」だったことが屋号の由来であろうという（同家子孫の恵氏談）。

シキティン[ʃikitiŋ]〔助〕
〜でも。「マヌマ シキティン（今でも・未(いま)だに）」の形で用いる。【例】ウヤヌ ハジハジヌ ブンゲー マヌマ シキティン バッシラルヌン（親の数々の恩義は、いまだに忘れられない）。

シキフズン[ʃikiɸuzuŋ]〔他〕
あら捜しをする。【例】プスヌ セークトゥユ シキフジ ベーッカ ドゥーン シキフザリルンドゥラー（他人がしたことのあら捜しをしていると、自分もあら捜しをされるよ）。

シキヌユー[ʃikinuju:]〔名〕
月の夜。「シキユー」とも言う。〈対〉ヤンヌユー（闇の夜）。【例】シキヌユーヤ クマハラン ハマハラン バハムヌンキヌユライ アツァマリ アサブ（月の夜はここからもあそこからも、若者たちが寄り集って遊ぶ）。

シキミン[ʃikimiŋ]〔名〕
聞き耳。【例】ウレー フンダラーッティ シキミンバ タティ トゥンジヌフチナーマティ ベーッタ（彼が来るだろうと、聞き耳を立て門口で待っていた）。

シキムヌ[ʃikimunu]〔名〕
漬物。【例】シキムノー ダイクニトゥ ラッキョーシ スクレーッタ（漬物は、大根とラッキョウで作った）。大根とラッキョウの漬物は塩漬けで作り、おかず代わりに用いることも多かった。ラッキョウは黒糖漬けにもして、このほうはお茶請けに用いることが多かった。

シキムヌ[ʃikimunu]〔名〕
敷き物。【例】ヤーヌナハヌ シキムヌッティ イズッカー タタミ ナームス アダニヌパームスヌ アリ、ミナハナ シカウ シキムノー ニクブクヌ アッタ（家の中の敷き物と言えば畳、長筵(ながむしろ)、アダン葉筵があり、庭で使う敷き物にはニクブク＝稲掃き筵があった）。

シキユ[ʃikiju]〔名〕
石油。【例】デントーヌ ナーンケー シキユバ ランプナ モーシ アーラシタ（電灯のないころは、石油をランプで燃やして灯りをともした）。

シキユー[ʃikijuː]〔名〕
月夜。「シキヌユー」と同じ。

シキラ[ʃikira]〔名〕
〈動〉ナマコ（海鼠）。【例】ムカシェーシキラー キムビヤハラ ブッタヌ マヌマー アイナー ミラルヌンティ イズサー（以前は、ナマコはたくさんいたのに今はそんなに見られないと言うよ）。

シキルン[ʃikiruŋ]〔他〕
付ける。【例】ヤラビシェーケー ティーパンユ ヤマシッカー アカチンキユ シキッタ（子供のころ、手足を傷つけるとアカチン＝クロロホルムを付けた）。

シキルン[ʃikiruŋ]〔他〕
漬ける。〈否〉シクヌン。【例】ラッキョーヤ シタナー シキッティ サーソッキシタ（ラッキョウは、黒砂糖に漬けて茶請けにした）。酒のつまみには、塩漬けしたラッキョウを用いた。

シキルン[ʃikiruŋ]〔他〕
供える。〈類〉ウヤスン。【例】ユイユ シキルン（夕食を供える）。

シキン[ʃikiŋ]〔名〕
世間。【例】シキンヤ イチン ドゥーッキン ウイッティ ウムイベーッカ マチガイナーヌン（世間はいつも自分より上だと思っていると、間違いない）。

シキン[ʃikiŋ]〔名〕
試験。学年末のことにも言うが、その場合は独立しては用いない。【例】コーコーヌ シキンハ ハカレーットゥ（高校の試験に受かったそうだ）。

シキンジルン[ʃikindʒiruŋ]〔自〕
出しゃばる。しゃしゃり出る。「シキジルン」とも言う。〈否〉シキンズヌン。「シキザ」「シキジルン」の項参照。

シキン ヤシミ[ʃikiŋ jaʃimi]〔連〕
学年末の休み。「春休み」の別称で「試験休み」の意か。【例】シキンヤシミンナ シキンヨイユ セーッタ（学年末の休みには、シキンヨイを行なった）。

シキン ヨイ[ʃikiŋ joi]〔連〕
学年末の祝い。「試験祝い」の意か。「シキン（試験）」「シキン ヤシミ（試験休み）」「シキン ヨイ（試験祝い）」の三つの用語を並べ、それらの意味するところを吟味してみる。学年末には高等教育機関への進学のための重要な「試験」が行なわれたことから、その時期の休暇を「試験休み」と言い、進学が決まると「試験祝い」と称して合格祝いをしたのであろうか。あるいは、学年末の進級または終了「試験」との関連での「試験休み」や「試験祝い」が行なわれたのだろうか。以前は、義務教育であっても「落第」という厳しい難関があったというから、次の学年への進級は高等教育機関への進学と同等またはそれ以上の慶事・祝い事であったとも考えられる。要するに、「シキン ヨイ」は広い意味で学事奨励のための家庭内の祝い事だったのであろう。

　我が家の「シキン ヨイ」は、一番座ではなく仏壇のある二番座に家族全員が集まって、旧盆の迎えの日のような趣で行なわれた。他の行事のときと同じようなご馳走がふるまわれたが、父が通信簿（のちの通知表）の講評を行なうというやや堅苦しい雰囲気の祝いであった。私は、成績はよかったものの毎年のように「素行に問題がある」と指摘されたことから、父の厳しい叱責を受け「シキン ヨイ」のときはつねに冷や汗をかき緊張を強いられた。

　ちなみに、シキン ヨイの日は、春の「ピンガンマチリ（彼岸祭り）」と同日に行なう家庭、学年の終了日に行なう家庭、あるいは何もしない家庭もあったようである。我が家では、ピンガンマチリの日に行なった。

シグ[ʃigu]〔副〕

すぐ。直ちに。若年層は「スグ」を多用する。（石）シゥグ。（沖）シグ。【例】マヌマ シグ ムティ クー（今すぐ、持ってきなさい）。

シクン[ʃikuŋ]〔他〕
聞く。聴く。承諾する。〈否〉シカヌン。【例】ドゥタンカ イザンスクン プスヌ パナシン シキバ（自分だけ喋らないで、他人の話も聞きなさい）。

シクン[ʃikuŋ]〔他〕
敷く。〈否〉シカヌン。【例】ミナハナ ニクブクバ シキ ウヌ ウイナー マメー アーシタ（庭に稲掃き筵を敷いて、その上で豆を脱穀した）。「ニクブク（稲掃き筵）」はサミン（月桃）の繊維を綯った縄で造った肉厚の脱穀用の敷物。

シグン[ʃiguŋ]〔他〕
継ぐ。【例】マイヤ ウヤヌ ザイサンヤ サクシヌドゥ ウブサー シゲーッタ（以前は、親の財産は長男が大方継いだ）。その代り、親の老後の面倒と先祖の供養は当然のごとく長男の役目とされた。次男、三男等が貰えるのは「ハキマハル（欠けた碗）」だけ（実際には家屋敷とわずかの畑地）という言葉が残っており、娘たちも箪笥や布団などの嫁入り道具のみというのが、平均的な財産分与の実態であった。「バキダマ」の項参照。

シザ[ʃiza]〔名〕
年上。年長者。【例】ヴァイムヌ ノホラー シザー タマ シグトゥヌ ノホラー ウシトゥヌ タマ（食べ物の残りは年上が貰い、仕事の残りは年下が片付ける）。「長幼の序」は、家庭のなかにもしっかり息づいていた。「ノホラー」は「ノホル（残り）」と係助詞「〜ヤ（〜は）」の融合・約音。

シザ スクルムヌ[ʃiza sukurumunu]〔名〕
その年の最初の作物で、麦のこと。「シザ」は「年上・年長者」を意味し、ここでは作物を擬人化している。対語は「アトゥ スクルムヌ（後期の作物）」で、胡麻・小豆など。「シザスクルムヌ・アトゥスクルムヌ」の用語は、船道賢範さん（昭和8年生まれ）から教わった。

シザスン[ʃizasuŋ]〔他〕
身なりを整える。飾る。（石）シゥダシゥン。（沖）シディユン。【例】ヨイユ シールンティ ヤーニンズーン シザシ ヤーン シザシ ブー（祝いをしようと、家族全員も着飾り家も飾っている）。

シジ[ʃiʒi]〔名〕
頂上。てっぺん。【例】ヤーヌ シジ（家のてっぺん）。

シジ[ʃiʒi]〔名〕
辻。十字路。「アジマー」とも言うが、この語は沖縄語の移入語。【例】クマヌ シジバ ニジリハ マガリ マッスグ パーッカ ガッコーヌ アー（ここの十字路を右に曲がって真っ直ぐ行くと、学校がある）。

シジキルン[ʃiʒikiruŋ]〔他〕
続ける。【例】ヌーバセークトゥン アキラミンスクン シジキセーッカ ヤディン ミーナルン（どんなことでも諦めずに続けることが出来れば、かならずものになる）。まさに「継続は力なり」で、「継続する力」が一つの才能であると言えるのではないだろうか。

シジクン[ʃiʒikuŋ]〔自〕
続く。【例】クトゥシン クズニン コロナヌ シジクーッカ ユヌナハー ヌードゥ ナーッカヤー（今年も去年のようにコロナ禍が続くと、世の中はどうなるのだろうか）。沖縄県内の新型コロナウイルス感染者は、2021年4月7日現在高止まりの状態にあり先行き不安がつのる。

シジダカハン[ʃiʒidakahaŋ]〔自〕
霊力が高い。「サーダカハン」と同じ。

シジャー [ʃiʒaː]〔名〕
〈動〉魚の名。ダツ。【例】シジャーイゾープスヌ ブラバン ドゥミンガシ トゥビフーッタドゥラ（ダツ魚は人がいても勢いよく飛びこんで来たよ）。

シズミルン [ʃizumiruŋ]〔他〕
収める。収拾する。鎮める。〈否〉シズムヌン。【例】ウレー サキバ ヌミ アールッカー タルンニン シズミラルヌン（そいつが酒を飲んで暴れると、誰にも収められない）。往時、どの部落にもそういう手に負えない大酒飲みの乱暴者がいて、毛嫌いされていた。
　ある時、N部落の乱暴者Rが東筋部落で乱暴狼藉を働いたので、青年団が立ち上がりその男をフンマラキ（縄で縛りつけ）シーックバ（飼育場＝集会所）の柱に括り付けて、酔いが覚めてから解放した由。その男は二度と東筋部落に足を踏み入れなかったという。アッパレ青年団！　その指導者は竹越堅一翁（明治43年生まれ）で解放した時の翁の言葉に感激したRは、生涯にわたって翁に敬意を表し親炙したというからどちらも立派である。なお、「シーックバ（飼育場）」は、元来カイコの飼育のために建設された共同の建物で、後に集会場として用いられた。

シズリルン [ʃiziriruŋ]〔自〕
滑る。滑り落ちる。〈否〉シズルヌン。【例】クナレータヌ ナイシドゥ ハーラヌ シズリ ケーリバ ナウハナーッカ（この前の地震で、瓦が滑ってきたので直さないと〈修繕しなさい〉）。

シタ [ʃita]〔名〕
黒砂糖。【例】シター シンザバ スブリ ウヌ シルユ アツァシティ スクレーッタ（砂糖はサトウキビを搾り、その汁を煮詰めて製造した）。
　黒砂糖は、サトウキビを圧搾機で搾り、その搾り汁を煮詰めて製造した。往時の黒島の製糖工場では、直径1.5メートルほどの巨大なシタナビ（砂糖鍋）が7、8個並んでいて釜戸の入り口に最も近い鍋に搾り立ての汁を入れ、煮詰まるごとに順次奥の鍋に移した。一番奥の鍋に到達するころには、水分が蒸発して黒砂糖になる。それを4、5個のシンマイナビ（四枚鍋・大型鍋）に取り出して冷やし、正味百斤（60キログラム）入りの樽詰めにしたり、縦約22センチメートル、横約15センチメートル、厚さ約3センチメートルの煉瓦状の角砂糖にしたりした。
　砂糖鍋に入れられたサトウキビの搾り汁は煮詰まると勢いよく泡立ってくるので鍋から吹きこぼれないように竹竿で必死に掻き混ぜた。私の兄は3人とも生まれつきの網膜色素変性症で、初期症状は夜盲症の症状を呈し暗い所での作業ができなかったことから、私は小学校の高学年のころから兄の代わりに早朝と夕刻以降は製糖工場の作業要員に駆り出された。午前3時ごろから明け方までと日暮れ時からその日の作業終了（遅い時は夜中の10時ごろ）まで働いた。中学生になってからは背丈も伸び腕力も備わってきたのでそれほど大変だとは思わなかったけれど、小学生のころは釜掃除、タンムヌ（焚き物＝燃料）運び、サトウキビのガラマラキ（搾り殻縛り）など、どの作業もとてもきつかった。

シタイ [ʃitai]〔感〕
よくやった。でかした。【例】シタイ、コーコーホ ハカレーットゥ（シタイ、高校に合格したんだと）。

シタイヒャー [ʃitaiça:]〔感〕
やったぞ。でかしたぞ。「シタイ」より力をこめて言う場合に発する。【例】シタイヒャー、ダイガッコーホ ハカレーットゥ（シタイヒャー、大学へ合格したん

だと)。

シダキ[ʃidaki]〔名・副〕
先。先着。(副)先に。先になって。【例】①〔名〕クンドゥヌ パーレー アースンヌ シダキ アッタヌ フケー トゥラニバ マキ(今度のハーリーは東筋村が先着だったが、フキ(標識)を取っていないので負けだ)②〔副〕シダキ ケー プスヌムティ パレー(先に来た人が持って行った)。

　用例①に登場する「フキ」は豊年祭の「ハーリー競漕」における折り返し点の「標識」で、内実は「ユーアギ(豊年・豊作の招来)」の「象徴として設定された標識」であり、それを持ち帰ることは「豊年・豊穣を招き寄せる神事の絶対要件」である。先着を急ぎ、肝心要の「フキ」を取らずに引返すことは厳粛な神事の趣旨に反する行ないであることは言うまでもない。

シタク[ʃitaku]〔名〕
支度。用意。準備。【例】マイハニティ シタク シー ウシキヨ(予め、用意しておきなさいよ)。

シダク[ʃidaku]〔名〕
〈植〉ハマオモト。「ハマユウ(浜木綿)」とも言う。(石)サディフカー。(沖)サダクビー。八重山民謡〈まちぅにゃーま節〉では「ハマサディク」と歌われている。【例】ペーリヌ アトゥナーン ハラタイフーヌ フカバン シダクヌパートゥ スーキヌ パーヤ アウーアウーシ ベータ(干ばつの後でも、雨の降らない台風が吹いても、ハマユウの葉とクサトベラの葉は青々としていた)。

　雨を伴わない台風の後は、ほとんどの草木の葉が潮を被って枯れてしまうが、ハマオモト(ハマユウ)とテリハクサトベラはびくともせず、山羊の草として貴重であった。また、ハマオモトの茎(幹)は、カサカサした表皮を取り除くと光沢を帯びた純白の芯が現れるので、それを切り開いてご馳走を盛る皿代わりに用い、女の子は茎の表皮を剥いて風船代わりの玩具にした。海辺の砂浜に自生しているが、砂中にしっかり根を張って丈夫なことから、黒島東筋村の〈シナピキウタ(綱引き歌)〉では自分の村の綱の丈夫さを自慢するのに「シダクの根のように」と表現して歌っている。

　八重山古典民謡の〈まちぅにゃーま節〉には、「ハマサディク ドゥーシル カイマリバシー(ハマオモトのように　色白の　美しい生まれをして)」と歌われている。ハマオモトの花は純白で可憐なことから、この歌は花の美しさを描いたものとされがちである。だが、「ドゥーシル(身体の白さ)」の真意は、白砂浜に自生するハマオモトの幹の艶やかな白さを娘の太腿の純白な艶っぽさの比喩に用いたのだと考えたい。

シタクン[ʃitakuŋ]〔他〕
叩く。〈否〉シタカヌン。【例】ヤラベー イズクトゥユ シカナーッカ シタキ ナラーシバドゥ マイフナー マリ(子どもは言うことを聞かなければ、叩いて教えたほうが立派に成長する)。

　現在は、家庭でも学校でも子ども(生徒)に手を掛けることは一切禁止されているが、私たちが小中学生のころは、学校でも家庭でも「愛のムチ」としての体罰は当たり前のことであった。大事なのは躾のねらいとその罰し方の加減の問題だと思う。私の体験からすると、体罰を受けたからと言ってその恩師との関係が悪くなったことはなかったし、ビンタをくらったからと言って兄たちとの関係が悪化したなどということも皆無だった。

シダスン[ʃidasuŋ]〔他〕
孵化する。【例】トゥヌ トゥヌヌッ

ファバ ダキ ビーヤマユ シダスンティ ブー（鶏が卵を抱き、雛を孵そうとしている）。

シタダリルン[ʃitadariruŋ]〔自〕
滴る。水滴が落ちる。【例】ヤーヌ ムリ アマダンヌ シタダリベールワヤ（家が漏れ、雨だれが滴っているよ）。

シタックバリ[ʃitakkubari]〔名〕
言葉（舌）のもつれ。非常に寒いときや酒を飲みすぎたときなどに起きる現象。見出し語の意味するところは、寒さや飲酒によって引き起こされる一時的な現象で、「ンガニ（どもり）」とは違う。したがって、寒さが和らぎアルコール分が抜けると元にもどる。見出し語は、加治工真市著『鳩間方言辞典』の「シタクバリムニ」で「舌の強張り」の転化した語だと説く。「シタックバリルン」の項参照。

シタックバリルン[ʃitakkubariruŋ]〔自〕
言葉〈舌〉がもつれる。【例】①ドゥキ ピーヤッティ シタックバリ ムヌン イザルヌ（あまり寒くて、舌がもつれものも言えない）。②サキ ヌンプソー シタックバリ ヌーユ イジベーッティ ムサットゥ バハラヌン（酒を飲んでいる人は、舌がもつれ何を言っているのかさっぱり分からない）。「シタックバリ」の項参照。

シタッチビ[ʃitattʃibi]〔名〕
最後尾。どん尻。「シビッチビ」とも言う。【例】ガッコーナヤー シタッチビ アッタヌ キナイムティヤ イチン マイフナー ナレーッタ（学校の成績はどん尻だったが、家庭の営みは一番立派になった）。

シタッティ[ʃitatti]〔名〕
醬油。【例】ビャーハシマナーヤ シタッティトゥ ミスヤ ドゥードゥーヌ ヤーナー スクレーッタ（我が島では、醬油と味噌は各家庭で醸造した）。

醬油の原料は、麦と大豆と塩であった。大豆の収穫が終わった梅雨のころ、煎った麦と煮た大豆に塩を加えシタッティハミ（醬油瓶）に詰め、発酵させて醸造した。

シタッティヌハシ[ʃitattinuhaʃi]〔名〕
醬油の粕。【例】パーッタンケー シタッティヌハシユドゥ サーソッキ シーワーッタ（お婆さんたちは、醬油の粕をお茶請けにされた）。

醬油を汲み取ったあとの原料である大豆と麦を「シタッティヌハシ（醬油の粕）」と呼んだが、香ばしい発酵臭と適当な辛味が残っていて、お茶請けや酒のつまみに用いた。子どもたちにとっては、芋と一緒に食べると極上のおやつであった。現在の居酒屋で出される「モロキュウ（モロミとキュウリ）」の諸味の原型とでも言えようか。

シタッティヌファ[ʃitattinuɸa]〔名〕
醬油汲み取り笊。熟成した醬油の瓶の中に入れその中に溜った醬油を汲み取る円筒形の笊。クージ（トウズルモドキ）で編んだ直径約15センチメートル、高さ（深さ）約60センチメートルの容器である。

シタッティハミ[ʃitattihami]〔名〕
醬油瓶。醬油を醸造する仕込み用および貯蔵用の大型素焼き瓶。【例】ウボービヌ シタッティハミナードゥ シタッテー タリ タブイ ウシケッタ（大きな醬油瓶で、醬油は仕込み貯蔵しておいた）。

シタナビ[ʃitanabi]〔名〕
黒砂糖製造用の鍋。【例】シタナビヌ ソーゼー ゾットニ スーナッカ ンガシタヌ マリルヌ（黒砂糖鍋の掃除は、丁寧にしないと苦い黒砂糖が出来るよ）。

前日の製糖で出来た鍋のナマシキ（粕）を綺麗に剥ぎ落しておかないと、それが当日の黒砂糖に溶け出して品質を悪化させる原因になった。竈の入り口から奥にいくほど、ナマシキ（付着物）の量が多くて力の要る作業だった。

シタパンビン[ʃitapambiŋ]〔名〕
　黒砂糖のてんぷら。(石)サッターハンビン。(沖)サーターアンダーギー・サーターアンラギー。【例】シタパンビン　キューランク　アーラシコーシヌッツァー　ウムイザスッカー　フチジンヌ　パリフー(砂糖てんぷら・カステラ・蒸し菓子、思い出すとよだれが出てくる)。
　シタパンビンは小麦粉と卵、カボチャ、砂糖などを混ぜ、油で揚げたもの。伝統的かつ素朴な菓子で、現在は沖縄全域で観光土産品としても上々の人気を博している。黒島でのシタパンビンの腕利きの筆頭はアーハメミヤ(東神山家)の船道多呂氏(愛称タロマセー)であった。タロマセーは色黒であったことから、「シタパンビン」の綽名(あだな)を付けられていた。そのいわれは、黒島のシタパンビンは黒砂糖を用いていたことから色が黒っぽかったからというのである。ところが、甥の野底善行君によると、多呂叔父の色黒の本当の理由は戦後のマースヤー(塩炊き＝製塩業)に長年従事していたからだという。

シタマミ[ʃitamami]〔名〕
　ぜんざい。「シタ(黒砂糖)マミ(豆)」の意。【例】シタマメー　アウマミシ　スクリバドゥ　イチン　マーハ(ぜんざいは、緑豆で作ったのが一番美味い)。
　黒島では、「ぜんざい」用の豆には緑豆(りょくとう)を使う。一般にはアズキ(小豆)が用いられるが、アズキは高く売れたことから換金用に回し、食料には緑豆を優先して用いたようである。子どものころから食べ慣れてきたからだろうか、ぜんざいは緑豆に限るというのが私たち黒島出身者の共通した実感である。豊年祭のとき、余所の部落で頂くぜんざいの味は、格別であった。

シダミ[ʃidami]〔名〕
　〈動〉カタツムリ(蝸牛)。古くは「シンダミ」と言っていたのか、〈ぺんがん捕れー節〉では「シンダミ　プスエー(カタツムリ拾い)」と詠まれている。シダミは、僕たちの子どものころは、貴重なタンパク源であった。「プスウン(拾う)」の項参照。

シタラスン[ʃitarasuŋ]〔他〕
　名誉を毀損(きそん)する。名を汚す。〈否〉シタラハヌン。【例】ウヴァー　シーヨーヤ　ドゥータンカ　アラナー　ウヤヌ　ナーン　シタラスンドー(お前の行動は、自分だけでなく親の名も汚すぞ)。

シタリルン[ʃitariruŋ]〔自〕
　不名誉になる。名が汚れる。廃れる。〈否〉シタルヌン。【例】フォーンヌ　ナーンプソー　ドゥーヌ　シタリベー　クトゥン　バハラヌン(思慮のない人は、自分の名誉が傷ついていることも知らない)。

シタリルン[ʃitariruŋ]〔自〕
　飴や黒砂糖などが水気を含んで柔らかくなる。【例】シタヌ　シタリベーッカ　ヴァールヌン(黒砂糖が水気を含んで柔らかくなると、食べられない〈美味しくない〉)。

シチ[ʃitʃi]〔名〕
　節。節祭り。

シッカー[ʃikka:]〔名〕
　網漁の一つで、追い込み漁。【例】シッカーヌ　シーヨーヤ　ユブサントゥ　ユヌムヌ　アッタ(シッカーの仕掛け方法は、ユブサンと同じだった)。
　ユブサンが、夕刻にねぐらに戻る魚の習性を利用した「待ち受け漁」であるのに対し、シッカーは網で囲われた魚を袋網に追い込む「追い込み漁」である。ユブサンが普段の日の夕刻に一回限りで行なわれるのに対し、シッカーは行事の時など日中に数回行なわれる。季節的には、ユブサンは夏場を中心に、シッカーは通年で行なわれる。潮時はいずれもナマリズー(小潮)の頃である。

仕掛ける場所は、ユブサンと同じアーンヌピー（東筋の東方のリーフ＝干瀬）でも伊古桟橋沖のマイビシと呼ばれる遠浅のイノー（礁池・礁湖）でも行なわれる。網で囲うV字型のエリアは、ユブサンよりシッカーのほうが広めに設定される。その場合はシナアン（綱網）を多めに用いる。乗組員は、ユブサンより多人数を要する。収穫量は平均50〜60斤で、捕れた魚は祝賀行事のある家が引き取る（この項は野底善行君からの聞き書き）。

ジッキパナ[dʒikkipana]〔名〕
　デイゴの花。デイゴの木は「ウジ」と言うが、「ウジヌ　パナ」とは言わず「ジッキパナ」と言った。デイゴの花は「県花」に指定されていて、3〜4月の卒業式・入学式のころには全県下の至る所で真紅の花を咲かせメジロが飛び交っていたが、近年はあまり見られない。

シッセン[ʃisseŋ]〔自〕
　出来る。可能である。し切れる。「シーッシェーン」と同じ。

シディガフー[ʃidigaɸuː]〔名〕
　栄誉。栄光。仕合せ。（石）シゥディガフー。（沖）シディガフー。【例】アヤール　ウブヨイバ　タボーラリ　マイダン　シディガフーユー（あんなに盛大なお祝いをいただき、まことにありがとうございます）。

シディゲーサ[ʃidigeːsa]〔名〕
　虱の卵が孵化したあとの脱け殻。孵化する前の卵は「ナリゲーサ」と言う。シディゲーサもナリゲーサも頭髪に付着していた。

シティホーリ[ʃitihoːri]〔名〕
　ほったらかし。沖縄語の移入語。【例】シマヌ　ヤラビンケー　ウヤハラ　シティホーリ　シラルバン　ドゥシンキザーン　サニヤバシー　アサビ　ブッタ（黒島の子どもたちは、親たちからほったらかしにされても、友だち同士で楽しく遊んでいた）。

　往時の黒島はどの家庭も「貧乏の子沢山」で、親の世話が行き届かなくても隣近所には友だちがたくさんいて、子どもたちは寂しがることはなかった。多くの家庭が三世代同居で、少ない人口ながら人口構成は均衡がとれ理想に近い状態ではなかっただろうか。

シティルン[ʃitiruŋ]〔他〕
　捨てる。〈否〉シトゥヌン。【例】トゥジユ　アッタラサ　スーナッカ　アトー　トゥジン　シティラリルンドー（妻を大事にしないと、あとで妻に見放されるよ）。

　近年は熟年離婚が増えていて、夫と同じ墓に入りたくないという妻が急増しているという。用例は、来し方を省みた筆者の反省・自戒の弁である。

シディルン[ʃidiruŋ]〔自〕
　産まれる。孵化する。〈否〉シドゥヌン。【例】ビーヤマヌ　ヤッカラ　シディ　ケー（ひよこが、8羽も孵化した）。

　この語は、「巣出る＝孵化する」の意味から、「生命の誕生」という輝かしい意味を帯び、石垣語では、さらに「シゥディガフー（誉れ高い喜び・最上の果報）」という言葉を派生させており、黒島語「シディガフー」はその移入語だと思う。

シトゥ[ʃitu]〔名〕
　苞。みやげ。【例】ヨイヤーハラ　ムティワーシトゥヌ　マーハッタウユ（祝い家から持ち帰られた苞の美味しかったことよ）。

シドゥ[ʃidu]〔助〕
　〜で。手段・方法を表す格助詞「〜シ（〜で）」に強意の係助詞「〜ドゥ（〜こそ）」がついている。「〜シマン」とも言う。【例】ヌンクイン　ドゥーシドゥ　シーブードゥラ（何もかも、自分でがやっているよ）。

シトゥウヤ[ʃituʔuja]〔名〕
　配偶者の親。義理の親。「シトゥ」は「しゅうと・しゅうとめ（舅・姑）の転化した語。

「しゅうと（舅・姑）おや（親）」の意。（石）シウトゥウヤ。（沖）シトゥ。【例】シトゥウヤユ　アッタラサ　シーッカ　トゥジブトゥヌ　ナハー　ハイヤン（配偶者の親を大事にすると、夫婦仲は良い）。夫婦仲をよくするコツは、実の父母より少しだけ義理の父母を大事にすることだというが、その加減はなかなか難しい。

シドゥウン[ʃiduuŋ]〔自〕
群がる。群がり止まる。寄り集まる。〈否〉シドゥワヌン・シドーヌン。【例】ヌッティ　ドゥ　プスヌ　シドゥヤーリ　ベーラ（なぜ人が群がっているのか）。

シトゥキ[ʃituki]〔名〕
潮時。（石）シウトゥギュ。【例】ムヌダネー　シティキユ　アティ　マカナーッカ　ミーラヌンドゥラ（穀物の種は時期を考えて蒔かないと、稔らないよ）。

シトゥッチ[ʃituttʃi]〔名〕
〈植〉ソテツ（蘇鉄）。【例】シトゥツェー　シティル　ハトー　ナーンタン（ソテツは、捨てるところはなかった）。

　実は澱粉や味噌の原料にもご飯にも用いられ、葉は製糖工場の燃料として重宝された。ご飯にするには、実を叩いて2, 3か月間発酵させたのち石臼で擂り潰して何回も濾し、十分に灰汁抜きをした濾し汁を煮詰めてご飯にする。この灰汁抜きの仕方が美味しさのきめてだったと姉・泰子は強調する。十分に発酵した場合は、ほぼ真っ黒のご飯が出来て、小豆を入れたソテツご飯はじつに美味しかった。特に半焦げの部分は翌朝食べると絶品であった。葉っぱは、切り落として2カ月くらいのものがもっとも火力が強かった。それを束ねたり運搬したり製糖工場の釜に放り込む際には、葉の先端の棘がチクチク手に刺さり扱いは面倒で苦労を伴った。

　なお、戦前の食糧難の時代には、ソテツの幹を削って乾燥させ食したというが、乾燥が不十分のままだと食中毒を起こして命を落とす場合もあったようで、世に言う「ソテツ地獄」とはこのことである。

　そのほか、葉の茎の根元にあるふわふわした綿状の物は、野球用の革製グローブのないころの布製の代用グローブの中身に活用したり、ゴム製毬の代用毬の中身にしたりした。硬質の棘は手足に刺さった色々な小さなトゲを取るのに用いた。葉は生のまま三枚ほど重ねて台所の土間掃き用の箒に使い、子どもたちは虫籠に利用した。まさに万能の植物であったが、現在の黒島では牧場整備のために大方が除去され激減している。

　なお、黒島では、ソテツの新芽が病害虫の被害を受けるようなことはなかったのに、最近那覇市のあちこちで見かけるソテツは、その多くは新芽が縮れ茶色に変色している。目視できる害虫の被害ではなさそうなのでウイルスによるものなのか、異常気象による影響がソテツにまで及んでいるのだろうか。黒島には自生していないと思うが、沖縄本島で街路樹にも用いられている「アカギ」の葉が至る所で病的な茶色に染まっている異常な光景も気になる。原因は何だろうか（2020年現在）。

シトゥッチヌ　パー[ʃituttʃinu pa:]〔連〕
ソテツの葉。【例】ナハザヌ　ポーケー　シトゥッチヌ　パーシドゥ　スクレータ（台所の土間用の箒は、ソテツの葉で作った）。

シトゥッチヌ　ユー[ʃituttʃinu ju:]〔連〕
ソテツのご飯。【例】シトゥッチヌ　ユーヤ　アマミユ　イリッカー　シカイットゥマーハン（ソテツのご飯は、アズキを入れると非常に美味しい）。「シトゥッチ」の項参照。

シトゥミ[ʃitumi]〔名〕

務め。役目。共通語の「務め・勤め」の借用語。【例】ヴァースダティヤ ウヤヌ シトゥミ ウヤヌ コーヤ ヴァーヌ シトゥミ（子育ては親の務めで、親孝行は子の務めである）。

シトゥムティ[ʃitumuti]〔名〕
朝。早朝。(石)シゥトゥムディ。(沖)スゥトゥミティ・ヒティミティ。清少納言(せいしょうなごん)の『枕草子(まくらのそうし)』に出てくる「冬はつとめて＝冬は早朝（に趣がある）」の音韻変化した語。【例】シトゥムティニ フキスリ アサパナニ フキスリ（早朝に起きて、朝早くに目覚めて／黒島民謡〈まぺーらち・ゆんた〉より）。

シドゥヤールン[ʃiduja:ruŋ]〔自〕
群がる。通常は「シドゥウン」と言うが、見出し語は古い言い方だろうか。〈否〉シドゥヤーラヌン。【例】ルクンガチヌ パマガンヌ ウリルニン シドゥヤーリ ティーマヌキ シーブリバドゥ（６月の浜蟹が浜下りするように、群がって手を振ってしているので／〈ぱいふたふんたか・ゆんぐとぅ〉より）。

シトゥルシトゥル[ʃituruʃituru]〔副〕
しとしと。【例】シトゥルシトゥル アミヌ ヴゥイ ブー（しとしと雨が降っている）。

シトゥルシトゥル[ʃituruʃituru]〔副〕
ゆっくり。ひっそり。日常語では、「ミスコーミスコー」と言う場合が多い。【例】アバットゥンスクン シトゥルシトゥル アラキワーリ（急がずに、ゆっくり歩いていらっしゃい）。

シドーリルン[ʃido:riruŋ]〔自〕
群がられる。絡みつかれる。まとわりつかれる。【例】ヴァーバ ウラーリ ナシドゥ ヴァーンキン シドーリ ブー（子どもをたくさん産んで、子どもたちにまとわりつかれている）。

シトンカ[ʃitoŋka]〔名〕
びっこ。ちんば。【例】パンバ ヤマシ シトンカ ナリブー（足を傷めて、びっこをひいている）。

シナ[ʃina]〔名〕
綱。縄。【例】シナー ムカシェー アダナシトゥ サミンシドゥ ナウッタ（縄は、以前はアダナシとサミンで綯った）。
「アダナシ」はアダンの気根から取れる繊維で強靭である。「サミン」は月桃のことでその茎から繊維が取れ、アダナシほどの強さはないが大量に取れたことから「ニクブク（稲掃(いな)き莚(むしろ)）」の材料になるなど用途は広かった。

シナーシ[ʃina:ʃi]〔副〕
ただ。しきりに。そのまま。何もせずに。(石)ナーイ。【例】ムヌウムイバ シー シナーシ スクマリ ブー（物思いをして、何もせずにボーッとしている）。

シナースン[ʃina:suŋ]〔他〕
ぴったり嵌(は)める。〈否〉シナーハヌン。【例】キーシマン ビンヌフタユ スクルバソーガンッティ シナーハナッカ ミジェームリルヌ（木で瓶のふたを作るときは、しっかり嵌めないと水は漏れるよ）。

シナースン[ʃina:suŋ]〔他〕
願いを叶える。【例】ニガイスクバ ケーラヌ ニガイユ シナーシタボーリ（お祈りしますから、皆の願いを叶えてください）。

シナアン[ʃinaʔaŋ]〔名〕
綱網。「シッカー（追い込み漁）」や「ユブサン（待ち受け漁）」で用いる。「シッカー」「ユブサン」の項参照。

シナウン[ʃinauŋ]〔自〕
ぴったり嵌(は)まる。【例】ミスハミヌ フターガンッティ シナウヨーン スーナッカー ヤマッタヌ パイルンドゥラー（味噌瓶の蓋はしっかり嵌まるようにしないと、ゴキブリが入るぞ）。

シナウン[ʃinauŋ]〔自〕
　願いが叶う。気が合う。〈否〉シナーヌン。【例】ウヌ　フターラー　キムヌ　シナウッタラー　マズン　ナレーットゥ（その二人は、願いが叶ったから〈気持ちが合ったから〉一緒になった〈結婚した〉そうだ）。

シナタ[ʃinata]〔名〕
　姿。様子。身だしなみ。【例】シナタ　タンカ　アラナ　キムン　スーク　ハイヤン（見た目だけでなく、心延えも非常に立派である）。

シナシキ[ʃinaʃiki]〔名〕
　杵(きね)。粟などの穀物を臼に入れて搗(つ)くのに用いる。（?ピナシキ、鳩間ではイナシキと言う）【例】アーン　キンヌン　ウシナーイリ　シナシキシ　シクッタ（粟も黍も臼に入れて、杵で搗いた）。

シナヌ　ミン[ʃinanu miŋ]〔連〕
　綱引き用の綱の結合部分に設けられた輪っか。綱引きの導入儀礼の一つに「シナヌ　ミン　ユシ（綱の耳寄せ＝綱の輪っかの結合）」がある。鎌(かま)と矛(ほこ)（槍(やり)・薙刀(なぎなた)）の武具を各々手にした武者装いの二人の者が、大勢の人々が持ち上げる双方の板台に乗り、接近して裂帛(れっぱく)の気合と共に打ち合い斬り合う、あの勇壮な儀式のことである。「ミン（耳）」とは両綱の結合に必要な「輪っか」のことで、儀式としての「シナヌ　ミン　ユシ」を省略して「シナヌ　ミン」と称しているのである。「シナヌ　ミン　ユシ＝シナヌ　ミン」は、正月行事の核となる「綱引き」の言わば前座をなす儀式である。「ソンガチ」の項参照。

シナハン[ʃinahaŋ]〔形〕
　幼い。未熟である。（石)チュウナサン。【例】ウレーウター　マダマダ　シナハッティ　ウムッサナーヌン（そいつの歌は、まだまだ未熟で面白くない）。

シナピキ[ʃinapiki]〔名〕
　綱引き。黒島の正月の中心的行事。【例】ソンガチヌ　シナピケー　ニスマヌ　ハッツカー　ガシ　パイマヌ　ハツッカー　ユガフッティ　イジ　ヤディン　パイマヌ　ハツッタ（お正月の綱引きは、北が勝つと凶作、南が勝つと豊作と言ってかならず南が勝った）。
　黒島の正月行事では、今も昔も旧暦による「ユーピキジ（豊作を引き寄せる神事）」として、南北または東西に分かれて綱引きを行なう。東筋村では南北に分かれて綱を引き合うのだが、かつては畑地の多い南側が勝つと豊作だという「予定調和」の神事的決まり事があって、かならず南側が勝利を収めた。他の村では東西に分かれて引き合うが、それぞれ理由をつけて西側の勝利が豊作に結びつくという「予定調和」の決まり事は一致していた（東筋村でも、古い時代は東西に分かれて引き合っていたが、のちに南北に引き合うようになった）。要するに、太陽が東から上がって西に沈むという（感覚的な意味での）自然の摂理に従って、西（または南）に引き収めるほうがよいという考えによるもののようである。
　昨今は、肉用牛の生産を主産業として島一円が放牧地または牧草地と化しているためか、あるいは大勢の観光客が綱引きに参加するようになったからか、「予定調和」による勝敗の風習はなくなっているという。「ソンガチ（正月）」の項参照。

シナピキウタ[ʃinapikiʔuta]〔名〕
　綱引き歌。「シナピキ（綱引き）」の前に気勢を上げ自らの陣営を鼓舞するために歌う。【例】バンター　パイヌシナ　ハニジナ　ナナシンエー、ニシヌシナ　バラフタ　ハーフタ　ピシシンエー（我が南の村の綱は鋼(はがね)の七本綱だぞ、北の村の綱は藁屑(わらくず)の一本綱だぞ／〈しなぴき歌〉より）。南の村が北の村をけなすと、北の村はそれに

負けじと南の村をけなす。そして勝負の結末は「シナピキ」の項の通り南の勝ち。ウッフッフ！（南の歓喜）／トホホ！（北の嘆き）。

シニ[ʃini]〔名〕
脛(すね)。【例】ウレー シニヌ ナーハリバ アージ パリダハ パジドー（彼は脛が長いから、走りは速いはずだよ）。

シニアワリ[ʃiniʔawari]〔名〕
死ぬほど難儀なこと。どちらかと言うと若者言葉が定着した語。「シニ（死に）アワリ（難儀）」の意。【例】シニアワリバ シードゥ イクサユーユ フキケードゥラ（死ぬほどの難儀をして、戦争の時代をくぐり抜けて来たのだ）。

シニマービ[ʃinima:bi]〔名〕
死んだふり。【例】クヌ ナマンダリムノー シニマービバ シー プスユ ウドゥルカシ ビサレー（このろくでなし野郎め、死んだふりして人をびっくりさせてやがる）。

シヌ[ʃinu]〔名〕
角(つの)。【例】シヌヌ ナーン ピシダーン ブンドゥラー（角のない山羊もいるよ）。家畜のなかで、牛はすべて角があり、馬と豚はすべて角がなく、山羊だけは角のあるのとないのがいる。そういえば、久米島に「馬の角」だと言って観光客にも見せていたが、その正体は何だったのだろうか。那覇市寄宮の一角に「馬の角」と称する寿司屋があってよく通ったが、久米島出身の店長は真顔で「本当に馬の角ですよ」と話し自慢していた。

シヌン[ʃinuŋ]〔自〕
死ぬ。動物にも言う。「マーラスン」は人についてのみ使う丁寧・尊敬語。〈否〉シナヌン。【例】プソー シンッカー ウリマディ、イキベー プスハドゥ トゥコータボラリ（人は死んだらそれまで、生きている人にこそ徳は賜る）。「マーラスン」の項参照。

シノ[ʃino]〔名〕
篩(ふるい)。円形の枠の下に目の小さい金属製の網を張って、麦粉などを濾す道具。網目の粗い大型のものは「ユラシ」と称して、クージ（トウズルモドキ）の茎や竹で作った。（石）シノー・ユラシュ。【例】ムンユ ウシナー ピキ、ウリユ シノナー フカシムンヌクーユ トゥレータ（麦を石臼で搗り、それを篩で濾して麦粉を取った）。

シバ[ʃiba]〔名〕
舌。【例】ウシユ アースバソー シバユ シダキ ンザス ウシヌドゥ マキル（牛を闘わせる場合、舌を先に出す牛が負ける）。舌を出すのは長期戦の場合である。

闘牛に夢中になっている時期があって、闘牛にまつわる裏話をいろいろ聞いた。その一つは、試合の一週間前から寝ずの番をして対戦相手側が当方の牛に興奮剤を注射するのを防ぐという話である。牛は興奮剤を注射されると四六時中交尾の時と同じ快感に酔い痴れ（？）、精力を消耗し戦闘意欲が半減し闘いの当日はフラフラの状態になるというのだ（本当だろうか!?）。

闘牛でもっとも衝撃的だったのは、石垣市の黒島孫全さんが所有していた〝八重山酋長〟が「シーの一番（最後の取り組み、すなわち横綱戦）」で出場したときの試合であった。酋長は横に張った長い角で相手牛を牽制しながら腹取りを狙った。試合開始後間もなく、優に50センチメートルはあろうかと思われる長尺の角は相手牛の腹を突き刺した。そこで信じられないことが起こったのだ。酋長は相手牛の腸(はらわた)をこれでもかこれでもかと続けざまに抉り出し、とうとう内臓が体外に飛び出してきた。あんな凄惨な光景を目にしたのは初めてであった。以来、しばらくは闘牛場に足が向かなかった。

ところで、黒島で牛の世話をしていたこ

ろ、世話している牛同士をよく闘わせた。互いの優劣に見当がつくと劣ったほうの牛は負けを認めて敗走する。勝ったほうの牛は勝利の雄叫びを挙げるだけで、負け牛をけっして深追いしなかったように記憶している。しからば、闘牛場でのあの惨劇はどういうことだったのか。闘牛場では多くの場合、相手が敗走してもとことん追い詰め止めを刺そうとする。このような執拗な行為は、じつは人為的にストレスを極限状態まで溜めこませ、闘いの場で爆発させるように仕込んだ結果だというのだ。野生の牛にはなかった残虐性が、人為的につくり出された闘争状態だというのだから惨酷な仕打ちではある。

それはともかく、沖縄本島では春・秋の全島大会のほか、毎月のように地方大会が開催され観光客にも喜ばれている。八重山でも何回かの大会があって賑わっている。その立役者の一人が闘牛の飼育に貢献してきた玉代勢泰寛君（昭和22年生まれ）であり、若いころ初の〝女闘牛士〟として名を馳せたのが光子夫人（愛称・光っちゃん）である。現在、黒島で若い人たちが優良肉用牛の生産に励んでいるが、ひところの闘牛生産地としても評価の高かった伝統は今も続いているのだろうか。

シバ[ʃiba]〔名〕
神事用の縁起物。クージ（トウズルモドキ）の新芽が用いられた。【例】ウーネー ハンタカビヌ アトー シバユ タボラリッタ（ウーニは神の祝詞を受けたあと、シバを賜った）。豊年祭の「ユークイ（豊年の招来）」の神事で「ハンタカビ（神の祝詞）」を受けた「ウーニ」は、シバ（縁起物）としてクージ（トウズルモドキ）の新芽を賜り、鉢巻きに縛りつけた。

シバナ[ʃibana]〔名〕
岩。【例】ピシダヌ スーヤ シバナヌ ウイナ ムイベー ンガナユ イリリバドゥ ヌーッキン マーハ（山羊汁は、岩の上に生えているニガナ〈苦菜〉を入れたらが何よりも美味しい）。

シバハン[ʃibahaŋ]〔形〕
狭い。【例】ミチヌ シバハリバ タマンガリ アラキ（道が狭いので、気をつけて歩け）。

シバン[ʃibaŋ]〔名〕
小便。日本語の古語「ゆばり・いばり（尿）」の転。【例】ピーヤバソー フンツァマハラ シバンユ セータ（寒いときは、縁側から小便をした）。島の便所は、男にとっては大便用で小便は庭のあちこちですませた。夜は縁側から小便を垂れた。兄たちも同じことをするものだから、軒下のコンクリートの淵は黄ばんできて小便の臭いがした。父に厳しく注意されたのに、兄たちも僕もこの悪習（悪臭）を断ち切れなかった。

シバンッサハン[ʃibanssahaŋ]〔形〕
小便臭い。【例】トゥシトゥルッカー シバンヤ ドゥーシ シナーシ ンジフーバソン アリ アイティドゥ ウイプソー シバンッサハワヤ（年取ると小便は自分勝手に〈尿意と関係なく〉出てくる場合があり、それで年寄りは小便臭いんだよ）。

シビ[ʃibi]〔名〕
尻。最後尾。【例】シビヌ ウボホ ウシヌドゥ セリナー ダイヤ ムトゥットゥ（尻の大きい牛が、セリでは高い値がつくそうだ）。「シビダン」の項参照。

シビシカルン[ʃibiʃikaruŋ]〔自〕
くっつく。一緒になる。結婚する。〈否〉シビシカラヌン。【例】①フンダイバ シーイチバーキン ウヤン シビシカリ ベールワヤ（甘えていつまでも親にくっついているよ）。②ウヌ フターラー クナレータハラ シビシカリ ブー（その二人は、この前から一緒になっているよ）。

シビシキ[ʃibiʃiki]〔名〕
おしめ。おむつ。【例】ムカシヌ　シビシケー　ヤリキンヌ　キシシドゥ　スクレーッタヌラー（以前のおむつは、着古しの襤褸切れで作ったのにねえ）。昨今は、使い捨ての紙おむつが出来て便利になったものだよねえ。

シビジナ[ʃibiʒina]〔名〕
牛を繋ぐ長い綱。牛の鼻に接する２～３メートルの綱を「パナジナ（鼻綱）」と言い、パナジナに接続する４～５メートルの綱を「シビジナ（尻綱）」と称した。【例】パナジナン　シビジナン　アダナシシ　ナウッタ（鼻綱も尻綱も、アダンの気根＝アダナシで綯った）。「パナジナ」の項参照。

シビシビラー[ʃibiʃibira:]〔名〕
尻臀の貧弱な人。【例】シビシビラーキン　シビダンヌ　ウボホプソー　マシ（尻臀の貧弱な人よりは、尻臀の大きい人がいい）。「シビダン」の項参照。

シビタチビリ[ʃibitatʃibiri]〔名〕
ひざまずく際に、つま先を立て踵に尻を載せて座ること。【例】ウーニヤ　シビタチビリバ　シー　サーシキ　ハミルワヤ（ウーニは、シビタチビリをして、盃を戴くよ）。「ウーニ」「サーシキ　トゥラシプス」の項参照。

シビダン[ʃibidaŋ]〔名〕
尻臀。臀部。【例】シビダンヌ　ウボホッティ　ウイハ　アンガリブー　プソー　アージン　パリダハ　シカラン　スーワン（尻臀が大きくて上向きの人は、走りも速いし力も強い）。

　アスリートの身体でもっとも目につくのは、尻臀がふっくらしていて上に張っていることである。黒人のオリンピック選手の尻臀、とりわけ女子選手のそれは芸術品と言っても過言ではないほど美しく魅力的である。スポーツ科学では、尻臀はあらゆる競技を左右するほど重要だという。よって彼女らの並はずれたバネの源泉は、間違いなく美しく発達したシリタブに潜んでいるのだと思う。

　古い話になるが、お許しを……。高校生のころ、多少足が速いということで他校との対抗陸上競技大会のリレーメンバーに駆り出され練習に打ち込んだ時期があった。1,600メートルリレー（今風に言うと４×400メートル）のメンバーであった。練習後、クールダウンのマッサージをしながら、脹脛の大きさと柔らかさにくわえ臀部の締まり具合を先輩に褒められ、さらに、銭湯で管理人のおじさんにもお尻を褒められ、妙な気分を味わったことが蘇ってきた。

　あれから幾星霜、大きな病を抱えていることもあり、少しは免疫力を高めようとここ数年、一念発起して週に１、２回スポーツジムに通っている。そこで、我々の世代でも継続してゴルフやジョギング・ウォーキングなどをしているという人とそうでない人の違いは、やはり尻臀に顕著に現れていることを発見した。同時に後期高齢者になった我が尻臀も、重力に逆らえず垂れ気味なのを確認し愕然とした次第。わずかに負けん気の残っている吾輩は、インストラクターの指導を受け臀部を鍛える器具を重点的に攻めた。結果はテキメン！　風呂場の鏡の前でボディービルダーよろしくポーズをとってご満悦至極の昨今である。世は〝美尻ブーム〟だとか。ご同輩諸氏よ、是非お試しあれ！

シビックラヒャー[ʃibikkuraça:]〔感〕
くそっくらえ。不同意、消極的、反抗的、敵対的な態度を示すときに発する言葉。【例】シビックラヒャー　ウレー　イズムヌイヤ　ゾーイ　シカルヌン（くそっくらえ、そいつの言うことはとても承服できない）。

シビッタリ[ʃibittari]〔名〕
　「シビックラヒャー」と同じ。

シビッチビ[ʃibittʃibi]〔名〕
　最後尾。どん尻。「シタッチビ」と同じ。【例】ヌーシムバン　ウレー　イチン　シビッチビ　アッタ（何をさせても、そいつはいつもびりっ穴_{けつ}だった）。

シビヌミー[ʃibinumi:]〔名〕
　肛門。「シビ（尻）のミー（穴）」の意。【例】ヤラビシェーケー　シビヌミーハラ　ゾーッソヌ　ムシヌ　ンジケータワラー（子どものころ、尻の穴から白い虫が出てきたよなあ）。白い虫とは回虫のことで、当時は多くの子どもたちが体内に宿していた。今思い出して見ると、15センチメートルくらいのうどん状の形状であった。人によっては、口から出てくることもあった。回虫の伝染源は、人糞の水肥_{すいひ}の中にいた回虫の卵が野菜を通して体内に入って成長したもので、その駆除薬としてナツァラ（海人草・海仁草）を煎じて飲んだ。

シビマキフニン[ʃibimakifuniŋ]〔名〕
　〈植〉ミカンの一種。和名不詳。

シビヤン[ʃibijaŋ]〔形〕
　渋い。【例】バンシルヌ　ナンナ　ウーマンケーヤ　シビヤンドゥラ（グヮバの実は、熟しないうちは渋いぞ）。

シビラ[ʃibira]〔名〕
　〈植〉ネギの名。ワケギ。【例】ムカシヌ　シビラー　ハバサーッタヌ　マヌマヌ　シビラー　アイナー　ハザー　スーヌン（昔のネギは香ばしかったが、現在のネギはそんなに香りがしない）。昭和30年代のころのネギは強烈な香りを放ち、八重山そばのトッピングとしてその存在感を誇示していた。私は沖縄県八重山支庁長勤務のころ、かつての香り豊かな八重山ネギを見つけようと努力したが、奮闘むなしく発見出来なかった。何人かの人から、これがそうだと届けてもらったが、残念ながら納得出来るものではなかった。でも、どこかで誰かが種を絶やさず栽培しているものと、今でも信じて根気強く探している。心当たりの方、ご一報いただけるとありがたいです。

シビリルン[ʃibiriruŋ]〔他〕
　萎_{しお}れる。〈否〉シビルヌン。【例】アミヌ　ヴァーナッテナ　ヤサイヤ　ハリ　シンザヌパーヤ　シビリ　ブー（雨が降らなくて、野菜は枯れサトウキビの葉は萎れている）。

シビリルン[ʃibiriruŋ]〔自〕
　痺_{しび}れる。〈否〉シビルヌン。【例】ティーパンヌ　シビリ　ウムヤールニン　オーカルヌン（手足が痺れて、思うように動けない）。

シビルン[ʃibiruŋ]〔他〕
　しゃぶる。吸う。〈否〉シビラヌン。【例】ムカシェー　ヤラビヌ　ナクッカー　パーッタンケー　ドゥーヌ　シーユ　シビラセーッタ（往時は子どもが泣くと、お祖母さんたちは自分のおっぱいを吸わせた）。

　かなり以前、ベストセラーになった上前淳一郎著『読むクスリ』という本を読んで感銘を受けたことがある。年寄りのおっぱいをしゃぶって育った赤ちゃんは、成長しても年寄りを嫌がらないというのである。幼児体験による年寄りとのスキンシップを通して、年寄りの匂いを好ましいものとして受け入れる素地が出来ているからだそうだ。

　恥を承知で打ち明けると、僕は末っ子の特権（!?）を行使して小学校の１、２年生のころまでは寝ながら母のオッパイをしゃぶっていた。父と母の間に寝ていた僕は、ある晩父の乳首を吸っていていつもと違う感触に気づいて目が覚めた。バツの悪さにしばらく知らんふりしてしゃぶり続けてから寝返りをした。父も、多分（いや間違いなく）気づいていながらそっとしておいてくれたのだと思う。間もなくして僕は兄た

ちと同じ部屋で寝るようになった。どんなに厳しい躾や仕置きをされても父は僕にとって究極的には優しい父であった。晩年の母（享年70歳）・父（享年80歳）を引き取って自ら抱きかかえて自宅から旅立たせたのは、異常な形でオッパイをしゃぶらせてくれた両親の言葉には尽くせない深い愛情へのほんの恩返しであった。

　ところで、父母の寝床から巣立ったきっかけは、兄たちの「いつまでオトー（父）オッカー（母）と一緒に寝るか」という叱責のほか、小学校4、5年生の担任だった西島本進先生が近所に住んでおられ、他の友人も一緒に泊りに来るよう誘われたからでもあった。勉強を見てもらえるというメリットのほか米のご飯もいただき、学校では何回も体罰（と言っても尻を叩かれたくらいだが）を受けた西島本先生とは、今も親密なお付き合いを続け変わりなくよくしていただいている。感謝!!　なお、西島本先生の出身地・波照間島は隆起サンゴ礁の島なのに、一部に粘着質で保水の利くジャーガル地層があることから、田んぼがあり稲作もしていた。現在は、サトウキビ生産が中心で稲作はないようである。「ザコートゥヤー」「ハンメースガヤー」の項参照。

シブ[ʃibu]〔名〕
　お歳暮。【例】バンター　ヤラビシェケー　ソンガチヌ　シブッティ　イズッカー　サジイチマイ　アッタ（僕たちの子どものころ、お歳暮というとタオル1枚であった）。そういう状況下で、玉代勢秀元さんからのお歳暮は高級な肌襦袢上下一式が届けられた。
　父が、息子の泰寛君のヤシナイウヤという事情に加え、大方の穀物や黒砂糖の取り扱いを任されていたという事情もあったのではなかろうか。

シブ[ʃibu]〔名〕
　渋。【例】バサヌ　シブ（芭蕉の渋）。「シブバリ」の項参照。

シブチダマ[ʃibutʃidama]〔名〕
　キクメイシ。アーイシ（粟石の意）。

シブバリ[ʃibubari]〔名〕
　三線の胴の渋張り。罫紙に芭蕉の渋を塗って三線の胴張りをした。我が家の三線は、蛇皮（ニシキヘビの皮）張りだったのでその相違については分からない。

シマ[ʃima]〔名〕
　島。故郷。【例】①ビャーハ　シマー　グマハンアリ　ピサハンアーッテナー　イサナキハラ　ミーッカ　ウマハマ　ナンニン　ハクリ　ミラルヌン（我が黒島は小さくて〈標高も〉低いので、石垣島から見る〈眺める〉とあちこち波に隠れて見えない）。②シマムヌユ　バッシッカ　マリジマユ　バッシ　マリジマユ　バッシッカ　ウヤン　バッシルン（郷里の言葉を忘れると郷里を忘れ、郷里を忘れると親も忘れる）。

シマ[ʃima]〔名〕
　相撲。【例】ハラッター　グマハールヌ　シマー　スーワンドゥラ（体は小さいが、相撲は強いよ）。大相撲の醍醐味は、「小よく大を制す」場面である。学生時代、力自慢の久米島出身のＡ君と黒島の先輩・神山光祐さん（昭和14年生まれ）が沖縄相撲で組み合ったとき、体格に勝るＡ君が神山さんを高々と吊り上げ、そのまま投げつけるのではないかと見ていると、しばらくすると逆にＡ君が足元から崩れ落ちたのである。神山さんの両足の巻き付けと両腕による強力な引き付け・締め付けに、Ａ君は体が痺れ軽い脳震盪を起こしたというのだから凄い脚力と腕力であったのだ。神山さんは黒島の御嶽信仰において、最後のティジリ（手摺り）を務め先年（2017）黄泉路へ旅立たれた。この事典の編集にもっともっと力を貸してほしかった貴重な先輩の

他界は返す返すも残念であった。合掌！「グルハキルン」の項参照。

シマスン[ʃimasuŋ]〔他〕
済ませる。完済する。〈否〉シマハヌン。【例】ウカー ピンサイヤ トゥシウチナー シマハイ（負債の返済は、年内に済ましなさい）。

シマッサラ[ʃimassara]〔名〕
悪霊祓いの祭祀名。（石）シゥマフサラサー。（沖）シマフサラ。部落の出入り口の道路に注連縄(しめなわ)を張り、それに腐った肉をぶら下げて悪霊の侵入を防いだ。
　10月は、気候の変わり目で流行病をもたらすことから、臭(にお)いの強い牛や山羊の肉で祈願して追放した（幸地厚吉『さふじま－黒島の民話・謡・諺集－』参照）。
　2月は風波が強いので、かつては沖縄本島や南方諸島などからの難破船が多く、それらが悪い流行病をもたらして流行らせたりしたので、それを防ぐために行なった呪(まじな)いの行事（宮城信勇『石垣方言辞典』）。

シマナー[ʃimana:]〔名〕
〈植〉野菜の名。カラシナ。「島菜」の意。【例】シマナーヤ ンゲヘールヌ ウリヌドゥ マーハ（シマナーは苦いけど、それが美味いのだ）。

シママーリジラバ[ʃimama:riʒiraba]〔名〕
古謡の名。〈島廻(しままー)り・じらば〉。竹富町に属する島々の女性の特徴を捉えて歌っている。本書に紹介したのは東筋村の歌で、同村の人は綽名(あだな)を付けるのが巧みである。訳とは別の、元歌に潜む真意を味わっていただきたい。

シマン[ʃimaŋ]〔助〕
〜で。手段を表す格助詞「〜シ（〜で）」に強意の格助詞「マン」がついている。【例】プスユ タラークンスクン ドゥーシマン ハタジキウシキ（他人を当てにせず、自分で片づけておきなさい）。

シミ[ʃimi]〔名〕
爪(つめ)。【例】シメー イチン アザーッケ アザーッケ シーウシキ（爪は、いつも清潔にしておきなさい〈いなさい〉）。

シミ[ʃimi]〔名〕
染み。染み汚れること。【例】ウヌ キンヌ シメー アラーバン ウトゥンサー（その衣服の染み汚れは、洗っても落ちないよ）。

シミ[ʃimi]〔名〕
罪。「シミトゥガ」の項参照。

シミトゥガ[ʃimituga]〔名〕
罪と罰。「罪科(つみとが)」の意。【例】パイフタフンタカー シミン トゥガン ナーンスクン マキドゥマル マイドゥマルナ キー タビウリ シタル トゥユーッサリ（パイフタフンタカは罪も科も受けることなく、牧泊・前泊に来て旅の終了を無事に遂げたそうだ、と申し上げます）。用例は、〈ぱいふたふんたか・ゆんぐとぅ〉の末尾の句で、主人公が思慮のない言葉で神の不興を買うが、心底から反省し詫びて「シミトゥガ（罪科(つみとが)）」を免れるという内容である。「トゥユーッサリ（と申し上げます）」は、話を終了する際に用いる。日本昔話の終わりに述べる「〜とさ。」に相当する。

シミルン[ʃimiruŋ]〔他〕
顔を洗う。【例】バンタ ヤラビシェーケー ウムティヤ タンクヌ アマミジシ シミ ティーパンヤ ハーヌ ミジシ アラウッタ（僕たちが子どものころ、顔は貯水タンクの雨水で洗い、手足は井戸の水で洗った）。貯水タンクの水に余裕のある間は、洗顔だけその水を用い手足は井戸水で洗った。飲料水を天水に頼っていたころの、懐かしい風景の一コマである。

シムン[ʃimuŋ]〔自〕
住む。「シマウン」とも言う。〈否〉シマヌン。【例】ウブザーットゥ パーヌドゥ シマ

イ ワーッタトゥ（お爺さんとお婆さんが住んでおられたそうだ）。

シムン[ʃimuŋ]〔他〕
積む。〈否〉シマヌン。【例】ヤシキヌ パタマールヤ イシバ シミ ハコメーッタ（屋敷の周囲は、石を積んで囲んだ）。

シムン[ʃimuŋ]〔自〕
済む。終わる。〈否〉シマヌン。【例】ドゥーヌ バラサーッカ ピスクイ バラサシーッカ シムン（自分が悪ければ、一声詫びをすれば済む）。

シユ[ʃiju]〔名〕
露(つゆ)。【例】キル シユヌ ウリリバドゥ アーヤ ウドゥラク（霧露が降りると、粟は驚く〈いて根を張る〉／黒島の諺より）。

ジョーイ[dʑoːi]〔副〕
とても〜ない。けっして〜ない。日常語では「ゾーイ」が多く用いられるが、若年層は見出し語を多用する。「ゾーイ」の項参照。

ションテン[ʃonteŋ]〔名〕
試運転。共通語「しうんてん（試運転）」の転。【例】シートゥヤーヌ アラキカイヌ ケーリバ キューヤ ションテンバシーミラ（製糖工場の新しいエンジンがきたので、今日は試運転をしてみよう）。

シラ[ʃira]〔名〕
顔。「つら（面）」の意。「ウムティ」と同じ。「チラ」とも言うが、これは沖縄語の移入語。(石)チゥラ。(沖)チラ。【例】シラン ハイヤー キムン ハイヤーッティ ヌーッティン イザルヌン（顔も綺麗、心も綺麗で、何とも言えない）。

シラ[ʃira]〔名〕
産所(さんじょ)。産褥(さんじょく)。【例】シラー ヴァーナシハトゥ（シラは、子を産む部屋）。黒島語の「シラ」は「子を産む場所・部屋」を意味するだけだが、石垣語には加えて「分娩・出産」の意味もある。黒島語で「分娩・出産」を表す独立した単語は確認出来ない。

シラ[ʃira]〔名〕
稲叢(いなむら)。粟叢(あわむら)。焚き物叢(ものむら)。【例】シラナーヤ アーヌプーユ マジミウスク アーシラトゥ シートータンムヌユ マジミウスク タンムヌシラヌ アーッタ（シラには、粟の穂を積み上げて置くアーシラと製糖用の燃料を積み上げて置くタンムヌシラがあった）。

稲のない黒島では、主食の粟の穂を裏の部屋に積み上げ「アーシラ（粟(あわ)叢(むら)）」と称した。また、製糖用の燃料は、「タンムヌシラ（焚(た)き物(もの)叢(むら)）」と言って製糖工場の近くの空き地に積み上げて保管した。タンムヌの材料は、ススキ、カヤ、ソテツの葉、サトウキビの葉柄、サトウキビの搾り柄などであった。我が家ではつねに猫を飼っていたが、今思うと鼠(ねずみ)の害を防いでいたのだ（猫に感謝！）。

シラタンムヌ[ʃiratammunu]〔名〕
産所用の薪。産所で火鉢を置き、暖をとるために用意した上質の薪。【例】シラーキブサーラハンヨーン シラタンムノイラビ イラビ モーホイ（産所は煙くならないように、産所用の薪は上等な薪を選んで燃やしなさい）。往時の風習では、妻は結婚後も実家にとどまって子を一人二人生んだのちに婚家に移った。シラタンムヌは、婿のタマ〈分担〉であった。

シラハキナビ[ʃirahakinabi]〔名〕
万能（多目的）鍋。主食・汁物・炒め物・揚げ物等に幅広く用いることから、「万能鍋」と称した。【例】シラハキナビシマーン イーユン スーユン ヌーンクインネーシタ（シラハキ鍋で、飯も汁も何もかも炊(た)いた）。

ジラバ[dʑiraba]〔名〕
無伴奏で歌われる古謡の一つ。(石)ジラバ。「調べ」「ジラバガ（地名）」などの語源説がある。【例】ムカシウター ビャー

ハ シマナーヤ ジラバトゥ アユヌドゥ ウラハ（古謡は我が島では、ジラバとアユが多い）。他の島で「ユンタ」として歌われている歌が、黒島では「ジラバ」と呼ばれているのが多い。ジラバとユンタの形式・内容は、厳密には区別されていないのではないかと思う。「アユ」「ユンタ」の項参照。

シラフクラー [ʃiraɸukuraː]〔名〕
膨れっ面の人。不機嫌な顔の人。「面の膨れている人」の意。（石）チュラフクラー。（沖）チラフックヮー。【例】シラフクラー ユ トゥジ シーッカ タルン タジナイ クーヌンドゥラ（膨れっ面の人を妻にすると、誰も訪ねて来ないよ）。

シリキシマミヌ スー [ʃirikiʃimaminu suː]〔連〕
ごじる（呉汁・豆汁）。「シリキシマミ」は、「ジンザリマミ」「ジリキシマミ」「ジーキシマミ」などとも言う。水に浸して柔らかくした大豆を擂鉢で６、７分程度に擂って味噌、醤油、塩など、好みの味付けを行なう。往時の黒島では、豆腐ほどではないが少々贅沢で上品な食べ物であった。【例】シリキシマミヌ スーナヤ アーカシイズユ イリ ヴァイバドゥ スーック マーハッタ（ごじるには、炙り魚を入れるとすこぶる美味しかった）。

　「ごじる」に対応する用語は、『竹富方言辞典』では「マミヌ シュー（呉汁・豆のおつゆ）」で出ているが、『石垣方言辞典』『八重山語彙』『沖縄語辞典』では確認出来ない。『八重山生活誌』に「マミヌスルズーシ」が紹介されていて、大豆を水につけ擂鉢で擂って用いるところまでは同じだが、結局は米と一緒に煮る「スルズーシ＝おじや」である。ごじるは、身近にある大豆を用いた農家独特の簡便な食べ物だったことから、地域や階層が限定されたのだろうか。

シリシリ [ʃiriʃiri]〔副〕
擬音語。「シリシリ アミ（しとしと降る雨）」「シリシリシ フビシカリベー（何となくくっ付いている）」などと用いるが、「ニンジン シリシリ（人参の細切り炒め）」が全国の共通語になるのではないかという勢いで広まっている。人参を目の粗いマンガナ（下ろし金）で下ろして炒める沖縄料理が人気を博し、同時に沖縄産の大型の下ろし金も土産品としてよく売れているそうだ。

シリツ [ʃiritsu]〔名〕
手術。【例】シロタシンシェー シリツ シーバソー サキシ フキ シグ シーワータ（城田先生は、手術する場合酒を吹きかけ直ぐなさった）。僕たちが黒島にいたころ、診療所には医介輔の城田信広先生がおられたが、少々の傷は麻酔薬など用いず酒（泡盛）を吹きかけ直ちにメスを入れた。僕は小学校低学年のころ、山羊の草刈り場で転んで右足の脛にギンネムの切株が刺さった。例文のような状態で手術を受けたのだが、一週間経っても腫れが引かず痛みも取れないので、再手術をしたら奥のほうにギンネムの切れ端が残っていた。結局、半年ほどビッコを引いていたがその時の傷跡は縦７センチほど横１センチほども残っている。

シリッコー [ʃirikkoː]〔名〕
駄目になること。無駄になること。（石）シウリゥッコー。（沖）シリコー。【例】クゾー タイフーシ クトゥシェー ペーリシ スクルムノー ムルッティ シリッコー ナリナーヌン（去年は台風で今年は旱魃で、作物はすべて駄目になってしまった）。

シル [ʃiru]〔名〕
汁。【例】サイヌ ナーンバソー アーヌ イーナ スーヌ シルバ ハキ ヴォータ（おかずがないときは、粟の飯におつゆの汁を掛けて食べた）。

シル [ʃiru]〔名〕

つるべ。シルハー（つるべ井戸）で使う。

ジル[ʤiru]〔名〕
移動式囲炉裏。【例】ジルヌ ウイナー ヤコンバ ビシ ユーユ フカセーッタ（囲炉裏の上に薬缶を据え、お湯を沸かした）。冬の間、我が家では三番座に移動式の囲炉裏が置かれ、鼎（かなえ）の上に薬缶（やかん）を据えてお湯を沸かした。そのお湯でお茶を煎じるのだが、用例のような言い方をした。囲炉裏の縁は飯台代わりになっていて、父と母はそこで食事をした。

シルズーシ[ʃiruzu:ʃi]〔名〕
柔らかめの雑炊。「汁雑炊」の意。対語は「コーズーシ（固めの雑炊）」「ピサシズーシ（炊き込み雑炊）」。

シルハー[ʃiruha:]〔名〕
つるべ井戸。フミハー（汲み井戸）とも言う。

シルハキ[ʃiruhaki]〔名〕
汁掛けご飯。飯におつゆの汁を掛けた物。「汁掛け」の意。「シルシキ（汁漬け）」とも言う。「シル（汁）」の項参照。

シルマター[ʃirumata:]〔名〕
西表島古見村で信仰されている来訪神の名。「アカマター」の項参照。

シワー[ʃiwa:]〔名〕
心配。配慮。【例】シワー シー フニヌドゥ ハリユシ シー（心配する船〈用意周到な船〉こそが、安全な航海を成し遂げる）。

シワザ[ʃiwaza]〔名〕
悪い行い。「仕業」の意だが、主に悪い意味に用いる。【例】シンシヌ ナーバ ハキ イーパイバ スクリ ハザレー ムノー タンザヌ シワザヤ？（先生の名前を書いて位牌を作り飾ったのは、どいつの仕業か）。小学校高学年のころ、教室の花瓶置きの上に用例のような悪戯をして散々な目にあった。誰の発案で実際に工作したのは誰だったか覚えていないが、男子生徒全員が厳しく罰せられた。

シン[ʃiŋ]〔名〕
芯。【例】イズユ パンビンヌ シン シーバソー イズナー マースユ マミッティ アジシキリバドゥ マーハ（魚をてんぷらの芯にする場合、魚に塩を振って味付けすると美味しい）。

シン[ʃiŋ]〔名〕
線。【例】クマハラ ハマバーキ シンユ ピキウシキバ（ここからあそこまで、線を引いておきなさい）。

シン[ʃiŋ]〔名〕
新。新暦。【例】シンヌ ソンガチ（新暦の正月）。黒島では、僕たちが子供のころから今日まで綱引きなどの正月行事は旧暦で行なってきた。よって、修飾語なしの正月と言えば旧暦で行なう正月のことであり、新暦の正月には用例のように修飾語を付けて「シンヌ ソンガチ（新暦の正月）」と称したのである。

シン[ʃiŋ]〔名〕
心底。本心。日常語では「キム（肝＝本心）」が多用される。【例】シンハラ ウヴァークトゥバ ウムイ イズドゥラー（心底から君のことを思って、言う〈忠告する〉のだよ）。

シン[ʃiŋ]〔数〕
千。数の名。【例】チルヤ シンニン ハミヤ マンニン（鶴は千年、亀は万年）。

シン[ʃiŋ]〔数〕
銭。貨幣の単位。円の十分の一。【例】イッシン グリンヌ ニユチン ナーヌン（一銭五厘の値打ちもない）。

シン[ʃiŋ]〔数〕
本。本数を数える語。【例】バンタ パイヌ シナー ハニジナ ナナシンエー ニシヌ シナー バラフタ ハーフタ ピシ シンエー（我が南組の綱は金の綱七本だぜ、北組の綱は藁くずの綱一本だぜ／正月の〈綱引き歌（しなぴうた）〉より）。

シン[ʃiŋ]〔名〕
　お祝いの招待客。【例】シンヤ　ヌーヌフラーン　シカイス　ハンガイヤ？（客は何名ほど招待する考え〈つもり〉か）。

シン[ʃiŋ]〔名〕
　唾(つば)。【例】ティンハ　シン　パクッカー　ドゥーハドゥ　アミル（天に向かって唾を吐くと、自分が浴びる）。

シン[ʃiŋ]〔名〕
　墨(すみ)。【例】シンカキ　ゾージ　ナリタボーリ（墨書き上手になっておくれ）。「シンカキ（墨書き）」と「フディトゥル（筆取り）」は、かつては学問の象徴とされた。用例は毛筆で文字を書くことが、学問の初歩であり基本であり象徴であったころの標語で、八重山民謡〈あがろーざ節〉の一節である。

ジン[dʒiŋ]〔名〕
　銭(ぜに)。お金。貨幣。【例】ジンタンカバ　タラキベーッカ　アトー　ジンニン　フォーリルンドゥラー（お金だけを頼っていると、仕舞にはお金に食われるぞ）。

ジン[dʒiŋ]〔名〕
　膳。【例】ジンユ　シキルン（お膳〈食事〉を据える）。

シンカ[ʃiŋka]〔名〕
　働く仲間。信仰を共にする仲間。遊び仲間。【例】シンカヌ　スライバドゥ　シグトーナシク（仲間が揃えばこそ、仕事は捗る）。上下関係を示す沖縄語の「シンカ（臣下・部下・手下）」が、黒島では働く場や信仰の場における「仲間」の意に用いられている。

シンカースン[ʃiŋka:suŋ]〔自〕
　押し合う。押し合い圧し合いする。〈否〉シンカーハヌン。【例】ピシチヌ　ウズナードゥ　シンカーシ　ニベーッタ（一つの布団に、押し合い圧し合いして寝た）。子どものころ、敷布団はなくて掛け布団のみであった。畳の下敷きはタキフンツァ（竹床）であったから、畳の隙間から冷たい風が吹いてきて寒かったが、それがどこの家でも当たり前のことだったので皆それに耐えていたのであった。

シンカキ　ゾージ[ʃiŋkaki dzo:ʒi]〔連〕
　学問に秀でた立派な人。「墨書き（毛筆）が上手」の意。〈類〉フディトゥリ　ゾージ（筆取り上手）。【例】シンカキ　ゾージ　ナリタボーリ　フディトゥリ　ゾージ　ナリタボーリ（学問に秀でた立派な人になっておくれ／八重山民謡〈あがろーざ節〉より。黒島語により表現した）。往時は、毛筆で字を書く行為が学問の象徴であった。「フディトゥリ　ゾージ」の項参照。

シンガチ[ʃiŋgatʃi]〔名〕
　四月。【例】イチンガチ　ニンガチ　サンガチ　シンガチ　グンガチ　ルクンガチ　シチンガチ　パチンガチ　クンガチ　ズンガチ　ズーイチンガチ　ズーニンガチ（一月・二月・三月・四月・五月・六月・七月・八月・九月・十月・十一月・十二月）。

シンギ[ʃiŋgi]〔副〕
　より悪い状態。【例】①ウブザー　ヤンナ　シンダイ　シンギ　ナリナーヌワヤ（お祖父さんの病気〈病状〉は、次第に悪くなっているよ）。②ワーシケー　ヤマシカーマ　シンギ　ナレーッス（天気は、はるかに悪くなってしまったぞ）。

シンギルン[ʃiŋgiruŋ]〔自〕
　天気が崩れる、または、その兆候が現れる。【例】ワーシケー　シンギリドゥ　ブー（天気は崩れている）。結果として蒸し暑くなるが、そのような状況をも言う。

シンザ[ʃindza]〔名〕
　〈植〉サトウキビ。甘蔗(かんしょ)。【例】シンザバ　スブリ　ウヌシルユ　フトゥッツァシティ　シター　スクレーッタ（サトウキビを搾り、その搾り汁を沸騰させて黒砂糖を作った）。
　戦前から戦後の一時期まで、黒島の基幹産業は「サトウキビ作（以下「キビ作」と

いう）であった。ところが、黒砂糖の国際競争のなかで黒島のような零細工場の生産では採算がとれず、キビ作は次第に衰退し製糖工場も閉鎖を余儀なくされた。それでも、サトウキビ（以下「キビ」という）を石垣島や西表島に運んでいたが、長続きせずキビ作は完全に途絶えてしまった。代って肉用牛の生産が盛んになり、現在は島全体が牧場となって潤っている。でも小規模の牧場での畜産業が、貿易の自由化などによる国際競争にどこまで耐えられるか。観光産業等との複合的な経営戦略を練り持続的な島の発展を目指してほしいと思う。

　ところで、黒島で栽培していたキビは、「大茎種（たいけいしゅ）」といって幹が太めのもので台風にはすこぶる弱かった。その後、NCO系の改良種が取り入れられ台風に対する耐性も強化され、ブリックス（糖度）も相当上がってきた。でも、かじって食べたときの感触は大茎種のほうが甘くて美味しかったように記憶しているのは、甘い物が乏しくキビがおやつ代わりだったころの、錯覚によるものだろうか。当時の少年たちは自分の家の畑ではなく他家の畑のキビを折って食べ、畑主にワーギラレ（追われ）ときには捕まって大目玉を食らった。甘く懐かしい郷愁の漂うセピア色の思い出である。

シンザーラ[ʃindzaːra]〔感〕
　可哀そうな。哀れな。相手を憐れみ同情する際に発する。石垣語の「チゥンダラ」に対応する語。明治30年前後生まれのお婆さんたちが口にしていたのが記憶に残っているのみで、それより若い人たちが使っていたのは確認できない。この言葉は古い言い回しで、おそらく「キムイッツァハ（可哀そうな）」にとって代わられ消滅してしまったものと思われる。【例】ウヌッファー マリッティ アターチマーシ ウヤヌ マーラシ シンザーララ（その子は生まれて間もなくして親が亡くなり、可哀そうだねえ）。そういえば、この言葉を使っていたのはお婆さんのみであったことからすると、女性特有の優しさの籠った「女言葉」であったのかもしれない。

ジンザルン[ʤindzaruŋ]〔他〕
　揉む。揉み潰す。擂り潰す。擦る。【例】ウンヌムチェー ウンユ イシシ ジンザリ ウリユ バサヌ パーナ ズーミン ブセータ（芋の餅は、芋を大型の下ろし金で擂り潰し、それを芭蕉の葉で包み蒸して作った）。「イシ」は、巨大な下ろし金のこと。

シンシ[ʃinʃi]〔名〕
　先生。教員。医者。【例】シンシン シタカリッタッティ ウヤンケヘ イズッカー、イーバー マービ シタカリリッティ イザリッタ（先生に叩かれたと親たちにうったえると、よかったさ、もっと叩かれなさいと言い返された）。

　往時の黒島では、学校の教員と医師の代替をしていた医介輔（いかいほ）を「シンシ（先生）」と呼んだ。用例のように、学校の先生は島民の絶対的な信頼と尊敬を受けていたことから、教員の行為はすべて容認され異議申し立てをする父母はほとんどいなかった。僕個人の体験からすると、卒業後も体罰を与えた恩師たち（西島本進先生・成底方新先生・村田栄正先生）とのつながりが強いのは、その先生と生徒の間に目に見えない濃密な愛情交歓があったからだと思えてならない。「シタクン」の項参照。

シンシキルン[ʃinʃikiruŋ]〔他〕
　積み上げる。「マジミルン」とも言う。「積み付ける」の意。【例】ソンガチマイ ナルッカー ソンガチヨーヌ バリダンムヌユ パマヌ ウイヌタナナー シンシキ ウシケータ（正月前になると、正月用の割り裂いた薪を竈（かまど）の上の棚に積み上げて置

シンジムヌ[ʃindʑimunu]〔名〕
煎じ物。体調が優れないときに食する物。沖縄語の移入語。解毒作用のある「サギグスイ」と同じ効用があった。【例】ワーヌ キムトゥ ナガニヌ ニクシドゥ シンジムノー スクレーッタ（豚のレバー＝肝臓と背中の肉とで、煎じ物は作った）。

シンスブ[ʃinsubu]〔名〕
墨壺。墨汁を入れた舟型の壺。大工が直線を引くのに用いる道具。【例】シンスブナ ユルバ シキ ウリユ ザイギヌ ウイナ フタハトゥバ ウサイ パンクッカー マッスグヌ シンヌ ピカリルン（墨壺に木綿糸を浸し、それを材木の二箇所で固定して弾くと真っ直ぐな線が引ける）。

シンダイ[ʃindai]〔副〕
次第に。徐々に。【例】ヤンヤ シンダイ ゲーラック ナリブー（病気は、次第に悪化している）。

シンタク[ʃintaku]〔名〕
洗濯。共通語からの借用語で、日常語は「キンアライ」。【例】シンタク シーバソー アマミジナ アライ ハーミジナ ユスゲーッタ（洗濯するときは、天水で洗い井戸水ですすいだ）。天水（雨水）は、貴重だから汚れを落とすときに使い、すすぐときは井戸水を使った。当時は、洗濯石鹸と言えば固形の「アデカセッケン」のみで、現今のような種々の洗剤はなかった。

シンタク ダライ[ʃintaku darai]〔連〕
洗濯用の盥。アルミ製の大きな盥があって、洗濯にもイモ洗いにも時には牛に水を飲ませるのにも、用いた。それ以前には、木製の盥もあったなあ。

シンダン[ʃindaŋ]〔名〕
〈植〉樹木の名。センダン（栴檀）。【例】タンシン トゥクン シンダンシドゥ スクレーッタ（箪笥も仏壇も、栴檀材で作った）。センダンは木目が美しく捻りのないことから箪笥や仏壇などの家具材として重宝された。八重山地方では、女児が誕生するとこの木を誕生記念として屋敷や畑の隅に植樹し、嫁入り道具の材木用に備えたと言われている。黒島では屋敷林というよりは屋敷以外の空き地によく植栽されていた。
なお、ことわざ「栴檀は双葉より芳し（栴檀は発芽の頃から香気があるように、大成する人は子どもの時から優れている）」に登場する「センダン」は、香料植物として栽培される「ビャクダン（白檀）」のことで、黒島にはなかった。

シントゥ[ʃintu]〔副〕
少しの。わずかの。【例】シントゥ アイ タンカドゥ ノホレーットゥ（たったそれだけが残っているそうだ）。

シンドゥー[ʃindu:]〔名〕
船頭。船長。【例】プーンヌ パーリー フニナ ヌール ウーニユドゥ シンドゥーッティ イズッタ（豊年祭の爬竜船に乗るウーニを、船頭と言った）。沖縄語では、「ウーニ（ʔuuni）」を「船（huni）」の敬語「お船」だと説明している（『沖縄語辞典』『琉球語辞典』参照）。「お船」が「ウフニ（ʔuhuni）」と変化し、「フ（hu）」の子音が脱落して「ウウニ（ʔuuni）」から「ウーニ」へと変化したのであろう。
　石垣語では、「ウーニ（ʔu:ni）」を「①古語で船。②船頭。ウフフニ（大船）の約と言う」と説明している（『石垣方言辞典』参照）。「ウーニ」の項参照。

ジンナクン[dʑinnakuŋ]〔他〕
押し込む。舟が浅瀬に突っ込む。「ウシナクン」とも言う。〈否〉ジンナカヌン。【例】①ドゥキ ニーユ ジンナクーッカ フクロー ヤリルンドー（あまり荷を押し込むと、袋は破れるぞ）。②ジンナキズーワッティ フニヌ スクバ ジンザリ イタマ

セーワヤ（舟を浅瀬に突っ込みすぎて、舟の底をすって傷めてしまったよ）。

シンニ[ʃinni]〔副〕
わざわざ。【例】ウヌ ミドゥモー ウヴァユ タジナイ シンニ ヤマトゥハラ ケートゥドゥラー（その女性は、君を訪ねてわざわざ日本本土から来たそうだよ）。

シンヌ ソンガチ[ʃinnu soŋgatʃi]〔連〕
新暦の正月。【例】パーンティヌ ビャーハ シマナーヤ シンヌ ソンガツェー スーンタン（以前の我が黒島では、新暦の正月行事はしなかった）。

　かつて旧暦の正月だけを祝っていたころ、黒島では「ソンガチ（正月）」と言えば、旧暦の正月のことであった。したがって、当時は新暦の正月にだけ「シンヌ（新の）」という修飾語をつけて表現した。黒島の正月の中心的行事である農耕儀礼の「シナピキ（綱引き）」は、東筋部落と仲本部落では現在（2020年）も旧暦によって行なわれている。

ジンバイ[dʒimbai]〔名〕
膳や皿等を調達すること、またその人。【例】ムカシェー ウブヨイヌ バソー ジンバイヌドゥ ジン パチ シームヌマハンヌッツァー ヤーヤーハラ アツァミセーッタドゥラ（昔は大きな祝いの場合、ジンバイが必要な膳、皿、吸い物碗等を各家庭から集めて行なったのだよ）。

シンバン[ʃimbaŋ]〔名〕
審判(しんぱん)。【例】ドゥシンキザーン シマバトゥリ アサブバソー シザンキヌ シンバン ナリ ハチマキユ キミフィーッタ（友だち同士で相撲をとって遊ぶ場合、先輩たちが審判になって勝敗を決めてくれた）。

ジンプー[dʒimpu:]〔名〕
順風。追い風。〈対〉ンカイハジ（向かい風）。【例】ジンプーヌ バソー キカイシ ンキン プーシンヌドゥ パーハッタ（順風の場合、機械船＝エンジン付きの船より帆船のほうが速かった）。

ジンブン[dʒimbuŋ]〔名〕
分別。思慮。知恵。（石）ズンブン。（沖）ジンブン

ジンボー[dʒimbo:]〔名〕
民俗芸能〈獅子棒〉の棒。棒のさきに穴の開いた銭（五円硬貨）を数個縛りつけて、音の出るよう工夫した。

シンマイナビ[ʃimmainabi]〔名〕
鍋の一種。非常に大型の鍋。「四枚鍋」の意。（石）シゥンメーナビ。（沖）シンメーナビ。【例】ワーヌ イーヤ シンマイナビシドゥ ネーシタ（豚の餌は、シンマイナビでが炊いた。材料の鉄板が四枚で造られたことから「四枚鍋」の名で呼ぶ。シンマイナビ（四枚鍋）は六升炊き用。サンマイナビ（三枚鍋）は五升炊き用。ニンマイナビ（二枚鍋）は三升炊き用の鍋。以上の説明は、宮城信勇『石垣方言辞典』参照。

シンムチ[ʃimmutʃi]〔名〕
書物。教科書。（石）シュムチゥ。【例】ヤーナ シンムチッティ イズッカー ガッコーナ シカウ シンムチタンカ アッタン（家で書物と言えば、学校で使う教科書だけであった）。

シンムチバタ[ʃimmutʃibata]〔連〕
山羊や牛などの反芻(はんすう)動物の胃壁に何重にも重なっている襞(ひだ)。「書物のような腸(はらわた)」の意。【例】シンムチバター ピシダトゥ ウシナー アルヌ ワートゥ ンーマナヤ ナーヌン（書物のような胃壁は、山羊と牛にはあるが豚や馬にはない）。

　胃壁の襞を「書物のような」という表現の奇抜さにも感心させられるが、このような胃壁を有するのは反芻(はんすう)動物に限られるというのも面白い。この言葉を最初に教えてくれたのは、自ら畜産業を営んでいる甥の

榮一（昭和25年生まれ）であった。さらに反芻動物に特有の胃壁だと教えてくれたのは黒島出身で獣医師の宮良当皓君（昭和23年生まれ）である。このシンムチバタは、ザラザラした食感が独特の味わいを醸しナカミ（中身・動物の臓物）のなかでも貴重な食材である。なお、黒島では臓物のことは「ナカミ」とは言わず「バタダング（腹の道具＝臓物）」と称した。

ス

ス[su]〔形名〕
人・事・物を表す形式名詞。【例】①ウターイズスドゥ ヌシ（歌は歌う人が主人公である）。②ウレー ヤミスドゥ マシ（それは止めるほう＝事が良い）。

ス[su]〔助数〕
容積を表す単位。升（10合）。【例】イッス（1升）。ニス（2升）。サンス（3升）。ユンス（4升）。グス（5升）。ルクス（6升）。ナナス（7升）。ハッス（8升）。キュース（9升）。イットゥ（1斗）。

スー[su:]〔接頭〕
強い。きつい。ひどい。「スーワン[su:waŋ]（強い）」の語幹「スー」が接頭語になった語。【例】①スーヤンバ ハカリ ヨーマリ ベー（大病を患って、弱っている）。②クンドゥヌ タイフーナ スーアタリバシー ヤーヤ キューリナーヌン（今度の台風に強く当たって〈襲撃されて〉、家は崩れてしまった）。

スー[su:]〔名〕
潮。潮時。【例】スー ミツァハイ（潮を満たせ〈適当な潮時まで待て〉）。物事を成すのに最適な頃合いを見定めよ、と言う意味でよく用いた言葉である。

スー[su:]〔名〕
お汁。おつゆ。おみおつけ。「イズヌ スー（魚汁）」「ミス ズル（味噌汁）」「ナージル（身のない汁）」などと、使い分ける。「シームヌ（吸い物）」は「澄まし汁」のことでまったく別物。【例】イズヌ スーヤ シルドゥ ミー（魚汁は、汁こそが身だよ）。きょうだいの多かった我が家では、魚汁の身は末っ子の分までは残っていないことが多かった。僕が自分のおつゆに身が入っていないと拗ねると、明良兄（昭和10年生まれ）に「魚汁は汁が身だよ、贅沢言うな」とどやされたものである。

ズー[dzu:]〔名〕
大便。糞。【例】ズーマリハトー シマナー ワーマキッティ シタ（大便所を、黒島ではワーマキと言った）。「ワーマキ（豚小屋）」の項参照。

ズー[dzu:]〔名〕
尻尾。末尾。【例】ワーヌ ズー パタラキ（豚の尻尾の働き。無駄な働きのこと）。豚の尻尾は、豚の図体の割には不釣り合いなほど小さく、しかも内側にクルッと丸まっていて忙しなく振っている割には、蠅を追うのにすら役立っていないように見える。用例は、そのことを言っているのだが、はたして豚自身は無駄だと思っているのだろうか。

スーガン[su:gaŋ]〔名〕
浜晒し。潮乾。防虫のため材木を波打際の砂に埋めること。【例】インヌ シマハラ トゥリケー ケンギキーヤ ヤクヌ パマナ ウズミ スーガンバ シー ウシ

ケーッタ（西表から取ってきた槙の木は、伊古部落の砂浜で埋め潮晒しをしておいた）。

　布の染め織りの工程では仕上げの段階で、色彩を定着させ汚れを落とすため潮水に浸す「ヌヌサラシ（布晒し）」または「ウミサラシ（海晒し）」がある。それとは別に、伐り倒した材木を山中の泥濘や深田に漬ける「山晒し」（「山乾」とも言う）と、海浜の砂の中に埋めておく「浜晒し」（「潮乾」とも言う）とがある。スーガン（潮乾）には塩分による防虫効果と材木の捻りを防ぐ効果があるというが、ヤマカン（山乾）にも同じような効果があったのであろう。

スーキ[suːki]〔名〕
〈植〉テリハクサトベラ。海岸の砂場や岩場に生えている肉厚の葉の植物。(石)ソーギ。【例】スーキヌ パーヤ ヌーバシェータイフーヌ アトゥナーン アウーアウシベー（スーキの葉は、どんな台風の後でも青々としている）。ピータイフー（雨を伴わない台風）の後でも、このスーキはびくともしなかった。葉の表面に産毛状の毛の生えたのとツルツルしたものの二種類があって、山羊は後者のツルツルしたものだけを食べた。

スーキスン[suːkisuŋ]〔他〕
潮の中を走る。「潮を切る」の意。豊年祭の「ウーニ競走」の際に、ウーニが海中で潮を切り裂いて疾走する場面の描写。【例】ウーニヌ スーキシ ハイヤーヤ プリヌ ナハムリヤーヌ カメキチシェーッティ イザリブルワラー（ウーニが海中で潮を切り裂いて走る姿の美しさは、保里部落の盛舛亀吉氏であったと言われているよなあ）。盛舛亀吉氏（大正15年生まれ）はウーニとして海中で走る際、サナイ（褌）を濡らすことなく軽やかに疾走したという伝説上の名ウーニである。

スーキナー[suːkinaː]〔名〕
〈植〉フダンソウ。(石)ソーギナー。(沖)ンスナバー。【例】スーキナーヤ パーヌ ウボホーッテナー ワーヌ イー シーッカ ナシケーッタ（フダンソウは葉が大きくて、豚の餌にすると助かった）。野菜としては炒め物やおつゆの菜にし、行事の際のご馳走としては太い葉柄を煮物にして重用した。用例のように「豚の餌」としては、ウンヌ パー（芋の葉）とともに大食の豚の好物であった。

ズーシ[dzuːʃi]〔名〕
雑炊。おじや。「雑炊」の音韻変化した言葉だが、「硬めの混ぜご飯」にも言う。汁の多い軟らかめの「シルズーシ（汁雑炊）」に対し硬めのほうを「コーズーシ（硬雑炊）」または「ピサシズーシ（干し雑炊）」と言う。【例】ソーラヌ ンカイピーヌ ズーシ（精霊〈旧盆祭り〉の迎え日の雑炊）。旧盆の迎え日は、昔も今もコーズーシが供される。昭和30年代のころまで、黒島の多くの家庭では米のご飯を食べたのは盆と正月の三が日くらいであった。コーズーシの具には、豚肉の赤肉と三枚肉（ばら肉）が最適であった。

　ズーシにまつわる苦い思い出がある。高校2年生のとき、1年後輩の運道泰三君とT家で下宿した。朝夕2食付きで、晩飯にはソバ1品だけまたはコーズーシ1品だけという日が多かった。それでも初めのうちは十分に満足出来るご馳走であった。だが、一月経ち二月経つうちに、この2品に対する拒食反応が起きた。三月目に入ると2人は〝ハンガーストライキ〟を起こした。パンの買い食いで空腹を凌いだが、下宿のおばさんに見つかってしまった。問い詰められた2人は、ソバもズーシもビトゥリ（食べ飽き）て食指が動かない旨を告げた。以後、具沢山の味噌汁や他のおかずが出され

るなどして改善してくださった。2人が「美味い・おいしい」と言うのでソバもズーシも善意のフルマイ(ご馳走)だったのだが、さすがに連日となると辟易(へきえき)してしまったのである。

　泰三君は、高校卒業後間もなく交通事故で命を落とした。明るく冗談好きの泰三君の早逝(そうせい)は残念無念だった。合掌！

スーシカ[suːʃika]〔名〕
　豚肉の塩漬け。(沖)シューシキ・スーチカー。【例】スーシカー　アヴァナビナ　アヴァユ　イルンスクン　イラキ　ヴォーッカ　スーック　マーハン(スーシカは、揚げ物用の鍋で脂を敷かずに炒めて食べるとたいへん美味しい)。

　スーシカは、豚の三枚肉(ばら肉)を大きめの角切りにして、強めの塩漬けにした保存食品である。冷蔵庫の普及した現在、保存食としての意味合いよりは、塩の染み込んだ味が好まれるという側面が強いのではなかろうか。あるいは、長期間塩を染み込ませることによって三枚肉の旨味成分が増すなどの化学変化による効果があるということも考えられるのだろうか。イタリアンの生ハムやサラミも原理は一緒ではなかろうか、と指摘されるのは西大料理学院の西大八重子先生である。

　そういえば、西表島ではイノシシ(同島では「カマイ」と言う)の肉を塩漬けにして保存するが、塩を少なめに振って腐敗状態を避けつつ発酵状態の食品にすると言う。冷蔵施設のないころ、貴重な塩を節約したために腐敗の一歩手前で発酵させ絶妙な味が自然発生的に生じたものであろうということを、西表島出身の大浜孫重さん(大正5年生まれで、私の兄嫁・裕子の父御)から聞いたことがある。最近(2019年4月)、現在も西表島に住んで自らもカマイ捕りを行なっておられる那根格さん(昭和9年生まれ)から貴重なお話を伺った。上記の塩漬けについては壺で蓄えたが発酵を目的にしていたかについてはよく分からないとのことで、塩漬けにしたイノシシの肉を藁苞(わらつと)にして藁の根っこの部分を上にしてつるし水分を抜いて保管し食したという。この藁苞による保存法こそは単なる水抜きの効果にとどまらず、期せずして藁から発生する納豆菌による発酵を促し新たな旨味を引き出していたのではないだろうか。

　韓国に薬草と肉を缶に詰めウジが湧く状態にしてその肉を食する衝撃的な場面を小説(梁昔日(ヤンソギル)著『血と骨』)で読み、映画(ビートたけし・鈴木京香主演)でも見たが、薬草により発酵を促していたのであろうか。このウジが湧く状態にしてイノシシ肉を食する習慣は、石垣島の四箇村でも川平村でもあったという話を昭和20年代生まれの二人(宮城信博君・高嶺善伸君)から聞いた。

　ともあれ、発酵食品は慣れればハマるし、慣れなければ納豆の発酵臭だって人によっては受け容れないのだから、よくわからない。若いころインドネシアで「果物の王様」と言われているドリアンを食したが、腐臭としか言いようのない強烈な臭みはいまだに思い出すだけで気分が悪くなる。

スーシキムヌ[suːʃikimunu]〔名〕
　塩漬け。「塩漬け物」の意。通常、漬物は「シキムヌ」「アーシ」と言う。【例】スーシキムヌッティ　イズッカー　ラッキョートゥ　ギラヌドゥ　マーハ(塩漬けというと、ラッキョウとヒメジャコが美味しい)。

スーシキルン[suːʃikiruŋ]〔他〕
　塩漬けにする。〈否〉スーシクヌン。【例】ギラー　スーバ　ネーシティ　ノホラー　スーシキウシキ(シャコガイは、おつゆ用に煮て残りは塩漬けしておきなさい)。

スーシトゥキ[suːʃituki]〔名〕
　潮時。物事を成すのに適当な時間、または

時期。「スー（潮）」と「シトゥキ（時間・期間）」の複合語。（石）スーシゥトゥギゥ。【例】スーシトゥキバ ミリドゥ フネーンザシタ（潮時を見計らってから、船は出港した）。今でこそ黒島港内は浚渫（しゅんせつ）され、浮桟橋も敷設され潮の干満に関係なく船は自由に出入りしているが、昭和40年代ころまでは、満潮時にしか船は出入港出来なかった。伊古部落の海辺には400メートルにも及ぶ長い桟橋があるが、遠浅のため先端部分でも水深が浅いため石垣島との連絡船用の港としては活用されていない。

ズーシバル[dzu:ʃibaru]〔名〕
　大小便。「ズーシバン」とも言う。「ズー（大便）」と「シバル（小便）」の複合語。【例】ズーシバルユ ドゥーシ シーッセーケナー ハマハ パラリーッカラー（大小便を自分で処理出来るうちに、あの世に行けたらなあ）。下の世話を他人にゆだねるのは、思うだに気が重いよなあ。

スーダ[su:da]〔名〕
　海（潮）の渦巻き。強い潮引き。【例】タキドゥンヌ アールマヌ スーダヌ ハトゥハ フーッカ フネー マイハ ナラントゥン（竹富島の東側の強い潮引きに差し掛かると船は前に進まなかった）。用例の潮引きの強かった所は、通称「黒島口」と呼ばれた。そこに最初に船の通り道を作るための掘削事業を行なったのは玉吉秀昌翁（勤王流二代目師匠・諸見里秀思の実弟）である。その後、行政が関わって現在は幅50メートル以上の水路が整備されていて、石垣島と竹富町の島々を結ぶ海上の要路となっている。

スーダイ[su:dai]〔名〕
　部落や島の上役、代表者。「総代」の意。時代によって代表者であったり、次席の役職であったりした。【例】クトゥシヌ プーンヤ ユームラヌ スーダイヌ アツァマリワーリ ルクンガチヌ ハンピュールハラ ハニトゥラヌ ピュールバ イラビタボータ（今年の豊年祭は四村の総代が集められ、6月の神日和のうちからハニトゥラの日和が選ばれた）。ハニトゥラは、庚寅（かのえとら）のこと。豊年祭の日取りは、用例のように四部落の総代が一堂に会して旧暦六月の「ハンピュール（神日和）」のうちから選んだ。

スーチズー[su:tʃizu:]〔名〕
　大潮。〈類〉ナマリズー（中潮）。ハラズー（小潮）。

スーック[su:kku]〔副〕
　しっかりと。十分に。甚だ。【例】スーック コッチ タボーラリヤン シカイットゥ プコーラサユー（たいへんご馳走になりました、まことにありがとうございます）。

スードゥミ[su:dumi]〔名〕
　潮止め。「インドゥミ」と同じ。旧暦の4月からは暴風期に入るので牛・豚・山羊を殺すと、1週間は海に入ることを禁止した。また女性が月の物を海で洗うと海が荒れ、風が強くなるということから、特に50歳以下の女の浜下りは禁止された（幸地厚吉著『さふじま―黒島の民話・謡・諺集』参照）。

スートマーレ[su:toma:re]〔名〕
　キラザ（マガキガイ）の殻で作った遊具。上部3分の2を削り、根っこの尖（とん）がりを軸にして回し回転する時間の長さを競うだけの単純な遊び。

スーナビ[su:nabi]〔名〕
　おつゆ鍋。汁鍋。【例】スーナビトゥ イーナビ（おつゆ鍋とご飯鍋）。

ズーハマブク[dzu:hamabuku]〔名〕
　蒸し蒲鉾。「白い蒲鉾」の意。〈対〉アカハマブク。法事用の蒲鉾は、染めたり揚げたりせず、蒸しただけの〈白い蒲鉾〉であった。

スーピナイ[su:pinai]〔名〕
　おつゆを掬（すく）いとる台所用具。杓子（しゃくし）。【例】スー

ピナイトゥ　ユーピナイ（おつゆ用の杓子とご飯用の杓子）。
　共通語では、「杓子＝飯または汁などの食物をすくいとる具」と説明され、「杓文字は杓子の女房詞で、飯や汁などをすくう道具。特に、飯をよそう道具」と説明されている（いずれも『広辞苑』）。黒島語でも、「ピナイ（杓子）」という用語の頭に「スー（汁・おつゆ）」と「ユー（飯・おかゆ）」を冠して「スーピナイ」「ユーピナイ」などと区別している。関連するが、「おたまじゃくし（御玉杓子）」は「①形がまるくて柄のついた汁杓子。②カエルの幼生。」と説明されている。」（『広辞苑』）。『広辞苑』の言葉の説明は、語源に近いものを先に説明するのが通例であることから、カエルの幼生を「オタマジャクシ」と呼ぶのは台所用品の「御玉杓子」に形が似ているからであることが分かる。

スーブ[su:bu]〔名〕
　勝負。競争。【例】モーキ　スーブッキンタミ　スーブ（儲け勝負より、貯め勝負）。浪費を戒め、倹約・貯蓄を奨めた言葉であるが、四六時中コマーシャルによって消費を煽られている今日こそ、大事にしたい金言ではなかろうか。東日本大震災・福島原発事故のあと国民的に呼びかけられた節電はいつの間にか忘れ去られ、いずれは破綻することが目に見えているのに年々膨張する国家財政もとどまるところを知らない。

スーフキ[su:Φuki]〔名〕
　口笛。【例】スーフキユ　フクッカー　ハジヌ　フクッタワラー（口笛を吹くと、風が吹いたよねえ）。お婆さんたちが、脱穀した穀物の中に混入している穀物の殻屑などを風に乗せて吹き飛ばそうと、ピピピーピピピーと口笛を吹いて風を呼んだのである。すると、あら不思議、柔らかい風が起こり穀類を頭より高い所から落とすと、ちゃんとした穀物の実は真っ直ぐ下に落ち、未熟で薄っぺらな実は殻屑と共に風に流され器であるソーキの外に飛ばされたのである。風を呼ぶための一種の呪いであったのだろうが、口笛に誘われてそよ風が吹いたのは事実であったように思うのだが……。

ズーフキルン[dzu:Φukiruŋ]〔他〕
　大便を漏らす。粗相する。自分の意思に反して大便を漏らす場合に言う。【例】シタミミバ　シカンッファイ　クダシ　ヤガティ　ズーフキルンティ　シーベーッタ（ぜんざいを食べ過ぎ下痢をして、もう少しで粗相するところだった）。

ズーブク[dzu:buku]〔名〕
　重箱。（石）ズブグ。【例】キザルヌバソー　ズーブクナ　ヴァイムヌヌ　グーハジ、イズヌパンビン・ハマブク・サンマイニク・ダイクニ・キンダイクニ・グンボー・アギドーフ・クブ・クンニャク・クマスムイヌーッツァバ　イリ　ウヤプスヌ　マイナハザリ　ウヤシタ（行事のときは重箱に食物の数々、魚のてんぷら・かまぼこ・三枚肉・大根・人参・ゴボウ・揚げ豆腐・昆布・こんにゃく・コブシメ等々を入れ、ご先祖様の前に供えた）。餅は別の重箱に詰めた。

スーフクン[su:Φukuŋ]〔自〕
　潮が満つこと。満潮になること。〈否〉スーフカヌン。【例】スーフク　バソー　アーブクヌ　イジフリバ　キーシキリ（潮が満つときは、泡が出て来るから気をつけろ）。

スーマリドゥン[su:mariduŋ]〔連〕
　巣篭りしている鶏。卵を温めている鶏。【例】スーマリドゥンヤ　シーナ　トゥンヌッファバ　ダキ　スクマリ　ベー（巣篭りしている鶏は、巣で卵を抱いてじっとしている）。

ズーマリハトゥ[dzu:marihatu]〔名〕
　大便をする所。便所。「ワーマキ」とも言う。【例】ズーマリハトゥユ　ワーマキッティ

シタ（大便をする所を、ワーマキと言った）。「ワーマキ」の項参照。

スーマンボースン[suːmamboːsuŋ]〔名〕
小満芒種(しょうまんぼうしゅ)。小満（草木が周囲に満ちはじめる意）は、二十四節気の一つで、太陽暦の５月21日頃に当たる。芒種（芒(のぎ)のある穀物を播く時期の意）は、二十四節気の一つで、太陽暦の６月５日頃に当たる。

スーミジ[suːmiʒi]〔名〕
潮水。通常は「ウブス」と言う。【例】ビャーハシマヌ ハーヌ ミジェー スーミジヌ マザリブーッテナ サクラハヌ ヌマルヌン（我が黒島の井戸水は、潮水が混ざっているので辛くて飲めない）。黒島は隆起珊瑚礁のため、地下は海とつながっていて潮水を含んでいることから辛くて飲み水には適しない。島の地下と海がつながっていることは、潮の干満と多少の時間差はあるが井戸の水位が上下することからも明白である。

ズームン[dzuːmuŋ]〔他〕
包む。〈否〉ズーマヌン。【例】ウッスイナ ズーミ ムティ パリバー（風呂敷(ふろしき)で包んで持って行きなさい）。

ズームン[dzuːmuŋ]〔自〕
潜る。〈否〉ズーマヌン。【例】ムカシェー ギラー ズーマンスクン トゥラリッタヌラー（昔は、ヒメジャコは潜らなくても捕れたのになあ）。昭和30年ころの黒島では、遠浅の海辺では潮が引くと潜らなくてもヒメジャコはたくさん捕れた。乱獲のせいか生態系の乱れによるものか、現在は激減してかなり深いところでも少ないという。

スーラスン[suːrasuŋ]〔他〕
強める。勢いづける。〈否〉スーラハヌン。【例】ハイシハジェー マヌマーキキン スーラシ フキバ タマンガリ（返しの風は、今までより強く吹くから用心せよ）。

スーリ[suːri]〔感〕

掛け声。「スリ」「スーリー」などとも言う歌言葉。【例】スーリ サーサ シュラーッサ ハイヤ／八重山古典民謡の〈綾はびる節〉の囃子ことば。

スーリルン[suːriruŋ]〔自〕
優れている。強くなる。成長する。〈否〉スーラヌン。【例】①シザッキン ウシトゥヌドゥ スーリブー（兄より弟が優れている。②ハジェー マヌマハラドゥ スール（風〈台風〉は、今から強くなる〈強まる〉）。

スールン[suːruŋ]〔自〕
強くなる。発育する。〈否〉スーラヌン。【例】①ハジェー スールンティ シタヌドゥ ヨーマリ ケーワヤ（風〈台風〉は強くなると言ったのに、弱まってきたよ）。②ヤラビッティ ウムッタヌ アーッタニ スーリ ウブプスニン ナレーワヤ（子どもだと思ったのに、急に成長して大人のようになっているよ）。

スールン[suːruŋ]〔自〕
悪化する。〈否〉スーラヌン。【例】ウブザーヤンナー クナレーッタキン ヤマシカーマ スーリ ブルワヤラー？（お祖父さんの病気は、この前より遥かに悪くなっているよなあ）。

ズールン[dzuːruŋ]〔他〕
汚(よご)れを拭(ぬぐ)う。尻を拭く。〈否〉ズーラヌン。【例】①ヤラビシェーケ ウムティナ ガバーバ フイベーッカ アボー サジユ アチミジナ ゾーラシ ウムティハラ フビヌ マールユ ズーリ ビーッタ（子どものころ顔が汚れていると、母は手拭いをお湯に浸して顔から首筋あたりを拭ってくれた）。末っ子の特権だとばかり、僕は多分小学校の１年生のころまで用例のようなことをしてもらって母に甘えていた。後年、寝たきりの母のシモの世話もしたが、それは幼いころに受けた母の底知れぬ無償の愛を思い出しながらの、ほんのわずかばかり

の恩返しでしかなかった。母は、息子の僕にシモの世話をさせて申し訳ないと涙ぐんだが、自分がこの世に生れ出た神秘的かつ神聖なところだと思うとまったく苦にならなかった。②ムカシェー ユナヌ パーシドゥ シベー ズーレッタ（以前はオオハマボウの葉で、尻を拭いた）。僕たちが子どものころは、トイレット・ペーパーのようなしゃれた製品はなく、どの家にもユナ（オオハマボウ）が便所の近くに植えられていて、その葉で尻を拭いていた。生の葉は破れやすく、2〜3日前に枝を折っておき葉が萎れてから用いるのが上手な使い方だった。新聞紙や雑誌などもなく、また塵紙もなかったころの話である。

　ところで、別の項目でも参考にした金田一春彦著『ことばの歳時記』（新潮文庫1973年）のなかで、著者が長崎県対馬での面白い体験談を記しているので紹介しよう。同島の宿泊先の便所でフキの葉がうず高く積み上げてあり、便所の中を覗くと使用済みのフキの葉があった。「紙の使用を知らなかった昔の人は、用便のあと始末はフキの葉を用いたもので、それでフキの葉というのであろうか？」と駄洒落を用いて語源に言及している。

スーワン[suːwaŋ]〔形〕
　強い。厳しい。人間の能力面の力量や病の度合いなどにも用いる。「スーサン」とも言う。【例】①アージ パラハバン シマトゥラハバン スーワン（走らせても相撲を取らせても強い）。②ウブザー クンドゥヌ ヤンヤ スーワヌ（お祖父さんの今度の病気は、重篤だよ）。

ズーン[dzuːŋ]〔他〕
　刺す。【例】ウヌ パツェー クンゾバ タイ プスユ ズーンティ シーブリバ ザールンヨーン タマンガリ（その蜂は怒って人を刺そうとしているので、刺されないよう気をつけろ）。見出し語の「ズーン（刺す）」は、通常は受動態の「ザールン・ザーリルン（刺される）」として用いられることが多く、能動態のまま用いることはめったにない。「ザーリルン」の項参照。

ズーン[dʑuːŋ]〔他〕
　擂る。【例】シリキシマミヌ スーヤ トーフマミユ ミジナ フクラシ ウリユ ダイパナ ジードゥ スクル（ゴジルは、大豆を水につけてふくらし、それを擂り鉢で擂って作る）。

スガイ[sugai]〔名〕
　身なり。装い。【例】スガイシ プスヌ タケー バハルン（身なりで、人の身の丈は分かる）。

スク[suku]〔名〕
　底。【例】プコーラサーッティ ウムーッカ キムヌ スクハラ アイ イジ（有難いと思うなら、心の底からそう言いなさい）。

スク[suku]〔名〕
　〈動〉魚の名。アイゴの稚魚。【例】スクシドゥ スクガラスユ スクル（アイゴの稚魚でが、スクガラス〈アイゴの稚魚の塩漬け〉を作った）。アイゴの稚魚は生まれた直後は波に浮いているが、2〜3日すると海藻を食べるようになり、そうなるとスクガラスには不向きとなる。

スク[suku]〔助〕
　〜すら。〜くらい。〜ほど。〜だけ。〜どころ。前に接する言葉の程度を表す。【例】バー イズ ムヌイナータ ゾーイ シキ スク アラヌン（私の言うことなど、とても聞き入れるどころではない）。

ズク[dzuku]〔名〕
　熟すること。【例】ズクシーッカ ヌーバセー ウンヌン マーハン（熟すれば、どんな〈種類の〉芋も美味しい）。

スクウン[sukuuŋ]〔他〕
　掬う。掬い取る。〈否〉スクワヌン。【例】スー

ヤ　スーピナイシ　イーヤ　ユーピナイシ　ナビハラ　スクイ　トゥリ（おつゆはおつゆ用の杓子で、飯は飯用の杓子で鍋から掬い取れ）。

スクキキン[sukukikiŋ]〔名〕
重ね着。「スクキルン」の項目参照。

スクキルン[sukukiruŋ]〔他〕
重ねる。〈否〉スククヌン。（石）チュクギルン。【例】ピーヤリバ　キンヤ　スクキキシアラキ（寒いから、衣服は重ねて着て歩きなさいよ〈いなさいよ〉）。

スクックムン[sukukkumuŋ]〔自〕
つんのめる。前へ勢いよく倒れる。【例】カイダンハラ　スクックミ　ティーヌ　プニバ　ブリナーヌン（階段からつんのめって、手の骨を折ってしまった）。若いころは、階段は見なくてもリズムよく上り下り出来た。さすがに後期高齢の今は、うっかりすると踏み外しそうになるので、出来るだけ手摺りをつかまえて上り下りしている。

スクマリルン[sukumariruŋ]〔自〕
じっとしている。何もせずぼんやりしている。「スクマルン」とも言う。〈否〉スクマラヌン。【例】コロナヌ　ナハブラッティ　マーン　パラナー　ヤーナ　スクマリ　ブー（コロナウイルスが怖くて、どこにも行かず家の中でじっとしている）。

スクマルン[sukumaruŋ]〔自〕
じっとしている。何もせずぼんやりしている。〈否〉スクマラヌン。「スクマリルン」と同じ。

スクヤー[sukuja:]〔名〕
畑小屋。木陰や雨除け・風除けのない畑で、休憩用に作る簡易な小屋。【例】パタキナー　アミヌ　ブーッカ　スクヤーヌ　ナハハパイレーッタ（畑で雨が降ると、小屋の中に入った）。

スクラウン[sukurauŋ]〔他〕
整える。修理する。野菜を洗ったり枯葉を除いたり、破れた網を修理したりすることに言う。「スクライルン」とも言う。【例】①ヤサイユ　スクライ　ウシキ（野菜を整えておきなさい）。②アンヌ　ヤリベーリバ　スクライ　ウシキ（網が破れているから、修理しておきなさい）。

スクライルン[sukurairuŋ]〔他〕
整える。修理する。「スクラウン」と同じ。

スクリバキ[sukuribaki]〔名〕
作り分け。小作の一種。畑を地主から借りて耕作し、収穫物を地主と小作人で折半すること。〈類〉シカナイバキ。（石）チュクリュバギ。（沖）チュクイワーキー。【例】ジーマシヌ　イシカハー　プソー　スクリバキバ　シードゥ　キナイユ　ムトゥッタ（耕作地の少ない人は、〈他人の畑を借り〉作り分けをして家計を保持した）。

スクリパナシ[sukuripanasi]〔名〕
嘘。虚言。「作り話」の意。「スクリムヌイ」とも言う。【例】ウレー　スクリパナシヌ　ウラハリバ　ダマハルンヨーン　スーナーッカ（そいつは嘘〈嘘をつくこと〉が多いから、騙されないようにしないと〈騙されないようにしなさい〉）。

スクリバライ[sukuribarai]〔名〕
作り笑い。おかしくもないのに無理に笑うこと。【例】トゥジトゥ　イジックナーバシー　クンゾー　ウサマランタヌドゥバー　スクリバライ　セーッタラ　トゥジン　バライ　フターンシ　ソーバライ　セーッタ（妻と言い合いをして怒りは収まらなかったが、私が作り笑いをすると妻も笑って二人で心から笑ってしまった）。夫婦喧嘩は「負けるが勝ち」である。

スクリムヌイ[sukurimunui]〔名〕
嘘。虚言。「作り言葉」の意。「スクリパナシ」と同じ。

スクルムヌ[sukurumunu]〔名〕
農作物。主に穀物類を指す。「作り物」の意。

【例】クトゥシェー　スクルムヌヌ　グーハジ　ミーリ　ウブユガフ（今年は作物の数々が稔り、大豊作だ）。

スクルン[sukuruŋ]〔他〕
作る。造る。耕作する。【例】トゥジバ　トゥミ　ヤーバ　スクリドゥ　イチニンマイッティ　イザリドゥラ（妻を求め、家を造って〈建てて〉こそ一人前と言われるのだぞ）。

スグルン[suguruŋ]〔他〕
打ち据える。【例】イズムヌイユ　シカナーッカ　キーヌ　ユダシ　スグリ　ナラーハイ（言うことを聞かないなら、木の枝で打ち据えて習わせなさい〈教えなさい〉）。

スクン[sukuŋ]〔接〕
〜しないで。〜せずに。動詞の否定形に付く。【例】ニバンスクン　ハンビョー　シーリ（眠らずに看病しなさい）。

スコールン[suko:ruŋ]〔他〕
拵（こしら）える。準備する。（石）シコールン・シュコールン。【例】サキヌ　ウサイユ　スコーリ　ウヤハイ（酒のおかずを拵えて、差し上げなさい）。

スダイ[sudai]〔名〕
お祝儀。祝意を表すために贈る金品。（石）シュダイ。（沖）シュデー・ウシュデー。「酒代」の意か。【例】ヨイヌ　スダイヤ　ギューサ　ズーママドゥ　ミサーッカヤ？（祝いのお祝儀は、いくら包めばいいのかな）。
　『石垣方言辞典』の「シュダイ」は「八重山では仏事のみについていう」と説明されており、『沖縄語辞典』の「ウシュデー」は「お祝いや法事に招かれた場合、差し出す金一封」と説明されている。黒島語の「スダイ」は、お祝いの場合にのみ用い、竹富語の「シュダイ」は法事・祝儀ともに用いる（『竹富方言辞典』）。黒島語では、仏事の供え物は金子・物品ともに「ソッコームヌ（焼香物）」と言って使い分ける。

ズッサラ[dzussara]〔名〕
糞っ垂れ。他人を罵る場合に発するが、毒気はない。【例】ズッサラ　シマハ　キッティ　トゥマラナー　パル　ハンガイ？（ズッサラ、島まで来て泊まらずに帰る気なのか）。同級生でヤラビナー（童名）がタカボー同士の仲嵩宜浩君は、私が島を訪ねる度に用例のような台詞を吐いて宿泊を勧めてくれた。一度は、石垣の繁華街で一緒に飲んで、彼の石垣在の家に寄って行くように奨められ、玉子奥様にたいへん迷惑をお掛けしたことがあった。以来「ズッサラ」を連発されても、酔っ払っての家庭訪問は断固断ってきた。後期高齢の昨今（2018年）は「ズッサラ」の発言も影をひそめ、パヤーメターナ（微笑を浮かべて）楽しい会話を交わすことが多い。朋（とも）遠方（また）より来たる赤楽しからずや！

ズッサリムヌ[dzussarimunu]〔名〕
糞っ垂れ。「ズッサラ」と同じだが、このほうがややきつい感じがする。

スナマリルン[sunamariruŋ]〔自〕
並揃う。「スナマルン」とも言う。【例】アーヌ　プーヌ　ミーリ　スナマリヨーユ　ミーッカ　キムザニヤーワヤ（粟の穂が稔り並み揃っている様子を見ると、心楽しいよ）。

スナマルン[sunamaruŋ]〔自〕
並み揃う。「スナマリルン」と同じ。

スニ[suni]〔名〕
漁場。漁礁。暗礁。【例】マタン　ビギレーターヨー　スニズニヌ　イラブネー　トゥレーヨ（また男たちは漁礁に潜むエラブウナギ捕りが巧みだ／黒島民謡〈ぺんがん捕れー節〉より）。『日本国語大辞典』の見出し語「そね」は、「①長野県諏訪の方言で、湖中の浅瀬。②長崎県・鹿児島県屋久島一湊の方言で、海中の暗礁。③長崎県の五島と壱岐・鹿児島県屋久島の方言で、海中の

岩礁で魚の集まる所。」と説明されている。この「そね」が八重山語の音韻変化の法則に従って、石垣語と黒島語では「スニ」となったのであろう(『石垣方言辞典』参照)。「スニズニ」参照)。

スニズニ[sunizuni]〔名〕
漁場。漁礁。「スニズニ」は、「スニ(漁場)」の畳語で歌の調子を調えるための用法である。「スニ」の項参照。

スヌイ[sunui]〔名〕
〈植〉海藻の一種。スヌイ。沖縄語の移入語。

スバ[suba]〔名〕
そば。【例】ムカシヌ スバヌ マーハー マヌマシキッティ バッシラルヌン(往時のそばの美味しかったことは、未だに忘れられない)。

スバ[suba]〔名〕
側。傍ら。【例】ウヌッファー フンダイバシー アボー スバナ イチバーキン シビシカリ ブー(その子はあまえて、母親の側にいつまでもくっついている)。

ズバスン[dzubasuŋ]〔他〕
交尾させる。【例】ミーウシヌ ズブムイ シーッカ シグ サニウシン ズバハイ(雌牛が発情すると、直ちに種牛と交尾させろ)。「ズブムイ」の項参照。

スバン[subaŋ]〔名〕
初番。願解きの祭り「結願祭」の開幕を飾る奉納芸の一つ。【例】アースンヌ スバンナーヤ ミルクガナシヌ ンジフーッテナ ハクビチ ウムッサワヤ(東筋部落の初番劇では弥勒神が登場するので格別に面白い)。
　他の三部落の初番劇は、沖縄各地で見られる「長者の大主」系の狂言で長者が弥勒神の名代を務める。ところが東筋の初番では、長者の他に弥勒神が登場するという凝った演出を施して、文字通り劇的効果を上げている。

スビ[subi]〔名〕
完了。終了。「首尾」の意か。【例】ピーヌ ウチナー スビ ナスンヨー ギーパリ(陽が暮れないうちに完了するように、精出せ)。

スビナスン[subinasuŋ]〔他〕
完了させる。終わらせる。〈否〉スビナハヌン。【例】クトゥシズーナ スビナスンティ ケーラ コーラシ ブー(今年中に完成させようと、みんな一所懸命である)。

スブ[subu]〔名〕
壺。容器の名。【例】アヴァー アヴァスブナ イリ ウシケータ(脂は、脂壺に入れておいた)。

スブ[subu]〔名〕
つぼ。要点。急所。鍼・灸・指圧をするとき、効果のある箇所。経穴。勘所。【例】スブ バ アティドゥ ヤツォー ヤク(ツボを当てて、灸を焼く)。

スブシ[subuʃi]〔名〕
膝。【例】トゥシ トゥッタラ スブシヌ ヤミ アラカルヌン(年を取ったから、膝が痛くて歩けない)。

スブッタラハン[subuttarahaŋ]〔形〕
蒸し暑い。【例】スブッタラハヌ プスマンハラ アミラー(蒸し暑いので、午後は雨だな)。

スブッツァハン[subuttsahaŋ]〔形〕
不衛生な。不潔な。【例】ウヴァー シナタ ミーッカ スブッツァハリバ マーイ メーミ アザーッケ アザーッケ シーアラキ(あなたの身なりを見ると不潔っぽいので、もう少しこざっぱりして歩きなさい〈いなさい〉)。

ズブムイ[dzubumui]〔名〕
発情。【例】ピシダン ウシン ズブムイ シーッカ ヤディン ピーハラ ユダンヌ ンジフー(山羊も牛も発情すると、かならず性器から下り物が出てくる)。用例のよ

うに雌牛は発情すると、たいてい性器からオリモノ（下り物）が出る。以前は、それを確認するとすかさず種牛（たねうし）の所に連れて行き、いわゆる生付（なまつ）け〈直接の交尾〉をさせたのである。現在は、種牛の精液を凍結・保存をして人工授精士が授精を行なう。

終戦後の黒島では、どの家でも山羊や牛を飼っていた。山羊は小屋での繋ぎ飼い、役畜用の牛は舎飼いだがその他の牛は原野での繋ぎ飼いであった。山羊の世話は小学生の役割で、牛の世話は小学校高学年から中学生の分担であった。世話のなかには発情した場合の種付け（授精）も含まれていた。その頃、種牛は特定の家にしかいなくて時間を決めて種付けに連れて行った。T家で種牛を管理していたのは一年先輩のG兄であった。雌牛は、初めは嫌がる（素振りをみせる）が次第に大人しくなって雄牛を受け入れる。種牛は前足を雌牛の背中に掛け、優に50センチメートルはあろうかと思われる鮮やかな朱色の雄勁（ゆうけい）このうえない陰茎を雌牛の子宮めがけて一突きで一瞬のうちにことを済ませる。合体を遂げた瞬間、雌牛は背中を思いっきり丸めて生命の誕生につながる豪快かつ厳粛な儀式を終える。

自分の幼いイチモツが異常な反応を示したのを初めて自覚したのは、G兄にズボンがテントを張っているのを指摘されたからであった。小学校6年生だったか中学校1年生だったか、死ぬほど恥ずかしかった。以後、種付けの場面ではいきり立つヤンチャなヤツの処理には苦慮したが、自ら世話をしていた家畜の交尾を通して青い性の目覚めを促され、その延長線で男女のまぐわい（交接）への想像力をごく自然に、かつ確実に醸成したのだった。「マラ（魔羅）」の項参照。

スブル[suburu]〔名〕

頭。【例】ワーヌ　スブル（豚の頭、すなわち悪い頭）。

スブル[suburu]〔名〕

〈植〉ユウガオ。ヒョウタン。（石）チウブリゥ。【例】スブルヤ　ヤーラハケーヤ　ヴァイ　ウイティ　コーサナルッカ　ムヌダニイリムヌユ　スクレータ（ひょうたんは柔らかいときは食用にして、生長して硬くなったら種物入れの容器を作った）。

スブルン[suburuŋ]〔他〕

絞る。搾る。圧搾する。【例】シンザー　カーマ　マイヤ　ウシヌ　ピク　ウシグルマシ　スブレータヌ　アトー　キカイシ　スブレータ（サトウキビはずっと以前は牛の引くウシグルマで搾ったが、後に機械で圧搾した）。「ウシグルマ（牛車）」の項参照。

スブン[subuŋ]〔名〕

〈植〉トウガ。トウガン。「シブン」とも言う。（石）シゥブリゥ。【例】スブンヤ　ミフキヌ　ナハナ　ナガラク　タブイ　ウシケータ（トウガンは、床下で長い間保存しておいた）。

学生のころのある夏休み、寝たきりの母と父の3人で黒島の実家にいたとき、台風に襲われ石垣との交通が一週間も途絶え食料が尽きたことがあった。さいわい50斤（30キロ）はあろうかと思われる大型のトウガンが何個も保存されていたので、それを使っておつゆ、炒め物、酢の物などを作って凌（しの）いだ。そのとき、父とアダンのフキ（新芽）を採取して煮物やてんぷらにして食した。自らアダンを採取し料理したのは初体験であった。保存の効くトウガンや台風にも耐えいつでも採取出来るアダンに救われた、遠い夏の日の懐かしい思い出である。あのころ作っていた大型のトウガンやカボチャが、長らく保存出来たのは堆肥で育てた有機栽培だったからで、金肥（化学肥料）を使うと大きくはなるが長期保存は出来な

いということを、野菜作りの名人だった長兄・賢昇（大正15年生まれ）から教わった。
　なお、アダンの新芽が食材になることを教えてくれたのは、母の実家の安里家を継いだ従姉の静姉（大正6年生まれ）であった。静姉は、石垣島でアダンやオオタニワタリ（黒島語ではヤマプツォン＝ヤマプツン）の新芽が精進料理に用いられる貴重な山菜であることを知って、それらを採取し石垣の市場に提供したり自らも食したりしていたのである。

ズブン[dzubuŋ]〔自〕
　交尾する。〈否〉ズバヌン。【例】ウシン ピシダン ズブムイ シーブー ミームヌ ハドゥ ズブ（牛も山羊も、発情している雌とが交尾する）。
　動物の交尾に関し、興味深い話がある。野生の動物には近親交尾はないということだが、家畜は親子でもきょうだいでも平気で交尾する。しかし、それが続くと健全な子は育たなくなるので、近親交配は極力避けたほうがいいということを父から教わった。野生動物が生来身に付けていた近親交尾を避ける健全な本能が、家畜として飼われる過程で失われていくということであろうか。
　人間社会における近親婚は、民法によって禁止されている。近親者間の性行為は、法以前の倫理上の問題として忌避されるべきであるが、沖縄県の児童相談所や女性相談所などで扱われる相談事案には、親子間またはきょうだい間における近親交接問題が、かなり多いと言われている。そのような陰湿・暗鬱な沖縄社会の負の断面が何によってもたらされているのか、私たちは立ち止まって見つめ直すべきであろう。

スマルン[sumaruŋ]〔自〕
　染まる。〈否〉スマラヌン。【例】ヤナドゥ シトゥ マズンナーッカ ヤナクトゥン スマリ イードゥシユ トゥミーッカ イークトゥヌ スマル（悪友と交わると悪いことに染まり、良友と一緒になると良いことが身につく）。

スミルン[sumiruŋ]〔他〕
　染める。〈否〉スムヌン。【例】スミティ スミラバ パナヌ クンズミ アサズミヤ ユルシタボーリ（せっかく染めてくださるなら美しい紺染めにしてください、気持ちのこもらない浅染めは勘弁してください／〈とぅばらーま節〉の歌詞より）。

スムチ[sumutʃi]〔名〕
　書物。沖縄語の移入語。本来の黒島語は、シンムチ。

スラ[sura]〔名〕
　梢。先端。将来のこと。(類)フキ・ビチン（新芽）。【例】①クンドゥヌ タイフーシ シンザヌ スラー ビーッティ ブリナーヌン（今度の台風で、サトウキビの先端はすべて折れてしまった）。②スラヌ クトゥユ ハンガイドゥ トゥジブトゥ ナレー（将来のことを考えて、夫婦になった）。

ズラ[dzura]〔名〕
　男好きな女。女同士の会話で、第三者の女性の行状に対し非難をこめて遣う。

スライ[surai]〔名〕
　集まること。集合。【例】キューヌ スライヌ シダイヤ ヌワ？（今日の集合の次第は何だ）。

スライズ[suraizu]〔名〕
　集会所。集合場所。「スライハトゥ」とも言う。【例】マヌマヌ ムラヌ スライズヤ コーミンカンティ イズヌ ムカシェー シークバッティ シタ（現在の部落の集会所は公民館と言うが、以前はシークバ＝飼育場と言った）。「シークバ」の項参照。

スライルン[surairuŋ]〔他〕
　揃える。集める。〈否〉スラーヌン。【例】

シンザユ　マラクバソー　マガレームヌ　ザーン　スライリバドゥ　ハタミヤッサ（サトウキビを束ねるときは、曲がったものどうし揃えたほうが担ぎやすい）。
　サトウキビは、幹の部分が1メートルくらいに伸びたころに大きな台風に遭うと、横倒しになる。そのあとは再び天に向かって真っ直ぐ伸びるので、刈り取りのときは「くの字形」に曲がっている。それで、刈り取って製糖工場まで運ぶには用例のような束ね方が必要になるというわけである。

スラウン[surauŋ]〔自〕
　集まる。揃う。【例】キュー　スラウプソー　ギターンラ？（今日揃う人は、何人だ）。

スラスン[surasuŋ]〔他〕
　反らす。萎えたものを元の姿に甦らせる。〈否〉スラハヌン。【例】アシ　スラシ　フビ　スラシ　ミリバドゥ（足を反らし　首を反らし　覗いて見ると／八重山古謡〈多良間ゆんた〉より）。

スラスン[surasuŋ]〔他〕
　人の気分を甦らせる。人の気持ちを心地良くさせる。〈否〉スラハヌン。【例】アタラシュマウタ　タンディ　ミガキチュケーバガーケーラ　キュムユ　スラシタボーリ（貴重な島歌に磨きを掛け、みんなの気分を甦らせてください／大濱安伴作〈とぅばらーま節〉より）。

スラパンタ[surapanta]〔名〕
　梢。木のてっぺん。「スラ（梢）」と「パンタ（先端）」の複合語。【例】ピシダヌ　ザーユ　ハルンティ　ゴーナキヌ　スラパンタハ　ヌーリ　ウマハラ　ウティ　ドゥーバヤマセーッタ（山羊の草〈餌〉を刈ろうと桑の木のてっぺんに上って、そこから落ちて体を痛めた）。

スリーズリー[suri:zuri:]〔副〕
　連れだって。【例】プスニンギンヤ　タルーン　スリーズリー　シードゥ　シキンヤ　バタラリ（人間は誰も連れ立ってこそ、世間は渡られるものだ）。

スリルン[suriruŋ]〔自〕
　反る。真っ直ぐに立つ。〈否〉スルヌン。【例】アミヌ　ブーッタラ　シンザヌ　パーン　スリヤン（雨が降ったら、サトウキビの葉もシャキッとなった）。

スリルン[suriruŋ]〔自〕
　元気づく。気分が甦る。〈否〉スルヌン。【例】フシル　ヌンッタラ　キー　スリヤン（薬を飲んだら、気分が甦った）。

スルン[suruŋ]〔他〕
　刈る。収穫する。〈否〉スラヌン。【例】①ムンヤ　ガッキシ　スリ　アーヤ　イラナ　シドゥ　スル（麦は鎌で刈り、粟はイラナ〈小型の鎌〉で刈る）。②キンヤ　ミーリ　スリ　ジブン　ナレーッス（黍は熟して、収穫時分になった）。

スルン[suruŋ]〔他〕
　髪を刈る。散髪する。〈否〉スラヌン。【例】アマジナ　ザンヌ　シドゥイ　ブリバ　スリシティリ（頭髪に虱がわいているから、髪を刈り取りなさい〈丸坊主にしなさい〉）。

スルウン[suruuŋ]〔自〕
　揃う。集まる。〈否〉スラワヌン・スラーヌン。【例】シマムティトゥ　ヤームティ　フニヌリトゥ　ユヌムヌデン　シドゥフナグ　ウヤッファー　スラニバ　ナラヌ（島を治め家庭を切り盛りすることは、船を操ることと同じである。船頭と船子、親と子（村長と村びと）が、心を合わせ揃わなければならない／八重山民謡〈でんさ節〉より）。

スン[suŋ]〔名〕
　損。【例】ウヤヌ　イズ　ムヌイユ　シカナー　スンバ　シー　ビッサレー（親の忠告を無視して、損をしているよ）。

スン[suŋ]〔名〕
　寸。尺貫法で、長さの単位。尺の10分の

1。一寸は約3.03センチメートル【例】イッスン　ニスン　サンズン……（一寸、二寸、三寸……）。

スン[suŋ]〔序数〕
　本。本数を数える言葉。歌謡語＝〈綱引き歌〉では「一本・七本」と数えるが、日常語では「一本・二本」とも数える。【例】ソーラヌ　ナーガ　シンザー　マイヤ　トゥクヌ　ニジリトゥ　ピダリナ　フタスンナー　ハザレーッタワヤ（お盆の長いサトウキビは、以前は仏壇の右と左に二本ずつ飾ったよ）。

ズン[dzuŋ]〔名〕
　順調。正常。真実。本物。順調。「ズンツォー」とも言う。【例】メー　ナウレンティ　イズヌ　マダ　マダ　ズン　アラヌン（もう治ったと言うけど、まだまだ順調でない〈治りきった状態じゃない〉）。

ズン[dzuŋ]〔接頭〕
　真の。本当の。【例】ズンムヌ（本物）。ズンムヌイ（正直な話）。ズンクンゾー（本当の怒り）。ズンハンガイ（真剣な考え）。ズンパタラキ（真面目な働き）。

スンガスン[suŋgasuŋ]〔接尾〕
　〜し損なう。〜し損じる。〜し過ごす。動詞の連用形に後接して、その動詞の動きをしそこなったり、しすごしたりする場合に言う。【例】①ヴァイスンガスン（食べ損なう）。②ニビスンガスン（寝過ごす）。

ズンクンゾー[dzuŋkundzo:]〔名〕
　本当の怒り。腹の底からの怒り。【例】ブトゥヌ　ユムシナタバ　ミリ　トゥジェー　ズンクンゾーバ　タイ　ヤーハラ　ンジ　パレーットゥ（夫の呆れた仕様為様を見て、妻は腹の底からの怒りに駆られて家出したそうだ）。

ズンツイ[dzuntsui]〔名〕
　陰核。クリトリス。「ゾンツォイ」とも言う。女性の尿道出口の上方にある小さな突起。直接または間接に接触することで、充血・勃起・性的興奮により快感をもたらす。（石）マンジュヌ　シゥター（女陰の舌）。（鳩）ピーヌ　シターマ（女陰の小さい舌の意）。（竹）ピーヌ　ンツォー（女陰の突起物の意）。【例】ミドゥムヌ　ピーヌ　フチナー　トゥンガリ　ベー　ムヌユドゥ　ズンツイッティ　イズ（女陰の縁にとんがっているものを、ズンツイと言う）。

　古来、諸民族間には男子の陰茎の包皮を環状に切り取る「割礼」という慣習があり、また、主にアフリカの諸地域では、女子の陰核など外生殖器の一部を切除する「女子割礼」という通過儀礼の慣習もあるという（『広辞苑』の「割礼」および「女子割礼」の項参照）。男女の割礼が、宗教儀礼または通過儀礼として行われる場合、その真の目的は何だろうか。男女の交接によってもたらされるエクスタシーが、男子の割礼ではプラスに作用し女子の割礼ではマイナスに作用するのではないかと思われるが、そこまでの深慮による儀礼であろうか。今少し深読みすれば、男女の交接において女子は生殖の目的のみ果たせばよいのであってエクスタシーを味わわなくてよい、エクスタシーを味わうのは男子だけでよいという男尊女卑の考えが内在しているということはないだろうか。「パンカスン」「パンキルン」の項参照。

ズンツォー[dzuntso:]〔名〕
　順調。まとも。【例】ウレー　ズンツォー　アラニバ　ウレー　イズムヌイヤ　ウヌハンガイシ　シキ（そいつはまともじゃないから、そいつの言うことはその考えで〈そのつもりで〉聞け）。

ズンニン[dzunniŋ]〔副〕
　本当に。本気で。【例】パンナッティ　イズヌ　ズンニン　パル　ハンガイ？（行くなと言っているのに、本当に行く考え〈つ

スンハブリ[sunhaburi]〔名〕
損をすること。「損を被(こうむ)ること」の意。【例】モーキルンティ　セーッタヌ　ハイチン　スンハブリバ　シーナーンサー（儲けようとしたのに、かえって損をしてしまったよ）。

ズンパル[dzumparu]〔名〕
全力疾走。「ズンパン」とも言う。【例】ズンパルシ　パラナーッカ　マニアーヌン　ドゥラ（全力疾走で行かないと、間に合わないよ）。

ズンパン[dzumpaŋ]〔名〕
全力疾走。「ズンパル」と同じ。

ズンハンガイ[dzunhaŋgai]〔名〕
真剣な考え。本当の考え。【例】ウヴァッター　フタールヌ　バハリ　シーッティ　イジベー　ムノー　ズンハンガイル？（あなたたち二人が別れる〈離婚する〉と言っているのは、本当の考えなのか）。黒島で住んでいたころ、身内で離婚した人は少なかったのに、今周辺を見渡してみると離婚組が非常に多いことにあらためて驚かされる。昨今の夫婦間の絆の希薄さは、なにゆえだろうか。

ズンムヌイ[dzummunui]〔名〕
本当のこと。真面目な話。〈対〉プリムヌイ・スクリムヌイ。【例】ウヴァー　パナシェー　ズンムヌイルー？（君の話は、本当のことか）。

ズンモーキ[dzummo:ki]〔名〕
費用を差し引いた残り。本当の儲け。「純粋の儲け」の意。【例】ズンモーケー　ギューサバハン　アラー？（本当の儲けは、幾らくらいあるのか）。

セ（シェ）

セー[se:]〔名〕
兄。兄への呼びかけの言葉。「シェー[ʃe:]」とも言う。【例】ウブセー（長兄）。ナハセー（次兄・三兄）。ひとまず「セ[se]」と表記したが、現在の黒島語では、概して年配者は「シェ[ʃe]」と発音し、若年者は「セ[se]」と発音する傾向にある。おそらく、古くは「シェ[ʃe]」が主流で、共通語に馴染むにつれ「セ[se]」が勢いを増してきたものと推定される。本事典では、「セ[se]」と「シェ[ʃe]」を、語頭でも語中でも、その都度フレキシブル（自由気ままに）用いることにするので、ご了承いただきたい。

セーガ[se:ga]〔名〕
兄貴。兄への尊敬をこめた言葉、またその呼びかけの言葉。「シェーガ[ʃe:ga]」とも言う。「セー」に尊敬接尾語「〜ガ（〜貴）」がついた語。【例】ウブセーガ（大兄貴）。

セーガマ[se:gama]〔名〕
末弟。「シェーガマ[ʃe:gama]」とも言う。「セー（兄）」に愛称接尾語「〜ガマ」がついた語、もしくは「セー（兄）」に愛称接尾語「〜ガ」および「〜マ」がついた語、とも考えられる。黒島語には「〜ガマ」の愛称接尾語のついた語に「アンガマ（女装した男と女、または女性だけの踊り）」がある。「アンガマ」は「アネガマ→アンガマ（姉様）」を意味し女性（女装の男性を含む）が主役の催しであることを暗示している。もっとも、宮城信勇氏は「アンガマ」の語源を「行脚」であろうと説いている。「アンガマ」の項参照。

セーネン[se:neŋ]〔名〕
青年。「シェーネン[ʃe:neŋ]」とも言う。【例】

ムカシェー　セーネンキヌ　ウラハーッティ　キムズワーッタ（昔は青年たちが多くて、心強かった）。

セーネンガッピ[seːneŋgappi]〔名〕
生年月日。「シェーネンガッピ[ʃeːneŋgappi]」とも言う。【例】バー　セーネンガッペー　ショーワ　ズークニン　イチンガチ　ニズーイチニチドゥ　ナリブーユー（私の生年月日は、昭和19年1月21日となっています）。

セーロガン[seːrogaŋ]〔名〕
薬の名。正露丸。「シェーロガン」とも言う。【例】バタヤンヌ　フシリッティ　イズッカー　セーロガンッティ　キマリブッタ（腹痛の薬というと、正露丸と決まっていた）。「バタヤン」の項参照。

ゼーン[dzeːŋ]〔他〕
知る。知っている。「ジェーン[ʥeːŋ]」とも言う。〈否〉ザヌン。（石）ッスン。（沖）シユン。【例】ゼーンフォーン　スーンスクン　ザナーッカ　ザヌンティ　イジベーリ（知っているふりしないで、知らないなら知らないと言っていなさい）。

ソ

ソー[soː]〔名〕
便り。沙汰。噂。【例】タベヘ　ンジハラズーニン　ナルヌ　ヌーヌ　ソーン　シカルヌン（旅に出てから10年になるが、何の沙汰も聞かれない）。

ソー[soː]〔名〕
竿。「サウ」とも言う。【例】ピーゾー（パーリー船の舳先の竿差し）。「竿＝さお→サウ→ソー→ゾー」の音韻変化が考えられる。「ピーゾー」は、パーリー（爬竜船）の「ピー（船首＝舳先）」に立って「サウ＝ソー（竿）を差すこと、またその人」を意味する。「ピーゾー」の項参照。

ソー[soː]〔名〕
思慮。智恵。【例】ギューサ　イジ　シカハバン　ウレー　ソー　イラヌン（いくら言い聞かせても、そいつは心に留めない）。

ソー[soː]〔接頭〕
真の。本当の。立派な。【例】①ソームヌ（立派な人・物）。②ソーニンギン（立派な人）。③ソープリムヌ（本当に馬鹿なやつ）。

ゾー[dzoː]〔名〕
門。門の前の道。【例】①タイガイヌ　ヤーヌ　ゾーヤ　パイマハタンドゥ　アー（大抵の家の門は、南側にある）。②ゾーヌ　ソージン　マイニチ　シーリヨー（門の前の道の掃除も、毎日しなさいよ）。

ゾー[dzoː]〔感〕
どうぞ。他人に勧めたり、誘い掛けたりする場合の言葉。「ゾーゾー・ンゾー」とも言う。【例】ゾー　サーン　ソッキン　ンキワーリ（どうぞ、お茶もお茶請けもお上がりください）。

ゾーイ[dzoːi]〔副〕
とても〜ない。けっして〜ない。後接する否定の言葉に先行して強調する機能を有す。若年層は「ジョーイ」を用いる。【例】アマザン　シカラン　ウリンナー　ゾーイ　ウユバヌン（頭脳も腕力も、そいつにはとても敵わない）。

ソーキ[soːki]〔名〕
箕。農具の一つ。浅く平たくて直径80センチほどの竹製の農具で、穀物をあおって実と殻・塵などを選別するのに用いる。（石）

ソーギ。（沖）ミーゾーキー・ソーキ。【例】マミユ ウイッサーラハ オーカシ ガラ フクジユ トゥリシティル ダングユドゥ ソーキッティ シタ（豆を上下にあおり、殻や塵を取り除く道具をソーキ＝箕と言った。

ソーキブニ[soːkibuni]〔名〕
あばら骨。肋骨。【例】ビキドゥモー ソーキブニヌ タラーヌンティ イザリブー（男は、肋骨が足りないと言われている）。

ソーキン[soːkiŋ]〔名〕
シカサ（司・女性の神役）の着る打掛。「ウツァキ」とも言う。「ソーキン」は、「上質な着物」「白い着物」の両義が考えられる。「ウツァキ」は「打掛」の転であろう。ソーキンの素材はブー（苧麻）で、初めは茶色っぽいが洗えば洗うほど白さが増すという。この項はパイハメーマ ワン（南神山御嶽）のシカサ経験者である当山フヂ子さん（昭和7年生まれ）と又吉立子さん（昭和8年生まれ）、ニシハメーマ ワン（北神山御嶽）の現役シカサの又吉恵美さん（昭和18年生まれ）らに教えていただいた。

ソークンゾー[soːkundzoː]〔名〕
本当の怒り。〈類〉ズンクンゾー。【例】トゥジヌ ソークンゾー タイッカー バニンナー ヌーン シラルヌン（妻が本気で怒ったら、私には何にも出来ない）。めったに怒らない連れ合いだが、本気で怒ると鎮めようがないのだ。「そんなに怒るなよ」と猫なで声で宥（なだ）めると、「怒らせたのはどこの誰でしょうかねえ」と凄まれる。「はいッ、以後気をつけますッ」。

ソージ[soːʒi]〔名〕
障子（しょうじ）。【例】ソージヌ ヤリッカ ヤリハトゥタンカ クーセーッタ（障子が破れると、破れた箇所だけを塞いだ）。
　幼少のころの我が家では、障子が破れるとその部分だけを張り替えて塞いだ。低い所から徐々に高い所までだんだん張り替え箇所が増えていったが、実家にいる間の張り替え作業は物心ついたころから私の担当であった。全面張り替えは、実家で暮らしている間に2、3度ではなかっただろうか。新しい真っ白な障子紙で全面張り替えしたときの障子のまばゆいばかりの明るさと真っ白な砂を敷き詰めた正月の庭の清々しさとは、今もまぶたに浮かぶ千金万両にも勝る真の豊かさを彩る故郷の原風景の一コマである。実家での障子の部分張り替えと全面張り替えから、父の倹約思想と美意識とを学んだ気がする。

ソージ[soːʒi]〔名〕
掃除。【例】ミフキヌ ソージ シーバソー アマザユ ヤマハンヨーン ナーブターリ セーッタ（床下の掃除をするときは、頭を痛めないように腹這いになって行なった）。僕たちが子どものころ（昭和20年代）は、年に2回「春の大掃除」と「秋の大掃除」があって、家の内外をくまなく掃除して検査を受けた。検査員に行政側の人が加わる公的行事であったように記憶しているが、定かではない。その時は、かならず床下に入って埃を吸いながらていねいに掃除をしたものである。

ゾージ[dzoːʒi]〔名〕
上手。巧みなこと。手練（てだ）れなこと。【例】ウレー ウター ゾーゼールヌ タノール ヌタラーヌンワヤ（彼の歌は上手ではあるが、妙味が不足しているよ）。

ソーシキ[soːʃiki]〔名〕
葬式。共通語からの借用語。【例】ソーシキヌ バソー ムカシン マヌマン ヴォーフォキンユドゥ キス（昔も今も、葬式の日には黒い服を着る）。

ソージバライ[soːʒibarai]〔名〕
出産後の十日目に、母子の無事を祈ってご馳走をこしらえ産褥（さんじょく）のお祝いをする行事。

「精進祓い」の意。「トゥッカジラヌ　ヨイ（出産十日目の祝い）」とも言う。【例】ヴァーヌ　マリ　トゥッカミーヌ　ヨイユドゥ　ソージバライッティ　シタ（子が生まれて十日目の祝いを、ソージバライと言った）。四姉・泰子（昭和12年生まれ）によると、ソージバライの日には、「イバチ」という名の小豆を入れたムツァー（ムチアー＝餅粟）のお握り、アーサ汁、サクナ（長名草＝ボタンボウフウ）の葉と煎り胡麻の和え物〈アイズ〉をこしらえ、隣近所に配った。また、男児の場合は小剣を、女児の場合はシケー（ハブシ＝揺り輪）を用意し、家の東側の庭で小型の弓矢で石垣島の於茂登岳に向かって「ピャックドー（百歳までだよう）」「ピャックドー」と叫んで祈願の矢を飛ばした。そして、矢の落ちた所から小石を三個拾って、子どもの懐に収めた。於茂登岳に向かっての祈願を「ウムトゥワーミ（於茂登拝み）」と言い、「ウブプス　ナリ　タボーリ　タカプス　ナリタボーリ（偉い人になっておくれ、立派な人になっておくれ）」という拝み言葉を唱えたという。「ウムトゥワーミ」参照。

ゾーゾー [dzo:zo:]〔感〕
どうぞどうぞ。他人に勧めたり、誘い掛けたりする場合の言葉。「ゾー（どうぞ）」を強調した言葉。【例】ゾーゾー　ウチハナリ　ユリーットゥシ　ワーリ（どうぞどうぞ、内になって〈入って〉ごゆっくりなさってください）。

ソーダン [so:daŋ]〔名〕
相談。愛の語り合い。【例】ナカドーミチカラ　ナナケーラ　カユーケ　ナカシジカヌシャーマ　ソーダンヌ　ナラヌ（ナカドー道を度々通ったけれども、仲筋村の想い人との恋語らいはうまくいかなかった／八重山民謡〈とぅばらーま節〉より）。

ゾーッソ [dzo:sso]〔名〕
白。真っ白。純白。【例】シカサンケー　ゾーッソヌ　ソーキンユ　キシ　ニガイワー（神司の方々は、真っ白な打掛を羽織って祈っておられる）。

ゾーッソホン [dzo:ssohoŋ]〔形〕
白い。「ゾーホン」とも言う。【例】イノーヤ　ゾーッソホルヌ　シンヤ　ヴォーッフォン（砂は白いが、墨は黒い）。

　沖縄の浜辺の砂が白いのは常識だが、学生のころ新潟県出身の友人に「砂は白い」と言ったら、彼は「砂は黒い」と言って譲らず、カルチャーショックを受けたものである。僕は「白砂青松」を持ち出して砂の白さを主張したが、相手は現実にはあり得ないことだと納得しなかった。そう言えば、新潟出身の彼はポッチャリした色白で、南国出身の僕はただでさえ色が黒いのに年中アルバイトと沖縄返還運動に明け暮れていたため一層色黒で、色白の彼は黒砂を主張し対照的に色黒の僕は白砂を主張していたのがなんとなく滑稽だった。

ゾーット [dzo:tto]〔名〕
上等。立派。【例】①ハリッキン　クリヌドゥ　ゾート（あれより、これが上等だ）。②ゾートー　ムヌハラ　イラビ　イーリ　パリバー（上等な物から、選んで貰って行きなさい）。

ソーナ [so:na]〔終助〕
〜そうだ。【例】ウヌ　ウヤッファー　フントーヌ　ウヤッファー　アランソーナ（その親子は、本当の親子ではないのだそうだ）。

ゾーナ [dzo:na]〔名〕
税。税金。貢納物。【例】ムカシェー　ゾーナユ　ウサミルンティドゥ　パタラケータトゥ（昔は、税を納めるために働いたそうだ）。

ソーナー [so:na:]〔名〕
本名。戸籍上の名前。【例】バー　アボー

ソーナーヤ　マカニ　アッタヌ　ケーラ　マカミッティ　ユラベータ（私の母の戸籍上の名前はマカニであったが、皆マカミと呼んでいた）。

ソーナキ[soːnaki]〔名〕
本当の泣き。「ズンナキ」とも言う。【例】ナキマービッカヤッティ　ウムッタラ　ソーナキバ　シーブルワヤ（泣き真似かと思ったら、本当に泣いているよ）。

ソーニヨイ[soːnijoi]〔名〕
生年祝い。（石）ショーニンヨイ。（沖）トゥシビー。沖縄県全域で行なわれている「生まれ年の祝い」で、12年ごとに訪れる干支による生まれ年の誕生祝い。【例】ソーニヨイヌ　ブドゥル　キョンギンヌ　ナハナー　イチン　ウムッサムノー　ヴァーマンキヌ　コーコークドゥキラー（生年祝いの踊り狂言のなかでもっとも面白いのは、子や孫たちの演じる〈孝行口説〉だよ）。

　黒島でも、数え年の13歳・25歳・37歳・49歳・61歳・73歳・85歳・97歳を「マリドゥシ＝生まれ年」と言ってそれぞれ祝ってきた。

　私が幼少の頃（昭和20年代）は、61歳（還暦）の祝いがもっとも盛大であったが、平均寿命の大幅な延長に伴い現在は85歳・97歳の生年祝いが盛んである。八重山民謡の〈六調節〉では「やがて二十五の生まれ年」と歌われているが、男が結婚して家庭を持ち一人前の社会人として自立する転機となることを期待し予祝しているのである。

　女の子は、「ズーサンヨイ（十三歳の祝い）」を盛大に祝ってもらったが、それは25歳以降の生まれ年は実家を出て婚家で迎えることになるから、という理由によるものであった。ほとんどの女性が25歳までには結婚していた当時とくらべ、現在は男女ともに結婚年齢は著しく高齢化し未婚者も格段に増加するなど、隔世の感甚だしいものがある。

　なお、保里部落では、男女の別なく十三祝いを盛大に催したということを、従兄の安里善好兄（昭和11年生まれ）から聞いたが、宮里・仲本・伊古などの風習はどうであっただろうか。

ソーニンギン[soːniŋgiŋ]〔名〕
まともな人間。真に立派な人。【例】マリルッカー　ソーニンギン　マリリ（生まれるなら、真に立派な人になれ）。

ソープリムヌ[soːpurimunu]〔名〕
大馬鹿者。「アカプリムヌ・ウブプリムヌ」とも言う。

ゾーブンニ[dzoːbunni]〔副〕
十分に。立派に。上等に。【例】ヤーン　パカーン　ゾーブンニ　トゥジミラリ　ウムイナーク　シーベールワヤ（家屋も墓も立派に完成し、安心しているよ）。

ゾーホン[dzoːhoŋ]〔形〕
白い。「ゾーッソホン」とも言う。【例】イルヌ　ゾーホダラ（色の白いことよ）。「ゾーッソホン」の項参照。

ソーミン[soːmiŋ]〔名〕
素麺（そうめん）。【例】①ソーミンヌ　ミスズル（素麺の味噌汁）。②ソーミンヌ　シームヌ（素麺の吸い物）。

ソーミンチャンプルー[soːmintʃampuruː]〔名〕
素麺の炒め物。沖縄語の移入語。素麺をゆがいてサバの水煮や野菜と一緒に炒める。

ソーミンヌ　イラキムヌ
　　　　　[soːminnu ʔirakimunu]〔連〕
素麺の炒め物。本来の黒島語であるが、「ソーミンチャンプルー」「ソーミンブットゥルー」なども多用されている。

ソーミンブットゥルー[soːmimbutturuː]〔名〕
素麺の炒め物。「ソーミンチャンプルー」と同じく沖縄語の移入語。

ソームヌ[soːmunu]〔名〕

本物。上等な物。優れた物・者。【例】ウレー　ソームノーリバ　タイシチシ　ハキング　シーリ（それは上等な物だから、大切にして保管しなさい）。

ソームヌイ[so:munui]〔名〕
本当の話。実のある話。〈対〉ナンムヌイ（虚言）。【例】ナンムヌイ　タンカー　イジベーッカ　ソームヌイユ　イザバン　タルン　シンヨー　スーヌンドゥラ（嘘ばかりついていると、本当のことを言っても誰も信用しないよ）。

ソーラ[so:ra]〔名〕
盆祭り。祖先供養の最大の祭り。「精霊(しょうりょう)」の意。【例】ソーラヌ　ナリムヌッティ　イジ　アダニ　キダ　イツァビ　ハニン　ヌッツァ　ヴァールン　ムヌユ　ハザレーッタワラ（お盆の供え物の果物として、アダン・キダ・イツァビ・ハニンなどの食べられない物を飾ったよね）。バンスル（グヮバ）のような美味しい果物も供えたが、多くは食べられない生(な)り物であった。

盆祭りは、旧暦の7月13日の夕刻に祖霊をお迎えし、翌14日の一日中と翌々15日の深夜の送り時間まで、三度三度の食事の他いろいろな食物を供え供養する。終戦後のある時期までは普段の主食は粟と芋であったが、そういう時代でも盆祭りの三日間だけは米のご飯を仏壇に供え、家族もそれを戴いた。とりわけ迎え日の夕飯に供える「ンカイズーシ（コーズーシ＝硬めの雑炊）」は、人生の中で味わった最大級のご馳走であったように思う。

先祖を祭る年中行事には、他に旧暦の1月16日に行なわれる「ズールクニチ（十六日祭）」、春・秋の「ピンガン（彼岸祭り）」がある。

ゾーラスン[dzo:rasuŋ]〔他〕
濡らす。【例】シートータンムノー　ゾーラシカ　ピーヌ　シカラー　ヨーマリリバ　キーシキリヨ（製糖用の焚き物は、濡らすと火力が弱まるので気をつけろ）。雨の日の製糖は、タンムヌ（焚き物＝燃料）運びも一苦労であった。

ソーラタンムヌ[so:ratammunu]〔名〕
盆祭り用の薪。【例】ソーラタンムヌヤ　モクモーヌ　バリダンムヌユ　ズンビセーッタ（お盆用の薪には、モクモー〈トキワギョリュウ〉の大木を何等分かに割って準備した）。

正月や盆などをはじめ大きな祝祭事には、揚げ物などのため火力の強い薪を用意した。我が家では、モクモーの大木を伐り倒してバリダンムヌにして竈(かまど)の上の棚に積み上げて置き乾燥させた。「バリダンムヌ」とは「割り焚き物」の意で、丸太を60センチメートルくらいに切ってそれを何等分かに割って用意した薪のことである。

ソーラパータ[so:rapa:ta]〔名〕
お盆に訪れる先祖。一般に先祖を意味する「ウヤプス」という言葉とは別に、盆祭りに訪れる先祖に対してだけはこの言葉も用いられた。♪ソーラパータ　ワーランケ　ミスン　マースン　ハイトゥリバ／ヌーヌドゥ　ナマシ　パダラドゥ　ナマシ／ナマシヌ　グーヤ　シーソーヌ　パー♪という歌があった由。この事典のための勉強会で、玉代勢泰興君が歌ってくれた。

ソーラパータ[so:rapa:ta]〔名〕
〈動〉ナナフシ（竹節虫）。「ダーナ」とも言う。（石）ティンン　ジューン　バー　シゥマ（頭をもたげて天と地を指すので「天も地も我が島」と呼ばれる／『石垣方言辞典』参照）。黒島で、なぜこの虫が先祖を意味する「ソーラパータ」と同じ名で呼ばれるかは不明である。

なお、ナナフシを本部半島では「グソーサイトゥー（あの世のカマキリ）・グソーウマグヮー」と呼ぶ由（金城正子氏）。宮

古島では「マズムヌヌツカイ（妖怪の使い）」、多良間島では「カンヌヌーマ（神の馬）」と呼ぶそうだ（盛口満氏）。琉球新報／2020・5・14参照。

ゾーリルン[dzo:riruŋ]〔自〕
濡れる。【例】アミン　ゾーリッカー　パナシキ　ハカリバ　ゾールンヨー　キーシキリ（雨に濡れると風邪を引くから、濡れないよう気をつけなさい）。

ソールン[so:ruŋ]〔他〕
除草する。〈否〉ソーラヌン。【例】タムヌ　トゥリヤ　ブナルヌ　タマ　パタキ　ソーリヤ　ビキルヌ　タマ（薪拾いは女きょうだいの分担作業、畑の草取りは男きょうだいの分担作業だ）。

ソッキ[sokki]〔名〕
お茶請け。酒の肴（さかな）。小料理。（石）チョッキ。（沖）チャワキ。【例】ラッキョーバ　ソッキ　セーターナ　サー　ンキワーリ（ラッキョウをお茶請けにして、お茶をお上がりください）。一般に、お茶請け用にはラッキョウの黒砂糖漬けを、お酒のウサイ（つまみ）用にはラッキョウの塩漬けを供した。

ソッコー[sokko:]〔名〕
法事。「焼香（しょうこう）」の意。【例】ソッコーヤ　ヌビヌ　ソッコーティドゥ　アル（法事は、日延べして行なっても構わない）。

　用例の主旨は、先祖の年忌法要はきちんと行なうのであれば延ばしても構わないというもので、省略はよくないという意味がこめられている。ただし、仮に七年忌が延びて十三年忌を迎えた場合は二つの年忌法要をまとめて行なうのはよくあることで、よしとされる。

　ところで、近年の法事をめぐる事情は急速な様変わりを示している。たとえば、新聞に掲載される謹告（告別式の広告欄）には、死後七日ごとに行なわれる七・七忌の法要を「繰り上げ法要」と称して初七日の日に四十九日忌と併せて行なう旨が記されている。この繰り上げ法要の事情は、さらに進んで七年忌や十三年忌の際に仕舞い焼香のトゥムライソッコー（三十三年忌）までのすべての年忌法要を繰り上げてまとめて行なうところまで来ている。それも、今のところ住宅環境と交通事情の関係で都市地区での変化が著しく、そのほとんどが葬祭場で行なわれる。今後、この繰り上げ法要のありようは、価値観の多様化を反映し都市部のみならず島々や村々にも急速に広まっていくのではないかと思われる。

　最近（2020年）の新型コロナウイルス騒ぎのなかで、葬儀や告別式のあり方はさらにドラスティックな変容を示している。仏教徒でもない人たちが、葬儀社の手配する寺社の僧侶の唱える読経を自然に受け入れていたのに、コロナ禍の防止策として三密（密接・密集・密閉）を避けるという観点から、新聞広告によって大勢の人々に呼び掛ける大々的な葬儀や告別式をあっさり改め、いわゆる家族葬の傾向が進行しているのである。何年か後に、社会現象が新型コロナウイルス以前と以後という形で区分されることがあるとすれば、沖縄独特の冠婚葬祭のありようもその一つになるのではなかろうか。

ソッコームヌ[sokko:munu]〔名〕
法事の供え物。物品にも金品にも言う。【例】マヌマヌユーヤ　ソッコームヌッティ　イズッカー　ジンユドゥ　ウヤス（現今の社会では、法事の供え物というと金子を供える）。

　古い時代には、年中行事の盆祭りや十六日祭などには自ら線香を持参して焼香し、年忌法要の際には揚げ豆腐やてんぷらなどの現物を提供したが、現在は盆や十六日祭などには保存の効く物品を「お中元」「御霊前」などとして供え、年忌法要の際には

金品を供えるのが一般的である。

ソンガ[soŋga]〔名〕
〈植〉ショウガ（生姜）。独特な苦みを有する貴重な薬味の一つ。【例】ソンガトゥンガナヤ ピシダヌ スーナ ナーナッカー ナランムヌ（ショウガとニガナは、山羊汁には無くてはならないものである）。沖縄では広く山羊汁が食され、一般に薬味としてはショウガが、青菜にはヨモギが用いられる。わが黒島では海岸沿いの岩場に自生しているンガナ（ニガナ）の葉が用いられる。「ンガナ」の項参照。

ソンカー[soŋka:]〔名〕
鉦鼓。（石）ションク。（沖）ショーグ。

ソンガチ[soŋgatʃi]〔名〕
正月。【例】ソンガチヌ フーッカー ビコーヌッファー ピキダマユ トゥバシ ミドーヌッファ マーリバ シキ アサブッタ（お正月が来ると、男の子は凧(たこ)を上げ女の子は毬(まり)をついて遊んだ）。

　私が故里に対して思い描く心象風景(しんしょうふうけい)のなかで、気分をもっとも高揚させるものとして鮮烈に甦(よみがえ)ってくるのは正月元旦の風景であり、いわば故里の原風景を代表するものの一つである。庭一面に海浜から運んできた真新しい白砂を撒き、門松を立てて迎える元日の早朝の清々しさ。男の子のいる家では、朝早くから工夫を凝らした形の凧(たこ)が大空にゆったりと舞い、正月気分を弥(いや)が上(うえ)にも盛り上げた。森羅万象(しんらばんしょう)に新たな芽吹きをもたらすような晴れやかな気分は、歳を重ねるごとに弥(いや)増しに甦ってくる。

　私が幼少のころの黒島では、正月は旧暦だけで祝っていた。だから、修飾語なしの正月と言えば当然のごとく旧正のことであり、新暦の正月は「新ぬ正月(そんがち)・大和正月(やまとぅそんがち)」と修飾語つきで呼ばれていた。「私が幼少のころの黒島では」と述べたが、じつは我が黒島では今も旧暦で正月を祝い、正月にちなむ伝統行事は旧暦の正月の元日に行なっている。

　八重山諸島における伝統行事は、農業中心であったころの生産様式・生活習慣を反映して農耕神事として旧暦で催されてきたし、今もそうである。豊年祭・節祭・種取祭・結願祭等、皆然りである。漁民の最大の祭り「ユッカヌヒー＝海神祭＝パーレー競漕」もまた、旧暦の五月四日に催されている。

　ところが、正月の祝祭事に関しては、ほとんどの地域が新暦で催しているのに対し、黒島では旧来の伝統が保持され旧暦を適用している。しかも珍しいことに、他の地域では豊年祭に行なわれる綱引きが、黒島では「異例」の正月行事として執り行なわれているのだ。

　黒島の正月儀礼は、旧暦の正月元日の朝、御嶽(おたけ)における「正月願い(そんがちにが)」をした後、夕刻に松明(たいまつ)を灯し村の広場で旗頭(はたがしら)をおし立て「綱引き」を中心にした一連の行事を行なってきた。このことは〈黒島口説〉にも「ユビヌ チナヒキ（夕刻の綱引き）」と描写され歌われている。もっとも昨今は、時代の流れに沿って島外に住む郷友会員や観光客の都合に合わせて午後の早い時間に行なっている。したがって、松明を掲げることもしなくなっている。

　そもそも「綱引き」の元来の意義は、男綱(づな)と女綱(めづな)の結合に模擬(も)セックスの意味合いを持たせ、そのことと穀物の結実〈稔(みの)り〉を重ね合わせるという祈りをこめた厳粛かつ切実な神事儀礼である。すなわち、新年に行なわれる黒島の「綱引き行事」は、今年の豊作・豊年を祈願・予祝する「ユーピキ＝世引き・豊作招来」の儀礼として位置づけられている。綱引きの持つこのような根源的な意義を考えると、穀物の収穫を終えた後の豊年祭においてではなく、これか

ら収穫を迎える時期の正月に催されている黒島の「世引き事＝綱引き行事」こそ、「異例」ではなく「本義」に合致しているのではなかろうかと、つい誇らしく思うのである。

　黒島で歌われる〈正月ゆんた〉の中に「今年世ば　願よーら（今年の豊作を願いましょう）／来夏世ば　手摺りょーら（来たる夏の豊作を祈りましょう）」「今年世ぬ　稔らば（今年の作物が稔ったら）／来夏世ぬ　出来らば（来たる夏の作物が豊作なら）」という描写がある。ここでは「今年」と「来夏」が同義の対語として用いられている。ところが、すべての穀物の収穫を終えた「豊年祭」に歌われる〈豊年祭じらば〉では「来年世ば　願よーら（来年の豊作を願いましょう）／来夏世ば　手摺りょーら（来たる夏の豊作を祈りましょう）」と表現している。ここでは「来年」と「来夏」が同義の対語として用いられている。

　以上のことから、「クナチ（来夏）」を一律に「来年の夏」と決めつけるのは、実態を無視した一面的な解釈であり、「クナチ（来夏）」の用語は用いられる時期によって、「今年の夏」と「来年の夏」の二つの意味を有するものと理解すべきであろう。

　綱引きの導入儀礼の一つに「シナヌ　ミン＝チュナヌミン（綱の耳）」がある。鎌と矛（槍・薙刀）の武具を各々手にした武者装いの二人の者が、大勢の人々が持ち上げる双方の板台に乗り、接近して裂帛の気合と共に打ち合い斬り合う、あの勇壮な儀式である。「ミン（耳）」とは両綱の結合に必要な「輪っか」のことで、儀式としての「シナ（チュナ）ヌ　ミン」の正式名称は「シナ（チュナ）ヌ　ミン　ユシ（綱の耳寄せ＝綱の輪寄せ＝綱の結合）」と言い、行事の核となる「綱引き」の言わば前座をなす儀式である（森田孫榮『八重山芸能文化論』参照）。

　先に紹介した〈黒島口説〉の「綱引き」の場面には、「イリヌテーソー　アガリヌテーソー　ミナミナスルトティ（西の村の大将、東の村の大将を先頭に村びと皆打ち揃って）」と歌われているが、この二人の「テーソー（大将）」は「シナヌ　ミン　ユシ」の板台に乗って戦闘を交える武者姿の二人のことであろう。二人の発する裂帛の気合や力強く板台を踏み鳴らす音は、これから始まる綱引きの前哨戦＝デモンストレーションとしての単なる演舞ではなく、本質的には悪霊を祓い村びとの無病息災を祈願する儀式的意味合いを帯びているのではなかろうか。

　ところで黒島の綱引きは〈黒島口説〉で歌われているとおり、かつてはどの部落でも東組と西組が引き合う形を基本にしていた。その場合、綱引きが「ユーピキジ＝世引き・豊作招来の行事」の神事儀礼であることから太陽が東から上がって西に沈む自然の摂理に重ね合わせ、西組が勝利することが豊作をもたらすとされてきた。

　東筋部落の綱引きは、現在は村の南組と北組に分かれて引き合っているが、古老の話によると、以前は〈黒島口説〉で歌われているとおり西組と東組の引合いだったようだ。綱引きの際に部落を二分する境界線は幸原家と比屋定家との間を南北に走る道路であり、両家の前の道で東西に分かれて綱引きが行なわれていたという。その後、幸原・比屋定両家の前の道路を境に南北に区分され両家の間を南北に走る道路で綱引きが行なわれるようになったとのことである。幸原家の屋号「ムナニヤー」は、「ムラナカヤー（村中家）→ムラナハヤー→ムナニヤー」で村の中心にあったころの名残だという（當山ナサ・明治33年生まれの

証）。比屋定家の屋号は「シキッティヤー」であるが、このほうは綱引き行事の「仕切り役」が比屋定家によって行なわれたことによるものではないかという（同級生の比屋定恵君談）。

幸原家の屋号に関する証言は、伊古部落の人たちは幸原家のことを今でも「ムラナカヤー」と呼ぶのだということを、幸原家の嫁・市子さん（昭和7年生まれ）から聞くことが出来た（2019年7月21日聞き取り）。さらに時代を経て集落が北側に広がったため、南北の境界線は黒島芸能館の南側の道路に移り現在に至っている。

綱引き行事の催事場で立てられる旗頭の管理が、南組の「朝日丸」は當山家、北組の「雪丸」は竹越家となっているのは、両家が道路を挟んで南組と北組に分かれていた時代の名残である。〈黒島口説〉の東西で綱を引き合う描写も、その時代の東筋村の事情を物語る歴史の語り部の役割を果たしているのである。なお北部落の旗頭は喜屋武御嶽の創設を記念して竹越家が、南部落の旗頭は伊古桟橋の完成を記念して當山家が、それぞれ部落に寄付したものだと古老は伝えている。

綱引き儀礼の締めくくりは、「シナヌミン」に用いた板台に乗った「ミーラク（弥勒神）」と穀物の穂と甘藷（芋）の盛り籠を捧げ持った「ソーザ（長者）」が北の方から登場し、南の方から登場する村の総代役である「ユムチ（世持ち）＝スクドゥン（筑登武）」に種子を手渡す場面をもって幕を閉じる。この五穀物種の授受儀礼と男綱・女綱の配置は密接な関係がある。すなわち、五穀の種物は、北組の弥勒神から南組の部落総代役に手渡されるわけだから、男綱は北側に女綱は南側に配置され穀物の結実を促し豊作・豊年を確かなものにするためには、女綱の側＝南組が勝利を収めるという「予定調和」の神事儀礼上の約束事になっているのである。

昨今の綱引きの勝敗事情は、観光客の自由参加の影響もあるのか以前ほど厳格ではなくなっている。「祭りは世に連れ」という面を否定するものではないが、往時の厳粛な神事儀礼の約束事が薄れていくのはささか気になるところではある。

ともあれ、黒島の綱引き行事には、他の島々・村々の綱引きと共通する点も多いが、特異な芸能を誇る黒島ならではの特有のパフォーマンスや見所も随所にあるので、そういう点にも留意して楽しんでいただきたい。

ソンガチイノー[soŋgatʃiʔinoː]〔名〕
正月に庭に撒く新しい砂。【例】ミナハナソンガチイノーバ　マキドゥ　ソンガチユンカウッタ（庭に正月用の新しい砂を撒いて、正月を迎えた）。

幼いころ故郷で迎えた正月の風景でもっとも鮮やかに甦るのは、庭に撒いた真っ白な砂の輝きである。正月の一週間ほど前から、屋敷内の庭をはじめ屋敷外の道路にも新しい砂を運び、その砂を大晦日の夕刻に撒いて元日を迎える。元日の朝、新しい白砂で覆われて新しい生命を得たかのごとく甦った庭からは、何とも言えない新鮮な息吹が漂ってきたものである。

そこに、男の子のいる家庭からはそれぞれに意匠を凝らした凧が大空に舞い、凧に仕掛けてある油紙が風の摩擦によって奏でるブーンブーンという音（ナキムヌ＝鳴き物と称した）が響き渡る。その後の人生のなかで体験した多くの感動的な場面にくらべてもけっして引けを取らない美しい故郷の原風景のヒトコマである。

ソンガチキン[soŋgatʃikiŋ]〔名〕
正月用の服。【例】ソンガチキンヌ　ハバサ　サニヤーヤ　マヌマシキッティン

バッシラルヌン（正月に新調した服の香ばしさ、嬉しさは今もって忘れられない）。

　私たちが子どものころ、冬用の服は正月に、夏用の服は豊年祭に買ってもらったが、毎年というわけではなく２〜３年に一度であった。その新調の服を身にまとったときの晴れがましい気分は新しい服の香りとともに今も鮮明に甦ってくる。私たちが新しい服に対して味わったあのころの幸福感と今どきの子どもたちの味わうそれとは、どちらが大きい〈深い〉のだろうか。

ソンガチタンムヌ [soŋgatʃitammunu]〔名〕
　正月用の薪。「シンシキルン」「ソーラタンムヌ」の項参照。

ソンガチユンタ [soŋgatʃijunta]〔名〕
　古謡の名。〈正月ゆんた〉。【例】キユガピーバ　ムトゥバ　シー　クガニピーバ　ムトゥバ　シー　ウヤキ　ユバナウレ　スリユバナウレ（今日の日を基にして輝かしい日を起点にして、豊穣の世を賜りますように／〈正月ゆんた〉より）。

　正月行事の「ユーピキジ（豊年招来の神事）」の中心は、部落の中央において行なわれる綱引きである。その綱引きの前に、青年たちが集まって南組と北組に分かれ気分を高めるために交互に歌うのが〈正月ゆんた〉である。今年の豊作を祈り豊年を予祝する内容の歌である。

ソンガチワー [soŋgatʃiwa:]〔名〕
　正月用の豚。【例】ソンガチワーユ　クラシバソー　ウマハマハラ　ワーヌ　ナキングイヌ　シカリーッタワヤ（正月用の豚を屠るときは、あちこちの家から豚の鳴き声が聞こえたよなあ）。

　用例の「正月用の豚」は、親戚同士または近隣同士の２軒ないし４軒で一頭の豚を屠って分けた。今年のソンガチワーは、誰の家の豚にするかは予め決めておいたようである。大晦日のトゥシフンヌフルマイ（年の夜のフルマイ＝ご馳走）は、豪華な豚汁であった。野菜はダイクニ（大根）、キンダイクニ（人参）、シビラ（シマネギ・ワケギ）に昆布だけの至って質素なものであったが、米のご飯との組み合わせは現在のどんな豪勢な料理よりも気分的には豪華であった。塩だけで味付けした豚汁には三枚肉の脂がキラキラ浮いていて、フーフーしながら味わった脂身のトロッとした甘さと引き締まった肉の美味さ、出汁の染み込んだダイコンやニンジンの歯応え、そして上品かつ強烈なシマネギの香り。これまでの人生のなかで食事を通して味わうことの出来た仕合せの最絶頂であったと言っても過言ではない。

　この正月の豚料理への憧れと称讃については、百歳を迎えて今なお（2020年５月７日現在）かくしゃくとしておられる荻堂盛進翁（大正９年生まれ）の著書『昭和の風音・沖縄』（2020年２月・新星出版㈱発行）所収「五十年前の正月」に見事に活写されている。同著は、著者の長女で民族音楽研究家・比嘉悦子氏から贈られてきた含蓄のある名著で、ご一読をお奨めしたい。

タ

ター [ta:]〔名〕
　誰。次に接続する語によって形が変わる。【例】①タートゥ　グーナル　ハンガイヤ？（誰と夫婦になる考えか）。②タロー

ラバン ミサリバ パーク サーリ クー (誰でもいいから、早く連れてこい〈結婚せよ〉)。③タルユドゥ ハブヌ プス タヌムッカヤ？ (どなたを果報の人〈仲人〉に頼むかな)。

ター [taː]〔接尾〕
複数を表す。～たち。～ら。〈類〉～タンキ。～ンキ。【例】ソンガチヌ シナピキヌ バソー バンター ニスマー パイマハラ サーマキトゥーシ アッタ (正月の綱引きの際、私たち北組は南組からいつも負け通しだった)。

ダーサン [daːsaŋ]〔形〕
立派である。優れている。人物の優秀さにも動物の優れた状態にも言う。「ラーサン」とも言う。この「ダーサン」と「ラーサン」の違いは首里語「ダチビン(携帯用の酒器)・サーターアンダギー(砂糖てんぷら)」と那覇語「ラチビン・サーターアンラギー」の違いに似ていて面白い。【例】①ウヤヌ ダーサッカ ヴァーン ダーサン (親が優れていると、子も立派である)。②ウヌ ウシヌ ダーサダラ、ミーフチン ハラッタン ハタチンハイヤー (その牛の立派なことよ、目元口元から体型まで美しい)。

ダーシダーシ [daːʃidaːʃi]〔副〕
立派に。(皮肉をこめて) 格好をつけて。「ラーシラーシ」とも言う。【例】①ダーシダーシ シー ミシリ (立派にやって見せろ)。②ダーシダーシ イバリベーッタヌ ヌーン ミーナランタン (格好つけて威張っていたが、何も実にならなかった〈実現できなかった〉)。

ダーシムヌ [daːʃimunu]〔名〕
立派な物。優れている人。「ラーシムヌ」とも言う。【例】ダーシムヌッティ ケーランニン ウラマサ シーラリブッタヌ マヌマー ゲーラハナリブー (優れ者と皆に羨ましがられていたのに、今は劣ってい

る〈見る影もない〉)。

ター シタガ [taː ʃitaga]〔連〕
誰が知るものか。誰にもどうしようもない。どうにでもなれ。(石)ター シゥタガ。【例】ター シタガ、メー ヤリシティ ウシキ (誰にもどうしようもないよ、もう投げ捨てておけ〈放っておけ〉)。

タースン [taːsuŋ]〔他〕
費やす。手間暇かける。無駄にする。〈否〉ターハヌン。(石)タースィゥン。(沖)テースン。【例】ピマバ ターシ スクレールヌ ヌーン ヤコー タタヌン (暇を掛けて〈手間暇を掛けて〉作ったのに、何の役にも立たない)。

タータ [taːtaː]〔名〕
誰々。誰たち。【例】キューヌ ユイプスヤ タターバ タヌメーヤ？ (今日の結人〈雇い人〉は、誰々を頼んだか)。

ターチュー [taːtʃuː]〔名〕
双子。双生児。沖縄語の移入語。黒島語では「フターッツァ」と言う。【例】クヌ フターラー ターチューヤルヌドゥ アイナー ネーヌ (この二人は双子だけれど、そんなに似ていない)。一卵性双生児と二卵性双生児の違いによるものと思うが、姪の双子の息子は高校生になってもまだ見分けがつかないほどよく似ている。だが、我が連れ合いは幼児のころから二人を見分けていた、不思議な眼力としか言いようがない。

タータ [taːtta]〔副〕
次第に。だんだん。ますます。(石)タッタ。【例】ヤンヤ タータ ゲーラック ナリブー (病はだんだん悪くなっている)。

タータィ ナーナ [taːtti naːna]〔連〕
誰彼となく。誰彼なしに。相手かまわず。【例】ウレー タータィ ナーナ ミドゥムトゥ フシカリ パルマシ サニワーッティ ナーバ シカレーッタ (そいつは相

手かまわず女とくっついて妊娠させ、種豚と名を付けられた)。

ダーッファ[daːffa]〔感〕
驚いたときや失望・落胆したときの情態。【例】イサハラ ガンドゥラッティ イザリ ダーッファッティ ナレーッタ (医者からガンだと告げられ、ダーッファ〈驚きと落胆の情態〉となった)。
　手足の浮腫(むくみ)が気になって診察を受けたが、一般内科では原因が分からず血液内科に回された。いやな予感がしたが、若い女医さんは無表情のまま「白血病の疑いがありますので、髄液検査をしましょう」と言い、了解のうえで直ちにその検査を受けた。髄液を採取するための注射がやたら痛かったのが鮮明に記憶に残っている。用例は、二週間後の検査結果で「T細胞大顆粒リンパ性白血病です」と言い渡されたときの情況描写である (2016年11月)。結果を連れ合いに知らせようと電話したが通じなかったので、後輩のO君に話した。絶句した彼は明らかに涙声で詳細な説明を求めた。当の本人は、虚勢を張って第三者の体(てい)で冷静に応答したが、その時点から現在に至るまでO君の動揺(どうてん)ぶりがどれほどありがたく僕を慰め励ましてくれたことか。「はじめに」「あとがき」参照。

ターナ[taːna]〔接尾〕
～しながら。～しつつ。若年層では「タンナー」とも言う。【例】バンテヌ イザーヤクヤーターナ サンシンユ ピキワーッタ (我が父親は、休みながら (寝ながら) 三線を弾いておられた)。母によると、寝ながら三線を弾く父の習慣は若いころから続いていたという。そうすると、僕は胎児のときから父の奏でる三線歌のなかで育ったことになる。

ターブサ[taːbusa]〔名〕
琉球王国時代に、農民に与えられた位階で「田補佐・田夫作」などと表記される。農民の耕作を監督する村の下級役人。農民のなかから納税義務を免れる年代になった者が選ばれた。黒島の結願祭の奉納芸の冒頭を飾るキョンギン (狂言) である「スバン (初番)」のなかで、「チクドゥン (筑登之)」の配下「ターブサ ヌ アース (田補佐ぬ阿主)」として登場する。「アース」の項参照。

ターラ[taːra]〔名〕
俵。【例】マミダーラ (豆俵)。アーダーラ (粟俵)。

ターリルン[taːriruŋ]〔自〕
熟睡する。「ターリン」とも言う。【例】バハルシェーケー ニビティ ターリルッカー シトゥムティバーキ フクンタヌ ドゥ トゥシトゥッタラー フタサーイ ミーサイ シバンシールンティ フキルワヤ (若いころは寝て熟睡すると朝まで起きなかったけど、年を取ったら二度も三度も小便しようと起きるのだよ)。前立腺肥大症による排尿障害とやらのためなのだが、いやー、いつも睡眠不足の状態で辛い!

タイ[tai]〔名〕
松明(たいまつ)。照明用の火。ススキや竹などを束ねて作った。【例】ムカシェー マコン トゥリンナー タイバ ムティ パレーッタ (以前はヤシガニ捕りには、松明を持って行った)。

タイ[tai]〔名〕
対抗。嫉妬。【例】ウヤッファシ タイバシー バハヤダラ (親子で対抗〈嫉妬〉し合っていて、恥ずかしい〈みっともない〉よ)。

ダイ[dai]〔名〕
代金。値段。【例】ウレー ダイヌ タカハーッティ バニンナー ウユバルヌン (それは値段が高くて、私には及びもつかない〈手が出ない〉)。

ダイ[dai]〔①名・②数詞〕
台。【例】①ダイナ ヌーラナーッカ

ティーヤ　トゥドゥカヌン（台に乗らないと手は届かない。飯台。卓袱台。②ムカシェー　ヤーヤーナ　クルマー　イチダイナ　アッタワヤ（昔は各家庭に車が一台ずつあったよ……その場合の車は牛に牽かせる牛車のこと）。マヌマヌ　ユーヤ　ジドーシャユドゥ　パラシブー（今どきは、自動車を走らせている）。

タイガイ[taigai]〔名〕〔副〕
大概。おおむね。おおよそ。だいたい。いい加減。(石)タイガイ。(沖)テーゲー。【例】①〔名〕タイガイヤ　シマシェーリバ　ノホラー　アツァ　スー（大概は済ませたので、残りは明日しよう）。②〔副〕タイガイ　ナレーリバ　マーイメービ　ギーパリ（だいたい出来たから、もう少し頑張れ）。

タイク[taiku]〔名〕
太鼓。【例】ボーユ　ウトゥバソー　タイク　ドゥラーン　ピーラキバ　ナーラシティ　パジミッタ（棒を打つ際、太鼓・銅鑼・笛を鳴らして始めた）。

タイクヌ　ハー[taikunu ha:]〔名〕
太鼓の皮。【例】タイクヌ　ハーヤ　ウシヌ　ハーシドゥ　パレーッタ（太鼓の皮は、牛の皮で張った）。

ダイクニ[daikuni]〔名〕
〈植〉ダイコン（大根）。「ダイクン」とも言う。【例】ダイクネー　ワーヌ　スーナ　イリリバドゥ　マーハ（大根は、豚汁に入れると美味い）。

タイシ[taiʃi]〔名〕
〈植〉苺。野苺。(石)タイシゥ。今どき市場で出回っている苺とは違って、僕たちが幼少のころ黒島で採れた苺は非常に小ぶりで甘さもそれほどではなかった。でも、果物の乏しかったあの頃の黒島では貴重な果物であった。茎には、棘があった。『石垣方言辞典』では「ナワシロイチゴ」と説明されている。

タイシヌ　ナン[taiʃinu naŋ]〔連〕
苺の実。「タイシ」の項参照。

タイシチ[taiʃitʃi]〔名〕
大切。大事。共通語に近く、多くは「アッタラサ」と言う。【例】ウヤー　ヌチヌ　アルケードゥ　タイシチ　シーラリドゥラ（親は、存命中にしか大切に出来ないよ）。

ダイズ[daizu]〔名〕
〈植〉ダイズ（大豆）。通常は「トーフマミ」と言う。【例】ダイズヌ　アトゥナー　スクルムノー　ヌーンクイン　ダーサッタ（大豆の収穫後の作物は、何もかもよくできた）。

タイズーサン[taizu:saŋ]〔形〕
対抗心が強い。嫉妬深い。「タイズワン」とも言う。〈否〉タイズーサナーヌン。【例】ウレー　ドゥキ　タイズーサヌ　ナラヌン（そいつはあまりに対抗心が強くて、やってられない）。

ダイダカハン[daidakahaŋ]〔形〕
高価である。「代金が高い」の意。【例】ビャーハシマナ　スクル　マミナー　イチン　ダイダカハムノー　アマミ　アッタ（我が島で作る豆で、一番高価なものは小豆であった）。それで、小豆は自家用には使わず換金用にしたことから、ゼンザイにはもっぱらアオマメ（緑豆）を用いた。

　なお、共通語の「高い＝高価な」に関連する黒島語は、見出し語（形容詞）では「ダイダカハン」となっており、別の項目（名詞）では「ダイダハムヌ」となっていて、「カ行音」と「ハ行音」に分離している。このような不統一な用法がまま見られる。

ダイダハムヌ[daidahamunu]〔名〕
高価な品物。【例】ダイダハムヌタンカー　ハウッテナー　ウカバ　ハビベーットゥ（高価な物ばかり買うものだから、負債を被って〈抱えて〉いるそうだ）。

タイトー[taito:]〔名〕

ちぎばかり。大型の竿秤。尺貫法で一貫（3.75キログラム）以上の重い物の重量を量るのに用いた。小型の竿秤は単に「パカリ」と称した。【例】シタタルン　ワーン　ピシダン　タイトー　シドゥ　パカレーッタ（砂糖樽も豚も山羊も、タイトー＝ちぎばかりで重量を量った）。竿秤は、竿の片方に重さを量る対象物をぶら下げ、そこから反対側の重さを量る目盛が刻まれた竿に錘を下げ、均衡の取れた箇所で重さを確認した。「パカリ」の項参照。

ダイパ[daipa]〔名〕
擂鉢。【例】シリキシマミヌ　スーヤ　トフマミユ　ダイパナ　ジードゥ　スクル（ゴジルは、大豆を擂鉢で擂って作る）。「ジー」の終止形は「ズーン（擂る）」。
　ごじる（呉汁・豆汁）は、水に浸して柔らかくした大豆を擂り潰した「ご（豆汁）」を入れた味噌汁（『広辞苑』）。それを、東筋部落では「シリキシマミヌ　スー」と言い、保里部落では「ジンザリマミヌ　スー」と言う。

ダイパヌシル[daipanuʃiru]〔名〕
擂粉木。「ダイパヌシン」とも言う。古くは中舌音の「ダイパヌシゥリゥ」だったと思われる。（石）ダイパーヌ　シゥリゥングジゥ。【例】ダイパヌシルヌ　パンターシコームティ　マンマルー　ナレーッタ（擂粉木の先端は、使うほどに真ん丸になった）。

タイフー[taiɸuː]〔名〕
台風。共通語からの借用語。元来は「ハジ」で、風から台風まで言い表していたと思われる。【例】ハラタイフーヌ　フクッカー　スクルムヌヌ　グーハジ　ハリルン（空台風＝雨無し台風が吹くと、作物のすべてが枯れてしまう）。

ダイムトゥン[daimutuŋ]〔自〕
高価で売れる。「高い代金を持つ」の意。【例】クンドゥヌ　セリナー　クヌウセー　ダイムトゥパジ（今度の競りで、この牛は高価で売れる〈高い競り値が付く〉はず）。

タイラク①[tairaku]〔名〕
タイラク。保里村由来の民俗芸能。竹富町〔無形民俗文化財〕昭和50年11月26日指定。タイラク・シーシボー（獅子棒）・シーシ（獅子舞い）の一連の芸は、今からおよそ130年前頃、子年・午年の7年廻りの結願祭において創作され、演じられた。保里村のタイラクによる道ジュネーで道を浄め、東筋村の獅子棒による奇々怪々な声を発して山奥から獅子を村に誘き寄せ、仲本・宮里村の獅子舞いで村中の邪気を祓い、村びとの健康祈願と村の豊穣を祈念する一鎖の芸能として構成されている。タイラクは、シーシボーと共に沖縄全域に分布する「フェーヌシマ（南島系の芸能）」の影響も受けているが、黒島の独自色の濃い民俗芸能である。『竹富町の文化財』（平成10年3月・竹富町教育委員会発行）参照。

タイラク②[tairaku]〔名〕
保里村の民俗芸能。保里村では、「タイラク」は「ボーフラ」の呼び名でもあるが、他の村でのボーフラの呼び名は不明。【例】ビャーハ　シマヌ　ブドゥル　キョンギンナー　イチン　ウムッサ　ムノー　タイラクラー（我が島の踊り狂言のうちで一番滑稽で面白いのは、タイラクだよねえ）。
　タイラクは、滑稽な出で立ちと仕草で抜群の人気を博し、掛け値なしに面白い。単調な仕草の繰り返しだが、それでも演者の巧拙・優劣は自ずとわかる。私（たち）の脳裏に焼きついている断トツの踊り巧者は野崎徳三さん（昭和7年生まれ）と宮良當明さん（昭和12年生まれ）の二人であった。野崎さんは音楽と踊りのリズムを（多分無意識のうちに）微妙にずらしながら、宮良さんは綺麗に調子に乗せながら、それぞれ

に観客を魅了してやまなかった。さらに一世代上のレジェンドとしては新田當吉さん（昭和２年生まれ）が有名だが、残念ながら目にしたことはなかった。

　タイラクの語源については、諸説ある。一つは、中城村に伝承されている民俗芸能「ターファークー（打花鼓）」。二つ目は、「タイヘイラク（太平楽）」。三つ目は、ボーフラを「タイラク」と称することからという解釈。「ターファークー」と「タイヘイラク」は語感・語呂からの解釈だと思われるが、どうだろうか。三つ目の説は、蚊の幼虫である「ボーフラ」の動きが「タイラク」の仕草に似ていることから名づけられたものであろうから、それは「ボーフラ」を「タイラク」と言うことの語源であって、「タイラク」の語源とは言えないのではないか。「シーシボー（獅子棒）」の項参照。

タイラサン[tairasaŋ]〔形〕
　器用である。巧みである。【例】ウレー　パナシ　シムバン　シグトゥ　シムバン　ヌーンクイン　タイラサーワヤ（そいつは話をさせても仕事をさせても、何でも器用にこなすよ）。

タイルン[tairuŋ]〔他〕
　腹を立てる。【例】クンゾー　タイルン（怒って腹を立てる）。この見出し語「タイルン」は、「クンゾー」に後接する「クンゾー　タイルン」という語、その変化形「クンゾー　タウンスクン（腹を立てずに）」などにおいてのみ用いられ、他の用例が確認されない。よって、独立語ではなく「クンゾー　タイルン」という一つの言葉ではなかろうか。

タイワンボー[taiwambo:]〔名〕
　台湾禿。円形に禿げる脱毛症。日清戦争後、台湾から帰った兵隊が流行らせたという（『石垣方言辞典』）。

タカータカー[taka:taka:]〔副〕
　高々と。非常に高く。「タカハン（高い）」の語幹に長音を付けた重複形で、副詞的用法。【例】ソンガチヌ　パラー　タカータカー　ムタイリバドゥ　ハイヤー（正月の柱〈旗頭〉は、高々と持上げたほうが奇麗〈恰好いい〉）。

タカアン[takaʔaŋ]〔名〕
　高網。

タカジン[takaʒiŋ]〔名〕
　食事用の四角の高いお膳。「高い膳」の意。【例】ウッチェナーヤ　ウブザー　タンカ　タカジンナー　イーユ　ンキワーットゥ（その家では、おじいさんだけ高膳で食事をしておられるそうだ）。

　食事用の高いお膳で食事をするのは、格式を重んじる特定の家庭だけだったようだ。ちなみに我が家では、父母だけ三番座の板の間にアダンバ筵を敷き、木製の四角い平らなお膳で食事をした。父母以外の家族は台所の土間で朝食と昼食を食べ、夕食だけは三番座の板の間で食べた。したがって、父母以外は朝食と昼食のときは裸足で食べ、夕食のときだけ足を洗って板の間に上がったのである。飯台は土間と板の間で同一のものを使用した。その飯台は、僕が子どものころは円卓だったが中学生のころには、四角い卓袱台に変わっていた。

タカダイ[takadai]〔名〕
　盃を載せる脚の付いた台。「高台」の意。【例】ソンガチヌ　バソー　サーシキユ　タカダイナ　ノーシ　グーシユ　タボーラリッタ（正月のとき、盃を高台に載せ神酒を戴いた）。

タカナ[takana]〔固〕
　〈地〉高那。西表島の北東部に位置する村。高那村は、1732年に創建、1909年に廃村となった。高那村では、古見村・小浜村とともに「アカマタ・クロマタ」の神事が行なわれていたという。

タカナブシ[takanabuʃi]〔名〕
高那節。八重山伝統歌謡の中で、「あよー・ゆんた・じらば」などの古謡から節歌＝古典民謡に至るまで、一通り目を通してきた限りで〈高那節〉はその歌意が総体的に意味不明な唯一の歌である、と言うのが私の実感である。

伝承されている八重山伝統歌謡には、八重山の現代語＝日常語と相違する古い言葉が用いられている。しかしこれらの用語は、たとえこれらの用語自体は意味不詳だとしても八重山伝統歌謡の基本的な描写法である「対語・対句」の表現様式からおおよその見当はつく。ところが、〈高那節〉に関しては「対語・対句」の描写方式も明らかでなく、理解を一層困難にしているのである。

さて、そうは言うものの、地元以外の人から魅力的な八重山伝統歌謡を一曲だけと所望されたとき、私が躊躇なく推奨するのは〈鷲ぬ鳥節〉〈鳩間節〉〈黒島口説〉と並んで〈高那節〉である。當山善堂制作・編著『CD附 八重山古典民謡集（一）～（四）』所収／〈高那節〉参照。

タカナン[takanaŋ]〔名〕
津波。「高い波」の意。【例】ビャーハシマーピサハリバ　シマッキン　タカハー　タカナンヌ　フーッカ　ピンギハトー　ナーヌン（我が黒島〈の標高〉は低いので、島より高い津波が来ると逃げる所〈避難場所〉がない）。ちなみに、黒島の標高は14、5メートルである。

タカハン[takahaŋ]〔形〕
高い。高価である。物理的な高さにも、値段の高さにも用いる。【例】①イザヌ　タカハッテナー　ヴァーン　タカハーワヤ（父親の背が高いので、子どもも背が高いよねえ）。②ウシヌ　ダイ　タカハーッテナ　ビャーハシマー　ウヤキジマッティ　イザリブー（牛の売値が高く、我が黒島は裕福な島と称されている）。ところが、最近（2020年6月現在）の新型コロナ・ウイルス騒ぎの影響で、子牛の値段が急落し先行きが懸念されている。はたして、どのような形で推移していくのか、コロナの一日も早い終息を願うばかりである。

タカビ[takabi]〔名〕
崇べ。祝詞。【例】ハン　タカビ（神の祝福）。「タカベ」は「（沖縄で）神祭りの祝詞」（広辞苑）と説明されているように、沖縄独特の神祭り用語である。

タカビキ[takabiki]〔名〕
メジロが高く美しい声でさえずること。「さえずる」を「フキルン」と言うことから「タカフキ（高くさえずること）」が「タカフキ→タカブキ→タカビキ」へ音韻変化した語であろう。【例】ウヌ　タカビキヌ　クイヌ　ハイヤダラ（そのタカビキの、声の美しいことよ）。

島にいたころ、一時メジロに凝っていた。メジロ籠は、捕獲用の〝オトシカゴ（落とし籠）〟まで自分で作った。籠の外枠はクバの葉柄を用い、クルマイリ（車錐）で穴を開け丸めた竹ひごを通して作った。メジロの餌は熟したパパイヤの実が最適であった。タカビキが見つかるまで、毎日のように〝ワナ〈オトシカゴ〉〟を仕掛けて捕獲した。2～3日飼ってみてタカビキでないと分かると手放したが、タカビキを見つけるのは容易ではなかった。メジロは蚊に弱いことから夜は籠を覆って保護し、猫に襲われないよう管理するのも大事な作業であった。後年、那覇に転居して人生の師匠の一人として仰ぐ糸洌長良先生がメジロを趣味にしておられることに遭遇し、先生と〝タカビキ〟談義に花を咲かせたのも楽しい思い出である。現在、メジロを飼うには厳しい制限があるらしいが、僕たちが飼っ

ていた昭和30年ころは何の制限もなかったのではなかろうか。

タカヤマ[takajama]〔名〕
沖縄相撲の大技の一つ。左四つに組んで相手を高く持ち上げ自分の腰に載せて、投げ付ける大技。「ヤマ」は、罠・仕掛け・装置を意味する。【例】タカヤマバ ハキラリ ウムイキシ ダラミラリ ドゥーバ ヤマシナーヌン（タカヤマを掛けられ思いっきり叩き付けられ、体を痛めてしまった）。

タキ[taki]〔名〕
〈植〉竹。【例】タキヌッファヌ ウヤマサリ（竹の子の親勝り）。竹は、凧やメジロ籠の骨に使い、竹馬の棒、ゴムテッポー（魚を突く銛）の竿、それに鳩を捕獲するパトゥヤマの竿にも活用し、子どものころの僕たちにとってはたいへん有用な植物であった。

タキ[taki]〔名〕
丈。程。程度を表す語。「タンキ」とも言う。【例】ウヌフターラ ヌーシムバン マータキ（その二人は、何をさせても同等である）。「マー タキ」は「ユヌ タキ」とも言う。

タキドゥン[takiduŋ]〔固〕
〈地〉竹富島。【例】イサナケヘ パルバソー タキドゥンヌ アールマユ トゥーリ パレータ（石垣島へ行くときは、竹富島の東側を通って行った）。

タキヌッファヌ ウヤマサリ
[takinuffanu ʔujamsari]〔成句〕
竹の子の親勝り。竹の子は、親竹を追い越して生長することから親をしのいで子が立派になることを言う。

タキフドゥ[takiɸudu]〔名〕
一人前の大きさ。「たけほど（丈程）」の意。【例】タキフドゥ ナルッカ タルン トゥジバ トゥミ ヴァーバ ナシ キナイユ ンダミルン（一人前になると、誰も妻を求め、子を産み、家庭を構える）。

タキフンツァ[takiɸuntsa]〔名〕
竹の床。竹の縁側。「タキ（竹）」と「フンツァ（床・縁側）」の複合語。【例】ムカシェー タキフンツァヌ ウラハーッタ（昔は、竹の床が多かった）。

タキフンツァマリ[takiɸuntsamari]〔連〕
竹床のような生まれ。【例】ビャーハシマプソー タキフンツァマリ ナダーッサマリッティ イザリブー（我が黒島の人は、竹床のような生まれ、温厚な生まれと言われている）。

　黒島の島民の目標を示す標語に「キムピシッチ イルピシッチ（心一つに、気持ちを一つに）」がある。ほかに島民の気質を表す用語に「タキフンツァマリ ナダーッサマリ（竹床のような生まれ・温厚な生まれ）」がある。典拠は〈島廻りじらば〉である。板張りの床が一般化する以前は竹組みの床であったが、竹床の上に莚を敷いたり畳を敷いたりする場合、太さの異なる竹を並べたのでは凸凹が出来て不都合である。そこで、なだらかな床にするには、同じ太さの竹を互い違いに揃え並べた。このようにして出来た竹床の平坦でなだらかな状態を、突出するでもなく落ちこぼれるでもない平均的な資質および穏やかな気質を備えた島民性に譬えたものだとされている。

　この場合、政治・経済・産業・行政・教育・文化・研究・スポーツ等の各分野で、他の島々の人々と比べて見劣りしない平均的な位置を占めていればいいのだが、客観的にみて黒島の人々および黒島出身者の活躍振りは実際のところはどうであろうか。「イルピシッチ」「キムピシッチ」の項参照。

タキヤマ[takijama]〔名〕
竹林。「竹の山」の意であるが、黒島語を含む八重山語では「ヤマ」は山岳を意味するほか、「林や森、雑木林」等をも意味する。

現に黒島には山岳を意味する「ヤマ」はないのに、見出し語のように「タキヤマ」もあれば低木のみの「ウツヤマ」や「ギンネムヤマ」などの用語がある。

　　見出し語の「タキヤマ」は、東筋部落の南はずれにある野底家所有の「タキヤマ」で、私の知る限り黒島における唯一の竹林であった。子どものころ、凧の骨用とか漁具の銛用には無断（！）で利用させてもらった。野底家の人は、他人の少量の無断使用には寛容であったが、これはグンカン（軍艦）の綽名で知られる野底膳佐翁の方針であったそうだ。その代わり切り株は踏むと危険なので切り株を残さないようにしてほしいと望んだというから、どこまでも行き届いた心構えの人物であった。

タキルン[takiruŋ]〔自〕
　唸る。〈否〉タキラヌン。(石)タキルン。(沖)ドゥーニー　シュン。【例】バタヌ　ヤミドゥ　ユードゥーシ　タキリ　ベーッタ（腹が痛くて、夜通し唸っていた）。

タキンマ[takimma]〔名〕
　竹馬。【例】ヤラビシェーケー　タキンマバ　スクリ　ウリナ　ヌーリ　アサブッタ（子どものころ、竹馬を作りそれに乗って遊んだ）。

タク[taku]〔名〕
　〈動〉タコ（蛸）。【例】タコー　タルンニン　ミシキラリムノー　アラヌンドゥラ（蛸は誰にでも見つけられるものではないよ）。小学校の高学年から中学生のころ、夏休みにはアンヌピー（島の東部の干瀬）でゴムテッポウと称する手作りの銛を持参して魚突きをした。その間、伊勢海老は二度ほど捕獲したが蛸は一度も見つけることは出来なかった。蛸は、普段は自分の住み処に籠っておりおまけに隠蔽色・保護色（動物の体の色彩で、自らを周囲の色彩とまぎらわしく変色し、他の動物に気づかれにくすること）を有していることから、素人には判別出来ないのだ。

ダグ[dagu]〔名〕
　要領。器量。【例】ウレー　ダグヌ　ナーナッティ　ヌーシムバン　マイハ　ナラヌン（彼は要領が悪くて、何をさせても前に進まない）。

タクヌヤー[takunuja:]〔名〕
　蛸の住み処。「蛸の家」の意。【例】タクトゥリ　ゾージェー　タクヌヤーユ　ジェーントゥ（蛸捕り名人は、蛸の住み処を知っているのだという）。

　どの部落にも蛸捕り名人がいて、自分専属のタクヌヤーを持っていた由。専属と言っても法的占有権というわけではなく、慣習的なものにすぎない。その占有権は、子や孫のなかの気に入りの者に受け継がれたようである。東筋部落では、野底家のグンカン祖父さん（善佐翁・明治21年生まれ）が伝説の蛸捕り名人であったが、翁は孫の幸生さん（昭和12年生まれ）にタクヌヤーを引き継いだとのことである。仲本部落の蛸捕り名人だった多良間嘉奈翁（明治43年生まれ）のタクヌヤーは、誰にも引き継がれなかったと一人息子の光男君（東京在住・昭和18年生まれ。僕の同級生で親友）は嘆くが、現役時代は東京でテレビ関係の仕事に従事していてタクヌヤーへの関心もなかったのだから後の祭りだと苦笑する。「タク」の項参照。

ダクマースン[dakuma:suŋ]〔他〕
　囲う。囲いこむ。〈否〉ダクマーハヌン。【例】プスヌ　イズ　ムヌイユ　シカナーッテナ　ケーラシ　ダクマーシ　アウマセーッタ（他人の言うことを聞かないので、みんなで囲い押えつけた）。

タクムン[takumuŋ]〔他〕
　畳む。折り重ねる。【例】ウゾー　タクミ　オシイレナ　ハタジキ　ウシケーッタ（布

団は畳んで、押し入れに片付けておいた)。

タクムン[takumuŋ]〔他〕
企む。悪いことを計画する。【例】ヤナクトゥユ タクマンスクン イークトゥタンカ タクムヨーン シーベーリ(悪いことを企まずに、いいことだけ企むようにしていなさい)。

タコナチ[takonatʃi]〔名〕
〈植〉ハスノハギリ。(石)トゥカナジュ。【例】タコナチヌ キーシドゥ アシッツァースクレータ(ハスノハギリの木で、下駄を作った)。八重山の土産用の「アンガマの面」も多くはハスノハギリの木で作られている。

タコナチヌパー[takonatʃinupa:]〔名〕
ハスノハギリの葉。【例】プリプソー ンムニーユ ムルバソー タコナチヌパーシドゥ ムレータトゥ(保里部落の人は、芋のお握りを丸めるのにハスノハギリの葉で丸めたそうだ)。東筋部落ではもっぱらユナ(オオハマボウ)の葉が用いられたが、海岸に近い保里では地の利を生かしハスノハギリの葉を利用したようである。

タジ[taʒi]〔名〕
〈植〉植物の名。ソクズ。部落の周辺に自生する草で牛や山羊の餌にもならず、使い道と言えば牛小屋の敷き草にして堆肥の原料に用いるくらいであった。池原直樹著『沖縄植物野外活用図鑑』によると「薬用」だと言う。

ダシ[daʃi]〔名〕
出汁。旨味。妙味。【例】①ハツーダシ(カツオ出汁)。クブダシ(昆布出汁)。②ウレー ウタヌ ダシェー シキグトゥドゥラ(彼の歌の妙味は、聴きごとだよ)。

タシキルン[taʃikiruŋ]〔他〕
助ける。援助する。救助する。【例】プスユ タシキーッカ アトー ヤディン プスン タシキラリルン(他人を助けると、あとはかならず他人に助けられる)。

タジナイルン[taʒinairuŋ]〔他〕
訪ねる。訪れる。〈否〉タジナウヌン。【例】ムヌシンヌ ヤーユ タジナイ ムヌナライ セーッタヌ パパカルンタン(祈祷師の家を訪ね、物習いしたが捌けなかった)。

タタイルン[tatairuŋ]〔自〕
繁茂する。生い茂る。〈否〉タタウヌン。【例】ウンヌパーヌ キムビヤハラ タタイブー(芋の葉っぱが、非常に繁茂している)。「ダブラハン」の項参照。

タダグトゥ[tadagutu]〔名〕
ただごと。尋常なこと。当たり前のこと。多くの場合、下に打消しの言葉を用いる。【例】クレー タダグトゥ アラヌンドー(これはただごと〈尋常なこと〉ではないぞ)。

タタッキスン[tatakkisuŋ]〔他〕
ぶった切る。「叩き切る」の意。〈否〉タタッキサヌン。(石)タタッキュスン。【例】ピシダヌ スーヤ プニン バタダングン タタッキシ イリリバドゥ マーハ(山羊汁は、骨も臓物もぶった切って入れたほうが美味しい)。

タタックムン[tatakkumuŋ]〔他〕
放り込む。「叩き込む」の意。〈否〉タタックマヌン。(石)タタックムン。【例】イランムノー ムール オシイレナー タタックミ ウシケー(要らないものは、みんな押し入れに放り込んでおいてある)。

タタックラスン[tatakkurasuŋ]〔他〕
ぶん殴る。強く殴る。「叩き殺す」の意であるが、対人関係においては「殴る・懲らしめる」を意味し、「殺す・殺害する」というような物騒な意味合いの言葉ではない。〈否〉タタックラサヌン。(石)タタックラシウン。【例】ヤナクトゥ シーッカ タタックラシ ナラーシバドゥ タマシ イル(悪事をはたらくと、ぶん殴って教えたほうが反省する)。

タタムン[tatamuŋ]〔他〕
畳む。〈否〉タタマヌン。【例】キンヤ ゾーットニ タタミ タンシナ イリ ウシキ（着物は綺麗に畳んで、箪笥に仕舞っておきなさい）。

タチディマリ[tatʃidimari]〔名〕
辰年生まれ。「タツ（辰）」の項参照。

タツ[tatsu]〔名〕
辰。十二支の五番目に位置する。東から南へ30度の方角を表す。【例】タチディマリ（辰年生まれ）。

タックヮースン[takkwa:suŋ]〔他〕
くっつける。一緒にする。結婚させる。〈否〉タックヮーハヌン。（石）タックァーシゥン。（沖）タックァーシュン。沖縄語の移入語。【例】クヌフターラー ニーヤゴーリバ タックヮーハイ（この２人はお似合いだから、くっつけなさい〈結婚させなさい〉）。

ダックァースン[dakkwa:suŋ]〔他〕
塗りつける。くっつける。〈否〉ダックァーハヌン。【例】ウムティナ ドゥルバ ダックァーシ ブルヌ ヌーッティヤ？（顔に泥を塗りつけているが、なぜだ）。

タックヮールン[takkwa:ruŋ]〔自〕
くっつく。一緒になる。結婚する。〈否〉タックァーラヌン。（石）タックァールン。（沖）タックァーユン。【例】タルン ザーンケーナー ウヌ フターラー タックヮーレーットゥ（誰も知らないうちに、その２人はくっついた〈結婚した〉そうだ）。

ダックヮールン[dakkwa:ruŋ]〔自〕
くっつく。一緒になる。結婚する。「タックヮールン」と同じ。

タックァイムックァイ[takkwaimukkwai]〔副〕
男女のいちゃつくさま。沖縄語の移入語。「ムックァイ」は強意の言葉。【例】フージン ナーナ イチバーキン タックァイ ムックァイ シービッサレー（みっともなくいつまでもいちゃついていやがる）。

ダッコッキ[dakkokki]〔名〕
脱穀機。【例】ムンヌ プーヤ ダッコッキシ アーシタ（麦の穂は、脱穀機で脱穀した）。

タッシ[taʃʃi]〔名〕
命令。達し。【例】ヤクバハラ ゾーナユ パーク ウサミリッティ タッシヌ ケー（役場から税金を早く納めよと達しがきた）。

タッツェ[tattse]〔名〕
誰の家庭。（石）タッチャー。【例】シカナイヌ パンタヌ パンタサー タッチェン ユヌムヌ（子どもの養育の真っ盛りの忙しさは、誰の家〈どの家庭〉も同じである）。

タッツァースン[tattsa:suŋ]〔他〕
叩き割る。〈類〉バリッツァースン（割り砕く）。【例】コンクリーナ イリ グマイシェー ウブイシバ タッツァーシ スクレータ（コンクリーに入れる砂利は、大きい石を叩き割って作った）。

ダッティ[datti]〔副〕
ぴたっと。ぱたっと。【例】ウヌスク フキベーッタ ハジェー ダッティ トゥマリナーヌン（そんなに吹いていた風〈台風〉は、ぴたっと止まってしまった）。

タティビリ[tatibiri]〔名〕
立ったり座ったりすること。【例】トゥシトゥッタラー スブシヌ ヤミ タティビリン ムシカサ ナリナーヌン（年を取ったら膝が痛くて立ったり座ったりすることも、難しくなってしまった）。

タティユク[tatijuku]〔名〕
縦横。（石）タティユク。（沖）タティユク。【例】タティユクユ ガンッティ パカリ タティリ（縦横をしっかり測って、立てなさい）。

タティルン[tatiruŋ]〔他〕
立てる。建てる。〈否〉タトゥヌン。（石）タティルン。（沖）タティユン。【例】①パラー

タティン（柱を立てる）。②ヤー　タティン（家を建てる）。

タドゥルン[taduruŋ]〔他〕
たどる。探り求める。先祖を探る。【例】①クヌ　ミチユ　タドゥリ　パルッカー　ミシキラリン（この道に沿って行くと見つかる）。②クレー　ヤディン　タドゥリ　ギッティ　クー（これはかならず探して行ってこい）。③グァンスユ　タドゥルンティ　ユタバ　タヌメータ（先祖を探ろうと祈祷師を頼んだ）。③の場合は、「パバクン」という言葉を用いる場合が多い。

タトゥン[tatuŋ]〔自〕
立つ。建つ。経つ。出発する。〈否〉タタヌン。（石）タツン。（沖）タチュン。【例】①クマナー　タティベーリ（ここに立っていなさい）。②マイナー　ヤーヌ　タトゥッタラ　ハイナリナーヌン（前に〈南側に〉家が建ったので、陰になってしまった）。③イザー　マーラシハラ　ウーパー　ミーシキ　タティ　ナーヌワヤ（父が亡くなってから、早くも３か月が経っているんだねえ）。④イチドゥ　ヤマトゥホー　タツハンガイヤ？（いつ大和〈日本本土〉に発つつもりだ）。

タナ[tana]〔名〕
棚。【例】①ナビラン　ゴーヤン　タナバ　ハキ　ウリナー　パーシ　ナラセータ（ヘチマもニガウリも棚を掛け、それに這わせて生らした）。②ハマドゥヌ　ウイナ　タナバ　ハキ　ウリナー　バリダンムユ　ノーシ　シミ　ウシケータ（竈の上に棚を掛け、それに割り焚き物を積んで置いた）。

タナバタ[tanabata]〔名〕
七夕。旧暦の七月七日。その日に墓掃除をし、先祖にお盆の案内をする。共通語の移入語で、黒島語では「ナンカソーラ」と言う。

タナンガーリ[tanaŋga:ri]〔名〕
変わりもの。どちらかと言うと劣っている者に言う。(石)タニンガーリュ。【例】ウッツェヌ　プスッティ　ウモールナ　タナンガーリヌ　マリ　ピルマサーヤラー（その家の人とは思えない、変わり者が生まれ珍しいなあ）。

タナンガーリムヌ[tanaŋga:rimunu]〔名〕
変わりもの。どちらかと言うと劣っている者を指す。「タナンガーリ」と同じ。

タナンガールン[tanaŋga:ruŋ]〔自〕
種変わりする。主として悪いほうに変異する場合に用い、黒島では特に芋蔓の先端が縮れて成長が止まる状態を言った。【例】ウンヤ　バイラスバ　ハカリ　タナンガーリ　ムノー　アラヌン（芋はウイルスに罹り、蔓が縮れてどうしようもない）。終戦後のひとこころ、黒島の芋蔓はバイラス（ウイルス）性の病気にやられたことがあった。それで、新規植え付けの際の芋蔓は白保から取り寄せて苦境を脱したのだった。そのころ、芋蔓のタナンガール病原菌を「バイラス」と呼んでいたが、バイラスがウイルスだと知ったのはずっと後のことだった。

タニ[tani]〔名〕
種。種子。男性性器の総称。【例】タニナーヤ　マラヌ　ピシチ　クガヌ　フターチ　パイリブー（男性の性器には、陰茎一つと睾丸二個が入っている）。

タニドゥル[taniduru]〔名〕
粟の種蒔き行事。「タニドゥン」とも言う。「種取り＝種蒔き」の意。節祭り（つちのと亥、の日）から四十九日、つちのえ子の日に行なわれる。粟蒔き始めの日で、畑に出て土を山のように盛りその上に粟種を蒔いて土を被せ、ススキの芽で作ったサン（標）を立てた。

タニドゥルアユ[taniduruʔaju]〔名〕
古謡の名。〈種取あゆ〉。「タニドゥルヨイ」に歌う。

タニドゥルヌミチウタアユ[tanidurunumitʃiʔutaʔaju]〔名〕
古謡の名。〈種子取ぬ道歌あゆ〉。

タニドゥルハザ[taniduruhaza]〔名〕
〈植〉植物の名。リュウキュウボタンヅル。タニドゥルヨイ（種取祝い）のとき、頭に巻く蔓。山羊の餌にも用いた。【例】タニドゥルハザー　クビンナ　ミジバ　イリウシナキ　ウスクッカ　シグ　ニーヌ　ンジフードゥラ（リュウキュウボタンヅルは、瓶に水を入れて差し込んでおくとすぐに根を出すよ）。その生命力の強さはじつに強靱である。「タニドゥルヨイ」の項参照）。

タニドゥルヨイ[tanidurujoi]〔名〕
粟の種下ろしの祝い。粟の豊作祈願。「種子取祝い」の意。稲作の出来ない黒島では、人頭税の時代から納税用の主要作物は粟であり、住民の命をつなぐ主食でもあった。

　タニドゥルヨイの祈願は、シチマチリ（節祭り）のツチノト亥の日から四十九日目のツチノエ子の日に行なう。粟種の蒔き始めの日で、満潮時に円錐状に盛り上げた土に粟の種を密に蒔いて土を被せる。その山盛りのてっぺんにススキの葉で作ったサン（標）を三本立て、タニドゥルハザ（リュウキュウボタンヅル）を頭に巻いて家に帰る。山盛りの土に蒔いた粟の種は間もなく芽吹き密集したままで勢いよく生長する。その様は、〈タニドゥルアユ（種取・あゆ）〉で歌われている「インヌキートゥ　マヤヌキートゥ　タトゥイラリ（犬の毛並みに、猫の毛並みに、譬えられ）」という表現のとおりであった。

　供物用にはサクナ（長命草・ボタンボウフウ）の花、ドゥシキ（ススキ）、タニドゥルハザを飾った（サクナ、ドゥシキ、タニドゥルハザは岩や石の上でも繁茂する生命力の旺盛な植物であるから、ということで

ある）。あとは、ムツァー＝ムチアー（餅粟）とアマミ（小豆）のイバチ（握り飯）と酒肴で祈願する（幸地厚吉著『さふじま―黒島の民話・謡・諺集―』参照）。

タニハタ[tanihata]〔名〕
父方。「種方」の意。〈対〉シーハタ（乳方＝母方）。【例】ウヌフターラ　タニハター　ピシッツェールヌ　バター　クティヌ　キョーダイ（その二人は、種方〈父親〉は一つだがシーハタ〈乳方＝母方〉は異なるきょうだいである）。他に「イザハタ（父方）」という用語があり、その対語に「アブハタ（母方）」がある。

タニ　パンクリルン[tani paŋkuriruŋ]〔連〕
陰茎の亀頭の外皮がめくれる。【例】ビコーヌファー　トゥシグル　ナルッカー　タニ　パンクリルン（男の子は年頃になると、陰茎の亀頭の表皮がめくれる）。

タニマキ[tanimaki]〔名〕
種蒔き。【例】タニマクバソー　アーヤバラマキ　ムンヤ　スジマキッティ　キマリブッタ（種蒔きの場合、粟はバラ蒔き、麦は筋蒔きと決まっていた）。

ダハン[dahaŋ]〔接尾〕
よく～する。動詞の語尾について用いられる。【例】バライダハン（よく笑う）。パタラキダハン（よく働く）。パリダハン（よく走る）。

タヌムン[tanumuŋ]〔他〕
頼む。当てにする。〈否〉タヌマヌン。【例】ウリン　タヌムッカー　ヌーンクイン　マチガイナーヌン（そいつに頼むと、何もかも間違いない）。

タノール[tano:ru]〔名〕
味わい深さ。妙味。天性の資質によるものが多い。（石）タノーリゥ。（沖）タナリ。【例】ウタタノールン　ブドゥルタノールン　ウヌマリヌドゥ　アル（歌巧者も踊り上手も、生まれつき〈天性〉のものである）。努力・

鍛錬によって得られる「タノール」もあり、よって「努力は天才に勝る」というのも真理であるし、血のにじむような努力・鍛錬による技巧・技量にはいぶし銀の輝きがある。

タバク[tabaku]〔名〕
タバコ（煙草）。【例】マヌマヌ ユーヤ ケーラ マキタバクユ フクヌ ムカシェー キザミタバクユ キシルシ フケーッタ（今の世は皆紙巻き煙草を吸うが、以前は刻み煙草を煙管で吸った）。「キザミタバク」の項参照。

タバク フクン[tabaku ɸukuŋ]〔連〕
煙草を吸う。【例】タバク フクッカー イイクトー ヌーン ナーヌンドゥラー（煙草を吸うと、いいことは何もないぞ）。

タバクブン[tabakubuŋ]〔名〕
タバコ盆。煙草用の火入れで、陶器の火入れ器、竹筒の灰吹き筒などを載せる小さい箱。【例】タバクブンナー ピーバ イリクー（煙草盆に火〈熾火〉を入れて来なさい）。

タビ[tabi]〔名〕
旅。旅行。【例】タビバ シードゥ ドゥーヌ マリジマヌ クトー マイダン ウモーリ（旅行をしてこそ、自分の生まれ島のことはしみじみと思われる）。

タビ[tabi]〔名〕
故郷を離れた居住地。【例】タビハラ マリジマハ ンカイ タンカーニガイユ シーブー（旅〈故郷を離れた居住地〉から、生まれ島に向かって祈願している）。「タビ（旅）」が、「旅行」以外に「故郷を離れた居住地」を意味する用法は、共通語にはない「黒島語」（広くは「八重山語」「沖縄語」にもか）にみられる独特なものである。「タンカーニガイ」の項参照。

ダビ[dabi]〔名〕
荼毘。火葬。葬式。(石)ダビゥ。(沖)ダビ。僕たちが子どものころ（昭和20～30年）、黒島では遺体を棺（ひつぎ）に入れ墓（多くは亀甲墓）に納めた。死後3年目に「センコツ（洗骨）」の儀式を行い、遺骨を焼いて今風の骨壺に入れて再び墓に納めた。僕が本家の洗骨儀式で見た時の記憶では、古い遺骨はいわゆる骸骨のまま墓の奥のほうに積まれていた。

タビバイアユ[tabibaiʔaju]〔名〕
古謡の名。〈旅南風・あゆ〉。帆船による首里王府への旅は、行きは南風に乗って、帰りは北風に押されて行われた。いずれも、夜通しの安全祈願がなされた。

タブ[tabu]〔名〕
〈植〉タブノキ。黒島では「アカバ」と言った。高木で直立に伸びることから、建築材に用いる。沖縄平香の原料。我が国の本州以南の照葉樹では「シイ・タブ・カシ」と言われて山林の主役を占める。土石流のあとで、真っ先に芽を出すなど生命力の強い木だとされている。

タブイ[tabui]〔名〕
蓄え。貯え。【例】ジンハニヌ タブイヌ ナーナーッカ キナイヤ ムタルヌン（金銭の貯えがないと、家庭は維持できない）。

タブイルン[tabuiruŋ]〔他〕
蓄える。貯める。節約する。【例】①ムカシェー ヤクンガイヌ クーバ ピッカシ シナナー ユシキティ クムルナー タブイ ウシケーッタトゥ（昔は夜光貝の殻に穴を開けて、潮溜まりに縄で繋いで蓄えておいたそうだ）。②ウタユ イズバソー イキユ タブヤーターナ イザナーッカ シビバーキ ピスイキシ イザルヌンドゥラ（歌を歌うときは息を節約しながら歌わないと、最後まで一息で歌えないよ）。

　用例①は、冷蔵施設のない当時のこと、石垣島から役人が来島する際の饗応用に蓄えた方法だという。今も、穴の開いた夜光貝の殻が残っている。

ダブダブ[dabudabu]〔副〕

余分な様を表す擬態語。大きすぎたり有り余ったりしてたるんでいるさま。着る物がだぶついている様にも、人が太って脂肪がたるんでいる状態にも言う。

ダブラハン[daburaŋ]〔形〕
作物や草木が豊かに繁茂している。【例】ハブッツァヌ パーヌ ダブラハダラ、アイルヌ ドゥキ タタイズーワーッカミーヤ ミーラヌンドゥラ（カボチャの葉の繁茂していることよ、でも余り勢いよく生長しすぎると実は実らないよ）。
　　実のなる野菜は、蔓や茎が必要以上に繁茂する（徒長と言う）と実の付き具合がよくないので、肥培管理が大事となる。特に人糞の水肥は強烈な施肥効果を発揮するので、その施肥時期と施肥量の加減が重要であった。現在は、人糞が液肥（水肥）として用いられることはないだろうが、往時は貴重な肥料資源であった。その負の影響が、回虫の蔓延をきたしたのだった。「シビヌミー（肛門）」の項参照。

タボーラリルン[tabo:rariruŋ]〔他〕
賜る。頂戴する。「タボールン」の受け身の動詞。〈否〉タボーラルヌン。【例】ミルクユーバ ハンヌユーバ タボーラレ（弥勒世〈豊作豊年〉を、賜りました）。

タボールン[tabo:ruŋ]〔他〕
賜る。くださる。〈否〉タボーラヌン。【例】ドーディン ユガフアミュ タボーリ（どうぞ、世果報雨〈恵みの雨〉をください）。

タボールン[tabo:ruŋ]〔補動〕
〜してくださる。〈否〉タボーラヌン。【例】ドーディン ユガフアミュ ヴァーシタボーリ（どうぞ、恵みの雨を降らせてください）。

タボーン　ナーラ[tabo:n na:ra]〔連〕
〜してください。〜していただけませんか。補助動詞「タボールン」の未然形「タボーン」に終助詞「ナーラ」が付いている。【例】キューヤ サクシマーヌ タンカーヨイリバ ワーリ タボーン ナーラ（今日は、長男孫の誕生祝いなのでお出でいただけませんか）。

タマ[tama]〔名〕
分け前。分担。義務。（石）タマシゥ。【例】①クヌイゾー ウヴァー タマリバ ヤーハ ムティ パリ（この魚はお前の分け前だから、家に持って行きなさい）。②クヌシグトー ドゥーヌ タマッティ ウムイドゥーシ トゥジミリ（この仕事は、自分の分担だと考えて自分で仕上げなさい）。
　　用例①は、自らサバニ（小型の板製・帆付き漁船）を持ち、マイビシ（伊古の集落の北部の干瀬）を主な漁場にしていた又吉智福翁（明治22年生まれ）の乗組員に参加し、分け前を受けた際の状況である。智福翁は私の父方の義理の伯父であり、中学校から高等学校在学中に乗組員に加えてもらった。翁以外の、乗組員は近所の黒島当刄（昭和16年生まれ）・新城賢晃（昭和16年生まれ）・運道泰弘（昭和17年生まれ）・運道泰三（昭和19年生まれ）らの先輩・後輩らと私であった。漁の後その日の獲物を山積みにし、公平に8等分にして各人の「タマ〈分け前〉」としたのである。分け前に与る人数が参加人員6人を上回っているのは、サバニと漁網を各一人前とみなしているからである。
　　それにしても、サバニと網を駆使して捕獲する獲物は、銛を持って得るクルビラー（スズメダイの一種）中心の獲物とは雲泥の差があった。未熟な私たちまで一人前扱いをしてくれた智福翁の分配に関する無欲・公平な裁量は、偉大であり教育的であったとつくづく思う。
　　ところで、「分け前」を意味する「タマ」の語源は、共通語の「たます」である。その語意は、「狩猟、また、狩猟の獲物を分け合うこと。地方によっては、漁獲物の分

け合いについて言うこともある」(『日本国語大辞典』参照)。

タマシ[tamaʃi]〔名〕
魂。思慮深いこと。霊魂。【例】ドゥキウドゥラキ タマシ ピンガシナーヌン（余りに驚き、魂を逃がしてしまった）。

タマシイルン[tamaʃiʔiruŋ]〔自〕
気がつく。反省する。熟慮する。精魂が籠る。「魂が入っている〈籠っている〉」の意。〈否〉タマシイラヌン。【例】タマシイリ ザーク シーリ（精魂をこめて、仕事に励め）。

ダマスン[damasuŋ]〔他〕
騙（だま）す。あざむく。〈否〉ダマハヌン。【例】プスユ ダマスッカー ヤディン プスン ダマハリルン（他人を騙すと、かならず他人にあざむかれる）。「アナ（穴）」の項参照。

タマナ[tamana]〔名〕
〈植〉キャベツ。「玉菜」の意。【例】タマナニン シカイットーヌ アー ヤサイヤ アイナー ナーヌン（キャベツのように、使い出のある野菜はそんなにはない）。

　キャベツの害虫であるモンシロチョウの幼虫、アオムシにまつわる面白い話がある。農薬を用いないとキャベツには、きまってモンシロチョウの幼虫・アオムシがたかって葉を食い荒らす。ところで、モンシロチョウはキャベツに卵を産む場合、あちこちのキャベツに無造作に卵を産みつけることはしないという。一度産みつけたキャベツを食いつぶすまで、その弱ったキャベツを集中的に食い荒らす習性があるというのだ。言われてみれば、なるほどおいしそうなキャベツには卵を産まず、食い荒らされた弱ったキャベツをしつっこく攻撃するのである。

　なぜか。一つには元気なキャベツは虫をはねつける抵抗力が強いので、虫がいやがる分泌物を放出しているからという説。二つ目は、種の保存には自分たちの命の源泉である食物＝キャベツとの共存が不可欠であることから、必要最小限の犠牲を強いているという説。「自然界の節度ある行為」に期待し、後者に軍配を挙げたいところだが、浦添市で自ら野菜を作っている友人の野底善行君は「都市地区の蝶や虫はまったく節度がなく、至る所に卵を生みつけてあれもこれも無差別に食い荒らす」と嘆く。

タマン[tamaŋ]〔名〕
〈動〉魚の名。ハマフエフキ。高級魚の一つ。【例】タマン カタカシ マクブー アカジンミーバイ（ハマフエフキ・オオスジヒメジ・シロクラベラ・スジアラ）。高級魚の捉え方にはいろいろあるが、用例のような言い方もある。

　県庁に勤務していたころ友人のK子さんが鮮魚専門の割烹の女将（おかみ）をしていて、刺身の一番人気は「マクブ」だと教えてくれた。それ以来、私のランクづけはマクブが第一位である。那覇市首里で本格的な八重山伝統料理の店「譚亭（たんてい）」を経営している宮城信博氏も「マクブ第一位」を主張する。那覇市の魚市場では、現在（2019年）マクブのアラ（粗）ですらびっくりするほど高い値段で売られている。

タマンガルン[tamaŋgaruŋ]〔自〕
注意する。気をつける。〈否〉タマンガラヌン。【例】ヤーンヌミーユ アラクバソー パンニン フォールンヨーン タマンガリ（暗がりを歩くときは、ハブに咬まれないよう気をつけよ）。

ダマングリルン[damaŋguriruŋ]〔自〕
迷う。道に迷う。「ダムリルン」とも言う。【例】マコン トゥリン ギッティ アダニヌミーナー ダマングリ アウバ ユラビ ミチハ ムドゥレーッタ（ヤシガニを捕りに行ってアダン林の中で道に迷い、仲間を呼んで元の道に戻った）。「ザマンドゥリルン」が「内面的に戸惑う」場合を表す

のに、見出し語は「道に迷う」など具体的に迷う場合に用いる。

タミジ[tamiʒi]〔名〕
オカガニ（陸蟹）とトゥンナ（アキノノゲシ）を主原料に酢味噌仕立てで作る黒島独特の料理。【例】タミジェー パマガントゥ ミストゥ トゥンナシ スクレータ（タミジは、オカガニと味噌とアキノノゲシで作った）。

　黒島では、オカガニを捕獲する様子がその時期の風物詩として〈黒島口説〉に描写されている。歌では「ハマガン（浜蟹）」と表現されているが、普段は陸に生息していることから和名は「オカガニ（陸蟹）」と呼ばれ、陰暦5月の夕暮れ時に産卵（放卵）のため海浜に下りてくる。

　オカガニの甲羅を除いたミソ入りの胴体部分を殻ごと擂鉢で擂り潰して酢味噌仕立てのつゆにし、茹でたトゥンナ（アキノノゲシ）をつゆにつけて食した。その料理総体を「タミジ」と称し、想像するだけでフチジン（口汁、すなわち涎）が出て来そうな美味かつ栄養豊富な郷土料理であった。

　牧場の拡張に伴いアダン林の減少している現状は、オカガニの生息環境としては格段に厳しくなっているだろうし、畑周辺の至る所に自生していたトゥンナも島一円が牧場と化し、様変わりした自然環境のなかで戸惑っているのではなかろうか。高級グルメの先端に君臨する肉用黒毛和牛の生産の陰で、見向きもされなくなった「タミジ」のような往年の素朴かつ高級な郷土料理が、いつの日か見直され復活することはないのだろうか。

タムキ[tamuki]〔名〕
才能。要領。「ダグ」とも言う。【例】ドゥードゥヌ タムキバ ミリ シグトー シミリ（各人の才能を見極めて、仕事を割り当てよ）。

タムクン[tamukuŋ]〔自〕
保つ。維持する。〈否〉タムカヌン。（石）タムツン。（沖）タムチュン。【例】ヤンプソー パンヌ フクリッカー タムカヌン（病人は、足が腫れると保たない〈長く持たない〉）。

ダムリルン[damuriruŋ]〔自〕
迷う。「ダマングリルン」と同じ。

タラーキ[taraːki]〔名〕
当てにすること。頼みにすること。（石）タルガキ。【例】プス タラーキ タンカシーナ（他人をあてにばかりするな）。

タラーキックナー[taraːkikkunaː]〔名〕
互いに頼り合うこと。【例】フターシン タラーキックナーバ シーブー（2人で頼り合っている）。

タラーキルン[taraːkiruŋ]〔他〕
あてにする。頼みにする。任せる。〈否〉タラークヌン。（石）タルガキルン。（沖）タルガキユン。【例】プスユ タラークン スクン ハイチン プスン タラーキラリヨーン シーリ（他人をあてにするのではなく、逆に他人に頼られるようにせよ）。

タラースン[taraːsuŋ]〔他〕
充足させる。満足な状態にする。〈否〉タラーハヌン。【例】インヌ キーニン タラーシ マヤヌ キーニン タラーシ（犬の毛のように猫の毛のように、立派に成長するように）。用例は、稲や粟などの苗が犬や猫の毛のように立派に成長するようにという願いをこめた古謡の一節である。

タライ[tarai]〔名〕
盥（たらい）。【例】ユーフルヤーヌ ナーンケーヤ タライナ ハーミジバ イリ ハーヌパタナ ミジュ アミッタ（風呂小屋のなかったころは、タライに井戸水を入れ井戸端で水を浴びた）。

　タライは共通語そのままだが、黒島では牛に水を飲ませたり芋を洗ったりする用途があって、木製やアルミ製のほかに我が家

ではコンクリート製の固定されたタライ（小型の水槽）もあった。また、アザイナク（巨大なシャコガイの殻）をタライに用いることもあった。用例は、行水(ぎょうずい)の様子を描いたものである。

悪餓鬼(わるがき)のころ、1年先輩の運道泰弘兄に連れられてお目当ての女性が行水する姿を石垣の上から覗き見したものである。対象の女性はたいてい1〜2年先輩であった。星明り（月夜の晩は明るすぎるので避けた）に照らされ水浴びしていた身近な乙女らの楚々としたシルエットは、その後出会ったフランスの印象派の画家・ルノワールなど有名画家の裸体画よりもはるかに美しく官能的であった、と今にして思う。それにしても泰弘兄には、幼少のころから人生の折節(おりふし)で大人への通過儀礼を経験させてもらい、掛け替えのない人生の師匠として今もって私のなかで燦然(さんぜん)と輝き続けている。残念ながら50代で夭逝(ようせい)された。合掌！

ダラシキルン[daraʃikiruŋ]〔他〕
叩きつける。〈否〉ダラスクヌン。【例】シマバ トゥリ ダラシキラリ クシユ ヤマセーットゥ（相撲をとり、叩きつけられて腰を痛めたそうだ）。

ダラシキルン[daraʃikiruŋ]〔自〕
病床に伏す。【例】アッツァサーリ パタキナ トーリ マヌマン ヤーナ ダラシキ ワーットゥ（暑いさなか畑で倒れ、今も家で病床に伏しておられるそうだ）。

ダラッサ[darassa]〔名〕
嘘。嘘つき。（石）ユクシ。「ダラッサハン」の語幹が名詞化した語。【例】ダラッサ ムヌイ イズナ（嘘の言葉を言うな）。
　パナリ（新城島）発祥の〈前ぬ海節〉に「シゥカシ（賺し）」「ユクシ（嘘）」の他に、もう一つの同義語「タダクサ＝ダラクサ＝ダラフサ＝ダラフス」などが古い歌詞集で用いられている。

これらの用語は、石垣語はじめ八重山各地の日常語からは姿を消しているようであるが、新城島では90歳台の古老の話によると戦前までは確かに使用されていたけれど、極端な過疎化のせいか若い世代には受け継がれていないようである。ところが、黒島では「ダラクサ・ダラフサ」の音韻変化したものとみられる類語「ダラッサ」が、現在も「嘘・嘘つき」の意味で日常的に用いられている。ちなみに、与那覇ユヌス著『宮古スマフツ辞典』（2003年）には「嘘。偽り。」を意味する「ダラカ」という言葉が、富浜定吉著『伊良部方言辞典』（2013年・沖縄タイムス社刊）には「うそ。うそをつくこと。」を意味する「ダラフ」が、立項されている。

ダラッサハン[darassahaŋ]〔形〕
嘘つきである。【例】ダラッサハッテナ タルン ウレー イズムヌイヤ シンヨースーヌン（嘘つきだから、誰もそいつの言うことを信用しない）。

タラマモーシ[taramamo:ʃi]〔固〕
〈人〉多良間真牛。「タラマモーサー」とも言う。実録風に編集された編年体の琉球王国の正史『球陽』によると、「九年癸卯正月二十五日、八重山黒島村の仲本、洋に在りて船を覆へし、偶々一木に扶して海嶼の処に飄到し、全く神庇に頼り、鯖に乗りて帰り来る（琉球国王の尚育王代九年、癸卯(みずのとう)・西暦一八四三年の一月二十五日に、八重山黒島村の仲本＝多良間真牛は、海洋で強い風に遭って船が転覆、偶々流木に助けられて小さな島に漂着し、神の庇護のお陰で鯖すなわち鱶に跨って島に帰って来た。口語訳・當山）」の標題のあと、次のような漂流記が記されている。この日（1月25日）、西表島古見村に行く途中で急に強い風波が来て小舟は転覆した。衣装箱にすがって南方へ流される。その夜8時

ごろ、偶々直径1メートル30センチほど、長さ18メートルほどの流木を見つけそれに乗って漂流した。1月27日の巳の刻（みのこく）（午前10時ごろ）、小島を確認し未の刻（ひつじのこく）（午後2時ごろ）その島の北側に上陸した。小屋を立て住居を定めた。島には人家はなく、五穀もない。山薬（山芋）と魚を食して月日を過ごす。6月の初旬、夢に見知らぬ人が現れ、汝を故郷に返すから驚き怪しむことなかれと言う。26日の夜に再び夢に人が現れて、汝を送って島に返すから支度をせよと告げる。二回にわたる奇妙な夢は神霊によるものに相違ない。松明を灯して、潮水の深い所で魚を捕えていると、果たして長さ一丈余（3メートル余り）の鯖（さば）（鱶（ふか））が現れその頭を両股の間に入れた。神霊の助けだと信じ、その鱶の背鰭（せびれ）を掴まえ背に跨（またが）った。その鱶は飛ぶが如く疾走した。27日の正午頃、黒島村の阿佐那浜まで送って鱶は東に去って行った。鱶の恩に感謝し、岸に上がって家に辿り着いた。仲本（多良間真牛）の漂流記をまとめて、在番と頭は王府に報告した（要約・當山）。

以上は、『球陽』の記述の要約であるが、他に同記述の末尾に記されている「報告書」が存在する。それは、在番筆者・長嶺筑登之親雲上と頭・大浜親雲上等が黒島に出張して、多良間真牛をはじめその他の証人等から詳細な調査記録書を作成し首里王府の御物奉行所へ報告したものである。その原文は、知念政範著『黒島史』（昭和45年10月9日・玻座真武発行）に所収、口語訳は、喜舎場永珣著『八重山民俗誌・上巻 民俗編』の「第八章 多良間真牛、鯖に救われた奇蹟」に収められている。なお、『球陽』等で「仲本」と記されているが、そもそも「多良間真牛」は「原名仲本真牛」で、仲本氏が多良間家の婿養子にきて多良間と改姓したものである、と喜舎場永珣は記している。

もう一つ、多良間真牛の子孫・多良間嘉奈（1910～1988）による記録があるので次に掲載しておく。

1843年1月25日、真牛は西表島古見村のウラダに、田植えのため刳り舟で出発した。途中で風波が荒れ出し激流となって、舟は波にのまれるように沈んだ。命からがら、箱や流木にしがみついて波照間島と新城島の西南方にある無人島に辿り着いた。そこで、山芋や魚を捕って食物にして数か月を暮らした。

ある夜、真牛は黒島に帰ることが出来るという夢を見た。夜、松明を付けて魚を捕っていると大きな鱶がやってきて真牛を背中に乗せて沖に泳ぎ出した。同年6月7日、仲本の東・アーザトと称する珊瑚礁の外150メートルくらいの沖に来たとき、鱶は海底に沈み東方へ泳いで行った。同年6月7日黒島着、今からおよそ133年前のことと明記されている。現在でも多良間家の子孫は、鱶を食べない習わしを守っている。口承・多良間嘉奈。黒島婦人会編集『郷土史』（昭和51年2月21日・上里善孝発行）参照。

以上、多良間真牛に関する「奇妙なこと・奇譚・奇蹟」を紙数の都合もあって粗（あら）っぽくまとめたが、仔細に検証すると参考文献ごとに内容が異なるほか、表現の相違（鯖か鱶か）や日付の齟齬などが散見される。いずれ、関係者によって正されることを期待したい。

本項目をまとめるにあたって、沖縄県教育庁文化財課資料編集斑の小野まさ子氏には資料の提供から判読に至るまでご協力・ご指導を賜り、多良間真牛の子孫・多良間光男君、後輩の上里淳子さんには資料を提供していただいた。記して深く感謝申し上げたい。

ダラミルン[daramiruŋ]〔他〕
殴（なぐ）る。激しく叩く。打擲（ちょうちゃく）する。〈類語〉シ

タクン・ドゥミンガスン。〈否〉ダラムヌン。【例】イザバン シカナーッカ ダラミ ナラーハイ（言っても聞かないなら、打ちすえて教えなさい）。

タリルン[tariruŋ]〔自〕
足りる。〈否〉タラーヌン。【例】シマナー ブーケー ギューサ ヴァーバン タラーンタン（島にいたころ、いくら食べても足りなかった）。

タリルン[tariruŋ]〔自〕
垂れる。〈否〉タルヌン。【例】トゥシ トゥッカー シーン シビダンヌン タリ フー（年取ると、乳房も尻臀も垂れてくる）。

タリルン[tariruŋ]〔他〕
溶かす。味噌・醤油を醸造する。〈否〉タルヌン。【例】①ムンヌクーバ タリ パンビンユ ヤク（麦粉を水に溶かし、てんぷらを揚げる）。②ミス シタッティヌ タリシチドゥラー（味噌醤油を醸造する時期だよ）。

ダリルン[dariruŋ]〔自〕
だれる。ぐったりする。草木が萎れる。〈否〉ダルヌン。【例】①ドゥキ アツァッテナ キーン ハラッタン ダリ ブー（あまりに暑くて、気持ちも身体も萎えている）。②ナガラク アミヌ ヴァーナッテナー スクルムノー ムール ダリブルワヤ（長い間雨が降らなくて、作物は皆萎れているよ）。

タル[taru]〔名〕
誰。【例】クヌ シグトー タルンニン タヌマルヌン ウヴァンバーキドゥ タヌマリ（この仕事は誰にも頼めない、あなただけにが頼める）。

タル[taru]〔固〕
〈人〉男の名。多くは長男が名乗った。

タル[taru]〔名〕
樽。【例】シター タルナー イリ ハーシタ（黒砂糖は、木製の樽に詰めて販売した）。黒島の主要作物がサトウキビだったころ、製造した黒糖は木製の樽に詰めて出荷した。正味100斤（60キログラム）の樽詰めで、樽の重さを予め計っておき（約20斤）、正味が100斤になるようにした。

タルガー[taruga:]〔名〕
黒糖を詰めた樽。【例】シタヌ パイレータルユドゥ タルガーッティ イズッタ（黒糖を詰めた木製樽のことを、タルガーと称した）。「タル（樽）」の項参照。

タルンガニスー[taruŋganisu:]〔固〕
〈人〉渡慶次長智の黒島での呼び名。八重山舞踊「勤王流」の三代目師匠。「トケシチョウチ」の項参照。

タン[taŋ]〔名〕
炭。【例】ソンガチンナー タントゥ クブユ ハザレータ（正月には、炭と昆布を飾った）。「たんとよろこぶ」の語呂合わせで用いられている。

タン[taŋ]〔名〕
〈動〉牧野ダニ。オウシマダニ。生まれたばかりのタンは「ノホダン」と言う。【例】タンヌ シドゥイ ベー ウセー ギューサ ザーユ ヴァーハバン ヨーガリシー（オウシマダニの寄生している牛は、どんなに餌を与えても痩せてしまう）。

オウシマダニは、牛に寄生し皮膚から生血を吸い成長していく。おまけにオウシマダニは、牛馬の法定伝染病であるピロプラズマ病を媒介する恐ろしい寄生虫である。幼虫はアズキ色をした1ミリメートルほどで「ノホダン」と呼ばれたが、成体は1センチメートルほどになり薄ミドリがかった不気味な色を帯び、極限まで成長すると寄生主である牛の皮膚から自然に落下する。

なぜか山羊には寄生しないが、ヒトには寄生する。原野で牛の繋ぎ飼いをしていた昭和30年前後のころ、牛の世話を日課にしていた僕たちは毎日のようにオウシマダ

ニの幼虫を身に帯び、時には耳の裏や耳の中から臍の周りなど、目立たない箇所である程度大きく成長するまで気づかずにいるということは日常茶飯事であった。

　忘れがたいのは、母（明治34年生まれ）の乳房の陰で成長したオウシマダニを発見したときの衝撃的な思い出である。母は僕が大学に入学した年（昭和38年）に、軽い脳卒中で倒れたものの自力で普通に用を足すことは出来たのだが、翌年に再発してからは寝たきりの状態になった。身の廻りの世話はもっぱら夫である僕の父・賢英（明治31年生まれ）がしていた。僕は夏季休暇と春期休暇には、稼ぎのいいアルバイトで旅費を稼ぎ島に帰って母の世話をした。

　全身を綺麗に拭いてあげることから始めたのだが、あるとき、60代半ばにしては重量感のある豊かな乳房の陰で大きくなっているダニを見つけて驚愕した。痒くなかったの、と聞くと「ビューワヌティ　イズヌドゥ　イザー　キーシカンタン（痒いよと言うけど、お父さんは気づかなかった）」と嘆く母の言葉に「老老介護」の父母の現状に名状しがたい哀しさにうちのめされ、ひとり涙したのであった。

　母は病気のせいで判断力が多少衰えていたこともあって、僕が休暇を終えて上京する段になると、涙を浮かべながら「メーマーハン　パンナ！（もう、どこにも行かないで！）」と言うのだった。「プリムヌイバ　イジベーリ（馬鹿なことを言うな）」と父に叱責され、しょげていた母の姿がいじらしく切なかった。

　ところで、あれほど猛威をふるったオウシマダニであるが、その撲滅に向け1971（昭和46）年から国庫補助による沖縄牧野ダニ対策として、駆除・清浄化・撲滅・清浄維持事業が継続して実施された。とりわけ「一頭もれなく」を合言葉に、打って一丸となった生産農家の努力により28年間にわたる延べ306万頭に及ぶ薬浴等の実施および13億7千万円の巨費投入によってオウシマダニとピロプラズマを完全に撲滅し、牛の移動制約が解除された。

　その間、行政の内外で活躍した内原英郎・山城英文・多宇勇・那根元・唐真正次・宮良当皓・平田勝男ら獣医師諸氏のリーダーシップと情熱と不屈の忍耐力に負うところが大きかったこと、その功績の上に今日の「畜産王国・黒島」が実現したものであることを忘れてはならないと思う（那根元著『八重山群島におけるオウシマダニ撲滅魂』参照）。

タンカ[taŋka]〔名〕
　一人。独り。【例】タンカ　キナイヤ　ムタンナラバン　フターンヌ　キナイヤ　ムトゥン（一人の家庭は維持出来なくても、二人の家庭は成り立つ）。用例は、貧乏で結婚をためらっている人たちを励ます場合に言う。2人で知恵を出し合い工夫すれば何とかなるものだよ、という若者の背中を押す場合の言葉である。

タンカ[taŋka]〔副助〕
　〜だけ。〜ばかり。【例】アサビタンカ　シーブランスクン　シグトゥン　シーリバ（遊んでばかりしていないで、仕事もしなさい）。

タンカー[taŋka:]〔名〕
　真正面。真向い。【例】タンカー　マンカー（相対して向かい合う様）。

タンカーマンカー[taŋka:maŋka:]〔名〕
　相対して向かい合う様。

タンカーニガイ[taŋka:nigai]〔名〕
　遥拝。遠くの神仏に対し、その方向に向かって供え物をして祈願する。【例】ズールクニチヌ　タンカーニガイ（十六日祭に、旅にある人が故郷の実家に向かって遥拝すること）。

　用例のように、十六日祭の日に旅から故

郷に向かって祈願する習慣は、四箇村（新川・石垣・大川・登野城）では「ズールクニチゥヌ　タンカーマチゥリュ（十六日祭の遥拝）として行なわれている（『石垣方言辞典』参照）。その習慣は、黒島では東筋村出身者にはないと思われるが保里村出身者にはあるという。多くの場面で、保里村と四箇村の共通現象が見受けられるが、保里村では石垣の文化を積極的に取り入れた結果だろうか。

〔追記〕上記の「旅（たび）」が、旅行の意ではない用法に気づき本書の「文法編」と「解題」の執筆者で長崎大学准教授・原田走一郎氏は、「立項」を奨めた。なるほど、無意識のうちに用いているが、上記の「旅」は「旅行先」の意ではなく「故郷から離れた居住地」のことである。このように共通語の「旅」と黒島語の「タビ」には一部重ならない語意があるのだ。黒島在住の人が「孫は旅にいる」と言う場合の「旅」は「旅行先」のことではなく「故郷以外の居住地」のことである。「タビ（故郷以外の居住地）」の項参照。

タンカーヨイ[taŋka:joi]〔名〕
　1歳の誕生祝い。【例】ウヌッファー　タンカーヨイヌ　クーンケハラ　ガンガンッティ　アラキブー（その子は、タンカーヨイを迎える前から元気よく歩いている）。

タンカナキ[taŋkanaki]〔名〕
　一人泣き。【例】ヴァーヌ　シヌッタラ　キムイッツァー　タンカナキバ　シーワー（子が死んだので、気の毒に一人泣きをしておられる）。

タンカバライ[taŋkabarai]〔名〕
　一人笑い。【例】タンカバライユ　シーベーッカ　プリムヌッティ　ウモーリルヌ（一人笑いをしていると、気違いだと思われるよ）。

タンカムヌ[taŋkamunu]〔名〕
　独り者。独身。【例】マヌマヌユーヤ　ビキドゥムン　ミドゥムン　タンカムヌヌ　ウラハナリ　アトー　ヌードゥナーッカヤー？（現在は男も女も独身者が多くなり、将来はどうなるのかなあ）。

タンカムヌイ[taŋkamunui]〔名〕
　独り言。「タンカバライ（一人笑い）」と同じく、頻繁に行うと「き印」扱いをされかねないので要注意。

タンク[taŋku]〔名〕
　水槽。【例】スイドーヌ　ナーンケー　アマミジバ　タンクナー　タミ　ヌムッタ（水道のなかったころは、天水をタンクに溜めて飲んだ）。
　水道のない頃、飲み水は屋根に降る雨を、樋を通して「タンク」に溜めて用いた。そこに蚊が卵を産み、蛇口から取水すると1ミリメートル以下の黒っぽく丸い卵が混じって出てきた。それを気持ち悪がって捨てようとすると、父に「薬だと思って一緒に飲みなさい」と言われ、おそるおそる飲んだものである。腹痛もなく無事だったことからすると、薬だったかどうかはともかく有害ではなかったのだろうね。

タング[taŋgu]〔名〕
　桶（おけ）。水桶（みずおけ）。肥桶（こえおけ）。日本古語「たご（担桶）」の転。「ウーキ」とも言った。【例】ミジイリヨーヌ　タングトゥ　ミジンゴイ　イリヨーヌ　タンゴー　ビチビチアッタ（水入れ用の桶と水肥入れ用の桶とは、別々であった）。
　黒島での我が家の便所は、三槽になっていて第三槽の中の糞尿は十分に腐食・発酵し野菜などへの水肥（すいひ・みずごえ）として用いた。その効果は抜群であったが、現在は水洗便所が普及し人糞が肥料として利用されることはなくなっている。長兄・賢昇兄はアンク（担い棒）の両端にタング（肥桶）を下げてミジンゴイ（水肥）を易々

と畑に運んだが、五兄の豊彦兄と僕は一つのタングをアンクの真ん中に下げて運んだ。タングは後ろの豊彦兄寄りに下げることから、少しでも溢れ出るとどうしても兄の足に振り掛かる。発酵しているとはいえ、その臭さは相当のものだったので、畑に着くと同時に水肥を野菜に掛けるのはそっちのけで、「お前の歩き方が悪いから、「コイはアビシティて（水肥はこぼれて）僕の足を汚すんだよ」と理不尽な（と僕は思ったのだが）鉄拳が飛んできたのであった。気の短かった豊彦兄は50代半ばで他界したが、あの世で両親や兄姉たちと楽しく過ごしているのだろうか、懐かしい思い出をたくさん残してくれた兄たちを偲びつつ……。

ダング[daŋgu]〔名〕
道具。農具、台所用具、家財道具、漁具等に言う。（石）ドーング。（沖）ドーグ・ローグ。【例】ダンゴー ハキングドゥ ハンヨー（道具は、手入れが肝要である）。

ダングピング[daŋgupiŋgu]〔名〕
いろいろな道具。道具類。ここの「ピング」は「ダング」を強めるための語。（石）ドーングピョーング。【例】ダングピングヌ スライバドゥ シグトー ナシク（いろいろな道具が揃ったほうが、仕事は捗る）。

タンシ[taŋʃi]〔名〕
箪笥。【例】アーニナマ ヨインナー タンシュ ムタシ パラセータ（結婚祝いには、箪笥を持参して行かせた〈嫁がせた〉）。「シンダン」の項参照。

ダンダン[dandaŋ]〔名〕
いろいろ。さまざま。【例】アワリヌ ダンダンバ シードゥ マヌマナレー（苦労の数々を経て、今になっている）。

タンチャー[tantʃa:]〔名〕
短気な者。沖縄語の移入語。黒島語では「アタクンゾー」と言う。【例】ウレー タンチャー アルヌ キモー ハイヤンドゥラー（そいつは短気者だが、気立てはいいよ）。

ダンパチ[dampatʃi]〔名〕
断髪。散髪。整髪。【例】アマザヌ ムイハブリ ヤニヤリバ ダンパチ シミクー（髪がボウボウで不潔だから、断髪をさせて来なさい）。

ダンパチヤー[dampatʃija:]〔名〕
断髪屋。床屋。【例】アースンヌ ダンパチヤーヤ タ―ブシャートゥ クニシャーアッタ（東筋部落の断髪屋は、タ―ブシャー＝船道家とクニシャー＝前船道家であった）。

タンムヌ[tammunu]〔名〕
薪。「焚き物」の意。（石）タムヌ。（沖）タムン。【例】シートータンムヌ ソンガチタンムヌ キザルタンムヌヌ ウリ（製糖用の燃料、正月用の薪、行事用の薪など）。

タンムヌ[tammunu]〔名〕
反物。【例】ネルヌ タンムヌトゥ ブーヌ タンムヌ（冬用の厚手の反物と、麻の反物）。

チ

チクドゥン[tʃikuduŋ]〔名〕
琉球王国時代に、百姓に与えられた最高の位階。「チクドゥン」は沖縄語の移入語で、「筑登之」と表記する。黒島の日常語では「スクドゥン」と言う。【例】ビャーハムラヌ キツガンヌ スバンキョンギンナー

チクドゥンヌ　ンジフー（我が村の結願祭の〈初番狂言〉には、筑登之が登場する）。結願祭の奉納芸〈スバン（初番）〉において、「チクドゥン（筑登之）」は主役として登場し、その部下として「アース（阿頭・阿主）」が脇役で登場する。チクドゥンは、アースが定められた貢納の上にさらに米40俵を納めると与えられた位階で、ユンチュヤク（与人役）の待遇を受けた。アースは、定められた貢納の上にさらに米40俵を納めると与えられた位階で、メザシ（目差）の待遇を受けた。

當山家では三代にわたって「スクドゥン」が誕生したらしく、本家の当主・真清伯父（明治29年生まれ。父の兄。）の呼び名は「スクドゥンブザ（筑登之小父さん）」であった。

チューバー [tʃuːbaː]〔名〕
秀でている者。強い者。気の強い人。沖縄語の移入語。【例】チューバーッテナー　ウリンナー　ビキドゥムン　グングルマーハリシー（気が強いので、彼女には男性も丸め込まれてしまう）。

チラ [tʃira]〔名〕
顔。「つら（面）」の意。沖縄語の移入語。黒島語の日常語は「シラ」「ウムティ」。

チラガー [tʃiragaː]〔名〕
豚の顔の皮。「顔の皮」の意。沖縄語の移入語。昭和30年代のころの我が家では、父が所要で石垣に行くと、帰りには必ず「チラガー」を買って来た。それだって十分に美味しかったけど、後年、そのころの我が家の家計では「チラガー」しか買えなかったことを父から知らされたときは、うらがなしい思いとやりくりしながらギリギリのところで「チラガー」を選択した父の家族への優しい思いやりがしのばれて嬉しかった。

チラフクラー [tʃiraɸukuraː]〔名〕
不機嫌で怒りっぽい人。膨れっ面の人。「面の膨れている人」の意。沖縄語の移入語。黒島語の日常語は「シラフクラー」。「シラフクラー」の項参照。

チンダラ [tʃindara]〔名〕
可哀そうなこと。また、そのような状態を意味する。石垣語「チゥンダーサーン（可哀そうである・可愛らしい）」から派生した語の移入語。黒島語では「シンザーラ」と言う。

チンダラブシ① [tʃindarabuʃi]〔名〕
チンダラ節。竹富町〔無形民俗文化財〕昭和50年11月26日指定。18世紀の初めごろ、黒島では琉球王国の命により石垣島の野底への「道切移民」が強行された。〈チンダラ節〉は、そのときの強制移住によって生木を裂くように引き離された若い恋人たちの悲痛な叫びを歌ったものであり、黒島の代表的な民謡の一つになっている。

この歌に関連して、ヒロイン・マーペーが黒島に残された恋人・ハニムイを見ようと野底山に登り、思いつめた末に山の頂上で石になってしまったという伝説もあって、この歌を聞く人の一層の哀感を誘う。『竹富町の文化財』（平成10年３月・竹富町教育委員会発行）参照。

チンダラブシ② [tʃindarabuʃi]〔名〕
ちんだら節。黒島の代表的な三線歌の節名。【例】ウタナーヤ　チンダラッティ　イズヌ　シマムヌイシヤ　シンザーラッティ　ドゥ　イズ（歌では「チンダラ」と歌っているが、島の言葉では「シンザーラ」と言う）。

そもそも、「チンダラ」の意味は「かわいそうな」「気の毒な」「哀れな」「いたわしい」などであるが、黒島語の古い言い回しでは「シンザーラ」である。現在の「キムイッツァハ」に対応する古い語である。「チンダラ＝チゥンダラ」は、石垣や他の島で歌われ広まった語が黒島でも用いられるようになったものであろう。「シンザー

ラ」の項参照。

チントゥ [tʃintu]〔副〕
　ちょうど。ぴったり。〈黒島口説〉に出てくる語で、元来は沖縄語。【例】チントゥ ククルワ ンミザクラ ニウイ ヒカサリ スディグルム ハナヌ ワルビニ ヒカサリティ（まさに心は梅や桜の如き匂いに誘われ、賑やかに衣装を身にまとった花と見紛う美しい乙女らと連れ立って／〈黒島口説〉より）。

ツ

ッサ [ssa]〔名〕
　草。「アーヌッサ（粟の雑草）」「ウンヌッサ（芋の雑草）」「メーッサ（庭の雑草）」「ウシヌッサ（牛の餌）」「ピシダヌッサ（山羊の餌）」のように、単独では使われず「〜の草」の形で用いられる。他に「ざー（草・雑草）」と言う言葉があり、「ザーユ ソールン（雑草を取り除く）」「ザーユ ハリクー（草を刈って来い）」などの場合は「ザー」と言う。「ザー（草）」の項参照。

ッサラ [ssara]〔接〕
　言葉の語尾に付いて、その語意を強める。【例】ユクッサラ（欲張り）。ピッサラ（屁をよく放る人）。ズッサラ（糞っ垂れ）。

ッス [ssu]〔接尾〕
　言葉の語尾に付いて「〜してしまった」を意味する。【例】①ムティ パリッティ シタヌドゥ ムタナ パレッス（持って行けと言ったのに、持たずに行ってしまった）。②ニビッティ シタラ ニベーッス（眠れと言ったら、寝てしまった）。

ッツァースン [ttsa:suŋ]〔終〕
　散々〜してしまう。【例】フンッツァースン（踏みつぶす）。キシッツァースン（切り刻む）。ポーッツァースン（撒き散らす）。バリッツァースン（粉々に砕く）。

ッティ [tti]〔数・名〕
　年を数える単位。(石)ティ。(沖)トゥ。【例】ピスッティ（1年）。フタッティ（2年）。

ットゥ [ttu]〔終〕
　〜と。〜だと。〜そうだ。【例】ドゥータンカー ヒダキ パリナーンットゥ（自分だけ、先に逝ってしまったそうだ）。

ツノマタ [tsunomata]〔名〕
　〈植〉海藻の一種。(石)マーイーシゥ。

ッツン [ttsuŋ]〔名〕
　粒。(石)チゥジゥ。(沖)チジ。【例】アーッツン（粟粒）。マイッツン（米粒）。マミッツン（豆粒）。アミッツン（雨粒）。用例のように「アー（粟）」「マイ（米）」「マミ（豆）」「アミ（雨）」などに後接して「ッツン（粒）」を表すが、日常語で独立して用いられることは確認できない。歌謡語では、〈崎山節〉に「ティンヌアミ（天から降る雨）、ユマヌチジ（数えられない雨粒）」として「チジ（粒）」が出てくる。

テ

ティ [ti]〔接〕
　～と。【例】パタケヘ　パルンティ　シーベーケドゥ　ウブアミヌ　ヴゥイ　パラルンタ（畑に行こうとしていると、大雨が降って行けなかった）。

ティー [ti:]〔名〕
　手。技。道具の柄。【例】①ティーヌ　ハイヤダラ（手の綺麗なことよ）。②ティーヌ　クマハダラ（手先が器用なことよ）。③ガッキヌ　ティー（鎌の柄）。

ティーアンダ [ti:ʔanda]〔名〕
　料理を念入りに作ること。腕によりをかけること。「手の油」の意。素手で料理をする場合などに、肯定的に使う。沖縄語の移入語。【例】アボー　スコール　ムノー　ティーアンダヌ　シキ　ハクビチ　マーハッタ（母のこしらえる料理は、ティーアンダがついて格別に美味かった）。

ティークバハン [ti:kubahaŋ]〔形〕
　不器用である。「手が雑である」の意。【例】ティークバハーッティ　ウレー　スクレー　ダンゴー　ムール　ユガミブー（不器用だから、彼の作った道具は皆歪んでいる）。

ティークマハン [ti:kumahaŋ]〔形〕
　器用である。仕事が丁寧である。「手が細かい」の意。【例】ティークマハーッティ　ウレー　スクレー　ダンゴー　シカイヤッサン（仕事が細かい〈丁寧だ〉から、彼の作った道具は使いやすい）。

ティー　ザーク [ti: dza:ku]〔名〕
　手作業。軽い仕事。雨の日などに行なう農具の手入れなどを言う。兄たちは、雨の日や台風のときなど、これ幸いとのんびりしていたが、父は農具の手入れやクバ笠や蓑を作るなどをして、手を休めることはなかった。

ティーサグン [ti:saguŋ]〔名〕
　手さぐり。「ティーサグル」とも言う。【例】ヴァーハッティ　ティーサグンバ　シートゥミ　ブルヌドゥ　トゥミラルヌン（暗くて手さぐりで探しているけど、見つけられない）。

ティーシカン [ti:ʃikaŋ]〔名〕
　手づかみ。【例】パシヌ　ナーニバ　ティーシカンシ　ヴァイバー（箸がないので、手づかみで食べなさい）。

ティーナールン [ti:na:ruŋ]〔他〕
　手を伸ばす。欲しがる。【例】ティーナーリベー　プスン　バタハイバ（手を伸ばしている〈欲しがっている〉人に、渡し〈与え〉なさい）。

ティーヌ　ガンマリ [ti:nu gammari]〔連〕
　手でする悪戯（いたずら）。【例】ミーヌ　ガンマレー　スーバン　ティーヌ　ガンマレー　シーナ（目の悪戯はしても、手の悪戯はするな。ことわざ〔275〕参照）。

ティーヌ　クシ [ti:nu kuʃi]〔連〕
　手の甲。「手の後ろ側」の意。【例】ニチヌ　アーバソー　アボー　ティーヌ　クシバ　フタイナ　アティ　ニチユ　パカレーッタ（熱があるとき、母は手の甲を額に当てて熱を測った）。

ティーヌ　ナル [ti:nu naru]〔連〕
　芋が蔓（かずら）に生ること。通常、芋は土に差し込んだ苗〈芋蔓〉の根元に実をつけるが、這っている蔓に土を被せておくとそこにも実をつける。（石）ティーヌ　アッコン（手の芋）。黒島では、芋を植えると根元に出来た芋をハノーシ（土を掘る鉄製の道具「かなふくし」）で大きいものから探り掘りを

して収穫した。その時に這っている蔓に土を被せておくとそこに実をつけるが、これを「ティーヌ ナル」と言い、いわば二次（追加）収穫をしたのである。

ティーヌ バタ[ti:nu bata]〔連〕
手の平。掌（たなごころ）。〈類〉【例】ヤラビシェーケーバタヌ ヤムッカー アボー ティーヌバタシ バタユ ナディッフィータ（子どものころ、お腹が痛むと母が手の平でお腹をなでてくれた）。不思議と痛みは治まった。

ティーパーハン[ti:pa:haŋ]〔形〕
仕事が素早い。器用である。「手が早い」の意。【例】シグトー ティーパーハキン ティークマハ シーリ（仕事は、手の早さ〈技の早さ〉より手の細かさ〈技のきめ細かさ〉を大事にせよ）。

ティーヌ ピサ[ti:nu pisa]〔連〕
手の甲。【例】ニチヌ アンティ ウモーリカ ティーヌピサユ フタイハ アティニチユ パカレータワヤ（熱があると思われる場合は、手の甲を額に当てて熱をはかったものだ）。

ティーハイヤン[ti:haijaŋ]〔形〕
踊りが上手である。手先が器用である。「手が美しい」の意。【例】ヤラビシェーケハラ ティーハイヤーッタヌ ウブプスナリ ブドゥンヌ シンシー ナリブルワヤ（子どものころから踊りが上手だったが、大人になって踊りの師匠になっているよ）。

ティーハカジ[ti:hakaʒi]〔名〕
慌てふためくこと。大慌て。【例】マヌマフニヌ ンジルンティジ ティーハカジバ シー パレールヌ マニアウンカヤ？（今船が出ると言って、大慌てで行ったが間に合うかな）。

ティーパン[ti:paŋ]〔名〕
手と足。【例】ティーパンヤ ハーヌ パタナドゥ シミル（手足は、井戸の端で洗う）。

ティーフコホン[ti:ɸukohoŋ]〔形〕
不器用である。「ティークバハン」とも言う。【例】ヌーヌ ザーク シムバン ティーフコホヌ タムキナーヌン（何の仕事をさせても、不器用で要領を得ない）。

ティーフジリ[ti:ɸuʒiri]〔名〕
手でほじくること。「ティーフジン」とも言う。【例】ヤラビッファーマニン イチバーキ ティーフジリバ シー ヴァイベーヤ!?（子どもみたいに、いつまで手でほじくって食べているのだ）。

ティーフジン[ti:ɸuʒiŋ]〔名〕
手でほじくること。「ティーフジリ」と同じ。

ティープスイ[ti:pusui]〔名〕
銛漁などで捕えた魚を運ぶ際に一匹ずつ鰓（えら）から口に通す紐のこと。紐の一方は浮きに縛りつけ、もう一方の先端には竹串を縛りつけ、その部分は胴に巻きつけておく。【例】ティープスイヤ イソー ダングヌ ピシチ アーッタ（ティープスイは、漁用具の一つであった）。

ティーマヌキ[ti:manuki]〔名〕
手招き。手を振って合図をすること。【例】プリムラヌ ブラシナラビンナ プリムラメーラビター ミラリットゥリ（保里村の法螺石に並んだ時には、保里村の娘たちが目に付いて）／バヌ ンザスンカヤ クリンザスンカヤッティ トゥンカイリ ミリバドゥ（私を見送るのかなあ自分を見送ってくれるのかなあと、振り返って見ると）／ルクンガチヌ パマガンヌ ウリルルニン シドゥヤーリ ティーマヌキ シーブリバドゥ（六月のころ浜蟹＝オカガニが産卵のために浜下りするように、群がって手招きをしているので）／〈ぱいふたふんたか・ゆんぐとぅ〉より。

ティーマラ[ti:mara]〔名〕
手淫（しゅいん）。自慰。【例】ティーシ ドゥーヌ マラユ ムタブッカ キモッサ ナレーッ

タ（手で自分のマラ＝魔羅・陰茎を摩ると、気持ちよくなった）。「パンカスン」の項参照。

ディカスン[dikasuŋ]〔自〕
でかす。得する。うまくやる。し遂げる。「出来す」の意。〈否〉ディカハヌン。【例】ウリトゥ マズンナリ ウヴァー ディカセーワヤ（彼女と結婚して、君は得したよ）。

ティガキルン[tigakiruŋ]〔他〕
手掛ける。仕事を始める。【例】マヌマ ティガキーッカ クトゥシズーナ ミーナルン ラミ？（今、手掛けたら、今年中に完成するよね）。

ティグミ[tigumi]〔名〕
相談。打ち合わせ。【例】ヌーバセー シグトゥン ティグミドゥ ハンヨー（どんな仕事も、打ち合わせこそが肝要である）。

ティジリ[tiʒiri]〔名〕
男性の神職者。「手摺り役」の意。（石）カンマンガー。【例】ワンナー ハンシカサトゥ ティジリヌ ワータ（御嶽には、神司と手摺りがおられた）。

ティダ[tida]〔名〕
太陽。【例】ティダヌ イランケーナ クヌ シグトー ハタジクナーッカ（陽が暮れないうちに、この仕事を片付けないと〈いけないぞ〉）。

ティダピスマン[tidapisumaŋ]〔名〕
真昼間。「アーピスマン」とも言う。【例】ヌーン スーンケー ティダピスマン ナレーッス（何もしないうちに、真昼間になってしまった）。

ティダイ[tidai]〔名〕
贈呈。進呈。贈り物。寄付。【例】クレー ハジマヤーヌ ヨイヌ バーマンキハラヌ ティダイユー（これはハジマヤー祝いの、子や孫たちからの贈り物です）。「ハジマヤー」は「風車」の意で、数え97歳の生年祝のシンボルとして、それを手に持って童心に還るのだとされている。

ティダイルン[tidairuŋ]〔他〕
贈呈する。進呈する。寄付する。【例】ガッコーハ テントユ ティダイルン（学校へテントを贈呈する）。

ティラ[tira]〔名〕
寺。【例】イサナケヘ パーッカ ユナイシトゥムテー ティラヌ ハニヌ ウトゥヌ シカリルン（石垣島へ行くと、朝夕は寺の鐘の音が聞こえる）。黒島には寺がないから、寺にまつわる言葉も少ない。

ティル[tiru]〔名〕
笊（ざる）。【例】ミドゥムンケー ウンヤ ティルナー イリ アマザヌ ウイナー ハミッティドゥ ムトゥッタ（女たちは、芋は笊に入れ頭に載せて運んだ）。

ティン[tiŋ]〔名〕
天。空。天にいると思われる神。【例】イークトゥン ヤナクトゥン ティンヤ ミシカシワー（良いことも悪いことも、天は見透かしておられる）。この場合の「ティン（天）」は、「神」と考えられている。

ティン[tiŋ]〔接助〕
〜とも。【例】シールンティン スーヌンティン イザンタン（するとも、しないとも言わなかった）。

ティンガイ[tiŋgai]〔名〕
葬具の名。朱塗りの槓棒（まきぼう）の頂に龍頭を取り付けてある。「天蓋（てんがい）」の意。【例】ミーフチヌ ヤニヤプスユ ティンガイッティ シタ（顔立ちの良くない人を、ティンガイと言った）。中学1年生のころ、唇に傷跡があって体格も大きかった英語の担任・M先生の綽名が「ティンガイ」であった。その先生の授業中、図工の時間に使った粘土の残りで作った〝チンポ〟を隣席の仲盛岩光君に見せると、彼が大声で笑ってしまい2人とも先生に思いっきりビンタをくらった。そのときのM先生の顔は、これぞ「ティン

ガイ」なのだという凄い形相であった。「岩光君、道連れにして悪かった、ごめんな」。その〝事件〟以外では、M先生は普通に優しい先生であった。後年、M先生のご子息で有名な民謡歌手・M，M君に会ったとき、父親の話をしたら喜んでくれた。

ティンガラ[tiŋgara]〔名〕
かなてこ。1メートル20センチほどの太めの鉄棒。【例】クヌイシェー ティンガラ アラナーッカ コーホルヌン（この石は、ティンガラでなければ掘り起こせない）。「ティンガラシマンドゥ コーホリ（ティンガラでこそ、掘り起こせる）」と言う肯定の表現もある。

ティンダティ[tindati]〔名〕
起工式。建築着手の儀式。「手立て」の意。【例】アラヤーユ スクルバソー ピュールバ アティ ティンダティバ シードゥシグトー パジミッタ（新しい家を建てる場合、日和を定め起工式を行なってから作業を始める）。神道の場合は「地鎮祭」と称し、その他の場合は「起工式」「着工式」と称する。

ティンバイ[timbai]〔名〕
棒術の名。仲本部落由来の棒術。左手に陣笠（これをティンバイと称した）を持ち右手に刀剣を持つ武者と、槍を手に持つ武者が闘う、勇壮活発な棒術である。仲本喜俊氏と山田精太郎氏の迫力満点の名演技が瞼に残る。陣笠を手にした武者役としては、伝説の演者に貝盛真平氏の名が残る。

ティンヌハーラ[tinnuha:ra]〔名〕
天の川。（石）ウーガー。（沖）ティンガーラ。【例】シマナーヤ ティンヌハーラー シカーシカーナドゥ ミラリッタヌラー（黒島では、天の川は近い所にあるように見られた）。電灯のなかったころ、外灯などに遮られることもなかったことから、天の川はくっきりと映りうんと近くにあるように感じられた。

ティンヌ バリ[tinnu bari]〔名〕
昼間の空に白い筋ができる状態に言う。台風の前兆とされる。

ティンヌボーン[tinnubo:ŋ]〔副〕
とてつもなく大量の。【例】ティンヌボーン モーキッタヌ マタ ティンヌボーン ハブリナーヌン（とてつもなく大儲けしたが、また、とてつもなく大損してしまった）。

デイ[dei]〔名〕
私。主として、ひと頃の女子中学生が用いていた。

テーナイ[te:nai]〔名〕
手伝い。手助け。支援。（石）ティガナイ。（沖）ティガネー。【例】テーナイ シーッカ ハセーッシ テーナイ シーリ（手伝うなら、しっかり手助けをしなさい）。

テンッティヤッツァン[tenttijattsaŋ]〔副〕
たったの1回でも。ほんの少しでも。わずかでも。【例】ウレー マーラシハラ テンッティヤッツァン イミー ミシミラヌン（それ〈夫〉が亡くなってから、たったの一回でも夢を見せてくれない）。「イメーッツァン」の項参照。

テンブー[tembu:]〔名〕
臍。出べそ。【例】バナー ヤラビシェーケー テンブー アッタヌ マヌマ バタヌ ウボホナリ トゥミラルヌン（私は子どものころ出べそだったけど、今は腹が出っ張って見つからない）。

テンブス[tembusu]〔名〕
臍。【例】クバマプソー ドゥーヌ シマーヤイマヌ マンナハナ アリバ テンブスッティ イズワヤ（小浜島の人は、自分たちの島は八重山諸島の真ん中にあるのでテンブス〈臍〉と言うよ）。

ト

トゥ [tu]〔数〕
斗。容量の単位。1升の10倍。【例】イットゥ ニトゥ サントゥ ユントゥ グトゥ ルクトゥ ナナトゥ ハットゥ キュートゥ（1斗、2斗、3斗、4斗、5斗、6斗、7斗、8斗、9斗）。

トゥ [tu]〔格〕
〜と。【例】ウリトゥ ヤクドゥドゥ マズンナレー（彼と、運よく一緒になった）。

ドゥ [du]〔係〕
〜ぞ。〜こそ。〜にも。強意を表す。【例】ヤクドゥドゥ ウリトゥ マズン ナレータ（まことに幸運にも、彼女と一緒になれた〈結婚できた〉）。

トゥイシキルン [tuiʃikiruŋ]〔他〕
説き聞かせる。言いつける。命令する。「説き付ける」の意。約めて「トゥシキルン」とも言う。〈否〉トゥイシクヌン・トゥイスクヌン。（石）トゥイチュキルン。（沖）トゥジキユン。【例】トゥイシキラリ クトー バッスンスクン ガンッティ シーリヨー（言いつけられたことは、忘れずにきちんとしなさいよ）。

トゥー [tuː]〔名〕
十。十。十。十歳。【例】トゥーヌ ウヤベー マータキ ナーヌン（十本の指は、同じではない）。共通語の「十人十色」と同じで、一人一人それぞれに好みも個性も異なるものであることを肯定的に言う。

トゥー [tuː]〔名〕
沖。大海。【例】ウブドゥー インドゥー ハラ ミルクユーバ クイアギ タボーリ（大海、沖から豊作を漕ぎ寄せてください）。黒島の豊年祭で行なわれる、「ユークイ（豊年招来）」の神事における「ニガイフチ（願い口＝祈願の口上）」の一節である。

用例に出ている「ウブドゥー・インドゥー」の二つの語は、文脈から同義語として用いられている。「ウブドゥーは、ウブ（大きい）とトゥー（沖・大海）の濁音化したドゥーの複合語」で、「大きい海＝大海」を意味する。「インドゥーは、イン（海）とトゥー（沖・大海）の濁音化したドゥーの複合語」で、「海の沖＝大海」を意味する。よって、「ウブドゥー・インドゥー」の二つの語の意味は「大きい海＝海の沖＝大海」に集約される同義語とみなされる。

現在の黒島語には、海を意味する「イン」は用例のような「願い口上」にしかみられないが、『石垣方言辞典』では「海。普通はあまり独立語としては用いない」とあり、『八重山語彙』の黒島語には「大波。波濤。」と説明されており、石垣語には「【古】海。ウミの転。」と説明されている。

石垣市の発行した『とぅばらーま歌集』（1986年）には「かーらぬ みずぃや いんにどぅ たまる、ばぬが うむいや うらにどぅ すぃまる（川の水は海にこそ溜る、私の思いは貴方にこそ染まる）」と、「いん」が「海」と訳されている。

ドゥー [duː]〔名〕
自分。胴＝胴体。身体。【例】①ドゥーヌ クトゥ タンカ ハンガイナ（自分のことだけ考えるな）。②ドゥー ズワー ナーナッカ ヌーン シラルヌン（身体が頑丈でなければ、何も出来ない）。

トゥーサ [tuːsa]〔名〕
遠さ。遠方。「トゥーサン」の連用形が名詞化した語。【例】イサナケー タキドゥンキン トゥーサナドゥ アー（石垣島は、

竹富島よりも遠方にある）。

トゥーサン[tu:saŋ]〔形〕
遠い。「トゥーワン」とも言う。【例】パナレー シカハルヌ パティルマー トゥーサン（パナリ＝新城島は近いけど、波照間島は遠い）。

トゥーシ[tu:ʃi]〔副〕
ずっと。一貫して。いつも。【例】トゥーシ イジ シカシブルヌドゥ プスヌ イズ ムヌイヤ ムットゥ シカヌン（いつも言い聞かせているが、他人の言う言葉は一向に耳に入れない）。

トゥージ[tu:ʒi]〔名〕
舵取り。黒島の「ユークイ（豊年招来）」の神事で行なわれる「パーリークイ（爬竜船競漕）」での舵取り役をトゥージと呼んでいる。石垣島と往き来する連絡船の場合は、舵取り役を「センチョー（船長）」と呼んでいた。

トゥージヤー[tu:ʒija:]〔固〕
豊村家。東筋村にある豊村家の屋号。

ドゥーズーサン[du:zu:saŋ]〔形〕
健康である。頑丈である。「ドゥーズワン」とも言う。「ドゥー（身体）」と「スーサン（強い）」の連濁「ズーサン」の複合語だが、「スーサン」は独立して用いられることはない。【例】ドゥーズーサリバドゥ ウムイッキシ パタラカリ（健康だからこそ、一所懸命働くことができる）。

ドゥーズワン[du:zuwaŋ]〔形〕
健康である。頑丈である。「ドゥーズーサン」と同じ。「ドゥー（身体）」と「スーワン（強い）」の連濁・約音「ズワン」の複合語。

ドゥーズン[du:zuŋ]〔名〕
自損。自分の行ないで損すること。【例】ドゥーズンバシー ヤーン トゥラリナーントゥ（自分で損をして、家も取られてしまったそうだ）。

ドゥータンカ[du:taŋka]〔副〕
自分だけ。自分一人で。「ウナタンカ」と同じ。

ドゥードゥー[du:du:]〔名〕
各自。各々。【例】ドゥードゥーヌ ハンガイシ ミサルニン シーリ（各自の考えで、思い通りにしなさい）。

ドゥードゥーシ[du:du:ʃi]〔副〕
各自で。各々で。【例】ドゥードゥーヌ シグトー ドゥードゥーシ ハタジキリ（各自の仕事は、各自で片付けよ）。

ドゥーパダ[du:pada]〔名〕
健康。「胴＝身体と肌」の意。【例】ヤーニンズ ケーラ ドゥーパダ ガンズーサ アラシタボーリユー（家族全員が、健康であるようにしてください）。

ドゥーパダニガイ[du:padanigai]〔名〕
健康の祈願。【例】マリドゥシヌ ドゥーパダニガイ（生まれ年の健康祈願）。

ドゥーハッティ[du:hatti]〔名〕
自分勝手。「ウナハッティ」とも言う。（石）ドゥーカッティー。【例】ドゥーハッティヌ マリッテナー ウヤヌ ムヌインゾーイ シキスク アラヌン（身勝手な性分だから、親の言うこともとても聞くどころではない）。

ドゥープミ パナシ[du:pumi panasi]〔連〕
自慢話。【例】ビータリプストゥ ウイプスヌ ドゥープミ パナシェー シキピサナーヌン（酔っぱらいと年寄りの自慢話は、聞きたくない）。

トゥール[tu:ru]〔名〕
ランプ。「灯篭」の意。【例】トゥールヌ フヤー ソージ シーウシキ（ランプの火屋を拭いておきなさい）。子供のころ、ランプの掃除は子供の役割だった。特にホヤの掃除、その内側の煤拭きは子供の手しかホヤの中に入らないことから子供の専業であった。

トゥーワン[tu:waŋ]〔形〕
遠い。〈対〉シカハン。（石）トゥーサーン。

（沖）トゥーサン。【例】シマヌ　ガッコー　パリベー　バソー　ガッコーヤ　トゥーワーッタヌ　マヌマー　アマヌ　シカハナーサー（島の学校に通っていたころ、学校は遠かったのに今は非常に近い所にあるよ）。子どものころ感じた距離感と言い、高低感と言い、大人になってからのそれらとは相当の違いがあることを実感するものだ。

トゥーン[tu:ŋ]〔他〕
問う。尋ねる。問いただす。【例】バハランムノー　ヌーンクイン　プスハ　トゥイナライバー（分からないことは、なんでもかんでも人に尋ね教わりなさい）。「習うは一時の恥、知らぬは一生の恥」。

トゥーン[tu:ŋ]〔他〕
研ぐ。刃物を砥石で研ぐ。【例】①アラトゥンナ　アラトゥイシ　クマトゥンナ　クマトゥイシ（粗い砥石では粗研ぎをして、細かい砥石では細かく研いで／〈ぱいふたふんたか・ゆんぐとぅ〉より。）「砥石」の日常語は「トゥシ」であるが、古い時代は「トゥン」と言ったのだろうか。用例①は、主人公が船材を伐り出すための斧の刃を研ぐ場面の描写である。

トゥカ[tuka]〔名〕
十日。十日間。【例】トゥカグシヌ　ユーアミバ　タボーラリ（十日ぶりの夜雨を賜った）。「トゥカグシ」の項参照。

トゥガ[tuga]〔名〕
咎め。科。「トゥンガ」とも言う。【例】パイフタフンタカー　シミン　トゥガン　ナーンスクン　タビウリ　シタルトゥユーサリ（パイフタフンタカは、罪も咎も受けることなく旅を終えたそうだ、と申し上げます）。
用例は、黒島の長尺ものの〈ぱいふたふんたか　ゆんぐとぅ〉の終わりの部分で、主人公・パイフタフンタカが神の機嫌をそこね、そのことを反省して神の許しを得たのちに、長い旅路を終える場面の描写である。

ドゥガイ[dugai]〔名〕
〈植〉リュウゼツラン（竜舌蘭）。（石）ルガイ。（沖）ルグヮイ・ドゥグヮイ。葉の先端には鋭い棘があり、葉の繊維は乾燥させて縄を綯った。僕たちが黒島で生活していたころまでは、島のあちこちに自生していたが今はどうだろうか。2021年6月20日の琉球新報に、「センチュリープラント（世紀の植物）とも呼ばれ、数十年に一度、花を咲かせるリュウゼツラン」と紹介されている。高さ5メートルほどの茎の先に黄色い花が咲いているという。島では割と頻繁に花を見ていたように記憶しているが（あるいは僕の思いちがいか）、島にあったのとは種類が違うのだろうか。

トゥカグシ[tukaguʃi]〔名〕
十日毎。十日ぶり。【例】トゥカグシヌ　ユーアミヤ　ミルクユーヌ　シルシ（十日ごとに降る夜の雨は、豊作の予兆である）。「〜グシ」は共通語の「〜ごし（〜越し）」に形式的に対応する語であるが、共通語は「十日連続」を意味し、黒島語（琉球語）では「十日ぶり」を意味する。共通語を基準にすると、黒島語は意味が「ズレ」ているということになるのだろうが、琉球語を独立した言語と捉える立場（琉球大学名誉教授・宮良信詳氏談）からすると、独自の意味を有する独自の言葉と認めるべきだということのようである。「タビ（旅）②」「タンカーニガイ」の項参照。

トゥカザー[tukaza:]〔名〕
〈動〉魚の名。クロハギ。（沖）トゥカジャー。【例】トゥカザーヤ　ザーハルヌ　マーハワヤ（クロハギ魚は、臭いはきついが美味しいよ）。
この魚を食べると臭い臭いが10日間も

続くことから、「トゥカザー（10日間も臭い）」という名がついたようである。「臭い」と「美味い」は、紙一重である（納豆・くさや・ドリアンなど）。

ドゥキ[duki]〔副〕
あまりに。非常に。甚だ。この上なく。(石)ドゥグ。(沖) ドゥク。「ひどく（酷く）」の転化した語と思われるが、黒島語の「ドゥキ」は、肯定・積極および否定・消極の両方に用いる。【例】アマヌ　サニヤン　ドゥキヌ　キムザニヤン（あまりに嬉しくて、このうえなく喜ばしくて／〈ぱいふたふんたか・ゆんぐとぅ〉より）。

ドゥキナリ[dukinari]〔副〕
あまりにも。「ドゥキ」を強調した語。

ドゥキナリ　アフナリ[dukinari ʔaɸunari]〔連〕
あまりにもむごいことに。「ドゥキナリ」をさらに強調した語。【例】ドゥキナリ　アフナリ　ウヤッキン　ヒダキ　グソーホ　パリナーヌン（あまりにむごいことに、親より先にグソー〈後生・あの世〉へ行ってしまった）。

トゥク[tuku]〔名〕
仏壇。【例】トゥクヤ　ニバンザナ　ザー　トゥクヤ　イチバンザナドゥ　アー（仏壇は二番座に、床の間は一番座にある）。
石垣語では「トゥクヌシゥタ（仏壇の下の押し入れ）」と「トゥクヌハナ（仏壇。トゥクヌシゥタに対して仏壇の上半分を指す）」という言い方があるが、黒島語にはそのような言い方はない。

トゥクリ[tukuri]〔名〕
血統。血筋。(石)タクリ。(沖)タックィー。【例】ディキダハプソー　タイガイヤ　トゥクリシ　アティンガーリッタワヤ（学校の成績がいい人は、だいたい家系＝血筋で見当がついたものだ）。

トゥシ[tuʃi]〔名〕
年。歳。【例】トゥシバ　トゥリ　メー　ユー　ゾー　ナーヌン（歳を取って、もう何の役にも立たない）。郷里の年配の方たちに「ガンズシ　ワールン？（お元気ですか）」と問いかけると、たいてい用例のような返事が返ってくる。そこで、私も後期高齢者になったのを機に、郷里の方からの「ガンズラミー？（元気でしょう）」に対し用例のように返事することにしている。でも、相手にされず笑われて終わるのだが、用例のような会話は何歳ころから許されるのだろうか。

トゥシ[tuʃi]〔名〕
砥石。【例】ポッツァユ　トゥシナ　ゾーットニ　トゥイッセーッカ　イチニンマイ（包丁を砥石で、上手に研ぐことが出来るなら一人前である）。
母に持病があって病弱だったことから、父は魚を捌いたりする台所仕事は積極的に行なった。そのため包丁の研ぎ方や二枚下ろしから三枚下ろしまで器用にこなし、それを僕にも小学生のころから伝授してくれた。お陰で、釣り好きの知人から魚をもらっても困ることなく捌きから調理まで一通りはこなせる。

トゥジ[tuʒi]〔名〕
妻。共通語の古語「刀自〈一家の主婦、転じて女性に対する敬称〉（『岩波 古語辞典』）」が、沖縄全域では「妻」の意に用いられている。【例】トゥジユシ　ブトゥユシ（夫婦和合）。

ドゥシ[duʃi]〔名〕
友達。共通語「どち（仲間・友達）」の転じた語か、と言う（『石垣方言辞典』参照）。【例】ジンユ　タミルッキンナ　イードゥシユ　トゥミリ（お金を貯めるより、良い友だちを作りなさい）。

ドゥシキ[duʃiki]〔名〕
〈植〉ススキ。【例】ナチアミグリヌ　ウティタラ　ドゥシキムトゥ　ピスムトゥヌ

331

ザーラハ　パイリ（夏雨が降ってきたので、ススキの株のひとかたまりの下に入って雨宿りをした）。
　用例は、〈まぺらちじらば〉の原形かと思われる〈ぱいがぶし　ゆんぐとぅ〉の一節である。ススキは、葉は牛や山羊の餌に用い、幹は製糖用のタンムヌ（燃料）に用い、アナブルヤー（掘立て小屋）の草戸（トゥルックビと称した）の材料として用いるなど利用価値の多い植物であった。穂は室内用の箒の材料であった。台所用の箒には、ソテツの葉を3枚ほど重ねて作ったものを用いた。

トゥシキルン[tuʃikiruŋ]〔他〕
言い聞かせる。説き教える。「トゥイシキルン」と同じ。【例】ウヤヌ　ユナイシトゥムティ　トゥシキル　クトー　バッシナ（親の朝晩言い聞かせることは、忘れるな）。

トゥシビー[tuʃibi:]〔名〕
生まれた年と同じ干支の日。（石）トゥシウビゥ。（沖）トゥシビー。見出し語は、沖縄語の移入語で、本来の黒島語は「マリドゥシ（生まれ年）」が主流。

トゥシヌ　クー[tuʃinu ku:]〔連〕
年の功。年を重ね功徳を積んだことを称える言葉。（石）トゥシウヌ　コー。（沖）トゥシヌクー。【例】トゥシヌ　クーヤ　ハミヌ　クー（年の功は、亀の甲）。「亀の甲」は、長寿の象徴である亀とその甲羅の貴重性から「年の功」の功と掛けたものである。

トゥジブトゥ[tuʒibutu]〔名〕
夫婦。夫妻。（石）トゥジュブドゥ。（沖）ミートゥ。【例】キナイムティ　ハイヤー　トゥジブトゥ　ハイヤーハラ、トゥジブトゥ　ハイヤー　トゥジハラ（家庭の平穏は夫婦の平穏から、夫婦の平穏は妻の才覚から）。
　共通語の「夫婦・夫妻」は、字面からして「夫唱（夫が主導して）婦随（妻が従う）」になっているが、黒島語の「トゥジブトゥ（妻と夫）」は「トゥジ（妻）が先導してブトゥ（夫）が付随する」ことを示している。別の共通語「めおと」は、「め（女・妻）＋おと（男・夫）＝妻夫」となり、これが沖縄語「ミートゥ」の語源だと思われる。この「めおと＝ミートゥ（妻夫）」は、黒島語「トゥジブトゥ」と字義の面で同じ構造である。
　黒島語の「トゥジブトゥ」の現実の関係性、すなわち日常生活のなかでの位置、力関係はどうなっているのであろうか。私の観察した範囲内で言うと、対外的には夫を立てたうえで家庭の切り盛りについては妻が主導権を握っている家庭のほうが、概して明るく穏やかな雰囲気を醸し出しているように思えるが、どうだろうか。

トゥシフン[tuʃɸuŋ]〔名〕
大晦日。【例】トゥシフンヌ　ユーフルマイ（大晦日の晩のご馳走）。

トゥシフンヌ　ユー[tuʃɸunnu ju:]〔連〕
大晦日の晩。（石）トゥシウヌ　ユー。（沖）トゥシヌユル。【例】トゥシフンヌ　ユーヤ　ヤーニンズ　ケーラ　トゥクヌ　マイナ　スライ　トゥシフンヌ　ユーフルマイユ　ヴォーッタ（大晦日の晩は、家族全員が仏壇の前に揃って年越しのご馳走を食べた）。

トゥシフンヌ　ユーフルマイ[tuʃɸunnu ju:ɸurumai]〔連〕
大晦日の晩のご馳走。【例】トゥシフンヌ　ユーフルマイヤ　アカマイトゥ　ワーヌスー　アッタ（大晦日の晩のご馳走は、赤飯と豚汁であった）。
　もう一品、刺身か酢の物（「ナマシ」と称した）が付いていたが、もうアカマイ（赤飯）とワーヌスー（豚汁）で十分であった。アカマイは薄い食紅で色づけしただけの、しかも細長いカシュウマイと称する外国産の米で独特の香り（クセのある匂い）を醸

したが、それでも文句のつけようのないご馳走であった。さあ、あとは年に一度の最高級のメインディッシュ「ワーヌスー（豚汁）」である。三枚肉からにじみ出てお碗の上にキラキラと輝いて浮いている脂の膜（あぶらまく）をフーフーしながら、まずはダイコン、ニンジン、アゲドーフ、コンブなどを賞味する。いよいよ脂身たっぷりの三枚肉を口にしたときの仕合わせ感ときたら、今どきのどんなに高級なフレンチやイタリアンを口にしたって味わえるものではない。歳を重ね、最近は脂身を控えるように言われているが、あのころ味わった三枚肉のジュワッとくる食感の贅沢な心地良さは捨てがたく、今でも大好物の一つである。

トゥジミルン[tuʒimiruŋ]〔他〕
　終える。成し遂げる。〈否〉トゥズムヌン。【例】クヌシグトー　クトゥシズーナ　トゥジミリ（この仕事は、今年中に仕上げよ）。

ドゥシンキ[duʃiŋki]〔名〕
　友だち。

ドゥシンキザーン[duʃiŋkizaːŋ]〔名〕
　友だち同士。

ドゥスヌ[dusunu]〔名〕
　〈植〉樹木の名。タイワンオガタマノキ。「ドゥスン」とも言う。【例】ヤーヌ　キターヤ　ドゥスヌキーヌドゥ　ハナイブー（家屋の桁には、ドゥスヌ材が向いている）。材質が硬く、柱や桁材に適している。三線の胴材に最適。黒島には自生していないので、西表島から伐り出して使用した。

ドゥスン[dusuŋ]〔名〕
　〈植〉樹木の名。タイワンオガタマノキ。「ドゥスヌ」と同じ。

トゥドゥキルン[tudukiruŋ]〔他〕
　届ける。〈否〉トゥドゥクヌン。【例】ウヌ　ハキムヌユ　ヤクバハ　トゥドゥキリ（その書類を役所に届けろ）。

トゥドゥクン[tudukuŋ]〔自〕
　届く。〈否〉トゥドゥカヌン。【例】クナレ　アシキケータ　ハキムヌヤ　トゥドゥケーンカヤ？（この間預けた書類は、届いたかな）。

トゥナガ[tunaga]〔名〕
　鶏以外の鳥の卵。鶏の卵は「トゥンヌッファ」と言う。

トゥナル[tunaru]〔名〕
　隣。「トゥナリゥ[tunari]」とも「トゥナン[tunaŋ]」とも言う。【例】トゥーサ　ウトゥザッキン　トゥナルヌドゥ　キムズーワ（遠い所の親戚より、隣〈隣人〉のほうが心強い〈頼りになる〉）。
　この語は、中舌音（なかじたおん）のトゥナリゥから直音（ちょくおん）のトゥナルへ、さらに撥音（はつおん）のトゥナンへ、と音韻変化してきたものと思われる。

トゥヌスク[tunusuku]〔固〕
　〈地〉登野城。石垣市の四箇字（シカアザ＝新川・石垣・大川・登野城）の一つ。

トゥヌンギ[tunungi]〔名〕
　〈植〉樹木の名。アカテツ。（石）トゥノーキー。【例】トゥヌンギヤ　ザワチナームイブッタ（アカテツは、ザワチの境内に生えていた）。アカテツは、ザワチ（ページワンの通称）の境内にあったのを記憶しているが、現在は直径1メートルにも及ぶ大木になっていて、野底家にも古木が残っているとのことである。この木を石垣の自宅の屋敷で植えた際、手伝ってくださった古見出身で八重山古典民謡の大家・大底朝要師匠に、「縁起のいい木だよ」と教えていただいた。「ザワチ」の項参照。

トゥヌンギルン[tunungiruŋ]〔自〕
　急いで行動する。〈否〉トゥヌンガヌン。【例】アミン　ゾールンヨーン　トゥヌンギ　パリ（雨に濡れないように、急いで行きなさい）。

トゥバスン[tubasuŋ]〔自〕
　飛ばす。急ぐ。〈否〉トゥバハヌン。【例】トゥ

バシ パラナーッカ マニアーヌンドゥラ (飛ばして〈急いで〉行かないと、間に合わないよ)。

トゥバスン[tubasuŋ]〔接尾〕〔補動〕
～してしまう。動詞の連用形について、その動詞の意味を強調する。【例】ウレーハサマサリバ ハマハ シキトゥバシ ウシキ (そいつは邪魔だから、あそこに突き飛ばしてしまえ)。

トゥビイズ[tubiʔizu]〔名〕
〈動〉魚の名。トビウオ。「トゥビ(飛び)」と「イズ(魚)」の複合語。「トゥブユ」とも言う。【例】トゥビイズヌ トゥビヨーヤ トゥンニンドゥ ブー (飛び魚の飛びようは、鳥のようである)。

トゥビライ[tubirai]〔名〕
〈植〉低木の名。トベラ。海岸近くの林の中に生えていて、花は芳香を放ち葉の臭いはきついが、山羊の大好物である。池原直樹著『沖縄植物野外活用図鑑』によると「山羊の安産飼料」だと言う。

トゥブシ[tubuʃi]〔名〕
灯火。灯り。【例】デントーヌ ナーンケーセキユランプヌ トゥブシナドゥ クラセータ (電灯のないころは、石油ランプの灯りで暮らしていた)。私たちが小中学校のころの黒島では、夜の10時ころまでは電灯がついていた期間が断続的にあった。発電機の故障が多く時間の制約もあったことから、つねに石油ランプを用意して置かなければならなかった。高校への受験勉強は、学校の教室を借りて受験希望者が自主的に行なったが、ハクランプ(角ランプ＝四面をガラスで覆ったランプ)の灯りをともしての勉強であった。

トゥブッティルン[tubuttiruŋ]〔自〕
穴に落ちる。穴底に落ちる。陥没する。〈否〉トゥブットゥヌン。【例】ウヴォービヌ アナヌ アリバ トゥブットゥンヨーン タマンガリ (大きな穴があるから、落ちないように気をつけろ)。

トゥブユ[tubuju]〔名〕
〈動〉魚の名。トビウオ。「トゥビイズ」と同じ。

トゥブン[tubuŋ]〔自〕
飛ぶ。〈否〉トゥバヌン。【例】トゥンヌ トゥブンニン ユー パリダハン (鳥が飛ぶように、良く走る)。

トゥマー[tuma:]〔名〕
苫。茅で編んだ雨露を防ぐもの。【例】シータンムヌユ マジミ ウイハラ トゥマーバ ハバシ ウスク ムヌユドゥ シラッティ イズッタ (製糖用の燃料を積み上げ、上から苫を覆っておくものをシラ＝稲叢・焚き物叢と言った)。

トゥマル[tumaru]〔名〕
海。海浜。「トゥマン」とも言う。【例】ビャーハシマヌ プーンヤ トゥマルナードゥ シードゥラ (我が島の豊年祭は、海浜で行なうよ)。

トゥマルン[tumaruŋ]〔自〕
泊まる。〈否〉トゥマラヌン。【例】ヴァズミ ナーニバ トゥマリ パリバ (夜も更けているので、泊まって行きなさい)。

トゥマン[tumaŋ]〔名〕
海。海浜。「トゥマル」と同じ。

トゥミルン[tumiruŋ]〔他〕
止める。〈否〉トゥムヌン。【例】アイツァーシ ベー フターンユ トゥミリ (大喧嘩している二人を、止めろ)。

トゥミルン[tumiruŋ]〔他〕
探す。求める。〈否〉トゥムヌン。【例】トゥジユ トゥミルバソー カーギ ハイヤーッキン キム ハイヤーハラ トゥミリヨラー (妻を娶るときは、見てくれより心延えの良さを求めなさいよ)。

ドゥミンガスン[dumiŋgasuŋ]〔他〕
叩きのめす。叱りつける。賑やかにする。

〈否〉ドゥミンガハヌン。【例】①ヤラベーラバン ドゥキ フンダイ シーベーッカ ドゥミンガシ ナラーハイ（子どもでもあまり甘えていると、叱りつけて教育せよ）。②キューヤ ハジマヤーヌ ヨイリバ ウタサンシンユ ドゥミンガハイ（今日はハジマヤーヌヨイ〈97歳の生年祝い〉だから、歌三線で思いっきり賑やかにせよ）。

トゥム[tumu]〔名〕
供。【例】ミーラクヌ トゥム（弥勒神のお供）。結願祭の奉納芸のスバン（初番）狂言の最後は、ソーザ（長者）、チクドゥン（筑登之）をはじめ村びとが弥勒神のお供をして舞台を去る。

トゥム[tumu]〔名〕
艫。〈対〉ピー（舳・舳先）。【例】トゥムダカ フニヤ シマ トゥーラヌ キムダカ ミドゥンヤ ヤームタヌ（艫の高い船は島へ辿り着かない、気位の高い女は家庭を切り盛り出来ない）。

トゥムライソッコー[tumuraisokko:]〔名〕
三十三年忌。死後33年目の年忌。【例】タビハラ ヴァーマンキン スライ ウブザットゥ パー フターンヌ トゥムライソッコーユ シー ウヤスンティ ブーユ（旅先から子や孫たちも集まって、祖父母の三十三年忌をして差し上げようとしているところです）。

　年忌法要には、一年忌、三年忌、七年忌、十三年忌、二十五年忌があり、最後にトゥジミソッコウ〈仕舞焼香〉としてトゥムライソッコー〈三十三年忌〉が行なわれる。そのときは、鉦鼓や太鼓を打ち鳴らし〈クーフダイ（孝譜代）〉に乗って、女性がクバの扇を手に供養の演舞〈アンガマ〉を踊る。女性だけで踊ることから〈アンガマ＝姉ガマ〉と呼ばれていると思うのだが、昨今は男性も踊りの輪に加わるようになっている。

トゥユマリン[tujumariŋ]〔自〕
鳴響む。世に鳴り響く。評判になる。〈否〉トゥユマルヌン。【例】タルトゥユマティ ブルン ジリナトゥラティ ブルン（誰を鳴響まそうとしているか、どの人の名を挙げようとしているか／〈ソンガチユンタ〉より）。

トゥラ[tura]〔名〕
寅。十二支の三番目に位置する。東から北へ30度の方角を表す。【例】トゥラディマリヌ シンカー ケーラ イジズーワン（寅年生まれの人は、皆元気がある）。

ドゥラー[dura:]〔終助〕
〜だよ。〜だぞ。前に付く語の語尾の関係で「ドラー」と言う場合もある。【例】アイドゥラーティ ウムッタヌ アイアラヌントゥドゥラー（そうだと思ったが、そうではなさそうだぞ）。

ドゥラーン[dura:ŋ]〔名〕
銅鑼。【例】ボーユ シカウバソー ドゥラーンユ ナラセターナ シーバドゥ ウムッサ（棒術を演じる場合、銅鑼を叩き鳴らしながらするのが面白い）。

トゥラディマリ[turadimari]〔名〕
寅年生まれ。「トゥラ（寅）」の項参照。

ドゥラン[duraŋ]〔名〕
銅鑼。金属製の打楽器。

トゥランパ[turampa]〔名〕
寅の方向。東北の方。家屋の東北の方にある裏座。「トゥラヌパー」とも言う。【例】イチバンウラザユドゥ トゥランパティ イズ（一番裏座のことを、トゥランパと呼ぶ）。

トゥリ[turi]（名）
〈動〉鶏。鳥。「トゥル」「トゥン」とも言う。「トゥル」の項参照。

トゥリイ[turi:]〔名〕
鳥居。【例】トゥリイヤ ワンヌ マイナードゥ タティラリ ブー（鳥居は、お嶽の前に建てられている）。

トゥリサギルン[turisagiruŋ]〔他〕
　取り下げる。片付ける。〈否〉トゥリサグヌン。【例】トゥクナー ウヤセー ムノーメー トゥリサギリバ（仏壇に供えたものは、もう取り下げなさい〈片付けなさい〉）。

トゥリシキルン[turiʃikiruŋ]〔他〕
　取り付ける。据え付ける。設置する。〈否〉トゥリスクヌン。【例】ウレー サキバヌミ ビータリッカ トゥリシキル フシロー ナーヌン（そいつが酒を飲んで酔っぱらうと、取り付ける薬〈方法〉はない）。

トゥリシズミ[turiʃizumi]〔名〕
　取り押さえること。鎮めること。「トゥリシズミルン」の連用形が名詞化した語。【例】ビータリプスヌ フターンシ アールッカー タルンニン トゥリシズミ ナラヌン（酔っぱらいが二人で暴れると、誰にも取り押さえることはできない）。

トゥリシズミルン[turiʃizumiruŋ]〔他〕
　取り押さえる。鎮める。〈否〉トゥリシズムヌン。【例】ビキウシザーン クルマユ ピケーターナ ミチナ ガイッカー ミーバ ピカラシ パナバ ナーラシ アウンティ シーバソー ヨーイニ トゥリシズミラルンタン（雄牛同士が車を引きながら道で出会うと、目を光らせ鼻を鳴らし闘おうとする場合、容易に鎮められなかった）。

トゥリシティルン[turiʃitiruŋ]〔他〕
　取って捨てる。取り除く。〈否〉トゥリシトゥヌン。【例】グマーグマーヌ パチヌ シーヌ アリバ マヌマヌ ウチナー トゥリシティリ（小さい蜂の巣があるから、今のうちに取り除きなさい）。

トゥリムドゥスン[turimudusuŋ]〔他〕
　取り戻す。取り返す。〈否〉トゥリムドゥハヌン。【例】ヌシトゥルン トゥラレー ムノー トゥリムドホイ（盗人に取られた物は、取り戻せ）。

トゥリルン[turiruŋ]〔自〕
　凪ぐ。風が静まる。【例】ハジヌ トゥリッタラドゥ アツァナレーワヤ（風が凪いだから、暑くなったよ）。

トゥリンザスン[turindzasuŋ]〔他〕
　取り出す。〈否〉トゥリンザハヌン。【例】サイフハラ クージンユ トゥリンザスンティ シールヌドゥ ティーヌ シビリ トゥラルヌン（財布から小銭を取り出そうとするけど、手が麻痺して取れない）。

トゥル[turu]〔名〕
　〈動〉鶏。鳥。「トゥリ」「トゥン」とも言う。【例】トゥレー キーヌウイナ ニビ トゥンヌッファヤ ミフキヌ ナハナ ナスワヤ（鶏は木の上で寝て、卵は床下の中で生むよ）。古くは中舌音「トゥリゥ（turï）」だったが、「トゥル（turu）」または「トゥリ（turi）」へ変わり、さらに撥音の「トゥン（tuŋ）」へと変化してきたものと推定される。

トゥル[turu]〔名〕
　酉。十二支の十番目に位置する。西の方角を表す。【例】トゥンディマリ（酉年生まれ）。

ドゥル[duru]〔名〕
　泥。【例】パチヌ シーヤ ドゥルトゥ ウシヌ ズーシドゥ スクルワヤ（蜂の巣は、泥と牛の糞で作るよね）。壁などに作る場合は泥が原料で、木や草で作る場合の原料は主に牛の糞ではなかっただろうか。

トゥルートゥルーシ[turu:turu:ʃi]〔副〕
　ぼんやりして。【例】イチン トゥルートゥルーシ ベーッテナー トゥルバヤーッティ ナーバ シカリブルワヤ（いつもぼんやりしているから、トゥルバヤー〈ぼんやりしている人〉と呼ばれているよ）。

ドゥルジン[duruʒiŋ]〔名〕
　泥まみれ。「ドゥルブッター」とも言う。【例】ヌーッティドゥ アイ ドゥルジン ナリベーヤ？（なぜそんなに泥まみれになっているのだ）。

トゥルックビ[turukkubi]〔名〕

草の戸。茅やススキなどで編んだ戸。【例】パイマニヤーヤ ガーヤッテナー ヤドー トゥルックビシ スクレータ（納屋は茅葺きなので、戸は草の戸で作った）。

ドゥルブッター[durubutta:]〔名〕
泥まみれ。どろんこ状態。【例】ドゥルブッター ナリ ヤニヤリバ ミジ アミクー（泥まみれになって汚いから、水を浴びて来なさい）。

トゥルバイ[turubai]〔名〕
ぼんやりしていること、またそういう人。「トゥルバヤー」とも言う。

トゥルバヤー[turubaja:]〔名〕
ぼんやりしている人。【例】イチン トゥルバイ ベーッカ トゥルバヤーッティ イザリルンドゥラ（いつもぼんやりしていると、トゥルバヤー〈ぼんやり者〉と呼ばれるぞ）。

トゥルバルン[turubaruŋ]〔自〕
ぼんやりする。茫然とする。戸惑う。〈否〉トゥルバラヌン。【例】クナレー ムヌバッシヌ シギッサナリ シナーシ トゥルバリ ベーワヤ（最近は物忘れが多くて、ただ茫然としているよ）。

トゥルン[turuŋ]〔他〕
取る。〈否〉トゥラヌン。【例】ウリン トゥリ ハリン トゥリ ドゥキ ユクシクナ（それも取りあれも取り、あまり欲張るな）。

トゥン[tuŋ]〔名〕
〈動〉鶏。鳥。「トゥル」と同じ。【例】①トゥンヌッス（鶏の糞）。②トゥンヌシー（鶏の巣＝床下で壊れた笊などを利用した）。③トゥンヌッファ（鶏の卵・「鶏の子」の意）。④トゥンナマー（ひよこ。「ビーヤマ」とも言う）。「トゥル」の項参照。

トゥン[tuŋ]〔格〕
〜とも。【例】クンゾーバ タイ トゥジ トゥン ムノー イザヌン（怒って、妻とも物を言わない〈会話しない〉）。

トゥンカイルン[tuŋkairuŋ]〔他〕
振り返る。〈否〉トゥンカイラヌン。【例】バヌ ンザスンカヤッティ クリ ンザスンカヤッティ トゥンカリ ミリバドゥ（私を見送ってくれているのかなと、自分を見送ってくれているのかなと、振り返って見ると／〈ぱいふたふんたか・ゆんぐとぅ〉より）。

トゥンガ[tuŋga]〔名〕
咎め。罪。転じて罰の意にもなる。「トゥガ」と同じ。「とが（咎・科）」の意。【例】ヤナクトゥ シーッカ トゥンガ シラリルヌ（悪いことをすると、罰を受けるぞ）。「トゥガ」の項参照。

トゥンガルン[tuŋgaruŋ]〔自〕
尖る。感情が高ぶる。【例】①プスン イザリ イチン フチユ トゥンガラシ ベーッカ タルン ムヌナラーシ スーヌンドゥラー（人に叱られいつも口を尖らしていると、誰もものを教えてくれないよ）。②トゥーシ キムヌ トゥンガリベー プストー ピラールヌン（しょっちゅう気持ちの高ぶっている人とは、付き合えない）。

トゥンクイトゥンクイ[tuŋkuituŋkui]〔名〕
所々。【例】アートゥ ウブンヤ マズンドゥ タニユ マクヌ ウブンヤ トゥンクイトゥンクイナー マク（粟とモロコシは一緒に種を播くが、モロコシは所々に播く）。モロコシは、背丈が粟の２倍以上もあるので、粟の生長を妨げないよう相当の間隔をおいて播いた。

ドゥングリサン[duŋgurisaŋ]〔形〕
心苦しい。気が引ける。恐縮である。（石）ドゥーングリシャーン。（沖）ドゥーグリシャン。石垣語・沖縄語の移入語で、通常の黒島語では「オーサン」と言う。「オーサン」の項参照。

トゥンザク[tundzaku]〔名〕
介護。介抱。看病。【例】ウイプスヌ トゥ

ンザコー　ナケータナードゥ　シーラリ（年寄りの介護は、泣きながらができる〈泣きながらしか出来ない〉）。年寄り、しかも病を抱えた年寄りは、意のままにならない我が身にイライラをつのらせ、わがままで聞き分けのない場合が多い。その介護はまことにむつかしく、「顔で笑って心で泣いて」という感じになる。

　介護について忘れがたい苦い思い出がある。寝たきりの母の介護をしていたときのこと。便秘気味の母が何日かぶりに大ぶりの硬い便を大量に排出したので、その処理を済ませて「よかったね」と２人で喜んだのも束の間、硬い便で塞がれ溜っていた軟便がさらに大量に出てきたのである。申し訳なさそうに涙ぐむ母に、私は心無い言葉を浴びせた。「まだ終わっていない、まだ出し切っていないと、なぜ言わなかったの」と。介護未熟者だったとは言え、僕は心から反省をして母に謝ったのであった。母の介護に関して腹を立て、怒りを顕わにしたのは後にも先にもこのとき限りであったが、涙ぐみながら僕を見つめていた母の顔は今でも夢に現れ、当時の自分の至らなさを責め立て反省させられるのである（「タン（オオシマダニ）」「ピーバチ（ヒハツモドキ）」「ズールン（尻を拭く）」の項参照）。

トゥンザスン[tundzasuŋ]〔他〕
飛び出す。〈トゥンザハヌン〉。【例】マキバハラ　ウシヌ　トゥンザシ　ピンギ　パリナーヌン（牧場から牛が飛び出し、逃げて行ってしまった）。

トゥンジ[tundʒi]〔名〕
門。門口。「トゥンジヌフチ」とも「ゾー」とも言う。「トゥンジヌフチ」の項参照。

トゥンジー[tundʒi:]〔名〕
冬至。【例】トゥンジーンナ　ズーシユ　ヴォーッタ（冬至には、炊き込みご飯を食べた）。

トゥンジヌ　フチ[tundʒinu Φutʃi]〔名〕
門。門口。「トゥンジフチ」とも言う。【例】ソーランナ　ウヤプソー　トゥンジヌフチナンカイ　マタ　ウマハラ　ウクリワーラスワヤ（旧盆には、祖霊は門口で迎え、またそこからお送りするよ）。

トゥンジフチ[tundʒiΦutʃi]〔名〕
門。門口。「トゥンジヌフチ」と同じ。

トゥンジルン[tundʒiruŋ]〔自〕
飛び出る。〈否〉トゥンズヌン。【例】ウシン　ピシダン　ヴァーユ　ナスバソー　マイパントゥ　アマザヌドゥ　パジミン　トゥンジフー（牛も山羊も子を産むときは、前足と頭が先に飛び出てくる）。初産の場合は難産が多く、頃合いをみてわずかに飛び出ている前足をつかまえて引っ張り出した。

トゥンディマリ[tundimari]〔名〕
酉年生まれ。「トゥル（酉）」の項参照。

トゥンナ[tunna]〔名〕
〈植〉アキノノゲシ。ウサギの好物。（石）トゥノーナ。【例】タミジェー　トゥンナヌ　パーバ　ユディティ　スクル（タミジは、トゥンナの葉をゆでて作る）。「タミジ」の項参照。

トゥンナマー[tunnama:]〔名〕
ひよこ。「ひよこ」は広く「鳥の雛」を意味するが、ここでは「ニワトリ（鶏）の雛」を指す。「ビーヤマ」とも言う。

トゥンナキ[tunnaki]〔名〕
鶏が時を告げる時刻。未明。早朝。「トゥンヌ　ナキジブン（鶏の鳴き時分）」の意。【例】トゥンナキンナ　フキ　ドシキセーッタ（未明に起きて、台所仕事をした）。
　鶏は、午前３時ごろに夜明けを知らせる鳴き声を発する。その初鳴きを「イチバンドゥリ（一番鶏）と言い、３〜40分おきに「ニバンドゥリ（二番鶏）、サンバンドゥリ（三番鶏）」が続く。その「トゥンナキ（鶏

の鳴き声〈鶏鳴〉)」を「未明・早朝」の意味に用いた語である。「イチバンドゥリ」の項参照。

トゥンヌシー [tunnuʃi:]〔名〕
鶏の巣。【例】トゥンヌシーヤ　ミフキナスクレーッタ（鶏の巣は、床下で作った）。床下の一角に破れた笊の底に藁などを敷いておくと、放し飼いの鶏はそこで卵を産んだ。初めの何個かは鶏に無断でいただき、その後の卵は雛に孵させた。

トゥンヌッス [tunnussu]〔名〕
鶏糞。【例】トゥンヌッスヤ　タイヒナマザーシ　シカウッタ（鶏糞は、堆肥に混ぜて使用した）。放し飼いの鶏は、屋敷の一角の桑の木の上で群れて寝た。したがって、寝場所の下には鶏糞が溜る。それを、牛糞と共に堆肥の中に混ぜて使った。

トゥンヌッファ [tunnuffa]〔名〕
鶏の卵。「鶏の子」の意。【例】パナシキヌ　バソー　トゥンヌッファヌ　ミスズルヌ　ドゥ　フシル　アッタ（風邪を引いたときは、鶏の卵の味噌汁が薬だった）。鶏の卵にのみ「トゥンヌッファ」と言い、その他の鳥の卵には「トゥナガ」、人の睾丸には「クガ」と言う。

ドゥンブリ [dumburi]〔名〕
どんぶり。厚くて底の深い陶器の碗。【例】ヤラビシェーケー　イサナケヘ　パーッカー　ドゥンブリナ　イリラリ　スバユ　ヴォーッタワヤ（子どものころ、石垣島に行くとどんぶりに盛られたそばを食べたよ）。米軍統治下の琉球（沖縄）のみで流通した軍票が用いられていて1ドル＝120円の為替レートのもとで、そば10円（小そば5円）、映画10円であった。

トー [to:]〔感〕
もう十分だ、と言う場合の制止・感謝の掛け声。さあ今のうちに行動せよ、と言う場合の掛け声。【例】①トー　スーック　タボーラリヤン（もう十分にいただきました）。②トー　アミヌ　ヴァーンケーナ　ハタジキリ（さあ、雨の降らないうちに片付けろ）。

ドー [do:]〔終助〕
〜だ。〜だぞ。断定・主張を表す。【例】①アミヌ　ヴンドー（雨が降るぞ）。②バナー　メー　ニブンドー（私は、もう寝るよ）。③クレー　ウヴァー　タマドー（これは、お前の分担だぞ）。

トーシキ [to:ʃiki]〔名〕
〈植〉草の名。セイロンベンケイ。【例】ムカシェー　トーシキヌ　パナー　ウマハマナー　ミラリッタヌラー（以前はセイロンベンケイの花は、あちこちで見られたのになあ）。花の下部に甘い蜜汁があって、子どもたちはそれを啜って甘味を味わった。肉厚の葉は、紙の代用で字を習うのに用いた。

トースン [to:suŋ]〔他〕
倒す。崩壊させる。〈否〉トーハヌン。【例】アーピスマンハラ　サキバ　ヌミブルヌ　ヤガティ　ヤー　トースンドゥラ（真っ昼間から酒を飲んでいるが、やがて家庭を崩壊させるよ）。

トーッティンナー [to:ttinna:]〔副〕
最後には。いざとなれば。【例】①トーッティンナー　ヤリシティ　パルンドー（最後には、投げ捨てていくぞ）。②トーッティンナー　ハマハヌ　タベー　マズン　パラー（いざとなって、あそこ〈あの世〉への旅は一緒に行こうなあ）。

トーットー [to:tto:]〔感〕
もう十分だ、という場合の制止の意思表示。「トー」と同じだが、多少強い感じがする。【例】トーットー　メー　ミサリバ　サケー　マービ　サウナ（もういいから、酒はこれ以上注ぐな）。

ドーディン [do:diŋ]〔感〕

どうぞ。どうか。(石)ドーディン。(沖)ドーディン。【例】ドーディン バンテヘ バーキ ワーリタボーリ(どうぞ我が家まで、おいで下さい)。

トートゥ [to:tu]〔感〕
どうぞ。神仏に対し祈りをこめて言う言葉。「尊と」の意。「トートゥ トートゥ」と重ねて唱える場合が多い。【例】トートゥ トートゥ ニガイスクバ イークトゥ タンカ アラシタボーリ(尊と！ 尊と！ お祈りしますので、良いことだけあらしめてください)。

トーニ [to:ni]〔名〕
豚の餌入れ。木を刳りぬいて作ったもの。田んぼで使う「田舟(たぶね)」と形状が似ていることからそう呼ばれたものであろう。

トーハキ [to:haki]〔名〕
斗掻(とかき)き。升に盛った穀類を、平らに均すのに用いる短い棒。竹筒の先を斜めに削いで尖らせ、その部分を赤く染め米寿(八十八歳)の祝いの際に笊に盛った米に刺して飾る。それゆえ、米寿の祝いを「トーハキ」と称した。「ユニ(米寿)」とも言う。「ユニ」の項参照。

トーハキヌ ヨイ [to:hakinu joi]〔連〕
米寿〈八十八歳の寿ぎ〉。米寿の祝い。米の字を分解すると「八十八」になることからの命名で「ユニ〈米〉ヌ ヨイ〈祝い〉」とも言う。「トーハキ(斗掻き)」の謂われについては「トーハキ」の項参照。【例】ウブザー トーハキヌ ヨイユ ヴァーマンキ ケーラシ シー ウヤセーッタ(お祖父さんの米寿の祝いを、子や孫たち皆でして差し上げた)。

トーヒャー [to:ça:]〔感〕
やれやれ。さあさあ。さてさて。切迫・緊迫した時に発する語。【例】トーヒャー タイフーナ ウブヤーン トーラン ビザーキナーヌン(やれやれ、台風で母屋も台所も倒壊してしまった)。

トーフ [to:ɸu]〔名〕
豆腐。【例】ムカシェー タッツェナーン ドゥーシドゥ トーフォー スクレーッタワヤ(往時は、誰の家でも豆腐は自分で作ったよ)。

トーフマミ [to:ɸumami]〔名〕
〈植〉ダイズ(大豆)。「豆腐用の豆」の意。【例】トーフマミシドゥ トーフン ミスン シタッティン スクレーッタ(大豆で、豆腐も味噌も醤油も造った)。

トーフヌ ハシ [to:ɸunu haʃi]〔名〕
おから。「豆腐の粕(かす)」の意。【例】トーフヌ ハシェー イラキ ヴァイバドゥ マーハ(おからは、炒めて食べると美味しい)。

トーマミ [to:mami]〔名〕
〈植〉緑肥用のマメ科の植物。和名不詳。【例】ヤラビシェーケー トーマミヌ パタキナー ウーニヌ マービバシー アサブッタ(子どものころ、トーマミ畑でウーニのまねをして遊んだ)。

実を用いることはせず、ある時点でまるごと畑に鋤き込んで堆肥代わりにした。この植物は中学生の膝上のあたりまで繁茂するので、少年たちはその畑を遠浅の海中に見立て豊年祭の「ウーニ走」をまねて走り競争をして楽しんだ。裸足で駆けるので、あちこちにある石ころや根石に足をぶつけ、時には大怪我をする危険もあったのだが、少年たちはひるむことなく遊びに興じたものである。

トーミブサー [to:mibusa:]〔名〕
拗(す)ねる人。べそかき。【例】イザリッカ スグ ナキムヤーリ シー プスユ トーミブサッティ シタワラー(叱られるとすぐ泣きそうになる人を、トーミブサーと言ったよなあ)。

トーミルン [to:miruŋ]〔自〕
拗(す)ねる。べそをかく。機嫌をそこねる。〈否〉

トームヌン。【例】フシマヌ　ハントゥ　バントゥ　マータキティ　シタラドゥ　フシマヌ　ハンナ　トーミ　ワーレッス（黒島の神様と私とは同格だと言ったので、黒島の神様は機嫌を損ねてしまわれた）。

　用例は、黒島の〈ぱいふたふんたか・ゆんぐとぅ〉の一節で、パイフタフンタカが法螺(ほら)を吹いて神様の機嫌を損ねるという場面の描写。「トゥガ」の項参照。

トーラ[toːra]〔名〕
　仲間。友だち。恋人。【例】トゥバラーマトゥ　バントゥヤ　ヤラビカラヌ　アサビトーラ（恋女と私は、子供のころからの遊び友だちであった）／カナシャーマトゥ　クリトゥヤ　クユサカラヌ　ムチリトーラ（想い人とこの私とは、幼いころからの睦まじい仲であった）。「ヤラビカラ・クユサカラ」の「カ」は、日常語では「ハ」と発音するが歌の場合は「カ」と歌う。

　この用例は、黒島から石垣島の野底村への強制移住によって離別を余儀なくされた恋人たちの悲哀を描いた黒島民謡〈ちんだら節〉の冒頭の一節である。黒島に残された男が、野底に移住させられた恋人を偲ぶ場面の描写であるのだから、「トゥバラーマ」も「カナシャーマ」も野底に移住させられた女性を意味するものであることは明白である。「トゥバラーマ」と「カナシャーマ」は、現在は、前者は男の恋人を後者は女の恋人を指す言葉として特定されているが、古い時代には男女共通に用いられていたものであることが分かる。

トーラ[toːra]〔名〕
　台所。陰・影。〜達。【例】トーラヤ　ウブヤーヌ　イールマハタンドゥ　タティラリブー（台所は、母屋の西側に建てられている）。

　この用語には、前項の「トーラ（仲間・恋人）」の他、「台所」「陰・影」「〜達」の意味がある。これらの用語には、ある共通点がある。すなわち、「つかず離れずいつも一緒」だということである。友だちや恋人はいつも一緒にいるし、台所は母屋のすぐ近くに立っているし、陰・影は本体とぴったりくっついているし、〜達は束になっている状態を表しているし、などなど。「トーラ」の語源については、拙著『ＣＤ附　精選八重山古典民謡集』第四巻の「語源散策⑥『トーラ』」を参照。

トーリルン[toːriruŋ]〔自〕
　倒れる。倒壊する。〈否〉トールヌン。【例】クンドゥヌ　タイフーシ　ウブヤーン　トーラン　トーリナーヌン（今度の台風で、母屋も台所も倒壊してしまった）。

トケシ・チョーチ[tokeʃi tʃoːtʃi]〔固〕
　〈人〉渡慶次長智（1887〜1962）。八重山舞踊「勤王流」の弟三代目師匠。黒島での呼び名は「タルンガニスー」。「キンノーリュー（勤王流）」の項参照。

ドシキ[doʃiki]〔名〕
　台所仕事。【例】ムカシェー　ドシキヤ　ミドゥムヌヌ　シグトゥッティ　キマリブッタヌ　マヌマヌ　ユーヤ　アイヤアラヌン（昔は、台所仕事は女の仕事と決まっていたが、今の時代はそうではない）。超高齢化・超少子化社会の日本の根本的な解決策は、家事や子育てを一方的に女性に押しつけるのではなく、男性と共同でそれらの負担を担うという情況を家庭的にはもちろん社会的にもつくりあげていくべきであろう。

トットゥイ[tottui]〔感〕
　どうぞ。神仏に対し祈りをこめて言う言葉。「尊と」の意。一般には「トートゥ　トートゥ」とか「トートゥ　ウートートゥ」などと重ねて言う場合が多い。この「トットゥイ」は、我が家では母が好んで発していたように記憶している。【例】トットゥイ　ドゥーパダ　ガンゾワーッテナ　パタ

ラキ ハイヤー シトゥミ ハイヤー シミタボーリ（どうぞ健康に恵まれ、仕事も勤めも首尾よくいきますようにお祈りします）。

　2019年12月25日付けの琉球新報コラム「南風」で、宮古島の「とーとぅい（尊い）」という祈りの言葉が紹介されていた。執筆者は宮古島市文化協会事務局長の松谷初美氏で、祖母が「とーとぅい」と言って酒の入ったコップを上にあげて口にした様子を述べているが、男の人も同じように「とーとぅい」と言うのだろうか。黒島語が、宮古語に似ていると言われるので、興味深く読ませていただいた。

ドラー[doraː]〔終助〕
～だよ。～だぞ。「ドゥラー」と同じ。「ドゥラー」の項参照。

ドングムヌ[doŋgumunu]〔名〕
仏前に供える食膳。「ドング」は「霊供（りょうぐ）」の意。（石）リョーングムヌ。【例】ウブソッコーヌバソー ドングムヌバ ウヤシ ソッコー セータ（二十五年忌や三十三年忌には、ドングムヌを供えて焼香をした）。共通語の「りょうぐ（霊供）」が黒島語では「ドング」に、石垣語では「リョーング」に音韻変化をしたものであろう。

ナ

ナ[na]〔格助〕
～で。～に。～において。動作の行なわれる、原因、場所、目的地などを表す。【例】①コーチョーシンシヌ パナシヌ ナーハッテナ イチン ニーナブン セータ（校長先生の話が長くて、いつも居眠りをした）。②バンテナ トゥマリ パリバ（我が家で泊まって行きなさいよ）。③ヨイヤ コーミンカンナ シー（祝賀会は、公民館において行なう）。

ナ[na]〔終助〕
～な。禁止を表す。【例】①ティダヌ アールッケー ニブナ（太陽が上がるまで、寝るな）。②キューヤ ハジヌ スーワリバ イソー パンナ（今日は風が強いから、漁に行くな）。

ナ[na]〔接尾〕
方向を示す接尾語。【例】アーナ（東側の隣家）。イーナ（西側の隣家）。パイナ（南側の隣家）。ジーナ（後方の隣家）。東・西・南の場合は、それぞれに対応する言葉で示すが、北側の場合のみは「北側の」とは言わず「後ろ側の」と言う。

ナー[naː]〔副助〕
～ずつ。～あて。【例】①ピシッチナー ヤラバン フターチナー ヤラバン ミサリバ ムティ パリバ（一つずつでも、二つずつでもいいから、持って行きなさい）。②アバットゥンスクン イメーミナー ヴァイ（慌てずに少しずつ食べなさい）。③アジシキバソー マーソー イベビナー イリリ（味付けする際、塩は少しずつ入れなさい）。

ナー[naː]〔接頭〕
長い、を表す。【例】ナーティ（長い手）。ナーパン（長い足）。ナーシビ（長居）。ナーアミ（長雨）。ナームス（長い筵（むしろ））。ナーパナシ（長口舌）。

ナー[naː]〔接頭〕
何もない。空（から）の。無駄な。【例】①ナーパンビン（芯のないてんぷら）。②ナージル（身のない味噌汁）。③ナーパタラキ（無駄

ナー [naː]〔名〕
名。名前。【例】ナーマキ スーンヨーン イジンジリ（名前負けしないよう、一所懸命頑張れ）。

ナー [naː]〔助動〕
〜ないで。〜ずに。打消しの助動詞「ヌ」と同様に未然形に付く。【例】①ニバナー フキトゥーシ ベータ（眠らないで、起き通しでいた）。②パタラカナー ピッティヌピン アサビトゥーシ（働かずに、来る日も来る日も遊び通し）。

ナー [naː]
各自。おのおの。【例】ナー メーメーシ ドゥーヌ シグトゥユ ハタジキリ（各自おのおので、自分の仕事を片付けろ）。

ナーガ シンザ [naːga ʃindza]〔連〕
長いサトウキビ。【例】ソーラナ ハザル ナーガシンザー グソーホ シトゥユ ハタミ パル アンクットゥ（お盆に飾る長いサトウキビは、あの世へお土産を担いで行くための担い棒だそうだ）。お盆の供え物として、畳の上から仏壇の両側に1〜2本ずつ立てて置く。お盆のあと、祖霊があの世へ帰還する際、たくさんの土産物を運ぶためのアンク（担い棒）に用いるのだと教えられた。祖霊を送ったあと、他の生り物と一緒に門口に捨てられるナーガシンザは、子どもたちが競って貰い受け赤くなった先端部分を切り捨てて食べたのだった。

ナーガハン [naːgahaŋ]〔形〕
長い。「ナーハン」とも言う。【例】クヌパタキヌ シンザー ドゥキ ナーガハッテナ ムティヌッサヌ（この畑のサトウキビは、非常に長く伸びていて運びにくいよ）。
用例は、サトウキビが生長途中で台風によって横倒しになったあと、くの字型のままで収穫期まで伸び続けたため、刈り取って運搬用の車の所まで運ぶときの状況を描写したものである。我が家は分家で畑地が少なかったことから、堆肥をより多く用い反収の増加を図った。優良畑地のキビは優に3メートルに達したため、背の低い従兄のH兄（昭和2年生まれ）とすぐ上の豊彦兄（昭和14年生まれ）は、肩に担ぐと前に引っかけ後ろに引っかけ、見ていると気の毒でもあり不謹慎ながら滑稽でもあった。長兄・賢昇は、「Hは畑の名を聞いて、よく手伝いを断ったよ」という笑えない秘話を打ち明けてくれた。のちに、豊彦兄は肩で担ぐと前後に引っかけるので、最初から最後まで腕で持ち上げて運ぶようにしていた。そのため、腕力が異常に発達して小柄ながら腕力も足腰もめっぽう強かった。
四姉・泰子（昭和12年生まれ）は、体格に恵まれていたうえに初めからサトウキビを頭に載せて難なく運んでいた。彼女は何をさせても男勝りであった。（「アーヌッサ」の項参照）。

ナーク [naːku]〔副〕
長らく。「ナガラク」と同じ。古い言い回しで、今はほとんど「ナガラク」を用いる。

ナーシキ [naːʃiki]〔名〕
岬。【例】ビャーハシマー シマヌ ハタッチハラ アイナー ナーシキヤ ナーヌワヤ（我が島は、島の形からそんなに岬はないよ）。

ナーシキウヤ [naːʃikiʔuja]〔名〕
名付け親。【例】ウヴァー ナーシキウヤー タードゥ ヤローッタ？（君の名付け親は、どなたでしたか）。

ナーシキヨイ [naːʃikijoi]〔名〕
名付け祝い。命名祝い。石垣語の移入語。生後十日ころ命名して、仏前、神前に報告して内祝いをする。黒島では「ソージバライ」と言う行事が行われる。「ソージバライ」の項参照。

ナーシビ [naːʃibi]〔名〕

ナージル

長居。訪問先で長時間いること。「長尻」の意。【例】ヨイヤーナ ドゥキ ナーシビ シームノー アラヌンドー（祝座であまり長居するもんじゃないよ）。

ナージル[naːʒiru]〔名〕
身の入っていない味噌汁。「空汁」の意。「ンナジル」とも言う。【例】イズン ヤサイン ナーンバソー ナージルユドゥ ヴォータ（魚も野菜もないときは、身の入っていない味噌汁をが食べた）。

　我が家では、カボチャやトーガンを床下に保存して食したが、当時のカボチャやトーガンは昨今の小ぶりのものとは違って、1個で優に20〜30キログラムほどの大型種であった。丸ごと蓄えておくと1年くらいは保ったのではなかっただろうか。ただし、一箇所でも包丁を入れると、冷蔵施設のないということもありそこから弱り出して長持ちしなかった。隣近所にも分けるのだが、一旦包丁を入れたカボチャやトーガンは早めに処分しなければならず、しばらくは来る日も来る日もカボチャづけ、トーガンづけの〝地獄の日々〟と相なったのだ。

　ところで、カボチャやトーガンがあれほど大きく生長したのは、品種そのものにもよるが肥培管理によるところがより大きかったように思う。他の項目でも触れたが、本当の秘訣は山羊小屋から出る上質・濃厚な堆肥と三層式肥溜めから汲み出された〝人糞肥料〟であったと思う。衛生上の問題はあったにせよ、古きよき循環型・持続型社会の一つの見本がそこには息づいていたのではないだろうか。

ナータ[naːta]〔副助〕
など。前に接する言葉の程度を表す。【例】ウヤヌ ムヌイユン シカンムヌヌ ウヴァー イズ ムヌイナータ ゾーイ シカヌンヨ（親の言うことさえ聞かないのだから、あなたの言うことなどけっして聞かないよ）。

ナーツァ[naːtsa]〔名〕
ある日の翌日。〈類〉アツァ（明日）。過去または未来におけるある日の翌日を意味する。類語の「アツァ（明日）」は、今日の翌日。【例】①クズヌ ウンドーカイヌ ナーツァンドゥ マリッタ（去年の運動会の翌日に生まれた）。②エンヌ ソンガチヌ ナーツァンドゥ ドーソーカイユ シーットゥ（来年の正月の翌日に同窓会をするそうだ）。

ナーティキヤー[naːtikijaː]〔固〕
屋号。仲嵩家。

ナードゥー[naːduː]〔名〕
手ぶら。何も持たない状態。【例】ヤンプスユ ミーマイ パルバソー ナードゥーシヤ パラルヌンラミ？（病人を見舞いに行く場合は、手ぶらでは行けないよね）。

ナー ドゥードゥー[naː duːduː]〔連〕
各自。銘々。【例】ナー ドゥードゥーヌ クトゥ シールンティ コーラシ ブー（各自のことをしようと、精一杯やっている）。

ナーナーンウヤビ[naːnaːnʔujabi]〔名〕
薬指。「名無し指」の意。(石)ナーネンウビ。【例】ナーナーンウヤビバ ヤマシ ナーヌ（薬指を痛めてしまった）。

ナーヌ[naːnu]〔助動〕
〜してしまった。「ナーヌン」とも言う。動詞の連用形に付く。【例】シカイキシナーヌ（使い切ってしまった）。

ナーヌパー[naːnupaː]〔名〕
菜っ葉。【例】ソーミンヌ スーナヤ ナーヌパー アラナーッカ ウンヌパーユ イリリバドゥ マーハ（ソーメンのおつゆには、菜っ葉か、そうでなければ芋の葉を入れたほうが美味しい）。

ナーヌン[naːnuŋ]〔形〕
無い。存在しない。「アン（有る・在る）」

の否定語。〈否〉アン。【例】モーキジンナ シカイバッティ ヌーン ナーヌン（儲けたお金は、使い果たして何も無い〈残っていない〉）。

ナーヌン[na:nuŋ]〔助動〕
～してしまった。「ナーヌ」と同じ。動詞の連用形に付く。【例】パンナ パンナッティ イズッタヌドゥ バー イズムヌイユ シカナー パリナーヌン（行くな、行くなと言ったのに、私の言うことを聞かずに〈守らずに〉行ってしまった）。

ナーハイバイ[na:haibai]〔名〕
各自勝手に行動すること。好き勝手に行動すること。沖縄語からの移入語。【例】ナーハイバイ シーッカ シグトー マイハ ナラヌン（自分勝手に行動すると、仕事は前に進まない）。

ナーパタキ[na:pataki]〔名〕
作物のない畑。【例】ナーパタキ シーウスッカ ザダニヌ アーッタニ ムイハブリルヌ（作物のない畑にしておくと、雑草がたちまち繁茂するのだよ）。

ナーパタラキ[na:pataraki]〔名〕
徒労。ただ働き。「イタンダパタラキ」とも言う。【例】クナリヌ タイフーナ ヤサイヌ グーハジ ジンザラリ ムンツァーハリ マヌマーキヌ パタラケー ナーパタラキワヤ（この前の台風で野菜のすべてがもみくちゃにされ、これまでの働きは無駄だったよ）。

ナーハン[na:haŋ]〔形〕
長い。「ナーガハン」と同じ。【例】ティーパンヌ ドゥキ ナーハッティ フォーガハワヤ（手足があまり長くて、不恰好だよ）。今どきの子どもたちの手足の長いこと、パリ・コレ（パリ・コレクションン）で日本人が活躍する今日、用例のような感覚は時代遅れか。

ナーパン[na:paŋ]〔名〕
長い足。【例】ナーパン プスヌ アザークイルニン（長い足の人が、石垣を越えるように／ゆんぐとぅ〈パイフタフンタカ〉より）。

ナーパンビン[na:pambiŋ]〔名〕
芯のないてんぷら。【例】ナーパンビンティ イザバン スーック マーハッタ（芯のない天ぷらと言っても、十分に美味しかった）。
　芯の入ったてんぷらは贅沢で行祭事のときにしか食べられず、普段はナーパンビンであったが、ビラ〈韮〉の葉やピーバチ〈ヒハツモドキ〉の新芽を入れると香ばしくて満足出来るものだった。近年、黒島の牛祭りでハナグシキヤー（又吉家）のブースに行くと、奥様の恵美さん（私の同級生）自慢の、アチコーコー〈熱々の揚げたて〉のアーサヌパンビンとナーパンビンが飛ぶように売れていた。このナーパンビンは、会場では「空気パンビン」と呼ばれ、「アオサのてんぷら」とともに人気商品だった。

ナーピキダールン[na:pikida:ruŋ]〔自〕
だらだら長引く。引きずる。【例】ユヌシグトゥユ イチバーキ ナーピキダーリ シーアラクナ（同じ仕事をいつまでも、引きずるな）。

ナーブイ[na:bui]〔名〕
驚愕。びっくりすること。【例】ミーヌ マイナー ナームヌパンヌ フタッカラ ムディッカーリ ベーッタラ ウリバ ミリ ナーブイバ シー ブイッツォーリ ベーッタ（目の前でナームヌパン（サキシマハブ）が二匹絡まっていたが、それを見て驚愕のあまり震えていた）。

ナーブタルン[na:butaruŋ]〔自〕
俯せになる。〈対〉ウツァバナクン（仰向けになる）。〈否〉ナーブタラヌン。【例】ザーバタヌ ンジフッタラ ナーブタリ ニブッカー クチサヌ ニバルヌン（下腹部が出てきたので、俯せに寝ると苦しくて

眠れない)。

ナーフナッティヤー[naːɸunattijaː]〔固〕
屋号。仲舟道家。「中の舟道家」の意。

ナーフンツァ[naːɸuntsa]〔名〕
敷物の敷いてない板床や板の縁。(石) カラフンダ。【例】ナツェー アツァーッテ ナ ナーフンツァナ ニビ ガザンニン ザーリッタ (夏は暑くて、敷物の敷かれていない板の縁で寝て蚊に刺された)。すぐ上の兄・豊彦 (昭和14年生まれ) と一緒に寝るのだが、翌朝になってみると兄だけが集中的に蚊に刺されていた。蚊にとって美味しい体質があるのだろうか、僕が「兄さんが小さいので蚊は自分のドゥシ〈仲間〉だと思ったはずよ」と言ったら小柄な兄の強烈なビンタを食らったのだった。短気だった半面、弟思いの面もあった兄は50代の半ばで亡くなった。合掌！

ナーマ[naːma]〔接尾〕
「小さい」の意を表す。通常は「〜マ」と言う場合が多く (セーガマ・シーナマなど)、「〜ナマ・〜ナーマ」(アーニナマ・アーニナーマなど) と言う場合もある。

ナーマタ[naːmata]〔名〕
大股。大股に歩くこと。「長い股」の意。【例】ウレー パンヌ ナーハッティ ナーマタシ イスギ アラクッカー ウイシキラルヌン (彼は足が長いので大股で急ぎ歩くと、追いつかれない)。

ナーミジ[naːmiʒi]〔名〕
何も加えない水。【例】ミジハーキ シー ブーバソー ナーミジヌドゥ ヌーッキン マーハ (水に飢えた状態の場合、何も加えない水こそが何よりもうまい)。

ナー ムキムキ[naː mukimuki]〔連〕
各自の向き向き。各自の性格、能力に適したもの。(石) ナームキュムキュ。(沖) ナーンケーンケー。【例】ナー ムキムキヌ シグトゥバ トゥミ パタラキ トゥ ジン サーリ (各自自分に向いた仕事を探して働き、妻を連れなさい〈迎えなさい〉)。

ナームス[naːmusu]〔名〕
長い筵。【例】アダニヌパームスヤ アダナシジナシ アミ ナームソー ユルシアムッタ (アダン葉の筵はアダンの気根で綯った縄で編み、長筵は木綿糸で編んだ)。
　アダン葉筵も長筵も幅は同じく3尺であったが、長さはアダン葉筵が6尺＝1間、長筵が9尺＝1間半だった。原料は同じくアダン葉であったが、ナームスのほうはアダン葉をより細くして密に上品に編んだ。

ナームドゥル[naːmuduru]〔名〕
何もしないで戻ること。何の成果も上げずに戻ること。「ンナムドゥル」とも言う。【例】アボー アラパタケヘ ウン プリン ワーレッタヌ マダ ミーリブラヌン ティジ ナームドゥルバ シー ワーレッタ (母は新しい畑に芋掘りに出かけられたが、まだ実っていないと言って何もせず戻ってこられた)。

ナーヤン[naːjaŋ]〔名〕
長患い。「ナガヤン」とも言う。「ナガヤン」の項参照。

ナーラビルン[naːrabiruŋ]〔他〕
並べる。「ナラビルン」とも言う。〈否〉ナーラブヌン。【例】フターンヌ サシンユ ナーラビ ハザリウシキ (2人の写真を並べて飾って置きなさい)。

ナーラブン[naːrabuŋ]〔自〕
並ぶ。「ナラブン」とも言う。【例】フターン ナーラブッカー ウヤッファッティ イズッキンナー キョーダイニンドゥ ミラリルワヤ (二人が並んでいると、親子というよりきょうだいのように見えるよ)。

ナーリキー[naːrikiː]〔名〕
流木。「流れ木」の意。【例】タイフーヌ アトー パマナー ナーリキーヌ マジミ ナーリフルワヤ (台風の後、浜には流木が

たくさん流れてくるよ）。

ナーリルン[naːriruŋ]〔自〕
流れる。〈否〉なーるぬん。(石)ナーリルン。(沖)ナガリユン。(例)ミチスーヌ バソー ナンヤ ピーハラ シマハンカイ ナーリリバ イソハラヌ ムドゥラー ナンハヌーリ ハイリ ケーッタ（満ち潮の場合、潮は干瀬から島に向かって流れるので、漁からの戻りは波に乗って帰ってきた）。僕たちが魚突きの漁をしたのは島の東部のリーフ(アーンヌピー)のクムル(潮溜まり)で、引き潮で島からリーフに向かい満ち潮で島に帰ってきた。その間、ほとんど泳ぎっぱなしだったことを考えると、そのころ(小学校高学年から中学生)が体力、特に持続力は人生のピークでなかったか。

ナールン[naːruŋ]〔自〕
鳴る。響く。〈否〉ナーラヌン。【例】クヌ サンシンヤ イザー シカイワーッタ ムノールヌ ユー ナールンドゥラー（この三線は、父がつかっておられたものだが、よく鳴る〈響く〉よ）。

ナールン[naːruŋ]〔自〕
手を差し出す。〈否〉ナーラヌン。【例】ムカシェー ウキサンバシヌ ナーンタケー フニハラ サンバシへ ヌールバソー ティーバ ナーリ ウイナーベープスヌ ティーバ ハサミ ヌーレーッタ（以前浮桟橋のなかったころ船から桟橋に上がる場合は、手を差し出し〈桟橋の〉上にいる人の手を掴まえて上った）。

ナーン[naːŋ]〔助〕
～にも。～でも。【例】シマナーヤ バンテナーン タッツェナーン ワーン ピシダン ウシン シカナイ ベーッタ（黒島では、我が家でも誰の家でも豚も山羊も牛も飼っていた）。

ナーン リーヤ タティナ
[naːn riːja tatina]〔連〕
ない例〈前例のないこと〉は立てるな〈行なうな〉。「アル リーヤ トーシナ（存続することは絶やすな）」の項参照。

　2023年３月７日、NHKの朝の連続ドラマ〈舞いあがれ〉でヒロインの舞ちゃんが新しい事業に取り組む姿が感動的に描かれていた。創業者の父が亡くなったあと社長を引き継いだ母を助けて、大阪の物づくり工場を盛り上げようと奮闘していた舞ちゃんが、新規事業に手を出すのだが、まさに「ナーン リー（前例のないこと）」に挑むというのだから身を乗り出して応援したくなるわけだ。しかも彼女は、難関を突破してパイロット試験に合格していたのに、その夢を捨て「物づくり」の世界に飛び込んだのだから、ドラマとはいえあっぱれとしか言いようがないのである。

ナイ[nai]〔名〕
苗。【例】キーヌ ナイヤ ユドゥンヌ シチン ウツシバドゥ ユー ヌツ（木の苗は、梅雨の季節に移植したほうがよく根づく）。

ナイ[nai]〔名〕
長さ。「タキ」とも言うが、この方は「高さ」の意味が強い。【例】ナイユ スライリバ ドゥ ハイヤードゥラ（長さを揃えたほうが、綺麗だよ）。

ナイ[nai]〔名〕
地震。共通語の古語「なゐ（地震）」に対応。【例】ナイヌ アトー タカナンヌ フリバ タマンガリヨラー（地震の後には、高波〈津波〉が来るので注意しろよ）。

ナイチ[naitʃi]〔名〕
日本本土のこと。「内地」の意。「ヤマトゥ(大和)」とも言う。【例】バンター ガクセイ ジブンヤ ナイチヘ パルバソー ケーラ フニハラ ゲーッタヌ マヌマー ヒコーキハラ パルワラー（我々が学生の時分〈ころ〉は、内地〈日本本土〉には皆船から〈船

で〉行ったが、今は飛行機から〈飛行機で〉行くよなあ)。

ナイハジ[naihaʒi]〔名〕
竜巻。(石)イノーカジゥ。【例】ナイハジ ヌ ウクリッカー ヌーンクイン フキマラバセーッタ(竜巻が起きると、何もかも吹き飛ばした)。黒島で竜巻を見た記憶はないが、半農半漁の野底家で育った野底善行君によると、黒島でもよく発生したという。

ナウスン[nausuŋ]〔他〕
治す。直す。元通りにする。〈否〉ナウハヌン。【例】①パナシキヤ フシンバ ヌミ パーク ナウハナッカ(風邪は、薬を飲んで早めに治さないと〈治しなさい〉)。②キンヌ ヤリッカー クーサーバシー ナウシ キスッタ(着物〈衣服〉が破れると、継ぎを当てて着た)。

ナウラスン[naurasuŋ]〔他〕
実らす。稔らす。〈否〉ナウラハヌン。【例】ミジンゴイユ ハキッティドゥ ハブッツァユ キムビヤハラ ナウラセーワヤ(水肥を掛けて、カボチャをすごく実らせたよ)。「ミジンゴイ(水肥)」は、人糞肥料のことで効果が強力なうえに即効性もあり、野菜用の肥料としては最強であった。

ナウリユー[nauriju:]〔名〕
豊年。「直り＝稔りの世」の意。【例】クトゥシン ナウリユーバ タボーラリ エンヌ ユーヤ ユクン マサラシ タボーリ(今年も豊年を賜り、来年はなお一層の豊年を賜りますように)。

ナウルン[nauruŋ]〔自〕
実る。稔る。【例】トゥカグシヌ ユーア ミバ タボーラリ スクルムヌヌ ナウリヨーダラ(十日置きの夜雨に恵まれたお陰で、作物はよく実っているよ)。

ナウルン[nauruŋ]〔自〕
治る。【例】①アマジヌ ヤンヤ トゥン ヌッファユ ヌンッタラ ナウレッス(頭痛は、卵を飲んだら治ってしまったよ)。

ナウン[nauŋ]〔他〕
綯う。【例】バンター ヤラビシェーケー ピキダマヌ シナー ドゥーシドゥ ナウッタワヤ(私たちが子どものころ、凧の縄は自分で綯ったよ)。

ナガアミ[nagaʔami]〔名〕
長雨。【例】ナガアミヌ ヴイ パタケヘン パラルヌン(長雨が降って、畑にも行けない)。

ナガグン[nagaguŋ]〔名〕
長距離走、また、その優れた走者。〈対〉アタグン。【例】ナガグンユ パラスーッカ ウリンナー タルン ハナーヌン(長距離走を走らせると、彼には誰も敵わない〈勝てない〉)。

ナガシ[nagaʃi]〔名〕
流し。【例】ナガシン ハマン ナハザン アザーッケ アザーッケ シー ウシキヨー(流しも釜戸も台所の土間も、清潔にしておきなさいよ)。

ナカスン[nakasuŋ]〔他〕
泣かす。鳴かす。〈否〉ナカハヌン。【例】ヤラビシェーケー ミドゥムユ シタキ ナカセーッタワラー(子どものころ、女の子をたたいて泣かせたなあ)。小学校のころ、同級生の女の子を叩いて泣かせることが、男児たる者の証みたいな風潮があった。あるとき、僕はY子さんの兄に呼び出され身に覚えのない制裁のビンタを食らった。「妹がタカボーに殴られたと言っている。やったのはお前だろう!?」というわけである。じつは、同級生には「タカボー」が僕を含め4人もいるのに、Y子さんの兄は確かめもせず僕と決めつけいきなり鉄拳を振るったのだった。小学校3、4年生のころのことであった。

このように女の子を意味もなく叩いて泣

かせる行為は、東筋部落だけのことだったと知ったのはずっと後になってからであった。この〝野蛮〟な行為を止めさせたのは、6年生の担任・成底方新先生でした。内心では仲良くしたかったのに、きっかけをつかめず自分たちの行為に辟易していた悪童連中は、方新先生の教育方針に素直に従い、以後ははにかみながらも仲良くしたのです。心に残る立派な教育者・方新先生とは、今も交流を続けよくしていただいています。深謝！！

ナカナカ[nakanaka]〔副〕
なかなか。容易に。共通語からの借用語。【例】ユヌ　ジキン　タニ　マケールヌドゥ　トゥセー　ナカナカ　ムイクーンサー（同じ時期に種を蒔いたのだが、今年はなかなか生えてこない〈芽を出さない〉なあ）。温暖化のせいか、昔の「いわれ通り」に種を蒔くのだが、思い通りにいかないことが多い。

ナガニ[nagani:]〔名〕
背中。転じて、牛、豚など四足動物の背中の肉。（石）ナーニ・ナガニ。（沖）ナガニ。【例】ワーヌ　ナガニヌ　ニコー　キムトゥ　マズン　シンジムヌユ　スクレータ（豚の背中の肉は、レバー＝肝臓と一緒に煎じ物を作った）。

ナカビ[nakabi]〔名〕
なかぞら。中空。中天。「中辺」の意。日常語には確認できないが、歌謡語にある。【例】ナカビ　トゥブ　トゥリヌ　ムニイズ　ムヌヤラバ　ンニヌ　ウムイユ　イヤリシ　ムツァサルバ（中天を飛ぶ鳥が言葉を話すことができるものなら、胸の内の想いを言付けて持たせることができるのに）。用例は〈とぅばらーま節〉の歌詞であるが、民謡日本一の宮良康正師匠はこの歌詞を「アギトゥバラーマ（揚げ出し調のトゥバラーマ）」の旋律に乗せて好んで歌われる。

ナガレクイジラバ[nagarekuiʒiraba]〔名〕
古謡の名。〈流れ漕じらば〉。パーリー競漕の行われる日の最後に、相手の村と並んで競漕しながら歌った。「ナガレクイ」の項参照。

ナガヤン[nagajaŋ]〔名〕
長患い。「ナーヤン」と同じ。【例】ナガヤンバ　シーワーッタヌ　マーラシワーレットゥ（長患いをしておられたが、亡くなられたそうだ）。

ナガラク[nagaraku]〔副〕
長らく。長期にわたって。古くは「ナーク」とも言ったようだが、今はほとんど「ナガラク」を用いる。【例】ヌーッティドゥ　アイナー　ナガラク　ミラルンタラー？（なぜそんなに長らく見られなかったのだ）。

ナガレクイ[nagarekui]〔名〕
豊年祭の「パーリー漕ぎ」の終盤で、沖から陸地を目差して全力で漕ぎ寄せる儀式。【例】ナガレクイヤ　ウブドゥー　インドゥーハラ　ミルクユーユ　クイアギルンティヌ　ギシキドゥラ（流れ漕ぎは、大海から陸地に豊穣を漕ぎ寄せるという信仰上の意味合いをこめた儀式だよ）。この「ナガレクイ」のあと、ウーニ（船頭）をパーリー（爬竜船）に乗せて「ハンザヨイサ、ヘンザヨイサ」の掛け声とともに陸地へ担ぎ上げ爬竜船をフナヤー（爬竜船の保管小屋）に収めて、「ユーアギ（豊年・豊作の招き寄せ）」の儀式はめでたく終結するのである。
　ユーアギのとき、パーリー船に溜っているウブス（潮水）・「アカ」を「ユー」と称しているが、これはまさしく「ユー＝世＝豊穣」と掛けている重要な言葉である。それゆえ、島の長老たちは、この「ユー」を「ウブドゥー　インドゥー（沖の彼方）」からもたらされた「ミルクユー（豊年・豊穣）」の象徴として一滴も零さずに扱うよう戒めたのである。

自ら何回もウーニを務め、豊年祭行事の熱心な推進者であった仲本部落出身の本原孫宗氏（昭和5年生まれ）は、いつも若者に上記のことを熱心に説いておられた。

ナギッツォールン[nagittso:ruŋ]〔自〕
痛みをこらえ足を引きずって歩く。〈否〉ナギッツォーラヌン。【例】パンバ ヤマシドゥ ナギッツォーリ アラキベードゥラ（足を傷めたので、足を引き摺って歩いているよ）。

ナキブサー[nakibusa:]〔名〕
泣き虫。よく泣く人。【例】ナキタンカ シーベー プスユ ナキブサーッティ イズ（泣いてばかりいる人を、ナキブサーと言う）。主に子どもに言うが、大人にも言う。

ナキマービ[nakima:bi]〔名〕
泣き真似。嘘泣き。【例】ソーナケー アラナ ナキマービバドゥ シーブルワヤ（本当に泣いているのではなく、泣き真似をしているのだよ）。

ナキムヌ[nakimunu]〔名〕
「マイブニ」の項目で説明されている「ナキムス」を参照のこと。

ナキムヤールン[nakimuja:ruŋ]〔自〕
泣きべそをかく。泣きそうな表情をみせる。「ナダマールン」と同じ感じの言葉。〈否〉ナキムヤーラヌン。【例】ウヴァンナ コーホヌンティ シタラ ナキムヤーリ ブルワヤ（あなたには嫁に遣らないと言ったら、泣きそうな顔をしているさ）。

ナキングイ[nakiŋgui]〔名〕
泣き声。鳴き声。【例】アウバトゥヌ ナキングイヤ プスヌ ナキングイットゥ マッタキ ネーンドゥラ（緑鳩の鳴き声は、人の泣き声とまったく似ているよ）。

ナクン[nakuŋ]〔自〕
泣く。鳴く。〈否〉ナカヌン。【例】ヴァームリユ セーターナ ヴァーヌ ナクッカー ヴァームリン マズン ナケータ

ワヤ（子守をしながら、子が泣くとお守りも一緒に泣いたよね）。

私たちが子どものころ、どの家も子沢山だった。したがって、弟や妹を負ぶって面倒を見るというのはごく当たり前のことであった。そして、5歳くらいの子が赤ちゃんをおんぶすることもあり、用例のような光景をよく見かけた。

ナケー[nake:]〔名〕
泣き虫。【例】ピッティヌピン ナキベーッカ ナケーッティ ナーシカルンドゥラ（いつも泣いていると、ナケーと名をつけられるよ）。

ナサキ[nasaki]〔名〕
情け。人情。愛情。【例】ジンヤ ナーンナラバン ナサキ フカハーッカー ユヌナハー バタラリルン（お金はなくとも、情け深ければ世間は渡られる）。

ナサビ[nasabi]〔名〕
（植）野菜の名。ナスビ（茄・茄子）。ナス（茄・茄子）。（石）ナサビゥ。（沖）ナーシビ。【例】ナサベー イラカバン パンビンヤカバン ミスズルナ イルバン マーハン（ナスビは、炒めてもテンプラに揚げても味噌汁に入れても美味しい）。

大野晋・丸谷才一・大岡信・井上ひさし共著『日本語相談一』（朝日新聞社・1989年）に、「理科のテストで『ナス』を『ナスビ』と答えて×をつけられました。先生に『ナスビ』は方言だから間違いだといわれました。……どのように思われますか」という質問に、大岡信は概ね次のように回答している。「ナスとナスビでは問題なくナスビの方が由緒正しい『茄子』のよみ方なのです。もちろん方言ではありません。……古語辞典をごらんになれば、ナスビという見出し語はあってもナスはないことがおわかりでしょう。ナス（茄子）の語は、ナスビの女房言葉、云々」。ちなみに、『岩波古語

辞典補訂版』『講談社学術文庫 古語辞典』の見出し語には「なすび【茄子】」しかなく、その説明に「ナス」が出てくる。黒島語の「ナサビ」は、日本語の古語「ナスビ」に対応しているのだなあ、と感じた次第である。

ナサマヤージラバ[nasamajaːʒiraba]〔名〕
　古謡の名。〈なさま家（やー）じらば〉。

ナシウヤ[naʃiʔuja]〔名〕
　生みの親。〈対〉スダティウヤ（育ての親）。【例】ナシウヤヌ　ブンギッキン　スダティウヤヌ　ブンギッティドゥ　アー（生みの親の恩義よりは、育ての親の恩義だと言われている）。

ナシカサン[naʃikasaŋ]〔形〕
　懐（なつ）かしい。郷愁を覚える。見出し語は共通語に近いが、黒島語の古い言い回しでは「ウムイッツァハン」と言う。（石）ナチュカサーン。（沖）ナチカシャン（悲しい）。【例】ウヌウタユ　シクッカ　ドゥキ　ナシカサッテナ　ナダヌ　ウティフルワヤ（その歌を聴くと、非常に懐かしくて涙が出て来るよ）。

ナシキ[naʃiki]〔名〕
　口実。そぶり。ふり。（石）ナチュキ。（沖）ナジキ。【例】パナユ　ブル　ナシキバ　シー　ミヤラビヌ　ヤーユ　ミーマイシール（花を手折（たお）るふりをして、想い人の家を訪問する）。

ナシキルン[naʃikiruŋ]〔他〕
　口実にする。かこつける。〈否〉ナシクヌン。（石）ナチュキルン。（沖）クトゥユシユン。【例】ナシクンスクン　マットーバ　イジヨラー（口実を言わずに、正直に言いなさいよ）。

ナシクン[naʃikuŋ]〔自〕
　捗（はか）る。「アガクン」とも言うが、これは沖縄語「アガチュン」の移入語が転化したものである。〈否〉ナシカヌン。（石）ナツァグン・ラツァグン。（沖）アガチュン。【例】シンカヌ　ウラハーッカ　ヌーバシェー　シグトゥン　ボールナー　ナシクン（人手が多ければ、どんな仕事も疲れずに捗る）。

ナシンガタ[naʃiŋgata]〔名〕
　臨月。もうすぐ生まれるころ。【例】パルミウシェー　ナシンガタ　ナルッカー　ヨーンナ　ヨーンナドゥ　アラク（孕（はら）んで〈妊娠して〉いる牛は、臨月になるとゆったりと歩く）。

ナスン[nasuŋ]〔他〕
　生む。「マラスン」とも言う。〈否〉ナハヌン。【例】ヴァー　ナシダハ　プスユ　アヒャーッティ　シタ（子をよく産む人のことを、アヒャーと言った）。「アヒャー・アヒャーワー」の項参照。

ナダ[nada]〔名〕
　涙。【例】ウレー　パナシ　シクッカー　キムイッツァハヌ　ナダヌ　ウティフルワヤ（その人の話を聞くと、可哀そうで涙が落ちてくるよ）。

ナダーグルグル[nadaːguruguru]〔副〕
　涙ぐむ様。目を潤ませる様。【例】ウレー　キムハイヤーッテナー　プスユ　キムイッツァハーッティ　ウムーッカ　イチン　ナダーグルグル　シールワヤ（彼女は心優しい人だから、他人を気の毒だと思うといつも目を潤ませているよ）。

ナダーッサン[nadaːssaŋ]〔形〕
　おとなしい。穏やかである。優しい。「ワンダーサン（おとなしい）」という言葉もあるが、このほうは人に対してよりは牛などに用いる。【例】ウヤーンニン　ナダッサーワヤ（親に似て、穏やかな性格である）。

ナダマールン[nadamaːruŋ]〔自〕
　涙ぐむ。〈否〉ナダマーラヌン。【例】イメーミ　イズッカー　シグ　ナダマーリバドゥ　ウリンナ　ヌーン　ムヌナラーシ　シラルヌン（少し叱るとすぐ涙ぐむので、そいつには何も物習わしできない〈教えられな

い》)。

ナダミルン[nadamiruŋ]〔他〕
宥める。気持ちを静める。【例】クンゾープスユ ナダミルンティ シーブルヌ ヨーイニ ナダミラヌヌン(怒っている人を宥めようとしているのだが、容易に宥められない)。

ナチ[natʃi]〔名〕
夏。【例】ナチ ナーッカ フユヌ ピーヤヌドゥ マシッティ ウモーリ、フユンナ ナチヌ アツァー ハミックッティドゥ ウモーリルワヤラー(夏になると冬の寒さのほうがいいと思われ、冬には夏の暑さのほうが心地良いと思われるよね)。

ナチアミグリ[natʃiʔamiguri]〔名〕
夏のにわか雨。夕立。〈パイガブシユングトゥ〉に出てくる用語で、日常語には確認出来ない。(沖)ナチグリ。「ドゥシキ」の項参照。

ナチマキ[natʃimaki]〔名〕
夏負け。夏ばて。【例】ドゥキ アッツァヌ ナチマキバ シー ヌーン ヴァールナー ヨーガリブー(あまりに暑くて、夏負けして何も食べられないので痩せている)。

ナナサーイ[nanasa:i]〔名〕
7回。7度。【例】ナナサーイシ シキンユ トゥーレットゥ(7回で、試験に受かったそうだ)。

ナナシカー[nanaʃika:]〔名〕
七月子。妊娠7か月で早産した乳児。【例】ナナシキシ マリッタラドゥ ナナシカーッティ ナーバ シカレーワヤ(七か月で生まれたので、ナナシカーと名付けられたのだよ)。俗に、7か月で生まれた子は育つが、8か月で生まれた子は育たないという(『日本国語大辞典』の「ななつきご」参照)。黒島でも用例のように「ナナシカー」と呼ばれた人がおられたが、非常に聡明で人望の篤い指導的立場の方だった。

ナナチ[nanatʃi]〔名〕
七つ。七歳。【例】ニンガツァーヤ ナナチハラ ガッコー パッタワヤ(2月生まれの人〈学年度の1月から3月までに生まれた人〉は、七つ〈7歳〉から学校に通った)。用例の内容は、年齢を数え年で数えていた時代の話である。「ニンガツァー」の項参照。

ナナティ[nanati]〔名〕
7年。【例】アボー マーラシハラ ナナティ ナルワヤ(母が亡くなってから7年が経ったよ)。

ナハ[naha]〔名〕
中。内。【例】①ヤーヌ ナハナ クマリベー(家の中で、籠っている)。②ヤーヌ ウチヘ シカイハイ(家の内に、案内しなさい)。

ナバ[naba]〔名〕
〈植〉キノコ。【例】ナバナーヤ ヴァーリムヌットゥ ヴァールンムヌヌ アリバキーシキリヨ(キノコには、食べられる物と食べられない〈毒性の〉物とがあるので気をつけなさいよ)。

ナハイザ[nahaiza]〔名〕
二番目の叔父または伯父。一番上の伯父は「ウブイザ」と言い、末の叔父は「ブザマ」と言う。【例】トーミヤーヌ ナハイザー ナガラク フニバ ムティ センツォーバ シーワーッタ(當山家のナハイザは、長い間船乗りで船長をしておられた)。

ナハイビ[nahaibi]〔名〕
中指。「ナハウヤビ」とも言う。

ナハウヤビ[nahaʔujabi]〔名〕
中指。「ナハイビ」と同じ。

ナハグスク[nahagusuku]〔名〕
住宅と門との間にある石垣。「ナハグシク」「マヤーキ(前垣・前置き)」とも言う。門口から家屋の目隠しと風除けの役割を果たした。(沖)ヒンプン。【例】アースンプソー ナハグスクユ マヤーキッティ イズドゥ

ラ（東筋部落の人はナハグスクをマヤーキと言うよ）。子どものころ、部落によって言葉が異なることを認識させられ、子ども心に最初の「カルチャーショック（異文化による心理的な衝撃）」を受けたのが見出し語と「ウボン（飯。東筋だけは『ウバン』と言う）」であった。

ナハザ[nahaza]〔名〕
台所の土間。（石）ナカザ。【例】ナハザードゥルトゥ イノーナ パイバ マザーシ スクレータ（台所の土間は、泥と砂に灰を混ぜて敷き詰めた）。
　台所の土間は、用例のようにして表面を整え均したのだが、そうすると掃き掃除をしても埃が立ちにくいのだ、と父に教えられた。

ナハシェー[naha∫e:]〔名〕
次兄。「中の兄」の意であるが、兄弟の多い場合の3番目以下の兄弟の呼称は、末弟の「シェーガマ（小さいお兄ちゃん）」以外は特にない。【例】ウッツェヌ キョーダイヤ ナハシェーヌドゥ ハナイブルワヤ（その家の兄弟は、次兄が優れているよ）。

ナハティマリ[nahatimari]〔名〕
中ほどの人。「中ほどの生まれ」の意。【例】ナハティマリヌ イラスザー（中間ほどの生まれの人がよい）。特に優れているのでもない、取り立てて劣っているのでもない人でよいということ。黒島の人の特徴を「タキフンツァマリ（竹床のような生まれ）」だという標語があるが、それに通ずる考えである。「タキフンツァマリ」の項参照。

ナハディヤー[nahadija:]〔固〕
屋号。仲道家。

ナハナ[nahana]〔名〕
2番目の姉。「中の姉」の意であるが、姉妹の多い場合の3番目以下の姉妹の呼称は、末妹の「ンーナマ（小さいお姉ちゃん）」以外は、特にない。【例】ウッツェヌ ミ ドーヌ キョーダイヤ ナハナヌドゥ アバレーックワヤ（その家の女のきょうだいは、2番目の姉が綺麗だよね）。

ナハヌナハ[nahanunaha]〔名〕
血の繋がりのない仲。「ナハンナハ」とも言う。「生さない仲」の意。【例】ナハヌナハッティ イズヌ ウヤッファヌ ナハー ウラーマサスク ムチマサワヤ（血の繋がりはないと言うけれど、親子の仲は羨ましいほど睦まじいよね）。

ナハバラ[nahabara]〔名〕
大黒柱。「中柱」の意。【例】ヤー スクル バソー ナハバラバ ンダミティドゥ パジミルワヤ（家を建てるときは、大黒柱を据えてから始めるよ）。

ナハバン[nahabaŋ]〔固〕
〈地〉地名。伊古村からの学校道沿いで、学校に近い右側のあたりを指す。

ナハブ[nahabu]〔名〕
2番目の叔母または伯母。一番上の伯母は「ウボーブ」と言い、末の叔母は「ボーマ」と言う。【例】トーミヤーヌ ナハボー ペックユーチバーキ チョーミー シーワータ（當山家のナハブは、104歳まで長寿なさった）。

ナハブラ[nahabura]〔感〕
恐怖を感じた時に発する言葉。【例】アダンヌ ミーカラ ウフチミ ウチフイフイ アガキッツァ イザヘイ ウグユ ナハブラ（アダンの茂みから大きな爪を振り振り〈してきた陸蟹に噛みつかれて〉〝アッ痛いお父さん とても コワイヨー〟／〈黒島口説〉より）。

ナハマシヤー[nahama∫ija:]〔固〕
屋号。中大舛家。

ナハラ[nahara]〔名〕
半分。半ば。【例】クヌ ビーチャーヤ サケー ピスユーチ イッスビンヌ ナハラ マラバスワヤ（この酔っ払いは、酒を

ナハラバタ[naharabata]〔名〕
腹半分。【例】アーサヌ スーユ ユーマハン ヴァイダルヌドゥ マダ ナハラバタ（アーサ汁を4杯も食べたのだが、まだ腹半分だ）。

ナハラムヌ[naharamunu]〔名〕
判断力の鈍い人。まともな判断が出来ない人。「プリムヌ（狂れ者・気違い）」ほど異常ではなく、多少判断力の弱い人を指す。【例】ナハラムノーッテナ プリープリシベールワヤ（判断がまともに出来ない人だから、ぼんやりしているよ）。

ナハンディヤー[nahandija:]〔固〕
屋号。中の方向に分家したので「中の運道家」。

ナハントゥ[nahantu]〔固〕
〈地〉なかもと（仲本）。黒島の部落（集落）の一つ。黒島で最初に出来た部落だということから「ムトゥムラ（元村）」とも呼ぶ。ちなみに、宮里には琉球王国時代の番所（ばんじょ）が設置されていたことから「ウヤムラ（親村）」の異称がある。

仲本が「ムトゥムラ」と呼ばれる根拠は、同部落の〈ナカントゥアユ（仲本あゆ）〉に「ムトゥムラヌ ギラヤータ（元村の男達）」に歌われていることに由来する。

ナハントゥヤー[nahantuja:]〔固〕
屋号。仲本家。

ナビ[nabi]〔名〕
鍋。【例】イーナビ、スーナビ、アヴァナビ、イラキナビ、シンマイナビ、サンマイナビ、ニンマイナビ、シタナビ、マースナビ、ヌッツァー（飯鍋、おつゆ鍋、揚げ物用鍋、炒め物用鍋、四枚鍋、三枚鍋、二枚鍋、製糖用鍋、製塩用鍋、等々）

ナビシキ[nabiʃiki]〔名〕
鍋を安定させるため鍋底に敷く台所用具で、茅の葉とクージ（トウズルモドキ）で作った。「ナビシキ（鍋敷き）」の意。【例】ナビシケー ガートゥ クージシドゥ スクレータ（鍋敷きは、茅（かや）とトウズルモドキで作った）。頭上に荷物を載せる場合の敷物は「ハブシ（揺輪（ゆりわ））」といい、ナビシキと同じく茅の葉とクージ（トウズルモドキ）で作った。「ハブシ」の項参照。

ナビッツァビ[nabittsabi]〔名〕
〈植〉植物の名。シマヤマヒハツ。（石）ヤモーミ。密集した緑色の房状の実を付け、熟すると濃い紫色になる。酸味が強くて極上の果物とは言えないが、唇が紫に染まるまで食べた。葉は山羊の好物である。艶を帯びた緑葉が好まれ、近年は街路の垣根に用いられるようになった。

ナビトゥリフチ[nabituriɸutʃi]〔名〕
鍋取り。【例】ナベー アツァリバ ナビトゥリフチシ パサミ ムティバ（鍋は熱いので、鍋取りで鍋を挟んで運びなさい）。

ナビヌ クー[nabinu ku:]〔連〕
鍋の修理。鍋の開いた穴を塞ぐこと。【例】ナビヌ クー シープスヌ ケーリバ クー シミリ（鍋の穴を修理する人が来たから、修理させなさい）。

ナビヌ ピング[nabinu piŋgu]〔連〕
鍋墨（なべすみ）。「ピング」自体でも「鍋墨」の意がある。【例】ナビヌ ピンゴー マイニチ アライウトゥシ ウシキ（鍋墨は、毎日洗って落としておきなさい）。薪を焚き物（燃料）にしていたころ、鍋の火が当たる部分は真っ黒な鍋墨が付着した。鍋墨は放っておくとどんどん厚くなり、火力が鍋に伝わりにくくなるという弊害をもたらした。それで、例文のような話になるのである。綺麗好きな家庭の鍋は、いつもピカピカに光っていて、そのことが清潔感を漂わせていたように思う。ピングは、はじめにタワシを使って落とし、仕上げには軽石（かるいし）を用いた。軽石は火山から噴出した溶岩が急冷する際

に含有するガスが逸出して多孔質海綿状となった岩石のこと（『広辞苑』参照）。いまどき台所用品に用いられることはあるのだろうか。

ナビヌ　フタ[nabinu ɸuta]〔連〕
鍋の蓋。鍋の用途に応じて、板製のものと茅とクージ（トウズルモドキ）で編んだものがあった。概して、小型のものは板製、シンマイナビ（四枚鍋）などの大型のものは茅製で、後者はその形状が「ハマンタ（鱏）」に似ていることから「ハマンタ」の呼称があった。

ナビラ[nabira]〔名〕
〈植〉ヘチマ。（石）ナベーラ。（沖）ナーベーラ。【例】ナビラー　ドゥージルシネーシ　アーカシ　イズユ　イリリバドゥマーハ（ヘチマは自ら出る汁で煮て、炙り魚を入れると美味しい）。沖縄の夏野菜の代表は、ゴーヤとナビラが双璧であろう。ゴーヤチャンプルーもナビランブシー（ヘチマの味噌煮）にも一般には三枚肉かポーク缶を入れるが、我がおふくろの味、とりわけナビランブシーはアーカシイズ（炙り魚）との組み合わせが最高・最上であった。

　高校1年のとき、高校3年の姉と農家の裏座を借りて自炊をした。石油コンロは縁側に置き、当時流行っていたワクラ竈を軒下において煮炊きをした。姉はクラブ活動があるとかで、いつも遅かったので夕食の支度は大方僕の役目だった。時々僕が腹を立て、口を利かなくなると姉は黒島から母を呼んだ。甘えん坊の僕は、母の顔を見るとたちまち機嫌を直し母の作る炙り魚や揚げ魚の入ったナビランブシーやシリキシマミの汁（呉汁）で舌鼓を打ったのであった。そのころ、米のご飯にサイコロ状に切った芋を混ぜて炊く「混ぜご飯」の作り方を覚え、今でも好物になっている。姉から習った料理（？）の一つで、感謝している。ちなみに、芋は豚の餌として下宿先の裏庭にいつも積み上げてあったので、それを失敬したのであった。

ナブラッサン[naburassaŋ]〔形〕
すべりやすい。なめらかである。【例】ナブラッサリバ　クルバンヨーン　タマンガリアラキ（すべりやすいから、転ばないように気をつけて歩きなさい）。

ナマ[nama]〔名〕
生。【例】モクモーヤ　ナマヌバソー　ヤーラハールヌ　ハリッカー　キムビヤハラコーサンドー（モクマオウの木は、生のときは柔らかいが枯れるとすごく堅い）。

ナマ[nama]〔接尾〕
指小辞。通常は「〜マ」（セーガマ・ンーナマ・ブザマ・ボーマなど）と言うが、まれに「アーニナマ（花嫁）」などと言う場合がある。

ナマイズ[namaʔizu]〔名〕
生の魚。【例】ナマイゾー　ヤリシティ　ウスクッカ　シグ　ザリルヌ（生魚は放って置くと、すぐ腐るよ）。

ナマガイ[namagai]〔名〕
強情。意地っ張り。「ガイ（反抗）」に強調の接頭語「ナマ」がついている。【例】ナマガイヌ　ムノーリバ　プスヌ　イズ　ムヌイヤ　ミンハ　イルヌン（強情なヤツだから、他人の言うことは聞かない）。

ナマキー[namaki:]〔名〕
生木。倒したあとの枯れていない、あるいは乾燥していない状態の木。【例】ナマキーシ　パラ　タティッカー　アトゥハラ　ムディルンドゥラ（生木で柱を立てると、あとで捻じれるよ）。

ナマシ[namaʃi]〔名〕
膾。刺身。【例】イズヌ　ナマシッキンナギラヌ　ナマシヌドゥ　マーハ（魚の刺身より、シャコガイの刺身が美味しい）。

　幼少のころ、旧盆の「ンカイ・ズーシ（迎え雑炊）」に添える「ナマシ（刺身）」は、

魚がシャコガイより高級扱いされた。ところが昨今の事情は、希少性ゆえなのかシャコガイのほうが断然高級である。当時、島の近海であれほど豊富に捕れたシャコガイがいなくなったのは、乱獲のせいか生態系の乱れによるものなのか、デイゴの花があまり咲かなくなったことなども含め、ふるさとの原風景の変化は寂しい限りである。

ナマシキ[namaʃiki]〔名〕
おこげ。(石)ナマチュキュゥ。(沖)ナンチチ。【例】シトゥッチヌ ユーヤ ナマシキヌドゥ ハクビチ マーハッタ(ソテツの実のご飯は、おこげが特に美味しかった)。

ナマシキガバー[namaʃikigaba:]〔名〕
首筋にこびり付いた垢。「おこげのような垢=汚れ」の意。【例】フビナー ナマシキガバーバ フイ ヤニヤヌ(首筋におこげのような垢が付いて汚いよ)。僕たちが子どものころ、たいていの家の子の首筋にはおこげのような垢があったように記憶している。僕自身は、三日に一度くらいの割合で、母がお湯に浸したタオルで顔から首筋をゴシゴシ拭いてくれたので、ナマシキガバー(おこげ汚れ)から免れた。あの我慢の限界手前の熱いタオルで顔を拭かれたときの、照れくささと心地良さは同時に母の優しさと愛の温もりを感じた幼児体験として今も僕の脳裡に鮮やかに焼きついている。

ナマシヌ グー[namaʃinu gu:]〔連〕
刺身の具。【例】ナマシヌグーヤ シーソーヌパートゥ サクナヌパーヌドゥ マーハッタ(刺身の具は、シソ(紫蘇)の葉とボタンボウフウの葉が美味しかった)。

ナマタキ[namataki]〔名〕
生竹。【例】クバガサユ スクルバソー ナマタキヌドゥ アシカイヤッサ(クバ笠を作る場合、生竹のほうが扱いやすい)。

ナマタンムヌ[namatammunu]〔名〕
生の薪。「生焚き物」の意。〈対〉ハリタンムヌ。【例】ナマタンムヌユ モーシトゥリドゥ キブサーワヤ(生の薪を燃やしているから、煙たいのだ)。

ナマッサ[namassa]〔名〕
生草。〈対〉ハリッサ。「ハリッサ」の項参照。

ナマニー[namani:]〔名〕
生煮え。【例】ウンヌン マイン ナマニーシーッカ ヴァールヌン(芋も米も、生煮えだと食べられない)。

ナマハザ[namahaza]〔名〕
生臭い臭い。「アウッサリハザ」とも言う。【例】ヨーリイゾー ナマハザヌ スーワナル(弱った魚は、生臭さが強くなる)。

ナマハン[namahaŋ]〔名〕
生っぽい。【例】ウヌバンシルヌ ナンヤ ナマハッティ シビヤヌ ヴァールヌン(そのグァバの実は生っぽくて渋いので食べられない)。

ナマパンティムヌ[namapantimunu]〔名〕
生意気な者。横着な者。「パンティムヌ」に強意の接頭語「ナマ」がついている。【例】ヌーバシェー ウヤハラ マリッタラドゥ アヤール ナマパンティムヌ ナレーッカヤー？(どんな親から生まれたから、あんな横着者になったのかなあ)。ほかに「ナマブリムヌ」「ナマンダリムヌ」などとも言う。

ナマプリムヌ[namapurimunu]〔名〕
まともでない人。間抜けな者。【例】ナマプリムヌッテナー ピーズ トゥジン アダーハリ ブー(間抜けだから、しょっちゅう妻にどやされている)。

ナマムヌ[namamunu]〔名〕
生もの。【例】バタヤンヌ バソー ナマムヌヤ ヴォーナ(腹痛のときは、生ものは食べるな)。

ナマラスン[namarasuŋ]〔他〕
名を汚す。鈍らせる。〈否〉ナマラハヌ

ン。【例】①ウヴァー　シーヨーヤ　ウヤン　キョーダイユン　ナマラスンドゥラー（お前の振舞いは、親やきょうだいの評判も落とすぞ）。②ドゥーユ　ナマラスッカー　ヤンニン　シドーリルンドゥラー（体を鈍らすと、病に取りつかれるよ）。

ナマリズー[namarizu:]〔名〕
中潮。〈類〉スーチズー（ウブスーとも）（大潮）・ハラズー（小潮）。

ナマルン[namaruŋ]〔自〕
鈍る。切れ味が悪くなる。不名誉になる〈否〉ナマラヌン。【例】ウヌポッツァー　ナマリ　キシッサニバ　トゥイ　ウシキ（その包丁は、鈍ってよく切れないので研いでおきなさい）。

ナマン[namaŋ]〔名〕
〈植〉草の名。キダチハナグルマ。主に海岸沿いに生えている大型の蔓性多年性草。【例】ピシダー　ナマンユ　マーハ　スンタン（山羊は、ナマンを好まなかった）。
　小学校低学年のころ、学校から帰ると山羊の餌である草刈りが日課であった。夏場は伊古の海で泳ぐのが何よりの楽しみだった。草刈りを済ませて泳げばいいのだが、一刻も早くと思い海に入る。遊びほうけているうちに陽はやがて沈もうとしているではないか。慌てて海から上がり、さあ草刈りに取り掛かるのだが暗くなりかけている状態ではハブが怖くて林のなかには入れない。道沿いのナマン（キダチハナグルマ）やユナー（オオハマボウ）を手っ取り早く刈り取って家路を急ぐ。案の定、餌を求めて山羊たちの大合唱。山羊の前に餌を放り投げて〝一件落着〟といきたいところだが、ムヌフダカー（選り好み）の山羊の鳴き声は止まない。これ以上待っても美味しい草〈餌〉は期待できないと諦めて、好きでないナマンやユナーに渋々口をつけるのは十数分後、いや、もっと後か。やれやれ、と胸をなでおろして食卓につくのだが、兄の罵声が飛んでくる。山羊の不満の訴えは兄たちにはお見通しなのだ。ああ、毎度のことながら自分のことは棚に上げておいて、我儘な山羊どもを心で罵りつつ砂を嚙むような夕食の時間を過ごしたのであった。

ナマンダリムヌ[namandarimunu]〔名〕
怠け者。いい加減な人。「ナマンダリプス」とも言う。【例】ナマンダリムヌヌ　ユンドゥ　トゥジン　シティラリ　ブルワヤ（いい加減なやつだから、妻に見捨てられているのだ）。

ナミルン[namiruŋ]〔他〕
均等にする。同水準に並べる。【例】アーン　ムンヌン　プーヌ　ナミリバドゥ　キムザニヤ（粟も麦も穂が出揃っているのが気持ちいい）。

ナムヌ[namunu]〔名〕
嘘。虚言。「ナンムヌ」とも言う。【例】ナムヌ　イズナ（嘘をつくな）。

ナラウン[narauŋ]〔他〕
習う。教わる。〈否〉ナラーヌン。【例】プスハラ　ムヌユ　ナラウッカ　キムユ　ンダミティ　ナライ（人から物事を教わるなら、肝を据えて教わりなさい）。

ナラスン[narasuŋ]〔他〕
均す。〈否〉ナラハヌン。【例】タニユ　マクッカー　ジーユ　ナラシ　タニユ　ジーシ　ハバシバドゥ　パーク　ムイフードゥラ（穀物の種を播くと、土を均して種を土で被せたほうが早く芽が出るよ）。

ナラースン[nara:suŋ]〔他〕
教える。指導する。〈否〉ナラーハヌン。【例】ウター　プスハラ　ナラウッカ　プスン　ナラーハイ　アイリバドゥ　パーク　ウブイラリ（歌は人から習ったら他人に習わしなさい〈教えなさい〉、そうすると早く覚えられる）。八重山古典民謡の大家・天久用立師匠の教えで、その門下・大濱安伴師

匠から聞いた金言である。
　「ナラースン」は、「ナラウン（習う）」の使役形で「習わせる」すなわち「教える」の意となる。そもそも黒島語（広くは八重山語）には、共通語のように「習う」と「教える」の二つの独立した用語がなく、「ナラウン（習う）」の使役形「ナラースン（習わせる）」が「教える」の意味に用いられる。

ナライ[narai]〔名〕
習い。習慣。【例】ヤーナライドゥ フカナライ（家庭での習慣が、世間での行ないに現れる。黒島の諺より。）。

ナラヌン[naranuŋ]〔自〕
出来ない。「ナルン（出来る）」の未然形。〈否〉ナルン。【例】ウリンナー ゾーイ ナラヌン（そいつには、とうてい出来ない）。

ナラビルン[narabiruŋ]〔他〕
並べる。〈否〉ナラブヌン。【例】フターヌ サシンユ ナラビ ハザリウシキ（2人の写真を並べて飾って置きなさい。

ナラブン[narabuŋ]〔自〕
並ぶ。【例】ウヌ ウヤッファー ナラビ アラクッカー キョーダイニン ブルワヤ（その親子は、並んで歩くときょうだいのようだよ）。

ナリゲーサ[narige:sa]〔名〕
虱（しらみ）の卵が孵化（ふか）する前に髪の毛に付いているもの。孵化したあとの脱け殻は「シディゲーサ」と言う。

ナリムヌ[narimunu]〔名〕
生り物。旧盆に仏壇に供える果物。「ナンムヌ」の項参照。

ナル[naru]〔名〕
果実。草木の実。「ナン」とも言う。【例】ムカシェー キダヌ ナルン ソーラヌ ナリムヌッティ ハザレーッタドゥラ（昔〈以前〉は、リュウキュウコクタンの実も盆の供え物として飾ったよ）。

ナルン[naruŋ]〔自〕
出来る。〈否〉ナラヌン。【例】ナラバン ナランナラバン ヌチハギリ ギーパリ（出来ても出来なくても、一所懸命頑張れ）。

ナルン[naruŋ]〔自〕
生る。実が出来る。「ミールン」とも言う。〈否〉ナラヌン。【例】クトゥシェー シブンヌン ハブッツァン アミヌ ヴゥイダ ハッテナー ユー ナリブルワヤ（今年は雨がよく降ったので、トウガンもカボチャもよく実っているよ）。

ナルン[naruŋ]〔自〕
ある状態になる。【例】ナルンッティ ウムウッカ ナリ ナラヌンッティ ウムウッカー ナラヌン（成ると思うと成るし、成らないと思うと成らない）。

ナレーナーヌン[nare:na:nuŋ]〔自〕
意味不明である。正体不明である。しっかりしていない。【例】ナレーナーン ムヌ イバ イジ プスン バラーリ ブルワヤ（意味不明なことを言って、人に笑われているよ）。

ナレーナーンムヌ[nare:na:mmunu]〔名〕
意味不明な人。不身持ち（ふみもち）な人。【例】タリン ニードゥ ナレーナーンムヌヌ マリッタカヤ？（誰に似て、不身持ちな人が生まれたのかなあ）。

ナン[naŋ]〔名〕
波。津波。【例】①キューヤ ナンヌ アラハーリバ イソホヤ パンナ（今日は波が荒いから、漁には行くな）。②ナンヌ フリバ ガッコーヌ ヤーヌウイハー ヒナンシーリ（津波が来るから学校の校舎の屋上に避難せよ）。標高15メートルほどしかない島では、黒島校の二階建校舎の屋上が一番安全な避難場所である。
　関連語：イラナン（軽い津波）・ウブナン（大きい波＝津波）・タカナン（高い波＝津波）

ナンカ[naŋka]〔名〕
七日（なぬか）。転じて「なのか」とも言う。死後

七日ごとに四十九日まで行なわれる法事。【例】マヌマヌ　ユーヤ　アラナンカヌ　ピンドゥ　シンズクニチヌ　ソッコーバーキ　マトゥミティ　シールワヤ（昨今は、初七日の日に四十九日の焼香までまとめて〈繰り上げて〉執り行なう）。地元紙の『琉球新報』『沖縄タイムス』や『八重山毎日新聞』の謹告（死亡広告）を見ると、ほとんどが用例のような具合である。都市地区の駐車場の確保が難しい交通事情によるものと考えられていた現象が、交通事情とは関係なく離島にまで急速に伝播している。

〔追記〕上記の「繰り上げ法要」は、新型コロナウイルスの影響でさらに加速し、二十五年忌や三十三年忌の法要まで、七年忌や十三年忌の際にまとめて行なうようになっている。おそらくこの傾向は、コロナ禍が収まっても続くのではないだろうか。

ナンカソーラ[naŋkaso:ra]〔名〕
旧暦の7月7日。七夕。「七日精霊」の意。多くの家では、この日に墓掃除をして盆に備える。【例】ナンカソーランナー　パカヌ　ソージバ　シー　ソーランナー　ウヤプスユ　ヤーハ　シカイス（七夕には墓の掃除をして、旧盆の日には祖霊を家に案内する）。

ナンザ[nandza]〔名〕
銀。（石）ナンツァ。【例】ナンザ　ユダナー　クガニヌ　パナユ　サカシ　タボーリ（銀の枝に黄金の花を、咲かせてください）。古来、銀も金も宝の象徴であり、万葉集にも次のように詠われている。『銀も金も玉も何せむにまされる宝子に及かめやも（銀も、黄金も、玉も、如何ほど上等の宝なものか。子どもに及ぶはずもない）・山上憶良』。ここでは、子どもこそは他のすべての宝玉に優ると詠っているのである。

ところで金と銀の価値基準は、オリンピックのメダルにおいても経済的な価値の面でも金が銀より上位におかれるが、上記の歌や黒島（石垣でも）のハザリフチ（飾り口上）では「ナンザ　クガニ　マース」というふうに、銀が先に来る。要するに、金も銀も最高の価値を示すものとして同等に扱われているのであろう。関連して面白いのは、その地方一番の繁華街を表すのに「〜銀座」はよく見かけるが「〜金座」はほとんど出てこない。

ナンザマース[nandzama:su]〔名〕
塩の美称。「銀の塩」の意。「クガニマース（黄金の塩）」と一緒に用いられる。【例】シンドゥーヌマイ　フタトゥクル　ハリユシヌ　ナンザ　クガニ　マースユ　フキトゥリ　タボーリ（船頭のお二方、このうえなく縁起の良いナンザ　クガニ　マースをお受け下さい）。ウーニに対し、ウブドゥー・インドゥー（大海原）へ漕ぎ出すパーリー（爬竜船）へ跳び乗る前に、神の盃を受け縁起のよいナンザ　クガニ　マースを舐め、豊年満作の世を漕ぎ寄せて村中島中を喜ばせてください、との祝詞である。

ナンザン[nandzaŋ]〔名〕
難産。【例】ウヌッファー　ナンザンバシーナセーッタヌ　マリハラ　アトー　スダティ　ヤッサーッタワヤ（その子は難産で生んだけど、生まれたあとは育て易かったよ）。

ナンス[nansu]〔副〕
そんなに（〜でない）。それほど（〜ではない）。否定の語が後接する。【例】①ナンス　ウムッサ　ナーンタン（そんなに面白くなかった）。②バハルシェーケー　ディキダハーッタヌ　マヌマー　ナンス　アラヌ（若いころはよく出来たが、今はそれほどでない）。

ナンツァハン[nantsahaŋ]〔形〕
少々風波の立っている状態。小波よりは強

く大波よりは弱い。【例】ナンツァハリバキューヤ イソー パンナ（少々波が荒いから、今日は漁に行くな）。

ナントゥ[nantu]〔名〕
糯米(もちごめ)の粉に味噌、黒糖、胡椒を入れて、サミン（月桃）の葉に包み蒸して作る餅。黒島では主にウブン（モロコシ）の粉を用いたのではなかったか。【例】ナントゥヤ キザンヌ バスンドゥ スクレータ（ナントゥは、行事の際に作った）。

ナントゥキン[nantukiŋ]〔名〕
何時。【例】ナントゥキンドゥ フキケーヤ？（何時に、起きてきたか）。

ナンムヌ[nammunu]〔名〕
生り物。旧盆に仏壇に供える果物。「ナリムヌ」とも言う。【例】ナンムヌヤ マッカシンザトゥ マズン サンボーヌ ウイナ ハザレータ（果物は、短く切ったサトウキビの束と一緒に三方(さんぼう)の上に乗せて供えた）。僕たちが子どものころのナンムヌ（お盆用の果物）は、アダンの実、黒木の実、イツァビ（ビワに似た木の実）、ハニン（ヤマブドウ）など、食べられない物が多かった。食べられる果物は、バンスル（グヮバ）くらいであった。

ナンムヌ[nammunu]〔名〕
嘘(うそ)。「無い物」の意。【例】ウレー イズムノー ナンムヌヌ ウラハユンハラ ペックイチッティ イザリブー（そいつは嘘ばっかり言うから、百一と言われている）。「ペックイチ（百一）」は言うことの百分の一が本当のこと、の意。

ナンムヌイ[nammunui]〔名〕
虚言。「ダラッサムヌイ」とも言う。【例】ナンムヌイ タンカ イズッカー〝オーカミショーネン〟ッティ ナーシカルヌ（嘘の言葉ばかり言っていると、〝狼少年〟と綽名(あだな)がつくぞ）。用例のように、イソップ寓話の登場人物「狼少年」も日常会話によく登場した。

ニ

ニ[ni]〔数〕
二。【例】ニバン（二番）。ニバンザ（二番座）。ニバンシームヌ（二番目の吸い物）。

ニ[ni]〔助〕
〜に。場所を示す。動作作用の結果の状態を表す。【例】①クルシマニ ブルケーヤ サフジマニ ブルケーヤ（黒島にいる間は、サフジマ〈黒島の異称〉にいる間は。／黒島民謡〈ちんだら節〉の退き羽《久場山越路節》より）。②サティム ユタカナ クルシマヤ シマヌ ナガリユ ミワタシバ ティンヌ シスクニ カタドリテ（さても豊かな黒島は、天の星宿〈星の宿り〉に象(かたど)って／〈黒島口説〉より）。

ニアギ[niagi]〔名〕
二揚げ。三線の調弦法の一つで、本調子の調弦より第二弦を高くする。【例】クイヌ アル バハムノー ウタユ ニアギシ イジピサ シールワヤ（声量のある若者は、歌を二揚げ調で歌いたがる）。

ニー[ni:]〔名〕
根。根元。【例】①キーヌ ニー（木の根）。②アシンプーヌ ニー（出来物の根元）。

ニー[ni:]〔名〕
荷。荷物。【例】ニーヌ ウラハッティ タンカシ ムタルヌン（荷物が多くて、独りで運べない）。

ニー[ni:]〔名〕

子。十二支の一番目に位置する。北の方角を表す。【例】①ニーディマリ（子年生まれ）。②ニヌパ（子の方角・北。②と③では長音が付かない）。③ニヌパブシ（北極星・子の方角にある星の意）。④〔干支〕ニーウシ　トゥラ　ウー　タツ　ミー　ンマ　ピチ　サル　トゥル　イン　ビー（子　丑　寅　卯　辰　巳　午　未　申　酉　戌　亥）。

ニークバン[ni:kubaŋ]〔名〕
仕事の振り分け。「荷物の配分」の意。【例】ニークバンヌ　ディキレヘーッカ　シグトー　ナシクン（仕事の振り分けがうまくいけば、仕事は捗る）。

ニータリルン[ni:tariruŋ]〔自〕
煮崩れする。煮すぎて必要以上に柔らかくなっている様。【例】ドゥキ　ナガラク　ネースッカー　ニータリ　マーハナーヌン　ドゥラー（あまり長らく煮ると、煮崩れして美味しくないよ）。

ニーディマリ[ni:dimari]〔名〕
子年生まれ。「ニー（子）」の項参照。

ニードーシ[ni:doʃi]〔名〕
木を根元から切り倒すこと。薪用に原野の木の根元を切って放置しておき、枯れたころに取り出して家に運んだ。「根倒し」の意。【例】キープスイヤ　ミドゥムヌ　シグトゥ　ニードーシヤ　ビキドゥムヌ　シグトゥ　アッタ（薪拾いは女子の仕事で、ニードーシは男子の分担であった）。

ニーナブン[ni:nabuŋ]〔名〕
居眠り。【例】クルマユ　ムテーターナ　ニーナブン　シーッカ　ピルマシクトゥ　ナルンドー（自動車を運転しながら居眠りすると、大変なことになるぞ）。

ニーニ[ni:ni]〔名〕
〈幼〉兄を意味する幼児語。兄に親しみをこめて言う語。〈対〉ネーネ。【例】ビキドゥムヌ　シザハヤ　ニーニッティ　イズワヤ（男兄弟の兄には、ニーニと言うよ）。

ニーブター[ni:buta:]〔名〕
出来物。吹き出物。「アシヌプー・アシンプ」とも言う。【例】ニーブターヤ　ウーマンケー　ムタバンスクン　スーック　ウーマシティハラ　アーシバドゥ　ナウリパーハ（出来物は膿まないうちはいじらずに、十分に膿ませてから膿を出したほうが治りが早い）。

ニーブヤー[ni:buja:]〔名〕
寝ぼけ。よく居眠りする人。【例】ウレー　ニーブヤーリバ　クルマ　ムタシナ（そいつはよく居眠りするから、自動車を持たせるな〈運転させるな〉）。

ニーヤグー[ni:jagu:]〔名〕
似たもの同士。【例】ウヌトゥジブトー　ニーヤグーッテナ　キナイムティ　ハイヤーワヤ（その夫婦は、似た者同士なので家庭の切り盛りがうまくいっているよ）。

ニーリルン[ni:riruŋ]〔自〕
飽きる。沖縄語の「ニーリユン」の変化した語。黒島語の日常語は「ハマリルン」。〈否〉ニールヌン。【例】ギューサ　マーハラバン　ピッティヌピン　ユヌムヌユ　ヴォーッカ　ニーリシー（いくら美味しくても、毎日同じものを食べたら飽きてしまう）。

ニールン[ni:ruŋ]〔自〕
煮える。〈否〉ニユヌン。【例】ウヌウンヤ　マイダン　ニユナーッテナ　コーサワヤ（その芋は、十分に煮えていないので硬いよ）。

ニーワー[ni:wa:]〔名〕
〈動〉中型のシャコガイ。サクライギラ[sakuraigira]は、大型のシャコガイである。

ニガイ[nigai]〔名〕
願い。祈願。【例】キムハラ　ニガウッカー　ニガイヌ　トゥコー　タボーラリルン（心から祈願すれば、願いの徳は戴ける）。

ニガイウクシ[nigaiʔukuʃi]〔名〕
　願い起こし。初祈願。【例】クトゥシヌ　ニガイウクシユ　シッサルバ　クトゥシン　イークトゥタンカ　アラシタボーリ（今年の初祈願を致しますので、今年もいいことずくめの年にしてください）。

ニガイウクスン[nigaiʔukusuŋ]〔他〕
　願い起こす。初祈願をする。〈否〉ニガイウコーホヌン。【例】ヤマシンカ　ケーラスライ　ニガイウクスンティ　シーブリバドーディン　フキトゥリ　タボーリユー（御嶽の構成員が揃って初祈願をしていますので、どうぞお聞き取りくださいませ）。

ニガイシキルン[nigaiʃikiruŋ]〔他〕
　祈願する。祈る。「ニガウン（願う）」の強調語。〈否〉ニガイシクヌン・ニガイスクヌン。【例】プリハラ　ハツヨーン　ニガイシキルンドー（保里村から勝つよう、心から願っていますよ）。豊年祭の「パーリークイ（爬竜船漕ぎ）・ウーニパリスーブ（船頭の競走）」での東筋村の人の必勝祈願）。

ニガイズー[nigaizu:]〔名〕
　祈願する場所。拝所。「ワン（お嶽）」以外にもいろいろな祈願所・拝所がある。【例】ニガイズーヌ　アルハトー　タイシチ　シーリヨ（拝所のある所は、大事にしなさいよ）。

ニガイスクバ[nigaisukuba]〔副〕
　願わくは。「ニガイッサルバ」とも言うが、「ニガイッサルバ」のほうが丁寧な言い回しである。【例】ニガイスクバ　パイハジン　ウサイラリ　ハリユシ　シミタボーリ（願わくは、南風〈順風〉に押されて安全な旅を賜りますよう祈ります）。

ニガイッサリルン[nigaissariruŋ]〔他〕
　祈願致します。お祈りします。「ニガイシキルン」の尊敬・丁寧語。〈否〉ニガイッサルヌン。【例】ヤーニンズ　ケーラドゥーパダ　ガンズワーッテナ　ヌヌ　サワリン　ナーンヨーン　ニガイッサリルンユー（家族全員健康で、何の障りもないように祈願致します）。

ニガイッサルバ[nigaissaruba]〔副〕
　願わくは。「ニガイスクバ」の項参照。【例】ニガイッサルバ　クトゥシユーヤ　ナヲゥラシ　クナチユーヤ　ディキラシ　タボーリ（願わくは、今年の作物は豊作で今夏の作物は満作でありますようにお祈りします）。

ニガイフチ[nigaiɸutʃi]〔名〕
　祈願の口上（のりと）。祝詞。「願い口〈言葉〉」の意。【例】キューヤ　ソンガチヌ　ニガイシールンティ　マヌマヌ　イートゥキ　ハイトゥキサーリ　ニガイフチユ　ザルバドーディン　ニガイハイヤ　シーラリタボーリ　ウートートゥ（今日は正月の祈願をしようと、今のいい時刻に祈願の口上を申し上げますので、どうぞ願いの主旨をお汲み取りください、ウートートゥ）。

ニガウン[nigauŋ]〔他〕
　願う。祈る。〈否〉ニガーヌン。【例】ミルクユードゥ　ハンヌユードゥ　ニガウ（弥勒世・神の世〈豊年・満作〉をこそ願う）。

ニク[niku]〔名〕
　肉。【例】ワーヌ　ニク（豚肉）。ウシヌ　ニク（牛肉）。ピシダヌ　ニク（山羊肉）。トゥンヌ　ニク（鶏肉）。

ニクブク[nikubuku]〔名〕
　稲掃蓆（いなばきむしろ）。月桃の繊維で作る厚手の蓆で、その上で大豆や緑豆などを脱穀した。（石）ニカフク。（沖）ニクブク。【例】トーフマミン　アウマミン　ニクブクヌ　ウイナーアーシタ（大豆も緑豆も、稲掃蓆の上で脱穀した）。

ニザマ[nizama]〔名〕
　寝相（ねぞう）。寝ぼけた様子。（石）ニザマ。（沖）ニンジザマ・ニザマ。【例】ニザマヌ　ハイヤープスン　ブリ　ヤニヤープスン　ブ

ン(寝相のよい人もおり、悪い人もいる)。

ニザマムヌイ[niʒamamunui]〔名〕
寝言。【例】マヌマ フキティ マダ ニザマムヌイヌ シジキバ イジベールワヤ(今起きて、まだ寝言の続きをしゃべっているよ)。

ニシ[niʃi]〔名〕
北。【例】ニシヤ マケーッサ パイヤ マケーッサ(北の村は負けたよ、南の村は負けたよ)。黒島東筋部落の正月行事で行なわれる「シナピキウタ(綱引き歌)」で、互いに相手陣営を貶す文句である。

ニシドゥマン[niʃidumaŋ]〔名〕
北の方の海。【例】ビャーハ シマヌ サンバシェー プリヌ ニシドゥマンナドゥアー(我が島の桟橋は、保里部落の北方の海にある)。

ニシトーミヤー[niʃito:mija:]〔固〕
屋号。北當山家。我が実家である。

ニシハジ[niʃihaʒi]〔名〕
北風。【例】ニシハジヌ スーワッティ ピーヤダラ(北風が強くて、寒いことよ)。島国の沖縄では通年で湿度が高く、冬の強い北風の吹く日は気温とは関係なく非常に寒く感じる。そういう日はいわゆる体感温度が低くなり、暖かい沖縄を求めて訪れた観光客を失望させるのである。

ニシハジ[niʃihaʒi]〔名〕
不機嫌な情態。特に子供が機嫌を損ねている場合の様子を表す。【例】マタマタ ニシハジヌ フンドー(またまた、ニシハジ〈不機嫌な情態〉になるよ)。保里部落で日常語として用いられると言うが、東筋では聞いたことはなかった。

ニシハメーマワン[niʃihame:mawaŋ]〔固〕
北神山御嶽。首里王府の認定した「黒島の八嶽」の一つ。「ミシカメーマワン」とも言う。黒島の御嶽のなかで、ハンシカサ(神司)がいて御嶽信仰を行なっているのは、ニシハメーマワンだけである(2020年現在)。当のハンシカサの又吉恵美さんは私の同級生で、後期高齢の身で補佐役のティジリ(手摺り=男の神役)もなく文字通り孤軍奮闘しておられる。穀物の生産に裏打ちされあれほど盛んだった御嶽信仰は、その基盤を失い生産の基盤が御嶽信仰との関わりのうすい牧畜という形態に変遷したなかで、島の御嶽信仰はどうやって生き延び蘇生していくのだろうか。

ニシハメーミヤー[niʃihame:mija:]〔固〕
屋号。北神山家。

ニシバリヤー[niʃibarija:]〔固〕
屋号。西原家。

ニシフタムラ[niʃiɸutamura]〔名〕
北側の二村。【例】ビャーハシマ プソー プリトゥ アースンユドゥ ニシフタムラッティ イズ(我が黒島の人は、保里と東筋をニシフタムラと呼ぶ)。
　東筋は、島の北側と言うよりやや東寄りの中央部に位置しているが、豊年祭行事における共同体としての宮里と仲本の「パイフタムラ(南側の二村)」に対し、保里と対を成す村と言う意味合いで「ニシフタムラ」と呼んでいる。

ニシフナッティヤー[niʃiɸunattija:]〔固〕
屋号。北船道家。

ニジリ[niʒiri]〔名〕
右。〈対〉ピダリ。(石)ネーラ(『八重山語彙』では「ニーリィ[ni:rĩ]」と表記)。(沖)ニジリ。【例】パーリーフネー フキユ トゥルバソー ニシフタムラナーヤ ニジリハマーシ パイフタムラナーヤ ピダリハマースワヤ(爬竜船は、フキ=標識を取るとき北の二村では右へ回し、南の二村では左に回すよ)。その理由は、太陽の上がる方向にしたのではないかと説いたのは神山光祐氏であった。

ニズーゴネンキ[nizu:goneŋki]〔名〕

ニスマ

二十五年忌。【例】ニズーゴネンキヌ　アトー　サンズーサンネンキヌドゥ　フー（二十五年忌のあとは、三十三年忌が来る）。

ニスマ[nisuma]〔名〕
北側。北の方。【例】バンテヤ　ヤームトゥッキン　ニスマナ　アーッテナドゥ　ニシトーミヤッティ　イズッタ（我が家は、本家より北の方にあるのでニシトーミヤ=北當山家と言った〈呼ばれた〉）。

ニスマハタ[nisumahata]〔名〕
北側。北方。【例】ビャーハシマヌ　ガッコーヤ　ナハントゥ　メシトゥハラー　ニスマハタナ　アーッタ（我が島の学校は、仲本・宮里からは北側にあった）。

ニセーキ[nise:ki]〔名〕
北側。北の方。「ニスマ」と同じ。【例】ワーマケー　ヤシキヌ　ニセーキナ　スクレータ（豚小屋=便所は、屋敷の北側に作った）。「ワーマキ」の項参照。

ニチ[nitʃi]〔名〕
熱。【例】ニチヌ　アリバ　ピーミジシ　サマハイ（熱があるから、冷や水で冷ましなさい）。往時の黒島では冷蔵庫もなく、ピーミジ（冷や水）といえば井戸水が比較的冷たかった。

ニッカ[nikka]〔名〕
今夜。今晩。通常は「ニッカヌユー（今晩の夜）」と言う。【例】ニッカヌ　ユーヤ　ムヌパナシ　スーラー（今夜は、物語らい=恋語らいをしようね）。

ニッタハン[nittahaŋ]〔形〕
憎い。憎らしい。悔しい。「ニッファハン」とも「ミッファハン」とも言う。（石）ニッファサーン。【例】ウリン　ヴウイヤヌッティ　イザリ　ニッタハヌ　クライラルヌン（そいつに醜いと言われて、悔しくて我慢できない）。

ニッパル[nipparu]〔名〕
根っこ。根元。「ニバン」とも言う。【例】ニパルバーキ　ガンッティ　ウシナキ　シナーハイヨラー（根元まで、しっかり押し込んで嵌めなさいよ）。

　ある結婚披露宴のケーキカットの場面で、司会の新城純さん（昭和15年生まれ）が新郎に呼び掛けた言葉であるが、「うまいなあ！」と感心したものである。会場から、爽やかな笑い声が起きたのは、新郎はもちろん出席者の多くが黒島出身者だったからである。新郎はその晩、新城さんのアドバイスどおりめでたく合体を遂げたことであろう。

ニッファハン[niffahaŋ]〔形〕
憎い。憎らしい。悔しい。「ニッタハン」と同じ。「ミッファハン」とも言う。

ニッファムヌ[niffamunu]〔名〕
憎まれ者。嫌われ者。「ミッファムヌ」とも言う。【例】ウレー　ケーラヌ　ニッファムヌ　ナリ　タルン　ミームタイ　スーヌン（そいつは皆から嫌われ者になって、誰も相手にしない）。

ニヌパ[ninupa]〔名〕
北の方。【例】イサナキヤ　ビャーハシマヌ　ニヌパッキン　イメービ　アーラキナードゥ　アー（石垣島は、我が島〈黒島〉の子の方角〈北方〉より少し東の方角〈北東〉にある〈位置している〉）。

ニヌパブシ[ninupabuʃi]〔名〕
北極星。「子の方角の星」の意。【例】フニヌ　ミアティヤ　ニヌパブシ　ウヤヌ　ミアティヤ　ヴァー（船の〈進路の〉目当ては北極星で、親の〈生きる〉目当ては子である）。船の安全な航行にとっては北極星がその根源であるように、親の生き甲斐と誇りの根源は子の立派な成長である。

ニバン[nibaŋ]〔名〕
根っこ。根元。切り株。【例】ウヌキーヌ　ニバンユ　マダキ　シティリ（その木の切り株を取り除け）。

ニバン[nibaŋ]〔名〕
　二番。二番目。【例】ニバンウラザ（二番裏座）。ニバンシームヌ（宴席での二番目の吸い物）。

ニバンウラザ[nibaŋʔuraza]〔名〕
　二番座の裏の部屋。「二番目の裏座」の意。【例】ニバンザヌ　ジーユドゥ　ニバンウラザッティ　イズ（二番座の後ろを、二番裏座と言う）。

ニバンザ[nibandza]〔名〕
　仏間。「二番目の座敷」の意。「ウヤプスヌマ（先祖の部屋）」とも言う。【例】トゥクヤ　ニバンザナドゥ　ウスク（仏壇は、二番座に置く）。

ニバンドゥリ[nibanduri]〔名〕
　夜明けを告げる鶏の二番目の鳴き声。「二番鶏」の意。「イチバンドゥリ（一番鶏）」に次いで、二番目に鳴くことからの名称。

ニビッツァハーン[nibittsaha:ŋ]〔形〕
　眠たい。眠気がする。日常語では「ニフタハン」が多用される。「ニフタハン」の項参照。

ニビマービ[nibima:bi]〔名〕
　寝たふり。【例】ニベール　プソー　フカハリルヌ　ニビマービヌ　プソー　フカハルヌン（寝ている人は起こされるが、寝たふりの人〈寝たふりしている人〉は起こせない／黒島のことわざ）。

ニフタハン[niɸutahaŋ]〔形〕
　眠たい。眠気がする。【例】ニフタハー　ナーナーダル　ピスユーヌ　サーットゥ　ニバナ　シグトゥユ　シーベードゥラ（眠くないのか、一晩中眠らずに仕事をしているよ）。

ニヴァハン[nivahaŋ]〔形〕
　遅い。晩い。鈍い。日常語では「ニヴァン」が多く用いられる。「ニヴァン」の項参照。

ニヴァン[nivaŋ]〔形〕
　遅い。晩い。鈍い。「ニヴァハン」と同じ。【例】ウヴァー　シーヨーシヤ　ドゥキ　ニヴァヌ　ゾーイ　マニアーヌンドゥラ（お前の仕方は、あまり遅すぎてとても間に合わないよ）。

ニヴィスンガスン[nivisuŋgasuŋ]〔自〕
　寝過ごす。〈否〉ニヴィスンガハヌン。【例】サキバ　シカンッファイ　フキユーサナ　ニヴィスンガシ　ブーンマナ（酒を馬鹿飲みして起きられずに、寝過ごしているんだよ）。

ニヴゥミーンニヴァンスクン[nivumi:nnivansukuŋ]〔副〕
　眠りもせずに。寝るに寝られずに。「眠る目も眠らずに」の意。【例】①ウヴァークトゥユドゥ　ニヴゥミーンニヴァンスクン　ウムイトゥーシ　ブードゥラ（貴方のことを、眠りもせずに想いつづけているのだよ）。②ウヌッファヌ　ニチヌ　アーッテナ　ニヴゥミーンニヴァンスクン　ピスユーヌ　サーットゥ　トゥンザク　セーッタ（その子に熱があったので、眠るに眠れずに夜通し看病をした）。この事典を編むのに、日常の生活用語についてもっとも多く質問し教えてもらったのは四姉の泰子姉（昭和12年生まれ）だった。彼女は、僕の健康を気遣い「こんな神経を使う仕事は、体に悪いからもうやめなさい」と小言を言いつつも、質問された言葉を「ニブミーンニバンスクン」考え続け、何回も夜を明かしたそうだ。すぐ上の智子姉（昭和17年生まれ）は、泰子姉は愚痴を言いながらも末弟の「事典の執筆」の手伝いが出来ることに無上の喜びを感じているのではないかと話す。感謝！

ニヴゥン[nivuŋ]〔名〕
　寝る。眠る。【例】ニヴァリバ　メー　ニヴァ（遅いから、もう寝よう）。

ニン[niŋ]〔名〕
　忍耐。我慢すること。【例】ニンヌ　ナーナッカー　ヌーシムバン　ダーサナーヌン（忍耐がなければ、何をさせても良くない）。

ニン[niŋ]〔数〕
年を数える単位。年。【例】ピンガンマチリヤ ニンニ フタサーイ アルワヤ（彼岸祭りは、年に2回あるよ）。

ニン[niŋ]〔数〕
人を数える単位。人。【例】バー キョーダイヤ ズーニニン（私のきょうだい〈兄弟・姉妹〉は、12人だった）。

ニン[niŋ]〔副助〕
〜のように。【例】ウリニン ディキダハープス ミリミラヌン（彼のように勉強のできる人を見たことがない）。

ニンガチ[niŋgatʃi]〔名〕
2月。「ニンガチシキ（2月の月）とも言う。【例】ニンガチヌ ハジマーイ（旧暦の2月に吹く強風）。

ニンガチグサシ[niŋgatʃigusaʃi]〔名〕
2月の割り当て供物。【例】ニンガチグサシェー ムンユドゥ ウサメータ（2月のグサシは、麦を納めた）。グサシの対象穀物は、その収穫期に合わせ、2月は麦、5月は粟、10月は豆であった。「グサシ」の項参照。

ニンガチ ハジマーイ[niŋgatʃi haʒima:i]〔連〕
旧暦2月に風向きが急変して吹く強風。【例】ニンガチハジマーイヌ シツェーリバ イソー パルバソー タマンガリヨー（2月の急変する風の季節だから、漁に行く場合は注意しろよ）。俗に「台湾坊主」と称される「東シナ海低気圧」とともにやってくる。

ニンガツァー[niŋgatsa:]〔名〕
早生まれの人。学年度の1月生まれから3月生まれの人。「2月生まれの人」の意。学年度は4月に始まり翌年の3月に終わることから、年を越して生まれた人をそう呼んだ。学年度の遅い時期に生まれるのに「早生まれ」と言う表現はおかしいが、暦年での「早い時期の生まれ」の意で用いた言葉であろう。【例】ニンガツァーマレー マイフナーヌ ウラハッティ イズヌ フントーッカヤ？（1月から3月までの生まれの人には、優れ者が多いと言うが本当かね）。早生まれの子は、入学時には概して小柄で幼い感じがしたことから、用例は励ましの意味をこめて言ったものであろう。なお、1月から3月までの間に生まれた人を指すのに、なぜ「ニンガツァー（2月生まれの人）」と言うのかは不明だが、1月、2月、3月の中間に位置する2月を「代表」に据えたのであろうか。

ニンギン[niŋgiŋ]〔名〕
人間。「プスニンギン」とも言う。【例】ニンギンヌ シーワザー アラヌン（人間のすることではない）。

ニング[niŋgu]〔名〕
年貢。通常は「ゾーナ（上納）」と言う。【例】ビャーシマー マイヌ スクラルナーッテナー ニングヤ アーユ ウサメータ（我が島では米が作れないので、年貢は粟を納めた）。

ニングヮン[niŋgwaŋ]〔名〕
念願。心から念じ願うこと。（石）ニングヮン。（沖）ニングヮン。【例】トゥーシ ニングヮン シーケーッタラドゥ ウブザーヤンマイヤ ミサナレーワヤ（ずーっと念願してきたからこそ、お祖父さんの病気は良くなったんだよ）。

ニンズー[nindzu:]〔名〕
人数。仲間。【例】①キュー アツァマレー ニンゾー ギターンラ？（今日集まった人数は、何人か）。②バヌン ニンズー イリッフィーリ（私も、仲間に入れてくれ）。

ニントゥー[nintu:]〔名〕
年頭の挨拶。「ミントゥ」とも言う。【例】ニントゥー シーバソー ウヤマイ クトゥバシ ラーシラーシ シーリヨラー（年頭の挨拶をする〈述べる〉ときは、尊

敬語を用いて丁寧にしなさいよ)。
　元日の朝、父と母が正座で向きあい旧年中の労をねぎらい家族の無病息災と豊作に感謝する旨を述べ合ったあと、家族全員が一番座に揃う。最初に父が年頭の祝詞を述べ、ザートゥク〈床の間〉のグーシ〈御酒〉とアラマース〈盛り塩〉を父が戴き、以下家族全員に回す。そして正月の振舞い〈ご馳走〉を戴くのである。そのあと、思い思いに親戚の家に年頭の挨拶をしに出向く。

ニンナー[ninna:]〔副助〕
　～のようには。「ニン(～のように)」を強調した語。【例】アーヤ　マイニンナー　マーハナーヌン(粟は、米のようには美味しくない)。

ニンブツァー[nimbutsa:]〔名〕
　旧盆や年忌法要の日に歌う〈無蔵念佛節〉のこと。石垣では〈ニンブジャー〉と言う。【例】トゥムライ　ソッコーナヤ　ニンブツァーバ　イジ　アンガマユ　パースヤワ(トゥムライソッコー〈三十三年忌の法要〉には、〈無蔵念佛節〉を歌いアンガマ踊りを踊るよ)。

ニンマイナビ[nimmainabi]〔名〕
　鍋の一種。大型の鍋。「二枚鍋」の意。「シンマイナビ」の項参照。

ヌ

ヌ[nu]〔格助〕
　～が。～の。～という。主格、所有格、同格などを表す。【例】①アーヌ　ミールン(粟が、稔る)。②ウシヌ　シヌ(牛の角)。③バシヌ　トゥリ(鷲という鳥)。

ヌ[nu]〔接助〕
　形容詞の連用形に接続して、理由・原因を表す。【例】①ヤーサヌ　フシガルヌン(ひもじくて〈腹が空いて〉、耐えられない)。②ハマーラサヌ　クライラルヌン(悔しくて、我慢できない)。

ヌー[nu:]〔名〕
　野。野原。原野。【例】ムカシェー　ウシェー　ヌーナードゥ　ユシキ　シカナウッタ(以前は、牛は原野で繋ぎ飼いをした)。「フビルン(縛る)」とも言うが、「ユシキルン(繋ぐ)」を多用した。

ヌー[nu:]〔代〕
　何。疑問を表す。【例】ウヴァー　ヌー　マシヤー?(あなたは何がよいか)。

ヌーウー[nu:u:]〔感〕
　なんだと。問い返す場合に用いるが、相手の反抗的な態度を咎める場合にも用いる。「ヌーユウー」と同じ。【例】ヌーウー　マピスサーイ　イジミリ(なんだと、もう一度言ってみろ)。

ヌーガナイ[nu:ganai]〔名〕
　原野での牛の繋ぎ飼い。〈対〉ヤーガナイ(畜舎での飼育)。「ヌーガナイ(原野での繋ぎ飼い)」は僕にとって聞き覚えのない言葉だったが、この事典編集・執筆の協力者・前船太作君(昭和23年生まれ)の提言により見出し語に採用した。

ヌーザキヤー[nu:zakija:]〔固〕
　屋号。野崎家。

ヌーッキン[nu:kkiŋ]〔副〕
　何より。【例】ヌーッキン　ウレー　マーハ(何より、それが美味しい)。

ヌーッキンナ[nu:kkinna]〔副〕
　何よりも。「ヌーッキン(何より)」に強意の係助詞「ナ(～も)」が付いている。【例】ヌーッキンナ　ウリドゥ　マーハ(何より

も、それが美味しい)。

ヌーシン[nu:ʃiŋ]〔副〕
どうせ。いずれ。何をしに。【例】①ヌーシン シー ナウハバドゥ ナル(どうせ、やり直さなければならない)。②ヌーシン ドゥ クマハ ケーヤ?(何しに、ここに来たのだ)。

ヌースバン[nu:subaŋ]〔副〕
どうしても。何をしても。【例】①ヌースバン ミサーナルンダラッティ ウモールヌン(どうしても、良くなる〈回復する〉とは思えない)。②ヌースバン ウリンナー ウユバヌン(何をしても、そいつには及ばない〈敵わない・勝てない〉)。

ヌーッティ[nu:tti]〔名〕
何と。【例】ウヴァー トゥジヌ ナーヤ ヌーティドゥ イズヤ?(貴方の妻の名は何と言うの)。

ヌーッティカヤ[nu:ttikaja]〔感〕
なぜだろうか。【例】カーギン アリ キムハイヤン アルヌ ウレー ブトゥム タナー ベームノー ヌーティカヤ?(容姿もよく気立てもよいのに、彼女が夫を持たずに〈結婚せずに〉いるのはなぜだろうか)。このような考えは、ジェンダー・フリーの立場からは余計なことであろうか。

ヌーッツァ[nu:ttsa]〔接尾〕
〜など。〜等々。「〜ヌリ」と同じ。【例】マミッティ イズッカ アマミ アウマミ トーフマミヌーッツァユドゥ スクレーッタ(豆と言うと、小豆・緑豆・大豆などを作った)。

ヌーッツァムヌ[nu:ttsamunu]〔名〕
どんなもの。如何なるもの。否定的・消極的な用法が多い。【例】ヌーッツァムヌヤ ウレー? ハマハ シティクー(どんなものなんだそれは、あそこに捨ててこい)。

ヌーッティ[nu:tti]〔副〕
なぜ。どうして。【例】ヌーッティ ハイ ナレーリバヤ?(なぜ、あんなになったのだ)。

ヌーッティドゥ[nu:ttidu]〔副〕
なぜ。何ゆえに。「ヌーッティ」と同じだが多少強調されている。【例】ドゥキナリ ヌーッティドゥ ハイ ナレーヤ?(ひどい、なぜあんなことになったのか)。

ヌーッティヌーッティ[nu:ttinu:tti]〔副〕
何々。何と何と。「ヌーッティ・ヌーッティドゥ」と同じだが、強調・疑問の度合いが強い。【例】ヌーッティヌーッティ ウヴァッタ フターンヤ マズン ナル ハンガイ?(何々、あなたたち二人は結婚する考えか〈つもりか〉)。

ヌーッティヤー[nu:ttija:]〔連〕
なぜだ。何ゆえだ。【例】バントゥ マズン ナラヌンティ イズヌ ヌーッティヤー?(僕と一緒にならない〈結婚できない〉と言うが、なぜだ。)

ヌーッティン ナーヌン[nu:ttin na:nuŋ]〔連〕
何の音沙汰もない。何の反応もない。【例】ウナー シールンティ シタヌ マヌバーキ ヌーッティン ナーヌン(自分がやると言ったのに、今まで何ともない)。「シタヌ」は「イズッタヌ(言ったが)」の約転(約音・転音)した語。

ヌードゥ シラリラ[nu:du ʃirarira]〔連〕
何もできない。どうしようもない。「何ができようか、何もできない」の意。【例】トゥジブトゥヌ アイナレーハラ ヌードゥ シラリラ(夫婦があんなになってしまったら、何ができようか、もはや何もできない)。

ヌードゥ ヌーッテナーナ[nu:du nu:ttena:na]〔連〕
何の理由もなく。訳もなく。【例】ヌードゥ ヌーッテナーナ クンゾーバタイ プスユ イジベールワヤ(何の理由もなく腹を立て、他人を怒っているよ)。

ヌーヌクイヌ[nu:nukuinu]〔副〕

なんだかんだ。ああだこうだ。【例】ギューサ ヌーヌクイヌ イザバン タルン ウヴァー ムヌイヤ シンヨー スーヌン（いくらああだこうだ言っても、誰も君の言うことは信用しない）。

ヌーヌフラーン[nu:nuɸura:ŋ]〔副〕
どれほど。何ほど。如何ほど。「ヌーヌベーン」「ヌーヌボーン」とも言う。【例】ヨイムノー ヌーヌフラーン ムティ パラバドゥ ミサーッカヤ？（祝いの品は、どれほど持って行けばいいのだろうか）。「ヨイムヌ」は「祝いの物＝祝いの品」のことである。以前は揚げ豆腐やてんぷらなどの物品を届けるのが習いであったが、現在は金品のご祝儀を贈る。

ヌーヌベーン[nu:nube:ŋ]〔副〕
どれほど。如何ほど。「ヌーヌフラーン」と同じ。

ヌーヌボーン[nu:nubo:ŋ]〔副〕
どれほど。如何ほど。「ヌーヌフラーン」「ヌーヌベーン」と同じ。

ヌーヌマービヤ[nu:numa:bija]〔連〕
何の真似だ。【例】ウヴァンザヌ シェーワザ ヌーヌマービヤ？（お前の仕出かしたことは、いったい何の真似だ）。

ヌーヌヤー[nu:nuja:]〔連〕
意外にも。何のこともまく。【例】タルン クーヌンダラッティ ウムイ パルケードゥ ヌーヌヤー ウラーリ ケーワヤ（誰も来ないだろうと思って行ったら、意外にも大勢来ているよ）。

ヌーバシーッカヤー[nu:baʃi:kkaja:]〔連〕
どんなかなあ。どんなだろうか。【例】ダイゾーブッティ ウブムヌイバ イジベールヌ ヌーバシーッカヤー？（大丈夫だと大口をたたいているが、どんなだろうか）。

ヌーバシーヤ[nu:baʃi:ja]〔連〕
どうか。どんな具合か。【例】アラクルマー ヌーバシーヤ？（新しい車〈の乗り心地〉は、どんな具合だ）。

ヌーバシー　ワーラ[nu:baʃi: wa:ra]〔連〕
ご機嫌如何でいらっしゃいますか。「如何お過ごしでいらっしゃいますか」の意。【例】ウブザーン パーン ヌーバシー ワーラ？（お祖父さんもお祖母さんも、ご機嫌如何でいらっしゃいますか）。

ヌーバセー　クトゥン[nu:base: kutuŋ]〔連〕
どんなことでも。【例】ヌーバセー クトゥン アワリッティ イザンスクン ハタジキリ（どんなことでも、難儀だと言わずに片付けなさい）。

ヌーヤ　クイヤー[nu:ja kuija:]〔連〕
何や彼や。あれやこれや。【例】ヌーヤ クイヤー イザバン アトー ヴァー ハトゥハドゥ タヌミン フルワヤ（なんやかや言っても、最後は私のところに頼みに来るよ）。

ヌーヤラバン[nu:jarabaŋ]〔副〕
何が何でも。何があっても。【例】ヌーヤラバン パーク イサン ミシクー（何が何でも、早く医者に診せてきなさい）。

ヌーユウー[nu:juu:]〔感〕
何だと。反抗的な応答に対して怒りをぶつける場合の対応。【例】ヌーユウー！？ タルハ ンカイドゥ フチッタイバ シーベーラ？（なんだと、誰に向かって反抗しているのだ）。

ヌウリ[nuʔuri]〔接尾〕
〜など。〜等々。「〜ヌッツァ」とも言う。幾つかの語を並べて最後の語に付けて「〜ヌウリ（〜など）」の形で用いる。【例】マハン サバン ポッツァ マナイツァ ナビヌウリ（飯碗、湯飲み茶碗、包丁、まな板、鍋など）。

ヌーリジ[nu:riʒi]〔名〕
パーリー船を海に下ろす際の口上。「トゥビュートゥビ パルフニ サンビャクサンジューサンスーヌ ウチハラ イラビンザ

セル　トゥビュートゥビ　パルフニ　マヌマヌ　イートゥキ　ハイトゥキ　パヤフニバ　ヌリシマシミ　タボーリ（飛び魚のように走る船、三百三十三艘の内から選び出した飛び魚のように走る船、今のよい時、好ましい時に速船を乗り済まさせて下さい）」と祈願する。

ヌールン[nu:ruŋ]〔他〕
乗る。「ヌルン」とも言う。〈否〉ヌーラヌン。【例】ウヴァー　ジテンサー　ヌーリッセン？（お前は、自転車に乗れるか）。

ヌーン[nu:ŋ]〔他〕
縫う。丁寧に言うと「ヌウン」となる。〈否〉ノーヌン。【例】ムカシェー　タイガイヌ　キンヤー　ドゥーシドゥ　ヌータ（以前は、ほとんどの衣服は自分で縫った）。

ヌーン[nu:ŋ]〔副〕
何も。多くの場合、否定語が後に付く。【例】アマジヌ　ドゥキ　ヤムッテナ　ヌーン　ハンガイラルヌン（頭痛がひどくて、何も考えられない）。

ヌーンアラヌン[nu:nʔaranuŋ]〔自〕
何でもない。【例】ウヌアタイヌ　ニチェー　ヌーンアラニバ　ガッコー　パラハイ（その程度の熱は、何でもないから学校に行かせなさい）。

ヌーンクイン[nu:ŋkuiŋ]〔副〕
何もかも。あれもこれも。【例】（主語）ヌーンクイン　アルッサ　ムティ　パリナーヌン（あれもこれもあるだけ持って行ってしまった）。

ヌーンスーヌン[nu:nsu:nuŋ]〔自〕
何でもない。何の障りもない。直訳的な意味は「何もしない」である。【例】ウヌアタイヌ　ニチェー　アシュ　パラシ　パタラクッカー　ヌーンスーヌン（この程度の熱は、汗を流して働くと何もしない〈何の心配も要らない〉）。

ヌカ[nuka]〔名〕
糠。【例】シキムノー　マイヌ　ヌカシドゥ　シキル（漬物は、米の糠で漬ける）。

ヌカーサ[nuka:sa]〔名〕
金銭や現物を出し合って目的を実現する行ない。「ヌカサー」とも言う。【例】ヌカーサッティ　イズッカー　ソーミンヌ　ヌカーサッティ　キマリブッタ（ヌカーサと言うと、素麺のヌカーサと決まっていた）。

　昭和30年前後のころ、黒島でのソーミン・チャンプルー（素麺炒め）の相場は、手軽で安くて美味しくて上品で、青年男女の交流のための便利な手段（今風に言えば簡便なツール）であった。その場所は、①うるさい父母・祖父母のいない家、②母屋と台所が離れている家、③台所が自由に使える家、などの好条件を満たしていることだった。我が家のパイナ（南の隣家）の前仲家が、上記の条件にぴったりだった。持ち寄ったお金や穀物をマチヤー（売店）で素麺とサバ缶（水煮に限る）に替える。調味料はどうやって調達したのか記憶にないが、参加者が持ち寄ったのだったか。僕は売店への走り使いを担わされた。報酬は一緒にご馳走になることだったが、十分すぎる報酬であった。

　僕の自慢できる手料理の一つは、女房推奨のソーミン・チャンプルーであるが、その手順から味付けの要領まで「ヌカーサ」の現場でそれとなく頻繁に観察していたのが役立っているのではないかと思っている。

ヌカースン[nuka:suŋ]〔他〕
金品や物品を持ち寄る。（沖）ヌチャースン。〈否〉ヌカーハヌン。【例】ジンハラ　マミヌッツァーバ　ヌカーシ　ソーミンヌ　ヌカーサー　シタワヤ（金銭や豆類を持ち寄って、ソーメンのヌカーサをしたよ）。

ヌガーラスン[nuga:rasuŋ]〔他〕
許す。免れさせる。〈否〉ヌガーラハヌン。【例】キムイッツァハーリバ　メー　ヌガー

ラハイバー（可哀そうだから、もう許しなさいよ）。

ヌガールン[nuga:ruŋ]〔自〕
免れる。許される。〈否〉ヌガーラヌン。【例】バッキンユ パラワバン シメー ヌガーラルヌン（罰金を払っても、罪は免れない）。

ヌギパー[nugipa:]〔名〕
死者の霊がこの世に残らないように祈願する行事。たいていユタ（祈祷師）を頼んで祈願した。(石)ヌギゥファ。(沖)ヌジファ。【例】ユタバ シカイシキー ヌギパーユ シーウヤセータ（祈祷師を案内して、死者の霊がこの世に残らないように祈願をして差し上げた）。

ヌキヤー[nukija:]〔名〕
貫き家。本建築。角材を貫いて組み合わせ、イシジ（石の基礎）の上に建てる正式建築の家。〈対〉アナブルヤー。【例】イシジヌ ウイナー パラユ タティル ヤーユドゥ ヌキヤーッティ イズ（イシジの上に柱を立てる家を貫き家と言う）。

ヌキル[nukiru]〔名〕
鋸。「ヌキリ・ヌキン」とも言う。古くは「ヌキリゥ[nukirï]」であったが、「ヌキル・ヌキリ・ヌキン」へと音韻変化したものと思われる。【例】ウヌキーヌ ユダー ヌキルシ キシシティリ（その木の枝は、鋸で切ってしまえ）。

　私は幼少のころから、父にいろいろなことを仕込まれた。台所用品では包丁の研ぎ方を、大工道具では鉋、鑿、鋸の研ぎ方を教えられたが、鋸は刃の向きが互い違いになっていてそれを鑢で研ぐのだが上手く研げなかった。父が研いだ鋸の切れ味ははっきり確認出来、何でもこなす父に子どもながら畏敬の念を抱いたものである。

ヌギンジムヌ[nugindʑimunu]〔名〕
抜きん出た者。【例】ウレー シマズーナ ヌギンジムヌッティ イザリブー（彼は、島中で抜きん出た人と言われている）。

ヌギンジルン[nugindʑiruŋ]〔自〕
抜きん出る。〈否〉ヌギンズヌン。【例】ウヌッファー ヤラビシェーケハラ ヌギンジブッタ（その子は子どものころから抜きん出ていた）。

ヌクン[nukuŋ]〔他〕
貫く。通す。〈否〉ヌカヌン。【例】パンヌ ミーハラ イトゥユ ヌクンティ シール ヌドゥ ヨーイニ ヌカルヌン（針の穴から糸を貫こうとするが、容易に貫けない）。子どものころ、母が針の穴に糸を通すのに苦労している様子が、見ていて滑稽でもあり不思議でもあった。結局、僕が手伝って糸を通したのだが母の手伝いをできたのが嬉しかった。

ヌクバルン[nukubaruŋ]〔自〕
温まる。暖かくなる。〈否〉ヌクバラヌン。【例】ジルナー ピーフキンバ イリ ヌクバレーッタ（囲炉裏に熾火を入れ、温まった）。

ヌクンツァハン[nukuntsahaŋ]〔形〕
飲み込みづらい。【例】ヌクンツァハリバ ミジトゥ マズン ンキワーリ（飲み込みづらいですから、水と一緒にお上がりください）。

ヌザキ[nuzaki]〔名〕
〈植〉雑草の名。ハイキビ。(石)ナザギゥ。(沖)ナジチュ。【例】パタキヌ ヤナザダニティ イズッカー ヌザキアッタ（畑の嫌な雑草と言うと、その代表はハイキビであった）。根っこが土深くまで伸び、それが少しでも残っているとそこから芽を出して繁殖し、根絶やしするのは非常に困難な雑草であった。

ヌシ[nuʃi]〔名〕
主。持ち主。土地や、建物、品物などの所有者。(石)ヌシゥ。(沖)ヌーシ。【例】ウヌ ヤーヌ ヌシェー タルッティ

ジェーン？（その家の主は、誰だか知っているか）。

ヌシキヤー [nuʃikija:]〔固〕
屋号。野底家。「ヌスクヤー」とも言う。

ヌシキルン [nuʃikiruŋ]〔自〕
準備を整える。競争に備える。〈否〉ヌスクヌン。【例】キューヌ イートゥキ ハイトゥキサーリ フタムラヌ パーリーク イスーブユ ヌシキタ トゥキンドゥ……（今日のちょうどいい時刻に、二村の爬竜船競漕の準備が整ったところで……）。用例は、豊年祭のウーニ競走・パーリ競漕の前にウーニ（船頭）へ神の盃を授ける際に、盃を授ける人の述べる口上の一部である。

ヌシトゥル [nuʃituru]〔名〕
泥棒。盗っ人。「ヌシトゥン」とも言う。【例】ヌシトゥルユ ハサミッカ ズンサヌヤーハ サーリパリ（泥棒を捕えたら、巡査の家〈駐在所〉に連れて行け）。子どものころ、悪餓鬼たちにとって、「イチュマンウイ（糸満売り）」「ハシガクミ（穀物入れの麻袋籠め）」に次いで怖かったのは、「ズンサヌヤー（巡査のいる駐在所）」であった。これら三つの用語は、現在の黒島では実体のない死語になっているであろうが、私たち世代には今も故郷を回顧する重要なキー・ワードである。「ハシガ」の項参照。

ヌスク [nusuku]〔固〕
〈地〉野底村。石垣島の東北部に位置していた集落。野底村は、黒島からの移住民によって1732年に創設され、1934年に廃村となった。旧野底村の村域には、第二次世界大戦後に琉球政府の計画移民によって宮古島・沖縄島などから入植、多良間・下地・兼城・榮の集落が形成された。『平凡社 日本歴史地名体系第48巻・沖縄県の地名』参照。

ヌスクマーペー [nusukuma:pe:]〔固〕
〈地〉野底岳（282.4メートル）の通称。1732年、黒島から野底村への強制移住の際、恋人同士であったハニムイとマーペーは、マーペーだけ野底に移住させられた。マーペーは黒島に残されたハニムイの面影を求めて野底岳に登るのだが、前面に聳える於茂登岳に阻まれ島影さえ拝むことが出来ず、悲嘆の末野底岳の頂上でうなだれた姿のまま石になってしまったという。この「マーペー伝説」によって、野底岳は「ヌスクマーペー」と通称されるようになった。『平凡社 日本歴史地名体系第48巻・沖縄県の地名』参照。

ヌスクヤー [nusukuj:]〔固〕
屋号。野底家。「ヌシキヤー」と同じ。

ヌスムン [nusumuŋ]〔他〕
盗む。〈否〉ヌスマヌン。【例】プスヌ ムヌユ ヌスムッカ ドゥーヌ ムヌン ヌスマリルン（他人の物を盗むと、自分の物も盗まれる）。

ヌズムン [nuzumuŋ]〔他〕
望む。希望する。欲する。〈否〉ヌズマヌン。【例】クトゥシヌ ウーネー バラザンシ ヌズミハイヤ イラビハイヤ シーラリリバ ウブハチバ シータボーラリデーダラ（今年のウーニはバラザンによって公正に皆の希望どおり選ばれたので、大勝利をしてくれるでしょう）。

　豊年祭の「ウーニ（船頭）・トゥージ（舵取り役）」選挙は、部落民が一堂に会し、フダニンと称される選挙人によって「バラザン」で選ばれた。各人にバラ（藁）を一本ずつ配り、目当ての候補者に投票する。文字通り公開による公正な投票ではあるが、実際にはかならずしも実力優先とはいかず、縁類の多い人が当選する傾向を示したという。まあ、そんなもんだろうね。

ヌチ [nutʃi]〔名〕
命。寿命。【例】プーンヌ ユーンドゥ ヌツェー プサ（豊年祭があるからこそ、

命は欲しい〈長生きしたい〉)。

ヌチハギリ[nutʃihagiri]〔副〕
命の限り。一所懸命に。【例】ヌチハギリ ギーパリ（命の限り〈全力を尽くして〉、奮闘せよ）。

ヌチガフー[nutʃigaɸuː]〔名〕
長寿。命が果報の元である。命の有難さ。【例】ヌチガフーバ タボーラリ マイダン プコーラサユー（長寿を賜わり、誠にありがとうございます）。

ヌチズー[nutʃizuː]〔名〕
一生涯。一生。【例】①ウリトゥヌ クトー ヌチズーヌ ウムイムヌ（その人とのこと〈離別〉は、一生涯の心の痛みである）。②ウヤヌ ブンゲー ヌチズー バッシラルヌン（親の恩義は、一生忘れられない）。用例①は失恋の痛みを述べたものであるが、その引きずり方は男と女では相当に開きがあるとか。たいてい未練たらたらひきずるのは、男のほうだと言うが、んー!?

ヌッサン[nussaŋ]〔形〕
暖かい。温い。【例】アーシキンヤ シカイットゥ ヌッサン（袷の着物は、非常に温かい）。

ヌッサン[nussaŋ]〔形〕
遅い。鈍い。「ニバン」とも言う。【例】シグトゥ シーヨーヌ ヌッサダラ（仕事の仕方の、遅いことよ）。

ヌッサン[nussaŋ]〔接尾〕
～しづらい。～することが難しい。動詞の連用形に後接する。【例】①ウヴァー イズムヌイヤ シキヌッサン（お前の言う言葉は、聞きづらい）。②クヌニコー ハタンハーッティ ヴァイヌッサヌ（この肉は、固くて食べにくいよ）。

ヌッツァクッツァ[nuttsakuttsa]〔副〕
何の彼の。何や彼や。【例】ウレー ヌッツァクッツァ フチッタイバ シーベールヌ ヤリシティ ウシキ（あいつは何の彼の不平を言っているが、放っておきなさい）。

ヌッツァクトゥ[nuttsakutu]〔名〕
どんなこと。なんのこと。【例】マジ ヌッツァクトゥヤ クレー？（いったいなんということだ、これは）。許しがたい事態が出来した時などに、叱責を込めて言う。

ヌッツァクトゥヌドゥ[nuttsakutunudu]〔感〕
何ということだ。【例】ヌッツァクトゥヌドゥ ウヴァンナー アヤール ヤナハイ イガイヌ ウモーリタンマラ!?（何ということだ、お前にはあんな悪い考えが思い浮かんだものだなあ）。

ヌッツァムヌ[nuttsamunu]〔名〕
どんなもの。「ヌッツァクトゥ」とほぼ同じ感情で発する言葉。【例】ヌッツァムヌヤ ウヴァー セークトー？（どんなものなのだ、お前の仕出かしたことは）。

ヌッツァムヌヌドゥ[nuttsamununudu]〔感〕
何ということだ。「ヌッツァクトゥヌドゥ」と同じ。

ヌッツァラクッツァラ[nuttsarakuttsara]〔副〕
何の彼の。何や彼や。「ヌッツァクッツァ」と同じ。

ヌツルン[nutsuruŋ]〔自〕
根づく。活着する。「ヌツン」とも言う。〈否〉ヌツラヌン。【例】キーヌ ナイユ ヴィータヌ アミヌ ヴァーナッティ ヌツラナムール ハリナーヌン（木の苗を植えたが、雨が降らなくてすべて枯れてしまった）。

ヌツン[nutsuŋ]〔自〕
根づく。活着する。「ヌツルン」と同じ。

ヌドゥ[nudu]〔名〕
喉。【例】ヌドゥヌ ヤミ ミジェッツァン ヌマルヌン（喉が痛くて、水さえも飲めない）。

ヌドゥハーキ[nuduhaːki]〔名〕
喉の渇き。「ミジハーキ」とも言う。【例】ヌドゥハーキバ シー ミジユ ヌンピサヌ フシガルヌン（喉渇きをして、水が飲

みたくて堪らない)。

ヌヌ[nunu]〔名〕
布。【例】ムカシェー オシメヤ ヌヌシドゥ ヌーッタヌ マヌマヌユーヤ ハビシマーンドゥ スクル（以前、おしめは布で縫ったが、現在は紙で作る)。

ヌバスン[nubasuŋ]〔他〕
延ばす。延期する。伸ばす。〈否〉ヌバハヌン。【例】ヌビヌ ソッコーッティドゥ アリバ クンドゥヌソッコーヤ ヌバハンヌ（法事は延ばしても良い、と言われているから今度の法事は延期しようよ)。
　用例のような考えは何とも都合のいい言い草であるが、お寺の指導も施主の都合次第で良いと言うところ、出来るだけ決まった期日や命日にしなさいと厳しく諭すところ、まちまちである。法要をめぐる現代の世相は、「繰り上げ法要」が多くなっており、都市地区での法要のありようは急速に変わってきているし、その傾向は今後も加速し地方にも伝播するのではなかろうか。「ナンカ」「ヌビヌソッコー」の項参照。

ヌビ[nubi]〔名〕
首。「フビ」とも言う。【例】ミーレーアーヌ プーヤ ヌビユ タリルヌ ミーランアーヌ プーヤ シナーシ ヌビシキ タティベー（稔った粟の穂は首を垂れるが、稔らない粟の穂はただ伸びたまま突っ立っている)。ある年、石垣在の自宅屋敷の「五穀園」の粟が、実を付けずに用例のような状態で突っ立っていたことがあった。あとで、連作障害だと気付いたのだった。考えてみると、父たちはサトウキビ、イモ、ゴマ、ダイズ、アズキ、リョクトウ、などの作物を、連作障害を避けるため注意深く畑を替えて作っていたのだ。
　ところで、「ヌビ」という言葉の成り立ちについて加治工真市著『鳩間方言辞典』（国立国語研究所2020年）は、「ヌドゥ（喉）とフビ（首）の混交により、上接語ヌドゥのドゥと下接語フビのフが脱落して形成されたもの」と説く。謎解きの明快さに舌を巻き、学問の素晴らしさに感動した。

ヌビシキ[nubiʃiki]〔名〕
背筋を伸ばすこと。真っ直ぐに伸びること。「ヌビシキルン」の連用形が名詞化した語。

ヌビシキルン[nubiʃikiruŋ]〔自〕
背筋を伸ばす。真っ直ぐに伸びる。〈否〉ヌビスクヌン。【例】クシヌハーユ トゥーシ ヌビシキブラナーッカ コーグナルヌ（背中をいつも伸ばしていないと、猫背になるよ)。

ヌビナールン[nubina:ruŋ]〔自〕
首を伸ばして覗く。「ヌベールン」とも言う。【例】ヌビナーリ ミルンティ シールヌドゥ プスヌ ウラハーッティ ミラルヌ（首を伸ばして見ようとするけれど、人が多くて見られない)。

ヌビヌソッコー[nubinusokko:]〔名〕
法事を延期すること。【例】ヌビヌソッコーヤ ガンッティ シーウヤシドゥ シーッカー ギューサ ヌバハバン ミサン（法事を延期するのは、きちんとして差し上げるのであれば、いくら延ばしてもよい)。要は、年忌法要の延期はよいが省略はよくないとされているのだ。たとえば、二十五年忌を延ばして三十三年忌と一緒に行なう場合、初めに二十五年忌の分の供え物を捧げそのあとに三十三年忌の供え物を新たに捧げるのである。人が亡くなって一週間ごとに行なう「ナンカショウコウ（七日焼香)」は、近年初七日の日に四十九日法要まで「繰り上げ法要」と言って一括して行なう。この「繰り上げ法要」は、年忌法要にも波及し七年忌または十三年忌法要の際に、二十五年忌法要および三十三年忌法要まで繰り上げて行なう傾向が顕著である。そのうち、「ヌビヌソッコー」という考え

は途絶え、言葉自体も死語になってしまうのではなかろうか。

ヌビラ[nubira]〔名〕
〈植〉ノビル。【例】ムカシェー ヌビラー ウマハマナ ミラリッタヌ マヌマ ヨーイニ ミラルヌンドゥラ（以前は、ノビルはあちこちで見られたが、昨今はめったに見られないよ）。石垣島の屋敷で、ノビルを栽培し増やそうとしたが、とても難しく失敗の連続だった。ネギと同じような感覚で球根を地中から取り出して保管すると中身はスカスカになるし、地中で放置して然るべき時期に移植しようとしてもうまくいかないし、結局は自生に適当な場所でのみ生育するのだろうか。

ノビルは『古事記』にも『万葉集』にも登場していて当時も食品として重宝されていたことが窺えるので、何とかして現代に甦らせたいと栽培方法の試行錯誤を繰り返しているところである。成功例があれば、ご教示を願いたい。

以上の情況下で、首里の自宅のベランダで栽培したノビルの苗を石垣市内の土地を管理している甥の花城直人に託し、栽培してもらったところ驚くべきことが起きた。通常だと直径15ミリほどにしかならない球根が、なんと4センチの大きさに成長しているではないか。栽培の仕方によっては、商品化も可能だと思って夢をふくらませているところである。ちなみに、ノビルの苦味・辛味はラッキョウよりはるかに強烈であり、苦味・辛味の好きな人には堪らないと思う。

〔追記〕昨年（2021年9月）首里から識名に転居した際に、ノビルの種を持って来て撒いておいたらしっかり繁殖しているので、何とか種切れさせずに育てたい。数株を塩揉みにして食してみると、強烈な苦みは健在である。

ヌビルン[nubiruŋ]〔自〕
伸びる。〈否〉ヌブヌン。【例】ウヌナビラヌ ヌビパーハダラ（そのヘチマの、伸びるのが早いことよ）。

ヌブスン[nubusuŋ]〔自〕
のぼせる。頭に血がのぼる。〈否〉ヌブサヌン。【例】ドゥキ アツァッテナ ヌブシナーヌン（あまり暑くて、のぼせてしまった）。

ヌブルン[nuburuŋ]〔他〕
登る。上がる。「ヌールン」とも言う。〈否〉ヌーラヌン。【例】キーヌ ウイハ ヌブリ ユダ キシウタハイ（木の上に登って、枝を切り落としなさい）。

ヌベールン[nube:ruŋ]〔他〕
覗く。覗き見る。〈否〉ヌベーラヌン。【例】アザヌ ウイハラ ヌベーリミリバ（石垣の上から、覗いて見なさい）。「タライ」の項参照。

ヌベールン[nube:ruŋ]〔他〕
舐める。〈否〉ヌベーラヌン。【例】ウシン ピシダン ヴァーヌ マリッカー ハラッタナ ママリブー ユダンユ ヌベールワヤ（牛も山羊も子が生まれると、体に付着している粘液〈羊水〉を舐める）。

以下の経過は牛も山羊もほぼ同じなのでここでは牛に代表してもらう。胎児は、子袋（子宮）の中で外側の胎盤と内側の羊膜の二重の膜で覆われ羊水に保護されているが、十分な成長を遂げ、時が来ると羊膜が破れ（破水と言う）羊水に包まれたまま産道をくぐり抜けて出産する。羊水は見るからにヌルヌルした粘液で、胎児が産道を滑らかに進むための重要な役割を担っているという。出産後、子牛の全身を覆っている羊水は母牛が丁寧に舐め、食べてくれる。羊水を綺麗に舐めつくし食べつくしたころ子牛は両足を踏ん張って立ち上がり、よろよろのよちよち歩きをしながらも不思議な

ことに母牛のおっぱいの所まで辿り着きおっぱいをしゃぶるのである。母牛の産道から最初にとび出すのは子牛の前足で続いて頭が出てくる。その瞬間の感動は筆舌には尽くせない。

　一方、その間も母牛は胎盤を放出する後産（あとざん）という分娩の大事な仕上げの仕事を続ける。そこで、またしても不思議としか言いようのない現象が見られる。すなわち後産で放出された胎盤（胞衣と言う）を母牛が食べるのである。草食動物であるにもかかわらず、肉片をしかも自らの体内から出てきた用済みの胞衣を食べる母牛の姿には、鬼気迫る神秘的なものを感じる。

　以上は、獣医師の宮良当皓君と畜産学士で自ら畜産業を営んでいる甥孫の當山陽啓に教えてもらったことに、自ら体験したことを織り交ぜてまとめた。

　ところで、ヒトの場合はこの世に現れる瞬間に勢いよく産声（うぶごえ）を発するが、牛には同様の現象は見られない。またヒトと違って母牛の出産に伴う苦痛の叫びも耳にしたことがない（上記の陽啓によると、たまに呻（うめ）き声を発する牛もいるらしい）。その違いはなんだろうか。

ヌミミジ[numimiʒi]〔名〕
飲み水。飲料水。【例】スイドーヌ　ナーンケー　ヌミミジェー　アマミジュ　タンクナー　タミ　ウリユ　ヌムッタドゥラ（水道のないころ、飲み水は雨水をタンクに溜めてそれを飲んだんだよ）。

ヌムン[numuŋ]〔他〕
飲む。〈否〉ヌマヌン。【例】サキユ　ドゥキ　ヌンダハー　プソー　ツォーミースーヌン（酒をあまり飲む人は、長命〈長生き〉しない）。

ヌリクム[nurikumu]〔名〕
積雲。「シラクム（白雲）」の同義の対語として、歌謡に用いられる。

ヌリッツァースン[nurittsa:suŋ]〔他〕
塗りたくる。めちゃくちゃに塗りまくる。〈否〉ヌリッツァーサヌン。（石）ヌリゥッツァーシゥン。【例】クビナー　ドゥルバ　ヌリッツァーシ　ウシケームノー　ターラ？（壁に泥を塗りたくっておいた者は、誰だ）。

ヌルン[nuruŋ]〔他〕
塗る。〈否〉ヌラヌン。【例】フシンユ　ヌリ　ウスクッカー　シグ　ナウルワー（薬を塗っておいたら、すぐ治るよ）。

ヌルン[nuruŋ]〔他〕
乗る。「ヌールン」とも言う。【例】アースンプソー　ヤディン　コーシンマルハドゥ　ヌレッタ（東筋の人は、かならず興進丸に乗った）。

　黒島と石垣島の連絡船に乗る場合、東筋（きょうしん）の人は共進丸で、保里・宮里・仲本の人は保盛（ほせい）丸で、とほぼ決まっていた。後に、共進丸は興進（こうしん）丸に保盛丸は黒潮（くろしお）丸に替わったが、前記のように乗る船の選択は基本的に同じであった。その理由は、政治的な白黒闘争（いわゆる保守・革新の対立）が背後にあって、その反映であったと思われる。

　当時は、石垣島への旅は２時間くらいかかり、しかも一泊を要した。現在は、八重山全域を対象とする海運業者の大型客船が１日に数回も運航し片道30分ほどだから、まさに隔世の感がある。

ヌルントゥルン[nurunturuŋ]〔副〕
のろのろしている。ぼんやりしている。沖縄語の移入語。【例】ヌルントゥルンシベーリバドゥ　マイハ　アガカヌン（のろのろしているから、前に進まない）。共通語「捗る・進む」に対応する黒島語は一般には「ナシクン」であるが、沖縄語「アガチュン」に対応する「アガクン」も用いる。

ヌン[nuŋ]〔名〕
〈動〉ノミ（蚤）。【例】ヤラビシェーケー

ヌンニン シドーリ ブッタワヤ（子どものころは、蚤にたかられていたよ）。

ヌン[nuŋ]〔名〕
鑿(のみ)。【例】ヌンヤ トゥイヨーヌ ダーサ ナーナーッカ キスヌンドゥラ（鑿は研ぎ方がよくないと、切れないよ）。

ヌン[nuŋ]〔助動〕
〜ない。否定、打消しの意を表す。用言の未然形に接続する。【例】エイガユ ミリピサールヌ コロナヌ ナハブラーリバ マヌマー ミリン パラヌン（映画を観たいけど、コロナが怖いから今は観に行かない）。

ヌンクマスン[nuŋkumasuŋ]〔他〕
（船を）突っ込ます。「ズンクマスン」とも言う。〈否〉ヌンクマハヌン。【例】フネー アサハー ハトゥハー ドゥキ ヌンクマシナ（船は浅い所に、あまり突っ込ますな）。

ヌンクムン[nuŋkumuŋ]〔自〕
（船が）突っ込む。「ズンクムン」とも言う。〈否〉ヌンクマヌン。【例】フニヌ アサハ ハトゥハ ヌンクムッカー スクユ ジンザリ イタムンドゥラ（船が浅瀬に突っ込むと、底を擦って傷つくぞ）。

ヌングンジマ[nuŋgundʑima]〔名〕
山のない島。「ハラジマ（乾島）」とも言う。〈対〉タングンジマ。【例】ビャーハシマー ヤマヌ ナーナッテナー ヌングンジマッティ イザリ ブー（我が黒島は、山がないことからヌングンジマと言われている）。森や林にも「ヤマ」と言うが、ここの「ヤマ」は山地・山脈のこと。

ヌンナクン[nunnakuŋ]〔他〕
生唾(なまつば)を飲む。飲み込む。【例】マーハムヌバ ミリ シナーシ フチジンユ ヌンナキ ベー（美味しいものを見て、しきりと生唾を飲み込んでいる）。

ネ

ネー[neː]〔助〕
のような。「ネール」とも言う。【例】ウヴァネー ムヌヌ トゥジ ナル ミドゥモー ブンカヤー？（お前のような人の妻になる女性はいるかなあ）。

ネースン[neːsuŋ]〔他〕
煮る。炊く。〈否〉ネーハヌン・ネーサヌン。【例】ウンヤ シンマイナビナードゥ ネース（芋は、シンマイナビで炊く）。

ネースン[neːsuŋ]〔他〕
似せる。まねる。〈否〉ネーハルヌン・ネーサルヌン。【例】ディキダバー シザニン ネースンティ スダティタヌドゥ ムットゥ ネーサルンタン（よく出来る上の子に似せようと育てたが、ちっとも似なかった）。

ネーヌン[neːnuŋ]〔形〕
似ていない。「ネーン・ネールン（似る）」の否定形。【例】ウヌフタラー フタッツァーヤルヌドゥ アイナー ネーヌワヤ（その二人は、双子だのにそんなに似ていないよ）。

ネーネ[neːne]〔名〕
〈幼〉姉の幼児語。姉ちゃん。姉に親しみをこめて言う語。【例】ミドゥムヌキョーダイヌ シザハヤ ネーネッティ イズワヤ（女きょうだいの年上には、ネーネと言うよね）。2022年度のNHK朝の連続テレビ小説〈ちむどんどん〉は、沖縄を題材にしていることから「ネーネ」や「ニーニ（兄

ネーラ[ne:ra]〔終助〕
疑問を表す敬語。【例】ミサーットゥリ ワールンネーラ？（お元気でいらっしゃますか）。

ネール[ne:ru]〔助〕
のような。「ネー（のような）」の古形、またはそれを強調した語。【例】ウヴァネール ナマンダリムノー タルン シンヨースーヌン（お前のようないい加減なやつは、誰も信用しない）。

ネールン[ne:ruŋ]〔形〕
似る。似ている。【例】プカナー スクル ヴァーヤ ハクビチ イザン ネールン（外でもうける子は、特に父親に似る）。

ノ

ノーシン[no:ʃiŋ]〔名〕
頭痛薬の銘柄の名。【例】アボー アマジヌ ヤンヌ アーッテナー ノーシンヤ キサハンタン（母は頭痛持ちだったので、ノーシンは絶やさなかった）。我が家には、常備薬として「ノーシン」と「セイロガン」が備わっていた。

ノースタ[no:suta]〔感〕
まさか。とんでもない。【例】ノースタ アイヤール クトー ハンガイラルヌン（まさか、あんなことは考えられない）。

ノースン[no:suŋ]〔他〕
残す。「ノホスン」の変化した語。〈否〉ノーハヌン・ノーホヌン。【例】ノーホンスクン ムール ヴァイ（残さないで皆食べなさい）。

ノーパー[no:pa:]〔名〕
うすのろ。判断力や行動の鈍い人に対する貶(けな)し言葉。【例】ウレー ノーパーリバ タラーキラルヌンドゥラ（そいつはうすのろだから、当てにならないよ）。

ノホスン[nohosuŋ]〔他〕
残す。「ノースン」と同じ。〈否〉ノーハヌン・ノーホヌン。【例】キューヌ シグトゥユ アツァバーキ ノーシナ（今日の仕事を、明日まで残すな）。

ノホダン[nohodaŋ]〔名〕
〈動〉牛に寄生するオウシマダニの幼虫。牛を原野などで繋ぎ飼いしたところの茅の葉などに固まりとなっていて、牛や人について血を吸って大きくなる。体調は一ミリほどで赤みがかっているが、成長すると薄ミドリイロの不気味な色を帯びる。【例】マヌマー シマナーヤ ノホダンヤ ブラヌントゥ（現在は、黒島ではオウシマダニの幼虫はいないそうだ）。「タン」の項参照。

ノホル[nohoru]〔名〕
残り。「ノホン」とも言う。【例】ノホラージーヌ ナハナー ウズミ ウシキ（残りは、土の中に埋めておきなさい）。

ノホルムヌ[nohorumunu]〔名〕
残り物。【例】ノホルムヌナードゥ フクヤ アーットゥ（残り物にこそ、福はあるそうだ）。

ノホルン[nohoruŋ]〔自〕
残る。【例】ノホルッカー シトゥンスクン タブイ ウシキ（残るなら、捨てずに蓄えておきなさい）。

ノンカー[noŋka:]〔名〕
呑気な人。「ハンヌ ユーヌ プス（神代の人）」とも言う。沖縄語の移入語か。【例】ウレー ノンカーッテナー ヌーバシェー

アツァマンヌ　バソーン　ヤディン　ウクリ　フルワヤ（そいつは、呑気な奴だからどんな会合の場合にもかならず遅れて来るよ）。

ハ

ハ[ha]〔格〕
～に。～へ。方向を示す格助詞。「ヘ」とも言う。【例】①イサナキハ　ギッティケー（石垣に行ってきた）。②パタケヘ　パレー（畑に行った）。本来は「パタキ　ハ」であるが、「パタキ」の「キ」が後接の「ヘ」に引かれて「ケ」に転じている。

バ[ba]〔接助〕
～から。～ので。～なら。【例】①クマー　シマシェーリバ　ビチヌ　ハトゥ　シーリ（ここは済ませた〈成し遂げた〉から、別の箇所をしなさい）。②マダ　アマハリバ　マーイメーミ　マースユ　イリリ（まだ〈味が〉甘い〈うすい〉ので、もう少し塩を入れなさい）。③ムニ　イザバ　チチシミ　フチヌ　フカ　ンザスナヨ（物〈言葉〉を言うなら慎み深く慎重に、〈むやみやたらと〉口外するな／八重山民謡〈でんさ節〉より）。

バ[ba]〔終助〕
～せよ。命令形に接続する強めの言葉。【例】①ムタリスク　ムティ　パリバ（持てるだけ、持って行きなさい）。②ユリーットゥ　ヤクイワーリバ（ゆっくり、休んでいらっしゃい）。

　この言葉は、有無を言わさないようなきつい命令形には接続せず、相手の同意を促すような場合の命令形に接続して頻繁に用いられ、黒島語の特徴を示していると言えよう。

バ[ba]〔格助〕
～を。～をば。体言に接続する強めの言葉。【例】①ヌーバ　シードゥ　ハイナレーヤ（何をして、そうなったのか）。②クルザー　ピッティヌピン　バヌバ　ウムイナシ　ブー（こいつは、毎日私を馬鹿にしている）。

パ[pa]〔名〕
方向。十二支に後接して方向を表し、独立しては用いない。【例】ニヌパ（子の方向。北）、トゥランパ（寅の方向。東北）、マヌパ（午の方向。南）、サンヌパ（申の方向。西南）。

ハー[ha:]〔感〕
疲労、落胆、失望等に伴い吐き出す言葉。【例】①ハー　ボーリナーヌン（ハー、疲れてしまった）。②ハー　マタ　ウティナーヌン（ハー、また〈受験に〉落ちて〈不合格して〉しまった）。

ハー[ha:]〔名〕
井戸。【例】ビャーハシマヌ　ハーヌ　ミジェー　ハラハヌ　ヌマルヌン（我が黒島の井戸の水は、辛くて〈塩っぱくて〉飲めない）。

　黒島は隆起珊瑚礁の島で、地下は海とつながっていることから2〜6メートルの井戸を掘れば水が湧く。でも、その井戸水は海水ほどではないが相当に塩っぱくて飲料水にはもちろん煮炊きにも利用できない。それで、飲料水はもっぱら天水に頼っていたが、昭和50年に西表島からの海底送水による水道が敷設され、飲料水問題は一応の解決をみた。

　なお、黒島の地下と海がつながっている

ことは、井戸の水位が潮の干満に対応して上下動することから明白である。その連動の仕方も、海に近い保里と内陸部の東筋とでは潮の干満との時間差に相当の隔たりがあったように記憶している。当然のことながら、保里の井戸は潮の干満に早く対応し、東筋の井戸はかなり遅れて対応したはずである。どれくらいの時間差があるか、黒島校の校長先生を通して生徒の理科の研究課題として取り組むよう依頼したが、はたして取り組んでくれただろうか。ちなみに、黒島校の井戸は、私の知る限り島で一番深かった。それは、とりもなおさず学校の立地場所の標高が比較的高いことと対応しているからにほかならない。

ところで、私の大きな関心事は、牧草地などで使用されている化学肥料(主にチッソ肥料)や牛に使用されている治療用の薬品の残留物が、地下に浸透して島の周辺の海水と混じり合い生態系に悪影響を及ぼしていないだろうか、ということにある。島の子どもたちがそこまで関心を広げてくれることを期待したい。

追って、黒島ではひところまで屋敷内で井戸を掘ることはタブー視され共同のウリハー(下り井戸)を利用していたが、島仲家が初めて屋敷内での井戸を掘ったと言われている由(野底善行君談)。

ハー [ha:]〔名〕
皮。革。【例】①ハブッツァヌ ハーヤ ヴァーリルヌ シブンヌ ハーヤ ヴァールヌン(カボチャの皮は食べられるが、トウガンの皮は食べられない)。②タイクヌ ハーヤ ウシヌ ハーシドゥ パル(太鼓の革は、牛の革で張る)。

バー [ba:]〔名〕
私。「バヌ」「バン」とも言う。【例】ウリドゥ バー トゥジ(それが、私の妻だ)。「バー」は「ヴァー」とも言うが、現在は「バー」が一般的な発音である。

パー [pa:]〔名〕
葉。【例】タイフーヌ アトー ゴーナキヌ パーヌドゥ ヒダキ ンジフードゥラ(台風の後には、桑の木の葉が真っ先に出てくるよ)。用例は、桑の木の生命力の強さ、しぶとさを示している。「ハジ(風・台風)」の項参照。

パー [pa:]〔名〕
歯。【例】パーヌ ヤミ ヌーン ヴァールヌン(歯が痛くて、何も食べられない)。

パー [pa:]〔名〕
刃。【例】ウヌ ポッツァー パーヌ ナマリ ブリバ トゥイウシキ(その包丁は、刃が鈍っているから研いでおきなさい)。

パー [pa:]〔名〕
婆さん。祖母。【例】①パーンティ パンティ アルハトゥナー ウブザトゥ パーヌ ワーッタトゥー(昔々ある所に、お爺さんとお婆さんが住んでおられたそうな/童話「ももたろう」の冒頭の一節)。②ウブザン パーン フターンバーキ ガンズーシ ワールン?/オー ケーラヌ ウカギシ フターンバーキ スーック ガンズーシ ワールンユー(お祖父さんもお祖母さんお二人とも、お元気でいらっしゃいますか/はい、皆さんのお蔭で二人ともすこぶる元気にしておられますよ)。

ハアー [haa:]〔感〕
聞き取りにくいとき、または納得出来ないときなどに、問い直す〈聞き返す〉言葉。【例】①ハアー? ウヴァー ムヌイヤ クイヌ グマハーッティ シカルヌン(ハアー、君の言うことは声が小さくて聞き取れない)。②ハアー ヌーッティイー? マーピスサイ イジミリ!(ハアー 何だとー、もう一度言ってみろ)。

ハーア [ha:a]〔感〕
「ハー」より疲労、落胆、失望等の気持ち

が強いときの叫び。【例】ハーア　クン　ドゥヌ　タイフーナ　アマミン　グマン　ビーッティ　シーラリナーヌン（ハーア　今度の台風で小豆（あずき）も胡麻（ごま）もすべてやられてしまった）。

パーガラ[paːgara]〔名〕
　葉殻。サトウキビの下葉。製糖用の燃料や堆肥の原料に用いた。【例】シンザヌ　パーガラヤ　シートタンムヌン　セーッタ（さとうきびの葉殻＝下葉は、製糖用の燃料にもした）。

ハーキ[haːki]〔名〕
　渇き。甚だ喉が渇いていること。【例】ドゥキ　アツァッティ　ヌドゥハーキバ　シーブー（あまり暑くて、喉が渇いている）。

バーキ[baːki]〔名〕
　竹製の籠（ざる）。笊はトウズルモドキで作り、円筒形であるが、バーキは竹製で底より口の方が広い。黒島にはバーキ製作用の竹がないということもあってか、石垣島から購入していたように記憶している。

バーキ[baːki]〔副助〕
　〜まで。〜までも。〜にまで。空間的にも、時間的にも用いる。【例】①クマバーキ　ムティクー（ここまで持って来なさい）。「クマバーキ」は「クマハバーキ」の省略形。②イチバーキ　マズンティ　ウムイ　ブッタヌラー（いつまでも一緒だと思っていたのになあ）。③マヌバーキ　マーナ　アサビ　ベーッタラー？（今までどこで遊んで〈怠けて〉いたか）。「マヌバーキ」は「マヌマバーキ」の約まった語。

ハーキルン[haːkiruŋ]〔自〕
　渇く。喉が渇く。【例】ヌドゥヌ　ハーキ　ミジュ　ヌミピサヌ（喉が渇いて、水が飲みたい）。

ハークン[haːkuŋ]〔自〕
　渇く。喉が渇く。「ハーキルン」と同じ。

ハージ[haːʒi]〔接尾〕
　〜度に。〜毎に。【例】イサナキハ　パルハージ　スババ　ヴァイ　エイガバ　ミーケッタ（石垣に行くたびに、そばを食べ映画を観てきた）。そばはＢ円（米軍施政権下で発行された軍票）の5円（小）から10円（中）、映画は10円だった。当時のレートは、１ドル＝120Ｂ円＝360日本円だった。

パーシビー[paːʃibiː]〔名〕
　囃し立てる人。豊年祭のパーリー船で旗・小太鼓（しょうこ）・鉦鼓をそれぞれ携えて囃し立てる役の少年。【例】ヤラビシェーケー　パーシビヌ　ウラマサッタウユ（子どものころ、パーシビの羨ましかったことよ）。

　パーシビは、5〜6歳から小学校低学年の男児が選ばれ、当時の子どもたちには憧れの的であった。多くは、トゥージ（舵取り役）の縁類や高額寄付者の子たちが指名された。私たちの世代や後輩では、運道泰弘・泰三兄弟、仲底行雄君、運道武永君、玉代勢泰寛・忠志兄弟たちが複数回も幸運に恵まれ、他の少年たちのフチジン（口汁＝垂涎（すいぜん））を誘ったものである。斯く言う私は、「パーシビ」にも「ウーニ」にも憧れながら夢は一度も叶わなかった。同年代で足は一番速かったので、島で生活していればウーニになれたであろうになあ。

ハースン[haːsuŋ]〔他〕
　売る。共通語の「売る」に直接対応する語はなく、「買う（ハウン）」の使役形「買わせる（ハースン）」という間接的な表現を用いる。〈否〉ハーハヌン。【例】バンテナーヤ　ヤサイバ　ハーシ　イズユ　ハウッタ（我が家では野菜を売り、魚を買った）。

パースン[paːsuŋ]〔他〕
　囃し立てる。けしかける。おだてる。【例】ドゥキ　パースッカ　パースムティ　ナリアトゥハラ　ガーブリルヌ（あまり囃すと、頑張り過ぎて後でばててしまうぞ）。

パースン[paːsuŋ]〔他〕
演ずる。【例】アンガマユ パースン（アンガマ踊りを演ずる）。通常の踊りの場合は「ブドゥルン（踊る）」と言うが、アンガマや獅子舞の場合は「パースン」と言う。

パースムティ[paːsumuti]〔名〕
囃せば囃すほど頑張る人。おだてに乗る人。昭和30年前後の黒島では、青年会主催の部落対抗の陸上競技大会が盛大に催された。1500メートルと5000メートルは、200メートルトラックを何周も走るのだが、選手のなかには自分の部落の応援団の前に来ると応援に煽られて勢いよく走り、そこを通り過ぎるとゆっくり走るという人がかならずいた。そういう人のことを「パースムティ」と呼んで、「パースン」の用例のような結果となったものである。「パースン」の項参照。

パータ[paːta]〔名〕
虱（しらみ）を捕るための目の細かい黄楊櫛（つげぐし）。【例】パータンケー パータシ アマジユ キジ ザンユ トゥレータ（お婆さんたちは、パータで髪を梳って虱を捕った）。虱の卵をゲーサと言ったが、髪にくっついて生きている卵は「ナリゲーサ」、孵化（ふか）したあとの殻には「シディゲーサ」と言った。「ザン（虱）」の項参照。

ハーチ[haːtʃi]〔名〕
夏至（げし）。【例】ハーチヌ シチンナー ハーチバイヌ フキバ ピーラケヘワヤ（夏至のころには、ハーチ南風（バイ）が吹くので涼しいよ）。

ハーチバイ[haːtʃibai]〔名〕
夏至のころの南風（はえ）。（沖）カーチバイ。「ハーチ」の項参照。

ハーッサヨー[haːssajoː]〔感〕
感嘆、悲嘆、いずれの場合にも発する叫び。【例】①ハーッサヨー ドゥキ アバレヘー ナリ ミッサルンタン（ハーッサヨー、あまり綺麗になっているから見違えたよ）。②ハーッサヨー グンバツァーンザーリ ムヌハンガイ ナラヌン（ハーッサヨー、グンバツァーに刺されて何も考えられない）。「グンバツァー（和名は不明）」は、往時の黒島で生息していた紫色を帯びた最大・最強の蜂の名である。僕が中学生のころ、明良兄（昭和10年生まれ）がグンバツァーに刺され、生死の境をさ迷うほどの高熱を出して心配したことがあったが、今も生息しているのだろうか。

パーハン[paːhaŋ]〔形〕
早い。速い。【例】①パーハ フキ ウンナビ シキリ（早く起きて、芋鍋を据えなさい〈用意しなさい〉）。②マヌマヌ フニヌ パーハ ナリヨーダラ（現在の連絡船の、速くなっていることよ）。

用例②のように、昭和30年代のころの黒島と石垣島の間の連絡船（ポンポン船と呼ばれていた）の所要時間は2時間ほどであったが、現在（2020＝令和2年）は30分そこらである。当時の連絡船にはトイレがなく、少し時化（しけ）ると所要時間もさらに長くなることから小便を堪えていたお婆さんたちは、船から桟橋に上がる（下りる）と砂浜目差して脱兎（だっと）のごとく、とは言ってもあまり力むと漏らしてしまうおそれがあるので〝用心深く〟駆けつけ、人目も憚らず中腰のままで用を足すのだった。豪快と言えば豪快、滑稽と言えば滑稽な光景ではあった。現在の連絡船は高速なうえにトイレも完備しているし、石垣島の離島桟橋や黒島の桟橋にもトイレ付き待合室が完備しているし、世の中のすべての事象は想像を超えてめまぐるしく変化（ここでは進歩）しているのである。

船から下り小便を堪えながら小走りに砂浜まで行って、中腰のままで小便をするお婆さん―特に男勝りの気性だったプーリ

ヤー（保里家）のお婆さん—の様子を演じる前盛安永さん（昭和11年生まれ）の迫真の演技は、思い出すだけで吹き出したくなる。安里善永さん（大正15年生まれ）の率いる「ザコートゥヤー（カツオの餌捕り漁）」のシンカ（乗組員）だった前盛安永さんと伊古正輝さん（昭和10年生まれ）の〝漫才コンビ〟のコント（寸劇）は、台風で漁に出られない時のアンスクライ（網の修理作業）の合間に行なわれる「俄か演芸会」の花形であった。お二人とも既に鬼籍に入られた。合掌！「アンスクライ」の項参照。

ハーピサー [ha:pisa:]〔名〕
軟弱者。「皮の薄い者」の意。【例】ハーピサマーダ ガーブシナー イチバーキン アガー アガーッティ イジベーラ（軟弱なやつめ、茅の茂みの中でいつまで〝アガーアガー〟と悲鳴を上げているのだ）。茅の新芽は鋭い棘状になっていて、足に刺さると非常に痛かった。ところが、父や兄たちはその棘をものともせず平気で歩いていて、用例のような事態となった。

パービン [pa:biŋ]〔名〕
〈動〉蝶の名。「オオゴマダラ」をそう呼んだが「ゴーヤパービン」とも言った。【例】パービンヤ ゾーリンヌ ウマハマナ ミラリッタ（オオゴマダラは、林の中のあちこちで見られた〈いた〉）。

パーフカー [pa:ɸuka:]〔名〕
法螺吹き。「フラフカー」とも言う。【例】ウレー パーフカーリバ ウレイズムヌイヤ ウヌハンガイバ シー シカナーッカ（そいつは法螺吹きだから、そいつの言うことはその考えで〈斟酌して〉聞かないと〈聞きなさい〉）。

ハーブヤー [ha:buja:]〔名〕
簡便な凧のこと。（石）カブヤー。子どもたちは「カケル」と呼んでいた。「カケル」の項参照。

ハーブヤー [ha:buja:]〔名〕
〈動〉コウモリ（蝙蝠）。沖縄語の移入語。（石）カブリゥ。（沖）カーブヤー。

ハーベル [ha:beru]〔名〕
〈動〉チョウ（蝶）。ガ（蛾）。（石）ハビル・パビル。（沖）ハベル。【例】ハーベルヤ ウマハマナ ミラリッタヌ ウブサー ゾーリンヌ ミーナドゥ ミラリッタ（蝶はあちこちで見られた〈いた〉が、多くは林の中で見られた）。蝶は林の中の日のあたる場所に多く生息していたが、幼虫にとって食草が豊富だったことにくわえ安全地帯だったからであろう。ゴーヤパービン（オオゴマダラ）とそれより一回り小さいアウパービンやアカパービン（アサギマダラ）などが、優雅に舞っていた。

パーマラスン [pa:marasuŋ]〔他〕
早める。急かせる。急がせる【例】ハジヌ スーワ ナランケー シグトー パーマラハイ（暴風が強くならないうちに、仕事を早く片付けよ）。

　台風の襲撃を受けると全滅してしまうアズキ（小豆）は、十分に熟していなくても収穫したが、用例は未熟な状態の小豆を心ならずも大急ぎで収穫する場面の光景である。そのようにして収穫した小豆は売り物にはならなかったので、自家用に供した。

パーマリ [pa:mari]〔名〕
早めのころ。早朝、速い時間や時期などを表す。「パーマルン（早まる）」の連用形が名詞化した語。【例】ミドゥムンケー シトゥムティヌ パーマリハラ フキ ドシキヌ テーナイ セータ（女の子たちは朝の早くから起きて、台所仕事の手伝いをした）。男の子は、原野で繋ぎ飼いをしている牛を草の豊富な場所に「ムチナス（移す）」仕事を行なった。一仕事をこなしてから、学校に行くのである。

パーマルン[paːmaruŋ]〔自〕
　早まる。事態が予想以上に早くやってくる場合の表現。【例】ワーシキヌ　バナキヨーユ　ミーッカ　ハジェー　パーマリプソーリバ　タマンガリ（天気の動きを観察すると、台風の襲来は早まりそうだから注意しろ）。
　台風が近づくと、島の人々は雲の動きやアーンヌピー（島の東方の干瀬）の海鳴りなどを肌感覚で捉え、台風の接近状況を知覚して用例のように対策を心掛けていた。

ハーミー[haːmiː]〔名〕
　一重瞼、またはその人。〈対〉ブリミー（二重瞼）。（石）カーミー。【例】ヤマトゥプソー　ハーミーヌ　ウラハーワヤ（大和＝本土の人は、一重瞼の人が多いよね）。

ハーミジ[haːmiʒi]〔名〕
　井戸水。【例】ビャーハシマヌ　ハーミジェー　ハラハーッティ　ヌマルヌン（我が黒島の井戸水は、塩っぱくて飲めない）。

バームリ[baːmuri]〔名〕
　子守。「ヴァームル」「バームル」とも言う。【例】ムカシヌ　ミドーヌ　ヴァーンケー　バームリ　ナリピサ　セータヌラー（昔〈以前〉の女の子たちは、子守になりたがっていたのになあ）。往時、どの家も子沢山で、自分の弟や妹はもちろん、隣近所の子の子守もしたのだった。子守という肌の触れ合いを通して築かれた絆は、地域社会における人間関係の温もりを醸成するのに大きな役割を果たしていたのではなかっただろうか。現今の公的〝保育〟のありようとくらべて見て、感慨にひたるのである。

バームル[baːmuru]〔名〕
　子守。「バームリ」と同じ。

パーメ[paːme]〔名〕
　婆さん。小柄で可愛らしい雰囲気のお婆さんに対する親しみをこめた呼称。「パー（婆さん）」に尾小辞「〜メ」がついている。「パーマ」とも言う。沖縄語由来の「ハーメ」という言い方もある。【例】ヤートゥナーンナー　サダミヤートゥ　ミーフナッティヤーナ　パーメヌ　ワータ（近所では、佐渡山家と新船道家に小柄のかわいらしいお婆さんがおられた）。

ハーモー[haːmoː]〔名〕
　歯のない人。沖縄語「ハーモー」の移入語。【例】クナレー　ハーモーナリ　コーサムノー　ヴァールヌン（近頃、歯のない人になって固い物は、食べられない）。

ハーラ[haːra]〔名〕
　瓦。【例】ハーラヤーヌ　ピサー　ハーラシドゥ　フク（瓦家の屋根は、瓦で葺く）。

ハーラカスン[haːrakasuŋ]〔他〕
　乾かす。【例】キンヤ　アローッカ　サウナ　プシ　ハーラカシタ（衣服は洗うと、竿で干して乾かした）。

ハーラクン[haːrakuŋ]〔自〕
　乾く。【例】ティダン　ハジン　アリバドゥ　キンヤ　パーク　ハーラク（太陽も風もあったほうが、衣服は早く乾く）。

ハーラシキ[haːraʃiki]〔名〕
　屋根瓦が落ちないように設置する軒先の板。「瓦敷き」の意。（石）カーラシゥキ。【例】ハーラシキヌ　ナーナッカー　ハーラー　シズリ　ウティルン（瓦敷きがないと、瓦は滑り落ちる）。

ハーラハン[haːrahaŋ]〔形〕
　軽い。〈対〉グッファン。【例】ヤメール　アブバ　ハサイ　ドゥキ　ハーラハッティ　ナダマーリ　マイハ　ユーザルンタン（病める母　背負い　あまりの軽さに　涙ぐみ　前に進めず）。石川啄木の句「たらちねの母を背おいて　そのあまり　軽きに泣きて三歩あゆまず」に倣って黒島語で詠んでみたが、難しい。

ハーラヤー[haːrajaː]〔名〕
　瓦葺きの家。「瓦家」の意。〈類語〉ガーヤー。

【例】バンター　ヤラビシェーケー　ハーラヤーヌ　ウラハッタヌ　マヌマー　コンクリヤーヌ　ウラハ　ナレーワヤ（僕たちが子どものころは瓦葺きの家が多かったが、今はコンクリート造りの家が多くなった）。

昭和30年代のころまでは瓦葺きと茅葺きが多かったが、その後は茅葺きが少なくなり、瓦葺きの家も相対的に少なくなって、現在は建て替えも新築もほとんどがコンクリート造りの家に替わっている。その理由は、台風対策の面と建築コストの面でコンクリート家屋が低廉で強固だからということらしい。

パーリー [pa:ri:]〔名〕
豊年祭の爬竜船、あるいはそれを用いた行事。「パーライフニ」とも言う。【例】プーンヌ　パーリークイ（豊年祭の爬竜船競漕）。

パーリークイ [pa:ri:kui]〔名〕
豊年祭の爬竜船競漕。【例】プーンヌ　ミームノー　ウーニヌ　パリスーブトゥ　パーリーヌ　クイスーブ　アッタ（豊年祭の見物は、ウーニ競走とパーリー競漕であった）。

黒島の伝統的な豊年祭は、初日にワンプール（お嶽での祈願）が行なわれ、二日目には宮里・仲本の南二村（ぱいふたむら）で、三日目には保里・東筋の北二村（にしふたむら）で、それぞれウーニ競走とパーリー競漕を中心とする行事が展開された。ウーニ競走とパーリー競漕は、各村で一回ずつ行なわれた。

ウーニ競走とパーリー競漕は、ウーニが神の盃を受けたのち競走の起点を示すために設置されたミンギ（標識）から砂浜・岩礁・海中等をものともせず韋駄天走り（いだてん）に駆け抜けてパーリー（爬竜船）に跳び乗る。ウーニを乗せたパーリーは沖に浮かぶフキ（澪標（みおつくし）・沖から招来する豊穣の象徴）を取り上げて折り返し元の位置まで漕ぎ寄せる。ウーニは、今度はパーリーから跳び降り同じコースを最初の出発地点まで走り抜くのである。パーリー船の乗組員は、ウーニ（船頭）・トゥージ（舵取り）・ピーゾー（竿差し）各1人、ヤクシンカ（櫂の漕ぎ手）16人、パーシビ（囃子役）3人の、計22人である。

ハールマイ [ha:rumai]〔名〕
凧の空中での回転。凧にはその大きさに応じたズージナ（尻尾縄）を付けたが、尻尾が短すぎたり軽すぎたりすると空中で回転し、ついには地上に落下した。その回転を「ハールマイ」と称した。すっかり忘れていた言葉を甥の幸雄（昭和32年生まれ）の会話から拾った。

ハールン [ha:ruŋ]〔自〕
変わる。変化する。【例】アローッタライルヌ　ハーリ　ナーヌン（洗ったら色が変わってしまった）。

ハールン [ha:ruŋ]〔自〕
代わる。交代する。【例】ヴァーユ　シナセー　ウヤー　タルン　ドゥーヌ　ハーラリル　ムノーッカー　ハーリピサンティイズ（子を死なせた〈亡くした〉親は、誰も自分が代われるものなら代わりたいと言う）。

パーンティ [pa:nti]〔名〕
昔。かなり以前。【例】ウッツェヌ　イザーパーンティナー　マーラシナーヌン（その家のお父さんは、相当前に亡くなってしまった）。

パーンティ　パーンティ [pa:nti pa:nti]〔連〕
昔々。大昔。【例】パーンティ　パーンティ　アルハトゥナー　ウブザトゥ　パーヌ　ワーッタトゥ（昔々、ある所にお爺さんとお婆さんが〈住んで〉おられたそうだ）。

ハイ [hai]〔名〕
陰。影。（石）カイ（影は「カギ」）。【例】①アツァリバ　キーヌ　ハイナー　アサビベーリ（暑いので、木の陰で遊んでいなさい）。②アツァリバ　ウシェー　キーヌ　ハイナー　ヤコーシ　ウシキ（暑いので、

ハイ

牛は木の陰で休ませておきなさい)。

ハイ[hai]〔接頭〕
ハイヤン（美しい）の語幹が、そのままの形で名詞を修飾し接頭語として用いられる。【例】①ハイピュール（吉日）。②ハイタビ（安全な航海・旅）。③ハイトゥキ（好機）。④ハイマリ（立派な生まれ）等々。

ハイ[hai]〔副〕
そう。そんなに。「アイ」とも言う。【例】ウヤヌ イズ ムヌイユ シカナー ハイナレーッス（親の言うことを聞かずに、そう〈そんなに〉なってしまった）。

バイ[bai]〔名〕
ひこばえ。株出し。木の切り株や根元から出る芽。【例】シンザユ トーシッカ バイヌ ンジフッタワヤ（サトウキビを伐り倒すと、ひこばえ＝株出しが出てきた）。黒島ではサトウキビの株出しは一回きりであったが、沖縄本島のクチャ（ジャーガル）の畑では６～７回の株出しが可能だというから、地方の差は相当なものである。

パイ[pai]〔名〕
南。【例】タイフーヤ パイハジヌドゥ スーワドゥラ（台風では、南風が強いよ）。

パイ[pai]〔名〕
鍬。【例】パイヌ パーユ ミーッカ パタラキダハー プソー シグ アティン ガーリルン（鍬の刃を見れば、よく働く人は直ちに見当がつく）。
　よく働く人の農機具は頻繁に用いられるうえ、よく手入れされているのでピカピカ光っており、そうでない人の農機具は見るからに錆びついてよごれているからである。

パイ[pai]〔名〕
灰。木灰。【例】アヴァナベー パイバ シキ アライバドゥ ハイヤー ナル（油鍋は、灰をつけて洗うと綺麗になる）。現在のような台所用洗剤のなかったころ、鍋の汚れを落とすのに「灰」と「軽石」は必需品であった。表面に細かい棘のある「キーナキ（マルバチシャノキ）」の葉も用いられたし、生臭い臭いを落とすには香りのよい「ピーバチ（ヒハツモドキ）」の葉が活用された。

パイ[pai]〔名〕
〈動〉ハエ（蝿）。【例】ムカシェー パイヌ シドゥイベー イーユドゥ ヴォーッタワヤ（以前は、蝿のたかっているご飯を食べたものだ）。
　当時、汲み取り式の便所にはつねにウジ（蛆）がわいていたし、山羊小屋も牛小屋もハエがタマゴを産むのには好都合な場所であっただろうから、ハエは我が物顔で家中を飛び回っていた。よって、ハエはむき出しの食物には遠慮会釈なくまとわりつくのである。食事中など、左手でハエを追いつつ箸を動かすのだが、ハエの動きのほうがはるかに俊敏でハエと競うように食物を掻き込むのであった。
　黒島にはハエにたかられている情況で生まれたことわざに、「ミーヌ マイヌ パイヤッツァン ウイッサヌン（目の前のハエさえ追えない）」がある。石垣では「フチュヌ パイ ンザーン ウイブサヌ（口のハエさえも追えない）」と言って、無精者の形容だと説明されている（宮城信勇『八重山ことわざ事典』参照）。黒島のことわざは、無精者というよりは肝心なことを放置しておいてあれにもこれにも手を出すだらしない人を揶揄する場合に言う。

パイ[pai]〔名〕
仏壇の前で男の人がする礼拝。「拝」の意。仏壇の前で、女の人は座ったままで手を合わせて前かがみになり、男の人は初めに正座で手を合わせ次に立って手を合わせて礼拝したあと正座に戻る。それを４回繰り返す。このやり方は、お盆のときと三十三年忌などの法要のときに行なう。お嶽で行な

う「パイ（拝）」には、尊敬接頭語「ウン（御）」をつけて「ウンパイ（御拝）」と言った。

パイウティ [pai?uti]〔名〕
鍬で耕すこと。【例】パイウティ シーバソー ジーユ ザーウイ ナスヨーン シーリヨラー（鍬で畑を耕すとき、土の天地返しをするようにしなさいよ）。「ザーウイ ナスン（下を上にする・天地返しをする）」を「グリッカイスン（ひっくり返す）」とも言う。

用例は父の言葉であり、父の畑作業はどんな場面でも合理的な理屈に裏打ちされていたように記憶している。「天地返し」と言う用語を用いていたわけではなかったが、父の言わんとしていたのはまさしく天地返しであった。鍬を打ち込んで土を手前に引き寄せたあと、土の表層と下層をひっくり返すのだから、父の言うとおりのパイウティ（鍬での耕し）は相当の力作業であった。速さのみを求めるのではなく、土壌の改良を目論んだ合理的な耕し方であった。

パイガブシユングトゥ [paigabuʃijuŋgutu]〔名〕
古い歌謡形態「ゆんぐとぅ（誦み言・読み言）」の名。〈南が星・ゆんぐとぅ〉。【例】マペラチジラバトゥ マペラチブシヤ パイガブシユングトゥン ニーブルヌ クヌ パイガブシユングトゥヌドゥ ヒダキ マリッターワ アラヌンカヤ？（〈マペラチジラバ〉と〈マペラチ節〉は、〈南が星ゆんぐとぅ〉に似ているが、このユングトゥのほうが先に出来たのではないだろうか）。内容は〈まぺらち・じらば〉〈まぺらち節〉と同じ展開を示すが、歌謡の発展過程からみると「ゆんぐとぅ」が古い形態であることから、この「ユングトゥ」をベースにして「ジラバ」「節歌」が誕生したものと思われる。

《南が星・ゆんぐとぅ》

01 パイガブシ ンマリタル キドゥン ナヨー（南の星が、光り輝く時間になると思い出すのです）。〔注〕「キドゥ」は、現在の黒島語には確認できないが、文脈から「その時・その時分」の意であろうと思われる。「キドゥ」「マドゥピドゥ」の項参照。

02 イチチミンヤ アブ パナリムヌヤリ ナナチミンヤ イザ パナリムヌヤリヨー（5歳の時には母親と死別した者となり、7歳には父親と死別した者となりました）。〔注〕「パナリ」は、「パナリルン（離れる・別れる）」から派生し「死別」を意味している。

03 ナラフドゥヌ タキフドゥヌ イクタラ ウフミ イディ シカマフチ ブルケードゥヨー（自分の身体が身の丈が大人になったので、大きな畑に出て仕事場に出かけていると）。〔注〕「ナラフドゥヌ タキフドゥヌ イクタラ」は、八重山伝統歌謡の常套句で「成長して、大人になって」の意で頻繁に用いられる。「ウフミ」と「シカマフチ」は対語で「畑・仕事場」のこと。

04 ナチアミグリヌ ウティタラ ドゥシキムトゥヌ ピスムトゥヌ ザーラ イキヨー（夏のにわか雨が降ってきたので、ススキのひとまとまりの木陰に行って）。「ナチアミグリ」は、沖縄語の「ナチグリ（夏のにわか雨）」、石垣語の「ナチュアモーレ（夏の雨・夕立・にわか雨）」と同義の語と思われる。

05 ヤキタクニン ティーマガリ ブリットゥリ カーカシイズニン フチスブイ ウムイバドゥ（焼き蛸のように手が曲がっており、炙り魚のように口をすぼめて思うことは）。〔注〕「カーカシイズ」は、現在の黒島語では「アーカシイズ（炙り魚）」と言うが、その古い言い方だと思われる。「乾かす・干す」の意に通じる。

06 キンティスヤ スディヤナーン フビヤナーン キンヤリヨー（着る物という

と袖のない襟のない着物であります)。

07 アブティン ブラバラー スディヌ アル フビヌアル キンユ キシミユバ (母親さえ生きていたら、袖のある襟のある着物を着ることが出来たのに)。

08 ピラティスヤ パナヌナーン ハドゥヌナーン ピラアリヨ (箆というと、柄のない 刃に角のない箆です)。〔注〕使い古して「ハドゥヌ ナーン(刃の角が擦り減った)」箆を修理もできずに使っている主人公の逼迫した生活情況が生々しく伝わってくる。

09 イザティン ブラバラー パナヌアル ハドゥヌアル ピラユ シカイミユバ (父親さえ生きていたら、柄のある刃に角のある箆を使うことが出来たのに)

10 ミヌティスヤ パニヌナーン キーヌナーン ミヌヤリヨー (蓑というと、羽のない毛のない蓑であります)。〔注〕6番の「スディヤナーン フビヤナーン(袖のない、襟のない衣服)」と「羽のない、毛のない蓑」を着た主人公の貧窮ぶりが痛々しい。

11 ウブザティン ブラバラー パニヌアル キーヌアル ミヌユ キシミユバ (お祖父さんさえ生きていたら、羽のある毛のある蓑を着ることが出来たのに)。

12 ガッキティスヤ ティクヌナーン マラヌナーン ガッキアリヨー (鎌というと、柄を締める金具のない柄に差し込む心棒のない鎌であります)。

13 ブザティン ブラバラー ティクヌアル マラヌアル ガッキユ シカイミユバ (叔父さんさえ生きていたら、柄を締める金具のある心棒のある鎌を使うことが出来たのに)。

14 ウリバ ウムイ クリバ ナミブルケードゥ アミンパリ ティダン イルタラ (そのことを思いこのことを考えているうちに、雨も上がり陽も暮れたので)。

15 ドゥシキムトゥヌ ザーラハラ スルッティ ンジ パイユ ミルケードゥ (ススキの木陰からすっと抜け出し、南の空を見上げると)。

16 ウブナーブシヌ フターチ アールタラ ウリドゥ バーウヤサミッティ パルッタ トゥユーッサリ (大きな星が二つ輝き出したので、その二つ星が私の両親だと思い安心して家路についたのです、と申し上げます)。〔注〕「アールタラ」は「アールン(①上がる・②明るくなる)」の過去・条件形で、ここでは②と解釈した。二つの星の明るい輝きに両親の面影を見る主人公の健全な心は、本人のみならずこの物語歌謡を聞くすべての人々にもゆるぎない希望を与えてくれる、彼女の前途にはきっと大きな仕合せが待っているのだ、と!「トゥユーッサリ」は、物語を閉じる際の「以上のとおりでございます」を意味する言葉。日本の昔話の最後に述べられる「〜とさ」に対応する。

ハイカラー[haikara:]〔名〕
おしゃれな人。外来語の「ハイカラ」を借用した語で、少々からかい気味に言う。【例】ナハディヤーヌ イザーユドゥ ハイカラーイザッティ イズッタワラー (仲道家のお父さんを、ハイカラお父さんと言ったよね)。

件(くだん)の仲道家のハイカラお父さんは、黒島では「柳屋ポマード」などの化粧品を先駆的に用い、いつもおしゃれをしていたことから名誉ある綽名(あだな)をつけられた由。夜の寄合にも「サブン(石鹸)」で身を清めて出席したというから、当時としてはたしかに目立つほどのおしゃれな存在であっただろう。

パイサクダジラバ[paisakudaʒiraba]〔名〕
古謡の名。〈南風さくだ・じらば〉。この歌

では、「生まれ甲斐があって、西表島南風見村の片田舎ではなく古見の浦に生まれていれば、古見の主の妾（賄女）になれたのに」と身の不幸を嘆いている。管見によれば、あからさまに「役人の現地妻たる賄女」に憧れる内容を歌った唯一の歌である。例によって、喜舎場永珣は「当時の賄女に選任されるのが婦女界の羨望の的であった」と評している（『八重山古謡（下）』349頁）。

ハイシハジ[haiʃihaʒi]〔名〕
吹き返し。「返し風」の意。台風の中心が通過した後の風。【例】ハイシハジヌドゥマーミ スーワナリバ タマンガリ（吹き返しのほうが一段と強くなるので気を付けろ）。

ハイシマ[haiʃima]〔名〕
裏返し。服を裏返しに着ること。「ハイシマキ」「ハイセマ」とも言う。（石）カイシウマ。「ハイセマ」の項参照。

ハイシマキ[haiʃimaki]〔名〕
裏返し。服を裏返しに着ること。「ハイシマ」「ハイセマ」とも言う。

パイジルン[paiʒiruŋ]〔他〕
芽を出す。「這い出る」の意。【例】アミヌ ヴーッタラ パイジケーワヤ（雨が降ったら、芽が出てきたよ）。

ハイスン[haisuŋ]〔他〕
耕す。【例】パタキヌ ジーヤ フカーフカー ハイハイ（畑地は、深く耕せ）。

ハイスン[haisuŋ]〔他〕
返す。【例】プスハラ ジンユ ハリルッカー リーバ シキドゥ キゲンドゥール ハイスドゥラー（他人からお金を借りたら、利子をつけて期限通り返すのだよ）。

ハイセマ[haisema]〔名〕
裏返し。服を裏返しに着ること。「ハイシマ」「ハイシマキ」とも言う。【例】ウブソーガ ムノーリバ ドゥキ アバッティ キンユ ハイセマ キシブルワヤ（そそっかしい奴だから、あまり慌てて衣服を裏返しに着ているよ）。

ハイチン[haitʃiŋ]〔副〕
かえって。逆に。あべこべに。【例】フシル ヌンッタラ ハイチン ゲーラック ナリナーンサー（薬を飲んだら、かえって悪くなってしまったよ）。

パイッツォーリ アミ[paittsoːri ʔami]〔連〕
にわか雨。通り雨。【例】①ハビムヌ ナーナッテナー パイッツォーリ アミン ゾーリナーヌン（被り物が無くて、にわか雨に濡れてしまった）。②ナチヌ パイッツォーリアメー ウシヌ ハタシヌタンカユン ゾーラスン（夏の通り雨は、牛の片角だけをも濡らす）。

パイッツォーリ アラキ[paittsoːri ʔaraki]〔名〕
つま先歩き。【例】サグヤー シーバソー パイッツォーリ アラキシ ヤーヌ ナハ パイレーッタトゥ（夜這いをするときは、つま先歩きをして家の中に入ったそうだ）。敷居には水を掛けて静かに戸を開け、つま先歩きでそうっと女性の寝所に侵入したのだという。

パイッツォールン[paittsoːruŋ]〔自〕
つま先で歩く。【例】ウトゥヌ ンズンヨーン パイッツォーリ クー（音が出ないように、つま先で歩いて来なさい）。

パイナー[painaː]〔名〕
南隣。【例】バンテヌ パイナーヤ マイニヤー アッタ（我が家の南隣は、前仲家だった）。

パイヌシマ[painuʃima]〔名〕
南の島。南方系の芸能。（石）パイヌシウマボー。黒島の芸能では、東筋村の〈シーシボー（獅子棒）〉と保里村の〈タイラク〉が「パイヌシマ〈南方系の芸能〉」だと言われている。「シーシボー」に使う棒には、戦後のある時期から「ジンダマボー（銭玉棒）」を用いた。「ジンダマ棒」は、穴の空

いたいくつかの硬貨を棒の先端に結びつけたもの。

ハイヌベーン[hainube:ŋ]〔名〕
たったそれだけ。少しだけ。「アイタンカ」とも言う。【例】ハイヌベーンヌ ムヌユ ムティッサナーッカー ヤコー タタヌン(たったそれだけの物を持てないと、役に立たない)。

ハイバー[haiba:]〔名〕
妻子のある男と特別な関係を持つ女を非難・侮蔑して言う言葉。「サングナー」とも言う。【例】ウヌッファー タビヌ ビキドゥントゥ ハイーバーバ シードゥ ヴァーバ ナセーワヤ(その娘は、旅の男と不適切な関係を持って子を産んだんだよ)。

この言葉には、女だけが非難されるという理不尽さがこめられている。男尊女卑を時代背景にしている言葉と言わざるを得ず、黒島語をはじめ八重山語には他にも男尊女卑を示す多くの言葉がある。

ハイバーキ[haiba:ki]〔名〕
これ以上はないという状態。【例】キューヌ ブドゥンヤ ハイバーキッティ ウモーリスク ゾージ アッタ(今日の踊りは、これ以上は望めないと思えるほど上手だった)。

ハイバーキラー[haiba:kira:]〔感〕
これ以上はないよなあ。【例】キューヌ ヨイヌ ウムッサー ハイバーキラー(今日の祝宴の面白さは、これ以上のものは望めないよなあ)。

パイハジ[paihaʒi]〔名〕
南風。(石)ハイカジ・パイカジ。(沖)フェーカジ。【例】パイハジヌ ウシュラバヨー ニシヌ アブシバ マクラバシー／ニシハジヌ ウシュラバヨー パイヌ アブシバ マクラバシー(南風が吹くと、北の畔を枕にして／北風が吹くと、南の畔を枕にして／八重山民謡〈うやき節〉より)。用例の歌詞は、稲穂がよく稔って畔に触れるほどに垂れている状態を「畔を枕にして」と表現し、稲の稔りを称えている。「実るほど頭の下がる稲穂かな」。

ハイピュール[haipju:ru]〔名〕
吉日。良い日和。行事を行なうのに適した日。【例】キューヌ ハイピュールサーリ ニガイッサリルンユー(今日の良い日和に当たって、祈願を致します)。

ハイビョー[haibjo:]〔名〕
肺結核。結核菌によっておこる慢性の肺の感染症。「肺の病気」の意。【例】ムカシェー ハイビョーン ハカルッカー ヨーイニ ナウラヌンティ イザリブッタ(昔は肺結核に罹ると、容易に治らないと言われていた)。僕たちが子どものころ、肺結核は不治の病とされ非常に恐れられていた。

パイフタフンタカユングトゥ
　　　　[paiɸutaɸuntakajuŋgutu]〔名〕
古い歌謡形態「ゆんぐとぅ」の名。仲本部落由来の芸能とされている。【例】ヤイマズーナ イチン ナーガックル ユングトゥヤ パイフタフンタカユングトゥッティ イザリブー(八重山中で一番長いゆんぐとぅは、〈ぱいふたふんたかゆんぐとぅ〉と言われている)。このゆんぐとぅは、90節に及ぶ長尺物で、主人公が船を造り黒島から宮古の多良間島までの往復の船旅を道行き風に描写したものである。日常語にはみられない古い黒島語が多用されていて語り口調も面白いことから、全編を掲載する。宮良勇吉翁(大正元年生まれ)と本原孫宗氏(昭和5年生まれ)の秀でた芸が脳裡に浮かぶ。「ユングトゥ」の項参照。
《ぱいふたふんたか・ゆんぐとぅ》

01 パイフタ フンタカ バンギサ ハイマリ(パイフタの フンタカの、私は義佐という素姓の者である)。〔注〕「フンタ

カ」は「パイフタ」の対語で、「屋号」か「村の名」か。「ハイ」は「かような・このような」の意で、ここは物語の冒頭における「名乗り=自己紹介」の場面であろう。

02 シトゥムティン　フキ　アサバナンスリ（早朝に起き、朝早く目覚めて）。〔注〕「フキ」は「フキルン（起きる）」の連用形、「スリ」は「スルルン（目覚める）」の連用形で、「起きて・目覚めて」と訳すか、終止を表す連用止めと見做して「起きた・目覚めた」と訳すか。以下のすべての連用形について、どちらと捉えるか……。

03 ヤマトゥマリ　ウブブーヌバ　ヤシルマリ　ハニブーヌバ（大和製の大きい斧を、山城製の鉄の斧を）。〔注〕「ヤシル=山城」は「今の京都府の南部」で、ここでは「ヤマトゥ=大和」の対語。

04 アラトゥーンナ　アラトゥイシ　クマトゥーンナ　クマトゥイシ（粗い砥石では　粗く研ぎ、細かい砥石では細かく研いで）。〔注〕「砥石」の日常語は「トゥシ」であるが、古い時代は「トゥーン」であったのだろうか。

05 ウディナ　トゥリムティ　ハタナハタミ（腕に取り持ち、肩に担いで）。〔注〕黒島語では概ね「カ」は「ハ」に転ずる。

06 マキドゥマル　ムティキー　マイドゥマル　ウリキー（牧泊に持って来て、前泊に下りて来て）。〔注〕「マキドゥマル・マイドゥマル」は対語で地名。

07 ハシダナバ　キジマーシ　フナダナバ　ピキマーシ（樫棚を削り曲げて、舟棚を引き曲げて）。〔注〕「タナ=棚」は角材のこと。

08 ミタナフニバ　マラシ　ミミチフニバ　シダシ（三棚舟を新造し、三筋舟を新しく造って）。〔注〕「ミタナ=三棚」「ミミチ=三筋」は角材を三段に重ねたもの。

09 ウパラザン　ウラシ　パマラザン　ウラシ（大原座に下ろし、浜原座に下ろし）。〔注〕「ウパラザ・パマラザ」は海浜名。

10 バハフニッティ　マラハリヤンマナ　パヤサキッティ　シダハリヤンマナ（若舟を新造することが出来たのだ、早先を新しく造ることが出来たのだ）。〔注〕「パヤサキ=早先」は「バハフニ=若舟」の対語。「バハフニ=バガフニ=我が舟」の解釈もある。

11 アマヌ　サニヤン　ドゥキヌ　キムザニヤン（余りに嬉しくて、非常に喜ばしくて）。
〔注〕「キムザニヤン」は「サニヤン（嬉しい・喜ばしい）」の強調語で「この上なく嬉しい」。

12 インナ　ウラシ　トゥーナ　ウラシ（海に下ろし、海上に下ろし）。〔注〕「イン」は「うみ=海」の古語。「トゥー」は「沖・大海」を意味するが、ここでは「イン=海」と同義の対語。

13 スーユ　フマシ　ウブスーナ　フケーラシミリバドゥ（潮水に浸して、海水に浮かべて見ると）。〔注〕「スー=ウブスー」は、潮・海水の意。「フマスン」は、潮水を含ます・潮水に浸す、の意。

14 バハフニヌ　フミハイヤ　パヤサキヌ　フキハイヤ（若舟の潮への浸り具合の美しさは、早先の浮き具合の見事さは）。〔注〕「ハイヤ=美しさ」は、形容詞「ハイヤン=美しい」の語幹が名詞化したもの。

15 パカルキタ　マーキタタラーシ　フンバシ　フキブリ（計算した通り喫水の状態も立派に、潮に浸り浮いており）。〔注〕「パカル」と「マー」は、「キタ=桁」が「計算したとおり・立派に」に出来た状態を表している。「タラーシ」は、「タラースン=足らす=満足な情態になる」の連用形。「フンバシ=フミバシ」は、「フミ=潮を含んで、または潮に浸って」の意。

16 トゥムハラ　ミリバ　トゥムピキ

パイフタフンタカユングトゥ

ハイヤ（艫=船尾から見ると、船尾からの眺めは　美しく）。

17 ピーハラ　ミリバ　ピーピキ　ハイヤ（舳先=船首から見ると、船首からの眺めも美しく）。〔注〕「ピー」は「舳先=船首」の意で「パナイ」とも言う。「パーリー=パーライ=爬龍船」の「船首の竿差し」のことを「ピー・サウ→ピー・ザウ→ピー・ゾー」と言う。

18 ナハマハラ　ミリバ　バハシキタラーシ　ブリバドゥ（中央から見ると、若月のように美しい形を　しているので）。〔注〕「バハシキ（若月）」は「三日月」と同義。

19 ウパラザーナ　フケーラシ　ハンミョーザナ　パラシミリ（大海原に浮かべて、神の海原に走らせて見て）。

20 ハヤールフニティ　スクラリタンカヤ　アヤールフニティ　マラハリタンカヤ（そんな美しい舟が　造られたのだなあ　こんな立派な舟が　生まれたのだなあ）。〔注〕「～カヤ」は「～したのだなあ」という感嘆を表す終助詞。

21 アマヌ　サニヤン　ドゥキヌ　ンゾサン（余りの嬉しさに、この上ない愛おしさに）。

〔注〕「サニヤン（嬉しい・喜ばしい）」と同義の対句「ンゾサン（愛おしい）」。

22 ヤーナ　ヌーリキー　バルクージニン　バターウイナリ（家に帰って来て、割いたトウズルモドキのように腹を上にして）。〔注〕「クージ=トウズルモドキ」は、二つに裂いて笊を作ったり「ユツル=屋根葺き材の竹網」を編んだりする。その「クージ」を比喩に用いている。

23 ピキウシニン　マラー　ウイナリ　ウツァバナキ　ニビットゥリ　シキバドゥ（挽き臼のように心棒を上にして、仰向けに寝たまま聞いていると）。〔注〕「臼の心棒」は「マラ=魔羅=陰茎」の形態に似ていることからの比喩的な呼称。

24 マキフチヌ　スーヌ　ナールワ　グングンサーサーッティ（牧口の潮の鳴る音は、轟々と音を立て）。〔注〕「グングンサーサー」は勢いのよい動作を表す擬態語。

25 ナナズー　ナル　ウブザヌ　グミクニン（70歳になるお爺さんの、咳込むように）。〔注〕「グミク」は、「ザーク（咳）」の古形か、「グミクン（咳込む）」の連体形か。

26 ハチズー　ナル　ウイプスヌ　サーンクニン（80歳になる老人が、咳込むように）。〔注〕「サーンク=咳」は、の日常語は「ザーク（咳）」の古形か、「サーンクン（咳込む）」の連体形か。

27 ハジヌ　フクニン　ヤマウラシハジヌ　ボーンクニン（風が吹くように、山下ろしの風が吹き荒れるように）。〔注〕「ボーンク」は、「ボーンクン（吹き荒れる）」の連体形か。

28 サーンキナサーンキ　ブリバ　ボーンキナボーンキ　ブリバドゥ（繰り返される咳のようにしており、繰り返し吹き荒れる風のようにしているので）。〔注〕「ボーンキ」は「ボーンクン（激しく吹く）」の連体形か。

29 ヌーッティドゥ　ハイブルッカヤ　イカッティドゥ　アイブルッカヤティ（何ゆえにそうなっているのか、如何なるわけでこうなっているのだろうかと）。

30 ミナハ　ンジ　ティンヌナハ　バタルフムユ　ミラッティ　ミリバドゥ（庭に出て天空の中を、渡る雲を見ようと見ていると）。

31 ティンヌ　ナハユ　バタル　フモーヨ（天空の中を、渡る雲は）。

32 ナーパン　プスヌ　アザ　クイルニン（長い足の人が、石垣を越えるように）。

33 タカパン　プスヌ　マシ　トゥビク

イルニン（高い足の人が、囲いを跳び越えるように）。〔注〕「タカパン＝高い足」は「ナーパン＝長い足」の対語で、語呂合わせの修辞。

34 クイナクイ　ブリバドゥ　トゥビナトゥビ　ブリバドゥ（石垣を勢いよく越えているような、囲いを素早く跳び越えているようなので）。

35 ハゼー　マリルンマナ　ウイハゼーシディルンマナ（順風が吹きそうだ、追い風が　起きそうだ）。〔注〕「〜マナ（〜だろう）」は推量の終助詞。

36 クヌハジンドゥ　ムタスマナ　ウイハジンドゥ　パラスマナッティ（この順風に　持たせそうだ、追い風に乗せて走らせそうだ）。

37 ユーヌ　アールッタラ　ユーミヌアキッタラ（夜が明けたら、夜の闇が明るんだら）。

〔注〕「〜タラ「〜ので」」は、理由・原因を表す接続助詞。

38 クヌハジヌ　マリバナン　ウヌウイハジヌ　シディバナン（この順風の吹き始めに、　その追い風の起こり始めに）。

39 ウブメーク　バタズニン　タニハタン　マリハタン（宮古島の端の平たい島に、父方の祖先を　母方の祖先を）。

40 ワーミミラッティ　ウムイドゥギーミラッティ　ウムイドゥ（拝んでみたいと　思って、行ってお目にかかりたいと思って）。

41 バハフニン　ヌーリ　パヤサキンヌーリ（若舟＝新造舟に乗って、早先に乗り込んで）。

42 パラシンナ　パラシ　イカシンナイカシ（勢いよく走らせ、前へ前へと進行させ）。

43 フキムラヌ　ハサシナラビンナ　フキムラメーラビターティン　ミラリットゥリ（保慶村の笠岩に並んだ時には、保慶村の乙女たちが目に止まり）。

44 バヌ　ンザスンカヤ　クリ　ンザスンカヤティ　ミラッティ　ミリバドゥ（私を見送るのかなと自分を見送ってくれるかなと、見ようとして見てみると）。

45 パナムミン　ティーサジシ　ティーマヌキ　シーブリバ（花模様の木綿の手巾で、手招きをしているので）。

46 アマヌ　サニヤン　パラシンナパラシ　イカシンナイカシ　ウブシバナ　ナラビンナ（余りの嬉しさに勢いよく走らせ、前へ前へと進ませ大岩に並んだ時には）。

47 クンダキヤイダキナ　ハカルフモーイカシカヤティ　ミリバドゥ（古見岳に八重岳に掛かる雲は、どんな具合だろうかと見ると）。

48 ウリズンヌ　バハナチヌ　ブナザラターヌ　ムンヤキ　キブシニン（陽春の若夏の、娘たちが麦を焼く煙のように）。〔注〕麦を収穫する際、刈り取る前に穂を焼き脱穀・精白したという。

49 ブーサンキナ　サンキ　ピキマーシブリバドゥ（尾を引くように引き、棚引いているので）。

50 ハゼー　マリルンマナ　ウイハゼーシディルンマナッティ（順風が吹きそうだ、追い風が起きそうだと思い）。

51 アマヌ　サニヤン　パラシンナパラシ　イカシンナイカシ（余りの嬉しさに勢いよく走らせ、前へ前へと進ませ）。

52 プリムラヌ　ブラシナラビンナ　プリムラメーラビター　ミラリットゥリ（保里村の法螺岩に並んだ時には、保里村の娘たちが目について）。〔注〕「ブラシ＝ブライシ＝法螺岩」は保里の港にある岩で、石垣島との連絡船の到着をその岩の所で「ブラ＝法螺貝」を吹いて知らせたことに由来する名称だという。他に王府時代に役人の

到着を「法螺貝」で知らせたからだという説もある。

53 バヌ　ンザスンカヤ　クリ　ンザスンカヤティ　トゥンカイリ　ミリバドゥ（私を見送るのかなと自分を見送ってくれるのかなと、振り返って見ていると）。

54 ルクンガチヌ　パマガンヌ　ウリルニン　シドゥヤーリ　ティーマヌキ　シーブリバドゥ（6月の頃に浜蟹が浜下りするように、群がって手招きしているので）。〔注〕「パマガン云々」は、「オカガニ＝陸蟹」が群を成して放卵（産卵）のため浜下りする生態の比喩。

55 クバヌパーオンギシ　ティーマヌキ　シールムノー　ピルマサ　ウムシルムヌッティ（クバの葉の扇で手招きしている様は、甚だ痛快なことだと）。

56 アマヌ　サニヤン　パラシンナパラシ　イカシンナイカシ（余りの嬉しさに勢いよく走らせ、前へ前へと進ませ）。

57 プリムラ　ニシドゥマンヌ　アカナフチ　トゥーリンドゥ（保里村の北方海上にある赤那口に、差し掛かったときに）。

58 バハフネー　ヌーバシードゥ　トゥーリブルカヤティ　ピーハラミリバドゥ（若舟はどんなふうに走ってしているのかと、舳先から見ると）。

59 ピーハラ　キシパルスーヤ　スニナンヌブリルニン　ブリナブリ（舳先の切り裂く潮は、洲にぶつかる波のように繰り返し波しぶきを上げ）。

60 ハジマーンナ　ハカルスーヤ　パタチメルビヌ　バラウニン　ブリナブリ（梶の周りに掛かる潮は、二十歳娘の笑い顔のように白い波しぶきを上げ）。〔注〕〈謝敷節〉の「謝敷板干瀬に　打ち合い引く波の　謝敷女童の目笑い歯茎」を連想させる。

61 ハナイヌヌバ　トゥイルヌヌバ　ウチパイルニン　トゥーリブリバ（貢納布を、十尋布を、打ち延べたように通っているので）。〔注〕「トゥイルヌヌ」は、織り上げた布の長さを示す用語だが、ここでは「ハナイヌヌ」の対語として用いられている。

62 アマヌ　サニヤン　ナハマハラ　ミラッティ　ミリバドゥ（余りの嬉しさに、舟の中央部から見ようとして見てみると）。

63 フンハジラ　ハカルスーヤ　シキュティラシ　ピューマティラシ（舟の頭部に掛かる潮は、月夜を照らす昼間の太陽に照らされた波のように）。〔注〕「ハジラ」は「かしら（頭）→ハシラ→ハジラ」。「フン」は「舟」の意で、「釘」と解釈する向きもある。

64 アマヌ　サニヤン　パラシンナパラシ　イカシンナイカシ（余りの嬉しさに、勢いよく走らせ前へ前へと進ませ）。

65 タキドゥンヌ　アールハラ　ナハダキヌ　ワーラハラ（竹富島の東から、仲嵩のおもてから）。〔注〕「ナハダキ」は「タキドゥン＝竹富島」の対語。「ワーラ」は通常「上手・風上・おもて」を意味するが、ここでは「アール（東）」と同義の対語として用いられている。

66 ウブシマ　ナラビンナ　バガマリジマ　ミリバドゥ（石垣島と並んだ時に、我が生まれ島を見ると）。

67 バタシサイフター　バタシヌビシールニン　ジーンナキナジーンナキ（渡し板細工たちの渡し板の繋ぎをするように、押し込まれ、押し込まれ）。

68 バガシマー　マリジマー　ジーンナキヤンマナティ　ミレータナ（我が島は生まれ島は、海中に沈みこんでしまったなと見ながら）。

69 パラシンナパラシ　イカシンナイカシ　ウブメーク　バタズニン　ヌーリ（勢いよく走らせ前へ前へと進ませ、宮古の端の平らな島に上陸し）。〔注〕「ウブメーク　バタズニ」は「ミヤコジマ＋ハタ＋ソ

ネ」で「宮古島の端の平らな島」と解されることから、「宮古島」ではなく「多良間島」であろう、と解釈した。

70 パイフター　フンタカー　ケースヌッティ　イジバドゥ（パイフタ・フンタカは、ついにこの島に来たよと言うと）。

71 パイフター　フンタカー　ヌーッティドゥ　ハイアラクッティ　トゥイバドゥ（パイフタ・フンタカは、何ゆえにここに来たのかと問うので）。

72 マールダマ　ガールダマ　フサンドゥ　ケーッティ　イジバドゥ（丸い玉が、勾玉が、欲しくて来たのだと言うと）。

73 アイドゥン　ヤルッカー　クリドゥン　ヤルッカー（そういうことであるなら、こういうわけであるなら）。

74 メーク　マールダマ　ガーラダマ　ウラーリ　アリバ（宮古名産の丸い玉は、勾玉は、山ほどあるので）。

75 フニヌミー　パントゥラシ　マーシパリティ　イザレーッタラ（舟一杯に満載して持って行きなさいと、言われたので）。

76 パマハザ　トゥールニントゥーンナキ　パマクマシ　シカムニンシカンナキ（浜の蔓草を手繰り寄せるように採り込み、浜砂利を掴むように掴み採って）。

77 バガシマハ　ンカーシ　マリジマハ　パラシ（我が島に向けて、生まれ島に走らせ）。

78 ウブシマヌ　イサナキヌ　アールハラ　パラシキー（大きい島の石垣島の東方から、走らせて来て）。

79 ケンフチ　イリンドゥ　バリフチ　イリンドゥ（喜屋武口に入るころ、裂け目＝水路に入るころ）。

80 フシマヌ　ハントゥ　バントゥ　マータキティ　シタラドゥ（黒島の神と私とは、同格だと言ったので）。

81 メーンドゥリニン　プスルキリキリ　プスルフンフン　スーバンミサンティ　イズタラドゥ（雌鶏のように一人で土を蹴り蹴り、土を踏み踏みしてもいいよと言ったので）。

82 フシマヌ　ハンナ　トーミ　ワーレッシバドゥ（黒島の神様は、機嫌をそこね拗ねてしまわれたので）。〔注〕「トーミ」は「トーミルン（泣きべそをかく・拗ねる）」の連用形。

83 パイフター　フンタカー　フチパーマラシムヌ　キムパーマラシムヌ　アリトゥリ（パイフタ・フンタカは、性急な者で思慮の足りない者であると反省して）。

84 イジナウシサル　ユラキイリナーシキヌ　イシバキジバリ　シマヌナハノーシサル（言い直します、ユラキ西側の岬の岩を削り割って島の中に敷き詰めますと）。

85 シキルティルシキル　パミティルパミ　ハニクヌ　ピンニン　ピニバモーシ（海鼠という海鼠にパミという種類の海鼠に、砂地の大蒜の根のような髭を生やして）。

86 シマヌ　ナハナ　ノーシ　ブドゥラシサルディ（島の中に上げて、踊らせてお見せしましょうと）。

87 ヤンズーヌ　サーンニン　ティーンザミ　サルティシタラ（大干潮時のサーン蛸のように、手を揃えてお詫び申し上げますと言うと）。

88 フシマヌ　ハンヤ　イヒヒティ　バライワーリ（黒島の神様は、イヒヒとお笑いになられて）。

89 パイフター　フンタカー　シミン　トゥガン　ナーンスクン（パイフタ・フンタカは、罪も咎も受けることなく）。

90 マキドゥマル　マイドゥマルナキー　タビウリ　シタルトゥユーッサリ（牧泊に前泊に来て、旅の終了を無事に遂げました、と申し上げます）。〔注〕「トゥユーッサリ（と申し上げます）」は、話を

終了する際に用いる常套句。日本昔話の終わりに述べる「〜とさ。」に相当する。ただし「〜とさ」は、物語の登場人物ではなく第三者の話し手が述べるが、「トゥユーッサリ」は、物語の主人公である話し手が自らの体験談の終了を述べている。
　2016．6．10校合完了（校合／前船太作・玉代勢泰興・當山善堂　訳注／當山善堂）

パイフタムラ[paiɸutamura]〔固〕
〈地〉パイフタムラ。現存しない古い村の名。【例】パイフタムラー　ハマータ　マイヌ　ビャーハシマヌ　ムラヌ　ナーラミ？（パイフタムラは、相当以前の我が島の村の名でしょう）。

パイフタムラ[paiɸutamura]〔名〕
島の南部に位置する２つの村。宮里村と仲本村のこと。【例】シマヌ　パイマハタナアル　メシトゥトゥ　ナハントゥ　ユドゥ　パイヌフタムラティ　イズ（黒島の南側に位置する宮里と仲本をパイフタムラと言う）。

パイフタワン[paiɸutawaŋ]〔固〕
御嶽の名。首里王府の認定した「黒島の八嶽(やーやま)」の一つで、仲本部落に属する。「豊年と海上安全を祈願する御嶽」である。残念ながら「シカサ（司）・ティジリ（手摺り）」の神役が途絶え、現在御嶽信仰は休眠状態にある。

パイマ[paima]〔名〕
南方。【例】バンテヌ　ヤームトゥヤ　パイマピザナ　アーッテナドゥ　パイマッティ　イジブー（我が家の本家は、南に方にあるのでパイマと呼んでいる）。

パイマニヤー[paimanija:]〔名〕
屋敷の南西方向に建てる納屋。農機具等の物置小屋。「パイマヌヤー」とも言う。「パイマヌ（南側の）ヤー（家）」の意。【例】シートータンムヌン　パイマニヤーナ　マジミ　ウシケーッタ（製糖用の焚き物＝燃料も、パイマニヤーで積み上げて置いた）。
　母屋の南西側に建てる「アナブルヤー（掘立小屋）」で、茅葺きだったりトタン葺きだったりの粗末な造りの小屋だった。

ハイムヌ[haimunu]〔名〕
買い物。【例】マヌマー　キンハータンカアラナー　ヤサイヌウリーン　ハイムノー　イサナキハラドゥ　ハイフー（現在は、衣類だけでなく野菜の類も買い物は石垣島から買ってくる）。以前は、大根や人参などの根菜から葉野菜まで島で作っていたが、島一円が牧場化してしまった現今は野菜類の大半は石垣島から移入している。どうも、健全な姿には思えないのだが……。「バイムヌ」の項参照。

バイムヌ[baimunu]〔名〕
食べ物。食料品。【例】ムカシェー　バイムノー　タイガイヤ　シマナー　マニアーシ　ブッタヌ　マヌマー　イサナキハラハイフー（以前は、食料品の大方は島で〈島産物で〉間に合わせていたが、今は石垣島から買ってくる）。

ハイヤン[haijaŋ]〔形〕
美しい。綺麗な。状態がよい。見映えのよい。（石）カイシャーン。（宮）カギサン。【例】ウヤヌ　キム　ハイヤーッテナー　ヴァーンキン　ケーラ　キム　ハイヤーワヤ（親の気性が穏やかだから、子どもたちもみんな心優しいよねえ）。人の容姿だけでなく、物事の好ましい状態を表すのに広く用いる。語源については「光・姿・形」を意味する「影」を活用させた語であろうと言われている。「カギサン（宮古語）→カイシャーン（石垣語）→ハイヤーン（黒島語）」のように音韻変化が激しく、語源の解明を困難にしている。

バイラス[bairasu]〔名〕
芋葛(いもかずら)の先端が縮れて生長が止まる病気。終戦後のひところ、黒島の芋蔓はバイラスに

やられたことがあった。それで、新規植え付けの際の芋蔓は白保から取り寄せて窮地を脱したのだった。当時、芋蔓の縮れる病原菌を「バイラス」と呼んでいたが、バイラスが「ウイルス」だと知ったのはずっと後のことだった。「タナンガールン」の項参照。

ハイルン[hairuŋ]〔自〕
帰る。戻る。【例】ガッコーハラ ハイリフーカ ウシバ ユシキ ピシダヌ ザーユ ハリクー（学校から帰って来たら、牛を原野につなぎ山羊の草を刈って来なさい）。

小学校の高学年のころから、牛の世話と山羊の草刈りは欠かせない日課であった。牛には昼休みになると水を飲ませ家の近くの木陰で休ませておき、夕方には原野でつないで草をたべさせる。その帰りに山羊の餌となる草を刈って来る。雨の日も風の日も行祭事の日も、年中継続して行なわれる作業だった。我が家には、つねに十数頭の牛と山羊がいて、学校の勉強よりも家畜の世話が大事な役目だった。女子には、薪拾いと豚の飯（餌）炊きが課せられた。

バイルン[bairuŋ]〔自〕
驚く。びっくりする。怖がる。「ウドゥラクン」とも言う。〈否〉バウヌン。(石)ウバイルン。【例】ウッツェヌ ウブザークンゾホーッティ ケーラ バイ タルン ウッツェヘ パリピサスーヌン（その家のお祖父さんは怒りっぽくて、皆怖がって誰もその家に行きたがらない）。

バイルン[bairuŋ]〔他〕
酒などに他の液体を混ぜて薄める。水で割る。【例】イザー ボーリナウシヌ バソーグーシュ サーシ バイ ンキワーッタ（父は疲れ直しのとき、グーシ（御酒）をお茶で薄めて上がった）。

パイルン[pairuŋ]〔自〕
入る。【例】エンリョ スーンスクン ヤーヌ ウチヘ パイリクバー（遠慮しないで、家の中に入って来なさい）。

ハウ[hau]〔名〕
香。線香。(石)コー。(沖)ウコー。【例】ハウ ウヤハイ（線香を捧げなさい）。共通語の「香[ko:]」の古語は「かう[kau]」であり、八重山地方では小浜島、新城島や古見村では「カウ」が日常語として使用されている。黒島語では「カ」は「ハ」に転ずることから「ハウ」となっているのである。ちなみに、石垣語は現代共通語の「コウ＝コー」に同化されており、竹富語も「コー」である。

ハウル[hauru]〔名〕
香炉。(石)コーロー。(沖)ウクール。【例】ハウルヌ ハウヌ シンヤ トゥリ シティリヨ（香炉の線香の芯〈燃え残り〉は、取り除きなさいよ）。香炉は外見上の清潔さを保つのはもちろん、灰の中に線香の燃え残りがないようにするなどにも気を配りたい。

ハウワン[hauwaŋ]〔自〕
痒い。くすぐったい。「ビューワン」とも言う。(石)カウサーン。(鳩)カウワン。(沖)ハゴーサン。【例】①クシナハヌ ハウワヌ フシガルヌン（背中が痒くて我慢できない）。②バキヌザーラユ グズルッカー ハウワーヤワ（脇の下をくすぐると、くすぐったいよ）。

パウン[pauŋ]〔自〕
這う。蔓草などが這い伸びる。【例】ウカトゥヤンヤ ザーンケナー ハザヌ パウニン パイパリバ タマンガリ（借金と病は、知らないうちに蔓草が這うように広がっていくので用心せよ）。

パウン[pauŋ]〔他〕
配る。配布する。【例】ヨイヌ アンナイゾーバ パイクー（祝賀会の案内状を配ってきなさい）。

パカ[paka]〔名〕
　墓。古い用語で「メーヘ」とも言う。【例】①ムカシェー　プスヌ　マーラスカ　コンナー　イリ　ウヌママ　パカハ　イリッタ（以前は人が亡くなると棺桶に入れ、そのまま墓に入れた）。②ユッツァ　メーヘ、ヤリ　メーヘ（四連結の墓、破れ墓）。
　火葬場のない黒島では、遺体は棺桶に入れそのまま墓に納めた。火葬場のない状態は今も変わらないが、突然死以外は火葬場のある石垣市や那覇市など都市地区の病院で入院中に亡くなることが多く、当該地で火葬し島の墓に納骨する。島での突然死や老衰死などの場合は、従来通りの方法で埋葬しているようである。

ハカイルン[hakairuŋ]〔自〕
　欠ける。〈否〉ハクヌン。【例】ガッキヌ　パーヌ　ハカイ　ヌーン　キサルヌン（鎌の刃が欠けて、何も切ることができない）。

パガスン[pagasuŋ]〔他〕
　剥がす。【例】パンヤ　クラシッカ　ハーバ　パガシ　ミーヤ　ネーシ　ヴォータ（ハブは、殺すと皮を剥いで身は煮て食べた）。身の付き具合は鶏の喉骨とそっくりで味も似ていた。

パガスン[pagasuŋ]〔他〕
　土地を痩せさせる。【例】ウブンヤ　ジー　パガシムヌッティ　シタ（もろこしは、土地を痩せさせる作物だと言った）。図体の大きい分だけ、吸収する養分の量も多かったからであろう。

パガスン[pagasuŋ]〔他〕
　議論で相手をやり込める。【例】ハラッタヤ　ウヴォホルヌ　ジンブンヌ　ナーナッテナー　ムンドー　シーバソー　イチン　プスン　パガハリベー（体は大きいが、知恵がないから議論する場合はいつも相手にやり込められている）。

ハガナー[hagana:]〔名〕
　利口な者。口達者。おしゃべり。主に女性に対し用いられていたように記憶しているのだが。【例】ウレー　ヤラビシェーケーハラ　ハガナーッティ　イザリ　ブッタ（そいつは、子どものころからハガナーと言われていた）。

パカリ[pakari]〔名〕
　秤。竿秤。【例】イズ　ヤサイヌーツァー　パカリシドゥ　パカレーッタ（魚や野菜などは、竿秤で計った）。大型の秤は「タイトー・タイトーパカリ」と称した。「タイトー」の項参照。

ハカリムヌ[hakarimunu]〔名〕
　祟りごと。障りごと。【例】ハカリムヌユンドゥ　ムヌウムイバ　シー　ヨーマリブルワヤ（祟りごとのせいで、物思いをして弱っているのだよ）。

ハカルン[hakaruŋ]〔自〕
　掛かる。引っ掛かる。病気になる。〈否〉ハカラヌン。【例】①ヴァーハリバ　イシン　ハカランヨーン　キーシキ　アラキ（暗いから石に引っ掛からないように、気を付けて歩きなさい）。②パナシキン　ハカランヨーン　タマンガリヨー（風邪を引かないよう、気を付けなさいよ）。

ハカルン[hakaruŋ]〔自〕
　合格する。〈否〉ハカラヌン。【例】コーコーホ　ハカレーットゥ　ウラマサダラ（高校に合格したそうだ、羨ましいことよ）。歳時記本で古典的存在の金田一春彦著『ことばの歳時記』（新潮文庫・昭和48年刊）に「あたる＝受ける」と「かかる＝受かる」の地方語が紹介されている。後者の用法が、まさに見出し語「カカルン＝かかる＝受かる＝合格する」と同じ用法である。

パカルン[pakaruŋ]〔他〕
　計る。量る。【例】シートヤーナー　シタータルガーナー　イリ　ピスタル　ヒャッキン　ナルヨーン　タイトーパカリシ　パカ

レータ（製糖工場では、砂糖は木製の樽に詰め一樽100斤（60キログラム）になるようにタイトーパカリで計量した）。樽の重量は予め量っておき、正味が100斤になるよう風袋分を勘案して樽詰めを行なった。その際用いられた大型の竿秤を「タイトー・タイトーパカリ（ちぎばかり）」と称した。

余談だが、樽詰めされた砂糖樽は総重量120斤ほどで、車に積む作業は期せずして青年たちの力自慢の場でもあった。その場面で僕が感じたのは、砂糖樽の扱い方は体力だけではなく要領〈技の巧さ〉が勝敗を分ける重要な要素だということであった。

パカルン[pakaruŋ]〔他〕
謀る。他人を陥れようと企む。【例】プスユ　パカルッカー　アトー　ドゥーン　パカラリルン（他人を陥れると、あとから自分も陥れられる）。

バキ[baki]〔名〕
脇。【例】ウマン　ウスクッカー　ザマーリバ　バケヘ　マダキ　ウシキ（そこに置いておくと邪魔だから、脇に退けて置け）。「バケヘ（脇に）」は「バキハ→バキヘ→バケヘ」のように変化したものであろう。

パキ[paki]〔名〕
吐くこと。嘔吐。「パクン（吐くこと）」の連用形「パキ」が名詞化した語。【例】マリットゥ　パキットゥバシー　ムヌハイガン　ナランタン（脱糞=下痢と嘔吐をして、何も考えられなかった）。

パギ[pagi]〔名〕
禿げ。【例】パギプスン　ザイプスン　タイガイヤ　ヤーヤーヌ　トゥクリシ　キマリベーッタニン　ウモーリ（禿げる人も、白髪の人も、大概は各家庭の血筋で決まっていたように思われる）。

パギアマザ[pagiʔamaza]〔名〕
禿げ頭。【例】ビャーハ　シマナーヤ　パギアマザヌ　プスッティ　アイナー　ブランタワラー（我が黒島では、禿げ頭の人ってそんなにいなかったよなあ）。

ハキサミヨー[hakisamijo:]〔感〕
驚いたり落胆したりする場合に発する。沖縄語「アキサミヨー」の変化した語。

パギジー[pagiʒi:]〔名〕
痩せ地。【例】パギジーナヤ　ウムイキシ　コイユ　イルナーッカ　ムヌスクラー　ナラヌン（痩せ地では思い切って肥やしを投入しないと、物作りは出来ない〈作物は稔らない〉）。この場合の「肥やし」は有機肥料の「堆肥」であり、化学肥料「金肥」の継続使用は畑地を駄目にした。

ハキズクリ[hakizukuri]〔名〕
掛け造り。母屋と台所が繋がった家屋構造。【例】ムカシヌ　ヤーヤ　ウブヤートゥ　トーラヤ　パナリ　ブッタヌ　マヌマー　ハキズクリヤーヌ　ウラハナレーワヤ（以前は母屋と台所は離れていたが、今は掛け造りの家屋が多くなっているよ）。我が実家は、昭和14年に父が40代後半で分家したときに建てた。黒島のそれまでの家屋構造は、用例のようにウブヤー（母屋）とトーラ（台所）は別棟であったが、我が家は母屋に接続して台所のある「掛け造り」の家屋構造であった。掛け造りの場合には、母屋の部分と台所を掛ける〈繋ぐ〉部分には頑丈な桁材が必要で、我が実家ではドゥスヌ〈タイワンオガタマノキ〉が用いられていた。「キタ（桁）」の項参照。

バキダマ[bakidama]〔名〕
分与財産。分け前。【例】ヤームトゥハラヌ　バキダマー　シントゥ　フタキシ　ミーキシヌ　パタキ　アッタ（本家からの分与財産は、二つ三つの畑だけだった）。

黒島で本家から分家する場合の財産分与は、どの家でも畑の二切れ三切れでしかなかったようである。我が家は、明治31年

生まれの父が40歳を過ぎてから分家しており、屋敷と瓦葺の家の他、二、三の畑の分与を受けたという。分家後に、徐々に畑を増やし僕が中学生のころは、畑地の面積が少ない割には砂糖の収量ではつねに上位を占めていた。多数の牛や山羊を飼いその糞尿で作った堆肥を大量に使用し、反収を増やしたからだということを父から聞かされ誇らしく思ったものである。「シグン（継ぐ）」の項参照。

バキッツァミルン[bakittsamiruŋ]〔他〕
分け与える。【例】ケーラハ バキッツァミ ムタハイ（全員に分け与えてやりなさい）。

パキットゥ マリットゥ[pakittu marittu]〔連〕
吐いたり下したり。食中（しょくあた）りなどで、吐いたり下したりしている状態をいう。【例】ヌーヌ アタレータヤーリ ピスユーヌサーットゥ パキットゥ マリットゥバシーデージ アーッタ（何が中（あ）ったのやら、一晩中吐いたり下したりして大変だった）。

バキッフイ[bakiffui]〔名〕
腋毛。【例】バキッフイヌ ムイバナー バハヤン アリ サニヤン アッタワラー（腋毛の生え始めは、恥ずかしくもあり嬉しくも〈誇らしくも〉あったよなあ）。

　腋毛の生育は自らの経験によると、男子よりは女子のほうが早かったように思う。中学一年のころだったか自分の脇がいまだツルツルしているのに、同級生のE美さんやK子さんたちの脇には黒々とした茂みができており、教室でそれを目にすると胸がドキドキして授業どころではなかった。東京在住のK子さんに確認したところ、中学一年のころ生理と前後して腋毛が先に生えてきたように記憶していると教えてくれた。東京で生まれ育った彼女の娘さんの生理は小学校五年生のころだったという。

　腋毛と言えば、昭和39（1964）年の東京オリンピックのときは、社会主義国圏の女子選手は腋毛の処理をせず堂々と競技していたように記憶しているが、最近のアスリートは男子選手まで腋毛を処理するようになっており、「隔世の感あり」を禁じ得ない。

ハキナイ[hakinai]〔名〕
商（あきな）い。商売。【例】ハキナイヌ ゾージッテナー ウヤキバ シーブルワヤ（商いが上手だから、金持ちになっているさ）。

ハキナイプス[hakinaipusu]〔名〕
商売人。商人。【例】シマナー スクルマミヌッツァー ハキナイプソホドゥ ハーセーッタ（黒島で作る〈生産する〉豆類は、商売人に売った）。「ハキナイプソホドゥ」は、元来は「ハキナイプスハドゥ」であるが日常会話の中では「プス」が「プソ」に変化し、そのいきおいで後接する「ハドゥ」を「ホドゥ」に変化させている。

ハキナイムヌ[hakinaimunu]〔名〕
商品。商売物。【例】スクルムヌヌ ナハナー ハキナイムヌッティ イズーッカー アマミ トーフマミ ムン グマ クマミヌッツァー アーッタ（作り物〈作物＝穀物類〉のなかで、商品と言えば小豆・大豆・麦・胡麻・緑豆の類であった）。黒島の農作物は換金用としては用例のような穀類が主流で、それらを押しのけサトウキビ・黒糖が中心を占める時期もあったが、現在はもっぱら肉用牛の生産に特化されている。

ハキナクン[hakinakuŋ]〔他〕
掻き込む。飯などを大急ぎで食べる。〈否〉ハキナカヌン。【例】イーヤ ハキナキ パラナーッカ フネー マニアーヌンドゥラ（飯は大急ぎで掻き込んで行かないと、船の出発時間に間に合わないぞ）。

ハキフイ[hakiɸui]〔名〕
開け閉め。開閉。【例】ヤーヌ ヤドー トゥーシ ハキフイ シーリバドゥ ミ

サ（家の戸は、つねに開け閉めしたほうがいい）。人が住まなくなって、密閉したままの家は弱るのが早い。住んでいる家でも、どの部屋の戸〈障子や襖など〉も頻繁に開閉して換気したほうがいいとされる。

パギフタイ[pagiɸutai]〔名〕
禿げ上がった額。額が禿げていること。【例】パギフタイ ナリ フタイヌ ウイナー キーヤ ムイブラヌン（額が禿げて額の上には、毛は生えていない）。

ハキマハル[hakimaharu]〔名〕
欠けた碗。石垣語「カキマカリゥ（欠けた茶碗）」の転化した語。「カキマカル」の項参照。

バキミジ[bakimiʒi]〔名〕
湧き水。【例】ビャーハシマナー バキミジッティ アイナ ナーヌヌ アラバン ハラハヌ ヌマルヌン（黒島には湧き水はそんなにないが、あっても辛くて〈塩っぱくて〉飲めない）。

ハキルン[hakiruŋ]〔他〕
開ける。開く。「プラクン」とも言う。〈否〉ハクヌン。【例】ヤドゥバ ハキ ハジユ トゥーハイ（戸を開けて、風を通しなさい）。

ハキルン[hakiruŋ]〔他〕
掛ける。〈否〉ハクヌン。【例】①ヤサイハ ミジユ ハキリ（野菜に水を掛けろ）。②キンヤ キンッサイムヌナ ハキウシキ（衣服は衣文掛けに、掛けて置け）。③ショーゾーヤ ザーヌ キタナー ハキウシキ（賞状は、座敷の桁に掛けて置け）。

バキルン[bakiruŋ]〔他〕
分ける。〈否〉バクヌン。【例】ノホレー ヤサイヤ マータキ バキ ムティ パリ（残っている野菜は、等分に分けて持って行きなさい）。

パギルン[pagiruŋ]〔自〕
剥げる。色が褪せる。禿げる。【例】シンタク セーッタラ イルヌ パギナーヌワヤ（洗濯したら、色が剥げてしまったよ）。

パギルン[pagiruŋ]〔自〕
土地が痩せる。【例】キンピタンカ シカウッカー ジーヤ パギリバ ナルッカータイヒユ シカウヨーン シーリ（金肥〈化学肥料〉だけ使うと土地は痩せ衰えるから、なるべく堆肥を使うようにしなさい）。化学肥料の継続使用は、地中のミミズや微生物を衰退させ土地の劣化をきたすが、有機肥料はミミズや微生物の餌となり活性化させ肥沃な土地の再生につながるという。

ハキング[hakiŋgu]〔名〕
保管。管理。大事にしまうこと。(石)カキグ・カキング・カクグ。(沖)カクグ。【例】ムヌダネー ハミナ イリ ハキング シーリ（穀物の種子は甕（かめ）に入れて、保管しろ）。
　この「ハキング」は共通語の「格護（かくご）」に対応する語と思われるが、『日本国語大辞典』の「格護」には、①保護すること、②守り備えること、③所持すること、④領有して支配すること、等の意味しかない。また、漢和辞典の『角川大字源』や『字通』には「格護」の用語すら見当たらず、黒島語の「大事に保管すること」という意味の確認はできない。『石垣方言辞典』では「カキグ・カキング・カクグ」の項で「格護の意。格護の訛語。大事に保管すること。」と説明し、語源を共通語の「格護」に求めているが、意味にはズレが生じている。

ハク[haku]〔名〕
船乗り。船員。水夫。日常語としては「フナハク（船員）」を多用する。(石)カク。(沖)カク。【例】ハクヌ ハナイヨーダラ（船員の揃っていること）。

ハク[haku]〔名〕
角。【例】ウブンザー キーバ ユーチハバリ ハクザイユ トゥレーッタ（大きい木を四つに割って、角材にした）。

パク[paku]〔名〕

箱。紙、木、竹などで作る四角い入れ物。(石)ハク。(沖)ハク。【例】ダンゴー パクナイリ ハキング シーウシキ(道具は、箱に入れて管理しておきなさい)。

ハクジ[hakuʑi]〔名〕
顎(あご)。【例】ハクジヌ コールケー バラヤハン(顎が固くなるほど笑った)。

ハクスン[hakusuŋ]〔他〕
隠す。「ハザミルン」とも言う。〈否〉ハクハヌン。【例】ギューサ ハクハバン ヤナクトー ハクハルヌン(いくら〈どんなに〉隠しても、悪事は隠せない)。

ハクビチ[hakubitʃi]〔副〕
特に。特別な。「格別」の意。【例】クトゥシェー タイフーン ペーリン ハクビチ ウラハータ(今年は、台風も旱魃(かんばつ)も特別に多かった)。

ハクランプ[hakurampu]〔名〕
角ランプ。石油壺と火屋(ほや)を四角いガラスの箱に収めたランプのこと。「四角いランプ」の意。通常のランプは少々の風にも揺れるが、角ランプはかなり強い風にも揺れることなく灯りを保つことができた。【例】ハクランプヤ ハジヌ スーワ バソーン ウタンガーナ アカリ ベーワヤ(角ランプは風の強いときにも、びくともせず明かりを灯していた)。

ハクリルン[hakuriruŋ]〔自〕
隠れる。〈否〉ハクルヌン。【例】シケー フムナー ハクリ ミラルヌン(月は、雲に隠れ見られない)。「シケー」は、「シキ(月)」と係助詞「～ヤ(～は)」の融合・約音。

バクルン[bakuruŋ]〔他〕
からかう。なぶる。【例】プスユ バクリ ハイチン ウヌ プスン サーミラリッタ(他人をからかい、かえってその人に遣り込められた)。

ハクン[hakuŋ]〔他〕
書く。〈否〉ハカヌン。(石)カクン。(沖)カチュン。【例】ムカシェー ウイプスンキナー ドゥーヌ ナーユ ハキッサンプスン ワーッタンドゥラー(昔は年寄りには、自分の名を書けない人もおられたよ)。

ハクン[hakuŋ]〔他〕
掻(か)く。〈否〉ハカヌン。【例】①ビューワリバ ハキッフィーリ(痒いから掻いてくれ)。②イタラン ムヌイバ イジ パジハクナ(でたらめなことを言って、恥を掻くなよ)。

バクン[bakuŋ]〔他〕
挽く。鋸で切り割る。【例】クヌキーバ ヌキルシ バキ イツァナハイ(この木を鋸で挽いて、板にせよ)。僕たちが子供のころ、ヤースクルヤー(建築中の家)では大きな木を大人２人が鋸を両方から挽き合って、板を作っていた。

バクン[bakuŋ]〔自〕
湧く。発酵する。【例】①ミジヌ バキ ミジグムン ナリブー(水が湧いて、水溜りになっている。②ミソー ハイヤー バキブルワヤ(味噌は、うまい具合に発酵しているよ)。

パクン[pakuŋ]〔他〕
吐く。〈否〉パカヌン。【例】フナイバ シームヌバ パキ マイダン ナーヌン(船酔いをして、物を吐き順調でない〈気持ち悪い〉)。

パクン[pakuŋ]〔他〕
首から掛ける。【例】ハザリムヌユ フビハラ パクン(飾り物を首からかける)。ネックレスなど現代風のものが思い浮かぶが、マブイ グミ(魂・霊魂を籠めること)の儀式のあと、ブー(苧麻)の輪っかを首に掛けることがある。僕たちは直接的に経験していないが、先輩たちは「方言札」と書かれた板切れを、方言を話す度に首に掛けられたそうだ。

パクン[pakuŋ]〔他〕
　償う。弁償する。【例】プスヌ　ウカユ　パクンティ　アワリバ　シーベールワヤ（他人の借金を弁償しようとして難儀しているよ）。他人の連帯保証人になって、用例のような事態に陥っている例はよくある。

パグン[paguŋ]〔他〕
　剥ぐ。【例】キーヌ　ハーユ　パグン（木の皮を剥ぐ）。

ハケージ[hake:ʒi]〔名〕
　〈動〉トンボ。(石)カケージゥ。(沖)アーケーズ。【例】ハケージヌ　トゥブッカー　ワーシキ（トンボが飛ぶと、天気が崩れる）。

ハケースン[hake:suŋ]〔他〕
　掻き混ぜる。〈否〉ハケーハヌン。【例】シタナベー　スーック　ハケーハナーッカ　アビシティルヌ（黒砂糖鍋はしっかり掻き混ぜないと、吹き零れるよ）。サトウキビの搾り汁を煮詰め、水分を飛ばして黒糖を製造するのだが、6〜7連結の鍋のうち、釜戸から近い1〜3番目あたりの水分の多い搾り汁の入った鍋の泡立ちが強く、油断すると鍋から吹き零れた。中学1年のころまでは必死に掻き混ぜても追いつかない場合もあって、製造責任者に怒鳴られながらの作業であった。中学2年のころからは体力がつき慣れもあって無難にこなすことができた。
　製糖工場の作業は午前3時ころに始まる。一方ではサトウキビの圧搾に付随するサトウキビの運搬やサトウキビのガラマラキ（搾り殻を束ねる作業）があり、他方では釜戸や砂糖鍋の掃除などがあった。その後、サトウキビの搾り汁が砂糖鍋を満たすと釜戸に火が入りその燃料運びや上記の鍋の掻き混ぜなど、初歩的な作業は何でもこなした。製糖の日の正規の作業員には兄たちが配置されたが、生来の網膜色素変性症を抱えていた兄たちは夜目が利かないため、私は午前3時ころから明け方までと夕方から製糖が終了するまで兄たちの代わりを務めた。

ハゴーサン[hago:saŋ]〔形〕
　汚い。醜い。沖縄語の移入語。黒島語では「ヤニヤン」と言う。【例】ウヴァー　ムヌイジヨーヌ　ハゴーサダラ（あなたの物言いの汚いこと）。

ハコイ[hakoi]〔名〕
　囲い。周りを囲うこと。【例】ヤーヌ　ハコイヤ　アザシドゥ　ハコウ（家の囲いは、石垣で囲う）。

ハコウン[hakouŋ]〔他〕
　囲う。「ハコムン」とも言う。「ハコイ」の項参照。

ハコムン[hakomuŋ]〔他〕
　囲む。【例】ヤーヌ　パタマーンヤ　アザシドゥ　ハコム（家の周囲は、石垣で囲む）。

ハサ[hasa]〔名〕
　笠。【例】ハサッティ　イズッカー　クバガサッティ　キマリ　ブッタ（笠と言ったら、クバガサしかなかった）。

ハサ[hasa]〔名〕
　病気の名。天然痘(てんねんとう)。(石)キゥルンガサ。【例】ムカシェー　ヤクムラナ　ハサヤンヌ　ウクリ　プスヌ　ウラーリ　マーラセーッタトゥ（昔、伊古部落で天然痘が流行り、人がたくさん亡くなったそうだ）。以下、黒島における天然痘の発生に関する取材記録を収載する。

1　はじめに

　八重山近・現代史年表によると、「昭和21（1946）年3月25日：登野城、黒島で天然痘発生」「同年4月2日：黒島、登野城字民をはじめ全住民に種痘接種を開始」とある。そのときの種痘の痕跡は、昭和21年3月以前に生まれ八重山で生活していた人の腕に残っているはずである。ちなみに、以下に登場する証言者すべての腕に

も種痘の痕跡があることは確認出来た。

黒島における天然痘の発生は当時の「最大事件」であり、私が物心ついたころからその凄まじさについては折にふれて聞かされ、その怖さは身に染みて感じてきたところである。実態については後述するとして、まず天然痘とはどういう疾患であるか、その概略をインターネットの記事からひろいあげ記しておきたい。

2　天然痘とは

「家庭の医学」によると天然痘は通称で、医学用語では痘瘡(とうそう)と言う。紀元前1万年以上も前からアジア、アフリカの農村で出現し、人類史上最も致命率の高い感染症として恐れられてきた。20世紀だけでも2～3億人が死亡したとされている。

痘瘡はヒトからヒトにしか伝播しないことが疫学的に証明されたこと、またワクチンが極めてよく効くこと、この二つの条件が1967～77年に行なわれたＷＨＯ（世界保健機関）の痘瘡根絶計画を成功に導いた。感染者（患者）と他のワクチン未接種者との接触を断つという、極めて素朴な理論と実践の成果であったといえる。人類が永年にわたる感染症との闘いに勝利したのは、唯一この疾患のみであり、20世紀医学最大の快挙と言ってもよいだろう。

国立感染症研究所によると痘瘡ウイルスは、発熱後3～4日で解熱し、発疹が出始めてから咳、唾液、気道内分泌物などの飛沫、接触などにより感染する。ウイルスは、血中に入って全身に感染し、皮膚に膿疱(のうほう)を形成して瘡蓋(かさぶた)に移行し発症後約21日で治癒するが、約40パーセントが死亡する。潜伏期間が7～16日で、その後前駆期、発疹期と規則正しく移行する。治癒した場合でも痘痕(あばた)が残る。

天然痘にかかったとされる歴史上の有名人に、伊達政宗、春日局、徳川家光等の名がある。

3　黒島での発症と感染状況

上記1の情報を基に、八重山で発行された新聞の記事を確認すべく『竹富町史　第十一巻資料編　新聞集成Ⅳ』を紐解いてみた。本巻は終戦時から昭和30年までに発行された新聞を収集の対象にしている。戦後の八重山では昭和21年から新聞発行が再開されているが、同年の新聞資料は収集不能のため翌22年以降の新聞から収集している。そういうわけで、残念なことに新聞資料としては天然痘の発生した昭和21年当時の状況は今（平成27年）の段階では把握出来ない。

同巻の昭和21年～同22年の「年次解説」を執筆した三木健氏は、次のように記している。「黒島では、1946（昭和21）年3月に天然痘が流行し、48人が発病するという事態が起きた。衛生部から吉野高善部長らが派遣され、患者や発生部落を隔離するとともに、黒島と石垣島とに船舶の往来を禁止するなどの措置がとられた（同巻62頁参照）」。

三木氏に上記の情報源を尋ねたところ、吉野高善著『ふる里と共に』の著書があることを教えていただいた。さらに石垣市市史編集課の元課長・松村順一氏からは、同著と『八重山復興博覧会記念誌』の関連項目のコピーをいただいたので、以下に紹介する。松村氏によると、八重山保健所が発行した『八重山保健所のあゆみ』（発行年不明）にも天然痘関連の項目があったとのことであるが、沖縄県八重山福祉保健所はじめ関係機関にも照会したところ残念ながら同文献の確認は出来なかった。

①1950年8月1日・八重山民政府発行『八重山復興博覧会記念誌』より

▲黒島及び登野城に天然痘流行　三月二十五日

黒島伊古に伝染病が流行しているとの報

に接した吉野衛生部長は、三月二十五日、喜友名衛生課長を同伴して黒島に出張、患者検診の結果、天然痘であることがはっきりしたので、交通を遮断し、翌二十六日帰庁したが、その翌日二十七日の午後登野城にもまた患者を発見したので、直ちに交通を遮断した。

　三月二十六日、南部琉球軍政府に電報で痘苗を注文した。早速三十日にはフェーチャー衛生兵が、発動機で持参してくれたので、これを黒島、登野城の部落民に接種し、さらに四月三日に、琉球軍政府から応援のために来島したトージンスキー軍医大尉、フェーチャー衛生兵並びに各開業医師の協力を得て、四月十二日までに、全住民に対する種痘の接種を終了した。こうして黒島では四月十日から患者の発生がなく、また登野城では六月五日から発生がなくて、天然痘は終息したのである。この間に発生した患者は黒島で四八名、登野城・大川・石垣・新川及び大浜町大浜で四八名、西表島白浜で一名、計九七名であった（一八～一九頁）。

▲15　伝染病の流行・天然痘

　黒島伊古に伝染病らしいものが流行していると、同島の玉代勢区長の報告によって、吉野衛生部長は喜友名課長同伴、一九四六年三月二十五日午後石垣出発黒島に到着、早速伊古の患者検診の結果、天然痘なることが判明したので、直ちに交通を遮断し翌日帰庁したが、その翌日の午後登野城にもまた患者を発見したので直ちに交通を遮断した。衛生部長の電請（電報要請）によって三月三十日に南部琉球軍政府勤務フェーチャー衛生兵が発動機艇で痘苗を持参してくれたので、これを早速黒島と登野城の部落民に接種し、さらに四月三日、琉球軍政府から来島したトージンスキー軍医大尉が、多量の痘苗を持参したので、全島の医師の協力を得て四月十二日までに全住民に対して接種した。

　こうして衛生部の防遏(ぼうあつ)作業の結果、黒島では四月十日から患者の発生がなく、又登野城では六月五日から患者の発生がなくなって天然痘は終息したのである。

　今回の天然痘は一九四六年二月末、天然痘の発生していた鹿児島の宿泊所十八部隊に宿泊して、三月四日八重山に帰還した二人の女子青年が、郷里黒島及び登野城で発症して、伝染源をなしたのである。

　流行期間中における患者数は、黒島の伊古四七名、同東筋一名、石垣市登野城三三名、石垣二名、新川七名、平得二名、大浜二名、西表白浜一名、計九七名であった。なお一九四七年四月に台湾からの引揚者三名が天然痘に罹患したが、直ちに登野城の臨時隔離所に隔離して厳重に交通を遮断したので流行するに至らなかった（一〇四～一〇五頁）。

〔注1〕上記『八重山復興博覧会記念誌』の記録中、明らかに誤記と思われる日付については、②吉野高善著『ふる里と共に』と照合して訂正した。

〔注2〕石垣島の患者数は、②吉野高善著『ふる里と共に』と照合すると二名少ない。

〔注3〕旧字体については、新字体にした（傳染病→伝染病／遮斷→遮断、等）。

②1967年11月4日発行・吉野高善著『ふる里と共に』より

▲九、天然痘の流行

　竹富村黒島の区長玉代勢太郎氏が、黒島の伊古部落にただならぬ病気が発生し、あちらこちらに伝染しつつある、という報告をもたらした。病状をくわしく聞いてみると天然痘らしい。私が大正十三（一九二三）年十二月三十一日、台湾の台北市に天然痘を初めてみたことは、前に述べたとおりである。その時の症状と玉代勢氏の報告とは

一致するところがある。すわ一大事だと、直ちに喜友名防疫課長を同伴、黒島に出張することにした（当時私は衛生部長の職にあった）。それは一九四六（昭和二十一）年三月二十五日のことであった。

黒島に渡って、東筋の玉代勢氏宅に小憩の後患家を訪ねた。伊古部落は海岸近くにある小さな漁民部落である。診察の結果天然痘であることがはっきりした。この診断がかつて台湾における天然痘患者取扱いの経験が参考になったことはいうまでもない。私がこの患者をみた以前すでにX某は、二月二十八日発病して、三月九日死亡していた。約一ケ月前から流行していることが明らかになった。その私が診察した患者は一〇名に達し、実に由々しい問題となった。

さっそく患者を各々自宅に隔離するとともに、伊古部落全体を隔離地として、他部落すなわち東筋、保里、仲本、宮里との通行を禁止し、青年男女をしてその監視に当たらしめる一方、翌二十六日黒島に対して船舶の入港を禁止し、他に伝染しないよう対策を講じた。

黒島から帰った翌三月二十七日に、登野城でも新患者を発見し（四名）、隔離舎が無かったので各自宅に隔離したが、外部との交通遮断が完全に行なわれなかったので、天然痘は登野城にひろがり、大川、石垣、新川にも発生するようになった。五月にはいって仮隔離病舎ができたので、全患者を収容した。それでその後は新患者の発生はあまり見られなかった。また平得、大浜、西表島の白浜にも発病者があったが、直ちに仮隔離病舎に収容したので多発するに至らなかった。

このように天然痘の防止策として交通止めをし、黒島、石垣からの船舶の出港を禁ずると共に、入港の船舶に対しては厳重な検疫を施し、流行地の学校の授業停止、料理屋、床屋、銭湯、芝居等の諸営業を停止させ、各種の集会を厳禁した。

以上のような対策を講ずると同時に、南部琉球軍政府に対して、天然痘の発生情報を打電し、痘苗の注文をして、予防接種の実施を計画した。軍では特にこれを重視して、三十日にはフェーチャー衛生兵が、発動機船で待望の痘苗をたずさえて来たので、直ちにこれを黒島と登野城の部落民に接種し、更に四月三日琉球軍政府から来島したトージンスキー軍医大尉、フェーチャー衛生兵と各開業医の協力を得て、十日間（四月十二日まで）で全住民に、もれなく予防接種を終了することができた。

この迅速な処置によって、黒島では四月十日から、登野城では六月五日から、新患者の発生がみられなくなって、住民を恐怖のふちにおとしいれた天然痘も、終りを告げたのである。

天然痘の流行について感じたことは、もし私が天然痘を取り扱った経験がなく、その診断にいたずらに時を過していたら、どうなっただろうかということである。異常発生を来たして、恐ろしい結果になったのではないかと思う時、われながら過去の経験がこの時よく活かされ、住民を救うことが出来たことは欣快にたえなかった。

この流行期間中の状況は次の通りである（228〜230頁）。

島別	患者	死亡者	死亡率
黒島	48	12	25.00%
石垣島	48	8	16.67%
西表島	1	0	0.00%
計	97人	20人	20.62%

4　黒島関係者からの聞き書き

上記の文献資料を整理すると、①黒島と登野城出身の二人の女子青年が、1946（昭和21）年2月末、天然痘患者の発生していた鹿児島の宿泊所十八部隊に宿泊して感

染し、3月4日八重山に帰還、それぞれの郷里である黒島と登野城で伝染源となったこと、②黒島のX某は、2月28日発病して、3月9日に死亡したこと、③八重山民生府の吉野高善衛生部長が、黒島での天然痘流行を実地検診したのは3月25日であったこと、④黒島では直ちに患者の隔離がなされ伊古部落と他部落との交通が遮断されたこと、⑤吉野氏の迅速・適切な判断のもと琉球軍政府および開業医師の全面協力により4月12日までに全住民に予防接種がなされたこと、⑥黒島では48人が感染し12人が死亡したが、4月10日から新患者の発生がなく終息をみたこと、などが確認できる。

天然痘が発生した伊古部落の入り口では、駐在巡査（当時、黒島には巡査が常駐していた）が陣頭指揮を取り、青年男女が監視役を担って同部落への出入りを厳しく禁止したという。これらの監視情況について、天然痘が発生した年（昭和21年）に小学校に入学した神山光祐さん・又吉智永さん（共に昭和14年生まれ）は、明確に記憶していると証言してくれた。

現在は石垣市にお住まいのT子さんから以下のような貴重な話を聞くことができた（2015年5月15日）。

伝染病源とされているX某は、戦時中に大阪の紡績関係の軍需工場に就職した。どういう経緯で大阪の軍需工場で働くことになったのかは不明で、黒島からは彼女一人であったとのこと。彼女は勤務を解かれた終戦後半年目の昭和21年2月末に郷里黒島に帰る途中、鹿児島県の軍隊宿泊所で宿泊した。不幸にして、たまたま同じ宿泊所に泊っていた帰還兵の天然痘患者から感染したということである（上記『八重山復興博覧会記念誌』参照）。

黒島では伝染源となったX某を含む12人が死亡しているが、墓を持たない家の患者の死体は伊古部落と保里部落をつなぐスムミチ沿いにある仲盛御嶽西側の森林内の砂地に葬ったとのことである。遺骨は、戦後の昭和30年前後にそれぞれの関係者によって収集されたそうだ。T子さんの従弟で、当時5、6歳だった男児Sさんも感染し幸い生き延びたものの、この病気の特徴である痘痕(あばた)が顔に残った。

5 今後の課題

黒島における感染者は、天然痘に罹患した帰還兵から感染したものであること、彼女自身戦時中に働いていた紡績軍需工場から解放され郷里・黒島に帰る途中での感染であったことからすると、伝染源となった当の女性をはじめ黒島での天然痘による死者はもちろん、後遺症を抱えて辛い思いをしながら生き延びた感染者の方々はすべて戦争の犠牲者であると言えるのではないかと思えてならない。これまでの記述であえて「事件」と記したゆえんである。

じつは、黒島における天然痘による死者や後遺症を抱えながら生き延びた人々の存在は、戦争による犠牲だと捉えその救援に取り組んだ人物がいたことを、今回の聞き書きのなかで知ることが出来た。その人物は伊古部落出身の内間久幸さん（昭和9年生まれ）である。彼は国家公務員の身分を有し、沖縄本島在黒島郷友会の役員も務めた。黒島での最初の発症者が軍需工場から解放され帰郷の途次、戦地で天然痘に罹患した帰還兵から感染したことに着目し、終戦後半年目の発症とは言え戦争の延長線上で感染・発病・死亡したものであり、マラリア犠牲者と同じく戦争との因果関係は明白だと考えたようである。よって、国家補償の対象になるとの考えのもとに、関係者の証言を得るべく調査に取り組んだとのことである。

しかし感染者の身内の関係者はかたく口を閉ざして語ることはなく、むしろ調査そのものをしないでそっとしておいてほしいと懇願され、諦めざるを得なかった由。内間さんは無念の思いを抱いたまま、病を得て間もなく他界した（1994年没・享年61）。

内間さんの調査内容が残されていないかを沖縄市在住の奥様・節子さん（昭和16年生まれ・宮里部落出身）に照会したところ、夫が調査していたことも黒島の天然痘のことについても詳細は知らないということであった。しかし、内間さんの弟さんも天然痘で死亡していたこと、妹・瑞慶山八重子さん（昭和13年生まれ）が沖縄市で居住していることが判明した。

早速、お二人に面談して、新たな事実を確認することができた（2015年5月26日）。

内間さんの弟・Hさんは昭和16年生まれで、昭和21年3月20日に天然痘で亡くなっている。さらに内間さんの伯父・Kさん（明治41～42年ころの生まれ）も天然痘を発症しほとんど絶望視されていたところ、母親・ナヘ（ミーガニクのパーパー）が民間療法のブーブー（背中に剃刀を当てて汚血を取り除く荒治療）を施し、そこに塩を擦り込んで揉みほぐすと生気を取り戻し、奇跡的に天然痘を克服したという。この方は伊古部落で理髪店（散髪屋）を営み、石川市に転居後も散髪業を継続していたが交通事故の後遺症で亡くなったとのこと、顔にはわずかながら痘痕が残っていたそうだ。

八重子さんが母親から聞いた話では、伝染源とされたX某は本土の紡績工場で働いていたということであった。先のT子さんの話とも重なるし、X某が働いていたのは戦時下の紡績軍需工場だったということは間違いなさそうだ。

また、東筋部落の感染患者はO家のKさんで、感染後直ちに人里離れた森林内の掘っ立て小屋に隔離されていたそうだ。Kさんは、幸い回復し後遺症もなく長命した（又吉智永さん談）。

なお、内間久幸さんは、糸満売り（沖縄独特の人身売買）によって伊古部落の網元で雇われていた「ヤトゥイ（雇い）」たちの実態についても調査をしていたという（伊古部落出身で同級生・名嘉将源君の話）。

以上のような情況下で遺族の方々の思いは複雑微妙な様相をみせているが、そのことに十分に配意しながら、私たちは尊い命を失ったり後遺症で辛い思いを余儀なくされたりした直接の犠牲者および親族のみならず恐怖のどん底に追い込まれた部落民たちの尊厳を守りつつ、歴史の襞に埋もれてきたこの「事件」の真相を詳らかにする記録を残すとともに、犠牲者の鎮魂のための何らかの方策を講ずるべきではないだろうか。（2015年5月26日記）

ハザ[haza]〔名〕

〈植〉カズラ（蔓・葛）。【例】ソンガチン ピク シナー ムカシェー ハザシ スクレータ（正月に引く綱は、昔はカズラで作った）。

私たちが幼少のころまでは、正月の綱引き用の綱はハザ（葛。ヤマハザとジームリハザがあった）を束ねたもので、強度を高めるのにクージ（トウズルモドキ）で補強したと言う（昭和4年生まれの従兄・玉代勢昇談）。その後、アダナシ（アダンの気根）で綯った綱に替わった。アダナシ綱は各家庭に割り当てられ、僕も長兄・賢昇（大正15年生まれ）の指示で中学生のころには自分でも綯うことが出来た。昭和35年ごろ、急速に過疎化が進むなかで市販のロープ（麻綱）が導入され現在に至っている。

ハザ[haza]〔名〕

匂い。香ばしく、芳しくにおうもの。【例】①ハバサ ハザン アリ ザーハ ハザンアン（香ばしい匂いもあり、臭い臭いもある）。②ザーハ ハザヌ アリバドゥ ハバサ ハザヌ プコーラサー バハル（臭い臭いがあるから、香ばしい匂いの有難さが分かる）。

ハザ[haza]〔名〕
臭い。臭いと同じ文字で表すごとく臭気の漂うにおい。【例】バハムヌヌ ハザユ ハバサンティ ウムイ ウイプスヌ ハザユ ザーハンティ ウムーッカ バチハブンドゥラー（若者のにおいを香ばしいと思い、年寄りのにおいを臭いと思ったら罰が当たるぞ）。

　以前に読んだ上前淳一郎著『読むクスリ』（文芸春秋社刊）という本に非常に印象に残ることが書かれていた。赤ちゃんのころに、お祖父ちゃんやお祖母ちゃんに可愛がられて育った子は、大人になってもお祖父ちゃんやお祖母ちゃんを大事にするそうだ。抱っこしてくれたお祖父ちゃんやお祖母ちゃんの体臭が、とりわけオッパイをしゃぶらせてくれたお祖母ちゃんの〝におい〟が身に染み込んでいて、いつまでも懐かしく感じるからだというのだ。どの家も子沢山で、家族全員で、いや地域全体で子育てをしていた終戦直後の郷里・黒島の情況は、上記のことを文字通り絵に描いたような、言わば人々の濃密な絆が息づいていた〝ふるさとの原風景〟の好ましい姿ではなかっただろうか。

バサ[basa]〔名〕
〈植〉芭蕉。【例】バサー ヤーハジナ ヴィーラリ ベーッタ（芭蕉は、家ごとに植えられていた）。

ハザーキー[haza:ki:]〔名〕
〈植〉樹木の名。ハゼノキ（黄櫨）。【例】ハザキヌ スバハ パーッカー ハザマキ シリバ キーシキリ（ハゼノキの側に行くと、かぶれるから気を付けろ）。

パザーッサン[paza:ssaŋ]〔形〕
恥ずかしい。他人に顔向けできない。「バハヤン」とも言うが、このほうは「滑稽である」という感じを伴うが、「パザーッサン」のほうは全面的に否定的・消極的な感じが漂う。【例】アヤールクトゥバシー パザーサヌ マーン パラルヌン（あんなことをしでかしてしまって、恥ずかしくてどこにも行けない）。「バハヤン」の項参照。

ハザーマキ[haza:maki]〔名〕
ハゼノキにかぶれること。【例】ハザマキ シーッカー ドゥー イッパイ ビューワナリ フシガルヌンドゥラー（ハゼノキにかぶれると、身体中痒くなって堪らないぞ）。

ハザーヤー[haza:ja:]〔名〕
鍛冶小屋。東筋部落の鍛冶小屋は、伊古部落への道沿いの「ガンヌヤー」と隣接していたことから、薄気味悪い印象が強く残っている。【例】ハザーヤーヤ ガンヌヤーヌ トゥナンナー アーットゥリ ウスワーッタ（鍛冶小屋は、ガンヌヤーの隣にあったので薄気味悪かった）。「ガンヌヤー」は、棺を運ぶ竈の保管小屋のこと。「ハザーヨイ」の項での幸地厚吉翁の記録からすると、明治のころから鎌や箆などの農具は黒島で製作していたことが分かる。

ハザーヨイ[haza:joi]〔名〕
鍛冶の祝い。鞴祭り。鍛冶に必要な鞴（吹子）の上に蒸し鶏を丸ごと飾って祈った。【例】ハザーヨイヤ ウヌトゥシヌ ハカリユ クジビキシ イラビ ウッチェナー ムラヌ ヤクインヌ アツァマリ セーッタ（鍛冶の祝いは、その年の係をくじ引きで選んでその人の家で役員が集まって行なった）。

　鍛冶の祝いは、頭以外の羽を毟り取った鶏を鞴の上に串刺しにして飾って行なった。

我が家でも行なったことがあるという(昭和12年生まれの姉・泰子の証言)。言われてみれば、羽を毟られた蒸し鶏の姿が鮮明に思い出されることからすると、私の小学校への入学前後のころだったであろうか。
　ハザーヨイは、その年の総会においてくじ引で係りを選び、特定の日に部落の役員が集まり、祈願のあと飾った蒸し鶏で炊いた吸い物や雑炊のほかご馳走を盛ったお膳を付けて祝宴を行なったという。東筋のハザーヨイについての記録は、運道武三著『黒島誌』の「16 祭 (C) 村の祝い」の項で、「11月　かざー祝い」としか記されていない。ちなみに、ここの11月は旧暦である。係の人には、各家庭から拠出された粟の穂が手当として支給された。また、祝いの当日には係の人は所定の「ニガイフチ(祈願の口上)」を述べるのだが、石良茂氏の猛練習ぶりが「気が狂れたのではなかろうか」というほどの評判となった逸話が残っているそうだ(又吉智永氏談)。
　なお、宮里部落出身の幸地厚吉著『さふじまー黒島の民話・謡・諺集』では、次のように記されている。

　　吹子祭は去年旧十一月九日に祈願した願ホトキ願及祈願祭祝。

　　明治四十二、三年頃迄は本底巣真爺さんが鍋の修繕、ヘラ、鎌等を作っていた。
　　其の後は四十才以上四十五才迄の男幹部に年限五カ年クジ引で係を決定した。東上里加部那、富里保志、兼城昌悦、成底松、玻座間長貴、知念政議、孝地厚吉、宮良当仁、その後は毎年会長が行なう。
　　昭和四十三年旧十一月七日、時代の進歩と共に終り願いをし。諸道具も焼きあげた。

ハサイ[hasai]〔名〕
　〈植〉アカメガシワ。山羊の草。
ハサイルン[hasairuŋ]〔自〕
背負う。負んぶする。〈否〉ハサウヌン・ハサワヌン。【例】ンーナッタン　ハサイ　ラリドゥ　ウヴォービ　ナレーリバ　ンーナッタヌ　ブンゲー　バッシナヨラー(姉さんたちに負んぶされて大きくなったのだから、姉さんたちの恩義は忘れるなよ)。
バザウン[bazauŋ]〔他〕
拵える。主に魚の扱いについて言う。鱗を取り、腸や鰓を取り除き、さらに刺身にする場合には二枚または三枚に下ろすまでの一連の作業を言う。「サバクン」とも言う。〈否〉バザーヌン。【例】イズユ　バザイッセーカ　イチニンマイ(魚を拵えることが出来れば、一人前である)。
　我が家では、母が持病を抱えあまり丈夫でなかったこともあって、父は台所仕事もよくこなした。とくに魚の拵えなどは手際よくこなし、私にも幼少のころから鱗取りなどを仕込んでくれた。そのため、二枚下ろしや三枚下ろしなども早くから身に付けることができた。関連するが、鎌や包丁の研ぎ方も父から丁寧に教わった。「キザミタバク」の項参照。
バサキン[basakiŋ]〔名〕
芭蕉布で作った着物。【例】バサキンヤ　ピーラケヘーッティ　ナチェー　バサキンユ　キスッタ(芭蕉布の着物は涼しいので、夏は芭蕉布の着物を着た)。
バサヌ　シブ[basanu ʃibu]〔連〕
芭蕉の渋。芭蕉の木の樹液。【例】シブバリヌ　サンシンヤ　ハビナー　バサヌ　シブバ　パリ　スクレータ(渋張りの三線は、紙〈和紙〉に芭蕉の渋を張って〈塗って〉作った)。
バサヌ　ナル[basanu naru]〔連〕
バナナ。芭蕉の実。「バサヌ　ナン」「バサン　ナル」「バサン　ナン」などとも言う。【例】バサヌナルヤ　ソーラヌ　ナルムヌン　ハザレータ(芭蕉の実は、盆の生り

パザハキルン[pazahakiruŋ]〔他〕
欠かす。機会を逸する。幸運を取り逃がす。（石）パザキルン。（沖）ハザキユン。【例】ソンガツェー ヤリキンユ キサバン フルマイヤ パザハキナ（正月には破れ着物を着ても、ご馳走は欠かすな／黒島の諺〔145〕より）。

ハサビルン[hasabiruŋ]〔他〕
重ねる。〈否〉ハサブヌン。（石）カサビン・カサビルン。（沖）カサビユン。【例】キューヤ ピーヤリバ キンヤ ハサビ キシヨー（今日は寒いから、着物は重ねて着なさいよ）。

ハサブドゥン①[hasabuduŋ]〔名〕
笠踊り。竹富町〔無形民俗文化財〕昭和50年11月26日指定。昔から黒島は「ヌングンジマ（野国島）」と呼ばれ、表土が浅いうえに石が多く、木の鍬、木のへら等で農作業は困難を伴い、農業への意欲の盛んな割には増産が望めなかった。17世紀ごろ、八重山に鉄の伝来があり、鎌・鍬・へら等の鉄製の農具が導入され、農業に一大変革がもたらされた。その喜びと神々への感謝の意を表すために「ハサブドゥン（笠踊り）・ガッキブドゥン（鎌踊り）」が奉納舞踊として演じられたと言われている。楽曲は、元来は「プーンジラバ」で器楽伴奏のない状態で歌われていたものが、大正年間のころから三線伴奏によって「三線歌」として歌われ踊られるようになった。各村々とも、「ハサブドゥン」「ガッキブドゥン」を保存・伝承し、特に豊年祭が行なわれる海浜で繰り広げられる溌剌とした青年男女の集団演舞は圧巻である。『竹富町の文化財』（平成10年３月・竹富町教育委員会発行）参照。

ハサブドゥン②[hasabuduŋ]〔名〕
笠踊り。豊年祭の余興で「ガッキブドゥン（鎌踊り）」と対を成す。各村々とも、農具の象徴的存在である「クバ笠」を手にするところまでは一緒だが、音曲、振り、衣装ともそれぞれに工夫をこらし、我が村の特長を競い合う。ハサブドゥン（笠踊り）のなかで、踊り手が歌う囃しことばが、東筋村では「ユイ ユイ」だけなのに、他の村では「ユイ ユイ クラサーサ」というふうに歌うなどは、その典型である。「ガッキブドゥン②」の項参照。

ハサマサン[hasamasaŋ]〔形〕
喧しい。騒がしい。煩い。煩わしい。【例】①ハサマサスク ナンヌ ウトゥヌ シカリリバ クンドゥヌ ハジェー スーワンドー（喧しいほど波の音が聞こえるので、今度の風〈台風〉は強いぞ）。②ムヌナライ シーン フープスユ ハサマサッティ ウモーンスクン スーック ナラーハイ（物習いをしに来る人を、煩わしいと思わずに十分に教えてあげなさい）。

ハサミルン[hasamiruŋ]〔他〕
触る。触れる。「シカッティルン」とも言う。〈否〉ハサマヌン。（石）カツァミルン。（沖）カチミユン。【例】ウレー ハサミッカー ビューワ ナルンドー（それに触ると、痒くなるよ）。身近で警戒されたのは、ビューンヌパー（クワズイモの葉）であった。

ハサミルン[hasamiruŋ]〔他〕
捕える。掴まえる。〈否〉ハサムヌン。（石）カツァミルン。（沖）カチミユン。【例】ズンサーン ハサミラリ ナーンットゥ（巡査〈警察官〉に捕えられたそうだ）。

ハザミルン[hazamiruŋ]〔他〕
隠す。共通語由来の「ハクスン」とも言う。〈否〉ハザムヌン。（石）カザミルン。（沖）カザミユン。【例】ウカトゥ ヤンヤ ハザミナ（借金と病気は隠すな／黒島のことわざ）。いわゆる「サラ金」に手を出し、雪だるま式に増えていく不法な利息払いに

苦しめられている人の、なんと多いことか。信頼できる身近な人に打ち明け、知恵を出し合えば「サラ金地獄」からの出口は、かならず見つかるはずだ。

パサムン[pasamuŋ]〔他〕
挟(はさ)む。【例】ピーフキンヤ ピーパサンシ パサミリ（熾火は、火挟みで挟め）。

バザラーッティ[bazara:tti]〔副〕
さっさと。手早く。素早く。（石）バザラバザラ。【例】シグトー バザラーッティ ハタジキウシキ（仕事は、さっさと片付けておきなさい）。

ハザリクビン[hazarikubiŋ]〔名〕
①神酒を入れて神棚に供える対の瓶。②転じて、いつも一緒にいる仲の良い友だち。「パナヌ ミー」とも言う。【例】ウヌフターラ イチン マズンブーットゥリ ハザリクビンッティ イザリ ブルワヤ（その二人はいつも一緒にいるので、対の飾り瓶と言われているのだよ）。

「ハザリクビン」と同じ意味の「お神酒(みき)どっくり」という言葉が、薩摩藩士・西郷隆盛(たかもり)が幼少期を述懐する場面で「おいも子どもん時は、一(いち)どんとお神酒(みき)どっくりといわれたもんじゃ」というふうに用いられている（林真理子著『西郷どん！』並製版下98ページ・角川書店1917年）。「一(いち)どん」は討幕(せ)・明治維新を西郷と共に闘った大久(おおく)保利通のことで、若いころは「一蔵」と呼ばれていた。この小説は、2018年のＮＨＫ大河ドラマ「西郷(せご)どん」の原作である。「パナヌミー」の項参照。

ハザリフチ[hazariɸutʃi]〔名〕
飾り口上。【例】ソンガチヌ ハザリフチェー イザハラ アブハー アブハラ イザハー イジワータ（お正月の飾り口上は、父から母へ、母から父へ述べ合っておられた）。

正月の朝、一番座で父と母が互いに正座して向き合い、あらたまった口調で飾り口上を述べ合っていた姿は今も脳裡に焼きついている。お互いに労をねぎらい、家族みんなが健康で、作物も豊作になり、旧年に倍して新年がよりよい年になるように祈願しましょう、というような内容であったように記憶している。父の凛(りん)とした口上は威厳に満ちていて誇らしく思えたし、どちらかと言えば無口な母が、話の接ぎ穂に「ウフン ウフン」と喉を鳴らしながらもそれなりに流暢に口上を述べることが、非常に不思議であり新鮮でもあった。父母の行なった素敵な飾り口上の風習は、まことに残念ながら家庭を持った子たちの誰も引き継いでいない。他の家庭ではどうであろうか。

ハザルン[hazaruŋ]〔他〕
飾る。〈否〉ハザラヌン。（石）カザルン。（沖）カザユン。【例】ソンガチヌ バソーザートゥクナー、ソーラヌ バソー トゥクナー、ウヤシムヌユ ハザレータ（お正月の場合には床の間で、お盆の場合には仏壇で、供え物を飾った）。

ハザルン[hazaruŋ]〔他〕
心情をうったえる。心情を吐露する。どちらかというと身の不幸を嘆く場合が多かった。〈否〉ハザラヌン。【例】ヴァーバ パラシ マイニチ ハザリ ベートゥリ キムイッツァハーワヤ（子供を逝かせ〈亡くし〉、毎日嘆いているのでかわいそうだよ）。

パサン[pasaŋ]〔名〕
鋏(はさみ)。【例】パサン シカイヨーヌ タイラサダラ（鋏の扱い方の、器用なことよ）。

ハシ[haʃi]〔名〕
加勢。手伝い。応援。【例】トゥジヌヤーヌ ハシユドゥ ムクシカイッティ シタ（妻の家の加勢を、ムクシカイ＝婿使いと言った）。妻の実家が男手のない場合、ム

クシカイ（婿の加勢）は有り難く夫婦の絆を強くする契機にもなった。

ハシ[haʃi]〔名〕
粕。食品で代表的な「ハシ（粕）」は、「トーフヌ　ハシ（豆腐の粕）」「シタッティヌ　ハシ（醤油の粕）」「アヴァヌ　ハシ（脂粕）」であった。それぞれ、貴重な食料であった。

ハジ[haʒi]〔名〕
風。台風。暴風。【例】①ハジヌ　トゥリドゥ　アッツァワヤ（風が凪いで、暑いよ）。②ゴーナケー　ハジヌ　ナナムシ　フクッカー　ナナムシ　ナンヌ　ナルン（桑の木は、暴風が7回吹けば7回実をつける／黒島の諺）。

パシ[paʃi]〔名〕
箸。【例】ウヴァー　パシヌ　シカイヨー　ミーッカ　キムシカハーネ（お前の箸の使い方を見ると気持ちが落ち着かない）。

パシ[paʃi]〔名〕
端。切れっぱし。【例】キジヌ　パシシドゥ　ゾーキンユ　スクレータ（生地の切れっぱしで、雑巾を作った）。

パジ[paʒi]〔名〕
恥。【例】パジン　ナーナ　アヤール　クトゥ　シーラリッタンマラー（恥ずかしくもなく、あんなことをしでかしてしまったものだねえ）。

パジ[paʒi]〔名〕
筈。ある道理や事情などから必然的に導き出される意を表す。【例】①ウヌフタラーマズン　ナルパジ（その二人は、一緒になるはず）。②フーパジェールヌ　ヌーッティドゥ　クーシカヤー？（来るはずだのに、なぜ来ないのかなあ）。「フン（来る）」という動詞は、用例のように活用形によって「ハ行」になったり、「カ行」になったりする。

ハシガ[haʃiga]〔名〕
麻袋。南京袋。麻の粗い繊維で編んだ穀物を入れる袋。【例】ドゥキ　ヤマングシーッカ　ハシガーハ　クミラリルンドー（あまりやんちゃをすると、ハシガに籠められるよ）。

子どものころ、どこの家でもやんちゃな子はハシガに籠められたものである。だから、子どもたちにとって、「ハシガに入れられるよ」という言葉は一大恐怖であった。もう一つ、「言い付けを守らない子は、イトマンに売られるよ」という強烈な恐怖心を抱かせる言葉「イチュマンウイ（糸満売り）」があった。いわゆる「人身売買」としての「糸満売り」は、戦後の一時期まで黒島の漁師村・伊古の網元では現存していた。私たち小学生と同世代とおぼしき少年たちが、学校に通わず漁師の仕事をしていたのを目の当たりにしていたから「糸満売り」の恐怖はまざまざと実感出来たのである。

ハシガが、穀物入れという本来の用途以外で役に立ったのは、雨合羽の代用にしたことである。雨合羽や雨傘などの洒落た雨具のなかった当時、ハシガの底を三角頭巾のようにして頭から被って雨除けにしたのである。小雨なら防げたが大雨の場合には役に立たなかった。それに、雨を含むとやたらと重たかった。

ハジガニーアユ[haʒigani:ʔaju]〔名〕
古謡の名。〈風が根あゆ〉。帆船が主流であったころ、風向きは雲の動きによって決まる〈分かる〉のである。首里王府への航海には南風が順風で、一晩掛け夜通しでの航海は真夜中も嘉例吉である、と航海安全を歌っているが、末尾では一転して「親族の平穏は年下の心掛けで保たれ、夫婦仲の良さは妻の振る舞いで決まるという〈でんさ節〉と同じ教訓仕立てになっている。

ハシガフクン[haʃigaɸukuŋ]〔名〕
麻袋。南京袋。「ハシガ」と同じ。【例】トー

フマミン アマミン ハシガフクンナ イリ フンツァマナ マジミ ウシケータ（大豆も小豆も麻袋に入れて、縁側に積み上げておいた）。

パシカワン[paʃikawaŋ]〔形〕
痛痒い。むずがゆい。こそばゆい。麦の芒(のぎ)などが肌に触れたときの痛いような痒いような感触。(石)パチュコーサーン。【例】パシカワーッカ ミジバ アミ アライクバ（むずがゆいなら、水を浴びて洗ってきなさい）。

ハシキ[haʃiki]〔名〕
おこわ。餅米を蒸して炊いた飯。「カシキ」とも言うが、黒島では「ハシキ」が主流。(石)カシュキゥ。(沖)カシチ。【例】ハシケー ヨイヌ バソータンカンドゥ ンザセーッタ（おこわは、お祝いのときにだけ出した〈用意した〉）。

パジキサー[paʒikisa:]〔名〕
恥知らず。【例】ウレー パジキサーッテナ ヌーバシェー ハトゥハン シキンジパルワヤ（そいつは恥知らずだから、どんな場所にも我先に顔を出すよ）。

パシキルン[paʃikiruŋ]〔自〕
服などが突っ張る。【例】クナレー パンタリ バタヌ パシキ マヌバーキヌ キンナ キサルヌン（最近太って、腹が突っ張り今までの服は着られない）。

ハジシカヌン[haʒiʃikanuŋ]〔自〕
要領を得ない。思慮が足りない。【例】パザーッサ ナーナダル ウレー シーヨーヤ ハジシカヌン（恥ずかしくないのか、そいつの仕方〈行動〉には思慮が足りない）。

ハジシカンムヌ[haʒiʃikammunu]〔名〕
要領を得ない人。思慮の足りない人。【例】ハジシカンムヌッティ イザルンヨーン タマンガリ アラキ（思慮の足りない人だと言われないように、注意して行動しなさい）。

用例のように「アラクン」には「歩く」以外に、「行動する」「働く」などの幅広い意味がある。石垣市出身のボクサーで世界チャンピオンになった具志堅用高氏は、「ボクサーでなければ、海を歩いていたはずだ」と言ったということで有名になったが、ここの「海を歩く」はまさしく「漁師になる」ということである。

ハジズワン[haʒizuwaŋ]〔形〕
風が強い。「ハジワーン」とも言う。「ハジズーワン」の約まった語。【例】プーヌ マリバナン ハジズワーッカ プーヤユー ミーラヌン（穂の出始めに風が強いと〈強く吹くと〉、穂はよく実らない）。

ハジチ[haʒitʃi]〔名〕
女が手の甲や指に施した文身(ぶんしん)（入れ墨）。(石)ティーチュキゥ。(沖)ハジチ。「針突き」の意。沖縄語の移入語。子どものころ、多くのお婆さんたちがハジチを施していたように記憶していたが、1966（昭和41）年に早稲田大学八重山研究所の発行した『八重山文化―特集黒島の民俗―』では、次のように述べている。

当時の黒島で入れ墨をしていたのは東筋まいつさん（85歳）、仲本ひなまさん（85歳）、玉城ウシさん（81歳）の3人だった。玉城ウシさんは糸満からの移住者であり、糸満で入れ墨をしている。したがって他の2人とは当然入れ墨の模様が違っている。東筋さん、仲本さんはそれぞれ17歳、20歳のとき、石垣に行ってそこで女の人にやってもらったという。2人とも結婚前であったが、結婚後にする人もあったというから入れ墨と結婚には関係はなさそうである。施術の方法は、木綿針3、4本を糸でたばね、酒を入れてすった墨を用い、坐って足をたててその上に手をのせて施術を行なった。

入れ墨した原因は、「入れ墨をしないと

唐の国に連れてゆかれるから」、「死後、冥土で根をはった竹の根を掘らされるから」などといわれる。

模様のうち、各指に施されている矢は、嫁しては矢の如く再びもとには帰らない事を表し、左の第一関節上の文様は機織り具を表し、女芸の上達を祈る意であるといわれている（同書32ページ参照）。

2022年4月10日付『琉球新報』一面に、「うちなー女性の誇り刻む　ハジチ復興自らの手で」の見出しで、ハジチを施すハジャーとして活動する平敷萌子さん（29歳）のことが紹介されていた。かつて禁止令が出され「悪風汚俗」とまで言われた琉球の入れ墨「ハジチ」だが、今の若者が身にまとえば日常風景にも意外と溶けこむ。父親が那覇市出身の平敷萌子さん（東京都）はハジャーとして、東京を中心に活動している。最近は県内からも仕事の依頼があり、「逆輸入」で活躍の場を広げる。「自分のルーツ、沖縄につながる形のあるものだと思うので残していきたい」。消滅したとされるハジチを復興させようとの思いを、その手に刻む（2022年4月10日付『琉球新報』参照）。

かつて、大和（日本）に併合され、強制的にヤマトゥグチ（日本語）を強要されてきた琉球（沖縄）は、今、消滅の危機に瀕しているシマクトゥバ＝琉球諸語を復活させようと各面で取り組んでいる。その活動と平敷萌子さんの活動が結びついて、日々失われていく「琉球文化」の多面的な復興につながることを期待したい。

パシットゥ[paʃittu]〔副〕
すっきりと。気分が爽快になるさま。【例】フシリ　ヌンッタラ　ニチン　サガリ　パシットゥ　ナレーワヤ（薬を飲んだら熱も下がり、気分は爽快になったよ）。

ハジドゥル[haʒiduru]〔名〕
舵取り。指揮。操作。（石）カジゥドゥリゥ。（沖）カジトゥイ。【例】ハジドゥルヌ　ラーサ　ナーナーッカ　キナイヤ　マイ　ナラヌン（舵取りがしっかりしていないと、家庭は前にならない〈進まない〉）。

パジ　ハクン[paʒi hakuŋ]〔連〕
恥をかく。（石）パジゥ　カクン。【例】ウヌ　アタイヌ　クトゥン　バハラナーッカ　パジ　ハクンドゥラー（この程度のことも知らないと、恥をかくぞ）。

ハジバタアユ[haʒibataʔaju]〔名〕
古謡の名。〈風旗・あゆ〉。新造船の誕生を歌った歌である。

ハジハタハ[haʒihataha]〔名〕
風よけ。（石）カジカタガー。（沖）カジカタカ。沖縄民謡歌手・古謝美佐子のヒット曲〈童神（天の子守唄）〉の一節に「カジカタカ」が用いられている。「アミカジヌ　フチン　ワタル　クヌ　ウチユ　カジカタカ　ナトティ　ナシグヮ　ハナ　サカサ（雨風が吹きすさんでも、渡るこの世間の風よけになって、わが子に大輪の花を咲かせたい）」。「ハタハ」の項参照。

ハジフキ[haʒiɸuki]〔名〕
暴風。台風。「風吹き」の意。【例】ハジフキヌ　バソー　アブナッサリバ　ヤーヌプカー　ンジナ（暴風のときは、危険だから家の外に出るな）。

今年（2019年）は、台風15号が千葉県で甚大な被害をもたらし異常なほど長期間にわたって停電が続いた。台風19号は風もさることながら台風に伴う大雨があちこちで堤防を破壊するなどして、関東地方から東北地方の広域にわたって街全体が水浸しになったうえ何十人もの人命を奪うという未曾有の被害をもたらした。

北海道北見市出身の学生時代の友人・Ｉ君は、高校生のころ（と言うと60年ほど前のことになるか）ラジオで沖縄の台風被

ハジマール

害のニュースを聞くたびに、どうしてそんな所で人が住んでいるのだろう、と思ったのだそうだ。その台風被害のことだが、以前は秒速4、50メートルの台風は沖縄では年に4、5回もあったのではなかったか。ところが現在は、沖縄での大型台風は比較的減少し、逆に本土への襲来が増えているように思えるがなぜだろうか。地球温暖化による異常気象だと説明されることがあるが、なぜ沖縄では減って本土で頻発するのだろうか。そして、今後の動静はどうなるのだろうか。

　昔から政治の要諦（ようてい）は「治山治水」だとされてきたのに、近年の土砂災害や土手崩壊による浸水被害などの現状は、「政治の貧困」「政治家の怠慢」と言えないだろうか。

　沖縄地方への大型台風が来なくなっていることに対し、単純にいいことではないかと喜んでいたが、そのことは海水温を高めサンゴの白化現象〈死滅〉を引き起こすという思わぬ被害をもたらすようだ。台風によって海水はかき混ぜられ、海水温は適当に冷やされサンゴは守られているというのだ。自然の生態系は、複雑微妙な動き・相互作用によって保たれているのだとつくづく思い知らされる。

ハジマール[haʒima:ru]〔名〕
　風回り。南風が急に北風に変わって時化（しけ）ること。【例】ニンガチ　ハジマール（旧暦の2月に天候が崩れやすいこと）。

ハジマール[haʒima:ru]〔名〕
　子どもが感情を害して、不機嫌になりぐずること。【例】メー　ハジマール　シーナーニバ　プスヌムヌイ　ゾーイ　シカヌン（もう感情を害してしまったので、人の言うことなどまったく聞き入れない）。保里部落特有の言葉のようで、東筋（少なくても我が家）ではあまり耳にしなかった。

パジマルン[paʒimaruŋ]〔自〕
始まる。〈否〉パジマラヌン。【例】シバヤーヌ　パジマリバ　アバッティリ（芝居が始まるから、急げ）。

ハジマヤーヌ　ヨイ[haʒimaja:nu joi]〔連〕
数え年97歳の生年祝い。童心に還って玩具のハジマヤー[haʒimaja:]を手にして祝う。【例】ガンズワーッティ　ハジマヤーヌ　ヨイバ　ンカイワーリ　マイダン　イークトゥッティ　ワーマリルンユードーディン　アヤハラシ　タボーリユー（お元気で九十七歳のお祝いを迎えられましことにおめでとうございます、どうぞ肖（あやか）らせてください）。

　終戦後の昭和20年代の黒島では、マリドゥシ（干支の生まれ年）の祝いは現在よりもはるかに盛んだった。その場合、もっとも盛大に行なわれたのは「還暦（61歳）祝い」であった。その後平均寿命が延びるに伴い、「73歳・85歳」の祝いが増えてきた。さらに近年では、「ハジマヤー（97歳）」の祝いも珍しくなくなってきた。直近の例だと、保里ヨシ媼が平成26年に、宮良富媼が平成30年にめでたくハジマヤーを迎えられた。十軒そこらの保里部落におけるたて続けの慶賀に島中がわいた。「長生きしたければ保里に引っ越せ」という微笑（ほほえ）ましいジョークが、昨今の島びとの合言葉だと聞いて、さもありなんとの感を強くしたものである。

　衛生面でいうと、保里部落は海岸に近い関係で砂地が多く水溜りが少ないことから、蚊の発生も東筋部落にくらべはるかに少ないようである。よって、保里部落の人は東筋部落の人に「アースンガザン（東筋ガザン＝蚊）」と悪口を投げつけたようだ。そういえば、我が家のミンタラ（井戸端の排水用溜め池）は、年中水が溜まっていてそこにはいつもボウフラが湧いていたが、母の実家である保里部落の安里家のミンタラ

はいつも干上がっていたように記憶している。

パジミルン[paʒimiruŋ]〔他〕
始める。〈否〉パジムヌン。【例】パーク パジミリバー（早く始めよ）。

ハジル[haʒiru]〔名〕
ユナ（オオハマボウ）の繊維。【例】ハジルシ シナー ナウッタヌ スーワッタンドゥラ（オオハマボウの繊維で、縄を綯ったが強かったよ〈丈夫だったよ〉）。

ハジワーン[haʒiwa:ŋ]〔形〕
風が強い。「ハジズワン」とも言う。「ハジズーワン」の約まった語。【例】キューヤ ハジワーリバ オンダー シン パンナヨラー（今日は風が強いから、泳ぎには行くなよ）。

ハジンガムイ[haʒiŋgamui]〔名〕
台風向けの戸締り。台風に備えた頑丈な戸締り。通常の戸締りは「ヤドゥフイ・ヤドゥフジ」と言う。【例】クンドゥヌ ハジェー スーワリバ ハジンガムイヤ マイハニティ ガンッティ シーウシキヨ（今度の台風は強いから、台風対策の戸締りは前もってしっかりしておけよ）。ガラス戸がなく板戸だけだった往時のハジンガムイは、戸の内側からは柱と柱の間に頑丈な二寸角ほどの角材を渡し、戸の外側からは内側の角材に沿って二本の竹竿を渡し、戸の隙間から針金を通して角材と竹竿を縛りつけ戸を固定した。針金を差し込んだわずかの隙間からは容赦なく風雨が吹き込み、フンツァマ（縁側）はたいてい水浸しだった。一度、まともに台風の眼に当たったことがあり、風雨がピタッと止んで薄日も差したのですぐ上の兄・豊彦（昭和14年生まれ）とハジンガムイを解こうとして父に叱られ、台風の眼について教えられた。台風の眼の後にやってきた吹き返しの怖さを、身を以て体験したのだった。

バスン[basuŋ]〔名〕
〜の時。〜の際。日常的には「バソー」が多用される。「バソー」の項参照。

パズン[pazuŋ]〔他〕
恩を返す。責任を果たす。〈否〉パザヌン。【例】①ウヤヌ ブンゲー ギューサ パザバン パザルヌン（親の恩義は、どんなに返しても返し尽くせない）。②ムラングトゥン シマングトゥン ドゥーヌ タマー ガンッティ パザナーッカ ナラヌンドラー（村の事業〈共同事業〉も島の事業〈共同事業〉も、自分の分担はしっかり責任を果たさないとならないぞ〈駄目だぞ〉）。

ハセーッシ[hase:ʃʃi]〔副〕
しっかり。きっちり。【例】ハセーッシ ズンビバシー ソーブ ヌシキリ（しっかり準備をして、勝負に備えよ）。

バソー[baso:]〔接助〕
〜の時。〜の際。「バスン」とも言う。【例】ヤラビシェーケー タイフーヌ バソー ソーミンチャンプルーユ ヴォータ（子どものころ、台風の時は素麺の炒め物を食べた）。「

バソーバソー[baso:baso:]〔副〕
ときどき。たまに。【例】トゥシバトゥリ バソーバソー トゥジヌ ナーン バッシルワヤ（歳を取って、ときどき妻の名前を忘れてしまうよ）。

　忘れ物に関する逸話は枚挙に暇がないほどあるが、「バッシムヌ（忘れ物）」の項で取り上げよう。「バッシムヌ」の項参照。

ハタ[hata]〔名〕
肩。【例】ピシダヌ ザーヤ シナシ マラキ ハタナ ハタミ ムティ ケータ（山羊の草＝餌は、縄で束ねて肩で担いで運んだ）。

ハタ[hata]〔名〕
味方。自分の側。贔屓。【例】①ウレー

ハター スーバン アジフジナーヌン（そいつの味方をしても、何の意味もない）。②ウヌ シンシェー プスンヌ シートゥ タンカ ハタバ シー ケーラハラ ニッファハ シラリッタ（その先生は一人の生徒だけ贔屓したので、皆から嫌がられた）。

ハタ[hata]〔接頭〕
片。一方の。名詞の頭に付く。【例】ハタウヤ（片親）、ハタティー（片手）、片目（ハタミー）、ハタピサヤー（片庇の家）、等々。

ハタ[hata]〔接尾〕
方角を示す接尾語。同じく方向を示すもう一つの接尾語「マ」と一緒に用いられる。【例】①アールマハタ（東の方角）、イルマハタ（西の方角）、パイマハタ（南の方角、ニスマハタ（北の方角）等。②マイナハタ・マイヌハタ（前の方・前の方向）。ジーナハタ・ジーヌハタ（後ろの方・後ろの方角）。

バタ[bata]〔名〕
腹。腹部。【例】ヤーナ ヌーリキー バルクージニン バター ウイナリ（家に帰って来て、割いたトウズルモドキのように腹を上にして／ゆんぐとぅ〈ぱいふたふんたか〉より）。新造船を海に浮かべ、出来具合に満足した主人公が家に来て寝ている場面の描写である。

パタ[pata]〔名〕
端。縁。【例】ハーヌ パタナードゥ ウンヌン アライ シンタクン シー ミジンアミッタ（井戸端で、芋を洗い洗濯をし水浴びをした）。

パタ[pata]〔名〕
旗。【例】ウンドーカイヌ バソー バンコッキッティ イズ パタバ ウンドーゾーイッパイナー ハザレーッタ（運動会のときには、万国旗という旗を運動場いっぱいに飾った）。

パダ[pada]〔名〕
肌。健康。【例】①シダクヌ ムトゥニン パダヌ ゾーッソシー ハイヤダラ（浜木綿の茎のように、肌が白くて綺麗なことよ）。②ドゥー パダヌ ニガイ（健康の祈願）。「シダク（ハマユウ＝浜木綿）」の項参照。

パダ[pada]〔名〕
時節。時期。年頃。年齢。【例】①アマイパダ（喜び歓える時期／赤ちゃん）。②バライパダ（よく笑う年頃／若い娘）。③シカイパダ（使うに適した年齢／年寄り）。「ウイプス（老人）」の項参照。

バタイシ[bataʔiʃi]〔名〕
小石。「腹石」の意。【例】アザー シムバソープカー ウブイシバ シミ ナハハヤ バタイシュ イリッタ（石垣を積む場合、外側〈表面〉は大きな石を積み中にはバタイシ〈小石・腹石〉を入れた）。石垣を積む際に、表面には大き目の石を用い、中にはこぶし大の小石を詰めて積み上げるが、その小石をバタイシ＝腹石と言う。「グリイシ」の項参照。

パタガー[pataga:]〔名〕
黒糖を販売するときの型の一つ。「端側」または「端皮」の意か。【例】シタヌ ハタマランケーナ ナビヌ パタハ シタユ タラシ パタガーユ スクレーッタ（砂糖が固まらないうちに鍋の端に砂糖を垂らし、パタガーを作った）。樽詰め、レンガ、パタガーが、黒糖の販売用の主な型であった。

パタキ[pataki]〔名〕
畑。（石）ハタギ・パタギ。（沖）ハタキ。【例】パタケー パイシ ハイシ ピラシ ソーレッタ（畑は鍬で耕し、箆で除草した）。

パタキルン[patakiruŋ]〔他〕
開く。広げる。【例】①フチユ ウボービ パタキリバドゥ ウブクイヤ ンジフー（口を大きく開くと、大きい声は出てくる）。②ウッスイユ パタキ ズーミバー（風呂敷を広げて包みなさい）。

バタジ[bataʒi]〔名〕
渡り道。陸地と干瀬がつながっていて、歩いて往き来出来る状態の所。【例】バタジヌ ウイハラ ピーバーキ アラキ バタラリルワヤ（バタジの上から、歩いて干瀬まで行けるよ）。黒島では仲本部落の前方に、立派なバタジが二箇所ある。現在、仲本海浜はシュノーケリングなどのマリンレジャーで賑わっている。

バタシガイ[bataʃigai]〔名〕
腹違い。異母兄弟・姉妹。【例】ウヌ フターラー バタシガイヌ キョーダイトゥ（その２人は、異母きょうだいだそうだ）。

ハタジキルン[hataʒikiruŋ]〔他〕
片づける。〈否〉ハタジクヌン・ハタズクヌン。【例】ドゥーヌ シグトゥン ハタジキッサナ プスヌ シグトゥユ テーナイ シーベーサ（自分の仕事も片づけられないのに、他人の仕事を手伝っているよ）。

パダ シズマルン[pada ʃizumaruŋ]〔連〕
慎重に行う。緊張する。かしこまる。（石）パダ シュジュマルン。【例】クルマユ ウンテン シーバソー イチン パダ シズマリ シーリ（車〈自動車〉を運転する場合は、いつも慎重に行ないなさい）。

バタジン[bataʒiŋ]〔名〕
腹の中心部。「腹の芯」の意か。【例】バタジンヌ キシーッケ バラヤハン（腹の中心部が切れる〈かと思う〉ほど、笑った）。「キシーッケ（切れるほど）」のほか「コールッケ（凝るほど・固まるほど）」の表現もある。

バタスクライ[batasukurai]〔名〕
はらごしら
腹拵え。朝食の前に仕事に取り掛かるときなどに取る軽食。【例】ユビヌ ノホルム ヌヤラバン バタスクライユ シーワーリ（昨夜の残り物でも、腹拵えにして〈召し上がって〉ください）。

バタスン[batasuŋ]〔他〕
渡す。手渡す。〈否〉バタハヌン。【例】ム ヌダニユ ウリン バタスンティ ムティケータヌドゥ バタハルンタン（穀物の種を彼に渡そうと持ってきたが、渡せなかった）。

バタダング[batadaŋgu]〔名〕
内臓全般を指す言葉。「バタ（腹）・ダング（道具）」の意。【例】ピシダン ワーン バタダングヤ ムール ヴァーリルン（山羊も豚も、内臓は全部食べられる）。黒島語には、琉球料理の「ナカミ（中身・中味）」「ナカミジル（中身汁）」のような言い方はなかったような気がする。

ハタチ[hatatʃi]〔名〕
形。体形。外形。【例】ハタチヌ ハイヤラバン キムヌ ハイヤ ナーナッカープスハラ アガミラルヌン（外形が美しくても、心が奇麗でなければ他人から尊敬されない）。

パタチ[patatʃi]〔名〕
20歳。【例】ペーック パタチバーキ ナガライタボーリ（120歳まで、長生きしてください）。

バタッサハン[batassahaŋ]〔形〕
くさ
腹黒い。「バタ（腹が）・ッサハン＝ザーハン（臭い）」の意。【例】バタッサハリバ ウリトー ピラールヌン（腹黒いので、そいつとは付き合えない）。

ハタトゥキ[hatatuki]〔副〕
いっとき。しばらく。「アターチマ」とも言う。「片時」の意。【例】ウヴァークトー ハタトゥキン バッスンスクン ウムイトゥーシ ベー（あなたのことは、いっときも忘れることなく想い続けている）。

パダヌビ[padanubi]〔名〕
気を抜くこと。油断すること。【例】イチン パダヌビ シーナライプソー ヌーシムバン ラーサナーヌン（いつも気を抜く癖のある人は、何をさせても上手くいかない）。

パダヌビルン[padanubiruŋ]〔自〕
　気を抜く。油断する。〈否〉パダヌビラヌン。【例】ヌーバシェー　シグトゥン　パダヌビランスクン　シートゥーハイ（どんな仕事も、気を抜かずにし遂げなさい）。

バタヌ　ミー[batanu mi:]〔名〕
　腹いっぱい。満腹。（石）バダヌ　ミュー・バダ　ピティージュ。【例】バタヌ　ミー　ヴァイティ　シグトー　コーラハイ（腹いっぱい食べて、仕事に精出せ）。

ハタハ[hataha]〔名〕
　防ぐ物。庇う物。遮る物。遮る場所。（石）カタガー。『石垣方言辞典』は、「片陰」の訛りか、と記している。（沖）カタカ。【例】ハジヌ　スーワリバ　ウセー　ハタハナ　ムチナシ　ウシキ（風が強いので、牛は風よけのある場所に移しておけ）。「ハジハタハ」の項参照。

ハタピキ[hatapiki]〔名〕
　片贔屓。片方の人ばかりひいきすること。【例】ティンヌ　ハンナ　ハタピケー　シーワーラヌン（天の神様は、依怙贔屓はなさらない）。

ハタピサ[hatapisa]〔名〕
　履き物の片一方。【例】アシッツァヌ　ハタピサー　ミラルニバ　トゥミクー（下駄の片一方が見つからないから、探してきなさい）。

ハタピサイズ[hatapisaʔizu]〔名〕
　〈動〉魚の名。カレイやヒラメなど。【例】ハタピサイゾー　イノーヌ　イノーウイナー　ミラリッタヌ　ヨーイニ　シカルンタン（ハタピサ魚は、礁池の砂の上で見かけがめったに突けなかった〈仕留められなかった〉）。予想以上に敏捷で、僕の腕〈技量〉では容易に捕獲できなかった。

ハタピサヤー[hatapisaja:]〔名〕
　片側屋根の家。【例】バンテナーヤ　ワーヌヤーヌドゥ　ハタピサヤー　アッタ（我が実家では、豚小屋が片側屋根の小屋であった）。畑小屋などは、簡易な茅葺きの片側屋根の小屋が多かった。

バタブ[batabu]〔名〕
　腹の大きい人。太って腹の大きい場合も、妊娠して腹が大きい場合にも言う。【例】バンター　ヤラビシェケー　シマナー　パンタリ　バタブッティ　アイナー　ブランタン（僕たちが子どものころ、黒島では太って腹の大きい人はそんなにいなかった）。

バタフクリ[bataɸukuri]〔名〕
　腹膨れ。食べ過ぎて消化不良で腹にガスが溜り腹が膨張すること。（石）バダフクリ。【例】ウブッファイバ　シードゥ　バタフクリユ　シー　ビッサレーワヤ（大食いをして、消化不良で腹が膨れていやがる）。

バタフジムヌイ[bataɸuʒimunui]〔名〕
　人の感情を害する言葉。【例】バタフジムヌイユ　イズ　プスヌ　ハトゥハヤ　タルン　パリピサ　スーンタン（他人を傷つける言葉を言う人の所には、誰も行きたがらなかった）。

バタフズン[bataɸuzuŋ]〔他〕
　人の感情を害するようなことを言う。「バタ（腹を）フズン（穿る）」の意。〈否〉バタフザヌン。【例】プスユ　バタフズーッカ　ドゥーン　バタフザリルンドゥラ（他人の感情を害するようなことを言うと、自分もそうされるよ）。

バタブター[batabuta:]〔名〕
　太って腹の大きい人への蔑称。【例】ウレードゥキ　バタヌ　ウヴォホッティ　バタブターッティ　イザリ　ブッタ（そいつは、非常に腹が大きくてバタブターと言われていた）。

ハタヴイ[hatavui]〔名〕
　片降り。一方に日が照り、一方に雨が降ること。（石）カタフイ・カタアーミ。（沖）カタブイ。【例】アミヌ　ハタヴイ

シーッカ　スブッタラハ　ナルン（雨が片降りすると、蒸し暑くなる）。

パタマール[patama:ru]〔名〕
周囲。「パタマーン」と同じ。

パタマーン[patama:ŋ]〔名〕
周囲。【例】シマナーヤ　タッツェヌ　ヤーン　パタマーンヤ　アザシ　ハクマリベータ（黒島では誰の家も、周りは石垣で囲われていた）。

ハタマルン[hatamaruŋ]〔自〕
固まる。うまく収（治）まる。【例】アミヌ　ヴゥイバドゥ　ジーヤ　ハタマル（雨降って地固まる）。家庭も、社会もいろいろのもめごとの末に丸く収まる。

ハタミー[hatami:]〔名〕
片目。【例】トゥジブトー　マズンナルッカー　ハタミートゥ　ハタミンヤ　ザイウシキッティドゥ　イザリブー（夫婦は一緒になったら、片目と片耳は閉ざしておけと言われている）。夫婦は互いに欠点を咎めだてせず許し合いなさいという戒めである。なるほど！　だが、なかなかむつかしいなあ、逆に目を剥いて相手をなじる己の未熟さ、狭量さを恥じるばかり。

バタミツン[batamitsuŋ]〔自〕
満腹する。「腹が満つ」の意。【例】バタミツッケー　ヴァイ　シグトー　コーラハイ（満腹するまで食べて、仕事に精出しなさい）。

ハタミルン[hatamiruŋ]〔他〕
担ぐ。【例】ドゥーヌ　ニータンカ　アランスクン　プスヌ　ニーバーキ　ハタミルヨーン　マイフナー　マリリ（自分の荷物〈苦労や悲しみ〉だけでなく、他人の苦労や悲しみまでも背負うような立派な人になりなさい）。
　スウェーデンのグレタ・トゥンベリーさんは、17歳の若さ（2021年現在）で地球規模の環境問題を憂い、発言を続けて世界中の人々に影響を与えているではないか。せめて、身の回りにいる背負うべき人に手を差し伸べるくらいのことはしたいなあ。

ハタミルン[hatamiruŋ]〔他〕
固める。【例】トゥジブトー　マジ　フターンヌ　ナハユ　ハタミリ（夫婦は、まず二人の仲を固めなさい）。

ハタミン[hatamiŋ]〔名〕
片耳。「ハタミー（片目）」の項参照。

バタ　ムゲールン[bata muge:ruŋ]〔連〕
腹が煮えくり返る。激怒する。【例】ウヌ　パナシユ　シクッカー　イチン　バタームゲールン（その話を聞くと、いつも腹が煮えくり返る）。

パダムス[padamusu]〔名〕
寝具用の蓆（むしろ）。（石）パダムス。黒島では、アダンバの蓆が一般的で寝具用にも用いられた。

バタヤン[batajaŋ]〔名〕
腹痛。「バタヌヤン」とも言う。【例】ヤラビシェーケー　バタヤンティ　イズッカーヤディン　セーロガンユ　ヌマハリッタ（子どものころ、お腹をこわすとかならず正露丸（せいろがん）を飲まされた）。
　正露丸は、胃腸病用の丸薬（がんやく）の名。日露戦争に従軍する兵士のために、陸軍衛生材料廠（しょう）が赤痢などの予防薬として開発したものだという。当初はロシア（露西亜）を征服する意味の「征露丸」と名づけたが、後に「正露丸」に改めたとのこと（『広辞苑』参照）。

パダラ[padara]〔名〕
〈動〉魚の名。和名①ヤクシマイワシ（体長約12センチ）。②トウゴロウイワシ（体長約13センチ。「パダライズ」とも言う。【例】パダライゾー　アンシン　ハッパシン　トゥレーッタ（パダラ魚は、投網（とあみ）でもハッパでも捕獲した）。パダラは、波打ち際まで群を成して近づいてきた。投網専門の人は投網で捕獲したが、小型のハッパも用いられた。ぶつ切りの刺身でもよし、塩

味の煮物でもよし、揚げてもよしで、いずれも頭ごと骨ごと食した。なお、パダライズの鱗は竹製のナイフ状の道具で捌いた。身近で投網の名人に、仲本出身で県庁の先輩・上原邦雄さん（昭和14年生まれ）がおられた。

パダライズ[padaraʔizu]〔名〕
〈動〉魚の名。「パダラ」と同じ。

パタラクン[patarakuŋ]〔自〕
働く。仕事をする。【例】パタラキダハープソー　シトゥムテー　アリバナハラ　ユナイヤ　ユナルバーキ　オーキトゥーシ（よく働く人は、朝は明け方から夕方は暗くなるまで動き通し〈働き通し〉だった）。

バタルン[bataruŋ]〔他〕
渡る。〈否〉バタラヌン。【例】アーンヌ　ピーハヤ　ウイ　バタリドゥ　イソーセータ（島の東部の干瀬には、泳いで渡って漁をした）。

　小学校の高学年から中学生のころ、近所の先輩たちと一緒に黒島の東に広がるアーンヌ　ピー（東方の干瀬）に手作りの銛を携えて魚突き漁に出かけた。主な獲物はクルビラー（スズメダイの一種）であった。漁場は干瀬の内側のイノー（礁池）やピー（干瀬）のクムル（水溜り）だった。海に入って陸に上がるまで、5、6時間泳ぎっぱなしだったのだから、あのころの体力・持続力は人生のピークだったのではなかっただろうか。

　体力といえば、甥の當山哲司（昭和27年生まれ）は、石垣第二中学校3年生のときにテニス選手として那覇に派遣され、優勝しての帰りに船上から午前3時ごろ大海に転落し、すがる物もない状態で泳ぎ続け午前11時に宮古池間島の漁船に救出された。船から転落してパニック状態に陥らなかった精神力の強さにも驚かされるが、漁船に発見され救出されるまでのおよそ8時間を泳ぎ続けた体力にも驚きを禁じ得ない。彼は幼くして母と死別し、小学校時代は黒島の祖父母の許で暮らし、そこで孤独に耐える精神力を身につけたものと思われる。また他の少年たち同様、牛や山羊の世話をしながら、400メートルほどもある世界一長いと言われる伊古(いこ)桟橋の先端につながる海で思う存分「オンダー（泳ぎ）」を楽しんでおり、それが遭難時の長時間遊泳の原動力になったのであろう。

　〝時の人〟となった彼は、長じて沖縄選出の代議士・上原康助氏（10回連続当選）の政策秘書を務め上げた後、全駐留軍労働組合東京地区本部委員長を務め定年で引退した。あの遭難事件は彼のバックボーンを鍛え、それを支えに社会的活躍を遂げたものと思う。親族のなかでもっとも誇るべき活躍をした彼の、輝かしい少年時代の「健全な精神は健全な身体に宿る」または「健全な身体が健全な精神を育む」逸話である。

ハチ[hatʃi]〔数〕
八。【例】ハチニチ（8日）、ハチニン　キョーダイ（8人兄弟）、ハチズーゴヌ　ソーニヨイ（85歳の生年祝い）など。

バチ[batʃi]〔名〕
太鼓を叩く棒。【例】タイクヌ　ナールウトー　バチヌ　アシカイヨーシ　ヤマシカーマ　ハールンドゥラー（太鼓の鳴る音は、バチの扱い方でずいぶん変わる〈違う〉よ）。

バチ[batʃi]〔名〕
罰。神罰。しっぺ返し。【例】ウヤヌ　ムヌイヤ　ハンヌ　ムヌイッティ　イザリブリバ　ウヤン　フチッタイ　シーッカ　バチ　ハブンドー（親の言葉は神のお告げと〈同じと〉言われているから、親に口答えすると罰が当たるぞ）。

パチ[patʃi]〔名〕
〈動〉ハチ（蜂）。【例】シマナー　ミラリ

パチヌ　ナーヤ　ガーバツァーヤ　ガーブシナ　シーユ　スクルッテナー、アカバツァーヤ　イルヌ　アカハッテナー、アイルヌ　グンバツァーヤ　ヌッティヌ　ナーッカヤ？（黒島で見られる蜂の名は、ガーバツァーは茅の繁みで巣を作るから、アカバツァーは色が赤い〈赤みを帯びている〉からだが、しからばグンバツァーは何に由来する名前だろうか）。

　グンバツァーの毒性は圧倒的に強く、刺されたら異常に腫れ上がり熱を出して数日間寝込むほどであった。「ガーバツァー・アカバツァー・グンバツァー」の項参照。

パチ[patʃi]〔名〕
皿。【例】ムカシェー　ヨイヌ　バソー　パチン　ジンヌン　ヤーヤーハラ　アツァミドゥ　マニアーシタドゥラ（以前は、祝いのときは皿もお膳も各家庭から集めて間に合わせたのだよ）。「ジンバイ（膳配）」という係を配置して、お膳から皿一式、お碗から湯呑茶碗まで招待客全員の分を各家庭から借りて揃えたのである。二期先輩の黒島当刄さんが「メイジンバイ（名膳配）」だと評価されていたのを記憶している。

パチ[patʃi]〔接頭〕
初の行ないや事例などを意味する接頭語。【例】パチウクシ（仕事始め）。パチニガイ（初祈願）。パチマー（初孫）。

パチウクシ[patʃiʔukuʃi]〔名〕
新年の仕事始め。「初起こし」の意。主に商売人が「初荷」を運ぶ場合などに用いる言葉で、黒島の農家での改まった行事はなかったのではないか。

パチウクシ[patʃiʔukuʃi]〔名〕
供物料理のお初を起こすこと。【例】ズーバクヌ　スコーリムヌン　ムチン　パチウクシユ　シー　ウヤハイ（重箱のご馳走も餅も、初起こしをして差し上げなさい）。霊前に供えた重箱詰めのご馳走の何品かと餅を裏返すことを「パチウクシ」と言った。その何品かの「パチウクシ」のご馳走と餅2個を皿に取り分けて仏前に供え、残りを「ウサンダイ（お下がり）」として家族でいただいた。

バチクヮースン[batʃikwa:suŋ]〔自〕
幸運に巡り合う。素晴らしい目に出合う。沖縄語の移入語。【例】フーバ　アリ　バチクヮーシェーッシバン（幸運に恵まれ、素晴らしい目に出合ったよ）。

パチクン[patʃikuŋ]〔他〕
弾く。つまびく。〈否〉パチカヌン。（石）パチゥクン。（沖）ハンチュン。【例】サンシンヌ　シルユ　シミシ　パチクン（三線の弦を爪で弾く）。

バチクヮイ[batʃikwai]〔感〕
しめた。でかした。幸運にであったときに発する言葉。沖縄語の移入語。【例】バチクヮイ　サクシヌ　アーニナマバ　サーリケーワヤ（でかした、嫡子〈長男〉が花嫁を連れてきたよ）。

パチソーラ[patʃiso:ra]〔名〕
初盆。新盆。（石）パチゥソーロン。【例】アボー　パチソーラバ　ンカイ　ヴァーマンキ　スライ　ティー　ウサーシブー（母の初盆を迎え、子や孫たちが揃って手を合わせている）。

パチソンガチ[patʃisoŋgatʃi]〔名〕
節祭り（シチマチリ）のこと。「初正月」の意。「シチ（節）」は1年の節目のことで、八重山全域では正月を意味する。黒島でも古い時代は8月から9月の間のツチノト亥の日を年中行事の始めとし、その日を正月とも言った。この日はシチソージ（節掃除）と言って屋敷や家屋を掃除し諸道具を洗い、家族はシチミジ（節水）で身を清めシチハザを頭に巻き、ユッチング（4組）のご馳走を頂いて年を取った。家屋の四つ角にはススキの葉を丸く輪に結んで作った

サン（魔除けの標（しめ））を差し、家財道具、柱、井戸の縁石などをシチハザで巻きつけた。

パチタビ[patʃitabi]〔名〕
初旅。新旅とも言う。（石）パチュタビゥ。【例】マイヤ ヤマトゥハヌ パチタベー パスポートバ ムティドゥ パレーッタドゥラ（以前は大和〈日本本土（やまと）〉への初旅は、パスポートを持って行ったのだよ）。

パチッファ[patʃiffa]〔名〕
初子。ういご。（石）パチュファー。【例】ウッツェヌ パチッファー ビキドゥントゥ ミドーヌ フタッツァヌドゥ マレーソーナ（その家の初子は、男と女の双子が生まれたそうだ）。

パチナンカ[patʃinaŋka]〔名〕
初七日。死後七日目の法事。（石）パチュナンカ。（沖）ハチナンカ。【例】マヌマヌ ユーヤ パチナンカヌ ピーンドゥ シンズクニチヌ ソッコーバーキ ウサーシ シーウヤスワヤ（今の世〈昨今〉は、初七日の日に四十九日の法要まで併せて〈まとめて〉行なうよ）。

パチニガイ[patʃinigai]〔名〕
初祈願。正月の朝、お嶽において、あるいは我が家において、最初に行なう祈願のこと。

バチハビムヌ[batʃihabimunu]〔名〕
罰を受けた人。「罰被り者」の意。【例】バチハビムノー サキタンカ シカンッファイ シグトゥン スーナビッサレー（罰当たり者めが、酒ばっかり飲んで仕事もしないでいやがる）。

バチハブン[batʃihabuŋ]〔自〕
罰を受ける。しっぺ返しを受ける。「罰を被る」の意。【例】プスヌ ブンギュ バッシカー ヤディン バチ ハブンドー（他人から受けた恩を忘れると、かならずしっぺ返しをくらうぞ）。

ハチブランプ[hatʃiburampu]〔名〕
八分（はちぶ）らんぷ。灯芯が八分のランプ。「角ランプ」と呼ばれていた四角いガラスの箱の中に油壺やホヤを収めたランプの灯芯の幅が八分であった。風に揺らぐことも少なく明かりも普通のランプに比べ遥かに明るかった。

パチマー[patʃima:]〔名〕
初孫。（石）パチゥマー。（沖）ハチンマガ。【例】サクシミドーヌ ハトゥナー ビコーヌ パチマーヌ マリ ユルクビ ベー（長女のところで、男の初孫が生まれて喜んでいる）。

パチミカスン[patʃimikasuŋ]〔他〕
張り倒す。殴り倒す。ぶん殴る。〈否〉パチミカハヌン。「パチミングラスン」とも言う。【例】ドゥキ ガイタンカ シーベーッカ パチミカハイバ（あまり反抗ばかりしていると、張り倒しなさい）。

パチミングラスン[patʃimiŋgurasuŋ]〔他〕
張り倒す。殴り倒す。ぶん殴る。〈否〉パチミングラハヌン。「パチミカスン」と同じ。

ハチリムヌ[hatʃirimunu]〔名〕
餓（かつ）えている人。甚だしく欠乏を感じている人。【例】ヤラビシェーケー ヴァイムヌ アイナー ナーナッティ イチン ハチリムヌニン ハチリ ブッタワラー（子どものころ、食べ物がそんなになくていつも飢（かつ）えた人のように欠乏感に満たされていたよな）。

ハチリルン[hatʃiriruŋ]〔自〕
飢（かつ）える。空腹になる。甚だしく欠乏を感じる。飢えたような状態になる。〈否〉ハチラヌン・ハチルヌン。（石）カチゥリルン。【例】ピシダー ハチリッカ ヌーバシェーザーン ヴォーン（山羊は、空腹になるとどんな草も食べる）。まずい草だと、なかなか口をつけず鳴き続けるが、美味い草が出てこないと分かると渋々食べる。食べる前に鳴くのは、「草を刈るのに手抜きした

飼主への抗議の意思表示!?」。日が暮れるまで海で遊び呆けて、大急ぎで手っ取り早く刈り取れるユナー（オオハマボウ）やナマン（キダチハナグルマ）など、山羊があまり好きでない草を与えたことを〝告発〟しているのだ。案の定、兄たちからは「山羊も草を食べていないのだから、お前も飯を食うな」と怒鳴られる始末だった。そういうとき、反省よりも山羊どもへの八つ当たりの言葉が頭をよぎる、「ヤナ　ピシダヒャー！（嫌なヤギのやつめ！）」。「ナマン（キダチハナグルマ）」の項参照。

パチンガチ[patʃiŋgatʃi]〔名〕
8月。【例】パチンガチ・クンガチ・ズンガチ・ズーイチンガチ・ズーニンガチ…（8月・9月・10月・11月・12月…）。

ハツァ[hatsa]〔名〕
蚊帳。【例】ガザンヌ　ウラハッテナー　ハツァヌ　ナハナ　ニブッタ（蚊が多くて、蚊帳〈を吊ってその〉中で寝た）。
　子どものころの黒島では、蚊が多く夜は蚊帳を吊ってその中で寝た。当時は、蚊を退治する香取線香や防虫剤などの薬品もなく、蚊帳は必需品であった。

パツァーリルン[patsa:riruŋ]〔自〕
怒り狂う。たとえば、ハチが巣を襲撃され攻撃的になるような状態に言う。【例】パチヌ　シーユ　ムタブッタラ　クンゾーバタイ　パツァーリ　ブルワヤヤ（ハチ＝蜂の巣をいたずらしたら怒り狂って攻撃的になっているよ）。

パッカ[pakka]〔名〕
尖っている状態。また、そういう状態の物。【例】ヤラビシェーケー　ガッキバ　ムティアイ　ガッキヌ　パッカシ　ワーハリッタ（子どものころ鎌を持って喧嘩をし、鎌の尖っている先端で突き刺された）。

パッサイルン[passairuŋ]〔他〕
前途を塞ぐ。草が繁茂して道を塞いでいる。【例】ヌスクヤマヌ　マイナー　ウムトゥヤマヌ　パッサイリ　シマー　ミラルヌン（野底山の前に於茂登岳が前途を塞いで、島〈黒島〉は見られない）。

ハッサヨー[hassajo:]〔感〕
驚愕したり呆れ返ったりしたときなどに発する言葉。沖縄語「アキサミヨー」の転じた語。【例】ハッサヨー　ウレー　バタユ　ミリミリ　シタマミバ　ナナマハンシカンファイ　ギーリベーワヤ（ハッサヨー　こいつの腹を見てみい、ぜんざいを七杯食べやがって苦しんでいるよ）。

バッシダハン[baʃʃidahaŋ]〔形〕
忘れやすい。忘れっぽい。（石）バシゥキッチャーン。【例】ウレー　バッシダハリバ　シカイットゥ　イジ　ウシカナーッカ　マタ　バッシルヌ（彼は忘れっぽいから、しっかり念押ししておかないとまた忘れるよ）。

バッシ　ヌッサン[baʃʃi nussaŋ]〔連〕
忘れがたい。忘れにくい。【例】プスンフミラリッカー　シグ　バッシルヌ　ウサイラリッカー　バッシ　ヌッサン（他人に褒められるとすぐ忘れるが、馬鹿にされると忘れにくい）。

バッシムヌ[baʃʃimunu]〔名〕
忘れ物。【例】トゥシバトゥリ　バッシムヌ　ウラハナリ　フシガルヌン（歳を取って、忘れ物が多くなりどうしようもない）。
　後期高齢になると、忘れ物〈物忘れ〉は我が身に寄り添う影法師である。①人の名前が、顔は浮かんでいるのに思い出せない。②自分の経歴の年月、特に平成以降が思い出せない。③定期健診など予定している事柄を、手帳やカレンダー等にメモしているのにメモしたことを忘れてしまう。④外出する際、運転免許証や携帯電話等をよく忘れる。⑤洗面所の前まで行って、目的が思い出せずオロオロする。⑥直近の食事

を、内容はおろか済ませたことすら忘れてしまうことがある。⑦貴重な文献やＣＤなど、誰に貸したのかを忘れる。⑧香典を立て替えたり、立て替えてもらったりしたことを、よく忘れる。⑨以前はほとんど覚えていた目当ての曲が、工工四本の何ページにあるかをなかなか思い出せない。⑩簡単な漢字が、読めるだけで書けない、などなど。特に⑩はパソコンで文章を書くようになってから顕著である。

　先だって（2019年９月）、「後期高齢者認知機能検査」で、何点かの絵を見た十数分後に何が描いてあったかを思い出すテストがあり、その中に「メロン」があったことは頭で理解しているのに、なぜか「レモン」と言う言葉しか出てこなくて、ひどく焦り落ちこんだ。同年代の人たち８人が一緒に受検し、検査官からは「今日の皆さんは全員好成績ですよ」と慰められたが、心は晴れぬまま検査場を後にしたのだった。後日、沖縄県公安委員会から検査結果通知書が届き、「総合点90点」で「記憶力・判断力に心配はありません」との講評があった。上記の自覚症状は、年齢相応の平均的な衰えだと理解すればいいのだろうか。自分のなかでは、記憶力の衰えを多少楽しんでいるところがあってそれほど深刻に悩んでいるわけではないが、テレビに映る好きな女優や女性タレントの名前が浮かんでこないときなど、大いに焦って悔しい思いをすることが頻繁にある。そういうときの連れ合いの嬉しそうな顔を見て、意地になって思い出そうとするのだがその都度蟻地獄（ありじごく）に落ちるのである。チクショウッ!!「バソーバソ（時々）」の項参照。

バッシルン[baʃʃiruŋ]〔他〕
　忘れる。〈否〉バッスヌン。【例】シマムヌイユ　バッシカ　マリジマユ　バッシ　マリジマユ　バッシカ　ウヤン　バッシルン（島の言葉を忘れると故郷を忘れ、故郷を忘れると親も忘れる）。見事な論法で、島言葉の大事さを示している。

バッツァースン[battsa:suŋ]〔他〕
　割り砕く。「バリッツァースン」とも言う。「バリッツァースン」の項参照。

ハッティ[hatti]〔名〕
　勝手。【例】ドゥー　ハッティ　タンカシーベー（自分勝手なことばかりしている）。

バッティ[batti]〔接尾〕
　〜しつくして。動詞の連用形に後接する。【例】キョーダイヤ　ムール　パリバッティ　バンタンカドゥ　ノホリブー（兄弟は皆旅立ってしまい、私一人だけが残っている）。

ハッパ[happa]〔名〕
　発破。ここでは、爆薬を爆発させ魚類を捕獲する仕掛けのこと。【例】ピーヌ　クムルナ　ハッパシ　イズユ　トゥレータ（干瀬の潮溜りで、発破を用いて魚を捕った）。

　第二次世界大戦のあと、同大戦中に投下された不発弾の火薬がもたらした生業の一つが「ハッパ漁」である。不発弾からダイナマイト＝爆薬を抜き取り、それを細工して小型の爆弾〈ハッパと称した〉に仕立て、魚群に投下する荒っぽく危険な漁法である。ハトーッシ〈オオスジヒメジ〉は、旧暦の５月初旬から中旬の頃、東筋部落のアーンヌピー（東方のリーフ）のケングチ（喜屋武口・リーフの大きな割れ目）からイノー（礁湖・礁池）に、産卵のため群れを成してやってくる。そのハトーッシの大群を目掛けてハッパを投下し、爆発の衝撃で仮死状態になった魚を捕る方法である。

　ハッパによる漁法は、ピー（リーフ）が干上がったときに出来るやや大き目のクムル（潮溜まり）でのイラブチ漁にも仕掛けたし、浜辺近くの浅瀬でのパダラ（オキナワトウゴロウイワシ）漁やミズン（イワシ）

漁などにも用いた。そのほか、世界的にも貴重な種に指定されているジュゴンについても、ハッパ漁が行なわれていた（「ザン」の頁参照）。僕自身は、親戚の新里英助兄（大正13年生まれ）や島仲三郎兄（大正15年生まれ）と一緒に中学生のとき経験した。

　これらのハッパ漁は、いわば違法な密漁であり生命にも関わる非常に危険な漁法であった。現に、黒島では終戦後の間もない時期に1人、昭和30年代の後半に1人、計2人がハッパ漁によって命を落としている。この2人目の事故は僕が高校生の夏休みのときの出来事で、島民に強い衝撃を与え当該事故を契機に島民の自覚が高まりハッパによる密漁は完全に途絶えた。

バッパ[bappa]〔名〕
末っ子の叔母「ボーマ」に対する敬愛のこもった呼称。広く用いられたものではなく、私の父方の末っ子の叔母が、特定の親戚の間だけで用いられていた呼称だったように記憶している。その後、姉・泰子から聞いたのだが、トゥージヤー（豊村家）のお婆さんが「バッパ」と呼ばれていたとのこと、いずれにしても限定的な範囲での呼び名であったようだ。

バッパイ[bappai]〔名〕
間違い。誤まり。【例】ウヴァー　サンミンニヤ　バッパイヌ　ウラハヌ（お前の計算は、間違いが多い）。

バッパイルン[bappairuŋ]〔他〕
間違う。混同する。【例】ビータリッカードゥーヌ　ヤートゥ　プスヌ　ヤーユ　バッパイル　バソーン　アンドゥラ（酔っ払うと自分の家と他人の家を混同する場合もあるよ）。那覇市寄宮の大規模なマンションの三階で住んでいたころ、酔っぱらって四階の部屋に入ろうとして、住んでいた外国人に怒鳴られたことがあった。

ハップガスン[happugasuŋ]〔他〕
暴露する。秘密を暴く。ばらす。（石）ハップガシゥン。【例】バー　イズムヌイユ　シカナーッカ　ウヴァー　セール　ヤナクトー　ムール　ハップガスンドー（俺の言うことを聞かなければ、お前のした悪事を皆ばらすぞ）。

ハップギルン[happugiruŋ]〔自〕
ばれる。発覚する。（石）ハップギルン。【例】ウヴァー　ギューサ　ハクハバン　キッサ　ハップギ　ブードゥラ（お前がいくら隠しても、とっくにばれているんだぞ）。

ハツブシ[hatsubuʃi]〔名〕
かつぶし（鰹節）。かつおぶし（鰹節）。おろしたカツオの身を蒸し、炙って乾かし黴（かび）付けを施して日光で乾かしたもの。【例】パナシキ　ハカルッカー　ミスズルナ　ハツブシトゥ　トゥンヌッファバ　イリ　クンチ　シキッタワヤ（風邪を引くと、味噌汁にカツブシと鶏卵を入れて滋養をつけたよなあ）。島での生活を思い起こすと、ハツブシ（鰹節）が台所を彩る原風景として浮かんでくる。あのころ、「味の素」や「出汁（だし）の素」などの化学調味料なんてものはなく、炙（あぶ）り魚や鰹節の自然素材で出汁を摂取していたよなあ。

ハツン[hatsuŋ]〔自〕
勝つ。勝利する。【例】ハチマケー　アルムノーリバ　ハツァバン　マクバン　ヌチハギリ　ギーパリ（勝ち負けはあるものだから、勝っても負けても命の限り〈一所懸命〉力を尽くせ）。

ハディクマイ[hadikumai]〔名〕
ハディク舞い。竹富町〔無形民俗文化財〕昭和50年11月26日指定。沖縄各地に分布する嘉手久舞（かでぃくまい）と同系の芸能で、毛遊び的な踊りである。男たちの露骨なチョッカイに対し、頬被りをした女たちが笠で胸を隠しながら艶然と踊る姿が滑稽で、所作、衣装ともに個性あふれる仲本村の芸能として伝

承されてきた。豊年祭における仲本村の名物演目とされている踊りである。『竹富町の文化財』（平成10年3月・竹富町教育委員会発行）参照。

ハティムヌ[hatimunu]〔名〕
副食物。おかず。「ハティ（糧）ムヌ（物）」の意。（石）カティムヌ。【例】ハティムヌ ナーンバソー アーヌ ズーシタンカ ヴォーッタワヤ（おかずのない日は、粟の雑炊だけ食べたよ）。
　この語「ハティムヌ」にも、黒島語では一般に「カ」が「ハ」に転じる法則が貫かれ「かて（糧）」が「ハティ」に音韻変化して用いられる様が示されている。なお、田んぼがなく米のとれない黒島では、粟と芋が主食であり粟の雑炊は頻繁に食卓に供されたが、お世辞にも美味しいとは言えなかった。

パティルマ[patiruma]〔固〕
〈地〉波照間島。八重山諸島の一つで、我が国最南端の有人島である。隆起サンゴ礁の島ながら、保水力の強いジャーガル地帯があって稲作も行なっていた。現在はサトウキビ作と黒糖生産が中心である。【例】パティルマヤ ビャーハシマヌ ハマータ パイマナドゥ アー（波照間島は、我が島の遥か南にある）。

パティルン[patiruŋ]〔自〕
果てる。尽きる。我慢しきれずに爆発する。（石）パティン・パティルン。（沖）ハティユン。【例】ミドゥムヌ パティーッカ アトー プリルン（女が果てると、最後は気が狂れる）。

ハトゥ[hatu]〔名〕
所。箇所。【例】ヌーバセー ハトゥナ ベーラバン マリジマユ バッシナ（どんな所にいても〈住んでいても〉、故郷のことは忘れるな）。

ハドゥ[hadu]〔名〕

角（かど）。隅（すみ）。【例】ヤーヌ ハドゥ（家の角）。

パトゥ[patu]〔名〕
〈動〉ハト（鳩）。【例】ヤラビシェーケー パトゥヤマシ パトゥバ トゥリ クラシ ヴォーッタ（子どものころ、鳩を捕える罠で鳩を捕え殺して〈潰して〉食べた）。牛、山羊、豚はせいぜい年に1度しか食べることができず、これらの動物を飼う主目的は換金用であった。よって、鳩は蛋白源として貴重であったことから、多い時は10羽ぐらいソーメン箱で飼っておき、必要に応じ2、3羽ずつ潰して食した。

パトゥマ[patuma]〔固〕
〈地〉鳩間島。西表島の北方にある小島。【例】パトゥマプソー ビャーハシマユ ウヤジマッティ イズ（鳩間島の人は、黒島を親島と言う）。黒島から強制移住があり、それゆえ現在でも黒島と鳩間の人はお互いの島言葉で意思の疎通を図ることができる。鳩間島には田んぼがないため、西表島に通って稲作をした。その当時の差別を受けた様子が〈鳩間節〉の後段に描かれていて、人々の差別の歴史とその怨嗟（えんさ）の深さに胸を塞がれる。

パトゥヤマ[patujama]〔名〕
鳩を捕える罠。竹やゲッキツなどのしなる木の根元を固定し、先端に麻ひもを結わえ罠を仕掛けて捕える。麦が熟したころ、麦畑の一角にヤマ（罠）を仕掛けた。「パトゥ（鳩）」の項参照。

パトゥラキ[paturaki]〔名〕
〈植〉低木の名。フクマンギ。赤い小粒の実をつけ、甘くておいしい。【例】パトゥラケー ウシン ピシダン ヴァーナ ヤコー タタン キー アッタ（フクマンギは、牛も山羊も食べず役に立たない木だった）。葉の表面にかたい毛が生えていて山羊や牛の餌にならず、薪にも用いられなかった。ところが。濃い緑色の葉と熟する

と赤くて美しい実が生ることから、近年、街路樹を支える生垣として、また庭木としても重宝されるようになっている。

現在の住居・那覇市字識名の屋敷の一角にパトゥラキが自生し、艶のある葉を茂らせて生長しているので実の生るのを楽しみにしている。

ハトーッシ[hato:ʃʃi]〔名〕

〈動〉魚の名。オオスジヒメジ。〈石〉カタカシゥ。（沖）カタカシ。口の下に２本の髭があることから「オジサン」の愛称がある。高級魚の一つに数えられることもある。【例】〔高級魚類①〕カタカシ　ミーバイ　タマン　マクブ。〔高級魚類②〕マクブ　アカジンミーバイ　アカマチ　カタカシ、などと言う。

旧暦５月の初旬から中旬のころ、ハトーッシイズは産卵のため東筋部落の東方のケングチ（喜屋武口）から、山のような群れを成してイノー（礁池）に侵入してくる。その群れをダイナマイト仕掛けのハッパを用いて捕獲した。

ハトーッシフキアン[hato:ʃʃiɸukiaŋ]〔名〕

ハトーッシ魚の網漁。【例】ハトーッシイゾー　フキアントゥ　ハッパシ　トゥレータ（ハトーッシ魚は、フキアンとハッパで捕獲した）。ハトーッシ（カタカシ・オオスジヒメジ）漁は、終戦後の黒島東筋部落ではハッパ（ダイナマイト）漁が主流であった（「ハッパ」の項参照）が、フキアン＝網漁も行なわれた。

ハトーッシ魚は、旧暦の５月初旬から中旬のころ、東筋部落のアーンヌピー（東方のリーフ）のケングチ（喜屋武口。リーフの大きな割れ目）からイノー（礁湖・礁池）に、産卵のために群れを成してやってくる。産卵が、どの場所でどのようになされているかは判然としない。ケングチから文字通り山のような群れを成してイノーに進入するハトーッシは、ヌバン方面（東筋の南東）に進むという。そこにＡ漁家がハッパを仕掛ける。そして、ハッパの衝撃を逃れた群れの一部はフキバ方面（東筋の南南東）を経由して仲本部落の前まで行って、そこのバタジ（渡路・陸地から沖のリーフまでつながっている浮き礁）で行く手を阻まれケングチに引き返す。その引き返して来るハトシを待ち受け、Ｂ漁家がリーフに隣接したイノーに半渦巻き状の網を５〜６箇所で仕掛ける。待ち受けの網漁であり、潮位の適期は、大潮から中潮のころである。この項は野底善行君からの聞き書きである。

ハトンカスン[hatoŋkasuŋ]〔他〕

傾ける。〈否〉ハトンカハヌン。【例】ハトンカスカー　ミジェー　クブリルヌ（傾けると、水は零れるよ）。

ハトンキルン[hatoŋkiruŋ]〔自〕

傾く。「ハトンクン」とも言う。〈否〉ハトンカヌン。【例】クナレータヌ　ナイナヤーン　ハトンキナーヌン（この前の地震で、家も傾いてしまった）。

ハトンクン[hatoŋkuŋ]〔自〕

傾く。「ハトンキルン」と同じ。

ハナ[hana]〔名〕

カンナ（鉋）。【例】ハナシドゥ　ハツブシン　キゼーッタワヤ（鉋でカツブシも削ったよ）。鉋の主な役目は材木を削ることであったが、日常的には鰹節を削るのにも用いた。鉋のほか、鎌や包丁を一升枡の上に渡して固定し鰹節を削ったが、これには相当の技術を要した。それにしても、削りたてのカツブシの香りの香ばしかったことよ。

ハナ[hana]〔名〕

〈人〉男性の名。一般に「加那」の字を当てる。

パナ[pana]〔名〕

花。【例】ウジヌ　パナヌ　サカナ　ナレーハラ　ナガラク　ナルワラー（デイゴの花が咲かなくなってから、長らくなるよね

え)。「ウジ(デイゴ)」の項参照。

パナ[pana]〔名〕
鼻。【例】①パナヌミーヌ ドゥシハラ ハマハ パルバソー マズンドゥラーッティ イザリブルヌ ヌーナッカヤー?(無二の親友から、あそこ〈彼岸(ひがん)=あの世〉へ行く場合は一緒だぞ、と言われているがどうなることやら)。②アイ イジェーッタナー ドゥタンカ マイン ナンナヨラー (そう言っておきながら、自分だけ先に行くなよ)。
　上記の会話は、親友の野底善行と実際に交わした会話である。

パナ[pana]〔名〕
黴(かび)。【例】クレー ザリ パナバ フイベーリバ シティリ(これは腐って黴が生えているから捨てろ)。

パナ[pana]〔名〕
麹菌(こうじきん)。【例】クトゥシヌ ミソー キムビヤハラ パナヌ ムイブーサー(今年の味噌は、非常に麹菌が発酵しているよ)。

パナ[pana]〔名〕
端。先端。【例】ピラティスヤ パナヌナーン ハドゥヌナーン ピラアリヨ(箆(へら)というと、柄のない 刃に角のない箆であります/〈ぱいがぶし・ゆんぐとぅ〉より)。使い古して「パナヌナーン ハドゥヌ ナーン(柄のない、刃の角が擦り減った)」箆を修理もできずに使っている主人公の、窮迫した生活情況が生々しく伝わってくる。

バナー[bana:]〔代〕
私は。「バン(私)」と「〜ヤ(〜は)」の融合・約音化した形。

パナイ[panai]〔名〕
船首(へさき)。触先。「ピー」とも言う。類語に「パンタ(先端)」がある。【例】フニヌ パナイヤ スー キスヨーン ハンガイ スクラリ ブー(船の触先はよく潮を推し切る

ように工夫され造られているよ)。

ハナイマーシ[hanaima:ʃi]〔名〕
囲い込んで誘導すること。たとえば、牧場から逃げ出した牛を囲い込んで牧場に誘導すること。人を賺してある所に誘う場合にも言う。

ハナイムヌ[hanaimunu]〔名〕
優れた者・物。「叶いもの」の意。【例】ヤラビシェーケー ハナイムヌ アーッタヌ マヌマー アヤースク アラヌン(子どものころは優秀だったのに、今はそれほどでもない)。用例のように「竜頭蛇尾」もあれば、一貫して「王道・花道」を歩み続ける人も、晩年に花を咲かせる「大器晩成」の人もいる。

ハナウン[hanauŋ]〔自〕
叶う。適う。敵う。〈否〉ハナーヌン。【例】ヌー シムバン ウリンナー ハナーヌン(何をさせても、そいつには太刀打ちできない)。

パナキ[panaki]〔名〕
花活け。神仏に供える草花。「パナイキ」の略。【例】パナキヌ ハリブリバ ハイウシキ(花活けが枯れているので、取り替えておきなさい)。

パナキクビン[panakikubiŋ]〔名〕
花活け用の瓶。「パナイキクビン」の略。【例】パナキクビンヤ バソーバソ ゾットニ アライ ハザリ(花活け瓶は、時々ていねいに洗って飾りなさい)。

ハナグシキヤー[hanaguʃikija:]〔固〕
屋号。又吉家。「ハナグシキ」は「ハナグシク」または「ハナグスク」の転だと思われるが、「花城」「金城」「兼城」のどれか。

ハナサン[hanasaŋ]〔形〕
愛(いと)しい。恋しい。大事にする。(石)カナサーン。(沖)カナシャン。【例】トゥジブトー フタンシ ハナサ シーリバドゥ ハナサ シーラリ(夫婦は2人で、互いに大事にするから大事にされる)。

パナシ[panaʃi]〔名〕
話。話術。物語。〈類〉ムヌパナシ（物話）・クトゥパナシ（事話）。【例】①コーツォーシンシヌ パナシェー イチン ナーガ ハッティ ウムッサナーンタン（校長先生の話は、いつも長くて面白くなかった。②ウヌ プスヌ パナシヌ ウムッサーンナー タルン ウユバヌン（その人の話の面白さには、誰も及ばない）。

パナジ[panaʒi]〔名〕
鼻血。【例】ドゥキ ヌブシ パナジヌ ンジケー（あまりのぼせて、鼻血が出てきた）。

パナシキ[panaʃiki]〔名〕
風邪。【例】パナシキバ ハカリ アマジヌ ヤミ ムヌ ウモールヌン（風邪に罹り、頭が痛くて物が考えられない〈何も手につかない〉）。

パナジナ[panaʒina]〔名〕
鼻綱。端綱。〈対〉シビジナ（尻綱）。牛を繋ぐ場合、牛の鼻中隔（鼻腔の中央にある隔壁）に穴を開け綱を右側から左側に通して左側で操作する。この場合、綱の右側先端に鼻から抜けないようパナフクン＝鼻袋を作る。牛の鼻に直結する綱を「パナジナ（鼻綱）」と称し３メートルくらいの丈夫な綱を用いた。鼻に接触する部分はつねに水分を含んでいて腐食が早いので一定期間をおいてパナフクン＝鼻袋を作り替えた。「パナジナ」の「パナ」は、「鼻」ではなく「端」とも考えられる。「シビジナ（尻綱）」の項参照。

パナスン[panasuŋ]〔他〕
話す。【例】ウレー シーヨーヤ パナスムヌイトゥ アタラヌン（彼の行動は、話す言葉とつり合いが取れない）。言行不一致を非難するときの言葉。

パナスン[panasuŋ]〔他〕
離す。放す。【例】ウシン ピシダン シーユ パナハナーッカ ズブムイ スーヌン（牛も山羊も、乳を離さないと〈離乳させないと〉発情しない）。

ハナセーマ[hanase:ma]〔固〕
〈人〉女性の名。

パナダヤー[panadaja:]〔名〕
洟垂れ小僧。【例】ヤラビシェーケー パナダヤー アッタヌドゥ ウブプス ナッタラー マイフナー ナリブルワヤ（子どものころは洟垂れ小僧だったのに、成長したら立派になっているよ）。

パナダル[panadaru]〔名〕
洟垂れ。洟汁。「パナダン」とも言う。【例】ムカシェー パナダルユ タラシ アラクヤラビヌ ウラーリ ブッタ（以前は、洟汁を垂らしている子どもがたくさんいた）。

パナダン[panadaŋ]〔名〕
洟垂れ。「パナダル」と同じ。

パナヌミー[pananumi:]〔名〕
親友。「ハザリクビン（飾り瓶）」とも言う。「パナ（鼻）のミー（穴）」の意。【例】シマナー イチドゥシヌ フターンユドゥ パナヌミーッティ イズ（黒島では、一番親しい２人の友人のことをパナヌミーと言う）。島の中学校の二期先輩たちが同級生の集まりを「パナヌミー」と称している。「ハザリクビン」の項参照。

パナピシ[panapiʃi]〔名〕
鼻の低いこと、またはそういう人。「ハナビラー」とも言う。古来鼻の高低は、女性の美醜にかかわる重要な要素であった。フランスの哲学者・数学者パスカルの『パンセ』の一節に「クレオパトラ（歴史上の三大美女の一人）の鼻がもう少し低かったら、世界の歴史は変わっていたであろう」と記されている。

ハナビラー[hanabira:]〔名〕
鼻の低いこと、または、そういう人。「パナピシ」と同じ。

パナフキ[panaɸuki]〔名〕
いびき。「鼻吹き」の意。【例】ウレー パナフキヌ ウヴォホダラ（彼のいびきの大きいことよ）。

パナフクン[panaɸukuŋ]〔他〕
いびきをかく。【例】ウレー パナフクッカー ハサマサヌ ニバルヌン（彼がいびきをかくと、うるさくて眠れない）。ところが、たいていの騒音は慣れるものらしく、夫の豪快ないびきも長年連れ添っていると、気にならなくなるという。だが軍事基地から発せられる爆音は、身体的・精神的に健康を蝕むというから「慣れ」てはいけないし、「慣らされないよう」粘り強く騒音撤廃、ひいては軍事基地撤去の闘いを継続すべきであろう。

パナムヌイ[panamunui]〔名〕
鼻声の言葉。【例】パナシキバ ハカリドゥ パナムヌイ ナリブー（風邪に罹って、鼻声の言葉になっている）。

パナリ[panari]〔固〕
〈地〉新城島の別称。「離れ島」の意であるが、琉球王国時代、黒島に属していて黒島から離れていたことに由来するという説もある。黒島の南西方向に位置し、北側の「カミジジマ（上地島）」と南側の「シモジジマ（下地島）」の二島から成っている。

バナンカスン[banaŋkasuŋ]〔他〕
奇麗にする。すっきりさせる。【例】パタキヌ パタマーンナ ザーヌ ハブサーリ ムイベーリバ スリシティティ バナンカハイ（畑の周囲に草が覆い被さるほど生えているので、刈り取ってすっきりさせなさい）。

パナングミ[panaŋgumi]〔名〕
神仏に供える米。「パナ（花）グミ（米）」の意。【例】ソンガチンナー アラマーストゥ パナングミュ ハザリ ウヤシタ（正月には、新しい塩と花米を飾って供えた）。

バナンクン[banaŋkuŋ]〔自〕
発酵する。雰囲気が出る。「バナクン」とも言う。（石）バグン。〈否〉バナンカヌン。【例】ミスヌ バナキ ハザ（味噌の、発酵する匂い）。

ハニ[hani]〔名〕
金。貨幣。鐘。【例】①ジン ハニ（銭金）。②ガッコーヌ ハニヌ ナーン（学校の鐘の音）。

パニ[pani]〔名〕
羽。【例】ウヌ トゥンヌ パニヌ ハイヤダラ（その鳥の羽の綺麗なこと）。

ハニクジー[hanikuʒi:]〔名〕
砂地。「ハニクジー」は「イノージー（砂地）」と同義とされる。「ハニク」は黒島以外では「カニク」と発音され「兼久」の字が宛てられる。その実態は「蟹処」で「蟹の棲み処」を意味し、「カニクジー＝ハニクジー」は「蟹の棲み処のある土地＝砂地」だと説くのは具志堅敏行氏である。

ハニジン[haniʒiŋ]〔名〕
硬貨。小銭。金属製の貨幣。〈対〉ハビジン（紙幣）。（石）カニジン。「ハビジン」参照。

ハニティ[haniti]〔副〕
予て。あらかじめ。まえもって。【例】ヤンヤ ハカル マイヌ ハニティ ヨーゾーティドゥ イザリ ブー（病は罹る前の、予ての養生〈が肝要である〉と言われている）。

ハニナーン[hanina:ŋ]〔名〕
金属音。「ハニ（金）ナーン（鳴り）」の意。【例】ジンコーバリヌ サンシンヤ ハニナーンヌドゥ シールワヤ（人工革の三線は、金属音がするよ）。やはり、三線の深みを帯びた柔らかい音は本物のニシキ蛇の皮に限る。専門家は、養殖のヘビより天然のヘビの革がよいという。

ハニパンティムヌ[hanipantimunu]〔名〕

常軌を逸した者。頭の少しおかしい人。【例】ヌーッティドゥ アヤール ハニパンティ ムヌトゥ マズン ナレーリバヤ？（なぜあんな常軌を逸した人と一緒になったのだよ）。

ハニパンティルン[hanipantiruŋ]〔自〕
常軌を逸する。頭が少しおかしくなる。(石)カニパンチン。(沖)カニハンディユン。【例】トゥシバ トゥリ ハニパンティ ブー（年取って、耄碌している）。

ハニフン[haniɸuŋ]〔名〕
釘。「金釘」の意。(石)カニフン。(沖)クジ。【例】タイフーヌ バソー イツァクビヌ バタン バタン シーベータラ ハニフンシ トゥミ ウシケータ（台風のとき、板壁がバタンバタンしていたので釘で止めて〈釘止めをして〉おいた）。

ハニムイ[hanimui]〔名〕
〈人〉男性の名。黒島民謡〈ちんだら節〉主人公の名で、ヒロインの名は「マーペー」である。ハニムイは、歌の語り手として黒島から石垣島の野底村に強制移住された恋人・マーペーとの思い出を述べるが、二人とも歌の中に名前は登場しない。「マーペー」「ヌスクマーペー」の項参照。

ハニン[haniŋ]〔名〕
〈植〉エビズル。(石)カニフン。(沖)カニブ。灌木の茂みに自生している蔓草。直径1センチメートル弱の丸い実をつけ旧盆の供え物に用いた。ブドウ状の緑色の実は熟すると紫色になり、酸味が強く甘みは薄くてそんなに美味しいとは言えなかった。
　ミーハニン（雌ハニン）とビキハニン（雄ハニン）があって、ミーハニンは牛も山羊も好んで食べたが、ビキハニンはあまり好まなかった。そのうえ、ビキハニンを食草にしている幼虫は毒性が強く山羊はそれを食べると中毒死すると恐れられていたので、それを山羊の草にすることは極力避けた。

ハノーシ[hano:ʃi]〔名〕
鉄製の土を掘る道具。金掘串。(石)カノーシュ。【例】ウン プル ハノーシ（芋掘り用の金掘串）。黒島では、芋掘りにはもっぱらこの道具を用いた。

パノール[pano:ru]〔名〕
〈植〉ネンジュモ（念珠藻）。イシクラゲ。「パノーン」とも言う。梅雨のころ、芝生のなかで自然に出現する木耳に似た形のもの。暗緑色でふんわりしていて味噌汁の具や炒め物に用いた。食感はツルッとしていて、美味しいものではなかった。整腸剤の役目を果たしたのか、消化吸収されずほとんど元の形のまま排出された。

パノーン[pano:ŋ]〔名〕
〈植〉ネンジュモ（念珠藻）。イシクラゲ。「パノール」と同じ。

バハ[baha]〔接頭〕
若い・新しいを意味する接頭語。形容詞「バハハン（若い）」の語幹で、名詞の語頭に付いて「若い」「新しい」を意味する接頭語となる。(石)バガ。【例】バハムヌ（若者）。バハシキ（新月・若月）。バハブジ（若い伯父・叔父さん）。

バハイトゥルン[bahaituruŋ]〔他〕
奪い取る。掠め取る。〈否〉バハイトゥラヌン。【例】トゥジュ バハイトゥラリ プリープリシ ビッサレーワヤ（妻を掠め取られ、途方に暮れていやがるよ）。

バハウン[bahauŋ]〔他〕
奪う。盗み取る。〈否〉バハウヌン・バハワヌン。【例】プスヌ ムヌユ バハウッカー ドゥーヌ ムヌン ヤディン バハーリルンドゥラ（他人の物を奪うと、自分の物もきまって盗られるよ）。

パバクン[pabakuŋ]〔他〕
捌く。問いただす。〈否〉パバカヌン。【用例】グヮンスユ パバクンティ ユタバ シカイシ ニガウッタ（元祖を問いただそうと、

祈祷師を招いて祈願した)。

ハバシブン[habaʃibuŋ]〔名〕
心にもない遠慮。必要以上の遺憾。【例】ハバシブンバ シードゥ アーイッティ イジブーラミ(心にもない遠慮をして、イヤだと言っているのでしょう)。

ハバスン[habasuŋ]〔他〕
被せる。覆う。【例】アミン ゾーラハンヨーン カバーシ ハバシ ウシキ(雨に濡らさないように、カバー=覆いで被せておきなさい)。

ハバスン[habasuŋ]〔他〕
においを嗅がせる。【例】ハザユ ハバシ ミーッカー ザリベークトー バハルン(においを嗅がせると、腐っていることは分かる)。

バハナチ[bahanatʃi]〔名〕
初夏。旧暦の4、5月ごろ。「若夏」の意。(石)バガナチュ。(沖)ワカナチ。元々、沖縄語で『広辞苑』等の中辞典には記載されているが、小型事典にはない。沖縄の日本復帰を記念して行なわれた復帰記念国体の名称が「若夏国体」であった。

バハハン[bahahaŋ]〔形〕
若い。【例】バハハルケードゥ ヌーバ シェークトゥン シーラリ(若いときにこそ、どんなことも出来る)。

バハムヌ[bahamunu]〔名〕
若者。「バハルムヌ」とも言う。【例】バハムヌヌ ブラナーッカ シマン ムラン サカルヌン(若者がいないと、島も村も繁栄しない)。

バハヤダラ[bahajadara]〔感〕
恥ずかしいなあ。滑稽なことよ。面白いことよ。①自分のであれ、他人のであれ、その行為を自嘲気味または嘲笑気味に感じる場合や、②滑稽なものを見聞きして感心した場合などに発する言葉。②については「ウムッサダラ」と言うのが主流。【例】①バッハヤダラ、ウレー シーヨーヤ フチットゥ アタラヌン(恥ずかしいよ、そいつの行動は口で言っていることと一致しない)。②バッハヤダラ、ハナグシキヤーヌ ジロー パナシェー ソームヌイダル ナンムヌイダル バハラヌヌ シクッカ シクムティ シカイットゥ ウムッサン(滑稽だよねえ、又吉家のジローの語り口は本当だか作り話だか知らないが、聞けば聞くほどたいへん面白い)。

バハヤン[bahajaŋ]〔形〕
恥ずかしい。「パザーッサン」とも言うが、そのほうが見出し語より恥ずかしさの度合いは強い。【例】バハヤンティ ウモーン スクン ウター プスヌ マイナー イジナライバドゥ ゾージ ナル(恥ずかしいと思わずに、歌は人前で歌い訓練した方が上手になる)。

バハン[bahaŋ]〔副助〕
〜ばかり。〜くらい。〜ほど。体言に下接して、おおよその分量、程度などを表す。【例】ウヌヤーヌ ヒヨーヤ ギューサバハン ハカレーカヤ?(その家の〈建築〉費用は、幾らくらい掛かったのだろうか)。

バハンガイルン[bahaŋgairuŋ]〔自〕
若返る。【例】トゥシ トゥルムティ バハンガイリ ワーリ ウラーマサダラ(年を重ねるごとに、若返っておられ羨ましいこと)。

ハビ[habi]〔名〕
紙。【例】ムヌナライユ シーバソー ハビナ ハキ ナライバドゥ ウブイヤッサ(物習いをするときは、紙に書いて習ったほうが覚えやすい)。

ハビウズ[habiʔuzu]〔名〕
掛け布団。「被り布団」の意。僕たちが子どものころは、ハビウズ(掛け布団)のみでシキウズ(敷き布団)はなく、畳の上で直に寝た。

ハビガー [habiga:]〔名〕
〈植〉製紙用の高級材（和名不詳）。

ハビジン [habiʒiŋ]〔名〕
紙幣。「紙銭」の意。〈対〉ハニジン（硬貨）。（石）カビゥジン。（沖）サチ。【例】クージンヤ ハニジンシ ウブジンヤ ハビジンシドゥ スクラリ ブー（小銭は硬貨で、高価な銭は紙幣で造られている）。

ハビフクル [habiɸukuru]〔名〕
紙袋。見出し語は、鳩間語では「風船」の意で用いられる。ゴム風船は、黒島語・鳩間語とも「プーカー」と言う。【例】ハビフクルナ ドゥキ グッファムヌユ イリッカー ヤリリバ キーシキリ（紙袋にあまり重いものを入れると、破れるから気をつけなさい）。

ハビムヌ [habimunu]〔名〕
被り物。①帽子や笠などの頭に被るもの。②寝具や夜着などの体に掛けるもの。【例】①アツァリバ ハビムヌバ ハビ アラキ（暑いから被り物〈帽子など〉を被って歩きなさい〈いなさい・行動しなさい〉）。②ピーヤリバ ピングルンヨーン ハビムヌバ ハバシ ニバハイ（寒いから冷えないよう〈風邪を引かないよう〉、被り物〈毛布や布団など〉を被せて寝かしなさい）。

ハブサールン [habusa:ruŋ]〔自〕
覆い被さる。生い茂る。【例】①ウヴァー アマジヌ ハブサーリヨーヤ シーシボーユ ブドゥル プスニンドゥ ブルワヤ（お前の髪の毛の覆い被さりようは、獅子棒を踊る〈演じる〉人のようだよ）。②ハブッツァヌ パーヌ キムビヤ ハブサーリ ブルヌ コイズワー ナーンタカヤ？（カボチャの葉がすごく生い茂っているが、肥料が強過ぎじゃなかったのかなあ）。用例②は、肥しが効き過ぎると蔓が徒長し徒花を咲かせ結実しない場合があるので、それを危惧している。

ハブシ [habuʃi]〔名〕
揺輪（ゆりわ）。（石）カブシゥ。【例】ムカシヌ ミドゥムンケー アマザナ ハブシバ ノーシ ウリナー ニーユ ビシ ムトゥッタワラー（昔の女たちは頭に揺輪を乗せて、それに荷物を据えて運んだよねえ）。ハブシは、茅の葉を陰干しにして作る。ナビシキ（鍋を据える敷物）も同様である。
　このハブシ（カブシゥ）を共通語で何と言うかを、『八重山生活誌』の著者・宮城文先生は『広辞苑』を1頁から丹念に調べ、ついに「ゆりわ（揺輪）」に辿り着いたという逸話がある。文先生は石垣方言辞典の編纂に備え、言葉を丹念に収集していたそうだ。後に息子の宮城信勇先生は、それを精査・補充してカードに整理し2003年に『石垣方言辞典』を編む。この辞典編纂は、親子二代にわたって受け継がれ成就した大事業であった。ちなみに、宮城文・信勇両先生は誕生日も一緒で、またお二人ともちょうど100歳のご長寿を全うされ黄泉路へ旅立たれた。

ハブッツァ [habuttsa]〔名〕
〈植〉カボチャ。【例】ハブッツァー パナヌ サキパジミヤ ビキパナヌ クーユ ミーパナン マミッティ ミーナス（カボチャは、花の咲き始めのころには雄花の花粉を雌花につけて結実を促がす）。用例は人工授粉の模様を描写したものだが、花がたくさん咲き出すと蜜蜂が集まって来て授粉を媒介する。

ハブヌプス [habunupusu]〔名〕
果報の人。仲人。媒酌人。（石）ナカダチゥ・カフヌピゥトゥ。（沖）ナカダチ。【例】ムカシェー アーニナマヨインナー ヤディン ハブヌプスバ タヌメーッタヌ マヌマヌ ユーヤ ウナーッタ タンカシードゥ シキユ アギルワヤラー（以前は結婚する場合にはかならず媒酌人を頼んだの

に、現今は自分たちだけで式を挙げるよねえ）。黒島では、昭和30年代頃までは新郎側と新婦側の両方から2組の仲人を立てて結婚式を挙げた。

ハブラー[haburaː]〔名〕
〈動〉コウモリ（蝙蝠）。(石)カブリゥ。(沖)カーブヤー。【例】ハブラーヌ プクンヌ ナルユ ヴォーンティ キーヌ ウイナーザーウイナリ ベー（コウモリがフクギ〈福木〉の実を食べようと、木の上で逆さまになっている）。

ハブリルン[haburiruŋ]〔自〕
大損をする。欠損をする。〈否〉ハブルヌン。【例】ドゥキ ユクシクッカー ミーシクンティ イザリルニン ハブリルンドゥラー（あまり欲張ると目を突く〈元も子も失くす〉と言われるように、大損をするぞ）。

ハブン[habuŋ]〔他〕
嗅ぐ。(石)カブン。〈否〉ハバヌン。【例】パナヌ ザーリ ハザン ハバルヌン（鼻が詰まって、臭いが嗅げない）。

ハヴァサン[havasaŋ]（形）
香ばしい。芳しい。(石)カバシャーン。(沖)カバシャン。【例】ギッカジーヌ パナヌ サクッカー ハヴァサータ（ゲッキツの花が咲くと、芳しかった）。

ハヴァシブン[havaʃibuŋ]〔名〕
心にもない遠慮。必要以上の遠慮。【例】ハヴァシブンバ シードゥ アーイッティ イジブーラミー？（心にもない遠慮をして、イヤと言っているのだろう）。

ハヴゥン[havuŋ]〔他〕
被る。被る。罰を被る。【例】①アツァリバ ハヴィムヌバ ハヴィ パラナーッカ（暑いので被り物を被って行かないと〈行きなさい〉）。「ハヴィムヌ（被り物）」としては、農作業用には「クバ（ビロウ）」の葉で作った「クバガサ」が主であったが、洒落た物としては麦藁帽子があった。②ウヤユ スソーニ シーッカー バチ ハヴゥンドゥラー（親を粗略にすると、罰を被る〈罰が当たる〉ぞ）。子供のころ、「バチ ハヴゥン（罰を被る・罰を受ける）」と言う言葉がよく用いられたが、もっとも頻繁に用いられかつ恐怖を伴ったのは、ワン（御嶽）の境内で小便をしたり境内の草を家畜の餌として刈ったりした場合であった。たとえ境内と分からずにやったとしても、バチやバツは免れないと言われていたことから、その恐怖感は長期間にわたって続いたし、いまもって夢に現れたりするのだ。

今や、多くの御嶽でシカサ（神司）やティジリ（手摺り）のみならずヤマシンカ（御嶽の信者・構成員）も途絶えてしまった現在、そして今後、聖地として大事にされ畏怖されてきた風習はどうなっていくのだろうか。

ハマ[hama]〔代〕
あそこ。場所を表す遠称の指示代名詞。話者から遠く離れた所を示す。（類）〈近称・クマ＝ここ・こち〉。〈中称・ウマ＝そこ・そち〉【例】①ハマハ サーリ パリ（あそこに、連れて行け）。②ハマ クマ ギッティ ケー（あちこち、行って来た）。③ウマヌ ハーヌ ミジェー アマハン（そこの井戸の水は、甘い）。④ハマハ パリナーヌン（あそこ＝あの世へ、行ってしまった）。

パマ[pama]〔名〕
竈。【例】ドゥキ ピーヤッテナー パマヌ マイナー スクマリ ブルワヤ（あまり寒いので、竈の前でじっとしているよ）。

パマ[pama]〔名〕
浜。【例】アースンヌ パーリークイヤ ヤクヌ パマナー セータ（東筋村の、爬竜船競漕は伊古村の浜で行なった）。

ハマータ[hamaːta]〔名〕

遠方。遥か以前。空間的にも時間的にも言う。【例】①ハマータハ　パリナーヌン（遠い所〈あの世〉へ行ってしまった）。②ハマータ　マイヌ　クトーリバ　ウモールヌン（遥か以前のことなので、思い出せない）。

パマイ[pamai]〔名〕
飯米。食糧。（石）ハンマイ。（沖）ハンメー。【例】ヤーニンズヌ　ウラハッティ　パマイ　スコーリヤ　デージアッタ（家族が多くて、飯米の準備は大変だった）。

ハマイヨー[hamaijo:]〔名〕
構造。家の構え方。【例】ウヌヤーヌ　ハマイヨーユ　ミーッカ　ウズイ　シーラリルワヤ（その家の構え方を見ると、びっくりさせられるよなあ）。

ハマイルン[hamairuŋ]〔自〕
構える。身構える。【例】①ガッキボーユ　ウトゥバソー　クシバ　ンダミ　ミーバ　ピカラシ　ハマイリ（ガッキボー（鎌棒）を打つ〈闘う〉場合、腰を据え目〈眼光〉を光らせて構えよ）。②ウシアーシバソー　スーワウシェー　ハマイヨーハラ　ハーリブー（闘牛の場合、強い牛は身構えの仕方から変わっている）。

ハマサ[hamasa]〔名〕
柄杓(ひしゃく)。【例】ミジヌンバソー　タンクヌ　ビーハラ　ハマサナ　フミ　ヌメーッタ（水を飲むときは、水槽タンクの蛇口から柄杓に汲んで飲んだ）。
　水飲み用の柄杓には、木製や金属製のほか「ペーラ」と称したユウガオを二つに割って作った自然素材のものもあった。ミジンゴイ（水肥）用の汲み取り用具も「ハマサ」と呼んだ。

ハマサキヌシドゥレーマアユ
　　　　　　[hamasakinuʃidure:maʔaju]〔名〕
古謡の名。〈浜崎ぬ千鳥ま・あゆ〉。この歌は、特定の日に歌われるものではなく、夫婦や知人同士が思い思いに歌う座敷歌である。浜崎や洲崎などで羽や尾を振って遊び歓(あま)えている千鳥のように、私たちは祝いの酒を酌み交わして座敷で遊び歓えるのだよ、と歌う。結びは、古謡の通例に従って無病息災や五穀豊穣の祈願で歌い収める。「アマイ(歓え)」は、「アマイルン(歓える)」の連用形が名詞化した語で、共通語にはない沖縄独特の言葉である。「互いに喜び合う」雰囲気を表現する場面で用いる。

ハマダ[hamada]〔固〕
〈人〉男性の名。

ハマドゥ[hamadu]〔固〕
〈人〉女性の名。

ハマブク[hamabuku]〔名〕
かまぼこ。【例】シマヌ　ハマブクバ　ヴァイナラウッカ　イサナキハマブコー　ミザダ（島で製造したカマボコを食べ慣れると、石垣島のカマボコは不味い）。かまぼこの主原料は魚である。沖縄本島〈沖縄島〉や石垣市内の大手かまぼこ店では、北海道や東北産のスケトウダラのすり身を主原料にしているという。そういうなかで、僕の友人宮良一美君の営む「宮良かまぼこ店」のかまぼこには、八重山近海の魚を一定量混ぜることによって味に特徴を出している。お土産にして届けると「美味しい」と喜ばれたものである。沖縄県漁業組合連合会の上原亀一会長（石垣市出身）によると（2020年10月）、八重山ではひところまではアカマチやアカジンミーバイなどの高級魚を原料にしていたから、そのころの八重山かまぼこは抜群に美味しかった、と指摘する。僕たちが黒島で生活していたころ、大きな祝い事のある家では何日も前からかまぼこを作ってお祝いに備えた。もっぱら近海魚のすり身で作られた「シマハマブク（黒島産カマボコ）」が独特の深い味わいを醸し出していたことはしっかりと記憶に残っている。

パマヤー [pamajaː]〔固〕
浜辺に近い家の屋号。「浜家または浜屋」の意。【例】パマヤーヤ ビャーハシマナー プリナ ピスキブン ヤクナ ピスキブン アーッタ（パマヤーの屋号は、我が黒島では保里と伊古に各一軒あった）。

ハマラサン [hamarasaŋ]〔形〕
悲しい。悔しい。（石）ガマラサーン。（沖）ナチカシャン・ナチカサン。【例】ヴァーバ シナシ イチバーキン ハマラサシーワールワヤ（子を亡くして、いつまでも悲しんでおられるよね）。

ハマリフトゥッティルン [hamariɸututtiruŋ]〔自〕
飽き果てる。「ハマリルン（飽きる）」を強調した語。〈否〉ハマリフトゥットゥヌン。【例】ウリヌ ドゥープミパナシユ ギューサイン シカハリ ハマリフトゥッティナーヌン（そいつの自慢話を何回も聞かされ、飽き果ててしまった）。

ハマリルン [hamariruŋ]〔自〕
飽きる。嫌になる。食べ物にも習い事などにも言う。〈類〉ビトゥリルン。〈否〉ハマルヌン。【例】①ギューサ マーハ ムノーラバン ピッティヌピン ヴォーッカ ハマリ シー（どんなに美味しい物〈食べ物〉でも、毎日食べると飽きる）。②ユヌウタユ ピーズ シクッカー ハマリルン（同じ歌をしょっちゅう聞くと飽きる）。

ハミ [hami]〔名〕
瓶（かめ）。【例】ミスハミ、シタッティハミ、ミジハミ、ムヌダニイリハミ、ヌッツァ（味噌瓶、醤油瓶、水瓶、穀物種入れ瓶、等々）。

ハミ [hami]〔名〕
〈動〉亀。【例】ハミバ ヴァイ ビー ヤーニンズ ムール マーラセーッタトゥ（亀を食べ中毒して、家族全員亡くなったそうだ）。終戦直後のころのこと、保里部落で毒亀を食べて家族全員が中毒死するという悲惨な出来事が起きたという。

ハミザー [hamizaː]〔名〕
上座。【例】ヨイザーナヤ ウイプスンキー ウヤンキーヌドゥ ハミザーナ ビリワール（祝い座では、お年寄りの方々や親たちが上座に坐っていらっしゃる）。

ハミック [hamikku]〔副〕
よく。優れて。「ハミンク」とも言う。【例】ユヌナハー ハミック ナルンティ ウムッタヌ シンダイ ゲーラック ナリケーワヤ（世の中はよくなると思ったのに、次第に悪くなってきたよなあ）。

ハミヌ クー [haminu kuː]〔連〕
亀の甲。「トゥシヌ クーヤ ハミヌ クー（年の功は、亀の甲）」の成句〈ことわざ〉の一部。「トゥシヌ クー」の項参照。

ハミヌミン [haminumiŋ]〔名〕
耳の遠い人。役に立たないもの。見出し語は石垣語と鳩間語では「カミヌ ミン（甕の耳）」の意で、「単なる飾りで何の役にも立たないもの」と説明されている。黒島語ではさらに踏み込んで「耳の遠い人」にまで意味を拡げている。

ハミルン [hamiruŋ]〔他〕
頭に載せる。おし戴く。頂戴する。（石）カミルン。（沖）カミユン。【例】①ミドゥモー タンムヌン ウンヌン アマザナ ハミドゥ ムトゥ（女は、薪も芋も頭に載せて持つ〈運ぶ〉）。昨今は荷物を頭に載せて運ぶ女性の姿など見かけないが、僕たちが幼少のころ、女性は荷物を頭に載せて運んでいた。②ウヤピスン ウヤセー グーシユ ヤーニンズハ マーシ ハミッタ（先祖に捧げたグーシ〈御酒〉を、家族全員に回して戴いた）。

ハミンク [hamiŋku]〔副〕
よく。優れて。「ハミック」と同じ。【例】シマムヌイヤ シキナライ イジナライドゥ ハミンクナル（島言葉は、聞き習い、言い習ってこそよくなる〈上手になる〉）。

ハヤ[haja]〔名〕
　腕・肘・手の甲・手首・小手などの解釈がある。八重山民謡〈あがろーざ節〉に「ウディバ ヤミ ムリヒューバ カヤバ ヤミ ダギヒューバ（腕が痛くなるほどお守をしてくれる〈上げる〉から、腕が痛くなるほど抱っこしてくれる〈あげる〉から）という一節があり、下の句の「カヤ」をどう解釈するか〈訳すか〉が問題となる。
　私は、拙著『CD附　精選八重山古典民謡集（二）』（2009年自費出版）所収の〈あがろーざ節〉の訳にあたって、上の句「ウディ（腕）」と同義の対語と捉え「カイナ（腕）」として表記した。その解釈は今も変わらないので、同著を参照願いたい。

ハヤー[haja:]〔連体〕
　そんな。こんな。「ハヤール」とも言う。【例】ハヤー ハンガイシヤ ユヌナハー バタラルヌンドゥラ（そんな考えでは、世の中は渡れないよ）。

パヤーキ[paja:ki]〔名〕
　南側。【例】シマナー トゥンジヌ フチェー ヤーヌ パヤーキナ スクレーッタヌ ジーヌシキヤーヤ アーラキナ アッタ（黒島では門口は家の南側で作ったが、ジーヌシキヤー（後野底家）は東側にあった）。同家では、家屋も東向きに建てた。本家が南側にあるので、南向きにすると本家を抱きかかえることになり不都合なので、それを避けるためだったようである（本家の当主・野底善行氏談）。

パヤームン[paja:muŋ]〔自〕
　微笑む。にこにこする。〈否〉パヤーマヌン。（石）ハイリゥ・パイリゥ。【例】ドゥキサニヤーッティ ピーズ パヤーミワールワヤ（非常に嬉しくて、ずーっとにこにこしていらっしゃるよ）。

ハヤール[haja:ru]〔連体〕
　そんな。こんな。「ハヤー」と同じ。【例】ハヤール パナシェー シキミラヌン（そんな話は、聞いたことがない）。

パヤーン[paja:ŋ]〔名〕
　酢。「パヤン・パヤール」とも言う。（石）ハイリゥ・パイリゥ。（沖）アマザキ・シー。【例】ピシダヌ スーナ パヤーンユ イリッカー アジマハンドゥラ（山羊汁に酢を入れると、味わい深くなる）。父の食べ方を真似たのだが、年を重ねるごとに美味しさが増すような気がする。拙著『CD附　精選八重山古典民謡集（二）』（2009年自費出版）所収の〈あがろーざ節〉参照。

ハヤ　ヤーン[haja ja:ŋ]〔連〕
　手首の痛み。この語に関しては、「手首の痛み」のほか「前腕の痛み」「肘の痛み」などが考えられる。

パヤラスン[pajarasuŋ]〔他〕
　流行らせる。噂を広げる。【例】バハヤッティン ザナダル ドゥーヌ パジュ シキンハー パヤラシベー（恥ずかしくもないのか、自分の恥を世間に流行らせている）。

パヤルン[pajaruŋ]〔自〕
　流行る。【例】ムカシェー ビャーハシマナー ハサヌ パヤリ デージ アッタトゥ（昔、我が黒島に天然痘が流行って大変だったそうだ）。用例は、終戦直後のことであったという。「ハサ（天然痘）」の項参照。

ハユウン[hajuuŋ]〔自〕
　通う。行き来する。往来する。「ハユーン」とも言う。〈否〉ハユワヌン。（石）カヨーン。（沖）カユユン。【例】トゥジ クータバソー トゥジヌヤーハ ハユイトゥーシ ミーナセーッタドゥラ（妻を請うた際、妻の家に通い詰めて実現させたのだよ）。

ハユキ[hajuki]〔名〕
　小皿。「クーザラ」とも言う。【例】ピスキシ フタキシ ハユキナ イリ ウヤハイ（一切れ、二切れ、小皿に入れてお供えし

なさい)。

ハラ[hara]〔助〕
~から。~を。~で。起点、通行する場所、手段、原因などを表す。【例】①マヌマハラ パルン(今から、行く)。②ハリユシヌ ミチハラ タルタルユ シカイス?(嘉例吉の道を、どなたを案内するのか)。③フニハラ ケー(船で、来た)。

バラ[bara]〔名〕
藁。【例】パイヌ シナ ハニジナ ナナ シンエー、ニシヌ シナ バラフタ ハーフタ ピシシンエー(南組の綱は金属製の綱が7本だよ、北組の綱は藁屑の綱が1本だけだよ/〈綱引き歌〉より)。
　正月の綱引き行事の前に、南組と北組の若者たちが広場に集まり、自らの綱を自慢するとともに相手組の綱を貶しながら互いに鼓舞し合う場面での歌。

パラ[para]〔名〕
柱。【例】ヌキヤーヌ パラー ヨンスンハク アッタ(貫き家の柱は、4寸角であった)。4寸角は、13.2ミリメートル角の角材のこと。黒島の貫き家の柱は、ほとんどが4寸角であったが、なかには財力を誇示するためか5寸角の柱を用いる家もあった。大工棟梁をしていた従兄の大城正三兄(大正15年生まれ)の話では、襖や障子の走る敷居の幅との均衡面からすると、柱は4寸角がもっとも適当であるということだった。
　なお、鉄筋コンクリート建ての場合の柱は、柱の担う重量が軽くなるので、やや細めなのは素人目にも分かるしそれなりに理解できる。ちなみに、那覇市在の鉄筋コンクリート造りの我が家の柱は、4寸角のナハバラ(中心の柱〈大黒柱〉)以外はすべて3寸角(9.9ミリメートル)であった(2020年現在)。

ハライシ[haraiʃi]〔名〕
軽石。海底火山から湧出した溶岩が急速に冷却されて出来た岩石。(石)カライシ・カルイシ。(沖)カラシ。【例】ナビハマヌ ピンゴー ハライシドゥ ウタセーッタ(鍋や釜の墨は、軽石で落とした)。

バラウン[barauŋ]〔自〕
笑う。嘲笑する。【例】①バライヨーヌ ハイヤー プソー キムン ハイヤン(笑い顔の綺麗な人は、心も綺麗だよ)。②プスユ ウサイ バラウッカー ドゥーユン ウサイラリ バラーリルン(他人を見下して嘲笑すると、自分も馬鹿にされ嘲笑されるよ)。

パラウン[parauŋ]〔他〕
支払う。【例】ハレール ジンユ パラーナベーッカ タルハラン シンヨウ シラルヌンドゥラ(借りた金を払わずにいると、誰からも信用されないぞ)。

ハラザーク[haraza:ku]〔名〕
空咳。痰を伴わない、または痰の切れない苦しい咳。(石)カサーグ。【例】ハラザークバシー ヌドゥヌ ヤミ フシガルヌン(空咳をして喉が痛み、どうしようもない)。

バラサン[barasaŋ]〔形〕
悪い。よくない。【例】ドゥーヌ バラサンティ ウムイブルヌ ウヌワケー イジピサ ナーヌン(自分が悪いと思っているが、その訳は言いたくない)。

バラザン[barazaŋ]〔名〕
藁算。文字の代わりに藁の茎や藁縄で数字を表す方法。【例】ヤーヤーハラ アツァミル ワンハヌ グサシヤ バラザンシドゥ パカレーッタ(各家庭から集める御嶽へのグサシ〈供物用の穀物〉は、バラザンで量った)。

バラジナ[baraʒina]〔名〕
藁で綯った縄。【例】マチリヌ バソー ビキドゥムンケー バラジナヌ フクビユ セーッタ(祭りのとき、男たちは藁綱〈藁

の縄〉の帯をした)。

ハラジマ[haraʒima]〔名〕
黒島の別名。「乾いた島」の意。黒島の古謡〈雨乞いじらば〉で、「我がふしまや乾島やりば/さふじまや 石島やりば(我が黒島ははらじま〈水の乏しい島〉なので/さふじまはいしじま〈地層の浅い石の多い島なので〉と歌われている。『石垣方言辞典』の「カラジュマ」の項では「平たい島。山がないため、水が少なく、田のない島。黒島、新城など。「空島(からじま)の意」と説明されている。〈雨乞いじらば〉の文脈からは「空島(からじま)」より「乾島(はらじま)」のほうが、黒島の別名にふさわしい感じがする。【例】ビャーハシマー ヤマン ハーラン ターン ナーナッテナードゥ ハラジマッティ イザリブー(我が黒島は、山も川も田んぼもないので乾島=ハラジマと言われている)。

バラス[barasu]〔名〕
コンクリートを作る場合のセメントや砂と一緒に用いられる砂利(小石)。

ハラズー[harazu:]〔名〕
小潮。〈類〉スーチズー(大潮)・ナマリズー(中潮)。

パラスン[parasuŋ]〔他〕
行かせる。走らせる。あの世に送る。〈否〉パラハヌン。【例】①ヤラベー タビハ パラシバドゥ ウムハトゥンジ(子どもは、旅に行かせたほうが賢くなる)。ここの「旅」は、自分の住んでいる土地を離れた旅先・余所の土地のこと。用例の趣旨は「可愛い子には旅をさせよ」と同じ。②ヴァーバ ヒダキ パラシ キムバ ヤミワールワヤ(子を先に逝かせて、うちひしがれていらっしゃる)。子が親より先に逝く〈逆縁〉は、本当に悲惨である。

ハラッタ[haratta]〔名〕
体。体格。【例】ハラッタヌ ハナイヨーダラ シマトゥヤーニン ブルワヤ(体格の立派なことよ、相撲取りのようであるよ)。

ハラハウン[harahauŋ]〔他〕
からかう。軽く扱う。〈否〉ハラハワヌン。【例】トゥジヌ ブランムヌッティ ケーラン ハラハーリ ブッタヌ アバレートゥジバ サーリ フッタラー ウラマサ シラリブー(妻がいない者と皆にからかわれていたが、美しい妻を連れて来たので〈と結婚したので〉羨ましがられている)。まさに「アトゥフードゥ マーフー(遅い果報こそが、真の果報)」。アッパレ!

ハラハウン[harahauŋ]〔他〕
面倒を見る。扱う。【例】ウイプスヌ ハラハイヨーユ ミーッカー ウヌプスヌ タケー バハルン(年寄りの扱い方〈面倒の見かた〉を見ると、その人の丈〈人柄〉がわかる)。

ハラバッサン[harabassaŋ]〔形〕
すばしこい。敏捷である。(石)カラバッサーン。【例】クヌ ヤラベー パンタリブルルヌ スーック ハラバッサンドゥラ(この子は、太っているけど非常にすばしこいよ)。

ハラハン[harahaŋ]〔形〕
塩っぱい。共通語の「辛い」に対応するが、主に「塩っぱい」の意で用いる。「サクラハン」とも言う。【例】ウヴァー アジシキヨーヤ イチン ハラハヌ(あなたの味付けは、いつも塩っぱい)。

ハラピサ[harapisa]〔名〕
裸足。(石)カラピシャ。(沖)カラフィシャー。【例】ハラピサシ アラキ パンニン フォーリッタ(裸足で歩いて、ハブに咬まれた)。

バラフタ[baraɸuta]〔名〕
藁屑。【例】ニシヌ シナ バラフタ ハーフタ ピシシンエー(北組の綱は藁屑一本だ/正月の〈綱引き歌〉より)。

南北に分かれて行なわれる綱引き行事の前に歌われる〈シナピキウタ（綱引き歌）〉では、自陣の綱を「ハニジナ　ナナシンエー（鋼の綱七束）」と自慢し、相手陣営の綱を用例のように貶（けな）す。「バラ（藁）」の項参照。

ハラマクン[haramakuŋ]〔他〕
　縛りつける。

ハリ[hari]〔代〕
　あれ。「アリ」とも言う。遠称。〈類〉クリ・近称。ウリ・中称。（石）カリ。（沖）アリ。【例】①ハレー　ターラ（あれは、誰だ）。②ウヴァー　ムノー　ハレーワヤ（お前のものは、あれだよ）。

ハリ[hari]〔感〕
　囃子ことば。【例】マペラチヌヨー『ハイヤースリ』ミヤラビヌ『イラヨイサヌ』ウマリヤヨー「ハリ　ユバナウレ」（まぺらちの『ハイヤースリ』女童の『イラヨイサヌ』生まれはというと「ハリ　ユバナウレ」／黒島の古謡〈まぺらちじらば〉より）。

バリ[bari]〔名〕
　割れ目。リーフ（干瀬）の中に、イノー（礁池）とピーヌフカ（大海）を結ぶ割れ目のことで、そこが魚の通り道になっている。

バリ[bari]〔名〕
　破片。かけら。【例】マハンヌ　バレーヤリシティ　ウスックヮー　ヤラビヌティーパン　ヤマシバ　アザヌ　ミーナシティリ（お碗の破片は放っておくと、子どもが手足を怪我するから石垣の穴に捨てなさい）。

パリ[pari]〔名〕
　針。縫い針。【例】バンテヌ　ウブセーパリシカイヤ　タイラサッタンドゥラー（我が家の長兄は、針扱いは巧みだったよ）。私の長兄・賢昇（大正15年生まれ）は、軍隊で鍛えられたらしく針仕事は何でもこなした。40代半ばで失明したが、服のほころびなどはすべて自分で直していた。

パリアン[pariaŋ]〔名〕
　張り網による漁法。黒島における「パリアン」には、「ザコートゥヤー」「ユブサン」「シッカー」「フキアン」「ハトーッシ・フキアン」「バリシカイ」などがある。それぞれの項を参照のこと。

バリガーミ[bariga:mi]〔名〕
　底なしの大酒飲み。「割（わ）れ瓶（がめ）」の意。【例】ウレー　バリガーメーリバ　ギューサ　ヌ　マハバン　アジフジナーヌン（そいつは底なしの大酒飲みだから、いくら飲ませても意味がない）。

バリシカイ[bariʃikai]〔名〕
　追い込み網漁（あみりょう）の一つ。【例】バリシカイヤ　タンカシ　セータ（バリシカイは、一人で行なった）。バリシカイは、ピーヌウチ（干瀬の内）のピー（干瀬）に近いイノー（礁池）で、主として1人（時には2人）で行なう追い込み網漁である。大潮時が適期で、漁場はアーンヌピー（東筋東方の干瀬）と、仲本の南東方面のピーヌウチ（干瀬の内）である。
　網は、スディアン（袖網）に使用するキタアン（桁網）一桁（25〜30メートル）のみ。地形によって干瀬を背にしたり、干瀬に沿ったりと、U字型に仕掛ける。サバニを所有していなくても1〜2桁のキタアンさえ持っていれば一人でも行えるもっとも簡便な網漁であり、短時間で40〜50斤（約25〜30キログラム）の漁獲が可能である。この漁法は、販売用というよりは自家用の目的で行なわれた。バリシカイの名手は、東筋では島仲正広、仲嵩善治、新城信範らの諸氏であった由。この項は野底善行君からの聞き書き。

ハリタンムヌ[haritammunu]〔名〕
　枯れた薪。〈対〉ナマタンムヌ。【例】ハリタンムノーリバ　ユー　ムイルン（枯れた薪だから、よく燃える）。

バリダンムヌ[baridammunu]〔名〕
丸太を割って作る薪。「割り焚き物」の意。行祭事の際に揚げ物や煮物など、強い火力を要する場合に備えて用意する。【例】バリダンムノー ハマヌ ウイヌ タナナ ノーシティ ハーラカセータ（バリダンムヌは、釜戸の上の棚に載せて乾燥させた）。バリダンムヌ用にはモクモー（トキワギョリュウ）の木が最も適していた。この木は、生のときは容易に切り割り出来るが乾燥すると鋸の刃も立たないくらい固くなるので要注意だった。

ハリッサ[harissa]〔名〕
枯れ草。〈対〉ナマッサ。【例】マヌマヌ ウシ シカナイヤ ハリッサユ ヴァースヌ バンター ヤラビシェーケーヤ ナマッサ タンカドゥ ヴァーシタ（昨今の牛の飼育では枯れ草を食べさせるが、僕たちの子どものころは生草だけを食べさせた）。

石垣島で畜舎での肉用牛生産に従事している甥・當山榮一の話だと、ハリッサ（枯れ草＝乾燥草）を食べる牛とナマッサ（生草）を食べる牛とでは、肉の色合いと脂身の付き具合がまるで違うとのことである。それに、水は水道管に取り付けたウォーター・カップを自分の鼻で操作して飲みたいときに飲みたいだけ飲むのだそうだ。僕たちが子どものころ世話していた牛は、原野の生草だけを食べさせ一日に一回だけお腹がパンパンになるまで水を飲ませていたが、高級牛肉の生産のために管理されている牛舎の牛たちは、乾燥草や濃厚飼料を食べ水道水を飲んでいる生活様式をどう思っているのだろうか。

バリッツァースン[barittsa:suŋ]〔他〕
割り砕く。散々に壊す。「ヤリッツァースン（破り壊す）」よりやや強い響きの言葉。「割って壊す」の意。【例】フターヌ ビータリムヌヌ アイッツァーシ ハリン クリン ヤーダングバ バリッツァーシ ナーヌン（2人の酔っぱらいが喧嘩して、あれもこれも家財道具を散々に壊してしまった）。

ハリユシ[harijuʃi]〔名〕
無事安全な航海。「嘉例吉・嘉利吉」の字を当てる。【例】ユングマルバ シー ピスユーヌ サーットゥ ハリユシバ ニゴータ（夜籠りをして一晩中、航海安全を祈願した）。

ハリルン[hariruŋ]〔自〕
枯れる。枯死する。【例】ナガラク アミヌ ヴァーナッテナ シンザン ハリプソーワヤ（長らく雨が降っていないので、サトウキビも枯れそうだよ）。

ハリルン[hariruŋ]〔他〕
借りる。(石)コーン・カルン。(沖)カユン。【例】ハレール ジンヤ リーバ シキドゥ ハイス（借りた金は、利息を付けて返す）。

バリルン[bariruŋ]〔自〕
割れる。【例】ウンヤ ミーリズーワーッカ バリルンドゥラ（芋は、熟しすぎると割れるよ）。用例は、収穫の適期があることを示している。

パリルン[pariruŋ]〔他〕
汗をかく。【例】ドゥキ アツァッティ スクマリ ベーラバン アシヌ パリルワヤ（あまり暑くて、じっとしていても汗をかくよ）。

パリルン[pariruŋ]〔自〕
腫れる。炎症などで肌が膨れ上がる。【例】パチン ザーリ ウマハマ フクリブー（蜂に刺されて、あちこち腫れている）。

パリルン[pariruŋ]〔自〕
晴れる。【例】アミン パリ ティダン ンジケーワヤ（雨も晴れ、太陽も出て〈照って〉きたよ）。

ハルイ[harui]〔名〕

嘉例。佳例。吉例。縁起のよいこと。座を浄めること。(石・沖)カリー。【例】サンビンバ ピキ ハルイユ シキッティハラ パジミリバ(ハルイ＝嘉例の3曲を弾き、座を浄めてから始めなさい)。

ハルイシキルン[haruiʃikiruŋ]〔他〕
行く末を見守る。座を浄める。【例】①グソーホ マットーバ トゥーリシキ ヴァーマンキユ ハルイシキタボーリユー(後生〈あの世〉に真っ直ぐに辿り着いて、子孫の行く末を見守ってください)。②アラヤーヌ ヨイヤリバ サンビンシ ハルイシキリ(新築の祝いだから、サンビンシ〈嘉例の3曲で〉座を浄めなさい)。用例①は、亡くなった人への祈りと願いを籠めた別れの言葉で、②は新築祝いを始めるにあたっての指示である。この場合の3曲は〈赤馬節〉〈鷲ぬ鳥節〉〈鶴亀節〉〈目出度節〉〈かたみ節〉などから選曲された。

パルマガン[paramagaŋ]〔名〕
〈動〉蟹の名。ツノメガニ。体調4～5センチの小型の蟹で、全身白っぽくて動きはすばしっこい。砂浜の穴を20～30センチ掘ると捕獲できた。この蟹は、八重山古謡の〈山原ゆんた〉で次のように歌われている。「パルマザーギドゥ ユーニウレーシー アサビウリゥ(ツノメ蟹でさえも砂州に下りて遊び楽しんでいる) バガーケーラン ハマウレーシー アサボーラー(私たち皆も砂浜に下りて遊び楽しもうよ)。

パルマスン[parumasuŋ]〔他〕
妊娠させる。孕ませる。〈否〉パルマハヌン。【例】マズン ナル ハンガイヤ ナーンタヌドゥ パルマシナーナッテナー マズン ナレーットゥ(一緒になる考えはなかったのに、妊娠させてしまったので結婚したそうだ)。

パルムン[parumuŋ]〔自〕
妊娠する。孕む。〈否〉パルマヌン。【例】ドゥキ パンタリズーワ ウシェー エイッティ パルマヌンドゥラ(余り肥りすぎている牛は、なかなか妊娠しないよ)。牛の場合は用例のような傾向を示すらしいが、人の場合は太っているから妊娠しにくいということは聞かない。

ハルン[haruŋ]〔他〕
刈る。【例】ピシダヌ ザーユ ハリンパレー(山羊の草を、刈りに行った)。

バルン[baruŋ]〔他〕
割る。割く。裂く。〈否〉バラヌン。【例】ティロー クージュ マンナハハラ バリドゥスクル(笊は、トウズルモドキを真ん中から割いて作った)。

パルン[paruŋ]〔自〕
行く。走る。〈否〉パラヌン。【例】クバヌ シタニ パリヌブリ(クバの下に、行って登り／八重山民謡〈鳩間節〉より)。「パリヌブリ」は「走って登り」とも解釈できるが、〈鳩間節〉のゆったりした旋律からすると、せかせかせずにゆっくり歩を進めたほうが、情趣があるような気がする。

パルン[paruŋ]〔他〕
張る。貼る。〈否〉パラヌン。【例】クシヌ ヤムッタラー サロンパスバ パリウシケ(腰が痛かったので、サロンパスを貼っておいた)。

　往時、「サロンパス」はある製薬会社の貼り薬の商品名(名柄)にすぎないのに、「貼り薬」の一般名称として用いられていた。このような例はよくある。中学生のとき、黒島中学校のユニホームを着て試合会場に向かっていたら「あなたたちは、どこのイシチュウ(石垣中学校)か」と聞かれびっくりしたことがあった。尋ねたお婆さんは、イシチュウ(石垣中学校の略称)が、中学校の一般名称だと思っていたのでしょう。大きなカルチャーショックを受けた遠い日のなつかしい場面である。同じく、本

土の大学に通っていたころ、帰省の途中の那覇市で、「どこのリュウダイ（琉球大学の略称）に行っているの」と聞かれたので、「東京のリュウダイです」と答えたら、「あ、そう」で会話は済んだ。ここでも、「リュウダイ」が大学一般の代名詞になっていたのである

パルン[paruŋ]〔名〕
　カニやヤシガニなどが放卵（水中に産卵すること）する前に、体内に抱えている卵。【例】ハンヌン　マコンヌン　パルンヤ　スーナ　アライ　ナスワヤ（カニもヤシガニも、体内の卵は潮水で洗って放卵〈水中で産卵〉するよ）。

パレーッス[pare:ssu]〔接尾〕
　〜してしまった。【例】バッスンヨーン　キーシキリヨーッティ　イジ　ウシケーッタヌ　マサーマサー　バッシパレーッス（忘れないように気をつけろと言っておいたのに、案の定忘れて行ってしまった）。

ハワルン[hawaruŋ]〔自〕
　変わる。変化する。「ハールン」とも言う。〈否〉ハーラヌン。【例】ウーグマーヌ　シマヤラバン　ムラヌ　ハワルッカー　ムヌイユン　ハワルン（そんなに小さい島でも、村＝部落が変わると言葉も変わる）。日常の話し言葉では、「ハワルン」より「ハールン」が多く用いられる。

ハワルン[hawaruŋ]〔自〕
　代わる。交替する。「ハールン」とも言う。〈否〉ハーラヌン。【例】ハワラリムヌヤルッカー　ハワリピサールヌ　アイユンナラヌン（代わられるものなら代わりたいのに、そうもいかない）。この語も日常語は「ハールン」と言う場合が多い。

ハン[haŋ]〔名〕
　神。神様。【例】ハンヌン　プトゥキン　ワーラナダル　ハヤール　ウブハジバ　フカシスクルムヌ　ビーッティ　シーラリナーヌン（神様も仏様もいらっしゃらないのか、あんな大きな台風を吹かせ農作物すべてがやられてしまった）。

ハン[haŋ]〔名〕
　蟹。【例】ハンヤ　ドゥーヌ　プレーシ　タンカハドゥ　パイル（蟹は、自分の掘った巣穴にしか入らない）。黒島の古謡〈さしに蟹あゆ〉は、嫁入りした娘が自分の巣穴以外は決して住処（すみか）としない蟹の如く、婚家の風習に染まり身じろぎすることなく嫁の立場を全うして欲しいという親の深い愛情が描かれている。娘を嫁に遣る時に歌う。

ハン[haŋ]〔名〕
　勘。感。【例】トゥシバ　トゥリ　ハンバ　トゥバシ　ブー（年を取って勘を飛ばして〈失って〉いる）。

ハン[haŋ]〔副助〕
　〜にも。〜へも。【例】スブシヌ　ヤミドゥ　マーハン　パラルヌン（膝が痛くて、どこにも行けない）。

バン[baŋ]〔名〕
　〈代〉私。「バヌ」とも言う。【例】トゥバラーマトゥ　バントゥヤ　ヤラビカラヌ　アサビトーラ（恋女と私とは子どものころからの遊び仲間であった／黒島民謡〈ちんだら節〉より）。琉球王国時代、石垣島の野底村に強制移住させられた恋女・マーペー女を想って、島に残された恋男・ハニムイが詠んだ歌の一節である。ここでは文脈上「トゥバラーマ」は恋女を指しており、現在の「トゥバラーマ（女が好きな男に言う言葉）」とは用法が異なっている。伝統歌謡のなかでは、「トゥバラーマ」も「カヌシャーマ」も男女共通に用いられていたが、いつのころからか「男から女の恋人にはカヌシャーマ」「女から男の恋人にはトゥバラーマ」というふうにそれぞれ特定されるようになってきた。歌の名称である〈トゥバラーマ歌〉も以前は〈カヌシャーマ歌〉

とも称されていたが、現在はもっぱら〈トゥバラーマ〉〈トゥバラーマ節〉と称されている。

バン[baŋ]〔名〕
番。順番。当番。【例】イチバン ナラン ナラバン ミサルヌ ナルヨーン ギーパリヨラー（一番にならなくてもいいが〈構わないが〉、そうなるように頑張りなさいよ）。

バン[baŋ]〔接助〕
〜しても。〜であっても。仮定の逆接条件を表す。【例】パラバン ミサン パラン ナラバン ミサンドゥラ（行ってもいいし、行かなくてもいいよ）。

パン[paŋ]〔名〕
足。脚。共通語の「脛(はぎ)」が語源のようだが（『石垣方言辞典』参照）、だとすると、その語が「パギ」と発音されていたころに「パギ→パニ→パン」のように音韻変化したものであろうか。参考「くぎ(釘)→フン」。【例】①パンユ パンニン フォーリッタ（足をハブに咬まれた）。②ウイプソー クルブッカー ユー ティーパンユ ブリバ キーシキ トゥンザク シーリヨ（年寄りは転ぶとよく手足を骨折するから、気を付けて介護しなさいよ）。

パン[paŋ]〔名〕
徴(しるし)。紋(もん)。農機具や家具等に、その家の所有物であることを示すための刻印。通常は「ヤーヌパン（家の徴）」と称する。【例】シマナーヤ タッチェナーン ヤーヌパンヌ アッタワヤ（黒島ではどの家にも、家の徴=紋があったよ）。「ヤーヌパン」の項参照。

パン[paŋ]〔名〕
〈動〉ハブ。【例】マームヌ パン（サキシマハブ）。黒島は、ハブ（サキシマハブ。黒島では「マームヌパン」と呼んだ）の多い所だとして有名だった。島中の畑では、サトウキビ、芋、多くの穀物類が作られており、これらの作物はネズミの餌だったし、そのネズミはハブの好物であった。このような食物連鎖のなかで、ハブにとっては住み心地のよい土地であっただろうが、島全体が牧場となってしまった現在の黒島でのハブの生息状況はどうなっているだろうか。
　ここで、僕自身が口に出して（時には心のなかで）唱えていたハブを退ける呪い(まじな)を掲げておく。「パンヌ ブーッカ ヤマーラシシ キシッツァーシ ナマシバ シーヴォーンドー（ハブがいたら山刀で切り刻んで、刺身にして食べちゃうぞー）。同じような呪いが、仲本部落にもあったとか。その他の部落では、あるいは他の家ではどうだっただろうか。

ハンガイ[haŋgai]〔名〕
考え。考え方。思慮。【例】ドゥーヌ ハンガイタンカ アランスクン プスヌ ハンガイユン シケーターナ スーナーッカー（自分の考えだけでなく、他人の考えも聞きながら〈参考にしながら〉しないと〈しないとだめだぞ〉）。

ハンガイルン[haŋgairuŋ]〔他〕
考える。思う。思考する。【例】ドゥーシ ハンガイルンティ シールヌドゥ ハンガイマキ ガーブリ ブー（自分で考えようとするのだが、考えきれず根負けしている）。

パンカスン[paŋkasuŋ]〔他〕
皮などをめくる。陰茎の包皮を剥く。〈否〉パンカハヌン。【例】ドゥーヌ マラユ ドゥーヌ ティーシ パンカスン（自分の魔羅=陰茎の包皮を、自分の手で剥く）。
　思春期のころに経験したことで、超弩(ちょうど)級(きゅう)の衝撃を受けたものの一つは手淫(しゅいん)であった。小学6年生だったか中学1年生だったか、例によって1年先輩の「人生の師匠」たる運道泰弘兄の手解きで、思春期の通過儀礼である手淫による「カルピス液の噴射

（射精）」を果たしたのであった。以後、手淫のもたらすえも言われぬ快感と奈落の底へ突き落されたような罪悪感の狭間でどれだけ苦悩したことか。それにしても、昨今のように刺激的な雑誌や映像が周辺にまったくなかった情況下で、泰弘兄はあのような知識をどのような経路で身につけたのだろうか、不思議でならない。「パンキルン」の項参照。

パンガマ[paŋgama]〔名〕
羽釜。周囲に羽のような縁がついた釜。「ユーナビ」とも言う。【例】マイヌ　イーアーヌ　イーヌッツァユ　ネースナビユ　ドゥ　パンガマッティ　イズ（米や粟のご飯などを炊く鍋のことを、パンガマと言う）。

パンキルン[paŋkiruŋ]〔自〕
皮などがめくれること。特に陰茎の包皮が剥けること。〈否〉パンカヌン・パンクヌン。【例】マラー　コッパルッカー　ドゥーシ　パンキッタワヤラー（陰茎は、勃起すると自然に皮が剥けたよなあ）。陰茎の包皮は、成長すると自然に剥ける場合が多いが、そうでない状態を包茎（成人の陰茎の亀頭が外皮で覆われていること）と言って、衛生上も交接上もよくないとされている。古来、諸民族間に陰茎の包皮を環状に切り取る「割礼」という慣習があり、現今でもユダヤ教徒（生後8日目の男児に施す）・イスラム教徒のほか、オーストラリア・アフリカなどの諸族では宗教儀礼・通過儀礼などとして行なわれるという。なお、主にアフリカの諸地域では、女子の陰核など外生殖器の一部を切除する「女子割礼」という通過儀礼の慣習もあるという。『広辞苑』の「割礼」および「女子割礼」の項参照。
　男子に施される割礼については既知の事実であったが、女子の割礼として陰核の切除がなされるという事実については、今回の事典執筆の段階で初めて知り衝撃を受けた。男女の割礼が、宗教儀礼または通過儀礼として行なわれる場合、その目的は那辺にあるのだろうか。男女の交接によってもたらされるエクスタシーが、男子の割礼ではプラスに作用し女子の割礼ではマイナスに作用するのではないかと思われるが、そこまでの深慮による儀礼であろうか。今少し深読みすれば、女子割礼には女子は交接にあたってエクスタシーを味わってはいけないという男尊女卑の考えが内在しているのではないだろうか、と思えてならないがどうだろうか。「ズンツイ」の項参照。

パンクリルン[paŋkuriruŋ]〔自〕
仕事などが不首尾に終わる。〈否〉パンクルヌン。【例】クリンナ　ギューサ　ナラー　ハバン　ウブイッサニバドゥ　メー　ガーブリ　パンクリナーヌン（そいつにはいくら教えても覚えきれない〈習得できない〉ので、もうくたびれて投げ出してしまったよ）。

パンクリルン[paŋkuriruŋ]〔自〕
唇などが腫れて捲れる。〈否〉パンクルヌン。【例】パチン　ザーリドゥ　ミーヤ　ザーリ　フチェー　パンクリ　ブー（蜂に刺されて、目は閉ざされ口は捲れている）。

ハンザルン[handzaruŋ]〔他〕
噛む。【例】タコー　ハンザルッカ　ハンザルムティ　マーハナレーッタワヤ（蛸は、噛めば噛むほど美味しくなったなあ）。茹でて台所で吊るしてある蛸の足の先っぽを切り取って〈切り盗って〉、飲み込むのがもったいなくていつまでも噛み続けていた幼少期の懐かしい思い出が甦る。

ハンザルン[handzaruŋ]〔他〕
反芻する。【例】ウシン　ピシダン　ザーユ　ヴォーッカ　アトゥハラ　フチヌ　ナハハ　パキダシ　シナーシ　ハンザリベーッタワヤ（牛も山羊も草を食べると、あとで口の中に吐き出し、ただただ反芻し

ていたよ)。濃厚飼料の場合には反芻現象はみられないが、濃厚飼料だけ食べると牛は死んでしまうという。

バンスル[bansuru]〔名〕
〈植〉バンジロウ。グヮバ。【例】ソーラヌ ナンムヌナー バンスル タンカドゥ ヴァーリッタ(盆に備える果物でバンジロウだけが食べられた)。

ハンスン[hansuŋ]〔名〕
剃刀(かみそり)。【例】ピニバ ハブラシ ヤニヤリバ ハンスンシ スリバー(髭をぼうぼうと生やし、醜いから剃刀で剃りなさい)。

パンスン[pansuŋ]〔他〕
外(はず)す。解(ほど)く。解(ほぐ)す。〈否〉パンハヌン。【例】アンヌ グーナ ハカリ パンハルヌン(網が珊瑚に引っ掛かってはずせない)。中学生から高校生の間に、アルバイトでザコートゥヤー(カツオの餌捕り漁)に従事したときのこと。主な仕事は早朝のハンメースガヤー(飯焚き)と船上での網の引き上げ作業であったが、水深3～4尋(1尋は1.5メートル)ほどのヤナー(餌捕り場)では、もぐって珊瑚に絡まっている網をはずす作業を命じられた。最初のころは潜るだけで精いっぱいだった。あるとき、息が切れそうな状況で網を引っ張ると網が切れてしまい、引き上げた網の袖から中の雑魚が箒状(ほうきじょう)になって逃げ出してしまった。船上で船主の安里善永兄(従兄)から叱責され、ヤク(櫂)で思いっきり尻を叩かれたのだった。「ザコートゥヤー」の項参照。

ハンゾー[handzo:]〔名〕
繁盛。【例】マリハンゾー キナイハンゾー アラシタボーリ(子孫繁栄、家庭繁盛を祈願いたします)。

バンゾンガニ[bandzoŋgani]〔名〕
差し金。曲尺(かねじゃく)。「番匠(ばんしょう)の矩(かね)(大工の曲尺)」の意。(石)バンゾーンガニ。(沖)バンゾーガニ。【例】ムカシヌ サイフォー バンゾンガニバ シカイドゥ ザーク シタワヤ(昔の大工は、曲尺を使って仕事をしたよ)。

バンゾンガニ[bandzoŋgani]〔名〕
融通の利かない人。四角四面な人。曲尺(かねじゃく)の曲がり具合から連想した人物評である。【例】ウリン ダメ ハリン イカヌンティドゥキ ハサマサリバドゥ バンゾンガニッティ イザリブー(それも駄目あれもいけないと、あまりにうるさいので〈厳格なので〉バンゾンガニと言われているよ)。石垣語には人物評の説明はなく、字石垣村の一部の地形が曲尺の形に似ていることからその一帯をバンゾンガニと呼んでいる、という説明があるだけ。

ハンタ[hanta]〔固〕
〈人〉男の名。

バンタ[banta]〔名・代〕
私たち。我々。【例】バンタ パイヌ シナ ハニジナ ナナシンエー……(私たち南村の綱は金の綱で七捲きだよ……／東筋村の〈正月ぬ綱引歌(しなぴきうた)〉より)。

パンタ[panta]〔名〕
端(はた)。先端(せんたん)。端(はし)。【例】パーリーヌ ピーゾーヤ フニヌ パンタナ タティドゥ ソーヤ シクッタ(爬竜船の竿差しは、船の先端に立って竿を差した)。
船の「パンタ(先端)」は「ピー(舳先(へさき))」とも言い、「ピーゾー」は「ピー(舳先)」と「ソー(竿)」の古形「サウ」が濁音化した「ザウ」の転音「ゾー」の複合語である。なお、黒島語には舳先を意味する語として、「ピー」の他に「パナイ」がある。その対語は「トゥム(艫(とも))」である。「ピーゾー」の項参照。

ハンダイ[handai]〔名〕
足の低い食卓。幾人かで囲んで食事をする四角いまたは丸い台。「飯台(はんだい)」の意。「卓袱台(ちゃぶだい)」とも言う。【例】メーッサビトゥ

アシヤ　ナハザナ　ユイヤ　サンバンザ
ヌ　フンツァマハ　ハンダイバ　ウツシ
ヴォータ（朝飯と昼飯は台所の土間で、晩飯は三番座の板の間に飯台を移して食べた）。

　子どものころ、朝食と昼食は台所の土間で裸足のまま、夕食は足を洗って三番座の板の間に上がって食べた。我が家の飯台は直径1メートルほどの円卓で、夕食のときは円卓の足を拭き板の間に移してその上で食べた。

〔追記〕この項目を書いている2019年11月現在、ＮＨＫ朝の連続テレビ小説「スカーレット」では、1955（昭和30）年のころを描いていてヒロインの家の飯台は円卓である。大酒飲みの父親に頻繁にひっくり返される円卓の受難を見ながら、お腹を空かしてばかりだった終戦後の少年期を毎朝回想している。

パンタサン[pantasaŋ]〔形〕
　忙しい。多忙である。【例】パンタサーシール　プスヌドゥ　シマムチ　ムラムチ　ゾージ　ナレーッタ（忙しくしている人こそが、うまく村を治め、島を治める人になった）。

パンタルン[pantaruŋ]〔形〕
　太る。肥る。一般には、人には「太る」、動物には「肥る」と言う。〈否〉パンタラヌン。【例】ドゥキ　パンタルッカー　ワーニン　パンタリベーッティ　バラーリルヌ（あまり太ると、豚のように肥っていると笑われるぞ）。

バンテ[bante]〔名〕
　〈代〉我が家。(石)バンチャー。【例】ヤラビシェーケー　バンテハラ　ヌシキヤーバーキッティ　イズッカー　キムビヤハラ　パイマピザッティ　ウモーリッタ（子どものころは、我が家から野底家までというと遥か南の方だと思われたものだ）。

部落の北側にある我が家から、南端の野底家まではせいぜい250メートルほどだが、幼少のころの感覚では500メートルを優に超す遥か南のような感じであった。屋敷を囲んでいる石垣も、大人になって帰省すると地中に沈んでしまったのではと思えるほど低く感じられた。

パンティムヌ[pantimunu]〔名〕
　生意気な者。横着な者。〈類〉ナマパンティムヌ。【例】ウヤー　ケーラハラ　アガミラリワール　プソー　アルヌラー（親は、皆から崇められておられる方であるのになあ）。石垣語の「パティムヌ」は、「命知らず・ものを恐れない人・怖いもの知らず」（『石垣方言辞典』）と説明されており、肯定的な意味合いも含んでいるようで、黒島語の否定・消極のみを表す「パンティムヌ」との類似性はなさそうである。

パンティムヌイ[pantimunui]〔名〕
　生意気な物言い。横着な物言い。【例】ウレー　パンティムヌイタンカ　シーベーッテナー　ケーラハラ　ニッファハ　シーラリブー（こいつは横着な物言いだけしているものだから、皆から疎まれている）。

パントゥラスン[panturasuŋ]〔他〕
　満たす。一杯にする。〈否〉パントゥラハヌン。【例】ウンユ　ネーシバソー　ミジユ　パントゥラシ　フトゥッツァスカ　ナビハラ　アビシティリバ　タマンガリ（芋を炊く場合、水を一杯にして沸騰させると鍋から吹き出してしまうので注意しなさい）。芋を炊くときは水を一杯入れて沸騰させると鍋から吹き出してしまうので、水の量は鍋の7〜8分目にしておき、沸騰したあとは中火または弱火で時間を掛けて炊いたほうがよい。

パントゥリルン[panturiruŋ]〔自〕
　満つ。一杯になる。〈否〉パントゥルヌン。【例】ウブアミヌ　ブーッタラ　タンクヌ

ミジェー　パントゥリヤン（大雨が降ったので、水タンクの水は一杯になった）。用例は、飲料水をもっぱら天水に頼っていたころの、水瓶であったコンクリート製の水槽タンクが一杯になった場面の状況描写である。タンクが一杯になると、それだけで充足感にあふれ嬉しく仕合せな気分になったものである。

バンドー[bando:]〔名〕
大きな瓶。「半胴」の意。水入れ用で、口が胴体ほど大きな瓶。

バンドーッサレー[bando:ssare:]〔名〕
黒島独自の「火の用心」を呼び掛ける来訪神。【例】バンドーッ　ヒサレー　ウカマヌマイ　ウマチミスコーッ　ヒサレー（私が申し上げます、竈の御前で〝火の用心〟と申し上げます）。東筋部落では、深夜にクバ笠と蓑を身にまといタオルで頬被りした出で立ちの〝バンドーッサレー〟と呼ばれる来訪紳が、太い棒で地面を叩きながら各家庭を廻り台所の前で用例の〝ハンフチ（神口）〟を唱える。「ミズ」の人が選ばれたようであるが、誰がいつどのようにして選ばれ家庭訪問はいつ行なわれるかなど、一切明かされなかった。来訪紳による一種の秘祭と言えよう。

バンドーハミ[bando:hami]〔名〕
大きな瓶。（石）バンドーガミ。水入れ用で、口が胴体ほど大きな瓶。普通の水瓶を半分ほどの高さで切ったような形をしていることから「ハンドー→バンドー（半胴）」と呼ばれたのであろう。

ハンナル[hannaru]〔名〕
雷。「ハンナリ」「ハンナン」とも言う。古くは中舌音の「ハンナリゥ」であろう。【例】シトゥムティ　ハンナルヌ　ナールッカー　トゥナルハン　パンナ（朝雷が鳴ったら、隣にも出かけるな）。朝の雷は、大雨の予兆であるという警告である。

パンヌ　ミー[pannu mi:]〔連〕
針の穴。針は単独の場合は「パリ」と言うが、用例の場合は「パン」になる。【例】パンヌ　ミーハ　イトゥバ　トゥーシ　アボー　テーナイ　セータ（針の穴に糸を通し、母の手伝いをした）。僕は母の40代後半の子なので、僕が物心ついたころ母は老眼になっていて、自分で針の糸を通すことはできなかった。

パンヌバタ[pannubata]〔名〕
足裏。〈対〉ティーヌバタ（手の平）。【例】ハラピサシ　ガーブシュ　アラクッカーガーヌ　シカマン　パンヌバタユ　ザーリヤミ　アラカルヌン（裸足で茅の茂みを歩くと、茅の新芽に足裏を刺され痛くて歩けない）。

ハンメースガヤー[hamme:sugaja:]〔名〕
飯炊き担当者。沖縄語の移入語。カツオ釣り用の生餌である雑魚捕り漁（「ザコートゥヤー」と称した）における飯炊き担当者の呼び名。【例】ザコートゥヤー　シンカヌ　イーネーシプスユドゥ　ハンメースガヤーッティ　イズッタ（ザコートゥヤー乗組員の飯炊き役のことを、ハンメースガヤーと呼んだ）。

僕は中学2年生から高校1年生までの3年間、経験した。午前6時頃には漁に出発するので、ハンメースガヤーは午前3時頃に起きて主食の甘藷（芋）の煮炊きをした。ザコートゥヤーの乗組員は8人で、ハンメースガヤーは若年者が担当し従兄の安里善樹兄（昭和15年生まれ）が主任で私はその補助だった。芋は前日に洗ってシンマイナビ（四枚鍋・大型鍋）に入れておき、朝は水だけ入れ火を起こした。

その頃の黒島では飲料水はもっぱら天水に頼っていたことから、芋の煮炊きには井戸水を用いた。隆起珊瑚礁の黒島の井戸水は、非常に塩っぱくて飲料水にはできな

かったが、芋焚き用としては適度に塩味が付いて違和感はなかった。雨水で煮たのと比べたらどうであっただろうか。乗組員としての仕事は、船の上で網を手繰るのが主な役目であった。

　正式な乗組員は兄・明良（昭和10年生まれ）であったが、兄が郡下陸上競技大会の選手として練習のために漁を休む期間の代役であった。船主が従兄の安里善永兄（大正15年生まれ）であったことから、賃金も一人前の大人の半額ほどという破格の厚遇だった。「ザコートゥヤー」の項参照。

パンハリルン[panhariruŋ]〔自〕
　はずせる。解ける。〈否〉パンハルヌン。【例】ピキダマヌ　シナヌ　アンザールッカー　ヨーイニ　パンハルンタンドゥラー（凧用の縄がほつれると、なかなか解けなかったよ）。

ハンビョー[hambjo:]〔名〕
　看病。【例】ヤラビヌ　ニチヌ　アーッテナー　プスユーヌ　サーットゥ　ハンビョー　セータッタ（子どもの熱があったので、一晩中看病した）。

パンビン[pambiŋ]〔名〕
　てんぷら。【例】パンビンユ　ヤクッカー　アヴァヌ　ハザヌ　ハバサーッティ　ウリタンカシ　サニヤータッタ（てんぷらを焼く〈揚げる〉と油の匂い〈香り〉が香ばしくて、ただそれだけで嬉しかった）。行事の時には魚の芯入りのてんぷらで、普段は芯の入っていない「ナーパンビン」であったが、それでも十分に美味しかった。

ハンヨー[hanjo:]〔名〕
　肝要。大事。【例】ヌーバセー　シグトゥン　ヨージン　ハンヨー（どんな仕事でも、用心〈注意〉が肝要〈大事〉である）。

ヒ

ビー[bi:]〔名〕
　蛇口。雨樋。急須や湯沸し器などの注ぎ口。【例】タンクヌ　ミジユ　ビーハラ　サバンナ　イリッカー　ガザンヌ　ヴァーネール　ヴォーッフォーヌ　ムヌヌ　ンジフータワラー（水タンクの水を蛇口から茶碗に入れると、蚊の子〈卵〉みたいな黒いものが出てきたよね）。

　用例の「蚊の子〈卵〉みたいな黒いもの」とは、直径1ミリメートル大の蚊の卵のことで、それが生長してボウフラになり、ボウフラが蚊になるのである。その「卵みたいな黒いもの」が気持ち悪くて茶碗の水ごと捨てると、「もったいないことをするな、クスリと思って飲みなさい」と父に叱られたものである。以後、あまり気にすることもなく飲みこんだのだった。クスリとしての効用はともかく、家族みんなが腹痛に見舞われることもなく無事だったことを考えると毒性を帯びた有害物ではなかったのであろう。

　でも、マラリアの病原菌を媒介するハマダラカのタマゴだったらどうであっただろうか。また、屋根に降る雨がビー（雨樋）を伝って水タンクに溜る仕組みには、本格的な濾過装置もなかったのだから、屋根に放たれたカラスやスズメたちの糞も水タンクに流れ着いていたであろうことを思うと、衛生上いろいろ問題があっただろうなあ、とあの頃のことを思い出すと今更ながら冷や汗が出る。

ビー[bi:]〔名〕

亥。十二支の最後に位置する。北から西へ30度の方角を表す。【例】ビーディマリ（亥年生まれ）。

ビー [biː]〔名〕
災い。汚れ。【例】ビーン サビン ナーンヨーン アラシタボーリ（災いも錆もないように、あらしめてください）。「ビー（災い）」と「サビ（錆・障り）」との複合語「ビーサビ」として用いられる場合が多い。

ピー [piː]〔名〕
日。【例】キユガ ピーバ ムトゥバ シークガニ ピーバ ムトゥバ シー（今日の日を基にして　輝かしい日を起点にして／黒島の〈ソンガチユンタ（正月ユンタ）〉より）。

ピー [piː]〔名〕
昼間。【例】ピーヌ ウチナー ウチナスヨーン コーラハイ（昼間のうちに仕上げるように、一所懸命頑張れ）。

ピー [piː]〔名〕
火。【例】シトゥムテー パーマリ フキ ピーシキリ（朝は早く起きて、火を起こしなさい）。用例の「ピーシキリ」は、直訳すると「火を付けろ」であるが、ここでは「煮炊きに必要な火を起こせ」の意である。

ピー [piː]〔名〕
干瀬(ひせ)。【例】ピーヌ アーッテナードゥ ビャーハ シマー マムラリ ブードゥラ（干瀬があるお陰で、我が黒島は保護されているのだよ）。

標高わずか15メートル以下の黒島は、周囲にピー（干瀬）が張り廻らされ、それによって保護されている。また、干瀬自体をはじめ干瀬内のクムル（潮溜り）、干瀬と陸地の間のイノー（礁池）は、豊かな漁場であり、海の幸をもたらした。琉球王国時代の人口調節が行なわれる際、黒島はその人口供給地となった。隆起珊瑚礁の島ゆえ耕作地に恵まれなかった黒島が、つねに2000人前後の人口を擁することができたのは、疫病のマラリアがなかったことに加え、島の周囲が優れたピーに囲まれ豊富な海の幸に恵まれていたからであろう。

ピー [piː]〔名〕
女性の性器。女陰(じょいん)。性交。交接。「ボボ」とも言うが、この語はどちらかと言うと若者語で性交の意味はない。〈対〉タニ（男性の性器）。（石）マンジュ。（沖）ホー・ホーミー。【例】ピーユ スーナッカ ヴァーヤ マルヌン（性交をしないと、子は生まれない）。

女性の性器「ピー」は性交をも意味するが、男性の性器「タニ・マラ」には性交の意味は含まれない。「性交したい」は、「ピー シーピサヌ」とは言うが「タニ シーピサヌ」とは言わない。

女性は自分の性器で男性の性器から放出される精液を受け入れ、その中で「卵子」と「精子」を結合させ、「妊娠・出産」という生命の誕生につながる厳粛かつ重大な役割を独占的に担う。よって、輝かしい生命誕生の契機であり出発点である性交の主役は女性の性器であるということから、女性の性器の名称に対してのみ「性交」の意味を付与することになったものと考えられる。古い黒島語には男尊女卑のものが非常に多いのに、女性の身体の部位の名称がその機能（属性）を含めて積極的・肯定的なスポットを浴びる珍しいケースである。

ピー [piː]〔名〕
屁。おなら。【例】ウトゥヌ ンズン ピーヤ キムビヤ ザーハン（音の出ない屁は、格別臭い）。

ピー [piː]〔名〕
舳先(へさき)。船首。〈対〉トゥム（艫）。【例】ピーハラ ミリバ ピーピキ ハイヤ（舳先から見ると、船首からの眺めも美しく）。用例は、〈ぱいふたふんたか・ゆんぐとぅ〉

の一節で、出来上がった船を海に浮かべて眺めている場面の描写である。

ピーグトゥ [piːgutu]〔名〕

火事。【例】ピーグトー　ムルッティ　ムティ　パルヌ　ヌシトゥラー　ドゥーヌ　ムタリ　ブンタンカドゥ　ムティ　パル（火事はすべてを持ち去るが、盗人(ぬすっと)は自分の持てる分だけをが持って行く）。

　2019年10月31日午前2時40分ごろ、首里城の正殿内部から火が出て、正殿をはじめ北殿や南殿などの主要7棟が焼失し、およそ11時間後の午後1時半に鎮火した。用例は、火事の怖さを表現した黒島のことわざであるが、首里城の火災はそのことをまざまざと見せつけたのである。

　首里城は、首里汀良町(てらちょう)在の我が家（当時）からは直線距離にすると500メートルほどの所にあり、北殿と正殿は、三階建ての屋上から手を延ばせば触れられそうな感じで眺めることができた。火災当日、火柱が夜空を赤々と染め勢いを増す炎は消火水を物ともせず燃え盛り、正殿の屋根の骨組みが力尽きて崩れ落ちる光景は地獄絵さながらに瞼に焼きついて、日を追うごとに鮮明に甦ってきた。

　顧みると、第二次世界大戦で焼失した首里城の復元は1992（平成4）年のことで、私は1990（平成2）年の大田昌秀沖縄県知事誕生後の直近の定期人事異動で知事公室秘書課に配置された。私の主要業務の一つは、知事を表敬訪問する国や都道府県の要人の視察案内であったので、ほとんど毎週のように首里城を訪れており、その回数は数えきれないほどだった。また、住居が城の近くにあることから、首里城周辺や城内は散歩・散策コースでもあった。

　首里城の一日も早い再建を願うものであるが、その復元は県民が自主・主体的に行なうものでなければならないと思う。先の大戦で焼失した首里城の復元が国の責任・主導でなされたのにはそれなりの理由（日本軍の第32軍総司令部壕が首里城の地下に建設されていたため、米軍の攻撃目標にされたことなど）があったが、今回の復元は所有権を取り戻すという観点からも県民主体でなければならない。それだけの気概と覚悟を持って取り組むべきであろう。

　忘れてならないのは、かつての首里城は琉球王国の権力の象徴でもあり、当時の民衆を搾取・抑圧する装置（機関）でもあった。私の郷里・黒島との関わりでいえば、黒島民謡〈ちんだら節〉が赤裸々にうったえているように、首里王府の強制移住策によって若い恋人たちが引き裂かれ呻吟していたことなどにも思いをめぐらせ、首里城を中心に展開された歴史上の光と影をくまなく照射するプロジェクトでなければならないと考える。再建に前のめりになっている現安倍晋三政権が、辺野古新基地の建設に関しては虚言を弄し県民の声を無視し続けてきたこと、今（2019年11月）もそうであることをけっして忘れてはなるまい。

　懸念されるもう一つの問題は、その資材調達だと思われる。首里城の復元が、県内はもちろん国内外の貴重な森林資源の破壊・枯渇につながるものであってはならないと思う。この際、県民をはじめ専門家の英知を結集して、骨組みの一部に鉄骨などの鉱物資源の有効活用なども視野に入れ、復元事業が円滑・迅速に、そしてあくまで県民主体で推進されることを提唱したい。

　なお、焼失した首里城は国や県の指定文化財でも、世界文化遺産の登録遺産でもない。

　2000年に「世界文化遺産」として登録されたのは、「（首里城遺跡を含む）琉球王国のグスクおよび関連遺産群」である。現在のような運搬器具のなかった時代に、首

里城・中城城・今帰仁城・勝連城・座喜味城などの城壁や外壁の工事を担った当時の民草が流したであろう血と汗と涙に想いを馳せ、復元されるべき首里城には琉球王国を根っこのところで支えた琉球王国のころの民衆から今に連なる沖縄県民の魂が宿るものにしなければならないと強く思う。

〔追記①・2020年11月〕2020年は、新型コロナウイルスが地球規模で猛威を振るい、我々の日常生活を一変させた特別の年として特記されることになるであろう。そして、首里城の焼失に伴う再建論では、首里城正殿の大龍柱の向きが前向きか横向きかの議論が活発になされた。琉球大学名誉教授・西村貞夫氏および私の敬愛する考古学者・安里嗣淳氏や當眞嗣一氏らの説得力ある優れた論考が明らかにしたとおり前向きに復元・再建されることを期待したい。

〔追記②〕「季刊 目取真俊(2021年1月29日付琉球新報)」において、芥川賞作家の目取真俊氏は自らの出身地である今帰仁のナチジングシク(今帰仁城＝北山城)の築城に関し、城壁などを積み上げるのに当時の村びとがどれだけの血を流し、命を落としたかに思いを馳せる。その視点・想像力は過去の首里城築城にも及ぶ。そして、目下の首里城再建計画において安易に進められようとしているヤンバル(沖縄本島の北部地区)や石垣島に自生する天然資源のオキナワウラジロガシの使用にも警鐘を鳴らす。そこには何百年の年輪を重ねて生長し続けている古木たちへの優しく熱いまなざしと自然遺産の保護への鋭い洞察が滲んでいる。

〔追記③〕安里嗣淳氏は、何百年を生き延びてきた希少な自然資源であるオキナワウラジロガシの伐倒を、代替不可能な「ストック消費型」の自然環境破壊論の立場から、拒絶する(2021年3月5日付琉球新報)。そもそも、2019年に焼失した首里城もこれから再建される首里城も、「どんなに精巧に再現しても現代のレプリカにすぎない」と断言する。漠然とした「沖縄のシンボル」「県民の心の拠り所」「県民のアイデンティティーの象徴」などの耳に心地よい言葉の虚妄を拒絶する、安里氏の意表をつく「レプリカ論」は、首里城再建のありかたに強烈かつ貴重な一石を投じる本質論である。

ビーサビ[biːsabi]〔名〕
災いと障り。【例】ヌーヌ ビーサビン ナーンヨーン ニガイシキルンドー(何の災いや障りもないように、祈願しておくよ)。

ピージー[piːʒiː]〔名〕
平生。普段。【例】ピージーヤ ウトゥナッサルヌ サキヌンカ ティー シキラルヌン(普段はおとなしいのに、酒を飲むと手が付けられない)。

ピーズ[piːzu]〔名〕
一日中。朝から晩まで。しょっちゅう。四六時中。【例】クヌ マープカラサナーン ムノー ピーズ ムヌバ ユミブルワヤ(この陸(ろく)でなしは、一日中愚痴ばっかりこぼしているよ)。

ピーゾー[piːzoː]〔名〕
竿差し。竿を差す人。豊年祭の爬竜船(パーリー船)のフナハク(乗組員)の一人で、船の先頭で竿を差す人。「ピー(舳先(へさき))」と「サウ(竿)」の濁音化した「ザウ」の転「ゾー」の複合語。「ピー」と同義語に「パナイ(船首・舳先)」がある。対語は「トゥム(艫(とも))」。ピーゾーの威力は、漕ぎ手の5〜6人分の力に相当すると言われている。記憶に残る名ピーゾーは、保里部落の大城正三さん(大正15年生まれ・私の従兄)である。

ピーダイ[piːdai]〔名〕
左利きの人。「ヒージャイ」とも言う。【例】バンタ ヤラビシェーケーヤ ピーダイッ

ティ　アイナー　ブランタン（僕たちが幼少のころは、左利きの人はそんなにいなかった）。あのころは、箸や鉛筆を左で使おうとする子がいると、親が強制的に右で使うように仕向けていたように記憶している。現在は逆で、右利きの子を左利きにする場合が多いとか。あの偉大な野球選手のイチロウは、本来右利きなのに左打者のほうが有利だからという理由で、親の指導・方針により左打者に仕立てられたというのだ。

ピーダヤー [piːdajaː]〔名〕
左利きの人を軽んじた呼称。「ヒージャヤー」などとも言われ少数派ゆえの別称（蔑称）でもあるが、「なに、歴史に残る名工・左甚五郎は左利きだったんだぜ」と言い返せばいいさ。それに、野球選手は左利きの方が有利だとされ、わざわざ左利きに育てるではないか。

ピーダマ [piːdama]〔名〕
火の玉。夕暮れ時、空中を飛んでいく球状の怪しげな火。怨念を抱えたまま死んだ人が火玉となって現れると言われ、恐れられた。【例】ピーダマヌ　ミラリーッカ　ナハブラーッタワヤ（火玉が見えると、怖かった）。
　「ピーダマ」でもっとも印象に残っているのは、役人の「賄女（現地妻）」になることを拒絶したため、宮里部落の役人宅で折檻（せっかん）を受けた挙句惨殺（ざんさつ）されたという「フナットゥ・ブンタ」にまつわる悲しい伝承である。フナットゥ・ブンタは、仲本部落の青年と恋仲だったという言い伝えもあるからであろうか、彼女の怨霊（おんりょう）は仲本と宮里を結ぶ道の中間あたりに「ピーダマ」となって頻繁に現れたという。その真相はともかく、私は多くの人からフナットゥ・ブンタに関する伝承を詳細に聞き書きし、命を懸けて人間の尊厳を守った彼女の姿を「『賄女』に関する一考察」と題する論考で取り上げ、拙著『八重山の芸能探訪―伝統歌謡の考察・点描・散策―』（琉球新報社・2018年刊）に収めた。

ビータリルン [biːtariruŋ]〔自〕
酔っ払う。酔いつぶれる。「ビーフジルン」とも言う。〈否〉ビータルヌン。【例】クルザー　サキバ　シカンッファイ　ビータリブルワヤ（こいつは酒を飲み過ぎて、酔いつぶれているよ）。

ビータリプス [biːtaripusu]〔名〕
酔っ払い。大酒飲み。「ビータリムヌ」「ビーチャー」と同じ。

ビータリムヌ [biːtarimunu]〔名〕
酔っ払い。大酒飲み。「ビータリプス」「ビーチャー」と同じ。

ビーチャー [biːtʃaː]〔名〕
酔っ払い。大酒飲み。（石）ビーッチャー。（沖）イィッチャー。【例】ビーチャートゥ　マズン　ナルッカー　キマリ　アワリ　シールンドー（大酒飲みと結婚すると、きまって苦労するよ）。

ピーッカ [piːkka]〔名〕
岩などの自然の穴。【例】シマヌ　ウマハマヌ　シバナーナ　ピーッカヌ　アッタワヤ（黒島のあちこちの岩には、自然の穴があったよ）。

ビーッティ [biːtti]〔副〕
全て。「ビッティ」とも言う。「ムルッティ」「ムール」「ケーラ」などの同義語がある。【例】ウブペーリナー　スクルムノー　ビーッティ　ハリナーヌン（大旱魃（かんばつ）で、農作物は全部枯れてしまった）。

ビーディマリ [biːdimari]〔名〕
亥（い）年生まれ。「ビー（亥）」の項参照。

ピーナ [piːna]〔名〕
〈植〉ヒユ（莧）。夏野菜の一種。（石）ピゥナ。【例】ピーナトゥ　ウンツァイヤ　ナチヌ　パーヤサイ　アッタ（ヒユとツルム

ラサキは、夏場の葉野菜であった）。石垣では赤ヒユもあったようだが、黒島では黄緑色のみであった。くせのないあっさりした上品な味の野菜で、夏場の葉野菜として貴重であった。庭の片隅で、去年の種が夏になると自然に生えてきた。ソーメン汁（素麺汁）やサカナ汁（魚汁）などに、よくなじんだ。

ピーナー[piːnaː]〔名〕
種火用の縄。【例】ピーナーヤ　ブーハラシ　スクレーッタ（種火用の縄は、クロツグの葉柄を覆っている繊維で作った）。「ブーハラ」の項参照。

ピーヌ　ウチ[piːnu ʔutʃi]〔連〕
太陽のある内。日のある内。日中。（石）ピゥーウチ。【例】ピーヌ　ウチナ　トゥジミヨーン　シーリ（日のある内に、仕上げるようにせよ）。

ビーバキ[biːbaki]〔名〕
食べ飽きること。「ビーバキルン」の連用形が名詞化した語。

ビーバキルン[biːbakiruŋ]〔自〕
飽き飽きする。食べ飽きる。辟易する。〈否〉ビーバクヌン。【例】ギューサ　マーハムノーラバン　ピッティヌピン　ユヌムヌタンカー　ヴォーッカ　ビーバキ　シー（いくら美味しいものでも、毎日同じものを食べると飽き飽きする）。

ピーパサン[piːpasaŋ]〔名〕
火箸。火鉢で使う箸。「火挟み」の意。【例】ピーパサンヤ　キーシ　スクルッカー　ムイリバー　ハニシ　スクレーッタ（火箸は木製だと燃えてしまうので、鉄で作った）。

ピーバチ[piːbatʃi]〔名〕
〈植〉ヒハツモドキ。実は香辛料の原料、新芽は刻んでてんぷらの香りづけや刺身の具などに用いる。【例】ピーバチヌ　ビチンユ　パンビンナ　イリッカ　ハバサワヤ（ヒハツモドキの新芽をてんぷらにいれると、香ばしいよ）。芯の入ったてんぷらは、行祭事のときにしか食べられない贅沢なご馳走であった。普段は芯のない「なーぱんびん」であったが、ピーバチの新芽を香りづけに入れると一転して高級感のある上品な料理に様変わりした。

ピーバチは蔓性の植物で、どの家庭の石垣にも無造作に繁茂して這っていた。身近で生活に役立ったのは、山羊や豚の腸を裂いて洗う際の臭い消しとして重用されていた。その応用になるが、母が寝たきりになったときの、おむつの洗濯に用いたら嫌な臭いがすっかり消えたことを思い出す。私が母の下の世話をしたのは、母が寝たきりになって自力で用を足せなくなってからのことで、学生時代の1964（昭和39）年から亡くなるまでの5、6年間であった。そのころは、まだ紙おむつはなく、襤褸切れをおむつにしていた。現在のように洗剤も揃っていないし、もちろん洗濯機もなかった。洗濯石鹸というと「アデカ石鹸」しかなかった時代である。しかも塩分濃度の高い井戸水で洗っても泡は立たず臭いもなかなか取れなかった。そのような状況での臭い消しにピーバチの葉の強い香りは打ってつけだったのである。我ながらいい思いつきだったし、その用途法を父に褒められたことが今でも忘れられない。

ピーピスン[piːpisuŋ]〔他〕
屁を放る。おならをする。「ピープスン」とも言う。〈否〉ピーピサヌン。【例】プスヌ　マイナー　ピーピスナヨー（人の前で、おならをするなよ）。

ビービ・バーバ[biːbi baːba]〔名〕
お祖父さんお祖母さん。「ビービ」は、「ジージ（お祖父さん）」の幼児語「ビービ」がそのまま残って、大人も用いている用語。「ビービ」は、両唇を閉じたまま発せられる破裂音（両唇音）で、幼児にとっては「ばー

ば」とともに発音しやすい音である。

　我が當山家の本家では、総領夫妻が子宝に恵まれなかったので家督を弟に譲った。一方で、その弟の次男を養子に迎えることが内々決まっていたのだが、その次男が男児２人を残して急逝した。幼くして父親を亡くした男児２人は、父親を養子にするつもりでいた大伯父夫妻（ビービ・バーバ）に大事に育てられた。そして、男児２人のうちの兄・喜一郎は、後年、ビービ・バーバ（大伯父夫妻）の位牌と遺骨を引き取り、父親の果たせなかった供養を自ら行なっている。黒島の古きよきしきたりを守っての先祖供養であるが、そのような風習は周辺では急速に薄れているように見受けられる。

ピーフキン[pi:ɸukiŋ]〔名〕
　熾（おき）。熾火（おきび）。薪が燃え尽きて赤くなったもの。「ピーヌ　フキン」とも言う。(石)ウキゥリゥ。(沖)ウチリ・ウチリビー。【例】イゾー　ピーフキンシ　アーカハイ（魚は、熾火で炙（あぶ）りなさい）。冷蔵庫のなかったころの魚の保存法は、塩をまぶして干物（ひもの）にするか、熾火の上でアマダ（金網）に乗せて炙（あぶ）り魚（ざかな）にするかであった。後者の「アーカシイズ（炙り魚）」は、香ばしくて味噌汁や野菜炒めなどの最高の具であった。

ビーフクリ[bi:ɸukuri]〔名〕
　赤い腫れ。原因不明の痒みで皮膚を掻いていると赤く腫れること。【例】ビューワーッティ　アジピクッタラ　ビーフクリ　ナレーッス（痒（かゆ）くて掻いたら、赤い腫れが出来たよ）。

ビーフジルン[bi:ɸuʒiruŋ]〔自〕
　酔っ払う。酔いつぶれる。「ビータリルン」と同じ。〈否〉ビーフザヌン・ビーフズヌン。

ピープスン[pi:pusuŋ]〔他〕
　屁を放（ひ）る。おならをする。「ピーピスン」と同じ〈否〉ピープサヌン。

ピーマ[pi:ma]〔名〕
　女児（じょじ）。〈対語〉コーニ（男児）。【例】マタ　ピーマヌ　マリケーワヤ（また、女の子が生まれたよ）。

　私たちが子どものころの風潮は、後継ぎは男と決まっていた。よって、後継ぎの誕生を期待していたのに女の子が生まれると、用例のような落胆の声が出てきたのだ。現在は少子化が進み、一人っ子や二人っ子は珍しくなく、男女へのこだわりも和らいでいるのではないか。

ピーママ[pi:mama]〔名〕
　女児の愛称。「ピセーマ」とも言う。「ピーマ」に愛称接尾語「〜マ」の付いた語。〈対〉コーネマ。【例】インナシヤーヌ　カツコシンシーユ　ピーママ　シンシーッティ　ユラベーッタワヤ（知念家のカツ子先生をピーママ先生と呼んだよなあ）。

　用例の知念カツ子先生は、知念家の末娘で家庭でも「ピーママ」と呼ばれ可愛がられていた由。教師になられてからも皆から「ピーママ先生」と慕われていたが、私たちの小学２年生の担任をしてくださった。美人で優しかった「ピーママ先生」の思い出は尽きない。後に石垣昭先生と結婚されて石垣姓になり、昭先生には中学校２・３年生の担任をしていただいた。お２人とも彼岸に旅立たれた。カツ子先生の告別式では、ご本人の遺言ということで数多（あまた）いる教え子を代表して「代表焼香」をさせていただいた。

　この「代表焼香」という風習は、八重山地方における告別式では普通に行われるが、那覇方面では見られない。

ピーミジ[pi:miʒi]〔名〕
　冷（さ）めた水。冷たい水。かならずしも冷蔵庫などで冷やした「冷たい水」ではなく、熱い水に対し常温の水にも言う。【例】ピシダヌ　スーバ　ヴァイ　ドゥキ　ピーミジユ　ヌンカー　クダシバ　タマンガリ（山

羊汁を食べて、あまり冷や水を飲むと下すので気を付けなさい)。

ピームドゥル[pi:muduru]〔名〕
日帰り。【例】ピームドゥルシ イサナケヘ ギッティ ケー（日帰りで、石垣島へ行って来た）。

ビーヤ[bi:ja]〔代〕
私たち。我々。「ビャーハ」「ベーヤ」とも言う。

ビーヤマ[bi:jama]〔名〕
ひよこ。鶏の子。「トゥンナマー」と同じ。【例】ビーヤマー トゥッカラ マリッタヌ ミッカラー ガラシン フォーリナーヌン（ひよこは10羽生まれたのに、3羽は烏（からす）に食われた）。この項目について、姉・泰子（昭和12年生まれ）と話し合っているとき、鶏は木の上で寝るが、ひよこが木の上に上れるまでの間、鶏の親子はどこで寝ていたのだろうかという疑問がわいた。多分、雛が孵（かえ）った床下の巣の中で過ごしたのではなかっただろうか……。

ピーヤン[pi:jaŋ]〔形〕
寒い。【例】ムカシヌ フユヌドゥ マヌ マッキン ピーヤッタニン ウモーリルワヤラー（昔の冬のほうが、今より寒かったように思われるよなあ）。
　防寒着や暖房器具、家屋の構造などの影響もあるだろうが、現在の寒さよりも以前の寒さが厳しかったように感じるが、あるいは地球規模の温暖化の影響もあるのだろうか。

ピーヨー[pi:jo:]〔名〕
日雇い仕事。人夫（にんぷ）。【例】キューヌ シートゥヤーヌ ピーヨーヤ ギターン ブラー？（今日の製糖工場の人夫は、何人いるか）。

ピーヨーサー[pi:jo:sa:]〔名〕
日雇い人夫。【例】ピーヨーサーバ シパタラキ ベー（日雇い人夫をして、働いている）。

ビーラ[bi:ra]〔名〕
病弱な人。病気がちな人。沖縄語の移入語。(石) ビョーザー・ビーラー。(沖) ビーラー。【例】ウヴァー ヤラビシェーケー ビーラ アッタヌ ウブプス ナリハラ ガンズワー ナレーワラー？（あなたは子どものころは病弱だったのに、大人になってからは丈夫になったよねえ）。

ピーラキ[pi:raki]〔名〕
笛。【例】ピーラキヌ パイリバドゥ ウター ウムッサ（笛が入ったほうが、歌は面白い）。

ピーラケヘン[pi:rakeheŋ]〔形〕
涼しい。【例】フンツァマナー ニビバドゥ ピーラケヘーッタヌ ガザンニン フォーリ デージアッタ（縁側で寝たほうが涼しかったが、蚊に刺されて大変だった）。
　父母や姉たちと寝ていた部屋（二番座）から兄たちと一緒の部屋（一番座）に移ったのは小学校2、3年生のころだったか。6畳間にハツァ（蚊帳（かや））を吊って寝た。夏の暑い日など、蚊帳の中から板張りのフンツァマ（縁側）に出て、クバヌパーオンギ（ビロウの葉の扇）で涼を取りながら横になり、そのまま寝入った。朝になって目覚めると、用例のように体中蚊に刺され、赤い斑点に体じゅうを覆われていたのであった。

ピーラスン[pi:rasuŋ]〔他〕
冷やす。〈否〉ピーラハヌン。【例】ムカシェー レイゾーコヌ ナーナッテナー スイカーハーヌナハヌ ハーミジシ ピーラセーッタワヤ（以前は冷蔵庫がなかったので、スイカは井戸の中の井戸水で冷やしたよね）。

ピーリポール[pi:ripo:ru]〔副〕
冷え冷えとした。寒々とした。閑散とした。(石) ピーリゥポーリゥ。【例】キューヌ アツァマレー プスヌ イシカハーッティ ピーリポールシー ベーッタ（今日の集まりは、人が少なくて閑散としていた）。

ピーリムヌ[piːrimunu]〔名〕
　冷やしもの。冷えたもの。冷蔵庫のなかったころは「常温のもの」が「冷えたもの」であった。たまにスイカを井戸の中に入れ、井戸水で冷やして食べた。

ビールン[biːruŋ]〔自〕
　酔う。〈否〉ビューヌン。【例】ヌーヌフラーン　ヌメーッタラドゥ　アイナー　ビータリブラー？（どれだけ飲んだから、あんなに酔っ払っているのか）。

ビールン[biːruŋ]〔他〕
　植える。〈否〉ビューヌン。【例】シマヌ　ヤーヤーヌ　ヤシキナヤ　ヤディン　マンズユ　ビーウシケーッタワラー（黒島の各家庭の屋敷には、かならずパパイアを植えておいたよね）。
　パパイアは、多年生の果樹で長期にわたって実をつけることから重宝された。私たちが子どものころの黒島では、もっぱら野菜として煮物・炒め物・味噌汁の具などに用いられたが、現在は品種改良され果物としても人気を博している。

ビールン[biːruŋ]〔自〕
　中毒する。〈否〉ビューヌン。【例】アカナイゾー　ビーリバ　ヴォーナ（バラハタ魚は、中毒するから食べるな）。

ピールン[piːruŋ]〔自〕
　冷える。冷める。〈否〉ピーラヌン。【例】シタマメー　アッツァムヌッキン　ピーリベームヌヌドゥ　マーハッタ（ぜんざいは、熱々のものより冷めたもののほうが美味しかった）。

ピールン[piːruŋ]〔他〕
　引っ提げる。手に吊るして持つ。【例】ウヌニーユ　ピールンティ　シルヌドゥドゥキ　グッファッティ　ピーラルヌン（その荷物を手に吊るして持とうとするけど、あまりに重くて手に提げられない）。

ピーンピン[piːmpiŋ]〔名〕
　日々。毎日。類似語に「ピッティヌピン（毎日毎日）」がある。

ピカスン[pikasuŋ]〔他〕
　引かせる。【例】ビキウシン　クルマユ　ピカセーッターナ　ビチヌ　ビキウシトゥ　ミチナハナー　ガイッカー　パナバ　ナーラシ　ハマイ　デージ　アッタ（雄牛に車〈荷車〉を引かせながら別の雄牛に出会うと、鼻を鳴らし〈闘おうと〉身構え大変だった）。

ピカラスン[pikarasuŋ]〔他〕
　光らせる。輝かせる。【例】ビキウシヌ　アウバソー　ミーバ　ピカラシ　ヨーイニ　シズミラルヌン（雄牛が喧嘩する場合、眼を光らせ容易に制御できない）。

ピカルン[pikaruŋ]〔自〕
　光る。輝く【例】ヴァーヌ　マイフナー　マリッカー　ウヤヌナー　ピカルン（子が立派に成長すれば、親の名が光る〈輝く〉）。

ビキ[biki]〔接頭〕
　雄の意味を表す。動物、植物、物の名などに上接する。【例】ビキウシ（雄牛）、ビキワー（雄豚）、ビキピシダ（雄山羊）、ビキマンズ（雄パパヤ）、ビキガーラ（雄瓦）など。

ピキ[piki]〔名〕
　血統。親族の系統や系譜を表す言葉。【例】ピキヌ　ウラハーッティ　ヌーバセー　バソーン　ンズメヘーワヤ（血統・血族が多くて、どんな場合でも心強いよなあ）。

ヒキアウン[çikiʔauŋ]〔自〕
　引き合う。つり合う。相応する。〈否〉ヒキアーヌン。（石）ヒキアウン。（沖）フィチャユン。【例】ウヌシグトー　シントゥ　アイタンカヌ　ティマセー　ヒキアーニバ　ティマユ　マーミ　アギッフィーリ（その仕事はたったそれだけの手間〈賃金〉では引き合わないので、賃金をもっと上げてくれ）。

ビキウシ[bikiʔuʃi]〔名〕

牡牛・雄牛）。〈対〉ミーウシ（牝牛・雌牛）。【例】ビキウシッキン ミーウシヌ マリリバドゥ サニヤーッタ（雄牛より雌牛が生まれたほうが、嬉しかった）。役畜用の雄牛は一家に一頭いれば十分で、あとは繁殖用としての雌牛がありがたく大事にされた。

ピキウシ[pikiʔuʃi]〔名〕
挽き臼。【例】ムンヌクーヤ ピキウシシ ムンバ ピキ スクレーッタ（麦粉は、挽き臼で麦を挽いて造った）。

ピキシキルン[pikiʃikiruŋ]〔他〕
引き付ける。引き締める。【例】マービドゥーヌ ハトゥハ ピキシキリバ（もっと自分の所に引きつけなさい）。

ピキジナ[pikiʒina]〔名〕
荷車の推進に必要な綱。牛の鞍と荷車の腕の付け根を繋ぐ綱。「引き綱」の意。【例】ピキジナー スーワ シナユ シキウシカナーッカ ニーヌ グッファバソー キシルヌ（〈荷車の〉引き綱は強い綱を付けておかないと、荷〈積み荷〉の重い場合は切れるぞ）。

ピキスングルン[pikisuŋguruŋ]〔他〕
打ち据える。素手や固い棒などではなく、しなりのある物で叩く。〈否〉ピキスングラヌン。【例】アタラサーッカ ヤラベー ピキスングリ スダティリバドゥ マイフナー マリ（可愛いなら、子どもは打ち据えて育てたほうが立派な人になるよ）。
　八重山民謡の〈しゅーら節〉には、可愛い子は「ヌーパンヌ ユダシ ピキスングリ ミヤームナー（カワラヨモギの茎で、打ち据えてやろう）」と歌われている。いわゆる「愛の鞭」が許された時代の歌である）。

ピキダシ[pikidaʃi]〔名〕
引き出し。【例】タンシトゥ ミズヤヌ ピキダシ（箪笥と水屋の引き出し）。

ピキダマ[pikidama]〔名〕
凧。【例】ソンガチンナー ビキドゥモー ピキダマユ トゥバシ アサベーッタ（正月には、男の子は凧を上げて楽しんだ）。
　黒島の凧の種類には、「真っ角＝四角」「扇」「元旦」「八角」などがあったが、総称して「ピキダマ」と称した。少年たちは、正月が近づくと凧上げ用の「凧糸＝アダナシジナ」作りに余念がなかった。私たちが子どものころ、細くて強靭な木綿糸は高価で入手不可能なので、アダンの気根から取れる繊維である「アダナシ」で、出来るだけ細い縄を綯って用意した。まずは、長めで柔らかい良質のアダナシ（気根）を採取し、その繊維を裂いて乾燥させたあと、さらに糸状の繊維に引き裂き、それで４、５０メートルの「ピキダマヌ シナ（凧の縄）」を綯った。凧の引きに堪えるギリギリ細い縄を均等に綯うのは相当難しかった。一箇所でも弱い部分があると、そこが切れて舞い上がった凧は１キロメートル以上先まで飛んで逃げたからである。

ビキドゥム[bikidumu]〔名〕
男。男性。「ビキドゥン」とも言う。〈対〉ミドゥム・ミドゥン（女・女性）。【例】ビキドゥムヌ ドゥキ スーワーッカ キナイヤ ムタヌン（男があまり強いと、家庭は安定しない）。用例は亭主関白を批判的に見ているが、当時の黒島での家庭を思い起こすと妻の発言権が認められていた家庭のほうが健全だったように思う。

ビキドゥン[bikiduŋ]〔名〕
男。男性。「ビキドゥム」と同じ。〈対〉ミドゥン（女・女性）。【例】アースンヌ ヤラビンケー ミドゥントゥ アサブ ビキドゥンッティ ブランタヌ プリプソー ミドゥントゥ アサビブッタワラー（東筋の子どもたちは女の子と遊ぶ男の子はいなかったが、保里の人たちは女の子と遊んで

いたよなあ)。東筋の少年たちは、保里の少年たちを表面的には軟弱な奴らだと非難していたが、内心は羨ましがっていたように思う。

ビキハーラ[bikiha:ra]〔名〕
牡瓦・男瓦。〈対〉ミーハーラ(牝瓦・女瓦)。(石)ウーカーラ・ビキカーラ。【例】ハーラユ フクバソー ミーハーラヌ アイナハナ ンツァバ ムリ ウヌウイハラ ビキハーラユ ハバスワヤ(瓦を葺く場合、牝瓦の間に粘土を盛りその上に牡瓦を被せるのだ)。

ピキバハウン[pikibahauŋ]〔他〕
奪い取る。奪い返す。盗り返す。【例】トゥラレームノー ピキバハイ クー(盗られた物は、盗り返してきなさい)。

ビキムヌ[bikimunu]〔名〕
雄。〈対〉ミームヌ(雌)。動物にも植物にも用いる。【例】ウヌマンゾー ビキムノー リバ トーシ シティリバー(そのパパイアは、雄株だから倒して捨てなさい)。

ビキル[bikiru]〔名〕
女からいう兄弟。「ビキリゥ[bikirï]」とも言う。〈対〉ブナルまたはブナリゥ(男からいう姉妹)。石垣語では「女からいう男の恋人」にも言う。【例】ビキル キョーダイ、ブナル キョーダイ(男兄弟、女きょーだい)。

「きょうだい」は、「兄弟」の音読した語であり、字義からすると「同じ両親から生まれた兄・弟」を指すが、黒島語には「姉妹」を表す独立した言葉はなく、「兄弟も姉妹もキョーダイ」と言う。これなども、男尊女卑の名残であると言えよう。

ビキル キョーダイ[bikiru kjo:dai]〔名〕
兄弟。「男の兄弟」の意。〈対〉ブナル キョーダイ。

ビキンツァー[bikintsa:]〔名〕
お転婆。男勝りの活発な女。(石)ビギッチャ。(沖)アバシ・アバシャー。【例】ウレー ビキドゥン キョーダイヌ ナハナー スダティラリッタラードゥ ビキンツァーナレーパジ(彼女は男兄弟の中で育てられたので、男勝りの活発な子になったはず)。

ピクン[pikuŋ]〔他〕
引く。〈否〉ピカヌン。【例】シナピキヌバソー シナユ ウイハ アグンスクン ザーラハ ウサヤターナ ピキヨラー(綱引きの場合、綱を上に上げずに下に押さえながら引きなさいよ)。綱が浮くと下半身に力が入らず、負けにつながる。

ピクン[pikuŋ]〔他〕
弾く。〈否〉ピカヌン。【例】サンシンヤ ドゥキ スーワ ピクッカー ハイヤ ウトーンズヌンドゥラ(三線は、あまり強く弾くといい音は出ないよ)。

ビケー[bike:]〔名〕
父親。〈対〉ブネー。【例】バンテヤ ビケーヤ アースンマリ ブネーヤ プリマリ(我が家は、父親は東筋生まれで母親は保里生まれであった)。

ビケーハタ[bike:hata]〔名〕
父方。〈対〉ブネーハタ。【例】ビケーハタッキン ブネーハタヌドゥ ウトゥザムイサーッタ(父方より母方のほうが、親戚の親密度は深かった)。

ピコラー[pikora:]〔名〕
〈動〉ホタル(蛍)。(石)ジンジンパーレー。(沖)ジンジン・ジンジーン。【例】ピコラーマイヤ シマナー ウラーリ ブッタヌ マヌマン ミラリルンカヤラー?(ホタルは、以前は黒島でたくさんいたが今も見られるかなあ)。

ピサ[pisa]〔名〕
屋根の斜面。【例】イサナキナ ブルケー ハーラヤーバ スクリ ウヌヤーヌ マイピサナ シーシユ ハザレーッタ(石垣市で住んでいたころ、瓦葺の家を建てその前

方の屋根の斜面にシーシ(シーサー)を飾った〈据えた〉)。

ピザ[piza]〔接尾〕
〜方面。【例】ウーグマヌ ムラールヌ ニスマピザトゥ パイマピザヌ ムヌイヤ イメーミナー ハールンドゥラー(そんなに小さい村だが、北側方面と南側方面では少しずつ変わるよ)。

　この事典編纂の第一の協力者である親友・野底善行君の実家は、南北に長い東筋部落のパイマピザ(南方面)にあり、僕の実家はニスマピザ(北方面)に位置していたことからなのか、副詞や感嘆詞など言い回しに多くの相違があった。その要因が、僕たち二人の言語感覚からくるものなのか、両家の家言葉の相違に起因するものなのか、そもそも集団的な南北の地域差によるものなのか。言語学的に探究する課題として興味をそそる問題ではある。

ビザーキルン[biza:kiruŋ]〔自〕
重さにつぶれる。ぺしゃんこになる。「ビザリルン」「ビザルン」とも言うが、見出し語の方がより実感のこもった言い回しのような気がする。【例】ユクバシキ ザーユ ウブマラキバシー ハタミ ビザーキルンティ シーアラクワヤ(欲を付けて〈欲張って〉草を大きな束にして担いで、つぶれようとしている)。

ピサーピサー[pisa:pisa:]〔形動〕
低いさま。薄いさま。【例】①ピサーピサーヌ シマ(低い島)。②ピサーピサーヌ シンムチ(薄っぺらな書物)。

ピサキ[pisaki]〔副〕
真っ直ぐに。寄り道せずに。【例】マーン ユーザンスクン ピサキ クマハ ケー(どこにも寄らずに、真っ直ぐにここに来た)。

ピサキナ[pisakina]〔副〕
真っ直ぐに。寄り道せずに。「ピサキ」を強調した語。

ピサシズーシ[pisaʃizu:ʃi]〔名〕
水気の少ない雑炊。〈対〉シルズーシ(汁雑炊)。【例】ピサシズーシッティ イズッカー ソーラヌ ンカイズーシラー(ピサシズーシと言えば、旧盆の迎え日のズーシだよねえ)。「ズーシ」は「雑炊」の転化した語かと思われるが、「ピサシズーシ」の具材を考えると「混ぜご飯」のほうが適正な表現かなと思われる。「ズーシ」の項参照。

ピサスン[pisasuŋ]〔他〕
ご飯を蒸して水気を抜く。〈否〉ピサハヌン。【例】イーヤ シマインナー ヤーラピーシ ピサシバドゥ マーハナル(飯は、仕舞いには弱火で蒸して水気を抜いたほうが美味しく炊ける)。

ピサハン[pisahaŋ]〔形〕
低い。【例】ビャーハ シマー ドゥキ ピサハーッティ イサナキハラ ミーッカ ウマハマー ナンニン ハクリ ミラルヌン(黒島はあまり低くて、石垣島から見るとあちこち〈所々〉波に隠れて見られない)。

ピザマスン[pizamasuŋ]〔他〕
へこます。引っこます。遣り込める。〈否〉ピザマハヌン。【例】ウレー ジンブンヌ ナーナッティ プスン サー ピザマハリブー(彼は知恵がなくて、他人にいつも遣り込められている)。

ピザムン[pizamuŋ]〔自〕
へこむ。くぼむ。引っこむ。〈否〉ピザマヌン。(石)ピゥドームン。【例】クナレー ナチマキヌ ユイダル ヨーガリ バタン ピザミナーヌン(最近、夏負けのせいか痩せて腹もへこんでいる)。

ピザライ[pizarai]〔名〕
地表が薄い平らな珊瑚石に覆われている状態、またその地域。東筋部落の東部に広範囲にわたって、そういう地域があった。現在は、島全体の牧場化に伴い当該地区も草

地になっている。

ピザライ イシ[pizarai ʔisi]〔連〕
ピザライを切り取ったもの。ウヤイシ(墓の屋根石)や門柱などに用いた。

ビザリルン[bizariruŋ]〔自〕
重さにつぶれる。ぺしゃんこになる。「ビザーキルン」「ビザルン」とも言う。【例】ドゥキ グッファッティ ビザリ ブルワヤ(あまりに重くて、重さにつぶれているよ)。

ビサルン[bisaruŋ]〔自〕
いやがる(怒りをこめて言う)。【例】ピスマンハラ サキバ シカンッファイ ビサレーワヤ(昼間から酒を飲んだくれて、いやがるよ)。

ビザルン[bizaruŋ]〔自〕
重さにつぶれる。ぺしゃんこになる。「ビザーキルン」「ビザリルン」と同じ。

ピサン[pisaŋ]〔形〕
薄い。〈対〉アチマイヤン。【例】ハーヌ ピサッテナードゥ ハーピサーッティ イザリブー(皮〈肌〉が薄い〈弱い〉から、ハーピサー〈軟弱者〉と言われている)。「ハーピサー」の項参照。

ピサン[pisaŋ]〔助動〕
～したい。動詞や助動詞の連用形に付いて願望を表す。【例】ハイピサーッカ ハイ ハイピサーナーナッカー ハーンナラバン ミサンドゥラー(買いたければ買い、買いたくなければ買わなくてもいいのだよ)。

ピジ[piʒi]〔名〕
ひじ(肘)。欲張り。【例】①ピジバ ヤマシ シグトー ナラヌン(肘を痛めて、仕事ができない)。②ウヤキプソー ピジヌ ウラハーワヤ(裕福な人は、欲張りが多い)。用例②の意を表すのに、肘を反対側の手の平でポンポンとたたく仕草をする。

ピシー[piʃi:]〔名〕
女児。通常は「ピセーマ」と言う。「ピセーマ」の項参照。

ピシシン[piʃiʃiŋ]〔名〕
一本。【例】パイヌ シナー バラフタ ハーフタ ピシシンエー ヨイシン ヨイシン(南組の綱は、藁屑だけのたった一本だ ヨイシン ヨイシン／〈そんがち・しなぴきうた(正月・綱引歌)〉より)。用例は正月の綱引きを始める前に、南組と北組が向き合って気勢を上げる場面の歌の一部。互いに、自陣の綱を自慢するとともに相手の綱を貶す。

ピシスー[piʃisu:]〔名〕
引き潮。〈対〉ミチスー(満ち潮)。(石)ピゥシゥスー・ピゥキゥスー。(沖)ヒチシュー。【例】ヨイグトー ピシスーナ シームノー アラヌン(祝い事は、引き潮の時刻に行なうものではない)。

ピシダ[piʃida]〔名〕
〈動〉ヤギ(山羊)。【例】ピシダー フタッカラン ミッカラン ヴァー ナスワヤ(山羊は、2頭も3頭も子を生むよ)。家畜の中では豚が10頭以上もの多くの子を生み、牛は1頭しか生まず、山羊は用例のように3頭以内で一定しなかった。

山羊小屋で縛られている山羊の習性で面白かったのは、草を与えるとどの山羊も自分より遠い所の草から食べることである。自分の近くにある草は後で食べようと温存しているつもりであろうが、他の山羊も同じ行動をするので自分の近くの草は他の山羊が食べることになるわけで、結局はお互い様の状態になるのである。もう一つ、乳を与える場合、牛や豚は子が満足するまで与えるのに、山羊はある程度時間が経過すると授乳を拒絶する。授乳を拒否する山羊の習性については、いつも腹を空かしていた子どものころの自分の立場と子山羊を重ね、子山羊に同情するあまり母山羊を情の薄い冷たいやつだと憎らしく思ったもので

ある。「ワーギルン」の項参照。
〔追記〕「牛は1頭しか生まない」というのは、僕自身の経験によるものであるが、石垣島で畜産業を営んでいる甥の當山榮一・陽啓親子によると、2頭生まれる場合もあるという。濃厚飼料による母牛の体力増強が原因のようだ。

ピシッチ[piʃittʃi]〔数〕
1つ。1歳。【例】①ピシッチ フターチ ミーチ ユーチ イシチ ンーチ ナナチ ヤーチ ククヌチ トゥー（1つ、2つ、3つ、4つ、5つ、6つ、7つ、8つ、9つ、10）。②ウレー バンキン ピシッチ フターチ ウイパジ（彼は、私より1歳か2歳上だはず）。

ビシルン[biʃiruŋ]〔他〕
据える。「シキルン」とも言う。「ジル（囲炉裏）」の項参照。

ピス[pisu]〔名〕
人。他人。「プス（人・他人）」と同じ。「プス（人）」の項参照。

ピスイ[pisui]〔数〕
1日。【例】ピスイ フタイ ミッカ ユッカ イシカ ンーカ ナンカ ヨーハ クニチ トゥカ・トゥッカ（1日、2日、3日、4日、5日、6日、7日、8日、9日、10日）。

ピスウン[pisuuŋ]〔他〕
拾う。「プスウン」とも言う。【例】ウマナー マキポーリ ウシケームノー ノーホンスクン ピスイ マダキリ（そこに撒き散らかしておいてあるものは、残らず拾って片付けなさい）。

ピスル[pisuru]〔数〕
1人。【例】ピスル・ピスール フタール ミツァール ユタール・ユツァール グニン ルクニン シチニン ハチニン クニン ズーニン（1人、2人、3人、4人、5人、6人、7人、8人、9人、10人）。

ピスキタ[pisukita]〔数〕
1桁。1桁は30尋。尋(ひろ)は長さを表す単位で、大人の両手を左右に広げた長さ。1尋は約1.5メートルから約1.8メートル。【例】ソンガチヌ シナピキヌ シナー ピスキナイハ ピスキタナー ワリアティッタ（正月の綱引き用の綱〈縄〉は、1家庭に1桁ずつ割り当てた）。

ピスシカン[pisuʃikaŋ]〔数〕
一掴(つか)み。一つまみ。一握り。一振り。【例】アマハリバ マースユ ピスシカン イリリ（味が薄いので、塩を一つまみ入れなさい）。

はて、ここで重大な疑問が生じた。「ピスシカン」か「ピシシゥカン」か、いったいどちらだろうかという迷い、あるいは疑問である。これまでは、黒島語のなかで「中舌音」が確認できるのは「ラ行音」の「リ」と「ル」の中間音「リゥ」だと述べてきたが、見出し語の「シ」は「シ」と「ス」の中間音、すなわち中舌音の「シゥ[si]」ではなかろうかと思えてきたのである。他に、「シカムン（掴(つか)む）」は「シゥカムン（掴む）」かもとか、「イシカハン（少ない）」は「イシゥカハン」かもとか、「キムシカハン（寂しい）」は「キムシゥカハン」かも知れないなど、次から次へと疑問が湧いてくるのである。ちなみに、宮良當壯『八重山語彙』では「イシィカハン[isïkahaŋ]〔名〕少し（當山注／正しくは〔形〕少ない。）。」と中舌音で表記されている。

ピスシキ[pisuʃiki]〔数〕
一月(ひとつき)。一か月。期間を表す。【例】ピスシキ フタシキ ミーシキ ユーシキ イチシキ ンーシキ ナナシキ ヤーシキ ウヌシキ トゥーシキ（一月、二月(ふたつき)、三月(みつき)、四月(よつき)、五月(ごつき)、六月(ろくつき)、七月(ななつき)、八月(はちつき)、九月(きゅうつき)、十月(とつき)）。

ピスッサシイビ[pisussaʃiʔibi]〔名〕

人差し指。「ウヤビ(指)」「ウヤイビ(親指)」の項参照。

ピスッツン[pisuttsuŋ]〔数〕
一粒。一個。【例】ピスッツン　コーニー、ピスッツン　ピーマ(男の一人っ子〈一粒種〉、女の一人っ子〈一粒種〉)。

ピスッカラ[pisukkara]〔数〕
1匹。1頭。「プスッカラ」とも言う。【例】ピスッカラ・プスッカラ　フタッカラ　ミッカラ　ユッカラ　イシカラ　ンッカラ・ンーッカラ　ナナッカラ　ヤッカラ・ヤーッカラ　ウヌッカラ　トゥッカラ(1頭、2頭、3頭、4頭、5頭、6頭、7頭、8頭、9頭、10頭)。

ピスヒル[pisuçiru]〔数〕
一尋(ひとひろ)。尋(ひろ)は慣習的な長さを表す単位で、大人の両手を左右に広げた長さ。一尋は約1.5メートルから約1.8メートル。「プスヒル」とも言う。

ピスマ[pisuma]〔名〕
正午。ひるまの義。この項は宮良當壯『八重山語彙』より転載。

ピスマン[pisumaŋ]〔名〕
昼。正午。【例】①ティダ　ピスマン(正午。太陽が中天に差し掛かっているころ)。②シキ　ピスマン(月が中天に差し掛かっているころ)。

ピスマンアトゥ[pisumaŋʔatu]〔名〕
午後。【例】ピスマンアトー　アツァリバ　イメーミ　ヤクイティ　パタケヘ　パラ(午後は暑いから、少し休んで畑に行こう)。

ピスマンウチ[pisumaŋʔutʃi]〔名〕
午前。【例】ピスマンウチナー　シグトー　ハタジキリ(午前中に、仕事は片づけろ)。

ピスル[pisuru]〔数〕
1人。「ピスン・プスル・プスン」とも言う。【例】ピスル・ピスン・プスル・プスン　フタール・フターン　ミツァール・ミツァーン　ユタール・ユターン　ユツァール・ユツァーン　グニン　ルクニン　シチニン　ハチニン　クニン　ズーニン(1人、2人、3人、4人、5人、6人、7人、8人、9人、10人)。

ピスユー[pisuju:]〔数〕
一晩。「一夜」の意。【例】ピスユーヌ　サーットゥ　ニバナー　ハンビョー　セータ(一晩をとおして、寝ずに看病した)。

ピスン[pisuŋ]〔自〕
潮が引く。〈否〉ピサヌン。【例】ピシ　スートゥ　ミチ　スー(引き潮と満ち潮)。

ピスン[pisuŋ]〔自〕
屁を放る。この「ピスン」は、独立して用いられることはなく「ピー　ピスン」のような形でしか用いられない。【例】ピーピスン(屁(ひ)を放る)。

ピセーマ[pise:ma]〔名〕
女児の愛称。「ピシー(女児)」に愛称接尾語「〜マ」がついて転音した語。ピシェーマ[piʃe:ma]とも言う。(石)ピシャーマ。【例】マーヤ　ピセーマヌ　フターン　コーネマーヌ　ミツァーン　ブー(孫は女の子が2人、男の子が3人いる)。

ビダーカスン[bida:kasuŋ]〔他〕
押しつぶす。抑えつける。ぺしゃんこにする。物理的にも精神的にも用いる。【例】①ウスシキ　ビダーカスンティ　シールヌ　ドゥ　ヨーイニ　ビダーカハルヌン(圧しつけてぺしゃんこにしようとするのだが、なかなか圧しつぶされない)。②ウレー　フチッタイタンカ　シーベーリバー　ウヴァー　ビダーカシ　ウシキ(そいつは口答えばかりしているから、お前が抑えつけておきなさい)。

ビダーシキ[bida:ʃiki]〔名〕
へたること。へたばること。べったり尻をつけて座り込むこと。「ビダーシキルン」の連用形が名詞化した語。

ビダーシキルン[bida:ʃikiruŋ]〔自〕

へたる。へたばる。べったり尻をつけて座り込む。【例】ミドゥムヌ　ビダーシキベーッカ　ラーサ　ナーヌンドゥラ（女がべったり尻をついて座っていると、よろしくないぞ）。見出し語の座り方は女性特有のもので、次の動作に移りにくいうえ見た目にもよくないので、嫌われた。

ビダーシキビリ[bida:ʃikibiri]〔名〕
べったり尻をつけて座ること。【例】ウマナー　ビダーシキビリバ　シーベームノー　タッチェヌ　ピーマヤ？（そこでべったり尻をついて座っているのは、どの家の女の子か）。最近、見出し語の座り方をしている小中学生の女の子の姿を、コンビニの周辺でよく見かける。やはり、見ていて気持ちのいいものではないので、その都度注意するのだが、残念ながらいい反応を示す子は少ない。

ビダークン[bida:kuŋ]〔自〕
へたる。へたばる。へたばって座り込む。「ビダーシキルン」と同じ。

ヒダキ[çidaki]〔副〕
先に。前もって。【例】①ウヤッキン　ヒダキ　パリ　ナーヌン（親より先に逝ってしまった）。②ヒダキ　アチライ　ウシキ（前もって注文しておきなさい）。

ピダミ[pidami]〔名〕
隔て。【例】ヤシキヌ　ピダメー　アザ（屋敷を隔てているのは石垣である）。

ピダミルン[pidamiruŋ]〔他〕
隔てる。【例】イチバンザ　トゥ　ニバンザヤ　フスマシドゥ　ピダミラリ　ブー（一番座と二番座は、襖で隔てられている）。

ピダリ[pidari]〔名〕
左。〈対〉ニジリ（右）。（石）ピュダリュ（『八重山語彙』では「ピザリィ[pizari]」と表記されている）。（沖）フィザイ。【例】マーイメーミ　ピダリハ　ユージバ（もう少し左へ寄ってくれよ）。

ピダリマーリ[pidarima:ri]〔名〕
左回り。頭の回転の少しあやしい人。【例】クナレー　ウレー　ユムシナター　ピダリマーリニン　ウモーリサー（最近のそいつの変な様子は、異常だと思われるよ）。

ピチ[pitʃi]〔名〕
未。十二支の八番目に位置する。南から西へ30度の方角を表す。【例】ピチディマリ（未年生まれ）。

ピチディマリ[pitʃidimari]〔名〕
未年生まれ。「ピチ（未）」の項参照。

ビチン[bitʃiŋ]〔名〕
新芽。「フキ」と同じ。【例】ンガナ　ビチンヌ　チニャンドゥ　ダマサリダ（苦菜の新芽のために〈を摘んでもらったために〉、騙された／黒島民謡〈山崎ぬあぶぜーま節〉より）。若い娘が好色な年寄りの爺さんに騙され賺されたのはなぜなのかと言うと、ンガナ（苦菜）・トゥンナ（アキノノゲシ）の新芽を摘んでもらったからだよ、という他愛もない内容の滑稽・軽快な〈山崎ぬあぶぜーま節〉の一節である。「フキ」の項参照。

ビチン[bitʃiŋ]〔名〕
つむじ（旋毛）。人の毛髪で多くは頭頂の百会にある。【例】ビチンヌ　フターチ　アル　プスン　ブルワヤ（つむじが、2つある人もいるよ）。

ピッキ[pikki]〔名〕
穴。孔。【例】ヤドゥヌ　ピッキハラ　ハジヌ　パイリ　ピーヤッタ（戸の穴から風が入り、寒かった）。黒島にいたころの家には、ガラス戸がなく板戸だけだったので、戸の穴からも戸と戸の隙間からも風が入って寒かった。

ピッキルン[pikkiruŋ]〔自〕
孔が開く。〈否〉ピックヌン。【例】ウヴァーキンヤ　ウマハマ　ピッキブルヌ（あなたの服は、あちこち孔が開いているよ）。

ピックン[pikkuŋ]〔他〕
穴を開ける。「ピッカスン」とも言う。【例】イットゥカンナ イリラリ シタユ ハノーシシ トゥルンティ イットゥカンバーキ ピッカシ イザン イザリッタバソーン アッタワヤ（一斗缶に入れられた黒糖を、ハノーシで取ろうとして一斗缶まで穴を開けてしまって父に怒られたこともあったなあ）。我が家では、製糖期が終わって来季の製糖期までの茶請け用などのため、二つの一斗缶に詰めた黒糖を用意して竈(かまど)の上の棚に保管して置いた。その棚には、たいてい僕が上ってハノーシ（芋掘り用のかなふくし）で必要分を取り出したのだが、用例のようなドジを仕出かしたこともあった。

ピッケーマ[pikke:ma]〔名〕
非常に小さい穴。【例】タイフーヌ バソーヤドゥヌ ピッケーマハラン アミハジヌパイリフー（台風のときは、戸の小さな穴からも雨風(あめかぜ)が入ってくる）。

ピッサハン[pissahaŋ]〔形〕
おなら臭い。「ピー（屁・おなら）」と「ザーハン（臭い）」の転音「ッサハン」の複合語。【例】ピーッサハヌ、ピーピセームノーターラ？（おなら臭いぞ、おならをしたのは誰だ）。

ピッサラ[pissara]〔名〕
屁こき。よく屁(ひ)を放る人。【例】ピー ピシダハー プスユ ピッサラッティ イズッタ（屁をよく放る人を、ピッサラと言った）。

ピッサラ[pissara]〔名〕
竜頭蛇尾。長距離走で最初だけ勢いがよく後半に失速すること、またそのような人。【例】ムラハージナ ピッサラヌ ブッタワラー（村ごとに、ピッサラがいたよなあ）。昭和30年ころの黒島では、青年団主催の部落対抗の陸上競技大会が開催された。長距離走でトラックの周りを走る場合、自分の部落の応援団の前に来ると全力疾走しそこを過ぎると直ちに失速する人がいた。そのような人は「ピッサラ」とからかわれ、それが綽名(あだな)になった人もいた。

ピッサリハザ[pissarihaza]〔名〕
〈植〉草の名。ヘクソカズラ。屁(へ)や糞(くそ)のような臭(にお)いの蔓草(つるくさ)。「ピッサリ（屁のように臭い）」と「ハザ（蔓）」の複合語。【例】ピッサリハザユ ピシダー ヌーッティンナーナ マーハ シタワヤ（ヘクソカズラを、山羊は何ともなく美味しく食べたよなあ）。

ピッサリムヌ[pissarimunu]〔名〕
よく屁をこく人。よくおならをする人。「ピッサラ（屁こき）」と同じ。

ピッサリルン[pissariruŋ]〔他〕
閑散とする。屁を放る。〈否〉ピッサルヌン。【例】①プスン ブラナー ナリ ピッサリ ブルワヤ（人もいなくなり、閑散としているね）。②ウンユ ヴォーッカ ユー ピッサリッタワヤ（芋を食べると、よく屁を放ったものだ）。

ビッサルン[bissaruŋ]〔自〕
ふて腐れる。開き直る。居直る。〈否〉ビッサラヌン。【例】バニンナー ナラニバ ウヴァー シーミリッティ ビッサレーワヤ（自分にはできないからお前がやってみろ、と居直っているよ）。

ビッサレールン[bissare:ruŋ]〔自〕
ふて腐れる。開き直る。居直る。いやがる。居てほしくないのに居る場合の表現。「ビッサルン」を強調した語。【例】クマハ フンナッティ イズッタヌドゥ キー ビッサレーワヤ（ここに来るなと言ったのに、来ていやがる）。

ビッティ[bitti]〔副〕
すべて。全部。「ビーッティ」「ムール」とも言う。【例】ヌシトゥロー ドゥーヌ

ムタリブンドゥ ムティパルヌ ピーグトー ビッティ ヤキシティルン（盗っ人は自分の持てる分だけを持っていくが、火事はすべてを焼き尽くす）。

ピッティヌピン[pittinupiŋ]〔副〕
来る日も来る日も。毎日のように。【例】クナレー ピッティヌピン アミ（このところ、毎日のように雨だ）。

ビッピン[bippiŋ]〔名〕
生糞（なまくそ）。【例】ビッピンヌ フキッケー イジ ンザハイ（生糞が出るまで、踏ん張れ）。小学校の高学年のころ、ある先輩が石の穴に潜んでいるマコン（ヤシガニ）を手で捕まえようとしてヤシガニに指を挟まれた。およそ4～5時間も指を挟まれたままの状態で、この先輩はとうとうビッピンをフカシテ（生糞を垂らして）しまったのである。ついに大人が救出に乗り出し、火を焚いて煙でヤシガニを燻（いぶ）してようやく難を逃れた。一旦噛みついたらめったに離さないヤシガニのしぶとさにはあらためて恐怖を感じたし、生糞を垂れながらもパニックに陥ることなく、頑張って救済された先輩の我慢強さにも感動したのだった。

ピナイ[pinai]〔名〕
杓文字（しゃもじ）。杓子（しゃくし）。【例】ユーピナイ（飯用の杓文字）。スーピナイ（汁用の杓子）。

ピナッカイルン[pinakkairuŋ]〔自〕
ひっくり返る。反り返る。【例】①ナブラーッサリバ ピナッカイラヌンヨーン タマンガリ（滑りやすいから、ひっくり返らないよう気をつけろ）。②イスヌ ウイナーニーナブン シーッカー ピナッカイリフビ ヤマスンドー（腰掛の上で居眠りすると、そっくり返って首を痛めるぞ）。背もたれが頭を支える椅子なら心配ないが、そうでない場合は鞭打ち症のようになるので要注意。

ビナハン[binahaŋ]〔形〕
病弱である。貧弱である。乏しい。共通語の古語「便無し（びんなし）（不都合だ・かわいそうである）」に対応。【例】①ビナハプスヌドゥ アトー ガンズワー ナル（病弱だった人が、あとは丈夫になる）。②ダングヌ ビナハーッカ シグトゥン ビナハドゥ ナル（道具が貧弱だと、仕事も不出来である）。昔から「ダング マサリ（道具勝り）」と言われるゆえんで、よい道具を揃えることおよびその手入れの重要さが説かれてきた。

ピナハン[pinahaŋ]〔名〕
火の神。台所と竈（かまど）の神。「ピー（火）のハン（神）」の意。（石）ピゥナカン。（沖）フィヌカン。【例】ピナハンヤ ミドゥムヌ ニガウッタ（火の神は、女が願った〈信仰した〉）。
家庭内の火の神は主（おも）に女性が信仰し、家内安全、家族の無病息災を祈願する。黒島では琉球王国時代に「番所（ばんじょ）」のあった土地に「ピナハン」があって、島びとの信仰の拠り所となっていたが、今に痕跡を残している。

ピナラスン[pinarasuŋ]〔他〕
減らす。〈否〉ピナラハヌン。【例】ヴァイムヌユ ピナラシ バタマーリユ ピナラハイ（食べ物の量を減らし、腹まわり〈の贅肉（ぜいにく）を〉減らせ）。
歳を重ねると、代謝の衰えに運動不足が加わり、体重は変わらないのにお腹の脂肪・贅肉ばかり増え、用例のような事態を招く。

ピナルン[pinaruŋ]〔自〕
減る。〈否〉ピナラヌン。【例】マヌマヌ ユーヤ ヤラビンケー ピナリ ウイプスンキヌ ウラハナリブー（現在の社会は、子どもたちは減り年寄りたちは増えている）。
現代社会の人口動態は、まさに用例のごとく極端な少子化・高齢化のいびつな形態を呈していて、先行きが懸念されている。

ピニ[pini]〔名〕

ひげ。頬髯(ほおひげ)。口髭(くちひげ)。顎鬚(あごひげ)。【例】ピニバ モーシ ヤニヤヌ スリシティリ(ひげを生やし、汚いから剃ってしまえ)。学生のころ、ひげをたくわえて島に帰ったときのこと。寝たきりの母は末っ子の僕を溺愛していたこともあってひげを撫でながら容認してくれたが、厳格な父は激怒した。折しも、父の73歳の生年祝いと母の古稀(70歳)祝いをすることになっていた。父は僕のひげを「パザーッサヌ ヨイナータ ハンガイ ラルヌン(恥ずかしくて、祝いどころではない)」と、ひげを剃らないなら祝いを受けないと言い出したので、仕方なく剃った。現在(2019年11月)、僕は白くなったひげのばしているが、連れ合いは僕のひげを受け容れている〈のではないかと思っているのだ〉が、あの世の父母はどう見ているのだろうか。

僕たち学生が、当時(1970年ころ)、ひげをたくわえたのは、キューバ革命を主導したカストロ政権の下で活躍したアルゼンチン生まれの革命家、チェ・ゲバラ(1928～1967)への憧れの気持ちと反国家権力の姿勢を堅持したいという意思表示でもあったのだが、そういう話を父に説明しても仕方ないと思い父に従ったのであった。

ピニキー [piniki:]〔名〕
〈植〉植物の名。ヒルギ。マングローブ。(石)ピゥニキー。「ひげのき(髭の木)」の意。気根がひげを生やしているように見えることから言う。【例】ヤーヌ キチェー タイガイ ピニキートゥ ケンギ アッタ(家の垂木は、たいていヒルギと槙だった)。黒島の家屋の垂木材に用いられたヒルギは、ケンギパラ(槙の角材)同様インヌシマ(西表島)から伐り出したもので、おそらく不法盗伐にあたるものであったに違いない。ピニキー(ヒルギ)は極めて丈夫な木で、乾燥すると釘が立たないくらいだった。

ピニシキビリ [piniʃikibiri]〔名〕
正座。「ピヌシキビリ」とも言う。(石)ペンチゥキゥビゥリゥ。(沖)フィシャマンチ。【例】サンシンヤ ガンッティ ピニシキビリバ シードゥ ピク(三線は、きちんと正座をして弾く)。沖縄県では正座を「ヒザマヅキ」と言う人が多いが、「ひざまずき(跪き)」は膝を床・地面に付ける行為で、正座は足を揃えて尻を踵(かかと)に据えた姿勢を言う。

ピヌチ [pinutʃi]〔名〕
祈願日和。願い事などを行なうのに都合のよい日和のこと。【例】ピヌチバ アティドゥ ヤーヌ ニガイン ドゥーパダヌ ニガイン セーッタ(〈適切な〉日和をあてて、家の安全祈願も家族の健康祈願も行なった)。

ピビラ [pibira]〔名〕
足の甲。【例】ピビラヌ フクリドゥ ヤミ フツン フマルヌン(足の甲が腫れ、痛くて靴も履けない)。例文は、痛風の場合の病状である。

ピビラクムン [pibirakumuŋ]〔自〕
しびれる。体の一部、特に足の感覚が麻痺する。「シビリルン」ともいうが、見出し語の場合はおもに正座の後のしびれを指して言ったように思う。(石)ピラチゥクムン。(沖)フィラクヌン。【例】ナガラク ピニシキビリユ セーッタラ パンヌ ピビラキ タタルヌワヤ(長らく正座したので、足が痺れて立てないよ)。お寺で法事を行なう際、ひと頃までは正座のままで長時間の読経に聞き入り例文のようなことになった。最近は、低い腰かけが用意されており読経の時間もかなり短縮されているように感じられるが、実際はどうだろうか。

ピマ [pima]〔名〕
暇(ひま)。有効な時間。〈類〉マドゥ・マドゥピドゥ。

【例】ピマー　ドゥーヌ　ジンブンシドゥ　スクル（有効な時間は、自分の才覚で編み出す）。

ピマ[pima]〔名〕
〈植〉ヒマ。その種子は蓖麻子油(ひまし油)の原料である。日本名の「トーゴマ（唐胡麻）」という呼称は「唐からきたゴマ」の意だという（多和田真淳監修・池原直樹著『沖縄植物野外活用図鑑』参照）。【例】シマナーヤ　ピマー　ヌーヌ　シカイットー　ナーンタン（黒島では、ヒマは何の役にも立たなかった）。この用例に、上里淳子さん（旧姓・宮良。保里部落出身）は「熱さましに用いた」と異議申し立てをしてきた、いやはや……。

ピマダーリ[pimada:ri]〔名〕
時間がかかること。要領が悪くて余計に時間がかかる場合に言う。【例】クナレー　アミヌ　ブイダハッテナー　ヌーヌ　ザークン　ピマダーリバ　シーブー（このところ雨が降り続けていて、どの仕事も捗らない）。

ピマチハウ[pimatʃihau]〔名〕
太く長い線香。行事や法事のときなど切らさずに焚く線香。(石)ピゥマチゥコー。「日待ち香」の意。

ピミカー[pimika:]〔名〕
喘息持ち。【例】ピミカーヌ　ザーク　シーベーハトゥユ　ミーッカ　キムイッツァ　ハーヌラー（喘息持ちが咳をしている場面をみると、かわいそうだよねえ）。

ピミキ[pimiki]〔名〕
喘息。(石)ピゥンギゥ。【例】キムイッツァ　ピミキヌ　ウクリ　アーフキブルワヤ（かわいそうに、喘息が起こって喘いでいるよ）。

ヒャー[ça:]〔接尾〕
〜野郎。〜やつめ。相手を罵るときに言う。沖縄語の移入語。【例】クヌヒャー　ガイタンカ　シービッサリ（この野郎、反抗ばかりしやがって）。沖縄語の古語に、按司の家来を意味する「〜ヌ　ヒヤ（〜の比屋）」があるが、それが転じて卑語化したものか。

ヒャー[ça:]〔接尾〕
そら、大変だ。それ、見たことか。ほら、でかした。感嘆詞に後接して警告、皮肉・嘲笑、歓喜などを表す。【例】①ウリヒャー。②シタイヒャー。

ビャーハ[bja:ha]〔代〕
私たち。我々。一人称の複数。「ビーヤ」「ベーヤ」とも言う。【例】ビャーハ　シマヌ　ナーヤ　サフジマッティン　フシマッティン　クルシマッティン　イズワラー（私たちの島の名は、サフジマとも、フシマとも、クルシマとも言うよなあ）。

ヒヤゴン・アンヒツ[çijagoŋ ʔançitsu]〔固〕
〈人〉比屋根安弼（1835〜1901）。八重山舞踊「勤王流」の始祖。「キンノーリュー（勤王流）」の項参照。

ピャンガルン[pjaŋgaruŋ]〔自〕
飛び跳ねる。飛び上がる。【例】アヴァナビナ　トーフユ　アギバソー　アヴァヌ　ピャンガリバ　キーシキリヨ（油鍋で豆腐を揚げる場合、油が飛び跳ねるので気をつけろよ）。

ピューキルン[pju:kiruŋ]〔自〕
水脹(みずぶく)れする。【例】ティーナ　アチユーバ　アミ　ピューキブー（手に熱湯を浴び、水脹れしている）。

ピューキルン[pju:kiruŋ]〔自〕
大潮時に潮が湧き出る。

ビューラ[bju:ra]〔名〕
〈動〉カブトムシの幼虫。堆肥のなかに生息していた。【例】ビューラヤ　ゾーッソーヌ　ムシアーッタ（カブトムシの幼虫は、白色の虫であった）。

ピューラサン[pju:rasaŋ]〔形〕
肌寒い。「ピーラケヘン（涼しい）」と「ピーヤン（寒い）」の中間あたりの肌感覚を表す語。【例】ユナイ　シトゥムテー　ピュー

ラサ　ナレーリバ　パナシキ　ハカラン　ヨーン　タマンガリワーリョー（朝晩は肌寒くなってきましたから、風邪を引かないようお気をつけくださいよ）。

ピュール[pju:ru]〔名〕
日柄。縁起の良い日。「ピヌチ（日にち）」より、神仏への信仰色が強い。語源は共通語の「日和」に対応するだろうが、天気の良し悪しとは関係ない。【例】キューヌ　ハイピュールサーリ　ニガイッサルバ　ドーディン　イークトゥ　タンカー　アラシタボーリ（今日の佳き日〈吉日〉に祈願致しますので、なにとぞ良いことだけ続きますように）。

ビューワン[bju:waŋ]〔形〕
痒い。「ハウワン」とも言うが、「ビューワン」のほうは病的な感じが強い。(石)ビューサン。(沖)ウィーゴーサン。【例】ビュンヌパーヌ　シルヌ　ママリ　ビューワヌ（クワズイモの葉の汁が付いて、痒い）。

ピユッチ[pijuttʃi]〔名〕
マッチ。(石)チゥキゥダギ。(沖)チキダキグヮー。【例】クナレータバーキ　ガスコンロン　ピユッチシドゥ　ピー　シキッタヌラー（この間まで、ガスコンロもマッチで火を付けたのにねえ）。ガスコンロの出始めのころは、どの家庭でも「鶴丸マッチ」で点火していたのに今は全自動になっているし、さらにオール電化によりマッチの出番はますます減っている。また、線香に着火するのもマッチの役割だったのに、「チャッカマン」という器具に取って代わられている。

ビラ[bira]〔名〕
〈植〉ニラ。【例】イラキムヌナーヤ　ビラユ　イリリバドゥ　ハバサーッティ　マーハワヤ（炒め物にはニラを入れたほうが、香ばしく美味しいよ）。

ビラ[bira]〔名〕
女から兄を言う。【例】ウブビラ（長兄）。ナハビラ（次兄）。ビラマ（三兄等）。

ピラ[pira]〔名〕
箆。【例】ピラシ　メーッサ　ソーリ（箆で庭の雑草を取りなさい）。

ピライ[pirai]〔名〕
付き合い。交際。【例】ピライヌッサ　プストゥン　ピライッサナーカ　シキンヤ　バタラルヌンドゥラ（付き合いにくい人とも付き合えないと、世間は渡れないよ）。

ピラウン[pirauŋ]〔他〕
付き合う。交際する。〈否〉ピラーヌン。【例】ムシカサー　プストゥトゥン　ピライバドゥ　マイフナー　ナル（気難しい人とも付き合うほうが、立派な人に成長する）。

ピラク[piraku]〔名〕
非常に寒いこと。厳寒。酷寒。【例】ピラクヌ　バソー　ピラクイズヌ　トゥマンナー　フケーリベータ（非常に寒くなると、凍えた魚が海に浮いていた）。「黒島語研究会」の場で、一番若い本原康太郎君（昭和35年生まれ）が「黒島でも酷寒と言える日があったんですね」と軽い半畳を入れた。寒さ・暑さは相対的なもので、「ピラクイズ・ピラクヤー」の浮き上がるような日が、黒島の人々にとっての「酷寒の日」であったのだよ、康太郎くんッ。

ピラクイズ[pirakuʔizu]〔名〕
寒さで凍死または仮死した魚。「ピラクヤー」とも言う。【例】キューヤ　ピラクイズ　ミラリパジェーリバ　トゥマンハギーミリ（今日はピラクイズが見つかるはずだから、海辺に行ってきなさい）。子どものころ、非常に寒い日には凍えて海面に浮いている魚を取りに行った。ピラクイズで多く見られたのは「フクラビ（モンガラカワハギ）」であった。皮はザラザラしていて食べられなかったが、身はコリコリしていて刺身よし、煮つけよしの美味な魚

だった。昨今は、ピラクイズをあまり見かけないというが、地球温暖化の影響によるものであろうか。

ピラクヤー[pirakuja:]〔名〕
「ピラクイズ」と同じ。

ビラマ[birama]〔名〕
女からすぐ上の兄を言う。「ビラ(兄)」に愛称接尾語「〜マ」がついている。恋男を意味することもあり、黒島民謡〈いやり節〉には用例②のような遣り取りがある。【例】①ブナレーマユ ミラナ ヤーハ パラル ヌンティ イジドゥ ビラマー ヨイヤハラ ヌ ハイリンナー ヤディン バンテヘ ワーッレッタドゥラ(妹に会わずに家に帰れないよと言って、ビラマはお祝いのある家からの帰りにはかならず我が家に寄られたよ)。父のすぐ下の妹(ブナレーマ)、すなわち私の叔母・ナサマ(明治33年生まれ)は、用例のような話をよく聞かせてくれた。2人の男児を抱えて離婚した妹への憐憫の情もあったと思うが、末っ子同士で仲のよかった父と叔母の姿は僕から見ても羨ましいほど好ましい兄妹の間柄であった。②トゥドゥケンナー ビラマ/トゥドゥケンドー メルビ(届きましたか、ビラマ/届いたよ、メルビ)。好きな男性への贈り物が無事に届いたのかを案ずるメルビ(恋女)と、ちゃんと受け取ったよと返事するビラマ(恋男)との遣り取りが微笑ましく楽しい歌である。用例①の「ブナレーマ」と用例②の「メルビ」は、場合によって同義の「恋人・恋女」として用いられる。

ピラシカ[piraʃika]〔名〕
箆の柄。農業に専念しない人への蔑称。非常に怠け者のことは「ウブ ピラシカ」と言った。(石)ピラチュカ。【例】ビャーハ ムラナー ピラシカッティ イズッカー ハナグシキヤーヌ ウブイザ アッタ(私たちの村でピラシカと言うと、又吉家のお爺さんであった)。

元来「ピラシカ」は必ずしも怠け者を指すのではなく、島や村の役職に一所懸命のため農業がおろそかになるような場合に、その人を尊敬の念をこめて呼んでいた。又吉智福翁は、郵便局長や村会議員はじめ部落や島のため尽力したリーダーであり、また漁業にも従事していたため農業面ではやや後れをとったことから、「ピラシカ」と称されたが島民からの信望は篤かった。だが、この言葉は後にはもっぱら怠け者を意味する言葉として用いられるようになった。

ビリ[biri]〔名〕
最下位。最後尾。「シタッチビ」「シビッチビ」とも言う。【例】アージ パラシッカーバー ンーナヌ プスラー サー イチバン アッタヌ マープスンヌ ンーナー トゥーシ ビリ アッタ(走り競走で僕の姉の1人はいつも1番だったが、もうひとりの姉はいつも最下位だった)。

「トゥーヌ ウヤベー マータケーナーヌン」(10の指は同じ長さではない/黒島のことわざ)。僕たちの兄弟・姉妹は、体育面ではつねに上位にいたのだが、用例のようなきょうだい(僕のすぐ上の姉・あえて名を伏す)が一人いて、運動会のときはいつもビリであった。

ピルギルン[pirugiruŋ]〔他〕
広げる。拡大する。拡張する。〈否〉ピルグヌン。(石)ピュルギルン。(沖)フィルギユン。【例】①アーセー ムンヤ ムスヌウイナー ピルギ プシウシキ(脱穀した麦は、蓆の上に広げ乾しておきなさい)。②クヌミツェー シバハリバ ピルグナーッカ ナラヌン(この道は、狭いので拡張しないといけない)。

ヒル・ピル[çiru・piru]〔接尾〕
尋(ひろ・ぴろ)。両手を左右に広げたときの両手先の間の距離を表す単位。上接す

る単語の末尾が母音の場合は「ヒル」といい、撥音と促音の場合は「ピル」という。「ピスヒル」「イッピル」「フタヒル」「ニヒル」、「ミーヒル」「サンピル」「ユーヒル」「ヨンピル」「イチヒル」「グヒル」「ンーピル」「ロッピル」「ナナヒル」「ナナッピル」、「ヤーヒル」「ハッピル」「ンヌヒル」「キューヒル」、「トゥーヒル」「ジッピル」など。

ピルマサン[pirumasaŋ]〔形〕
珍しい。不思議である。【例】ユヌ キョーダイ アルヌ アイナー シガウンマラー、ピルマサ ミジラサ（同じきょうだいなのに、あんなに違うんだねー、珍しく不思議なことよ）。

ビルン[biruŋ]〔自〕
座る。〈否〉ビラヌン。【例】スブシヌ ヤミドゥ ビラルヌン（膝が痛くて座れない）。

ヒローサー[çiro:sa:]〔名〕
〈動〉魚の名。ナポレオンフィッシュ（ブダイ）の一種。額がこぶ状になっている、大型の魚である。【例】ヒローサーイズヌ ナマセー シカイットゥ マーハッタ（ヒローサー魚の刺身は、たいへん美味しかった）。

ビン[biŋ]〔名〕
瓶（びん）。独立した語としては「クビン」があり、「ビン」は「サンゴービン（三合瓶）」「イッスビン（一升瓶）」などのように用いられる。【例】サキ ヌンダハー プソー サンゴービンユ プスマラキ トゥレーッタワヤ（酒好きな人は、三合瓶を一束（10本）購入したよなあ）。

ピン[piŋ]〔名〕
〈植〉ニンニク（大蒜）。【例】ピンザキユ ヌンッカー パナシケー シグ ナウルン（ニンニク酒を飲むと、風邪はすぐ治る）。

ピンガー[piŋga:]〔名〕
汚れた人。垢の付いた人。沖縄語の移入語。(沖)フィンガー。「ピング（鍋墨）の付いた人」の意。【例】ウムティン シムナー ピンガー ナリベールワヤ（顔も洗わず、汚れ者になっているよ）。

ピンガスン[piŋasuŋ]〔他〕
逃がす。〈否〉ピンガハヌン。【例】フォーラ ナーン ムノー、トゥジュ アタラサ スーナー ピンガシ アワリバ シーブルワヤ（思慮のない奴め、妻を大事にしないで逃がしてしまい難儀をしているさ）。

ピンガン[piŋgaŋ]〔名〕
彼岸。「春分の日」と「秋分の日」の2回の彼岸がある。

ピンガンマチリ[piŋgammatʃiri]〔名〕
彼岸祭り。春（春分の日）と秋（秋分の日）に2回、祖先の供養を行なう。

ピンギ[piŋgi]〔接頭〕
「逃げた」の意味を表し、次に逃げたものを伴って熟語を作る。「ピンギウシ（逃げた牛）」「ピンギピシダ（逃げた山羊）」「ピンギマヤー（逃げた猫）」など。

ピンギマール[piŋgima:ru]〔名〕
逃げ回ること。逃亡。「ピンギマーン」とも言う。【例】ヤナクトゥバ シー ピンギマールバ シー ブーソーナ マンドゥ ブーッティ タルン ザヌントゥ（悪事を働き逃げ回っているらしく、どこにいるのか誰も知らないそうだ）。

ピンギマールン[piŋgima:ruŋ]〔自〕
逃げ回る。逃亡する。【例】ピンギマール ハンガイバ シーブ パゼールヌ マヌマヌユーヤ アイヤーナラヌン ドゥラー（逃げ回る考えをしているはずだが、今の世はそうはいかないぞ）。

ピンギヤー[piŋgija:]〔名〕
逃げ回っている人。【例】ウカバ ハビヤー ハカラナー ピンギヤー ナリ ブルワヤ（借金まみれで、家にいることもなく逃げ回っているよ）。

ピンギルン[piŋgiruŋ]〔自〕

逃げる。〈否〉ピングヌン。【例】ウシヌ マキバハラ ピンギ ウブソードー ナリブー（牛が牧場からにげて、大騒ぎになっている）。

ピング[piŋgu]〔名〕
鍋墨（なべずみ）。薪を燃やして煮炊きをするとき鍋や釜の尻につく黒い煤。（石）ヒング・ピング。（沖）フィング。【例】ウヴァー パナナー ピングヌ ママレーリバ アライクー（あなたの鼻にピングが付いているから洗ってきなさい）。

ピングリルン[piŋguriruŋ]〔自〕
体が冷え込む。〈否〉ピングルヌン。【例】アミン ゾーリッカ ピングリ パナシキ ハカルヌ（雨に濡れると体が冷え込み、風邪を引くよ）。

ピングン[piŋguŋ]〔名〕
冷え込み。病気になる冷気。【例】ピングンヌ スーワリバ パナシキ ハカランヨーン タマンガリ（冷え込みが強いので、風邪を引かないよう注意せよ）。

ピングン[piŋguŋ]〔名〕
破傷風。破傷風菌。【例】ソンガチヌ パラユ ムテーターナ パラバ ドゥーヌ パンハ ウタシ ピングンバ イリ ヌチユ トゥラリッタ（正月の〈旗頭を載せる〉柱を持ちながら、柱を自分の足に落とし破傷風菌が入って命を落とした）。僕の父方の一番上の伯父は、用例のような状況下で亡くなったという。明治年間のことで、15、6歳のころの事故だったというから医療事情の貧困な情況下でのこととは言え何とも痛ましい出来事であった。

ビンシー[binʃi:]〔名〕
油を入れる鉄製（錫製）の容器。沖縄語の移入語。

ピンス[pinsu]〔名〕
貧乏。【例】ウヤキ ピンスヌ タカサ ヒクサヤ タルン シッチョン（裕福や貧乏の高さや低さ、すなわち貧富の差があるのは誰でも知っている／〈孝行口説〉より）。
黒島のソーニヨイ（生年祝い）の余興に演じられる〈孝行口説〉は、主に沖縄語で作られている。用例に続いて展開されるのは、貧富の差にかかわらず分相応の孝を尽くすのが子の務めだと諭す内容になっている。

ピンスムヌ[pinsumunu]〔名〕
貧乏人。【例】マイヤ ケーラハラ ピンスムヌッティ ウサイラリ ベータヌ マヌマー ウヤキバ シー ウラマサシーラリブー（以前は貧乏人と皆に馬鹿にされていたが、今は裕福になって羨ましくされている）。

ピンスヤー[pinsuja:]〔名〕
貧乏な家庭。【例】ピンスヤーハラドゥ マイフナー マリ（貧乏な家庭からこそ、立派な人は生まれる）。

ビンダライ[bindarai]〔名〕
洗面器。終戦直後の黒島では、金属製のビンダライしかなく今のようなプラスチック製のものはなかった。（石）ビンダライ。（沖）ビンダレー。【例】ウムティ シミムヌユ ビンダライッティ シタワヤ（顔を洗う用具をビンダライと言ったよねえ）。

ピントゥー[pintu:]〔名〕
返事。「イライ」とも言う。「へんとう（返答）」の意。【例】ピントゥー シーバソー エイッティ シーリ（返事をする場合は、すかさずしろ）。

ビントー[binto:]〔名〕
弁当。【例】ビントーヤ ウントゥ シタッティヌ ハシ タンカー アッタ（弁当は芋と醤油（しょうゆ）の粕（かす）だけだった）。
戦後のあのころ、学校に弁当を持って行くのは遠足（と言っても小学生は島の半周、中学生は島一周）のときだけだった。弁当の中身は用例のとおり粗末なものだったが、

それでも日常の食事とは違った賑やかな晴れがましい雰囲気のなかでいただく弁当は、仕合せをもたらしてくれた。ちなみに。黒島の周囲は15キロメートルほどであり、小学生の歩く距離は学年ごとに調整されていたと思う。今どきの黒島の子どもたちは、1学年に1人2人しかいないというし、どんな遠足を楽しんでいるのだろうか。

ビントーバク[binto:baku]〔名〕
　弁当箱。【例】ムカシヌ　ビントーバコーハニ　アッタ（昔の弁当箱は、金属製だった）。子どものころの弁当箱は、確かアルミ製でなかっただろうか。

ビンヌパー[binnupa:]〔名〕
　クワズイモ。クワズイモの葉。「ビウンヌパー」とも言う。【例】ビンヌパーバ　ハビ　ガッコーハ　パルバソーン　アッタワヤラー（ビンヌパーを被って学校に行くこともあったよなあ）。クワズイモの葉は、その名のとおり山羊や牛の餌はもちろん人の食用としては役に立たない植物である。またの名「ビウンヌパー」は「ビー　ウンヌ　パー（毒芋の葉）」の略である。生活の場での用途としては毒性を帯びた切り口の汁に用心しながら、広い葉の上で芋やご馳走などを盛り、小雨の時には臨時の雨傘の代用品にした。現在は、日陰でも育ち緑色の葉の艶も美しいことから、観葉植物として活用されている。

フ

ブ[bu]〔名〕
　〔数〕分。あるものの全体の十分の一の分量。（石）ブ。（沖）ブ。【例】ウレー　ヤラビシェーケー　イメーミ　アマザヌ　タラーナートゥリドゥ　シチブッティ　イザリブッタヌドゥ　ウブプスナリ　タルッキン　マイフナー　ナリブルワヤ（彼は子どものころは、少しオツムが足りないので七分と言われていたが、成人して誰よりも立派になっているのだよ）。

ブイ[bui]〔名〕
　甥。姪。【例】キョーダイヌ　ヴァーユドゥ　ブイッティ　イズ（きょうだいの子をブイと言う）。
　黒島語には、きょうだいやおじ・おばには男女別の呼び名があるが、甥・姪を表す個別の呼称はなく、「ブイ」の一語で「甥・姪」を表す。「ブイ」は共通語の「おい（甥）」の音韻変化した語だと思われることから、この語には「男尊女卑」の感じが漂う。石垣語も「ブイ」で甥・姪を表す（『石垣方言辞典』参照）。沖縄語では「ヰー・ヰーックヮ（甥・甥っ子）」「ミー・ミーックヮ（姪・姪っ子）」と使い分けている（『沖縄語辞典』『琉球語辞典』参照）。なお、最近の沖縄語辞典では「ミーックヮ＝姪。甥。本来は姪だけを指したであろう。」と説明している（内間直仁・野原三義　編著『沖縄語辞典－那覇方言を中心に－』研究社2006年・参照）。同辞典には「イィーックヮ（甥）」と言う独立した語もある、念のため。
　なお、黒島語では「兄弟」も「姉妹」も、共に「キョーダイ」と言う言葉で表現しているところから、ここでも「兄弟」が全面に出ており男尊女卑が示されていると言えよう。「ブザサ」の項参照。

フイシカルン[ɸuiʃikaruŋ]〔自〕
　くっつく。「フシカルン」「シビシカルン」

とも言う。〈フイシカラヌン〉。(石)フイチュカルン。(沖)クイッチャーシュン。【例】ウヌッファー フンダイバシー イチバーキン ブネーハ フイシカリ パナハルヌン（その子は甘ったれて、いつまでも母親から離されない）。

ブイシティルン[buiʃitiruŋ]〔他〕
振り捨てる。振り落とす。【例】アミン ゾーリベー サナー アマダンユ ブイシティティ タティウシキ（雨に濡れている傘は、雨だれを振り落として立てておきなさい）。

フイッカムン[Φuikkamuŋ]〔他〕
閉めきる。厳重に閉じる。【例】ヤドーハジン トゥバハルンヨーン ガンッティ フイッカミ ウシキ（戸は風に吹き飛ばされないように、頑丈に閉じておけ）。

ブイッファ[buiffa]〔名〕
甥っ子。姪っ子。「ブイ」の項参照。【例】キョーダイヌ ウラハッテナー ブイッファンキヌ ハナイヨーダラ（兄弟・姉妹が多くて、甥っ子や姪っ子に恵まれていることよ）。

フイリッピナー[Φuirippina:]〔名〕
フィリピン人への蔑称。「フイリッピナー（フィリピン人）」「チョーセンッピー（朝鮮人）」など、残念ながら、黒島でもこういう〝国際的〟な差別用語が用いられていた。

フー[Φu:]〔名〕
めぐり合わせ。運。幸運。【例】フーヌアーッタラドゥ ウリトゥ トゥジブトゥナレー（運〈幸運〉があったからこそ、彼女と夫婦になれた）。

フー[Φu:]〔名〕
封。【例】ティガミュ フートーナ イリフーユ シーウシキ（手紙を封筒に入れ、封をしておきなさい）。

ブー[bu:]〔名〕
緒。紐。下駄や草履などの鼻緒。【例】アシッツァー ヤディン ブーヌドゥ パジミンキセーッタ（下駄は、いつも鼻緒がまず切れた）。
　小中学校に通っていたころ、靴を履いて通学した記憶がない。履物と言えば、正月に下駄を買ってもらったが、小学生のころからだったか、中学生になってからだったか記憶は定かでない。それでも、新しい下駄の緒が用例のように鼻緒が先に切れるものであったことは、よく覚えている。私自身は、中学3年生のときには下駄を履いて通学しており、しかもカッコーつけて本を読みながら、という風体であった。島では自動車は一台も走っていなかったから、交通事故の心配はなかった。運搬用の荷車は、もっぱら牛に引かせる車であった。その他の乗り物と言えば、商売をしていた私の伯父・真清が荷台の大きい自転車で荷を運んでいたし、スクニヤー（仲本部落の小浜家）の廉太郎小父さんはリアカーを自転車で引いて販売用の品物を運んでいた。

ブー[bu:]〔名〕
〈植〉苧麻。麻。苧。【例】シマナー ブルケー ブーッティ アイナー ミラルンタン（黒島に住んでいたころ、苧麻はそんなに見かけなかった）。

ブー[bu:]〔名〕
苧麻から採った繊維。八重山上布の原料。【例】ブーヤ ブームトゥヌ ハーハラ トゥレーッタ（ブーの繊維は、苧麻の幹の皮から採った）。

プー[pu:]〔名〕
穂。【例】クトゥシヌ アーヌ プーヌ スナマリヨーダラ（今年の粟の穂の揃い方よ）。

プー[pu:]〔名〕
帆。【例】プーヌ シカラー ワーラハジヌ バソー キムビヤッティ ヤキダマフニッキン パーハーッタ（帆の力は順風の場合にはものすごくて、ヤキダマエンジン

の船より速かった)。

プー [puː]〔名〕
皮膚病の一種。皮膚の一部に粟状の発疹ができて痒くなったり、痛くなったりした。発疹の形状から「アープー(粟状の発疹)」とも言う。【例】ティーナ　プーヌ　ンジ　ハウワヌ　フシガルヌン(手に発疹ができ、痒くて我慢できない)。

プーカー [puːkaː]〔名〕
風船。中身のない人を風船に譬(たと)えて「プーカー」と言う場合がある。【例】ジンブンヌ　ナーン　プスユ　プーッカーッティ　イズッタワヤ(知恵のない人を、プーカーと言ったよなあ)。

プーキ [puːki]〔名〕
猛暑。熱暑。【例】プーキヌ　スーワバソー　ウシン　ヤコーセッターナ　シカイ(猛暑のなかでは、牛も休ませながら使いなさい)。牛は疲れると舌を出し、涎(よだれ)を垂らす。猛暑のときに限らず、冬場の製糖期にサトウキビを圧搾する圧搾機を動かすのは牛であったことから、牛が疲れて舌を出すと休ませ、別の牛と交替したのである。闘牛の際も、長期戦になると先に舌を出すほうがたいてい負ける。「ウシグルマ(牛車)」の項参照。

フーソー [ɸuːsoː]〔名〕
褒美。賞。「褒賞(ほうしょう)」の意。【例】フーソーヤ　イチ　イーラバン　サニヤーワヤ(褒美は、いつ貰っても嬉しいよなあ)。「フーソー」と言えば、運動会のときと卒業式・修了式のときに、「賞」の朱印が押されたノート(大学ノート)を貰った。

　社会人のもらう「フーソー」では、天皇の御名御璽(ぎょめいぎょじ)が記録・刻印された叙勲がある。受章年齢は職種によって違いはあるが、概ね70歳を越してからである。いわば功成り名を遂げたあとの「フーソー」というわけである。僕の叙勲に対する接し方(評価)は、受章者の歩んでこられた人生によってさまざまである。受章に関する事務手続きを積極的にお手伝いしたことも一再ならずあるし、受章者に素直に祝意を述べたことも多々ある。ただ、究極・率直なところ、自らの「叙勲受賞」についてはその資格如何にかかわらずまったくの無関心事であり、他人のことに関しては「受章」の機会があったにもかかわらずそれを自らの積極的な意思で拒絶された方々へ心からの共感と崇敬の念を抱いてきた。記憶に残る受章拒絶者には、身近では宮良長義先生、本盛茂先生、森田孫榮先生、仲山忠享先生、それに大田昌秀元沖縄県知事らがおられる。

フータイ [ɸuːtai]〔名〕
風袋(はかり)。秤で物の重さを量るときの、その品物の容器・上包み・箱・袋など。【例】ウレーパナセー　フータイバ　ピキ　シカナーッカ　ナラヌン(そいつの話は、風袋を引いて聞かないとだめだぞ)。

ブーバ [buːba]〔名〕
伯母。叔母。〈対〉ブザ(伯父・叔父)。呼びかけの場合は、語尾を引っ張って用いた。【例】ブーバヌ　ナハナー　イチン　ウイヤ　ウボーブ　イチン　ザーラヤ　ボーマ　マンナハヤ　ナハブッティ　シタ(ブーバのなかで、一番上はウボーブ、一番下はボーマ、真ん中はナハブと言った)。

ブーバイ [buːbai]〔名〕
〈植〉ノカラムシ。苧麻に似た小ぶりの野生の草で、山羊の好物。繊維は苧麻ほどではないが、それなりに強い。

ブーハジ [buːhaʒi]〔名〕
〈植〉和名不詳。高さ2〜3メートルの亜高木の名。葉にはザラザラした繊毛(せんもう)があるが、山羊や牛の好物であった。【例】ブーハジヌ　パーヤ　ウシン　ピシダン　シカイットゥ　マーハ　シタ(ブーハジの葉は、牛も山羊も非常に美味しく食べた)。

ブーハラ[buːhara]〔名〕
クロツグの葉柄(ようへい)の根元を覆っている繊維。【例】プリムラヌ　タイラコー　ブーハラシ　スクレー　ハビムヌバ　ハビドゥ　ブドゥレータ(保里部落のタイラクは、ブーハラで作った被り物を被って踊った)。用例の被り物は簡便なカツラで、その形そのものが滑稽踊りの滑稽さを演出していた。多分、髭もブーハラで作ったのではなかったか。

ブーハラジナ[buːharaʒina]〔名〕
ブーハラで綯(な)った縄。【例】サキハミヌ　シカルヤ　ブーハラジナシ　スクレータ(酒瓶の保護用網は、ブーハラジナで作った)。
　ブーハラの繊維で綯う縄は非常に頑丈で、今でも古酒を詰めた三升瓶や五升瓶の飾り綱(保護網)はほとんどブーハラ綱である。また、畑に持って行くピーナー(火種用の縄)も、ブーハラで綯った。さらに、牛の鼻綱もアダンの気根から取れるアダナシと交ぜて綯ったし、瓦葺きのユチリ(桟(えつり))を編む縄にも用いるなど、用途の広い材料であった。

ブーヌ[buːnu]〔名〕
斧。【例】クヌ　タンムノー　ブーヌシ　バリ　パマヌ　ウイヌ　タナナー　シミウシキ(この薪は斧で割って、竈の上の棚で積んで置きなさい)。

ブーブー[buːbuː]〔名〕
瀉血(しゃけつ)によって悪血(おけつ)を取り除く民間療法。頭痛持ちの人、のぼせ症の人、肩凝りや腰痛などの持病のある人に対し、消毒した剃刀で背中などを軽く弾いて瀉血を施し、そこにコップなどに度数の高い泡盛を入れて点火したものを据える。そうやって静脈から悪い血を取り出すという荒い治療法である。今どき(2021年7月現在)の治療法ではないのでは、と思うのだがスポーツジムの風呂場で背中に赤く丸い「ブーブー」の痕跡を示している人を時々見かける。やはり根強い人気のある民間療法の一つなのであろう。
　そんな折、東京オリンピックのバドミントン・シングルスの奥原希望選手の右腕に痛々しいブーブーの痕を見て、一流アスリートも「ブーブー治療」を受けるのだと感慨に浸りながら観戦したのだった。彼女は、残念ながら準々決勝で敗退した。
　その後、大相撲の大関貴景勝の広い背中にもブーブーの痕がたくさん施されているのを確認した。令和5年の初場所のことで、この場所で貴景勝は優勝に輝いた。

フーン[ɸuːŋ]〔自〕
来る。〈否〉クーヌン。【例】ヤディン　フーンッティ　イジベータヌドゥ　マダ　クーンサー(かならず来ると言っていたのに、まだ来ないよ)。

フーン[ɸuːŋ]〔他〕
閉める。閉じる。「フウン[ɸuuŋ]」とも言う。【例】ピーヤリバ　ヤドゥン　ソージン　フイ　ウシキ(寒いので、戸も障子も閉じておきなさい)。目を閉じる、穴を塞ぐなどは「ザウン」と言う。「ザウン」の項参照。

フウン[ɸuuŋ]〔他〕
閉める。閉じる。「フーン」と同じ。

プーン[puːŋ]〔名〕
豊年祭。「ワンプール(御嶽での祈願)」などでは「プール」とも言う。【例】プーンヌ　ウムッサー　ビャーハシマヌ　プーンッティ　イザリブー(豊年祭が面白いのは、我が黒島の豊年祭だと言われている)。
　八重山諸島の豊年際は、すべての穀物の収穫を終えた旧暦の六月に、その年の豊作を神々に感謝し、「ヤイネユー(来年の豊作)・クナチユー(来夏世＝来年の夏の豊作)」を祈る農耕神事として催されてきた。

現在も農耕神事としての基本的な形態を保持しながら、一方では産業構造や生活様式の急速な変化に伴い、住民生活の実態に即した多様な意義付けがなされ、種々の色合いを帯びている。

八重山全域における豊年祭の祭事は、華麗な旗頭をおし立て、雄綱(おづな)と雌綱(めづな)の結合を穀物の豊かな結実に重ね合わせることで、豊年・豊作を祝う「綱引き行事」を主とする系列および「ニーラスク＝ニライ・カナイ」から豊穣をもたらす仮面・仮装の来訪神「アカマタ・クロマタ・シロマタ」の秘密結社的な神事を行なう系列に大別される。

このようななかにあって、黒島の豊年祭は特異な形態を示している。他の島々・村々の豊年祭行事は御嶽の境内や付近の広場や道路などで、あるいは普段は誰も立ち入ることのない「ナビンドー」と称される秘密の場所で繰り広げられるようだが、黒島の場合は海浜と海上で行なわれる「ウーニ走（船頭の競走）・パーリー漕ぎ（爬竜船の競漕）」が中心をなす。

黒島の年配の方々は「プーンヌ　ユンドゥ　ヌツェー　プサー（豊年祭があるからこそ長命がほしいのだ）」と口にされたものである。それは、村の名誉をかけた「ウーニ競走・パーリー競漕」への胸の高鳴る万感の想いを述べた言葉にほかならない。

黒島の豊年祭は、以前は旧暦六月の「ハンピュール（神日和）」の初日にワンプール（御嶽での神事）が行なわれ、海上・海浜における上述のムラプールの行事は二日目に南二村(ぱいふたむら)（宮里村と仲本村）において、三日目には北二村(にしふたむら)（保里村と東筋村）において、行なわれてきた。近年は、ワンプールも衰微し、その直近の日曜日に宮里海浜において南二村(ぱいふたむら)・北二村(にしふたむら)の行事が一挙に挙行される。この「パーリークイ（爬竜船漕ぎ）」は「ユークイ（世請い＝豊年祈願）」を意味する村びと・島びとの厳粛かつ切実な農耕神事である。

「ウーニ競走・パーリー競漕」は、神の盃を受けたウーニ（船頭）が、砂浜・岩礁・海中を韋駄天(いだてん)走りに駆け抜けてパーリー船に跳び乗り、パーリー船は沖に浮かぶ「フキ（標識＝じつは豊年・豊作の象徴）」を取り上げ元の位置まで漕ぎ寄せる。ウーニは、パーリー船から跳び降り同じコースを最初の地点まで走り抜くのである。

この競走・競漕は、他の村には絶対に負けられないという村人の必勝の競争意識を駆り立てる。先に紹介した「豊年祭があるからこそ長生きしたいのだ」という言葉には、黒島びとの血湧き肉躍る熱い想いが凝縮されているのである。でも、この行事を冷静に観察すると、競走・競漕の内にひそむ真実の姿はニライ・カナイからの「ユークイ（世請い＝豊年祈願）・ユーアギ（世揚げ＝豊年・豊作を引き寄せる儀式）」の代替・模擬行為なのである。

じつは、〈豊年祭じらば(ぶーんじらば)〉で「キムピシチ　イルピシチ（心を一つに気持ちを一つに、合せて）」と歌っているのは、神事儀礼の模擬化された「ユークイ＝パーリークイ（爬竜船競漕）」において競争相手の村から勝利するための必須条件は一糸乱れぬ櫂捌(かいさば)きにあるのだという村びとの現象面の、肌感覚的な心構えを示したものではないか、と思われるのである。「イル」の項参照。

プーンジラバ[puːndʒiraba]〔名〕

古謡の名。〈豊年祭じらば〉。ウーニ競走・ハーリー競漕が終わるとウーニを先頭に乗組員が旗頭の周囲を回りながら歌うのが、この歌である。円陣の中では、アブッタンキ（お母さんたち）やパーッタンキ（お婆さんたち）が、はじけるような勢いで、最後のガーリまで踊り続ける。もはやそこに

は、ウーニ走やパーリー漕の競争意識はなく、「ユークイ（豊年豊作の招来）」の儀式に彩られた村びと島びとたちのひたむきな祈りの姿が現出する

フォーガハン[Φo:gahaŋ]〔形〕
ぎこちない。不格好である。【例】ダグヌナーンムノー　ヌーシムバン　フォーガハーダ（要領のないやつは、何をさせてもぎこちない）。

フォーガー[Φo:ga:]〔名〕
不格好なやつ。不器用なやつ。【例】フォーガー　マーダシティ（不格好なやつめ、ほんとにもう！）。用例は、不格好な、不器用な人に浴びせる怒声・罵声。

フォール[Φo:ru]〔名〕
智恵。分別。思慮。「フォーン」とも言う。「ジンブン」と同じ。【例】ギューサ　ディキダハーラバン　フォールヌ　ナーンプソー　セイコー　スーヌン（いくら頭がよくても〈学校の成績が良くても〉、分別〈世間的な知恵〉のない人は成功しない）。

フォーン[Φo:ŋ]〔名〕
智恵。分別。思慮。「フォール」と同じ。

フォーンダラ[Φo:ndara]〔感〕
浅智恵のやつめ。馬鹿なやつめ。智恵・分別のない人を蔑んでなじる場合に発する。【例】フォーンダラ　マタマタ　ユヌ　マチガイバ　シービサレー（馬鹿なやつめ、またまた同じ間違いをしやがって）。

プカ[puka]〔名〕
外。【例】ハマナー　ビータリ　ユダーキベームノー　プカハ　サンキンザハイ（あそこで酔っ払ってだらけているやつは、外に放り出せ）。

フガイ[Φugai]〔名〕
尖がっている様（さま）。後頭部の尖がりに言う。沖縄語の「トゥガイ」の転化した語か。「トゥガイ」は、角が上に尖がっている闘牛の愛称に用いられる。僕が悪さをすると、四兄の明良は僕の後頭部の尖がりを「ガッパイ・ゲンノー・フガイ」の３点セットでよく罵ったが、語感から「フガイ」がもっともきつかった。

フカスン[Φukasuŋ]〔他〕
沸かす。お湯を沸かす。〈否〉フカハヌン。【例】サーユ　フカセーリバ　ゾー　ンキワーリ（お茶を沸かした〈淹れた〉ので、どうぞお上がりください）。

フカスン[Φukasuŋ]〔他〕
起こす。目覚めさせる。〈否〉フカハヌン。【例】ニビベープソー　フカハリルヌ　ニビマービバ　シーベープソー　フカハルヌン（寝ている人は起こせるが、寝た振りをしている人は起こせない）。

フガスン[Φugasuŋ]〔他〕
穴を開ける。公金に手を出す。〈否〉フガハヌン。【例】①ナビヌ　スクバ　フガシシカールヌン（鍋の底に穴を開けてしまい、使えない）。②ムラヌ　ジンバ　フガシ　ピルマシクトゥ　ナリブー（村の公金に手を出して〈公金を使い込んで〉、たいへんなことになっている）。

フキ[Φuki]〔名〕
標識（みおつくし）。澪標。【例】プーンヌ　パーリーヤ　トゥーナ　フケーリブー　フキバ　トゥリムドゥリ　フー（豊年祭の爬竜船は、沖に浮いている標識を取って引き返して来る）。
　このフキ（標識）は、競漕の折り返し点の目印であるが、神事的にはユークイ（豊年の招来）の観点から豊年・豊作・弥勒世の象徴としての役割を帯びている。よって、勝敗にこだわるあまり、フキを取らずに引き返すのは神事儀礼の精神にもとるものである。

フキ[Φuki]〔名〕
芽。茎。〈類語〉ビチン・スラ。【例】トゥンナ　フキヌ　ユヤンドゥ　シカサリダ（アキノノゲシの新芽を摘んでもらったた

めに、賺された／黒島民謡〈山崎ぬあぶぜーま節〉より)。「ビチン」の項参照。

フキ[Φuki]〔固〕
〈地〉黒島の古い村の名。宮里の西方に位置していたが、現在は廃村となっている。「保慶・保喜」の表記がある。【例】ナカントゥ アリシジ イク フリムラ フキヤ ミヤザトゥ（仲本 東筋 伊古 保里村 保慶 宮里／黒島民謡〈黒島口説〉より)。用例のとおり、〈黒島口説〉ではフキ（保慶）村が登場する。

フキアン[Φukiʔaŋ]〔名〕
網漁の一つ。一種の待ち受け漁。【例】フキアンヤ ヤクヌ サンバシヌ アールマトゥ イルマヌ トゥマンナー セータ（フキアン漁は、伊古の桟橋の東側と西側の海で行なった)。

　フキアンは、伊古部落の北方海岸に構築された延長約400メートルの桟橋を利用した一種の「待ち受け漁」である。大潮どきの満潮時に、桟橋のほぼ中間部から桟橋と直角に網を張り干潮時に沖に戻る魚を待ち受ける。網は、ユブサン・シッカーに用いるスディアン（袖網。この場合はキタアン＝桁網と呼ぶ）と同じ。網を仕掛けたあと、干潮になるまでには6時間ほどの間があるので、家で一休みして干潮時に網に引っ掛かった魚や水溜りで泳げなくなってパタパタしている魚を捕る。

　満潮時には、ボラは網を飛び越えて外洋に逃げようとするので、それを防ぐため一部に二重に網を張りジャンプしてきた魚を捕らえる。このフキアンは、桟橋の沖に向かって右（東側）と左（西側）の両方で交互に行なうが、地形に相違があるので網の張り方に工夫を要する。漁獲量は平均50斤くらいで、捕れた魚の分配方法はユブサンの場合と同じである。この項は野底善行君からの聞き取りである。

フキトゥルン[Φukituruŋ]〔他〕
受け取る。【例】ウヤセームノー フキトゥリタボーットゥリ ヤーニンズ ケーラユ ハルイシキ タボーリ（お供えした物は受け取りくださって、家族全員のご加護ください)。

フキナー[Φukina:]〔固〕
〈地〉沖縄島。沖縄本島。【例】マイヤ フキナーハヌ タベー ナカナカ シラルンタン（以前は、沖縄島への旅行はめったにできなかった)。

フキナータビ[Φukina:tabi]〔名〕
沖縄本島へ旅行。昭和30（1955）年ごろ、黒島から沖縄本島への旅行は珍しいことで、ある意味では「事件」とも言えるほど珍しい出来事だった。そういえば、高校生のときの修学旅行は「沖縄行き」と「本土行き」であったが、本土組はほんの一握りで沖縄組が圧倒的に多く僕も沖縄組だった。

フキナーハウ[Φukina:hau]〔名〕
沖縄香。沖縄語由来の「ヒラウコー（平御香）」とも言う。

フキルン[Φukiruŋ]〔自〕
起きる。【例】シトゥムテー パーマリハラ フキ ウシユ ムチナシ ガッコーハパッタ（朝は早く起きて、牛を移動させてから学校に行った)。

　私たちが子どものころは、牛は畑地に不適な原野で繋ぎ飼いをしていたことから、朝は別の場所に移して草を食べさせた。用例のような作業は子どもの分担であった。

フキルン[Φukiruŋ]〔自〕
くぐり抜ける。狭い空間を通り抜ける。床下などを通り抜ける。【例】①イクサユーバ フキドゥ マヌマ ナレー（戦争の世をくぐりぬけて、今になった)。②ヤラビシェーケー フキラリッタヌ ウブプスナリ フキラルヌン（子どものころは通り抜けられたのに、大人になったら〈狭くて〉

通り抜けられない)。

フキルン[Φukiruŋ]〔自〕
お漏らしする。粗相する。【例】トゥシ トゥッタラ シバンヌ シカハナリ クライベーッカ フキプソー ナルワヤ(年取ったら小便〈を催す時間が短くなって〉が近くなって、我慢していると漏らしそうになるよ)。テレビのコマーシャルで履き心地のよい女性用の紙製パンツが宣伝されているが、男性用が宣伝されないのはなぜだろうか。尿意を催しながら渋滞道路を運転している時の辛さよ。その点からも、私にとって高齢者の運転免許証返上は切実な現実的課題である(2020年12月現在・76歳)。

フキルン[Φukiruŋ]〔自〕
さえずる。メジロがさえずる。

フギルン[Φugiruŋ]〔自〕
穴が開く。穴が出来て底が抜ける。〈類〉ピッキルン。【例】ウヌ ティルヌ スコー フギナーニバ シカールヌン(その笊の底は、穴が開いているので使えない)。

フギルン[Φugiruŋ]〔自〕
満足する。納得する。「キム」に後接する形で用いられる。「フグン」とも言う。【例】キムフギルン(心から満足する)。共通語の「ほぐ(祝・寿)＝①よい結果が得られるように、祝福の言葉を唱える。また、そのようにして神に祈る。祝福する。言祝ぐ。祝う(『日本国語大辞典』「ほく＝ほぐ」の項参照)」との関連が感じられる。「フギルン」と共通語「ほぐ(祝ぐ)」との対応関係を私に教示してくださったのは『古代琉球語の旅』『琉球語は古代日本語のタイムカプセル』等の著者・具志堅敏行氏である。「キムフギルン」の項参照。

フキン[Φukiŋ]〔名〕
布巾。【例】マハンヌッツァー フキンシドゥ フケーッタ(お碗などは、布巾で拭いた)。

フク[Φuku]〔名〕
肺。【例】キムヌ アルッカー フクンアン(肝があれば、肺もある／黒島のことわざ)。「魚心あれば水心あり」に通ずることわざである。

フグイ[Φugui]〔名〕
睾丸。「クガ」「ヤッコン」とも言う。(石)クガ・ヤッコン。【例】ワーヌ フグイユ トゥルプスヌ ブッタワラー(豚の睾丸を取る人がいたよなあ)。「ワーヌ フグイトゥヤー」の項参照。

フクザーラスン[Φukuza:rasuŋ]〔他〕
散らかす。【例】ヤーヌ ウチン ヤーヌ プカン フクザーラシ ヤニヤヌ(家の内も外も散らかして、汚い)。

フクザールン[Φukuza:ruŋ]〔自〕
散らかる。【例】ナハザヌ フクザーリ ブリバ ソージシーリ(台所の土間が散らかっているから、掃除しなさい)。

フクザンクズレブシ[Φukuzaŋkuzurebuʃi]〔名〕
結願祭の余興の名。〈北山崩れ節〉。

《北山崩れ節》
北山崩れのその時　本部太原　今帰仁城に
戦おし寄せ　水も漏らさず　鳥居を囲めば
按司の大将　平敷大主　櫓の上より
敵を見下ろし　日頃手習い　五尺余りの
薙刀打ち取り　城門押し開け　ゆらりゆらりと
立ち出じ　大勢群がる　集まる中に
わっと飛び入り　人無き所を　行くが如くに
縦様横様　切りを廻りば
敵の軍勢　嵐に木の葉の　飛ぶが如くに
四方へ　さっと引き行く
天晴れ　稀代の　名将　神か仏か
さて　さて　さて　さて

フクジ[Φukuʒi]〔名〕
埃。塵。ごみ。(石)フクイ。【例】ハジワーッティ フクジヌ トゥビ ミー プラカルヌン(風が強くて埃が立ち、目が開けられ

フクタ[Φukuta]〔名〕
襤褸。着古して敗れた着物。(石)フクダー。(沖)フクター。【例】メー ウヌ キンヤー フクタ ナリ キサルヌン(もうその着物は、襤褸になって着られない)。

フクビ[Φukubi]〔名〕
帯。【例】ヤラベー ヌヌヌ フクビシドゥ ハサイ ムレーッタ(子どもは、布の帯で負んぶしてお守りした)。小中学生のころ、ズボンの帯は布の紐だったのではなかったか。ハーフクビ(革のベルト)を着用した記憶はない。

フクラスン[Φukurasuŋ]〔他〕
膨らせる。〈否〉フクラハヌン。【例】パンビンヤ アンツォーバ イリドゥ フクラス(てんぷらは、膨らし粉を入れて膨らす)。

フクラビ[Φukurabi]〔名〕
〈動〉魚の名。モンガラカワハギの一種。ザラザラした固い皮に覆われているが、味はすこぶる美味。【例】フクラベー シキヤッサールヌ アジェー マーハンドゥラ(フクラビ魚は、突きやすく〈捕獲しやすく〉て味は美味い)。黒島民謡〈ぺんがん捕れー節〉では、フキムラ(保慶村)ビギレータ(男達)の得意な獲物として描かれている。

フクリルン[Φukuriruŋ]〔自〕
膨れる。腫れる。〈否〉フクルヌン。【例】パチン ザーリ ミーフチヌ フクリ ムヌン マイダン ミラルヌン(蜂に刺され、目も口も腫れ、物もちゃんと見られない)。

フクル[Φukuru]〔名〕
袋。「フクン」とも言う。【例】ハビフクル ナ イリ ムティ パリバー(紙袋に入れて持って行きなさい)。

フクルアン[Φukuruʔaŋ]〔名〕
袋網。網漁で、最後に魚を追い込む際に用いる袋状の網。

フクローフクロー[Φukuro:Φukuro:]〔副〕
柔らかに。食べ物の状態にも、歌の歌い方にも言う。【例】ウター フクローフクローイザバドゥ ウムッサ(歌は、柔らかく歌ったほうが面白い)。

フクロホン[Φukurohoŋ]〔形〕
柔らかい。味わい深い。【例】①ウヌウンヌ フクロホッティ マーハダラ(その芋の柔らかくて美味しいことよ)。②ウレー ウター フクロホッティ ウムッサーワヤ(彼の歌は味わい深くて、面白いよ)。

フクン[Φukuŋ]〔名〕
袋。「フクル」と同じ。

フクン[Φukuŋ]〔他〕
葺く。〈否〉フカヌン。【例】ハーラヤーヤ ハーラシドゥ フク(瓦家屋は、瓦で葺く)。

フクン[Φukuŋ]〔自〕
吹く。〈否〉フカヌン。【例】プーヌ マリバナー スーワ ハジヌ フクッカーラーサナーヌン(穂の出始めのころ、強い風が吹くとよくない)。

フクン[Φukuŋ]〔他〕
拭く。〈類〉ズールン。〈否〉フカヌン。【例】フンツァマユ フクバソー ゾーキンシ、ハンダイヤ フキンシドゥ フク(縁側を拭くときは雑巾で、飯台は布巾で拭く)。

フクン[Φukuŋ]〔自〕
湯が沸く。粉状に熟する。〈否〉フカヌン。【例】①ユーバ フカシ サー イリリ(お湯を沸かし、お茶を入れなさい)。②ウヌウンヤ クーバ フキ スック マーハン(その芋は、粉状に熟して非常に美味しい)。

フクン[Φukuŋ]〔他〕
吸う。【例】タバクユ フクン(煙草を吸う)。

フグン[Φuguŋ]〔自〕
満足する。納得する。「キム」に後接する形で用いられる。「フギルン」と同じ。「フギルン」の項参照。

プクン[pukuŋ]〔名〕

〈植〉フクギ（福木）。【例】プクンヤ ギューサ ウブハジヌ フカバン アティンガーヌン（フクギはどんなに大風が吹いても、びくともしない）。

　台風にもっとも強い木はフクギである。よって、暴風・防火用の庭木に適している。また、道路の並木にも根を張らず直根であることから最適だといえる。難点は、実が落ちて蝿がたかることである。このことに関連して、本土で広く街路樹に活用されているイチョウ（銀杏）の木も実（銀杏）を付けない苗を選別・植栽して成功しているのだから参考にできないものであろうか。

　このことについて、県の森林資源研究センターに照会したところ、福木が花をつけ実が成る前にその雌雄を見分けることはできないということであった。イチョウの成功例もあるのだから、フクギに関しても研究を深めて雌雄選別の方法を確立してほしいものである。

フケーラスン[Φuke:rasuŋ]〔他〕
浮かべる。〈否〉フケーラハヌン。【例】スーユ フマシ ウブスーナ フケーラシ ミリバドゥ（潮水に降ろし、海水に浮かべて見ると／〈ぱいふたふんたか・ゆんぐとぅ〉より）。パイフタフンタカは、出来上がった新造船を海に降ろし海水に浮かべて、喫水の良さ浮き具合の見事さに満足するが、用例は進水のときの状況描写である。

フケールン[Φuke:ruŋ]〔自〕
浮く。〈否〉フケーラヌン。【例】ピラクヌ バソー トゥマンナー ピラクヤーヌ フケーリブー（一際寒いときは、海に凍死または仮死した魚が浮いている）。

ブザ[buza]〔名〕
伯父。叔父。〈対語〉ブーバ（伯母・叔母）。呼びかけの場合は、語尾を引っ張って用いた。【例】ブザヌ ナハナー イチン ウイヤ ウブイザ イチン ザーラヤ ブザマ マンナハヤ ナハイザッティ シタ（ブザのなかで、一番上はウブイザ、一番下はブザマ、真ん中はナハイザと言った）。

ブザサ[buzasa]〔名〕
①おじ。②伯叔（父母の兄弟）。〈類〉ブバマ（おば）。関係を示す言葉で、呼び掛けには用いない。【例】イザー アボー ビキドゥンヌ キョーダイユドゥ ブザサッティ イズ（父と母の、男きょーだいのことをブザサと言う）。

　見出し語の「ブザサ」の語意①の「おじ」は、補足すると父母より年上なら「伯父」と、年下なら「叔父」と表記する。問題は語意②の「伯叔（父母の兄弟）」という説明である。なるほど、ここの「見出し語＝ブザサ（おじ）」は男だからその説明としては十分である。ところが別の見出し語「ブバマ」に「①おば。②伯叔（父母の姉妹）」と説明できるかとなると、そうはいかない。なぜなら国語辞典の「伯叔」には「父母の兄弟」という説明しかなくて「父母の姉妹」と言う説明は見当たらないからである。

　言うまでもないが、「伯叔」は「伯父と叔父」のことであり、同時に「伯母と叔母」のことでもあるはずなのに、どの国語辞典も「伯母と叔母」には触れていないのである。まさに日本語における男尊女卑を示す言葉の見本である。

　男尊女卑という観点から考えると、黒島語でも「キョーダイ」と言う用語で「兄弟・姉妹」を意味している。「キョーダイ」は、共通語の「兄弟」に対応する語であるのにその言葉に「姉妹」の意味も含ませている。つまり「姉妹」に対応する独立した黒島語はなく、ここにも男尊女卑の姿を垣間見ることができる。

　私の師事した石垣語研究の泰斗・宮城信勇先生は、つねに「既存の辞典を過信するな」と諭してくださった。私たちは、言葉

のなかに潜むあらゆる「差別」を見抜き正していくことも忘れてはなるまい。「ブバマ（おば）」の項参照。

〔追記2021年２月現在〕東京オリンピック・パラリンピック組織委員会の森喜朗会長が、女性蔑視発言の責任を取り辞任した。後任会長には、ジェンダー平等、多様性を尊重するオリンピック・パラリンピック精神に関する高い識見を有する人が望まれる（のちに、後任には女性オリンピアンの橋本聖子氏が就任した）。

ブザサーンキ[buzasaːŋki]〔名〕
おじたち。【例】ブザサーンケー　ウヤトゥ　ユヌムヌ（おじたちは、親と同じである）。「ブザサーンケー」の「〜ケー」は「〜キ　ヤ」の融合・約音である。

プサン[pusaŋ]〔形〕
欲しい。【例】ヌドゥヌ　ハーキベーバソーヌーッキン　ミジヌドゥ　プサー（喉が渇いているときは、何よりも水が欲しい）。

フシ[ɸuʃi]〔名〕
癖。【例】フシヌ　ナーンプスッティ　ブラヌン（癖のない人はいない）。

フシ[ɸuʃi]〔名〕
節。【例】シンザー　ビーッカ　フシハラドゥ　バイヤ　ンジフー（サトウキビは、植えると節から芽が出てくる）。節は、竹などの中空の茎の隔てとなる所を指すが、節と節の間の中空部分を「フシヌ　ナーガハン（節が長い）」という風にも言う。ちなみに、小浜島の竹は、その節が長いことから横笛の素材に適しているという。それゆえだろうか、小浜島の出身者には、笛吹きの名人が多い。

ブシ[buʃi]〔名〕
民謡の曲名を表す言葉。〜ブシ（〜節）と表記する。【例】アカンマブシ（赤馬節）・チンダラブシ（ちんだら節）等々。

ブシ[buʃi]〔名〕
剛の者。力の強い者。「武士」の意。【例】ウレー　ハラッター　グマハルヌ　シカラー　スーワッテナー　ブシッティ　イザリブー（彼は、身体は小さいけれど力が強いので〝ブシ（武士）〟と称されている）。

プシ[puʃi]〔名〕
星。【例】デントーヌ　ナーンケーヌ　プシヌ　ユーヤ　アイナー　ヴァーハッティ　ウモールンタン（電灯がないころの星の夜は、そんなに暗いとは思わなかった）。

　石油ランプで生活していたころの黒島では、もちろん外灯なんてものもないわけだから、月明かりのまったくない夜でも星影（星の光・星の明かり）が闇夜を照らし、それなりに明るかったのではなかったか。そう言えば高校生のころ、受験用の月刊誌に『蛍雪時代』というのがあったが、蛍や雪の明かりで読書をして大成した偉人の故事を雑誌の名称にしたものであったとか。

フシガリルン[ɸuʃigariruŋ]〔他〕
防げる。我慢できる。〈否〉フシガルヌン。【例】ティーバ　アライ　フチヌ　ナハン　ガラガラッティ　アライ　プスヌ　アツァマル　ハトゥハ　パラナーッカ　コロナー　フシガリルントゥ（手を洗い口の中もガラガラとうがいで洗い流し、人の集まる所に行かなければコロナは防げるそうだ）。

フシガルヌン[ɸuʃigarunuŋ]〔他〕
防げない。我慢できない。どうしようもない。どうにもならない。【例】バタン　ヤミ　アマジン　ヤミ　メー　フシガルヌン（腹も痛み頭も痛み、もう我慢できない）。

　この語は「フシガリルン（防げる）」の否定形であるが、肯定語はあまり用いられず、「フシガルヌン」という否定語が頻繁に用いられる。

フシカルン[ɸuʃikaruŋ]〔自〕
くっつく。「フイシカルン」と同じ。〈否〉

フシカラヌン。【例】ウヌ　フターラ　フシカリ　マズン　ナレーットゥ（その二人はくっついて一緒になった〈結婚した〉そうだ）。

フシグン[ɸuʃiguŋ]〔他〕
防ぐ。「パンスン」とも言う。〈否〉フシガヌン。【例】ヤサイユ　スクルバソー　パタキヌ　パタマーンユ　ハタハシ　ハクイドゥ　ハジユ　フシグドゥラー（野菜を作るには畑の周囲を風除けで囲って、風を防ぐのだよ）。

ブシタリルン[buʃitariruŋ]〔自〕
汚れる。〈否〉ブシタルヌン。【例】ブシタリキンユ　キシ　アラクナ（汚れた服を着て歩くな〈着てはだめだよ〉）。ここの「アラクナ」は「アラクン（歩く・ある状態になる）」の禁止命令形で、「そういう状態になるな」という意味である。

ブシタラスン[buʃitarasuŋ]〔他〕
汚す。〈否〉ブシタラハヌン。【例】アラキンユ　ブシタラハンヨーン　キサンスクン　シナーシ　ウシケータ（新しい服を汚さないよう、着ないでそのままにしておいた）。
　新調の服は、もったいなくて汚したくない気持ちが強く、なるべく着ないようにした。新しい服への愛着は何にも増して強く、それは貧しさの裏返しであり新しい服はそれほど有り難かったのである。

フシリ[ɸuʃiri]〔名〕
薬。「フシル」と同じ。

フシル[ɸuʃiru]〔名〕
薬。「フシリ」「フシン」とも言う。【例】ヤラビシェーケー　フシルッティ　イズッカー　セーロガントゥ　ノーシンヌ　ウモーリルワヤ（子どものころの薬と言うと、セイロガンとノーシンが思い浮かぶなあ）。
　セイロガンは胃腸薬として常備されていたが、虫歯の痛みを和らげるために虫歯の隙間に挟んで用いた記憶がある。ノーシンは、頭痛持ちの母がよく服用していたので、薬袋（ケース）の絵柄も鮮明に憶えている。「セーロガン」の項参照。

フシルイビ[ɸuʃiruʔibi]〔名〕
くすり指。「フシルウヤビ」とも言い、その方が古形であろう。薬を付ける〈塗る〉ときに遣ったのでその名がついた。母が薬指の用途にこだわったからであろうか、僕は今でも薬の塗布には無意識のうちに薬指を用いる。

フシルウヤビ[ɸuʃiruʔujabi]〔名〕
くすり指。「フシルイビ」とも言うが、見出し語が古形であろう。

フジルン[ɸuʒiruŋ]〔他〕
あさる。ほじくる。さぐる。〈否〉フジラヌン。【例】イズヌ　プニユ　ティーシ　フジリ　ヴォーッタラドゥ　アウッサハワヤ（魚の骨を手でほじくって食べたので、魚臭いよ）。

フジルン[ɸuʒiruŋ]〔自〕
聴きづらくなる。耳が遠くなる。【例】トゥジン　バヌン　ミンバ　フジリ　イズッタン　シカンタンティ　ピッティヌピン　アイックナーバ　シーブー（妻も私も耳が遠くなって、言っただの聞いてないだのとしょっちゅう言い争っている）。

フシン[ɸuʃiŋ]〔名〕
薬。「フシル」と同じ。

プス[pusu]〔名〕
人。他人。「ピス」とも言う。「ピス」と「プス」の両方に分離した理由については、「黒島語の特徴」の「（1）黒島語には中舌音がない」の〔注〕参照。【例】プスンナ　シカシナ（他人には教えるな）。「シカスン」は、聞かせる・伝える・知らせる・教える、などの多様な意味を持つ。
　用例の趣旨は、とっておきの重要な事柄を少人数で占有したいときなどに使う。現代風な使い方だと、美味しい料理を出す自分の好みの店があって、流行り過ぎるとな

かなか予約が取れないとか、あるいは味が落ちてしまうことが懸念されるとか、などの情況で用いるとドンピシャリである。

プス[pusu]〔名〕
臍。【例】ヤラビシェーケー イメーミ プスヌ ミラリッタヌ マヌマー バタヌ ウボホナリ トゥミラルヌン（子どものころは少し臍(へそ)が見えたけど、今は腹が大きくなって探せない）。

プズ[puzu]〔名〕
縮れ毛。【例】バハルシェケー ピネーマッスグ ムイッタヌ トゥシ トゥッタラ プズナリ ハウアサー（若いころの髭は真っ直ぐ伸びたのに、歳を取ったら縮れ毛になって痒(かゆ)いよ）。

プスウン[pusuuŋ]〔名〕
拾う。〈否〉プスワヌン。「ピスウン」と同じ。【例】アミヌ アトー シダミユ ティルヌ パントゥリスク プスイ ケータ（雨の後、カタツムリを笊(ざる)に溢れるほど拾ってきた）。以前は、カタツムリは貴重なタンパク源として食したし、黒島民謡〈ぺんがん捕れ一節〉にも歌われている。

プスダニ[pusudani]〔名〕
生まれ。「ひとだね（人種）」の意。【例】ムヌダネー ハクハリルヌ プスダネー ハクハルヌン（物種(ものだね)は隠されるが、人種(ひとたね)（生まれ）は隠されない）。

　本妻以外との間にできた子は、どういうわけかたいてい父親そっくりとなる。用例は、そういう事情を踏まえた表現である。このことに関し、シェークスピアの『リア王』のなかで、庶子(しょし)（妾の子）が「あくびまじりの間にできた阿呆の嫡子（本妻の子）と、親から心身の養分と活力をたっぷり授かってできた自分とはどだい訳がちがう」という激しい台詞があり、「なるほど！」と思う。ある本で読んだのだが、平穏無事な夫婦の場合より、妻に男の影（噂）がある場合には、夫の放出する精液の中の精子の数〈密度〉は激憎するそうである。

プス　ニンギン[pusu niŋgiŋ]〔連〕
人間。「プス（人）」と「ニンギン（人間）」の複合語。ここでは「プス」は「ニンギン」を強調する役割を果たしている。【例】プスニンギンッティ マリ アヤール ヤナクトゥユ シーラリッタンマラー（人間と生まれて、あんな悪いことを出来たものだねえ）。

プスマシ[pusumaʃi]〔名〕
人の垣。転じて「人格」を意味する。「イシマシ（石の垣）」の項参照。

プスヌ　ヤー[pusunu ja:]〔連〕
他家。他人の家。【例】プスヌ ヤーハ パルッカー ゾーットーニ アイシチシーリヨラー（他人の家を訪ねたら、丁寧にあいさつをしなさいよ）。

プスバザーッサン[pusubaza:ssaŋ]〔形〕
他人に顔向けできないほど恥ずかしい。「プス（人）」と「パザーッサン（恥ずかしい）」の転音した「バザーッサン」の複合語。【例】プスバザーッサ ナーナダル ウヌトゥジブトー アイ タンカ シーブルワヤ（その夫婦は、恥ずかしくないのか喧嘩ばかりしているよ）。見出し語が「〜パザーッサン」から「〜バザーッサン」に転音しているのは、半濁音「パ」が後接する濁音「ザ」に引かれて濁音化したのであろう。

プスパザーッサン[pusupaza:ssaŋ]〔形〕
他人に顔向けできないほど恥ずかしい。「プスバザーッサン」と同じ。

プズマリ[puzumari]〔名〕
火番盛。竹富町〔史跡〕・昭和47年8月30日指定。プズマリとは、高く盛り上がっているという意味で、昔はここで船の通航の監視をしたり、のろしを上げて通報をしたりした。竹富島の小城盛(くすくもり)、波照間島のコート盛、新城島のタカニクなどと同じく火番

盛と呼ばれている。プズマリは、黒島の西部・宮里部落の海岸に面した場所にある。番所が保里から宮里に移転したとき、15歳以上50歳未満の男性が総出で積み上げたものと言われている。また、当時、船の見張りのため、島民が交代でその役に当たった。『竹富町の文化財』(平成10年3月・竹富町教育委員会発行) 参照。

　火番盛は、黒島校にもあって「トーモリ」と呼ばれていた。僕たちが中学校に上がるころ二階建ての鉄筋コンクリートの校舎が出来たが、それまでは「トーモリ」が島で一番高い場所で、そこからは島の全体が見渡せた。

フズン[Φuzuŋ]〔他〕
　くじる。人の感情を害するようなことを言う。〈否〉フザヌン。【例】①バタ フズン(他人の感情を害する)。②イジ フズン(叱りつけて相手の心を傷つける)。

プスン[pusuŋ]〔他〕
　干す・乾す。乾かす。〈否〉プサヌン。【例】ワーシキヌ ハイヤーリバ ウズユ プシウシキ(天気がいいので、布団を干しておきなさい)。

プスン[pusuŋ]〔名〕
　一人。「ピスン」とも言う。【例】ズーニン ウキッタヌ シントゥ プスンドゥ ハカレーットゥ(十人受けた〈受験した〉のに、たった一人だけが掛かった〈合格した〉そうだ)。

プスンケー[pusuŋke:]〔接尾〕
　～そのもの。善くも悪くも、前の語を強調する。【例】①マイフナーヌ マリプスンケー(成功者そのもの)。②アワリヌ マリプスンケー(苦労の生まれそのもの)。

プソー[puso:]〔終助〕
　～しそう。【例】①トーリプソー(倒れそう)。②ヤリプソー(破れそう)。③ナキプソー(泣きそう)。

プゾー[puzo:]〔名〕
　煙草入れ。【例】プゾートゥ キシル タバクブンユ スライウシキ(煙草入れと煙管、煙草盆を揃えておきなさい)。
　関連語：タバクブン(煙草盆)。火入れ器(ピージン)。パイフキ(竹筒の灰吹き)。キシル(金属と竹を繋いで作った煙管)。

フターツツァ[Φuta:ttsa]〔名〕
　双子。双生児。(石)フタージェー。(沖)ターチュー。【例】フターツツァバ ナシ ウブナシキバ シェーワヤ(双子を生んで、大きく捗ったよ)。娘が双子を生んだときの、父親のユーモアをこめた歓びの言葉だったようである。

　今でこそ、双子は普通に受け入れられているが、地方によってはひところまでは異常なこととして否定的に捉える向きがあったようである。私の長姉・秀(大正12年生まれ)は、昭和26年に男児の双子を産んだ。姉の同級生・宮良富さんの祝福に対し、父が「ウブナシキバ シェー(大きく捗った)」とユーモラスに返してくれたので、友人として感動し心から祝福することが出来たそうである。父は、娘の双子出産が婚家で異常出産扱いされていたことへの反発と娘への気遣いをこめて用例のような発言をしたのだと思う。我が家系では、すぐ上の兄・豊彦(昭和14年生まれ)の次女・香織(昭和49年生まれ)が男児の双子を出産している。

フタイ[Φutai]〔名〕
　額。おでこ。【例】フタイヌ ウボホダラ(額の大きいことよ)。

フダクン[Φudakuŋ]〔自〕
　選り好みする。〈否〉フダカヌン。【例】ヴァイムノー フダカンスクン ヌーンクイン ヴァイバドゥ ガンズワー ナル(食べ物は選り好みせず、何もかも食べたほうが頑丈になる)。

フダカー[Φudaka:]〔名〕
　選り好みする人。【例】ムヌ　フダカーナルッカー　ドゥー　ヤマスンドー（偏食する人は、健康を損ねるぞ）。「フダカー」は、「フダクン（選り好みする）」の連体形「フダク」の語尾と人・物を表す接尾語「〜アー」とが融合・約音化した語。

フタキナ[Φutakina]〔副〕
　すぐ。すぐに。直ちに。(石)フタギナ。【例】ガッコーハラ　ハイリ　フーッカー　フタキナ　パタケヘ　クーヨラー（学校から帰ってきたら、すぐ畑に来なさいよ）。僕たちが小中学校生のころ、小学校の低学年は山羊の世話（草刈り）を、小学校の高学年から中学生は牛の世話をするのがルーティン・ワークであった。だが、それだけでなかったのは用例のごとくで、畑仕事の手伝いも当然のごとく加わったのである。

フダッツァミ[Φudattsami]〔名〕
　〈動〉ヤモリ。(石)フダジュメー。(沖)ヤードゥー・ヤールー。【例】フダッツァメー　シマナー　ブルケー　ヤーヌナハナ　ウラーリ　ブッタ（ヤモリは、黒島にいたころ家の中にたくさんいた）。

フタナハ[Φutanaha]〔名〕
　中間。【例】ガッコーヤ　アースントゥ　プリヌ　フタナハナドゥ　アル（学校は、東筋と保里の中間にある）。

フダニン[Φudaniŋ]〔名〕
　納税者。ワン〈お嶽〉などの組織集団の構成員。【例】ヤーヤマヌ　フダニンヤ　ケーラ　グサシユ　ウサミッタ（琉球王府に認定された八嶽の構成員は、所定の供物を納めた）。「ヤーヤマ」「グサシ」の項参照。

フチ[Φutʃi]〔名〕
　口。言葉。「ハザリフチ（飾り言葉）」「ハンフチ（神の言葉）」などと用いる。通常は、単独の「言葉」には「ムヌイ（物言い＝言葉）」と言う。【例】ハザリフチユ　ゾーットニ　イジッサナーッカ　プスン　バラーリルヌ（飾り言葉〈口上〉を上手に言えないと〈話せないと〉、人〈他人〉に笑われるぞ）。

フチ[Φutʃi]〔名〕
　草鞋。【例】フチェー　アダナシトゥ　サミンシドゥ　スクレーッタ（草鞋は、アダナシとサミンで作った）。アダナシはアダンの気根から、サミンは月桃の幹から取れる繊維のこと。

フチ[Φutʃi]〔名〕
　櫛。【例】フチシドゥ　アマジヌ　キーヤ　キズッタ（櫛でが頭の毛は、くしけずった）。

フチ[Φutʃi]〔名〕
　〈植〉ニシヨモギ。モグサ。(石)フチゥ。(沖)フーチバー。【例】ヤマトゥヌ　ウマハマナーン　フツェー　ミラリルヌ　アイナー　ハバサナーヌン（本土のあちこちでもニシヨモギは見られるが〈あるが〉、そんなに香ばしくない）。ゴーヤの苦味やフチヌパーの香りは、沖縄の強烈な太陽光の下で育つから特有の味と香りを醸し出すのであろうか。

フチウクシ[Φutʃiukuʃi]〔名〕
　重箱詰めの料理や餅などの一部を皿に取り分けて飾ること。そのあと、ご馳走や餅はウサンダイ（お下がり）として家族で戴く。

ブチクン[butʃikuŋ]〔名〕
　気絶。失神。気を失うこと。(石)キュブン。(沖)ブチクン。【例】キーヌ　ウイハラ　ウティ　アマザバ　ウティ　ブチクンセーッタ（木の上から落ちて、頭を打って気絶した）。

フチジン[Φutʃiʒiŋ]〔名〕
　涎。「クチジル（口汁）」の意。【例】ウッチェヌ　ウヤッファー　キョーダイヌ　ムチマッサ　シナタユ　ミーッカ　ウラーマサッティ　フチジンヌ　パリプソーダ（その家族の親子きょうだいの睦まじい姿を見

ると、羨ましくて涎が出そうだよ)。僕が在沖黒島郷友会会長のとき、文化部長を務めた次呂久(旧姓・運道)公子さんがある家庭の親子・きょうだいの睦まじい情態に対し「フチジンが出そうだ」と発言したのが、すごく印象的で巧みな表現だなあと感心した。用例は、そのときの彼女の発言を表現したものである。

フチスクライ[Φutʃisukurai]〔名〕
間食。特に、朝食前の仕事(アサスクライ)をする場合に小腹を満たすための軽食に言う。【例】フチスクライバ シー シグトゥ ユ セーッタ(小腹を満たす軽食をしてから仕事をした)。

フチッタイ[Φutʃittai]〔名〕
口答え。【例】ウヤハー フチッタイ シームノー アラヌンドゥラー(親には、口答えするものではないぞ)。「ウヤヌ ムヌイヤ ハンヌ ムヌイ(親の言うことは、神様の言うことと同じだ)」と心得なさいという教え。

フチヌパー[Φutʃinupa:]〔名〕
ニシヨモギの葉。【例】フチヌパーヤ イズヌ スーナ イリリバドゥ マーハ(ヨモギの葉は、魚汁に入れると美味しい)。石垣や沖縄では山羊汁に用いるが、黒島での山羊汁の伴(とも)は岩場に自生しているンガナ(苦菜)と決まっていた。なお、久米島ではサクナ(長命草)の葉が用いられる。「ンガナ」の項参照。

フチヌマイ[Φutʃinumai]〔名〕
くちすぎ。自分一人やっと食べていける稼ぎ。(石)フチュヌマイ。(沖)クチヌメー。【例】ウレー フチヌマイヤッツァン パタラキッサニバ ウリンナー トゥジナータ ゾーイ トゥミラルヌンヨ(そいつは自分一人が食べていける分さえ働けないから、そいつには妻などとても探せないよ)。でも、「一人の口は塞(ふさ)なげくても、二人の口は塞げる」ということわざもあるぞ。よい配偶者に廻り合えれば道は開けるということなので、諦めることなく頑張れ!

フチバーン ナリ[Φutʃiba:n nari]〔連〕
口達者になって。口だけ達者で。【例】ウレー フチバーン ナリ イバリブルヌ ヌーン シッサヌン(そいつは、口だけ達者で威張っているが何もできない)。

フチブサー[Φutʃibusa:]〔名〕
おしゃべり。口達者な人。【例】フチブサーン ムノーザン ムヌソーダン シーヌッサン(おしゃべりな人も無口な人も、ものの相談をしづらい)。

ブットゥル[butturu]〔名〕
料理名。炒め物。家庭によっては「ボットゥル」とも言うようである。(石)ブットゥルー。(沖)プットゥルー。【例】①ウンヌクジヌ ブットゥル(芋の澱粉の炒め物)。②ソーミン ブットゥル(ソーメンのとろとろ炒め)。トロトロとした状態の炒め物は「ブットゥル」と言い、たとえば「ソーメン」の場合だと、硬めに茹でて炒めたものは「ソーミン チャンプル」と言い、うんと柔らかく茹でて炒めたものは「ソーミン ブットゥル」と言って区別した。現在の我が家では「ソーメンの炒め物」は私の専属料理であるが、茹で加減によって「チャンプル」か「ブットゥル」になる。何事も善意に捉える連れ合いは、私が不本意な出来具合の場合でも「美味しい」と言ってくれるのだが……。

プツムイ[putsumui]〔名〕
痣(あざ)。(石)フチュベー。【例】イシ プツムイ(固い痣)。

フディ[Φudi]〔名〕
筆。筆は学問の象徴と位置づけられていた。「フディトゥル ゾージ」の項参照。

フディトゥル ゾージ[Φudituru dzo:ʒi]〔連〕
学問に秀でている人。「筆取り=毛筆=学

問が上手」の意。〈類〉シンカキ ゾージ(墨書き＝筆書き上手)。【例】シンカキ ゾージ ナリタボーリ フディ トゥル ゾージ ナリタボーリ(学問に秀でた立派な人になっておくれ／八重山民謡〈あがろーざ節〉より。黒島語により表現した)。「シンカキ ゾージ」の項参照。

フデーマサン[Φude:masaŋ]〔形〕
選り好みが強い。【例】ドゥキ フデーマサーッカ トゥジ ナルプソー トゥミラルヌンドゥラ(あまり選り好みが強いと、妻になる人は探せないよ)。用例は食べ物から女性の好みに至るまで選り好みのうるさい人への戒めである。

フドゥ[Φudu]〔名〕
背丈。身長。体格。【例】ウレー フドゥヤ アイナー ウヴォホナーヌヌ シマ トゥラシカ スーワンドゥラ(彼は、体格はそんなに大きくないが相撲を取らせると〈相撲を取ると〉強いよ)。

ブトゥ[butu]〔名〕
夫。(石)ブドゥ。(沖)ウトゥ。【例】ブトゥヤ キナイヌ ナハバシラ トゥジヤ ヤーヌ カガン(夫は家庭の中柱、妻は家庭の鑑)。

フトゥッタ[Φututta]〔名〕
腐った芋。虫食い状態の芋。根性の腐った人を貶す場合にも言う。【例】ウヌウンヤ フトゥッタ ナリ ヴァールニバ ワーンヴァーハイ(その芋は、腐っていて食べられないから豚に食べさせろ)。子どものころ黒島の主食は粟と芋(甘藷)であったが、芋を食い荒らすイモゾウムシがいた。この虫に襲われた芋は、食われた部分を取り除いても芋全体に強烈な悪臭が浸透していて食べられなかった。

〔追記〕 2020年12月12日、琉球新報紙に「アリモドキゾウムシ 津堅島で根絶間近」の見出しで、来年3月「根絶宣言見込み」との記事が掲載された。県内では、久米島(2013年根絶宣言)に次いで2例目となる朗報である。同記事によると、沖縄では昔から「イリムサー」と呼ばれてきたようだが、黒島での呼び名はどうだったであろうか。沖縄県農林水産部農業研究センターでは、イモゾウムシの絶滅に向け研究を続けているが、今のところこれといった成果はあがっていない。

フトゥッタ ネームヌ[Φututta ne:munu]〔連〕
腐った芋のような人。【例】フトゥッタ ネームヌ マーダシティ(腐った芋のようなやつめ)。かなりきつい罵り言葉だが、芋の栽培のない現在の黒島ではもう死語になっているであろう。

フトゥッツァスン[Φututtsasuŋ]〔他〕
沸騰させる。【例】マーイメーミ フトゥッツァシティハラ ピーヤ ヨーミリ(もう少し沸騰させてから火を弱めなさい)。

フトゥッツン[Φututtsuŋ]〔自〕
沸騰する。【例】イーナビヌ フトゥッチベーリバ ピーユ ヨーミリ(飯鍋が沸騰しているから、火を弱めなさい)。現今のガスコンロだと、火力の強弱はスイッチをひねるだけの作業だが、薪を燃やしての煮炊きの場合は大変だった。それだけに、煮炊きの場合の火加減の操作は腕の見せ所でもあった。

フトゥッティルン[Φututtiruŋ]〔自〕
腐る。ただ腐るのではなく、イモゾウムシに襲われて腐る場合に言う。【例】クヌ ウンヤ フトゥッティ ブリバ ヴァールヌン(このイモは、イモゾウムシに襲われ腐っているので食べられない)。「フトゥッタ」の項参照。

フドゥビルン[Φudubiruŋ]〔自〕
成長する。〈否〉フドゥブヌン。【例】アッタ フドゥビバ シー ウヤッキン ウボービ ナレーワヤ(急成長をして、親より大

フドー

きくなっているよ)。

フドー [Φudo:]〔名〕
体格は。「フドゥ ヤ」の融合・約音。【例】ウレー フドー グマハルヌ シカラー スーワンドゥラ(そいつは、体格は小さいが力は強いぞ)。

ブナー [buna:]〔名〕
母牛。母山羊。主として牛や山羊の場合に言う。母豚の場合は「アヒャー」と言う。【例】ウヌブナーヌ ヴァーヤ イチン ラーサ ヴァーヌマリルンドゥラ(その母牛の子は、いつも立派な子が生まれるよ)。

フナイ [Φunai]〔名〕
船酔い。【例】フナイヌ スーワバソー フニハラ ウリ アギナーン ジーフナイ ドゥ シー(船酔いがひどい場合は、船から降り陸地でも地酔いをする)。黒島語では、下船しても続く船酔いを「ジーフナイ(陸地酔い)」という、独特な言い回しで表現する。「ジーフナイ」の項参照。

フナクヤーユンタ [Φunakuja:junta]〔名〕
古謡の名。〈舟越・ゆんた〉。1771(明和8)年に起きた「明和の大津波」のあと、伊原間村の舟越へ強制移住された時の模様がつづられている。石垣島で歌われている同名の歌と違い、ここでは「自分たちを移住させたのはどこそこの誰と誰だ」と具体的に名を挙げ激しく非難している。「この次は、あなたたちだぞ」と叫ぶ怒りの声が聞こえてくるような臨場感を伴う緊迫感にあふれている。この歌から、移住させられたのは宮里・仲本・東筋・保里村の人々であったことが分かる。なおこの種の歌は、最終章に見られるような「住めば都」式の終結となるが、この部分は役人に配慮してのちに書き加えたものか、役人によって書き換えられたものであろうと思われる。

フナサジ [Φunasaʒi]〔名〕
パーリー(把竜船)の漕ぎ手の統率者。【例】パーリークイヌ フケー フナサジヌドゥトゥル(爬竜船競漕のフキ=標識は、フナサジが取る)。

　フナサジは、午(うま)年(どし)生まれの経験豊富な漕ぎ手が務め最後尾に陣取って、櫂を漕ぎ出すタイミングを指示したりウキ(標識)を手繰り取ったりウーニが爬竜船から跳び降りるタイミングを指図したり、重要な役割を担った。ヌーリジの号令を発するのもフナサジの役目だった。往年の名フナサジとして、船道辰三翁(大正5年生まれ)と東筋秀仁氏(昭和5年生まれ)の名が挙がる。

フナットゥ・ブンタ [Φunattu bunta]〔固〕
〈人〉女性の名。①琉球王国時代、役人の賄女(現地妻)を強要されたがそれを拒み、折(せっ)檻(かん)された挙句惨殺された。役人の命令に背くことが許されなかった情況下で、女性の尊厳を守りぬいた黒島の誇るべき人物。「アザ クイル ミドゥム」「ピーダマ」の項参照。フナットゥ・ブンタの略伝については、拙著『八重山の芸能探訪―伝統芸能の考察・点描・散策―』(琉球新報社・2018年刊)所収「『賄女』に関する一考察」参照。

　②明治2年、東筋村の船道家にブンタという美しい娘がいた。年は17歳であった。当時の役人がたいへん気にいって、村役Xにブンタを役人の家に連れて来るように命じた。役人の住居は、宮里村の30番地にあった。ブンタは村役に連れられて役人の家まで行き、役人の妻(役人の任期中の現地妻を意味する賄女のこと・當山注)になるよう強要された。ブンタがそれを断ったため、役人は使者に命じて彼女を殺害させたと言い伝えられている。

　その後、役人が石垣に帰り自宅の新築祝いの場で踊っていると、ブンタの霊が現れ招待客は驚き大騒ぎになったとのことである。また、宮里と仲本の間の道にはブンタ

のヒトダマ（人魂）が出ることもあるという。村役Xは、ブンタが死んで1か月後失明し、その兄は宿痾(しゅくあ)を得て人里離れた所に家を建て独り暮らしで一生を終えたとのことである。ブンタの父は仲本村の生盛家の方で、母は東筋村の船道家の方であった。「口承・多良間真牛。黒島婦人会編『郷土史』昭和51年2月21日・上里善孝発行（一部當山による訂正あり）」参照。

フナドゥル[Φunaduru]〔名〕
〈動〉スズメ（雀）。【例】ヤラビシェーケー フナドゥルヤ ウマハマナ ウラーリ ミラリッタヌラー（子どものころ、スズメはあちこちでたくさん見かけたのになあ）。
　穀物の栽培が盛んだったころ見かけた用例のような情景は、田舎でも都市地区でもなかなか見られなくなった。

フナドゥルヌ　ズー[Φunadurunu dzu:]〔連〕
後頭部のつむじ。「スズメの尻尾」の意。

フナハク[Φunahaku]〔名〕
船員。漕ぎ手。（石）フナカク。「ふな（船）かこ（水夫）」の意。【例】フナハクヌ ヤクユ スライッサナーカ フネー マイハ パラヌン（漕ぎ手が櫂を揃えないと、船は前に進まない）。

フナヤー[Φunaja:]〔名〕
パーリー船（爬竜船）の保管庫。【例】プーンヌ ウワルッカー パーリーフネー フナヤーナ ハキング シーウスク（豊年祭が終わると、爬竜船はフナヤーで保管する）。

ブナル[bunaru]〔名〕
男から言う姉妹。「ブナリゥ[bunarï]」とも言う。〈対〉ビキル（ビキリゥ）。【例】ブナルヤ ブナルンガンティ イザリブリバ アタラサ シーリ（女のきょうだいは、オナリ神と言われているから大事にしなさい）。

ブナルンガン[bunaruŋgaŋ]〔名〕
おなり神。姉妹神。姉妹には兄弟を守護する霊力があると信仰されていたので、「ブナルンガン」として尊んだ。（石）ブナリゥンガン。（沖）ウナイガミ。【例】ブナルンガンヤ サーダカハリバ アタラサ シーリヨラー（おなり神は、霊力が高いから大事にしなさいよ）。

フニ[Φuni]〔名〕
舟。船。【例】マヌマヌ フネー ドゥキ パーハッティ フナイ シー ピマン ナーヌン（今の船はあまりに速くて、船酔いする暇もない）。

プニ[puni]〔名〕
骨。【例】ミナハナ クルビ パンヌ プニバ ブリ アラカルヌン（庭で転んで足の骨を折り、歩けない）。

フニン[Φuniŋ]〔名〕
〈植〉ミカン（蜜柑）。「プニン」とも言う。

プニン[puniŋ]〔名〕
〈植〉ミカン（蜜柑）。「フニン」と同じ。（石）フニン。（沖）クニブ。【例】プニンヌ パナー ハバサーッテナー ウタナーン ユマリルワヤ（蜜柑の花は芳しくて、歌にも詠まれているよね）。八重山民謡〈あがろーざ節〉に、「クニブンギー（九年母の木）・カバサンギー（香ばしい木）」と歌われている。

ブネー[bune:]〔名〕
母親。呼び掛けには用いない。〈対〉ビケー。【例】マリッティ シグ ブネーヌ マーラシタヌ パーン スダティラリ マイフナー ナリラー（生まれてすぐに母親が亡くなったのに、祖母に育てられ立派な人になったねえ〈成長したねえ〉）。

ブネーヌ　ウヤ[bune:nu ʔuja]〔連〕
母親。【例】ブネーヌ ウヤン シティラリ キムイッツァハヌ（母親に捨てられ、かわいそうだ）。

ブネーハタ[bune:hata]〔名〕
母方。〈対〉ビケーハタ。【例】ブネーハタナー デージナ ハナヤール プスヌ ワールン

493

（母方に、非常に優れた方がおられる）。

プネーマサン[puneːmasaŋ]〔形〕
魚の骨が多い。【例】クヌイゾー プネーマサリバ タマンガリ（この魚は、骨が多いので気を付けなさい）。

フノーラワン[Φunoːrawaŋ]〔固〕
〈地〉御嶽の名。船浦御嶽。【例】ビャーハシマヌ フニスクルハトー パジメー パイフタムラヌ マキドゥマルナ アッタヌ アトゥハラ メシトゥヌ フノーラハ ウツシ フノーラワンヤ ウマナ スクレーットゥ（黒島の造船所は、初めはパイフタ村のマキ泊にあったが、後に宮里村の船浦に移しそこで船浦御嶽を建てたそうだ）。

船浦御嶽は、造船の祈願、進水式、航海安全等を祈願するために創建されものであったそうだ。そう言えば、〈ぱいふたふんたかゆんぐとぅ〉のなかで「マキドゥマル（牧泊）」で造船したことが歌われている。

プバナ[pubana]〔名〕
穀物の初穂。「ほばな＝穂端または穂花」の２説があるが、いずれも穀物の初穂を意味する。（石・沖）フバナ。【例】アーヌ プバナ ウヤシ（粟の収穫を祝い感謝し、初穂を神に捧げること）。一般には稲穂を意味するが、稲作のない黒島では主要穀物の粟の穂を指す。

琉球古典舞踊〈作田節〉の「稲穂踊り」の本踊りに用いられる音曲〈作田節〉には「フバナサチジリバ チリヒジンツィカン アブシマクラ（稲の穂が咲き出ると、塵も泥もつかず、稲穂は畔を枕にするほどに稔っているよ」と歌われている。この「アブシマクラ（畔枕）」は、八重山民謡の〈うやき節〉では「ハイカジヌ ウシュラバヨ ニシヌアブシバ マクラバシー（南風が吹くと、北側の畔を枕にしているよ）」と歌われている。

プバナウヤシ[pubanaʔujaʃi]〔名〕
黒島の年中行事の一つで、旧暦５月に粟の初穂でミキ（神酒）を作り、神に捧げる儀式。「プバナ」の項参照。

プバナウヤスン[pubanaʔujasuŋ]〔他〕
プバナを捧げる。〈否〉プバナウヤハヌン。「プバナウヤシ」の項参照。

ブバマ[bubama]〔名〕
おば（伯母・叔母）。共通語の「伯叔」には「父母の兄弟」の意味しかなく「父母の姉妹」は除外（無視）されていて、ここにも男尊女卑の痕跡が垣間見える。「ブザサ（伯父・叔父）」の項参照。

ブバマンキ[bubamaŋki]〔名〕
父母の姉妹たち。【例】ブバマンキヌ ウラハッカ プコーラサーン アルヌ ハサマサーン アンドゥラ（伯母さんや叔母さんたちが多いと、有り難くもあるが煩さくもあるよね）。

フビ[Φubi]〔名〕
首。「ヌビ」とも言う。【例】マッファヌ アタラントゥソーナ フビヌ ヤムワヤ（枕が合わなかったらしく、首が痛いよ）。「ヌビ（首）」の項参照。

フビリフビリ[ΦubiriΦubiri]〔副〕
やつれて。みすぼらしく。【例】ジンヤ ナーンナラバン フビリフビリ アラクナ（金はなくても、みすぼらしく歩くな〈振る舞うな〉）。

フビリルン[Φubiriruŋ]〔自〕
やつれる。身だしなみが乱れやつれた状態になる。〈否〉フビルヌン。【例】トゥジバ ピンガシ フビリ ブルワヤ（妻を逃がし〈妻に逃げられ〉、やつれているよ）。

フビルン[Φubiruŋ]〔他〕
縛る。括る。〈否〉フビラヌン。【例】ピシダヌ ヴァーヤ スーック フドゥビ ブリバ フビリ シカナイ（ヤギの仔は、十分に成長しているので縛って飼いなさい）。

山羊は、山羊小屋で一頭ずつ縛って飼うが、仔山羊が草だけで生育できる状態になると、母山羊から引き離して縛って飼った。母乳を仔山羊に与えている間は、母山羊は発情しないからである。

フマスン[Φumasuŋ]〔他〕
含ませる。浸す。新造船を潮に浸す、潮を含ませる場合の用語。【語】スーユ　フマシ　ウブスナ　フケーラシミリバドゥ（潮水に浸して、海水に浮かべて見ると／黒島のゆんぐとぅ〈ぱいふたふんたか・ゆんぐとぅ〉より）。

プミクン[pumikuŋ]〔自〕
熱が出る。熱っぽい状態になる。〈否〉プミカヌン。【例】ヌワーラ　ハラッタヌ　プミキブリバ　キューヤ　ヤコーバドゥナル（何やら体が熱っぽいので、今日は休養することにする）。

フミルン[Φumiruŋ]〔他〕
褒める。称賛する。【例】フミバソー　フミ　イズバソー　イジ（褒めるときは褒め、叱るときは叱りなさい）。

フムン[Φumuŋ]〔他〕
履く。【例】ソンガチン　アラアシッツァバ　フミ　アラキバソーヌ　サニヤッタウユー（お正月に新しい下駄を履いて、歩いたときの嬉しかったことよ）。

フヤ[Φuja]〔名〕
ランプの火屋(ほや)。【例】フヤヌ　ソージェーヤラビンキヌ　タマ（ランプの火屋の掃除は、子どもたちの役目だった）。

石油ランプの火屋は、内側に黒い煤がつく。真ん中あたりの膨らんだ所は手を入れて拭けたが上部の細い部分には手が入らないので、棒切れに布を巻き付けて拭いた。ランプの火屋掃除は、子どもたちの重要な分担作業であった。三合瓶や一升瓶を携えて、石油を買いに行くのもそうであった。正月や盆などの行事の際には、ランプの灯りの下で特別のご馳走がいただけるとあって、張り切って掃除したものである。

それにしても、中学校を卒業するまでの間に、黒島で電灯の生活をしたのは何年くらいだっただろうか。東筋部落に電灯が導入されたのは、小学校高学年のころだったか中学校に進んだころだったか。発電機がよく故障して長期的安定的な電灯の供給はなされていなかった。高校受験のための勉強を、学校に集まって角ランプの灯りの下で行なったことからすると、そのころ電灯は点いていなかったのだろう。

東筋で最初に電灯が点いたのは、野底家であったという（製糖工場から電線を引いたのか？）。

フヤイ[Φujai]〔名〕
猫の発情期の鳴き声。【例】マヤヌ　フヤイヤ　プスヌ　クイニン　ネールワヤ（猫の発情期の鳴き声は、人の声に似ているよ）。

フユ[Φuju]〔名〕
冬。【例】フユンナ　ナチヌドゥ　マシッティ　ウモーリ　ナチンナ　フユヌドゥ　マシッティ　ウモーリルワヤ（冬には夏がいいと思われ、夏には冬がいいと思われるよね）。

フユー[Φuju:]〔名〕
無精者。怠け者。怠惰。怠け癖。【例】バハルムノー　フユー　スーンスクン　ウムイキシ　パタラキ（若者は怠けることなく、がむしゃらに働け）。

フユーサン[Φuju:saŋ]〔形〕
怠惰である。無精である。【例】ヤラビシェー　ケハラ　フユーサーッタヌ　ウブプス　ナリン　ハーラヌン（子どものころから怠け者だったが、大人になっても変わらない）。

フユッサラー[Φujussara:]〔名〕
「フユー」を強調した語。「ウブフユー」とも言う。

フユマヤー[Φujumaja:]〔名〕

「フユー」を強調した語。「フユッサラー」「ウブフユー」とも言う。【例】マヌバーキニン フユー・フユッサラー・ウブフユー・フユマヤーッティ イザルンヨーン キューハラ キムバイリ ウムイキシ パタラキ（今までのようにフユー・フユッサラー・ウブフユー・フユマヤーなどと言われないように、今日から心を入れ替えて一所懸命働け）。

ブラ[bura]〔名〕
〈動〉ホラガイ（法螺貝）。汽笛。【例】ブラーマイヤ ユー ミラリッタヌ マヌマーヌーバシーッカヤ（法螺貝は、以前はよく見られたが現在はどうだろうか）。法螺貝はオニヒトデの天敵であり飾り物としても貴重な存在だが、乱獲のせいか希少になっているようである。

ブラ[bura]〔名〕
〈動〉ボラ魚。出世魚と言われるように、ハク オボコ スバシリ イナ ボラ トドなどと成長するにつれ名前が変わる。

フラー[Φura:]〔名〕
馬鹿。狂れ者（ふれもの）。「プラー」とも言う。【例】ウヴァネー マープカラサナーン ムヌユ ドゥ フラーッティ イズ（お前のような碌でもない者をフラーと言うのだ）。

プラー[pura:]〔名〕
馬鹿。馬鹿者。「フラー」と同じだが、「フラー」より多少きつい感じがする。【例】ウブ プラー（大馬鹿者）。

フラーン[Φura:ŋ]〔接尾〕
～ほど。～だけ。～くらい。【例】ヌーヌ フラーン ムティケーヤ（どれくらい、持ってきたのだ）。

ブライシ[buraʔiʃi]〔固〕
保里の桟橋の先にある岩。【例】ヌッティ ドゥ ブライシッティ イズッカヤ？（なぜブライシと言うのだろうか）。
石垣島との連絡船（ポンポン船と称した）が、接岸する前にその石の所でブラ＝法螺貝で作った笛を鳴らして船の到着を知らせたから、という説がある。

プラクン[purakuŋ]〔他〕
開く。「ハキルン（開ける）」とも言う。〈否〉プラカヌン。【例】シトゥムテー フキッカー ヤドゥユ プラキ（朝は、起きると戸を開けなさい）。

フラフカー[ΦuraΦuka:]〔名〕
法螺吹き。「パーフカー」と同じ。（石）フラフケー。（沖）フーカシャー。用例】イチン ウブムヌイ タンカ イズッテナー フラフカーッティ ナーバ シカレーワヤ（いつも大口ばかりたいているから、法螺吹きと名を付けられているさ）。「ウブムヌイ」「パーフカー」の項参照。

ブラッサイ[burassai]〔固〕
〈植〉亜高木の名。ノニ。

フラ フクン[Φura Φukuŋ]〔連〕
法螺を吹く。【例】ドゥーヌ クトゥタンカー フラ フキ ブー（自分のことだけ、法螺を吹いている）。

プリ[puri]〔固〕
〈地〉保里。黒島の集落（部落）の一つで、黒島港に隣接している。「パーリークイ（爬竜船競漕）」では、アースン（東筋）と競うのだが、圧倒的に強かった。
その強さは、石垣市の「ユッカヌヒー（旧暦5月4日の海神祭）」の「パーレー」に参加した黒島チーム（主力選手は保里チーム）が3連勝したことで証明された。以後、黒島チームの参加は禁止されたというから痛快ではある。保里チームの強さの秘密は、漕ぎ方にあったようである。石垣市のパーレーで一番エーク（先頭の漕ぎ手）を務めた友人の宮良一美君によると、黒島の漕ぎ方は櫂を斜め上（前）から斜め下（後ろ）に差すようにして、櫂の抜き差しの回転を速めたところに特徴があったという。漕ぐ

という意識が強すぎると漕ぎ手の多くの櫂がブレーキの役目を果たすので、櫂は推進力に乗って「差して抜く」というリズム感覚のほうがブレーキの排除につながり、総体の推進力を高めたようである。ただ、この漕ぎ方だと、左右の櫂が鳥の翼のような美しさを描き出せないという欠点があるように思われるがどうだろうか。

プリープリシ[puri:puriʃi]〔副〕
気違いじみて。ぼんやりして。【例】トゥジバ ピンガシ プリープリシ ブルワヤ（妻に逃げられ、ぼんやりしているよ）。

プリザンマイ[purizammai]〔名〕
馬鹿げた行ない。常軌を逸した行為。おどけた仕草。「狂れ三昧」の意。（石）プリザンマイ。【例】ウブプリムヌ マーダシティ バハヤッティン ナーナ アヤール プリザンマイバ シーアラク（大ばか者めが、恥ずかしくもなくあんな常軌を逸した行ないをしているよ）。

ブリッカーミルン[burikka:miruŋ]〔他〕
折りたたむ。折り曲げる。折って縮める。【例】マキポーリ ウスカンスクン ブリッカーミ オシイレナ イリウシキ（撒き散らしておかずに、折りたたんで押し入れに入れておきなさい）。

ブリッシティルン[buriʃʃitiruŋ]〔他〕
叩きのめす。殴りつける。【例】イズムヌイ シカナーッカ ブリッシティ ナラーハイバ（言うことを聞かなければ、殴りつけて教えなさい）。

ブリミー[burimi:]〔名〕
二重瞼。〈対〉ハーミー。【例】マヌマヌ バハムヌンケー ブリミー ナスンティ ジンバ ターシブー（今の若者たちは、二重瞼にするために金を掛けている）。用例は、いわゆる「整形」による二重瞼の施術のことである。能面の「若女（わかおんな）」は、切れ長の一重瞼であり日本女性の美しさの象徴とされている。また、身近ではフィギュア・スケートの世界チャンピオン二連覇に輝いた坂本花織が、切れ長の美しい一重の瞼をしている。表面的な美の基準はうつろうものだろうが、うつろわぬ美の基準もあるのではないだろうか。

プリムヌ[purimunu]〔名〕
気違い。狂人。「耄（ほ）れ者（もの）」または「狂（ふ）れ者（もの）」の意。（石）フリムヌ・プリムヌ。（沖）フリムン。【例】プリムヌニン アヤールク トゥバ シー アラク（気違いみたいに、あんなことを仕出かしている）。「アカプリムヌ」の項参照。

プリムヌイ[purimunui]〔名〕
馬鹿げたこと。たわけたこと。辻褄（つじつま）の合わないこと。「（気の）狂れた言葉」の意。【例】プリムヌイバ イジベーリ（馬鹿なことを言っていなさい〈言うものじゃないよ〉）。「イジベーリ」は「イズン（言う）」の連用形「イジ」と「ブン（居る）」の命令形「ベーリ」から成っていて、直訳すれば「言っていなさい」であるが、文脈上は逆説的に用例のごとく否定の意で用いる。

ブリルン[buriruŋ]〔自〕
折れる。〈否〉ブルヌン。【例】コーキヌドゥ ブリヤッサドゥラー（硬い木こそが折れやすいよ〈転じて頑健な人ほど病気に罹りやすいよ〉）。

プリルン[puriruŋ]〔自〕
狂（ふ）れる。気が狂う。〈否〉プルヌン。【例】ドゥキ ムヌウムイバ シー プリプソーダ（あまり物思いをして、気が狂いそうだ）。

プリルン[puriruŋ]〔自〕
惚れる。〈否〉プルヌン。【例】ミドゥムヌニ プリッカー ビキドゥモー プリルンドゥラー（女に惚れると、男は気が狂（ふ）れるよ）。

ブルン[buruŋ]〔他〕
折る。〈否〉ブラヌン。【例】ウイプソー

クルブッカー ティーパンヌ プニユ ブリバ ユー タマンガリ（年寄りは転ぶと手足の骨を折るので、よく気をつけよ）。

ブルン[buruŋ]〔他〕
殴る。叩く。やっつける。【例】シザハーガイ シーッカー ヤディン ブラリッタ（兄に反抗すると、かならず殴られた）。生意気な後輩に今のままだといつか「ターンナハ ブラリルンドゥラー（誰かにやっつけられるぞ）」などと注意を促がす場合の警告の言葉としてよく用いた。

フルマイ[Φurumai]〔名〕
行事の時のご馳走。(石)フルマイ。【例】トゥシフンヌ ユーフルマイ（大晦日の晩のご馳走）。「トゥシフンヌ ユーフルマイ」の項参照。

プルン[puruŋ]〔他〕
掘る。〈否〉プラヌン。【例】ビャーハ シマナーヤ ウンヤ ハノーシシ プレータ（我が黒島では、芋の収穫は鉄掘串で探り掘りした）。

プルン[puruŋ]〔他〕
振る。旗を振る。〈否〉プラヌン。【例】ワーヤ ドゥーヌ ズーバ プリ パイユ ウイパラスンティ シールヌドゥ ズーヌ マッカハッティ ヌーン ヤコー タタヌン（豚は自分の尻尾を振り、蝿を追い払おうとするけど尻尾が短くて何の役にも立たない）。「ワーヌ ズー パタラキ（豚の尻尾の無駄働き）」と言われる所以である。

ブローカー[buro:ka:]〔名〕
仲買人。商売の媒介を業とする人。【例】シマナーヤ シタン アマミ・ダイズ・グマヌーツァン ハーシバソー ブローカーハドゥ ハーシタ（黒島では黒砂糖も小豆・大豆・胡麻類も、売る場合はブローカーに売った）。戦後の黒島でブローカー（仲買人）として活動していた代表的な人と言えば、玉代勢秀元さん（大正４年生まれ）であっ

た。それで、実名で呼ばれることなく「ブローカー」で通っていた。我が家では、父が玉代勢家の長男・泰寛君のヤシナイウヤであったという事情もあって、大方の農作物の販売は玉代勢秀元さんを通して行なった。

フン[Φuŋ]〔自〕
来る。〈否〉クーヌン。（石）キューン・キュン。（沖）チューン。【例】ウレー パーマリ フンティ イジベーッタヌ マヌバーキ クーヌワヤ（彼は早めに来ると言っていたのに、今まで来ないよ）。用例でわかるとおり、肯定語の「フン＝ハ行」に対し否定語は「クーヌン＝カ行」になっていて、変則的な活用形の変化を示す。
　　この語の共通語にまつわる東京での友人との会話。「僕があとで君の下宿に来るよ」「誰が来るの？」「だから、僕が廻って来るよ！」「何を廻るの？」「アジェー!? 僕が君の下宿に廻って来るさ!!」「!! !? ??」「（心の叫び。ヤナ 北海道ヒャー 日本語分からんバー !?）」。昭和40年代初期、相手は北海道出身の〝元文学青年Ⅰ君〟との、ケータイのなかった時代に下宿先の電話を使っての会話である。

ブン[buŋ]〔自〕
居る。〈否〉ブラヌン。【例】トゥジェー ヤーナ ブンラミッティ シキバドゥ ピンギパリナーヌンッティ ビッサレーワヤ（妻は家にいるだろうと聞くと、家出したよと開き直っているんだよ）。

フンケラスン[Φuŋkerasuŋ]〔他〕
蹴っ飛ばす。【例】ウマナー アヴァナキベームノー フンケラシ フカハイ（そこでだらしなく寝そべっているやつは、蹴っ飛ばして起こしなさい）。

フンザルン[Φundzaruŋ]〔他〕
踏みつける。【例】パタケー アミサーリ フンザルッカー ムノー アラヌンドゥ

ラー（畑は雨降りのときに踏みつけると、どうしようもなくなるよ）。雨の中、あるいは大雨のあとなど、畑に入るのは禁物であった。そういうときにも、兄たちは農具の手入れや縄綯いの仕事をこなし、父はミノッサ（蓑・クバ笠）やアダニヌパームス（アダン葉の蓆）を作ったり編んだり、いっときも休息をするということはなかった。

フンシ[Φuŋʃi]〔名〕
風水。地勢などを調べて屋敷や墓地を定める中国伝来の風水思想。（石・沖）フンシ。【例】ヤシキヌ　フンシユ　シラビルン（屋敷の風水を調べる）。

フンシキルン[Φuŋʃikiruŋ]〔他〕
踏みつける。「フンザルン」と同じ。

フンダイ[Φundai]〔名〕
わがまま。甘え放題。勝手放題。「ほうだい（放題）→フウダイ→フーダイ→フンダイ」の語源説がある。（石）フンダイ。（沖）フンデー。【例】ヤラベー　ドゥキ　フンダイ　シムムノー　アラヌンドゥラ（子どもは、あまり甘やかすもんじゃないよ）。

フンダイナラーシ[Φundainara:ʃi]〔名〕
甘やかした育て方。【例】ブネーヌ　パーク　マーラシタラ　ウブザトゥ　パーンスダティラリドゥ　フンダイナラーシバ　シラリ　ウブフンダヤー　ナリベーワヤ（母親が早く亡くなったので祖父母に育てられ甘やかした育て方をされ、甘ったれになっているのだよ）。

フンダヤー[Φundaja:]〔名〕
わがままな人。甘えん坊。「フンダイ（わがまま）」と人を表す接尾語「ヤー」の融合・約音によって出来た語。【例】クヌ　フンダヤーヤ　イチバーキン　ウヤン　シビシカリ　ベーラー（この甘ったれは、いつまで親にくっついているのだ）。

フンツァ[Φuntsa]〔名〕
縁側。床。板敷。「フンツァマ」とも言う。「踏み板」の意。【例】アツァーバソー　フンツァナ　ヤクタールヌドゥ　ガザンニン　シドーリ　ニバルンタ（暑いときは縁側で横になるけど、蚊に集られて眠れなかった）。

フンツァマ[Φuntsama]〔名〕
縁側。床。板敷。「フンツァ」に接尾語「〜マ」の付いた語。

フンツァースン[Φuntsa:suŋ]〔他〕
踏みつぶす。踏みにじる。【例】ピンギウシヌ　パタキバ　フンツァーシ　ムノーアラヌン（逃げた牛が、畑を踏みつぶしてどうしようもない）。

フントー[Φunto:]〔名〕
本当。真実。【例】トゥジヌ　ピンギ　パレーッティ　イジベールヌ　フントーカヤ？（妻が家出してしまったと言っているが、本当かね）。

フントースン[Φunto:suŋ]〔他〕
踏み倒す。【例】タイフーナ　シンザー　フントーサリ　ユーゾー　ナーヌン（台風でサトウキビは踏み倒され、どうしようもない）。

フンマラクン[Φummarakuŋ]〔他〕
強く縛りつける。強く束ねる。【例】ウマナー　アーリベー　ビータリムノー　フンマラキ　ミナハナ　サンキ　ウシキ（そこで暴れている酔っぱらいは、縛りつけて庭に引きずり出しておけ）。

ブンラーサン[bunra:saŋ]〔形〕
荘重である。品位がある。（石）ブンラーサン。（沖）ンブラシャン。【例】ウヌプソーヌイジヨーハラ　アラキヨーバーキ　ブンラーサ　シーワール（その方は、物の言い方〈話し方から〉歩き方〈身のこなし方〉まで品位に充ちておられる）。

へ

ペー [pe:]〔名〕
　足跡。【例】ウシヌ　ペー／プスヌ　ペー／クルマヌ　ペー（牛の足跡、人の足跡、車の足跡）。

ページザ [pe:ʒiza]〔名〕
　比江地御嶽。「ザワチ・ザオチ」とも言う。【例】アースンヌ　ムラキツガンヤ　ページザナドゥ　シー（東筋村の、村詰願祭りは比江地御嶽で行なう）。

ペーシンゴ [pe:ʃiŋgo]〔名〕
　爆竹。「パーシンゴ」とも言う。（石）ピャーシンゴー。（沖）ヒャーグヮー・ホーチャク。【例】ムカシェー　ペーシンゴバ　ナーラシドゥ　アーニナマー　ンカウッタ（昔は、爆竹を鳴らして花嫁さんを迎えた）。

ベースブットゥ [be:subuttu]〔名〕
　〈動〉体を膨らませたハリセンボンの子。転じてお腹の大きい子をからかって言う。ハリセンボンの子は浅瀬のクムル（潮溜り）でよく見かけたが、手で触れると警戒からか怒りからか体中を膨らませるが、そのような姿に変身しているものを「ベースブットゥ」と称した。

ベースン [be:suŋ]〔他〕
　中毒させる。毒で麻痺させる。

ベーッサベーッサ [be:ssabe:ssa]〔副〕
　小枝などが風に吹かれて出す擬音。【例】ベーッサベーッサ　シーブー　キーヤ　ヨーイニ　ブルヌン（ベーッサベーッサと揺れている木は、なかなか折れない）。柳の枝がその典型だろうが、ソーシジュ（想思樹）の枝も相当しぶとい。

ペーブク [pe:buku]〔固〕
　〈地名〉平久保。石垣島の一集落名。平久保半島の先端近くに位置する。

ペーブク [pe:buku]〔固〕
　屋号。黒島東筋部落の北東部に立地する運道家の屋号。石垣島におけるペーブク（平久保）の位置と東筋の部落内における位置状況の相似性から名づけられた。【例】ムラヌ　ニセーキヌ　アールマナ　ヤバ　スクレーットゥリドゥ　ヤーヌナーユ　ペーブクッティ　シタ（村の北東方面に家を建てたので、屋号をペーブクと称した）。この家の次男こそ、私の思春期を導いてくれた偉大な先輩・運道泰弘氏である。

ベーヤ [be:ja]〔名〕
　私たち。我々。「ビャーハ」「ビーヤ」とも言う。

ペーラ [pe:ra]〔名〕
　スブル（瓢箪）を二つに割って作った柄杓。【例】トーフユ　ナビハラ　トーフパクハ　イリバソー　ペーラシ　スクイ　イリッタ（豆腐を鍋から豆腐箱に入れる場合、ペーラで掬って入れた）。
　ペーラは、スブルの大小によって大きさがいろいろあって、シタッティ・ハミ（醬油瓶）から醬油を汲み取る場合などにも重用した。

ペーリ [pe:ri]〔名〕
　旱魃。【例】スクルムノー　イチン　ペーリトゥ　タイフーン　サー　シーラリブッタ（作物は、いつも旱魃と台風にやられていた）。
　忘れられないのは、昭和46（1971）年の大旱魃である。黒島では牛や山羊の草が枯渇したため、私たちは石垣在黒島郷友会や所属していた官公庁労働組合青年部の協力を得て、数カ月にわたって石垣から黒島に草を送った。

この大旱魃の後、黒島での生活に見切りをつけ島から転出する家庭が急増し、島の過疎化を促すこととなった。

ベーン[beːŋ]〔接尾〕
～ほど。～くらい。～だけ。【例】アーッツンヌベーン（ほんの少しだけ）。ウカーヌーヌベーン　パラーラリブラー？（負債は、どれだけ払えたか）。

ペンガントゥレーブシ[peŋgantureːbuʃi]〔名〕
黒島民謡の名。〈ぺんがん捕れ一節〉。竹富町〔無形民俗文化財〕昭和50年11月26日指定。17世紀の初めに八重山に在番制度が設けられ、年に１回から２回程度役人が「親廻り」と称する各島々村々の巡見を行なった。そのとき村々では器量豊かな男女を揃え、役人の接待に遣わし、自慢の海の幸、山の幸を持ち寄って役人に献上したといわれている。〈ぺんがん捕れ一節〉も〈黒島口説〉と同様に島の特性、民俗性を発揮して演じられているもので、農作業の合間、潮時を見計らって海に出かけ獲物を捕る様子を豊かに歌い上げ、踊りに表現している。竹富町〔無形民俗文化財〕昭和50年11月26日指定。『竹富町の文化財』（平成10年３月・竹富町教育委員会発行）参照。

ホ

ボイサ[boisa]〔名〕
〈動〉フクロウ・ミミズク。「スクグル」とも言う。（石）チュクグル。（沖）チクク・タカジクク。【例】ボイサー　マイヤ　シマヌ　ウマハマナ　ミラリーッタヌ　マヌマー　ヌーバシーッカヤー？（フクローは、以前は黒島のあちこちで見られたが昨今はどうだろうか）。

ボー[boː]〔名〕
棒。民俗芸能の棒術。【例】イチバンボー　ガッキボー　ルクシャクボー　サンジャクボーヌッツァ　ヌーヌフラン　アッタカヤー？（一番棒、ガッキ＝鎌棒、六尺棒、三尺棒など、どれくらいあっただろうか）。昭和30年前後のころの棒術は20～30組くらいあったのではなかっただろうか。

昭和50年11月26日に、「棒術」として竹富町〔無形民俗文化財〕指定。黒島における棒術は、豊年祭や結願祭における余興として演じられ、島が隆盛を極めていたころには20組前後の棒術が勇壮活発に展開され、男子青年団の意気を誇示していた。三尺棒、六尺棒、槍、刀、鎌、櫂等々の武具を鮮やかに駆使して迫真の演舞を展開するところに黒島の棒術の特徴がある。『竹富町の文化財』（平成10年３月・竹富町教育委員会発行）参照。

ホーガハン[hoːgahaŋ]〔形〕
ぎこちない。不格好である。「フォーガハン」と同じ。

ポーキ[poːki]〔名〕
箒（ほうき）。【例】ヤーヌナハヌ　ポーケー　ドゥシキヌ　プーシ　スクレータ（座敷用の箒は、ススキの穂で作った）。

ボークゴー[boːkugoː]〔名〕
防空壕（ぼうくうごう）。【例】ボークゴーヌ　ナハナ　ヤラビヌ　ナクッカー　シンピリシティリッティ　イザリッタトゥ（防空壕の中で子供が泣くと、絞め殺してしまえと言われたそうだ）。用例の話は、母が戦時中の出来事を話した時の一コマである。母の高齢出産で生まれた僕は、母乳の出の悪い状況下で

ボークン

いつもヤーサナキ（空腹泣き）をしていたらしく、邪魔物扱いをされていたそうだ。考えてみると、防空壕の中の赤子の泣き声が上空の敵機に届くはずはないのに、緊張していた避難者には癇に障ったのであろう。

ボークン[boːkuŋ]〔他〕
操縦する。操る。〈否〉ボーカヌン。【例】シーシユ　ボークプソー　マイヤ　ビキドゥムッティ　キマリブッタヌ　メシトゥナーヤ　シディムリヤートゥ　パイミヤーヌ　アボー　キッパイン　アリ　ゾージアッタ（獅子の操り役というと以前は男の専属だったが、宮里村では肆手盛家と南風見家のお母さんが迫力もあり上手だった）。

ポークン[poːkuŋ]〔他〕
掃く。掃除する。〈否〉ポーカヌン。【例】ミナハン　マイヌ　ミチン　ポーキ　アザーッケ　アザーッケ　シーウシキ（庭も前の通りも、掃除して綺麗にしておきなさい）。

ボーダ[boːda]〔名〕
〈動〉魚の名。ブダイの一種で、魚図鑑の沖縄語名は「ボーラー」と表記されている。

ポーッツァー[poːttsaː]〔名〕
祝いの料理の見積もり責任者。【例】ウブヨイヌ　アーッカ　ポーッツァーバ　タヌミ　ハマブク　アーラシコーシヌ　ウリユヌーヌフランッティ　パカラセーッタ（大きいお祝いがあると、料理の見積もり人を頼んで、カマボコや蒸し菓子などの量を見積もらせた）。記憶に残る名ポーッツァーとして、船道辰三（大正5年生まれ）・島仲清志（大正6年生まれ）・玉代勢秀夫（大正11年生まれ）らの長老の名が浮かぶ。

ポーポー[poːpoː]〔名〕
料理の名。小麦粉を水で溶いてニラなどを入れ、薄く延ばして焼き丸く細長く巻き揚げたもの。中にアンダミスなどを入れた。砂糖味・塩味があり、ポッポーとも言う。（石）ポッポー・ポーポー。（沖）ポーポー。【例】ポーポーヤ、サーソッキーン、サキヌサイン　セーッタ（ポーポーは、お茶請けに、酒のツマミに用いた）。

ホーマ[hoːma]〔固〕
〈地〉大浜。石垣島の一集落。16世紀初頭、首里王府に謀反を企てたとして成敗された豪族ウヤキ・アカハチは、故郷の波照間島から大浜に移りそこを拠点に活動した。なお、ウヤキ・アカハチについては、王府軍に刃向かった「逆賊」という従来の評価から、近年は民衆の側に立つ「英雄」だったのではないかという見解も示されている。

ボーマ[boːma]〔名〕
末のおば。〈対〉ブザマ。【例】イザー　アボーミドゥム　キョーダイヌ　イチン　ザーラユ　ボーマティ　イズ（父母の姉妹の一番末を、ボーマと言う）。

ボーマレ[boːmare]〔名〕
〈動〉サソリ（蠍）。【例】ボーマレン　ザーリッカ　キムビヤ　ヤムンドゥラ（サソリに刺されるとひどく痛いぞ）。

ボーリ[boːri]〔名〕
疲れ。疲労。（石）ブガリ・クタンディ。（沖）クタンディ。【例】ボーリ　ズーワヌ　サキバ　ヌミ　ボーリナウシ　スー（疲れがひどいので、酒を飲んで疲れを癒やそう）。

ボーリ[boːri]〔名〕
お利口さん。良い子。子どもを褒めるときに言う。【例】ボーリボーリ　アイナー　フーソーバ　タボーラリ（お利口さん、こんなに褒美をいただいて）。相手を褒める場合には、用例のごとく繰り返して言うことが多い。

ボーリナウシ[boːrinauʃi]〔名〕
疲れ直し。慰労。（石）ブガリノーシゥ。「ボーリ（疲れ）」の項参照。

ボーリボーリ[boːriboːri]〔名〕
お利口さん。良い子。子どもを褒めるとき

に言う。「ボーリ」の項参照。

ボーリヤン[boːrijaŋ]〔形〕
疲れている。(石)ブガリシャーン。【例】ボーリヤンッティ ウモーリッカ イメーミナ ヤクヤーターナ シーリ（疲れていると思うなら、少し休みながらしなさい）。

ボーリルン[boːriruŋ]〔自〕
疲れる。〈否〉ボールヌン。(石)ブガリルン・クタンディルン。【例】シーミラン シグトゥバ シー キタンシクッケー ボーリブー（したことのない仕事をして、精根尽きるほど疲れている）。

ボーレニッカ[boːrenikka]〔感〕
それは何よりだ。そりゃーよかった。相手の側の消息を尋ね無事を確認したときなどの常套句。【例】〔問い掛け〕アボー ミサリワールンサー？（お母さんはお元気でしょう）。〔応え〕オー ミサーンユー（はい、元気にしています）。〔再び問い掛け人〕アイイー ボーレニッカ（そうですか、それは何よりですね）。

ポッツァ[pottsa]〔名〕
包丁。【例】ポッツァー アシカイヨーヌ ナーナッカー ティー ヤマスンドー（包丁は扱いようが悪いと、手を傷つけるよ）。

ポッツァースン[pottsaːsuŋ]〔他〕
撒き散らかす。撒き放る。〈否〉ポッツァーサヌン・ポッツァーハヌン。(石)ポーッツァーシゥン。【例】ソンガチヌ マインヤ ミナハナ アライノーユ ポッツァセーッタ（正月前には、庭に新しい砂を撒き散らした）。

ポッツァールン[pottsaːruŋ]〔自〕
散らかる。散らばる。〈否〉ポッツァーラヌン。(石)ポーッツァールン。【例】ミナハナ キーヌパーヌ ポッツァーリ ブリバ ポーキウシキ（庭に木の葉が散らかっているから、掃いておきなさい）。

ボボ[bobo]〔名〕
女陰。「ピー」と同じだが、この語には性交の意味はなく、主に若年層が使う。

ボンクラー[boŋkuraː]〔名〕
判断力の鈍い人やぼんやりしている人を罵る場合の言葉。【例】アヤークトゥン バハラナダル ボンクラー マーダシティ（あんなことも分からないのか、ボンクラーのやつ）。「マーダシティ」は、相手を怒鳴ったり貶したりした後に、付け足しまたは駄目出しの趣で言い添えるきつい言葉。

ヴァ

ヴァー[vaː]〔名〕
子。【例】ヴァー ナシダハー ミドゥムヌユ アヒャーッティ シタ（子をたくさん生む女性をアヒャーと言った）。黒島語では、アヒャーは母豚のほか比喩的に子だくさんの女性を言うが、石垣語では貴婦人のほかに繁殖用の雌豚の意味もある。

ヴァーハン[vaːhaŋ]〔形〕
暗い。「バーハン」と同じ。

ヴァーマー[vaːmaː]〔名〕
子や孫。

ヴァーマンキ[vaːmaŋki]〔名〕
子や孫たち。

ヴァームリ[vaːmuri]〔名〕
子守り。

ヴァイアマスン[vaiʔamasuŋ]〔他〕
食べ残す。

ヴァイダハン[vaidahaŋ]〔形〕

よく食べる。

ヴァイダマ[vaidama]〔名〕
　食いしん坊。【例】ヴァイダマヌ　アツァマリ　ヴァイスーブバ　シーブルワヤ（食いしん坊が集まって、喰い競争をしているよ）。

ヴァイダマハン[vaidamahaŋ]〔形〕
　食いしん坊である。【例】ウレー　ヴァイダマハヌ　プスヌ　ヴァイムヌハ　ヤディン　ティー　ナールドゥラ（そいつは食いしん坊なので、他人の食べ物にかならず手を伸ばすのだよ）。

ヴァイムヌ[vaimunu]〔名〕
　食べ物。食物。【例】ヴァイムヌヌ　ハナイバドゥ　キナイヤ　ンズメヘ（食べ物が充実しているから、家庭は安定する）。

ヴァズムン[vazumuŋ]〔自〕
　日が暮れる。「ユナルン」とも言うが、見出し語のほうが遅い時間帯を表しているような感じがする。【例】ヴァズマンケーヤーハ　ムドゥリ　クー（日が暮れないうちに、家に戻って来なさい）。

ヴァイフクリ[vaiɸukuri]〔名〕
　食べ飽きること。【例】ヴァイフクリバシー　メー　ヌーン　ヴァイピサナーヌン（食べ飽きて、もう何も食べたくない）。

ヴァイフクリルン[vaiɸukuriruŋ]〔自〕
　食べ飽きる。【例】ヴァイフクリーッケヴォーッタラ　メー　ヌーン　ヴァイピサナーヌン（食べ飽きるほど食べたので、もう何も食べたくない）。

ヴィ

ヴィールン[viːruŋ]〔他〕
　呉れる。与える。あげる。〈否〉ヴーヌン・ヴューヌン。【例】ユクシカンスクン　アマレームノー　ムール　プスン　ヴィーリバー（欲張らずに、余った物は皆人に与えなさい）。

ヴゥ

ヴーン[vuːŋ]〔自〕
　雨が降る。〈否〉ヴァーヌン。【例】クナレー　アミヌ　ヴゥイダハーッティ　パタケー　ムツァヌ　パイラルヌン（このところ雨が降り過ぎて、畑はもちもちしていて入れない）。

ヴゥイ[vui]〔名〕
　陰毛。【例】ヴゥイヌ　ムイバナー　プスン　ミラリッカ　バハヤーッタワラー（陰毛の生え始めのころ、他人に見られると恥ずかしかったよなあ）。

　中学一年のとき、急に背が伸びそれに合わせるように陰毛が勢いよく生え出した。近所の先輩たちと手作りの銛での魚突きのイソー（漁）に行くとき、パンツを2枚穿いてごまかそうとするのだが、白い木綿のパンツだから潮に浸かると黒々と浮き出て何の役にも立たない。あとは開き直って男同士では、堂々とマルバイ（丸裸）で振る舞ったのだった。

ヴゥイッツォーリルン[vuittsoːriruŋ]〔自〕
　震え上がる。【例】ムヌヌ　ミラリッタ

ソーナ　ナハブラッティ　イジ　ヴゥイッツォーリ　ブルワヤ（物の怪〈化け物・妖怪〉が見られた〈現れた〉らしく、怖いと言って震え上がっているよ）。

ヴゥイヤン[vuijaŋ]〔形〕
醜い。「ヤニヤン（汚い）」とも言うが、容姿の醜いには「ヴゥイヤン」を用いる。【例】シナター　ヴゥイヤラバン　キムヌ　ハイヤーッカ　ミサン（容姿は醜くても、心延えが美しければ上等だよ）。

ヴゥイルン[vuiruŋ]〔自〕
震える。寒さや恐怖などで、身が震える。【例】ドゥキ　ピーヤッティ　ヴゥイブー（非常に寒くて、震えている）。

ヴゥッツヴゥリ[vuttsuvuri]〔名〕
ずぶ濡れ。【例】アッタアミヌ　ヴゥイハビムヌン　ナーナッティ　ヴゥッツヴゥリ　ナレーッタ（にわか雨が降り、被り物もなくずぶ濡れになった）。

ヴゥッツヴゥリルン[vuttsuvuriruŋ]〔自〕
ずぶ濡れになる。【例】ヤラビシェーケーヌーンアランタヌ　マヌマ　アミン　ゾーリ　ヴゥッツヴゥリーッカ　シグ　パナシキ　ハカルンラー（子どものころは何んともなかったが、現在〈この年齢で〉雨に濡れてずぶ濡れになったら風邪を引くよなあ）。

ヴォ

ヴォーッフォ[vo:ffo]〔名〕
黒。【例】イルヌ　ゾーッソ　ヴォーッフォシ　ミドゥムヌヌ　アバレー　ヴイヤーイズムノー　アラヌン（肌色の白、黒で女性の美醜を決めつけるんじゃない）。

ヴォーッフォン[vo:ffoŋ]〔形〕
黒い。【例】ヤキシトゥッチニン　イルヌ　ヴォーフォダラ（焼き蘇鉄のように、色の黒いことよ）。

ヴォーン[vo:ŋ]〔他〕
食べる。【例】ヤンプソー　イーユ　ウムイキシ　ヴァイバドゥ　ミサー　ナル（病気の人は、飯を思いっきり食べてこそ良くなる）。

マ

マ[ma]〔接尾〕
小さい、または、親愛の情を示す接尾語。【例】ブザマ（末のおじ）、ボーマ（末のおば）、セーガマ（末の弟）、シーナマ（末の妹）。

マ[ma]〔接尾〕
方向を示す接尾語。【例】アールマ（東側）、イルマ・イールマ（西側）、パイマ（南側）、ニスマ（北側）等。

マー[ma:]〔名〕
孫。(石)マー。(沖)ンンマガ。【例】ヴァーッキンナ　マーヌドゥ　アッタラサ（子より、孫のほうが可愛い）。

マー[ma:]〔名〕
どこ。いずこ。【例】マードゥ　マシッカヤー？（どこがいいかな）。

マー[ma:]〔副〕
もう。更に。「名詞」や「形容詞」の語頭についてその語の意味を補強したり強調し

マー

たりする。【例】①マーピスサイ　イジミリ（もう一度、言ってみろ）。目下の者が、抗弁したときに叱責する言葉。②マーイメーミ　ギーパリ（もう少し頑張れ）。

マー[maː]〔接頭〕
本当の。真の。【例】①マープリムヌ（大馬鹿者）。②マーピスマン（正午・真昼間）。③マータンカ（真向い）。

マーイベービ[maːʔibeːbi]〔副〕
もう少し。【例】マーイベービ　ニビピサヌ（もう少し眠りたいよ）。

マーイメービ[maːʔimeːbi]〔副〕
もう少し。【例】マーイメービ　アバレヘーッカ　マズン　ナーッタヌラー（もう少し綺麗だったら、一緒になったのになあ）。

マーイメーミ[maːʔimeːmi]〔副〕
もう少し。【例】アマハリバ　マーイメーミ　マースユ　イリリ（味が薄いので、もう少し塩を入れなさい〈加えなさい〉）。

マーウイ[maːʔui]〔名〕
真上。【例】ティダヌ　マーウイハ　フーッカ　アシジブン（太陽が真上に来たら、昼食時分だ）。

マージー[maːʒiː]〔名〕
優良畑地。「真地」の意。【例】マージーナ　スクルムヌ　スクルッカー　ユー　ミールン（優良畑地で作物を作ると、よく稔る）。

マース[maːsu]〔名〕
塩。「真塩」の意。塩には邪気を祓い、場を浄める霊力があると信じられており、祝いの座には盛り塩を飾って「ナンザマース（銀の塩）・クガニマース（黄金の塩）」と称した。【例】マイヤ　シマナーン　マーソー　スクレーッタヌラー（以前は、黒島でも塩は製造していたのになあ）。

　昭和30年前後の黒島では、塩は伊古部落の浜で製造していた。塩田に砂を撒き、その上に潮水を数回振り掛けその都度太陽熱で乾かし、そのあと砂を掻き集め、それに潮水を掛けて濾し塩分の濃い潮（塩）水をマースナビ（製塩用の平たい鉄製の大鍋）に入れ、火力の強いマースタンムヌ（製塩用の薪）でマースナビを熱し水分を飛ばし〈蒸発させ〉て、塩を製造した。製塩のための煮炊きは、粗末なマースヤー（製塩小屋）で行ないマースタンムヌ（製塩用の焚き物＝燃料）はアダンの幹が多かったように記憶している。

マーススクリ[maːsusukuri]〔名〕
製塩。製塩業。「真塩作り」の意。その手順は、見聞きした記憶を整理すると概ね次のとおりである。①砂浜の一角に製塩用の小屋と塩田を設ける。②海から海水〈潮水〉をタング（水桶）で汲んでくる。③その潮水を予め砂の撒かれた塩田に満遍なく振り掛ける。④③の作業を数回繰り返し行ない、その都度潮水の掛かった砂を太陽熱で乾かす。⑤その後乾いた塩田の砂を掻き集め、それに潮水を掛けて濾し塩分濃度の濃い潮（塩）水を作る。⑥⑤で作った塩分濃度の濃い潮（塩）水をマースナビ（製塩用の平たい鉄製の大型鍋）に入れて火を焚く。⑦火力の強いマースタンムヌ（製塩用の焚き物＝薪）で潮（塩）水を温めて水分を飛ばすと、純白のマース（真塩）が誕生する。⑧マースタンムヌには予め切り倒して乾燥させておいたアダンの太めの幹が用いられた。⑨製塩用の小屋、塩田等の施設は、伊古桟橋に通じる道路の東側の沿岸に２、３か所あったように記憶している。

　上記のような製塩法が、石川県の能登半島で今（2022年７月現在）も伝統を守って継承されている（2022年７月16日ＮＨＫ総合「ブラタモリ」にて放映）。

マースタンムヌ[maːsutammunu]〔名〕
製塩用の薪。火力の強いアダンの幹などが用いられた。「マース」の項参照。

マースデー[maːsudeː]〔名〕

祝儀の一種。「マース スダイ（塩の祝儀）」の約まった語だと思われる。【例】ハイクレー ジージトゥ バーバハラヌ マースデードゥラ マイフナー マリリヨラー（さあ、これは祖父さんと祖母さんからのお祝儀だよ、立派な人になっておくれよ）。

マースナビ[ma:sunabi]〔名〕
製塩用の鍋。【例】マースヤーナ シカウウブナビユドゥ マースナビッティ イズッタ（製塩所で使う大型の鍋を、マースナビと称した）。鉄製の畳1枚ほどの大鍋に、人手を加えて作った塩分濃度の濃い潮水を入れて、火力で水分を飛ばして製塩した。「マース」の項参照。

マースヤー[ma:suja:]〔名〕
製塩小屋。塩田と連結して建てられた、茅葺きの粗末な小屋だった。「マース」の項参照。

マースン[ma:suŋ]〔他〕
回す。〈否〉マーハヌン。【例】トケイ（トゥケイ？）ヌ トゥマリ ブリバ ニジユ マーシウシキ（時計が止まっているから、螺子を回して〈巻いて〉おきなさい）。螺子を巻いて動かす時計など、もう普通には見かけないのかもしれない。

マーダ[ma:da]〔感〕
〜なやつ。次項の「マーダシティ」が否定的にのみ用いられるのに対し、見出し語は好意的にも用いられる。【例】アバレッカ マーダ（可愛いやつ〈仕様のないやつ〉だなあ）。

マーダシティ[ma:daʃiti]〔感〕
〜なやつめ。相手を怒鳴ったり貶したりする言葉に添えて、その言葉を強調する。【例】①ナマンダリムヌ マーダシティ（いい加減なやつめ）。②ナマガイムヌ マーダシティ（口答え〈反抗〉ばかりするやつめ）。

マータンカ[ma:taŋka]〔名〕
真向い。真正面。【例】ウイヌ プスハン マータンカハラ ムヌ イザナーッカ ダメドゥラ（上席の人に対しても、真正面から物を言わないと〈発言をしないと〉だめだぞ）。

マータンキ[ma:taŋki]〔名〕
同等。対等。同程度。（石）マータキ。【例】ウリトゥ マータンキッティ ウムッタヌ ウリンナー ヌー スーバン ゾーイ ハナーヌン（そいつと同等だと思っていたが、そいつには何をしても到底敵わない）。

マーッサ[ma:ssa]〔名〕
上等な草。山羊や牛が美味しく食べる草。【例】ピシダー マーッサユ ヴァーシカ ナカンスクン ヴォーヌドゥ ナマンヌウリ マーハナーン ザーユ ヴァーシカ ヤーサナキ シードゥラ（山羊は上等な草を食べさせると鳴かずに食べるが、ナマン＝キダチハナグルマなどの美味しくない草を食べさせると、ヤーサナキ＝空腹をうったえての鳴きをする）。「ナマン」の項参照。

マーヌヤ[ma:nuja]〔感〕
まさか。【例】マーヌヤ ウレー イズニンナー ナラヌンラミ？（まさか、そいつの言うようにはならないだろう）。

マーハ[ma:ha]〔副〕
どこへ。【例】キューヤ マーハ パリバドゥ ミサーッカヤー？（今日は、どこへ行くといいのかなあ）。

マーハン[ma:haŋ]〔形〕
美味しい。【例】ムヌフダカンスクン ヌーンクイン マーハン マーハンティジヴァイ（選り好みしないで、何もかも美味しい美味しいと言って食べなさい）。②ヤーサバタサーリ ヴォームノー ヌーンクイン マーハン（空腹時に食べる物は、何もかも美味しい）。

マービ[ma:bi]〔名〕
真似。【例】ナライグトゥン シグトゥン パジミンナ プスヌ シーヨーバ ミリ

マービ シーリ（習い事も仕事も、初めは他人の仕方を見て真似しなさい）。

マービ[ma:bi]〔副〕
　もっと。さらに。「マーミ」とも言う。【例】マービ キムバイリ ナラーアナーッカ ゾージ ナラヌンドゥラ（もっと気持ちをこめて習わないと〈稽古しないと〉、上手にならないよ）。

マービ シールン[ma:bi ʃi:ruŋ]〔連〕
　真似をする。【例】プスヌ マービ シールン（他人の真似をする）。

マーピローマ[ma:piro:ma]〔名〕
　真昼間。正午。【例】ウーパー マーピローマ ナレーッス（そんなに早く、真昼間になってしまって）。

マープカラサナーヌン[ma:pukarasana:nuŋ]〔形〕
　真っ当でない。ろくでもない。役に立たない。どうしようもない。「マーパカラサナーヌン」とも言う。【例】ウレー マープカラサナーナッティ ヤーユン ハーシシティ シグトゥン スーナ ビッサレーワヤ（そいつはろくでもないやつだから、家も売り飛ばし仕事もしないでいるんだよ）。

マープカラサナーンムヌ[ma:pukarasana:mmunu]〔名〕
　ろくでないやつ。役に立たない者。【例】マープカラサナーンムノーリバ トゥジン シティラリ ブルワヤ（役に立たない者だから、妻に見捨てられているよ）。

マープカラサン[ma:pukarasaŋ]〔形〕
　しっかりしている。真っ当である。【例】マープカラサリバドゥ タルハラン シンヨーシーラリ（しっかりしているからが、誰からも信用される）。この見出し語は、「マープカラサナーヌン」「マープカラサナーンムヌ」などの否定語として用いられることが多く、用例のような肯定的な使い方はあまりしないように思われる。

マープリムヌ[ma:purimunu]〔名〕
　大馬鹿者。接頭語「マー（真の・大の）」と「プリムヌ（狂れ者）」の複合語。「マーブリムヌ」「アカプリムヌ」「ウブプリムヌ」「ソープリムヌ」などとも言う。【例】マープリムヌッテナー ユタヌ ムヌイタンカー シキ ウカバ ハビベール（大馬鹿者だから、祈祷師の言うことばかり聞いて〈受け入れて〉負債を抱えている）。

マーペー[ma:pe:]〔固〕
　〈人〉女性の名。【例】マーペーヤ シマハラ ヌスクムラハ バキラリ ヌスクヤマヌ ウイナー イシン ナレーットゥ（マーペーは黒島から石垣島の野底村に強制移住させられ、野底岳の上で石になったそうだ）。黒島民謡〈ちんだら節〉で歌われている物語のヒロインの名とされているが、その名は歌のなかには登場しない。伝説では、黒島に残された恋男・ハニムイ見たさに野底岳に登るのだが、眼前にはだかる於茂登岳に遮られ、島影さえ見ることができず悲嘆の末、野底岳の頂上で石になってしまったのだという。「ヌスクマーペー」の項参照。

マーミ[ma:mi]〔副〕
　もっと。さらに。「マービ」と同じ。【例】マーミ ユリーットゥ アサビ ワーリバー（もっとゆっくり、遊んでいらっしゃいよ）。

マーミジ[ma:miʒi]〔名〕
　真水。淡水。雨水。天水。〈対〉ハーミジ（井戸水）。【例】スイドーヌ ナーンケー マーミジェー ミジタンクナー タミ ウシケーッタ（水道がなかったころ、真水は水タンクに溜めておいた）。

マームスビ[ma:musubi]〔名〕
　本結び。紐や帯の結び方。「真結び」の意。

マームヌ[ma:munu]〔名〕
　〈動〉ハブの名。サキシマハブ。日常語では「マームヌパン」と言う。沖縄本島に生息しているハブに比べると、体長はやや

短く肌は少し赤味を帯び毒性はやや劣ると言われているが、猛毒を有していることには変わりない。【例】マームヌパンヤドゥコールヌ　クラシ　ヴォーッカ　ダシ　マーハンドゥラ(サキシマハブは毒だが〈毒を持っているが〉、殺して〈潰して〉食べると美味しいよ)。

　黒島で暮らしていたころ、ハブを見つけると危険だから殺すという感覚よりも、潰して食べると美味しいので食料として是が非でも捕獲しなければという意識のほうが強かった。皮を剥いで頭を切り捨て、ぶつ切りにして煮込むと極上のスープとなる。身の形状は、鶏の喉骨とそっくりだった。

　県庁勤務のころ、久米島出身の出納長・宮平洋氏(後に副知事)の執務室はその温厚な人柄ゆえに幹部職員のオアシスであった。ある日、久米島がいかに貧しかったかを宮平氏が話した。接待役をしていた秘書課長の私は、三食米の飯を食べていたという久米島の人々の貧しさと芋と粟の飯しか食べていなかった黒島の貧しさは比較のしようがないという話をした。ついでに、ハブが蛋白源として貴重だったという話に、出納長はじめ、居合わせた県幹部職員の顔面は蒼白になった。行政の谷間に放置されてきた離島の振興が、いかに重要であるかというオチでその日の貧困談義は終了した。

マーラナ[maːrana]〔副〕
どこかで。どこかに。【例】マーラナ　ハザミ　ウシケーッタヌ　マーッティ　ウモールンサー(どこかに隠しておいたのだが、どこだったか思い出せないなあ)。「バッシムヌ(忘れ物)」の項参照。

マーラスン[maːrasuŋ]〔自〕
亡くなる。「シヌン(死ぬ)」の丁寧・尊敬語。〈否〉マーラハヌン。(石)マーラシュン。(沖)マースン。【例】イザー　マーラシワーッタラ　アブン　シグ　アトゥハラ　マーラシワーレットゥ(お父さんが亡くなられたら、お母さんも直ぐあとに亡くなられたそうだ)。

マーリ[maːri]〔名〕
毬。【例】ソンガチンナー　ビキドゥモー　ピキダマシ　ミドゥモー　マーリシドゥ　アサベーッタ(正月には、男子は凧で女子は毬で遊んだ)。

マーリミナ[maːrimina]〔名〕
巻貝。【例】マーリミナニン　マーリ　クヨ　タンカーファー(巻貝のように、巻いて戻って来なさいよ、独り子／黒島の古謡〈やらぶだに　あゆ〉より)。この歌に登場する「マーリミナ」は、「ンナグヮ(高瀬貝)」のことである。「ンナグヮ」は沖縄語の移入語と思われるが、黒島では古くは「マーリミナ」と呼んでいたのであろう。「マーリミナ」と言う語には、共通語の「にな(蜷)」の古形「みな」がそのまま息づいている。

マールン[maːruŋ]〔他〕
回る。〈否〉マーラヌン。【例】トゥムライソッコーンナ　クバヌパーオンギバ　ムティ　ブドゥレーッターナ　ザーユ　マールワヤ(三十三年忌には、クバの葉の扇を持って踊りながら座敷を回る)。

マールン[maːruŋ]〔他〕
訪ねる。【例】バソーバソー　バンテヘン　マーリクバー(たまには我が家にも訪ねてきなさい)。

マイ[mai]〔名〕
米。稲。【例】ビャーハシマー　ヤマン　ハーラン　ターン　ナーナッテナー　マイヤ　スクラルヌン(黒島は山も川も田んぼもないので、稲は作れない)。

　それで、仲本部落の人々は西表の由布島に移住し、西表島の美原地区で稲作をした。その縁で、流罪地の鳩間島から古見村に転居していた八重山舞踊勤王流の始祖・比屋

根安弼（1835～1901）との接点ができ、仲本村の人々が彼を黒島に招聘したのではないかと推定される。また、専門家は、黒島島民が石垣島の西北部の野底村（現在の野底とは異なる）に出作り（通い耕作）をして稲作に従事していたことから、黒島島民が〈ちんだら節〉で歌う強制移住の対象になったのではないかと指摘する。拙著『CD附 精選八重山古典民謡集（二）』214頁参照。なお、戦後の一時期、黒島では陸稲（「おかぼ」とも）を作っていたが、収量が少なく品質も劣ることから自然に作らなくなった。

マイ[mai]〔名〕
　前。【例】ウブヤーヌ　マイナー　ミナハヌ　アリ　ウマナー　トーフマミ　アマミ　クマミバ　プシ　ニクブクヌ　ウイナーアーシタ（母屋の前に庭があって、そこで大豆・小豆・緑豆を干して稲掃蓆の上で脱穀した）。

マイ[mai]〔接尾〕
　～マイ（～前）。敬意を表すために用いる。「日常語ではあまり使われず、特定の家庭や歌謡語・飾り口上などに登場する。【例】①シューヌ　マイ（主ぬ前＝お役人様）。②シンドゥーヌ　マイ（船頭ぬ前＝船頭殿）。③ウブス　マイ（おじい様）。

マイガッパイ[maigappai]〔名〕
　額の出っ張り、また、額の出っ張った人。「ガッパイ」の項参照。

マイグスク[maigusuku]〔名〕
　庭の中の垣。家屋と門の間にあって、家の中が外から見えるのを防ぐ目隠し用の塀。石、コンクリートブロック、植木などで作ったり、鉄筋コンクリートの水槽タンクを置いたりした。（石）ナカグスク。（沖）ヒンプン。「マヤーキ（前置き・前垣・前の植木）」とも言う。「マヤーキ」の項参照。

マイザトゥ[maizatu]〔固〕

〈地〉前栄里村。石垣島の一集落。黒島から1779年に移住が行なわれたことで、前栄里村の人は黒島を「ウヤジマ（親島）」と呼ぶ。不思議なのは、移住以来二百数十年も経っているのに、黒島と真栄里村の人たちは互いのシマムヌイ（島言葉）で話が通じるのである。そのうえ、基本的に「中舌音」を用いないという点も現在まで堅持しているのである。

マイシカイビー[maiʃikaibi:]〔名〕
　前使い。補助者。【例】マイシカイビーヌ　ディキレーッカ　シグトー　ナシクン（補助者がしっかりしていると、仕事は捗る）。

マイダン[maidaŋ]〔副〕
　まことに。じつに。順調に。【例】マイダン　プコーラッサッティ　ワーマリルンユー（まことにありがとうございます）。「ワーマリルンユー」は、挨拶言葉の締めくくりに用いる尊敬・丁寧語である。「ワーマリルン」は「ワームン（拝む）」の尊敬体で、「ユー」は尊敬・丁寧の終助詞である。

マイダンナーヌン[maidanna:nuŋ]〔自〕
　元気でない。体調がよくない。〈否〉見出し語自体が否定語である。【例】クナレー　ウブザー　マイダンナーナッテナー　シワーバ　シーブー（このところ、祖父が順調でないので心配している）。

マイニチ[mainitʃi]〔名〕
　毎日。共通語からの借用語。日常語では「ピッティヌピン」を多用する。【例】ヤラビシェーケー　マイニチ　ウンタンカヴァイブッタドゥラ（子どものころは、毎日芋だけ食べていたよ）。

マイニヤー[mainija:]〔固〕
　屋号。前仲家。【例】バンテヌ　パイナーヌ　ヤーヌ　ナーユドゥ　マイニヤーッティ　シタ（私の南隣の家の屋号をが、マイニヤー＝前仲家と言った）。

マイヌイー[mainuʔi:]〔名〕

米の飯。【例】ヤラビシェーケー マイヌ イーヤ ソーラトゥ ソンガチンドゥ ヴォータ（子どものころ、米の飯はお盆とお正月にが食べた）。

　普段の主食は、昼は芋、夜は粟の飯だった。朝飯は昨夜の粟飯の残りと芋が半々であったように記憶している。

マイヌウバン[mainuʔubaŋ]〔名〕
米のご飯。「マイヌウボン」とも言う。「マイヌイー」の項参照。

マイハヌニガイ[maihanunigai]〔成〕
未来志向の祈願。「前への願い」の意。【例】サー マイハヌニガイタンカ シーリ（いつも将来に希望を託してだけ祈願しなさい）。過去がうまくいかなかったとしても、現状が厳しく苦しくても、将来に希望を見出し、夢を託して前進あるのみ、といういにしえの黒島びとたちの健全で前向きの「未来志向」の姿勢・哲学がこめられた金言である。

　なお、「未来志向」という用語は、たとえば日本による中国の満州侵略や朝鮮併合などの責任を追及されたとき、日本政府の責任逃れの逃げ口上の常套句として用いられるなど、いやな響きが付着しているという側面もある。

マイビシ[maibiʃi]〔固〕
干瀬の名。伊古部落の北方の遠浅海浜の干瀬。良好な漁場で、又吉智福翁が種々の網漁を仕掛ける事実上の占有漁場であった。「タマ（分け前）」の項参照。

マイフナー[maiɸuna:]〔名〕
利口な者。立派な人。成功者。【例】ウブプス ナルッカー マイフナー ナリ ウヤヌ ナーユ トゥユマスヨーン シーリヨラー（大人になったら立派な人に成長し、親の名を轟かすようにしなさいよ）。「トゥユマスン（鳴響ます）」と「ナートゥラスン（名を高める）」は、歌謡語としてよく対語で用いられる。

マイブニ[maibuni]〔名〕
凧（真っ角）の上部の骨。外枠の骨の中でもひときわ大きく、竹の皮を裏にして飛ばす際に外に折り曲げ、木綿糸でつっ張りその糸に油紙を張りつけ風との摩擦によって生ずる「ブーブー」と鳴る音を楽しむ。その音の出る装置のことを「ナキムヌ（鳴き物）」と称した。

マイヤク[maijaku]〔名〕
前厄。厄年の前年。〈対〉アトゥヤク（後厄）・ハリヤク（晴れ厄）。

マインガニスザーブシ[maiŋganisuza:buʃi]〔名〕
黒島民謡の名。〈まいんがにすざー節〉。黒島の三線歌の一つ。昭和50年11月26日、竹富町〔無形民俗文化財〕に指定。別名〈親廻り節〉とも言う。喜舎場永珣著『八重山民謡誌』では〈黒島節（マンガニスッチャ節）〉と紹介されている。

　この歌が〈親廻り節〉と称されるのは、囃子ことばの「マインガニスザー ウヤマーリ ワーリ（光栄なことです　親廻りご一行様　ようこそお出でくださいました）」に由来する。そもそも、「親廻り」とは琉球王国時代に行なわれた役人による村々・島々の巡視を言うが、通常は首里王府の八重山行政庁「蔵元」の最上級官である在番や頭職を先頭にして行なう巡視を指す。この場合の「ウヤ（親）」は、「在番・頭」のほか蔵元から派遣された村番所の長「首里大屋子」やその補佐役「目差」などの役人の尊称である。〈まいんがにすざー節〉の節名も、囃子ことばに由来する。

　この歌には、親廻り一行を歓待するための要員として、各村一番の評判娘が次々に名指しされる様子があからさまに描かれている。喜舎場永珣は、この歌に登場する娘たちを現地妻の役割を担わされた「賄女」と解しているが、歌の文脈からすると各村

での接待役とみなすのが妥当だと思う。その場合、夜の饗応で酌婦を務め、その延長線で夜の御伽すなわち一夜妻の役を強要されるような理不尽な場面があったのかも知れない。そのこととも関連するかと思われるが、「ピスユーヌッファー（一晩で出来た子）」というけっして軽くは扱えない言葉も残されている。

マカスン[makasuŋ]〔他〕
　負かす。〈否〉マカハヌン。【例】ハチマケーヤディン　アルムノーリバ　プスユ　マカス　クトゥ　タンカー　ハンガイナー（勝ち負けは付き物だから、他人を負かすことだけを考えるな）。亡き父の尊い教えである。

マカスン[makasuŋ]〔他〕
　任せる。託す。〈否〉マカハヌン。【例】ウナー　ナルンティ　イジバ　ウリン　マカハイ（自分が出来ると言うから　そいつに任せなさい）。

マカナイ[makanai]〔名〕
　賄女の省略。琉球王国時代、八重山の離島や地方の役人の身の回りの世話をする女性のこと。【例】サキダシューヌ　マカナイヤ　シマナカヤーヌ　マナベーマ（崎枝村の与人の賄女は、島仲家のマナベーマであった／八重山民謡〈とぅまた節〉より）。

　琉球王国時代、離島に赴任する役人には家族の帯同が許されなかった。そのため、身の回りを世話する女性が宛がわれた。王府の定めでは、賄女と寝起きを共にすることは禁止されていたが、実際は役人の任期中だけの「期限付き現地妻」の役割を強要された。

　私の曾祖母は、並はずれた美貌ゆえに「まかないおんな（賄女）」となった。曾祖母は、役人とのあいだに２人の子を生し、筋書き通り黒島に置き去りにされた。そのときに受けた〝トラウマ〟を生涯にわたって背負い、娘や孫娘たちに「ミドーヌファー　アバレー　ナンナヨー（女の子は綺麗になるなよ）」「アバレヘ　ミドーヌファー　ナスムノー　アラヌンドー（綺麗な女の子を生むものじゃないよ）」という、触れれば血の出るような言葉を残している。「アイットゥリドゥ　バンター　ムール　ガバサーマリ　シェーッカヤ？（それだから　私たちはみんなガバサー＝不美人になったのかね）」と、孫娘たちは冗談を言い合ったという。実際は、曾祖母の家系に連なるＴ家やＩ家は今も色白の美人系統の遺伝子を引き継いでいる。「アザ　クイル　ミドゥム（石垣を越える女）」「フナットゥ　ブンタ」の項参照。

マガラ[magara]〔名〕
　親族。身内の者。「間柄」の意」。（石・沖）マガラ。【例】ソッコーヤ　マガラシドゥシーウヤス（法事は、身内の者でして差し上げる）。見出し語は、石垣語・沖縄語の移入であろうか、我が家では耳にした覚えのない言葉であった。

　〔追記〕（2021年３月10日現在）東筋秀吉君からの報告で、東筋部落のある家の法事の場面で用例のような会話が交わされ、野底幸生氏（昭和12年生まれ）と又吉智永氏（昭和14年生まれ）の２人は「マガラ」という言葉を用いられたそうだ。

　ちなみに、『日本国語大辞典』はじめ身近にある国語辞典では「まがら」の項目は見当たらず、「あいだがら（間柄）」として立項されている。おそらく、共通語の「間柄（あいだがら）」の重箱読み「まがら＝マガラ」が沖縄語や八重山語（石垣語・黒島語）として定着したものであろう。

マガルン[magaruŋ]〔自〕
　曲がる。〈否〉マガラヌン。【例】トゥシトゥッタラー　クシン　マガリナーヌン（年を取ったら、腰も曲がってしまった）。

マガレ[magare]〔名〕

クンガチヨイ（九月祝い）用の揚げ菓子。

マキ[maki]〔名〕
牧場。「牧場」の意。【例】ビャーハシマーシマズー マキバ ナリ マヌマー スクルムヌ スクル プソー タルン ブラヌン（我が黒島は島中が牧場になって、今は穀物を作る人は誰もいない）。

マギー[magi:]〔名〕
大きいこと。【例】ピンガセー イゾー キムビヤハラ マギー アッタヌラー（逃がした魚は、びっくりするほど大きかったのになあ）。〝逃がした魚は大きい！〟。

マキウシ[makiʔuʃi]〔名〕
牧場で生まれ育った牛。【例】マキウシェー ピージーヤ ワンダーサルヌ ヴァーナ スッカ ウングリルンドゥラ（牧場で育った牛は、普段は穏やかだが子を生むと気性が荒くなるよ）。ここで「マキウシ（牧牛）」と言っているのは、私が牛の世話をしていたころに、牧場で生まれ育った牛と繋ぎ飼いのなかで生まれ育った牛とを区別しての呼び名である。

　牛の世話を任された小学校高学年のころ、我が家では白保の牧場で生まれ育った雌牛を購入した。見るからに美しく、島で生まれ育った母牛に比べるといかにも都会育ちの洗練された（？）雰囲気を漂わせる若い雌牛であった。ほどなく妊娠し子が生まれた。私は嬉しくなって、いつものように子牛を撫でようとした。すると、牧牛の新米母牛は鼻を鳴らし、角を突き出して私を威嚇したのである。子が生まれる前まであんなに大人しく優美な立ち振る舞いをしていた〝彼女〟の豹変ぶりは、意外であり驚きであり失恋（？）にも似た気分を味わったものである。さいわい、子牛に触れさえしなければ、普段どおりであったので私は不本意ながら子牛には触れないように気を付けた。

朝夕直に接して世話をする繋ぎ飼いや舎飼いの家畜牛と、野生の本能そのままに育った牧場での放し飼いの牛ではこんなにも違いがあることを、身を以て学んだのであった。

マキッサリルン[makissariruŋ]〔自〕
大敗する。【例】クトゥシン マタ プリハラ マキッサリナーヌン（今年もまた保里部落から、大負けしてしまった）。用例は、豊年祭のパーリ競漕・ウーニ競走に大敗したときの描写である。

マキバ[makiba]〔名〕
牧場。牧場。【例】ムカシェー パタキナー スクルムヌヌ グーハジバ スクレータヌ マヌマー シマズー マキバハ ナリナーヌン（昔は畑で作物の数々を作っていたのに、今は島中が牧場になってしまった）。「ウシマチリ（牛祭り）」の項参照。

マキブドゥル[makibuduru]〔名〕
巻き踊り。「マキブドゥン」とも言う。【例】プーンヌ マキブドゥルンナ パーッタンキ アブッタンキヌ ウシタキ ガーレーッターナ ブドゥリ ウムッサッタヌドゥラー（豊年祭の巻き踊りにはお婆さんたち、お母さんたちが大勢で掛け声を掛けながら踊って面白かったのになあ）。用例の女性たちは競争に直接参加できないので、その気持ちを巻き踊りの場で発散していたのだろうか、じつにエネルギッシュで見る人にも高揚感が伝わってきた。

マキブドゥン[makibuduŋ]〔名〕
巻き踊り。「マキブドゥル」と同じ。

マキポーリ[makipo:ri]〔名〕
撒き散らすこと。「マキポールン」の連用形が名詞化した語。

マキポールン[makipo:ruŋ]〔他〕
撒き散らす。【例】ヌーンクイン マキポーリ ヤーバ フクザーラシ ヌワー ウレー？（何もかも撒き散らして家を汚し、

なんだいこれは)。

マキルン[makiruŋ]〔自〕
負ける。及ばない。敵(かな)わない。〈否〉マクヌン。【例】ヌーバセー スーブナーン ハツバソーン アリ マキルバソーン アルムノーリバ ヌチハギリ ギーパリ（どんな勝負であっても、勝つ場合もあれば負ける場合もあるのだから全力を尽くしなさい）。

マキルン[makiruŋ]〔自〕
肌がかぶれる。〈否〉マクヌン。【例】コイ マキバ シー ビューワヌ ナラヌン（肥やしで肌がかぶれて、痒くて堪らない）。

マキルン[makiruŋ]〔自〕
値引きする。〈否〉マクヌン。【例】イサナ マキナ ムヌ ハウバソー ヤディン マキッサシタワヤ（石垣で買い物する場合、かならず値引きさせたよ）。

マキルン[makiruŋ]〔接尾〕
～しそこなう。しそんじる。【例】ニビマキルン（眠りそこねる）。

マギルン[magiruŋ]〔他〕
曲げる。自分の意見を引っこめる。〈否〉マグヌン。【例】ウヴァー ドゥーヌ ギーユ マグナーッカ タルン ウヴァー イズ ムヌイヤ シカヌン（お前が自分の考え〈主張〉を変えないと、誰もお前の言うことを聞かないよ）。

マクブ[makubu]〔名〕
〈動〉ベラ科の魚の名。マクブ。沖縄県では、アカジンミーバイ・アカマチとともに最高級魚に位置付けされている。時々、那覇市泊の魚市場に出向くが、マクブはアラ（粗。魚類などのおろし身をとったあとに残る頭や骨など）であっても結構値が張るし、味噌汁の具にしたり煮物にしたりすると高級な食材となる。

マコイ[makoi]〔名〕
〈植〉植物の名。和名不詳。亜高木で、裏白の葉は山羊や牛の大好物である。

マコン[makoŋ]〔名〕
〈動〉ヤシガニ。（石）マッコン。（沖）アンマク（大きなヤドカリ）。【例】マコンヤ アダンヌ ナルユ マーハ セーッタ（ヤシガニは、アダンの実を好んだ）。ヤシガニは、黒島で捕れる自然の珍味の一つであった。用例のようにアダンの実が好物であったが、牧場の拡張に伴ってアダン林が減少した現状は、ヤシガニの生息にとって厳しくなっていないだろうか。
　ところで、黒島民謡〈ぺんがん捕れー節〉では、マコンは宮古語と同じ「マクガン」で歌われている。古くは「マクガン」であったが、石垣語の「マッコン」に引かれて「マコン」になったのだろうか。ちなみに「マクガン（巻く蟹）」の名称は、襲われたとき体を巻く習性に由来するという。

マザースン[maza:suŋ]〔他〕
混ぜる。混ぜ合わせる。【例】ミジトゥ アヴァー マザーハルヌン（水と油は混ぜられない）。

マサーマサー[masa:masa:]〔副〕
じつに。案の定。思った通り。あとに否定を伴う場合が多い。【例】マサーマサー アヤール サキッファイムヌトゥ マズン ナリ バハレーッス（案の定、あんな酒飲みと一緒になり〈結婚して〉別れて〈離婚して〉しまったさ）。

マササーン[masasa:ŋ]〔形〕
占いなどが正しく当たる。霊験(れいげん)がある。【例】ウヌ ユタヌ キーヤ マササーントゥ ドゥラ（その占い師の占う卦は、よく当たるそうだよ）。

マサルン[masaruŋ]〔自〕
勝る。優れる。【例】クリッキン マサル ムノー ナーヌン（これより勝るものはない）。

マザルン[mazaruŋ]〔自〕
混じる。混ざる。【例】アヴァトゥ ミジェー

マザラヌン（油と水は混ざらない）。

マシ[maʃi]〔名〕
　ませ。まがき。竹や柴などを編んで作った低い垣根。【例】イシマセー　クイラリルヌ　プスマセー　クイラルヌ（石の垣は越えられるが、人の垣〈人格〉は越えられない）。この「マシ」という語は用例以外に日常語での使用は確認できない。「イシマシ（石の垣）」「プスマシ（人の垣）」の項参照。

マシ[maʃi]〔形動〕
　よい。よりよい。【例】クズッキン　マシナルヨーン　ケーラ　コーラハイ（去年よりよくなるように、全員力いっぱい頑張れ）。

マジ[maʒi]〔副〕
　先ず。最初に。真っ先に。【例】プスユタラーキンスクン　マジ　ドゥーシ　シーリ（他人を当てにせず、真っ先に自分でやりなさい）。

マジミアン[maʒimiʔaŋ]〔自〕
　沢山ある。豊富にある。〈否〉マジミナヌン。【例】ウンヌン　サヤイン　マジミアリバ　ムタリスク　ムティ　パリバ（芋も野菜も沢山あるから、持てるだけ持って行きなさい）。

マジミルン[maʒimiruŋ]〔他〕
　沢山積み上げる。〈否〉マジムヌン。【例】アーヤ　ニバンウラザナ　マジミ　ウシケータ（粟は二番裏座で、沢山積み上げて置いた）。

マズムヌ[mazumunu]〔名〕
　化け物。妖怪。（石）マザムヌ。（沖）マジムン。【例】マズムノー　ミリミランタヌ　ヤンヌミーヤ　ナハブラーッタ（化け物を見たことはなかったけれど、暗闇は怖かった）。

マズン[mazuŋ]〔副〕
　一緒に。共に。同時に。【例】ハマハ　パルバソー　マズンドゥラ　ドゥータンカシパンナヨラー（あの世に行くときは一緒だよ、自分独りで行くなよ）。これは、私と同様に持病を抱えている親友・N君の、私への友愛をこめた呼び掛けである。友情の吐露としては、最高の台詞ではないだろうかと有難く思うのであり、女房には悪いけど〝友人ファースト〟の気持ちが勝る場面である。

マズンナルン[mazunnaruŋ]〔他〕
　一緒になる。結婚する。〈否〉マズンナラヌン。【例】ウヌフターラー　マズンナルンティ　ウムッタヌ　ヌーッティ　アイナランターッカヤ？（その2人は結婚すると思ったのに、なんでそうならなかったのかねえ）。

　特に郷里の身近な人々が、予想どおりの結婚をしなかったり想像もしなかった相手を選んだり、まさに「人生色々、男も色々、女も色々……」。そんなことになると分かれば、自分も積極的に手を挙げておけばよかったなあ、などと若いころを思い出し身体はとっくにしおれているのに、情念だけはなまぐさい後期高齢者の叶わぬ想いが胸の奥深くに通奏低音のごとく響き、あるいは熾き火の如く燻ぶる。

マタ[mata]〔名〕
　股。【例】①パンヌ　マタ（両足の付け根）。②キーヌ　マタ（木の枝の分かれるところ）。

マタ[mata]〔接〕
　また。さらに。そのうえに。【例】①マイヌ　トゥジトゥ　バハリ　マタ　トゥジバ　サーリ　ケーットゥ（前の妻と別れ、また妻を迎えたそうだ）。②ウレー　ウヤヌ　クトゥン　マタ　キョーダイヌ　クトゥン　ユー　シールワヤ（彼は親のことも、さらに兄弟・姉妹のこともよく尽くすよ）。

マダ[mada]〔副〕
　まだ。いまだ。【例】マダ　ドゥー　ムタナータンカムヌ　ナリベー（いまだに所帯を持

たず、独り者である）。

マタイ[matai]〔名〕
木の枝がＹ字形になっているもの。【例】ゴムカンヤ ソーシズヌ マタイシドゥ スクレータ（ゴムカン＝パチンコは、ソウシジュ＝想思樹のＹ字型の枝で作った）。「ゴムカン」の項参照。

マタイスク[mataisuku]〔名〕
またいとこ。親同士がいとこである子の関係。【例】マタイスクハラ タニン（またいとこからは、他人である）。

マダキルン[madakiruŋ]〔他〕
退ける。片づける。〈否〉マダクヌン。【例】ドゥーヌ ミーヌ マイナー アル ムヌハラ マダキリ（自分の目の前にある邪魔物から片づけなさい）。

マタッサ[matassa]〔名〕
２回目の除草。「又の除草」の意。【例】アーヌッサ ソール バソー フタサーイミーヌ アーヌッサユドゥ マタッサッティ シタ（粟の除草の場合、２度目の除草をマタッサと言った）。

マタッティ[matatti]〔副〕
けっして。まったく。「ゾーイ」「ヨーイニ」などとも言う。【例】ガイズワーッティ プスヌ イズムヌイヤ マタッティ シカヌン（意固地な性格だから、他人の忠告はけっして聞き入れない）。

マタットゥン[matattuŋ]〔副〕
またと。ふたたび。【例】ウンハラ マタットゥン ミラルヌン（それから、またと見られない）。

マタニヴィ[matanivi]〔名〕
又寝。「又眠り」の意。【例】マタニヴィバ シー ビッサレー（又寝をしてやがる）。

マタバイ[matabai]〔名〕
草木のひこばえ。二年株（サトウキビの２度目の株出し）。【例】①ゴーナキヌ マタバイヤ スグ ムイフッタ（桑の木のひこばえは、すぐ生えてきた）。②ビャーハシマヌ シンザヌ マタバイヤ ダーサナーンタン（黒島のサトウキビの二年株は、よくなかった）。用例①は桑の木の生命力の強さを表しており、用例②は黒島の地力の貧弱さを表している。ちなみに、沖縄本島の東風平町（こちんだ）（現在の八重瀬町東風平）では、サトウキビは六年株あたりまで可能だということだ。それだけ地力や保水力があるということであろう。黒島と同じく隆起珊瑚礁の多良間島では、一切株出しはせずすべて新規植え付けだということだった。

マタバイ[matabai]〔名〕
股ずれ。股の内側の皮膚が擦れて炎症を起こした状態。「バイ」は「はげ（剝げ）」の[g]音が脱落した形と言う（『石垣方言辞典』参照）。【例】ナチンナ マタバイバ シービューワッタ（夏には股ずれをして〈股ずれが起きて〉、痒かった）。

マタブシ[matabuʃi]〔名〕
股（また）ぐら。（石）マタバシ。「股節」の意か。【例】マタブセー アザーッケ アザーッケ シー アラカナッカ アカーアカーナルヌ（股ぐらは清潔にしていないと、赤く成る〈炎症を起こす〉よ）。

マタマー[matama:]〔名〕
曾孫（ひまご）。「又孫」の意。【例】マタマーヌ マリ サニヤバ シーブー（曾孫が生まれて、喜んでいるよ）。

マチ[matʃi]〔名〕
〈植〉マツ（松）。【例】バンター ヤラビ シェーケー シマヌ ガッコーナヤ マチヌ ウラーリ ムイブータ（僕たちが子どものころ、黒島校には松の木がたくさん生えていた）。運動場の中には松の大木が２本（後に１本）あり、校庭の周囲にはずらーっと松の木が生えていたのに、あの松の木たちはいつごろ無くなったのだろうか。そう言えば、あのころはかならず門松を立

てて正月を迎えたが、あちこちに自生していた松の木は今もあるのだろうか。

マチ[matʃi]〔名〕
〈動〉魚の名。シチューマチ（アオダイ）、アウマチ（アオチビキ）、アカマチ（ハマダイ）など。アカマチは、アカジンミーバイ（スジアラ）と並んで県内の競りでは最高値のつく高級魚である。

マチガイ[matʃigai]〔名〕
怪我(けが)をすること。人の道に反すること。過ちを犯すこと。「アヤマリ・アヤマチ」とも言う。「間違い」の意。【例】マチガイヤ ターウインナーン アリバ ドゥキ シワーシナ（過ちは誰の身の上にもあることだから、あまり気にするな）。反省をして、同じ過ちを繰り返さないことが肝心だと、父の説諭(せつゆ)が胸に甦る。

マチガイルン[matʃigairuŋ]〔他〕
間違える。取り違える。〈否〉マチガーヌン。【例】トゥシバ トゥリ ピーズ プスヌ ナーユ マチガイ ブーサー（年を取って、しょっちゅう他人の名前を間違えているよ）。

マチガウン[matʃigauŋ]〔自〕
間違う。〈否〉マチガーヌン。【例】ヨーヨー トゥジヌ ナータンカ アラナー ミーフチバーキ マチゴーッカ デージドゥラ（ほらほら、妻の名前だけでなく顔まで間違えたら大変だぞ）。後期高齢を迎えた近年の物忘れのひどさは、用例のような事態を招きかねない勢いで進行しているのだから、まんざら杞憂(きゆう)とも言い切れない情況ではある。「バッシムヌ（忘れ物）」の項参照。

マチガイッツァースン[matʃigaittsa:suŋ]〔自〕
散々間違える。〈否〉マチガイッツァーハヌン。【例】クリン ハリン マズン ハンガイッカー アマザヌ ナハー ザマン ドゥリ マチガイッツァースワヤ（あれもこれも同時に考えると、頭が混乱して散々間違えるよ）。聖徳太子のようにとはいかないまでも、若いころは幾つもの課題を同時進行で処理できたのに、加齢とともに処理能力が低下して一つの事柄すら集中して行なうことが困難になっている。年を重ねることは、年々経験を重ねることだから、知識・経験が豊富になり何事もうまくこなせるのだと期待していたのに、実際には新たに得る物の量より年々忘却・消失・衰退していく物・事のほうがはるかに多い気がする。

マチヤー[matʃija:]〔名・固〕
売店。玉代勢家の屋号。【例】マチヤーバ シーブッタラドゥ ヤーヌナーン マチヤーッティ シタ（売店をしていたので、屋号もマチヤーと言った）。私たちが子どものころは、東筋部落に売店は玉代勢家と當山家の二箇所であった。玉代勢家が売店一号であったらしいことから、用例のようにマチヤー（売店）が玉代勢家の屋号になったのであろう。

マッカ シンザ[makka ʃindza]〔連〕
短いサトウキビ。お盆の供え物として、25センチメートルほどに切ったのを束にして、三方(さんぼう)の上に他の生り物と一緒に乗せて仏壇の両側に供える。

マッカハン[makkahaŋ]〔形〕
短い。〈対語〉ナーガハン。【例】バンターティーパンヤ マッカハールヌ マヌマヌ バハムヌンキヌ ティーパンヌ ナーガハ ナリヨーヤラー（私たちの手足は短いが、今どきの若者たちの手足の長くなっていることよ）。

マッコー[makko:]〔名〕
〈植〉樹木の名。ハリツルマサキ。庭木や盆栽などの鑑賞用の植物。【例】マッコーヤ ユダムチヌ ハイヤーッテナー パチナ ヴィー ハザレータ（マッコーは枝振りが綺麗なので、鉢植えにして飾った）。

マッタキ[mattaki]〔副〕
まったく。そっくり。「全く」の意。【例】ウナー イザン アマジヌ ハトンキヨーバーキ マッタキ ネールワヤ（自分の父親に、頭の傾きようまでそっくり似ているよ）。

マットーバ[matto:ba]〔名〕
真っ当。真っ直ぐ。真っ正直。【例】プスピライヤ マットーバヌ プスバ イラビシーリ（人付き合いは、真っ正直な人を選んでしなさい）。

マッファ[maffa]〔名〕
枕。【例】マッファヌ ドゥキ タカハーッカ フビ ヤマスンドー（枕があまり高いと、首を痛めるよ）。

マッファイズ[maffaʔizu]〔名〕
〈動〉魚の名。ハコフグ。コンゴウフグの総称。形態が枕に似ていることから命名された。食されることはなかった。

マディマリ[madimari]〔名〕
午年生まれ。「ンマ（午）」の項参照。

マドゥ[madu]〔名〕
暇。合間。古い言葉に同義の「キドゥ」がある。【例】マドゥバ パカリ ヤンプスヌ ミーマイユ シー クーナッカー（暇をみて、病人の見舞いをしてこなくては）。

マドゥスクルムヌ[madusukurumunu]〔名〕
間作。主要作物の畝などで作る作物。【例】シンザヌ マドゥスクルムノー ダイクニバ スクレーッタ（サトウキビの、間作にはダイコンを作った）。我が家では、サトウキビ畑の畝で大根を作っていた。あのころの大根は現在の青首大根より大きく辛みも強かった気がする。トゥシフル（大晦日）に戴いたワーヌスー（豚汁）の名脇役で、脂身の多い豚の三枚肉の味を引き立てていた。

マドゥヌ　ムヌ[madunu munu]〔連〕
間食。おやつ。【例】ウヌマーラー ヤーナ マドゥヌ ムヌッティ ナーンタラ パタキヌ シンザバ ブリ ヴォーッタワヤ（当時は家にはおやつなどなかったから、畑のサトウキビを折って食べたよなあ）。

マドゥピドゥ[madupidu]〔名〕
暇。暇々。「ピドゥ」は、「マドゥ」を強調するための語で特別の意味はなく、よって単独では用いない。しかも、この語には多少非難めいた響きがある【例】マドゥピドゥナーナ フチバ オーカシブー（休みなしに、口を動かしている）。用例は、休みなしに何かを食べているか、何かを話していることに対し、非難の意をこめている。

マドゥマドゥ[madumadu]〔名〕
暇々。合間合間。時々。「マドゥ」の畳語で、「マドゥ」を強調する点で「マドゥピドゥ」と似ているが、この語には「マドゥピドゥ」の用例に示されているような非難の意味合いはない。【例】シグトゥヌ マドゥマドゥンナー ヤクイバー（仕事の合間合間には、休みなさい）。

マトゥマルン[matumaruŋ]〔自〕
まとまる。収まる。【例】トゥジブトゥヌ マトゥマリバドゥ キナイヤ マトゥマル（夫婦がまとまってこそ、家庭は収まる）。

マトゥミルン[matumiruŋ]〔他〕
まとめる。収める。治める。【例】キナイバ マトゥミ ムラバ マトゥミ シマバ マトゥミ マイフナー マリリ（家庭をまとめ、村を治め、島を治め、立派な人になってくれ）。

マトゥン[matuŋ]〔他〕
待つ。〈否〉マタヌン。【例】ウヴァー マズン ナラバン ミサンティ イズケーバナー イチバーキ マトゥワー（あなたが一緒になってもいいと言うまで、私はいつまでも待つわよ）。漫談家・綾小路きみまろ流に言うと「あれからン十年、変われば変わるもの、今では『あなたあ、い

つまで生きているつもり!?』ってなぐあい……」。

マナー [manaː]〔接尾〕
～だよ。～のに。非難をこめ、もしくは反省を求める場合に言う。【例】ヌチハギリギーパラナーッカ ハカラヌンドーッティ イズッタンマナー（命懸けで頑張らないと受からない〈合格しないよ〉よ、と言ったのに〈そうしなかったから失敗したのだよ〉）。

マナイツァ [manaitsa]〔名〕
俎板(まないた)。【例】マナイツァー イチン ゾーットニ アライ シカイヨー（俎板は、いつもきちんと洗って使いなさいよ）。

マニユー [manijuː]〔名〕
真似事。偽物。【例】マニユー タンカ スーンスクン ウムヤールニン ドゥーヌ ハンガイシ スクリバー（真似事ばかりしないで、思い切って自分の考えで作ってみなさい）。

マヌパ [manupa]〔名〕
南方。「午(うま)の方(ほう)」の意。【例】タイフーヌ バソー マヌパ ハジヌドゥ イチン スーワッティ イザリブー（台風の場合、真南の風こそがもっとも強いと言われている）。

マヌパ [manupa]〔固〕
新城家の屋号。同家は東筋部落のマヌパ（南側）の外れに位置していたことから、同家を部落の人々は誰言うとなく「マヌパ」と呼び、それがいわば公認の屋号となった。同家には「アカヤー」と言うもう一つの呼び名があったが、そのいわれは同家の当主が赤い褌(ふんどし)を締めていたからだという。

マヌバーキ [manubaːki]〔副〕
今まで。「マヌマバーキ」の「マ」が脱落した語。【例】クルザー マヌバーキ アサニビバ シー ビッサレーワヤ（こいつは、今まで朝寝坊をしていやがるよ）。

マヌマ [manuma]〔名〕
今。【例】マヌマ シラリ シグトゥユ アツァハバーキ ヌバシナ（今出来る仕事を、明日にまで延ばすな）。

マヌマータ [manumaːta]〔名〕
いま先。先ほど。(石)マナシゥキゥ。(沖)ナマサチ。【例】クヌ ウシェー マヌマータドゥ マリッタヌ ドゥーシ タティ アラキ シーユ ヌミブルワヤ（この牛は先ほど生まれたが、自分で立ち歩いて乳を飲んでいるよ）。

マヌマバーキ [manumabaːki]〔副〕
今まで。「マヌバーキ」と同じ。「マヌバーキ」の項参照。

マハル [maharu]〔名〕
碗。椀。(石)マカリゥ。(沖)マカイ。【例】ユーマハルトゥ スーマハルヤ ハタチヌ ハールワヤ（飯碗と汁碗は、形が違うよ）。見出し語「マハル」は、古くは中舌音「マハリゥ [maharï]」と発音し、次の「マハル[maharu]」を経て、最近は撥(はつ)音(おん)「マハン[mahaŋ]」が多いように思う。黒島語における「ラ行」の「い段」と「う段」の中間音は、多くの場合中舌音「リゥ」から直音「ル」へ、さらに撥音「ン」へと変化してきたことが確認できる。①太(ふと)腿(もも)＝ムムダリゥ[mumudarï]→ムムダル[mumudaru]→ムムダン[mumudaŋ]。②鳥・鶏＝トゥリゥ[turï]→トゥル[turu]→トゥン[tuŋ]。③女から言う兄弟＝ビキリゥ[bikirï]→ビキル[bikiru]→ビキン[bikiŋ]。④男から言う姉妹＝ブナリゥ[bunarï]→ブナル[bunaru]→ブナン[bunaŋ]などなど。

　私の黒島語収集の経験からすると、再び見出し語の「マハル（碗）」を例に取ってみると、概ね大正生まれの人たちは中舌音「マハリゥ[maharï]」と発音し、昭和初期生まれの人たちは「マハル[maharu]」と発音し、昭和20年以降生まれの人たちは

マブヤー

撥音の「マハン[mahaŋ]」と発音する傾向がある。部落によって、家庭によって、個人によって、違いがあることは言うまでもない。

マブヤー[mabuja:]〔名〕
魂。霊魂。沖縄語の「マブイ」が変化した言葉。

マペラチジラバ[maperatʃiʒiraba]〔名〕
古謡の名。〈まぺらちじらば〉。まぺらちは、黒島仲本村に生まれ、幼いときに両親を失い、川平村在の母方の従妹叔母に養育されたという伝承がある。

マペーラチブシ[mape:ratʃibuʃi]〔名〕
〈マペーラチ節〉（真南風乙節）。竹富町〔無形民俗文化財〕昭和50年11月26日指定。幼くして父母を亡くした真南風乙という名の少女は、伯父の家に引き取られ、子供ながらにつらい仕事をしなければならなかった。朝から晩まで休む暇もなくて、真南風乙は親が生きていたらこんなにつらい思いをすることもなかったのに、と自分の境遇を悲しむが、そのなかでも前向きに生きていこうとする、そのような少女の嘆きと逆境に向きあう強さが歌われている。『竹富町の文化財』（平成10年3月・竹富町教育委員会発行）参照。

ママルン[mamaruŋ]〔自〕
（液体、粉末などが）くっつく。〈否〉ママラヌン。【例】コロナウイルスヤ ティーナ ママリドゥ ミー パナ フチバ トゥーリ ハラッタヌ ナハハ パイリバ ティーユ ガンッティ アラウヨーン キーシキリ（新型コロナウイルスは、手に付着し目・鼻・口を通って体内に侵入するので、手を十分に洗うよう気をつけよ）。

マミ[mami]〔名〕
豆。【例】マイヤ トーフマミ アマミ クマミ ウチマミヌッツァ スクレーッタヌラー（以前は、大豆・小豆・緑豆・ウチマミ類を栽培していたのになあ）。

戦後のある時期まで基幹作物のサトウキビの裏作として、用例のような豆類を作っていた。1971（昭和46）年の大旱魃を契機に農耕が急速に衰え過疎化が進行し、畜産業への転換が図られた。現在は、島全体が牧場となって肉用牛の生産が盛んな小規模ながらも「畜産王国」に変貌した。

マミッツン[mamittsuŋ]〔名〕
豆粒。【例】キョーダイヤ マミッツンヤラバン バキドゥ ヴォー（きょうだいは、豆粒であっても分けてが食べる）。

普段はあまり教訓めいたことを言わなかった母が、残してくれた貴重な金言である。お祝いのご馳走、たとえばアーラシコーシ（蒸し菓子）などを、母は家族全員に行き渡るように細かく切って与えながら、用例のようにつぶやくのだった。物資の乏しいなかで、子ども心にも分け合うことの大切さを教え家族愛やきょうだい愛を感じさせてくれる場面であった。

マミナ[mamina]〔名〕
〈植〉モヤシ。【例】マミナヤ アウマミユ ティルナー イリ ビウンヌパーバ ハバシ トゥーシ ミジバ ハキ スクレーッタ（モヤシは、緑豆を笊（ざる）に入れクワズイモの葉を被せ頻繁に水を掛けて作った）。掛けた水が井戸水だったか、雨水だったか記憶は定かでないが、水道のなかったあのころの水事情からすると井戸水だったであろう。

その後の聞き取りでは、掛け水はやはり井戸水であった。それならそれで、掛け水が雨水の場合と井戸水の場合とでは、モヤシの栄養分（ミネラルの含有量等）に相違があるのか、美味しさはどうなのか気になるところではある。

マミルン[mamiruŋ]〔他〕
（液体、粉末などを）くっつける。塗る。

〈否〉マムヌン。【例】ヤマセー　ハトゥナーウヌ　フシルユ　マミウシキバー（傷めたところに、その薬を塗っておきなさい）。

マヤ[maja]〔名〕
〈動〉ネコ（猫）。【例】イントゥ　マヤ　アタラヌンッティ　イザリブルヌ　テレビナ　ミーッカ　アイヤ　アラヌワヤラー（犬と猫は仲が悪いと言われているが、テレビで見ているとそうでもないよなあ）。躾けによるものなのか、犬と猫が不思議なほど仲良くじゃれあっている姿をよく見かける。

マヤーキ[maja:ki]〔名〕
庭の中の垣。(沖)ヒンプン。【例】マヤーキヌ　アル　ヤーン　ナーン　ヤーン　アッタワヤ「庭の中の垣がある家も、ない家もあったよ」。家屋と門の間にあって、家の中が見えるのを防ぐ目隠しのための塀。石やコンクリートブロックで作ったり、植木で作ったりした。なかにはコンクリート造りの水槽タンクをマヤーキにした家もあった。「マヤーキ」は、「前置き」「間垣」「前垣」あるいは「前の植木」の意か。部落によっては「マイグスク」とも言う。

マヤールン[maja:ruŋ]〔自〕
跳ねる。跳び上がる。【例】ウセー　クルマユ　ピケーターナラバン　アブン　ザーリッカ　ウムイキシ　マヤーリ　デージアッタ（牛は荷車を引きながらでも、虻に刺されると大きく跳びはねて大変だった）。

マヤヌ　キー [majanu ki:]〔連〕
猫の毛並み。【例】インヌキートゥ　マヤヌキートゥ　タトゥイラリ（犬の毛並みにも　猫の毛並みにも　譬えられ／黒島の古謡〈種子取あゆ〉より）。「インヌ　キー」の項参照。

マユ[maju]〔名〕
繭。【例】カイクヌ　キーンキーン　ナルッカー　ハリウンヌクラヌ　ナハハ　ムチナシ　マユ　マカセーッタワヤ（蚕の体が黄色くなると乾燥した芋蔓の中に移して繭を巻かせたものだ）。

マラ[mara]〔名〕
魔羅。陰茎。【例】ウシン　ンーマン　ワーン　ユヌ　ユーパンイキムシ　アルヌ　マラヌ　ハタッチェー　ハーリブー（牛も馬も豚も同じ四足動物なのに、マラの形は変わっている）。魔羅という言葉の本義は、「仏道修行を妨げ、人の心を惑わすもの」（広辞苑）であり、いみじくも仏僧たちの間では「陰茎」の隠語として用いられたようである。なるほど、日常語として用いられている「タニ（種）」からは穏やかなイメージが浮かぶが、「マラ（魔羅）」という用語からは一転して高尚な修行を妨げるほどの聞き分けのない、いきり立った怒涛の勢い（まさに勃起！）と淫猥な響きが漂う。

　ところで、用例の牛・馬・豚のマラの比較であるが、ことに及ぼうとする瞬間を少年の目が捉えた記憶をたどって描くと、牛のそれは直径4〜5センチ、長さ50センチほどの鮮やかな桜色で美しく雄勁そのもの、馬のそれは直径10センチ、長さは40センチほどの鈍い銀色だったか灰色だったか、長さと美しさでは牛に劣るが太さでは圧倒的な存在感を示した。豚のモノはいわく言い難い形状で、材木に太い穴を開ける大工道具の錐（クルマイリ）のねじれた針そっくりであった。大きさは豚のそれは体型に応じてやや小振りだが、色合いは鮮やかなピンクないしは朱色の美しさを見せた。ついでに山羊について記すと、形状・色合いともに牛のミニチュア版といった趣だった。

　交尾に関しては、牛の長尺モノの一突きにもそれなりの迫力はあったが、馬のそれは老婆でも腰をぬかしてしまうという逸話がつきまとうピストン挿入にやはり軍配を

上げることになる。ただ、見逃してならないのは、牛の交尾が終わった瞬間に雌牛が背中を思いっきり丸める姿である。ある書物によると人間以外の、昆虫類を含むすべての動物の交尾には快感は伴わないと言うが、はたしてそうだろうか。あの雌牛の背中を丸める行為はエクスタシーの極致ではないかと思われるのだが……。「ズムイ（発情）」の項参照。

マラクン[marakuŋ]〔他〕
束ねる。〈否〉マラカヌン。【例】ピシダヌ ザーユン モース キーユン ブーシ マラキ ムティ ケーッタ（山羊の草も燃やす薪も、紐で束ねて運んで来た）。草や薪を運ぶ場合、男子は肩に掛け、女子は頭に載せて運んだ。草も薪も要領よく束ねないと、途中でほどけてしまいひどい目にあうので、束ね方は腕の見せ所であった。

マラクン[marakuŋ]〔他〕
言いくるめる。揚げ足を取る。言い負かす。【例】ムヌイジフォーンヌ ナーナッテナー プスン サー マラカリ ベーワヤ（物の言い方がまずいので、他人にいつも言いくるめられている）。

マラスン[marasuŋ]〔他〕
①生む・産む。②作りだす。〈否〉マラハヌン。【例】①グンズー ナリ ヴァーバ マラシ キムビヤーヤラー（50歳になって、子を生むなんてすごいねえ）。②キノー サキユ マラセー（昨日、酒を醸造した）。
　この言葉は、石垣方言研究の第一人者・宮城信勇先生によると「特殊な形態を示している」という。すなわち「マリルン（生まれる）」の使役形を示しながら、実際は用例のごとく常態として用いられているのである。

マラバスン[marabasuŋ]〔他〕
やっつける。平らげる。【例】①ハラッタン ジンブンヌン ハナイ ブーッテナー タルン ウリンナー マラバハリ シー（体力も知恵も優れているので、誰もそいつにはやっつけられるよ）。②バハルシェーケー イッスヌ サキン ヌーンアラナー マラバセーッタドゥラ（若いころは、一升の酒も平気で飲み干したんだよ）。ここの酒は「日本酒」である。

マラビクルビ[marabikurubi]〔名〕
転び転び。右に転び左に転びしている様。（石）マラベークルベー。（鳩）クルベーマラベー・マラベークルベー。【例】ハツァヌ ナハナ マラビクルビ シ アトー ハツァヌ プカハンジ ガザンニン ザーリッタ（蚊帳の中〈内〉で転び転びし、あとは蚊帳の外に出て蚊に刺された）。

マラブン[marabuŋ]〔自〕
まろぶ。転ぶ。「マラブン（転ぶ）」は、「マラビクルビ」という用語に連用形が名詞化して用いられているが、日常語では「クルブン（転ぶ）」が多用された。

マラリア[mararia]〔名〕
ヤキヤン。「ヤキヤン」の項参照。

マリ[mari]〔名〕
生まれ・出自。性質・性分。血筋・血統。生まれながらの運命。【例】①ウイプスンケー マリシ タッチェヌ ヴァーッティシグ ミッスッタワヤ（年寄りは、血筋で誰の家の子かただちに見分けたよ）。②アワリヌ マリバ シー マリケー（難儀をする運命を背負って、生まれてきた）。

マリ[mari]〔名〕
大便をすること。脱糞。「マルン（大便をする）」の連用形が名詞化した語。【例】ピスユーヌサーットゥ マリットゥ パキットゥバシー ニバルンタン（一晩中、脱糞と嘔吐をして眠れなかった）。

マリジマ[mariʒima]〔名〕
古里。故郷。「生まれ島」の意。【例】トゥシ トゥッタラー ユクン マリジマヌ

クトゥヌ　ウモーリルワラー（年を取ったら、余計に故郷のことが思われるよなあ）。

マリドゥシ[mariduʃi]〔名〕
生まれた年の干支を言う。「生まれ年」の意。

マリドゥシヌ　ヨイ[mariduʃinu joi]〔名〕
干支の生まれ年を祝うこと。【例】マリドゥシンナ　マリドゥシヌ　ヨイユ　シールワヤ（生まれた年の干支には、生まれ年の祝いを行なう）。

マリヤンザ[marijandza]〔名〕
出来損ない。不出来な状態。【例】ヌーヌ　ユインドゥ　マリヤンザヌ　マリケーッカヤ？（なにゆえに、出来損ないが生まれてきたのかな）。

マリルン[mariruŋ]〔自〕
生まれる。〈否〉マルヌン。【例】ムカシェービコーヌ　マリッカー　サニヤ　セーッタヌ　マヌマー　ミドーヌ　ファーヌドゥ　サニヤ　シーラリ（昔は男児が生まれると喜んだが、今は女の子が喜ばれる）。

　昔は後継ぎという観点から男が喜ばれたが、現在は親の介護・看護は娘しか当てにならないという風潮が強くなっていることから、用例のような現象が出来している。

マルシキナ[maruʃikina]〔副〕
まるごと。全部。「アルッサ」「ムルッティ」と同じ。【例】ウマナー　アル　ムノー　マルシキナ　ムティパリバー（そこにある物は、全部持って行きなさい）。

マルバイ[marubai]〔名〕
下着を着ない状態。【例】ドゥシンキザーン　オンダー　シーバソー　マルバイシ　ドゥウーッタ（友だち同士で泳ぎに興じるときは、まるはだかで泳いだ）。

マルン[maruŋ]〔他〕
大便をする。排泄する。〈否〉マラヌン。【例】ズー　マリッツァハヌ　クライラリダキナーヌン（大便がしたくて、堪えられそうにない）。

共通語の「放る」は、「排泄する（大小便をする）」と説明されており、持ち運びの出来る大小便用の便器のことを「おまる（お丸・御虎子）」と解説している（『広辞苑』参照）。黒島語の「マルン」は大便の排泄にのみ用い（ズーユ　マルン＝大便をする）、小便の排泄には用いない。小便の場合は「シバンユ　シールン（小便をする）」「シバンユ　シーピサヌ（小便をしたい）」などと言う。

マルンガフ[maruŋgaɸu]〔名〕
生まれ代わりの果報。「牛糞から生まれた果報」の意。近年の造語。【例】ウシヌ　ズーヌ　マリンガーリ　マルンガフバ　タボーラリ（牛糞が、生まれ変わって果報を賜った）。

　甥の当山喜一郎（昭和28年生まれ・㈱沖縄土木社長）が、㈱石垣島堆肥センターを創設する際、牛糞を原料にした完熟堆肥による「耕畜連携」を目指したいので、その理念をまとめてくれと頼まれた。人生の師匠と仰ぐ今は亡き森田孫榮先生の知恵も拝借し、喜一郎の考えに沿って、「完熟有機肥料の基本理念」として次のようにまとめた。

　①まるん果報の実現　②耕畜連携の強化　③食の安全確保　④環境保全の推進　⑤「世美がえり（甦り）の実現」である。それぞれの内容は次のとおりである。

　①の「まるん果報」は牛糞による世果報の招来、②の「耕畜連携」は農業一般の耕作と畜産業の連携強化、③の「食の安全」は有機肥料による安全安心な食材の確保、④の「環境保全」は畜舎からの糞尿垂れ流し防止による環境保全、⑤の「世美がえり」は①につながる耕作地の甦りと豊作を詠った「夢の商品の誕生」である。ちなみに「世美がえり」のネーミングは當山規子氏の提唱したものである。

石垣島における海浜の汚染は、農耕地からの赤土流出と牛舎からの糞尿のオーバーフローが主因とされていたが、上記堆肥センターによる大量の牛糞処理によって相当に改善されているという。完熟有機肥料「世美がえり」も地力回復・改善に貢献していると聞く。公益財団法人・沖縄県農業振興公社の行なう補助事業では、黒島の牧場の草地改良に㈱石垣島堆肥センターの完熟有機堆肥「世美がえり」を1ヘクタール当たり50トンの投入が義務付けられている。㈱石垣島堆肥センターの主力商品である完熟有機堆肥「世美がえり」は、公共工事における大量の需要に応え郷里・黒島の畜産振興に寄与しているというから頼もしく嬉しい限りである。

　土木建築業を主力にしていた喜一郎が、㈱石垣島堆肥センターを創設し、牛糞の有機肥料を通して郷里・黒島の産業振興に貢献しているのは、4歳のときに父親と死別して大伯父夫妻に育てられるなかで、山羊や牛の世話をしながら少年時代を過ごした黒島での体験が深く関わっていると言えよう。ついでだが、早世した父親に代わり大伯父・大伯母の供養も果たしている。

マンカ[maŋka]〔名〕
向かい。真っ直ぐ。【例】クヌミチユ　マンカ　パーッカ　ガッコーヌ　アルワ（この道を真っ直ぐ行くと、学校があるよ）。

マンガナ[maŋgana]〔名〕
下ろし金。「マインガナ」「メンガナ」とも言う。(石)マンガナ。(沖)シェーガナ。【例】マンズヌ　ナンヤ　マンガナシ　ウラシイラキ　ヴァイバドゥ　マーハ（パパイアの実は、下ろし金でおろし炒めて食べると美味しい）。「シリシリ」の項参照。

マンサジ[mansaʒi]〔名〕
踊り用の鉢巻き。(沖)マンサージ。【例】タカナブシユ　ブドゥル　バソー　マンサジバ　ハビ　ブドゥレーッタワヤ（〈高那節〉を踊る場合は、マンサジを被って踊ったよね）。

マンサン[mansaŋ]〔名〕
生後一か月目の日。簡単な祝いをする。沖縄では、生後七日目の夜に親類縁者が集まって祝う「お七夜」を言う。【例】キューヤ　マンサンヌ　ヨイ（今日は、生後一カ月のお祝いだ）。

マンズ[mandzu]〔名〕
〈植〉パパイア。【例】マンズヌ　ウーミバナヌ　ナーンユ　イズヌ　スーハ　イリヴォーッカ　シカイットゥ　マーハンドゥラ（パパイアの熟し始めの実を、魚汁に入れるとすこぶる美味しいよ）。少し黄みがかっているパパイアの実は、甘みが乗って非常に上品な味を醸し出し魚汁との相性は抜群である。この調理法は偶然に見つけたもので、僕のオリジナル・メニューの一つである。「ビールン（植える）」・「マンガナ（下ろし金）」の項参照。

マンツァー[mantsa:]〔名〕
混血児。混血の人。【例】マンツァーヤ　アバレヘプスヌ　ウラハーワラ（混血の人には、奇麗な人が多いよねえ）。「奇麗な人」のみならず「才能豊かな人」が多いのではないか。

　記憶に新しいところでは、2023（令和5）年1月15日に行なわれた全国都道府県対抗女子駅伝で岡山県代表のドルーリー朱瑛里（シェリ）（15歳）が3区に登場、わずか3kmの区間で17人抜きを達成し同区の区間新記録を打ち立てて世間を驚かせた。ドルーリーは、カナダ人の父親と日本人の母親を持ち絵画や書道にも優れているとのこと、将来が楽しみである。

マンツァークンツァー[mantsa:kuntsa:]〔名〕
混ぜこぜ。雑然としたごた混ぜの状態。【例】ウヴァー　パナシェー　マンツァークン

ツァー ナリ イミフジ バハラヌン（君の話はあれこれ混ぜこぜになっていて、意味が分からない）。

マンツァースン[mantsa:suŋ]〔他〕
　混ぜこぜにする。日常語では「マザースン（混ぜる）」と言うが、見出し語には「あれもこれも無造作に混ぜ合わせる」意味合いがある。【例】ハリンクリン ヌーンクイン マンツァーシ イリ ネーシッカーマーハン（あれもこれも何もかも混ぜこぜにして入れて煮ると〈炊くと〉美味しい）。ヤマトゥ（大和＝日本本土）で受けたカルチャーショックの一つは「具のない味噌汁」だった。沖縄の「味噌汁」はそれだけで十分なほどの具が入っており、いろんな具材が「マンツァーシ（混ぜこぜにして）」入っている自己完結型の副食物であるからである。

マンナ[manna]〔名〕
　〈動〉貝の名。チョウセンサザエ。（石）サザインナ。（沖）サゼー・サジェーンナ。見出し語の「マ・ンナ」および「ンナグゥ（タカセガイ）」の「ンナ」は、共通語の「にな（蜷）」とその古名である「みな」とのつながりのある語ではなかろうか。
　ところで、巻貝の一群の総称とされる「にな（蜷）」の古名「み・な・（蜷）」にちなむ地名「ミ・ナ・ヌ スクムリゥ」が、石垣島の冨崎観音堂の北西にある。宮良當壯『八重山語彙』は「蜷の城丘の義」と解説している。宮城信勇『石垣方言辞典』は「小高い丘。形が乳房に似ているので現代の子供たちは、おっぱいやまと呼んでいる」と説明している。僕たちが高校生のころ、そこはサイクリング・コースで、僕たちは「おっぱいやま」と呼んでいた。後年「ミナヌスク（巻貝のような丘）」の呼称があることを知ったとき、黒島で自ら捕獲した「ンナグゥ（高瀬貝）」との形状の類似性からつけたと思われるネーミングのほうが、生活感があり知的で説得力があるなあと感じたものである。この小高い丘は、石垣市の市街地方面から今も変わらない「高瀬貝」または「おっぱい」の形そっくりの姿を見せている。「ンナグゥ（サラサバテイラ・タカセガイ＝高瀬貝）」の項参照。

マンナハ[mannaha]〔名〕
　真ん中。【例】ヤーヌ マンナハナ タティラリ パラユドゥ ナハバラッティ イズ（家の真ん中に立てられている柱を、大黒柱と言う）。

マンダル[mandaru]〔固〕
　〈人〉女性の名。東筋部落では、「マンダル」と呼ばれた女性が二人いた。石垣では士族女子の名とされている。

ミ

ミー[mi:]〔名〕
　目。【例】トゥシ トゥッタラ ミーン ムイリ ミンヌン フジリ メー ユーゾー ナーヌン（年を取ったので、目も見づらくなり耳も遠くなってもう何の役にも立たない）。お年寄りが自ら発する一見気弱な気持ちを吐露しているかのような「トゥシバトゥリ メー ユーゾー ナーヌン（年を取って、もう何の役に立たない）」の常套句には、「だが、私はまだまだ大丈夫だぞ！」と言う意気軒昂な気分を示す心意気がこめられている場合が多いので要注

意。
　僕自身、年配の方から「ガンズラミー？（元気でしょう）」と声を掛けられると、近年は上記の常套句「トゥシバトゥリ　メーユーゾー　ナーヌンユー（年を取って、もう何の役にもたちませんよ）」とピントー（返答）するようにしている。すると、「ウーバハール　ムヌヌ　プリムヌイバ　イジベーリ（そんなに若い者が、馬鹿なことを言うもんじゃないよ）」と本気でたしなめられるのがオチである。上記の常套句が許されるのは何歳ごろからだろうか。

ミー[miː]〔名〕
中。中身。間。穴。目盛。【例】①スーヌ　ミー（汁の中身）。②アダンヌ　ミーハラ（アダン林の間から）。③パンヌ　ミー（糸を通す針の穴）。④パカンヌ　ミー（秤の目盛）。

ミー[miː]〔名〕
巳。十二支の六番目に位置する。南から東へ30度の方角を表す。【例】ミーディ　マリ（巳年生まれ）。

ミー[miː]〔接頭〕
新しい、を意味する。「アラ」とも言う。【例】①ミートゥシ（新年）。②ミーユミ・ミームク（花嫁・花婿＝新郎・新婦）。

ミー[miː]〔接頭〕
雌を意味する。〈対〉ビキ・ウー（雄を意味する）。【例】①ミーウシ（雌牛）。②ミーマンズ（雌のパパイア）。③ミージナ（女綱）。

ミーガンチョー[miːgantʃoː]〔名〕
眼鏡。沖縄語「ミーカガン」と「ガンチョー」の合成語。本来の黒島語は共通語と同じ「ガンキョー」である。イソー（漁業）用の眼鏡は「ミーハンガン」と言った。

ミーグチ[miːgutʃi]〔名〕
商売の口開け。沖縄語の移入語。「最初の客」の意。初めての、お客さんには「ミーグチ　シーブン（初商いのおまけ）」が与えられる。商売に限らず、あらゆる場面でその日、その年の初めての行ないや成果などにも言う。（沖）ミーグチ。【例】キューヌ　ミーグチェーリバ　シーブン　スーラー？（今日の初商いだから、おまけをあげようねえ）。

ミーシクン[miːʃikuŋ]〔他〕
大損をする。「目を突く＝目を傷める」の意。「ユクシックカー　ミーシクン（欲張ると、大損する）」の形で用いられることわざの言葉。「ユクシクン」の項参照。

ミージナ[miːʒina]〔名〕
女綱。〈対〉ウージナ（男綱）。【例】ミージナヌ　ミンナ　ウージナヌ　ミンバ　イリ　ウージナヌ　ミンハ　ヌキボーバ　トゥーシ　シナー　ピクッタ（女綱の輪っかに男綱の輪っかを入れ、男綱の輪っかに貫き棒を通して綱引きをした）。「ウージナ」の項参照。

ミージル[miːʒiru]〔名〕
女弦。三線の弦の第三弦。〈類〉ウージル（男弦・第一弦）・ナハジル（中弦・第二弦）。【例】ウヴァー　サンシンヌ　ミージルヌ　ウトー　イメーミ　タカハヌ（あなたの三線のミージルの音は、少し高いよ）。

ミーソーキ[miːsoːki]〔名〕
小型の竹製の容器。穀物を入れたり、野菜を洗って水切りしたり、飯碗や湯飲み茶碗などを洗った後に伏せておいたり、などに用いた。【例】ミーソーキヤ　ソーキッキン　グマーグマーシ　シベー　マンマルアッタ（ミーソーキは、ソーキ〈箕〉よりは小型で尻〈底〉は丸かった）。

ミーゾーロ[miːzoːro]〔名〕
目測。目算。（石）ミージョール。【例】タイガイヌ　ムノー　ミーゾーロシドゥ　パカレーッタ（たいてのものは、目測で行なった）。

ミーチ[miːtʃi]〔数〕
3つ。3個。3歳。【例】ピシッチ　フターチ　ミーチ　ユーチ　イシチ　ンーチ　ナ

ナチ　ヤーチ　ククヌチ　トゥー（1つ・2つ・3つ・4つ・5つ・6つ・7つ・8つ・9つ・10）。

ミーチヤラビ[mi:tʃijarabi]〔名〕
幼稚なこと。3歳児のように子どもっぽいこと。「ミーチ（3歳）ヤラビ（童）」の意。【例】パザーッササナーナダル　ミーチヤラビニン　イチバーキン　ウヤン　シビシカリ　ベーラ？（恥ずかしくないのか、3歳児のようにいつまでも親にくっついているのだ）。

ミーティ[mi:ti]〔数〕
3年。再来年。【例】ミーティンナ　ウブザートゥ　パーヌ　トゥムライソッコーヌ　アリバ　ヴァーマンキ　スライ　ソッコーシー　ウヤハナーッカ（再来年にはお祖父さんとお祖母さんの三十三年忌があるので、子や孫たちは揃って焼香をして差し上げないとね）。見出し語の意味する「3年」は、期間的には「今年・来年・再来年」を含んでいて、いわゆる数え3年のことである。

ミーティナッティ[mi:tinatti]〔名〕
一昨年。2年前。（石）ミューティナディ。【例】ミーティナッティヤ　ハジマヤーヌ　ヨイ　アッタラ　エンヤ　ペックヌ　ヨイ　ドゥラ（一昨年はハジマヤー〈数え97歳〉の祝いだったから、来年は100歳の祝いだよ）。

ミーディマリ[mi:dimari]〔名〕
巳年生まれ。「ミー（巳）」の項参照。

ミードゥーサン[mi:du:saŋ]〔形〕
久しく会っていない。なかなか見ることのない。「目遠い」の意。【例】クナレー　ミードゥーサルヌ　ガンズラミー？（最近はなかなか見えないけど、元気だろう）。

ミートゥシ[mi:tuʃi]〔名〕
新年。【例】ガンズワーッティ　サニーサニーシ　ミートゥシバ　ンカイワーリ　シカイトゥ　イークトゥッティ　ワーマリルンユー（元気かつ喜ばしい気分で新年をお迎えになられ、まことにおめでとうございます）。

ミーナスン[mi:nasuŋ]〔他〕
実現させる。成就させる。うまくいかせる。〈否〉ミーナハルヌン。【例】ドゥーヌ　シカラトゥ　ハンガイシ　ミーナスヨーン　ギーパリ（自分の力と考えで成し遂げられるよう頑張れ）。

ミーナルン[mi:naruŋ]〔自〕
実現する。成就する。うまくいく。〈否〉ミーナラヌン。【例】ウヌ　シーヨーシヤ　ゾーイ　ミーナラヌン（そのやり方では、とてもうまくいかないよ）。

ミーヌ　ガンマリ[mi:nu gammari]〔連〕
目で見るだけの悪戯。「ティーヌ　ガンマリ」の項参照。

ミーヌ　グブン[mi:nu gubuŋ]〔連〕
目の窪み。眼窩。（石）ミーヌグブ。（沖）ミークブー。【例】ミーヌ　グブンヌ　トゥブッティーッケ　ムヌウムイバ　シーブー（目の窪みが落ち込むほど、物思い〈心配〉をしている）。用例は疲れたり体調が悪かったりしたときに、目が落ち込んで元気のない顔つきになること。『石垣方言辞典』では、「ミーヌ　グブ　ウティン（目が引っ込んでやつれた顔になる）」の見出し語しかなく、「ミーヌ　グブ」は「目の窪」の意で、独立して使うことはない、と説明している。

ミーヌマチ[mi:numatʃi]〔名〕
まつげ（睫・睫毛）。【例】トゥシ　トゥルッカ　ミーヌマチン　ゾーッソドゥ　ナルワヤ（年を取ると、睫毛も白くがなるよ）。

ミーハーラ[mi:ha:ra]〔名〕
雌瓦。〈対〉ビキハーラ。【例】ハーラヤーヌ　ハーラユ　フクバソー　ユチリヌ　ウイナー　ドゥルバ　シキ　ウヌウイナー　ミーハーラバ　ノーシ　ミーハーラトゥ　ミーハーラヌ　ウイナー　ドゥルバ　シキ　ウヌドゥルユ　ビキハーラシ　ハバスワヤ

ミーバイ

（瓦葺の瓦を葺く場合、ユチリ＝えつりの上に泥を敷きその上に雌瓦を乗せ、雌瓦と雌瓦の繋ぎ目に泥を敷きその泥を雄瓦で被せるのだ）。瓦を葺くときに使う泥は、通年で吸湿に、夏は吸熱に、冬は保温に役立ち、台風のときは重しの役割を担うという。だから、泥はたっぷり使うのがよいというのが、瓦葺き専門の父の教えであった。

　石垣市で瓦葺の家を建てたが、間もなく北隣に2階建ての鉄筋コンクリートの家が建った。建築後の最初の台風で、隣家に面した屋根がコンクリートの壁にぶつかって生じた巻風に煽られフワフワ浮いて瓦と瓦の継ぎ目に亀裂が出来、雨漏りがした。台風が収まって父と2人で屋根に上がって亀裂がひどい箇所の瓦を引っ剥がした。父は、雌瓦を敷くための泥と雄瓦の下の泥が、あまりに少なく重しの役割を果たしていないと診断し、広範囲にわたって葺き替え工事を行なった。次の台風にはしっかり耐え、伝統的な瓦葺の際の泥の効能に関する父の職人技の確かさを確認したのだった。

ミーバイ[mi:bai]〔名〕
　〈動〉魚の名。イシミーバイ（カンモンハタ）、アカミーバイ（ユカタハタ）、アカジンミーバイ（スジアラ）など。競り市では、最高値が付く高級魚で、魚汁、煮つけ、刺身など、どの料理にしても美味ィッ。

ミーパガー[mi:paga:]〔名〕
　目がただれている人。「ミーパギ」の項参照。

ミーパギ[mi:pagi]〔名〕
　目がただれていること、またそういう人のこと。【例】ミジヌ　ユイドゥ　アッタル　ムカシェー　ビャーハシマー　ミーパギプスヌ　ウラハーッタワラー（水のせいであったのか、以前は我が島には目のただれた人が多かったよなあ）。

ミーパタライ[mi:patarai]〔名〕
　顔見せ。面会。【例】クナレー　ムットゥ　ミーパタライ　スーヌン（このところ、ちっとも顔を見せない）。

ミーハジ[mi:haʒi]〔名〕
　呪い。祟り。神罰。（石）ミカジ。（沖）イチザマ・イチジャマ。【例】ウヤヌ　トゥシキ　ムヌイユ　シカナーッカ　ミーハジシラリルヌ（親の言い付けを守らないと、呪い祟りに遭うよ）。

ミーパナ[mi:pana]〔名〕
　目と鼻。目鼻立ち、転じて顔・面を表す。「ミーフチ」とも言う。【例】ウヌッファヌ　ミーパナヌ　ハイヤーダラ（その子の目鼻立ちの綺麗なことよ）。

ミーハンガン[mi:haŋgaŋ]〔名〕
　漁業用の木製眼鏡。「メーハンガン」とも言う。枠はザスキ（モンパノキ）の幹で作る。【例】イソー　シーバソー　ミーハンガンバ　ハキ　ズーメーッタ（漁のときは、ミーハンガンをかけて潜った）。野底幸生氏（昭和12年生まれ）の話によると、「イソー　ミーハンガン（漁業用の木製眼鏡）」は黒島の伊古部落の玉城某が戦前に考案・製作したのが始まりだという。

ミーフォースン[mi:ɸo:suŋ]〔他〕
　補充する。完成させる。〈否〉ミーフォーハヌン・ミーフォーシッサヌン。【例】ナマンダリムヌヌ　ナマンダリ　シグトゥヌ　ミーフォースンティ　アワリバ　シーブー（いい加減なやつのいい加減な仕事の穴埋めをしようとして、難儀をしている）。

ミーフチ[mi:ɸutʃi]〔名〕
　目と口。転じて目鼻立ち・顔を意味する。「ミーパナ」と同じ。（石）ミーフチュ。（沖）ミークチ。【例】ミーフチン　ハイヤー　キムンハイヤー　メー　ヌッティン　イザルヌン（目鼻立ちも綺麗で、心延えも美しく、もう何も言うことない）。

ミーマイ[mi:mai]〔名〕
　見舞い。ご機嫌伺い。【例】ナガラク　ナー

ケー　ミリミランタラー　ミーマイ　シッティ　ケー（長らく見ていなかったので、ご機嫌伺いをしてきた）。

ミーマジ[miːmaʒi]〔名〕
〈動〉ミミズ。【例】ミーマジヌ　ブー　パタケー　フクローフクローシ　ヌーンクイン　ミールン（ミミズのいる畑は、土がフワフワしていて作物がよく実る）。化学肥料は、即効性はあるが続けて使うとミミズや微生物がいなくなり土が劣化すると言われる。ミミズにとって、有機肥料は自らの命を繋ぐ餌でありその排泄物（糞）が無機物となって作物に吸収されその生長を促すという好循環をもたらしている。そのうえ、ミミズは自身の大きさに応じて土の中に無数のトンネルを掘り通路や穴を作って生息しているので、結果的にせっせと畑を耕してくれているのである。

ミーマチガイ[miːmatʃigai]〔名〕
見間違い。見当違い。(石)ミーマチュガイ。(沖)ミーマチゲー。【例】ミーマチガイユ　スーンヨーン　キーシキリ（見間違いをしないように、気をつけろ）。

ミームイルン[miːmuiruŋ]〔連〕
目がみずらくなる。老眼になる。〈否〉ミームイラヌン。【例】クナレー　ミームイリ　シンムチェー　ムットゥ　ユマルヌン（最近老眼になって、本がさっぱり読めない）。

ミームク[miːmuku]〔名〕
花婿。「新しい婿」の意。〈対〉ミーユミ。【例】ミームコー　ドゥーヌ　ヴァーッキン　アッタラサーダ（花婿は、実の息子よりも愛しい）。

ミームタイスーヌン[miːmutaisuːnuŋ]〔他〕
相手にしない。取り合わない。無視する。一顧だにしない。【例】バハルバソー　ケーラハラ　アタラサ　シーラリッタヌ　トゥシ　トゥッタラ　タルン　ミームタイスーヌン（若いころは皆にちやほやされたが、年を取ったら誰も相手にしてくれない）。用例と逆の現象もあるぞ。

ミームヌ[miːmunu]〔名〕
見もの。優れたもの。【例】シマナーヌ　ミームヌッティ　イズッカー　キツガンヌ　ブドゥル　キョンギン　アッタ（島での見ものと言うと、結願祭の踊り狂言であった）。

ミームヌ[miːmunu]〔名〕
新しい物。新品。【例】タタメー　サー　ミームヌヌドゥ　マシ（畳は、いつも新しいのがいい）。だからといって、調子に乗って女房もなんて言っていると、反撃されるのがオチだぞ、世の殿方ドノ！

ミームヌ[miːmunu]〔名〕
雌。〈対〉ビキムヌ（雄）。【例】ミームノー　ヴァーナショー　ビキムノー　ハーショー（雌は繁殖用、雄は販売＝換金用だった）。
　共通語では、動物の場合は「雌雄（ミームヌ・ビキムヌ）」と雌が上位を占め、人の場合は「男女（ビキドゥン・ミードゥン）」と男が上位を占める。黒島語にはトゥシブトゥ（女夫・妻夫・婦夫）・ウヤッファ（親子）などがある。

ミーヤマサン[miːjamasaŋ]〔形〕
まぶしい。【例】ミーヤマサッティ　ミーヌ　プラカルヌン（まぶしくて、目が開けられない）。

ミーユミ[miːjumi]〔名〕
花嫁。「新しい嫁」の意。〈対〉ミームク。【例】ミーユミヌ　ケーットゥリ　ヤーヌ　ンズメヘ　ナリブー（花嫁がきたので、家庭がしっかりしている）。

ミーラク[miːraku]〔名〕
弥勒神。弥勒神の面。【例】ソンガチ　プーン　キツガンヌ　バソー　ミーラクバ　シカイシドゥ　ユーニガイユ　シーウヤス（正月、豊年祭、結願祭には弥勒神をご招待して豊作祈願を捧げる）。各部落の弥勒神との関わり方には多少の相違があり、そ

ミキ

れぞれの仕方で奉納している。

ミキ[miki]〔名〕
神酒。クンガチヨイ（九月祝い）に神前に供えるための神酒。米の穫れない黒島では、神酒の原料は粟であった。【例】ミキユ ドゥキ ヌムッカー クダスヌ（神酒を余計に飲むと、下す〈下痢する〉ぞ）。

ミサーリ ワールン[misa:ri wa:ruŋ]〔連〕
ご機嫌いかがですか。お元気でいらっしゃいますか。挨拶言葉として用いる。

ミザサ[mizasa]〔名〕
〈植〉小魚を捕獲するための毒草。ミザサをつぶして、干潮時にできる潮溜りの魚を捕る。

ミザマーハ[mizama:ha]〔名〕
不味さ美味しさ。【例】ムノー ミザマーハ ナーンスク ンザセームノー ヌーンクイン フダカンスク ヴァイバドゥ ガンズワー ナル（食べ物は不味さ美味しさ関係なく、出されたものは何でも選り好みせず食べると健康になる）。

ミサン[misaŋ]〔形〕
よい。元気である。状態がよいこと全般に用いる。【例】（A）ミサンラミ？（元気でしょう）。／（B）オー ミサンユー（はい、元気です）。／（A）アイイー？ ボーレニッカ（そう、そりゃーよかった）。／（B）プコーラサユー（ありがとうございます）。

ミザン[mizaŋ]〔形〕
不味い。美味しくない。【例】ミザンッティ イザンスクン マーハンティ イジ ヴァイ（不味いと言わずに、美味しいと言って食べなさい）。

ミジ[miʒi]〔名〕
水。【例】スイドーヌ ナーンタバソー ヌミジヌドゥ イチン アタラサーッタ（水道のなかったころ、飲み水が何より貴重だった）。

ミシカスン[miʃikasuŋ]〔他〕
見通す。見透かす。〈否〉ミシカハヌン。【例】ヤナクトゥー シーッカ ハンプトゥケー ガンッティ ミシカシワードゥラ（悪事を働くと、神様も仏様もちゃんと見透かしていらっしゃるよ）。

ミシカムヌイ[miʃikamunui]〔名〕
低い声でささやくこと。内緒話。【例】ミシカムヌイヤ ミンヌトゥーワ プスンナ ムール シカリブーットゥ（ひそひそ話は、耳の遠い人にはみんな筒抜けだそうだ）。普通の会話では、なかなか意思の疎通が図れないのに、内緒話には的確な反応を示すという不思議な現象はよくみられる。甲高い声は聞きづらいが低音は聞き取れるということは実際にあるようだから、用例はそのようなケースであろうか。

ミシカメーマワン[miʃikame:mawaŋ]〔固〕
北神山御嶽。首里王府の認定した「黒島の八嶽(やーやま)」の一つ。黒島語では「ニシハメーマワン」と言う。

ミジグタイ[miʒigutai]〔名〕
見掛け倒しの体躯。【例】ウレー ミジグタイッテナー シグトゥン ウンドーン プスナミンナー シッサヌン（そいつは見掛け倒しの体格なので、仕事もスポーツも人並みにはできない）。

ミシクパーシジラバ[miʃikupa:ʃiʒiraba]〔名〕
古謡の名。〈御神酒(みしくぱーし)囃子じらば〉。

ミジグムン[miʒigumuŋ]〔名〕
水溜り。「ミジ（水）」と「クムン（水溜り）」の連濁「グムン」の複合語。【例】アミヌアトー ミジグムンナ タマレー ミジユ ウシン ヌマセーッタ（雨の後は、水溜りに溜った水を牛に飲ませた）。戦後の黒島では、原野のあちこちに爆弾の落下跡に出来た大きな窪地があり、大雨の後はその窪地はミジグムン＝水溜りとなった。繋ぎ飼いをしている牛には、普段は昼休み時間に家に連れてきて井戸水を飲ませたが、雨の

後はミジグムンの水を飲ませたのである。美味そうに飲んでいたことからすると、塩分濃度の高い井戸水は仕方なく飲んでいたのではなかろうかと、今ごろになってあのころは住民も牛も飲み水には苦労していたのだなあと、感慨にひたるのである。

ミジタンク[miʒitaŋku]〔名〕
水タンク。水槽。飲料水を溜めるためのコンクリート製のタンク。【例】スイドーヌ ナーンケー ミジタンクナー アマミジュ タミ ヌンッタ（水道施設がないころ、水タンクで雨水を溜めて飲んだ）。飲み水をもっぱら天水に頼っていたころ、黒島の各家庭では直方体または円筒形のコンクリート製の水槽を設置していた。他に高さ約90センチ直径約60センチの大きな素焼き甕も用いられていた。

ミジヌクー[miʒinuku:]〔名〕
水の実。水の子。盆の供物の一つ。【例】ミジヌクーバ スクリ トゥクヌ マイナ ハザリ ウシケーッタ（ミジヌクーを作って、仏壇の前に飾っておいた）。黒島ではお盆祭りの際、ナス、キュウリ、カボチャなどを細かく刻んでお碗に入れたミジヌクーを作り、仏壇の前の卓袱台の端っこに供えた。無縁仏への供え物だと説明されていた。

ミジハーキ[miʒiha:ki]〔名〕
水に飢えること。「水渇き」の意。「ヌドゥハーキ」と同じ。（石）ミジゥカーキ。【例】ナツェー ミジハーキ スーンヨーン ミジェー イッスビンナ イリ パタケヘ ムティ パッタ（夏は水渇きしないように、水を一升瓶に入れて畑に持って行った）。

ミシミルン[miʃimiruŋ]〔他〕
見せてみる。〈否〉ミシミラヌン。【例】マーラシティハラ プスサイヤッツァン イメー ミシミラヌン（亡くなってから、一度さえも夢を見せてくれない）。無くなっ

た夫への未亡人の嘆きだが、見出し語は用例のように否定語として用いる場合が多い。

ミジラサン[miʒirasaŋ]〔形〕
珍しい。通常は「ピルマサン」と言うほうが多く、標記の語は共通語「めずらしい」との関連が強い。【例】ドゥキ ミジラサットゥリ シナーシ ミリベーワヤ（あまりに珍しいので、ただ見つめているよ）。

ミジラン[miʒiraŋ]〔名〕
子虱（こじらみ）。〈対〉ウブッサン（親虱）。【例】アマジナ ザンヌ シドゥイ パータシ キズッカー ウブッサンハラ ミジランバーキ シタラシタラッティ ウティケーッタワヤ（頭髪に虱が湧き、黄楊櫛（つげぐし）で梳（けず）ると親虱から子虱までシタラシタラ〈ポトポト〉と落ちてきたよ）。髪にはパータでは取れない虱の卵（ゲーサと言った）がいたので、それは手で取って片方の親指の爪に乗せもう一方の親指の爪で潰した。「ザン」の項参照。

ミシルン[miʃiruŋ]〔他〕
見せる。〈否〉ミスヌン。【例】シマユ ミシルンティ ドゥシンキバ シマハ サーリ ケー（島を見せようと、友だちを島に連れてきた）。

ミジンゴイ[miʒiŋgoi]〔名〕
水肥（すいひ）。人糞を溜め発酵させて肥料として活用したもの。【例】ミジンゴイユ ハキッカー ヌーバセー ヤサイユン ミールン（水肥を掛けると、どんな野菜もよくできた）。カボチャやトウガンの蔓が、1メートルくらいに伸びたころ水肥を掛けると、目に見えて勢いを増し茎は太く葉っぱは大きくなって地表を覆いつくした。実の成るころには基肥（もとごえ）の堆肥がじわりじわり効いて30キログラムほどの見事な実が何十個も出来た。得も言われぬ豊かな気分は、子ども心にも十分に味わえた。

　ところで、カボチャに関してはその成長

過程において、子どもの果たす重要な役割があった。まず、苗が伸び盛りのころに新芽を食い荒らすアカムシ（和名不詳・赤い羽のある体長5ミリメートルほどの昆虫）の退治である。陽の上がらないうちにカボチャ畑に行って1匹ずつ手で押しつぶすのである。独特のいやな臭いがあり指に染みついて洗ってもなかなか落ちなかった。カボチャの生長につれアカムシの数も急増し、学校に行く前のあわただしい時間の作業であった。そのうち雄花が先に4、5個咲き後から雌花が咲く。その後は雄花の2、3個に対し雌花1個の割りで咲く。初めのうちは子どもたちが人工的に、後にはミツバチたちが雄花の花粉を雌花に擦り付け結実を促がすのである。雄花には雄の象徴である突起があってそこに花粉がついており、雌花には雄花の花粉を受け入れるに適した形の器のようなものが備わっているのである。不思議なことに、動物の雄の性器と雌の性器を連想させる形が雄花と雌花に用意されているのだから、神秘的でありかつエロティックでさえある。農家の子どもたちは家畜の交尾や野菜の授粉を通して、生命の誕生・結実の神秘的でエロティックなメカニズムを自然に体得し成長していったのである。「ズブムイ（発情）」の項参照。

ミス[misu]〔名〕
味噌。（石）ミシュ。（沖）ンス・ミス・ンース。【例】ミストゥ　シタッティユ　ドゥーシ　スクリッセーカ　ミドゥモー　イチニンマイ（味噌と醤油を自分で醸造できると、女性は一人前である）。当時の黒島では、一年分の味噌・醤油は各家庭で醸造していた。原料の大豆や麦に塩を加え、酵母菌は用いず自然に発酵させたとのことである。原料それぞれの分量配分が、味噌や醤油の味の決め手であったという。我が家では母の独特の配分基準があって、大豆の甘みと旨味を引き出すためつねに大豆を大目に用いた由。姉・泰子（昭和12年生まれ）は、母・マカミ（明治34年生まれ）の仕込んだ「マカミ・ブランド」の味噌・醤油の美味しさは「知る人ぞ知る」で、あちこちの家庭から所望されたそうだ。料理の味付けなんか母には太刀打ち出来なかったと述懐する。いわゆるおふくろの味で、僕がもっとも印象に残っているのは、ナビラ（ヘチマ）の味噌煮である。美味しさの決め手は味噌加減とアーカシイズ（炙り魚）であったと思われるので、焼き魚や揚げ魚を用いておふくろの味の再現にチャレンジするのだが、いまだにその味覚に到達ならず。そもそも、島のアーカシイズの製法がピーフキン（熾き火）でじっくり焼き上げ魚の旨味を引き出したものであった。そのうえ、味噌自体の味が「マカミ・ブランド」の醸し出す独自のものであったからなのかも知れない。それに、主役のナビラの味も島独特のものであったとしたら、おふくろの「ティーアンダー」を含めもはや再現不可能の幻の味なのであろう。「アーカスン（炙る）」「ピーフキン（熾き火）」の項参照。

ミスコーミスコー[misuko:misuko:]〔副〕
用心深く。注意深く。【例】ヴァーハリバ　ミスコーミスコー　アラキワーリ（暗いので、用心しながら歩いてください）。

ミスズル[misuzuru]〔名〕
味噌汁。【例】ミスヌ　マーハッカ　ミスズルヤ　ナージルヤラバン　スーク　マーハン（味噌が美味しければ、味噌汁は身のない汁でも十分に美味しい）。「ミス」の項参照。

ミスハミ[misuhami]〔名〕
味噌瓶。【例】ミソー　ミスハミナ　スクリ　ミスハミナ　タブイウシケータ（味噌は味噌瓶で醸造し、味噌瓶で貯蔵しておいた）。

我が家のミスハミ・シタッティハミは、巨大な瓶(かめ)と小型の瓶(かめ)がそれぞれ２、３個ずつ備えてあった。味噌作りは、柔らかく煮た大豆を機械でペースト状にしたものと煎(い)った麦を粉にしたものに塩を混ぜ、瓶に詰めて密閉し自然発酵を促がした。数か月すると表面に真っ白な黴(かび)(酵母菌)が生えてくる。その黴を瓶の中に押し込んで掻き混ぜ再び密閉しておく。母は発酵中の瓶の蓋を開けようとする娘たちに、「蓋を開けると瓶に食われるよ」と、いつもは優しい母が厳しく言い付けたそうだ。１年後に、アラミス(新しい味噌)が誕生するのだが、味に深みが増すのはさらに半年くらい経ったころからだったという。それまでは前年醸造した味噌を使ったそうだ。

ミツァーン[mitsa:ŋ]〔名〕

３人。【例】アイナー ウラーリ ブッタ キョーダイヌドゥ ミツァーン タンカーノホレーサー(あんなに沢山いたきょうだいが、３人だけ残っているよ)。私のきょうだいは12人だったのに、2022年１月現在、姉２人と私の３人だけになってしまった。

ミツァスン[mitsasuŋ]〔他〕

満たす。好機を待つ。〈否〉ミツァハヌン。【例】スー ミツァハイ(潮を満たせ、転じて好機のくるのを待て)。

ミッカブン[mikkabuŋ]〔名〕

魚の目玉。「ミッカブル」とも言う。ある程度大きな魚の目玉は、ゼラチンを含んでいて美味である。よって、それを食するのは我が家では常に父であった。【例】イズヌ マーハハトー ミッカブン アッタ(魚の美味しいところは、目玉であった)。

ミッキラー[mikkira:]〔名〕

〈動〉鳥の名。ヒヨドリ。【例】ミッキラーユ ゴムカンシ ウトゥンティ セーッタヌドゥ ナカナカ ウタルンタン(ヒヨドリをゴムカンで撃とうとしたが、なかなか撃てなかった)。「ゴムカン」の項参照。

〔追記〕ヒヨドリは、首里の我が家の庭の菜園に生っているトマトを狙って毎日やって来る。いつも番(つがい)で来るのだが、枝に付いている実には触れず落下した実や地面に放置してある実を嘴(くちばし)で突っつき潰したあとで丸のみする。見ていて飽きないので収穫の際、ヒヨドリの分は地面に放っておくようにしている(2021年２月)。

ミックヮー[mikkwa:]〔名〕

目の不自由な人。盲人。【例】ウレー ミックヮールヌ ヌーバセークトゥン タンカシ シーブードゥラ(彼は盲人だけれど、どんなことも１人でしているよ)。

僕の兄は、３人が網膜色素変性症という眼病を患い３人とも50歳前後で失明した。若いころは、いわゆる鳥目(とりめ)(夜盲症)症状を呈し通常の夜間の仕事はできなかった。それでも、賢昇兄(大正15年生まれ)は失明後も、あらゆる野菜を作りたいていの針仕事もこなした。明良兄(昭和10年生まれ)は、東京在の製紙工場で働いていたが失明後も自分が従事していた仕事を定年まで続けた。その間、支給の要件を満たしていたにもかかわらず障害者手当の受給を一切拒否するという堅固な矜持(きょうじ)を保っていた。すぐ上の豊彦兄(昭和14年生まれ)は、失明後も炊事・洗濯・掃除の家事はすべてこなした。三人三様、失命後の身の処し方は異なったが、障害者として卑屈になることなくそれぞれの人生を全うして旅立った。

僕が、両親の反対を押し切って(「あとがき」参照)東京在の大学に進学した真の目的は、兄たちを一流の病院で診察してもらいたかったからであった。先に上京し就職した豊彦兄を連れて、東京大学病院、慶応義塾大学病院、東京医科歯科大学病院、その他有名な眼科医のいる私立病院の診察

を受けた。次いで上京した明良兄も、上記病院の診察を受けた。結果は、どの病院の見立ても判で押したように「いずれは失明する。今のところ、これといった治療方法はない」という虚しいものであった。あれから60年近い歳月が経っているが、未だに網膜色素変性症に対する効果的な治療法は、残念ながら進んでいないようである。

関連するが、黒島出身の比嘉（旧姓・新城）信子さん（昭和32年生まれ）の半生記『キラマンギ家族』が2021年7月に出版された。小学生のときに網膜色素変性症を発症・失明した彼女の健気で明るく聡明な生き方が、愛情あふれる家族との交流を含め活写された感動的な著書で、一読をお奨めしたい好著である（株式会社ちとせ印刷／印刷・製本）。

ミッサリルン[missariruŋ]〔他〕
見分けることができる。〈否〉ミッサルヌン。【例】ドゥキ アバレヘ ナリ ブーッテナー ミッサルヌワヤ（非常に奇麗になっているので、見分けることができないよ）。

ミッスン[missuŋ]〔他〕
見知る。見分ける。判断する。〈否〉ミッサヌン。（石）ミーッスン。（沖）ミーシユン・ミーシーン。【例】ナガラク ミラルンタラー ミッサルンタン（長い間見えなかった〈会えなかった〉ので、見分けができなかった）。共通語の「お見知りおきください」の常套句は、黒島語＝ミッシ タボーリユー、石垣語＝ミーッシ タボーンナーラ、沖縄語＝ミーシッチョーティ ウタビミソーリ、と言う。

ミツゾロイ[mitsuzoroi]〔名〕
油（食油）・米（米俵）・素麺をまとめた総称。衣服の三つ揃い（背広の上着・チョッキ・ズボンの三品）になぞらえてつけられた名称である。

ミッツァイ[mittsai]〔名〕
まばたき。（石）ミーフチゥ。（沖）ミーウチ。【例】プソー ナンムヌイユ イズバソー ミッツァイヌ ウラハ ナルドゥラー（人は嘘をつく場合、まばたきが多くなるよ）。「ミッツァイ」には二通りあって、一瞬のうちに済ませるのと強めに目を閉じるのとがある。後者の「ミッツァイ」では、東京都知事だった石原慎太郎やクレイジー・キャッツのメンバーだった谷敬のそれが思い浮かぶ。

ミツムヌ[mitsumunu]〔名〕
目に入ったごみ。目の中の異物。【例】ミツムヌヌ パイリ ミーヌ ビューワヌ（目にゴミが入って、目が痒いよ）。「ミツムヌ」を取り除く呪いが保里部落にあることを上里（旧姓・宮良）淳子さんが披露してくれた。「ミツムヌ ミツムヌ ドゥーヌ ヤーハ ムドゥリ パリ ウッフ！（ミツムヌさんミツムヌさん、自分の家にお戻りなさい、ウッフ！）」。淳子さんは、韻を踏まえて唱えることが大事だと指摘し、彼女自身も小学校の教師時代に教え子たちの「ミツムヌ」を上記のおまじないで取り除いてやったとのこと。「ほんとに取れたんですよ！」と嬉しそうに語る彼女の顔は「学校の先生」そのままだった。なお、呪いの内容は、多少手直しをした。「ウッフ」の項参照。

ミツン[mitsuŋ]〔自〕
満つ。〈否〉ミツァヌン。【例】シキヌ ミツァンケー マリッタラ シワーセーッタヌ ガンズーマリバシー ユルクビ ブー（月数が満たずに生まれたので心配したけど、丈夫に育って喜んでいる）。「ナナシカー」の項参照。

ミッファハン[miffahaŋ]〔形〕
憎い。憎らしい。悔しい。「ミッファン」「ニッタハン」「ニッファハン」と同じ。【例】ドゥーヌ クトーッカ ヌーン アラヌヌ

キョーダイヌ　ウサイラリッカー　ミッファハーワヤ（自分のことだと何でもないが、きょうだいが馬鹿にされると悔しいよ）。生まれつき、視力と聴力に障害を持っていた兄たちが馬鹿にされる場面を目にして、いつも悔しい思いをしていた。そういう原体験から、僕は弱者への気配りのない権力者への容赦のない視線を身に付けたように思う。

ミッファン[miffaŋ]〔形〕
憎い。憎らしい。悔しい。「ミッファハン」と同じ。

ミドゥム[midumu]〔名〕
女。女性。「めども（女供）」の転化した語。「ミドゥン」とも言う。〈対〉ビキドゥム・ビキドゥン（男・男子）。（石）ミードゥン。【例】ミドゥムヌ　アタサインナー　ビキドゥモー　ゾーイ　ハナーヌン（女性の頓智には、男性はとても太刀打ちできない）。

ミドゥン[miduŋ]〔名〕
女。女性。「ミドゥム」と同じ。

ミナハ[minaha]〔名〕
庭。「メー」とも言う。【例】アマミン　トーフマミン　ミナハナ　プシ　アーシタ（小豆も大豆も、庭で干し脱穀した）。「マイ（前）」の項参照。

ミヌ[minu]〔名〕
蓑。【例】ミノー　クバヌ　パーシドゥ　スクレータ（蓑は、クバの葉で作った）。

ミノッサ[minossa]〔名〕
蓑笠。「ミヌ（蓑）」と「ハサ（笠）」の融合・複合語。【例】アツァルバソーン　アミヌバソーン　ミノッサバ　ハビドゥ　パタキシグトー　セータ（暑い日も雨の日も、蓑笠を被って畑仕事をした）。

ミフキ[miɸuki]〔名〕
床下。【例】ミフキヌ　ソージェー　ナーブターリ　セータ（床下の掃除は、腹這いになってした）。往時は、公的な行事として年に２回「春の大掃除」と「秋の大掃除」があって、床下も隈なく丁寧に掃除した。その仕事は子どもの分担であった。

ミヤナナゴー[mijananago:]〔名〕
〈植〉甘藷の品種名。「ミヤナナゴー」の正式な名称が「ミヤノウナナゴウ（宮農七号）」だということを、2018年２月13日付の沖縄タイムスの下記記事で知った。

このミヤナナゴーは、2010年ごろ、私の従姉・島仲和子姉が黒島で栽培していたのでその苗（イモヅル）をもらい、石垣島の自宅の畑（屋敷の一角）で栽培し、その後那覇市首里在の自宅菜園でも栽培し続けてきた。（2021年10月現在は、那覇市字識名に居住しているがそこの菜園の一角でも、ミヤナナゴーを引き続き栽培している）。

戦後沖縄の食生活支えた甘藷「宮農７号」か　黒島で種芋発見、復活狙う

農研機構・九州沖縄農業研究センターと古い甘藷の収集と研究をする任意団体「沖縄いもづる会」（桐原成元会長）は71年前に栽培され戦後、県民の食生活を支え、現在は栽培が途絶えた甘藷「宮農７号」とみられる種芋を竹富町黒島で見つけた（2017年10月17日）。つるの伸び方や葉脈の色が宮農７号の特徴と合致しており桐原会長は「ほぼ間違いない」とみる。同センターは、病害虫に強く収量が多い特徴を生かし、高品質な甘藷の復活と育成を目指す。

「宮農７号」は1947年に宮古民政府産業試験場で育成され肉色は黄色。収量が多いのが特徴で戦後の食糧難のなか栽培され60～70年代に全県で普及したが、80年代に加工用品種が一気に普及し、市場から姿を消した。現在県内で生産される品種は紅イモ菓子などで利用される加工用の「ちゅら恋紅」「備瀬」「沖夢紫」

ミヤナナゴー

※黒島で見つかった「宮農7号」とみられる甘藷。株分けされて鑑定作業が進む＝（農研機構・九州沖縄 農業研究センター提供）

宮古産いも「宮農7号」砂川徹夫さん 畑で発見、認定

1960年代前半まで宮古島で主食となっていたものの栽培されなくなり、島内で現存していないとされていた甘藷（芋）「宮農7号」が城辺比嘉の畑で見つかり、関係者が認定したことが、このほど分かった。イモを見つけた比嘉在住で沖縄国際大学名誉教授の砂川徹夫さん（67）は、戦後間もないころの食糧難を支えたイモの復活、栽培普及に意欲を見せるとともに、希望者への芋づる配布と、試食会を企画している。日程については後日、決定する。

砂川さんは、昨年10月ごろから郷里の比嘉で父親が野菜や芋を栽培していた畑で家庭菜園をはじめた際、見たことのない芋が芽吹いているのを確認し、栽培を始めたものの品種名が判明しなかったという。今年5月、県宮古農林水産振興センター農業改良普及課が「宮農7号」を開発した垣花実記氏の次男の垣花郁夫さん（85）＝名護市＝を紹介したことをきっかけに、昨年10月に八重山の竹富町黒島でこの芋と思われる在来種を発見（本紙3月16日付掲載）した農研機構沖縄九州農業研究センター・糸満駐在上級研究員の岡田吉弘さん、「沖縄いもづるの会」の関係者と連絡がとれた。

砂川さんによると、6月と7月に沖縄本島で郁夫さん、いもづる会の伊波勝夫会長と桐原成元前会長、岡田さんら関係者が試食、意見交換を行った。その結果、郁夫さん、弟の鷹志さんの記憶で芋の色や味、食感に基づく感覚的なものや、栽培地が宮古島ということを踏まえ、「宮農7号」と認定すると評価した。

「宮農7号」は1947年、宮古民政府産業試験場長の垣花実記氏らが選抜し、52

が主流。焼き芋など県内で流通する加工用以外の甘藷は、県外産がほとんどを占める。県内では甘藷に関する資料・データがあまり蓄積されておらず、古い品種や自然交配品種は保存、研究が進んでいない。そのため収量や味、病害虫の強さなどそれぞれが持つ特性の分析は進んでいない。同センターなどは新品種開発に生かすため多様な品種を全県的に探している。10月に黒島で見つけた甘藷は現地で「みやななごー」と呼ばれており「宮農7号が変化した呼び名ではないか」と推測している。黒島では聞き取り調査などを経て、民家の畑の一角で自生している1株を見つけた。現在は同センターで試験栽培され宮農7号が持つ「病害虫に強い」「収量が多い」「甘みが強い」といった特性を生かして付加価値の高い甘藷の開発につなげる。同センターの岡田吉弘上級研究員は「71年前に開発された甘藷が見つかるのは非常に珍しい。古い品種が残っているのは、害虫に強い、味がいいなど理由があるはず。多くの品種を集めて研究を進めたい」と話す。（政経部・久高愛）

年から普及を始めた。葉の先（頂葉）が紅色でツルが細く、肉質は淡い黄色。早生で深めに結実することから土壌害虫にも強く、収量も多いのが特徴だったが63年以降はウイルス病のまん延で減少した。

砂川さんは、「昨年11月に植え付けしたが、無農薬の栽培で1つの苗から9㌔を収穫することができた。今では見ることができないという宮農7号を復活させたい。多くの皆さんに芋づるを分けたい」と意欲を見せている。希望者を募った上で芋づる配布と試食会の日程を決める予定という。

ミヤラビ[mijarabi]〔名〕
娘。「メーラビ」とも言う。【例】プリムラ ミヤラビヨー ニシドゥマンヌ タマミナ ピスヤーヨ（保里村の娘たちは、村の北方の干瀬でタマミナを拾うのが得意だ／黒島民謡〈ぺんがん捕れ一節〉より）。「タマミナ」は貝の名。

ミリキンク[mirikiŋku]〔名〕
メリケン粉。小麦粉の俗称。アメリカから輸入した小麦粉。【例】シマヌ ムンヌクーヤ アカーアカーシ ブッタヌ ミリキンクヤ ゾーッソホーッタワヤ（黒島の麦粉は赤味を帯びていたが、メリケン粉は真っ白だったよ）。アメリカから輸入した小麦から作ったものをメリケン粉と言った（『広辞苑』）が、テンプラにしても両者の色合いは歴然としていた。さて、味のほうはどうだったか、地元の麦粉のほうは味が濃くメリケン粉のほうは淡泊だったように記憶しているが……。

ミルクユー[mirukuju:]〔名〕
豊年満作の世。「弥勒菩薩の世」の意。「ハンヌユー（神の世）」と対で用いられる。【例】ミルクユーバ タボーラレ ハンヌユーバ タボーラレ（豊作の世を賜り 満作の世を賜り／黒島東筋の〈正月ゆんた〉より）。

ミルクユガフ[mirukujugaɸu]〔名〕
豊穣で平和な世。「弥勒世果報」の意。【例】スクルムヌヌ グーハジン ミーリ クトゥシン ミルクユガフ（作物のあれこれも実り、今年も豊穣で平和だ）。

ミリミランクトゥ[mirimiraŋkutu]〔名〕
見たことのないこと。【例】ミリミランクトゥバ ミリ ウドゥラキ ベールワヤ（見たことのないのを見て、驚いているよ）。

ミリミルン[mirimiruŋ]〔他〕
見てみる。〈否〉ミリミラヌン。【例】ドゥーヌ ユムシナッタユ マイダン ミリミリバ（自分の馬鹿げた姿を、じっくり見てみなさい）。

ミルン[miruŋ]〔他〕
見る。〈否〉ミラヌン。【例】イサナキハラ シマユ ミリバドゥ ドゥキ ピサハーッティ ナンニン ヌマリ トゥンクイ トゥンクイドゥ ミラリ（石垣島から黒島を眺めると、あまりにも標高が低いので波に隠れ所々しか見られない）。

ミルン[miruŋ]〔補動〕
〜してみる。〈否〉ミラヌン。【例】①ヴァイミルン（食べてみる）。②ギーミルン（行ってみる）。③アイミラヌン（喧嘩したことない）。④ハキミラヌン（書いたことない）。

ミン[miŋ]〔名〕
耳。綱引き用の綱の耳〈輪っか〉。【例】①トゥシバトゥリ ミンヤ フジリ ナーヌン（年を取って、耳が遠くなってしまった）。②シナヌ ミンバー ユーシー クー サンギョーレ（綱の耳〈輪っか〉を寄せて来い／〈そんがちぬ しなぴきうた（正月の綱引き歌）〉より）。

ミンカー[miŋka:]〔名〕
難聴者。耳の遠い人への蔑称。（石）ミントーラー。（沖）ミンクジラー・ミンカー。【例】トゥシバ トゥリ ミンカー ナリ トゥジブトゥシ イズッタン シカンタン

ティ イジックナーバ シーブルワヤ（年を取って耳が遠くなり、夫婦で「言った」だの「聞かなかった」だのと言い合いをしているよ）。後期高齢期の坂を上り始めた、我が夫婦の日常会話の一コマである（2019年現在）。

ミンギ[miŋgi]〔名〕
標識。澪木(みおぎ)。【例】ハマナ タティラリ ミンギヌ ハトゥハラ ザルッティ ウクシタボーリ（あそこ立てられている標識の所から、直ちに駆け出してください）。豊年祭のウーニ競走に臨むウーニへの言葉。

ミンクジェーマ[miŋkuʒe:ma]〔名〕
小指。「ミックジェーマ」とも言う。（石）ウベーナー・ウベーマ。（沖）イービングヮー。【例】ミンユ フジルバソー シカウッテナードゥ ミンクジェーマッティイズ（耳をほじくるときに使うので、ミンクジェーマと言う）。
　黒島語では、「ほじくる」は「フズン・フジルン」と言うので、「ミンフジェーマ」になりそうだが、ここでは「ミンクジェーマ・ミックジェーマ」と言う。「カ行」は「ハ行」に変化する場合が多い黒島語では珍しい現象である。

ミングラスン[miŋgurasuŋ]〔他〕
振り回す。「廻らす」の意。【例】ダイゾー ニクブクヌ ウイナー マジミ ウシキクルマボーバ ミングラシ アーシタ（大豆はニクブク〈稲掃き蓆〉の上に積み上げておき、車棒を振り回して脱穀した）。「ニクブク」「クルマボー」の項参照。

ミングラスン[miŋgurasuŋ]〔他〕
やっつける。叩きつける。【例】ガイバ シーシザンキン ミングラハリッタワヤ（反抗をして、先輩たちに叩きつけられたよ）。「ドゥミンガスン」とも言うが、このほうが見出し語よりも強烈である。

ミングリルン[miŋguriruŋ]〔自〕
めまいがする。目が回る。【例】ミングリタティ ブラルヌン（めまいがして、立っていられない）。

ミングル[miŋguru]〔名〕
キクラゲ（木耳）。「耳の殻」の意。【例】ミングロー イラキムヌナー イリヴォーッカ マーハッタン（キクラゲは、炒め物に入れて食べると美味しかった）。

ミンゲーラスン[miŋge:rasuŋ]〔他〕
補修する。甦らせる。【例】クンドゥヌ ソンガチンナー パイマヌ パラユ ミンゲーラセータ（今年〈2021年〉の正月には、南村の旗頭を補修した）。

ミンザリプス[mindzaripusu]〔名〕
耳垂れの出ている人。「耳の腐った人」の意。【例】ムカシェー ミンザリプスヌ ウラハーッタワラー（以前は、耳垂れの出ている人が多かったよなあ）。

ミンザリムヌ[mindzarimunu]〔名〕
耳垂れの出ている者。「耳の腐った者」の意。「ミンザリプス」と同じ。

ミンタ[minta]〔名〕
びんた。他人の頬を手の平で打つこと。【例】シザハ ガイ シーッカ ヤディン ミンター ウタリッタ（兄に反抗すると、かならずびんたを打たれた〈食らった〉）。

ミンタマー[mintama:]〔名〕
目の大きい人。否定的な意味を帯びた言葉。【例】シマナーヤ ミンタマーッティ バラーリッタヌ ヤマトゥーナヤ〝ホリガフカクテ ステキデスネ〟ッティ フミラリッタトゥ（島ではミンタマーと笑われたが、本土では〝彫が深くて素敵ですね〟と、褒められたそうだ）。用例はある女性の回顧談である。
　僕は子どものころ、隣のお婆さんから「上品な顔立ちをしている」と褒められたことがあった。あるとき「どこが上品なのか」を問うたところ、「ヤマトゥープスニ

ン　ミーヌ　グマハーッティ　ハーミーヤリバ（ヤマトゥンチュー＝本土の人みたいに目が小さくて一重瞼だから）」がその答えだった（トホホ…）。大学時代を東京で過ごした僕は、あのお婆さんの批評に納得した。色が黒くて多少毛深いところを除けばなるほど「ヤマトゥーみたい」で、南方系の彫の深いウチナーンチュー（沖縄人）とはほど遠く、なかなか沖縄人とは信じてもらえなかった。それでも、埼玉県出身の友人・池上武志君のお母さんには「睫毛がカールしていて素敵よ」と褒められた。僕の身体で南方系の特性を帯びている箇所は、「カールしているミーヌマチ（睫毛）」だけである。

ミンタラ[mintara]〔名〕
井戸端の汚水受け。井戸端の淵から４、５メートル離して作った。（石）ミジュンダナ。【例】ミンタラヌ　パタマーンナ　ウンツァイユ　スクレーッタ（ミンタラの周辺では、ウンツァイを作っていた）。用例の「ウンツァイ」は「ヨウサイ・クウシンサイ」のことで、黒島では、クウシンサイもツルムラサキも「ウンツァイ」と呼んでいた。

ミンダリマヤー[mindarimaja:]〔名〕
耳の垂れた猫。「ミンダリンーマ」の項参照。「ミンダリンーマヌドゥ　プスー　ヴォー」と同じ文脈で、「ミンダリマヤーヌドゥ　プスー　ヴォー」とも言う。黒島では、馬は家畜としてあまり飼養されていなかったことから、身近に多くいた猫を比喩的に用いたものであろう。

ミンダリンーマ[mindarim:ma]〔名〕
耳の垂れた馬。【例】ミンダリンーマヌドゥ　プスー　ヴォー（耳の垂れた馬が人を咬むのだぞ）。耳の垂れた馬は一見おとなしそうに見えるが人に危害を加えることから、おとなしい人が他人に危害を加えることを比喩的に言う貶し言葉。

ミンツォイ[mintsoi]〔名〕
耳珠。外耳の一部で、耳孔を挟んで大きい耳介と向き合っている小さな突起。（石）ミンナー。【例】ミンツォイヌ　ウヴォーホッカ　ミンツォイッティ　アザナーシキラリッタ（耳珠が大きいと、ミンツォイと綽名をつけられた）。僕が「耳珠」という用語に最初に出合ったのはある官能小説においてだった。その小説では、女陰の陰核と対比しそれに匹敵する重要な性感帯だと説明されていたが、さて……。

ミントゥー[mintu:]〔名〕
年頭の挨拶。「ニントゥー」と同じ。

ミントーリルン[minto:riruŋ]〔連〕
耳が遠くなる。〈否〉ミントールヌン。日常語では「ミンフジリルン」が多用されるが、見出し語は石垣語の移入語。【例】クナレー　ミームイリ　ミントーリ　メーユーゾー　ナーヌン（近頃は、目は見づらく耳は聞きづらく、もう何の役にも立たない）。

ミンナ[minna]〔名〕
〈植〉雑草の名。スベリヒユ。畑や道ばたなどの日のあたる所に、地面をはうように生える。肉厚の葉っぱに黄色い花を咲かせる。（石）ミジゥナ。（沖）ニンブトゥカー。【例】ミンナヌ　パーヤ　ワーヌ　スーック　マーハ　シタ（スベリヒユの葉っぱは、豚が非常に美味しく食べた）。

ミンヌッス[minnussu]〔名〕
耳垢。「耳の糞」の意。【例】ミンヌッスヌ　タマランヨーン　イチン　アザーッケ　アザーッケ　シー　ウシキ（耳垢が溜まらないように、いつも綺麗にしておきなさい）。

ミンフジラー[minɸuʒira:]〔名〕
耳の遠い人。「ミンフジリムヌ」と同義だが、見出し語のほうがきつい響きを伴う。【例】ミンフジラー　マーダシティ　ユヌムヌイユ　ギューサイン　イザシナ（耳の遠いや

つめ、同じことを何回も言わせるな)。

ミンフジリムヌ[minɸuʒirimunu]〔名〕
耳の遠い人。【例】バニユ　ミンフジリムヌッティ　イズヌ　ハイチン　ウヴァーゲーラックダドゥラ（私を耳が遠いと言うけど、かえって貴方のほうがひどいわよ）。我が連れ合いは、石垣市出身で自らを「ミントーラー（耳の遠い人・石垣語）」と素直に認めている。僕も年相応に「ミンフジリムヌ」であることを認めるのにやぶさかではない。なのに、たまには（いや、頻繁に？）用例のような会話と相なる。二人とも後期高齢者なので、互いに認め合い譲り合ってゆったり過ごせばいいものを、「イズッタン（言った）」だの「シカンタン（聞かなかった）」だのと言い合っている。たいてい先にいきり立つのは短気で修行の足りない僕のほうである。琉球料理家の山本彩香先生にならって泰然自若と「<u>高貴高齢</u>者」としゃれてみたいものだと思うのだが……（山本彩香著『にちにいまし』2020年・文芸春秋社刊参照）。「ミンカー」の項参照。

ミンフジリルン[minɸuʒiriruŋ]〔連〕
耳が遠くなる。〈否〉ミンフジルヌン。【例】①ミーン　ムイリ　ミンヌン　フジリデージ　ナリブー（目も見えずらくなり耳も聞きづらくなって、大変なことになっている）。

ミンフジルン[minɸuʒiruŋ]〔連〕
耳をほじくる。〈否〉ミンフズヌン・ミンフジラヌン。【例】ミンヌ　ビューワリバドゥ　ミンユ　フジリブー（耳が痒（かゆ）いので、耳をほじくっている）。

ム

ムイウン[muiʔuŋ]〔名〕
収穫し残した芋が芽を出しているもの。（石）ムイアッコン。【例】ムイウンヤ　マーハ　ナーナッテナー　ワーン　ヴァーシタ（ムイウンは美味しくなかったので、豚に食べさせた）。ムイウンは芋の養分を吸収して芽が出るのだから芋の旨味は半減するはずである。

　石垣島には、ムイウン（石垣島ではムイアッコン）にまつわる伝承がある。マチュンガネー（松金）少年は、両親を早く亡くし祖母と弟妹を抱え貧しい生活のさなか、他人の畑のムイアッコンで糊口（ここう）をしのいでいた。ムイアッコンは畑主以外の者でも自由に取っていいと言うのが、当時の習わしではあったのだが、畑主から農作物を盗んだと糾弾され窮地に追い込まれる。濡れ衣を着せられ落ち込んでいる松金に、賢い祖母は「貧しいゆえに受けた悔しさを忘れずに刻苦勉励して立派な人になっておくれ」と諭し励ます。祖母の教えを胸に発憤した松金は、立派な家を建て首里王府の八重山行政庁における最高官・頭職（かしらしょく）にまで上りつめる。その成功譚を歌ったのが〈まちゅんがねー節〉で、重厚な曲調で展開される物語は聴きごたえのある名曲である（拙著『CD附　精選八重山古典民謡集（四）』参照）。

ムイサン[muisaŋ]〔形〕
親密である。【例】①ウッツァー　ドゥシンケー　スーク　ムイサンドゥラー（彼らの友人たちは、非常に親密である）。②ムイサープソー　シマハ　フーッカ　ヤディン　バンテヘ　タジナイフルワヤ（親密な人は、島に来るとかならず我が家に訪

ねて来るよ）。

ムイサン[muisaŋ]〔接尾〕
　〜思いである。〜と親密である。〜の仲がよい。名詞に付いてその言葉への深い情愛を表す。【例】①ウトゥザムイサン（親戚思いである）。②ドゥシンキムイサン（友人づきあいが親密である）。③キョーダイムイサン（きょうだいの仲がよい）。

ムイハヴゥリルン[muihavuriruŋ]〔自〕
　生い茂る。伸び放題にする。〈否〉ムイハヴゥルヌン。【例】ピニン　アマジン　ムイハヴゥリ　ヌーヌ　マービヤ（髭も髪も伸び放題にして、何の真似だ）。

ムイルン[muiruŋ]〔自〕
　生える。生長する。「萌える」の意。〈否〉ムーヌン。（石）ムイルン。（沖）ミーユン。【例】アミヌ　ヴゥーッタラ　ヤサイヤ　スーック　ムイルワヤ（雨が降ったので、野菜は勢いよく生長しているよ）。

ムイルン[muiruŋ]〔自〕
　燃える。〈否〉ムーヌン。【例】ハリキーユ　モースカー　アイナー　キブシヤ　ンズヌーヌ　ナマンダハリキーユ　モースカー　キブシヌ　ウラーリ　ンジフー（枯れ木を燃やすとそんなに煙は出ないが、枯れ切っていない木を燃やすと煙がたくさん出てくる）。

ムイルン[muiruŋ]〔自〕
　老眼になる。物が見づらくなる。通常は「ミー」に下接して「ミームイルン」と言う。〈否〉ミームイラヌン。【例】ミーン　ムイリ　ミンヌン　フジリ　メー　ソーウイプスン　ナリブー（目は見づらくなり、耳は聞きづらくなり、もうすっかり老人になっている）。

ムー[muː]〔名〕
　喪。喪中。【例】クズン　クトゥシン　ムーヌ　シジキ　ブー（去年も今年も喪が続いている）。

ムージ[muːʒi]〔名〕
　虹。共通語の古語「ぬじ（虹）」の転（宮良當壯『八重山語彙』参照）。（石）モーギゥ。（沖）ヌージ。【例】シマナー　ブルケー　ムージェー　ユー　ミラリッタヌ　マヌマー　アイナー　ミラルヌン（黒島にいたころ、虹はよく見られたが、今はそんなに見られない）。なぜだろうか。島には虹を遮る高い建物も山もなかったから、いやでも目についたからだったのだろうか。

ムール[muːru]〔名〕
　全部。全て。「ケーラ」とも言う。【例】ヤーニンズ　ムール　パナシキバ　ハカリデージ　ナリ　ブー（家族全員、風邪をひいて大変なことになっている）。

ムカシ[mukaʃi]〔名〕
　昔。古い時代。ずっと以前。共通語の借用語。【例】ムカシヌ　クトゥユ　ジーワール　ウイプスン　ウブサー　マーラシワーリ　ナーヌワヤ（昔のことを知っておられるお年寄りも、大方亡くなられてしまったよ）。

ムカシパナシ[mukaʃipanaʃi]〔名〕
　昔話。昔物語。【例】ヤラビシェーケー　ウブザーットゥ　パーハラ　ムカシパナシユ　ユー　シクッタワヤ（子どものころ、お祖父さんとお婆さんから昔話をよく聞いたよ）。僕の場合は、父母の限界ぎりぎりの高齢出産で生を享けたことから、両親が祖父母のような存在であった。父は、折に触れて格言の類をいろいろ言い聞かせてくれた。また、「ユナイ　シトゥムティ　パナス　ウヤヌ　ムヌイユ　イグンティ　ウムイ　ンニスクナ　スミアラキ（朝夕話す親の言葉を遺言と思って、胸底に染めておきなさい）」と言われた。母は、教訓めいたことはほとんど話さず、ひたすら優しさをもって僕たち子どもに接した。「イザリルン」の項参照。

ムカシユー [mukaʃiju:]〔名〕
古き良き時代。平和で豊穣な世。「昔世」の意。「ミルクユー（弥勒世）」「ハンヌユー（神の世）」などとも言う。【例】ムカシユーバ タボーラレ（平和で豊かな世を賜った）。

ムク [muku]〔名〕
婿。【例】ゾーット ムクバ アタリ ウラマサダラ（立派な婿さんに恵まれて、羨ましいことよ）。

ムクキョーダイ [mukukjo:dai]〔名〕
姉妹の夫同士。「婿兄弟」の意。〈対〉ユミキョーダイ。【例】ミドーヌッファヌ ウラハーッティ ムクキョーダイヌ ハナイ ウラマサーヤ（女の子が多くて、婿兄弟に恵まれ羨ましいよ）。「ムクシカイ」の項参照。

ムクシカイ [mukuʃikai]〔名〕
婿が妻の実家の手助けをすること。「婿使い」の意。【例】ムクヌ ディキレヘーッテナー ギューサ ムクシカイユ スーバン サニーサニーシ テーナイ シールワヤ（婿がよく出来た人だから、いくら婿使いをしても気持ちよく手助けしているよ）。良い婿に当たると「百年の豊作」で、逆の場合は「百年の凶作」だとか。世の婿殿、肝に銘ぜよ！

ムクブザ [mukubuza]〔名〕
婿をからかって言う。〈対〉ユミガナシ。ムクブザ・ユミガナシは、新郎新婦を一見重んじているようだが、冷やかし気分のこもった言葉である。

ムクン [mukuŋ]〔他〕
剥く。〈否〉ムカヌン。【例】ネーシウンヤ ウヤビヌ シミシ ハーバ ムキヴォーッタ（煮た芋は、指の爪で皮を剥いて食べた）。見出し語の古形は「ンクン」。

ムクン [mukuŋ]〔自〕
合う。適する。〈否〉ムカヌン。【例】パインヤ シマヌ ジーナー ムカヌントゥ（パインは、黒島の土地には適しないそうだ）。黒島の土地は、シマジリマージでアルカリ性の土壌ゆえ、クニガミマージの酸性土壌を好むパインには不向きだと言うわけである。

ムゲールン [muge:ruŋ]〔自〕
怒りや毒気などで腹が立つ。〈否〉ムゲーラヌン。【例】クルザー ウムハトゥヌナーン シーヨー ミーッカ バタヌ ムゲーリフー（こいつの思慮のない為様〈行状〉を見ると、腹が煮えくり返ってくる）。

ムサーイ [musa:i]〔助数〕
回。度。回数を表す。「ムサイ」「ムシ」の項参照。

ムサイ [musai]〔助数〕
回。度。回数を表す。「ムサーイ」「ムシ」とも、単に「サイ」とも言う。【例】トゥシバ トゥリ ミンヌ トゥーワ ナッタラ ピスムサイシヤ ハントゥラルヌン（年を取り耳が遠くなったから、一回では勘が取れない〈理解ができない〉）。どこかの話ではなく、我が連れ合いとのことである。

ムサットゥ [musattu]〔副〕
少しも。ちっとも。さっぱり。沖縄語の移入語。【例】ウレー イズムヌイヤ ムサットゥ バハラヌン（そいつの言うことは、さっぱり分からない）。

ムシ [muʃi]〔名〕
虫。【例】ムシヌ パイリ フリバ ヤドー フイッカミリ（虫が入ってくるから、戸を閉めなさい）。

ムシ [muʃi]〔名〕
あることに必要以上に凝る人。「パチンコ」などのギャンブルにはまるような人にも言う。【例】サカナヤーバ ヴァイナライ ムシ ナリベー（料亭の〈味をおぼえ〉て、通いつめている）。料亭で歌舞を愛でながら、美しい女性のもてなしで美味い酒肴を

口にすると、ソーキブニ（肋骨）の足らない男はたいてい「フチユ ヤバシ（口が肥えて制御不能になり）」、挙句身上をつぶしてしまう。クワバラ桑原！

ムシ[muʃi]〔助数〕
回。度。回数を表す。「ムサイ・サイ」とも言う。【例】ピスムシタンカー アラナギームサイン ギームサイン イジ ナラーハイ（一度だけでなく、何回も何回も言って教えなさい）。

ムシカサン[muʃikasaŋ]〔形〕
難しい。理屈っぽい。【例】①ムシカサーリバ ウムイキシ ビンキョー スーナッカ ハカラヌンドゥラ（難しいから思いっきり勉強しないと、掛からない〈受からない〉よ）。②ムシカサ プソーリバ タマンガリ ムヌイザナーッカ マラカリルヌ（理屈っぽい人だから、気を付けて発言しないと揚げ足を取られるぞ）。

ムジマースン[muʒima:suŋ]〔他〕
ねじ曲げる。捻りつぶす。【例】ウリトゥ ムンドーシーッカ ウリヌ ヤナサイニン ムジマーサリルンラミ（そいつと問答すれば、そいつの悪知恵に捻りつぶされるさ）。

ムス[musu]〔名〕
筵（むしろ）。【例】ナチェー アダニヌパーヌ ムスヌドゥ ピーラケヘ（夏は、アダン葉製の筵のほうが涼しい）。

ムスブン[musubuŋ]〔他〕
結ぶ。結わえる。【例】フクベー ミドゥモー マイナ ビキドゥモー ジーナードゥ ムスブ（帯は、女は前で結ぶ男は後ろで結ぶ）。

ムツァハン[mutsahaŋ]〔形〕
雨で畑の土がもちもちしている。【例】アミヌ ヴュイダハーッティ パタケーム ツァハリバ パイラルヌン（雨がよく降って、畑の土がもちもちしていて入れない）。

ムタイルン[mutairuŋ]〔他〕
持ち上げる。〈否〉ムタイラルヌン。【例】ドゥキ グッファッティ タンカシェー ムタイラルヌン（あまり重くて、一人では持ち上げられない）。

ムタシカウン[mutaʃikauŋ]〔他〕
からかう。意地悪く扱う。〈否〉ムタシカーヌン。【例】ヤラビシェーケー ケーラン ムタシカーリ ベーッタヌ ウブプスナリ ウヤキバシー マヌマー ケーラハラ アガミラリブー（子どものころは皆にからかわれていたが、大人になって裕福になり今は皆に崇められている）。黒島のような小さな島では、用例のような「大器晩成」「逆転人生」などの現象は、じつに鮮やかに展開される。

ムダハルヌン[mudaharunuŋ]〔自〕
黙って見過ごせない。諦めきれない。心残りがする。〈否〉見出し語が否定語で、この語は否定語のみで肯定語はない。（石）ムダサルヌ。【例】シニナーン ムヌヌ クトゥヌ ウモーリドゥ ムダハルヌ（死んだ者のことが思われて、諦めきれない）。「アキラミラルヌン（諦める）」よりはるかに強い感情が籠っている言葉。

ムタビムヌ[mutabimunu]〔名〕
おもちゃ。玩具（がんぐ）。（石）ンタビュムヌ。【例】ヤラベー ムタビムヌユ サニヤ シー アサブ（子どもは、おもちゃを嬉しがって遊ぶ）。

ムタビムヌ[mutabimunu]〔名〕
弄（もてあそ）び者。（石）ンタビュムヌ。【例】プスハージヌ ムタビムヌ（皆の弄び者）。不品行な女性に言う。この語も女性に対してのみ用いられる、いわば女性蔑視用語。

ムタブン[mutabuŋ]〔他〕
楽しみ興じる。（石）ンタブン。【例】ムタビムヌバ ムタビ アサビ ベー（おもちゃと楽しみ興じて遊んでいる）。

ムタブン[mutabuŋ]〔他〕

弄ぶ。(石)ンタブン。〈否〉ムタバヌン。【例】ミドゥムユ イチン ムタビベーッカ アトー ミドゥムン ムタバリルンドゥラ(女をいつも弄んでいると、いずれ女に弄ばれるぞ)。

ムチ[mutʃi]〔名〕
餅。【例】ムチヌ イチン マーハヤヌーッティ イザバン ウンヌ ムチラー(餅のもっとも美味しいのは、何と言っても芋の餅だなあ)。ウンヌムチ(芋の餅)は「イシ」という目の粗い巨大な下ろし金で芋を擂り下ろし、イトバショウの葉で包んで蒸して作った。黒島ではサミン(月桃)は豊富にあったのに、どういうわけか餅には用いなかった。

ムチ[mutʃi]〔名〕
漆喰。【例】トゥマンハラ ウルバ コーシキー ウリユ ヤキ ウルバイバ スクリ ムチェー スクレーッタ(海から珊瑚を採取してきて、それを焼いて石灰を作り漆喰を作った)。珊瑚は、テーブル珊瑚であったように記憶している。

ウルバイ(珊瑚を焼いて粉にしたもの)に、10センチメートルほどにカットした藁と砂を混ぜ水でこねたのがムチ(漆喰)である。漆喰は、ハーラヤー(瓦葺家屋)の屋根瓦の繋ぎ目を塞ぐ重要な建築資材であった。現在は、珊瑚の採取は禁止されていると思うが、終戦後の黒島ではテーブル珊瑚を大量に採取し焼いてウルバイ(石灰)にし、漆喰を作っていた。

私の父・賢英は農業のかたわら瓦葺きと漆喰塗りを専門にしていた。私は小学生のころから台風や地震の後には、父と一緒に屋根に上って瓦と瓦の繋ぎ目の漆喰に亀裂が入っていないか丹念に調べさせられた。浅い亀裂にはその上に漆喰を塗って補修し、深い亀裂の場合はその部分を全部剥がして新たに漆喰を塗り替えた。父は、簡単な作業は私にさせ複雑な作業は自ら行なったが、そういうときは私に自分の手の動きをしっかり観察するように指示した。そういうわけで、漆喰用のコテ(金箆)の扱いは小学生のころから一通り身につけていた。

妻の実家で、義父の叔母が亡くなって納骨のときのこと。墓に骨壺を納めて墓の入口を塞ぐ段になって、石の扉を固定したあと扉の隙間を漆喰で塞ぐ仕上げの作業があるが、漆喰用のコテを扱える人がいないと大騒ぎになった。私は、用意されていた漆喰に水を掛け適度な柔らかさにほぐし、墓の蓋の隙間を埋め表面を滑らかに均して作業を終えた。皆の称讃の声が聞こえたが、婿の発揮した思わぬ特技(?)を誇らしげに見ていた義父の顔が忘れられない。漆喰で扉を塞ぐのは、次に開けるとき剥がしやすいからであり、また小石などで固定しただけでは隙間からネズミやゴキブリが墓の中に侵入するからである。

余談だが、屋根の頂上から見渡す周囲の景観は素晴らしく、私はそのことが楽しく嬉しくて父の手伝いは苦にならなかった。でも、用もないのに単なる遊びで屋根に上ることは厳しく禁じられていた。危険だということもあったであろうが、それとは別に屋根に降った雨が樋を伝って水槽(コンクリート製の水タンク)に溜り貴重な飲料水になるという当時の厳しい水事情が背景にあったからである。

ムチナウスン[mutʃinausuŋ]〔他〕
快復する。回復する。「持ち直す」の意。〈否〉ムチナウハヌン。【例】ウブイザー メーンガタナリ シワーバ シーブッタヌ ムチナウシ ガンズ ナリワールワヤ(伯父は危篤状態になり心配していたが、快復して元気になっておられるよ)。

ムチナスン[mutʃinasuŋ]〔他〕
移す。移動する。〈否〉ムチナハヌン。【例】

シトゥムティ　フキッカー　ウシバ　ムチナシ　ウンハラ　ガッコーホ　パータ（朝起きると、牛を移動させてから学校に行った）。繋ぎ飼いの牛の世話は、朝は原野での移動と昼は家に連れてきて水を飲ませたあと木陰で休ませておき、夕方には再び原野に連れて行く、ということの繰り返しであった。

ムチマサン[mutʃimasaŋ]〔形〕
　睦まじい。【例】ユヌウトゥザ　アルヌ　ムチマサプスン　アイアランプスン　ブルワヤラー（同じ親戚でも、睦まじい人もそうでない人もいるよなあ）。

ムチライサ[mutʃiraisa]〔名〕
　〈植〉草の名。シロバナセンダングサ。「ムチレーッサ」と同じ。

ムチリトーラ[mutʃirito:ra]〔名〕
　睦まじい仲。恋仲。【例】ウヌフターラー　ムチリトーラ　ナリブリバ　マズン　ナルワー　アラヌンカヤ？（その二人は恋仲になっているので、一緒になるんじゃないだろうか）。

ムチリルン[mutʃiriruŋ]〔自〕
　睦まじくする。睦ぶ。恋仲になる。〈否〉ムチルヌン。【例】ウリトー　ヤラビヌバソハラ　ムチリベーッタヌ　マズン　ナラルンタン（彼女とは子どものころから睦まじくしてきたのに、結婚できなかった）。〝初恋は結ばれず〟のパターンであり、だからこそ初恋は永遠に懐かしく美しいのかも知れない。

ムチレーッサ[mutʃire:ssa]〔名〕
　〈植〉草の名。シロバナセンダングサ・タチアワユキセンダンクサ・ハイアワユキセンダングサなど、数種ある。「ムチライサ」とも言う。（沖）サシグサ。至る所に自生していて可憐な白い花を咲かせるが、黒っぽい実が服にくっ付く厄介な存在でもある。沖縄語の「サシグサ（刺し草？）」の名称は実が服にくっ付くことに由来しているようだが、黒島語では「ムチレーッサ（睦び草）」と人懐っこく可愛いらしい名で呼ばれている。この草は、畑や庭では厄介物扱いされるザダニ（雑草）だが、養殖ダチョウの好物であったり、ミツバチにとっては通年で蜜が取れる貴重な存在であったり、さらには薬草・野草としても用いられたり、汎用性を備えた有用植物だと言えそうだ（西大八重子著『沖縄の薬草・野草料理〜ウチナーヌチグスイ料理〜』ティガネシア出版・2007年刊参照）。
　〔追記〕折も折、本日（2020年5月17日）の琉球新報一面トップに「ミツバチ県生産日本一」の記事が紹介されている。もっとも、県内のミツバチはハチミツ用ではなく、ビニールハウス内で果物を育てる際に使う花粉交配（ポリネーション）用のものだそうだ。いずれにしても、沖縄の温暖な気候がミツバチ養成に適していると言うのだから、今後はハチミツの生産も有望ではなかろうか。

ムツァー[mutsa:]〔名〕
　糯。〈対〉サカー（粳）。【例】アーヌ　ムツァーヤ　マーハッタヌ　サカーヤ　マーハナーンタン（粟のムツァー＝糯は美味しかったが、サカー＝粳は美味しくなかった）。「サカー」の項参照。

ムツァン[mutsaŋ]〔形〕
　もちみがある。粘り気がある。もちもちである。【例】アミヌ　シジキ　パタケー　ムツァリバ　シグトー　ナラヌン（雨が続き、畑はもちもちで仕事は出来ない）。

ムッスン[mussuŋ]〔他〕
　毟る。千切る。【例】トゥンヤ　クラシッカー　アチューバ　ハキ　パニユ　ムッシ　トゥレーッタ（鶏は屠ると熱湯を掛けて、羽を毟り取った）。

ムッティ[mutti]〔副〕

すべて。全部。「ムルッティ」とも言う。【例】ヌシトゥンヌ パイリ ジンナ ムッティ トゥラリナーヌン（泥棒が入って、金は全部盗られてしまった）。

ムットゥ[muttu]〔副〕
まったく。いっこうに。少しも。ちっとも。【例】ニチヌ ムットゥ サガラニバドゥ シワーバ シーブー（熱がいっこうに下がらないので、心配している）。

ムディッカールン[mudikka:ruŋ]〔自〕
捻じ曲がる。曲がりくねる。〈否〉ムディッカーラヌン。【例】ウヌ イツァー ムディッカーリ ベーリバ シカールヌン（その板は、曲がりくねっているから使えない）。

ムディルン[muduruŋ]〔自〕
捻る。捩れる。【例】ナマキーユ ヤーヌ ザイギ シーッカ アトー ムディルン ドゥラ（生木を家の材木にすると、後で捻るよ）。

ムトゥ[mutu]〔名〕
元。本。基。起点。【例】キユヌ ピーバ ムトゥバ シー（今日の日を起点にして／黒島古謡〈そんがちゅんた〉より）。

ムドゥスン[mudusuŋ]〔他〕
戻す。返す。【例】①ハレール ダンゴー ゾットニ アライ ムドゥハイ（借りた道具は綺麗に洗って、返しなさい）。②ハレール ジンヤ ヤクスクドゥール リーバ シキ ムドゥハイ（借りた金は、約束通り利息を付けて戻し〈返し〉なさい）。

ムトゥムラ[mutumura]〔名〕
元村。【例】ビャーハ シマナー ナハントゥユドゥ ムトゥムラッティ イズ（我が黒島では、仲本村を元村という）。ちなみに、宮里村は「ウヤムラ（親村）」である。

ムトゥヤー[mutuja:]〔名〕
本家。「ヤームトゥ」とも言う。（石）ヤームトゥ。（沖）ムートゥヤー。【例】バンテヌ ムトゥヤーヤ パイマナー アートゥリドゥ パイマッティ ユラビブータ（我が家の本家は、南側にあったのでパイマ＝南方向と呼んでいた）。

ムドゥルン[muduruŋ]〔自〕
戻る。元の所に帰る。【例】キューヌ ウチナー ヤディン ムドゥリ クー（今日中に、かならず戻ってきなさい）。

ムトゥン[mutuŋ]〔他〕
持つ。保持する。治める。妊娠する。高値が付く。【例】①ヤンプソー ナガラク ムタニバ ウヌハンガイ シーリ（病人は長らく持たないから、その考えをしろ〈その準備をしろ〉。②ウブプス ナルッカー ムラムティ シマムティプス ナリヨラー（大人になったら、村を治め、島を治める人になりなさいよ）。③ヴァーバ ナシ イチシキドゥ ナルヌ メー ムティ ブルワヤ（子を生んで五か月が経過している〈五か月しか経っていない〉のに、もう持って〈妊娠して〉いるよ）。④クヌ ウシェーダイ ムトゥ パジドー（この牛は、高値が付くはずだよ）。

ムヌ[munu]〔名〕
物。者。立派な者・物。食べ物。【例】マヌマヌ シーヨーシヤ ゾーイ ムノーナラヌン（今のやり方では、とうてい役に立つもの（物・者）にはならない）。

ムヌ[munu]〔名〕
妖怪。魔物。化け物。【例】ムノー ミープスンナ ミラリルンティ イズヌ バンタンナー ミラルヌン（妖怪は見る人には見られると言うけど、僕たちには見られない）。

ムヌイ[munui]〔名〕
言葉。「物言い」の意。（石）ムニ。（沖）クチ・ムヌイー。【例】ムヌイヌ イジヨーシ ウヌプスヌ タケー バハルン（言葉の言い方で、その人の器量が分かる）。

ムヌウムイ[munuʔumui]〔名〕
　思い悩むこと。思い煩うこと。【例】ムヌウムイバ　シー　ピスユーヌ　サーットゥ　ミーバ　コーリ　ニバルンタン（思い悩んで一晩中目が冴えて、眠れなかった）。

ムヌザ[munuza]〔名〕
　無口な人。【例】ヤラビシェーケー　ムヌザ　アッタヌドゥ　マヌマー　フチブサーナリブルワヤ（子どものころは無口だったけど、今はおしゃべりになっているよ）。

ムヌシキン[munuʃikiŋ]〔名〕
　切羽詰まること。追い詰められること。【例】ヤーニンズ　ムール　コロナン　ハカリ　ムヌシキンバ　ナリ　ヌーン　ムヌハンガイ　ナラヌン（家族全員コロナに罹り、切羽詰まって何も考えられない）。

ムヌシン[munuʃiŋ]〔名〕
　占い師。巫覡（ふげき）。ユタ（巫女）やサンギンソー（三世相・易者）。「物知り」の意。【例】キナイナー　ハカリムヌ　アーッカ　ムヌシンヌ　ハトホ　パッタワヤ（家庭で掛かりもの〈差し障り〉があると、占い師のところに行ったよ）。

ムヌダニ[munudani]〔名〕
　物種。穀物の種。〈対〉プスダニ（人の種）。【例】タブイヨーユ　マチゴーッカ　ムヌダネー　シリッコー　ナルンドゥラー（管理の仕方を間違うと、穀物の種は台無しになるよ）。

ムヌナラーシ[mununara:ʃi]〔名〕
　教育。ものを教えること。「物を習わせること＝教育すること」の意。【例】プスン　ムヌナラーシ　シーリバドゥ　ドゥーン　ナラーラリ（他人に物を教えることによって、自分も教えられる）。

ムヌナライ[mununarai]〔名〕
　物習い。教わること。【例】ムヌナライヤ　バハヤ　スーンスクン　タルハラーラバン　ナライ（物習いは、恥ずかしがらずに誰からでも習いなさい）。

ムヌバ[munuba]〔助〕
　〜ものを。接続助詞。強い不満の意を表す条件文に付いて、逆接を表す。活用語の連体形に付く。【例】ヴァー　シールンティ　イズムヌバ　シカナー　ドゥーシ　シールンティ　コーラシ　ブルヌ　ミーナルンカヤ？（私がすると言うものを、自分でやると頑張っているが上手くできるかな）。

ムヌパクン[munupakuŋ]〔連〕
　物を吐く。嘔吐する。【例】ドゥキ　サキユ　ヌンカー　ムヌパクヌ（酒を飲みすぎると、嘔吐するよ）。

ムヌバッシ[munubaʃʃi]〔名〕
　もの忘れ。【例】トゥシ　トゥッタラークナレー　ムヌバシッシヌ　シギッサナリ　フシガルヌン（年を取ったので、最近もの忘れが頻繁に起こってどうしようもない）。

ムヌパナシ[munupanaʃi]〔名〕
　話。世間話。昔話。物語。「物話」の意。〈類〉クトゥパナシ。【例】ウヌ　プスヌ　ムヌパナシヌ　ウムッサダラ（その人の世間話の面白いことよ）。

ムヌバライ[munubarai]〔名〕
　物笑い。笑いもの。【例】アヤール　プリザンマイバ　シー　ムヌバライ　シラリアラク（あんな馬鹿げたことをしでかして、物笑いにされているよ）。

ムヌハンガイ[munuhaŋgai]〔名〕
　思慮すること。憂慮すること。【例】①アマザヌ　ヤミ　ムヌハンガイ　シラルヌン（頭が痛くて、思慮することができない）。②ムヌハンガイ　タンカ　シー　ベーケザイヌ　ムイケーワヤ（憂えることばかりしているうちに、白髪が生えてきたよ）。

ムヌフダキプス[munuɸudakipusu]〔名〕
　食物を選り好みする人。転じて結婚の相手を選り好みしすぎる人を揶揄する場合にも言う。【例】ムヌフダキプストゥ　マズン

ナルッカー アワリ シーリバ ユー ハンガイリヨ（選り好みする人と結婚すると、難儀するのでよくよく考え〈て決め〉なさいよ）。

ムヌフダクン[munuɸudakuŋ]〔連〕
食物を選り好みする。【例】ドゥキ ムヌフダッカー ヤマイ ハカルンドゥラ（あまり食べ物を選り好みすると、病気になるよ）。

ムヌミープス[munumi:pusu]〔名〕
妖怪、魔物、幽霊などを見ることの出来る人。霊能者。〈類〉サンギンソー。ユタ。【例】ムヌミープスンナー ムヌヌ ミラリルッティ イズヌ タルンニンナー ミラルヌントゥ（霊能者には妖怪が見られると言うが、誰にでも見られるのではないそうだ）。「ムヌ」の項参照。

ムヌミルン[munumiruŋ]〔連〕
妖怪などを見る。【例】ムヌミー プスヌ パナシユ シクッカー ムノー マーナン ミラリルンティ イズドゥラー（妖怪などを見る人の話を聞くと、妖怪などはどこでも見られる〈いる〉と言うよなあ）。

ムヌミジラサン[munumiʒirasaŋ]〔形〕
物珍しい。(石)ムヌミザラサーン。【例】ヌーン ムヌミジラサナーヌヌドゥ シナーシ ミリベーワヤ（何も物珍しくないのに、じっとみているよ）。

ムヌユムン[munujumuŋ]〔連〕
愚痴をこぼす。不平を言う。【例】ムヌユム プソー ヌーシムバン マーハパラバン ムヌバ ユミベー（愚痴をこぼす人は、何をさせても何処に行っても不平を言っている）。

ムム[mumu]〔名〕
腿。通常は「ムムダル」と言う。【例】ムム ウヴォホ プソー シカラン スーワン（腿の太い人は、力も強い）。

ムムダル[mumudaru]〔名〕

腿。太腿。古くは中舌音「ムムダリゥ[mumudarï]」で、次に「ムムダル[mumudaru]」に変わり、さらに撥音「ムムダン[mumudaŋ]」へ変化してきたものと推定される。【例】ハラッタユ オーカ ハナーッカ ムムダルハラ ヨーリフードゥラー（体を動かさないと、太腿から弱ってくるよ）。「マハン」の項参照。

ムムダン[mumudaŋ]〔名〕
腿。「ムムダリゥ」「ムムダル」と同じ。

ムヤイ[mujai]〔名〕
沖縄全域における頼母子講・無尽講の一種で、相互扶助的な借金・貯金の仕組み。通常沖縄では「模合（もあい）」と呼ばれる。(石)ムヤイ。(沖)ムエー。【例】ムヤイヤ ドゥシンキザーン ウトゥザンキザーンシドゥ シールワヤ（ムヤイは、友人同士とか親戚同士とかでが行なう）。

ムラ[mura]〔名〕
集落。村落。部落。「村」の意であるが、行政上の「村（そん）」や「字（あざ）」ではなく「小字（こあざ）」に相当する。【例】トゥジェー ドゥーヌ ムラハラ トゥミリ（妻は自分の村から、さがせ）。黒島では、昭和の初期ころまでは部落内の人同士の結婚が圧倒的に多かった。私の母は保里村から東筋村に嫁いできたので、それなりに苦労が多かったと話していた。

ムラキツガン[murakitsugaŋ]〔名〕
各村における結願祭。〈対〉シマキツガン（島結願祭）。

ムラプール[murapu:ru]〔名〕
パーリー競漕やウーニ競走（船頭競争）などの行なわれるプール（豊年祭）。〈対〉ワンプール（御嶽における豊年祭）。

ムラングトゥ[muraŋgutu]〔名〕
村の行事。村の共同作業。【例】ムラングトー ドゥーヌ ヤーヌ クトゥッティ ウムイ キムバ イリ シーリ（村の作業は自分の

家のことだと思って、手抜きせずに行なえ）。
ムリッファー[muriffa:]〔名〕
　お守した子。【例】ムリッファーヤ　ドゥーヌ　キョーダイニン　アタラサーッタ（お守した子は、自分の兄弟・姉妹のように可愛いかった）。いや、場合によっては、その絆はきょうだい以上に睦まじかった。
ムリンナ[murinna]〔名〕
　お守り。「守り姉」の意。【例】ムリンナー　ブンゲー　バッシナヨー（お守りしてくれたお姉さんの恩義は、忘れるなよ）。終戦後の黒島では、どの家も子沢山で子守が必要であった。実の姉がお守りする場合もあれば、親戚のお姉さんがお守りする場合も多かった。お守りのお姉さんとの仲は、生涯変わらぬ親密な関係が続いた。そのようなお守りと幼児との濃密な人間関係は、良くも悪くも「保育・保育所」という公的な仕組みが制度的に導入され、現代社会にはもはや存在しない。
ムルッティ[murutti]〔副〕
　すべて。全部。「ムッティ」とも言う。【例】ウレー　イズ　ムヌイヤ　ムルッティ　スクル　ムヌイ（そいつの言う言葉は、すべて作り話だ）。
ムルン[muruŋ]〔自〕
　お守りする。「ムリンナ」の項参照。
ムルン[muruŋ]〔他〕
　捥ぐ。収穫する。【例】アマミヤ　ムリバンジンナー　シトゥムティトゥ　ユナイガタヌ　フタサーイ　ムレータ（小豆は収穫の最盛期には、朝と夕方の２回収穫した）。収穫のタイミングを逃すと未収穫のまま鞘が弾けて実が飛び散って仕舞うので、油断が出来なかった。
ムン[muŋ]〔名〕
　〈植〉麦。【例】プーヌ　スライ　ヤーラハジン　ウサリベー　ムンユ　ミーッカ　キムザニヤワラー（穂が出揃ってそよ風にな

びいている麦を眺めていると、心が晴れるよね）。
ムン[muŋ]〔名〕
　〈植〉桃。【例】シマナ　アッタ　ムンヤ　グマーグマーシ　アイナー　マーハ　ナーンタン（島であった桃は小さくて、そんなに美味ではなかった）。それでも貧しかった当時の島では、子どもたちは熟し切らない桃の実をもぎ取って口にしたものである。
ムングル[muŋguru]〔名〕
　麦のわら。脱穀を終えた麦の殻。（石）ムングル。（沖）ムンジュル。【例】ムングルヤ　シカイトーヌ　ナーナッテナ　ピーシキムヌ　セーッタ（麦わらは使い道がないので、火付け材として用いた）。
　石垣には「ムングルクバーサ（麦わら製の笠）」があったのか、同名の古謡〈むんぐるくばーさゆんた〉が滑稽な内容で歌われている。沖縄本島では「ムンジュルフィラガサ（麦わら製の平笠）」があって雑踊り〈むんじゅるー〉の美しい採り物に用いられており、本土では「麦わら帽子」の材料になっている。黒島では、用例のような用い方しかなされず、今思うともったいないような気がした。
ムンッサールン[munssa:ruŋ]〔自〕
　組んず解れつ殴り合う。【例】ヌードゥ　ヌーッテナーナ　ウヌフターラー　サキヌンカー　イチン　ムンッサーリ　ベー（訳も分からずにその２人は、酒を飲むといつも組んず解れつ殴り合っている）。
ムンダニ[mundani]〔名〕
　釣りや罠などに用いる餌。【例】イズ　フォーシ　ムンダニ（魚釣り用の餌）。
ムンツァースン[muntsa:suŋ]〔他〕
　揉みくちゃにする。【例】キンヤ　ムンツァーシ　アラーバン　プスバソー　ハイハイ　ヌバハナーッカ（衣服は揉みくちゃにして洗っても、乾かすときには綺麗に伸

ばさないと〈シワを奇麗に伸ばさないとだめだよ〉)。

ムンドー [mundo:] 〔名〕
もめ事。いさかい。「問答」の意。【例】ムンドーヌ ナーン ヤーッティ ナーヌン (もめ事のない家庭なんてない)。

ムンヌクー [munnuku:] 〔名〕
麦粉。「麦の粉」の意。【例】ユヌ ムンヌクーヤルヌ ミリキンクーヤ ゾーッソーシ ブッタワラー (同じく麦粉なのに、メリケンコは白っぽかったよね)。

ムンヌクーヌ バンビン [munnuku:nu pambiŋ] 〔連〕
麦粉のてんぷら。【例】ムンヌクーヌ パンビンヤ シンヌ パイランナラバン スーック マーハッタン (麦粉のてんぷらは、芯が入っていなくても十分に美味しかった)。

ムンヌプー [munnupu:] 〔名〕
麦の穂。【例】ムンヌプーヤ ミーリ ハルマイ ナルッカ ハジン フカリ ザラザラッティ イズ ウトゥヌ キモッサッタワヤ (麦の穂は稔って刈り入れの前には、風に吹かれてザラザラという音がして心地良かったよ)。

用例の「ザラザラ」について、八重山民謡〈山入らば節〉では「麦の稔り具合」を、穂の髭が風に押されて擦れ合う「穂擦れ」によって引き起こされる擬音語の「ザラザラ」を用いて描写している。「ザラザラ」の項参照。

ムンピリイザ [mumpiriʔiza] 〔名〕
よく人をつねるお爺さん。又吉智福翁の綽名。【例】ハナグシキヤーヌ ウブザーピラシカートゥ ムンピリイザドゥ アザナーアッタ (又吉家のお爺さんは、ピラシカとムンピリイザとが通り名であった)。用例の主・又吉智福翁は、郵便局長、区長、村会議員等を務めるなど、当時の黒島を代表する知識人・指導者であった。また、自ら漁業用のサバニ (沖縄独特の小型漁船) を所有し、マイビシ (伊古部落の北部の干瀬) を主な漁場にしていた漁師でもあった。そういうわけで、農業に関しては他の農家にくらべ見劣りのするところから「ピラシカ (畑作業の無精者)」の名で呼ばれた。もう一つの「ムンピリイザ」は、悪さをする子どもたちを片っ端からつねったからだという。「ピラシカ」「タマ (分け前)」の項参照)

ムンピルン [mumpiruŋ] 〔他〕
つねる。【例】ヤラビシェケー ヤマングシーッカ シザンキハラ ミンユ ムンピラリッタワヤ (子どものころ、悪戯をすると兄たちから耳をつねられたものだ)。民謡コンクールの際、何十人もの受験者の歌の審査をするのだが、メリハリのない歌が続くと猛烈な眠気に襲われる場合があった。審査員が居眠りしたのでは申し訳ないので、太腿の内側を自らムンピリ (つねって) 眠気と闘ったものである。翌日、つねられた箇所は青黒く鬱血(うっけつ)していて眠気との死闘が凄まじかった痕跡を確認し、呆れ返ったことがあったなあ。

メ

メ [me] 〔終助〕
〜よ。〜ね。【例】①パリナーヌワーメ (行ってしまったよ)。②ニビバーメ (寝なさいよ)。③マーラシワーレッスワヤーメ (亡

くなられてしまったよね)。

メー [me:]〔副〕
もう。もはや。【例】①メー　ミサン（もう、よい）。②メー　マニアーヌン（もはや、間に合わない）。③メー　ヌーンナラヌン（もう、どうしようもない）。

メー [me:]（名）
庭。広場。「ミナハ」とも言う。(石)メー・ミナカ。(沖)ナー。【例】ケーランナリ　メーバ　ンツァシ　ヤーヌ　イランケー　アツァマリタボーリ　マイダン　プコーラサッティ　ワーマリルンユー（皆様、庭を満たし家に入りきれないほどお集まり頂き、誠にありがとうございます）。用例は、豊年祭の「ウーニ・トゥージ」をバラザン（藁篶）で選出する際の、部落総代の挨拶を多少アレンジしたものである（口上・神山光祐氏）。

　見出し語の「メー」は、「ミナハ」より古形だと思われるが、「メーッサ（庭の雑草）」「メーッサソーリ（庭の除草作業）」のように現在も日常語として用いられている。

メーガンター [me:ganta:]〔名〕
たてがみ。元来は大人の男の髪型であるが、児童たちの「たてがみ」を洒落た髪型として言う場合が多かったのではなかったか。

メーク [me:ku]〔固〕
〈地〉宮古。宮古島。【例】メーコー　ヤイマトゥ　フキナーヌ　アイナハナドゥアー（宮古島は、八重山と沖縄島の間にある）。

メークムヌイ [me:kumunui]〔名〕
宮古語。【例】メークムヌイトゥ　ビャーニハシマムヌイヤ　ユー　ネールンッティ　イザリブー（宮古の言葉と我が黒島の言葉は、よく似ていると言われる）。ちなみに『鳩間方言辞典』の「メーク（宮古島）」の用例には「メークムネー　パトゥマムニトゥニーブーダー（宮古方言は、鳩間方言と似ているよ）」と記されている。このことから、黒島語と鳩間語が奇しくも宮古語に似ていると認識されていることが、浮き彫りにされている。

メーッサ [me:ssa]〔名〕
庭の雑草。「メー（庭）のッサ（草・雑草）」の意。【例】メーッサヌ　ムイハブリ　ブリバ　エイエイッティ　ソーリ　ウシキ（庭の雑草が萌え盛っているので、さっさと除草しておきなさい）。

メーッサソーリ [me:ssaso:ri]〔名〕
庭の雑草取り。【例】メッサソーリヤ　ユ　ダンシーッカ　ムイハブリルンドゥラー（庭の雑草取りは、油断すると庭を覆い尽くすぞ）。

メーッサビ [me:ssabi]〔名〕
朝食。【例】ティダヌ　アールッカー　アサスクルバ　シッティハラ　メーッサビユ　ヴォータ（太陽が上がると朝食前の作業をしてから、朝食をした）。「アシ（昼食）」の項参照。

メーッティ [me:tti]〔副〕
十分に。すっかり。「スーック」と同じ。【例】メーッティ　タボーラリヤン（すっかりご馳走になった）。

メーハンガン [me:haŋgaŋ]〔名〕
漁業用の眼鏡。「ミーハンガン」と同じ。

メーヘ [me:he]〔名〕
墓。「パカ（墓）」より古い用語と思われる。【例】①ヤリ　メーヘ（破れ墓）。②ユッツァ　メーヘ（四連結の墓）。

メーヘン [me:heŋ]〔名〕
女用ふんどし。〈対〉サナイ。(石)マイチャニ・ボスポー。【例】ウブザーッター　ゾーソヌ　サナイバ、パーッター　ヴォーフォヌ　メーヘンバ　キシワーッタ（お爺さんたちは白いサナイ＝褌を、お婆さんたちは黒いメーヘン＝女用褌を着ておられ

メーラ[meːra]〔固〕
〈地〉宮良村。石垣島の一集落。石垣島では遠来神「アカマター・クルマター」の古俗を残している唯一の集落。小浜村の分村だと言われ、両村は上記古俗の保有のほか「シゥマムニ（島言葉）」がもっとも普及しているという点でも共通している。

メーラビ[meːrabi]〔名〕
娘。「ミヤラビ」とも言う。「女童(めわらべ)」の意。【例】プリムラヌ　ブライシ　ナラビンナ　プリムラ　メーラビター　ミラリットゥリ（保里村のブライシに並んだときには、保里村の娘たちが目にとまって／〈ぱいふたふんたかゆんぐとぅ〉より）。

メーンドゥリ[meːnduri]〔名〕
雌鶏(めんどり)。（石）ミードゥリュ。〈対〉「ウードゥリ(雄鶏(おんどり))」。【例】メーンドゥリニン　プスルキリキリ　プスルフンフン　スーバン　ミサンティ　イズッタラドゥ（雌鶏のように１人で土を蹴り蹴り、１人で土を踏み踏みしてもいいよと言ったので／〈ぱいふたふんたかゆんぐとぅ〉より）。

メーンガタ[meːŋgata]〔名〕
危篤状態。【例】メーンガタ　ナリブリバ　ウヌムイバシー　ヌーンクイン　ズンビシーウシキ（危篤状態になっているので、そのつもりで何もかも準備〈用意〉をしておきなさい）。

メシトゥ[meʃitu]〔固〕
〈地〉宮里村。黒島の一集落の名。王国時代、番所が置かれたことから島では「ウヤムラ（親村）」と呼ばれてきた。「マシトゥ・ミィシトゥ」とも言う。現在、黒島出身者が住んでいないことから「廃村」の扱いをする情報誌もあるが、その扱いは妥当だろうか。

メッサン[messaŋ]〔形〕
乗り心地がよい。【例】ウシン　ジテンサン　ヌリナラウッカ　メッサーッタ（牛も自転車も、乗り慣れると心地良かった）。荒っぽい牛は右に左に跳ねるので、何度も振り落とされたが、根気よく試みると慣れてきておとなしくしてくれた。自転車の場合は、何回も転んでは怪我したり、時には自転車の部品を壊したりしながら練習を重ね、自由に乗りこなすことができた。牛も自転車も「メッサン（心地良い）」状態になるには一定の訓練が必要であった。

モ

モーイ[moːi]〔名〕
〈植〉海藻の名（和名不詳）。

モーキ[moːki]〔名〕
儲け。利益。【例】モーキヌ　アーッカ　スンヌン　アン（儲けもあれば、損もある）。

モーキジク[moːkiʒiku]〔名〕
金儲けの仕事。（石）モーキズク。【例】モーキジクヌ　クトゥ　タンカー　ハンガイベーッカ　ハイチン　ウドゥキルヌ（金儲けのことだけ考えていると、かえって大損するよ）。

モーキスーブ[moːkisuːbu]〔名〕
儲け勝負。【例】モーキスーブッキン　タミスーブッティ　イザリブー（儲け勝負より、貯め勝負だと言われている）。

モーキバキ[moːkibaki]〔名〕
儲けの分配。共同出資をして利益を分配すること。【例】ジンバ　ヌカーシ　モーキバキ　シールンティ　シーハキッタヌ　ムノーナラントン（お金を出し合って利益を

分け合おうと計画したが、うまくいかなかった)。

モーキルン[mo:kiruŋ]〔他〕
儲ける。儲かる。得をする。〈否〉モークヌン。【例】モーキルンッティ プスン シカハリ ハブリ ベーンマナ(儲かると人にそそのかされ、大損をしているよ)。

モースン[mo:suŋ]〔他〕
燃やす。〈否〉モーハヌン。【例】ヨイヤーヌ アヴァナビナ モースキヤ モクモー ヌドゥ ハナイブッタ(祝い事のある家の揚げ物用に燃やす木は、モクモー〈トキワギョリュウ〉が適していた)。

モーヤー[mo:ja:]〔名〕
自由気ままな舞い。乱舞。(沖)カチャーシー。【例】モーヤーバ ブドゥリドゥ ヨイザーヤ トゥジマル(モーヤーを踊って、祝いの座は幕を閉じる)。

八重山では、したがって黒島でも祝宴の最後には〈ルクチョー(六調節)〉の旋律に乗せて、各自思い思いの自由な振りで〈モーヤー〉を舞う。「モーヤー」の語源について、『日本民謡事典』(三隅治雄他・1972年東京堂出版刊)では「毛遊びを八重山群島ではモーヤとか夜遊びと呼んでいる(同書303頁)」と説明されているが、少し違うような気がする。八重山の〈モーヤー〉は、祭りの〈ガーリ(巻踊り)〉のなかで飛び出す女性たちの歓喜乱舞が上記の〈ルクチョー〉と結びついて、型にはまらないながらも八重山独特の優美な雰囲気を醸し出す「舞う→マウ→モーウ→モーヤー」として生み出されたものではなかろうか。沖縄本島の〈カチャーシー・アーッチャメー〉と同じく騒き系の舞いに属するが、〈モーヤー〉は比較的ゆったりしていて名人級、たとえば本盛秀師匠の〈モーヤー〉は芸術品の域を示した。我が家では、母のモーヤーがゆったりしていて優雅な趣を呈した。祭りのジーポー(地方)をしていた父は母のモーヤーに魅かれて余所の村〈保里〉まで通い詰めて結婚したという。娘たちのなかでは次女・ツル子と四女・泰子がそれなりにいい踊りをしたが、僕の評価では母の域には到底及ばなかった。

モクモー[mokumo:]〔名〕
〈植〉樹木の名。トキワギョリュウ。【例】モクモーヤ ヤーヌ ザイギンナ ムカンタン(トキワギョリュウは、家の建築材には適しなかった)。建築材としては用例の通りであるが、「タンムヌ(焚き物・薪)」としては「バリダンムヌ(割り焚き物)」の王者であった。「ソーラタンムヌ」「バリダンムヌ」の項参照。

モロミザト・シューシ[moromizato ʃu:ʃi]〔固〕
〈人〉諸味里秀思(1876〜1945)。八重山舞踊「勤王流」の二代目師匠。黒島での呼び名は「オージスー」。「キンノーリュー」の項参照。

ヤ

ヤ[ja]〔係助〕
〜は。前の言葉の語尾によって音がいろいろ変わる。【例】①アーヤ スクリ ブラヌン(粟は作っていない)。②アー(=アーヤ) スクラヌン(粟は作らない)。③マイヤ マーハン(米は美味しい)。④ウンヤ スクリヤッサン(芋は作りやすい)。⑤ヤラビヤ=ヤラベー サーリ パンナ(子

ヤ

どもは連れて行くな)。⑥ムクヤ＝ムコーアッタラサン (婿は大事である)。

ヤ[ja]〔終助〕
〜か。疑問を表す。【例】クレー ターム ヌヤ？ (これは誰の物か)。

ヤー[ja:]〔名〕
家。家庭。家屋。【例】ヤーバ スクリ ハーバ プリドゥ キナイユ ンダミ (家を作り井戸を掘ってこそ、家庭の土台を据える)。往時の黒島では、一家の当主として認められるには、①家屋を建てること、②井戸を掘ること、③墓を造ること、の三大事業を成し遂げることが必須とされていた。

ヤー[ja:]〔接尾〕
〜だよ。〜だね。動詞や形容詞の連体形に後接して当該動詞や形容詞の意味を強調する。「〜ダラ」と同じ。【例】ヌミピサヤー (飲みたいよ)・シキピサヤー (聴きたいねえ)・ハサマサヤー (騒がしいぞ)・パーハヤー (速いなあ)、など。

ヤーガナイ[ja:ganai]〔名〕
牛を自宅の牛舎で飼うこと。〈対〉ヌーガナイ。【例】ビキウシヌ ピスッカラ タンカー ヤディン ヤーガナイバ シーアトー ヌーガナイバ セーッタ (雄牛の1頭だけはかならず自宅の小屋で飼い、残りの牛は原野での繋ぎ飼いだった)。車や鋤を引かせるための雄牛を自宅の牛小屋で飼ったのは、役畜として即座に利用しやすいからであったが、その糞尿で堆肥を作るという目的もあった。
　ヤーガナイの対語「ヌーガナイ (原野での繋ぎ飼い)」は、僕の語彙範囲にはなく後輩の前船太作君の提言により見出し語に採用した。「ヌーガナイ」の項参照。

ヤーキナイ[ja:kinai]〔名〕
家庭。「キナイ (家庭)」を強調した語。【例】ユミヌ ディキレヘーッカ ヤーキナイヤ ンズスメヘン (嫁がしっかりしていると、家庭は盤石である)。八重山民謡を代表する〈デンサ節〉に「家庭の切り盛りは、嫁の器量次第」と歌われているように、家庭の雰囲気作りから家計の切り盛りまで、嫁の才覚・采配が大きく左右すると言うわけである。往時の黒島では、三世代の夫婦が同居する家族構成が多く、それだけに血の繋がりのない嫁同士の風通しの良さや睦まじさが家庭の安寧と発展の礎であった。由来、嫁と姑の関係はうまくいかない場合が多く、その確執はたびたび小説や演劇等の題材にもなって名作を生み出してきたのである。

ヤーグマル[ja:gumaru]〔名〕
家に閉じこもること。(石) ヤーグマリュ。(沖) ヤーグマル。【例】ピスルファーバ パラシ ウンハラ ナガラク ヤーグマルバシーブー (一人っ子を亡くし、それから長らく家に閉じこもっている)。

ヤーサ[ja:sa]〔名〕
空腹。ひもじいこと。ひだるいこと。【例】ヤラベー ヤーサ シミ ナカシナ (子どもを、空腹にさせ泣かすな)。

ヤーサ クンゾー[ja:sa kundzo:]〔連〕
空腹時の腹立ち。【例】ヤーサ クンゾーサーリ ソーダン スーバン ミーナラヌンドゥラ (空腹時の腹立ちまぎれに相談しても、うまくいかないぞ)。

ヤーサドゥ マーハ[ja:sadu ma:ha]〔連〕
空腹時には何でも美味しく感じること【例】ヤーサドゥ マーハッティ イズヌ ヤーササーリ ヴォームノー ヌーンクイン マーハダ (空腹時には何でも美味しく感じると言うが、空腹時に食べるものは何もかも美味しいよ)。

ヤーサ ナウシ[ja:sa nauʃi]〔連〕
空腹の一時おさえの軽食。【例】アサスクル シーバソー ユイヌ ノホルシ ヤーサ ナウシユ セーッタ (朝の軽い仕事をする場合、夕食の残りで空腹の一時おさえ

の軽食をした）。

ヤーサバタ[jaːsabata]〔名〕
すきっ腹。空腹。「ヤーサ」を強調した語。【例】ヤーサバタサーリ ヴォームノー ヌーンクイン マーハン（すきっ腹の状態で食べる物は、何もかも美味しい）。

ヤーサハチリ[jaːsahatʃiri]〔名〕
空腹での飢え。【例】ヤーサハチリバ シーブリバ ヌーヤラバン ミサリバ スクリ ヴァーハイ（空腹で飢えているので、何でもいいから作って食べさせなさい）。

ヤーサン[jaːsaŋ]〔形〕
空腹である。ひもじい。【例】ヤラビ シェーケー イチン ヤーサヌッティ タンカ ウムイ ベータ（子どものころは、いつもひもじいとだけ思っていた）。

ヤースクリジラバ[jaːsukuriʒiraba]〔名〕
古謡の名。〈家造りじらば〉。家屋新築の落成祝いに、女性たちが台所用具を頭にのせ、この歌に合わせて座敷の中で巻き踊り〈ヤースクリアンガマ〉をする。

ヤースクリヤー[jaːsukurijaː]〔名〕
新築をしている家。【例】キューン ヤースクリヤーヌ ハシ シーン パレー（今日も新築している家の加勢しに〈応援しに〉行った）。ヤースクリ（新築）の作業は、いわばユイマール（相互扶助）で成し遂げた。

ヤーニガイ[jaːnigai]〔名〕
家、屋敷の安全祈願および家族の健康祈願。【例】ヤーニガイヤ ヤーヌ ウチハラ ヤシキズーバ ニガイ ウンハラ ヤーニンズヌ ドゥーパダニガイバーキ シー ウヤシタ（ヤーニガイは家の内から屋敷中の安全祈願を行ない、そして家族の健康祈願までして差し上げた）。

ヤーニンズ[jaːnindzu]〔名〕
家族。【例】ヤーニンズヌ ウラハーッティ スーヌ ミーヤ タラーナ ピッティヌピン ナージル アッタ（家族が多くて汁の身が足りず、来る日も来る日も身のない汁であった）。

ヤーヌバン[jaːnubaŋ]〔名〕
留守番。「ヤーバン」とも言う。【例】シマナー ヌシトゥルン ブラニバ タッツェナーン ヤーヌバンッティ ブランタン（島には盗っ人もいないから、どの家でも留守番なんていなかった）。

ヤーヌパン[jaːnupaŋ]〔名〕
家の徴。黒島では農具や家具等に彫り込んだり墨やペンキ等で記したりした。(石)ヤーパン。【例】キナイハージナ ヤーヌパンヌ アッタワヤ（各家庭にヤーヌパン＝家の徴があったよ）。武家社会の「家紋」とは趣が異なる。

ヤー ハカラヌン[jaː hakaranuŋ]〔連〕
家を顧みない。家に出入りしない。通常否定的な意味合いでのみ用いる。「家に掛からない〈いない〉」の意。【例】ヤー ハカラナ ユーベヌ ヤーナ タンカ クマリ ベーワヤ（家は顧みず、妾の家にだけ籠っているよ）。私たちが幼かったころの各家庭の状況を思い出すと、夫婦だけの男女関係で収まっていた家庭は少なくなかったのではないか。それと分かる公然とした妾の存在だけでなく、隠然たる妾の存在が判明して騒動が起こったりしたとかいう逸話も数多くあった。本書で取り上げた、村や島の指導的立場の人もその多くは本妻以外の女性との間に子を生していた。

ヤーハジ[jaːhaʒi]〔名〕
家ごと。【例】ウヌジブンヤ ヤーハジナ ウシン ピシダン ワーン シカナイ ベータ（そのころはどの家でも、牛も山羊も豚も飼っていた）。

ヤーバハリ[jaːbahari]〔名〕
分家すること。【例】ウヤヌ ヤーヤ サクシヌ シギ ジナン サンナンヤ ジキ

ヤーバリ

ヌ フーッカ ヤーバハリ セーッタ（親の家は長男が継ぎ、次男三男は時期が来ると分家した）。

ヤーバリ[jaːbari]〔名〕
家庭内の乱暴。家の壁、建具、家財道具などを壊すこと。【例】ウレー サキヌムッカー ヤディン ヤーバリ セーッタ（そいつは酒を飲むと、きまって家の壁や建具などを壊した）。

ヤーバン[jaːbaŋ]〔名〕
留守番。「ヤーヌバン」と同じ。

ヤーマーリ[jaːmaːri]〔名〕
よその家をよく回り歩くこと。【例】ユーズン ナーナ シナーシ ヤーマーリバ シーベールワヤ（用事もなく、ただよその家を回り歩いているよ）。

ヤーマーレー[jaːmaːreː]〔名〕
よその家をよく回り歩く人。「ヤーマーリ」と同じ。

ヤームティ[jaːmuti]〔名〕
家庭の切り盛り。【例】ウブプスナルッカー ヤームティゾージ ムラムティゾージ シマムティゾージ ナリヨラーッティ ドゥ ウヤンケー ナラーシワーッタ（大人になったら家庭をよく治め、村をよく治め、島をよく治める立派な人になりなさいよ、と親たちは教えてくださった）。僕が、在沖黒島郷友会の会長に就任したとき、ムラバシヤー（保里部落の宮良家）の長女・上里淳子さんが副会長に、五女の高道公子さんが会計になって、4年間も補佐してくれた。2人に役員を依頼したときに、母親の富さん（大正11年生まれ。2020年10月現在、白寿を迎えて心身ともに健やかでいらっしゃる）に相談をすると、用例の言葉で2人の背中を押してくださったそうだ。ちなみに、富さんの実家はイリマイスクヤー（西前底家）である。

ヤームトゥ[jaːmutu]〔名〕
本家。「ムトゥヤー」とも言う。（石）ヤームトゥ。（沖）ムートゥヤー。【例】ヤームトゥヤ サクシヌ シギ ジナン サンナンヤ ヤーバハリユ セーッタ（本家は長男が継ぎ、次男三男は家別れ〈分家〉をした）。

ヤームンドー[jaːmundoː]〔名〕
家庭内のもめごと。【例】ヤームンドーヤ タッツェナーン アルクトーリバ ドゥキシワー シーナ（家庭内のいざこざはどの家にもあることだから、あまり心配するな〈気にするな〉）。

ヤーヤシキ[jaːjaʃiki]〔名〕
家屋と屋敷。「家屋敷」の意。【例】ウヤキ ヤーッテナ ヤーヤシキヌ ウボホダラ（裕福な家なので、家屋と屋敷の大きいことよ）。

ヤーヤマ[jaːjama]〔名〕
八嶽。首里王府が認定した八つの御嶽。【例】ヤーヤマタンカー アラナー アイナー ウラーリ アレー ワンヌン シンコー シープスヌ ブラナ ナリラー（八嶽だけでなくあれほどたくさんあった御嶽も、信仰する人がいなくなってしまったなあ）。黒島には首里王府の認定した八嶽、①迎里御嶽（ンギストゥワン）②南風保多御嶽（パイフタワン）③浮海御嶽または保慶御嶽（フキワン）④南神山御嶽（パイハメーマワン）⑤保里御嶽（ウブワン）⑥仲盛御嶽（ナハムルワン）⑦北神山御嶽（ニシハメーマワン）⑧喜屋武御嶽（ケンワン）があった。別名「クージワン（公事御嶽）」とも称された。その他にもちゃんとした社と境内を備えた7つのお嶽、①阿名泊御嶽（アナドゥムリワン）②ピジリ御嶽（ピジリワン）③伊見底御嶽（イミスクワン）④船浦御嶽（フノーラワン）⑤乾震堂（カンシンドー）⑥仲石御嶽（ナーシワン）⑦比江地御嶽（ページワン）があった。

村びとの絆は、御嶽信仰と固く結びつい

て行なわれた農耕儀礼としての折々の伝統行事を通して堅固に保持されてきた。農耕儀礼の生産基盤や生活基盤は穀物栽培（のちにサトウキビ栽培が加わった）であったが、黒島の現状は耕作物栽培が一掃され島一円が牧場と化し肉用牛生産一辺倒に様変わりした。加えて、かつての島人の胃袋を穀物とともに満たしてきた海産物を豊富に産出してきた海浜も、もはや姿を消し、マリンレジャーの手段としてのみ活用され御嶽信仰とは無縁の産業基盤や生活基盤を形成している。

御嶽信仰の衰退は、表面的にはその中心的な担い手である「ハンシカサ（神司）」や「ティジリ（手摺り）」の後継者や「ヤマニンズ（所属構成員）」の不足に起因しているように思われがちだが、基本的な要因は生産基盤や生活基盤の構造的変化のもたらしたものであると考えられる。したがって、御嶽信仰の変容・衰退ぶりはより深刻であると言えよう。

ヤーラガンズ[ja:ragandzu]〔名〕
一見病弱そうだが案外丈夫なこと。【例】ヤーラガンズ プスヌドゥ ナガリ ワールワヤ（弱そうだった人のほうが、長命していらっしゃるよ）。

ヤーラキルン[ja:rakiruŋ]〔他〕
鎮める。「シズミルン」とも言う。

ヤーラハン[ja:rahaŋ]〔形〕
柔らかい。柔軟である。【例】ウイプスナッタラ コーサムヌッキンナー サーヤーラハ ムヌヌドゥ マーハ（年取ったら固い物よりは、なんでも柔らかい物の方が美味しい）。

ヤーラヤーラ[ja:raja:ra]〔副〕
柔やわと。たおやかに。【例】ウター イズ バソー ヤーラヤーラ イズヨーン キーシキリヨ（歌を歌う場合は、柔やわと歌うように気をつけなさい〈心掛けなさい〉）。

ヤーランケールン[ja:raŋke:ruŋ]〔自〕
軟弱になる。弱まる。〈否〉ヤーランケーラヌン。【例】ガンズワーッタヌ ウブヤンバ ハカリ ヤーランケーリ ワールワヤ（頑丈だったのに大病を患ってから、弱っていらっしゃるよ）。

ヤーリ[ja:ri]〔接尾〕
〜やら。〜のか。【例】ヌーヌ キムフガンタヤーリ ウヌフターラ バハリナーントゥ（何が気に入らなかったのか、その二人は別れたそうだ）。

ヤーン[ja:ŋ]〔名〕
闇。暗闇。真っ暗。【例】マヌマータドゥ ティダー イレーッタヌ メー ヤーンナレーッス（今さっき日が暮れたのに、もう真っ暗になってしまった）。用例のような気分は、特に「つるべ落としの秋の日」のころに実感する。

ヤーンヌ ミー[ja:nnu mi:]〔連〕
闇の中。【例】ヤーンヌ ミーユ アラクバソー パンニン フォールンヨー タマンガリ（暗闇の中を歩く場合は、ハブに食べられないよう〈咬まれないよう〉気をつけろ）。

ヤーンヌ ユー[ja:nnuju:]〔連〕
闇の夜。【例】デントーヌ ナーンケーヌ ヤーンヌ ユーヤ マヌマッキン ヴァーハッタニン ウモーリルワヤラー（電灯のなかったころの闇の夜は、今よりもっと暗かった〈闇が深かった〉ように感じられるよね）。

ヤイッティ[jaitti]〔副〕
直ちに。すばやく。「エイッティ」と同じ。

ヤイネ[jaine]〔名〕
来年。歌謡語に用いられる語で、日常語では「エン」と言う。【例】ヤイネ ユーバ クナチ ユーバ ニガヨーラ（来年の豊作を、来夏の豊作を願いましょう）。

ヤイヤイッティ [jaijaitti]〔副〕
　直ちに。すばやく。「ヤイッティ」の強調。「エイエイッティ」と同じ。

ヤカダイ [jakadai]〔名〕
　治療費。「薬代」の転化した語か。【例】トゥシトゥル　シンダイ　ウマハマ　ヤンマイバ　ハカリ　ヤカダイヌ　フシガルヌ（年を取る次第、病気に罹り治療費が大変だ）。

ヤキヤン [jakijaŋ]〔名〕
　マラリア。ハマダラカの媒介するマラリア原虫が血球内に寄生して引き起こす感染症。黒島でのマラリア感染情況の詳細は確認できないが、身内では母方の伯母・安里マイチ（明治31年生まれ）が強制疎開先の石垣島で感染・死亡し、戦争マラリアの犠牲者として「平和の礎」に刻銘されている。
　我が家では、父・賢英（明治31年生まれ）と長兄・賢昇（大正15年生まれ）が戦時中に罹患したという。白保部隊に従軍していた長男（僕の長兄）の陣中見舞いに通っていた父は、多分そこで感染したのではないかという。兄は終戦直前に感染し、除隊後に帰還したときはマラリアの後遺症なのか頭の毛は全部抜け落ちていたそうだ。以上は四姉・泰子（昭和12年生まれ）の証言である。僕が記憶しているのは、感染経路は不明だが四兄・明良（昭和10年生まれ）が戦後のある時期にマラリアに感染・発病したことである。特効薬・キニーネのお陰で命拾いをしたが、高熱と身体の震えが尋常ではなかった。芭蕉の木を叩いて枕にし、冷や水（と言っても井戸水だが）を掛け通して熱を冷ました。一番座の畳を剥がして、竹床にアダンバ筵を敷いて水は床下に流しっぱなしだった情景が生々しく甦る。

ヤギラ [jagira]〔名〕
　痩せっぽち。「ヨーガラー」とも言う。【例】ヤギラ　ナリ　ミッサルンタン（やせ細っていて、見分けがつかなかった）。

ヤギルン [jagiruŋ]〔自〕
　痩せる。「ヨーガリルン」とも言う。【例】ヴァーバ　ナシ　ヤギリブルワヤ（子を産んで痩せているよ）。

ヤク [jaku]〔名〕
　櫂。【例】ザコートゥヤーヌ　シグトゥ　セーッターナ　ダグヌナーンバソー　ヤクシ　ウムイキシ　シタカリッタドゥラ（カツオの餌捕り業に従事していたころ、要領のよくない場合は櫂で思いっきり叩かれたよ）。

ヤク [jaku]〔固〕
　〈地〉伊古。黒島の一部落名。【例】ヤクプソーウブサー　フキナー　プソーッテナー　フキナームヌイユ　イズッタ（伊古部落の人たちは、大方は沖縄島からの移住民だったので沖縄語を話した）。

ヤク [jaku]〔名〕
　裏の座敷。通常は「ウラザ」と言う。（石）ユカ。【例】ヤーヌ　ニスマハタナー　ヤクッティ　イズ　ウラザヌ　アリ　アールマハタハラ　イチバンウラザ　ニバンウラザ　サンバンウラザッティ　イズッタ（家屋内の北側にはヤクと言うウラザがあり、東側から一番裏座、二番裏座、三番裏座と称した）。用例の一番〜三番は、表の座敷である一番座、二番座および三番座に対応する。「ウラザ」の項参照。

ヤク [jaku]〔名〕
　厄。災難。（石）ヤフ。【例】ヤコー　ヤクバライバ　シー　トゥリシティリ（厄は、厄払いをして取り除け）。

ヤクイ [jakui]〔名〕
　休み。休憩。「いこい（憩い）」の意。（石）ユクイ。【例】ザーコー　ヤクイン　トゥレーターナ　スーナッカ　クタンディルヌ（仕事は、休憩を取りながらしないとうんと疲れるよ）。

ヤクウン[jakuuŋ]〔自〕
休む。寝る。病床に伏す。臥せる。〈否〉ヤコーヌン。【例】①ニバリバ メー ヤクイワーリ（遅いから、もうお休みください）。②アボー ヤクイワーッティ シキ シワーバ シーブー（お母さんが臥せっておられると聞いて、心配している）。

ヤクザ[jakuza]〔名〕
役員。役職。「役座」の意か。【例】マズン シマヌ ヤクザバ シトゥミ ヤクザドゥシ ナリブー（一緒に島の役員を務め、役員友だちになっている）。

ヤクザアウ[jakuzaʔau]〔名〕
役員仲間。「ヤクザドゥシ」とも言う。【例】ヤクザアウヌ ムイサー ハクビチ アッタ（役員仲間の睦まじさは、格別であった）。部落内での役員仲間よりは、他部落の役員仲間との親密さが深く長く続いたようである。

ヤクザドゥシ[jakuzaduʃi]〔名〕
役員仲間。役員友だち。「ヤクザアウ」と同じ。

ヤグサミ[jagusami]〔名〕
やもめ。未亡人。（石）（沖）ヤグサミ。【例】パジミハラ ブトゥヌ ブラン ミドゥム、ブトゥヌ マーラセー ミドゥムユドゥ ヤグサミッティ シタ（はじめから〈もともと〉夫のいない女、夫の亡くなった女をヤグサミと言った）。

ヤクタールン[jakuta:ruŋ]〔自〕
横になる。休む。【例】アッツァリバ マーイメーミ ヤクターリワーリバ（暑いので、今少し横になって休んでください）。

ヤクドゥ[jakudu]〔副〕
よくぞ。幸運にも。「ユードゥ」とも言う。【例】ヤクドゥ ウリトゥ マズン ナレー（幸運にも、彼女と一緒になった〈結婚した〉）。

ヤクドゥシ[jakuduʃi]〔名〕
厄年。【例】クトゥシェー ヤクドゥシェーリバ ヤクバライユ スーナッカラー（今年は厄年だから、厄払いをしないとなあ）。

ヤクドゥドゥ[jakududu]〔副〕
よくぞ。幸運にも。「ヤクドゥ」に強調の係助詞「ドゥ」が付いている。【例】ヤクドゥドゥ ウリトゥ マズン ナレーッティ マイダン ウモーリ（幸運にも彼女と一緒になれた〈結婚できた〉と、つくづく思う）。

ヤクバライ[jakubarai]〔名〕
厄払い。「ヤク」「ヤクドゥシ」の項参照。

ヤグラスン[jagurasuŋ]〔他〕
歪める。【例】クヌ フンダイムノー フチバ ヤグラシ ムヌバ ユミベールワヤ（この甘ったれは、口を歪めて愚痴を言って〈こぼして〉いるよ）。

ヤグリ[jaguri]〔名〕
歪むこと。「ヤグリルン」の連用形が名詞化した語。

ヤグリルン[jaguriruŋ]〔自〕
歪む。幼児語では「ヤゴムン」と言う。【例】クヌ ミツェー ヤグリ ブリバ クルマ パラシバソー キーシキリ（この道は歪んでいるから、車〈自動車〉を走らせるときは気をつけなさい）。

ヤクン[jakuŋ]〔他〕
焼く。お灸を据える。てんぷらを揚げる。〈否〉ヤカヌン。【例】①ピシダユ クラシッカ ガーヌ パーシ キーユ ヤクッタ（山羊を屠ると、茅の葉で毛を焼いた）。②ヤツユ ヤク バソー ヤツフチユ モーシタ（お灸を据えるときは、もぐさを燃やした）。③パンビンヤ アヴァシ ヤクッタ（てんぷらは、油で揚げた）。この用例③など、ヤマトゥンチュー〈本土の人〉に「てんぷらをヤイタから食べなさい」と言うと、びっくりするだろうなあ。

ヤクンガイ[jakuŋgai]〔名〕
〈動〉貝の名。ヤコウガイ（夜光貝）。（石）ヤフンガイ。（沖）ヤクゲー。【例】ムカ

シェー ヤクンガイヌ クーユ ピッカシ クムルナ シナシ フビリ ウシケータ トゥ（昔、夜光貝の殻に穴を開け水溜りに縄で繋いで置いたそうだ）。夜光貝について黒島には、面白い逸話がある。琉球王国時代のこと、役人の巡視等による来島に備え夜光貝を捕獲すると、その殻に穴を開けクムル（潮溜り）に縄で繋いで置いたそうだ。冷蔵庫のなかった時代、役人の饗応に役立てるための短期間の養殖・貯蔵だったわけだ。用例は、そのときの状況を描いたものである。

なお、石垣語の「ヤフンガイ（夜光貝）」は、『石垣方言辞典』では「宮良殿内の膳符に記されている『屋久貝』の訛語であろうか」と記されているが、私は「夜光貝→やこうがい→ヤクーガイ→ヤクンガイ→ヤフンガイ」のような音韻変化によるものではなかろうかと考える。八重山では「釘→くぎ→フン」「国→くに→フン」のように、「く」はしばしば「フ」に音韻変化する。そのほか石垣語では、高級な「長持ち」を「ヤフンガイ」と言うが、「長持ち」に施された螺鈿細工の材料である「夜光貝＝ヤフンガイ」を、「長持ち」の名称にしたとも考えられる。

ヤクンガイヌ フタ[jakuŋgainu ɸuta]〔連〕
夜光貝の蓋。【例】ヤクンガイヌ フター シキン ネートゥリ シキンガナシッティ イズッタ（夜光貝の蓋は、月に似ているのでシキンガナシ〈お月様〉と言った）。用例の夜光貝の蓋については、乾燥した煙草の葉を引き延ばす際に使用されたし、考古学上も打製石器として用いられていたことが確認されているようである。

ヤコースン[jako:suŋ]〔他〕
休ませる。休憩させる。〈否〉ヤコーホヌン・ヤコーハヌン。【例】ウシン ヤコーセーッタナ シカーナカ ナラヌンドゥラ（牛も休ませながら、使わないとだめだぞ）。

ヤゴムン[jagomuŋ]〔自〕
歪む。〈否〉ヤゴマヌン。【例】ウヴァー ハクジーヤ ヌッティドゥ アイ ヤゴミブラー？（あなたの書く字は、なんでこんなに歪んでいるの）。

ヤゴマスン[jagomasuŋ]〔他〕
歪める。〈否〉ヤゴマハヌン。【例】ヌッティドゥ ウムティバ ヤゴマシ ブラー？（なんで顔を歪ませているのだ）。

ヤコン[jakoŋ]〔名〕
薬缶。【例】ユーヤ ヤコンナードゥ フカセーッタ（湯は、薬缶でが沸かした）。

ヤサイ[jasai]〔名〕
野菜。【例】ヤサイヌ コイヤ ヌッティ イザバン ミジンゴイヌドゥ イチバン ゾートー アッタ（野菜の肥料には、何と言っても水肥＝人糞肥料が一番上等〈効果抜群〉だった）。

ヤシナイウヤ[jaʃinaiʔuja]〔名〕
イーリッファ（貰い子）の親。「養い親」の意。【例】バンテーナヤ イザー イーリッファ タンカドゥ イザヌ ナーユ シキラリブー（我が家では父の貰い子だけが、父の名をつけられている）。黒島には、ある他家の子が生まれつき病弱だったり途中で病気がちになったりした場合、健康に恵まれ社会的にも信用の篤い人を「仮の親」とすることにより、その親の健康や人柄に肖るという風習があった。その場合、当の子を「イーリッファ（貰い子）」と言い、当の親を「ヤシナイウヤ（養い親）」と呼んだ。こうして親子関係を結ぶと、その親との関係はもちろんその親の子たちとも実の兄弟・姉妹のように親密になり、それは生涯にわたって続く。用例は、父の貰い子になった玉代勢泰寛君（昭和22年生まれ）が周辺から父の別名「マムー」と呼ばれたことを述べたものである。医療事情が好転した

ことや共同体の人々の絆が希薄になってきたことなどにより、その風習は現在では途絶えているという。「イーリッファ」の項参照。

ヤジマル[jaʒimaru]〔名〕
子を産まないこと。人にも動物にも言う。【例】ウシェー ドゥキ パンタラシッカー ヤジマル ナルンドゥラー（牛はあまり肥らせると、子を産まなくなるよ）。

ヤツ[jatsu]〔名〕
灸（きゅう）。(石)ヤッツ。(沖)ヤーチュー。【例】トゥクヌ マイナー アヴァナキ ベーッカ ウヤプスン ヤツ ヤカリルンドー（仏壇の前でだらしなく寝ていると、ご先祖様にお灸を据えられるよ）。

ヤツフチ[jatsuɸutʃi]〔名〕
もぐさ（艾）。(石)ヤッツフチゥ。(沖)フーチ。【例】ヤツフツェー フチヌパーバ ハラシ ジンザリ スクレータ（もぐさは、ヨモギの葉っぱを乾燥させ揉みほぐして作った）。

ヤディン[jadiŋ]〔副〕
かならず。きっと。【例】マーヌシマハ パラバン ヤディン ドゥーヌシマハ ムドゥリ クーヨラー（どこの島〈地方〉に行っても、かならず自分の島に戻って来なさいよ）。黒島古謡の〈やらぶだに あゆ〉は、用例のような親の気持ちを歌ったものである。

ヤッサン[jassaŋ]〔形〕
安い。安価である。【例】ウシヌ ダイヌ ヤッサッティ キーダリベーッタヌ クナレー ダイヌ アガリ サニヤー シーブー（牛の代金〈競り値〉が安くて気落ちしていたが、最近〈このところ〉競り値も上がって喜んでいる）。

ヤッサン[jassaŋ]〔形〕
易しい。たやすい。【例】①クンドゥヌ シキンヤ ヤッサルニン ブッタヌドゥ ウティナーンサ（今度の試験は、易しいように感じたが落ちて〈不合格して〉しまったよ）。②補助形容詞として動詞の連用形に下接して、「〜しやすい」「〜することが易しい」の意を表す。【例】クリヌドゥ シカイヤッサワヤ（これが使い易いよ）。

ヤッス[jassu]〔接尾〕
〜してしまった。〜になってしまった。【例】アサニビバ シー ガッコーホ ウクリヤッス（朝寝坊をして、学校に遅れてしまった〈遅刻してしまった〉）。

ヤドゥ[jadu]〔名〕
戸。雨戸。「アマドゥ（雨戸）」とも言う。【例】ピーヤリバ ヤドー フイ（寒いから戸は閉めなさい）。往時の黒島では、ヌキヤーでもガラス戸はなく板戸のみだったので昼間でも戸を閉めると室内は暗かった。

ヤトゥイ[jatui]〔名〕
借金のために息子や娘を一定期間、貸主のもとで奉公させること。また、その息子や娘のこと。「ンザーッファ」とも言う。【例】ビャーハシマヌ ヤクムラナーヤ ヤトゥイヌ ガッコーホ パラナ パタラキベーッタ（我が島の伊古村では、ヤトゥイが学校に行かず働いていた）。「ウッファスン」の項参照。

ヤナ[jana]〔接頭〕
悪い、を表す接頭語として用いる。人、物、事すべてについて用いる。【例】ヤラベー ヤナ ナラーシ シーッカー ウブプス ナラバン ナウラヌンドゥラ（子どもは悪い習慣を身につけさせると、大人になっても直らないよ）。

ヤナー[jana:]〔名〕
悪いもの。人、物、事のすべてについて言う。〈対〉ゾーットー・ゾットー（上等）。【例】ヤナーヤ クマナ ウシキウシキ ゾットー タンカ ムティ パリ（悪いのはここに置いといて、上等なものだけ持って行

きなさい)。用例の「ウシキウシキ」の訳「おいといて」は、「おいておいて(置いて措いて)」の融合・約音である。そもそも、このような表現は黒島語の一種の「癖」で、あるいは「特徴」と言えるものかも知れない。だとすれば、「置いてて」と訳すのが自然か、という気もする。

ヤナー [jana:]〔名〕
魚の住み処。特にカツオの餌となるザコーユ(雑魚)のいる岩礁のこと。【例】ザコーユ トゥルバソー ヤナーハラ ザコーユ ウイ ンザシ ヤナーハ アンバ ハバシ トゥレーッタ(雑魚を捕る場合、住み処の岩礁から雑魚を追い出しそこに網を被せて捕獲した)。用例を少し補足説明すると、ヤナーから雑魚を追い出す場合、ヤナーの海面を乗組員が両手でバチャンバチャン叩くと、雑魚は群を成してヤナーから少し離れた所で潮の流れに逆らう形で避難待機する。ヤナーの下に深く潜っている雑魚は別の乗組員がヤク(櫂)でつついて追い出すが、それでも奥に籠っている場合は非合法手段の〝青酸カリ〟を1、2滴放ると競って外に出て来た。後から出て来た雑魚は先に一時避難している雑魚たちと合流するのだ。避難待機していた雑魚は間もなくヤナーに戻るが、そこは網に覆われているので仕方なく網の上でたむろすることになる。頃合いを見て網を引き揚げ、雑魚を捕獲するのである。捕獲した雑魚は巨大な雑魚篭に入れ、翌朝波照間のカツオ船に引き渡す。

ヤナカーギ [janaka:gi]〔名〕
不美人。醜女。【例】ヤナカーギヌ ドゥ キムハイヤプソー ウラハッティ イザリブー(不美人にが、心延えのよい人は多いと言われている)。されば、男性諸君、女性を見る場合、外見にだけ目を向けず内面のすぐれた女性を見つけないと臍をかむぞ〈後悔するぞ〉。

ヤナアサビ [janaʔasabi]〔名〕
悪い遊び。【例】ヤナアサビユ シーナラ ウッカ サー ヤナハトゥハ ハトンキ パルンドゥラ(悪い遊びをおぼえると、いつまでも悪い方向へ傾いて〈なびいて〉いくぞ)。

ヤナガイ [janagai]〔名〕
頑固。依怙地。【例】ヤナガイムノー トランプッティ ナーバ シカリ ビッサレーワヤ(依怙地なやつめ、〝トランプ〟と名を付けられていやがるよ)。ここの「トランプ」は、かの強烈な個性を発揮した前アメリカ大統領のことである。

ヤナガイムヌ [janagaimunu]〔名〕
頑固者。依怙地な者。「ヤナガイ」の項参照。

ヤナガッパイ [janagappai]〔名〕
罵り言葉。「ガッパイ」は、後頭部やおでこの出っ張りのこと。「ガッパイ」「ガッパヤー」の項参照。

ヤナガンマリ [janagammari]〔名〕
酷い悪戯。悪質な悪戯。【例】ガンマリヤ スーバン ミサルヌ ヤナガンマリヤ シーナ(いたずらはしてもいいが、酷い悪戯はするな)。ユーモラスないたずらもあれば、人を傷つけるような酷い悪戯もある。両者の見定めは難しいが、つねに心したい。

忘れがたい「ヤナガンマリ」の一例。僕たちが小中学生のころ、先祖供養の行なわれる旧暦一月十六日の晩は、児童・生徒たちの自主・主体的な運営による演芸会(男生徒は劇、女生徒は遊戯・舞踊)が催された。部落のほとんどの方々が会場に足を運び、たくさんの花金(おひねり)をくださった。

その演芸会の稽古場での出来事である。ある先輩が、いつも部屋の片隅で寝てばかりいたA君のお尻に煮た芋をつっこんでおき、しばらくしてA君を起こした。寝惚け眼をこすりながら起きて座った途端、彼は

自分のお尻あたりの重大な異変に気づき身も心も凍りつく情態となった。さあ、この事態をどう切り抜けるか。ただならぬ情況を感知した瞬間の戸惑い・屈辱・羞恥は、そして誰かのヤナガンマリ（悪質な悪戯）だと察知したときの憤怒(いきどお)と怨恨(えんこん)は、ともに消えることのない〝トラウマ〟となって彼の記憶のなかに宿っているのではないだろうか。僕自身は、やってはいけない酷い悪戯だと思いながら、先輩たちのふざけた振舞いを止めることのできなかったあの時の自分の傍観者的で勇気のなかった態度の不甲斐なさを今もって引きずっている。

ヤナギー [janagi:] 〔名〕
依怙地(いこじ)。意地っ張り。【例】ヤナギーバ コーリベーッカ アトー ヤナギーニン フォーリルヌ（意地を張っていると、仕舞いには意地っ張りに食われるよ〈侵蝕されるよ〉）。

ヤナキン [janakiŋ] 〔名〕
みすぼらしい衣服。襤褸(ぼろ)。【例】ヤナキンユ キシブラバン キムヤ キムビヤハラハイヤン（襤褸を纏(まと)っていても、心は非常に〈錦のように〉美しい）。

ヤナジンブン [janaʒimbuŋ] 〔名〕
悪知恵。邪(よこしま)な考え。【例】ヤナジンブバンザシ プスユ パカルッカー ドゥーユン パカラリルンドゥラ（悪知恵を出して他人を陥れようとすると、自分も謀(はか)られるよ）。

ヤナドゥシ [janaduʃi] 〔名〕
悪い友人。【例】ヤナドゥシヌ アタルッカー ウブガシ（悪友と出会ったら、〈人生の〉大凶作である）。

ヤナナライ [jananarai] 〔名〕
悪い習慣。【例】ヤナナライヤ パークヤミシティリ（悪い習慣は、早くやめてしまいなさい）。

ヤナナラーシ [jananara:ʃi] 〔名〕
悪い教え。間違った教え。【例】ヤナナラーシヤ スーンスクン イークトゥ タンカー ナラーハイ（悪い教えはせずに、いいことだけ教えなさい）。

ヤナパカライ [janapakarai] 〔名〕
悪巧み。悪い謀(はかりごと)。【例】ヤナパカライヤ ドゥーハドゥ アミフー（悪いはかりごとは、自分に降りかかってくる）。

ヤナハザ [janahaza] 〔名〕
嫌な臭い。悪臭。【例】ヤナハザヌ シールワー ヌアラー ザリベーパジ（嫌な臭いがするが、何かが腐っているはずだ）。

ヤナハンガイ [janahaŋgai] 〔名〕
悪い考え。【例】ヤナハンガイハラー ヤナクトゥ タンカドゥ マリフー（悪い考えからは、悪い出来事しか生まれてこない）。

ヤナフシ [janaɸuʃi] 〔名〕
悪い癖。【例】ウレー ヤナフシェー シナバン ナウラヌン（そいつの悪い癖は、死んでも直らないよ）。

ヤナフチ [janaɸutʃi] 〔名〕
悪い言葉。【例】ヤナフチヌ グーハジバイジマラバシ シキベープスユ クンゾタースワヤ（悪い言葉の数々を言いたい放題撒き散らし、聞いている人を憤慨させるよ）。

ヤナムヌ [janamunu] 〔名〕
悪いもの。悪霊。幽霊。魔物。【例】①ヤナムヌバ ヴァイドゥ クダシブー（悪い物を食べて、下痢している）。②ヤナムヌヌ ミラリルンッティ イズヌ バニンナ ミラルヌン（魔物が見られる〈出現する〉と言うけど、私には見られない）。

ヤナムヌイ [janamunui] 〔名〕
汚い言葉。【例】ヤナムヌイヤ イズムティドゥーユ ブシタラスンドゥラ（汚い言葉は言えば言うほど〈遣えば遣うほど〉、自分を汚すよ）。

ヤナリコー [janariko:] 〔名〕

悪知恵。「ヤナ（悪い）リコー（利口）」の意。どちらかと言うと若者言葉。【例】ヤナリコーヌ プストゥ ドゥシ ナルッカー ドゥーン ユヌ ヤナリコーヌ プスン ナルヌ（悪知恵の人と友だちになると、自分も同じく悪知恵の人になるぞ）。

ヤニヤン[janijaŋ]〔形〕
汚い。不潔である。不浄である。「ヴュヤン」とも言う。心身ともに言う。【例】キスキンヌ ヤニヤーッカ ギューサ アバレヘーラバン キムハラ ハイヤーッティ ウモールヌン（着ている衣服が汚れていると、いくら美人でも心から美しいとは思えない）。

ヤブ[jabu]〔名〕
灸（きゅう）、鍼（はり）などで治療する民間療術師。「藪（やぶ）」の意。【例】シマナーン パーンテー ヤブヌ フターン ミツァーンヤ ワーッタワヤ（黒島でもかつては、ヤブが２〜３人はおられたよなあ）。

ヤブイサ[jabuʔisa]〔名〕
藪医者。「ヤブ」の項参照。字義通り「医術のつたない医者」という意味ではなく、黒島ではヤブ（民間療術師）のことを「ヤブイサ」と称していた。

ヤヴィムヌ[javimunu]〔名〕
駄目なもの。ひねくれ者。【例】ヤナムヌ トゥ ムチリ ドゥーン ヤヴィムヌ ナリ ビッサレーワヤ（悪いやつと交わり、自分もひねくれ者になりやがっているよ）。

ヤヴィルン[javiruŋ]〔自〕
駄目になる。ひねくれる。〈否〉ヤヴゥヌン。【例】ヤヴィルーッカ ハセーッシ ヤヴゥリリバドゥ タマシー イル（堕落するならとことん落ち込んでこそ、目覚める）。

ヤマ[jama]〔名〕
山。森林。木や草の生い茂っている所。【例】ヤマヌ ナハナードゥ ピシダヌ マーッサヤ アッタ（森林のなかに、山羊の美味しい草はあった）。

ヤマ[jama]〔名〕
鋤（すき）。牛耕用の農具。【例】ウシヌ ヤマ（牛に引かせる鋤）。

ヤマ[jama]〔名〕
罠（わな）。【例】パトゥ ヤマ（鳩の捕獲用罠）。

ヤマ[jama]〔名・数〕
御嶽。通常は「ワン」と言う。御嶽を数える数詞にも用いる。【例】ヤーヤマ（八つの御嶽）。

ヤマアウ[jamaʔau]〔名〕
材木の伐り出し仲間。戦前は、インヌシマ（西表島）へ家の建築材を伐り出すための長期滞在の旅行をしたというが、その時の仲間のこと。

ヤマーラシ[jama:raʃi]〔名〕
山刀（やまがたな）。大型の包丁。（石）ヤマンガラシゥ。（沖）ヤマナジ。【例】ウヌ イゾー ポッツァシェー キサルンパゼーリバ ヤマーラシシ キシバー（その魚は包丁では切れないはずだから、山刀で切りなさい）。包丁や鎌では刃が立たず、鋸を持ち出すほどでもないというような場合に登場するのが、ヤマーラシである。刃渡りも胴体も包丁より二回りほど長く太く大きい。

ヤマガシニーヌアユ[jamagaʃini:nuʔaju]〔名〕
古謡の名。〈山樫根ぬ・あゆ〉。

ヤマサキヌアブゼーマブシ
　　　　　　[jamasakinuʔabuze:mabuʃi]〔名〕
黒島の民謡。〈山崎ヌアブゼーマ節〉。竹富町〔無形民俗文化財〕昭和50年11月26日指定。昔、今の仲本集落の東南にあった山崎村に名の通った好色のアブゼーマとンギシャマーという老夫婦が住んでいた。ある日、アブゼーマが畑に行くと、そこに村の若い娘ナビシケが山菜を採りに来たので、アブゼーマはしめたと思い、トゥンナ（アキノノゲシ）を採ってナビシケに与えたりして意のままにしようとした。そこにンギ

シャマーがアブゼーマの昼飯を持って来たところ、一生懸命畑仕事をしているだろうと思っていたら、何と若い娘と戯れているではないか。怒り心頭に発したンギシャマーは……と、このような一連の様子を歌い、舞踊化したものである。『竹富町の文化財』(平成10年3月・竹富町教育委員会発行)参照。

ヤマシカ[jamaʃika]〔副〕
はるかに。ずっと。【例】クズッキンナ ヤマシカ マシ(去年より、はるかによい)。

ヤマシカーマ[jamaʃika:ma]〔副〕
はるかに。ずっと。「ヤマシカ」を強調した語。【例】ウブザー マイッキン ヤマシカーマ ミサナリ ガンズ ナリワールワヤ(お祖父さんは、以前よりずっとよくなり元気になっていらっしゃるよ)。

ヤマシンカ[jamaʃiŋka]〔名〕
お嶽の構成員。【例】ウヌワンヤ シカサン ティジルン ブラナナリ ヤマシンカー ヌーナレーリラー?(そのお嶽は司も手摺りもいなくなり、構成員はどうなってしまったのかねえ)。

ヤマッタ[jamatta]〔名〕
〈動〉ゴキブリ。(石)クムシゥ。(沖)フィーラー・ヒーラー。【例】ヤマッタトゥ フダッツァメー マーヌ シマナーン ブーン(ゴキブリとヤモリは、どこの島〈地域〉にもいる)。

ヤマトゥ[jamatu]〔名〕
大和。「ナイチ(内地)」とも言う。沖縄から見た「日本本土」を意味する。

ヤマトゥソンガチ[jamatusoŋgatʃi]〔名〕
新暦の正月。「大和式の正月」の意。【例】シンヌ ソンガチユドゥ ヤマトゥソンガチッティ シタ(新暦の正月を、大和正月と称した)。以前の黒島では、修飾語無しの正月は旧暦で行なう正月のことで、新暦の正月には「シンヌソンガチ(新暦の正月)」

「ヤマトゥソンガチ(大和式の正月)」と言っていた。

ヤマトゥタビ[jamatutabi]〔名〕
日本本土への旅行。「大和への旅」の意。

ヤマトゥハウ[jamatuhau]〔名〕
大和線香。本土で一般に使われている線香。〈対〉フキナーハウ。

ヤマトゥプス[jamatupusu]〔名〕
日本本土の人。「大和の人」の意。

ヤマドゥミ[jamadumi]〔名〕
山止め。立木を伐り山が荒れると農作物の被害を大きくすることから、一週間は山入りが禁止された。一週間のヤマドゥミ明けの日は、農道の手入れを行なう。なお、ここでいう「山」は山岳のことではなく「森林」を意味している。ヤマドゥミ(山止め)もスードゥミ(潮止め)も、農作物の被害を防ぎ五風十雨を祈願する行事である(幸地厚吉著『さふじま─黒島の民話・謡・諺集』参照)。

ヤマトゥムク[jamatumuku]〔名〕
日本本土出身の婿。「大和出身の婿」の意。

ヤマトゥムヌイ[jamatumunui]〔名〕
共通語。「大和言葉」の意。

ヤマトゥユミ[jamatujumi]〔名〕
日本本土出身の嫁。「大和出身の嫁」の意。

ヤマトゥンチュ[jamatuntʃu]〔名〕
日本本土の人。「ヤマトゥプス」と同じ。「大和の人」の意。

ヤマニンズ[jamanindzu]〔名〕
お嶽の構成員。「ヤマシンカ」と同じ。

ヤマプツォン[jamaputsoŋ]〔名〕
〈植〉シマオオタニワタリ。「ヤマプツン」とも言う。【例】ヤマプツォンヤ アクバトゥリ イラキ ヴォーッカ シカイットゥ マーハン(シマオオタニワタリは、アク抜きをして炒めて食べるとすこぶる美味しい)。石垣市では精進料理の定番として古くから利用されていたが、黒島で山菜

として初めて採取・摂取・販売したのは、管見によると保里部落の安里静さん(大正6年生まれ)である。池原直樹著『沖縄植物野外活用図鑑』・屋比久壮実著『沖縄の野山を楽しむ 植物の本』参照。

ヤマング[jamaŋgu]〔名〕
　悪戯好き。無法者。【例】ヤマング プソーローヤーン クミラリルヌ(無法者は、刑務所に籠められるぞ)。

ヤマンゴホン[jamaŋgohoŋ]〔形〕
　やんちゃである。乱暴者である。【例】ウレー ヤラビシェーケー ヤマンゴホーッタヌ ウブプスナリ ウティシキ ムラムティ シマムティ プス ナリブー(彼は子どものころはやんちゃだったが、大人になるとどっしり構え村や島の指導者になっている)。

ヤミ[jami]〔名〕
　不法な商売。「ヤミ ショウバイ(闇商売)」の意。【例】イクサユーヌ アトー サケー ヤミ シドゥ イサナキヌ マチヤーハ ハーシタソーナ(戦後は、酒は闇商売で石垣島の商店に売ったそうだ)。「サキ(酒)」の項参照。

ヤミルン[jamiruŋ]〔他〕
　止める。辞める。【例】サケー ヤミラリルヌ タバコー ヨーイニ ヤミラルヌン(酒は止められるが、煙草は容易に止められない)。酒も煙草も、中毒症状をきたすとなかなか止められないし、結局は身体を蝕んでしまうことからその付き合いは上手にしたい。

ヤムン[jamuŋ]〔自〕
　病む。病気になる。痛む。傷む。〈否〉ヤマヌン。【例】バタヌ ヤムッカー セーロガンユ ヌミ アマジヌ ヤムッカー ノーシンユ ヌメーッタ(腹が痛むとセーロガンを飲み、頭が痛むとノーシンを飲んだ)。セーロガンは胃腸病用の丸薬・正露丸のこと、ノーシンは頭痛薬の一銘柄のこと。「バタヤン(腹痛)」の項参照。

ヤラーミナ[jara:mina]〔副〕
　ゆっくり。徐々に。【例】ウヌイゾー プネー マサリバ ヤラーミナ ヴァイヨー(その魚は、骨が多いからゆっくり食べなさいよ)。

ヤラバン[jarabaŋ]〔接〕
　それでも。【例】メー ヌーン ナラヌンッティ イザリブルヌ ヤラバン アキラムンスクン ギーパリ(もう駄目だと言われているが、それでも諦めずに頑張れ)。

ヤラビ[jarabi]〔名〕
　子ども。[わらべ(童)]の意。【例】ヤラベー ユーフキ スーンスクン パーク ニビ(子どもは夜更かしせず、早く寝なさい)。

ヤラビッサハン[jarabissahaŋ]〔形〕
　子どもっぽい。幼稚である。「ヤラビ(子ども)ッサハン(臭い)」の意。【例】ウヴァー ユムシナタユ ミーッカ ヤラビッサハヌ バライドゥ シラリ(お前のみっともない振舞いをみると、子どもっぽくて笑ってしまうよ)。

ヤラビッファーマ[jarabiffa:ma]〔名〕
　子どもっぽい人。幼稚な人。【例】ヤラビッファーマトゥ ユヌムヌ イチバーキン ヤラビッサハ ムヌイバ イジベーラ!?(幼い子供と同じように、いつまで子どもっぽい物言いをしているのだ)。

ヤラビナー[jarabina:]〔名〕
　童名。子どものときの家での呼び名。【例】バー ヤラビナーヤ タカボー アッタ(僕の童名はタカボーだった)。小中学校の同級生に、「タカボー」が4人もいてややこしいことが多かった。タカボーの由来は、①高吉→たかよし→タカボー、②宜浩→たかひろ→タカボー、③孝→たかし→タカボー、④善堂→よしたか→タカボー、の如し。他に、⑤ケンボー(政賢→せいけん)・⑥⑦ミツボー2人(光男→みつお／岩光→

いわみつ）・⑧アキボー（泰章→やすあき）・⑨ユキボー（行雄→ゆきお）・⑩ヤスボー（康太郎→やすたろう）・⑪ゲンボー（將源→しょうげん）・⑫トシボー（敏作→としのり）がいた。僕たちの小学校入学時の男子20人のうち、12人がヤラビナーを持っていたのである。

ヤラビパダ[jarabipada]〔名〕
子ども時分。子どものころ。【例】ヤラビパダー　ビナハーッタヌ　ウブプスナリスーック　ガンズワー　ナレーワヤ（子どものころは病弱だったが、大人になってから丈夫になったよねえ）。

ヤラブ[jarabu]〔名〕
〈植〉樹木の名。テリハボク。【例】ヤーヌ　ザイギハラ　タンシヌ　ザイギバーキ　ヤラボー　シカイットーヌ　アーッタ（家の建築資材から箪笥の製作資材まで、ヤラブは利用価値があった）。石垣島では、宮良村の「ヤラブ並木」が天然記念物に指定されており、近年は国道や県道などの街路樹に用いられ、独特の雰囲気を醸し出し成功している。

ヤラブダニ[jarabudani]〔名〕
ヤラブ（テリハボク）の実。【例】ヤラビシェーケー　ヤラブダニシドゥ　アサベーッタ（子どものころ、ヤラブダニで遊んだ）。道路に十字に5つの穴を開け、ヤラブダニをビー玉替わりに親指で弾いてすべての穴を征服する「テンゴク（天国？）」と称する単純な遊びだった。2人から4～5人で競技するのだが、途中で行く手を阻む他人のヤラブダニは弾き飛ばしてもいいというルールで、今のカーリングに似た競技だった。

ヤラブダニ　アユ[jarabudani ʔaju]〔名〕
古謡の名。〈やらぶ種・あゆ〉。【例】マーハ　パラバン　ヤラブダニニン　ウヤヌ　ハトホ　ムドゥリ　クーヨー　アタラセーマ（どこに行ってもヤラブダニのように親の許に帰って来なさい、愛しい子よ）。用例のように親子の情愛が巧みな比喩を種々用いた歌詞でつづられていて（〔語釈〕参照）、しっとりした旋律に乗せて歌われる名曲である。元来、無伴奏で相方と交互に歌うのだが、玉代勢泰興君が三線譜をつけて三線歌に仕立ててあり、アユ調とは異なった新鮮な趣を醸し出している。「マーリミナ」の項参照。

〔語釈〕ヤラブダニ：テリハボクの種。ヤラブ種は、木から落ちると木の根元に転がって来る習性があるらしく、そのヤラブ種のようにいつでも親許に帰って来なさいよ、と愛し子に呼びかけている。クルビダニ：ヤラブダニの対語。サイヤマ：撚りを掛けた糸を巻く車の輪のような円形の道具。マキフダ：機織りで横糸＝緯を巻いた竹の管のこと。ハサヌハウ：クバ笠の縁を固定する枠のこと。マーリミナ：一般には巻貝を指すが、ここではタカセガイ（高瀬貝）のこと

ヤリキン[jarikiŋ]〔名〕
破れた衣服。接ぎだらけの衣服。「破（やぶ）れ衣（きぬ）」の意。【例】ムカシェー　ヤリキンヤラバン　クーサーバ　シーキスッタ（昔は破れた衣服でも、継ぎを当てて着た）。♪ボロは着てても　心は錦　どんな花より　綺麗だぜ♪。

ヤリシティルン[jariʃitiruŋ]〔他〕
放っておく。見捨てる。〈否〉ヤリシトゥヌン。【例】ウレー　ター　イズ　ムヌイユン　シカニバ　ヤリシティ　ウシキ（そいつは誰の言うことも聞かない〈聞き入れない〉から、放っておきなさい）。

ヤリッツァースン[jarittsa:suŋ]〔他〕
散々に破る。「バリッツァースン」という一段と激しい言葉もある。【例】アイヤームノー　ミーピサン　シキピサン　ナーニ

バ ヤリッツァーシ シティリ（あんなものは見たくも聞きたくもないので、散々に破って捨てよ）。「バリッツァースン」の項参照。

ヤリメーヘ[jarime:he]〔名〕
破れ墓。「ヤリ（破れ）メーヘ（墓）」の意。共通語「墓」に対応する黒島語は「パカ」であるが、「メーヘ」は古い言葉だと思われる。【例】マイヤ ヤリメーヘヌ ウマハマナ ミラリッタヌ シマズーヌ ボクゾー ナリ マヌマー ミラルヌン（以前は、破れ墓はあちこちに見られたが、島中が牧場になって今は見かけなくなった）。見出し語は、誰が葬られているか不明の古い墓で、往時の黒島には畑の一角に数多くみられたが、牧場整備に伴いほとんど消滅した。

ヤリルン[jariruŋ]〔自〕
破れる。〈否〉ヤルヌン。【例】ムカシヌキンヤ シグ ヤリッタヌ マヌマヌ キンヤ ヨーイニ ヤルヌン（以前の衣服はすぐ破れたが、今の衣服はなかなか破れない）。用例は、天然素材の生地にくらべ化学繊維の生地の強さを述べている。ただし、最近は絹、麻、木綿などの自然由来の肌触りの良さとか皺の風合いとかが見直され、高級扱いされているのではないか。

ヤルン[jaruŋ]〔他〕
破る。〈否〉ヤラヌン。【例】シンムチェー ヤランヨーン タイシチ スーナーッカ（教科書は、破らないように大切にしなさいよ）。私たちが小中学生のころは、新学期になると新しい教科書が有償で渡された。前年と同じ教科書の場合は、1年先輩から譲り受けるということが自然に行なわれていた。私の家のジーナ（後ろ隣り）には1期先輩の新城千香子姉さんがいたので、いつも彼女から譲ってもらった。その教科書には「當山智子（私の2歳上の姉）」の名も記されていた。結局、姉の使っていた教科書が、廻りまわって僕の手許に戻ってきたわけである。あのころは、教科書1冊買うのにも節約しなければならないほど貧しかったのだった。

ヤン[jaŋ]〔名〕
病気。「ヤンマイ」とも言う。【例】ヤンヌクチサー ドゥーヌ ハカリミリドゥ バハル（病気の苦しさは、自分が罹ってみてこそ分かる）。

ヤン[jaŋ]〔名〕
闇。「ヤーン」と同じ。

ヤン[jaŋ]〔感〕
そうだ。そのとおり。【例】ヤン アイドゥ ナリブーパジ（そうだ、そういうことになっているはずだ）。

ヤンカイ[jaŋkai]〔名〕
〈植〉花卉の名。グラジオラス。「家向かい」の意。【例】ヤーハ ンカイ パナユ サカシットゥリドゥ ヤンカイッティ ナーバ シカレーッティ イズヌ アイヤ アラヌン（家に向かって花を咲かすからヤンカイ＝家向かいと名づけられたというが、そうでもない〈家に向かって咲くわけでもない〉）。

ヤングイ[jaŋgui]〔名〕
や声。矢声。気合を入れるときの掛け声。（石・沖）ヤグイ。【例】パーリークイヌ バソー フキトゥリン パル バソー ユーワトーッユーワトーッティ イズ ヤングイバ ハキ ムドゥル バソー エッサーエッサーッティ イズ ヤングイ ユ ハキルワヤ（爬竜船競漕の際、フキ＝標識に向かって漕ぐときにはゆとりをもって〝ユーワトーユーワトー〟という掛け声を掛け、帰るときには全力で〝エッサーエッサー〟というヤングイを掛けるよね）。ヤングイの語源は、「や声（「や」という掛け声）」と「矢声＝矢叫び（戦いの初めに

両軍が遠矢を射合う時、互いに高く発する声)」ではないかと思われる。ヤングイ(ヤグイ)の代表的なものに、闘牛で勢子(「闘牛士」とも言う)が牛を励ますために発する「ハイッ」「ヒヤーッ」「ウリッ」などの掛け声がある。

ヤンプス[jampusu]〔名〕
病人。【例】ムカシェー ヤンプソー ヤーナードゥ トゥンザク セータヌラー(以前は、病人の世話は家庭内で行なったのにねえ)。昨今は、とりわけ年寄りの病人は、おしなべて病院か老人ホームに収容されるようになっている。我が父・賢英の残した「ヤラビ スダティヤ バラヤータナ ウイプス ハラハイヤ ナケータナ(子ども育ては笑いながら、年寄りの介護は泣きながら)」と歌った〈でんさ節〉の情景は、良くも悪くも都市地区のみならず離島の隅々からも消えてしまっている。

ヤンマイ[jammai]〔名〕
病気。「ヤン」と同じ。【例】ウカトゥ ヤンマイヤ ハザミナ(借金と病気は隠すな)。昨今の借金事情は、気軽に融資してもらえる「サラ金(サラリーマン金融)」に手を出し、雪だるま式に膨らんでいく利息に呻吟するという場合が多いのだとか。利息の「過払い金返還請求」に関するラジオやテレビのコマーシャルの多いことには驚かされるが、他府県の事情も同じだろうか。

ユ

ユ[ju]〔格〕
〜を。【例】クリヤ クマナ ウシキ ハリユ ムティ パリバ(これはここに置いて、あれを持っていきなさいよ)。

ユイ[jui]〔名〕
夕食。「ユー(夜)イー(飯=食事)」の意。【例】ユイヤ アーヌ イーユドゥ ヴォータ(夕食は、粟の飯を食べた)。

ユイ[jui]〔名〕
結。相互扶助。「ユイマール」とも言う。【例】シンザトーシ シットゥヤーヌザークヌッツァ ウブシンカヌ イルバソー ユイシドゥ マニアーシタ(サトウキビ刈りや製糖工場の作業など、大勢の人手が必要な場合は結で間に合わせた〈対処した〉)。

ユイ[jui]〔名〕
故。【例】ヌーヌ ユイシドゥ ハイナレーヤ?(なにゆえに、そうなったの)。

ユイ[jui]〔名〕
柄。【例】ガッキヌ ユイ/パイヌ ユイ/ピラヌ ユイ(鎌の柄/鍬の柄/箆の柄)。

ユイプス[juipusu]〔名〕
人夫。「結(相互扶助)の人」の意。【例】ヤースクリ シートーヌッツァー シンカザーンシ シグトゥ シーバソー ユイプスバタヌメータ(家造りや製糖など大勢で作業する場合は、結人数を頼んだ)。大勢でなく、単独で他家の手伝いをする人に対しても「ユイプス」と言った。

ユイマール[juima:ru]〔名〕
結。相互扶助。「ユイ」と同じ。「ユイプス」の「用例」で述べたとおり、大勢の人手を要する仕事の場合、相互扶助の精神でお互いに労働力を提供し助け合う。

ユー[ju:]〔名〕
粥。【例】パナシキ ハカルッカー マイヌ ユートゥ トゥンヌッファヌ ミスズルユ ヴォータワヤ(風邪を引くと、米

の粥と卵の味噌汁を食べたよねえ)。

ユー[juː]〔名〕
夜。「ユナイ」とも言う。【例】ヤーンヌ　ユー　ヤ　ヴァーハッティ　ナハブラーッタ(闇の夜は暗くて、怖かった)。

ユー[juː]〔名〕
世。社会。【例】イクサヌ　ユートゥ　アーシッカー　マヌマヌ　ユーヤ　ミルクユー(戦争の世とくらべると、今の世は豊穣平和の世だ)。

ユー[juː]〔名〕
豊かな社会。豊作。豊年。【例】キユガピーバ　ムトゥバ　シー　クガニピーバ　ムトゥバ　シー　ウーヤキ　ユバナウレースリ　ユバナウレー(今日の日を基にして、輝かしい日を起点にして、豊かな世になるよう豊年・豊作を賜るよう祈願します／黒島の古謡〈正月ゆんた〉より)。

ユー[juː]〔名〕
淦(あか)。船底に溜った潮水。【例】パーリーヌ　スクナー　タマレー　ユーヤ　ウブドゥー　インドゥーハラヌ　ユードゥラ(爬竜船の底に溜ったユー＝淦は、大海の沖から引き寄せたユー＝豊年・豊作の徴(しるし)だよ)。用例に用いられている二つの「ユー」は「船底の淦(あか)」と「豊年・豊作の象徴」の掛け言葉である。黒島のことわざや古謡、日常の言葉にはこのような「掛け言葉」が巧みに用いられている。

ユー[juː]〔終助〕
～ます。尊敬、丁寧の意味を表す。【例】シカイットゥ　プコーラサユー(たいへん、ありがとうございます)。

ユーアギ[juːʔagi]〔名〕
豊年招来の神事。【例】プーンヌ　パーレー　フニユ　トゥーハラ　クイアギ　フナヤーハ　ウサミクトゥユ　ユーアギティ　シタ(豊年祭の爬竜船を沖から漕ぎ上げ、その保管庫に収める〈までの一連の〉行事をユーアギ＝豊年招来の神事と称した)。「ユー」「ユークイ」の項参照。

ユーキ[juːki]〔名〕
大工道具の一つ。【例】ハクザイヤ　ユーキシ　アラキジバ　シー　アトゥハラ　ハナシ　クマークマー　キズッタワヤ(角材はユーキで荒削りをし、のちに鉋(かんな)で丁寧に削って仕上げた)。角材を作る場合、初めはユーキで荒削りをし、のちに仕上げの段階で鉋を用いた。ユーキの扱いは微妙な手加減と高度な技量を必要とし力を入れ過ぎると深く削ってしまう。黒島の家の角材(柱)を仔細に見てみるとかすかにその痕跡を残していた。

ユークイ[juːkui]〔名〕
豊作招来。豊年招来。【例】プーンヌ　パーリークイヤ　ユークイヌ　リー　アッタ(豊年祭の爬竜船漕ぎは、豊年招来のための儀礼であった)。ここにも「パーリークイ(爬竜船漕ぎ)」と「ユークイ(豊年の請い願い)」の「掛け言葉」がうまい具合に用いられている。「ユー(淦(あか))」および「プーン」の項参照。

ユーシタイ[juːʃitai]〔感〕
それみたことか。相手に注意、忠告をしたのにそれを無視して失敗した場合に言う言葉。【例】ユーシタイ、バー　イズムヌイユ　シカナー　シリッコ　ナレーッス(それみたことか、私の言うことを聞かずに困ったことになってしまったさ)。

ユーシバン[juːʃibaŋ]〔名〕
寝小便。「ユスバン」とも言う。【例】ウヌッファー　イチバーキン　ユーシバンバシー　ナラヌン(その子は、いつまでも寝小便をして堪(たま)らない〈困る〉)。

ユーズ[juːzu]〔名〕
用事。有益なこと。【例】ウイプソー　トゥ　シトゥッカー　ドゥーシ　ユーゾナーヌンティ　イジワールヌ　フントーヤ　タカラ

ドゥラ（年寄りは年取ると、自分では何の役にも立たないとおっしゃるが、本当は宝だよ）。

ユーズン[juːzuŋ]〔自〕
寄る。接近する。〈否〉ユーザヌン。（石）ユルン。（沖）ユユン。【例】マーイメーミクマハ　ユージクバー（もう少し、ここに寄ってきなさい）。

ユーゾ　ナーヌン[juːzo naːnuŋ]〔連〕
何の役にも立たない。無益である。どうしようもない。「ユーズ　ヤ（用事は・有益なことは）」の融合・約音化した「ユーゾ」と「ナーヌン（ない）」の複合語。【例】トゥシバ　トゥリ　メー　ユーゾ　ナーヌン（年を取って、もう何の役にも立たない）。「ユーズ」の項参照。

ユーティ[juːti]〔名〕
4年。今年から3年目。【例】①フキナーケーハラ　ユーティ　ナルワラー（沖縄本島に来てから4年になるなあ）。②クトゥシェー　ハチズーゴヌ　マリドゥシェーリバ　ユーテー　ユニドゥラ（今年は85歳の生まれ年だから、ユーティ＝3年目は米寿だよ）。

ユーティナッティ[juːtinatti]〔名〕
一昨昨年。3年前（今年から1年前がクズ＝昨年、2年前がミーティナッティ＝一昨年、3年前がユーティナッティ＝一昨昨年）。【例】ユーティナッティヤ　ハチズゴーヌ　マリドゥシ　アーッタラ　クトゥシェー　ユニヌ　ヨイドゥラー（一昨昨年＝3年前は85歳の生まれ年だったから、今年は米＝88歳＝米寿の祝いだよ）。

ユードゥ[juːdu]〔副〕
よくぞ。なるほど。【例】ユードゥ　ウリユ　イラベーワヤ（よくぞ、彼女を選んだよ）。よい配偶者を射止めた場合の讃辞。

ユートゥル[juːturu]〔名〕
淀取り。木製の道具。「ユー（淀）」と「トゥル（汲み取り）」の複合語。「ユー（淀）」の項参照。

ユーナキ[juːnaki]〔名〕
夜泣き。子どもが夜中に泣くこと。【例】ウヌッファー　ユーナキン　スーナッテナスダティ　ヤッサン（この子は夜泣きもしないので、育てやすい）。

ユーナビ[juːnabi]〔名〕
飯炊き用の鍋。「パンガマ」と同じ。【例】ユーナビユ　パンガマッティ　シタ（飯炊き用の鍋を、パンガマと言った）。「パンガマ」の項参照。

ユーニガイ[juːnigai]〔名〕
豊作祈願。【例】シマナーヌ　ワングトーユーニガイトゥ　ドゥーパダニガイユドゥシールワヤ（島でのお嶽行事は、豊作祈願と健康祈願を行なう）。

ユーピキ[juːpiki]〔名〕
豊作招来の綱引き行事。【例】ソンガチナーヌ　ユーピキヤ　シナピキバ　シードゥニガウ（正月における豊作招来の行事は、綱引きをして祈願する）。ここでも「ユーピキ（豊作を招き寄せる）」と「シナピキ（綱引き）」が「掛け言葉」として登場する。

ユーピキジ[juːpikiʒi]〔名〕
豊年招来の行事。綱引き行事。「ユーピキ」と同じ。「ユーピキ」の項参照。

ユーピナイ[juːpinai]〔名〕
杓文字。「イビラ」の項参照。

ユーフキ[juːɸuki]〔名〕
夜更かし。【例】ヤラベー　ユーフキ　スーンスクン　パーク　ニビ（子どもは夜更かしせず、早く寝なさい）。

ユーフルマイ[juːɸurumai]〔名〕
大晦日の晩のご馳走。（石）トゥシウトゥリフルマイ）。【例】トゥシフンヌ　ユーフルマイヤ　ワーヌスートゥ　アカマイアッタ（大晦日の晩のご馳走は、豚汁と赤飯であった）。

ユーベ[juːbe]〔名〕
　妾(めかけ)。【例】ブトゥヌ　ユーベバ　トゥミヤー　ハカラナッテナー　トゥジェー　ウスマシ　クンゾーバ　タイブー（夫が妾を抱えて家を顧みないので、妻は甚だ怒りを顕わにしている）。

ユーマハン[juːmahaŋ]〔名〕
　飯用の碗。【例】ユーマハンヤ　スーマハンキン　ピサッティ　ハーラックダ（飯用の碗は、汁用の碗より薄くて軽いよ）。

ユーリキー[juːrikiː]〔名〕
　流木。「寄り木」の意。【例】タラマモーサーソーナン　セーッタ　バソー　ユーリキーナ　ヌーリ　ムジントーハ　タドゥリ　シケッタトゥー（多良間真牛は、遭難したとき流木に乗って無人島に辿り着いたそうだ）。

ユカ[juka]〔名〕
　床。【例】①ユカ　ムチ（床を支える材木）。②タキ　ユカ（竹製の床）。

ユガフ[jugaɸu]〔名〕
　世果報。豊穣な世。【例】ソンガチノ　シナピケー　ニシヌ　ハツッカー　ガシ　パイヌ　ハツッカー　ユガフッティ　イジヤディン　パイヌ　ハツェータ（正月の綱引きは、北が勝つと凶作、南が勝つと豊作と言ってかならず南が勝った）。「ソンガチ」の項参照。

ユカムチ[jukamutʃi]〔名〕
　床持ち。床を支える資材。【例】パラーケンギ　キター　ドゥスヌ　ユカムツェーフクン（柱材はケンギ、桁材はドゥスヌ、床持ち材はフクン）。ケンギはマキ（槙）、ドゥスヌはタイワンオガタマノキ、プクンはフクギ（福木）。

ユカラスク[jukarasuku]〔副〕
　十分に。相当に。甚だ。【例】ユカラスクヌミダソーナ　ビーッタリ　ナレーナーナ　ビッサレーワヤ（相当飲んだとみえて、酔っ払って正体不明になっていやがるよ）。

ユカラプス[jukarapusu]〔名〕
　士族。「良かる人」の意。【例】ユカラプソー　ユスムラナーヤ　ブッタッティ　イザリブルヌ　アースン　ムラナーヤ　ブラヌントゥ（士族は余所の部落にはいたと言われているが、東筋部落にはいないそうだ）。沖縄で正式に戸籍が出来るのは廃藩置県後であるが、一般に普及するのは明治20年代以後のことだという。当時の戸籍には、「士族・平民」の身分が明記され、卒業証書にも同じく「士族・平民」の身分が記されていたようである。
　研究者によると、制度上の士族が黒島にいたというのはありえないと言うが、島の人が士族を名乗っていると言うのはどういうことであろうか。戸籍を根拠にそう言っているのか、あるいは役人（士族）の現地妻たる「賄女」とのなかで生まれたことをもってそう言っているだけなのか、真相はどうだろうか。役場の戸籍簿で確認出来るだろうか。

ユク[juku]〔名〕
　欲。欲張り。【例】ウブモーキ　シールンティ　ユクバ　シキ　ウブハブリバ　シー　ウカバ　ハビベールワヤ（大儲けをしようと欲を出し、大損をして借金を抱えているよ）。

ユクシクン[jukuʃikuŋ]〔自〕
　欲張る。〈否〉ユクシカヌン。【例】ユクシクッカー　ミーシクン（欲張ると、痛い目にあう／「黒島のことわざ」より）。「ユク（欲）シク（付く）」と「ミー（目）シク（突く）」で、「シクン」という同音意義の言葉を巧みに掛けている。いわゆる掛け言葉の妙で、欲張り・強欲を戒めている。

ユグスン[jugusuŋ]〔他〕
　汚(よご)す。汚(けが)す。黒島の本来の語は「ブシタラスン」。〈否〉ユグハヌン・ユゴホヌン。共通語の借用語。【例】ウヴァー　ユムシナ

タヤ　ウヤヌ　ナーバーキ　ユグスンドゥラ（お前のみっともない姿は、親の名まで汚すぞ）。

ユクッサラー[jukussara:]〔名〕
欲張りな人。強欲な人。【例】プソー　ジンヌ　モーキラリッカ　シンダイ　ユクッサラー　ナルワヤ（人は金が儲けられると、次第に欲張りな人になる）。

ユクッサリムヌ[jukussarimunu]〔名〕
欲張りな人。「ユクッサラー」と同じ。

ユクッサハン[jukussahaŋ]〔形〕
欲張りである。強欲である。【例】ウレー　ユクッサハリバ　ゾーイ　アテー　ナラヌンヨ（そいつは欲張りだから、とても当てにできないよ）。

ユグリ[juguri]
汚れ。【例】①ユグリ　ムヌ（汚れもの）。②ユグリ　キン（汚れた着物〈衣服〉）。

ユグリハイカラー[jigurihaikara:]〔名〕
上辺だけの奇麗好き。下品なおしゃれ。(石)ユグリハイカラー。【例】ユグリハイカラーバ　シーベー　ミドゥモー　タルン　ミームタイ　スーヌン（厚化粧をしている女性を、だれも注目しない）。

ユグリルン[juguriruŋ]〔自〕
汚れる。〈否〉ユグルヌン。【例】パイヤ　ユグリムヌハドゥ　シビシカル（蠅は汚れ物にが、くっつく〈寄り付く〉）。

ユクン[jukuŋ]〔副〕
いっそう。さらに。もっと。悪い状態になる場合に多用する。【例】ハジェー　ユクン　シギ　ナレーッス（台風は、いっそうひどくなった）。

ユコホン[jukohoŋ]〔形〕
欲張りな。「ユクッサハン」と同じ。

ユシキルン[juʃikiruŋ]〔他〕
牛や山羊などの動物を縄で繋ぐ。(石)バザミルン。〈否〉ユシクヌン・ユスクヌン。【例】ウシユ　ユシキバソー　ハセーッシ　ユシクナーッカ　ピンガスンドー（牛を繋ぐとき、しっかり繋がないと牛を逃がしてしまうぞ）。用例は、牛をヌーガナイ（原野での繋ぎ飼い）していたころの話だが、大失敗の経験がある。牛を繋ぐ場合、大きな石の穴に縄の先端を通して繋ぐのがもっとも無難だが、石がないと茅やススキを束ねて縛る。その縛り方が緩いと茅やススキを牛に食べられ、結果逃げられてしまうのである。

ユシグトゥ[juʃigutu]〔名〕
教訓。訓戒。(石・沖)ユシグトゥ。沖縄語の移入語。【例】ウヤヌ　ユシグトーバッスンスクン　ンニスクナ　スミ　アラキヨラー（親の教訓は、忘れることなく胸底に染めておきなさい）。

ユシドーフ[juʃido:ɸu]〔名〕
豆腐を作る過程で、まだ固めない状態のもの。それを汁ごと掬って味付けして食べる。醤油仕立てが主流であったが、最近は味噌仕立ても好まれている。【例】ユシドーフォー　ヤマトゥナーヤ　ナーナ　フキナープス　タンカドゥ　ヴォーットゥ（ユシ豆腐は、本土にはなく沖縄の人だけが食するそうだ）。

　2019年7月30日、NHKの「ごごナマ」（司会／船越英一郎・美保純）という番組で、豆腐マイスターの工藤詩織さんが、「豆腐料理の思い出ランキング」を発表した。その結果は、4位・山形県の「南禅寺豆腐」、3位・福島県の「福島つと豆腐」、2位・高知県の「梅酢漬け豆腐」、1位・沖縄県の「ゆし豆腐」、であった。私は、当番組をスポーツジムで自転車をこぎながら見ていたが、「1位・沖縄県のゆし豆腐」と発表されたとき、思わず「シタイッ！」と叫び涙がこみあげてきた。4位から2位までの豆腐は、相当手のこんだもので高級感のある製品だが、沖縄のゆし豆腐はあまり手

のかからない簡易な食べ物だという点でも特別である。
　ゆし豆腐は、豆腐にする前に豆腐鍋（3枚鍋）からおつゆ鍋に取り分け、醤油で味付けしてトッピングにネギを用いて食した。カツオブシを入れたり、さらにはアーカシイズ（炙り魚）を入れたりすれば、それはもう立派な高級料理であった。

ユスバン[jusubaŋ]〔名〕
　寝小便。「ユーシバン」の変化した語。日常語としては、見出し語のほうが多く用いられていたように思う。【例】ユスバンユシーベー　イミユ　マヌマーン　バソーバソー　ミルンドゥラー（寝小便をしている夢を、今も時々見るよ）。夢でみる寝小便のなんと気持ちいいことか。尿意で目が覚めて、ホッとして苦笑いするのだが幼児体験への回帰は老化の進行のせいだろうか。
　そう言えば、寝たきり老人に紙おむつを履かせて自由に小便をさせると、矜持を失い急速にボケが進行するそうだが、それは幼児期の寝小便の気持ちよさを取り戻して幼児化と老化（耄碌）が同時に進行しているのではなかろうか。心しよう。「ユーシバン」の項参照。

ユタ[juta]〔名〕
　口寄せする巫女。沖縄や奄美における祈祷師。「ムヌシン」とも言う。【例】ガンスグトゥン　ヤーニンズヌ　ハカリムヌン　ユタバ　サーリキー　パバカセータ（先祖の障り事も家庭のもめごとも、ユタを案内して捌かせた）。

ユダ[juda]〔名〕
　枝。【例】ユダヌ　ハブサーリ　ベーリバキシシティリ（枝が覆い被さっているから、切って捨てろ）。

ユダーキルン[juda:kiruŋ]〔自〕
　酩酊し正体不明になる。【例】サキユ　ヌメーターナ　ヤディン　ユダーキプスヌ　ブルワヤラー（酒を飲みながら、かならず酩酊し正体不明になる人がいるよなあ）。

ユダムチ[judamutʃi]〔名〕
　枝振り。「ユダ（枝）ムチ（持ち）」の意。

ユダル[judaru]〔名〕
　涎。「ユダン」とも言う。【例】トゥシ　トゥッカー　ドゥーヌ　ザーンケーナ　ユダルヌンジフルワヤ（年を取ると、自分の気づかないうちに涎が出てくるよ）。時々、枕が濡れているのに気づき、それは自分の涎が原因であることを知って驚くやら苦笑するやら……。

ユダン[judaŋ]〔名〕
　涎。「ユダル」と同じ。

ユチク[jutʃiku]〔名〕
　生活が富んで豊かなこと。裕福。富裕。【例】マイヤ　ピンソー　アッタヌ　マヌマー　ユチク　ナリベールワヤ（以前は貧乏だったが、今は裕福になっているよ）。

ユチクニ[jutʃikuni]〔副〕
　豊かに。裕福に。【例】ビャーハシマー　ムカシェー　ガシジマッティ　イザリブッタヌ　マヌマー　ユチクニ　ナリ　ウヤキジマッティ　イザリブー（我が黒島は、昔は餓死〈貧乏〉島と言われていたが、現在は豊かになり裕福な島と言われている）。

ユチリ[jutʃiri]〔名〕
　えつり（桟）。瓦葺きの屋根を葺く場合、瓦を載せるために垂木の上に細竹を並べて編む網のこと。【例】ユチリヤ　クージバ　フターチハ　バリ　アメーッタ（えつりは、トウズルモドキを二つに割いて編んだ）。クージ（トウズルモドキ）の強さは驚異的で、何十年経ってもその強靭さはビクともしないのである。

ユチル[jutʃiru]〔名〕
　えつり（桟）。「ユチリ」と同じ。

ユッチング[juttʃiŋgu]〔名〕
　四品揃いのご馳走。（石）ユーチュングン。

【例】キューヌ　ユイヤ　トゥシフンヌ　フルマイヤリバ　ユッチングバ　スコーレーワヤ（今晩の夕食は、大晦日のご馳走だから四品揃いのご馳走が用意されているよ）。年間でもっとも豪華なご馳走で、どれほど嬉しく仕合わせだったことか。

ユッツラ　ナーヌン[juttsura na:nuŋ]〔連〕
役に立たない。無駄である。「アジフジナーヌン」とも言う。（石）ユッチゥラーネーヌ。（沖）ユチラ　ネーン。【例】ウレー　ウイヌ　ガッコー　ンザシタヌ　ユッツラ　ナーヌン（こいつは、上級学校を出したのに何の役にも立たない）。

ユディルン[judiruŋ]〔他〕
茹でる。（石）ユーディルン。【例】ソーミンチャンプルーヌ　マーハ　ミザー　ソーミンヌ　ユディヨーシドゥ　キマル（素麺炒めの美味い不味いは、素麺の茹で加減で決まる）。

ユドゥマンスクン[judumansukuŋ]〔副〕
直ちに。すぐに。【例】ヨイヤーハ　シカイハリ　バソー　ヨイヌ　ウワルッカー　ユドゥマンスクン　ザーユ　タタナーッカ（祝いのある家に招待される場合、祝いが終わるとすぐに席を立たないと〈長居は無用だぞ〉）。

ユドゥムン[judumuŋ]〔自〕
淀む。停滞する。転じて、休む。〈否〉ユドゥマヌン。【例】ガッコーヌ　ウワルッカー　ユドゥマンスクン　ヤーハ　ムドゥリキー　ナハバンヌ　パタケヘ　クー（学校が終わったら直ちに家に戻り、ナハバンの畑に来なさい）。

僕たちは、学校にいる以外の時間は畑作業の担い手として組み込まれていたのである。畑の手伝いのほか山羊や牛の世話もあったので、小学校高学年のころには一家の労働力としてしっかり計算されていたのだった。

ユドゥン[juduŋ]〔名〕
梅雨。【例】ユドゥンヌ　フッーカ　ユダンネール　アミヌ　シトゥル　シトゥルッティ　ヴゥーワヤ（梅雨が来ると、よだれのような雨がしとしとと降る）。

ユドゥンアミ[juduŋʔami]〔名〕
梅雨。【例】ユドゥンヌ　シチン　ヴゥーアミユドゥ　ユドゥンアミッティ　シタ（梅雨の季節に降る雨を、梅雨と言った）。

ユドゥンイリ[juduŋʔiri]〔名〕
梅雨入り。【例】ユドゥンイリ　シーッカ　ハラッタバーキ　パナヌ　フクニーン　ピッティヌ　ピーン　アミヌ　ヴゥー（梅雨入りすると体にまで黴が生えそうなほど、毎日雨が降る）。

ユドゥンヌ　シチ[judunnu ʃitʃi]〔連〕
梅雨の季節。「ユドゥンアミ」の項参照。

ユナ[juna]〔名〕
〈植〉樹木の名。オオハマボウ。【例】①ユナヌ　パナー　キーンキーンシ　シカイットゥ　ハイヤン（オオハマボウの花は、黄色くてたいへん美しい）。②ユナヌ　パーヤ　シビ　ズールムヌ　アーッタ（オオハマボウの葉は、尻を拭くものだった）。

ユナイ[junai]〔名〕
夕方。夜。【例】ユナイ　ナルッカー　ランプバ　シキ　ウヌ　アールナドゥ　イーヤ　ヴォーッタ（夜になると、石油ランプを灯しその灯りで食事をした）。

ユナイシトゥムティ[junaiʃitumuti]〔名〕
朝夕。【例】ユナイシトゥムテー　ウヤプスハ　サードーバ　シーウヤハイ（朝晩御先祖様にお茶を捧げなさい）。サードー（茶湯）は毎日行ない、パナキ（草花）の取り替えはシキタティ・ズングニチ（朔日・十五日）に行なった。

ユナク[junaku]〔名〕
はったいこ。麦こがし。（石）ユヌク。（沖）ユーヌク。【例】ムカシェー　ユナクナー

シタバ　イリ　サーソッキ　シタワヤ（以前は、はったいこに黒砂糖を入れお茶請けにしたよ）。

ユナハン[junahaŋ]〔名〕
夜中。深夜。【例】ユナハンハラ　ウブアミヌ　ヴイトゥーシ　ブー（夜中から、大雨が降り続いている）。

ユナハンソッコー[junahansokko:]〔名〕
夜中の焼香〈法事〉。【例】ユナハンソッコーユ　シーウヤシバ　ウンバーケー　フキベーリヨラー（夜中の焼香をして差し上げるので、それまで起きていなさいよ）。年忌法要を行なう場合、前夜の夜中に家族が仏壇の前に勢揃いして焼香を捧げた。普段ならとっくに寝ている時間帯の行事なので、眠さを耐えながら時間を過ごした。唯一の楽しみは、仏壇に供えた吸い物のウサンダイ（お下がり）をいただけることであった。情けないのだが、島で生活していたころの思い出というと、そのころはつねにお腹を空かしていたからなのか、どうしても食べ物がついて回るのである。

ユナハンムヌ[junahammunu]〔名〕
夜食。【例】ウブヨイヌ　バソー　ユナハンバーキ　シグトゥー　シーッカ　ユナハンムヌヌ　ンジフッタワヤ（大きな祝い事があるときは、夜中まで仕事をすると夜食が出てきたよ）。思いつく夜食は、パンビン（てんぷら）かソーミンチャンプルー（素麺の炒め物）あたりだった。

ユナビ[junabi]〔名〕
夜なべ。夜業。（石）ユナビ・ユーナビ。（沖）ユーナビ。【例】ユナビヌ　シジクッタラーキタンシキ　ブー（夜業が続いたので、疲労困憊しているよ）。

ユナルン[junaruŋ]〔自〕
日が暮れで暗くなる。〈類〉バズムン。〈否〉ユナラヌン。【例】ユナランケー　ヤーハ　タドゥリ　シカナーッカ（暗くなる前に、

家に辿り着かないとなあ）。

ユニ[juni]〔名〕
米寿。88歳のこと。「米（よね＝ユニ）の字を分解すると「八十八」になることからの名称。「トーハキ」とも言う。【例】ユニバーキ　ガンズーシ　ナガリ　ワーレーリバ　ハジマヤー　シキルンラミ（米寿まで元気で長寿されたから、ハジマヤー＝97歳まで行き着くさ）。「トーハキ」の項参照。

ユニヌ　ヨイ[juninujoi]〔連〕
米寿の祝い。【例】ユニヌヨイユ　シーウヤスンティ　タビハラン　ヴァーマンキヌ　アツァマリ　ケーワヤ（米寿の祝いをして差し上げようと、旅〈遠隔の地〉からも子や孫たちが集合しているよ）。

ユヌ[junu]〔連体〕
同じ。同等。【例】ユヌ　ウヤハラ　マルバン　トゥーヌ　ウヤビニーン　ネーヌン（同じ親から生まれても、10本の指のように〈指がそれぞれ違うように〉似ない）。

ユヌタキ[junutaki]〔名〕
同等。「ユヌ（同じ）タキ（丈）」の意。【例】ユヌタキヌ　フターラー　イチン　アイトゥーシ　ベールンマナ（同じ程度の2人は、いつも言い合いばかりしているよ）。

ユヌムヌ[junumunu]〔名〕
同じもの。同等のもの。【例】ビータリプソーハマリン　スーナーダル　ユヌムヌ　タンカー　イズワヤ（酔っぱらいは飽きもしないのか、同じことばかり言うよ）。

ユヌリ[junuri]〔名〕
一年忌。一周忌。（石）ユノーレー。（沖）イヌイ。【例】アボー　マーラシハラ　ウーパー　ユヌリヌ　フルワヤ（お母さんが亡くなってから、そんなに早く一周忌が来るんだねえ）。

ユヌリヌ　ソッコー[junurinu sokko:]〔連〕
一周忌の法事。【例】ユヌリヌ　ソッコーユ　シーウヤセーッタ（一周忌の焼香〈法

事〉をして差し上げた)。

　ところで、共通語の「一周忌・一年忌」という用語には「人が死んでから満一年目の命日に営む法事」の意味が含まれていることから、「ユヌリヌ　ソッコー」は一見すると「馬から落馬する」と同じような誤用かとも思えるが、『石垣方言辞典』にも「ユノーレーヌ　ショッコー(一年忌の法事)」とあり、『鳩間方言辞典』にも「ユヌレーヌ　ソッコー(一年忌の法事)」と説明されている。思うに、これら「ユヌリヌ　ソッコー・ユノーレーヌ　ショッコー・ユヌレーヌ　ソッコー」などの地方語の表現は、成句として「念押し」または「確認的」な意味を帯びた慣用的な用法とみなすべきものであろう。ちなみに、『竹富方言辞典』の「ユヌリャ」には、「①一年。②一周忌。死後一年目の法事」の二通りの語意が示されている。

　なお、『石垣方言辞典』には「ユノーリャは、ユヌ　ウリ(同じ折り、同じ時期)の意であろう」と記されている。

ユビ[jubi]〔名〕
夕方。昨夜。【例】ユビヌ　チナヒキサミエーイリヌ　テーソー　アガリヌ　テーソー　ミナミナ　スルトティ(夕暮れ時の綱引きには、西の村の大将も東の村の大将も皆打ち揃って／〈黒島口説〉より)。〈黒島口説〉は沖縄語を基調につづられていることから、大方は黒島語の日常語とは異なっている。

　往時の綱引きは、元日の夕刻に松明の灯りのもとで行なったという。用例の「ユビ」は、「今宵の夕刻」の意である。拙著『ＣＤ附　精選八重山古典民謡集(四)』の〈黒島口説〉では、「ユビ＝昨夜」と訳したが正しくは「今夕」と解釈すべきだ思う。

ユブサン[jubusaŋ]〔名〕
網漁法の一つ。ユブサンは、黒島東筋部落に伝わる代表的な網漁法である。場所は東筋のアーンヌピー(東方のリーフ＝干瀬)のバリ(割れ目＝リーフから外洋になだらかに下っていく魚の通り道)で、日暮れ時、外洋に面したねぐらに戻る魚の習性を利用した一種の「待ち受け漁」である。この漁は、夏場だけ月に１回くらいの頻度で行なわれた。月間の潮位を示す大潮・中潮・小潮のうち、ユブサンに最も適しているのはナマリズー(中潮)のころである。

　用意するのは、①サバニ(板製の小形帆船)、②フクルアン(袋網)、③スディアン(袖網)、④シナアン(綱網)である。他に袖網の下から魚が外に逃げ出さないよう珊瑚礁の穴をふさぐためのキーヌパー(ユナー・スーキ等の木の葉)を用意する。乗組員は、３～５、６人。午後の２、３時頃にピーヌフカ(リーフの外＝外洋・大海)に近いピーヌバリ(リーフの割れ目)にフクルアン(袋網)を設置し、袋網の両側にスディアン(袖網)をつなぎ、さらに袖網の端からシナアン(綱網)を延ばして、Ｖ字型のエリアを作る。同時に袖網の下の隙間(珊瑚礁の穴)に木の葉を差し込んで魚の逃げ場を塞いでおく。要するに、外洋に近いリーフのバリ(なだらかな割れ目・外洋に接する魚のねぐらへの通り道)に袋網を設置し、その両端から袖網と綱網をつないでリーフ内の浅瀬でＶ字型のエリアを作る。

　あとは、魚が夕暮れ時にリーフ内の餌場からピーヌフカのねぐらに戻るまで、静かに待つ。その間、袖網に引っ掛かった小振りのイラブチ(イラブツァー＝ブダイ)を骨ごとぶつ切りにして、持参した味噌と芋で小腹を癒す。いよいよ夕暮れ時、魚がねぐらに戻る頃合を見計らって両側の綱網をたぐりながら魚を威嚇しつつ袖網の所を経て袋網に追い込む。最後は袋網に閉じ込められた魚をサバニに引き上げる。

　終戦後の東筋部落では、運道・野底・又

吉・新城の四家がサバニを所有する半農半漁の漁家であった。漁場となるピーヌバリは、暗黙の了解のもと、それぞれの占有権を認め合っていたようだ。したがって、よその家の漁場に網を仕掛けることはなかったという。

漁獲量は100斤くらいで、家族以外の乗組員がいる場合には全員（他に船と網は各一人前と見做す）で均等に分配する。捕れた魚はほとんど部落内で売り捌くのだが、現金取引ではなく何回かの代金が溜まったころに、代金を支払う代わりに漁家の畑の手伝いをするという漁業と農業のユイマール（結い＝助け合い労働）が基本であったという。この項は野底善行君からの聞き書き。

ユブシヌナン[jubuʃinunaŋ]〔名〕
〈植〉蔓性植物の実。和名不詳。食べられずお盆のナンムヌ（生り物＝供物）にも用いられなかったが、実の形が綺麗なことから女の子たちが飾り物にした。

ユヴァイティダ[juvaitida]〔名〕
真冬（1～2月）の寒い朝（7～8時ころ）、雲間から出る太陽を言う。ユヴァイティダの出る日の夕方は非常に寒くなる。【例】ユヴァイティダヌ　シトゥムティ　パーマリ　フムヌ　ナハハラ　ンジフーッカ　ユナイガター　スーック　ピーヤナルン（ユヴァイティダが朝早く雲間から出てくると、夕方は非常に寒くなる）。

ユヴァイハジマーイ[juvaihaʒima:i]〔名〕
ニンガチハジマーイ（旧暦2月に急に強く吹く風）のころ、右から左から吹き荒れる風を言う。【例】ユヴァイハジマーイヌ　フクッカー　イソホヤ　パラッタン（ユヴァイハジマーイが吹くと、漁には行かなかった）。

ユミ[jumi]〔名〕
嫁。息子の妻。【例】ウッツェヌ　キナイヤ　ユミヌ　ディキレヘーッテナー　ンズメヘーワヤ（その家庭は、嫁がしっかりしているから安定しているよ）。

ユミガナシ[jumiganaʃi]〔名〕
嫁加那志。嫁をからかって言う言葉。（対）ムクブザ。

ユミキョーダイ[jumikjo:dai]〔名〕
兄弟の妻同士。「嫁きょうだい」の意。〈対〉ムクキョーダイ。「姉妹」に対応する黒島語はないので「キョーダイ」を用いている。【例】ユミキョーダイヌ　ムチマサーッカ　ムクキョーダイユン　ムチマサ　ナルンドゥラ（兄弟の妻同士が睦まじいと、婿兄弟も睦まじくなるよ）。

ユミッファ[jumiffa]〔名〕
嫁御。嫁っ子。【例】ユミッファユ　アッタラサ　シーッカ　ユミッファハラン　アッタラサ　シーラリルン（嫁御を大事にするなら、嫁御からも大事にされる）。

ユミユシ　ムクユシ[jumijuʃi mukujuʃi]〔連〕
嫁を立て、婿を立てること。家庭円満の基。

ユム[jumu]〔接頭〕
語頭に置いて消極・否定の意を強調する。【例】ユムハサマサヌ　ハマハ　パリ（非常にうるさいので、あそこに行きなさい）。

ユムクンゾー[jumukundzo:]〔名〕
怒りっぽいこと。怒りっぽい人。短気な人。【例】ユムクンゾー　マーダシティ　ウヤハー　イチン　ガイバ　シー　ビッサレー（短気なやつめ、親にいつも反抗ばかりしやがって）。

ユムシナタ[jumuʃinata]〔名〕
醜い姿。とんでもない様子。物理的にも精神的にも言う。【例】ウヴァー　ユムシナタユ　ミーッカー　タルン　プリムヌッティドゥ　ウムウ（お前のだらしない姿をみると、誰も気違いだとが思うよ）。

ユムジラー[jumuʒira:]〔名〕
嫌な顔。【例】ウレー　ユムジラー　メー

ミーピサナーヌン（そいつの嫌な顔は、もう見たくない）。

ユムニッタハー[jumunittaha:]〔名〕
激しい嫌悪。【例】ユムニッタハーヌ メークライラルヌン（非常に嫌で、もう我慢できない）。

ユムハタチ[jumuhatatʃi]〔名〕
醜い姿。とんでもない様子。「ユムシナタ」と同じ。

ユムミッファハー[jumumiffaha:]〔名〕
「ユムニッタハー」と同じ。

ユムユム[jumujumu]〔副〕
嫌々ながら。【例】ユムユム バキラリ（嫌嫌ながら、移住させられ）。琉球王国時代の強制移住を歌った歌の常套句である。

ユムン[jumuŋ]〔他〕
読む。計算する。愚痴をこぼす。不平を言う。〈否〉ユマヌン。【例】①シンムチユ ユミバドゥ ソージンブンナー ンジフー（書物をよんだらが、本当の知恵はつく）。②ムヌユマンスクン シンムチユ アンダハーリ ユミバ（愚痴をこぼさないで、本をたくさん読め）。用例②は、意味の異なる二つの「ユムン」を掛けた、今風に言う「ダジャレ」である。

ユメーッツァミルン[jume:ttsamiruŋ]〔他〕
計算をする。あれこれ論う。揚げ足を取る。〈否〉ユメーッツァマヌン。【例】プスヌ セークトゥユ ウリハリ ユメーッツァミベーッカ ドゥーン アイ シーラリルンドゥラ（他人の行ないをあれこれ粗探ししていると、自分もそうされるよ）。

ユライザー[juraiza:]〔名〕
寄り合う場所。集会所。

ユラウン[jurauŋ]〔自〕
寄り合う。集まる。（石）ユラウン。（沖）ユレーユン。

ユラシ[juraʃi]〔名〕
篩。穀物などを選別するための網目の細か

い道具。【例】ムンヌクーヤ イシウシナー ピクッカー アトー ユラシナー ユラシタワヤ（麦粉は石臼で挽いて、そのあとユラシで揺らしたよねえ）。麦粉をユラシの細い網目を通して、麦粉の中にある太めの殻や異物を取り除く。「シノ」の項参照。

ユラスン[jurasuŋ]〔他〕
揺らす。「ユラシ」の項参照。

ユラスン[jurasuŋ]〔他〕
許す。大目に見る。認める。「ユルスン」とも言う。〈否〉ユラハヌン。【例】ウヤー ユラハバン シキンヤ ユラハヌン（親は許しても、世間は許さない）。

ユラブン[jurabuŋ]〔他〕
呼ぶ。声を掛ける。招待する。【例】①ヨイヌバソー タータユ ユラビバドゥ ミサーッカヤー？（お祝いのとき、誰々を招待するのがいいのかなあ）。冠婚葬祭において、うっかりして招待客からはずすと、たちまち大騒動になるというのは日常茶飯事であった。②ウレー ニビハラ ギューサ ウブクイシ ユラババン フカハルンタン（彼は寝てしまったら、いくら大声で呼んでも〈起こしても〉起こされなかった）。

ユリーットゥ[juri:ttu]〔副〕
ゆっくり。のんびり。【例】サーン ソッキン ンキ ユリーットゥ シーワーリ（お茶もお茶請けも召し上がって、ゆっくりくつろいでいらっしゃい）。

ユリルン[juriruŋ]〔自〕
揺れる。「ヨッタブン」「ヨッタビルン」とも言う。【例】マヌマータヌ ナイナーヌ ヤーヌ ユリヨーヤ マヌマヌ ウチントーリプソー アッタ（先ほどの地震での家の揺れようは、今にも倒れそうだった）。

ユリルン[juriruŋ]〔他〕
終了する。卒業する。職責を免れる。【例】ガッコーユ ユリッタラ マヌマハラ ウヤヌ クトゥユ シー ウヤサバッティ

ウムイ ブルユー（学業を終了したので、今から〈今後は〉親のこと〈親孝行〉をして差し上げようかと思っています）。

ユル[juru]〔名〕
木綿糸。凧用の紐に用いた。いろいろな太さがあって、凧の大小に応じて適当な太さのユルを用いた。【例】ユロー アダナシジナッキン ハーラハッティ タコー ユー トゥブッタワヤ（木綿糸はアダナシ縄〈アダンの気根の繊維で綯った縄〉より軽くて、凧はよく飛んだよ）。なれど、現金を伴うユルはめったに買ってもらえず、主流はやはりアダナシジナだった。

ユルクバスン[jurukubasuŋ]〔他〕
喜ばせる。【例】マイフナー マリバシー ウヤユ ユルクバハイ（立派な人になって、親を喜ばせなさい）。

ユルクブン[jurukubuŋ]〔自〕
喜ぶ。嬉しがる。【例】①サクシヌ マリッタラ ケーラ ユルクビ ワールワヤ（長男が生まれタカラ、皆喜んでいらっしゃるよ）。用例のような情況は、昨今はかならずしも現実的でない。長男が家督を継ぎ、両親の老後の面倒をみるという風習は大いに揺らいでいるからである。②ウヤヌ トゥンザコー タイガイヤ ミドーヌッファーヌドゥ シーブー（親の介護は、大方は娘がしている）。家督（財産および先祖の位牌）の相続如何に関わらず、生身の親の介護・看護は用例②のような実態が急増している。

ユルスン[jurusuŋ]〔他〕
許す。大目に見る。認める。「ユラスン」と同じ。

ユン[juŋ]〔名〕
銛。【例】イゾー グーヌ ナハナーヤ ユンシドゥ シキ トゥレータ（魚は、岩礁の中では銛で突いて捕獲した）。「イソー（磯、転じて漁）」の項参照。

ユン[juŋ]〔名〕
弓。【例】①ウヤハ ユン ピクン（親に、弓を引く〈反抗する〉）。②ユンヌ イヤ（弓矢）。

ユン[juŋ]〔名〕
〈植〉ユリ（百合）。テッポウユリ。卒業式と入学式にはユリの花とデイゴの花を飾ったが、野山を彩った枝いっぱいのデイゴの花はもはや昔日の思い出である。つい先日（2023年4月某日）もどこかの公園でデイゴが満開したという記事が椿事として紹介されていた。

ユン[juŋ]〔名〕
故。原因。【例】ヌーヌ ユンドゥ ヤーハ ムドゥリ ケーヤ？（何ゆえに、家〈実家〉に戻って来たのか）。用例は、嫁いだ娘が婚家から戻ったときの親の詰問である。

ユングトゥ[juŋgutu]〔名〕
古謡の一形態。「読み言・誦み言」の字を当てる。【例】ユングトゥヌ イチン ナーガックンアリ ウムッサームノー パイフタフンタカ ユングトゥッティ イザリブー（ユングトゥの一番長くて面白いのは、〈ぱいふたふんたか ゆんぐとぅ〉だと言われている）。

ユングマル[juŋgumaru]〔名〕
夜籠り。行事の前夜、御嶽において夜通し線香をたき続けて祈りを捧げること。【例】ワンナー ユードゥーシ ユングマルバシー ユーヌ ニガイ ドゥーパダヌ ニガイユ セータ（お嶽で一晩中夜籠りをして、豊作祈願・健康祈願をした）。

ユンジチ[jundʒitʃi]〔名〕
閏月。太陰暦（旧暦）で、12か月のほかに加えた月。今年（2020年）がユンジチ（閏月）のある年に当たっていて、4月が2回ある。沖縄語の移入語。

ユンタ[junta]〔名〕
古謡の一形態。語源については、「読み歌・

誦み歌」と「結い歌」の二説がある。器楽伴奏のない２組での歌掛けによって唱する。他にアユ・ジラバがある。黒島では、ユンタと名のつくのは〈正月ゆんた〉〈船越ゆんた〉くらいで、アユとジラバが圧倒的に多い。ユンタとジラバは、歌の構造・形態が異なるという説もあるが、各地における両者のありよう（呼称）からすると、明確な相違はないのではないかと思われる。たとえば、石垣での〈まふぇーらちゅ・ゆんた〉が黒島では〈まぺらち・じらば〉と呼ばれ、石垣での〈安里屋ゆんた〉が小浜島では〈安里屋ぬ・じらま〉と呼ばれたりしているからである。

ユンタク[juntaku]〔名〕
おしゃべり。沖縄語の移入語。【例】ユンタク タンカー スーンスクン シグトゥ シーリ（おしゃべりばかりしていないで、仕事をしなさい）。

ユンドゥ[jundu]〔接助〕
〜ので。〜だから。〜のゆえに。【例】ヌーヌ ユンドゥ アイ クンゾーバ タイブラー？（何が原因で、そんなに怒っているのだ）。

ユンハノーシ[junhano:ʃi]〔名〕
漁に用いる道具。「ユン（銛）」と「ハノーシ（鉄製の芋を掘る道具＝金掘串）」の複合語。【例】ギラ コーシヤ ユンハノーシユ シカウ（シャコガイを捕るには、ユンハノーシを用いる）。

ユンヌパナ[junnupana]〔名〕
ユリの花。【例】ソツギョーシキンナー ユンヌパナトゥ ウジヌパナユ ハザレッタ（卒業式の日には、百合の花とデイゴの花を飾った）。「ユン（百合）」の項参照。

ヨ

ヨイ[joi]〔名〕
祝い。【例】ソーニヨイトゥ アーニナマヨイ（生年祝いと結婚祝い）。

ヨイキン[joikiŋ]〔名〕
お祝い用の衣服。礼服。【例】ウヤンケー ヨイヤーハヤ ヨイキンバ キシ ワーッレッタ（親たちは祝いのある家には、お祝い用の服を着て行かれた）。

ヨイグトゥ[joigutu]〔名〕
祝い事。慶事。【例】クトゥシェー ヨイグトゥヌ シジキ ヤーニンズ ケーラ サニヤ シーブー（今年は祝い事が続き、家族全員喜んでいる）。

ヨイザー[joiza:]〔名〕
祝いの座敷。【例】ヨイザーナヤ ブドゥ キョンギンバ シー シカイハリ プスンキユ ユルクバセーッタ（祝い座では踊り狂言をして、招待客を楽しませた）。

ヨイシプス[joiʃipusu]〔名〕
祝い客。招待客。「祝いをする人」の意。【例】ヨイシプソー ギターンバハン ワーラー？（招待客は、何人くらいおられるか）。あらかじめ準備しなければならないご馳走などがあって、招待客の数を把握しておくことは重要であった。

ヨイムヌ[joimunu]〔名〕
祝儀。祝意を表すための金品。「祝い物」の意。「スダイ（酒代）」とも言う。【例】アイナー ヨイムヌバ ティダイタボーリ シカイットゥ プコーラサユー（あんなにご祝儀をいただき、たいへんありがとうございます）。

ヨイヤー [joija:]〔名〕
お祝いのある家。(石)ヨイシウヤー。【例】キューヤ ヨイヤーヌ テーナイ シー ドゥ パル (今日はお祝いのある家に、手伝いに行く)。

ヨー [jo:]〔終助〕
動詞の命令形についてその語を強める。【例】クルバンヨーン タマンガリヨー (転ばないように注意せよ)。

ヨーイニ [jo:ini]〔副〕
たやすく。なかなか。簡単に。容易に。共通語からの借用語。【例】ウリン サンシンウタバ ナラーシ ブルヌ ヨーイニ ミーナラヌン (そいつに三線歌を教えているが、なかなか実にならない〈成果が上がらない〉)。

ヨーガー [jo:ga:]〔名〕
弱い人。病弱な人。【例】ウレー ヨーガーッティ イザリブルヌ シマー トゥラシッカ タルン ハナーヌン (そいつは虚弱だと言われているが、相撲をとらせると誰も敵わない)。

ヨーガハン [jo:gahaŋ]〔形〕
弱弱しい。病弱である。物にも人にも言う。【例】ヨーガハッタヌ チョーミー シーワールワヤ (病弱だったのに、長生きしておられるさ)。

ヨーガラー [jo:gara:]〔名〕
痩せっぽち。【例】バハルシェーケー ヨーガラー アッタヌ マヌマー シマトゥヤーニン パンタリベールワヤ (若いころは痩せていたのに、今は相撲取りのように太っているよ)。

ヨーガリ [jo:gari]〔名〕
痩せっぽち。「ヨーガラー」と同じ。

ヨーガリルン [jo:gariruŋ]〔自〕
痩せる。「ヨンガリルン」とも言う。〈否〉ヨーガルヌン。【例】ヨーガリプソー ギューサ ヴァーバン ヨーガリ パンタリプソー アイナー ヴァーンタンティン パンタリシー (痩せている人はいくら食べても痩せ、太っている人はそんなに食べなくても太るんだよ)。

ヨーゾ [jo:zo]〔名〕
養生。治療。【例】ヤンヤ ハカリバナン スーック ヨーゾ シー ウスカナーッカ ウブヤン ナルンドー (病は罹りはじめに、しっかり養生しておかないと大病になるよ)。

ヨーバー [jo:ba:]〔名〕
弱い者。意気地なし。弱虫。(石・沖)ヨーバー。【例】ヨーバーッテナー ウレー マキタンカー シーベー (弱虫だから、そいつは負けてばかりいる)。

ヨーホン [jo:hoŋ]〔形〕
弱い。虚弱である。【例】ハラッター ヨーホルヌ キモー スーワン (身体は虚弱だが、胆力は強靭である)。

ヨーマラスン [jo:marasuŋ]〔他〕
弱まらせる。衰弱させる。【例】パナシキヌドゥ ハラッタユ ヨーマラスドゥラ (風邪が、体力を衰弱させるのだよ)。

ヨーマリルン [jo:mariruŋ]〔自〕
弱まる。衰弱する。「ヨーマルン」とも言う。【例】トゥジヌ ブラナナーッカ ブトー スグ ヨーマリルン (妻がいなくなると、夫は直ぐに弱まる)。

ヨーマルン [jo:maruŋ]〔自〕
弱まる。衰弱する。「ヨーマリルン」と同じ。

ヨーミルン [jo:miruŋ]〔他〕
弱める。衰弱させる。「ヨーマラスン」と同じ。

ヨーミ イルン [jo:mi ʔiruŋ]〔連〕
病弱となる。大病を患って、体力を衰退させた状態になること。【例】バハルシェーケー ウブヤンバハカリ ウンハラ マヌバーキ ヨーミ イリ ブルワヤ (若いころに大病を患って、その時から今まで病弱になっている)。

ヨーヨー[joːjoː]〔感〕
ほらほら。けっして。絶対に。注意喚起を促すときの言葉。【例】ヨーヨー パンニン フォールンヨーン タマンガリヨー(ほらほら、ハブに咬まれないよう気をつけなさいよ)。

ヨーラ[joːra]〔名〕
腰。「クシ」とも言うが、この語は共通語とのつながりが強く、見出し語のほうがより古い語形であろう。(石)ヨーラ。(沖)クシ・ガマク。【例】ヨーラヌ ガンズワーッカ ドゥーズーワン(腰がしっかりしていると、身体全体は頑丈だ)。

ヨーラスン[joːrasuŋ]〔他〕
弱まらせる。衰弱させる。

ヨーリルン[joːriruŋ]〔自〕
弱る。衰える。「ヨールン」とも言う。

ヨールン[joːruŋ]〔自〕
弱る。衰える。「ヨーリルン」と同じ。【例】ウブヤンバ ハカリ スーック ヨーリブルワヤ(大病を患って、非常に弱っているよ)。

ヨーン[joːŋ]〔副助〕
〜ように。【例】マクンヨーン ギーパリ(負けないように頑張れ)。

ヨーンナ[joːnna]〔副〕
ゆっくり。おもむろに。【例】アバットゥンスクン ヨーンナ アラキ クー(慌てずに、ゆっくり歩いて来なさい)。

ヨーンナ ヨーンナ[joːnna joːnna]〔連・副〕
「ヨーンナ」を強調した語。【例】ナブラッサリバ クルバンヨーン ヨーンナ ヨーンナ アラキワーリヨー(滑りやすいから、転ばないようにゆっくゆっくり歩いていらっしゃいね)。

ヨッタバスン[jottabasuŋ]〔他〕
揺れ動かす。ふらふらさせる。【例】ミジンゴイユ コイタングナー ムトゥバソー ヨッタバハンヨーン ヤラーミナ アラカナーッカ(水肥を肥桶で運ぶときは、揺れ動かさないようにゆっくり歩かないとだめだぞ)。

ヨッタビルン[jottabiruŋ]〔自〕
ふらふらする。よろめく。揺れる。「ヨッタブン」とも言う。【例】サキバ シカンッファイ ヨッタビブルワヤ(酒を馬鹿飲みして、ふらふらしている)。

ヨッタブン[jottabuŋ]〔自〕
ふらふらする。よろめく。揺れる。「ヨッタビルン」と同じ。

ヨラー[joraː]〔終助〕
動詞の命令形についてその語を強める。「ヨー」より強め。【例】ヨーヨー バッシナヨラー(けっして、忘れるなよ)。

ヨンガリルン[joŋgariruŋ]〔自〕
痩せる。「ヨーガリルン」と同じ。〈否〉ヨンガルヌン。

ラ

ラー[raː]〔終助〕
語尾について、①命令、②誘いかけ、③同意の呼び掛け、④願望、⑤推量、などを表す。【例】①ウヤー タイシチ シーリヨラー(親は大事にしなさいよ)。②マズン パラ ラー(一緒に行こうねえ)。③クリヌドゥ ハミックラー(これが、いいよなあ)。④コロナウイルスヌ ナーナ ナルッカラー(新型コロナウイルスが、無くなったらなあ)。⑤アイッカー ウムッサパジラー(そ

ラー

れなら、面白いだろうなあ)。

ラー[ra:]〔感〕
ほら。ねえ。ほらねえ。【例】ラー イズッタニン ナレーッス(ほらねえ、言ったとおりになったさ)。

ラーサ[ra:sa]〔接尾〕
～らしく。～にふさわしく。【例】ビキドゥムラーサ ナーヌン(男らしくない)。

ラーサン[ra:saŋ]〔形〕
立派である。優秀である。「ダーサン」と同じ。「ダーサン」の項参照。

ラーシムヌ[ra:ʃimunu]〔名〕
立派な物。優れている人。「ダーシムヌ」と同じ。「ダーシムヌ」の項参照。

ラーシラーシ[ra:ʃira:ʃi]〔副〕
立派に。(皮肉をこめて)格好をつけて。「ダーシダーシ」と同じ。「ダーシダーシ」の項参照。

ラク[raku]〔名〕
楽。共通語の借用語。【例】ラク シークトゥタンカ ハンガイ ベーッカ アトー アワリ シールンドゥラー(楽をすることだけ考えていると、後は苦労するぞ)。

ラクダイ[rakudai]〔名〕
落第。進級できないこと。出来のよくない仕事ぶり。共通語からの移入語。【例】①ムカシェー ディキッサン プソー ラクダイ セーッタトゥ(昔は、成績の悪い人は落第した〈進級できなかった〉そうだよ)。②ウヴァー シグトゥヌ シーヨーヤ ラクダイ(お前の仕事ぶりは、落第だ〈出来が良くないよ〉)。

ラクダイシー[rakudaiʃi:]〔名〕
劣等者。「落第者・落第生」の意。【例】ガッコーナヤ ラクダイシー アッタヌドゥ ウブプス ナリハラー イチン パタラキダハー マイフナー ナリブー(学校では劣等生だったのに、社会人になってからは働き者で立派な人になっている)。いわゆる大器晩成型のタイプで、社会人になって地域社会のリーダーになるケースはよくある。要するに、学校での成績は、その年代の才能の一面を示すものであって、成長とともに発揮される多面的な才能とは無縁である。

ラッキョー[rakkjo:]〔名〕
〈植〉ラッキョー。【例】ラッキョーヤ イザー サキヌ ウサイ アボー サーヌ ソッキ(ラッキョウは、父には酒のつまみ、母にはお茶請けであった)。用例の「サキヌ ウサイ(酒のつまみ)」は塩漬け、「サーヌ ソッキ(茶請け)」は黒砂糖漬け、そのほか酢漬けなどが定番であったが、近年は居酒屋で「島ラッキョウてんぷら」が人気メニューに加わった。用例のような用途で使うラッキョウは丸みを帯びているほうがよく、てんぷらにするには細長いほうがよい。前者の場合は種を浅めに植え、後者の場合は種を深めに植えるのだということを、石垣の我が家の畑を管理している甥の花城直人から教わった。

ラッパ[rappa]〔名〕
管楽器の一つ。青年団が集合の合図に用いていた。【例】セーネンダンヌ アツァマンヌ バソー ラッパバ ナーラシ アイズ セーッタワヤ(青年団の集会がある場合、ラッパを鳴らして合図していた)。

ラミー[rami:]〔終助〕
～であるか。～でしょう。問い掛けの終助詞。【例】ウヴァー ウリトゥ マズンナル ハンガイラミー？(君は彼女と一緒になる〈結婚する〉考えだろう)。

ランプ[rampu]〔名〕
石油ランプ。島の本来の呼び名は「トゥール(灯篭の意か)」であった。(石)ランプ。(沖)ダンプ・ランプ。【例】①ランプヌ フヤ(ランプの火屋)。②ランプヌ ハサ(ランプの笠)③ランプヌ シン(ランプの芯)。

僕たちは、石油ランプの下で高校への受験勉強をした世代であり、「灯り」と言えば「ランプ」にきまっていた。それでいまだに「電灯をつける」のに「ランプをつける」という言葉が自然に口に出てくる。この時代がかった言い方に連れ合いは苦笑し、僕自身言ったあとで気恥ずかしい思いをする。ところが、この事典執筆にあたって国語辞典をひもといてみて、「ランプ」に「電灯」の意味があることを初めて知って「あれ！あれ？」と思ったものである。「フヤ（火屋）」の項参照。

ランボー[rambo:]〔名〕
乱暴。粗暴。特に酔っ払って誰彼の別なく暴力をふるうこと、また、そういう人。【例】ムラハージナ　ランボーヌ　ブッタワヤラー（村ごとに、ランボーがいたよなあ）。

ランボームヌ[rambo:munu]〔名〕
乱暴を働く人。「ランボー」の項参照。

リ

リー[ri:]〔名〕
例。前例。【例】ナーン　リーヤ　タティナ（ない例はたてるな〈前例のないことはするな〉）。

リクチ[rikutʃi]〔名〕
理屈。言い訳。【例】リクチヌ　ハナイヨーダラ（言い訳のうまいことよ）。皮肉をこめて言う場合が多い。

リクチスーブ[rikutʃisu:bu]〔名〕
知恵比べ。「理屈の勝負」の意。【例】シカラスーブシ　ハナーナッカー　リクチスーブシ　ウチマカハイ（力勝負で敵わないなら、知恵比べでやっつけろ）。

リクチズーワン[rikutʃizu:waŋ]〔形〕
理屈っぽい。否定・消極の意味合いがこめられている。「理屈が強い」の意。【例】ドゥキ　リクチズーワッテナードゥ　タルンウレー　イズ　ムヌイユ　シカヌワヤ（余り理屈っぽいからが、誰もそいつの言うことを聞かないんだよ）。

リヤカー[rijaka:]〔名〕
自動車のなかったころの、人力または自転車で引いた箱つきの二輪車。【例】ウンヌマーラ　シマナー　リヤカーヤ　2～3ダイタンカドゥ　アレーパジドゥラー（そのころの黒島では、リヤカーは2～3台しかなかったはずだよ）。
　僕たちが幼少のころ、仲本村の小浜廉太郎さん（明治42年生まれ）が、日用品をリヤカーに積んで自転車で引いて訪問販売をしておられた。

リンガン[riŋgaŋ]〔名〕
霊供（りょうぐ）。仏前に供える食膳。

リンガンヌ　ソッコー[riŋgannu sokko:]〔連〕
ウフソッコーの際、ドングムヌを供えて行なう焼香。「ドングムヌ」とは、九つの椀に野菜のみで拵（こしら）えた精進料理を高膳に載せる供え物。格式を重んじる特定の家庭でしか行なわなかった。「ドングムヌ」の項参照。

リンキ[riŋki]〔名〕
悋気（りんき）。焼き餅。嫉妬。（石）リンキゥ・オーナリゥ。（沖）リンチ。【例】ミドゥムヌ　リンキヤ　シマハリルヌ　ビキドゥムヌ　リンキヤ　トゥリシキ　フシロー　ナーヌン（女の嫉妬は済ませる〈見過ごせる〉が、男の嫉妬には取り付ける薬がない）。

リンチャー[rintʃa:]〔名〕
嫉妬深い人。焼き餅焼き。（沖）リンチャー。

【例】リンチャートゥ マズン ナルッカー アワリ シールンドゥラー（焼き餅焼きと結婚すると、苦労するよ）。「リンキ」と関連する語なので「リンキャー」となりそうだが、ここでは沖縄語風に「リンチャー」と言う。

ル

ルク[ruku]〔名〕
　６。【例】バー キョーダイヤ ルクニンドゥラ（私のきょうだいは、六人だよ）。

ルクズー[rukuzu:]〔名〕
　60。60歳。【例】クトゥシェー ルクズーリバ エンヤ ルクズーイチヌ マリドゥシドゥラ（今年は60歳だから、来年は61歳の生まれ年だよ）。沖縄独特の「マリドゥシ（生まれ年）」の祝いは、数え年で祝う。

ルクズーイチヌ　ヨイ[rukuzu:itʃinu joi]〔連〕
　還暦の祝い。数え61歳の生年祝い。【例】ムカシェー ルクズーイチヌ ヨイヤ ウブヨイバ セーッタドゥラ（以前は61歳の祝いは、大きな祝いをしたのだよ）。

ルクズーハラ　トゥシユール
　　　　　　[rukuzu:hara tuʃiju:ru]〔成〕
　60歳からは年毎に体が弱ること。

ルクンガチ[rukuŋgatʃi]〔名〕
　６月。【例】ルクンガチェー プーンヌシチ（６月は、豊年祭の季節だ）。

レ

レンガ[reŋga]〔名〕
　煉瓦。煉瓦型の黒砂糖。共通語からの借用語。【例】ハーシヨーヌ シター タルガートゥ レンガ アッタ（販売用の黒砂糖は、樽詰めと煉瓦であった）。タルガー（樽詰め）は正味100斤（60キログラム）入りの樽詰めにし、レンガ（煉瓦）は縦約22センチメートル、横約15センチメートル、厚さ約３センチメートルの煉瓦状の角砂糖にした。「シタ（砂糖）」の項参照。

ロ

ロー[ro:]〔名〕
　蝋燭。「ロースク」とも言う。

ロースク[ro:suku]〔名〕
　蝋燭。共通語からの移入語。【例】マイヤ トゥクナー ロースクユ シキッタヌ マヌマヌ ユーヤ チョーチンユ ハザルワヤ（以前は仏壇には蝋燭を灯したが、昨今は提灯を飾るよねえ）。

ローヤ[ro:ja]〔名〕
　牢屋。牢獄。【例】ヤナクトゥー シーッカ ズンサーン フビラリ アトー ローヤハ クミラリルヌ（悪いことをすると巡

査に縛られ、仕舞いには牢屋に籠められるよ)。

ワ

ワー[wa:]〔名〕
〈動〉家畜の名。ブタ(豚)。【例】ワーヤ ヤーハジナー シカナイ ブッタ(豚は家ごとに飼っていた)。豚の世話は、女の子の分担であった。

ワーギルン[wa:giruŋ]〔他〕
追い払う。「ウイパラスン」が島の元来の言葉で、見出し語は沖縄語「ワーギーン」の転化か。【例】ニシトーミヤーヌ パタキハラ シンザバ ブリ ヴァイベーッケ ウッツェヌ イザン ミシキラリ ワーギラリッタ(北當山家の畑からサトウキビを折って食べていると、同家のお父さんに見つかり追っ払われた)。親友・野底善行君の体験談である。あのころ、サトウキビは格好のおやつであったが、僕たちは自分の家のサトウキビにはけっして手を出さず、他家のサトウキビを食べた。誰に教えられたわけでもないのに、その方法は繋ぎ飼いされている山羊が手前の草は温存し遠い所の草から食べるという習性に似ており、もしかしたら山羊の草の食べ方からヒントを得ていたのかも知れない。「ピシダ(山羊)」の項参照。

ワーサー[wa:sa:]〔名〕
豚の取扱い業者。豚の屠殺業者。【例】ワーヤ ワーサーヌ ハイ パッタ(豚は、豚の取扱い業者が買って行った)。ワーサーで有名だったのは、メーフンティヤー(前船道家)の婿・山里寅吉氏であった。

ワーシキ[wa:ʃiki]〔名〕
天気。悪い天気(ヤナワーシキ)を指す場合もある。【例】①ワーシキヌ ハイヤリバ シンタク シーウシキ(天気がいいから、洗濯をしておきなさい)。②ワーシキヌ シジキ パタキン パラルヌン(悪天候が続き、畑にも行けない)。

ワースン[wa:suŋ]〔他〕
突き立てる。特に鎌の刃の切っ先で対象物を突き立てる場合に言う。【例】ヤラビシェーケー ガッキバ ムティ アイック ナーバ シー バナー クシナハユ ガッキシ ワーハリッタ(子どものころ鎌を持って喧嘩をしていて、僕は背中に鎌を突き立てられた)。

何歳のころだったか記憶は定かではないが、一つ年上の甥・新里八十宏と鎌を振り回して喧嘩をした際、僕は背中に鎌の切っ先を突き立てられた。父(甥にとっては祖父)は、何も言わず２人を別々のハシガ(麻袋)に籠めて、庭の桑の木にぶら下げた。父がいなくなったところで母の指示で兄(多分長兄の賢昇)が木から下ろして、背中の傷の手当てをしたのだった。僕の左の肩甲骨沿いに、縦２センチ横５ミリほどのクッキリした傷跡が残っている。僕と甥・八十宏の絆は深く、彼の結婚披露宴の謝辞(そのころは新郎ではなく親戚の者が謝辞を述べた)は、年下の叔父である僕が行なった。以後、甥夫婦は僕たち夫婦のことを「おじさん・おばさん」と呼び続けている。もっとも、その甥は55歳で早逝し、ヤマトゥユミ(群馬県出身の大和嫁)の和江さんが、シトゥウヤ(義母・僕の長姉)が98歳で今年(2020)８月に旅立つまで、施設に託すこともなく自宅で面倒を見てく

れた。感謝！

ワーッチバ[waːttʃiba]〔名〕
　上唇。〈対〉ザーッチバ。(石)オースバ。(沖)ワーシバ。【例】パチン　ザーリ　ワーッチバヌ　パンクリ　ブー（蜂に刺されて、上唇がめくれている）。

ワーヌ　アマザ[waːnu ʔamaza]〔連〕
　頭の悪い人を罵る言葉。「豚の頭」の意。【例】ウヴァー　アマザー　ワーヌ　アマザッキン　ゲーラックダ（お前の頭は、豚の頭より劣っているよ）。

ワーヌ　イー[waːnu ʔiː]〔連〕
　豚の飯（餌）。【例】ワーヌ　イーヤ　ウブナビナー　ネーシタ（豚の餌は、大きい鍋で炊いた）。サンマイナビ（三枚鍋）だったか、シンマイナビ（四枚鍋）だったか、とにかく豚の食欲は凄まじかった。

ワーヌ　スー[waːnu suː]〔連〕
　豚汁。「豚の汁」の意。【例】トゥシフンヌ　ユーヌ　ワーヌ　スーヌ　マーハッタウユー（大晦日の晩の豚汁の美味しかったことよ）。

ワーヌ　ズー[waːnu dzuː]〔連〕
　豚の尻尾。【例】ハラッタトゥ　アタラナ　ワーヌ　ズーヤ　グマハッティ　ナーパタラキ　シールワヤ（体とつり合いが取れず豚の尻尾は小さいので、無駄働きをするのだ）。

ワーヌ　ズー　パタラキ[waːnu dzuː pataraki]〔連〕
　無駄働き。「豚の尻尾の働き」の意。【例】ウヴァー　シグトゥヌ　シーヨーユドゥ　ワーヌ　ズー　パタラキッティ　イズ（お前の仕事の仕方を、豚の尻尾のような働きと言うのだ）。「ズー（尻尾）」の項参照。

ワーヌ　フグイトゥヤー[waːnu ɸuguituja:]〔名〕
　豚の去勢を行なう専門の人。「豚の睾丸を取る人」の意。【例】ナハントゥーナー　ワーヌ　フグイトゥヤーヌ　ワーッタワラー（仲本部落に、豚の去勢を行なう専門の人がおられたよなあ）。「フグイ」の項参照。

ワーヌ　ヤー[waːnu jaː]〔連〕
　豚小屋。「ワーマキ」とも言う。「ワーマキ」の項参照。

ワーバ[waːba]〔名〕
　余計。余分。(石)ッワーバ。(沖)ワーバ。【例】ワーバムヌイバ　イジ　プスン　ニッタハ　シラリ　ビッサレーワヤ（余計な言葉を言って〈話して〉、他人に恨まれているさ）。

ワーバグトゥ[waːbagutu]〔名〕
　余計なこと。【例】ワーバグトゥ　スーンヨーン　キーシキリヨー（余計なことをしないよう、気をつけろよ）。

ワーピニ[waːpini]〔名〕
　口髭。(石)オーピゥニ。(沖)ワーフィジ。【例】ワーピニバ　モーシ　ズンサーニン　ブルワヤ（口髭を生やして、巡査のようだ）。

ワーフル[waːɸuru]〔名〕
　豚小屋兼便所。沖縄語の移入語。日常語では「ワーマキ」と言う。

ワーマキ[waːmaki]〔名〕
　豚小屋。便所。「豚牧」の意。「ワーヌ　ヤー」とも言う。【例】ムカシェー　ワーマキトゥ　ズーマリハトー　ピシッチアッタ（昔は、豚小屋と便所は一つであった）。
　ワーマキ（豚牧）の意味は、用便用の穴は豚小屋に直結していて、用を足すとそれを豚が直ちに処理するという豚小屋兼便所の構造に由来する。この構造は、国指定文化財の「仲村家住宅」（北中城村所在）の説明「豚小屋兼便所のフール」からも、「フール」その物の説明「豚の飼育小屋を兼ねた便所で、フーリャ、ウヮーフールともよばれた。沖縄の民家施設の特質的なものといわれたが、戦後はみられない」（『沖縄大百科事典』参照）からも、以前の県内では一般的なものであったと思われる。

大正年間に、このような豚小屋兼便所の建造は都市衛生上遺憾な点があるとして禁止され汲み取り式になった。黒島では、戦後の一時期まで一部には残っていた。現在は、水道の普及と相まって水洗便所が普及している。

ワーマスン[waːmasuŋ]〔他〕
　拝ませる。【例】ヴァーヌ　マリッタラー　ウヤプスユ　ワーマシン　サーリケー（子が生まれたので、先祖を拝ませるために連れてきた）。

ワームン[waːmuŋ]〔他〕
　拝む。【例】イシン　キーン　ワームッカー　ハンプトゥキドゥ　ナル（石も木も拝むと、神仏になる）。

ワーラ[waːra]〔名〕
　風上(かざかみ)。風の吹いてくる方向。〈対〉ザウマ(かざしも)（風下）。（石）カジヌ　オーラ。（沖）カジ　ワーラ。「ワーラハジ」の項参照。

ワーラハジ[waːrahaʑi]〔名〕
　風上から吹く風。船の進む方向から吹く風。向かい風。逆風。〈対〉ザウマハジ（順風）。【例】ワーラハジハ　ンカイ　プーシンユ　パラス　バソー　ニジリハ　パラシ　ピダリハ　パラシヤ　シーシー　パラセーッタ（向かい風に向かって帆船を走らせる場合、右の方へ走らせたり左の方へ走らせたりしながら走らせた）。

ワーリ　タボーリ[waːri taboːri]〔連〕
　いらっしゃい。お出(い)でください。「ワーリ　タボールン（いらっしゃる）」の命令形。「ワールン（いらっしゃる）」の連用形「ワーリ」と補助動詞「タボールン（賜る・給わる）」の命令形「タボーリ」から成っている。【例】シマムヌイユ　ビンキョー　シールンティ　ヤマトゥハラ　シマハバーキ　ワーリタボーリ　プコーラサ（島言葉を勉強するために、大和＝本土から黒島にまでお出でくださりありがとう）。用例の「ワーリタボーリ　プコーラサ」は、島の長老が黒島の言葉を勉強するために本土から来島した若い学徒への敬語だが、つぎのように敬意の度合いがだんだん深まっていく。①ワーリタボーリ　プコーラサユー（……ありがとうございます）。②ワーリタボーリ　シカイットゥ　プコーラサユー（……たいへんありがとうございます）。③ワーリタボーリ　マイダン　プコーラサッティ　ワーマリルンユー（……まことにありがたく感謝に堪えないところです）。
　例えば、本書の「文法編」を執筆してくださった原田走一郎氏に対し、学生のころの原田走一郎君には、用例程度の敬意が払われ、長崎大学の講師に赴任されたころの原田走一郎先生には①程度の敬意が、長崎大学准教授の原田先生には②のような敬意が、そして黒島語の文法研究により学位＝博士号を取得された原田走一郎博士には③のような深い敬意が払われるはずです。現実には、学生のころから顔なじみの原田走一郎君は、どんなに偉くなろうとも島の長老たちにとってはいつまでも原田走一郎君のままであり、その接し方に表面的には違いはないであろう。しかし、心のなかでは原田走一郎先生の成長・出世を心から喜びかつ誇りに思い深く敬意(ひょう)を表しておられることは、島で生まれ育った私が保証します。

ワーリ　タボールン[waːri taboːruŋ]〔連〕
　いらっしゃる。お出でくださる。「ワーリ　タボーリ」の項参照。

ワーリルン[waːriruŋ]〔自〕
　追われる。排除される。撤退を余儀なくされる。「ワーギラリルン」とも言う。〈否〉ワールヌン。【例】ピシダヌ　ヴァーヌ　シーユ　ヌミベーバソー　ヤガティ　ブナーヌ　ヴァーユ　ピキパナスムノー　ブナーハラ　ワーリルニン　ウモーリ　キムイッツァハーサー（山羊の子が乳を飲んでいるとき、

やがて親が子を引き離すのは子山羊が母山羊から拒絶されているように思われ気の毒である)。山羊の習性の一つは、子山羊がまだ乳を欲しがっているのに乳から引き離してしまうことである。母山羊から授乳を拒絶された子山羊は、いつもお腹を空かしていた子どものころの自分と重なりかわいそうだった。「ピシダ(山羊)」の項参照。

ワールン[waːruŋ]〔自〕
いらっしゃる。おられる。お出でになる。【例】イザーン アブーン ガンズーシ ワールンラミー?(お父さんもお母さんも、お元気でいらっしゃるでしょうね)。「ワーリタボーリ」の項参照。

ワザトゥ[wazatu]〔副〕
わざと。故意に。共通語からの移入語。【例】グーユ ウテーターナ ワザトゥ マキルバソーン アッタワヤ(碁を打ちながら、わざと負ける場合もあったよ)。

　稽古事で「上達の秘訣は上等の道具を持つこと」と提唱したのは、永世名人などの称号を持つ将棋界の大御所・大山康晴である。一時期、大山名人の言葉に共感し高級な碁盤等を揃え囲碁に凝っていたが、初段あたりで限界を感じ放り投げた。それでも、人生の師匠と仰ぐ糸洌長良先生とは音楽談義のあと、よく碁を打った。始めのころは先番で刃が立たなかったが、そのうち棋力伯伸、ついに実力で先生を追い越した(と僕は思った)。でも、つねに先生が白で、前半は僕の2勝1敗で進行し、後半は先生の2勝1敗で終えた。先生は、ご自分が大勝しないとその日の碁を終わりにしてくださらなかった。糸洌長良先生と義父・喜舎場英勝とは親友同士で、生真面目な点でも負けず嫌いな点でもよく似ていた。

ワザワザ[wazawaza]〔副〕
わざわざ。故意に。意図的に。共通語からの借用語。【例】アヤール グッファムヌ バ トゥーサハラ ワザワザ ムティケール?(あんなに重い物を、遠くからわざわざ運んで来たのか)。

ワジルン[waʒiruŋ]〔自〕
怒る。腹が立つ。沖縄語の移入語。【例】ドゥキ ワスク シーッカ イカナ ウトゥナサ プソーラバン ワジルヌ(あまり悪戯すると、いくら大人しい人でも怒るぞ)。

ワジワジー[waʒiwaʒiː]〔副〕
腹立たしいさま。怒りがこみ上げてくるさま。沖縄語の移入語。例文は、安倍晋三首相の在任中の所感。【例】アベスソーヤ ｲオキナワケンミンノ ココロニ ヨリソウ｣ ッティ イジェーターナ フキナープスヌ イズクトゥユ ヌーン シカニバドゥ ズンニン ワジワジー シールワヤ(安倍首相は「沖縄県民の心に寄り添う」と言いながら、沖縄県民の言うことを聞き入れないので本当にワジワジーするよ)。

ワスク[wasuku]〔名〕
悪戯(いたずら)。悪ふざけ。邪魔。妨害。(石)・(沖)ワチャク。【例】①プスハラ ワスク シラルバン プスンニン ワスク シーナ(他人から悪戯をされても、他人には悪戯をするな)。②ヤナヤラビンキン パタケーフンツァーハリ ワスク シラリッタラドゥ イジマラバシ ウシケー(悪童たちに畑を踏み荒らされ妨害されたので、叱りつけておいたよ)。

ワタクサー[watakusaː]〔名〕
へそくり。自分が自由に使える金。(石)・(沖)ワタクシ。【例】シザンケー マミバ ハーシドゥ ワタクサー スクレータ(兄たちはアズキやダイズを売って、へそくりを拵(こしら)えた)。我が家では収穫した豆類はハシガ(麻袋)に入れて、販売するまでの間は縁側で一時保管した。アズキ、ダイズ、リョクトウ類は少量でも売れたので、麻袋から少しずつ取り出してお店で換金し

た。兄たちの指示で麻袋から取り出すのは、僕の役目だった。そうやって得た現金はソーミン・ヌカーサーの原資であり、その利得に与るのは分かっていたから、罪悪感より食い意地のほうが勝っていたのだった。父も母も目減りしている麻袋の中身は、百も承知で見逃していたであろうことは僕にも何となく読み取れた。「嘘つきは泥棒の始まり」だという父の戒めの言葉は、その場では胸に刺さったが他家のサトウキビやトマトなどを無断で食べたときほどには心は痛まなかった。

ワッサン[wassaŋ]〔形〕
　悪い。誤りである。「バラサン」とも言う。【例】ワッサクトゥ　シーッカ　フビラリ　ズンサヌ　ヤーハ　サーリ　パラリルンドー（悪いことをすると、縛られて巡査の家〈駐在所〉に連れていかれるぞ）。

ワン[waŋ]〔名〕
　御嶽。拝所。（石）オン。【例】アイナー　ウラーリ　アッタ　ワンヌーン　マヌマー　ニガイプスン　ヤマニンズーン　ブラナーナリラー（あれほどたくさんあった御嶽も、今では神役も所属構成員もいなくなってねえ）。

ワングトゥ[waŋgutu]〔名〕
　御嶽の諸行事。【例】ワングトー　ヤマシンカヌ　ウシタキ　シマセーッタ（御嶽の諸行事は、所属構成員が総出で済ませた）。

ワンシンカ[waɲʃiŋka]〔名〕
　御嶽の構成員。各々所属する御嶽の構成員。【例】タッツェヌ　プスン　マーヌ　ワンシンカッティ　キマリブッタ（どの家の人も、どこの御嶽の構成員かというのは決まっていた）。

ワンダーサン[wanda:saŋ]〔形〕
　おとなしい。穏健である。主に牛の性質に対して言ったが、人物評にも用いた。【例】クヌウシェー　タンカ　ベー　バソー　ワンダーサルヌ　ユヌタキヌ　ビキウシトゥ　ガイッカー　ミーバ　ピカラシ　パナバフキ　デージ　アッタ（この牛は一頭だけだと大人しいが、同じ体格の雄牛と出合うと目を光らせ鼻息を荒げ大事〈大変〉だった）。

ワンプーン[wampu:ŋ]〔名〕
　御嶽における豊年祈願。〈対〉ムラプーン。（石）オンプーリュ。【例】キューヤ　ワンプーン　アツァー　パイフタムラヌ　ムラプーン　アシトー　ニシフタムラヌ　ムラプーン（今日は御嶽での豊年祝い、明日は南二村（ぱいふたむら）の豊年祝い、明後日は北二村（にしふたむら）の豊年祝いだ）。

ン

ン[m, n, ŋ]〔格助〕
　～に。方向、起点、原因などを表す。【例】①ウヴァン　ビールワー（あなたに上げるよ）。②シンシーン　フミラリッタ（先生に褒められた）。③プスン　ダマハリッタ（他人に、騙された）。

ン[m, n, ŋ]〔係助〕
　～も。【例】①クリン　ハリン　ムティ　パリバー（これもあれも持って行きなさい）。②バヌン　ヴァイピサン（私も食べたい）。③キューン　アミヤワー（今日も雨だよ）。

ンカールヌン[ŋka:runuŋ]〔自〕
　ただごとではない。手におえない。見てい

られない。「フシガルヌン」とも言う。【例】ウヴァー ヤナソーバ シキ イザー クンゾーヤ ンカールヌンドゥラ（お前の不祥事の知らせを聞いて、お父さんの怒りはただごとではないぞ）。

ンカイ[ŋkai]〔名〕
　迎え。出迎え。【例】キューヤ ソーラヌ ンカイヌ ピーヤリバ パカハ ギー ウヤプスユ シカイシクー（今日は盆の迎えの日だから、墓に行ってご先祖様を案内して来なさい）。

ンカイズーシ[ŋkaizu:ʃi]〔名〕
　盆の迎え日に祖霊に供える五目炊き込みご飯。【例】ヤラビシェーケーヌ マーハム ヌッティ イズッカー ソーラヌ ンカイズーシトゥ トゥシフンヌ ユーヌ ワーヌ スーラー（子どものころの美味しい食べ物というと、お盆の迎え日の五目炊き込みご飯と大晦日の晩の豚汁だなあ）。日頃は食べられない「マイヌ ズーシ（米の炊き込みご飯）」に、これも年に一度の「ワーヌ スー（豚汁）」を戴いたひと時であったなあ。

ンカイハジ[ŋkaihaʒi]〔名〕
　向かい風。逆風。〈対〉ジンプー（追い風・順風）。【例】ンカイハジヌ バソー プーシンヤ マッシグ マイハ パラハルニバ ニジリハ パラシ ピダリハ パラセーターナ パラセータ（向かい風の場合、帆船は真っ直ぐ前に進められないので右に走らせ左に走らせしながら走らせた〈進めた〉）。

ンカイピー[ŋkaipi:]〔名〕
　盆の祖霊を迎える日。旧暦の七月十三日。【例】ンカイピーン マニアースヨーン ナンムヌ グーハジュ トゥミ ウシケータ（祖霊の迎え日に間に合うように、生り物の数々を見つけて準備していた）。「ンカイ」「ナンムヌ（生り物）」の項参照。

ンカイファー[ŋkaiɸa:]〔名〕
　他人と接するときの顔。「向かう方（むかうほう）」の変化した語か。【例】ンカイファーヌ ハイヤープソー タルンニン アッタラサ シラリルン（他人と接するときの顔が、愛嬌のある人は誰にも可愛がられる）。父から厳しく教えられたことの一つは、人との付き合いでもっとも大事なのは「ンカイファー」だということであった。

ンカイルン[ŋkairuŋ]〔他〕
　迎える。出迎える。【例】ウヤプソー パカハラ シカイシフーッカ トゥンジナ ハウバ タティ ヤーヌ ナハハ ンカイウヤセータ（先祖の霊は墓から案内すると、門口で線香を立てて家の中にお迎えした）。

ンカウン[ŋkauŋ]〔他〕
　向く。向き合う。【例】ウヤプストゥン ハンプトゥキトゥン ンカウバソーティーバ ウサーシ トットゥイ シールワヤラー（祖霊とも神仏とも、向き合うときは手を合わせて〝トットゥイ＝尊と〟と唱えるよねえ）。

ンカウン[ŋkauŋ]〔他〕
　刃向う。反抗する。【例】ヌーバシェークトゥヌアラバン ウヤハー ンカウムノー アラヌン（どんなことがあっても、親に刃向うものではない〈反抗してはいけない〉）。

ンカザン[ŋkazaŋ]〔名〕
　〈動〉ムカデ（百足）。【例】ンカザンニン フォーリッカ ヤムンドラー（百足に咬まれると痛いぞ）。ムカデはけっして攻撃的ではなく、こちらからの仕掛けに対しやむなく刃向かうということではなかっただろうか。ムカデは、黒島では豊年祭のときに海浜で立てる旗頭の三角旗の図柄にも用いられ、縁起物とされている。

ンガダキ[ŋadaki]〔名〕
　〈植〉竹の一種。竹の子に苦味があることからの呼び名。竹細工に用いられたが、黒島では自生していない。【例】ンガダケー　シマナヤ　ムイブランパジドゥラ（ンガダケは、島では自生していないはずだよ）。

ンガナ[ŋgana]〔名〕
　〈植〉野菜の名。ニガナ（苦菜）。ホソバワダン。【例】ピシダヌ　スーナヤ　ンガナ　ユ　イリリバドゥ　ヌーッキン　マーハ（山羊汁には、苦菜を入れると何より美味しい）。
　山羊汁に入れる葉野菜は、「フチヌパー＝フーチバー（ヨモギの葉）」というのが沖縄全域では通り相場だが、久米島では「サクナ（ボタンボウフウ）」の葉を用い、我が黒島では何と言っても一番は海沿いの岩場に自生している「ンガナ（苦菜・ホソバワダン）」の葉である。山羊を屠(ほふ)ると聞くと、言いつけられなくても進んで海岸に駆けつけ、笊(ざる)いっぱいのンガナを摘んで来たものである。後年、そのンガナを石垣在の住宅の庭の一角で育てたが、やたら葉っぱが大きく育ち苦味もダラシない状態になった。あの山羊汁の味を引き立てたンガナの強烈な苦味は、年中潮を被り過酷な自然環境のなかで育ったからこそ滲み出た天然の味わいだったのだ。ちなみに、多良間島では、桑の新芽を山羊汁に入れる由。桑の新芽は、サクナ（ボタンボウフウ）を主な材料にする和え物の「アイズ」に入れると柔らかい甘みを醸し出すということを四姉の泰子姉（昭和12年生まれ）から教わり、試してみたら確かに美味かった。

ンガナ[ŋgana]〔名〕
　どもり。「ンガニ」とも言う。【例】ウレー　プストゥ　ムヌパナシ　シーバソー　ンガナ　アルヌ　プスヌ　マイナー　アイシチ　シミーッカ　ヌーヌ　サワリン　ナーンス　ク　パナスンドゥラー（彼は他人と会話するときはどもるが、人前であいさつするときは堂々と障りなく話すよ）。

ンガニ[ŋgani]〔名〕
　どもり。「ンガナ」と同じ。

ンガマイフナー[ŋgamaiɸuna:]〔名〕
　特に利口な者。格別に立派な人。大成功者。「マイフナー」に極大・極端を表す強調の接頭語「ンガ（超・大）」がついている。石垣語の移入語か。(石)ンガマイフナー（ものすごく優れた人）。【例】ンガマイフナーヌ　マリ　シマズー　ムラズーヌ　プスンケー　ケーラ　ユルクビ　ワー（格別に立派な人が誕生して、島中の村中の人々は皆喜んでおられる）。この接頭語「ンガ」は、石垣語では多くは否定・消極を表すが（ンガティダ＝酷暑の太陽、ンガピラフ＝酷寒、等々）、黒島語では見出し語以外は確認できない。

ンキ[ŋki]〔接尾〕
　〜たち。人の複数を表す。【例】ウヤンキ（親たち）。ヤラビンキ（子どもたち）。ドゥシンキ（友だち・友人たち）。ミドゥムンキ（女たち）。シカサンキ（神司たち）。

ンギ[ŋgi]〔名〕
　棘(とげ)。植物にも魚類にもある。【例】ガーヌ　シカマーン　シトゥッチヌ　パリン　オンデーイズヌ　パニヌ　ンギン　ザーリッカー　ムール　ヤムッタ（茅の新芽もソテツの針もシモフリアイゴ魚の背びれの棘も、刺さると皆痛かった）。

ンギサ[ŋgisa]〔固〕
　〈人〉女の名。

ンギョーラ[ŋgjo:ra]〔名〕
　胆汁(たんじゅう)。(石)ンゴーリュ。【例】ンギョーラヤ　キムビヤハラ　ンゲヘンドゥラー（胆汁は、ひどく苦いよ）。

ンキルン[ŋkiruŋ]〔他〕
　召し上がる。「ヴォーン（食べる）」の敬

語。〈否〉ンクヌン。【例】イザー　ユイユ　ンケーターナ　マズン　グーシユ　ンキワータ（お父さんは、夕食を上がりながら同時にお酒を召し上がった）。「ンキワーリ」の項参照。

ンキワーリ[ŋkiwaːri]〔連〕
召し上がってください。「ンキルン（召し上がる）」の連用形「ンキ」と尊敬補助動詞「ワールン」の命令形「ワーリ」の複合語。【例】ゾー　ソーイズ　アーガイヌ　ナマシユ　ソッキ　セーッターナ　グーシン　ンキワーリ（どうぞ、美味しいアーガイ＝ヒブダイの刺身をつまみにしてお酒を上がってください）。

ンクムン[ŋkumuŋ]〔自〕
息む。息をこめて腹に力を入れる。【例】ヴァー　ナシバソー　ウムイキシ　ンクミバドゥ　ヴァー　マリフッタ（子を産むときは、思いっきり息むから子は生まれてきた）。出産の場合、息むのは人間特有の現象のような気がして畜産業に従事している甥親子に尋ねたところ、牛にもたまに見られるということであった。

ンクン[ŋkuŋ]〔他〕
剥く。「ムクン」とも言うが、見出し語のほうが古形だと思われる。【例】ネーシウンヌ　ハーン　ナマウンヌ　ハーン　ンキワーン　ヴァーシタ（煮た芋の皮も生芋の皮も、剥いて豚に食べさせた）。

ンゲ[ŋge]〔固〕
〈人〉男の名。

ンゲヘン[ŋgeheŋ]〔形〕
苦い。【例】コーヒーヤ　シタユ　イルナーッカ　ンゲヘッタヌ　ヌンナローッタラ　マヌマー　シター　イルンスクン　〝ブラック〟シ　ヌミバドゥ　マーハ（コーヒーは砂糖を入れないと苦かったけど、飲み慣れたら今は砂糖を入れずに〝ブラック〟で飲んだほうが美味しい）。

ンザスン[ndzasuŋ]〔他〕
出す。出港させる。【例】ハジェー　スーワルヌ　フネー　ンザストゥドゥラー（風は強いが、船は出す〈出航する〉そうだよ）。

ンザッファ[ndzaffa]〔名〕
雇われ人。下男。「ヤトゥイ」とも言うが、見出し語には見下した感じがある。【例】ンザッファヌドゥ　アトー　マイフナーマリ（雇われ人が、あとは成功するよ）。石垣市商店街の「Ｈ商店」の店主Ｏ．Ｈ氏が、用例のような成功例だと父に教えられた。非常に温厚な方で、腰が低くて人当たりもよく、お店も繁盛していたのが嬉しくもあり誇らしくもあった。

ンザヤ[ndzaja]〔感〕
なにくそ。ここぞ、というときに気合いを入れる言葉。【例】ンザヤ　クンドー　ヌッティ　イザバン　マクンヨーン　ギーパラナーッカ（なにくそ、今度は何んとしても負けないように頑張らなくては）。

ンジ[ndʑiː]〔感〕
そうか。問いかけの言葉。【例】ンジー？　ウヌ　フターラー　マズン　ナレーッティイズヌ　フントー？（そうか、その二人は一緒になったと言うけど本当か）。

ンジルン[ndʑiruŋ]〔自〕
出る。出向する。【例】アヤール　ワーシキサーリ　フネー　ンジルンティ　イズヌ　ダイゾーブカヤ？（こんな悪天候のさなか、船は出る〈出航する〉と言うが大丈夫かなあ）。

ンズメヘン[ndzumeheŋ]〔形〕
頼もしい。力強い。盤石である。安定している。【例】ウヤッファン　トゥジブトゥン　ムチマサッテナー　ウッツェヌ　キナイヤ　ンズメヘーワヤ（親子の仲も夫婦の仲も睦まじいので、その家庭は安定しているのだ）。

ンゾー [ndzo]〔感〕
どうぞ。「ゾー」「ゾーゾー」と同じ。

ンゾサン [ndzosaŋ]〔形〕
かわいそう。いたわしい。可愛い。いとしい。元来は「無惨」を語源とする語で、「哀れ」から「同情」を経て「愛情」にまで意味を広げてきたものと思われる。【例】①ブネーヌ パーク マーラシ ケーラハラ ンゾサシーラリ ブッタヌ マイフナー マリバシーラー（母親が早く亡くなって、皆から同情されていたけど立派な人に成長したねえ）。②アマヌ サニヤン ドゥキヌ ンゾサン（余りの嬉しさに、この上ない愛（いと）しさに／〈ぱいふたふんたか・ゆんぐとぅ〉より）。

ンダマリ [ndamari]〔名〕
沈黙。ふて腐れての沈黙。【例】ヌッティ ドゥ アヤール ヤナクトゥ セーラッティ トゥイバドゥ シナーシ ンダマリ ビッサレーワヤ（なぜあんな悪い行ないをしたのだと問うけど、ずっと沈黙しているのだ）。

ンダマルン [ndamaruŋ]〔自〕
沈黙する。ふて腐れて沈黙する。【例】ケーラハラ イザリ ンダマリベー（皆から怒られ、ふて腐れて沈黙している）。

ンダミルン [ndamiruŋ]〔他〕
腰を据える。土台を固める。【例】ヌキヤーユ スクルバソー ジーバ ンダミ ウヌ ウイナー イシジバ ンダミ ウヌウイナー パラバ ンダミ……（貫き家を建てる場合、土地を固めその上に礎石を据え、その上に柱を載せてというふうに……）。用例のごとく家を建てるときは幾重にも基礎固めを行ないつつ作業を進めて行く。この「ンダミルン」行為は、物理的な面だけでなく、精神的な心構えについても不可欠な要素を成しているのではないか。

ンツァ [ntsa]〔名〕
粘土。赤土。色が赤っぽいことから「アカンツァ」とも言う。【例】シマヌ ジーヤ イメーミ プルッカー ンツァヌ ンジフッタ（島の土地は少し掘ると、赤土が出てきた）。

ンツァ [ntsa]〔感〕
そうだ。【例】ンツァ キューヤ ピスマンハラ アミッティ シタワヤ（そうだ、今日は昼から雨だと言ったよなあ）。

ンツァスン [ntsasuŋ]〔他〕
満たす。「ミツァスン」とも言う。【例】ズーニン バハンティ ウムッタヌ ザーユ ンツァススク プスヌ アツァマリ ケーワヤ（10人くらいと思っていたのに、座を満たすほどに人が集まってきたねえ）。

ンツン [ntsuŋ]〔自〕
満つ。満ちる。「ミツン」とも言う。【例】バタヌ ンツッタラ ニフタハーサー（腹が満ったら〈満腹したら〉、眠たくなったさ）。

ンナー [nna:]〔助〕
～には。【例】ウリンナー ヌー スーバン ハナーヌン（そいつには、何をしても敵わない〈勝てない〉）。

ンナグヮ [nnagwa]〔名〕
〈動〉貝の名。タカセガイ（高瀬貝）。沖縄語の移入語。貝の形状から「チビトゥガヤー（尻とんがり）」の名もある。【例】ンナグヮヌ クーヤ ダイダカハッタンドゥラー（高瀬貝の殻は、値段が高かった〈高価だった〉よ）。僕たちが子どものころ、衣服のボタンは貝製のものが多かった。高瀬貝はその花形だったようで高価で売れた。

ンナドゥゲーリ [nnaduge:ri]〔名〕
空（から）叫び。大声で叫ぶこと。通常は語頭の「ン」が脱落して「ナードゥゲーリ」と言うことが多い。【例】ウタ イゼーッタナ クイユ シブリッサナ ンナドゥゲーリバ シーブルワヤ（歌を歌いながら、声を絞れずに大声を張り上げているよ）。

ンニ[nni]〔名〕
　胸。胸板。【例】ハラッタユ　キタイッカー　ンニヌ　アチマイヤ　ナルン（体を鍛えると、胸板が厚くなる）。

ンニ[nni]〔名〕
　棟。棟木。「ンニギタ（棟桁）」とも言う。【例】ヤーヌ　イチン　ウイナー　ノース　ザイギユドゥ　ニニッティ　シタ（家の一番上に載せる材木を、棟木と言った）。

ンニアギ[nniʔagi]〔名〕
　棟上げ。【例】ヤーユ　タティル　バソー　パラバ　タティ　キタバ　バタシ　イチン　ウイハ　ンニユ　ノースヌ、ウリユドゥ　ンニアギッティ　イズ（家を建てる場合、柱を建てて桁を渡し一番上に棟木を載せるが、それを棟上げと称した）。棟木には、「天官賜福紫微鸞駕」と墨書した。

ンニウチ[nniʔutʃi]〔名〕
　胸の内。内心。【例】ンニウチユ　プラキ　ミシラリッカラー（胸の内を開いて、見せられたらなあ）。

ンニギー[nnigi:]〔名〕
　棟木。「ンニ（棟・棟木）」「ンニアギ（棟上げ）」参照。

ンニスク[nnisuku]〔名〕
　胸の底。【例】ウヤヌ　トゥシキ　ムヌイヤ　シカイットゥ　ンニスクナ　スミティ　アラキヨラー（親の説き教える言葉は、しっかり胸の底に染めて行動しなさいよ）。

ンバ[mba]〔感〕
　いや。嫌。否。「ンーバ」とも言う。【例】ウヴァー　ピントーヤ　〝ンバ〟ヌ　ウラハヌ（お前の返答は、〝否〟が多すぎる）。

ンブサー[mbusa:]〔名〕
　煮しめ。【例】ナビラトゥ　トーフトゥ　アーカシイズトゥユ　ミスシ　アジバ　シキ　ンブサー　シーッカ　シカイットゥ　マーハン（ヘチマと豆腐と炙り魚とを、味噌で味つけして煮しめにするとすこぶる美味しい）。

ンブシ[mbuʃi]〔名〕
　煮しめ。「ンブサー」と同じ。

ンブスン[mbusuŋ]〔他〕
　煮しめる。蒸す。【例】①ゴーヤヤ　イラカンスクン　ンブシ　ヴァーバン　マーハンドゥラー（ゴーヤは炒めずに、煮しめて食べても美味しいよ）。②ウンヌムチン　アーラシコーシン　ンブシドゥ　スクル（芋の餅もアーラシコーシ＝蒸し菓子も、蒸してが作る）。

ンブラーサン[mbura:saŋ]〔形〕
　貫禄がある。堂々としている。「ウブラーサン」と同じ。

ンブリルン[mburiruŋ]〔自〕
　蒸れる。蒸し暑くなる。【例】①ムチェーメー　ンブリ　ブルワアラヌン？（餅は、もう蒸れているんじゃないの）。②ナチェー　アミヌ　ヴーマイヤ　ンブリプソーダ（夏は、雨が降る前は蒸し暑くなる）。

ンベー[mbe:]〔感〕
　擬音語で、山羊の鳴き声。

ンボー[mbo:]〔感〕
　擬音語で、牛の鳴き声。

ンボーマ[mbo:ma]〔名〕
　〈動〉貝の名。ハナマルユキ。見出し語は「子牛」に似ているところから付いた名。タカラガイ（宝貝）やコヤスガイ（子安貝）のこと。水玉模様の艶肌の美しいやや大きめの子安貝は、夜光貝の蓋と共に文鎮代わりや葉タバコのシワ延ばしに用いられた。

ンマ[mma]〔名〕
　午。十二支の7番目に位置する。南の方角を表す。【例】マディマリ（午年生まれ）。馬は「ンーマ」と言う。【例】フキナータベー　ンマピチヌ　ハジヌドゥ　ジンプー（沖縄への旅は、午未の風＝南南西の風が順風である）。琉球王国時代の沖縄島への旅は帆船で、ンマピチ（午未）＝南南西の方角か

ら吹く風が追い風＝順風であった。

ンマヌパ[mmanupa]〔名〕
午(うま)の方向、すなわち南方。通常は語頭の「ン」が脱落して「マヌパ」と言う。「マヌパ」の項参照。

ンマピチ[mmapitʃi]〔名〕
「午未(うまひつじ)」で「南南西」の方角。「カリユシヌ キユイディ ンマピチヌ マリカジ（嘉例吉の今日の船出は、午未〈南南西〉の順風に恵まれた／八重山民謡〈海上節(かいしょうぶし)〉より）」。「ンマ（午）」の項参照。

ンムニー[mmuni:]〔名〕
芋のお握り。「ウムニー」とも言う。【例】ウンヤ ウヌママ ヴォーッキンナ ンムニーハ アマミユ イリ ヴォーッカ スーック マーハーッタ（芋はそのまま食べるよりは、お握りにして小豆を入れて〈混ぜて〉食べると非常に美味しかった）。

芋（甘藷）は、形がよくて虫食いのないのはそのまま煮て皮を剥いて食するが、形のよくないものや虫食いのものは虫食い部分を取り除いて煮たあとイビラ（大きい杓文字(しゃもじ)）でつぶしお握りにして食する。芋のお握りはユナ（オオハマボウ）の葉を両掌に載せてほぼ真ん丸に作った。直径10センチメートルくらいのやや大きめのお握りを4等分にして食した。芋のお握りには食味を良くするために小豆を入れたが、そうすると格段に美味しくなった。

ンーナ[n:na]〔名〕
姉。名前のあとに付けて呼ぶ場合は「ンナ」と長音が消える。「ヒデ ンナ（秀姉・秀姉さん）」「ツルコ ンナ（ツル子姉・ツル子姉さん）」「ヤスコ ンナ（泰子姉・泰子姉さん）」のようになる。すぐ上の姉・智子だけは、なぜだか呼び捨てである。ごめんなさいトモコ ンナ（智子姉・智子姉さん）。

ンーナマ[n:nama]〔名〕
3番目の姉、または末の姉。ウブナ（長姉）・ナハナ（次姉）。

ンーバ[m:ba]〔感〕
いや。嫌。否。「ンバ」と同じ。【例】ンーバッティ タンカ イザンスクン オーッティ イズヨーン シーリバ（嫌とだけ言わずに、はいと言うようにしなさい）。

ンーマ[m:ma]〔名〕
〈動〉馬。【例】ビャーハ シマナーヤ ンーマッキンナ ウシヌドゥ シカイヤッサーッタ（我が黒島では、馬よりは牛の方が使い易かった）。用例のような理由から、黒島で馬を飼う人はごくまれで、牛に関連する言葉は非常に多いが、馬関連の用語はほとんどない。「ウシ（牛）」の項参照。

ンーマ[m:ma]〔名〕
三線の駒。【例】サンシンヌ ンーマヤ タキシ スクレー ムヌヌドゥ イチンゾート（三線に用いる駒は、竹で作ったものが一番上等だ〈よい〉）。

ンーマニ[m:mani]〔名〕
〈植〉クロツグ。「ンーマ（馬）」と「ピニ（髭・たてがみ）」の語頭「ピ」が脱落した「ニ」の複合語。クロツグの葉が馬のたてがみに相似していることからの名称であろうか。（石）マーニ。クロツグの葉柄は、子どもたちの、おもちゃの剣に用いたり高跳び遊びの支柱に用いたりした。「ブーハラ」の項参照。

黒島の諺（抄録）

　知念政範（明治32年生まれ）著『黒島史』（昭和45年刊）および幸地厚吉（明治36年生まれ）著『さふじま―黒島の民話・謡・諺』（昭和62年刊）掲載の諺、ならびに野底善佐翁（明治21年生まれ）、父・當山賢英（明治31年生まれ）の遺稿メモ、叔母・當山ナサ（明治33年生まれ）および母・當山マカニ（明治34年生まれ）からの聞き書きによる諺、その他から抄録した。
　さらに、黒島の諺と類似の石垣の諺および外国の諺の例等は、宮城信勇著『新編増補版　八重山のことわざ事典』（沖縄タイムス社刊・2008年）を参考にさせていただいた。表記および共通語訳については、神山光祐氏（昭和14年生まれ）のご指導を受けた。
　記して、上記の方々には深く感謝の意を表するものである。

（1）一般的事項

【ア】

001　アーッツンヌ　ベーンヌ　ムノーラバン　キョーダイヤ　バキドゥ　ヴォードゥラ（粟粒ほどの物であっても、きょうだい〈兄弟・姉妹〉は分けて食べるのだよ）。「アーッツン」は「粟粒」。「ベーン」は「〜ほど（〜程）・〜くらい（〜位）」で、量を表す接尾語。我が家では、母が口癖のように話していた言葉である。

002　アール　ティダドゥ　ワーム（上がる太陽をこそ拝む）。「寄らば、大樹の陰！」。「ワーム」は「ワームン（拝む）」の連体形。強意の係助詞「〜ドゥ（〜こそ）」に続く動詞は、原則として連体形で結ぶ。

003　アーヤ　ジーユ　イラバンスクン　マキドゥ　ウスクッカ　ヌーバセー　ハトゥナンミールン（粟は土地を選ばず、播いてさえおけばどんな場所でも稔る）。他に粟を擬人化した諺があることを宮良富さん（大正11年生まれ）に教えてもらった。いわく、「マキドーシーッカ　シバナヌ　ウイナーン　ムイミシルン（播いてさえおいたら、岩場の上でも育ってみせる）」。表には登場しないが粟が主役になっていて粟の心意気と生命力の強さが謳われていて、痛快である。
　山も川もなく稲作のできない隆起珊瑚礁の黒島では、粟が主要作物であったことから琉球王国時代には年貢としても納められ島民の命を繋いだのは粟であった。

004　アウユ　シティッティ　ドゥータンカ　シダキ　パルッカー　ユーガラサーンドゥ　ザマンドゥラハリ（仲間を見捨てて自分だけ先に行くと、ユーガラサーに惑わされる）。友情の大切さを説いている。「ユーガラサー」は「夜烏（夜鳴く鳥）」のことで、不吉なことだとされている。夜烏は、宮城信勇著『新編増補版　八重山のことわざ事典』ではカラスではなく「ほしごい（五位鷺の幼鳥）」だと説明されているが、黒島では「夜鳴くカラス」と解釈されている。

005　アギヌ　プリムノー　ビキドゥン（陸の狂れ者は、男である）。誘惑に負け、愚かなこ

とをする馬鹿者は男である。「プリムノー（狂れ者は）」は、「プリムヌ（狂れ者）」の語尾「ヌ」と係助詞「～ヤ（～は）」の融合・約音。日常語では、このような用法は頻繁に用いられる。

　俗に「男はソーキブニ（あばら骨）が足りない」と言うが、お調子者で思慮の足りない男への痛罵（つうば）。ちなみに「海のプリムヌ」は、人に騙されて釣られる「魚」だとか。

006　アサハンナルヌ　ナルッカー　トゥナルハン　パンナ（朝雷が鳴ったら、隣にも出かけるな）。朝の雷は、大雨の予兆であるという警告である。

007　アシヌ　パリスク　パタラクッカー　ピーラケー　ナルン（汗が出るほど働くと、涼しくなる）。「心頭（しんとう）を滅却（めっきゃく）すれば火もまた涼し」。「ピーラケー」は、「ピーラケヘン（涼しい）」の語幹「ピーラケ」の語尾が長音化し、名詞化した語。炎天下での農作業などの場で、「暑い、暑い」とぼやく若者への年配者の叱咤の言葉である。発汗作用が暑さを和らげるという生理現象を肌で感じることができたのは、デイゴの木陰に入ってハーチバイ（夏至（げし）のころの南風（はえ））にあたったときであった。

008　アッタラサール　ヴァーユドゥ　イズ（可愛い子をこそ叱る）。「イズン」は「言う・叱る・歌う」などの意があるが、「いさう（叱ふ）（いさ）」「いさめる（諫める）（いさ）」と関連する語であろうと言う。
　可愛いからこそ、甘やかさずに育てることの重要さを説いている。我が国の諺には「可愛い子は棒で育てよ」があり、外国にも「鞭を惜しめば子どもが駄目になる」（ドイツ）、「鞭を惜しんで子どもを駄目にせよ」（イギリス）などがある。「愛の鞭」が一切認められない昨今の風潮からするといささか過激な気がするが、「愛の鞭」はいかなる場合でも許されないものなのだろうか。

009　アツァッティン　アリドゥ　シー（明日という日もある）。明日もあるのだから、無理して今日中にやることもなかろう。「待てば海路の日和あり」と同趣旨の諺である。

010　アツァヌ　アンティ　ウムーナ（明日があると思うな）。やるべきことは今日中に済ませて、明日があると思って気を緩めるな。〔009〕と真逆のことを言っているが、諺の世界にはこのような例は多い。

011　アトゥフードゥ　マーフー（後の幸運こそが真の幸運である）。辛抱強く待てば真の幸運に出合う。「待てば海路の日和あり」。「フー」は「カフー（果報・幸運）」のこと。往時の農民にとって最高の幸せを意味する言葉は「ユガフ（世果報（ゆがふ）＝豊作）」で、伝統歌謡のなかで豊作・豊穣を意味する用語として頻繁に登場する。功をあせる者への戒めで、我慢の大切さを説いている。

012　アナー　プルッカー　フターチ　プリ（穴を掘るなら、2つ掘れ）。他人を落とすための穴を掘るなら自分の落ちる穴も用意して、2人分の穴を掘れ。仕返しされて自分も落とされることを覚悟せよ。英・仏・独・露・ネパール・マレーシア・インドネシアにも「他人に

穴を掘る者は、自らこれに陥る」ということわざがあるという。

013　アバレヘ　ミドゥモー　ナハー　ナーヌン（美しい女性は中身がない〈美人は情が薄い〉）。「アバレヘ」は、「アバレヘン（美しい・綺麗な）」の連体形。「ミドゥモー」は「ミドゥム（女性）」と係助詞「～ヤ（～は）」の融合・約音化した語。この諺集では、女性に対する厳しい評価・批評が目立つ。概して男尊女卑の価値観に色濃く彩られていて、現在の男女平等の感覚からすると違和感をおぼえるものが少なくない。それにしても、「美人」に対する批評は酷すぎるなあ、美人だって人それぞれだろうにねえ。

014　アバレヘ　ミドーヌ　ファー　ナシ　ムノー　アラヌンドー（綺麗な女の子を産むもんじゃないよ）。美人は、役人の賄女＝現地妻にされるから、という娘や孫娘たちへの戒めの言葉。琉球王国時代の「賄女」の本来の役割は、単身赴任の役人の身の回りを世話するだけだったはずだが、実際には役人の任期中限定の現地妻を強要された。その犠牲になった往時の女性が、異議申し立てをした魂の叫びである。

015　アボー　ミツァハリルヌ　フチヌ　アボー　ミツァハルヌン（〈自然の〉洞穴は満たされるが、口の穴は満たされない）。自然にできた穴は満たすことができるが、人間の口の穴はいくら中へ物を入れても満たされない。生きている限り口の穴へ何かを入れ続けなければならない。「アブ」は自然の洞穴を言い、人工的な物は「アナ（穴）、」と言う。「アボー」は「アブ　ヤ」の意で、係助詞の「～ヤ（～は）」が「ウ段」に接続する場合は約まって「オ段」になるという法則によっている。〔014〕の「ムノー」も「ムヌ　ヤ」の約まった語。

016　アマハー　ナウハリルヌ　サクラハー　ナウハルヌン（味の淡いのは直せるが、塩辛いのは直せない）。「アマハー」は「アマハン（味の淡い・薄い）」の語幹「アマハ」の語尾が長音化し、名詞化した語。「サクラハー」も同じ。料理のこつは、まずは薄味にして、それから適宜調味料を加えて味を調えることだという教え。

017　アミヌ　ヴゥイドゥ　ジーヤ　ハタマル（雨が降ってこそ、地は固まる）。「雨降って地固まる」。一時は悪いように思われるが、そのためにかえって結果はよくなる場合がある。家族間での言い争いのあと、我が家では父がよく口にした諺である。

018　アラシマイフナーッキン　シカイマイフナー（作り上手より、使い上手が大事である）。たくさん手に入れるより、手元にある道具を上手に手入れして巧みに使いこなすことが大事である。「アラシマイフナー（作り上手）」は、「アラスン（こしらえる・手に入れる・分配する）」の連体形「アラシ」と「マイフナー（利口者・働き者）」の複合語である。

019　アルッカー　アル　クラシ　ナーナッカ　ナーン　クラシ（有れば有る暮らし、無ければ無い暮らし）。現状に従い、あるがままに淡々と暮らすことを奨励しているのか、無い時に備えて有る時に節約すべきだと戒めているのか。

020 アル　リーヤ　トーシナ　ナーン　リーヤ　タティナ（ある例は倒すな〈絶やすな〉、ない例は立てるな）。伝えられている先例は途絶えさせてはならず、新しい例（習わし）は無闇に取り入れてはならない。超保守主義的な考えである

021 アンティーン　サニヤシーナ　ナーンティン　ハマラサシーナ（有ると言って喜ぶな、無いと言って悔しがるな。）「物欲にこだわるな・金は天下の廻り物」。〔019〕との関連で言うと、どうなるのだろうか。

022 アンヌ　ムトゥ　ブンシン　ピナルン（蟻の運ぶ分でも減る）。「塵も積もれば山となる」の逆現象。僕が中学生のころ、隣のお爺さんが畑からの帰り、必ず一抱えのススキの枯れ枝やソテツの枯葉を運び山羊小屋の片隅に積み上げて置いた。やがて製糖時期になり、お爺さんの運んだ材料は製糖用の燃料として立派に役立った。

　じつは、お爺さんが運んだススキの枝やソテツの葉は他家の人が製糖用の燃料として切り倒し、または切り落としてあったものだったのだが、誰もお爺さんの行為を咎めることはしなかった。それどころか僕の父は、自分より一回りも年配のお爺さんの行為を「塵も積もれば山となる見本だ」と称讃をこめて話してくれた。

【イ】

023 イードゥシユ　トゥミッカー　タタミヌ　パナンドゥ　ビル（良い友と交われば、畳の上に座る）。良き友との交流は人生を豊かにするが悪友との交流は人生を破滅に追い込むことがあるので、良き友を選べと教える。

024 イクサユーバ　フキキードゥ　マヌマヌユー　ナレール（戦争時代をくぐりぬけて来て、今の時代になった）。もう二度と「イクサユー」は、味わいたくないという気持ちがこめられている。

025 イザリ　シタカリドゥ　マイフナー　ナル（叱られ叩かれ〈厳しく躾けられ〉てこそ、意思堅固な人に育つ）。僕たちが子どものころ、「愛のムチ」は当たり前のことであったが、現今は「いじめ」や「虐待」とみなされる恐れがあるので、あらゆる面で「躾」の仕方は難しいことであろう。

026 イジヨーヌ　アルッカー　シキヨーヌ　アン（言い方次第で、聞き方も違う）。八重山伝統歌謡の代表的な教訓歌〈でんさ節〉の「ムヌイザバ　チチシミ（言葉は慎重に発せよ）」と通底する内容のことわざ。自分では何でもないと思って発した言葉が、相手を傷つけ取り返しのつかない結果をもたらすことがある。

027 イシマセー　クイラリルヌ　プスマセー　クイラルヌン（石垣は越えられるが、人間という垣すなわち人格は越えられない）。「マセー」は、「マシ（籬。竹・木などで作った垣）」と係助詞「〜ヤ（〜は）」の融合・約音化した語。このことわざは、「人の和に勝る壁はない、

人の絆を大事にせよ」とも解釈できる。そうすると山梨県の民謡〈武田節〉の一節「人は石垣　人は城（人の和こそが難攻不落の石垣であり城である）」にも通じる。

028　**イシン　キーン　ニガイ　ワームッカー　ハン　プトゥキドゥ　ナル**（石も木も願い拝むと、神にも仏にもなる）。全国の津々浦々にある「鎮守の森」も沖縄の各地にある「御願所・御嶽」もこのことわざの精神に通じるもので、自然の大切さとそれを保護することの重要さを説いた「自然への畏敬の念」を表出したものではないだろうか。

029　**イタンダ　ムノー　ダイダハ　ムヌ**（只のものは、高くつく）。「ただ酒は飲むな」。「ムノー」は「ムヌ（物）」と係助詞「〜ヤ（〜は）」の融合した語。公務に身を置いたなかで、僕がいつも心掛けたことであった。ちょっとした心のゆるみで、公金で私的な飲み食いをして身を滅ぼした人もいた。私的なつきあいのなかでも一方的な「ただ酒」には気をつけたいものである。

030　**イントゥ　マヤ**（犬と猫）。仲の悪い者同士の譬え。ペットを扱ったテレビ番組で犬と猫が仲良くじゃれている様子をよく見かけるが、あれは訓練によるものだろうか。

【ウ】

031　**ウインナー　ウイヌ　アン**（上には、上がある）。上には上があり、限りがない。あまり高望みをするなという戒めとも解釈できるが、世間にはつねに自分より優れた人がいるから謙虚にふるまえ、という教訓でもあろう。

032　**ウイプソー　シカイドゥ　パダ**（老人は、働かせるのに適当なころあいである）。「いたわる気持ちから大事にしすぎるのは禁物」。「ウイプソー」は「ウイプス（年寄り）」と係助詞「〜ヤ（〜は）」の融合・約音化した語。「パダ」には「肌」の意味以外に「ころ。とき。時期。時代。」等の意味もあって、ここの「パダ」は後者の用法。大事にされすぎた年寄りがなにもさせてもらえず、結果的に手持無沙汰の末、早々に惚けてしまった例をよく耳にする。

033　**ウイプソー　タカラ**（年寄りは宝だ）。
〔032〕との対比で言うと、「宝」の扱い方こそが肝要で、それを誤ると年寄りの人生を損ねてしまいかねない。年寄りにはそれ相当の役割を担ってもらい、生き甲斐を感じながら長寿を全うしてもらうのが一番である。

034　**ウイプソー　ハタミートゥ　ハタミンヤ　ザイ　ベーリ**（年寄りは片目と片耳は塞いでいよ）。「老いては子に従え」と言うことか。「ザイ　ベーリ（塞いでいよ）」は「ザウン（塞ぐ）」の連用形「ザイ」と「ブン（居る）」の命令形「ベーリ」から成っている。年寄りが自らに「片目と片耳は塞いでいよ」と言い聞かせ物事を若者に任せようという場面なのか、逆に若者が年寄りに向かっていちいち指図することを嫌がって言っている場面なのか。世代間の対立・確執は今も昔も変わらない永遠のテーマだと思うが、相互に尊重し上手に折り合い

をつけていきたい。

035 **ウイプソー　ヤラビトゥドゥ　アマイル**(老人は、幼児とこそ歓び戯れる)。「アマイルン」は共通語にはない沖縄独特の言葉で、「歓イルン」の字を当てる。童心に還った年寄りの微笑ましい姿を描写しているのか、俗に「子より孫が可愛い」とされていることを表現しているのか。

036 **ウカー　ハザヌ　パウニンドゥ　パイパル**(借金は蔓草(つるくさ)が這うように、止めどなく広がっていく)。「ウカー」は、「ウカ(負債・借金)」と係助詞「～ヤ(～は)」の融合・約音化した語。身の周りに「サラ金(サラリーマン金融)」に手を出し、にっちもさっちもいかない人の例は枚挙にいとまがない。沖縄県内のラジオ・テレビで、「サラ金の過払い金調査」を促すコマーシャルが頻繁に流されるが、他府県でも同様な状況にあるのだろうか。どうも沖縄県特有の社会現象のような気がするのだが……。

037 **ウカトゥ　ヤンヤ　ハザミナ**(借金と病気は隠すな)。人知れず自分一人で悩み藻掻(もが)くのではなく、周囲の人に打ち明けて相談しその知恵を借りて対処したほうがよいという教えである。

038 **ウクナイヤ　ムスヌ　プーヌ　トゥールニン**(行ないは莚(むしろ)の筋の通るように真っすぐに)。沖縄の代表的な反骨の政治家・瀬長亀次郎は、演説のなかでこのことわざと同趣旨のことを述べ自らの反米闘争の正当性を主張した。高校生のころ聴いて感動した亀次郎節は、今も鮮明に脳裡に残っている。

039 **ウシェー　シカヤターナドゥ　フドゥバス**(牛は、使役に用いながら成長させる)。牛を役畜として使用するには、ある程度成長させてから行なうものであるが、島仲清さんは十分に成長しない牛に鞍を掛け荷車を曳かせ、用例のようなことを述べたそうだ(甥の榮一談)。牛は成長するにつれ力も強くなる半面、気性の荒い牛は扱いにくくなるが小さい牛は扱いやすいという利点もあり、使いながら成長させるのがよいということで一つの見識であったろうと思われる。

040 **ウター　イズプスドゥ　ヌシ**(歌は、歌う人こそが主である)。歌は歌う人が主人公で、どんな歌い方をしようがその人の自由勝手である。型にはまった歌い方を排除する考え方である。特に、教本「工工四本」のなかったころは、先人の歌い方を一通り身に付けると、あとは自分の個性を思いっきり発揮して自分の思い通りの歌い方が許されたのだろうし、そういう雰囲気が漂うことわざである。

041 **ウター　プスハラ　ナラウッカ　シグ　プスン　ナラーシバドゥ　パーク　ウブイラリ**(歌は人から習ったら、ただちに他人に教えると早く覚えられる)。八重山古典民謡の大家・天久用立師匠の教えで、その門下・大濱安伴師匠から聞いた金言である。「ナラースン」は、「ナラウン(習う)」の使役形で「習わせる」すなわち「教える」の意となる。そもそも黒島語(広

くは八重山語）には、共通語のように「習う」と「教える」の２つの独立した用語がなく、「ナラウン（習う）」の使役形「ナラースン（習わせる）」が「教える」の意味に用いられる。

042 ウブトゥンヌ　ビル　ハトゥンナー　パニヌドゥ　ウティル（大きな鳥の止まる所には羽が落ちる。高官が来島するときは大きな土産を持って来る）。沖縄県知事公室秘書課に勤務していたとき、大田昌秀知事の随行で八重山に出張した機会に、日程をやりくりして知事を黒島に案内した。島民との行政懇談会を開き、その場で出された「港の待合室設置」の要望に応え、翌年には同待合室が建設された。その延長線上で、僕が総務部財政担当次長のときに予算化した「黒島港から保里部落・黒島校・東筋部落までの幹線道路」が整備され、このことわざの通りのことが起きたのであった。

043 ウブヤームトゥヌ　ユメー　バチ　ハビムヌ（元祖家の嫁は罰かぶり者で、苦労が絶えない）。「バチ　ハビムヌ」は、いささかきつい表現だが、往時はそれくらい心労が絶えなかったということであろうか。

044 ウブンヤ　ガシ　パマイ（モロコシは、飢饉の時の食糧）。まずい飯の譬(たと)えか。特に美味しい穀物ではなかったが、とりわけ不味いというわけでもなかったのに、ウブン（モロコシ）には、気の毒な感じのする諺である。

045 ウブンヤ　ジー　パガシムヌ（モロコシは土地を痩せさせる作物）。幹の太さ、丈の大きさに応じ根の張り具合も粟や黍などとは比べ物にならないところから、土壌の養分を大量に吸収し、土地を疲弊させたのであろう。

046 ウムハトゥヌ　アルニンドゥ　ムヌイヤ　イズ（分別のあるようにこそ、言葉は言う）。ものの言い方をみれば、その人の思慮分別の度合いが分かる。

047 ウヤケー　トゥキヌドゥ　マーリ　フー（福運は、その時がかならず巡って来る）。「待てば海路の日和あり」。「ウヤケー」は、「ウヤキ（裕福・福運）」と係助詞「〜ヤ（〜は）」の融合・約音化した語。

048 ウヤッファ　ハイヤー　ヴァーハラ（親子の仲が良いのは、子の心掛けが良いから）。八重山古典民謡〈でんさ節〉の一節。

049 ウヤトゥヌピートゥ　エンリョヤ　シームヌ　アラヌン（親との性交と、遠慮はするものではない）。

050 ウヤヌ　クイヤ　ハンヌ　クイ（親の声〈意見〉は、神の声〈意思〉と思ってよく聴け）。「ウヤヌ　ムヌイヤ　ハンヌ　ムヌイ（親の言葉は神の言葉、と同じ）。

051　**ウヤヌ　コー　スーバドゥ　ヴァーン　コー　シーラリ**（親の孝をしてこそ、子に孝をされる）。

052　**ウヤヌ　ナハン　ヴァーヌ　ナハン　パイリ　ミラナーッカ　バハラヌン**（親の心も子の心も、中を覗いて見ないと真意は分からない）。たとえ親子の間であっても、親が子の本心を、または子が親の本心を理解することは容易ではないということを説いている。

053　**ウヤヌ　ピカルッカー　ヴァーン　ピカルン**（親が輝けば子も輝く）。「親の七光」。逆に子が親の名を上げることもある。八重山民謡の〈あがろーざ節〉では、「立身出世して、親の名を轟かせお守りしてくれたお姉さんの名を上げておくれ」と歌っている。

054　**ウヤヌ　ブンゲー　アマジヌ　キートゥ　アーシ　パズバン　パザルヌン**（親の恩義は毛髪の数に合わせて返そうとしても返せない）。

055　**ウヤヌ　マーラスカ　ニバリルヌ　ヴァーヌ　シヌッカ　ニブミーン　ニバルヌン**（親が亡くなっても眠られるが子に先立たれると眠ろうにも眠られない）。「逆縁の苦痛」。

056　**ウヤヌ　マーラシハラドゥ　ウヤヌ　プコーラサー　バハル**（親が亡くなってから、親の有り難さは分かる）。

057　**ウヤヌ　ムヌイトゥ　ナサビヌ　パナトー　アダ　ナーヌン**（親の言葉とナスビの花とは、無駄がない）。

058　**ウヤヌ　ムヌイヤ　ハンヌ　ムヌイ**（親の言葉は、神の言い付けと受け止めよ）。親への尊敬と信頼が前提されている諺である。

059　**ウヤベー　ドゥーハドゥ　ブル**（指は、自分に向けて折る）。「我田引水」。「ウヤベー」は「ウヤビ（指）」と係助詞「〜ヤ（〜は）」の融合・約音化した語。「ウヤビ」は共通語の古語「および（指）」に対応する黒島語。「および→ウユビ→ウヤビ」の音韻変化が考えられる。

060　**ウヤユ　ウムイナス　ヴァーヤ　ヴァーンドゥ　ウムイナハリ**（親をいじめる子は、子にいじめられる）。

061　**ウヤユ　ウグナウッカ　ヴァーンドゥ　ウグナーリ**（親を虐待すると、子に虐待される）。

062　**ウヤユ　シカウ　ヴァーヤ　ヴァーンドゥ　シカーリ**（親を酷使する子は、子に酷使される）。

063　**ウヤン　パーハ　シティラリ　ヴァーヌドゥ　タマセー　イル**（親に早く死なれた子ど

もこそが、立派に育つ）。思い当たる該当者が身近にいて、逆境に鍛えられ成功したのだと合点できる。

064　ウン　プル　ハイヤー　ミドゥモー　パタキヌ　ザーユ　タニ　キサスン（芋掘り上手な女は、畑の雑草を種切れさせる）。黒島では、芋の収穫は探り掘りで女性の仕事であったことから、気の利いた女性は芋を掘りながら目につく雑草はそのつど引き抜いたのである。

【オ】

065　オーヌ　バラサーッティ　ナーヌン（はい、と言って悪いことはない）。素直・謙虚な性格を推奨している。

【カ】

066　ガラシヌ　フニ　ンカイ　ナキ　シーッカ　タビハラヌ　イーソーヌ　シカリルン（烏が船を迎えて鳴くと、旅先から良い便りがある）。

【キ】

067　キーナキヌ　ナンヌ　ウーミジブンヤ　ハトーッシヌ　マージキ（マルバチシャノキの熟する時分〈時期・頃〉は、タカサゴ捕獲の絶好期）。白い花には芳香があり、実は熟すると黄色くなる。楕円形の葉には固い毛が密生しているので、床、柱などの垢を落とすのに用いた。

068　キーヌ　スラー　ミラリルヌ　プスヌ　スラー　ミラルヌン（木の梢（こずえ）はみられるが、人の末〈将来〉は見られない〈見通せない〉）。木の梢はどんなに高くても見ることができる。しかし、人の行く末はどのように発展するのか見通すことはできない。身近で見てきた人々の消長についても、学校での成績とは関係なく社会人になって失速したり大成したり、さまざまである。

069　キーヌ　キシェー　シカーリルヌ　ムヌイヌ　キシェー　シカールヌン（木の切れ端は使えるが、言葉の切れ端は使えない）。されば、半端な物言いには気を付けるべし！

070　キーヌ　マガレー　ナウハリルヌ　プスヌ　マガレー　ナウハルヌン（木の曲がりは直せるが、人の曲がり〈癖〉は直せない）。

071　キサバン　ムッサバン　ウヤー　ウヤ　ヴァーヤ　ヴァー（切っても千切っても、親は親、子は子である）。

072　ギッカジヌ　ナンヌ　アカハ　ナルッカー　ハトーッシヌ　ジキ（ゲッキツの実が赤くなると、タカサゴ魚の捕獲時期）。

073　キナイヌ　ハイヤー　ヤーハドゥ　フクヌハンヤ　ワール（家庭の平穏な家にこそ，福の神は来られる）。

074　キナイムティ　ハイヤー　ユミハラ（一家の和睦・平穏は、嫁の立ち居振る舞いから）。

075　キムダカ　ミドゥンヤ　ヤー　ムタヌン（気位の高い女性は、家計を切り盛りできない）。八重山古典民謡〈でんさ節〉の一節より。

076　キムヌ　アルッカー　フクン　アン（肝が有れば肺もある）。「魚心あれば水心あり」。

077　キョーダイハイヤー　ウシトゥハラ（兄弟の睦ましさは、弟から〈弟の心掛け次第〉）。

078　キョーダイヤ　マミッツンヤラバン　バキドゥ　ヴォー（きょうだいは豆粒でさえも分けて食べるものだ）。〔001〕参照。

【ク】

079　グーシユ　ヌマシミリドゥ　プスヌ　タケー　バハル（酒を飲ませてみてこそ、人の器量〈本性〉は分かる）。悪い酒癖は、なかなか直らないことへの警鐘。

080　グマー　シチユドゥ　イラブ（胡麻は、蒔く時期を選ぶ）。時期を間違えると、稔らないぞ。

081　グマヌ　マキシチェー　プクンヌ　ビチンヌ　ンジバナ（胡麻の蒔き時は、福木の新芽の出るころ）。

【ケ】

082　ケンギキーヌ　ザーラナヤ　ケンギキーヌドゥ　ムイル　ウジキーヌ　ザーラナヤ　ウジキーヌドゥ　ムイル（真木の下では真木が生える、デイゴの下ではデイゴが生える）。「子は親の背中を見て育つ」。

【コ】

083　コイヅワー　パタキヌ　シンザハラー　ゾットー　シター　マルヌン（肥料の効きすぎた畑のサトウキビからは、上質の砂糖は生まれない）。

084　コーキヌ　プスブリ（堅い木の、一折れ）。「強健な人の急死」。堅い木が案外折れやすく、人間も丈夫そうな者がぽっくり死ぬことがある。丈夫な者でも身体、健康には気をつけなくてはいけないよ、という戒めである。

085　コッコーヌファー　タビ　シミッカー　マヌパハジヌ　マリルン（親孝行の子を旅させると、午(うま)の方角の風＝南風＝順風が生まれる〈吹く〉）。昔の旅といえば、石垣島か沖縄本島

へ帆船で行くことだったから、午の方角の風＝南風は順風である。

086 コンヌ フタユ ウタリケーヤ ムヌナライ シーリ（棺の蓋が打たれる〈蓋が閉まる〉までは、物習いせよ）。「生涯学び続けよ」。死んで棺の蓋が閉まったあとで、その人の本当の価値が分かるのである。生きている間だけでは、人間の真価は見定められない。

【サ】

087 サキヌ パツェー ナナパチ アン（酒の初〈お初〉は、七初ある）。ここの「パチ（初）」は神仏に捧げる「お初」のこと。お初として使った酒に新しい酒を少し注ぎ足して、またお初として繰り返し使う。物資の乏しい時代にはこのような知恵を働かせた。

088 サキ ヌンプソー サキ ヌンプスヌ ヤーハドゥ スラウ（酒飲みは、酒飲みの家に集う）。「類は友を呼ぶ」。

089 サニヤー バッシルン ニッタハー バッシラルヌン（嬉しさは忘れるが、憎さは忘れない）。嬉しいことや楽しいことは忘れることもあるが、憎しみや恨み事は忘れようとしてもなかなか忘れられない。

090 ザリ ムヌハドゥ パイヤ シドゥウ（腐った物にこそ、蠅はたかる）。蠅にたかられないように、身も心も清潔・潔白でありつづけたい。

091 ザリ ヤマッタヤ ドゥーヌ ハザヌドゥ ハバサー（臭いゴキブリは、自分の臭いが香ばしい〈好き〉）。「蓼食う虫も好き好き」。

092 サングナーヌドゥ サングナーヤ バラウ（不節操な女こそが、不節操な女を嘲笑する）。さて、浮気男同士は如何。

093 サンナンヌ ハキマハル（三男の欠け碗）。親の財産分与で長男のみが大事にされた時代の話。現在は民法により男女平等に分与を受けることが出来る。ただ、そのことによって仲のよかった兄弟・姉妹が財産分与を廻って醜い争いを繰り広げる話を聞くと、子に財産を残すことの功罪を考えてしまう。「児孫のために美田を買わず」。「子に美田は残すな」。

【シ】

094 シーヤ クイ ヌマハバン ヴァーヤ スダティラリルン（乳は請い飲ませても、子は育てられる）。すこし事情は違うが、母の高齢出産と戦時中の食糧難のなかで、母から満足にオッパイをもらえなかった僕は、姉の子である年上の甥の残り乳を飲んで命をつないだという。感謝！

095 シキガクムン（聞き学問）。「耳学問」。他人の話を聞いて得た知識。聞きかじりの学問。

096 シキ ピヌツェー プスヤ マタヌン（月日の流れは、人を待たない〈人の都合は聞かない〉）。「歳月人を待たず」。

097 シキ ピヌツェー ユダン スーヌン（月日の流れは、油断しない〈瞬時の淀みもなく経過する〉）。

098 シキヌユーヌ クマスムイヤ ヨーガリ マーハナーヌン（月夜の〈頃の〉コブシメは、痩せていて美味しくない）。コブシメは非常に憶病で、月夜の光を恐れて餌を求める行動をしないからだという。この話は、漁師のカナー兄さん（兼久善永氏・昭和4年生まれ）に教えてもらった。石垣島のことわざにも似たようなものがある。いわく「チュキゥヌユーヌ イベゥー ミゥー ネーヌ（月夜のエビは身がない）」。

099 シキン ザーン ムノー パンヌ ミーハラ ティンユ ミル（世間知らずの人は、針の穴から天を見る）。「井の中の蛙」。

100 シキンヌ フツェー ミッカドゥ オーク（世間の口〈噂〉は、3日だけ動く）。噂で世間の人が騒ぐのはせいぜい3日ぐらいで、噂はすぐ収まる。「世間の噂も七十五日」。

101 シキンヤ ウフユタ（世間は、大易者）。世間というものは有能な易者のようなもので、よく先を見通すことができる。

102 シクッカー シケー ハトゥナー シティリ（聞いたら、聞いた所で捨てよ）。不愉快なことを耳にしたら、すぐその場で忘れてしまえという教え。日常的によく経験する出来事なので、是非実行したい。

103 シグトゥヌ ナラン ムノー ダングユドゥ イズ（仕事の出来ない〈下手な〉者は、道具を罵る〈道具のせいにする〉）。

104 シグトゥヌ ノホラー ウシトゥヌ タマ（仕事の残り〈為残し〉は、弟・妹の分担）。〔069〕参照。

105 シグトー ウイ シグトゥンナ ワーリナ（仕事は追え、仕事には追われるな）。仕事の先を見通し、先へ先へと進むべし。

106 シグトー シグトゥヌドゥ ナラース（仕事〔の要領〕は、仕事が教える）。「習うより、慣れよ」に通じる。

107 シグトー ダング ユイ（仕事は、道具の故〈道具如何〉）。仕事がうまくいくかいかないかは、道具の良し悪しによる。〔103〕との対比。

108 シザトゥ ウヤヌ クイヤ ハンヌ クイッティ ウムイ（兄・姉と親の言いつけは、神の教えと思え）。

109 シチズーハラ シキヨーリ（70歳からは、月毎に弱る）。〔関連〕ルクズー・トゥシユール（60歳からは、年毎に弱る）、ハチズー・ピーユール（80歳からは、日毎に弱る）、キューズ・ジカンユール（90歳からは、時間毎に弱る）。「人生50年」と言われたころのことなので、2020年の今はどういう風に言うのだろうか。

110 シトゥスーワー タタリルヌ ブトゥスーワー タタルヌン（舅や姑の強い〈きつい〉のは立たれる〈辛抱できる〉が、夫のきついのは立たれない〈辛抱できない・共に暮らしていけない〉）。「シトゥ」は、「舅・姑（しゅうとしゅうとめ）」の転化した語。

111 シナヌ キセー シカーリルン ムヌイヌ アマレー シカールヌン（縄の切れ端＝使い残りは使える、言葉の余りは役に立たない）。「沈黙は金なり」。

112 シニヤドー ハラハバン シラヤドー ハラシナ（葬式には部屋を貸しても、お産には部屋を貸すな）。

113 シネー ヴァーヌ アバレヘ ピンギ イズヌ ウボホ（死んだ子は綺麗、逃げた魚は大きい）。

114 シバンヌ フキーッケ（小便が漏れるほど）。大笑いして、つい小便を漏らしてしまう状態に言う。

115 シビフギ バーキ（尻〈底〉の抜けた笊）。底の抜けた笊のように、財・物をいくらでも次々と浪費する人。「バーキ」は竹製で石垣島から購入し、黒島ではクージ（トウズルモドキ）で製作した容器「ティル（笊）」を使用した。

116 シマトゥ ムラヌ ヌシッティ ブラヌン ウヌトゥシヌ ヤクザヌドゥ ヌシ（島と村の主という者はいない、その年の役員こそが主である）。

117 シマムヌイユ バッシカー マリジマユ バッシ マリジマユ バッシカー ウヤン バッシルン（島の言葉を忘れたら故郷を忘れ、故郷を忘れたら親も忘れる）。

118 ジリヌ ヴァーヌドゥ ウヤユ シカナウッティ バハラヌ（いずれの子が親を養うか〈親の面倒をみるか〉分からない）。長男が親を養うという旧来の風習が急速に薄れている昨今、このことわざの意味するところは切実である。

119 シワー シーッカ ザイドゥ ムイ（心配〈心労〉したら、白髪が生える）。心労（精

神的な苦労）が重なると、体にも影響して白髪が増えることは経験済みのことである。

120 シワー　シー　フニヌドゥ　ハリユシェー　シー（心配〈周到な準備〉をする船が、安全な航海をする）。「ハリユシ」は、「嘉例・佳例（めでたい先例）」を基にしてできた言葉で「嘉例吉」の字を当てる。

121 シンジチン　アダ　ナルン（真実も、仇になる〈ことがある〉）。されば、時と場合によっては「嘘も方便」と相成るわけだ。

122 ジントゥ　ウヤトー　イチバーキン　アンティ　ウムーナ（お金と親とは、いつまでもあると思うな）。

123 シンドゥーヌ　ウラハーッカ　フネー　マイハ　パラヌン（船頭が多ければ船は前に進まない）。「船頭多くして船山に登る」。指揮する人が多ければ、現場は混乱し前に進まない。

124 ジンハニヌ　ナハー　ウヤッファン　タニン（銭金〈金銭〉の仲〈問題〉は、親子も他人）。金銭のからむ問題は、親子の仲であっても他人同士のように、ときにはそれ以上に厳しく醜いものである。

125 ジンハネー　グソーホヤ　ムティ　パラルヌン（金銭は後生〈あの世〉には持って行けない）。されば、生前に有効に使うべし。

126 ジンハネー　ビールンティ　ウムイドゥ　ハラス（金銭は、呉れると思って貸す）。金銭を貸すときは、その金が戻ってくることを期待せず相手に与えたものと思って貸すがよい。実際の貸し借りで、どういうわけか貸したほうが悪役になるケースが多いことを予見したことわざである。用心！用心!!

127 シンプスヌ　ウラミッキンナ　イキプスヌ　ウラミヌドゥ　スーワ（死人の恨みよりも、生きている人の恨みこそが強い）。「渡る世間は鬼ばかり」。

128 シンプスヌ　パンヤ　パーハン（死んだ人の足は、速い）。人が死んだら息つく間もなく次々と法事が続くので、死んだ人の足がいかにも速いように感じられる。

129 ジンヤ　ジンシドゥ　モーキ（お金はお金でこそ儲ける）。金のある人はますます金持ちに、そうでない人はそうでない人に。でも、本当の仕合わせはどちらだろうか。

【ス】

130 スクルムノー　タタイズーワッカ　ミーラヌン（作り物〈農作物〉は、繁り過ぎると実らない）。すなわち「徒長」。

131 **スクルムノー　ティーハ　パイラバドゥ　ドゥーヌ　ムヌッティ　イザリ**（農作物は、手に入ってこそ自分の物だと言える）。どんなに豊作でも、実際に収穫するまでは自分の物とは言えない。たとえば、収穫間際に台風が来ないとも限らないからである。実際、黒島にいたころ、収穫直前の台風で胡麻や小豆が全滅したことがあり、その状況を見て呆然と立ち尽くしていた父の姿が今も目に浮かぶ。

132 **スクルムノー　ミールッカ　フビドゥ　タリ**（作り物〈穀物〉は稔ると、首を垂れる）。「稔るほど頭を垂れる稲穂かな」。

133 **スブルヌ　オーキバドゥ　ズーヤ　オーク**（頭〈指揮官〉が動けばこそ、尻尾〈配下〉は動く）。

134 **ズンガチン　マク　アーヤ　ミーリ　ナビン　バルン**（旧暦10月に蒔く粟は、実って鍋をも割る）。

【ソ】

135 **ゾーハラー　シキン**（門からは、世間）。「ゾー」は、「門」だけでなく「門の前の道」も意味する。ことわざの意味するところは、門を出ればそこはもう厳しい世間であるから、門を出る瞬間から覚悟を決めよと戒めている。「家を出れば七人の敵あり・渡る世間は鬼ばかり」。

136 **ソッコーグトー　ヌバシヌ　ソッコー**（焼香行事は、延ばして行なうほど情のこもった焼香となる）。どうも言い訳がましいなあ。

137 **ソッコーヤ　マガラシドゥ　シーウヤス**（焼香〈法事〉は、親類の者でして差し上げる）。法事は、ごく身内で行なうべきものであるという意味合いがこめられている。「マガラ」という言葉については本文のなかでも触れたが、共通語の「間柄(あいだがら)」の重箱読み「マガラ」が、沖縄語や八重山語（石垣語・黒島語など）として定着したものではなかろうか。

138 **ソンガツェー　ヤリキン　キサバン　フルマイヤ　パザハキナ**（正月には破れ着物を着ても、赤飯〈ご馳走〉は欠かすな）。「パザハキナ」は「パザハキルン」の禁止形だと思うが、このことわざ（幸地厚吉著『さふじま―黒島の民話・謡・諺集』掲載）で初めて出合った言葉である。石垣語の「パザギルン（機会を逸する・良い条件、運などを取り逃がす）」および鳩間語の「バザキルン（機会を失う・幸運を取り逃がす）」と似ており、それらの語と同系列の語と考えられる。

【タ】

139 **ダイコー　ナナキム　アン**（大工は七つの心を持っている。仕事を頼むときに機嫌をとらないと、どんなひどい目に遭わされるか分からない。どこかの国の権力者への「機嫌取り

＝忖度」に似ていて何だかものがなしい。

140 タキヌ　ファーヌ　ウヤマサリ（竹の子の、親勝り）。竹の子は親竹を追い越して生長することから、親をしのいで子が立派になることを言う。

141 ダゴーナーン　サイフォー　ダングユドゥ　イズ（不器用な大工は、道具を怒る〈道具にけちをつける〉）。

142 タヌマリ　プスンドゥ　タヌマリ（頼める人にこそ、頼める）。頼りがいのある人にしか、頼めない。頼まれたら「もって瞑すべし！」。

143 タビバ　シミミリドゥ　ウムハトゥ　ンジ（旅をさせてみて、思慮分別は出る）。旅に出してみて、独立し苦労して分別・知恵・才覚も身につくのである。されば「可愛い子には旅をさせよ」。

144 タマル　ミジェー　ザリドゥ　シー（溜まる水は、腐る）。つねに、流動し前進しないと停滞し沈滞して腐敗する。

145 ダンゴー　シカウ　プスドゥ　ヌチ（道具は、使う人こそ生命(いのち)）。道具は、使う人の扱い方によって長持ちするかどうかが決まる。

【テ】

146 ティーヌ　ハシキンナ　キムヌ　ハシヌドゥ　プコーラサール（手伝いの加勢より、真心の支援が有り難い）。

147 ティンヌ　ハンナ　ハタピケー　シー　ワーラヌン（天の神は、依怙贔屓(えこひいき)はなさらない）。

148 ティンヌン　ジーユン　フタムシバーケ　ユラスン（天〈の神〉も地〈の神〉も二度までは許す）。「仏の顔も三度」と言うではないか。

149 ティンハ　シン　パクッカー　ドゥーハドゥ　アミル（天に向かって唾(つば)を吐くと自分が浴びる）。「自業自得」。

150 ティンハヤ　パセー　ハキラルヌン（天には橋は掛けられない）。高望みは禁物、足るを知るべし。

151 ティンヤ　ミランスクン　ジーユ　ミリ　アラキ（天は見ないで、地〈足元〉を見て歩け）。足元をよく見て、気をつけて歩け。「〜スクン」は動詞の否定形に接続して「〜しないで」の意を表す。

【ト】

152　ドゥルナビハラドゥ　ハニナビヌ　マリ（泥の鍋から、金の鍋は生まれる）。「出藍の誉れ」。

153　トゥイ、シキ、ナライヌ　パジッティ　ナーヌン（問い、聞き、習い〈教わること〉は、恥ではない）。「習うは一時の恥、知らぬは一生の恥」。

154　トゥーサ　ウトゥザキン　ヤートゥナンヌ　プス（遠くの親戚より、隣近所の人）。イザというときは、遠くの親戚より近くの隣人が頼りになる。しからば、日ごろからそう心得ておくべし。

155　トゥーサヌ　プソー　シキウラマサ　シカハヌ　プソー　ミーウラマサ（遠くの人は聞いて羨み、近くの人は見て羨む）。

156　トゥーヌ　ウヤベー　マータケー　ナーヌン（十の指は、同じ長さではない）。「十人十色」。

157　ドゥーヌ　タケー　ドゥーヌドゥ　バハル（自分の丈〈程度・能力〉は、自分こそが分かる）。自分の能力を、他から過大評価された場合に言う言葉である。

158　ドゥーヌ　タケー　ドゥーヤ　ザヌン　シキンヌドゥ　ジーワール（自分の丈〈程度・能力〉は、自分は知らない、世間こそが知っておられる）。〔157〕と真逆のことを言っているが、物事には両面があり、いずれも真理である。

159　トゥールヌ　ザーラー　ヴァーハン（ランプの下(した)は暗い）。灯台下(もと)暗し。「トゥール」は「灯籠(とうろう)」に対応。近いところの物・事には、かえって気づかない。

160　トゥカグシヌ　ユーアミヤ　ミルクユーヌ　シルシ（10日ごとに降る夜の雨は、豊作の予兆である）。「～グシ」は共通語の「～ごし（～越し）」に形式的に対応する語であるが、共通語は「10日連続」を意味し、黒島語（琉球語）では「10日ぶり」を意味する。本文編「トゥカグシ」の項参照。

161　トゥクーットゥヌ　プスヌ　タラーシヤ　アール　プスヌドゥ　シール（のんびり屋の足りない分は、あわて者が補う）。「お互い様」。

162　トゥジ　トゥミルッカー　ドゥーッキン　ティーシタハラ（妻をさがすなら、自分より手下〈能力の劣る人〉から）。いや、必ずしもそうは言えまい。

163　トゥシヌ　クーヤ　ハミヌ　クー（年の功は、亀の甲）。年を重ね経験を積んだ年寄りは、大事にすべきだ。年の「功」と亀の「甲」（長寿の象徴である亀とその甲羅の貴重なこと）を掛けている。

164 トゥジヌ ゲーラハーッカ ギューサ イルバン ミツァハルヌン（妻が劣っていると〈経済観念がないと〉、いくら稼いでも追いつかない）。大酒飲みの劣っている夫だっているぞ。

165 トゥジブトゥヌ アイ ムンドーヤ インヌン マヤン ヴァーヌン（夫婦の言い争いは、犬も猫も食わない〈相手にしない〉）。「夫婦喧嘩は犬も食わぬ」。

166 トゥジブトゥヌ マータキ タラヤール ミウトー ブラヌン（夫婦が等しく優れている夫妻はいない）。納得！ 我が家は「良妻」が家庭を盛り上げています!!

167 トゥジブトゥヤ ティンハラドゥ マリル（夫婦は、天からこそ生まれる）。いわく「佳偶〈嘉偶〉天より定まる」とも、「天の配剤」とも。「結婚は天に書かれている」（仏）。

168 トゥジユシ ブトゥユシ（婦唱夫随・夫婦和合）。夫婦は、互いにいたわり、助け合い、感謝し合う。〔256〕「ブトゥユシ トゥジユシ（夫が教え、妻が教え）」参照。

169 トーリンマハラ パシリンマヌ マリルン（倒れた馬から名馬が生まれる）。

【ナ】

170 ナーン リーヤ タティナ（前例のないことはするな）。

171 ナサケー アダ ナラヌン（情けは、徒〈無駄〉にならない）。情けは人のためならず、巡りめぐりて我がためなり。「人を助ける者は年をとっても貧乏しない」（ビルマ）。

172 ナシウヤヌ ブンギッキンナ スダティウヤヌ ブンゲー フカク（フカハン）（産みの親の恩より、育ての親の恩は深い）。「産みの親より育ての親」。

173 ナシゾージッキンナ スダティゾージッティドゥ アル（産み上手より育て上手）。

174 ナチ スクルドゥ フユ スクル（夏の整地が冬の豊作をもたらす）。夏場に深耕による天地返しをしておけば、冬場の豊作につながる。

175 ナチヌ パイッツォーリアメー ウシヌ ハタシヌタンカドゥ ゾーラス（夏の通り雨は、牛の片角だけをこそ濡らす）。黒島語独特の表現。

176 ナナシキファーヤ スダツン ヤーシキファーヤ スダタヌン（7月子は育つが、8月子は育たない）。妊娠7か月で生まれた子は育つが、8か月の子は育てにくい。長い間の経験でそういう事実に気づいて生まれたことわざであろうが、現在の進歩した保育医療の下ではどうだろうか。

177 ナハラハミヌドゥ　ナール（半ら瓶〈水の半分しか入っていない瓶〉こそが、鳴る）。よく知っている者は多くを語らないが、なまはんかに知っている者はよくしゃべる。

178 ナハラハミヌドゥ　ヨッタブ（半ら瓶こそが、揺れる）。水のいっぱい入っている瓶は、揺らぐことはない。よく物を知る人はゆったり構えているが、浅知恵の人ほど騒ぎ立てる。

179 ナライヌ　パジッティ　ナーヌン　バハランクトゥヌドゥ　パジ（習い〈教わること〉の恥ということはない、知らないことこそが恥である）。「習うは一時の恥、知らぬは一生の恥」。

【ニ】
180 ニガイヌ　トゥクッティン　アン（祈願の徳ということもある）。「願えば叶う」。

181 ニビベール　プソー　フカハリルヌ　ニビマービバ　シーベールプソー　フカハルヌン（寝ている人は起こされるが、寝たふりをしている人は起こされない）。まさにその通り！「狸寝入り」。

【ヌ】
182 ヌーリシキッカー　アトー　サガリドゥ　シー（上りきったら、あとは下がるだけ）。

183 ヌシトゥラー　ドゥーヌ　ムタリ　ブンドゥ　トゥル（盗っ人は、自分が持てる分だけを盗む）。〔215〕「ピーグトゥ（火事）」との対比。

184 ヌシトゥルトゥ　サングナートゥ　バイダマトー　ピシッチ（盗人と浮気女と食いしん坊とは、1つ）。「サングナー」は本文編の同項目参。

185 ヌチドゥ　タカラ　シンプスヌドゥ　スンナ　シー（命こそ宝、死んだ人が損をする）。

186 ヌヌヌ　ハイヤー　ヌケハラ（ヌキハラ）（布の美しさは、緯糸次第）。布は横糸によって美しくなる。中心をなす経糸がどんなに美しくても、それを補う横糸が美しくなければ美しく織り上げられない。「布は緯から、男は妻から」。

187 ヌビヌ　ソッコーッティドゥ　アル（延ばしての法事とこそ、ある）。法事は延期して行なってよい、という考えが一般的であったが、近年は繰り上げて行なうのもよいとされるようになっている。特に、新型コロナウイルスの影響で葬儀の家族葬が急速に広まると同時に、法事も繰り上げて行なわれる傾向にある。本文編の「ナンカ」「ヌビルン」の項参照。

【ノ】
188 ノースクトゥン　アタル　トゥキナー　シー　マダキリ（何事も当たった時に片付けよ）。

189 ノースクトゥン　ウクルンケー　ハニティ　ヨーゾー（何事も起こらないうちの、準備が肝要）。

190 ノースクトゥン　ナライドゥ　マサル（何事も繰り返し習うことこそ、到達への道）。

【ハ】

191 ハーラヌ　ミジヌ　ナーリトゥ　ユヌナハヌ　ナーレー　トゥミラルヌン（川の水の流れと、世の中の〈世間の〉流れ〈変化〉は止められない）。

192 ハイ（ハイヤ）　クトゥバー　ハイ（ハイヤ）　クトゥバシ　ハイハイ（美しい言葉は、美しい言葉で返せ）。

193 パイッツォーリアメー　ウシヌ　ハタドゥードゥ　ゾーラス（夏のにわか雨は、牛の体の半分をこそ濡らす）。「夕立は馬の背を分ける」。〔175〕参照。

194 ハイ（ハイヤ）　ティー　ナールッカー　ハイ（ハイヤ）　ティーシ　ハイハイ（綺麗な手で求めたら、綺麗な手で返せ）。

195 ハキフイ　シー　ヤドー　ムシ　シカヌン　ドゥー　ナマラシッカー　ムシン　シドーリルン（開け閉めする戸には虫はつかない、身体を鈍（なま）らすと虫〈病〉に取りつかれるよ）。締め切った家屋は、急速に腐敗が進行するのはよく目にする。人の身体も運動を怠って鈍らすと、筋力が弱って病を抱えることになるという戒めである。

196 ハクゼー　ヤゴマバン　ヤートゥナントー　ヤゴムナ（顎（あご）は歪めても、隣近所とは争うな）。

197 ハジ　タユルッキンナ　スー　タユリ（風を頼るより、潮を頼れ〈潮の流れを計れ〉）。帆船時代、風向きより潮流を頼るのが常道であったということか。

198 ハジフキヌ　ナーツァー　プスルファーヤラバン　タビ　シミリ（暴風の翌日は、一人っ子であっても旅をさせよ）。「可愛い子には旅をさせよ」。

199 ハゼヘ　ンカイ　シン　パクッカー　ドゥーハドゥ　アミル（風に向かって唾を吐くと、自分が浴びる）。〔149〕「天に唾する」参照。

200 パタキヌ　シーノホラー　ギシン　シミリ（畑仕事の仕残しは、下男にさせよ）。（石）ギシゥ＝召使。下男下女。「げす＝下衆」の転か。

201 パタシドゥ　マイフナー（〈仕事は〉成し遂げることこそ、立派である）。

202　ハタチェー　ニバン　ククルドゥ　ダイイチ（容姿は二番、心持ちこそが一番大事）。

203　パタラク　ナハドゥ　ウヤコー　タボーラリ（〈一所懸命に〉働く仲間とこそ、〈親戚同様の〉親密なつきあいがしてもらえる）。

204　ハチズーハラ　ピーヨーリ（80歳からは日毎に弱る）。ルクズーハラ　トゥシヨーリ（60歳からは年毎に弱る）。ナナズーハラ　シキヨーリ（70歳からは月毎に弱る）。クーズーハラ　ジカンヨーリ（90歳からは時間毎に弱る）。〔109〕参照。

205　ハニティ　ヨーゾー（予て養生）。「備えあれば憂いなし」。

206　パレー　ヌマルヌン（針は飲めない）。小さいからといって侮ってはいけない。

207　バライ　パダー　キーヌ　パートゥン　アマイルン（笑いこけている年頃は、木の葉を見ても歓え笑う）。

208　ハラッタヌ　ガンズワーケードゥ　ウモークトゥン〈ウムウクトゥン〉　ハナイラリ（体の丈夫なうちにこそ、思うことも叶えられる）。

209　バリガーミ（割れ瓶）。いくら注いでも溜まらない割れた瓶と同じように、いくら飲んでも飲み足りない大酒飲み。

210　ハレール　ジンヤ　ヤクスクドゥール　ハイハイ　ハラセー　ジンヤ　ドゥキ　イミルナ（借りた金は約束通り返しなさい、貸した金はあまり督促するな）。

211　パンタリズーワー　ミーウセー　パルマヌン（肥り過ぎの雌牛は、妊娠しない）。

212　バンドーッ　ヒサレー　ウカマヌマイ　ウマチ　ミスコーッサレー（私でござるぞ、竈の扱いには気を付けなされ）。蓑笠で身を覆い太い棒で地響きを轟かせつつ標記の呪いを唱えながら、各家庭を廻って「火の用心」を呼びかける。

213　ハンヌ　ユーヌ　プス（神の世の人）。およそ世間のことに無関心な、浮世離れした人。超然として俗世間の価値観などに無関心な人。卑近な例で言うと、声高に天皇制を批判し反権力を標榜していた人が嬉々として叙勲を受章したり、物静かに世の不条理を説いていた人が毅然とした態度で叙勲を拒絶したり、土壇場で見せる様々な人生模様の面白さ、滑稽さ。

214　ハンヌン　プトゥキン　ニガイヤ　シキワールン（神も仏も、願い事は聞いていらっしゃる）。

【ヒ】

215 ピーグトー　ムルッティ　ムティドゥ　パル（火事は全てを持ち去る）。〔183〕泥棒との対比。

216 ピーズ　ナク　ヴァーティ　ブラヌン（1日中、泣き続ける子はいない）。

217 ビータリプスッキンナー　プリムノー　ハミックドゥ　アル（酔っ払いより気違いのほうがましである）。「酒が入れば知恵は出ていく」（英・仏・独・伊・西）。

218 ピーヌ　ナーン　ハトゥナー　キブセー　ンズヌン（火のない所には、煙は出ない）。

219 ビキドゥムヌ　パナー　ダイクヌ　トーリョー　ミドゥムヌ　パナー　シカサ（男の花形は大工の棟梁、女の花形は神司）。

220 ビキドゥモー　シマムチ　ムラムチ　ナリ　ミドゥモー　ヤームチ　キナイムチ　ナリヨー（男は、島を統治し村を治める人になれ、女は、家を守り家庭を護る人になれよ）。

221 ビキドゥンヌ　ソーキブネー　ピシッチ　タラーヌン（男の肋骨は、1つ足りない）。男の浅知恵を、女があざけっていう言葉である。

222 ビコーヌ　ファー　シキンナー　ンザシ　ムヌナラーハイ（男の子は、世間に出して物を習わせろ〈教育せよ〉）。

223 ビコーヌ　ファー　ヤマタビバ　シードゥ　ウヤヌクトゥ　ウムウ（男の子は、〈建材伐り出しの〉山旅を経験してこそ親の有り難さを思い知る）。昔は、建材の槙（ケーンギ・キャーンギ）の伐り出しは、インヌシマ（西表島）の山林に長期間滞在して行なう重労働であったという。

224 ピシダヌ　ヤーナ　シカナウ　ピシダー　トゥーサハトゥハラドゥ　ザーヤ　ヴォー（山羊小屋で繋ぎ飼いをしている山羊は、自分より遠い所の草から食べる）。

225 ピスティ　サワルッカー　ムムティ　サワルン（一事に差支えがあると、百事に差支えが生じる）。

226 ピスサバンヌ　サーヤ　ヌマヌン（一杯だけのお茶は、飲まない）。茶を一杯だけ飲むのは、不吉だとされる。一杯飯・一杯汁・一杯茶は、葬式のときのしきたりで忌み嫌う風習は各地に広く及んでいるという。

227 ピスル　ファー（ヴァー）　ナスッカー　ピスティー　キシ　フタール　ファー（ヴァー）

ナスッカー　ムルティー　キシルン（1人の子を生めば片手が切れ、2人の子を生むと両手が切れる）。子育てはそれこそ大変だという教え。

228　ビナサ　ファーヌドゥ　ハナサー（不便〈不憫〉な子ほど、かわいい）。「不憫・不愍」は後の当て字。「ビナサン」は、古語「便無し（あわれな、気の毒な、不憫な）」に対応する。

229　ピンギ　イズヌ　ウボホーッタウユー（逃げた魚の大きかったことよ）。

230　ピンソー　ムヌヌ　フーッティン　アン（貧乏な者にも、福運というものはある）。

231　ピンダニトゥ　ミドーヌ　ファーヤ　タブイラルヌ（大蒜の種と女の子は、貯えられない）。ニンニクの種は、空中に蓄えておくと外観はなんともなくても中身は空洞になってしまう。石垣の屋敷でノビルを栽培したとき、大ぶりの球根を種用として大事に保管しておき、しばらくしてみたら中身は全部空洞になっていた。女の子も育て方を誤るとわがまま放題になってしまうということか、どんなに大事に育てても他所に嫁いでしまい実家の力にはならないということか。

【フ】

232　ブー　ピージルナーヤ　ピーヤ　シカリパーハン（古い囲炉裏〈使い古した囲炉裏〉には火は付きやすい）。「焼けぼっくいに火がつく（馴染んだ女とは心が通じやすい）」。

233　プコーラサーヤ　バッシルヌ　ニッタハーヤ　バッスヌン（有り難さは忘れるが、憎さ〈悔しさ〉は忘れない）。

234　ブシヌ　ティーマチガイッティン　アン（武士の手違いということもある）。「上手の手から水が漏れる・弘法も筆のあやまり・猿も木から落ちる、など」。

235　プスイ　ピーズ　フー　アミッティ　ナーヌン（1日中降り続く雨はない）。いずれ、晴れの日がくる。

236　プスヌ　シミ　バチェー　パチヌ　パター　マーラヌン（人の罪・罰は、皿の縁を廻らない）。「悪事は直ちに明るみに出る」の意か。

237　プスユ　ウヤマウッカー　ドゥーユン　ウヤマーリルン（他人を敬うと自分も敬われる）。

238　プス　シカイ　ゾーゼー　ヤコーシ　ゾージ（使い上手な人は、休みを上手に与える）。

239　プスヌ　ククロー　ミーッティ　ミーシキ　ピライドゥ　バハル　ナベー　ナガラクシカイ　ミリバドゥ　バハル（人の心は3年3月つきあってこそ分かる。鍋は長らく使って

見てこそ分かる)。人の心のよしあしも、鍋のよしあしも時間をかけてみて分かるものである。

240 プスヌクトゥ シーッカ ドゥーヌクトゥ セールトゥ ユヌムヌ（他人に尽くすことは、自分に尽くしたことと同じである）「情けは人のためならず、巡りめぐりて我がためなり」。

241 プスヌ タキブンヤ コンヌ フター ウタンケーヤ バハラヌン（人の価値は、棺の蓋に釘を打つ〈蓋を閉める〉までは分からない）。

242 プスヌ ヌチェー ミーヌパタナードゥ サイアラク（人の命は目の縁にぶら下がっている）。「人の命はいつ果てるか分からない」。

243 プスヌ ブンギ バッシカー ヤーンヌユートゥ ユヌムヌ（他人の恩義を忘れたら闇の夜と同じ）。

244 プスヌ マリドゥキヤ スーヌ ミチスサーリ プスヌ シニドゥキヤ ピシスサーリ（人が生まれるのは潮の満ち潮のころ、人が亡くなるのは潮の引き潮のころ）。

245 プスヌ ヤーヌ ムヌヌドゥ マーハ（他所の家の物〈食物・ご馳走〉が美味い）。「隣の芝生は青い」（米）。「他人の女房はよく見える」（ネパール）。

246 プスピキドゥ ムムピキ（1人の繋がりが100人の繋がりに広がる）。

247 プスユ パカルッカー ドゥーン パカラリルン（他人を謀（はか）ると、自分も謀られる）。

248 プスユーヌ ファー（一夜の子）。たった一夜の契りで出来た子に言う。特に、役人の巡視の際の接待役、すなわち酌婦に選任された娘が夜伽（よとぎ）まで強要され一夜妻となって子を孕（はら）む場合などに言う。

249 プスユ ヴォーカ ドゥーユン ヴァーリルン（他人を食う〈陥れる〉と、自分も食われ〈陥れられ〉る）。

250 プスユーヌ ユーフケー ナナユーシン ハイハルヌン（1夜の夜更かしは、7夜でも回復しない）。

251 プソー プストゥドゥ タタリ（人は人と連れ立ってこそ立ち行く）。「人は人中、木は木中」。

252 フツェー ウイナリ（口は上になって）。反省もせず、かえって反抗する様子を非難している。

621

253　**フチシー　イザバン　ティーヤ　ンザスナ**（口では厳しく叱っても、手は出すな）。

254　**フチヌ　パタナ　ブル　パイヤッツァン　ウイッサヌン**（口の周りにいる蠅さえ追えない）。まずは、身の回りのことを片付けよ。

255　**フチハドゥ　ヴァーリル**（口に食われる。口は災いの因）。

256　**ブトゥユシ　トゥジユシ**（夫が教え、妻が教え）。夫婦が互いに教え合って、共に成長していく。「ユシ」は石垣語「ユシーン（教え諭す）」の中止形。石垣から伝わったことわざだと思う。

257　**ブナリガンヤ　タカハリバ　ティーハキルーッカ　シミバチ　ウキルン**（姉妹神は霊力が高いので、手を掛けると〈暴力を振るうと〉罪科を受けるぞ）。

258　**フニヌ　シトゥキトゥ　ヴァーヌ　マリシトゥケー　バハラヌン**（船の出入港時間と子の生まれる時間は分からない）。水深が浅く潮時を見計らって出入港していたころの話で、現在は、港が整備され潮の干満に関係なく出入港出来る。

【ホ】
259　**ボーバ　ムティ　フーッカー　ボーシ　ハイハイ**（棒を持って来るなら棒で応じよ）。「目には目を、歯には歯を。同害報復」。

【ヴ】
260　**ヴァー　ウヤケー　マー　ウヤキ**（子宝に恵まれることが、真の富貴である）。子は、あらゆる珠玉に勝る。

261　**ヴァー　トゥー　パタ　ブラバン　ピスンヌ　ヴァーヌドゥ　ウヤヌ　コーヤ　シール**（子は10人や20人いても、1人の子が親の孝行はする）。

262　**ヴァー　ナシヌ　パジッテー　ナーヌン**（子を産むことの、恥じということはない）。子沢山を恥じるな。

263　**ヴァーユ　スダティ　ミリドゥ　ウヤヌ　ブンゲー　バハル**（子を育ててみてこそ、親の恩義〈有り難さ〉は分かる）。

264　**ヴァイムヌヌ　ノホーラ　シザヌドゥ　ヴォー**（食べ物の残りは、兄・姉が食べる）。〔104〕参照。

265　**ヴゥイヤ　ムヌハラドゥ　アバレー　ムノー　マリ**（醜女(しこめ)からこそ、美女が生まれる）。

266 ヴイヤ　ムヌヌドゥ　ヤーヤ　ムトゥ（醜女こそが、よく家庭を持つ〈おさめる〉）。外見で人の価値を測るな。

【マ】

267 マーパンヌ　キムニン（毒蛇の肝のように）。

268 マール　アメー　ハタハ　トゥミリ（風廻りの雨はすぐ止むので雨宿りして待て）。（石）カタガー（日、雨、風などをよける陰）。（沖）カタカ（遮蔽・さえぎるもの）。

269 マイハヌ　ニガイ（将来に向けての祈願）。過去の失敗は気にせず、つねに前向きに考える往時の人々の積極性と楽天的な生き方が示された言葉である。本文編「マイハヌニガイ」の項参照。

270 マキウセー　ヴァーナスッカー　ウングリリバ　タマンガリ（牧場で育った牛は、子を産むと気性が荒くなるので気をつけよ）。本文編「マキウシ（牧牛）」の項参照。

271 マタイスクハラ　タニンヌ　パジマリ（またいとこから他人の始まり）。本文編「イスク（いとこ）」の項参照。

272 マティフー　ビルフーッティ　アン（待ちの果報、座しての果報ということもある）。「果報は寝て待て」。

273 マヌマヌ　トゥキドゥ　ハイトゥキ（今の時こそ、よき時）。思い立ったら、その時こそがよい時である。ただちに実行せよ。「思い立ったが吉日」。黒島の豊年祭における「パーリクイ（爬竜船競争）・ウーニスーブ（船頭競走）」を始める際の常套句に、「マヌマヌ　ハイトゥキサーリ（今の絶好の時に）」がある。

274 マヌマヌ　ユーヤ　パラヌドゥ　イーヤ　ネース（今の世は、柱が飯を炊く）。柱に備え付けたコンセントに、電気炊飯器のコードを差し込んでおくとご飯が炊けることを、表現したもの。

275 マヤーサーキドゥ　ジーバ　ミリ　ビル（猫でさえ後ろを確認して座る）。「礼儀をわきまえよ」。

【ミ】

276 ミーシ　ミル　ガンマレー　スーバン　ティーヌ　ガンマレー　シーナ（目で見る悪戯はしても、手でする悪戯はするな）。

277 ミーナライ　シキナライ（見て習うこと、聞いて習うこと）。他人のすることを見て学び、

他人の言うことを聞いて学ぶこと。命令形とみるか、連用止めの名詞形と捉えるか。

278　ミーヌ　ガンマレー　スーバン　ティーヌ　ガンマレー　シーナ（目の悪戯〈見るだけの悪戯〉はしてもよいが、手の悪戯〈手を出しての悪戯〉はするな）。〔276〕と対比。

279　ミーヌグブンヌ　トゥブッティルン（目の窪みが、落ち込む）。本文編「ミーヌグブン」の項参照。

280　ミザムヌン　ヴァイバドゥ　ドゥー　ズーサ　ナル（不味いものも食べてこそ、身体が強く〈頑丈に〉なる）。粗食こそが健康のもとだと言われてもねえ。ただ、肥満児の多い沖縄の現状をみると、このことわざの逆説的な真理にうなずきたくなる。

281　ミスハミヌ　フタユ　ハキッカー　ハミン　フォーリルン（味噌瓶の蓋を開けると瓶に咬まれる）。発酵菌は空気に触れるとよくない。醸造中の味噌瓶の蓋をやたら開閉すると上質の味噌は生まれないことを戒めた言葉。四姉・泰子（昭和12年生まれ）は、母からきつく言われたそうである。あの優しかった母に、そんな厳しい面があったのか。

282　ミゼー　アラールヌン（水は、洗えない）。その通りだが、真意が今一つ分からない。

283　ミツァールハラー　シキン（3人からは、世間だ）。3人の人が集まれば、もう世間と同じだと思い言動には気をつけよ。「2人から世間」という笑い話もある。

284　ミックヮーヤ　パンヤ　バウヌン（盲人は毒蛇を怖がらない）。「盲蛇に怖じず」。

285　ミツムヌ　ミツムヌ　ドゥーヌ　ヤーハ　ムドゥリ　パリ　ウーフッ！（ミツムヌさん　ミツムヌさん　自分の家に帰りなさい）。ミツムヌ（目に入ったゴミ）を取り除くときに唱える呪文である。本文編「ミツムヌ」の項参照。

286　ミドゥムトゥ　ムストー　ミーサドゥ　ハイヤー（女と莚は若くて新しいうちが綺麗だ）。んー、そうかなあ、「以心伝心」もいいもんだよ。

287　ミドゥモー　シマッティ　ナーヌン（女には島〈安住の地〉はない）。「嫁ぎ先が自分の島〈居場所〉」。

288　ミドゥモー　ナナバチ　ハビドゥ　マリル（女は、7つの罰を受けて生まれる）。んー、そうだろうか。

289　ミドゥモー　マーリヌ　アガルニン　パテー　バハラヌン（女は莚の上がるように行き先は分からない）。

290 ミドーヌファー アバレー ナンナヨー（女の子は綺麗になってはいけないよ）。「美人は、役人の賄女（期限付きの現地妻）にされるから」という戒め。

291 ミドーヌファー ピスイン ナナムシ シタキ スダティリ（女の子は日に七回叩いて育てよ）。そういう時代があったんだ！？

292 ミドゥムヌ アタサインナー マキルン（女の頓智には負ける）。その通り！ 男尊女卑のことわざの多い中で、女性を高く評価ししている希少な例。

293 ミドーヌファー ドゥーッキン ティーウイハ ヌズマハイ（女の子は自分より優れた男に嫁がせよ）。女性上位の夫婦についてのみ「格差婚」と言うよなあ。

294 ミドーヌファー ヤーヌ パラタンカドゥ ノース（女の子は家の柱だけ残して嫁に行く）。

295 ミユトゥヌ ナハ ハイヤーッカ シバナヌ ウイナーン タトゥン（夫婦仲が良ければ岩の上にも住める）。「夫婦和合すればいかなる困難も克服できる」。

296 ミユトー ティンハラドゥ マリル（夫婦は、天から授かる）「嘉偶天より定まる」。

297 ミンダリ ンマヌドゥ プソー ヴォー（耳の垂れた〈おとなしい〉馬が人を食う）。

298 ミンナー イラン ウブウヤビ（耳に入らない親指）。「大きいだけで役に立たないこと、または、大袈裟なこと」。

【ム】

299 ムカシェー シトゥピライ マヌマー ユミピライ（昔は姑付き合い、今は嫁付き合い）。「シトゥ」は「舅・姑」に対応し、「シトゥヤ（配偶者の両親）」という。昔は姑の機嫌をとるのに気を使ったが、現在は嫁の機嫌をとるのに気を使う。

300 ムカシクトゥバー シキ パティラルヌン（昔言葉〈の味わい深さ〉は、いくら聞いても果てがない〈味わい尽くせない〉）。

301 ムクッファー タティムティドゥ ハナサ（婿は訪ねて来るほどに可愛い）。

302 ムクピライヤ シンピライ（婿付き合いは、客付き合い）。そのような婿殿は、けっしていい婿ではないぞ！

303 ムジ　クゼー　バハラン　ムヌ（文字故事を分からない者）。「無学文盲」。

304 ムッサバン　パンハバン　ウヤー　ウヤ　ヴァーヤ　ヴァー（切っても離しても、親は親で子は子だ）。

305 ムトゥヌ　サカリバドゥ　ユダー　サカリ（元が栄えてこそ、枝は栄える）。「本家が栄えてこそ、分家も栄える」という場合などに用いる。

306 ムヌ　スクリトゥ　ヴァー　スクリトゥ　パーク　スクリトゥ　タケーナーヌン（種蒔きと子作りとは、早く作るに越したことはない）。近年の晩婚傾向は、気になるなあ。

307 ムヌダネー　ハクハリルヌ　プスダネー　ハクハルヌン（物種は隠せるが人種(ひとだね)は隠せない）。妻以外の女性との情交に対する戒め。

308 ムヌダネー　ハタハナーンスクン　ピサハナーンスクン　マキ（穀物の種は密集しすぎず、まばらになりすぎないように蒔(ま)け）。

309 ムヌヌ　イラビックルヤ　アルヌ　プスンナー　イラビックルッティ　ナーヌンドー（物には選び残りはあるが、人には選び残りと言うものはないぞ）。「イラビックル（選び残り）」と思われていた人が大成した例はいくらでもある。外見で他人の価値を測ろうとすることへの戒め。

310 ムヌヌ　ミザー　フカンギヌ　ユー（食べ物〈のなか〉で、不味い物といえばモロコシのお粥だ）。「フカンギ」は、モロコシの実を砕いてお粥にしたもの。取り立てて美味しい物ではなかったが、不味い物の代表にされるほどではなかったように記憶しているが、なにしろ食の好みは人それぞれだから……。

311 ムノー　バハリ　クトー　ザヌン（物は分かって、物事の道理は知らない）。知識はあるが、どのように行動していいか分からない「論語読みの論語知らず」の意。

312 ムンドーヤ　シンターラシン　ハイ　シティリ（問答〈諍(いさか)い〉は千俵ででも買って捨てよ）。自ら引き起こす諍(いさか)いも、他人の諍いに巻き込まれることも避けたほうがよい。

313 ムンヤ　ミーピル　ウズムッカー　ミーピル　ムイルン（麦は三尋耕して蒔くと三尋育つ）。「麦種は深く耕して深く蒔け」。

【モ】

314 モーキゾージキン　タミゾーゼー　マイドゥ　ナル（儲け上手より貯め上手が先を行く）。〔018〕アラシマイフナーッキン　シカイマイフナー（作り上手より、使い上手が大事

626

である)。「たくさん手に入れるより、手元にある道具を上手に手入れして巧く使いこなすことが大事である」と類似の諺。

【ヤ】

315 **ヤーキナイ　ハイヤー　ユミハラ**（家庭の平穏隆盛は、嫁の働き次第）。

316 **ヤーサリバドゥ　ムノー　マーハ**（空腹であればこそ、食べ物はおいしい）。

317 **ヤートゥ　フニトー　ムヌイシドゥ　ムタリ**（家庭も船も言葉で〈相談して〉こそ、維持できる〈前に進む〉）。

318 **ヤーナライドゥ　プカナライ**（家庭での習慣が、世間での行ないに表れる）。

319 **ヤーヌクベー　ミンティドゥ　アル**（家の壁は耳だと言われる）。「壁に耳有り」。

320 **ヤーバ　ミリヤ　ユメー　パラルヌ　プスバ　ミリドゥ　パラリ**（家柄を見ては嫁に行けない、相手の人柄を見てこそ行くのだ）。

321 **ヤーヌ　ヤドー　タティラリルヌ　フチヌ　ヤドー　タティラルヌ**（家の戸は立てられるが、口の戸は立てられない）。家の戸は閉めることができても、口の戸は閉められない。他人が噂することは防ぎようがない。

322 **ヤーラムヌナードゥ　アリフター　ママル**（体の弱い人には塵芥〈ちりあくた〉〈病原菌〉がつく）。

323 **ヤナムヌイヤ　シケーハトゥナー　シグ　シティリ**（悪い言葉は、聞いた所で直ちに捨てよ）。悪い言葉は、聞いたらその場で直ちに聞き捨てよ。憶えていると、いつまでも不愉快な思いをするから。

324 **ヤマタビバ　シーミリドゥ　ウヤヌ　ブンゲー　バハル**（山旅＝木材伐り出しを経験してこそ、親の恩義は分かる）。

325 **ヤマボーレードゥ　マーボーレー**（〈インヌシマ（西表島）からの〉材木伐り出しの山仕事の疲れこそが、真の疲れである）。

326 **ヤマングファーヌドゥ　マイフナー　マリ**（わんぱくな子こそが、立派な人になる）。手に負えないわんぱく坊主が、成長するにつれ人より優れた者になる。

327 **ヤラビ　スダティヤ　バラヤータナ　ウイプス　ハラハイヤ　ナケータナ**（子供育ては笑いながら、年寄りの世話は泣きながら）。往時の慣習では、年寄りの世話は最後まで家庭

内でなされた。その際、特に病み衰えていく年寄りは我儘で聞き分けがなく苦労が絶えなかった。昨今の実情は、いわゆる「老人ホーム」や「有料老健施設」等が整っていてほとんどの老人が施設の世話になり、幸か不幸かそこで人生の幕を閉じる。

328 ヤラビヌドゥ プスヌ キモー ミル（子供こそが、人の本心を見ぬく）。

329 ヤラベー ヤラビトゥドゥ アマイル（子供は子供同士でこそ、歓び交わる）。

330 ヤンヌ クーヤ シラリルヌ シンヌ クーヤ シラルヌン（病の穴を塞ぐこと〈手当てをすること〉はできるが、死の穴を塞ぐこと〈防ぐこと〉はできない）。「命あっての物種」。

331 ヤンプソー パンヌ フクリッカー タムカヌン（病人は、足が腫れると長く持たない）。「タムクン」は、共通語の「保つ・維持する」に対応する語。

332 ヤンマイヌ プカー ウブックドゥ マシ（病気以外は、大きいほどよい）。

333 ヤンヤ ウブミチヌ パタナドゥ ナウス（病気は、大きい道の端〈はた〉〈側〈そば〉〉で治す）。〔037〕ウカトゥ ヤンヤ ハジミナ（借金と病気は隠すな）、と同趣旨の諺である。自分が病気であることを他人に打ち明け、多くの情報を得ることによって治療に役立てるほうが得策だという教えである。私自身「ガン宣告」を受けて以来、意図的に隠すことなく、その事実を身の回りの人々にごく自然に打ち明け有効な情報を得てきた。

【ユ】

334 ユクシクーッカ ミーシクン（欲張ると、目を突く〈痛い目に遭う〉）。「欲を付くと目を突く」（「シク（付く・突く）」の語呂合わせ・掛け言葉で、欲張りを戒めている）。

335 ユクヌ マタサカー（欲張りの股割き）。「欲の熊鷹股裂くる〈くまたかまたさくる〉」。熊鷹が２頭並んでいる猪に同時に襲い掛かったところ、驚いた２頭の猪は別々の方向に逃げ出した。その２頭の猪に爪を掛けていた熊鷹の股は裂けてしまった。そういう本土の民話・諺が八重山にまで伝わっている。

336 ユダンヤ ティキ ハタキ（ユダンは、敵仇）。「油断大敵」。

337 ユナイ シトゥムティ イズ ムヌイユ ウヤヌ イゴンティ ウムイ（朝夕話す言葉を、親の遺言と思いなさい）。

338 ユナイヌ ミチハ ンジルッカー グサン バッシナ（夜道へ出るなら、杖を忘れるな＝黒島は毒蛇が多いから）。

339 ユミ クーッカー ブネーユ ミリ（嫁を請うなら、母親を見よ）。娘は母親に似るので、嫁をもらうときにはその母親をしっかり観察せよ。「母を見て娘と結婚せよ」（ハンガリー）。「娘を知りたければ母を見よ、もっと知りたければ祖母を見よ」（タイ）。

【ヨ】
340 ヨイヤ ヨイヌドゥ ムティ フー（祝い事の費用は、招待客の祝儀で賄える）。

【リ】
341 リー トーシッカー ムトゥ トースン（慣例を破ると、元を倒す〈大元を失う〉）。

342 リンキ ミドゥモー ブトゥン ヴォーン（嫉妬深い妻は、夫も食う）。

【ル】
343 ルクズーハラ トゥシヨーリ シチズーハラ シキヨーリ ハチズーハラ ピーヨーリ（60歳からは年毎に弱り、70歳からは月毎に弱り、80歳からは日毎に弱る）。

【ワ】
344 ワーヌ ズー パタラキ（豚の尻尾の〈ような〉、無駄働き）。

【ン】
345 ンカイファーヌ ハイヤープソー タルンニン アッタラサ シラリルン（他人と接するときの顔が、愛嬌のある人は誰からも可愛がられる）。

346 ンカイ フー ヴァーヌドゥ ハナサー（向かって〈訪ねて〉来る子こそが、かわいい）。

（2）気象関係事項

【ア】
001 アーンヌ トゥーハ ブイバドゥ アメー シマハヤ ブー（東の海上に降るときが、雨は島にも降る）。

002 アマンヌ パイジリバドゥ アメー ブー（ヤドカリが這い回ると、雨が降る）。

003 アサハンナレー ウブアミ（朝雷が鳴れば、大雨になる〈前兆である〉）。

004 アミバーシパナヌ サクッカ アミヌ ブー（雨降らし花が咲くと、雨が降る）。

【イ】
005 イラキフムヌ タトゥッカ アミヌ ブー（鱗雲が立つと、雨が降る）。

006　イリティダヌ　ハイヤッカ　ナーツァヌ　ワーシケー　ナウルン（夕日が綺麗だと、翌日の天気はよくなる）。

007　インヌ　ミングリッカ　ワーシキ（海が濁ると、天気はくずれる）。

【ウ】

008　ウザヌ　シーヤ　ハジヌ　スーク　フク　ハトゥユ　クシバ　シードゥ　スクル（鶉(うずら)の巣は、風の強く吹く所を後ろにして作る）。

009　ウブッタニヌ　パナヌ　サクッカ　アミ（アマリリスの花が咲くと、雨だ）。

【カ】

010　ガジマルヌ　ズーニーヌ　ンジルッカ　アミ（ガジマルの、白い気根が出ると雨）。

011　ガラシヌ　シーユ　ピサハナ　スクルッカ　タイフー　トゥシ　タカハナ　スクルッカ　ハゼー　フカヌン（鳥が巣を低い所に作ると台風年、高い所に作ると暴風は吹かない）。

【キ】

012　キーナキヌ　ナンヌ　ウーミジブンヤ　ハトーッシヌ　マージキ（マルバチシャノキの実が熟する時分〈時期・頃〉は、タカサゴ魚の最適期である）。

013　キル　シユヌ　ウリリバドゥ　アーヤ　ウドゥラク（霧・露が降りると、粟は驚いて根を張る）。

014　ギッカジヌ　ナンヌ　アカハ　ナルッカー　ハトーッシヌ　ジキ（ゲッキツの実が赤くなると、タカサゴ魚の捕獲時期）。

015　ギッカジヌ　パナ　サクッカー　ワーシキ（ゲッキツの花が咲くと、天気がくずれる）。「ギッカジヌ　パナヌ　ハザヌ　ハバリッカ　タイフー（ゲッキツの花の香りがすると台風がくる）。」

016　キルヌ　ハカルッカー　ムン　ヤバシムヌ（霧がかかると、麦は不作になる）。

【ク】

017　クンガチェー　フユ　ズンガチェー　ナチ（9月は冬のように寒く、10月は夏のように暑い）。

【ケ】

018　ケジヌ　トゥブッカ　ワーシキ（蜻蛉(とんぼ)が飛び回ると、天気はくずれる）。

【コ】

019 ゴーナキ キーヤ ハジヌ ナナムシ フクッカ ナナムシ ナン ナルン（桑の木は暴風が7回吹くと、7回実をつける）。

【サ】

020 サンヌパーヌ アールッカ アメー ヤムン（申の方向が明るくなったら、雨は止む）。

【シ】

021 シキ ティダヌ アーマサ（アミハサ） ハブッカー ワーシキ（月と太陽に雨笠がかかると、天気はくずれる）。

022 シトゥムティ パトゥヌ ナクッカ アミヌ ブー（朝に鳩が鳴くと、雨が降る）。

023 シトゥムティ ユナイ ティンヌ バリッカー ワーシキヌ ンジルン（朝と夕に天が割れると、天気がくずれる）。

024 シンガチヌ ペーレー ムヌダニユ キサスン（4月の早魃は、穀物の種子を種切れさせる）。

【ス】

025 ズンガチン マク アーヤ ミーリ ナビ バルン ニンガチ アトゥン マク アーヤ ナベヘ パイラヌン（10月に蒔く粟は実り鍋を割る、2月以降に蒔く粟は鍋に入らない）。

【ソ】

026 ソンガチヌ ジーマイヤ ウンヌ ピカリルン（正月の前後は、寒さのため芋の収穫が減る）。

【タ】

027 ダイクニトゥ ムントー ピラクヌ ヴァー（大根と麦とは、酷寒の子〈寒い時ほど豊作となる〉）。

028 タイフーヌ ナーツァ ティダヌ ンジッカ スグ タイフーヌ フン（台風の翌日、太陽が照ったらすぐ台風がくる）。

029 タカヌ タカハ マイルッカー ピラコー ヨーリドゥ シー（鷹が高く舞うと、寒さは弱る〈和らぐ〉）。

030 タカヌ ピサハ マイルッカー ピラクトゥシ（鷹が低く舞うと、寒い年になる）。

【テ】

031 ティンヌ　アサヤケー　アミ　ユーヤケー　ハジ（空の朝焼けは雨、夕焼けは風〈暴風〉）。

032 ティンヌ　バリッカ　ウグタイフーヌ　ワン（天＝空が割れたら、大きな台風がくる）。

【ト】

033 トゥーヌ　ピカルッカ　ワーシキ（海面が鏡のように光ると、天気がくずれる）。

034 ドゥシキヌ　パナヌ　アカハーッカ　ピラク　トゥシ（ススキの花が赤いと、寒い年になる）。

035 ドゥシキヌ　パナヌ　サクッカ　ムンヌ　マキシチ（ススキの花が咲くと、麦の蒔き節〈時期〉である）。

036 ドゥシキヌ　パナヌ　ゾーホッカ　ピラコー　ナーヌン（ススキの花が白いと、寒波はない）。

037 トゥンヌ　アミン　ゾーリ　アラクッカ　アメー　パルヌン（鶏が雨に濡れて歩くと、雨は晴れない）。

038 トゥンヌ　ニバ　ニブッカ　アツァー　アミ（鶏が遅く寝ると、明日は雨）。

039 トゥンヌ　パーハ　ニブッカ　アツァー　ワーシケー　ハイヤン（鶏が早く寝ると、明日の天気は晴れ）。

【ナ】

040 ナチヌ　パイッツォーリアメー　ウシヌ　ハタシヌドゥ　ゾーラス（夏の通り雨は、牛の片角だけを濡らす）。

【ニ】

041 ニンガチ　ハジマーレー　トゥージハラ　ハチズーグニチヌ　ジーマイ（2月風廻りは、冬至から85日前後にくる）。

042 ニンガチヌ　ペーレー　ユーヤ　ナウルン（2月の雨不足は、農作物は豊作である）。

【ハ】

043 パチヌ　シーユ　ピサハナ　スクルッカ　タイフー　トゥシ、タカハナ　スクルッカ　ハゼー　フカヌン（蜂が巣を低い所に作ると台風年、高い所に作ると風〈暴風〉は吹かない）。

044　ハトーッシ　ジキヤ　ンーマニヌ　パナヌ　サクン（タカサゴ魚の捕獲時期には、クロツグの花が咲く）。

045　パナリヌ　シカハ　ミールカ　ワーシキ（新城島が近くに見えると、時化る）。

046　ハンナルヌ　サンヌパーハ　トゥユムッカ　プスパダ　ヤーラハドゥ　ナル（雷が申の方角に轟くと、人の健康に障りが生じる）。

047　ハンナルヌ　トゥラヌパーハ　トゥユムッカ　タイフー　トゥセーリバ　ハジンガムイ　バ　シー　マティ（雷が寅の方角に轟くと、台風年だから暴風対策をして待て）。

048　ハンナルヌ　ニヌパーハ　トゥユムッカ　ブーハラシ　シナバ　ナイ　バタ　マラキ（雷が子の方角に轟くと、クロツグの皮で縄を綯い腹に巻け）。

【ヒ】
049　ピーヤー　アッツァー　ピンガンバーキ（寒さ暑さは、彼岸まで）。

050　ピョーシヌ　ナキ　アールッカ　アミ（ヒヨドリが、鳴き騒ぐと雨）。

051　ピラクヌ　シトゥムティ　ティダヌ　ンジッカ　ユナイヤ　スーラシ　ピーヤナルン（寒い日の朝、太陽が出たらその日の夜は一層寒くなる）。

【フ】
052　フイナヌ　ミークイ　シジキ　ナクッカ　ユーヤ　ナウルン（クイナが3度続けて鳴くと、豊作である）。

053　プクンキーヌ　パナ　サクッカー　ハトッシイズ　ジブン（福木の花が咲くと、タカサゴの産卵期だ〈産卵に来るタカサゴの捕獲時期だ〉）。

054　プクンヌ　ナンヌ　アイウティルッカ　ウジトゥリ（福木の実が熟して落下すると、ウジが湧き、風が止まる）。

055　プクンヌ　バイヌ　ンジルッカ　グマ　マキシチ（福木の新芽が出ると、胡麻の種蒔き時期）。

056　プクンヌ　ビチンヌ　シツェーナーナ　ンジルッカー　タイフー（福木の新芽が季節はずれに出ると台風が吹く）。

【マ】

057 マヌパーハ　パチ　トゥユン　シーッカ　シバナヌ　ウイナーン　スクリ（午(うま)の方角に雷の初鳴りが轟くと、岩の上にも作物を作れ）。トゥユン＝とよむ・どよむ（響動む）＝鳴り響く。〔046〕〔047〕〔048〕参照。

黒島の歌謡（抄録）

　黒島の歌謡は、ゆんぐとぅ・あゆ・ゆんた・じらばなどの器楽伴奏を用いずに歌われる《古謡》と三線伴奏で歌われる《三線歌》に大別される。
　古謡のなかでもっとも形態のふるい「ゆんぐとぅ」は、いまだこれといった旋律がなく、言葉の抑揚・強弱によって語りに変化をつけてしゃべるだけのいわば一人語りの語り口調の歌謡である。次いで登場する「あゆ」は、しっかりした旋律を伴い祭り歌として歌うほか、夫婦が互いに相方を務め座敷歌としても歌う。それから「ゆんた・じらば」へと発展していくのだが、この二つの歌謡形態には明確な相違点は見い出せず、三線伴奏をつければ即三線歌として位置づけられる。

（1）ゆんぐとぅ

①アカマラウシユングトゥ [akamaraʔuʃijuŋgutu]〔名〕

　古い歌謡形態「ゆんぐとぅ（誦み言・読み言）」の名。

あかまら牛(うし)ゆんぐとぅ

01　あかまらうしぬどぅ　しぬたかうしぬどぅ　うぶあぶな　とぅぶっていうてぃ
　　（赤毛の牛が　角の長い牛が　大きい自然壕に　あやまって落ちてしまい）
　　〔注〕「アブ」は、「自然に出来た壕」を意味し、「トゥブッティルン」は「誤って落ちる」場合に用いる。

02　ぴとぅしざよー　ぴとぅしざよー　ばぬあぎびーり　くりあやびーり
　　（人間様よ　人間様よ　私を自然壕から引き揚げて下さい　自分を救い出して下さい）

03　ばぬあぎびーるか　くりあやびーるか　ばぬくらすとぅーきんなよー　くりしかうばそんなよー
　　（私を引き揚げて下さったら　自分を救って下さったら　私を屠(ほふ)る時には　自分を食する折りには）

04　はたむむとぅ　はたなねや　うばんびーるん
　　（片方の腿肉と　片方の胸肉は　貴方に上げます）

②パイガブシユングトゥ [paigabuʃijuŋgutu]〔名〕

　古い歌謡形態「ゆんぐとぅ」の名。〈南(ぺい)が星(ぶし)・ゆんぐとぅ〉。【例】マペラチジラバトゥ　マペラチブシン　ニーブルヌ　クヌ　ユングトゥヌドゥ　ヒダキ　マリッターワ　アラヌンカヤ？（〈マペラチジラバ〉と〈マペラチ節〉に似ているが、このユングトゥのほうが先に出来たのではないだろうか）。内容は〈まぺらち・じらば〉〈まぺらち節〉と同じ展開を示すが、歌謡の発展過程からみると「ゆんぐとぅ」が古い形態であることから、この「ユングトゥ」をベースにして「ジラバ」「節歌」が誕生したものと思われる。

南が星・ゆんぐとぅ

01 パイガブシ　ンマリタル　キドゥンナヨー（南の星が、光り輝く時間になると思い出すのです）
〔注〕「キドゥ」は、現在の黒島語には確認できないが、文脈から「その時・その時分」の意であろうと思われる。「キドゥ」「マドゥピドゥ」の項参照。

02 イチチミンヤ　アブ　パナリムヌヤリ　ナナチミンヤ　イザ　パナリムヌヤリヨー
（5歳の時には母親と死別した者となり、7歳には父親と死別した者となりました）
〔注〕「パナリ」は、「パナリルン（離れる・別れる）」から派生し「死別」を意味している。

03 ナラフドゥヌ　タキフドゥヌ　イクタラ　ウフミ　イディ　シカマフチ　ブルケードゥヨー
（自分の身体が身の丈が大人になったので、大きな畑に出て仕事場に出かけていると）
〔注〕「ナラフドゥヌ　タキフドゥヌ　イクタラ」は、八重山伝統歌謡の常套句で「成長して、大人になって」の意で頻繁に用いられる。「ウフミ」と「シカマフチ」は対語で「畑・仕事場」のこと。

04 ナチアミグリヌ　ウティタラ　ドゥシキムトゥ　ピスムトゥヌ　ザーラ　イキヨー
（夏のにわか雨が降ってきたので、ススキのひとまとまりの木陰に行って）
〔注〕「ナチアミグリ」は、沖縄語の「ナチグリ（夏のにわか雨）」、石垣語の「ナチュアモーレ（夏の雨・夕立・にわか雨）」と同義の語と思われる。

05 ヤキタクニン　ティーマガリ　ブリットゥリ　カーカシイズニン　フチスブイ　ウムイバドゥ
（焼き蛸のように手が曲がっており、炙り魚のように口をすぼめて思うことは）
〔注〕「カーカシイズ」は、現在の黒島語では「アーカシイズ（炙り魚）」と言うが、その古い言い方だと思われる。「乾かす・干す」の意に通じる。

06 キンティスヤ　スディヤナーン　フビヤナーン　キンヤリヨー
（着る物というと袖のない襟のない着物であります）

07 アブティン　ブラバラー　スディヌアル　フビヌアル　キンユ　キシミユバ
（母親さえ生きていたら、袖のある襟のある着物を着ることが出来たのに）

08 ピラティスヤ　パナヌナーン　ハドゥヌナーン　ピラアリヨ
（箆というと、柄のない　刃に角のない箆です）
〔注〕使い古して「ハドゥヌ　ナーン（刃の角が擦り減った）」箆を修理もできずに使っている主人公の逼迫した生活情況が生々しく伝わってくる。

09 イザティン　ブラバラー　パナヌアル　ハドゥヌアル　ピラユ　シカイミユバ
（父親さえ生きていたら、柄のある刃に角のある箆を使うことが出来たのに）

10 ミヌティスヤ　パニヌナーン　キーヌナーン　ミヌヤリヨー
　（簑というと、羽のない毛のない簑であります）
　〔注〕6番の「スディヤナーン　フビヤナーン（袖のない、襟のない衣服）」と「羽のない、毛のない簑」を着た主人公の貧窮ぶりが痛々しい。

11 ウブザティン　ブラバラー　パニヌアル　キーヌアル　ミヌユ　キシミユバ
　（お祖父さんさえ生きていたら、羽のある毛のある簑を着ることが出来たのに）

12 ガッキティスヤ　ティクヌナーン　マラヌナーン　ガッキアリヨー
　（鎌というと、柄を締める金具のない柄に差し込む心棒のない鎌であります）

13 ブザティン　ブラバラー　ティクヌアル　マラヌアル　ガッキユ　シカイミユバ
　（叔父さんさえ生きていたら、柄を締める金具のある心棒のある鎌を使うことが出来たのに）

14 ウリバ　ウムイ　クリバ　ナミブルケードゥ　アミンパリ　ティダン　イルタラ
　（そのことを思いこのことを考えているうちに、雨も上がり陽も暮れたので）

15 ドゥシキムトゥヌ　ザーラハラ　スルッティ　ンジ　パイユ　ミルケードゥ
　（ススキの木陰からすっと抜け出し、南の空を見上げると）

16 ウブナーブシヌ　フターチ　アールタラ　ウリドゥ　バーウヤサミッティ　パルッタ　トゥユーッサリ
　（大きな星が二つ輝き出したので、その二つ星が私の両親だと思い安心して家路についたのです、と申し上げます）
　〔注〕「アールタラ」は「アールン（①上がる・②明るくなる）」の過去・条件形で、ここでは②と解釈した。二つの星の明るい輝きに両親の面影を見る主人公の健全な心は、本人のみならずこの物語歌謡を聞くすべての人々にもゆるぎない希望を与えてくれる、彼女の前途にはきっと大きな仕合せが待っているのだ、と！「トゥユーッサリ」は、物語を閉じる際の「以上のとおりでございます」を意味する言葉。日本の昔話の最後に述べられる「～とさ」に対応する。

③**パイフタフンタカユングトゥ**［paiɸutaɸuntakajuŋgutu］〔名〕

　古い歌謡形態「ゆんぐとぅ」の名。仲本部落由来の芸能とされている。【例】ヤイマズーナ　イチン　ナーガックル　ユングトゥヤ　パイフタフンタカユングトゥッティ　イザリブー（八重山中で一番長いゆんぐとぅは、〈ぱいふたふんたかゆんぐとぅ〉と言われている）。このゆんぐとぅは、90節に及ぶ長尺物で、主人公が船を造り黒島から宮古の多良間島までの往復の船旅を道行き風に描写したものである。日常語にはみられない古い黒島語が多用されていて語り口調も面白いことから、全編を掲載する。宮良勇吉翁（大正元年生まれ）と本原孫宗氏（昭和5年生まれ）の秀でた芸が脳裡に浮かぶ。「ユングトゥ」の項参照。

ぱいふたふんたか・ゆんぐとぅ

01 パイフタ　フンタカ　バンギサ　ハイマリ
　　（パイフタのフンタカの、私は義佐という素姓の者である）
　　〔注〕「フンタカ」は「パイフタ」の対語で、「屋号」か「村の名」か。「ハイ」は「かような・このような」の意で、ここは物語の冒頭における「名乗り＝自己紹介」の場面であろう。

02 シトゥムティン　フキ　アサバナン　スリ（早朝に起き、朝早く目覚めて）
　　〔注〕「フキ」は「フキルン（起きる）」の連用形、「スリ」は「スルルン（目覚める）」の連用形で、「起きて・目覚めて」と訳すか、終止を表す連用止めと見做して「起きた・目覚めた」と訳すか。以下のすべての連用形について、どちらと捉えるか……。

03 ヤマトゥマリ　ウブブーヌバ　ヤシルマリ　ハニブーヌバ
　　（大和製の大きい斧を、山城製の鉄の斧を）
　　〔注〕「ヤシル＝山城」は「今の京都府の南部」で、ここでは「ヤマトゥ＝大和」の対語。

04 アラトゥーンナ　アラトゥイシ　クマトゥーンナ　クマトゥイシ
　　（粗い砥石では　粗研ぎし、細かい砥石では細かく研いで）
　　〔注〕「砥石」の日常語は「トゥシ」であるが、古い時代は「トゥーン」であったのだろうか。

05 ウディナ　トゥリムティ　ハタナ　ハタミ（腕に取り持ち、肩に担いで）
　　〔注〕黒島語では概ね「カ」は「ハ」に転ずる。

06 マキドゥマル　ムティキー　マイドゥマル　ウリキー
　　（牧泊に持って来て、前泊に下りて来て）
　　〔注〕「マキドゥマル・マイドゥマル」は対語で地名。

07 ハシダナバ　キジマーシ　フナダナバ　ピキマーシ（樫棚を削り曲げて、舟棚を引き曲げて）
　　〔注〕「タナ＝棚」は角材のこと。

08 ミタナフニバ　マラシ　ミミチフニバ　シダシ（三棚舟を新造し、三筋舟を新しく造って）
　　〔注〕「ミタナ＝三棚」「ミミチ＝三筋」は角材を三段に重ねたもの。

09 ウパラザン　ウラシ　パマラザン　ウラシ（大原座に下ろし、浜原座に下ろし）
　　〔注〕「ウパラザ・パマラザ」は海浜名。

10 バハフニッティ　マラハリヤンマナ　パヤサキッティ　シダハリヤンマナ
　　（若舟を新造することが出来た、早先を新しく造ることが出来た）
　　〔注〕「パヤサキ＝早先」は「バハフニ＝若舟」の対語。「バハフニ＝バガフニ＝我が舟」の解釈もある。

11 アマヌ　サニヤン　ドゥキヌ　キムザニヤン（余りに嬉しくて、非常に喜ばしくて）
　〔注〕「キムザニヤン」は「サニヤン（嬉しい・喜ばしい）」の強調語で「この上なく嬉しい」。

12 インナ　ウラシ　トゥーナ　ウラシ（海に下ろし、海上に下ろし）
　〔注〕「イン」は「うみ＝海」の古語。「トゥー」は「沖・大海」を意味するが、ここでは「イン＝海」と同義の対語。

13 スーユ　フマシ　ウブスーナ　フケーラシミリバドゥ
　（潮水に浸して、海水に浮かべて見ると）
　〔注〕「スー＝ウブスー」は、潮・海水の意。「フマスン」は、潮水を含ます・潮水に浸す、の意。

14 バハフニヌ　フミハイヤ　パヤサキヌ　フキハイヤ
　（若舟の潮への浸り具合の美しさは、早先の浮き具合の見事さは）
　〔注〕「ハイヤ＝美しさ」は、形容詞「ハイヤン＝美しい」の語幹が名詞化したもの。

15 パカルキタ　マーキタタラーシ　フンバシ　フキブリ
　（計算した通り喫水(きっすい)の状態も立派に、潮に浸り浮いており）
　〔注〕「パカル」と「マー」は、「キタ＝桁」が「計算したとおり・立派に」に出来た状態を表している。「タラーシ」は、「タラースン＝足らす＝満足な情態になる」の連用形。「フンバシ＝フミバシ」は、「フミ＝潮を含んで、または潮に浸って」の意。

16 トゥムハラ　ミリバ　トゥムピキ　ハイヤ（艫(とも)＝船尾から見ると、船尾からの眺めは　美しく）

17 ピーハラ　ミリバ　ピーピキ　ハイヤ（舳先(へさき)＝船首から見ると、船首からの眺めも美しく）
　〔注〕「ピー」は「舳先＝船首」の意で「パナイ」とも言う。「パーリー＝パーライ＝爬龍船」の「船首の竿差し」のことを「ピー・サウ→ピー・ザウ→ピー・ゾー」と言う。

18 ナハマハラ　ミリバ　バハシキタラーシ　ブリバドゥ
　（中央から見ると、若月のように美しい形をしているので）
　〔注〕「バハシキ」は「若月」「三日月」と同義。

19 ウパラザーナ　フケーラシ　ハンミョーザナ　パラシミリ
　（大海原に浮かべて、神の海原に走らせて見て）

20 ハヤールフニティ　スクラリタンカヤ　アヤールフニティ　マラハリタンカヤ
　（そんな美しい舟が　造られたのだ　こんな立派な舟が　生まれたのだ）
　〔注〕「～カヤ」は「～したのだ」という感嘆を表す終助詞。

21 アマヌ　サニヤン　ドゥキヌ　ンゾサン（余りの嬉しさに、この上ない愛おしさに）
〔注〕「サニヤン（嬉しい・喜ばしい）」と同義の対句「ンゾサン（愛しい）」。

22 ヤーナ　ヌーリキー　バルクージニン　バターウイナリ
（家に帰って来て、割いたトウヅルモドキのように腹を上にして）
〔注〕「クージ＝トウヅルモドキ」は、２つに裂いて笊を作ったり「ユツル＝屋根葺き材の竹網」を編んだりする。その「クージ」を比喩に用いている。

23 ピキウシニン　マラー　ウイナリ　ウツァバナキ　ニビットゥリ　シキバドゥ
（挽き臼のように心棒を上にして、仰向けに寝たまま聞いていると）
〔注〕「臼の心棒」は「マラ＝魔羅＝陰茎」の形態に似ていることからの比喩的な呼称。

24 マキフチヌ　スーヌ　ナールワ　グングンサーサーティ
（牧口の潮の鳴る音は、轟々と音を立て）
〔注〕「グングンサーサー」は勢いのよい動作を表す擬態語。

25 ナナズー　ナル　ウブザヌ　グミクニン（70歳になるお爺さんの、咳のように）
〔注〕「グミク」は、「ザーク（咳）」の古形。

26 ハチズー　ナル　ウイプスヌ　サーンクニン（80歳になる老人が、咳をするように）
〔注〕「サーンク＝咳」の日常語は「ザーク」。

27 ハジヌ　フクニン　ヤマウラシハジヌ　ボーンクニン
（風が吹くように、山下ろしの風が吹き荒れるように）
〔注〕「ボーンク」は、「ボーンクン（吹き荒れる）」の連体形。

28 サーンキナサーンキ　ブリバ　ボーンキナボーンキ　ブリバドゥ
（繰り返される咳のようにしており、繰り返し吹き荒れる風のようにしているので）
〔注〕「ボーンキ」は「ボーンクン（激しく吹く）」の連体形。

29 ヌーッティドゥ　ハイブルッカヤ　イカッティドゥ　アイブルッカヤティ
（何ゆえにそうなっているのか、如何なるわけでこうなっているのだろうかと）

30 ミナハンジ　ティンヌナハ　バタルフムユ　ミラッティ　ミリバドゥ
（庭に出て天空の中を、渡る雲を見てみると）

31 ティンヌ　ナハユ　バタル　フモー（天空の中を、渡る雲は）

32 ナーパン　プスヌ　アザ　クイルニン（長い足の人が、石垣を越えるように）

33　タカパン　プスヌ　マシ　トゥビクイルニン（高い足の人が、囲いを跳び越えるように）
　　〔注〕「タカパン＝高い足」は「ナーパン＝長い足」の対語で、語呂合わせの修辞。

34　クイナクイ　ブリバドゥ　トゥビナトゥビ　ブリバドゥ
　　（石垣を勢いよく越えて　いるような、囲いを素早く跳び越えているようなので）

35　ハゼー　マリルンマナ　ウイハゼー　シディルンマナ
　　（順風が吹きそうだ、追い風が　起きそうだ）
　　〔注〕「〜マナ（〜だろう）」は推量の終助詞。

36　クヌハジンドゥ　ムタスマナ　ウイハジンドゥ　パラスマナッティ
　　（この順風に　持たせそうだ、追い風に乗せて走らせそうだ）

37　ユーヌ　アールッタラ　ユーミヌ　アキッタラ（夜が明けたら、夜の闇が明るんだら）
　　〔注〕「〜たら」「〜ので」は、理由・原因を表す接続助詞。

38　クヌハジヌ　マリバナン　ウヌウイハジヌ　シディバナン
　　（この順風の吹き始めに、その追い風の起こり始めに）

39　ウブメーク　バタズニン　タニハタン　マリハタン
　　（宮古島の端の平たい島に、父方の祖先を　母方の祖先を）

40　ワーミミラッティ　ウムイドゥ　ギーミラッティ　ウムイドゥ
　　（拝んでみたいと　思って、行ってお目にかかりたいと思って）

41　バハフニン　ヌーリ　パヤサキン　ヌーリ（若舟＝新造舟に乗って、早先に乗り込んで）

42　パラシンナ　パラシ　イカシンナ　イカシ（勢いよく走らせ、前へ前へと進行させ）

43　フキムラヌ　ハサシナラビンナ　フキムラメーラビターティン　ミラリットゥリ
　　（保慶村の笠岩に並んだ時には、保慶村の乙女たちが目に止まり）

44　バヌ　ンザスンカヤ　クリ　ンザスンカヤティ　ミラッティ　ミリバドゥ
　　（私を見送るのかな自分を見送ってくれるかなと、見ようとして見てみると）

45　パナムミン　ティーサジシ　ティーマヌキ　シーブリバ
　　（花模様の木綿の手巾で、手招きをしているので）

46　アマヌ　サニヤン　パラシンナパラシ　イカシンナイカシ　ウブバナナラビンナ
　　（余りの嬉しさに勢いよく走らせ、前へ前へと進ませ大岩に並んだ時には）

47　クンダキヤイダキナ　ハカルフモー　イカシカヤティ　ミリバドゥ
　　（古見岳に八重岳に掛かる雲は、どんな具合だろうかと見ると）

48　ウリズンヌ　バハナチヌ　ブナザラターヌ　ムンヤキ　キブシニン
　　（陽春の若夏の、娘たちが麦を焼く煙のように）
　　〔注〕麦を収穫する際、刈り取る前に穂を焼き脱穀・精白したという。

49　ブーサンキナ　サンキ　ピキマーシ　ブリバドゥ（尾を引くように引き、棚引いているので）

50　ハゼー　マリルンマナ　ウイハゼー　シディルンマナッティ
　　（順風が吹きそうだ、追い風が起きそうだと思い）

51　アマヌ　サニヤン　パラシンナパラシ　イカシンナイカシ
　　（余りの嬉しさに勢いよく走らせ、前へ前へと進ませ）

52　プリムラヌ　ブラシナラビンナ　プリムラメーラビター　ミラリットゥリ
　　（保里村の法螺岩に並んだ時には、保里村の娘たちが目について）
　　〔注〕「ブラシ＝ブライシ＝法螺岩」は保里の港にある岩で、石垣島との連絡船の到着をその岩の所で「ブラ＝法螺貝」を吹いて知らせたことに由来する名称だという。他に王府時代に役人の到着を「法螺貝」で知らせたからだという説もある。

53　バヌ　ンザスンカヤ　クリ　ンザスンカヤティ　トゥンカイリ　ミリバドゥ
　　（私を見送るのかな自分を見送ってくれるのかなと、振り返って見ていると）

54　ルクンガチヌ　パマガンヌ　ウリルニン　シドゥヤーリ　ティーマヌキ　シーブリバドゥ
　　（6月の頃に浜蟹が浜下りするように、群がって手招きしているので）
　　〔注〕「パマガン云々」は、「オカガニ＝陸蟹」が群を成して放卵（産卵）のため浜下りする生態の比喩。

55　クバヌパーオンギシ　ティーマヌキ　シールムノー　ピルマサ　ウムシルムヌッティ
　　（くばの葉の扇で手招きしている様は、甚だ痛快なことだと）

56　アマヌ　サニヤン　パラシンナパラシ　イカシンナイカシ
　　（余りの嬉しさに勢いよく走らせ、前へ前へと進ませ）

57　プリムラ　ニシドゥマンヌ　アカナフチ　トゥーリンドゥ
　　（保里村の北方海上にある赤那口に、差し掛かったときに）

58　バハフネー　ヌーバシードゥ　トゥーリブルカヤティ　ピーハラミリバドゥ
　　（若舟はどんなふうに走ってしているのかと、舳先から見ると）

59　ピーハラ　キシパルスーヤ　スニナンヌブリルニン　ブリナブリ
　　（舳先の切り裂く潮は、洲にぶつかる波のように繰り返し波しぶきを上げ）

60　ハジマーンナ　ハカルスーヤ　パタチメルビヌ　バラウニン　ブリナブリ
　　（梶の周りに掛かる潮は、20歳娘の笑い顔のように白い波しぶきを上げ）
　　〔注〕〈謝敷節〉の「謝敷板干瀬に　打ち合い引く波の　謝敷女童の目笑い歯茎」を連想させる。

61　ハナイヌヌバ　トゥイルヌヌバ　ウチパイルニン　トゥーリブリバ
　　（貢納布を十尋布を、打ち延べたように通っているので）
　　〔注〕「トゥイルヌヌ」は、織り上げた布の長さを示す用語だが、ここでは「ハナイヌヌ」の対語
　　　　として用いられている。

62　アマヌ　サニヤン　ナハマハラ　ミラッティ　ミリバドゥ
　　（余りの嬉しさに、舟の中央部から見ようとして見てみると）

63　フンハジラ　ハカルスーヤ　シキユティラシ　ピューマティラシ
　　（舟の頭部に掛かる潮は、月夜を照らす昼間の太陽に照らされた波のように）
　　〔注〕「ハジラ」は「かしら（頭）→ハシラ→ハジラ」。「フン」は「舟」の意で、「釘」と解釈す
　　　　る向きもある。

64　アマヌ　サニヤン　パラシンナパラシ　イカシンナイカシ
　　（余りの嬉しさに、勢いよく走らせ前へ前へと進ませ）

65　タキドゥンヌ　アールハラ　ナハダキヌ　ワーラハラ（竹富島の東から、仲嵩のおもてから）
　　〔注〕「ナハダキ」は「タキドゥン＝竹富島」の対語。「ワーラ」は通常「上手・風上・おもて」
　　　　を意味するが、ここでは「アール（東）」と同義の対語として用いられている。

66　ウブシマ　ナラビンナ　バガマリジマ　ミリバドゥ
　　（石垣島と並んだ時に、我が生まれ島を見ると）

67　バタシサイフター　バタシヌビ　シールニン　ジーンナキナジーンナキ
　　（渡し板細工たちの渡し板の繋ぎをするように、押し込まれ押し込まれ）

68　バガシマー　マリジマー　ジーンナキヤンマナティ　ミレータナ
　　（我が島は生まれ島は、海中に沈みこんでしまったなと見ながら）

69　パラシンナパラシ　イカシンナイカシ　ウブメーク　バタズニン　ヌーリ
　　（勢いよく走らせ前へ前へと進ませ、大宮古の端の平らな島に上陸し）
　　〔注〕「ウブメーク　バタズニ」は「ミヤコジマ＋ハタ＋ソネ」で「宮古島の端の平らな島」と解
　　　　されることから、「宮古島」ではなく「多良間島」であろう、と解釈した。

70　パイフター　フンタカー　ケースヌッティ　イジバドゥ
　　（パイフタはフンタカは、ついにこの島に来たよと言うと）

71　パイフター　フンタカー　ヌーッティドゥ　ハイアラクッティ　トゥイバドゥ
　　（パイフタ・フンタカは、何ゆえにここに来たのかと問うので）

72　マールダマ　ガールダマ　フサンドゥ　ケーッティ　イジバドゥ
　　（丸い玉が勾玉が　欲しくて、来たのだと言うと）

73　アイドゥン　ヤルッカー　クリドゥン　ヤルッカー
　　（そういうことであるなら、こういうわけであるなら）

74　メーク　マールダマ　ガーラダマ　ウラーリ　アリバ
　　（宮古名産の丸い玉は勾玉は、山ほどあるので）

75　フニヌミー　パントゥラシ　マーシパリティ　イザレーッタラ
　　（舟一杯に満載して　持って行きなさいと、言われたので）

76　パマハザ　トゥールニントゥーンナキ　パマクマシ　シカムニンシカンナキ
　　（浜の蔓草を手繰り寄せるように採り込み、浜砂利を掴むように掴み採って）

77　バガシマハ　ンカーシ　マリジマハ　パラシ　（我が島に向けて、生まれ島に走らせ）

78　ウブシマヌ　イサナキヌ　アールハラ　パラシキー
　　（大きい島の石垣島の東方から、走らせて来て）

79　ケンフチ　イリンドゥ　バリフチ　イリンドゥ
　　（喜屋武口に入るころ、裂け目＝水路に入るころ）

80　フシマヌ　ハントゥ　バントゥ　マータキティ　シタラドゥ
　　（黒島の神と私とは、同格だと言ったので）

81　メーンドゥリニン　プスルキリキリ　プスルフンフン　スーバンミサンティ　イズタラドゥ
　　（雌鶏のように一人で土を蹴り蹴り土を踏み踏み、してもいいよと言ったので）

82　フシマヌ　ハンナ　トーミ　ワーレッシバドゥ
　　（黒島の神様は、機嫌をそこね拗ねて　しまわれたので）
　　〔注〕「トーミ」は「トーミルン（泣きべそをかく・拗ねる）」の連用形。

83　パイフター　フンタカー　フチパーマラシムヌ　キムパーマラシムヌ　アリトゥリ
　　（パイフタ・フンタカは、性急な者で思慮の足りない者であると反省して）

84　イジナウシサル　ユラキイリナーシキヌ　イシバキジバリ　シマヌナハノーシサル
　　（言い直します、ユラキ西側の岬の岩を削り割って島の中に敷き詰めますと）

85　シキルティルシキル　パミティルパミ　ハニクヌ　ピンニン　ピニバモーシ
　　（海鼠という海鼠にパミという種類の海鼠に、砂地の大蒜の根のような髭を生やして）

86　シマヌ　ナハナ　ノーシ　ブドゥラシ　サルティ
　　（島の中に上げて、踊らせてお見せしましょうぞ）

87　ヤンズーヌ　サーンニン　ティーンザミ　サルティシタラ
　　（大干潮時のさーん蛸のように、手を揃えてお詫び申し上げますと言うと）

88　フシマヌ　ハンヤ　イヒヒティ　バライワーリ（黒島の神様は、イヒヒとお笑いになられて）

89　パイフタ　フンタカー　シミン　トゥガン　ナーンスクン
　　（パイフタ・フンタカは、罪も咎も受けることなく）

90　マキドゥマル　マイドゥマルナキー　タビウリ　シタルトゥユーッサリ
　　（牧泊に前泊に来て、旅の終了を無事に遂げました、と申し上げます）
　　〔注〕「トゥユーッサリ（と申し上げます）」は、話を終了する際に用いる常套句。日本昔話の終わりに述べる「〜とさ。」に相当する。ただし「〜とさ」は、物語の登場人物ではなく第三者の話し手が述べるが、「トゥユーッサリ」は、物語の主人公である話し手が自らの体験談の終了を述べている。（校合／前船太作・玉代勢泰興・當山善堂　訳注／當山善堂）

（2）あゆ

①キユガピーアユ[kijugapi:ʔaju]

　古謡の名。〈今日が日・あゆ〉。この歌は、黒島では特別にめでたい日に祝う歌だと言われている。喜舎場永珣『八重山古謡（下）』に黒島の古謡として収載されている〈元服祝ヌアユ〉が、見出しの〈今日が日・あゆ〉とほぼ同じ流れであることから、黒島の古い時代の「元服祝い」の場で歌ったものであろう。歌のなかには、現在の日常語には確認できない用語「キタティシル（タダニショールの対語）」「ナリパダ（ドゥーパダの対語）」「ハボーラバ（タボーラバの同義語）」などが用いられている。

今日が日・あゆ

01　今日が日ぬ（今日の日の）
　　「ヨーホイ」（自ら歌う囃子言葉。以下同じ）
　　『シタリヨーホー』（相方の歌う囃子言葉。以下同じ）
　　御祝いや（お祝いは）
　　「ヨーホ」（自ら歌う囃子言葉。以下同じ）
　　『シタリヨーホー』（相方の歌う囃子言葉。以下同じ）
　　唯にしょーる（ありきたりの）
　　御祝いや（お祝いでは）
　　あらぬ（ないよ）
　　「ヨーホ」（自ら歌う囃子言葉。以下同じ）

02　黄金日ぬ　御願いや　きたてぃしる御願いや　あらぬ
　　（輝ける日の　お願いは　月並みの祈願では　ないよ）

03　身体肌ぬ　御願い　成肌ぬ　御願い　しょーる
　　（健康の　お願いを　成人の祈願を　しているよ）

04　身体肌ぬ　被らば　成肌ぬ　被らば（健康を　賜ったら　成人に　遂げられたら）

05　五日廻しぬ　御祝いしょーら　七日廻しぬ　御祝いしょーら
　　（五日毎に　お祝いしましょう　七日毎に　お祝いしましょう）

06　其ぬ果報どぅ　願よーら　此ぬ願いどぅ　手摺りょーら
　　（その果報を　願いましょう　この願いを　祈願しましょう）

②サシニガンアユ[saʃiniganʔju]

　古謡の名。〈さしに蟹・あゆ〉。嫁入りした娘が、自分の巣穴以外は決して自分の住処としない蟹の如く、梯梧の花のような真紅に染まった苧麻の如く、食わず芋の葉のような青色に

染まった苧麻の如く、水面を揺らすことのない井戸や壺の水の如く、婚家に根を下ろし、婚家の風習に染まり、身じろぎすることなく、嫁の立場を全うして欲しいという親の深い愛情が描かれている。娘を嫁に遣る時に歌う。

さしに蟹・あゆ

01　さしに蟹にん（砂州の蟹のように）
　　　『シターリヨーホ』（相方が歌う囃子言葉。以下同じ）
　　だいぴ蟹にん　大母屋主（だいぴ蟹のように、巣穴の主の如くあれ）
　　「ヨーホ」（自らが歌う囃子言葉。以下同じ）

02　根ぬ蟹にん　ぶんぴ蟹にん　根母屋主
　　（根付き蟹の　ぶんぴ蟹のように　巣穴の主の如くあれ）

03　赤苧麻にん　梯梧ぬ花　足らしょーり
　　（赤い苧麻が　梯梧の花のように　赤く染まる如くあれ）

04　青苧麻にん　びゆり山　足らしょーり
　　（青い苧麻が　食わず芋の葉のように　青く染まる如くあれ）

05　井戸ぬ水にん　動きすな　嫁ぬ子（井戸の水面のように　身動きするな　嫁に行く子よ）

06　壺ぬ水にん　動きすな　肝ぬ子（壺の水面のように　微動だにするな　気に入りの子よ）

07　其ぬ果報どぅ　願いわーら　我が皆んなり（その果報を　願いましょう　私たち皆で）
　　とぅゆっさり（と、申し上げます）

③ハマサキヌシドゥレーマアユ[hamasakinuʃidure:maʔaju]

　古謡の名。〈浜崎ぬ千鳥ま・あゆ〉。この歌は、特定の日に歌われるものではなく、夫婦や知人同士が思い思いに歌う座敷歌である。浜崎や洲崎などで羽や尾を振って遊び歓(あま)えている千鳥のように、私たちは祝いの酒を酌み交わして座敷で遊び歓えるのだよ、と歌う。結びは、古謡の通例に従って無病息災や五穀豊穣の祈願で歌い収める。「アマイ（歓え）」は、「アマイルン（歓える）」の連用形が名詞化した語で、共通語にはない沖縄独特の言葉である。「互いに喜び合う」雰囲気を表現する場面で用いる。

浜崎ぬ千鳥ま・あゆ

01　浜崎ぬ千鳥ま（浜崎の千鳥よ）
　　「ヨーホ」（自らが歌う囃子言葉。以下同じ）
　　『シターリヨーホ』（相方が歌う囃子言葉。以下同じ）

洲崎ぬ真鳥ま（洲崎の真鳥よ）
　「ヨーホ」（自らが歌う囃子言葉。以下同じ）
　『イヤーシターリ』（相方が歌う囃子言葉。以下同じ）

02　千鳥まぬ遊びや　真鳥まぬ歓いや（千鳥の遊びは　真鳥の歓えは）

03　羽ば振りどぅ遊びょーる　尾ば振りどぅ歓よーる
　（羽を振り遊んでいるよ　尾を振って歓えているよ）

04　我が皆ぬ遊びや　並み皆ぬ歓いや（私たち皆の遊びは　私たち全員の歓えは）

05　びんぬ酒ば前なし　四方台ば交わし（祝の酒を前にして　四方台を交わして）

06　此ぬ座端にどぅ遊びょーる　畳ぬ端にどぅ歓よーる
　（この座敷で遊んでいるよ　畳の上で歓えているよ）

07　其ぬ願いどぅ願よーる　此ぬ果報どぅ手摺りょーる
　（その願いをこそ願い　この果報をこそ祈願しているよ）
　とぅゆっさり（と、申し上げます）

④ヤラブダニアユ[jarabudaniʔaju]

古謡の名。〈やらぶ種・あゆ〉。【例】マーハ　パラバン　ヤラブダニニン　ウヤヌ　ハトホ　ムドゥリ　クーヨー　アタラセーマ（どこに行ってもヤラブダニのように親の許に帰って来なさい、愛しい子よ）。用例のように親子の情愛が巧みな比喩を種々用いた歌詞でつづられていて（〔語釈〕参照）、しっとりした旋律に乗せて歌われる名曲である。元来、無伴奏で相方と交互に歌うのだが、玉代勢泰興君が三線譜をつけて三線歌に仕立ててあり、アユ調とは異なった新鮮で賑やかな趣を醸し出している。

やらぶ種・あゆ

01　やらぶ種にん　廻り来よ　一人子（やらぶ種子のように　廻って来なさい　一人っ子よ）

02　転び種にん　転び来よ　肝ぬ子（転び種の様に　転がって来なさい　気に入りの子よ）

03　糸巻にん　廻り来よ　肝ぬ子（糸巻きのように　廻って来なさい　気に入りの子よ）

04　巻き管にん　巻き来よ　愛し子（巻き管のように、巻いて来なさい　愛しい子よ）

05　笠ぬ枠にん　廻り来よ　産ぬ子（笠の枠のように、廻って来なさい　我が子よ）

06 廻り蜷にん 巻き来よ 単独子（廻り蜷のように、巻いて来なさい 独りっ子よ）

〔語釈〕ヤラブダニ：テリハボクの種。ヤラブ種は、木から落ちると木の根元に転がって来る習性があるらしく、そのヤラブ種のようにいつでも親許に帰って来なさいよ、と愛し子に呼びかけている。クルビダニ：ヤラブダニの対語。サイヤマ：撚りを掛けた糸を巻く車の輪のような円形の道具。マキフダ：機織りで横糸＝緯を巻いた竹の管のこと。ハサヌハウ：クバ笠の縁を固定する枠のこと。マーリミナ：一般には巻貝を指すが、ここではタカセガイ（高瀬貝）のこと。

⑤ タニドゥルアユ[taniduruʔayu]

古謡の名。〈種取あゆ〉。「タニドゥルヨイ」に歌う。

種取・あゆ

01 今日が日ぬ（今日の日の）
　　『シタリヨ』（相方の歌う囃子言葉。以下同じ）
　吉日和ぬ 御願い（吉日の 祈願）
　　「イドゥバイコメヘー トゥラディスユ」（自ら歌う囃子言葉。以下同じ）

02 種子取 初種ぬ 御願い（種子蒔きの 種子下ろしの 祈願）

03 大粟種子ば 丸粟種子ば 取りゃい持ち（大きい粟種を 丸い粟種を 取り持ち）

04 大箆ば 長箆ば 取りゃい持ち（大きい箆を 長い箆を 取り持ち）

05 大畑に 後ぬ低地に 持ちや出じ（大きい畑に 後方の低地にある畑に 持ち出し）

06 石や端 枡や上に 蒔きょーらば（石だらけの土に 畑の土に 蒔くと）

07 清手蒔き 白手遣り 蒔きょーらば（清めた手で 洗い清めた手で 蒔くと）

08 犬ぬ毛とぅ 猫ぬ毛とぅ 譬いらり（犬の毛にも 猫の毛にも 譬えられ）

09 上かいや 若葉出でぃ 給らば（上には 若葉が出て 来たので）

10 草折り 取折りぬ なりょーらば（草取りの時期に 除草時期に なったので）

11 大箆ば 長箆ば 持ちや出じ（大きい箆を 長い箆を 持ち出し）

12 四角廻し 清手廻し 廻しょーらば（畑の四方を 清めた手で 除草を済ませた）

13 陽春ぬ　若夏ぬ　なりょーらば（陽春に　若夏に　なって）

14 作る雨　柔らき雨　給らば（作物を育てる　恵みの雨が　降ったので）

15 山薄　力草本　譬いらり（山の薄に　力草の茎に　譬えられるほどに）

16 上かいやよ　大葉出でぃ　給らば（上には　大きい葉が出て　来て）

17 下かいやよ　白根差し　給らば（下には　白い根が　下り）

18 大葉ばしー　長葉ばしー　給らば（大きい葉が　長い葉が　出たので）

19 大穂出じ　長穂出じ　給らば（大きい穂が出て　長い穂が出て　来たので）

20 大穂ばしー　長穂ばしー　給らば（大きい穂を　長い穂を　出して）

21 石や実り　金や実り　給らば（石のように固く　金のように固く　実ったので）

22 北ぬ風　なりょーらば　南畔枕し（北風が　吹く時は　南の畔を枕にして）

23 南ぬ風　なりょーらば　北畔枕し（南風が　吹く時は　北の畔を枕にして）

24 刈り出ざし　給らば　取り出ざし給らば（刈り取りを　済ませたら　収穫を終えたなら）

25 其ぬ果報ゆ　此ぬ願いゆ　手摺りょーら（その果報を　この願いを　祈願しよう）
　　取れーす　抱けーす（取り入れたよ　手に入れたよ）

⑥ タニドゥルヌミチウタアユ[tanidurumitʃiʔutaʔaju]
古謡の名。〈種子取ぬ道歌あゆ〉。

種子取ぬ道歌・あゆ

01 今日が日ば　元ばし（今日の日を　元にして）
　　「ヨーヨイ　アーヨイサヌ」（自らが歌う囃子言葉。以下同じ）
　　吉日和ば　元ばし（吉日を　元にして）
　　「ヨーヨ　ヒヨンナ」（自らが歌う囃子言葉。以下同じ）

02 種取ぬ御願い　初種ぬ御願い（種蒔きのお願い　種子下ろしの祈願）

03 種取ぬ三日　我が嬉しゃ　拝まりぬ嬉しゃ（種蒔きの三日　私の嬉しさ　祈願の嬉しさ）

04 弥勒世ば廻しわーる　神ぬ世ば廻しわーる（弥勒世を賜り　神の世を賜った）

05 昔世ば廻しわーる　稔る世ば廻しわーる（昔世を賜り　豊作を賜った）

⑦ハジガニーアユ[hadʑigani:ʔaju]

　古謡の名。〈風が根あゆ〉。帆船が主流であったころ、風向きは雲の動きによって決まる〈分かる〉のである。首里王府への航海には南風が順風で、一晩掛け夜通しでの航海は真夜中も嘉例吉である、と航海安全を歌っているが、末尾では一転して「親族の平穏は年下の心掛けで保たれ、夫婦仲の良さは妻の振る舞いで決まるという〈でんさ節〉風の教訓仕立てになっている。

風が根・あゆ

01 風が根（風の根＝向きは）
　　「ヒヤホーイ」（自らが歌う囃子言葉。以下同じ）
　　フイ雲取りしどぅ（雲の動きによってこそ）
　　『サーヨーイヤサ』（相方の歌う囃子言葉。以下同じ）
　　根やなす（方向は決まる）
　　「ヨーホーナーハ」（自らが歌う囃子言葉。以下同じ）

02 上が根や　フイ乗り取りしどぅ　根やなす
　　（風上の根＝向きは　雲の流れでこそ　方向は決まる）

03 風清さ　フイ真南風どぅ　清さる（風向きが良いのは　真南の風こそ　順風である）

04 沖縄渡や　フイ夜一夜　夜ば籠み（沖縄島＝首里王府への渡航は　一晩を掛け　夜通しで）

05 夜中渡や　フイ真夜中　嘉例吉（夜通しの渡航は　真夜中も　航海安全の旅である）

06 親類清さ　フイ年下はら　清さる（親族の仲の良さは　年下の心掛けで　良くなる）

07 夫婦清さ　フイ女はらどぅ　清さる（夫婦仲の良さは　妻女の心掛けで　良くなる）

⑧ヤマガシニーヌアユ[jamagaʃini:nuʔaju]

　古謡の名。〈山樫根ぬ・あゆ〉。

山樫根ぬ・あゆ

01 山樫根ぬ（山樫の根の）
　　「ヨーホイ」（自らの歌う囃子言葉。以下同じ）
　　『シタリヨーホー』（相方の歌う囃子言葉。以下同じ）

根下りや（根下りは）
　　　「ヨーホ」（自らの歌う囃子言葉。以下同じ）
　　　『シタリヨーホー』（相方の歌う囃子言葉。以下同じ）
　　山底にどぅ根や下りる（山の窪地にこそ根は下りる）
　　　「ヨーホ」（自らの歌う囃子言葉。以下同じ）

02　あかぼー木ぬ　根下りや　石や上んどぅ根や下りる
　　（アコウキの根下りは、石の上にこそ根は下りる）

03　我が皆ぬ　根下りや　座敷上んどぅ根や下りる
　　（私たち皆の根下りは、座敷の上にこそ根は下りる）

04　其ぬ果報どぅ　願よーら　此ぬ願いどぅ　手摺りょーら
　　（その果報をこそ願おう、この願いをこそ祈願しよう）

⑨ **タビバイアユ**[tabibai?aju]
　古謡の名。〈旅南風・あゆ〉。帆船による首里王府への旅は、行きは南風に乗って、帰りは北風に押されて行なわれた。いずれも、夜通しの安全祈願がなされた。

旅南風・あゆ

01　旅ばい（旅に出る時には）
　　　「ヒヤヨーホ」（自ら歌う囃子言葉。以下同じ）。
　　　『シタリヨーホ』
　　んかぬしゃまに　うさいらり「ヨーホ」（恋女に　見送られ）
　　　「　」『　』は以下同じ。

02　道南風　んびきれまに　うさいらり（道行きの時には、恋男に見送られ）

03　上るてぃ　真南風にどぅ　うさいらり（首里への旅の時には　真南の風に　押されて）

04　下きるてぃ　真後風にどぅ　うさいらり（首里からの帰りの時には　北風に　押されて）

05　沖縄旅　一夜籠みどぅ　夜籠みどぅ（沖縄への旅は　一晩を籠め　夜通しで）

06　神ぬ海　夜中夜ば　籠みどぅ（王国への航海は　夜通しで　続けて行われる）

07　其ぬ果報どぅ　願よーら　此ぬ願いどぅ　手摺りょーら
　　（その果報を　願おう　この願いを祈願しよう）

⑩ハジバタアユ[hadʑibataʔaju]

古謡の名。〈風旗(はじぱた)・あゆ〉。新造船の誕生を歌った歌である。

風旗(はじぱた)・あゆ

01 「ヒヤーサ」（自らが歌う囃子言葉。以下同じ）
　　今日(きゆ)ぬ日(ぴー)ば　元(むとぅ)ばし（今日の日を　元にして）
　　吉日和(はいぴゆる)ば　元(むとぅ)ばし（吉日を　元にして）

02 若舟(ばはふに)ぬ　産(う)まりや　嘉例吉(かりゆし)ぬ　押出(うしでぃ)や（若い舟の　産まれは　新しい舟の　進水は）

03 何(なゆ)ぬ日(ぴー)にどぅ　産(ま)りたる　如何(いか)ぬ日(ぴー)にどぅ　押出(うしでぃ)たる
　　（何の日に　産まれたか　如何なる日に　進水したか）

04 甲寅(きぬとぅら)にどぅ　産(ま)りたる　神(はん)ぬ日和(ぴゆる)にどぅ　押出(うしでぃ)たる
　　（甲寅の日に　産まれた　神の日和に　進水したのだ）

（3）ゆんた・じらば

①ソンガチユンタ[soŋgatʃijunta]

古謡の名。〈正月ゆんた〉。【例】キユガピーバ　ムトゥバ　シー　クガニピーバ　ムトゥバ　シー　ウヤキ　ユバナウレ　スリ　ユバナウレ（今日の日を基にして輝かしい日を起点にして、豊穣(そんがち)な世を賜りますように／〈正月ゆんた〉より）。

正月行事の「ユーピキジ（豊年招来の神事）」の中心は、部落の中央において行なわれる綱引きである。その綱引きの前に、青年たちが集まって南組と北組に分かれ交互に歌うのが〈正月ゆんた〉である。今年の豊作を祈り豊年を予祝する内容の歌である。

正月(そんがち)ゆんた

①
〔南(ぱいま)〕今日(きゆ)が日(ぴー)ば元(むとぅ)ばし（今日の日を元にして）
　　　黄金(くがに)日(ぴー)ば元(むとぅ)ばし（素晴らしい日を基にして）
　　　「ウヤキ」（自らが歌う囃子言葉。以下同じ）
　　　『ヒーヤ』（相手側が歌う囃子言葉。以下同じ）
　　　「ユバナウレ　スリ　ユバナウレ」（自らが歌う囃子言葉。以下同じ）

〔北(にすま)〕今年(くとぅしゆー)　世ば　願(にが)よら（今年の豊作を願おう）
　　　来夏(くなちゆー)世ば　願(にが)よら（今夏の豊作を願おう）

〔南〕今年世ぬ稔らば（今年の作物が稔れば）
　　　来夏世ぬ出来らば（今夏の作物が豊作なら）

〔北〕誰鳴響まてぃ居るん（誰の名誉とするのか）
　　　何名取らてぃ居るん（誰の名を称えるのか）

〔南〕鳴響まれぬ欲さんどぅ（名誉が欲しくて）
　　　名取られぬ欲さんどぅ（名を称えられたくて）

〔北〕我が皆どぅ鳴響ます（私たち皆を褒め称える）
　　　並み皆どぅ名取らす（村人全てを称える）

〔合〕其ぬ果報どぅ願よる（その果報こそ願います）
　　　此ぬ願い手摺りょる（この願いこそ願います）

巻き踊ん・ガーリ①
　　サーサーサー　サーサーサー

②
〔合〕粟作り稔らし（粟を作って稔らせ）
　　　芋作り実らし（芋を作って実らせ）
〔合〕麦作り稔らし（麦を作って稔らせ）
　　　黍作り実らし（黍を作って実らせ）

巻き踊ん・ガーリ②
　　サーサーサー　サーサーサー

②フナクヤーユンタ [Φunakuja:junta]

　古謡の名。〈舟越・ゆんた〉。1771（明和8）年に起きた「明和の大津波」のあと、伊原間村の舟越へ強制移住された時の模様がつづられている。石垣島で歌われている同名の歌と違い、ここでは「自分たちを移住させたのはどこそこの誰と誰だ」と具体的に名を挙げ激しく非難している。「この次は、あなたたちだぞ」と叫ぶ怒りの声が聞こえてくるような臨場感を伴う緊迫感にあふれている。この歌から、移住させられたのは宮里・仲本・東筋・保里村の人々であったことが分かる。なおこの種の歌は、最終章に見られるような「住めば都」式の終結となるが、この部分は役人に配慮してのちに書き換えたものか、書き換えられたものであろうと思われる。

舟越ゆんた

01　伊原間に分きたすヨー（伊原間に移住させたのは）

舟越に分きたすヨー（舟越に移住させたのは）
　　「サーサ　ユワイヌ　サースリ　ユバナウリ」（自らが歌う囃子言葉。以下同じ）

02　宮里や稲福氏ヨー　其りぬ相手ぬ平得氏ヨー（宮里村は稲福氏で　その相談相手は平得氏だよ）

03　仲本や生盛氏ヨー　其りぬ相手ぬ向原ヨー（仲本村は生盛氏で　その相談相手は向原氏だよ）

04　東筋や崎原氏ヨー　其りぬ相手ぬ前仲氏ヨー（東筋村は崎原氏で　その相談相手は前仲氏だよ）

05　保里村や石盛氏ヨー　其りぬ相手ぬ金城ヨー（保里村は石盛氏で　その相談相手は金城氏だよ）

06　其ぬ人数ぬどぅ　我達ゆ分きたるヨー（その人たちが　私達を移住させたのだよ）

07　此ぬ組ぬどぅ　此りゆ分きたるヨー（この連中こそが　私共を移住させたのだよ）

08　今やれどぅ　我達ゆ分きたるヨー（今だからこそ　私達を移住させたのだよ）

09　次一度や　貴方達ゆ分き取らさ（次の機会には　貴方達を移住させてみせよう）

10　分きらりぬ憎たはやヨー　離さりぬ苦さやヨー（移住された憎らしさよ　離された苦しさよ）

11　当時の主や　頭や成り給んな（その時の役人は　頭にならないでください）

12　めしんびらまや　目差や成り給んな（めしんびらまは　目差役人になりなさんな）

13　嫌嫌とぅ分きらり　なぐなぐとぅ離さり（嫌嫌ながら分けられ　心ならずも引き離され）

14　伊原間に行きとぅり　舟越に行りとぅり（伊原間村に行きつき　舟越村に辿りついて）

15　立ていな立てぃ見りばどぅ　居りな居り見りばどぅ（生活し続けてみると　住み続けてみると）

16　立てぃ嬉や伊原間ヨー　居り嬉や舟越ヨー（生活しやすい伊原間村だよ　住みよい舟越村だよ）

17　粟作り稔らしヨー　黍作り出来らしヨー（粟を作って稔らし　黍を作って実らせた）

18　当時の主や　頭や成り給り（その時の役人は　頭になっていただきたい）

19　めしんびらまや　目差や成り給り（めしんびらまは　目差役人になってください）

③プーンジラバ[puːndʑiraba]

古謡の名。〈豊年祭じらば〉。ウーニ競走・パーリー競漕が終わるとウーニを先頭に乗組員が旗頭の周囲を回りながら歌うのが、この歌である。円陣の中では、アブッタンキ(お母さんたち)やパーッタンキ(お祖母さんたち)が、はじけるような勢いで、最後のガーリまで踊り続ける。もはやそこには、ウーニ競走やパーリー競漕の競争意識はなく、「ユークイ(豊年豊作の招来)」の儀式に彩られた村びと島びとたちのひたむきな祈りの姿が現出する。

豊年祭じらば

01　今日(きゅぴー)が日ば（今日の日を）
　　黄金(くがにぴー)日ば（輝かしい日を）
　　　『アシターリ』（相手側が歌う囃子言葉。以下同じ）
　　元(むとぅ)ばしヨー（元にして）
　　　「ソーレーナウレ」（自らの陣営が歌う囃子言葉。以下同じ）

02　大嶽神(うふやがん)　守護主(まぶるす)どぅ　崇(たか)びょーりヨー（大嶽神を　守護神を　崇め）

03　来年世(やいねゆー)ば　来夏世(くなちゅー)ば　願(にが)よらヨー（来年の豊作を　来夏の豊作を　願いましょう）
《以下は早拍子(あらばし)で歌う》

04　来年世(やいねゆー)ぬ（来年の作物が）
　　来夏世(くなちゅー)ぬ（来夏の作物が）
　　　「アーヨイサ」（自らの陣営が歌う囃子言葉。以下同じ）。
　　出来(でぃき)らばヨー（豊作なら）

05　誰鳴響(たるとぅゆ)ま　何名取(じりなとぅ)ら　てぃ居(ぶ)るんヨー（誰を称え　どなたの名を挙げ　としているのか）

06　大嶽神(うふやがん)　守護主(まぶるす)どぅ　鳴響(とぅゆ)ますヨー（大嶽神を　守護神を　称えます）

07　大司(うふしかさ)　神司(はんしかさ)　鳴響(とぅゆ)ますヨー（大司を　神司を　称えます）

08　大嶽神(うふやがん)　神司(はんしかさ)　後(あとぅ)んやヨー（大嶽神の　神司の　次には）

09　我が皆(ばけーら)どぅ　並み皆(なけーら)どぅ　鳴響(とぅゆ)ますヨー（私達皆を　村人全てを　褒め称えます）

10　鳴響(とぅゆ)まりぬ　名取(なとぅ)らりぬ　欲(ぶ)さんどぅヨー（名誉になることが　評判になることが　欲しくて）

11　其ぬ果報(かふ)どぅ　此ぬ願(にが)いどぅ　手摺(てぃじ)りょるヨー（その果報こそ　この願いこそ　祈願します）
《ガーリ》
　　ウヤキユーヤ　ナウレーガ　ユーワナウリ（豊かな世は　稔りあれ　作物は豊作に）

アーヤナウリ　ウンマミーリ（粟は稔れ　芋は実れ）

ナウリ　ナウリ　ミーリ　ミーリ（稔れ　稔れ　実れ　実れ）

④ナガレクイジラバ[nagarekuidʒiraba]

古謡の名。〈流れ漕じらば〉。

流れ漕じらば

01　今日が日ば　元ばしヨー（今日の日を　元にして）
　　『アーヨイサヌ』（相手陣営の歌う囃子言葉。以下同じ）
　　黄金日ば　元ばしヨー（輝かしい日を　元にして）
　　「ヒヤ　ハイヤースラヨー」（自陣営の歌う囃子言葉。以下同じ）

02　大嶽神　崇びょーるヨー（大嶽神を崇める）
　　守護主どぅ　崇びょーるヨー（守護神を崇める）

03　来年世ば　願よーらヨー（来年の豊作を願おう）
　　来夏世ば　願よらヨー（来夏の豊作を祈願しよう）

04　来年世ぬ　稔らばヨー（来年の作物が豊作になれば）
　　来夏世ぬ　出来らばヨー（来夏の作物が豊作になれば）

05　誰鳴響まてぃ　居るんヨー（誰を称えとしているのか）
　　何名取らてぃ　居るんヨー（どの人の名を上げようとしているのか）

06　大嶽神　鳴響ますヨー（大嶽神を称えます）
　　守護主どぅ　名取らすヨー（守護神の名を上げます）

07　大嶽神　後んやヨー（大嶽神のあとには）
　　守護主ぬ　艫んやヨー（守護神の次には）

08　大司　鳴響ますヨー（大司を称えます）
　　神司　名取らすヨー（神司の名を上げます）

09　大司　後んやヨー（大司のあとには）
　　神司　艫んやヨー（神司の次には）

10　我が皆どぅ　鳴響ますヨー（私たち皆を称えます）
　　並み皆どぅ　名取らすヨー（村人全ての名を上げます）

11 鳴響(とぅゆ)まりぬ　欲(ぶ)さんどぅヨー（称えられることがほしくて）
　　名取(なとぅ)らりぬ　欲(ぶ)さんどぅヨー（名を上げられることがほしくて）

12 其(う)ぬ果報(かふ)どぅ　願(にが)よーるヨー（その果報をこそ願います）
　　此(く)ぬ願(にが)い　手摺(てぃじ)りょーるヨー（この願いをこそ祈願します）

⑤ヤースクリジラバ[jaːsukuridʒiraba]

古謡の名。〈家造りじらば〉。家屋新築の落成祝いに、女性たちが台所用具を頭にのせ、この歌に合わせて座敷の中で巻き踊り〈ヤースクリアンガマ〉をする。

家造(やーすく)りじらば

01　宮里(みゃんざとぅ)ぬ真中(んなは)な（宮里村の真ん中に）
　　やまぎらいあんとぅす（立派な家が建てられた）
　　　「ウリユ　ミョーナサ」（自らの歌う囃子言葉。以下同じ）
　　親村(うやむら)ぬ内(うち)なは（親村の内側に）
　　やまぎらいあんとぅす（立派な家が建てられた）
　　　「ウリユ　ミョーナサ」（自らの歌う囃子言葉。以下同じ）

02　仲本(なかんとぅ)ぬ真中(んなは)な（仲本村の真ん中に）
　　やまぎらいあんとぅす（立派な家が建てられた）
　　元村(むとぅむら)ぬ広庭(ぴるみや)なは（元村の広い庭に）
　　やまぎらいあんとぅす（立派な家が建てられた）

03　東筋(ありしじ)ぬ真中(んなは)な（東筋村の真ん中に）
　　やまぎらいあんとぅす（立派な家が建てられた）
　　仲筋(なかしじ)ぬ内(うち)なは（仲筋村の内側に）
　　やまぎらいあんとぅす（立派な家が建てられた）

04　保里村(ぷりむら)ぬ真中(んなは)な（保里村の真ん中に）
　　やまぎらいあんとぅす（立派な家が建てられた）
　　北村(にしむら)ぬ内(うち)なは（北方の村の内側に）
　　やまぎらいあんとぅす（立派な家が建てられた）

〔以下は早拍子(あらばし)で歌う〕

05　四縁玉(しぶちだま)　礎(いしじ)ばしー（菊目石を礎にして）
　　　『アーヨイサ』（相方の歌う囃子言葉。以下同じ）
　　やまぎらいあんとぅす（立派な家が建てられた）

06　八角矩(やすぶがに)　柱(ぱら)ばしー（八角の立派な材を柱にして）

07 四角矩(ゆすばがに) 桁(きた)ばしー（四角の立派な材を桁にして）

08 平矩(ぴさがに)ば 貫(ぬき)ばしー（平らな立派な材を貫にして）

09 丸矩(まるがに)ば 垂木(たるき)ばしー（丸い立派な材を垂木にして）

10 揃矩(するがに)ば 竹網(ゆちり)ばしー（揃った竹材を竹網にして）

11 絹羽(いちゅぱに)ば 羽(ぱに)ばしー（上質の屋根材を屋根にして）

12 絹糸(いちゅぴる)ば 締縄(しみなー)ばしー（上質の締め縄材を締め縄にして）

13 むとぅぶ家(やー)ぬ 中(なは)なか（むとぅぶ家の中に）
　 太陽(てぃだ)ぬ形(はた) あんとぅす（太陽の形を造ってある）

14 にりぶ家(やー)ぬ 内(うち)なか（にりぶ家の内に）
　 月(しき)ぬ形(はた) あんとぅす（月の形を造ってある）

　　「ウヤキユーワ　ナウリャーガ」（自らの歌う囃子言葉）

　　『アーウヤキユーワ　ナウリャーガ』（相方の歌う囃子言葉）

　　「ナウリ　ナウリ」（自らの歌う囃子言葉）

　　『ミーリ　ミーリ』（相方の歌う囃子言葉）

⑥クンガチヨイジラバ[kuŋgatʃijoidʒiraba]
　古謡の名。〈九月(くんがちょ)祝いじらば〉。

九月祝いじらば

01 今日(きゅぴー)が日ぬヨー　御祝(うゆわ)い（今日の日のお祝い）
　「アシターリ　トント　トゥユマレー」（自ら歌う囃子言葉。以下同じ）

02 吉日和(はいぴゅーる)ぬヨー　御願(うにが)い（吉日のお願い）

03 健康(どぅゆぱだ)ぬヨー　御願(うにが)い（健康のお願い）
　〔以下は早拍子(あらばし)で歌う〕

04 健康ぬヨー 被らば（健康を賜ったならば）
　　『アー ヨイサ』（相方の歌う囃子言葉。以下同じ）

05 来年わーり 参り奉す（来年もお出で下さい祈りを捧げます）

06 再来年わーり 参り奉す（再来年もお出で下さい祈願をいたします）

07 其ぬ果報どぅ 願よーる（その果報をこそ願います）

08 此ぬ願い 手摺りょーら（この願いをこそ祈願しましょう）

　　「ウヤキユーワ　ナウリャーガ

　　ウヤキユーワ　ナウリャーガ」

　　『ユーワナウリ　ユーワナウリ』

　　「ナウリ　ナウリ」

　　『ミーリ　ミーリ』

⑦ミシクパーシジラバ[miʃikupaːʃidʒiraba]
　　古謡の名。〈御神酒囃子じらば〉。

御神酒囃子じらば

01 九月ぬ御祝い　もとうやそい　なうれ（九月のお祝い　もとうやそい（未詳）稔れ）
　　参り奉す御祝い　もとうやそい　なうれ（祈願を捧げるお祝い　もとうやそい実れ）

　　「パヤシヨー」（自らが歌う囃子言葉）

　　『パヤシヨー』（相方が歌う囃子言葉）

　　「パヤシヌカイサ」（自らが歌う囃子言葉）

　　『パヤシヌナガサ』（相方が歌う囃子言葉）

　　「メーヌカージ」（自らが歌う囃子言葉）

　　『オー』（相方が歌う囃子言葉）

02 根襲いぬすら　ひろきどぅめさてぃ（未詳）
　　元襲いぬすら　さかいどぅめさてぃ（未詳）

　　　「パヤシヨー」（自らが歌う囃子言葉）

　　　『パヤシヨー』（相方が歌う囃子言葉）

　　　「パヤシヌカイサ」（自らが歌う囃子言葉）

　　　『パヤシヌチュラサ』（相方が歌う囃子言葉）

　　　「メーヌカージ」（自らが歌う囃子言葉）

　　　『オー』（相方が歌う囃子言葉）

⑧アマグイジラバ[ʔamaguidʑiraba]

　　古謡の名。〈雨乞いじらば〉。隆起サンゴ礁の黒島は、地層が浅いため短期間の日照りで土地が乾き，旱魃状態となる。作物への被害だけでなく飲料水にも支障をきたす。よって、日照りが続くと往時の人々は「雨乞い」の儀式を行なうのであり、そのときに歌われたのが以下の〈雨乞いじらば〉である。なお、現在、飲料水は西表島からの海底送水によって供給されている。

雨乞いじらば

01　大嶽神ぬ前な（大嶽神の前で）
　　雨（雨が）
　　　「アミフサンドゥ」（自ら歌う囃子言葉。以下同じ）

02　守護主ぬ前な（守護神の前で）
　　雨（雨が）

03　立てぃな立てぃ居る（立ち続けている）
　　雨（雨が）

04　乞いな乞い居る（雨乞いを続けている）
　　雨（雨が）

05　雨欲さんどぅ（雨が欲しくて）
　　立てぃ居る（立ち続けているところです）

06 水欲さんどぅ（雨水が欲しくて）
  乞い居る（雨乞いを続けているところです）

07 我が黒島や（我が黒島は）
  干島やりば（水の乏しい島なので）

08 さふじまや（我がさふじまは）
  石島やりば（地層の浅い珊瑚礁の石島なので）

09 五日旱魃（五日間の日照りで）
  芋ぬ蔓枯りなーん（芋の蔓は枯れてしまった）

10 七日旱魃（七日間の旱魃で）
  豆ぬ蔓切しるん（豆の蔓も千切れている）

11 南方向ぬ（南の方の）
  島はらよ（島から）
   「ハリローンガナシ」（自ら歌う囃子言葉。以下同じ）

12 雲ば雨なしよ（白雲を雨にして）

13 下八重山ぬ島はらよ（波照間島の方から）

14 乗雲ば水なしよ（積雲を雨水にして）

15 我が黒島ぬ上なよ（我が黒島の上空から〈雨を降らし〉）

16 さふじまぬ上なよ（さふじまの上空から〈雨水をもたらし〉）

17 盛地盛地ば引き下し（多くの盛り地を平らにするほどの）

18 低地低地ば池なし（多くの窪地が池になるほどの〈雨を降らせて下さい〉）

⑨マペラチジラバ[maperatidʒiraba]

古謡の名。〈まぺらちじらば〉。まぺらちは、黒島仲本村に生まれ、幼いときに両親を失い、川平村在の母方の従妹叔母に養育されたという伝承がある。

まぺらちじらば

01 まぺらちぬヨー（まぺらちの）

『ハイヤースリ』（相方の歌う囃子言葉。以下同じ）
女童ぬ（女童の）
『イラヨイサヌ』
生まりやヨー（生まれは）
「ハリ　ユバナウレ」（自ら歌う囃子言葉。以下同じ）

02　五ち目やヨー（5歳の時には）
　　父離り（父親と死別して）
　　居たそーぬヨー（いたそうな）

03　七ち目やヨー（7歳の時には）
　　母離り（母親と死別して）
　　者やりヨー（いたそうな）

04　自己一人ヨー（自分一人では）
　　自分自立てぃ（自立しては）
　　居らるぬヨー（居られなくて）

05　自己叔母ぬヨー（叔母さんの）
　　従叔母ぬ（従妹叔母さんの）
　　所に行きヨー（所に行って〈世話になった〉）

06　自己叔母ぬヨー（自分の叔母さんの）
　　従叔母ぬ（従妹叔母さんの）
　　物言ぬヨー（言うことには）

07　早朝にヨー（早朝に）
　　朝端に（朝早くに）
　　起き覚りヨー（目を覚ましなさい）

08　鍋据きりヨー（鍋を据え）
　　釜据きり（釜を据えなさい）
　　まぺらちヨー（まぺらち）

09　水汲み来ヨー（水を汲んで来なさい）
　　釣瓶揚や来（釣瓶で水を上げなさい）
　　まぺらちヨー（まぺらち）

10 薪拾い来ヨー（薪を拾って来なさい）
　燃し木（燃やす木を）
　拾い来ヨー（拾って来なさい）

⑩ シママーリジラバ[ʃimama:ridʒiraba]

古謡の名。〈島廻り・じらば〉。竹富町に属する島々の女性の特徴を捉えて歌っている。ここに紹介したのは東筋村の歌で、同村の人は綽名を付けるのが得意である。訳とは別の、元歌に潜む真意を味わっていただきたい。

島廻りじらば

01 「ヒヤンザ」（自らが歌う囃子言葉。以下同じ）
　竹富ぬ　げらいち（竹富島のげらいち）
　「ヨーホ」（自らが歌う囃子言葉。以下同じ）
　仲筋ぬ　女童ヨー（仲筋村の女童）
　げらいちぇまぬ　生まりや（げらいちぇまの生まれは）
　「ヨーホ」（自らが歌う囃子言葉。以下同じ）
　女童ぬ　う産でぃやヨー（女童の生い立ちは）
　我くなし（惚らし）　生りばし（私を惚れさせる美しい生まれをして）
　「ヨーホ」（自らが歌う囃子言葉。以下同じ）
　此りくなし（惚らし）　う産でぃばしヨー（自分をたぶらかす艶っぽい産まれをして）

02 黒島ぬはまどぅま　さふじまぬ女童ヨー（黒島のはまどぅま　さふじまの女童）
　はまどぅまぬ　生まりや（はまどぅまの　生まれは）
　女童ぬ　う産でぃやヨー（女童の生い立ちは）
　竹床　生りばし（竹床のような均衡のとれた生まれをして）
　大穏は　う産でぃばしヨー（非常に穏やかな産まれをして）

03 新城ぬしけまに　下島ぬ女童ヨー（新城島のしけまに　下地島の女童）
　しけまにぬ　生まりや（しけまにの　生まれは）
　女童ぬ　う産でぃやヨー（女童の生い立ちは）
　池ぬ水　生りばし（池の水のような澄みきった生まれをして）
　蛙生り　う産でぃばしヨー（蛙のような柔肌の産まれをして）

04 波照間ぬいつぁまに　下八重山ぬ女童ヨー（波照間島のいつぁまに　下八重山の女童）
　いつぁまにぬ　生まりや（いつぁまにの　生まれは）
　女童ぬ　う産でぃやヨー（女童の生い立ちは）
　焼き蘇鉄　生りばし（焼き蘇鉄のような頑丈な生まれをして）
　黒輝り　う産でぃばしヨー（黒光りするような健康肌の産まれをして）

05 古見ぬ浦ぬぶなれま　三ゆ城ぬ女童ヨー（古見村のぶなれま　三ゆ城の女童）
　　ぶなれまぬ　生まりや（ぶなれまの　生まれは）
　　女童ぬ　う産でぃやヨー（女童の生い立ちは）
　　割焚物　生りばし（割り薪のよう高貴な生まれをして）
　　生らはるぬ　う産でぃばしヨー（めったに生まれることのない産まれをして）

06 小浜島とぅなび　大嶽ぬ女童ヨー（小浜島のとぅなび　大嶽の女童）
　　とぅなびぬ　生まりや（とぅなびの　生まれは）
　　女童ぬ　う産でぃやヨー（女童の生い立ちは）
　　着物ぬふき　生りばし（着物をゆったり着るような生まれをして）
　　垂る垂るし　う産でぃばしヨー（のんびりした産まれをして）

07 西表ぬまにさま　横方面ぬ女童ヨー（西表島のまにさま　黒島の横方面の島の女童）
　　まにさまぬ　生まりや（まにさまの　生まれは）
　　女童ぬ　う産でぃやヨー（女童の生い立ちは）
　　九年母玉　生りばし（九年母の実のような綺麗な生まれをして）
　　貫き実清い　う産でぃばしヨー（貫き実のような清らかな産まれをして）

⑪ウーニヌヤジラバ[ʔu:ninujadʑiraba]

　　古謡の名。〈大船ぬ親じらば〉。

大船ぬ親じらば

01 名石村大船ぬ親（名石村の船の親）
　　脇名村船船頭（脇名村の船頭）
　　「ハリヨーソイ　ヨーソイ　ウーニヌヤ」（自ら歌う囃子言葉。以下同じ）

02 大船ぬ親とぅ我とぅや（ウーニヌヤと私とは）
　　船船頭とぅ此りとぅや（船頭と自分とは）

03 目眉付き端はら（目眉がはっきりしたころから）
　　幼少ぬ時はら（幼少のころから）

04 夫婦しどぅ居たそーな（夫婦の約束が出来ていたそうな）
　　内組しどぅ居たそーな（結婚の約束が出来ていたそうな）

05 自分程ぬ行くだら（大人になって）
　　丈程に成とぅたら（一人前になったら）

06 我ゆん又捨てぃどぅす（私を捨てるという）
　　此りゆん又投ぎどぅす（自分を離縁するという）

07 捨てぃらりぬ憎さや（捨てられた悔しさよ）
　　投ぎらりぬ辛さや（離縁されたことの辛さよ）

⑫ウラフニジラバ[ʔuraɸunidʑiraba]

　　古謡の名。〈浦舟じらば〉。

浦舟じらば

01 「サー」（自らが歌う囃子言葉。以下同じ）
　　じらばしょーら（じらばを歌いましょう）
　　『ヒヤホー』（相方が歌う囃子言葉。以下同じ）
　　ふいゆんたしょーら（ゆんたを唱えましょう）
　　『ハラユーイヤサ』（相方が歌う囃子言葉。以下同じ）
　　我が皆（私たち皆で）
　　「ヨーホーナ」（自らが歌う囃子言葉。以下同じ）

02 じらば主（じらばにも）
　　ふいゆんた主（ゆんたにも）
　　主無ぬ（主はいないよ）

03 言ず人どぅ（歌う人こそが）
　　ふい詠む人どぅ（詠む人こそが）
　　主やる（主である）

04 多良間渡ぬ（多良間島への）
　　ふい一日渡ぬ（一日掛かりの）
　　旅先どぅ（舟旅でさえ）

05 水夫選び（水夫を選び）
　　ふい船頭選びどぅ（船頭を選んで）
　　旅やす（旅をするのだ）

06 百年居る（百年も）
　　ふい八十年居る（八十年も）
　　妻や（共に暮らす妻は）

07 肝選び（心の内を）
　　ふい胸選びどぅ（胸の内を見定めて）
　　連りわーる（一緒になるのだ）

⑬ナサマヤージラバ[nasamajadʑiraba]
古謡の名。〈なさま家じらば〉。

なさま家じらば

01 なさま家ぬ　門なは（なさま家の門の所に）
　　「ハリ　ウヤキ　ユバナウレ」（自ら歌う囃子言葉。以下同じ）
　　女童家ぬ　門口な（女童の家の門口に）

02 むりく木ば　植びとぅり（茉莉花の木が植えてあり）
　　香さ木ば　差しとぅり（香りのいい木が植えてあり）

03 花や白　くぬみょーり（白い花が咲いていて）
　　花折りば　なしきしー（その花を手折るふりして）

04 なさまねば　見や来でぃ（なさまねを見て来よう、と）
　　女童ねば　見や来でぃ（女童を見て来よう、と）

05 なさま家ぬ　門なは（なさまの家の門の所に）
　　なさま家ぬ　門口なは（女童の家の門口の所に）

06 九年母木ば　植びとぅり（九年母の木が植えてあり）
　　実や青　なりしき（実が青く成っていて）

07 実折りば　なしきしー（その実を採るふりして）
　　なさまねば　見や来でぃ（なさまねを見て来よう、と）

08 なさま家ぬ　裏座に（なさま家の裏座に）
　　女童家ぬ　裏座に（女童の家の裏座に）

09 大和扇子ば　投ぎ落とぅし（大和製の扇子を投げ捨て）
　　其り取りば　なしきし（それを拾うふりして）

10 なさまねば　見や来でぃ（なさまねを見て来よう、と）
　　女童ねば　見や来でぃ（女童を見て来よう、と）

11　びらま家ぬ　門なは（びらまの家の門の所に）
　　玉ぬ緒ば　切り落とし（玉の緒を切り落とし）

12　其り取りば　なしきし（それを拾うふりして）
　　びらまねば　見や来でぃ（びらまねを見て来よう、と）

⑭パイサクダジラバ[paisakudadʒiraba]

　古謡の名。〈南風さくだ・じらば〉。この歌では、「生まれ甲斐があって、西表島南風見村の片田舎ではなく古見の浦に生まれていれば、古見の主の妾（賄女）になれたのに」と身の不幸を嘆いている。管見によれば、あからさまに「役人の現地妻たる賄女」に憧れる内容を歌った唯一の歌である。例によって、喜舎場永珣は「当時の賄女に選任されるのが婦女界の羨望の的であった」と評している（『八重山古謡（下）』349頁）。

南風さくだじらば

01　「ヒーヤ」（自らが歌う囃子言葉。以下同じ）
　　南風さくだ（南風さくだ村の）
　　島崎ぬしかさーま（島崎村のしかさーま）
　　『ヤンザ』（相方の歌う囃子言葉。以下同じ）
　　「ヤンザヨーヌ　ハイトーラ」（自らが歌う囃子言葉。以下同じ）

02　しかさーまぬ　女童ぬ物言ぬ（しかさーまの　女童の言うことには）

03　生りる甲斐　古見ぬ浦に生りらば（生まれ甲斐あって　古見村に生まれていたなら）

04　産でぃる甲斐　三ゆ城に産でぃらば（誕生し甲斐あって　三ゆ城に誕生していたなら）

05　古見ぬ主ぬ　女童 妻なりむーば（古見村の上級役人の　賄女になれたのに）

06　主ぬ前ぬ　抱い者んなりむーば（お役人様の　お抱え者になれたのに）

07　南風さくだ　島崎に生りとぅり（南風さくだ村に　島崎村に生まれたため）

08　他人皆ぬ　弄び者んなり居り（他の人々の　弄び者になっており）

09　余所皆ぬ　取りみ者んなり居り（余所の者たちの　遊び相手になっており）

10　山ぬ木とぅ　木ぬ枝とぅん例いらり（山の木とも　木の枝とも譬えられ）

11　野の茅とぅ　茅ぬ葉とぅん例いらり（原野の茅とも　茅の葉とも譬えられ）

12 味噌やれどぅ　黴ばふいや居らりる（味噌であれば　黴が生えていても許される）

13 酒やれどぅ　麹ば生りや居らりる（酒であれば　麹が吹いていても許される）

14 我二十歳　此り二十歳やうさぬ（私は二十歳の　自分は二十歳の哀れ独身者である）

（4）三線歌

①ペンガントゥレーブシ[peŋganture:buʃi]〔名〕

黒島民謡の名。〈ぺんがん捕れー節〉。竹富町〔無形民俗文化財〕昭和50年11月26日指定。17世紀の初めに八重山に在番制度が設けられ、年に1回から2回程度役人が「親廻り」と称する各島々村々の巡見を行なった。そのとき村々では器量豊かな男女を揃え、役人の接待に遣わし、自慢の海の幸、山の幸を持ち寄って役人に献上したと言われている。〈ぺんがん捕れー節〉は島の特性、民俗性を発揮して演じられているもので、農作業の合間、潮時を見計らって海に出かけ獲物を捕る様子を豊かに歌い上げ、踊りに表現している。竹富町〔無形民俗文化財〕昭和50年11月26日指定。『竹富町の文化財』（平成10年3月・竹富町教育委員会発行）参照。

ぺんがん捕れー節

01　宮里女童ヨ（宮里村の娘たちは）
　　「スリ」（自らが歌う囃子言葉。以下同じ）
　　前ぬ干瀬ぬ（村の前の干瀬に棲む）
　　ペンがん捕れーヨ（ペンガン＝毛の生えた蟹の捕獲が得意だよ）
　　「スリ　トゥイルカラヤ」（自らが歌う囃子言葉。以下同じ）
　　ぺんがん捕れーヨ（ペンガン＝毛の生えた蟹の捕獲が得意だよ）

　　又ん男達よヨ（さて同村の男達は）
　　「スリ」（自らが歌う囃子言葉。以下同じ）
　　干瀬ぬ外ぬ（干瀬の外の）
　　黒むち打ちぇヨ（ブームチ（魚の名）を捕えるのが巧みだよ）
　　「スリ　トゥイルカラヤ」（自らが歌う囃子言葉。以下同じ）
　　黒むち打ちぇヨ（ブームチ（魚の名）を捕えるのが巧みだよ）

02　仲本女童ヨ　淵端ぬ（仲本村の娘たちは　フチバタ＝干瀬の名の）
　　海草採れーヨ（ミーガク＝海ブドーの採取が上手だよ）
　　又ん男達ヨ　まき内ぬ（さて同村の男達は　マキウチ＝礁池の）
　　ぼーだ巻けよ（ボーダ＝ブダイを網で捕えるのが巧みだよ）

03 東筋女童ヨ　干瀬崎ぬ（東筋村の娘たちは　ピナシキ干瀬で）
　　ぎしくんこーせーヨ（ギシクン貝を捕るのが巧みだよ）
　　又ん男達ヨ　ゆぶさんぬ（さて同村の男たちは　ユブサン＝夕暮れ時の網漁で）
　　いらぶち捕れーヨ（イラブチ＝ブダイを捕えるのが巧みだよ）

04 伊古村女童ヨ　山泊ぬ（伊古村の娘たちは　ヤマドゥマン礁池で）
　　しんなま掬やヨ（シンナマ小魚を掬い捕るのが得意だよ）
　　又ん男達ヨ　野原辺ぬ（同村の男たちは　ヌバル原野方面で）
　　巻蟹捕れーヨ（ヤシガニを捕えるのが上手だよ）

05 保里村女童ヨ　北泊（西磯）ぬ（保里村の娘たちは　村の北方の干瀬で）
　　玉蜷拾やヨ（タマミナ貝を拾うのが得意だよ）
　　又ん男達ヨ　すにずぬ（さて同村の男たちは　そね＝海中の暗礁の）
　　泳良部蛇突けーヨ（エラブウナギを捕えるのが巧みだよ）

06 保慶村女童ヨ　村ぬ後ぬ（保慶村の娘たちは　村の後方の）
　　蝸牛拾やヨ（カタツムリを拾うのが得意だよ）
　　又ん男達ヨ　西磯ぬ（さて同村の男たちは　村の西方の礁池で）
　　ふくらび突けーヨ（フクラビ＝カワハギを銛で捕るのが巧みだよ）

②**マインガニスザーブシ**［maiŋganisudza:buʃi］〔名〕

　黒島民謡の名。〈まいんがにすざー節〉。黒島の三線歌の一つ。昭和50年11月26日、竹富町〔無形民俗文化財〕に指定。別名〈親廻り節〉とも言う。喜舎場永珣著『八重山民謡誌』では〈黒島節（マンガニスッチャ節）〉と紹介されている。

　この歌が〈親廻り節〉と称されるのは、囃子ことばの「マインガニスザー　ウヤマーリワーリ（光栄なことです　親廻りご一行様　ようこそお出でくださいました）」に由来する。そもそも、「親廻り」とは琉球王国時代に行なわれた役人による村々・島々の巡視を言うが、通常は首里王府の八重山行政庁「蔵元」の最上級官である在番や頭職を先頭にして行なう巡視を指す。この場合の「ウヤ（親）」は、「在番・頭」のほか蔵元から派遣された村番所の長「首里大屋子」やその補佐役「目差」などの役人の尊称である。〈マインガニスザー節〉の節名も、囃子ことばに由来する。

　この歌には、親廻り一行を歓待するための要員として、各村一番の評判娘が次々に名指しされる様子があからさまに描かれている。喜舎場永珣は、この歌に登場する娘たちを現地妻の役割を担わされた「賄女」と解しているが、歌の流れからすると各村での接待役とみなすのが妥当だと思う。その場合、夜の饗応で酌婦を務め、その延長線で夜の御伽すなわち一夜妻の役を強要されるような理不尽な場面があったのかも知れない。そのこととも関連するかと思われるが、「ピスユーヌッファー（一晩で出来た子）」というけっして軽くは扱えない言葉も残されている。

まいんがにすざー節

01 宮里村 廻りわーりてぃ（宮里村に廻って来られて）
　「ユイガンナヨ」（自らが歌う囃子言葉。以下同じ）
　西表くまちゆ 欲さんどぅってぃ（西表家のクマチが欲しいよ、と）
　「ユイナ マインガニスザ ウヤマリ ワーリ」（相方が歌う囃子言葉。以下同じ）

02 仲本村 廻りわーりてぃ（仲本村に廻って来られて）
　本原んがいゆ 欲さんどぅてぃ（本原家のンガイが欲しいよ、と）

03 東筋村 廻りわーりてぃ（東筋村に廻って来られて）
　高嶺ぶなりゆ 欲さんどぅてぃ（高嶺家のブナリが欲しいよ、と）

04 伊古村 廻りわーりてぃ（伊古村に廻って来られて）
　屋良部まんとぅゆ 欲さんどぅてぃ（屋良部マントゥが欲しいよ、と）

05 保里村 廻りわーりてぃ（保里村に廻って来られて）
　前盛たまにゆ 欲さんどぅてぃ（前盛タマニが欲しいよ、と）

06 保慶村 廻りわーりてぃ（保慶村に廻って来られて）
　赤嶺くじらゆ 欲さんどぅてぃ（赤嶺クジラが欲しいよ、と）

③**チンダラブシ**[tʃindarabuʃi]〔名〕

〈ちんだら節〉。黒島の代表的な三線歌の節名。【例】ウタナーヤ チンダラッティ イズ ヌ シマムヌイシヤ シンザーラッティドゥ イズ（歌では「チンダラ」と歌っているが、島の言葉では「シンザーラ」と言う）。
　そもそも、「チンダラ」の意味は「かわいそうな」「気の毒な」「哀れな」「いたわしい」などであるが、黒島語の古い言い回しでは「シンザーラ」である。現在の「キムイッツァハ」に対応する古い語である。「チンダラ＝チュンダラ」は、石垣や他の島で歌われ広まった語が黒島でも用いられるようになったものであろう。「シンザーラ」の項参照。

ちんだら節

01　「サー」（自らが歌う囃子言葉。以下同じ）
　恋女とぅ 私とぅや（恋しい彼女と私とは）
　「ヨースリ」（自らが歌う囃子言葉。以下同じ）
　童からぬ 遊び仲間（子供のころからの遊び仲間であった）
　「チンダラ チンダラヨ」（自らが歌う囃子言葉。以下同じ）

　愛しゃーまとぅ 此りとぅや（愛しい彼女と自分とは）
　「ヨースリ」（自らが歌う囃子言葉。以下同じ）

幼さからぬ　睦り友達（幼少のころから睦まじい友だちであっら）
「チンダラ　チンダラヨ」（自らが歌う囃子言葉。以下同じ）

02　島とぅ共で　思たら（島のある限り一緒だと思っていたのに）
　　村とぅ共で　思たら（村のある限り一緒だと思っていたのに）

　　沖縄から　仰しぬ（沖縄島＝王府からご命令が下り）
　　美御前からぬ　御指図ぬ（首里王府からのお指図があり）

03　貴方単独　どぅきなり（貴方独りだけ酷いことに）
　　野ゆ底に　分きられ（野底村に移住させられた）

　　私単独　どぅきなり（私だけ惨めなことに）
　　黒島に　残され（黒島に残された）

〔以下は上句のみ・下句なし〕

01　「サー」（自らが歌う囃子言葉。以下同）
　　貴方見欲さ　あらばん（貴方を見たくあっても〈貴方に逢いたくても〉）
　　「ヨースリ」（自らが歌う囃子言葉。以下同）
　　貴方言遣り　しーまき（貴方に言伝さえ出来ない）
　　「チンダラ　チンダラヨ」（自らが歌う囃子言葉。以下同じ）

02　我見欲さ　あらばん（私に逢いたくても）
　　我言遣りしーまき（私に言伝さえ出来ない）

03　天河原ぬ　隔み居る（天の川が隔てている）
　　うやき星で　言そかや（牽牛星と織女星という２つの星は）

04　自分折ば　定み居り（自分の時節を定めていて）
　　行逢うんてぃどぅ　聞かりる（出逢うのだと聞かされている）

05　恋女とぅ　私とぅや（恋しい彼女と私とは）
　　折定み　行違るぬ（時節を定めて出逢うことは出来ない）

④クバヤマクイチブシ[kubajamakuitʃibuʃi]（名）

　八重山民謡の名。〈久場山越路節〉。この歌は、元来は節名の示すとおり石垣島の野底村に近接する「久場山の峠道」に関わるものである。ところが、通常は下記に示すような内容でもっぱら〈ちんだら節〉の「退き羽」として歌われる。歌の内容を注意深くみてみると、黒島に残された「恋男」は「かなしゃーま」と歌われ、野底に移住された「恋女」は「とぅばらーま」

と歌われている。他の歌でも確認されるが、「かなしゃーま＝かぬしゃーま」と「とぅばらーま」は、元々は男にも女にも共通に用いられていたものが、いつのころからか「恋男＝とぅばらーま」、「恋女＝かなしゃーま・かぬしゃーま」と特定されるようになってきたのである。

久場山越路節

01 黒島に 居る間や（黒島にいる間は）
　　さふ島に 居る間や（さふじまにいる間は）
　　　「ハーリヌ　チンダラヨ　カナシャーマヨ」（自ら歌う囃子言葉、以下同じ）

02 島一ち やり居り（島一つに住んでいて）
　　村一ち やり居り（村一つに住んでいて）

03 芋業しーん 我達二人（夜なべするのも私たちは一緒）
　　結組ん 我達二人（結いをするのも二人は一緒）

04 山行きん 我達二人（山に行くのも私たちは一緒）
　　磯下りん 我達二人（磯に行くのも私たちは一緒）

05 貴方とぅ共で 思たら（貴方と一緒と思ったのに）
　　我とぅ共で 思たら（私と一緒と思ったのに）

06 沖縄から 御声ぬ（王府からご命令が）
　　美御前から 御指図ぬ（首里王府からお指図があり）

07 島分かりで 仰られ（島分け＝移住を仰せられ）
　　村分かりで 仰られ（村分け＝移住を命じられ）

08 別り欲さ 我無ぬ（別れたくないよ私は）
　　退き欲さ 此り無ぬ（離別はいやだよ自分は）

09 恋女や 行り苦しゃ（恋しい彼女は行きたくないのに）
　　野ゆ底に 分きられ（野底に移住され）

10 泣く泣くとぅ 分きられ（泣く泣く分けられ）
　　忌む忌むとぅ 退きられ（嫌嫌ながら離別され）

11 愛しゃーまや 居り苦しゃ（愛しい彼は居たくないのに）
　　黒島に 残され（黒島に残され）

⑤ヤマサキヌアブゼーマブシ[jamasakinuʔabudzeːmabuʃi]〔名〕

　黒島の民謡。〈山崎ヌアブゼーマ節〉。竹富町〔無形民俗文化財〕昭和50年11月26日指定。昔、今の仲本集落の東南にあった山崎村に名の通った好色のアブゼーマとンギサマーという老夫婦が住んでいた。ある日、アブゼーマが畑に行くと、そこに村の若い娘ナビシケが山菜を採りに来たので、アブゼーマはしめたと思い、トゥンナ（アキノノゲシ）を採ってナビシケに与えたりして意のままにしようとした。そこにンギサマーがアブゼーマの昼飯を持って来たところ、一生懸命畑仕事をしているだろうと思っていたら、何と若い娘と戯れているではないか。怒り心頭に発したンギサマーは……と、このような一連の様子を歌い、舞踊化したものである。『竹富町の文化財』（平成10年3月・竹富町教育委員会発行）参照。

山崎ぬあぶぜーま節

01　山崎ぬあぶぜーま　山端ぬ　年寄（山崎村のお爺さん、森の近くに住む年寄り）

02　嶽ぬ後ぬ　んぎさまー　其りが隣りぬ　なびしき（お嶽の後ろのンギサマー、その隣のナビシキ）

03　んぎさまーや　家の妻　なびしきや　女童妻（ンギサマーは本妻で、ナビシキは妾）

04　其丈ぬ　大工ぬ子ぬ　彼丈ぬ　司ぬ子ぬ（それ程の大工の子が、あれ程の神司の子が）

05　あぶぜーまに　賺さり　年寄に　騙さり（お爺さんに賺され、年寄りに騙され）

06　何ぬ故んどぅ　賺さりだ　如何ぬ因んどぅ　騙さりだ
　　（何故に賺されたのか、如何なる訳で騙されたのか）

07　とぅんな芽ぬ　故んどぅ　苦菜芽ぬ　因んどぅ
　　（アキノノゲシの若芽を、苦菜の新芽を摘んで貰ったためだ）

08　賺さりぬ　悔さや　騙さりぬ　辛さや（賺されたことの悔しさよ、騙されたことの辛さよ）

⑥イヤリブシ[ʔijaribuʃi]〔名〕

　黒島民謡の名。〈いやり節〉。軽快な曲で、若い恋人同士の溌剌とした出で立ちの舞踊もある。歌詞の内容については、「イヤリ」の項の用例②を参照のこと。

いやり節

01　宮里村　女童達ぬ　いやりや（宮里村の娘たちの、みやげは）
　　ぎらまぬ　塩漬どぅ　いやりす（シャコ貝の塩漬けが、みやげです）
　　「エイスリサー　トゥドゥケンナー　ビラマ？　トゥドゥケンドー　メーラビ」
　　（自ら歌う囃子言葉。以下同じ）

02 仲本村　女童達ぬ　いやりや（仲本村の娘たちの、みやげは）
　　むちらばぬ　塩漬どぅ　いやりす（ムチラバ魚の塩漬けが、みやげです）

03 東筋村　女童達ぬ　いやりや（東筋の娘たちの、みやげは）
　　しんなまぬ　塩漬どぅ　いやりす（シンナマ魚の塩漬けが、みやげです）

04 伊古村　女童達ぬ　いやりや（伊古村の娘たちの、みやげは）
　　んなぐゎぬ　塩漬どぅ　いやりす（ニナ（蜷）貝の塩漬けが、みやげです）

05 保里村　女童達ぬ　いやりや（保里村の娘たちの、みやげは）
　　しぬまんぬ　塩漬どぅ　いやりす（シヌマンの塩漬けが、みやげです）

06 保慶村　女童達ぬ　いやりや（保慶村の娘たちの、みやげは）
　　ふくらびぬ　塩漬どぅ　いやりす（フクラビ魚の塩漬けが、みやげです）

（5）口説歌謡

①クルシマクドゥキ[kuruʃimakuduki]

　黒島口説。黒島の民俗芸能を代表する歌謡であり舞踊である。この歌謡および舞踊は昭和50年11月26日、竹富町の〔無形民俗文化財〕に指定された。〈黒島口説〉の作者は、1829年より黒島目差役の任に就いていた宮良孫賢と言われている。この黒島の風俗を歌いこんだ歌に踊りを振り付けたのは、諸見里秀思である。1894（明治27）年、東筋部落の結願祭において奉納舞踊として演じられたのが始まりで、その後島外、全国に広く紹介され好評を得て今日では沖縄を代表する民俗舞踊の一つになっている。この踊りの振り付けには、往時の風俗、祭りの要素がふんだんに取り入れられており、そのコミカルな動きが見る者を引きつけてやまない。『竹富町の文化財』（平成10年３月・竹富町教育委員会発行）参照。

　関連する歴史的文献があるので紹介する。本田安次著『南島採訪記』所収・「黒島口説の舞踊理来」（ママ）によると、明治27年、黒島東筋部落に滞在中の諸見里秀思氏並びに玉代勢秀喜氏が、時の総代・大舛三戸並びに當山慶屋両人の依頼を受け、日夜兼行苦心の結果その舞い方を作成し、同部落の竹越ナサ・仲嵩ヒデ・舟道ヨボシ・仲道ナビの四人に伝授、同年８月の結願祝いに初めて上演するに至った。爾後、同舞は同部落において毎年開催される結願祝いを始め一般祝事に演じられるに至った。そして大正２年、大正天皇の御即位式御大典の際に竹富村役場において出張上演することになり、再び諸見里秀思氏は監督として同舞に手を加えた。その時の演者は、渡慶次長智・大浜盛安・運道佐真・玉代勢太郎の四人だった。

　なお、〈黒島口説〉の舞踊で僕の記憶に残っている最高の踊り手は、保里部落の我謝好子（旧姓出盛）・渡口秀（旧姓前底）・我謝ノブ子（旧姓前底）・赤山正子（旧姓前底）さんの四名である。容姿にも声量にも恵まれ、彼女たちの演ずる妙技は今も脳裡に焼き付いている。地方（じかた）がマイクを用いる場合でも踊り手たちはつねに地声（じごえ）で囃子を唱え、地方に一歩も引けを取らなかった。その声量の豊かさと唱えの味わい深さは圧巻であった。ちなみに、従姉一人と

三人姉妹との組み合わせだった。

黒島口説(くるしまくどぅき)

01 さってぃむ変わらん　黒島や（さても昔から変わらない黒島は）
　　島ぬ流りや　はないかた（島の成り立ちはよく調和し）
　　祝う寿　其ぬ景色（祝い寿ぐ見事なたたずまいだよ）

　　『イヤイヤ　豊かなる世ぬ　徴さみえ（イヤイヤ　豊年の徴だよ）
　　雨や十日越し　風や静かに（雨は十日毎に降り風はそよ吹き）
　　作る物作　満作そーてぃどぅ（農作物は満作となり）
　　仲本　東筋　伊古　保里村（仲本・東筋・伊古・保里）
　　保慶や宮里　番所宿々（保慶・宮里の村々や村番所や役人の各宿所でも）
　　花ぬ遊びや　歌や三味線（祝宴の歌や三味線が）
　　でんぐるでんぐる　面白物さみ（賑やかに鳴り響き　なんと楽しいことよ）
　　今ぬ囃子に　口説読み読み　サーッサ』（この囃子に乗せて　口説を歌い囃せ　サーッサ）

02 村ぬ有様　見渡しば（村の有様を見渡すと）
　　天ぬ星宿に　形取りば（天空の星宿に象って配置され）
　　千代も豊かに　民遊ぶ（昔から豊かに村人が楽しく暮らしているよ）

　　『イヤイヤ　昨夜ぬ綱引きさみえ（イヤイヤ　昨夜の綱引きでのこと）
　　西ぬ大将　東ぬ大将　皆皆揃ゆてぃ（西側の大将も東側の大将も皆揃って）
　　足や松本　腕や黒金　寄し来ば寄し寄し
　　　（足は松の木の如く腕は鉄の如く寄せては引き引いては寄せつつ）
　　イーヤ　イヤー　ちゃんとぅ切りとさ　負きやん負きやん
　　　（イーヤ　イヤー　きっぱりと勝負はついた　負けだぞ負けだぞ）
　　袖結い　俯びば　サーッサ』（袖を結って降伏しろ　サーッサ）

03 節ん違わん　雨露ぬ（季節を違えぬ雨露の）
　　恵み深きに　此ぬ御代や（恵み深いこの豊穣の世を）
　　老いむ若きむ　諸共に（老いも若きも諸共に祝い楽しもう）

　　『イヤイヤ　弥勒世果報ぬ　徴さみえ（イヤイヤ　豊穣太平の世の徴なのだ）
　　我んどぅ　扱吏家ぬ　鼠がどぅ（我こそは捌吏の家の鼠だが）
　　筑ぬ干蛸　けー取てぃ（筑佐事の干し蛸をかすめ取り）
　　前ぬ高盛　登とぅてぃ　うんぶいかーぶい（番所前の高盛＝遠見台に登って頭を振り振り）
　　月や眺みてぃ　可笑しや　んちゃさみ（月を眺めて可笑しやそれ見たか）
　　発情猫が　みゃうみゃう（発情猫の奴がミャウミャウ）
　　あはー　ちゃんとぅ逃ぎたさ（どっこい軽く逃げ出せたぞ）

今ぬ囃子に　口説読み読み　サーッサ』（この囃子に乗せて口説を歌い囃せ　サーッサ）

04　ちんとぅ心は　梅桜（まさに心は　梅や桜の如き）
　　匂い惹かさり　袖衣（匂いに惹かれ　着飾った袖衣）
　　花ぬ女童に　惹かさりてぃ（その美しい乙女らに心惹かれて）

　　『イヤイヤ　廻てぃ六月　今どぅ走り来る（イヤイヤ　年が廻って６月　今こそやって来た）
　　豊年ぬ遊びや　老いてぃ若さん　袖や引き連り
　　　（豊年の楽しみは　老いも若きも　袖をすり合わせて）
　　腰やうさぎてぃ　いすいす浜下り（服を腰に押し上げて　いそいそ浜下りすると）
　　錦混りぬ　花ぬ雲山　匂い馥馥さんさん（美しく着飾った人々から　馥郁とした香りが漂い）
　　イーヤ　我達捌吏　舟ぬ大将舵取り囃子　早う早う
　　　（イーヤ　我が村の捌吏や船頭が舵を取り囃し立て）
　　招く扇や　舟子勇んでぃ　ヘイヘイ　漕ぐ舟　見ちゃりば
　　　（招く扇に応え漕ぎ手が力いっぱい漕ぐ舟を見やると）
　　さってぃさってぃ　面白物さみ（さてもさても櫂捌きのなんと見事なことよ）
　　今ぬ囃子に　口説読み読み　サーッサ』（この囃子に乗せて口説を歌い囃せ　サーッサ）

05　眺む心は　有明ぬ（眺める心は　有明の）
　　月に思いぞ　照り勝る（月光への思いが一段と照り輝き）
　　誠　浮世ぬ　徴さみ（これぞまことに太平の世の徴だ）

　　『イヤイヤ　黒島　女　達が　昨夜ぬ浜下りさみえ
　　　（イヤイヤ　黒島乙女らが　夕暮れ時の浜に下り）
　　浜蟹取らんでぃ　足や高足　横足使とぅてぃ
　　　（陸蟹を捕えようと、足を高く横に広げていると）
　　ありあり　阿壇ぬ中から　大爪　打ち振い振い
　　　（あれあれ　阿檀の茂みから　蟹が大爪を振り振り）
　　あがきつぁ　父へいへい（アッガー痛いよーっ！　お父さんよー！）
　　今ぬ囃子に　うぐゆ怖ら　サーッサ』（この囃子に乗せて　うわーっ怖い！　サーッサ）

②**コーコークドゥキ**[ko:ko:kuduki]〔名〕
　　口説歌謡の名。〈孝行口説〉。

孝行口説

01　およそ世間に　居る人や（すべて世間にいる人は）
　　貴賤貧富の　差別なく（金持ちや貧乏の　別なく）
　　親に産らん　人は無し（親から生まれなかった人はいない）

『イーヤイヤイヤ
　言やりる如さみ　口説ぬ教通い（言われる如く口説きの教える通り）
　親に産らん　人や居らんさ　やくとぅよーよー
　（親から生まれない人はいない、なれば皆さん）
　親に孝行　宜しくするてぃ　昔ぬ聖人　書物ぬ数々
　（親に孝行するよう、昔の偉人や書物の数々はじめ）
　和歌ぬ概ね　念仏様々　戒みらりしが（和歌の多くや、様々な念仏にも戒められているが）
　人間習わし　時によっては　背ち腹立ち（人の習わしで、時によっては腹立ちまぎれに）
　大いに勘違　怒りに任せてぃ　親に愚痴しち
　（大きな勘違いから、怒りに任せて親に愚痴を言い）
　兄弟諍い　胸に思染み　天罰恐りり（兄弟の諍いなど、胸に手を当て天罰を恐れよ）
　恐るしむんさみ　やくとぅよーよー　親に孝行
　（畏れ多いこと、だからまことに親に孝行を）
　我身ん口説に　連ねて囃さば　とぅくとぅ聞かりり
　（私も口説きに連ねて囃すので、とくとお聴き下さい）
　我身ん口説に　なぞえて囃さば　いかん所や
　（私も口説きに準えて囃すので、まずいところは）
　直ぐ直ぐ　言ゆしけーゆし　望ましむんさみ
　（直ちに言い直すのは　望ましいことだ）

　サーッサ』

02　親は我が身の　元なれば（親は我が身の元なれば）
　元を忘れる　道は無し（元を忘れる道はない）
　まずは十月に　なるまでも（まずは身籠って十月になるまでも）

『イーヤイヤイヤ
　成程やんさみ　十月の日数は　三百日さみ
　（なるほどなるほど、生まれるまでの日数は三百日だ）
　其ぬ間　段々　母を苦しめ（その間は、日増しに母親を苦しめ）
　生り出れば　二人の親とも　心許さん　夜昼艱難
　（誕生後は、二人の親とも気を許さず、昼夜にわたって苦労が続き）
　衣装かれこれ　食物色々　言うにん及ばん（着る物から食べ物に至るまで、言うに及ばず）
　冬ぬ寒さや　懐離さん　抱き抱えて　風邪にも引かさん
　（冬の寒さには懐から離さず、抱きかかえて風邪も引かせず）
　夏ぬ暑さや　扇さっとぅてぃ　腰撫でいけー撫でい
　（夏の暑さには扇であおがれ背中を撫で撫でされ）
　此り程　様々　大切さりしが（これほどに色々と、大切にされてきたが）
　人間習わし　時によっては　みしち病気（人の習わしで、時には風邪をひき）

肌ぬふみけば　我親慌てぃてぃ　手足組み結てぃ

（熱が出ると、我が親は慌てふためき手足を組み）

医者ゆた頼んでぃ　神に立願（医者や祈祷師を頼み　神に祈願し）

可惜し我が身と　替えて病なとぅ　深く思って

（大事な我が身に病を取り替えようと　深く思って）

我が子の息災　丈程願ゆる　他には何の望みも

（我が子の無病息災成長を強く願う以外には、何の望みも）

何の宝も　ありますまいぞ（何の宝も　ありはしないのだ）

サーッサ』

03 母を苦しめ　生れ出で（母を苦しめて、生まれ出で）
　　又は程頃　なてぃ行けば（または、成長して行けば）
　　エーイ
　　詩書に引付け　物学び（詩書を手本に物事を学び）
　　優れ人にも　なれかしと（優れた人になってくれよと願う）

　　『サティムンチャマタ
　　言やりる如さみ　朝夕我親ぬ　思ゆる念願（言われている様に、朝夕我が親の念願は）
　　家庭治むる　年頃成いにや　縁を求めて（家庭を持つ年頃になると、縁を求めて）
　　妻を迎えて　我子の行く末　宜さるようにと

（妻を迎えて、我が子の将来がうまく行くようにと）

　　神や仏に　手をするする　神願さりゆし（神や仏に手を合わせ願掛けを行ない）
　　世間に立ち出じ　友付合さば（社会に出て友達付き合いをすれば）
　　若しや万一　悪さ友にん　手取り引かりてぃ（万が一にも、悪い友だちに引き込まれて）
　　災い無ん事　争いやさんかとぅ　まだ目に見らん

（災難のないように、争いをせぬかと目に見えない）

　　先ぬ事までぃ　心苦しみ　思いんせる故（先々の事まで心を配り、思いを重ねるゆえ）
　　一期一生　何にん限らん　子ぬ為にや（生涯にわたって、何事に限らず子のためには）
　　心尽くちょてぃ　思ん事あみ（心を尽くして、思わぬ事があるものか）
　　サティサティ
　　人ぬ達　此ぬ事聞かりり　親ぬ煩悩〈計り知れない〉

（皆さんよくよく聞いてほしい、親の苦悩というものは）

　　可惜し我親や　無蔵な物さみ（大事な親こそは、いとしい存在であるのだ）
　　サーッサ』

04 昼や夜中も　限り無く（昼も夜中も限り無く）
　　子を思わぬ　時は無し（子を思わぬ時はなし）
　　此り程高さる　親ぬ恩（これ程高い親の恩）

『サティムサティサティ
此り程我親ぬ　思いみそらん　時や無んさみ

（これほど我が親が、〈子のことを〉思わない時はない）
やりば人ぬ達　親ぬ御恩や　山ぬ高さん（なれば皆さん、親のご恩は山より高く）
海ぬ深さん　果てぃぬ無らんさ（海より深く、果てがない）
口説ぬ大方　乗してぃ囃さば（口説きの数々に、乗せて囃せば）
とぅくとぅ聞かりり　富貴貧乏ぬ　高さ低さや

（とくと聞いてくれ、富貴貧乏の高さ低さは）
誰ん知ちょん　親ぬ賄い　衣装等にや

（誰も知ってる、親の〈用意する〉食事や衣装などには）
必じ美らさる如にや　あらんさ　我身ぬ分限（必ずしも美しさは気にせず、自分の力に）
相応する如　かつ又　我親ぬ年取てぃ（相応するよう、その上我が親が年を取って）
頭に雪戴み　背中曲らば　出入り手引ち（白髪を戴き、腰が曲がってきたら手を取り）
腰ゆ抱いてぃ　案内無しにや　遠く歩くな（腰を抱えて、案内無しには遠出をするな）
若しや万一　風邪罹らば　患い看病（万が一風邪を引けば、その看病を）
他人にしみらば　返てぃ大いな不孝どぅやんど

（他人にさせると、かえって大いに不孝というもの）
やりばすっとん　親ぬ言ゆし　いひん背くな

（なればまさに、親の言い付けには決して背くな）
世間ぬ習わし　ゆくゆく重んじ　我身守とぅてぃ

（社会の習わしはよくよく重んじ、我が身を守り）
家庭治みてぃ　世間ぬ人にん　和睦交わてぃ

（家庭をよく治め 世間の人々とも睦まじく交わり）
うりどぅ我親ぬ　御肝やします　考ぬ道さみ

（これこそ我が親のお心を和ます、孝の道である）
サーッサ』

05　親ぬ生き身ぬ　時なかい（親の生前の　時には）
　　深く孝行や　成さなそてぃ（十分な孝行を成すことなく）
　　死後に悔でぃん　益は無し（死後に悔んでみても、益は無い）

『イーヤイヤイヤ
一々尤ん　言やりる如さみ（一々尤もで、言われる通りである）
生身ぬ時にや　不孝しちょーてぃ　死後に様々（生前には不孝をして、死後に様々）
恨み悔どてぃ　金銭尽くちょてぃ　餅菓子色々

（恨み悔んで、金銭を尽くし餅や菓子などを）
供い飾とてぃ　祀たんてーかん　生きちょる間ぬ

（供え飾って　祀ったとしても　生前の時の）
雑炊粥にん　格別劣ゆさ　またまた（雑炊や粥にもはるかに劣るのだ、またまた）

此り程愛さる　妻子にん譬いば　此りや失てぃ

（これ程愛しい妻子に譬えると　これは失っても）

又ん得らりん　一度失てぃ　又とぅ得ららん

（再び得られる　一度失うと　又と得られない）

親どぅやっさみ　子ぬ人情　此りゆ思いば（親だからこそ、子の人情としてこれを思えば）

何故でぃ孝行　粗相に思ゆが　友朋輩とぅん（何ゆえに孝行を疎かにするか、友達とも）

和睦交わてぃ　竹ぬ子ぬ如　行く末繁昌（睦まじく交わり、竹の子の如く行く末繁昌）

幾代ぬ末までぃ　百果報絶らん　たった勝とてぃ（いつまでも幸せが続き、益々繁栄し）

うっさ誇らさ（ああ嬉しいかな）

サーッサ』

06 何にん譬いや　ならんさみ（何にも譬えることは出来ない）

親ぬ御恩や　程知らず（親のご恩は計り知れず）

返す返すも　恩深し（返すがえすも高く深い）

『此りやんちゃまた　言やりる如さみ　親ぬ御恩や

（これはまたまた、言われる如く親のご恩は）

何時どぅ尽くすみ　烏ぬ鳥さい　親ぬ恩義や（いつ尽くすのだ、烏でさえ親の恩には）

報ゆんでぃどぅ言いゆる　人間生まりてぃ（報いるという、人と生まれて）

本心失てぃ　親とぅ引付てぃ　妻子思ゆさ（本心を失って、親に引き付け妻子を思う）

鳥畜生にん　余程劣ゆさ　浅ましむんさみ（鳥や畜生にも劣るのだ、浅ましいことだ）

世間ぬ妨げ　隠し事さば　天ぬ見る目や（世間の妨げ、隠し事をすれば天の見る目は）

何事とぅ譬ゆさ　神ぬ父にや　かんねとぅ譬ゆさ

（何に譬えるか　神はこんなふうに譬える）

神や御心　正しき物さみ　天や鏡に（神のみ心は　正しいものだ　天は鏡に）

譬ゆる物さみ　人間生まりてぃ　嫌肝悪さや

（例えるものだ、人は生まれて心持ちが悪いのは）

世間ぬ人にん　欺き嫌われ　生虫同然（世間の人々にも　欺かれ嫌われ　動物と同様）

怖し物さみ　やくとぅようよう　親に孝行（怖ろしいことだ、なれば皆さん親に孝行）

宜しくするぐとぅ（しっかりするべし）

サーッサ』

07 愛ささりたる　万億の（大事にされた億万の）

親ぬ御恩や　程知らず（親のご恩は計り知れず）

返す返すも　恩深し（返すがえすも恩は高く深い）

挑戦的な手法で著されたことばの記録
—解題—

長崎大学多文化社会学部
准教授・博士（文学）　原田走一郎

　辞典（もしくは事典）と言うと、どのようなものを思い浮かべるだろうか。無味乾燥なことばの羅列を思い浮かべる方が多いかもしれない。そして、どの辞典もそう変わらないと思うかもしれない。確かに、広辞苑を引こうが、大辞林を引こうが、記述は大きくは違わないだろう。だが、実は、方言の辞典はかなり個性が豊かである。やたら魚類に関することばが詳しいもの、著者が詠んだ方言短歌が載っているもの、達筆な直筆で書かれたもの、などなど多彩である。そして今、ここに、その中でも強烈な個性を持ったものが誕生した。本稿では、それがどのような個性なのか、述べていきたい。

　一言断っておきたいことがある。ここまでを著者の當山氏が読んだら怒るかもしれない。それは、「方言」という語を使っているためだ。氏は、「方言」という語の持つ、"標準"語への従属性を嫌う。その主張は非常に真っ当だと私は思う。當山氏の持つ、権力に対する鋭い疑いや、差別や偏見などに対する徹底した抵抗は本書を貫いていて、それもこの事典の魅力の一つである。ただ、言語学を専門にするものとしては、そこで話されていることばが「言語」と呼ばれようと、「方言」と呼ばれようと、本質的にどちらでもいいので、私はあまりこだわらないで「方言」も「言語」も使うようにしている。

　さて、ここからがようやく本題である。この本の大きな個性の一つ目は、古典民謡の研究家によって著されたものである、という点である。本書には當山氏の当該分野に関する膨大な知識が反映されていて、その点において貴重である。まさにこの人にしか書けない、そのような本である。また、當山氏は非常に明晰な頭脳の持ち主で、民謡に出てくることばと普段の黒島のことばが異なることをはっきりと自覚され、それを用例中に示している。これはことばの研究者としては非常にありがたいことである。このような豊富な知識と、一方では地に足のついた、地のことばも大切にする心持ちとのバランスがこの事典に大変な奥行きを与えている。

　また、「地に足がついている」という点では、いわゆる伝統的な、古くからある語だけにこだわらず、実際に當山氏や周囲の方々が使用している、もしくは使用していた語を柔軟に取り入れている点も特徴と言えるだろう。たとえば、次のような項目がそうである。

　　ランプ「石油ランプ」。「島本来の呼び名は「トゥール」であった。」

　この語が外来語であるのは間違いないだろう。しかし、実際の生活の場で使われていたのであれば、その語を収録しないのはことばの記録の姿勢として正しいのであろうか。むしろ実態としては外来語も交えながら当時の黒島では会話が行われていたはずであり、この記述は正確なものであろうと想像できる。

　また、標準語と同じ語形のものであっても採録されているものがあるのもありがたい。たと

えば次の項目のようなものである。

　　クルマ「車。牛に引かせる荷車のこと。」「往時の黒島では用例のごとく、荷物の運搬用の車と言えば、牛に引かせる車だけであった。」

　この解説を読めばわかるとおり、標準語と語形は同じものであっても、あらわす内容が異なる場合と言うのはおおいにありうる。実は、方言集の編纂時に標準語と同じ語形だと採録されないこともあるというのが実情である。このような語が採録されている点も本書の特徴の一つと言えよう。しかもこれは実際の生活体験に基づいていて、事実の記録としても貴重である。このような記述は當山氏の観察眼なしにはありえなかったものと思われる。
　このように、本書の大きな特徴のもう一つは、実際の使用や気持ちに基づいているという点である。つまり、学術的な内容や"伝統的な方言"を無理に取り込もうとするのではなく、著者の當山氏自身や、その周囲の方々の現在、もしくは過去の感覚を大事にしているということである。このことは、たとえば本書の用例にCOVID-19に関するものが多く含まれていることにも現れている。COVID-19が流行した時のことは同時代の人間であれば多かれ少なかれ共有しているものであるから、用例に「コロナ」と出てくるとその感覚がなんとなく分かるというものである。後世の人には分からないという諸刃の剣ではあるが、次の項目など、語の感覚が伝わる人には非常に伝わりやすいのではないだろうか。

　　スクマリルン「じっとしている。何もせずぼんやりしている。」【例】コロナヌ　ナハブラッティ　マーン　パラナー　ヤーナ　スクマリ　ブー（コロナウイルスが怖くて、どこにも行かず家の中でじっとしている）。

　このように、実際の生活のなかで肌で感じた気持ちをあらわした用例が本書にはたくさん含まれていて、それを読んでいくだけでも楽しめる。
　さらに、次のような例にも生活者の気持ちが記されており、本書を彩っている。

　　ガンヌヤー「竈の保管小屋。」ガンヌヤーヌ　スバユ　トゥール　バソー　ウスワーッタ（竈の保管小屋のそばを通るときは、薄気味悪かった）。

　「竈」とはなにかまず読者に伝える必要があると思うが、それについては「ガン（竈）」の項目を参照していただきたい。そこでは冷静に情報が記されていて、もちろんそれはそれで重要なのであるが、せっかく個人が作る事典なので、上の項目のような「それに対して現地の人はどう感じていたのか」「それを行う時の気持ちはどうであったか」ということが伝わる記述があるのがありがたい。事実の記述というのは探せばいくつかあることがある。そのようなものももちろん必要であるし重要なのであるが、現地の人のその場の感情の記録がこうして残るのは大変貴重であると感じる。そのようなものは二度と現れないし、たいてい記録されないものだからである。個人的には、山羊のエサであるところの草を刈らずに遊んでしまい、のちに怒られる感覚の記述が好きである。このほかにも本書ではその時、その場の気持ちが多く記され

ているために、読者が現地の往時の生活の感覚やそのことばが用いられる場面を想像しやすくなっている。無論、本書で記されているものと同じような感じ方をするかどうかは別の問題である。以上のように、地に足のついた、話し手自身の感覚を大事にした記述が多くなされているという点が本書の大きな特徴であると言える。ことばの記録を作る際に新しいものを排除したり、学術的な知見を無理に取り入れたりする必要はないのである。

そして、本書の最大の特徴は、単なる単語集には無い、一見余計な解説が多く含まれていることである。しかし、それこそが本書の魅力である。しかも、かなり當山氏ご本人の個人的なエピソードも多い。そのため、本書は『黒島語の事典』と言うよりは、『當山善堂語の事典』という性格がより強いとさえ言えるかもしれない。しかし、ことばというのは、突き詰めれば個人ごとに異なるものである。たとえば、私と私の弟は同じ家庭で生まれ育ったが、私のことばと彼のことばが完全に一致するわけではない。それは、まったく同一の経験をした人間など絶対にいないためである。では、あるコミュニティが共有する、最大公約数的な単語を集めるのが、そのことばの記録を作成するときの唯一の正しい手順か、と言うと決してそうではないし、それが果たして可能なのかも疑わしい。そのため、個人に振り切ってしまうのは、むしろ学問的に正しい姿勢であると私は思う。

以下、私が個人的に気に入っている項目、解説をいくつかあげる。私がごちゃごちゃ書くより、本書の実際の項目の方が、本書の魅力を語るのにふさわしいだろう。

イル「心延え」「きむぴしち いるぴしち」という成句をどう解釈するか、ということから、島の状況の変化を炙り出す、見事な解説である。島の集落間の対抗意識の強さは今でも感じる。普段は温厚そのもののおばあが豊年祭のパーリーで勝った途端に豹変したりする。ただやはり若い世代では集落の間の対抗意識は薄いように思われる。島全体がある意味では仲良くなりつつあるというのはすばらしいことのようにも思えるが、当然、その裏には人口減がある。

クタンディルン「非常に疲れる」【例】「イザー クタンディバソー グーシバ ンキ ボーリナウシユ シーワーッタ」（父はうんと疲れたときは、お酒を飲んで疲れ直しをしておられた）「用例のような場合に飲むのは、同じ酒でもサキ（酒）とは言わずグーシ（御酒）と称した。」この解説を言語学者が書くのは難しい。グーシという語はもちろん調べているし、お御酒という意味であることも知っているが、このような使い方があるとは想像できない。この事典の編集中に、當山さんが「用例を作るのが大変だ」とおっしゃるのを何度も何度も聞いた。大変なご苦労だったと思うが、このような絶対に外から来た人間には書けない用例を読むにつけ、がんばって書いてもらって本当に良かったと思う（私が頼んだわけではないが）。

ダーッファ「驚いたときや失望したときの情態。」【例】「イサハラ ガンドゥラッティ イザリ ダーッファッティ ナレータ」（医者からガンだと告げられ、ダーッファとなった）。感動詞の類の使い方を説明するのは実はかなり困難である。しかし、この用例のおかげでいきなり心に刺さることばとして伝わる。こんなに迫力のある用例があろうか。

感動詞類の説明のうまさはこの事典の特徴と言えよう。このほかにも、ヨーヨー「ほらほら。けっして。ぜったいに。注意喚起を促すときの言葉。」のように、単にそれに対応する共通語を提示するだけでなく、的確な説明、用例が掲載されている例も多い。

パーマラスン「早める。急かせる。急がせる。」【例】「ハジヌ　スーワ　ナランケー　シグトー　パーマラハイ」（暴風が強くならないうちに、仕事は早く片付けよ。）この解説においてこのセリフが使われる具体的な場面が描かれていて、まさに活写といったところである。辞書を手に取ってことばの意味を知ることができるのはふつうであるが、その実際の使用に適した場面を知ることは通常、難しい。上に述べた感動詞の項目同様、本書の強みが感じられる項目である。

ピーグトゥ「火事」この解説は読みごたえがある。沖縄という一地方（かつては大国に挟まれた琉球という国）のさらに地方の八重山のさらに小島の黒島から見る首里城に対する感情はかようのものか、と唸らされる。私自身、古く巨大な建造物を見るにつけ、その建設現場で何名の人がやりたくもない建設作業をやらされて命を落としたか、ということを考えてしまう。文化や伝統というのはそのような"立派な"ものに代表されるのではなく、人々の生活のなかにこそ宿るのだ、という思いを強く持つ。この事典はまさにそのような地の文化を、ことばをとおして描くものであり、その編集に関われたことを嬉しく、また、ありがたく思う。

ピマ「暇。有効な時間」【例】ピマー　ドゥーヌ　ジンブンシドゥ　スクル（有効な時間は、自分の才覚で編み出す）。おっしゃるとおりです。肝に銘じます。

マーミジ「真水」この対義語として「ハーミジ（井戸水）」が挙げられている。一般的には、対義語ではなく類義語であるはずである。この理由は「ハーミジ」の項を読めばわかる。ことばに対する感覚がその使用される環境に大きく依存していることをこの項目は教えてくれる。

マームヌ「サキシマハブ」パンニ　フォーリッティ　イズ　パナシェー　シケー　クトゥ　アルヌドゥ　パンユ　ヴォーッタッティ　イズ　パナシェー　マヌバーキ　シクタクトゥ　ナーンタワヤ。（前例にとらわれない、型破りな事典なので、解題の一部を方言で書くくらいのことは許されるかと思い、そうした。意味は「ハブに噛まれたという話は聞いたことがあるが、ハブを食べたという話は今まで聞いたことがなかった」である。「噛む」と「食べる」が同じ語であらわされているのがおもしろい点である。）

そして最後に、私がもっとも気に入っている項目。

アーッツヌベーン「ほんの少し」「食事時に再三のお代わりをする際、本音とは裏腹のこの言葉を遠慮気味に口にして手を差し出す。」この解説がたまらなく好きである。「ほんの

少し」という意味のことばは、確かに日常のいろいろなところで使うだろう。日本語にも、たとえば「わずか」とか「ちょっと」とか「僅少」とかいろいろある。でも、おかわりをもらう時に、「わずかに」などとは言わない。そういった意味でこの記述は正確である。しかし、それ以上に、臨場感というべきか、生々しさというべきか、ありありとその場面を想像させる解説であり、最初に読んだときには思わず口元が緩んだ。「ああ、こういうことあるなあ」と。ちなみに、「粟粒」と同源と思われる項目は『鳩間方言辞典』にも『石垣方言辞典』にも見られるが、その具体的な使い方まで記されてはいない。ある意味では、本書は実用的な面を備えていると言える。
　そして、そもそも「粟粒」である。量の僅少であることを粟粒であらわすことは、現代日本では考えられない。ことばというのは本当にその土地に根ざしたものなのだ、という思いを強くさせられる項目でもある。

　このように、本書ではことばが生き生きしている。と言うより、むしろ、生々しさを伴って語られる。それは、著者の実際の経験をとおして語られるからである。客観的な冷静さをもって述べるのではない、自らをさらけ出すようにして書くスタイルが本書ではとられているのである。無味乾燥なことばの羅列の対極に位置すると言ってもいい。そのおかげで、読者はことばをとおしてその土地、その時代の生活、そしてその感覚を疑似経験するという読書体験を享受することができるのである。
　先に述べたとおり、本書は『當山善堂語の事典』の様相を呈している。その姿勢は一見、非学術的に映るかもしれない。しかし、上に述べたような理由で、私はむしろそれがことばに対する正しい向き合い方の一つなのではないかと思う。これまで本稿で述べてきたように、既存の辞典のあり方にとらわれず、自らの経験を重ねて記述する勇気あるスタイルをもって、本書はことばの記録の新たな在り方を示したと言えよう。言語研究の端くれにいるものとしては、本書が刺激になり、辞書という形式や伝統的な枠組みなどにとらわれないことばの記録が日本各地から、そして願わくは黒島からも出てきてほしいと思う。本書が示したように、同じ辞書を頭のなかに持っている人は二人といないのだから。

権力に屈しない反骨精神に満ちた洞察の結晶
―随想―

沖縄キリスト教学院大学文学部英語コミュニケーション学科
教授・言語学博士　新垣友子

　世界初の黒島語の辞典（事典）がついに世に出た。琉球諸語は消滅の危機に瀕しており、黒島語もその例外ではない。昨今の琉球全域における言語継承の厳しい状況を鑑みると、これが最初で最後の黒島語の辞書（事典）編纂になる可能性もある。このような危機言語の記述という観点からの貴重性は言を俟たないが、特筆すべきは、この事典の内容が著者の當山善堂氏にしか書けない唯一無二の宝であるということである。生まれてから幼少期、そして多感な中学生までの年月を黒島で過ごした當山氏の生活体験の結晶が事典のなかで生き生きと描かれており、普通の事典が担う言語の意味や用法の記述の域を超えた学びの宝となっている。

　當山氏が長年尽力されてきた八重山民謡の研究に関する語彙の解説や、歴史・文化的背景の詳細な記述も他に類を見ない特徴であるが、「ユヌリヌ　ソッコー（一周忌）」、「ヌビヌ　ソッコー（法事を延期すること）」、「ソーラ（盆祭り）」等の法事や祝い、祈願の言葉も貴重である。行事の内容の描写も具体的で、例えば出産後十日目に行われる「ソージバライ」という産褥のお祝い行事では、男児の場合は小剣を、女児の場合はハブシ（揺り輪）を用意し、家から石垣島の於茂登岳に向かって「ピャックドー（百歳までだよう）と叫んで祈願の矢を飛ばし、矢の落ちた所から小石を三個拾って、子どもの懐に収めたという。従来地域のしきたりに則って守られてきた行事は近年、業者の仲介により画一化され、祈りの言葉もその土地の言葉で行われないことが多い。お正月も旧正月から新正月の祝いへ推移する傾向が強く、祈願の口上や年頭の挨拶も日本語になりつつあるなか、島に息づく行事や祈願の具体例が豊富にあるのは非常に貴重である。

　生活に密着した魚や植物の名称も豊富である。漁業や畜産、農作業の様子やそれらを描写する単語が並ぶ。例えば、「パイウティ（名）鍬で耕すこと。」とあるが、用例として「パイウティ　シーバソー　ジーユ　ザーウイ　ナスヨーン　シーリヨラー（鍬で畑を耕すとき、土の天地返しをするようにしなさいよ」という「ザーウイ　ナスン（下を上にする・天地返しをする）」という當山氏の父親の言葉が挙げられている。鍬を打ち込んで土を手前に引き寄せたあと、土の表面と下層をひっくり返す方法で、相当の力を必要とするが、作業の速さのみを求めるのではなく、土壌の改良を目論んだ合理的な耕し方であったと記されている。その手間と労力が農作物という結果に違いをもたらすのである。

　當山氏の生き方は、まさに"天地をひっくり返す"ような手法を大いに活用してきたと思う。當山氏は私が勤務する大学の理事を務められていて、その理事会の帰りに私の研究室に訪ねて来られたのが初めての出会いであった。当時、組合の委員長を務めていた私は、言語学の話以外にも、権力にどう立ち向かうかという面で強烈な刺激・ご教示をいただいた。権力に屈しないという姿勢と言語学がどう関係しているのかと思われるかもしれないが、危機言語を継承し復興に取り組むという言語学者としての使命を抱える身としては、両者は直結するものであっ

た。それは権力をもつ側に言語や文化を奪われた琉球の歴史をみれば明らかなことである。過ぎ去った過去のことではない。沖縄中に張り巡らされたフェンスが示すように、その理不尽な状況が今もなお続いているのである。當山氏の権力と対峙する不動の姿勢から、困難な状況から目を背けず、強い信念を持ちつつも、客観的に事態を捉えて論理的に戦略を立てる大切さを学んだ。

　事実、虐げられている者から目を背けず、弱者に寄り添う視点は、本書の至る所に散りばめられている。例えば、「ミッファハン（憎い）」の項目には、「ドゥーヌ　クトーッカ　ヌーン　アラヌヌ　キョーダイヌ　ウサイラリッカー　ミッファハーワヤ（自分のことだと何でもないが、きょうだいが馬鹿にされると悔しいよ）」という例文が挙げられている。その中で、生まれつき視力と聴力に障害を持っていた兄達が馬鹿にされる場面を目にして、常に悔しい思いを抱えていたという心情が綴られており、そういう経験から「弱者への気配りのない権力者への容赦ない視線を身に付けたように思う」と記されている。

　その視線が厳しく睨む先は、本事典で何度も指摘される男尊女卑の不平等性である。「ハイバー（妻子のある男と特別な関係を持つ女を非難・侮蔑して言う言葉）」の項目では、「この言葉には、女だけが非難されるという理不尽さがこめられている」と指摘している。「男尊女卑を時代背景にしている言葉と言わざるを得ず、黒島語をはじめ八重山語には他にも男尊女卑を示す多くの言葉がある」という批判的な記述は、現在では当たり前となってきたジェンダーの視点が欠如していた当時の背景を明確に捉えている。また、「マカナイ（賄女の省略）」の項では、賄女について「琉球王国時代、八重山の離島や地方の役人の身の回りの世話をする女性のこと」と定義し、その悲惨な実態に関して、ご自身の曾祖母の実例を挙げて説明している。當山氏の曾祖母は、並外れた美貌ゆえに役人の賄女にされ2人の子を授かる。しかし、その役人が任期を終えた後、子供とともに島に置き去りにされた。当時の役人は任地に妻子を伴うことが許されず、その世話人として選任される女性は賄女と呼ばれ、「現地妻」の役割も担わされていた。既存の文書による記録や古謡の歌詞等では、賄女の立ち位置を「名誉」や「羨望の的」と捉えられているが、當山氏は、歌詞や時代背景の徹底的な分析を根拠に、その一方的な歪曲された見方を批判している。（詳細は、『八重山の芸能探訪―伝統芸能の考察・点描・散策―』を参照）。弱者に寄り添い、そして客観的な根拠をもって淡々と反論する當山氏の姿勢は、まさに天地をひっくり返す威力がある。美化された「名誉」や「羨望の的」の陰に隠された女性たちの何とも言えない悔しさと切ない想いに一筋の光が差したのではないだろうか。

　現在、国際連合教育科学文化機関（UNESCO）の危機言語地図によれば、すべての琉球諸語が危機言語に認定されている。琉球全域で日本語の使用が圧倒的に優勢となり、家庭内、世代間での言語継承が途絶える傾向にあり、流暢に話すことができる高齢者の減少に比例して話者数が減少している。沖縄島で話されている沖縄語もその例に漏れないが、首里・那覇をはじめ中南部はその他の地域に比べると話者数も多く、言語継承活動をする市町村の部会やNPO等も多い。琉球の言葉はすべてが消滅の危機にあるが、黒島はその周縁に位置づけられる少数派の中の少数派といえよう。戦後80年近く経とうとも、巨大な米軍基地が広がる沖縄の現状は、日本の周縁に炙り出された不平等の縮図といえるであろう。だが、歴史を紐解いてみると、薩摩藩に支配されていた首里王府も、八重山や宮古地域等の庶民からすると権力の象徴であり、抑圧機関であった。當山氏の権力に屈しない反骨精神は、琉球の中でも相対的な差別・支配構

造の輪郭を浮き彫りにする。

　実際に、「マームヌ（サキシマハブ）」の項目でも、食料としてハブを捕獲していた当時の状況が記されている。そのなかの久米島出身者が語る「貧しさ」と黒島での「貧しさ」は比較にならないという語りから、その支配構造によりいかに周縁の地域の貧困が深刻であったかが窺える。久米島では、貧しいといっても三食米の飯を食べていたが、黒島においては芋と粟の飯しか食べていなかったため、ハブが蛋白源として貴重であったと綴られている。実際、「タニドゥルヨイ（粟の種下ろしの祝い）」の項目では、「稲作の出来ない黒島では、人頭税の時代から納税用の主要作物は粟であり、住民の命をつなぐ主食でもあった」とされ、粟の豊作祈願の様子が描写されている。いかに過酷な生活であったか想像が及びもつかない。

　このように黒島の人々は厳しい状況を経験してきたが、さらに虐げられてきた少数派から見ると、同様の差別が繰り返される"入れ子構造"であったことが分かる。その根拠は「クンカー（ハンセン病、またはその患者）」が経験した悲劇的な伝承史の記録である。黒島でも沖縄島や他の地域と同様に、ハンセン病についての極端な無理解や偏見から、遺伝性の疾病だと誤解され、患者やその家族・親戚が差別的な対応を受けたり、空気感染するものだと誤解され必要以上に恐れられたりしていた。そのため患者は人里離れた雑木林や森林の中の掘っ立て小屋に幽閉されていたという。當山氏は自身の友人や縁類の過酷で凄惨な経験を赤裸々に綴り、ご自身の内省もこめて、弱者の視点から学ぶべきことがないか真摯に問いかけている。

　冒頭で述べたように、本書は人々の暮らし、祈り、思考、感情、すべてが詰まった宝である。もったいないことに、この長い年月をかけて熟成されてきた英知は、これまでは黒島の人々の頭と心の中にのみ刻まれてきた。可視化されないまま、このまま人知れず時とともに表舞台から消えていく運命だったであろう。しかし、當山氏のご功績のおかげで当時の知恵や教え、経験等が文字化され息を吹き返した。単語一つ一つ、例文の文言はまさに氷山の一角にすぎず、その深層には黒島で培われた深い英知が粛然と横たわっている。権力に対する批判的思考や視点は上述した通りであるが、そのほかにも自然とともに生きてきた黒島の人々の豊かな精神性・人間性、たまにクスっと笑ってしまうユーモア、さらに想像を超えた描写による驚嘆など、既存の事典とは全く異なる世界観を堪能することができる。本書のページをめくることが出来るのは、當山氏の黒島語への熱い情熱と強い責任感、そしてそれに賛同して支援してくださった多くの黒島の方々のおかげである。心から尊敬の念を示したい。

強さと優しさに溢れる畢生の書
―所感―

友人代表　亀谷長伸

　見出し語のすべてがカタカナ文字で表記された世にも稀なる『書物』。
　カタカナ語という表音文字の集積が「ア」から「ン」に至るまで、目がくらむ程に並ぶ。
　日本人の手による日本人のための『事典』である。
　通常は外国語や名称などに用いられるカタカナ文字。骨ぶとの日本語の外形が表意効果を孕むまでには瞬時要するものだが、この厚く重たい書物にはそのタイムラグがない。漂う糸をたぐり寄せるように我が指先は次のページをめくり更に別のページを開く。片言がカタコト音を立ててるようなカタカナ文字の並びにこうまで惹かれるのは何故だろう。日本語の原音の響きが、日本語族本能の目覚めを呼ぶのであろうか。その推しを得て重くて厚いこの本のほぼ全ページに目を通した。
　快晴の日に石垣島から南西方角の海を眺めると、水平線上に碁石を並べたようにとぎれとぎれに浮かんで見える黒島。その得難い風景に引かれるように、いにしえ人(びと)の群れが近場(ちかば)のニライカナイを目指せとばかりこの島を訪れ住まい言葉を交わし合い語り継いで日本語の一形態を成した。この本はユネスコの消滅危機言語説に「ちょっと待った」をかけて世界の少数言語たちのこれからの行く先々を考え合おうよとの紙つぶてを投げかけたともいえる。

　本書を成した當山善堂氏と私の長い交流においても、黒島を訪ね得たのは牛祭りやウインドレースという騒がしい催しをいれてもほんの3度きりのこと、60年の時が流れ、ただいま船出した「黒島事典丸」という大船に乗って過ぎし日々のそれぞれの時点やどこそこの地点への「想いの旅」が可能になった今、その後の黒島文化を訪ねずに居たのは怠慢の罪を犯した気分におそわれる。何しろ後に『黒島事典』が生まれる島だったとは。
　心に残る黒島への短い旅が一つだけある。若かりし高校卒業前の二日間、それぞれがそれなりの進路へ向かう頃のこと、友人共々出かけた當山家訪問だった。
　当時、黒島でもそれほど多くはなかった赤瓦屋根の佇まい、屋根を伝わって流れ落ちる雨水をタンクに導く一連の造作、山羊たちの鳴き声、草をはむ家畜たちの影。それらの風景から抜け出たようにあらわれた母親の姿。その優しい物言いには「何も知らん息子で」などと、高校生活で得た友人たちに「ありがとうね」の言葉が何度も繰り返される。「いえいえ善堂は生徒会長までやりましたよ」とこちらも腰を屈めて子息殿を持ち上げた。作業を中断して迎え入れてくれた父親。「僕の人生の教師だった」と幾度となく書かれるお方だ。そして卓に運ばれた御馳走たち。この島では最上の栄養源たる「山羊汁」だ。更に続く山羊肉ざんまい（元をただせば昼間のうちに処刑人を買って出た非情なる友人の先導で、お優しき善堂くんや温和なる兄上の監視の前でムリにもお亡くなりいただいた山羊くん）。三味線を弾く父親のタノールのきいた歌声が家中に響きわたり台所のランプ灯りの下、12人姉弟の子だくさん家族の居残り組だろうか、せかせか動く人影もかいま見られた。

『黒島事典』に目を通して思うことは様々な問題に対峙する際の強さも優しさも具備した彼の人間力の本体はあの日あの頃が基点になっているということ。助け合いが日常そのままだった大家族との日々、貧しかろうとそのハンデを帳消しにしてしまえる睦まじさを包むように島の時間はたおやかに流れる。長姉や長兄とは親子ほどにも歳の離れた末っ子として生まれ、愛情たちに囲まれて過ごした日々は、父親に叩き込まれた畑仕事の辛さが加わっても、親の背中を見て育つ少年の知恵に補完され、望ましい結果が招来された。たくさんの愛を受けた者はやがてはお返しのように強さと優しさが習い性となった。

　『黒島事典』の存在そのものが人間當山善堂の強さと優しさが形になったものに思える。
　先ずは、日常で使われることも少なくなっている語彙の集積に係る知力・体力・労力（粘力を加えてもよい）には驚く。見出し語の日本語訳に次いで黒島語による例文が紹介されるが、その先には読み手の思いもよらぬ状況や事例が準備されていて、生きた黒島語を実感してもらうための労を惜しまない。当人が知る事柄や逸話を提供する語りかけにも筆は逸る。
　例えば、「ウッファスン（溺れさせる）」という語。小さい子を人為的に海に放り投げて「溺れさせる」乱暴なやり方で泳ぎを覚えさせた過ぎし日の光景に引っ張っていく。昭和２５年ごろまで続いた人身売買めいたイチュマンウイ（糸満売り）を語り、胸が痛むような島の歴史の一場面を浮かび上がらせる。
　例をもう一つ、「ハケースン（掻き混ぜる）」という語。黒砂糖作りの作業では大鍋に入れたサトウキビの絞り汁を煮詰める際、勢いよく掻き混ぜないと吹きこぼれてしまうから、必死に掻き混ぜる少年たちの汗だくの労働シーンに視線を移し、過ぎし日の胸キュンなショートストーリーに引き込むなどなど。
　ほかにも著者の専門分野や調査研究に関わる語彙になると挿入文の長さや多さは数知れない。音楽・民俗・芸能・祭礼に関することなどには彼なりの思い入れや主張が加わる事もあり、一つの見出し語彙の項が数ページにわたる事もざらで、初めてページをめくってそれら超長いページに遭遇した時には驚きもしたが読みこむ中に事件や事案そのものをゆるがせにしない著者の意図が読みとられ、この書が「辞典」でなく「事典」という体裁を以て世に出た意義をあらためて知らされた。
　キンノーリュー（勤王流）という八重山舞踊の流派については著者の専門分野の一つだから小論による分析や主張も加わって記述もかなりのものになるのは必定、その項でも多くを学ばされる。しこうして「事典」のキ行から次のク行を捲っているとき、「クンカー（らい＝ハンセン病）」という長く地中に埋まって目につかなかった爆発物のような語彙に目が行った。こちらの長さはＡクラス数ページにも及ぶ。「やっぱり来たか善堂さん」とつぶやきながら、逆引きページを利用して、「ハサ（天然痘＝痘瘡）」にも目をやった。こちらの記述も長大だ。クンカーとハサ、かなり前から調査・研究に身を入れていることは聞いていたし、数年前に資料が山積みされた机を前に話し合った時にもこの二つのテーマは既に机上の物である事も聞いてはいた。が、私の方は記憶も重要度も薄れていたのだった。詳細な記述を目の前にすると我が健忘の弊を咎められた気分に堕ちる。
　二つの伝染性疾患の共通するところは戦後間もない頃には恐れられもし罹患者は忌避され隔

離されるほどのものだったが、もう過ぎた昔のことと見るのが多くの人々の有りよう。しかし『黒島事典』はそれを見過ごすことはせず、これら負の出来事の記録を次代に残す事が先を行く者の努めだとの考え方にぶれはなかった。

　戦後間もない昭和21年に鹿児島の紡績工場勤めから帰還して発病した黒島と登野城出身の女子二人が感染源だとされた天然痘（痘瘡）については、その不運な女性の一人が黒島（伊古）出身者だったこともあり資料や聞き書きも合わさってかなりの量になっている。本書には各地区の患者数の詳細があげられているが黒島の48名というのは八重山地区全患者数97名の半数にもあたり、小さな島の人々を辛かんさせた様子が目に浮かぶ。比較的早い時期に終息が見られたのは衛生機関や開業医たちの協力や患者の隔離や交通遮断に加え軍政府からの痘苗（ワクチン）入手とそれに次ぐ迅速な種痘接種が行われた結果だったと書いている。本書の記述からは伝染性疾患に対する水際対策における青年男女による今で言うボランティアを読みとることも出来る。「人はひとりでは生きられない」という当たり前の言葉がほんとに「当たり前だ」と実感させられる島の歴史の大事件であった。我々の頃の小中学校にもこの因業めいた疾患を経験した者は幾人かいて、完治しても痘痕(あばた)が残るので腕白な男の子なら渾名が仇の喧嘩も見られたが、綺麗なお顔でいたい女の子にとっては負担になっただろう。これも二次被害と言っていいようなものだけど業病に打ち勝った誇りをバネに生き抜いていると信じたいものだ。

　次に、當山善堂昔年のテーマの一つに数えられるのが「ハンセン病」に関わる事。
　先ずは『黒島事典』の語彙表示から入らせて頂く。「クンカー（ハンセン病、またはその患者）」。続く【例】カタカナ表記の黒島語の例文は省略いたし、著者の日本語訳を原文のまま転記する。「昔は、黒島にはクンカーと言われた人たちが、あちこちの森林の中の掘っ立て小屋に籠められ（隔離され）ていたそうだ」。これを読むだけで、罹患した人々や業病に対する人々の様子が、褪せた映像のように浮かぶ。そして今、我々の心に突き刺さる負担をいえば忌避や偏見が保身にてらして当たり前になっていたということだ。
　記述は先ず、明治40年「らい予防法の制定」昭和13年「療養所沖縄愛楽園設立」昭和18年「新薬プロミン発明」昭和28年「法の改正」平成8年「法の廃止」に至り平成10年「違憲国家賠償訴訟」平成13年「同訴訟原告全面勝訴」に至るまでを時系列を追って記している。法の制定や運用や対応のゆるさやぬるさについては、国家権力に対する著者の不満顔が紙背に浮かぶ。薬剤プロミンによって医学的に治癒が証明されたにもかかわらず10年後の改正法には「退所規定」がなく平成8年（1996）に同法が廃止される迄、強制隔離の政策が続けられた事など、完治者をふくむ幾人もの患者を知る彼は首を横に振る。

　著者の周辺には父方の遠縁にあたる女性（それも小学生）が罹患し自宅幽閉の後、雑木林の掘っ立て小屋に隔離された痛ましい経緯がある。罹病を告げられた女の子はぽかんとした顔で頷いたのであろうか。大人達はそれを何と告げ、幼い子にはこの難病の何たるかを理解できたであろうか。5年間の隔離の末19才で療養施設沖縄愛楽園に強制収容されたと『黒島事典』は書いている。悪意は無いまでも人々は憐憫と奇異の目を投げかけたことだろう。

當山家の長姉は優しさも強さも愛弟と似通う点もあってのこと、愛楽園で日々をおくるＦさんその人との交流は続き、ある日弟を伴って施設を訪ねたのだった。
　「Ｆさんとは衝撃的な出会いだった」と書いているが、機を見るに敏で知に貪欲な彼、それからは足繁く園に通う。そこに暮らす人々は口を揃えたように口を噤むのが習性になっていて、パイプ役になった当のＦさんも自分の経歴や経緯や意見も異見も控える暮らしに馴染んでいた。ただ、我が當山にはそれを溶くグッズがあった。サミシンそして八重山古典民謡が助けになった。最高賞も審査委員も経験済みの達人級は、園を訪ねる度にタノールの効いた歌で〈でんさ節〉〈ちんだら節〉〈黒島口説〉〈あがろーざ〉〈高那節〉〈とぅばらーま節〉など八重山古典民謡を披露し黒島の五部落の入居者の数を遙かに超える人たちともお近づきになった。初めのうちは缶入り飲料しか出なかったものが三月もすると湯呑みを使わせてもらい半年も経つと魚のお汁も食べさせてもらったと誇らしく書いている。言葉より大事なもの、人の存在それ自体が言葉。人それぞれの個性や暖かさ、かもし出される物が既に言葉なのだ。

　ここに至って、彼の「年来の夢」が背中をおす。夢とは何か、ここ愛楽園に於いて歌と踊りの「八重山芸能公演」を催すことだった。罹患という不運に遭遇し、身も世もなく暮らす人々を広い心で受け入れ、骨身を惜しまず対応する…。社会貢献の実例のような愛楽園に向けて、こちらは感謝の実例を示すことだった。そして思いの丈は遂げられた。黒島の芸能を中心とした催しが実現した2005年８月21日（日曜日）は忘れ得ない一日となった。當山氏の声がけが効いてプログラムも街で行われている公演に近いものが準備され、プロ級の踊り手たちの所作衣装小道具の数々が療養者たちを華やいだ気分に導いたであろう。
　付け加えることがひとつ。Ｆさんのこと。罹患を告げられたＦは19でこの園に迎えられ、病はとうに完治し既に熟年令に達していた。この公演会の時点では、娘のなかの孫やひ孫にも恵まれていた。そして12年後、与えられた人生を生きぬいて96歳で昇天したと『黒島事典』は書いている。

　そして、『黒島事典』。先にこの書を船出に喩えたが、島々を巡る黒島発の船の甲板をとぼとぼ歩く乗りで、ページを捲る楽しみに重ねてみたのだった。一片の黒島語が小さなハブ効果を生んで他の島々語や村々語と蜘蛛の糸やあみだ籤のような拡がりに変わり、まるで生命を吹き込まれた小動物のように動き出したらとても楽しいことになりそう。その折りは本書の「逆引きページ」も大役を果すだろう。島々語や村々語は日本語の一形体（形態）、研究者達は早くもそんな作業を楽しんでいるのかも知れない。
　この歳になると、お笑い含みの人生論なり終活論も飛び出すが、『黒島事典』の著者には其の手のお付合いは要らなさそうだ。「あなたの人生は？」と誰ぞに問われたら、この一冊をズシンと置いて一件落着。ぶれない男の一貫性は『八重山古典民謡集』に始まり『八重山芸能探訪』そして今、これらの先の『黒島事典』である。「辞典」であり「字典」でもあり、時代の様々を書きしるした点では「時典」といっても許されよう。黒島語という基底の一地点から出た事が図らずも「自伝」の如き「集大成」を成して原点回帰を見せてくれた。

資 料 編

部落地図

黒島の村紋および家紋

黒島の昔の呼び名・綽名等
　　（野底善行・本原康太郎・當山善堂）

黒島の民具動植物貝類図　カット集
　　（カット・玉代勢泰興）

三線

索引（逆引き）《本原　康太郎》

部落地図

宮里部落

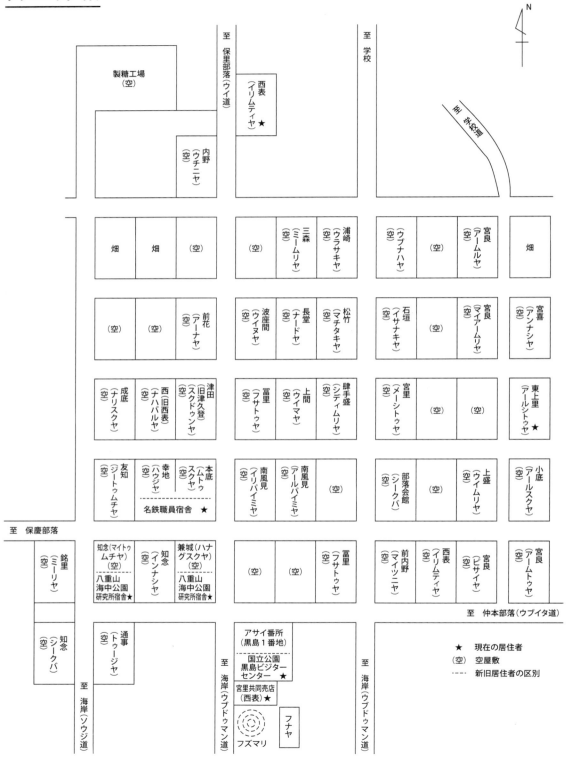

仲本部落

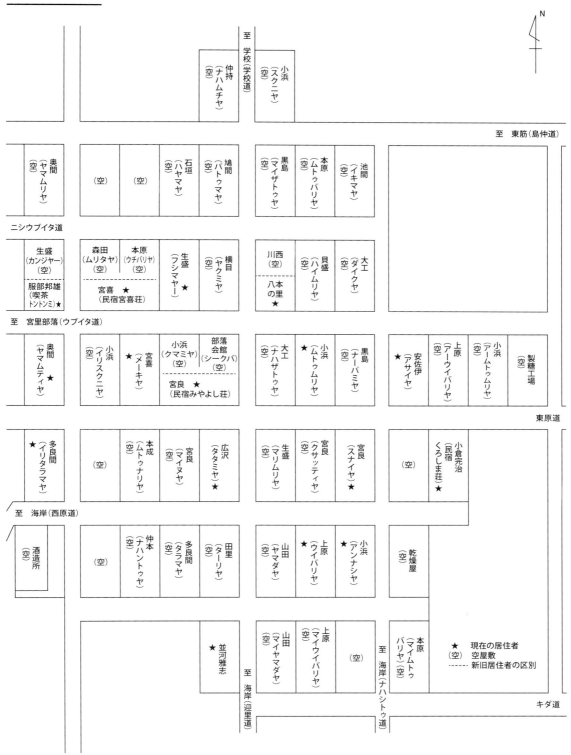

保里部落

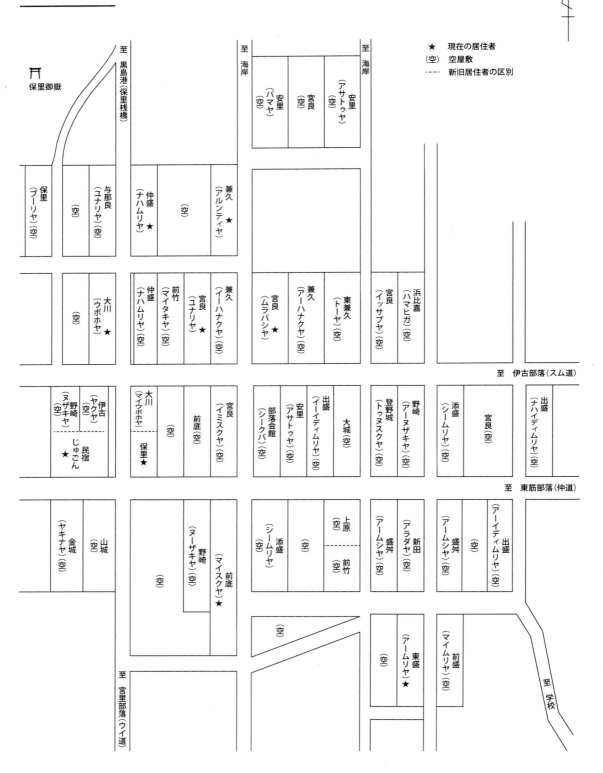

東筋部落

伊古部落

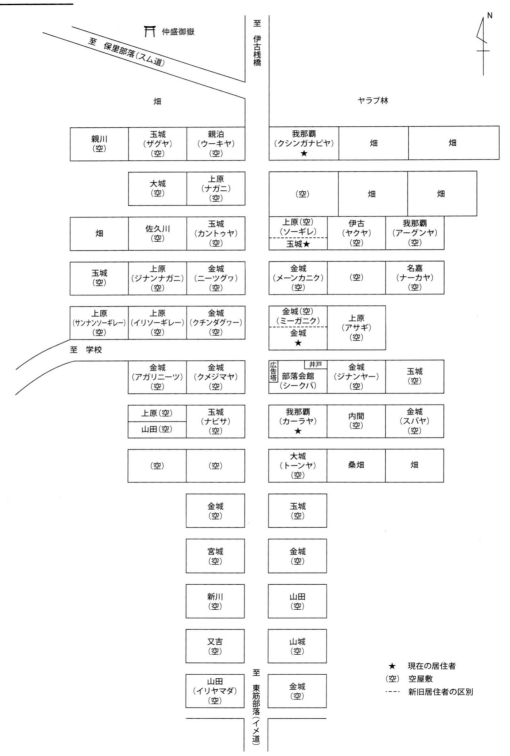

黒島の村紋および家紋

(一) 村紋　宮里村

紋	家名	紋	家名
	アー ムル 粟　盛　家		ピ サイ 平　得　家
	イリ ムティ 西　表　家		マイ ウチ ヌ 前　内　野　家
	ハナン グスク 兼　城　家		イン ナ シ 西　仲　石　家
	トゥム チ 友　知　家		メー リ 銘　里　家
	ハウ ジ 幸　地　家		ムトゥ スク 本　底　家
	イリ パイ ミ 西　南風見　家		アール パイ ミ 東　南風見　家
	ウイ ムル 上　盛　家		メー ザトゥ 宮　里　家
	シ ディ ムル 肆　手　盛　家		ツク ドゥン 津　久　登　武　家
	ナリ スク 成　底　家		ウイ ヌ 上　野　家
	ナー ド 長　堂　家		マチ タキ 松　竹　家
	アー ムトゥ 粟　本　家		アン ナ シ 東　仲　石　家
	シ ウチ ヌ 後　内　野　家		マイ ハナ 前　花　家
	ウラ サキ 浦　崎　家		

(二) 村紋　仲本村

紋	家名	紋	家名
⸺⸺	仲本（ナハントゥ）家	✕	多良間（タラマ）家
△	山田（ヤマダ）家	Ζ	上原（ウイバル）家
✳	祖納（スナイ）家	⧖	久佐手（クサティ）家
✻	生盛（マリムル）家	⊼	畳（タタミ）家
小	本成（ムトゥナリ）家	☰	宮喜（メーキ）家
∧∧	小浜（クバマ）家	✲	仲里（ナハザトゥ）家
A	本盛（ムトゥムル）家	⊥	長浜（ナーパマ）家
☰	安佐伊（アサイ）家	⫼	大工（ダイク）家
⚌	貝盛（ハイムル）家	Ζ	横目（ヤクミ）家
☳	鳩間（ハトゥマ）家	∧∧	本原（ムトゥバル）家
☳	池間（イケマ）家	⋈	津久野（スクヌ）家
△	仲持（ナハムチ）家	∧∧	内原（ウチバル）家

702

(三) 村 紋　保 里 村

紋	家名	紋	家名
◇	プー　リ 保　里　家	二	ユナ　ナラ 與　那　良　家
◇(二)	ウボ　ホ 大　川　家	◇(1)	ナハ　ムル 仲　盛　家
井	ムラ　バシ 宮　良　家	三乙	サ　ブ 白　保　家
井	シー　ムル 添　盛　家	乙	アー　ムル 粟　盛　家
小	マイ　ムル 前　盛　家	川	イディ　ムル 出　盛　家
个	イル　イディ　ムル 西　出　盛　家	川	アラ　ダ 新　田　家
三	トゥ　ヌ　スク 登　野　城　家	二一	アサ　トゥ 安　里　家
↑	アラン　トゥ 兼　久　家	川	ナハ　イディ　ムル 仲　出　盛　家

703

（三） 村紋　東筋村

紋	家名	紋	家名
⌐	ヌ スク 野　底　家	⌐	ジー ヌ スク 後 野 底 家
(人)	ナハ ディ 仲　道　家	♀	シマ ナハ 島　仲　家
⋈	アロー スク 新　城　家	✕	ハメー ミ 神　山　家
∨	ナハ タキ 仲　嵩　家	✴	イリ クニ シ 西 国 吉 家
九	アール クニ シ 東 国 吉 家	✳	マイ フナ ド 前 舟 道 家
⋁	ケ ン 喜 屋 武 家	✴	ター ブ シ 西 舟 道 家
✳	アール フナ トゥ 東 舟 道 家	⊤	トゥー ジ 大　底　家
三	ニシ トー ヤマ 北 當 山 家	Y	ナハ スク 仲　底　家
◇	フナ トゥ 船　道　家	✕	アラ ハキ 新　城　家
♀	ウン ドー 運　道　家	Ｙ	ニシ バル 北　原　家
△	トー ヤマ 當　山　家	下	イー ゾ 真　盛　家
♀	シ キ ティ 比 屋 定 家	𝐴	タカ ナ 高　那　家
⏀	ウブ マシ 大　舛　家	⏀	ナハ マシ 仲　舛　家
△	マイ ナハ 前　仲　家		

704

記号	家名	記号	家名
	大(ウ)濱(ボミ)家		東(アール)地(チ)家
	竹(タン)越(トゥリ)家		仲(ナハ)石(イシ)家
	前(マイ)竹(タン)越(トゥリ)家		仲(ナハ)舟(フナ)道(ディ)家
	新(アラ)里(ザト)家		浦(ウラ)崎(サキ)家
	西(イル)前(マイ)仲(ナハ)家		東(アール)神(ハメ)山(ミ)家
	見(ミー)舟(フナ)道(ディ)家		石(イシ)良(ラ)家
	東(アール)竹(タン)越(トゥリ)家		幸(ムラ)原(ナハ)家
	国(クニ)吉(シ)家		

黒島の昔の呼び名・綽名等
(野底善行・本原康太郎・當山善堂)

（1）男

001	アーッタマ	002	アーレイザ
003	アーレタッペ	004	アーンヌピー
005	アカサナイ	006	アカタ
007	アカヤ	008	アサトサン
009	アバッツア	010	アンガマ
011	イーナガ	012	イーヤサッタ
013	イサマ	014	イザマ
015	イシアタマ	016	ヴァーグンカン
017	ウサガー	018	ウチノグンソー
019	ウブイサ	020	ウブセー
021	ウブセーガ	022	ウブダラッサ
023	ウブミー	024	オーエン
025	オーザ	026	オージスー
027	オンデー	028	カーキ
029	カナ	030	カナー
031	カナガー	032	カマタ
033	カムタ	034	カントゥスー
035	カンパタルー	036	キーヤ
037	ギサ	038	ギサー
039	ギサッタニ	040	キラー
041	クニヒロサン	042	クルスー
043	グンカン	044	クンゾー
045	ケフク	046	コンクリー
047	ザイ	048	ザナードゥフルワヤ

049	サマ	050	サム
051	シタパンビン	052	シベリア
053	ショーカイセキ	054	ジル
055	シルー	056	サンダー
057	スータ	058	セーガマ
059	セーマ	060	ソーミンブッドゥル
061	タッペー	062	タニ
063	ダラッサ	064	タル
065	タルー	066	タルセーガ
067	タルンガニスー	068	タローマ
069	テンノーヘイカ	070	トコロニオイテ
071	ナーカタルー	072	ナーマジ
073	ナナシカ	074	ナハイザ
075	ナハセー	076	ハイカラ
077	ハイバーキ	078	ハカセ
079	バクダン	080	ハナー
081	ハナマセー	082	ハニヤ
083	ハナ	084	ハマダ
085	ハミ	086	ハミズ
087	ハンタ	088	ビーチャー
089	ビューガ	090	ピラシカ
091	ビラマ	092	ブキシ
093	フグイトゥヤー	094	フクダサン
095	フクリ	096	ブザマ
097	フダッツァミ	098	ブローカー
099	ホクリ	100	マーガ
101	マーシ	102	マキッサリウーニ
103	マサ	104	マシ

105	マセ		106	マチガー
107	マチュー		108	マツァー
109	マナ		110	マヌパ
111	マネ		112	マネー
113	マム		114	マモナ
115	マンク		116	ミオサ
117	ムケシ		118	ムンピリイザ
119	メーク		120	モーサ
121	モリノイシマツ		122	モンガモン
123	ヤブイサ		124	ヤマ
125	ヤマー		126	ヤマタ
127	ヤマトゥ		128	ユッカ
129	ヨリ		130	ワッターカナー
131	ンガナ		132	ンゲー
133	ンゲセーガ		

(2) 女

001	アーレパー		002	アビッカ
003	アブッタ		004	アンマー
005	イカビ		006	イシキ
007	ウシ		008	ウトマシ
009	ウナヒト		010	ウナヒトマ
011	ウナリ		012	ウボーブ
013	ウムイタ		014	ウムイチ
015	ウムイチェーマ		016	ウムイツ
017	カマー		018	カマト
019	カマル		020	カミチャン
021	カンチ		022	ギサーナシ

0 2 3	クーカミ		0 2 4	クマチ
0 2 5	クヤマ		0 2 6	クンゾパー
0 2 7	ケサナス		0 2 8	コマチ
0 2 9	コマツ		0 3 0	コヤマ
0 3 1	サーヤ		0 3 2	サカイ
0 3 3	トユ		0 3 4	ナサ
0 3 5	ナサマ		0 3 6	ナハナ
0 3 7	ナハブ		0 3 8	ナヒ
0 3 9	ナビ		0 4 0	ナビー
0 4 1	ナビッカ		0 4 2	ナベーマ
0 4 3	ハナセーマ		0 4 4	パーマ
0 4 5	ハマドゥ		0 4 6	ヒテマ
0 4 7	ヒデマ		0 4 8	ピテマ
0 4 9	プズ		0 5 0	ペーガ
0 5 1	ボーマ		0 5 2	マカタ
0 5 3	マカト		0 5 4	マカミ
0 5 5	マジル		0 5 6	マリアブ
0 5 7	マンダラ		0 5 8	マンダル
0 5 9	ミーパギパー		0 6 0	ミタ
0 6 1	ミタマ		0 6 2	ミダマ
0 6 3	モーガ		0 6 4	モーシ
0 6 5	ヤガ		0 6 6	ヤギパー
0 6 7	ヤギラ		0 6 8	ヤギランナ
0 6 9	ンギサ			

（3）屋号

0 0 1	タキヌヤー		0 0 2	メーラ

【解説】

００４　アーンヌピー（東方の干瀬）
　　　黒島の東方の干瀬を拠点に漁業を営んでいたＵ家の当主を、東筋以外の他部落の人々は尊敬の念をもってそう称した。

００５　アカサナイ（赤い褌）
　　　いつも「赤い褌」を着用していたから。

００８　アサトサン（安里さん）
　　　兄が「クニヒロ＝立法院議員の大浜クニヒロ」と同じ名前だったので「クニヒロさん」と呼ばれ、弟は同一選挙区選出の「安里積千代」になぞらえ「アサトさん」と呼ばれていた。

００９　アバッツァ（針千本）
　　　謂れは不明だが、そう呼ばれていた。

０１０　アンガマ（裏声の人）
　　　普段の話し声が、裏声だったことからそう呼ばれた。

０１２　イーヤサッタ（掛け声）
　　　腰を前後に振り振りして、「イーヤサッタ」の掛け声を掛けながら滑稽な踊りをしたのでそう呼ばれた。

０１８　ウチノグンソウ
　　　軍隊で「軍曹」の地位にあったＵ氏に対する敬称である。

０４１　クニヒロサン
　　　００８　アサトさんと対を成すもので、立法院議員の「大浜くにひろ」と同名の兄に対比し、弟を同選挙区のもう一人の立法院議員「安里積千代」になぞらえて「アサトさん」と呼んだのである。

０４３　グンカン
　　　島一番の巨体だったことから「グンカン＝軍艦」と称し、その息子も巨体だったので「ヴァーグンカン＝子供軍艦」と呼んだ。

０４６　コンクリー
　　　他人をいつも「コンクリー頭」と蔑称していた人が、いつの間にか当人が「コンクリー」と呼ばれるようになった。

048 ザナードゥフルワヤ
招待もされていない他家の家庭内の小さい祝い座に顔を出し「ザナードゥフルワヤ（それとは知らずに来てしまったよ）」と述べ、祝儀を出さず悪びれる様子もなく酒肴をいただく図々しい人への蔑称。

053 ショーカイセキ（蒋介石）
島の区長などを務めながら、島民に還元すべき公的利益を私的に抱えてしまったことから「悪賢い人」のイメージに包まれた称号。

070 トコロニオイテ
改まって挨拶をする際に、表題の言葉を繰り返し発したことからの呼称。

073 ナナシカ（七か月）
月足らずの七か月で誕生したことからの称号。俗に「七か月の子は育つが八か月の子は育たぬ」と言われ、当人は立派に成長し部落の指導的立場で活躍された。

076 ハイカラ
片田舎の黒島で、つねに外国製の「サブン（洗顔用石鹸）」を用い、高級整髪料「柳屋ポマード」で整髪していたことから贈られた称讃の称号。

090 ピラシカ（篦の柄）
農業に専念しない人への別称。東筋部落では、M家のC翁がその代表格であったが、翁は議会議員に選出されるなど島を治める指導的立場の知識人でもあり、また漁業にも打ち込んでいる言わば半農半漁の人であった。

094 フクダサン（福田さん）
T家の翁の笑い顔が、時の総理大臣・福田首相に酷似していたことからの名誉の呼称であった。

121 モリノイシマツ（森の石松）
往時の黒島では願解きの「結願祭り」があり、お嶽での「ユングマル（夜籠り）」の他「村結願」と「島結願」が催された。「島結願」の日は朝から夕刻まで四部落の踊り・狂言の競演であった。その時の狂言で清水次郎長一家の「森の石松」の名演技を披露した宮里部落のT氏が、その後尊敬の念をもってそう呼ばれた。

130 ワッターカナー
仲の良い夫婦がいて、奥さんは自分の夫のことをいつも「ワッターカナー」と言っていたので周囲の人からもそう呼ばれた。

黒島の民具動植物貝類図　カット集
（玉代勢泰興・カット）

【民具】

アバシブ（油壺）

ガーマキ（茅製の穀物容器）

シタッティフミヌファー（醤油汲み）

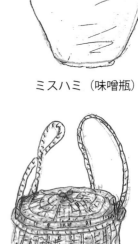
イジン（食物入れ）

ミスハミ（味噌瓶）

シタティフミ（醤油汲み容器）

ティル（笊）

バーキ（竹籠）

タニスクリ（種子入れ容器）

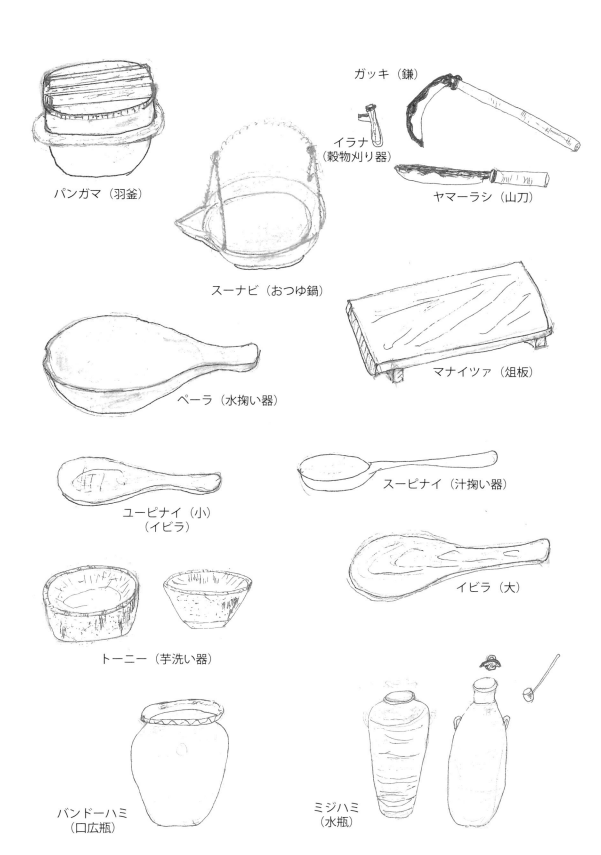

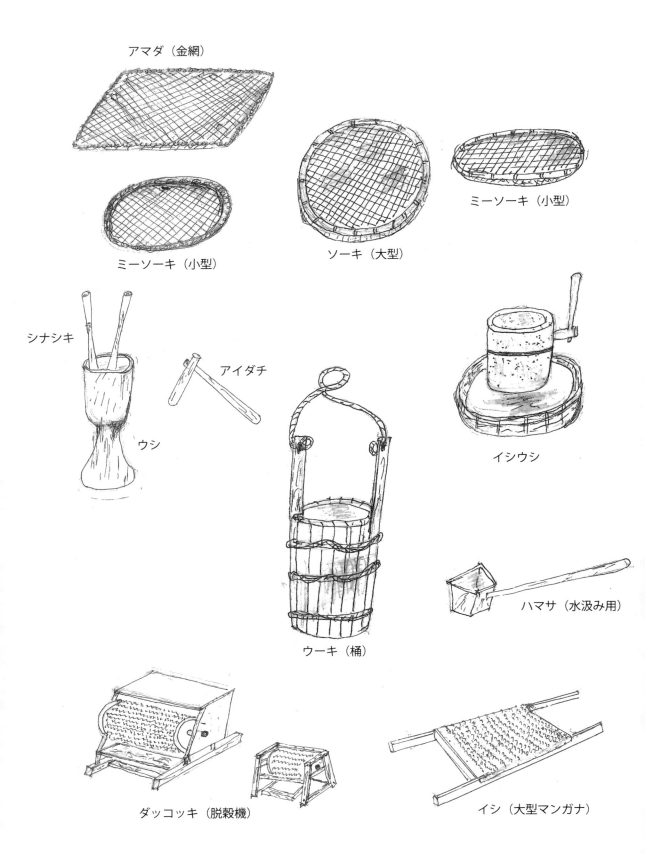

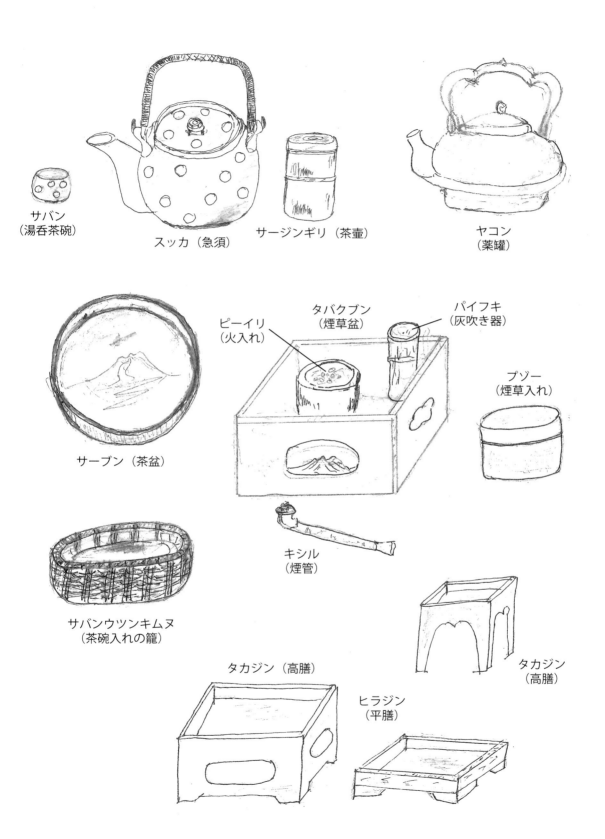

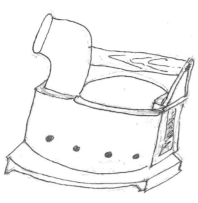
アイロン（アルミ製）

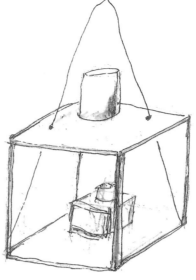
ハクランプ（角ランプ）

フヤランプ

ハブシ（揺輪）

ムスヤマ（筵編器）

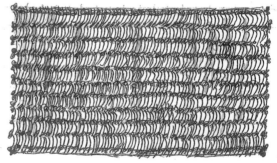
アダニヌパームス（アダン葉筵）

アウダ（モッコ）

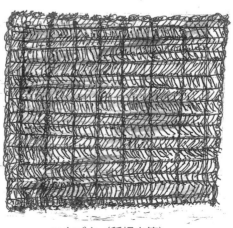
ニクブク（稲掃き筵）

クルマボー（車棒）

クバヌパーオンギ
（薄葵の葉扇）

ブーバナ ポーキ（薄箒）

シトゥチヌパー ポーキ（蘇鉄箒）

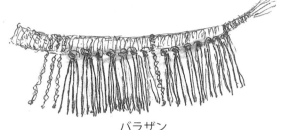
バラザン
（藁算）

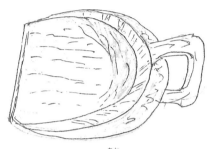
ユートゥル（淦(あか)取り）

ハサ（笠）

ミヌ（蓑）

ミノッサ（蓑笠）

ウブナビヌフタ（大鍋の蓋）
俗称として
ハマンタ（茅蓋）とも言う。

ハシガーフクン

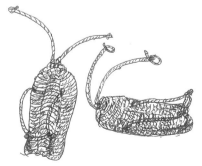
フチ（草鞋・わらじ）

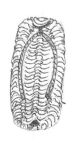
アダニヌパーサバ
（草履・ぞうり）

717

【大工道具】

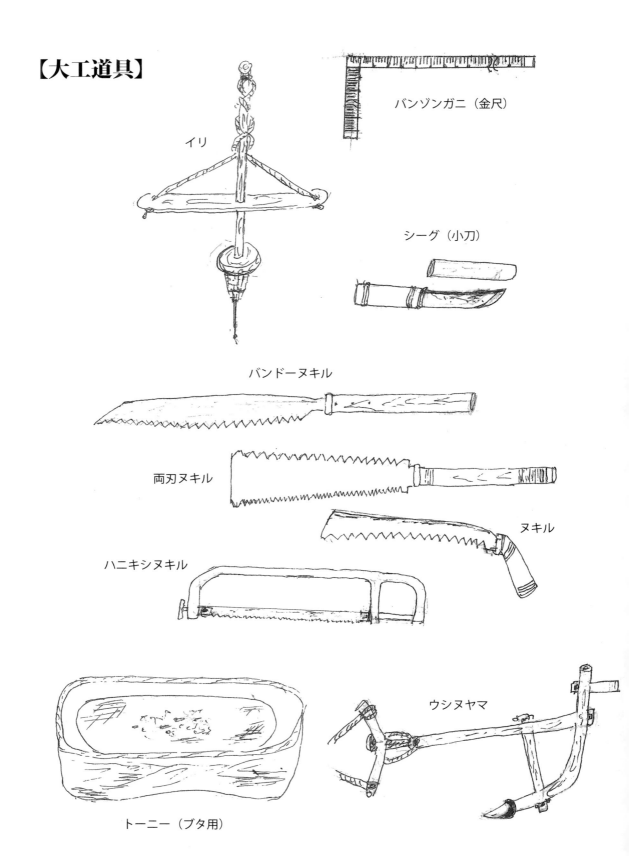

バンゾンガニ（金尺）
イリ
シーグ（小刀）
バンドーヌキル
両刃ヌキル
ヌキル
ハニキシヌキル
トーニー（ブタ用）
ウシヌヤマ

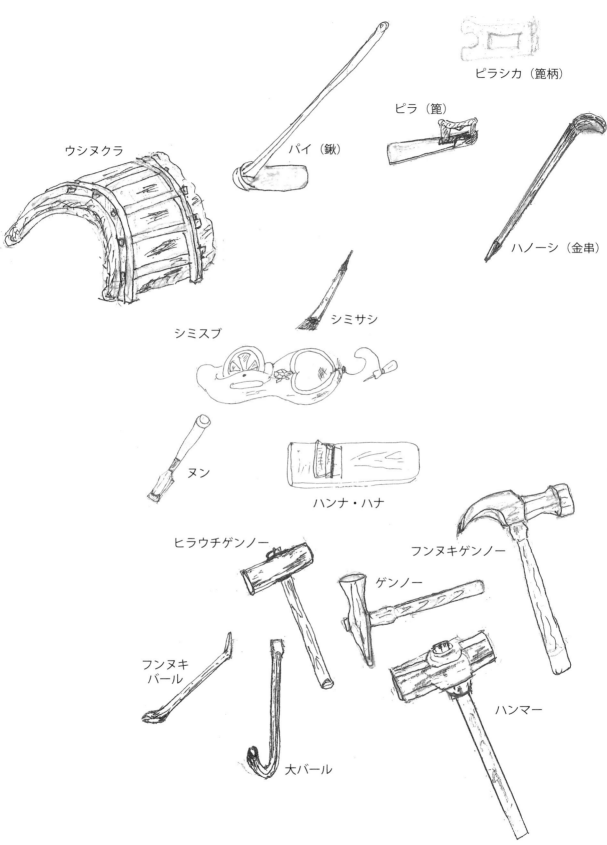

【植物】

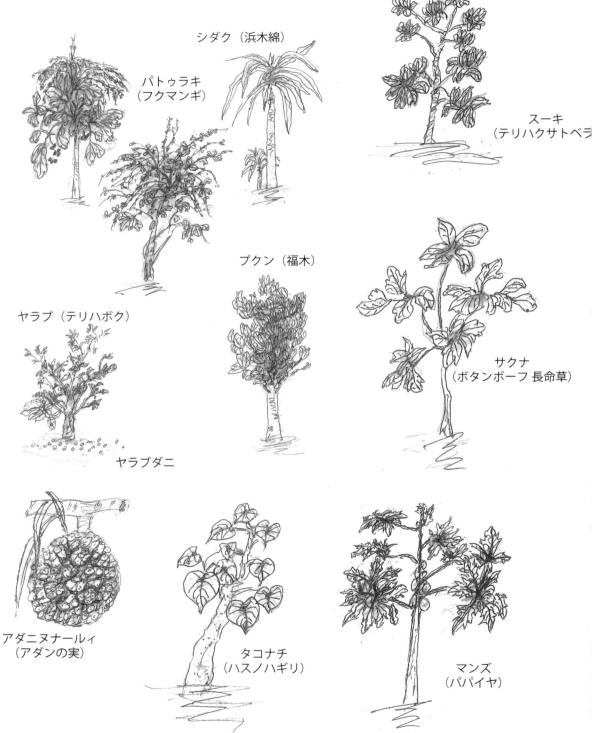

- パトゥラキ（フクマンギ）
- シダク（浜木綿）
- スーキ（テリハクサトベラ）
- ヤラブ（テリハボク）
- ヤラブダニ
- プクン（福木）
- サクナ（ボタンボーフ 長命草）
- アダニヌナールィ（アダンの実）
- タコナチ（ハスノハギリ）
- マンズ（パパイヤ）

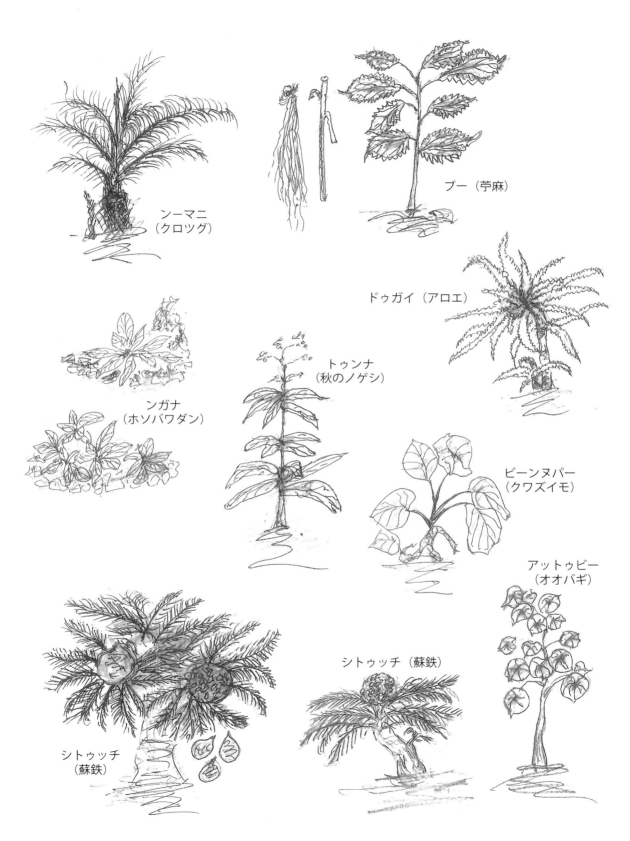

【貝類】

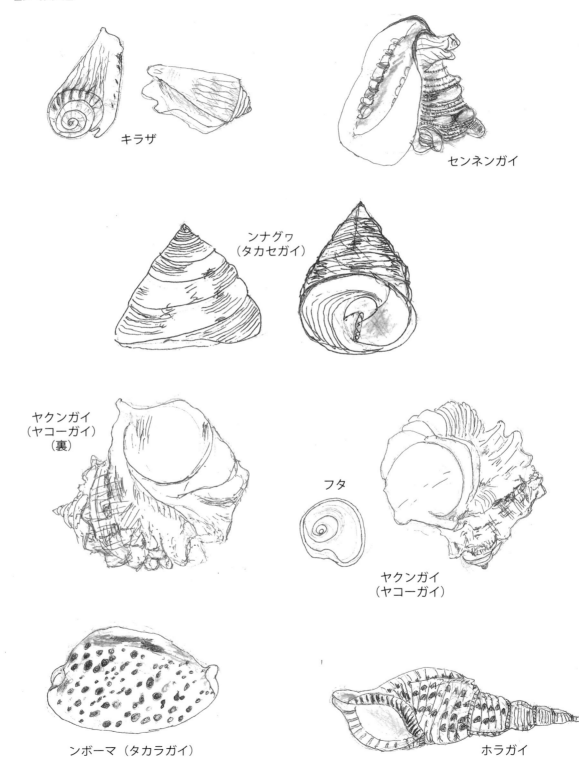

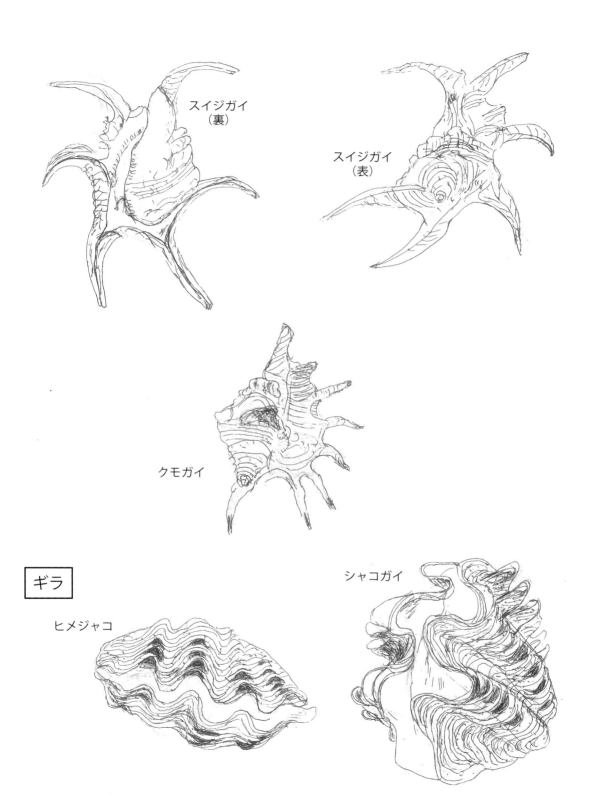

【鳥類】

【旗頭】

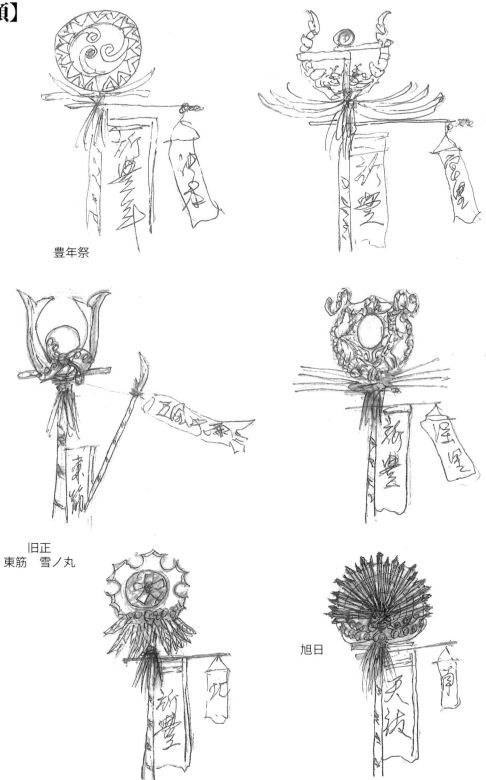

豊年祭

旧正
東筋 雪ノ丸

旭日

【遊び道具】

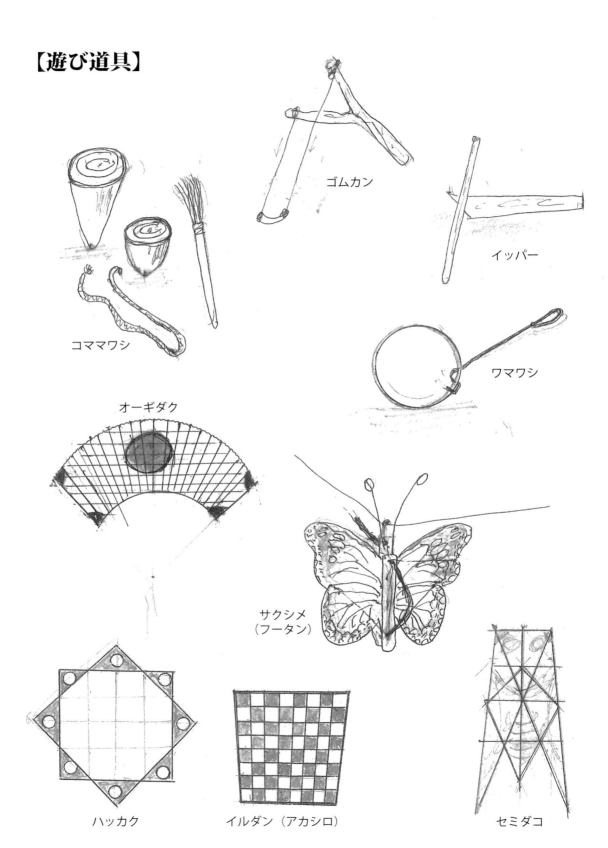

【習俗】

【生活】

ワーマキ

ピシダヌヤー（山羊小屋）

フルーヤ（豚小屋）

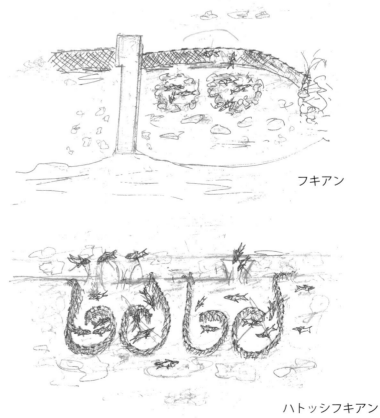

フキアン

ハトッシフキアン

マースヤー（製塩場）

ウシグルマ（圧搾機）

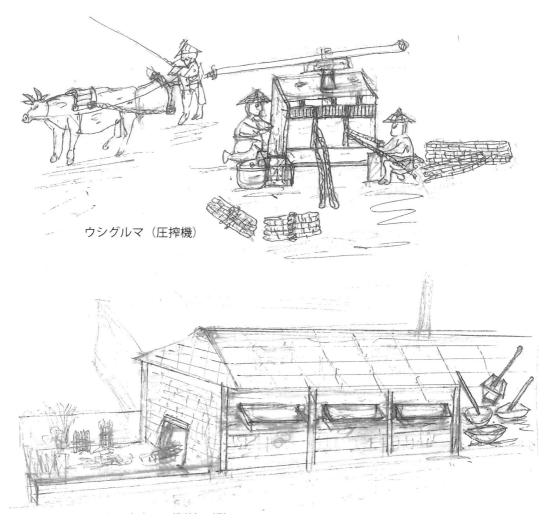

シートヤー（製糖工場）

【墓】

ヤリメーへ（破れ墓）
立面図

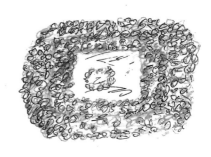

ヤリメーへ（破れ墓）
平面図

イサンチャー 高嶺大屋子の墓

高嶺大屋子の妻の墓

シブチダマイシジ

シラ（製糖用薪＝焚物集積叢）

バカス

ガン

ガン

【プズマリ】

プズマリ（火番盛）

ヌスクマーペー

トーヌブザー（墓）

ブライシ

三 線

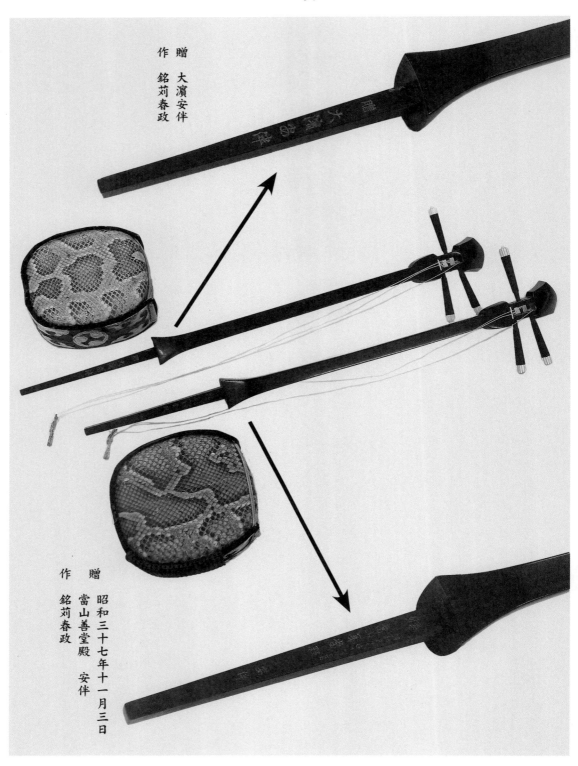

贈　大濱安伴
作　銘苅春政

贈　昭和三十七年十一月三日
　　當山善堂殿　安伴
作　銘苅春政

父・當山賢英（明治31年生まれ）の愛用した三線二丁（真壁型）。
父は、村祭りの地方（ジーポー）を務めていた。
三線箱の紋は、大学在学中に亡くなった兄・吉弘のデザインしたものである。

索引（逆引き）

〔注〕この索引は、当初セリック・ケナン氏に作成してもらったが、その後語彙数が倍加したこともあって「黒島語研究会」メンバーの本原康太郎君に作成してもらった。

あ

あ【ア】（喜怒哀楽の場面でとっさに発する）ア

ああ（「アイヤ」より失望・消失感が強い）アイヤー

あー【アー】（「ア」にくらべ、「アー」はすこし間を置いた時点で発する）アー

あ-あ【アーア】（落胆・失望・悲嘆・苦悩などの感情を表す）アーア

あーいしみ【アーイシミ】（和名不詳（魚の名前））アーイシミ

あーぐやー【新城家】（屋号）アーグヤー

あーしたい【アーシタイ】（喜びにみちた言葉）アーシタイ

あーじやー【大浜家】（屋号）アージヤー

あーす【阿頭・阿主】（琉球王国時代の百姓の階位）アース

あーずてぃやー【新里家】（屋号：アラザトヤーの転）アーズティヤー

あーっさよー【アーッサヨー】（感激したりした時などに発する）アーッサヨー

あーとーとぅ【アートートゥ】（あー尊と：祈願時の枕詞）アートートゥ

あーなたんとぅりやー【東竹越家】（屋号）アーナタントゥリヤー

あーぬーざきやー【東野崎家】（屋号）アーヌーザキヤー

あーぷー【アープー】（皮膚病の一種で、泡状の発疹）アープー

あーむりやー【東盛家】（屋号）アームリヤー

ああ、もう（さー大変だ）アー　メー

あーるんでぃやー【東運道家】（屋号：本家はウンディヤー（運道家））アールンディヤー

あーんなはいしやー【東仲石家】（屋号）アーンナハイシヤー

あーんにしばりやー【東西原家】（屋号）アーンニシバリヤー

あーんぬ　ぴー【東筋部落東方の干瀬】アーンヌ　ピー

あーんぬ　ぴー【運道佐真翁】（尊敬を込めたあだ名）アーンヌ　ピー

あい【アイ】（はてな、という感じの時に発する。）アイ

あい【アイ】（びっくりした時に発する。）アイ

あいご【アイゴ】（魚の名）エーグヮー

あいご【アイゴ】（魚の名）オンデー

あいごのちぎょ【アイゴの稚魚】（魚の名）スク

あいさつ【挨拶】アイシチ

あいず【アイズ】（ボタンボウフウを胡麻と味噌で味付けする和え物）アイズ

あいず【合図】アイジ

あいだ【間】（あいだ）アイ

あいだ【間】（中間）（空間・時間ともに使用）アイナハ

あいたいしてむかいあうさま【相対して向かい合う様】タンカーマンカー

あいたっ【あ痛っ】アガ

あいたっ【あ痛っ】（「アガ」より切迫感があ

る）アガー
あいてにしない【相手にしない】（取り合わない・無視する）ミームタイスーヌン
あう【合う】（適する）ムクン
あえぎ【喘ぎ】（激しく呼吸をすること）。アーフキ
あえぎあえぎ【喘ぎあえぎ】（荒い息づかいをして）アーフキハーフキ
あえぐ【喘ぐ】アーフクン
あえぐ【喘ぐ】（激しく呼吸をする）アーフキルン
あえる【和える】アースン
あえる【和える】（混ぜ合わせる）アイルン
あお【青】アウ
あおあおとした【青々とした】アウーアウーシ
あおいろ【青色】アウイル
あおぐ【扇ぐ】オーグン
あおくはれあがること【青く腫れ上がること】アウフクリ
あおさ【ヒトエグサ】（海藻の名）アーサ
あおさじる【アオサ汁】アーサヌ　スー
あおざめる【青ざめる】ザーフキルン
あおのり【青海苔】（アオゴケ（青苔））アウヌル
あおばと【緑鳩】アウバトゥ
あおばな【青洟】アウパナダル
あおむけになる【仰向けになる】ウツァバナクン
あか【赤】（赤色）アカ
あか【淦】（船底に溜った潮水）アカ
あか【淦】（船底に溜った潮水）ユー
あかあかとした【赤々とした】アカーアカーシ
あかい【赤い】アカハン
あかいいんけいのうし【赤い陰茎の牛】アカマラウシ
あかいかまぼこ【赤い蒲鉾】アカハマブク
あかいねんど【赤い粘土】アカンツァ

あかいはれ【赤い腫れ】ビーフクリ
あかいふんどし【赤い褌】アカサナイ
あかいろ【赤色】アカイル
あかうまぶし【赤馬節】（八重山民謡・舞踊のひとつ）アカンマブシ
あかがみ【赤紙】（正月・慶事に黄色、赤と合わせて重箱を飾る紙）アカハビ
あかくそめたこぶしめ【赤く染めたコブシメ】アカクマスムイ
あかげ【赤毛】（頭髪のあかいもの）アカギ
あかさび【赤錆】アカサビ
あかす【明かす】（夜を明かす）アラスン
あかちん【アカチン】（マーキュロクロームの総称）アカチン
あかてつ【アカテツ】（樹木の名）トゥヌンギ
あかとり【淦取り】（船内の水汲み）ユートゥル
あかばつぉー【赤蜂】（赤茶けた色の蜂）アカバツァー
あかまたー【アカマター】（西表島古見村、小浜島、新城島、石垣島宮良村で信仰されている来訪神の名）アカマター
あかまみれのひと【垢まみれの人】ガバフヤー
あかまみれのひと【垢まみれの人】（容姿の悪い人）ガバサー
あかまらうし　ゆんぐとぅ【アカマラウシ　ユングトゥ】（ユングトゥの名）アカマラウシ　ユングトゥ
あかまる【アカマル】（和名不詳、ヒメジ魚の一種（魚の名））アカマル
あかめがしわ【アカメガシワ】（山羊の草）ハサイ
あがめる【崇める】アガミルン
あかや【アカヤ】（失敗したり、落胆したりした時に発する）アカヤ
あかやー【アカヤー】（「アカヤ」より落胆の気持ちが強い）アガヤー

あかやー【新城家の別称】（当主が赤褌を履いていたため）アカヤー
あがりすじ【東筋】アリシジ
あがりすじ【東筋】アリシン
あがりすじ【東筋】（黒島の部落名）アーリスン
あがりすじしゅうらく【東筋部落】（黒島の部落名）アースン
あがる【上がる】アガルン
あがる【上がる】（昇る）アールン
あかるくなる【明るくなる】アールン
あがるたいよう【上がる太陽】アールティダ
あがろーざぶし【アガローザ節】（八重山民謡で子守歌の代表格）。アガローザブシ
あかをくみとるふなどうぐ【淦（あか）を汲み取る船道具】アカトゥル
あきあきする【飽き飽きする】（食べ飽きる・辟易する）ビーバキルン
あきさみよー【アキサミヨー】（驚いたり落胆したりする場合に発する。）アキサミヨー
あきののげし【アキノノゲシ】トゥンナ
あきはてる【飽き果てる】ハマリフトゥッティルン
あきや【空き家】アキヤー
あきやしき【空き屋敷】アキヤシキ
あきらめる【諦める】アキラミルン
あきる【飽きる】ニーリルン
あきる【飽きる】（嫌になる）ハマリルン
あきれはてる【あきれ果てる】（嫌になる・愛想がつきる）インキリルン
あく【灰汁】アク
あくび【欠伸】アウビ
あくりょうはらいのさいしめい【悪霊祓いの祭祀名】シマッサラ
あげうた【上げ歌】（高音の歌）アギウタ
あげおろし【上げ下ろし】アギウラシ
あげがし【揚げ菓子】（クンガチヨイ（九月祝い）用）マガレ
あげかまぼこ【揚げ蒲鉾】アギハマブク
あげさかな【揚げ魚】アギイズ
あげさかな【揚げ魚】アギシラシ
あげさげ【上げ下げ】アギサギ
あけしめ【開け閉め】ハキフイ
あげどうふ【揚げ豆腐】アギドーフ
あげもの【揚げ物】アギムヌ
あける【開ける】ハキルン
あげる【上げる】アギルン
あげる【揚げる】アギルン
あご【顎】ハクジ
あこうのき【アコウの木】アウ
あさ【朝】（早朝）シトゥムティ
あさい【浅い】アサハン
あさぎまだら【アサギマダラ】（青みをおびた蝶の名前）アウパービン
あさぎまだら【アサギマダラ】（赤みを帯びた蝶の名）アカパービン
あさじえのやつめ【浅智恵のやつめ】（馬鹿なやつめ）フォーンダラ
あさって【明後日】アシトゥ
あさってあたり【明後日あたり】（近日中）アツァアシトゥ
あさってのばん【明後日の晩】アシトゥヌユー
あさね【朝寝】アサニヴィ
あさぶくろ【麻袋】ハシガ
あさぶくろ【麻袋】ハシガフクン
あさゆう【朝夕】アサユー
あさゆう【朝夕】ユナイシトゥムティ
あさる（ほじくる・さぐる）フジルン
あさる【漁る】（探る）アサルン
あし【足】（脚）パン
あじ【味】アジ
あしあと【足跡】ペー
あしうら【足裏】パンヌバタ
あじぇー【アジェー】（いやだという拒絶の言葉）アジェー

あじがうすい【味が薄い】アマハン
あしのこう【足の甲】ピビラ
あじのじょうせき【按司の城跡】イヌムル
あしのはやいひとのこと【足の速い人のこと】（小柄で足の速い人）ウザヌ　パン
あじわいぶかさ【味わい深さ】（妙味・天性の資質によるものが多い）タノール
あしをいやしめていうご【足を卑しめて言う語】キザパン
あす【明日】アツァ
あずかったははうしにうまれたこうしをうしぬしとわけあうこと【預かった母牛に生まれた子牛を牛主と分け合うこと】シカナイバキ
あずかる【預かる】アシカルン
あずき【アズキ（小豆）】アマミ
あずける【預ける】アシキルン
あせ【汗】アシ
あぜ【畔】アブシ
あせくさい【汗臭い】アシッサハン
あぜのじょそう【畔の除草】アブシバライ
あせみず【汗水】アシミジ
あせも【汗疹】アシン
あせをかく【汗をかく】アシパリルン
あそこ　ハマ
あそび【遊び】（神遊び）アサビ
あそびあまえ【遊び歓え】アサビアマイ
あそびいわ【遊び岩】（黒島の北海岸に突き出た平坦な岩の名）アサビシバナ
あそびしごと【遊び仕事】アサビシグトゥ
あそびしごと【遊び仕事】（手抜きした雑な仕事）アサビザーク
あそびともだち【遊び友だち】アサビドゥシ
あそびともだち【遊び友だち】アサビトーラ
あそびなかまとのあいだにできたこ【遊び仲間（未婚）との間に出来た子】アサビッファ

あそぶ【遊ぶ】（息抜きをする）アサブン
あたたかい【暖かい】（温い）ヌッサン
あたたまる【温まる】（暖かくなる）ヌクバルン
あたためる【温・暖・熱める】アツァスン
あだな【渾名・綽名】アザナ
あたま【頭】アマザ
あたま【頭】スブル
あたまごなしにめいれいする【頭ごなしに命令する】ウタイマースン
あたまにのせる【頭に載せる】（おし戴く・頂戴する）ハミルン
あたまよ！【頭よ！】（要領の悪い人にやや軽蔑の意を込めて言う）アマザダラ
あたらしい【新しい】アラ
あたらしいいえ【新しい家】（新しい家庭）アラヤー
あたらしいすな【新しい砂】（新鮮な砂）アライノー
あたらしいふく【新しい服】アラキン
あたらしいもの【新しい物】ミームヌ
あたらしいをいみする【新しい、を意味する接頭語】ミー
あたりまえ【当たり前】（当然）アタルマイ
あたる【当たる】（接触する）アタルン
あだん【アダン（阿檀）】（タコの木）アダニ
あだんのきこんからとれるせんい【アダンの気根からとれる繊維】（縄・綱の原料）アダナシ
あだんのきこんからとれるせんいでなったなわ【アダンの気根からとれる繊維で綯った縄】アダナシジナ
あだんのしんめ【アダンの新芽】（精進料理の材料）アダニヌ　フキ
あだんのは【アダンの葉】アダニヌ　パー
あだんのみ【アダンの実】アダニヌ　ナル
あだんばであんだむしろ【アダン葉で編んだ蓆】アダニヌ　パー　ムス

あだんばでつくったぞうり【アダン葉で作った草履】アダニヌ　パー　サバ
あちこち（あちらこちら）アマクマ
あちこち（方々）ウマハマ
あつあつと【厚々と】アチーアチー
あつあつの【熱々の】アチーアチー
あつあつの【熱々の】アチコーコー
あつい【暑い】（熱い）アツァン
あつい【厚い】アチマイヤン
あついゆ【熱い湯】アチユー
あつかい【扱い】アシカイ
あつかいにくい【扱いにくい】（操作しにくい）アシカイグリサン
あつかいにくい【扱いにくい】（操作しにくい）アシカイヌッサン
あつかいやすい【扱いやすい】（操作しやすい）アシカイヤッサン
あつかう【扱う】アシカウン
あっかする【悪化する】スールン
あっかやー【アッカヤー】（落胆の気持ちが強い）アッカヤー
あっかやー【アッカヤー】（落胆の気持ちが強い）アッガヤー
あつくなる【熱くなる】（温まる）アツン
あっちにぶつかりこっちにぶつかり　シカッティコッティ
あってもなくても　アリン　ナーン
あつまり【集まり】（集会）アツァマリ
あつまる【集まる】（集合する）アツァマルン
あつめる【集める】アツァミルン
あつらえる【誂（あつら）える】（注文する）アチライルン
あてにする（任せる）タラーキルン
あてにすること【当てにすること】タラーキ
あてにならない【当てにならない】アテナラヌン
あてにならないもの【当てにならない者】アティナシムヌ
あてになる【当てになる】アテナルン
あてる【当てる】アティルン
あと【後】アトゥ
あとあと【後々】（将来）アトゥアトゥ
あとかたづけ【後片付け】アトゥハタジキ
あとずさり【後ずさり】アトゥシズリ
あとのこううん【後の幸運】アトゥフー
あとは【後は】アトー
あとばらい【後払い】（掛買い）アトゥバライ
あとまさり【後勝り】アトゥマサリ
あとまわし【後回し】アトゥマーシ
あともどり【後戻り】アトゥムドゥル
あとやく【後厄】（厄年の次の年）アトゥヤク
あな【穴】（孔）ピッキ
あな【穴】（人為的なもの・蟹の住処など）アナ
あながあく【穴が開く】（穴があいて底が抜ける）フギルン
あながあく【孔が開く】ピッキルン
あながおおきくあく【穴が大きく開く】ガウリルン
あなた　ウヴァ
あなた【貴方・貴女・貴男】ウラ
あなどぅむり【アナドゥムリ】（東筋部落の北東方面の地名）アナドゥムリ
あなどぅむりわん【アナドゥムリワン】（お嶽の名）アナドゥムリワン
あなにおちる【穴に落ちる】（陥没する）トゥブッティルン
あなをあける【穴を開ける】ピックン
あなをあける【穴を開ける】（公金に手を出す）フガスン
あに【兄】セー
あに【兄】（女から兄を言う）ビラ・ビラマ
あにき【兄貴】セーガ
あね【姉】（姉の幼児語）ネーネ

あね【姉】ンーナ
あの（かの）アヌ
あのよ【あの世】（来世）グソー
あばらほね【あばら骨】（肋骨）ソーキブニ
あびせる【浴びせる】アマスン
あひる【アヒル】アピラ
あびる【浴びる】アミルン
あぶ【虻】アブ
あぶなっかしい【危なっかしい】アブナッサン
あぶら【油】アヴァ
あぶら【油】（脂）アンダ
あぶらかす【脂粕】（ラードを取った後の粕）アヴァヌ　ハシ
あふらせる【溢らせる】（吹き零らせる）アッファスン
あぶらつぼ【脂壷】アヴァスブ
あぶらなべ【脂鍋】（揚げ物用の鍋）アヴァナビ
あぶらみ【脂身】アヴァッタル
あぶらみ【脂身】アバッタル
あぶらみそ【油味噌】アンダミス
あぶりさかな【炙り魚】アーカシイズ
あぶりだこ【炙り蛸】アーカシタク
あぶる【炙る】アーカスン
あふれる【溢れる】（吹き出る）アビシティルン
あふれる【溢れる】（吹き零れる）アッフィルン
あまい【甘い】アマハン
あまえる【甘える】アマイルン
あまぐも【雨雲】アマフム
あまごいじらば【雨乞いジラバ】（古謡の名）アマグイジラバ
あまだれ【雨垂れ】アマダル
あまだれ【雨垂れ】アマダン
あまだれみず【雨垂れ水】アマダリミジ
あまど【雨戸】アマドゥ
あまどい【雨樋】ビー

あまのかわ【天の川】ティンヌハーラ
あまみず【雨水】（天水）アマミジ
あまみな【アマミナ】（和名不詳：貝の名）アマミナ
あまもり【雨漏り】アマムル
あまやかしたそだてかた【甘やかした育て方】フンダイナラーシ
あまよ【歓世】アマンユー
あまりに（非常に）ドゥキ
あまりにも　ドゥキナリ
あまりにもむごいことに　ドゥキナリ　アフナリ
あまりりす【アマリリス】ウブッタニ
あまる【余る】アマルン
あみ【網】アン
あみつかい【網使い】（網を用いて行う漁のこと）アンシカイ
あみとり【網取】（西表島西部の部落名）アントゥリ
あみのしゅうぜん【網の修繕】アンスクライ
あみぶくろ【網袋】（アダン縄で作った籠）アマスク
あみり【アミリ】（東筋部落の東方の地名）アミリ
あみりほうめんへのみち【アミリ方面への道】（道路名）アミリミチ
あみりょうのひとつ【網漁の一つ】フキアン
あむ【編む】アムン
あめ【雨】アミ
あめがふる【雨が降る】アシヌヴーン
あめではたけのつちがもちもちしている【雨で畑の土がもちもちしている】ムツァハン
あめもよう【雨模様】アマムヨー
あめやくろざとうなどがみずけをふくんでやわらかくなる【飴や黒砂糖などが水気を含んで柔らかくなる】シタリルン

あやうい【危うい】（疑わしい）アヤッサン
あやかり【肖り】アヤハリ
あやかる【肖る】アヤハルン
あやまる【謝る】アヤマルン
あゆ【アユ】（無伴奏で歌われる古謡の一つ）アユ
あら（ほら）アリ
あらい【荒・粗い】アラ・アラハン
あらいといし【荒い砥石】アラトゥシ
あらいなみ【荒い波】（五月下旬ごろに荒れる波）アラナン
あらう【洗う】アラウン
あらかわ【新川】（石垣市四箇字の一つ）アラカー
あらぐすくじま【新城島】アラグスク・パナリ
あらさがしをする【あら捜しをする】シキフズン
あらじお【新塩】（正月の塩飾り）アラマース
あらす【荒らす】アラスン
あらたまる【改まる】（新しくなる）アラタマルン
あらためる【改める】（新しくする・直す・改心する）アラタミルン
あらっぽい【荒っぽい】アラハン
あらとぎ【粗研ぎ】アラトゥイ
あらやー【當山家】（屋号：分家して新しく家を建てた（新當山家）の意」アラヤー
あり【アリ（蟻）】アン
ある（存在する）アン
あるきにくい【歩きにくい】アラキ ヌッサン
あるく【歩く】アラクン
あることにひつよういじょうにこるひと【あることに必要以上に凝る人】ムシ
あるじょうたいになる【ある状態になる】ナルン
あるじょうたいになる【ある状態になる】（そこで働く）アラクン
あるだけぜんぶ【あるだけ全部】アルッサ
あるひのよくじつ【ある日の翌日】ナーツァ
あるれいはたやすな、ないれいはたてるな【ある例は絶やすな、ない例は立てるな〔諺〕】アル リーヤ トーシナ ナーン リーヤ タティナ
あれ ハリ
あれ（否定的・消極的場面や思いがけずに知人と出会った場合に発する）アイ
あれあれ（あれまあ）（予想外の事態）アイ アイ
あれいく【アレイク】（和名不詳：亜高木の名）アレイク
あれえ（失敗・失望など消極的、否定的な場面で発する）アイヤ
あれーっ。（それそれ）アリヒャー
あれーっ【アレーッ】（おやっ・なんと）（びっくりした時に発する言葉。）ウグヮ
あれこれ ウリハリ
あれち【荒地】（未開墾地）アラシ
あれちをせいちする【荒れ地を整地する】サバラクン
あれほどとおくの【あれほど遠くの】アドーヌ
あれほどとおくへ【あれほど遠くへ】アドー
あろーすく【アロースク】（東筋部落東方に位置する地域の名）アロースク
あわ【粟】アー
あわ【泡】（牛のよだれ混じりの泡・豆腐汁やサトウキビ汁を煮詰める時の泡）アーブク
あわいし【粟石】アーイシ
あわせ【袷】（裏地つきの着物）アーシキン
あわせめ【合わせ目】アーシフチ
あわせる【合わせる】（くっつける）ウツァースン
あわせる【合わせる】（合計する）ウサースン

あわせる【合わせる・併せる】(すり合わせる・比較する) アースン
あわだち【泡立ち】(潮の満ち始めの現象) アーダリ
あわつぶ【粟粒】(ほんの少しの物) アーッツン
あわてさせる【慌てさせる】(急き立てる) アーラスン
あわてて【慌てて】(急いで) アバッティ
あわてふためいて【慌てふためいて】(大急ぎで) アバッティハッティ
あわてふためくこと【慌てふためくこと】 ティーハカジ
あわてもの【慌て者】(はしゃぎ立てる人) アーレー
あわてもの【慌て者】(要領を得ない人) アーティンプー
あわてる【慌てる】((必要以上に)急ぐ・騒ぐ) アールン
あわてる【慌てる】(急ぐ) アバッティルン
あわのごはん【粟のご飯】 アーヌ イー
あわのしゅし【粟の種子】 アーダニ
あわのぞうすい【粟の雑炊】 アーヌ ズーシ
あわのたねおろしのいわい【粟の種下ろしの祝い】(種取り祝い) タニドゥルヨイ
あわのてんぷら【粟の天ぷら】 アーヌ パンビン
あわのほ【粟の穂】 アーヌ プー
あわのほをとったあとのくき【粟の穂をとった後の茎】 アーグル
あわばたけ【粟畑】 アーパタキ
あわばたけのざっそう【粟畑の雑草】 アーヌ ッサ
あわむら【粟叢】 アーシラ
あわもちのおにぎり【餅粟のお握り】 イバチ
あわもり【泡盛】 アームリュ
あわもり【泡盛】 アームル
あわもり【泡盛】(芋を原料にして醸造したもの) イムゲー
あわれ【哀れ】(難儀) アワリ
あわれ【哀れ】(ひどい難儀) アワリ ヨーリ
あわをげんりょうとしたあわもりしゅ【粟を原料とした泡盛酒】 アーザキ
あわをせいさんするしま【粟を生産する島】 アースクリシマ
あんかーようのいし【アンカー用の石】 アンカーイシ
あんかーをおろす【アンカーを下ろす】 アンカー イリルン
あんかーをおろす【アンカーを下ろす】 アンカー ウラスン
あんがま【アンガマ】(旧盆に行われる青年達の踊り) アンガマ
あんないする【案内する】(お供する・招待する) シカイスン
あんなこと アヤークトゥ
あんなこと アヤールクトゥ
あんなもの (人にも物にも言う) アヤームヌ
あんなもの (人にも物にも言う) アヤールムヌ
あんばい【塩梅】(物事のほどあい・加減) アンバイ
あんもち【餡餅】 アンムチ

い

い【イ】（びっくりした時に、息を吸いこむようにして発する。）イ
い【亥】（十二支）ビー
いー【イー】（思いがけない出来事に遭遇した時に、息を吸い込むようにして発する）イー
いいあう【言い合う】（相談する）イジアウン
いいあらそい【言い争い】イジックナー
いいあらそい【言い争い】（言い争う様子）アイックナー
いいあわせる【言い合わせる】（相談する）イジアースン
いいー【イイー】（「イ」や「イー」より、さらに感極まった場合に発する）イイー
いいかたよ！【言い方よ！】イジョーダラ
いいきかい【いい機会】（良い出来事・幸運なこと）イーバー
いいきかせよ【言い聞かせよ】イジシカハイ
いいきかせる【言い聞かせる】イジシカスン
いいきかせる【言い聞かせる】トゥシキルン
いいくるめる【言いくるめる】（揚げ足を取る）マラクン
いーしまにやー【西島仲家】（屋号）イーシマニヤー
いいだこ【イイダコ（飯蛸）】ウムジ
いいつくろう【言い繕う】（上手に要領よく話す）イジマースン
いいなおす【言い直す】イジナウスン
いいまかす【言い負かす】イジマカスン
いう【言う】（歌う）イズン
いえ、やしきのあんぜんきがんおよびかぞくのけんこうきがん【家、屋敷の安全祈願および家族の健康祈願】ヤーニガイ
いえ【家】（家庭・家屋）ヤー
いえごと【家ごと】ヤーハジ
いえにとじこもること【家に閉じこもること】ヤーグマル
いえのしるし【家の徴(しるし)】（家紋）ヤーヌパン
いえをかえりみない【家を省みない】（家に出入りしない）ヤー　ハカラヌン
いか【イカ（烏賊）】イカ
いがいにも【意外にも】ヌーヌヤー
いかせる【行かせる】パラスン
いかに【如何に】（いくら）イカナ
いかほど　イカスク
いかり【怒り】（怒りっぽい人）クンゾー
いかり【錨】アンカー
いかりくちょう【怒り口調】クンゾー　ムヌイ
いかりやどっきなどではらがたつ【怒りや毒気などで腹が立つ】ムゲールン
いきおいよくはねおきるさま【勢いよく跳ね起きるさま】ガバッティ
いきかえり【行き帰り】イキムドゥル
いきぎれする【息切れする】イキフクン
いきむ【息む】（息をこめて腹に力を入れる）ンクムン
いきる【生きる】イキルン
いく【行く】イクン
いく【行く】（走る）パルン
いくすえをみまもる【行く末を見守る】（座を浄める）。ハルイシキルン
いくつ【幾つ】（物の量、歳、を問いかける疑問詞）ギーチ
いくら（いくばく・どんなに）ギューサ

いくら【幾ら】（物の値段について言う）ギューサ
いけない（悪い）イカン
いこ【伊古】（黒島の部落名）イク（歌謡語）
いこ【伊古】（黒島の部落名）ヤク
いこじ【依怙地】（意地っ張り）ヤナギー
いざり（膝行）イザシキ
いざり（膝行）イザリ
いさり【漁り】イザリ
いさんちゃやー【イサンチャヤー】（黒島初代の役人高嶺首里大屋子夫妻の墓）イサンチャヤー
いじ【意地】（息）ギー
いじ【意地】（我）ガー
いじ【意地】（意気地・根性）イジ
いし【石】イシ
いしがき【石垣】グシク
いしがき【石垣】（屋敷周りに石で積み上げた塀）ギシク
いしがき【石垣】（屋敷周りに積む石の垣）アザ
いしがきじま【石垣島】（石垣市の四箇字を意味する）イサナキ
いしがきじまのちゅうしんよんぶらく【石垣島の中心4部落】（新川・石垣・大川・登野城）シカ
いしがきをこえるおんな【石垣を越える女】アザ　クイル　ミドゥム
いじがわるい【意地が悪い】（情がない）キムヤニヤン
いしころだらけのばしょ【石ころだらけの場所】イシガンパラー
いしころやちいさいねいしのおおいじょうたい【石ころや小さい根石の多い状態】ガバラ
いしころやちいさいねいしのおおいはたけ【石ころや小さい根石の多い畑】ガバラパタキ
いしころやちいさいねいしのおおいみち【石ころや小さい根石の多い道】ガバラミチ
いしずえ【礎】（本格建築における基礎の石）イシジ
いじっぱりである【意地っ張りである】ギーゴーサン
いじっぱりである【意地っ張りである】ギーズーサン
いじっぱりである【意地っ張りである】ギーズワン
いしのうす【石の臼】イシウシ
いしのかき【石の垣】イシマシ
いしみ【イシミ】（魚の名：ハギの一種）イシミ
いしみーばい【イシミーバイ】（魚の名：メバルの一種）イシミーバイ
いしゃ【医者】（医介輔）イサ
いじわるする【意地悪する】（抑えつける）アウマスン
いじをはる【意地を張る】ギーコールン
いずれにしても（ああしてもこうしても）アイシンハイシン
いせいよくかけごえをかけあいらんぶする【威勢よく掛け声を掛け合い乱舞する】ガールン
いそいでこうどうする【急いで行動する】トゥヌンギルン
いそがされる【急がされる】アンギマーサリン
いそがしい【忙しい】イスガサン
いそがしい【忙しい】（多忙である）パンタサン
いそがせる【急がせる】アンギマースン
いそがせる【急がせる】（慌てさせる）イスガスン
いそぐ【急ぐ】イスグン
いた【板】イツァ
いたかべ【板壁】イツァクビ
いたがゆい【痛痒い】（むずがゆい・こそばゆい）パシカワン

いたずら【悪戯】ガンマリ
いたずら【悪戯】（悪ふざけ・邪魔・妨害）ワスク
いたずらずき【悪戯好き】（無法者）ヤマング
いたずらずきなひと【悪戯好きな人】ガンマラー
いたばりのゆか【板張りの床】（板張りの縁側）イツァフンツァ
いたみをこらえあしをひきずってあるく【痛みをこらえ足を引きずって歩く】ナギッツォールン
いためもの【炒め物】イラキムヌ
いためもの【炒め物】（調理法）ブットゥル
いためものようのなべ【炒め物用の鍋】イラキナビ
いためる【炒める】イラクン
いち【一】イチ
いちいち【一々】（一つ一つ）イチイチ
いちがつ【一月】イチンガチ
いちご【イチゴ（苺）】タイシ
いちごう【一合】イチンゴー
いちごのみ【苺の実】タイシヌ　ナン
いちにち【一日】ピスイ
いちにちじゅう【一日中】（朝から晩まで・しょっちゅう・四六時中）ピーズ
いちにんまえ【一人前】イチニンマイ
いちにんまえのおおきさ【一人前の大きさ】タキフドゥ
いちねんき【一年忌】（一周忌）ユヌリ
いちばん【一番】イチバン
いちばん【一番】イチン
いちばんざ【一番座】（客間）イチバンザ
いちばんざのうらのへや【一番座の裏の部屋】イチバン　ウラザ
いちばんどり【一番鶏】（夜明けに最初になく鳥）イチバンドゥリ
いちばんむこ【一番婿】（長女の婿）イチバンムク

いちょうら【一張羅】イッチョーラ
いちょうをととのえるたべもの【胃腸を調える食べ物】サギグスイ
いつ【何時】イチ
いつ【何時】ナントゥキン
いつぁーまき【イツァーマキ】（和名不詳：神棚に供える（植物の名））イツァーマキ
いつかごと【五日ごと】イシカマーリ
いっきん【一斤】（重さの単位）イッキン
いっけん【一間】（長さの単位）イッケン
いっけんびょうじゃくそうだがあんがいじょうぶなこと【一見病弱そうだが案外丈夫なこと】ヤーラガンズ
いっさいのたんじょういわい【一歳の誕生祝い】タンカーヨイ
いっさくさくねん【一昨昨年】（三年前）ユーティナッティ
いっさくねん【一昨年】（二年前）ミーティナッティ
いっしゅうきのほうじ【一周忌の法事】ユヌリヌ　ソッコー
いっしょう【一升】（容量の単位）イッス
いっしょうがい【一生涯】（一生）ヌチズー
いっしょうけんめいはたらく【一所懸命働く】コーラスン
いっしょうけんめいはたらく【一所懸命働く】（力をつくす）アガクン
いっしょうびん【一升瓶】イッスビン
いっしょに【一緒に】（共に・同時に）マズン
いっしょになる【一緒になる】（結婚する）マズンナルン
いっそう（さらに・もっと）ユクン
いつつ【五つ】イシチ
いってくる【行って来る】ギッティ　フン
いってくるから【行って来るから】ギッティ　フリバ
いってこい【行って来い】ギッティ　クーン
いってこようか【行って来ようか】ギッティ

クイ
いつでも【何時でも】イチェーラバン
いつでも【何時でも】イチヤラバン
いっと【一斗】(容量の単位) イットゥ
いっとき ハタトゥキ
いっとき【一時】(しばらく) アターチマ
いっとき【一時】(しばらく) アターツェマ
いつのことか イチドゥ　ヤルユー
いつのまに【いつの間に】イチヌ　マドゥン
いっぱ【イッパ】(遠方へとばす遊び道具) イッパ
いっぴき【一匹】(一頭) ピスッカラ
いっぽん【一本】ピシシン
いつまでも イチバーキン
いつも【何時も】イチン
いつものじぶんのように【いつもの自分のように】ウナーニン
いど【井戸】ハー
いど【井戸】(下り井戸の意) ウリハー
いと【糸】イトゥ
いとこ【従妹・従弟】イスク
いとこおい【いとこ甥・姪】イスクブイ
いとこおじ【いとこ叔父・伯父】イスクブザサ
いとこおば【いとこ叔母・伯母】イスクブバマ
いとこきょうだい【従妹兄弟・従弟兄弟】イスクキョーダイ
いとこどうし【いとこ同士】イスクザーン
いとしい【愛しい】(大事な・もったいない) アッタラサン
いとしい【愛しい】(恋しい・大事にする) ハナサン
いどしうまれ【亥年生まれ】ビーディマリ
いとしご【いとし子】(大切な子) アッタラシ
いとしご【いとし子】(大切な子) アッタラシェーマ
いどばたのおすいうけ【井戸端の汚水受け】ミンタラ
いとまんうり【糸満売り】(子供を糸満漁師に売ること) イチュマンウイ
いとまんのひと【糸満の人】(伊古部落民を称していた) イツマンプス
いどみず【井戸水】ハーミジ
いなば【稲葉】(西表島西部の部落名) イナバ
いなばきむしろ【稲掃蓆】(月桃の繊維で作る厚手の蓆) ニクブク
いなむら【稲叢】(粟叢) シラ
いなむるち【イナムルチ】(白味噌で味付けした汁物。) イナムルチ
いぬ【犬】イン
いぬ【戌】(十二支) イン
いぬごや【犬小屋】インヌ　ヤー
いぬどしうまれ【戌年生まれ】インディマリ
いぬとねこ【犬と猫】(不仲の象徴として用いられている語) イントゥ　マヤ
いぬのけなみ【犬の毛並み】インヌ　キー
いぬびわ【イヌビワ】イツァビ
いね【稲】イニ
いねむり【居眠り】ニーナブン
いねむりするさま【居眠りするさま】ゴーッファゴーッファ
いのち【命】(寿命) ヌチ
いのちのかぎり【命の限り】(一所懸命に) ヌチハギリ
いはい【位牌】イーパイ
いはい【位牌】(先祖伝来のもの) ウブグァンス
いばっているひと【威張っている人】イバヤー
いばっているひと【威張っている人】イバラー
いばる【威張る】イバルン
いばるま【伊原間】(石垣島北部の部落名) イバルマ

いび【イビ】（お嶽奥背後の願い所・拝所）。イビ
いびき　パナフキ
いびきをかく　パナフクン
いふく【衣服】（着物）キン
いふくるい【衣服類】キンハー
いへきのひだ【胃壁の襞】（山羊や牛）シンムチバタ
いま【今】マヌマ
いまさき【いま先】（先ほど）マヌマータ
いましめ【戒め】（教訓）イマシミ
いましめる【戒める】（諭す）イマシミルン
いままで【今まで】マヌバーキ
いままで【今まで】マヌマバーキ
いまら【イマラ】（歩き方の名称：足を横に蹴るように歩く歩き方）イマラ
いみ【意味】アジフジ
いみ【意味】イミ
いみ【意味】イミフジ
いみふめいである【意味不明である】（正体不明である）ナレーナーヌン
いみふめいなひと【意味不明な人】ナレーナーンムヌ
いも【芋】（甘藷）ウン
いもうと【妹】（年下の女兄弟）ウシトゥブナル
いもがかずらになること【芋が蔓（かずら）に生ること】ティーヌ　ナル
いもかずら【芋蔓】ウンヌ　クラ
いもなどがじゅうぶんにじゅくする【芋などが十分に熟する】クーフクン
いものおにぎり【芋のお握り】ウムニー
いものおにぎり【芋のお握り】ンムニー
いものかす【芋の粕】（芋の澱粉を作る際に生ずる芋の粕）ウンヌ　ハシ
いものてんぷら【芋のてんぷら】ウンヌ　パンビン
いものでんぷん【芋の澱粉】ウンヌ　クジ
いものはのぞうすい【芋の葉の雑炊】ウンヌパーヌ　ズーシ
いものびょうき【芋葛の先端が縮れて生長が止まる病気】バイラス
いものめし【芋の飯】ウンヌ　イー
いものもち【芋の餅】ウンヌ　ムチ
いもほり【芋掘り】ウンプリ
いもほりようのてつせいのどうぐ【芋掘り用の鉄製の道具】ウンプリ　ハノーシ
いもをにるなべ【芋を煮る鍋】ウン　ネーシナビ
いや（嫌・否）ンバ
いや（否定の返事）アーイ
いや【嫌】（否）ンーバ
いやいや　アアーイ
いやいやながら【嫌々ながら】ユムユム
いやがる（怒りをこめて言う）。ビサルン
いやなかお【嫌な顔】ユムジラー
いやなにおい【嫌な臭い】（悪臭）ヤナハザ
いやりぶし【いやり節】（黒島民謡の名）イヤリブシ
いら【イラ】（数える語に後接して枚数を表す。（枚。紙、蓆、畳、皿、木の葉など））イラ
いらいらしてきがおちつかないようす【イライラして気が落ちつかない様子】キーガサガサー
いらっしゃる　ワーリ　タボールン
いらっしゃる（おられる・お出でになる）ワールン
いらない【要らない】イラヌン
いらぶち【イラブチ】（イラブチャー：ブダイ（魚の名））イラブチ
いらぶちいず【イラブチイズ】（イラブチャー：ブダイ（魚の名）イラブチイズ
いらぶつぁー【イラブツァー】（イラブチャー：ブダイ（魚の名）イラブツァー
いりおもてじま【西表島】イルムティ
いりおもてじまのべっしょう【西表島の別称】インヌシマ

いりしきってぃやー【西比屋定家】（屋号）イリシキッティヤー
いりまいにやー【西前中家】（屋号）イリマイニヤー
いりむこ【入婿】イリムク
いる【居る】ブン
いる【入る】（没する）イルン
いる【要る】（費用が掛かる）イルン
いるだん【イルダン】（凧の模様：赤と白の碁盤配色模様）イルダン
いるんでぃやー【西の運道家】（屋号：本家「運道家」の西側に分家したので））イルンディヤー
いれもの【入れ物】イリムヌ
いれる【入れる】イリルン
いろ【色】イル
いろいろ　ダンダン
いろり【囲炉裏】（移動できるもの）。ジル
いわ【岩】シバナ
いわあな【岩穴】ピーッカ
いわい【祝い】ヨイ
いわいきゃく【祝い客】（招待客）ヨイシプス
いわいごと【祝い事】（慶事）ヨイグトゥ
いわいざでさいしょにだすすいもの【祝い座で最初に出す吸い物】イチバン　シームヌ
いわいざのぼうとうにえんそうするさんきょくのしゅうぎうた【祝い座の冒頭に演奏する三曲の祝儀歌】サンビン
いわいのざしき【祝いの座敷】ヨイザー
いわいのりょうりのみつもりせきんしゃ【祝いの料理の見積もり責任者】ポーッツァー
いわなくても【言わなくても】（当然）イザンタンティン
いんかく【陰核】（クリトリス）ズンツイ
いんかん【印鑑】イン
いんけいのきとうのがいひがめくれる【陰茎の亀頭の外皮がめくれる】タニ　パンクリルン
いんしょくぶつがきずぐちやはれものなどにわるいえいきょうをおよぼす【飲食物が傷口や腫物などに悪い影響を及ぼす】シーバラハン
いんだいみーよ　かーさーみー【インダイミーヨ　カーサーミー】（ものもらいをなおす呪文）インダイミーヨ　カーサーミー
いんとく【陰徳】（隠れた善行）イントゥク
いんにしばりやー【西西原家】（屋号）インニシバリヤー
いんもう【陰毛】ヴイ
いんらんなおんな【淫乱な女】（浮気っぽい女）サングナー

う

う【ウ】（中称の指示語を作る）ウ
う【卯】（十二支）ウー
う【卯】（十二支：東の方角を表す）ウー
うあがり【ウアガリ】（東筋部落の北東方面の地名）ウアガリ
うーに【ウーニ】（豊年祭パーリー船（爬竜船）の走者、総指揮官。）ウーニ
うーにぬやーじらば【大船ぬ親　ジラバ】（古謡の名）ウーニヌヤージラバ
うえ【上】（上等・優れていること）ウイ
うえはら【上原】（西表島西部の部落名）ウイバル

うえる【植える】ビールン
うおのめ【魚の目】イズヌミー
うおのめだま【魚の目玉】イズヌ　ミンタマ
うかべる【浮かべる】フケーラスン
うく【浮く】フケールン
うけとる【受け取る】フキトゥルン
うける【受ける】（受験する）ウキルン
うごかす【動かす】（移動させる）オーカスン
うごく【動く】（移動する）オークン
うじ【ウジ（蛆）】（蛆虫）ウジ
うし【丑】（十二支）ウシ
うし【牛】ウシ
うじがわくころのなぎ【蛆がわくころの凪】（蛆：フクギの実に沸くウジ）ウジトゥリ
うしぐるまのひきづな【牛車の引綱】ピキジナ
うしごや【牛小屋】（牛舎）ウシヌ　ヤー
うしどしうまれ【丑年生まれ】ウシディプス
うしどしうまれ【丑年生まれ】ウシディマリ
うしとら【丑寅】（十二支：東北の方角）ウシトゥラ
うしにひかせるさとうきびあっさくき【牛に引かせるサトウキビ圧搾機】ウシグルマ
うしにひかせるすき【牛に引かせる鋤】ウシヌ　ヤマ
うしにひかせるすきのいちぶでながいぼう【牛に引かせる鋤の一部で長い棒】ウシヌ　ヤマヌ　ナーティ
うしにひかせるすきのてっせいのへら【牛にひかせる鋤の鉄製の箆】ウシヌヤマヌピラ
うしのいんけい【牛の陰茎】ウシヌ　マラ
うしのかわ【牛の皮】ウシヌ　ハー
うしのくら【牛の鞍】ウシヌ　クラ
うしのこやし【牛の肥やし】（牛舎で出来た肥やし）ウシヌ　コイ
うしのつの【牛の角】ウシヌ　シヌ
うしばくろう【牛博労】（牛の売り買いをする人）ウシバクロー
うしまつり【牛祭り】（黒島の産業まつり）ウシマチリ
うじむし【ウジムシ（蛆虫）】ウジムシ
うしややぎなどのどうぶつをなわでつなぐ【牛や山羊などの動物を縄で繋ぐ】ユシキルン
うしろ【後ろ】クシ
うしろ【後ろ】ジー
うしろがわのりんか【後ろ側の隣家】（北側の隣家）ジーナ
うしをじたくのぎゅうしゃでかうこと【牛を自宅の牛舎で飼うこと】。ヤーガナイ
うしをつなぐながいつな【牛を繋ぐ長い綱】シビジナ
うしをつなぐのにもちいるなわ【牛を繋ぐのに用いる縄】ウシヌ　シナ
うす【臼】ウシ
うすい【薄い】ピサン
うすきみわるい【薄気味悪い】ウスワン
うすのろ　ノーパー
うずら【ウズラ（鶉）】ウザ
うずらのほかくき【ウズラの捕獲器】ウザヌ　ヤマ
うすをまわすとっきぼう【臼を回す突起棒】ウシヌ　マラ
うせる【失せる】（無くなってします）ウシルン
うそ【嘘】（嘘つき）ダラッサ
うそ【嘘】（虚言）ナムヌ
うそ【嘘】ナンムヌ
うそつきである【嘘つきである】ダラッサハン
うたがう【疑う】（不審に思う）ウタガウン
うたがじょうずである【歌が上手である】ウタフクロホン

うたがわれる【疑われる】ウタガーリルン
うたのみょうみ【歌の妙味】（歌唱力）ウタタノール
うちすえる【打ち据える】スグルン
うちすえる【打ち据える】ピキスングルン
うちねつ【内熱】（体内が熱っぽく感じられること）ウチニチ
うつ【打つ】ウトゥン
うつくしい【美しい】アバレヘン
うつくしい【美しい】（接頭語）ハイ
うつくしい【美しい】（状態がよい）ハイヤン
うつくしいうまれ【美しい生まれ】アバリマリ
うつくしいはね【美しい羽】アヤパニ
うつくしいひと【美しい人】アバレヘ　プス
うつす【移す】（移動する）ムチナスン
うっふ【ウッフ】（お呪いの最後に唱える語）ウッフ
うつぶせになる【俯せになる】ナーブタルン
うつぶせる【俯せる】ウツンキルン
うつやま【ウツヤマ】（東筋部落の南東方面に広がる灌木林）ウツヤマ
うで【腕】ウディ
うてぃなん　すさなん【ウティナン　スサナン】（歌唱法の一つ。男性の低い声を「ウティナン（落ち波）」に、女性の高い声を「スサナン（白い波）」に譬え、男女が交互に歌う唱法）ウティナン　スサナン
うでをたがいにかけあわせること【腕を互いに掛け合わせること】ウディヤライ
うどしうまれ【卯年生まれ】ウーディマリ
うなる【唸る】タキルン
うに【ウニ（雲丹）】ウニ
うに【ウニ（雲丹）】ガシカー
うばいとる【奪い取る】（やりこめる）サーミルン

うばいとる【奪い取る】（取り返す）ピキバハウン
うばいとる【奪い取る】（掠(かす)め取る）バハイトゥルン
うばう【奪う】（盗み取る）バハウン
うぶ【ウブ】（ある語の前につけてその語の意味を量的・質的に強化・拡大するための接頭語）ウブ
うぶしきやー【大底家】（屋号）ウブシキヤー
うぶしきんがなし【ウブシキンガナシ（大月様）】（大月加那志の意）ウブシキンガナシ
うぶましやー【大舛家】（屋号）ウブマシヤー
うぼーみやー【東筋家】（屋号）ウボーミヤー
うぼほやー【保里家】（屋号）ウボホヤー
うま【午】（十二支）ンマ
うま【馬】ンーマ
うまどしうまれ【午年生まれ】マディマリ
うまのほうこう【午の方向】（南方）ンマヌパ
うまひつじ【午未】（南南西の方角）ンマピチ
うまる【埋まる】ウズマルン
うまれ【生まれ】（血筋）プスダニ
うまれ【生まれ】（出自・性質・性分・血筋・血統）マリ
うまれかわりのかふ【生まれ代わりの果報】マルンガフ
うまれたとしとおなじえとのひ【生まれた年と同じ干支の日】トゥシビー
うまれたとしのえとをいう【生まれた年の干支を言う】マリドゥシ
うまれつき、なんぎをせおっているひと【生まれつき難儀を背負っているひと】アワリマリ
うまれる【産まれる】（孵化(ふか)する）シディルン
うまれる【生まれる】マリルン
うみ（しお）のうずまき【海（潮）の渦巻き】

うみ（しお）のうずまき

（強い潮引き）スーダ
うみ【海】イン
うみ【海】（海浜）トゥマル
うみがでる【膿が出る】アイルン
うみどめ【海止め】（海に入ることを忌み慎む日）インドゥミ
うみのおや【生みの親】ナシウヤ
うむ【生む】ナスン
うむ【生む】（産む・作りだす）マラスン
うめる【埋める】ウズムン
うら【浦】（港・湾）ウラ
うら【裏】（逆）ウラ
うらがえし【裏返し】（服を裏返しに着ること）ハイシマ
うらがえし【裏返し】（服を裏返しに着ること）ハイシマキ
うらがえし【裏返し】（服を裏返しに着ること）ハイセマ
うらごえ【裏声】（旧盆のウシュマイ（爺さん）とンミ（婆さん）が話す言葉）アンガマクイ
うらとおもて【裏と表】ウラウムティ
うらない【占い】（米粒の数の組み合わせにより占う）ウクジ
うらないし【占い師】サンギンソー
うらないし【占い師】（巫覡(ふげき)・ユタや三世相・易者）ムヌシン
うらないなどがただしくあたる【占いなどが正しく当たる】（霊験がある）マササーン

うらのざしき【裏の座敷】ヤク
うらのへや【裏の部屋】ウラザ
うらふにじらば【浦舟・ジラバ】（古謡の名）ウラフニジラバ
うらむ【恨む】（憎む）ウラムン
うらやましい【羨ましい】ウラマサン
うり【ウリ（瓜）】（野菜の名）ウリ
うる【売る】ハースン
うるうつき【閏月】ユンジチ
うるおい【潤い】ウリー
うるち【粳】サカー
うれしい【嬉しい】（喜ばしい）サニヤン
うれしがる【嬉しがる】（神遊びをする）アマイルン
うれしがる【嬉しがる】（有頂天になる）サニンケールン
うろこ【鱗】イラキ
うろこぐも【うろこ雲】イラキフム
うわくちびる【上唇】ワーッチバ
うわべだけのきれいすき【上辺だけの奇麗好き】（下品なおしゃれ）ユグリハイカラー
うん【運】（運命）ウン
うんき【運気】（運勢）ウンキ
うんたまぎーる【ウンタマギール】（沖縄本島にいたといわれる義賊の名）ウンタマギール
うんでぃやー【運道家】(屋号)ウンディヤー
うんぱんせん【運搬船】ウンパンシン

え

え【絵】イー
え【柄】ユイ
えいよ【栄誉】（仕合せ）シディガフー
えー【エー】（呼びかけの言葉：同格または目下の者へ使う）エー

えーえー【エーエー】（呼びかけの言葉：同格または目下の者へ使い、「エー」で反応のない場合に重ねて言う）エーエー
えーっ【エーッ】（驚きや感動などで発する言葉）エーッ

えだ【枝】イダ
えだ【枝】ユダ
えだぶり【枝振り】ユダムチ
えつり【桟】（瓦葺屋根の下地（細竹の網））ユチリ
えとのうまれどしをいわうこと【干支の生まれ年を祝うこと】マリドゥシヌ　ヨイ
えびずる【エビズル】ハニン
えらぶ【選ぶ】イラブン
えらぶうなぎ【エラブウナギ】イラブ
えらぶうなぎ【エラブウナギ】イラブネ
えりごのみがつよい【選り好みが強い】フデーマサン
えりごのみする【選り好みする】フダクン
えりごのみするひと【選り好みする人】フダカー
えん【縁】（ゆかり）イン
えんがわ【縁側】（床・板敷）フンツァ
えんがわ【縁側】（床・板敷）フンツァマ
えんぎのよいしお【縁起のよい塩】クガニマース
えんぐみ【縁組】イングミ
えんずる【演ずる】パースン
えんぴつ【鉛筆】インピツ
えんぽう【遠方】（遥か以前）ハマータマイ

お

お【御】（体現の上〈前〉に付いて尊敬を表す）ウ
お【緒】ブー
おい【甥】（姪）ブイ
おい【老い】ウイ
おいこみあみりょうのひとつ【追い込み網漁の一つ】バリシカイ
おいこみりょう【追い込み漁】シッカー
おいしい【美味しい】マーハン
おいしげる【生い茂る】（伸び放題にする）ムイハヴゥリルン
おいだす【追い出す】ウインザスン
おいちらす【追い散らす】ウイッツァースン
おいつく【追いつく】ウイシキルン
おいっこ【甥っ子】（姪っ子）ブイッファ
おいてますますさかんなじょうたい【老いて益々盛んな状態】ウイズール
おいはらう【追い払う】ウイパラスン
おいはらう【追い払う】ワーギルン
おいわいのあるいえ【お祝いのある家】ヨイヤー
おいわいのしょうたいきゃく【お祝いの招待客】シン
おいわいようのいふく【お祝い用の衣服】（礼服）ヨイキン
おうぎ【扇】オンギ
おうごん【黄金】（大事なもの・貴重なもの）クガニ
おうし【牡牛】ビキウシ
おうと【嘔吐】パキ
おうふく【往復】ギームドゥル
おえる【終える】（成し遂げる）トゥジミルン
おお【オオ】（びっくりしたに発する言葉）ウグユ
おおあめ【大雨】ウブアミ
おおい【多い】ウラハン
おおいかぶさる【覆い被さる】（生い茂る）ハブサールン
おおいに【大いに】（したたかに）ギーヌサーキ

おおいにすかす【大いに賺す】（大いにおだてる）シカシマースン
おおいにはかどること【大いに捗ること】ウブナシキ
おおうそ【大嘘】（大嘘つき）ウブダラッサ
おおうそ【大嘘】（大嘘つき）ウブッス
おおかたは【大方は】（大半は）ウブサー
おおきい【大きい】ウボホン
おおきいもの【大きい物】（大物）ウブンザ
おおきいおんどり【大きい雄鶏】ウブドッカ
おおきいこと【大きいこと】マギー
おおきいだんこんまたはいんのう【大きい男根または陰嚢】ウブッタニ
おおきいひと【大きい人】（立派な人）ウブプス
おおきく【大きく】ウボービ
おおきないわのうえのひろばのな【大きな岩の上の広場の名】アサビシバナ
おおきなかめ【大きな瓶】バンドー
おおきなかめ【大きな瓶】バンドーハミ
おおきなぎょうじ【大きな行事】ウブキザル
おおきなきょうふ【大きな恐怖】ウブナハブラ
おおく【多く】ウラーリ
おおぐち【大口】（法螺）ウブムヌイ
おおごえでさけぶこと【大声で叫ぶこと】アウドゥゲーリ
おおごえでさけぶこと【大声で叫ぶこと】（空（から）叫び）ンナドゥゲーリ
おおごまだら【オオゴマダラ】（蝶の名）パービン
おおごまだら【オオゴマダラ】（蝶の名）ゴーヤパービン
おーざ【オーザ】（男性の名）オーザ
おおざけのみ【大酒飲み】サキッファヤー
おおざけのみ【大酒飲み】サキヌマー
おおしお【大潮】スーチズー

おおしおどきにしおがわきでる【大潮時に潮が湧き出る】ピューキルン
おーしっふぁ【オーシッファ】（自分の子を他人の子として押しつけた子供）オーシッファ
おおしまだに【オオシマダニ】（牧野ダニ）タン
おおじょたい【大所帯】ウブキナイ
おおすじひめじ【オオスジヒメジ】（魚の名）ハトーッシ
おおぜいでおしかける【大勢で押しかける】ウシタクン
おおぞんをかぶっているひと【大損を被っている人】（大きな負債を抱えている人）ウドゥカー
おおぞんをかぶっているひと【大損を被っている人】（大きな負債を抱えている人）ウドゥキムヌ
おおぞんをかぶる【大損を被る】ウドゥキルン
おおぞんをする【大損をする】ハブリルン
おおぞんをする【大損をする】ミーシクン
おーっくゎ【オーックヮ】（感動したり、驚いたりした時に発する）オーックヮ
おおとみ【大富】（西表島東部の部落名）オートミ
おおなまけもの【大怠け者】ウブフユー
おおなみ【大波】（津波）ウブナン
おおにんずう【大人数】（大家族）ウブシンカ
おおばかもの【大ばか者】ウブプラー
おおばかもの【大馬鹿者】ウフソー
おおばかもの【大馬鹿者】ウブソーガ
おおばかもの【大馬鹿者】ソープリムヌ
おおばかもの【大馬鹿者】マープリムヌ
おおばかもの【大馬鹿者】（耄（ほ）れ者）アカプリムヌ
おおばぎ【オオバギ】（木の名）アットゥビ
おおはま【大浜】（石垣島の部落名）ウバマ

おおはま【大浜】（石垣島の部落名）ホーマ
おおはまぼう【オオハマボウ】（樹木の名）ユナ
おおはまぼうのせんい【オオハマボウ（ユウナ）の繊維】ハジル
おおはら【大原】（西表島東部の部落名）オーハラ
おおふく【往復】ギームドゥル
おおまた【大股】（大股に歩くこと）ナーマタ
おおみそか【大晦日】トゥシフン
おおみそかのばん【大晦日の晩】トゥシフンヌ　ユー
おおみそかのばんのごちそう【大晦日の晩のご馳走】トゥシフンヌ　ユーフルマイ
おおみそかのばんのごちそう【大晦日の晩のご馳走】ユーフルマイ
おおめしぐい【大飯食い】イーダーラ
おか【陸・丘・岡】アギ
おかー【オカー（母）】オカー
おがませる【拝ませる】ワーマスン
おがむ【拝む】ワームン
おから　トーフヌハシ
おがわら【牡瓦】ビキハーラ
おかわり【お代わり】サイシン
おき【沖】（大海）トゥー
おき【熾】（熾火）ピーフキン
おきなわほんとう【沖縄本島】フキナー
おきなわほんとうへのりょこう【沖縄本島への旅行】フキナータビ
おきる【起きる】フキルン
おく【置く】ウシクン
おくびょうである【臆病である】キシカハン
おくびょうである【臆病である】キムグマハン
おくびょうである【臆病である】シカハン
おくびょうなものいい【臆病な物言い】シカムヌイ

おくびょうもの【臆病者】キムグマー
おくびょうもの【臆病者】シカボー
おくびょうもの【臆病者】シカムヌ
おくる【送る】ウクルン
おくれる【遅れる】（間に合わない）ウクリルン
おけ【桶】ウーキ
おけ【桶】タング
おけしょくにん【桶職人】（桶屋）ウーキヤー
おこげ　ナマシキ
おこす【起こす】（目覚めさせる）フカスン
おこす【興す】（再興する）ウクスン
おこり【瘧】（フィラリアまたはマラリアの症状）クサ
おこりだす【怒り出す】ウクスン
おこりっぽい【怒りっぽい】（短気である）クンゾホン
おこりっぽいこと【怒りっぽいこと】（怒りっぽい人・短気な人）ユムクンゾー
おこりっぽいひと【怒りっぽい人】クンゾープス
おこりのやまい【瘧の病】（間欠的に発熱する病）クサヤン
おこる【起こる】（発症する）ウクリルン
おこる【怒る】クンゾー　ンジルン
おこる【怒る】クンゾー　タイルン
おこる【怒る】（腹が立つ）ワジルン
おこわ　カシキ
おこわ　ハシキ
おさえる【抑える】（馬鹿にする）ウサイルン
おさがり【お下がり】サガリ
おさない【幼い】（未熟である）シナハン
おさめる【収める】（収拾する・鎮(しず)める）シズミルン
おじ【伯父】（叔父）ブザ
おじ【伯父・叔父】（父母の兄弟）ブザサ
おしあう【押し合う】シンカースン
おしい【惜しい】（もったいない・痛ましい）

イツァハン
おじいさん・おばあさん【お祖父さん・お祖母さん】ビービ・バーバ
おしえる【教える】(指導する) ナラースン
おしこむ【押し込む】ウシックムン
おしこむ【押し込む】ウシナクン
おしこむ【押し込む】(舟が浅瀬に突っ込む) ジンナクン
おしこめる【押し込める】ウシックミルン
おしこめる【押し込める】(詰め込む) ウシクミルン
おしころばす【押し転ばす】ウシクルバスン
おしこんでかたづける【押し込んで片づける】ウシカミルン
おしたおす【押し倒す】ウシットースン
おじたち ブザサーンキ
おしだまる【押し黙る】ウシダマルン
おしつける【押しつける】ウスシキルン
おしつぶす【押しつぶす】(抑えつける) ビダーカスン
おしてけとばす【押して蹴飛ばす】ウシケラスン
おしめ【御湿】シビシキ
おしゃべり アバサー
おしゃべり ユンタク
おしゃべり(な女の子) アンダマ
おしゃべり(口達者な人) フチブサー
おしゃれなひと【おしゃれな人】ハイカラー
おしゅうぎ【お祝儀】ウスダイ
おしゅうぎ【お祝儀】(祝意を表すために贈る金品) スダイ
おす【雄】ビキ
おす【雄】ビキムヌ
おせいぼ【お歳暮】シブ
おせじ【お世辞】(おべっか・無駄口) アンダグチ
おそい【遅い】(鈍(のろ)い) ヌッサン
おそい【遅い】(晩(おそ)い・鈍(にぶ)い) ニヴァハン
おそい【遅い】(晩(おそ)い・鈍(にぶ)い) ニヴァン
おそう【襲う】ウスウン
おそわれる【襲われる】ウソーリルン
おたけ【御嶽】ヤマ
おたけ【御嶽】(拝所) ワン
おたけにおけるほうねんきがん【御嶽における豊年祈願】ワンプーン
おたけにおさめるこくもつ【お嶽に納める穀物】グサシ
おたけのこうせいいん【御嶽の構成員】(氏子) ワンシンカ
おたけのこうせいいん【お嶽の構成員】(氏子) ヤマシンカ
おたけのこうせいいん【お嶽の構成員】(氏子) ヤマニンズ
おたけのしょぎょうじ【御嶽の諸行事】ワングトゥ
おたまじゃくし【オタマジャクシ】アウッタヌ ファー
おだやか【穏やか】ウダヤカ
おちたたね【落ちた種子】(自然に落ちた種、それから生えた豆や麦などの穀物) ウティダニ
おちつき【落ち着き】ウティシキ
おちつく【落ち着く】ウティシクン
おちゃ【お茶】サー
おちゃうけ【お茶請け】(酒の肴) ソッキ
おちゃをたてる【茶をたてる】サーフカスン
おちょうしもの【お調子者】(めだちがり) アバイ
おちょうしもの【お調子者】(目立ちがり屋) アバスクン
おちょうしもの【お調子者】(目立ちがり屋) アバスコン
おちる【落ちる】ウティルン
おっかー【オッカー(母)】オッカー

おっと【夫】ブトゥ
おっとー【オットー（父）】オットー
おづな【男綱】（綱引きの縄）ウージナ
おてんば【お転婆】ビキンツァー
おと【音】（評判）ウトゥ
おとうと【弟】（年下の男兄弟）ウシトゥビキル
おとうとたち【弟たち】（妹たち）ウシトゥンキ
おとー【オトー（父）】オトー
おとこ【男】ビキドゥム
おとこ【男】ビキドゥン
おとこすきなおんな【男好きな女】ズラ
おとこのけっこんてきれいき【男の結婚適齢期】サーリジブン
おとこのこ【男児】コーニ
おとこのこのあいしょう【男児の愛称】コーネマ
おとこのこへのよびかけ【男の子への呼び掛け】コッコーマ
おとさた【音沙汰】（便り）ウトゥングイ
おとしあな【落とし穴】アナ
おとしだね【落とし胤】（落胤）ウティダニ
おとっている【劣っている】（駄目である）（人にも家畜にも野菜にも言う））ゲーラハン
おとなしい（優しい）ナダーッサン
おとなしい（穏健である）ワンダーサン
おとなしい【大人しい】ウトゥナッサン
おとみ【弟見・乙見】（乳のみ児のいるうちに次の子を妊娠すること）ウシトゥマキ
おどりがじょうずである【踊りが上手である】（手先が器用である）ティーハイヤン
おどりようのはちまき【踊り用の鉢巻き】マンサジ
おどろいたときやしつぼう・らくたんしたときのじょうたい【驚いたときや失望・落胆したときの情態】ダーッファ
おどろかす【驚かす】（びっくりさせる）ウドゥルカスン

おどろく【驚く】ウドゥラクン
おどろく【驚く】（怖がる）バイルン
おなじ【同じ】（同等）ユヌ
おなじもの【同じもの】（同等のもの）ユヌムヌ
おならくさい【おなら臭い】ピッサハン
おならをする　ピーピスン
おならをする　ピープスン
おなりしん【おなり神】（姉妹神）ブナルンガン
おに【鬼】ウン
おにだるまおこぜ【オニダルマオコゼ】（魚の名）アバ
おの【斧】ブーヌ
おば（伯母・叔母）。ブバマ
おば【伯母】（叔母）ブーバ
おび【帯】フクビ
おぼえる【覚える】ウブイルン
おぼれさせる【溺れさせる】ウッファスン
おぼれる【溺れる】ウッフィルン
おぼん【お盆】サーブン
おぼんにおとずれるせんぞ【お盆に訪れる先祖】ソーラパータ
おまえ【お前】（貴様）ウヴァンザ
おめでとうございます　イー　クトゥユー
おもい【思い】（考え）ウムイ
おもい【重い】グッファン
おもいきって【思い切って】（大いに）アンダハーリ
おもいこがれる【思い焦がれる】（一途に恋い慕う）ウムイクガリルン
おもいだしわらい【思い出し笑い】ウムイザシバライ
おもいだす【思い出す】ウムイザスン
おもいだす【思い出す】ウムインザスン
おもいっきり【思いっ切り】ウムイキシ
〜おもいである【〜思いである】（〜と親密である・〜の仲がよい）ムイサン
おもいなおす【思い直す】ウムイナウスン

おもいなやむこと【思い悩むこと】（思い煩うこと）ムヌウムイ
おもう【思う】ウムウン
おもがい【面懸】（牛の鼻にかける金具）アモーキ
おもさにつぶれる【重さにつぶれる】ビザーキルン
おもさにつぶれる【重さにつぶれる】ビザリルン
おもさにつぶれる【重さにつぶれる】ビザルン
おもしろい【面白い】ウムッサン
おもちゃ ムタビムヌ
おもて【表】（顔）ウムティ
おもとだけへのおがみ【於茂登岳への拝み】ウムトゥワーミ
おもや【母屋】ウブヤー
おもらしする【お漏らしする】（粗相する）フキルン
おもり【お守り】（守り姉）ムリンナ
おもりしたこ【お守した子】ムリッファー
おもりする【お守りする】ムルン
おもわず【思わず】（気づかずに）アテナーナ
おや【親】ウヤ
おやけあかはち【オヤケアカハチ】（16世紀の初頭に首里王府に対し謀反を起こした八重山の豪族の名）ウヤキアカハチ
おやけあかはち【オヤケアカハチ】（石垣島で琉球王府に反抗した歴史上実在した豪族の名）アカハチ
おやこ【親子】ウヤッファ
おやこうこう【親孝行】ウヤコーコー
おやふこう【親不孝】ウヤフコー
おやまさり【親勝り】ウヤマサリ
おやまわり【親廻り】（琉球王朝時代に、在番や頭等が村々を巡視すること）ウヤマール
おやまわりのごいっこうさま【親廻りのご一行様】（琉球王朝時代、村々を巡視する在番や頭等の役人一行様）ウヤマールプス
おやむら【親村】（黒島では、番所のあった宮里村）ウヤムラ
おやゆび【親指】ウヤイビ
おやゆび【親指】ウヤウヤビ
およぐ【泳ぐ】ウーン
およげないひとをかるんじていう【泳げない人を軽んじて言う】アギジマー
および【及ぶ】ウユブン
おりこうさん【お利口さん】（良い子）ボーリ
おりこうさん【お利口さん】（良い子）ボーリボーリ
おりたたむ【折りたたむ】（折り曲げる・折って縮める）ブリッカーミルン
おりる【降りる】（下りる）ウリルン
おる【折る】ブルン
おれる【折れる】ブリルン
おろしがね【下ろし金】マンガナ
おろしがね【下ろし金】（大型なもの）イシ
おろす【降ろす】ウラスン
おわり【終わり】（仕舞い）ウワリ
おわる【終わる】（仕舞う）ウワルン
おわれる【追われる】（排除される）ワーリルン
おんどり【雄鶏】ウードゥリ
おんな【女】（女性）ミドゥム
おんな【女】（女性）ミドゥン
おんなからいうきょうだい【女からいう兄弟】ビキル
おんなようふんどし【女用ふんどし】メーヘン
おんぶようのおび【おんぶ用の帯】シカルフクビ
おんわ【温和】ウブナダッサ
おんをかえす【恩を返す】（責任を果たす）ブシギパズン

か

~か ヤ
か【カ】（日を数える単位）カ
か【蚊】ガザン
がーばつぁー【ガーバツァー（茅蜂）】
~かい【~回】（~度）サーイ
~かい【~回】（~度）サイ
かい【回】（度）ムサーイ
かい【回】（度）ムサイ
かい【回】（度）ムシ
かい【櫂】ヤク
かいご【介護】（看病）トゥンザク
がいな【ガイナ】（イネ科の雑草の総称）ガイナ
かいふくする【快復する】（回復する）ムチナウスン
かいもの【買い物】ハイムヌ
かえす【返す】ハイスン
かえって（逆に・あべこべに）ハイチン
かえる【カエル（蛙）】アウッタ
かえる【帰る】（戻る）ハイルン
かお【顔】シラ
かお【顔】チラ
かおくとやしき【家屋と屋敷】ヤーヤシキ
かおみせ【顔見せ】（面会）ミーパタライ
かおをあらう【顔を洗う】シミルン
かかす【欠かす】（機会を逸する・幸運を取り逃がす）パザハキルン
かかと【踵】アドゥ
かかる【掛かる】（引っ掛かる。病気になる）ハカルン
かぎ【鉤】ガック
かきこむ【掻き込む】（飯などを大急ぎで食べる）ハキナクン
かきまぜる【掻き混ぜる】ハケースン
かきみだす【掻き乱す】（丸め込む）グングルマースン
かぐ【家具】（家財道具）キナイダング
かく【書く】ハクン
かく【掻く】ハクン
かぐ【嗅ぐ】ハブン
かくげん【格言】（諺）クガニクトゥバ
かくじ【各自】ドゥードゥー
かくじ【各自】（おのおの）ナーメーメー
かくじ【各自】（銘々）ナー　ドゥードゥー
かくじかってにこうどうすること【各自勝手に行動すること】（好き勝手に行動すること）ナーハイバイ
がくしきにすぐれているがじょうしきのないひと【学識に優れているが常識のない人】ガクブリ
かくじで【各自で】ドゥードゥーシ
かくじのむきむき【各自の向き向き】（各自の性格、能力に適したもの）ナー　ムキムキ
かくす【隠す】ハクスン
かくす【隠す】ハザミルン
がくねんまつのやすみ【学年末の休み】シキン　ヤシミ
かくむらにおけるきつがんさい【各村における結願祭】ムラキツガン
がくもん【学問】（勉学）ガクムン
がくもんにひいでたりっぱなひと【学問に秀でた立派な人】シンカキ　ゾージ
がくもんにひいでているひと【学問に秀でている人】フディトゥル　ゾージ
がくようひん【学用品】ガッコーダング
がくようひんいれ【学用品入れ】カバン
かくらんぷ【角ランプ】（四角いランプ）ハクランプ
かくれる【隠れる】ハクリルン

かげ【陰】（影）ハイ
かけかいする【掛け買いする】サガラスン
かけたわん【欠けた碗】ハキマハル
かけたわん【欠けた碗】（欠けた碗しか財産分与のない次、三男にも言う）カキマカル
かけづくり【掛け造り】（母屋と台所が繋がった家屋構造）ハキズクリ
かけぶとん【掛け布団】（被り布団）ハビウズ
かける【カケル】（凧の名）カケル
かける【掛ける】ハキルン
かける【欠ける】ハカイルン
かこい【囲い】ハコイ
かこう【囲う】ダクマースン
かこう【囲う】ハコウン
かこむ【囲む】ハコムン
かさ【笠】ハサ
かさ【傘】サナ
かさおどり【笠踊り】（豊年祭の奉納舞踊）ハサブドゥン
かざかみ【風上】（風の吹いてくる方向）ワーラ
かざかみからふくかぜ【風上から吹く風】（船の進む方向から吹く風・向かい風・逆風）ワーラハジ
かざしも【風下】（風の吹き進む方向）ザウマ
かざしもからふくかぜ【風下から吹く風】（船の進む方向へ吹く風・追い風）ザウマハジ
かさねる【重ねる】スクキルン
かさねる【重ねる】ハサビルン
かざりこうじょう【飾り口上】ハザリフチ
かざる【飾る】ハザルン
かじ【火事】ピーグトゥ
かし【菓子】コーシ
かしこいひと【賢い人】ウイジムヌ
かじごや【鍛冶小屋】ハザーヤー
かじつ【果実】（草木の実）ナル
かじとり【舵取り】（指揮・操作）ハジドゥル
かじとり【舵取り】（爬竜船の舵取り役）トゥージ
かじのいわい【鍛冶の祝い】（鞴（ふいご）祭り）ハザーヨイ
かじまやーいわい【カジマヤー祝い】（九十七歳の生年祝い。）ハジマヤーヌ　ヨイ
がじゅまる【ガジュマル】（木の名）ガジマン
かす【貸す】コースン
かす【粕】ハシ
かずかず【数々】（色々）グーハジ
かすてら【カステラ】キーランク
かすてら【カステラ】キューランク
かずら【カズラ（蔓・葛）】ハザ
かぜ【風】（台風・強風）ハジ
かぜ【風邪】パナシキ
かせい【加勢】（手伝い・応援）ハシ
かぜがつよい【風が強い】ハジズワン
かぜがつよい【風が強い】ハジワーン
かぜまわり【風回り】（南風が急に北風に変わって時化ること）ハジマール
かぜよけ【風よけ】ハジハタハ
かぜをわずらったときのはなづまりじょうたい【風邪を患ったときの鼻づまり状態】グスグス
かぞく【家族】ヤーニンズ
かぞく【家族】（家族の数）キナイニンズ
かぞくのけんこう、あんぜん、こうふくのきがん【家族の健康、安全、幸福の祈願】ウンキニガイ
かた【肩】ハタ
かた【片】（一方の）ハタ
かたい【硬い】（固い・堅い・頑固である。（物の固さにも意志の堅さ（頑固さ）にも用いる））コーサン
かたいかみ【固い紙】コーカビ

かたいき【堅い木】コーキー
かたがわやねのいえ【片側屋根の家】ハタピサヤー
かたくなる【固くなる】コールン
かたち【形】（体形・外形）ハタチ
かたづける【片づける】ハタジキルン
かたつむり【カタツムリ（蝸牛）】シダミ
かたびいき【片贔屓】ハタピキ
かたぶり【片降り】ハタヴウイ
かたまる【固まる】（うまく収（治）まる）ハタマルン
かたまる【固まる】（勃起する）コッパルン
かたみみ【片耳】ハタミン
かたむく【傾く】ハトンキルン
かたむく【傾く】ハトンクン
かたむける【傾ける】ハトンカスン
かため【片目】ハタミー
かためる【固める】ハタミルン
かつ【勝つ】ハツン
かつえているひと【餓えている人】ハチリムヌ
かつえる【飢える】（空腹になる）ハチリルン
かつおのまきえとなるざこのいっしゅ【カツオの撒き餌となる雑魚の一種】ガサガサー
かつおぶし【鰹節】ハツブシ
かっきにみちたようす【活気に満ちた様子】キッパイ
がっきぶどぅん【ガッキブドゥン】（鎌踊り：豊年祭奉納舞踊）ガッキブドゥン
がっきぼう【ガッキボー】（豊年祭と結願祭で演じられる棒術の一つ（鎌と棒）ガッキボー
かつぐ【担ぐ】ハタミルン
がっこうせいと【学校生徒】ガッコーシートゥ
がっこうやすみ【学校休み】（夏休みや冬休みなどの長期休暇）ガッコーヤシミ

がっしょうする【合掌する】ティーウサースン
かって【勝手】ハッティ
がっぱい【ガッパイ】（後頭部の出っ張り、また、そのような頭の人）ガッパイ
がっぱやー【ガッパヤー】（後頭部またはおでこが出っ張っている人に、からかってまたは軽侮をこめて言う）ガッパヤー
がつん【ガツン】（アジの仲間：魚の名）。ガツン
かてい【家庭】ヤーキナイ
かてい【家庭】（家計）キナイ
かていごと【家庭ごと】（各家）キナイ　ハージ
かていないのもめごと【家庭内のもめごと】ヤームンドー
かていないのらんぼう【家庭内の乱暴】ヤーバリ
かていのきりもり【家庭の切り盛り】キナイムティ
かていのきりもり【家庭の切り盛り】ヤームティ
かていもちじょうず【家庭持ち上手】キナイムティ　ゾージ
かていをもつ【家庭を持つ】（分家する）キナイ　ムトゥン
かど【角】ハク
かど【角】（隅(すみ)）ハドゥ
かなあみ【金網】（魚や肉などを炙るための金網）アマダ
かなう【叶う】（適う・敵う）ハナウン
かなしい【悲しい】（悔しい）ハマラサン
かなてこ　ティンガラ
かなものやきものなどのあなをふさぐこと【金物や着物などの穴を塞ぐこと】クー
かなものやきものなどのあなをふさぐこと【金物や着物などの穴を塞ぐこと】クーサー
かならず（きっと）ヤディン

かに、やしがにがたいないにかかえているたまご【カニ、ヤシガニが体内に抱えている卵】パルン
がに【ガニ】（童名の末尾に付けて敬意を表す）ガニ（マチンガニなど）
かに【蟹】ハン
かに【蟹】（青みがかった色：和名不詳）アウガン
かぬしゃーま【カヌシャーマ】（男性からいう女性の恋人・愛しい人）カヌシャーマ
かね【金】（貨幣・鐘(かね)）ハニ
かねて【予て】（あらかじめ）ハニティ
かねもうけのしごと【金儲けの仕事】モーキジク
かねもち【金持ち】ウヤキプス
がのつよいひと【我の強い人】ガーズー
かび【黴】パナ
かぶせる【被せる】（覆う）ハバスン
かぶとむしのようちゅう【カブトムシの幼虫】ビューラ
かふのひと【果報の人】（仲人）ハブヌプス
かぶりもの【被り物】ハビムヌ
かぶる【被る】（被(こうむ)る）ハヴゥン
かべ【壁】クビ
かぼちゃ【カボチャ】ハブッツァ
かま【鎌】ガッキ
かま【鎌】（粟刈用の小型のもの）イラナ
かまえる【構える】（身構える）ハマイルン
かまち【框】カマチ
かまど【竈】パマ
かまのえ【鎌の柄】ガッキヌ　ユイ
かまのえにさしこむぶぶん【鎌の柄に差し込む部分】ガッキヌ　マラ
かまのは【鎌の刃】ガッキヌ　パー
かまぼこ【蒲鉾】ハマブク
がまんくらべ【我慢比べ】ガースーブ
がまんづよい【我慢強い】ガーズーワン
がまんづよい【我慢強い】ガーズワン
かみ【紙】ハビ
かみ【神】ハン
かみざ【上座】ハミザー
かみさま【神様】（歌謡語）ウフヤガン
かみぜに【紙銭】ウティンガビ
かみそり【剃刀】ハンスン
かみだなにそなえるついのかびん【神棚に供える対の瓶】（親友にも）ハザリクビン
かみなり【雷】ハンナル
かみのれいい【神の霊威】サー
かみぶくろ【紙袋】ハビフクル
かみをかる【髪を刈る】（散髪する）スルン
かむ【噛む】ハンザルン
かめ【亀】ハミ
かめ【瓶】ハミ
かめのこう【亀の甲】ハミヌ　クー
かや【蚊帳】ハツァ
かやのおいしげったげんや【茅の生い茂った原野】ガーブシ
かやのしんめ【茅の新芽】ガーヌ　シカマ
かやばち【茅蜂】（蜂の一種）ガーバツァー
かやぶきのいえ【茅葺きの家】ガーヤ
かやぶきやねにほきょうつな（あみ）をかけること【茅葺き屋根に補強綱（網）をかけること】シカルハキ
かやぶきやねのほきょうようのつなまたはあみ【茅葺き屋根の補強用の綱または網】シカル
かゆ【粥】ユー
かゆい【痒い】ビューワン
かゆい【痒い】（くすぐったい）ハウワン
かゆいところをつよくかく【痒いところを強く掻く】アジピクン
かよう【通う】（行き来する）ハユウン
〜から（〜ので・〜なら）バ
〜から（〜を・〜で）ハラ
から【カラ】（動物を数える単位（匹、頭、羽など））カラ
からい【辛い】（塩(しょ)っぱい）サクラハン

からかう（なぶる）バクルン
からかう（意地悪く扱う）ムタシカウン
からかう（軽く扱う）ハラハウン
からくり（三線の弦を引き締める糸巻き）カラクイ
がらさぱん【ガラサパン】（ヘビの一種）ガラサパン
からしな【カラシナ】（野菜の名）シマナー
からす【カラス】ガラサー
からす【カラス】ガラシ
からせき【空咳】ハラザーク
からだ【体】（体格）ハラッタ
からだがひえこむ【体が冷え込む】ピングリルン
からだをふくらませたはりせんぼんのこ【体を膨らませたハリセンボンの子】（お腹の大きい子にも）ベースブットゥ
かりー【嘉例】（佳例・吉例・縁起のよいこと）（座を浄めること）ハルイ
かりる【借りる】クーン
かりる【借りる】ハリルン
かる【刈る】ハルン
かる【刈る】（収穫する）スルン
かるい【軽い】ハーラハン
かるいし【軽石】ハライシ
かれい・ひらめ【カレイ・ヒラメ】（魚の名）ハタピサイズ
かれくさ【枯れ草】ハリッサ
かれたまき【枯れた薪】ハリタンムヌ
かれる【枯れる】（枯死する）ハリルン
かわ【皮・革】ハー
かわいいやつ【可愛いやつ】アバレーマ
かわいいやつ【可愛いやつ】アバレッカ
かわいそう（いたわしい・可愛い・いとしい）ンゾサン
かわいそうな【可哀そうな】シンザーラ
かわいそうなこと【可哀そうなこと】チンダラ
かわかす【乾かす】ハーラカスン

かわき【渇き】（甚だ喉が渇いていること）ハーキ
かわく【渇く】ハーキルン
かわく【渇く】ハークン
かわく【乾く】ハーラクン
かわなどがめくれること【皮などがめくれること】（特に陰茎の包皮が剥けること）パンキルン
かわなどをめくる【皮などをめくる】（陰茎の包皮を剥く）パンカスン
かわら【瓦】ハーラ
かわらぶきのいえ【瓦葺きの家】ハーラヤー
かわりもの【変わりもの】タナンガーリ
かわりもの【変わりもの】（どちらかと言うと劣っている者を指す）タナンガーリムヌ
かわる【代わる】（交替する）ハワルン
かわる【代わる】（交代する）ハールン
かわる【変わる】ハワルン
かわる【変わる】（変化する）ハールン
かん【勘】（感）ハン
がん【龕】（棺(ひつぎ)を納めて墓に運ぶ木製の轎(かご)）ガン
かんがえ【考え】（思慮）ハンガイ
かんがえる【考える】（思う）ハンガイルン
がんきょう【眼鏡】ミーガンチョー
がんこ【頑固】ガンク
がんこ【頑固】（依怙地）ヤナガイ
がんこもの【頑固者】（依怙地な者）ヤナガイムヌ
かんさく【間作】マドゥスクルムヌ
かんざし【簪】ギーパー
かんさんとする【閑散とする】ピッサリルン
かんしょ【甘藷】（芋の名）クラガー
かんしょく【間食】フチスクライ
かんしょく【間食】（おやつ）マドゥヌムヌ
かんしんする【感心する】（怖気づく）ウズ

イルン
かんせんする【感染する】ウツルン
かんぞうとはいぞう【肝蔵と肺臓】キムフク
かんな【カンナ（鉋）】（大工道具）ハナ
がんのほかんごや【龕（がん）の保管小屋】ガンヌヤー
かんばつ【早魃】ペーリ
がんばり【頑張り】（奮闘・尽力）ギーパリ
がんばる【頑張る】（尽力する）ギーパルン
かんびょう【看病】ハンビョー
がんめんがあおじろいじょうたい【顔色が青白い状態】（また、そういう状態の人）イルヌガー
がんめんがあおじろくなる【顔面が青白くなる】（青ざめる）イルッサイルン
がんめんがそうはくになる【顔面が蒼白になる】（血の気が引く）イル ヌギルン
かんよう【肝要】（大事）ハンヨー
かんりょう【完了】スビ
かんりょうさせる【完了させる】スビナスン
かんれきのいわい【還暦の祝い】ルクズーイチヌ ヨイ
かんろくがある【貫禄がある】（堂々としている）ンブラーサン

き

きあい【気合】キヤイ
きいろ【黄色】キール
きいろ【黄色】（黄色い）キーイル
きいろい【黄色い】キーンキーン
きいろい【黄色い】キンキン
きいろに【黄色に】キーンキーンシ
きおちする【気落ちする】（悲しむ）キムヤムン
きおちすること【気落ちすること】（悲しむこと）キムヤミ
きがあう【気が合う】キム アタルン
きがあう【気が合う】キム シナウン
きがあらくせっかち【気が荒くせっかち】キーバツァー
きがあらくせっかちである【気が荒くせっかちである】キーバツァーン
きがいらいらする【気がいらいらする】（心が急（せ）く）キムガサガサー シールン
きがかり【気掛かり】（心配）キムガカリ
きがすすまない【気が進まない】（躊躇すること）ウムイヤイルン
きかせる【聞かせる】シカスン
きがたかぶる【気が高ぶる】キーフキルン
きがちいさい【気が小さい】キーバイサン
きがつく【気がつく】キーシクン
きがつく【気がつく】（反省する・熟慮する）タマシイルン
きがぬける【気が抜ける】（酒や酢）バイルン
きがはれる【気が晴れる】キム スリルン
きがひける【気が引ける】（心苦しい）オーサン
きがんいたします【祈願致します】（お祈りします）ニガイッサリルン
きがんする【祈願する】（祈る）ニガイシキルン
きがんするばしょ【祈願する場所】（拝所）ニガイズー
きがんのこうじょう【祈願の口上】（祝詞（のりと））ニガイフチ
きがんびより【祈願日和】ピヌチ

ききづらくなる【聴きづらくなる】(耳が遠くなる) ミンフジルン
ききみみ【聞き耳】シキミン
きく【聞く】(聴く・承諾する) シクン
きくめいし【キクメイシ】シブチダマ
きくらげ【キクラゲ(木耳)】ミングル
きげんをとる【機嫌を取る】(気に入られようとする) キム　トゥルン
きこうしき【起工式】ティンダティ
ぎこちない(不格好である) フォーガハン
ぎこちない(不格好である) ホーガハン
きざみたばこ【刻み煙草】キザミタバク
きざむ【刻む】キザムン
きしょうがあらくなる【気性が荒くなる】(激高する・怒り狂う) ウングリルン
きずやできものがかさぶたでおおわれたじょうたい【傷や出来物がかさぶたで覆われた状態】アガ
きぜつ【気絶】ブチクン
きせる【煙管】キシル
きせる【煙管】キシン
きせる【着せる】キサスン
きた【北】ニシ
きたえる【鍛える】キタイルン
きたかぜ【北風】ニシハジ
きたがわ【北側】(北の方) ニスマ
きたがわ【北側】(北の方) ニセーキ
きたがわ【北側】(北方) ニスマハタ
きたがわのふたむら【北側の二村】(保里と東筋のこと) ニシフタムラ
きだちはなぐるま【キダチハナグルマ】(草の名) ナマン
きだてのよい【気立てのよい】(心の優しい) キムハイヤン
きたない【汚い】(醜い) ハゴーサン
きたない【汚い】(不潔である・不浄である) ヤニヤン
きたないことば【汚い言葉】ヤナムヌイ
きたのほう【北の方】ニスマ

きたのほうのうみ【北の方の海】ニシドゥマン
きちがい【気違い】(狂人) プリムヌ
きちがいじみて【気違いじみて】(ぼんやりして) プリープリシ
きちじつ【吉日】クガニピー
きちじつ【吉日】(良い日和・行事を行なうのに適した日) ハイピュール
きつい(厳格である) キッツァン
きづかない【気づかない】(なんともない・平気だ) アテナーヌン
きつがんさい【結願祭】キツガンマチリ
きってすてる【切って捨てる】(諦めて放り投げる) キシシティルン
きとくじょうたい【危篤状態】メーンガタ
きにーね【キニーネ】(マラリアの特効薬) キニー
きにいらない【気に入らない】キムイラヌン
きにいる【気に入る】キムイルン
きね【杵】シナシキ
きね【杵】(あいづち(相槌)) アイダチ
きのう【昨日】キノー
きのえだ【木の枝】(木の切れ端) グシヌブリ
きのえだがわいじがたになっているもの【木の枝がＹ字形になっているもの】マタイ
きのきれはし【木の切れ端】キーヌ　キシ
きのきれはし【木の切れ端】グシ
きのこ【キノコ】ナバ
きのどくである【気の毒である】キムイッツァハン
きのどくなこと【気の毒なこと】キムイッツァハ
きのまがり【木の曲がり】キーヌ　マガリ
きのみ【木の実】(果物) キーヌ　ナル
きび【キビ(黍)】(穀物の名) キン
きびしくしつける【厳しく躾ける】(折檻する) シーシキルン

きぶんがそうかいになる【気分が爽快になる】キースリルン
きぶんがわるい【気分が悪い】（体調が良くない）アウマサン
きぶんをそうかいにさせる【気分を爽快にさせる】キースラスン
きまって（かならず）キマリ
きまる【決まる】キマルン
きめる【決める】キミルン
きも【肝】（心）キム
きもちいい【気持ちいい】（心地よい）キモッサン
きもちがなえる【気持ちが萎える】キーダリルン
きもちがなえること【気持ちが萎えること】キーダリ
きもちよい【気持ち良い】キムザニヤン
きもちわるい【気持ち悪い】（食欲を失うような状態を指す言葉）キムッケラハン
きもちをひとつに【気持ちを一つに】イルピシチ
きものやふくのつぎをあてる【着物や服の継ぎを当てる】クー　シールン
ぎもんをあらわすけいご【疑問を表す敬語】ネーラ
きやがる【来やがる】クラミフン
ぎゃくたいする【虐待する】ウグナウン
きゃっさば【キャッサバ】キーウン
きゃべつ【キャベツ】タマナ
きゃんおたけ【喜屋武御嶽】（琉球王府の指定した黒島の「ヤーヤマ（八御嶽）」の一つ）ケンワン
きゃんぐち【喜屋武口】（黒島の東方イノーと外海の割れ目）ケングチ
きゅう【灸】ヤツ
きゅう【旧】キュー
きゅう【九】（九つ）ク
きゅうげきなみちしお【急激な満ち潮】（台風接近時、泡立ちながら急に満ちてくる潮波のこと）イラナン
きゅうし【急死】アッタシニ
ぎゅうじる【牛汁】ウシヌ　スー
きゅうす【急須】サースッカ
きゅうな【急な】（突然）アッタ
きゅうないかり【急な怒り】（短気な怒り）アッタクンゾー
きゅうなはつねつ【急な発熱】アッタニチ
きゅうに【急に】（にわかに）アッタニ
きゅうにふきだすせんぷう【急に吹き出す旋風】アッタハジ
きゅうびょう【急病】アッタヤン
きゅうぼんのおどり【旧盆の踊り】エイサー
きゅうぼんのそれいをむかえるひ【旧盆の祖霊を迎える日】ンカイピー
きゅうれきごがつにあわのはつほでみきをつくり、かみにささげるぎしき【旧暦五月に粟の初穂でミキ（神酒）を作り、神に捧げる儀式】プバナウヤシ
きゅうれきのしちがつなのか【旧暦の七月七日】（七夕・「七日盆」の意）ナンカソーラ
きゆがぴーあゆ【今日が日・アユ】（古謡の名）キユガピーアユ
ぎゅっと ギーッティ
きょう【今日】キュー
きょういく【教育】（ものを教えること）ムヌナラーシ
きょうがく【驚愕】（びっくりすること）ナービイ
きょうくん【教訓】（訓戒）ユシグトゥ
きょうげん【狂言】キョンギン
ぎょうじのときのごちそう【行事の時のご馳走】フルマイ
きょうだい【兄弟】ビキル　キョーダイ
きょうだいしまい【兄弟姉妹】キョーダイ
きょうだいしまいおもいである【兄弟姉妹思いである】キョーダイサムイサン
きょうだいしまいたち【兄弟姉妹達】（親族

同士）キョーダイサ
きょうだいのつまどうし【兄弟の妻同士】ユミキョーダイ
きょうつうご【共通語】ヤマトゥムヌイ
きようである【器用である】クマハン
きようである【器用である】（仕事が丁寧である）ティークマハン
ぎょぎょうようのがんきょう【漁業用の眼鏡】メーハンガン
ぎょぎょうようのもくせいめがね【漁業用の木製眼鏡】ミーハンガン
きょくたんなきょうさくじょうたい【極端な凶作状態】ガシ
きょげん【虚言】スクリパナシ
きょげん【虚言】スクリムヌイ
きょげん【虚言】ナンムヌイ
ぎょじょう【漁場】（漁礁）スニ
ぎょじょう【漁場】（漁礁）スニズニ
きょだいなしゃこがいのから【巨大なシャコガイの殻】アザハイナク
きょねん【去年】（昨年）クズ
ぎょろう【漁労】イソー
きよわなひと【気弱な人】キーバイ
きらせる【切らせる】キサスン
きり【錐】（大工道具）イリ
きり【霧】キル
きりきざむ【切り刻む】キシッツァースン
きりさめ【霧雨】キーバリアミ
きりたおす【切り倒す】キシットースン
ぎりのおや【義理の親】（配偶者の親）シトゥウヤ
きりまわすこと【切り回すこと】キリマーシ
きりもりする【切り盛りする】キリマースン
きる【切る】キスン

きる【着る】キスン
きれいなひと【綺麗な人】（美人）アバレー
きれいなひと【綺麗な人】（美人）アバレープス
きれいにする【奇麗にする】（すっきりさせる）バナンカスン
きれはし【切れ端】（木や布などの切れ端を数える単位）キシ
きれもの【切れ者】キリムヌ
きれる【切れる】キシルン
ぎろんであいてをやりこめる【議論で相手をやり込める】パガスン
きをつける【気をつける】（注意する）キーシキルン
きをぬく【気を抜く】（油断する）パダヌビルン
きをぬくこと【気を抜くこと】（油断すること）パダヌビ
きをねもとからきりたおすこと【木を根元から切り倒すこと】ニードーシ
きをはらす【気を晴らす】キム　スラスン
ぎん【銀】ナンザ
きんせんやげんぶつをだしあってもくてきをじつげんするおこない【金銭や現物を出し合って目的を実現する行ない】ヌカーサ
きんせんやぶっぴんをもちよる【金銭や物品を持ち寄る】ヌカースン
きんぞくおん【金属音】ハニナーン
きんちょうかんによるしょうべん【緊張感による小便】キーフキシバン
きんとうにする【均等にする】ナミルン
きんのうりゅう【勤王流】（八重山舞踊の流派名）キンノーリュー
きんばい【キンバエ（金蠅）】キンバイ
ぎんばえ【ギンバエ（銀蠅）】ギンバイ
ぎんばえ【銀蠅】アウバイ

く

くいしんぼう【食いしん坊】 ガチマヤー
くいしんぼう【食いしん坊】 ヴァイダマ
くいしんぼうである【食いしん坊である】 ヴァイダマハン
くうふく【空腹】（ひもじいこと）ヤーサ
くうふくじにはなんでもおいしくかんじること【空腹時には何でも美味しく感じること】 ヤーサドゥ　マーハ
くうふくじのはらだち【空腹時の腹立ち】 ヤーサ　クンゾー
くうふくである【空腹である】（ひもじい）ヤーサン
くうふくでのかつえ【空腹での飢(かつ)え】 ヤーサハチリ
くうふくのいちじおさえのけいしょく【空腹の一時おさえの軽食】ヤーサ　ナウシ
くがつ【九月】 クンガチ
くがついわい【九月祝い】（旧暦の九月九日に行なう、重陽の節句）クンガチヨイ
くぎ【釘】 ハニフン
くぐりぬける【くぐり抜ける】 フキルン
くさ【草】（雑草）ザー
くさ【草】（単独では使われず「～の雑草」の形で用いられる。）ッサ（アーヌッサ・ウンヌッサ）
くさい【臭い】 ザーハン
くさきのひこばえ【草木のひこばえ】（キビの株だし）マタバイ
くさったいも【腐った芋】（虫食い状態の芋・根性の腐った人）フトゥッタ
くさったいものようなひと【腐った芋のような人】フトゥッタ　ネームヌ
くさったにおい【腐った臭い】 ザリハザ
くさのと【草の戸】（茅やススキなどで編んだ戸）トゥルックビ

くさる【腐る】 ザリルン
くさる【腐る】 フトゥッティルン
くされもの【腐れ物】 ザリムヌ
くし【櫛】 フチ
くじおたけ【公事御嶽】（首里王府の認定を受けた御嶽）クージワン
くしけずる【梳る】 キズン
くじる フズン
くすぐる グズルン
くすり【薬】 フシル
くすりゆび【くすり指】 フシルイビ
くすりゆび【くすり指】 フシルウヤビ
くすりゆび【薬指】 ナーナーンウヤビ
くせ【癖】 フシ
くそっくらえ シビックラヒャー
くそっくらえ シビッタリ
くそったれ【糞っ垂れ】 ズッサラ
くそったれ【糞っ垂れ】 ズッサリムヌ
くち【口】（言葉）フチ
くちごたえ【口答え】 フチッタイ
くちすぎ（一人分の稼ぎ）フチヌマイ
くちたっしゃになって【口達者になって】（口だけ達者で）フチバーン　ナリ
ぐちっぽいひと【愚痴っぽい人】 ギーグヤー
くちのきけないひと【口のきけない人】 アババ
くちひげ【口髭】 ワーピニ
くちびるなどがはれてまくれる【唇などが腫れて捲れる】パンクリルン
くちぶえ【口笛】 スーフキ
くちよせするみこ【口寄せする巫女】（祈祷師）ユタ
ぐちをこぼす【愚痴をこぼす】（不平を言う）ムヌユムン
くっつく フイシカルン

くっつく　フシカルン
くっつく（結婚する）シビシカルン
くっつく（一緒になる・結婚する）タックヮールン
くっつく（一緒になる・結婚する）ダックヮールン
くっつく（液体・粉末等）ママルン
くっつける（一緒にする・結婚させる）タックヮースン
くっつける（液体、粉末等を塗る）マミルン
くばがさ【クバ笠】（ビロウ（クバ）の葉で作る笠）クバーッサ
くばのはでつくったうちわ【クバの葉で作った団扇】クバヌパーオンギ
くばやまくいちぶし【久場山越路節】（八重山民謡の名）クバヤマクイチブシ
くばる【配る】（配布する）パウン
くばる【配る】（配分する）クバルン
くび【首】ヌビ
くび【首】フビ
くびからかける【首から掛ける】パクン
くびすじにこびりついたあか【首筋にこびり付いた垢】ナマシキガバー
くびをのばしてのぞく【首を伸ばして覗く】ヌビナールン
くもつ【供物】クームチ
くもつ【供物】クバン
くもつりょうりのおはつをおこすこと【供物料理のお初を起こすこと】パチウクシ
くら【鞍】（牛の鞍）クラ
くらい【暗い】ヴァーハン
くらげ【クラゲ】イラ
ぐらじおらす【グラジオラス】（花の名）（家向かいの意）ヤンカイ
くる【来る】クーン
くる【来る】フーン
くる【来る】フン
くるしい【苦しい】（辛い）クチサン

くるしむ【苦しむ】ギーリルン
くるしむ【苦しむ】ギールン
くるひもくるひも【来る日も来る日も】（毎日のように）ピッティヌピン
くるびら【クルビラ】（スズメダイの一種（魚の名））クルビラ
くるま【車】（牛に引かせる荷車のこと）クルマ
くるまぼう【車棒】（大豆などの脱穀用の農具）クルマボー
くれる【呉れる】（与える）ヴィールン
くろ【黒】ヴォーッフォ
くろい【黒い】ヴォーッフォン
くろう【苦労】（難儀）クチサ
くろきのしんのもよう【黒木の芯の模様】ウズラミー
くろざとう【黒砂糖】シタ
くろざとうせいぞうようのなべ【黒砂糖製造用の鍋】シタナビ
くろざとうのてんぷら【黒砂糖のてんぷら】シタパンビン
くろしま【クロシマ（黒島）】クルシマ
くろしまくどぅき【黒島口説】クルシマクドゥキ
くろしまどくじのひのようじんをよびかけるらいほうしん【黒島独自の「火の用心」を呼び掛ける来訪神】バンドーッサレー
くろしまのべっしょう【黒島の別称】サフジマ
くろつぐ【クロツグ】ンーマニ
くろつぐのようへいのねもとをおおっているせんい【クロツグの葉柄の根元を覆っている繊維】ブーハラ
くろはぎ【クロハギ】（魚の名）トゥカザー
くろまたー【クロマター】（西表島古見村、小浜島、新城島、石垣島宮良村などで信仰されている来訪神の名）クルマター
くわ【クワ（桑）】（木の名）ゴーナキ
くわ【鍬】パイ

くわずいも【食わず芋】(食わず芋の葉) ビンヌパー
くわでたがやすこと【鍬で耕すこと】パイウティ
くわのたいぼく【桑の大木】ゴーナキヌ ウブキー
くんがちいわいじらば(九月祝い・ジラバ)(古謡の名) クンガチヨイジラバ
くんずほぐれつなぐりあう【組んず解れつ殴り合う】ムンッサールン
ぐんばつぁー【グンバツァー】(和名不詳：蜂の一種) グンバツァー

け

け【毛】キー
けいさつ【警察】キーシチ
けいさん【計算】サンミン
けいさんをする【計算をする】(あれこれ論(あげつら)う・揚げ足を取る) ユメーッツァミルン
げいたっしゃ【芸達者】ギームチ
けいふん【鶏糞】トゥンヌッス
けいれん【痙攣】ガラシナイ
けがをすること【怪我をすること】(人の道に反すること・過ちを犯すこと) マチガイ
げし【夏至】ハーチ
けしき【景色】キシキ
げしのころのはえ【夏至のころの南風】ハーチバイ
けずる【削る】キズン
けた【桁】(縄の長さを数える単位(ピスキタ(1桁)はサンジッピル(30尋))) キタ
げた【下駄】アシッツァ
けた【桁】(桁材(梁)) キタ
けた【桁】(網を数える単位) キタ
けたあみ【桁網】キタアン
げっきつ【ゲッキツ】(植物の名) ギッカジ
げっきつのみ【ゲッキツの実】ギッカジヌナン
けっこんいわい【結婚祝い】アーニナマヨイ

けっこんする【結婚する】(味方になる・仲良くなる) グー ナルン
けっして(まったく) マタッティ
けっそん【欠損】(赤字) アカジ
げっとう【ゲットウ(月桃)】サミン
けっとう【血統】ピキ
けっとう【血統】(血筋) トゥクリ
げっとうのはな【月桃の花】サミンヌ パナ
けっとばす【蹴っ飛ばす】フンケラスン
げなん【下男】(親の借金の穴埋めとして、一定年限を金貸しの元で働いた。) ウンチュー
けばけばしいことよ(皮肉をこめて言う言葉) アザーッケヘダラ
けむし【毛虫】キームシ
けむたい【煙たい】キブサン
けむらせる【煙らせる】キブサーラスン
けむり【煙】キブシ
けむる【煙る】キブサールン
けむるにおい【煙るにおい】キブシハザ
げりする【下痢する】クダスン
けりとばす【蹴り飛ばす】キッケラスン
けりとばす【蹴り飛ばす】キリッケラスン
けりとばす【蹴り飛ばす】キリマラバスン
げりをする【下痢をする】(解毒する) サギルン
ける【蹴る】キルン

けんか【喧嘩】（言い争い）アイッカーフンカー
けんか【喧嘩】アイ
けんか【喧嘩】オーヤー
けんかさせる【喧嘩させる】（闘わせる）アースン
けんかしあう【喧嘩し合う】（言い争う）アイッツァースン
けんかする【喧嘩する】（争う）アウン
けんかする【喧嘩する】（口論する）アイフズン
けんかをさせあうこと【喧嘩をさせあうこと】アーシックナー
げんき【元気】（頑健）ガンズ
げんきである【元気である】（丈夫である）（健康状態にも、物の頑丈さにも言う）ガンズワン
げんきでない【元気でない】（体調がよくない）マイダンナーヌン
げんきになる【元気になる】（気分が甦る）スリルン
けんこう【健康】キンコー
けんこう【健康】ドゥーパダ
けんこうである【健康である】（頑丈である）ドゥーズーサン
けんこうである【健康である】（頑丈である）ドゥーズワン
けんこうのきがん【健康の祈願】ドゥーパダニガイ
げんこつ【拳骨】コーサ
けんし【犬歯】（糸切り歯）ギーパー
けんとうがつく【見当がつく】（理解出来る）アティンガーリルン
げんやでのうしのつなぎがい【原野での牛の繋ぎ飼い】ヌーガナイ

こ

こ【個】（物を数える単位）ク
こ【戸】（軒：家、所帯を数える単位）キブル
ご【五】イチ
ご【五】（五つ）グ
ご【御】（尊敬を表す）グ
こ【子】ヴァー
こい【乞い】（請い・漕ぎ）クイ
こいし【小石】グリイシ
こいし【小石】バタイシ
こいつ　クルザ
こいつ　クンザ
こいつら　クンザンケー
こいびと【恋人】（好きな人）ウムイプス
こう【乞う】（請う・求婚する）クーン
こう【功】（功（年の功）・甲（亀の甲））クー
こう【香】ハウ
こういか【コウイカ（甲烏賊）】（コブシメ）クマスムイ
こううんにめぐりあう【幸運に巡り合う】バチクヮースン
こうか【硬貨】（小銭）ハニジン
こうかいする【後悔する】ウムイヌクスン
こうかいする【後悔する】（思い悩む）ウムイヤムン
こうかいすること【後悔すること】（思い悩むこと）ウムイヤミ
こうかいのねん【後悔の念】（忘れがたい出来事）ウムイムヌ
ごうかくする【合格する】ハカルン
こうかである【高価である】ダイダカハン
こうかでうれる【高価で売れる】ダイムトゥン

769

こうかなしなもの【高価な品物】 ダイダハムヌ
こうがん【睾丸】 キンタマ
こうがん【睾丸】 クガ
こうがん【睾丸】 フグイ
こうこう【孝行】 コー
こうこう【孝行】 コーコー
こうこうくどぅき【孝行口説】（口説歌謡の名） コーコークドゥキ
こうこうのこ【孝行の子】 コッコーヌファー
ごうのもの【剛(壕)の者】 ブシ
こうさん【降参】 コーサン
こうし【子牛】 ウシェーマ
こうじきん【麹菌】 パナ
こうじつ【口実】（そぶり） ナシキ
こうじつにする【口実にする】（かこつける） ナシキルン
ごうじょう【強情】（意地っ張り） ナマガイ
こうぞう【構造】（家の構え方） ハマイヨー
こうたい【後退】 ゴシタン
こうとうぶ【後頭部】 ウソン
こうとうぶのつむじ【後頭部のつむじ】 フナドゥルヌ ズー
こうばしい【香ばしい】（芳(かんば)しい） ハヴァサン
こうびさせる【交尾させる】 ズバスン
こうびする【交尾する】 ズブン
こうふこう【幸不幸】 ウキムキ
こうふんしてふるえるさま【興奮して震えるさま】（胸がどきどきして震えるさま） キム ガタガター
こうほう【後方】 ジーナハタ
こうほう【後方】 ジーヌハタ
こうみんかん【公民館】 コーミンカン
こうむ【公務】 ウヤダル
こうむいん【公務員】 ウヤダルプス
こうむにすぐれたひと【公務に優れたひと】 ウヤダル マイフナー

こうもり【コウモリ（蝙蝠）】 ハブラー
こうもん【肛門】 シビヌミー
ごうよく【強欲】 ウブユク
こうろ【香炉】 ハウル
こえ【声】（歌声） クイ
こえだめ【肥溜め】 コイッスブン
こえる【越える】 クイルン
こーむっさ【コームッサ】（保里村の豊年祭舞踊） コームッサ
こかげ キーヌ ハイ
こがたな【小刀】（ナイフ） シーグ
こがたのたけせいのようき【小型の竹製の容器】 ミーソーキ
ごがつ【五月】 グンガチ
こがらでやせているひと【小柄で痩せている人】 グジラ
こがらでやせているひと【小柄で痩せている人】 グジリムヌ
ごきげんいかがですか【ご機嫌いかがですか】（お元気でいらっしゃいますか） ミサーリワールン
ごきげんいかでいらっしゃいますか【ご機嫌如何でいらっしゃいますか】 ヌーバシーワーラ
ごきぶり【ゴキブリ】 ヤマッタ
こぎれいな【小奇麗な】（こざっぱりした・清潔な） アザーッケヘン
こぐ【漕ぐ】 クーン
こくとうをつめたたる【黒糖を詰めた樽】 タルガー
こくとうをはんばいするときのかたのひとつ【黒糖を販売するときの型の一つ】 パタガー
こくもつのはつほ【物の初穂】 プバナ
ここ クマ
ごご【午後】 ピスマンアトゥ
ごこく【五穀】 ググク
ごこくのしゅし【五穀の種子】 ググクムヌダニ

こころ【心】(心持) キムククル
こころがみだされる【心が乱される】キムスクッツァーラスン
こころぐるしい【心苦しい】(気が引ける) ドゥングリサン
こころづよい【心強い】キムズーワン
こころづよい【心強い】キムズワン
こころにもないえんりょ【心にもない遠慮】(必要以上の遠慮) ハヴァシブン
こころばえ【心延え】(心の内・表情) イル
こころをあわせる【心を合わせる】キム シナースン
こころをひとつにあわせること【心を一つに合わせること】キムピシチ
ごさい【後妻】アトゥトゥジ
こざら【小皿】ハユキ
こし【腰】クシ
こし【腰】ヨーラ
こしお【小潮】ハラズー
こしらえる【拵える】(準備する) スコールン
こしらえる【拵える】(主に魚の扱いについて言う) バザウン
こじらみ【子虱】ミジラン
ごじる【呉汁】ゴージル
ごじる【呉汁・豆汁】シリキシマミヌ スー
こしをすえる【腰を据える】(土台を固める) ンダミルン
こずえ【梢】スラパンタ
こずえ【梢】(先端・将来のこと) スラ
こぜに【小銭】クージン
ごぜん【午前】ピスマンウチ
ごせんぞさま【ご先祖様】ウヤグヮンス
ごせんぞさま【ご先祖様】ウヤパーフジ
ごせんぞさま【ご先祖様】ウヤプス
こそだてのまっさいちゅう【子育ての真っ最中】シカナイパンタ
こたえ【答え】(応え・返答) イライ
こたえる【答える】(応じる) イライルン

ごちそう【ご馳走】コッチ
ごっふぁ【ゴッファ】(擬態語。：拳骨をしたとき、または、されたときの音の擬態語) ゴッファ
ごっふぁごっふぁ【ゴッファゴッファ】(擬態語) ゴッファゴッファ
こつぶのくろざとうなど【小粒の黒砂糖など】クマハキ・クマギ
ことし【今年】クトゥシ
ことなること【異なること】クティ
〜ごとに【〜毎に】〜ハージ
ことば(した)がもつれる【言葉〈舌〉がもつれる】シタックバリルン
ことば(した)のもつれ【言葉(舌)のもつれ】シタックバリ
ことば【言葉】(物言い) ムヌイ
こども【子ども】ヤラビ
こどもがかんじょうをがいして、ふきげんになりぐずること【子どもが感情を害して、不機嫌になりぐずること】ハジマール
こどもじぶん【子ども時分】(子どものころ) ヤラビパダ
こどもっぽい【子どもっぽい】(幼稚である) ヤラビッサハン
こどもっぽいひと【子どもっぽい人】(幼稚な人) ヤラビッファーマ
ことわる【断る】クトゥバルン
こな【粉】クー
この クヌ
このかてい【この家庭】クッツェ
このひとたち【この人たち】クッツァ
このましいこと【好ましいこと(非常に)】(羨ましいこと) イラスザー
こばえ【コバエ(小蝿)】シーバイ
ごはん【ご飯】ウボン(ウバンとも)
ごはんをむしてみずけをぬく【ご飯を蒸して水気を抜く】ピサスン
こぶまき【昆布巻き】クブマキ
ごぼう【ゴボウ】グンボー

ごま【ゴマ（胡麻）】グマ
こまかくわける【細かく分ける】（小分けする）クバミルン
こまる【困る】（困窮する）キッパマルン
こめ【米】（稲）マイ
こめのごはん【米のご飯】マイヌウバン（マイヌウボンとも）
こめのめし【米の飯】マイヌイー
こめる【籠める】クミルン
ごもくたきこみごはん【五目炊き込みご飯】（旧盆の迎え日に祖霊に供えるもの）ンカイズーシ
こもり【子守】バームリ
こもり【子守】バームル
こもり【子守り】ヴァームリ
こもる【籠る】クマルン
こやしかぶれ【肥やし気触れ】（肥やしによりかぶれること）コイマキ
こやしようのひしゃく【肥し用の柄杓】コイハマサ
こやまご【子や孫】ヴァーマー
こやまごたち【子や孫たち】ヴァーマンキ
こゆび【小指】グマイビ
こゆび【小指】グマウヤビ
こゆび【小指】ミンクジェーマ

こらしめる【懲らしめる】クラスン
これ。（近くの人・物・事などを指す）クリ
これいじょうはないというじょうたい【これ以上はないという状態】ハイバーキ
これいじょうはないよなあ【これ以上はないよなあ】ハイバーキラー
これっぽっち　アイタンカ
これっぽっちのこと（たったそれだけのこと）アイタンカヌ　クトゥ
これは　クレー
ころびまろび【転び転び】クルビマラビ
ころぶ【転ぶ】クルブン
こわす【壊す】キュースン
こわれる【壊れる】キューリルン
こをうまないこと【子を生まないこと】（人にも動物にも言う）ヤジマル
こんき【根気】（気力）クンチ
こんけつじ【混血児】（混血の人）マンツァー
こんちくしょう　アギゼー
こんちくしょう　コッタル
こんど【今度】クンドゥ
こんぶ【コンブ（昆布）】クブ
こんまけする【根負けする】（へこたれる）ガーブリルン
こんや【今夜】（今晩）ニッカ

さ

ざ【座】（座敷）ザー
さーばる【サーバル】（東筋から保里へ通じるイサラ道と伊古村の間の地名）サーバル
ざーひらき【座開き】ザーピラキ
さい【菜】（お茶請けや酒のつまみなど）サイ
ざい【ザイ】（舞踊の採り物で白紙や色紙を末広に折って、篠竹の先に結びつけたもの）ザイ
さいかい【最下位】（最後尾）ビリ
さいきん【最近】（この間）クナレー
さいこうび【最後尾】シタッチビ
さいごには【最後には】トーッティンナー
さいごのちから【最後の力】（後半の力量）アトゥガー
さいしあるおとことかんけいをもつおんなをひなんべつしてつかうことば【妻子ある

男と関係を持つ女を非難・侮蔑して言う言葉】ハイバー
さいしぎょうじ【祭祀行事】キザル
さいしぎょうじ【祭祀行事】キザン
さいぜっちょうき【最絶頂期】サラバンジン
さいねんちょうのおじ【最年長の伯父】ウブイザ
さいねんちょうのおば【最年長の伯母】ウボーブ
さいのう【才能】サイ
さいのう【才能】（要領）タムキ
ざいばん【在番】（琉球王国時代に首里王府から宮古、八重山に派遣された行政長官）ザイバン
さいぶまでていねいに【細部まで丁寧に】クマークマ
さいぶんかする【細分化する】クバミルン
ざいもく【材木】ザイギ
ざいもくのきりだしなかま【材木の伐り出し仲間】ヤマアウ
ざいらいしゅ【在来種】ザイライ
ざいをとりものにしたおどり【采配を採り物にした踊り　ザイブドゥン
〜さえ（〜すら）サーキ
さえずる　フキルン
さお【竿】サウ
さお【竿】ソー
さおさし【竿差し】（竿を差す人・爬竜船の先頭で竿を差す人）ピーゾー
ざおち【ザオチ】（ページワン（比江地・比屋地御嶽）の通称）ザオチ（ザワチとも）
さおはさみ【竿挟み】（台風対策として、板戸を固定すること）サウパサン
ざかー【ザカー】（和名不詳：木肌の白っぽい亜高木。木質は柔らかく有用木ではない）ザカー
さかえ【栄え】（繁盛）サカイ
さかえさせる【栄えさせる】（植物の苗を増やす）サカラスン
さかえる【栄える】（繁盛する）サカイルン
さかえる【栄える】（植物が繁茂する）サカルン
さがす【探す】（求める）トゥミルン
さかずき【盃・杯】サーシキ
さかな【魚】イズ
さかな【肴】ウサイ
さかなじる【魚汁】イズヌ　スー
さかなのえさ【魚の餌】（魚釣り用の餌）イズヌ　ムンダニ
さかなのきもをいれたさしみ【魚の肝を入れた刺身】キムダリナマシ
さかなのすみか【魚の住み処】ヤナー
さかなのてんぷら【魚のてんぷら】イズヌパンビン
さかなのほねがおおい【魚の骨が多い】プネーマサン
さかなのめだま【魚の目玉】ミッカブン
さかなをちゅうどくさせるくさ【魚を中毒させる草】イズベーシッサ・ミザサ
さかなをはこぶさいにいっぴきづつえらからくちにとおすひものこと【魚を運ぶ際に一匹ずつ鰓(えら)から口に通す紐のこと】ティープスイ
さがる【下がる】（ぶら下がる）ザールン
さき【先】（先着）（副）先に・先になって）シダキ
さきしまあおへび【サキシマアオヘビ】（アオダイショウ）アウナザ
さきしまはぶ【サキシマハブ】（ハブの名）マームヌ
さきに【先に】（前もって）ヒダキ
さきほど【先ほど】キサーッタ
さくもつのないはたけ【作物のない畑】ナーパタキ
さくもつやくさきがゆたかにはんもしている【作物や草木が豊かに繁茂している】ダブラハン

さぐる【探る】サグルン
さけ【酒】サキ
さけ【酒】（御酒：神や先祖に捧げる酒の尊敬語）グーシ
さけつぼ【酒壺】サキスブ
さけのすきなひと【酒の好きな人】サキゾーグ
さけぶ【叫ぶ】ウンゲールン
さげる【下げる】（吊るしておく）サイルン
ざことりりょう【雑魚捕り漁】ザコートゥヤー
さしがね【差し金】（曲尺）バンゾンガニ
さしにがん・あゆ【さしに蟹・アユ】（古謡の名）サシニガンアユ
さしみのつま【刺身の具】ナマシヌ　グー
さす【刺す】ズーン
さす【刺す】（刺される）ザーリルン
さそり【サソリ（蠍）】ボーマレ
さっき【先】（先ほど）キサ
さっさと　ガンガンッティ
さっさと　バザラーッティ
ざっそう【雑草】ザダニ
さっと（ただちに）ザルッティ
さて（さあ）サッティ
さて（さてと）サーッティ
さても（いやはや）サッティム
さとうあめ【砂糖飴】（黒糖あめ）アミ
さとうきび【サトウキビ】シンザ
さとうきびのしぼりがら【サトウキビの絞り殻】ガラ
さにち【サニチ】（旧暦三月三日の行事（桃の節句））サニチ
さにちまつり【サニチ祭り】（旧暦の三月三日に祖霊に健康祈願をする）サニチマチリ
ざのもりあげやく【座の盛り上げ役】ザームチ
さばく【捌く】（問いただす）パバクン
さばに【サバニ】（漁業用の板船）サバニ

さび【錆】サビ
さびしい【寂しい】シカラハン
さびしい【寂しい】（心細い・頼りにならない・落ち着かない）キムシカハン
ざまーみろ【ざまー見ろ】イーバー
さむ【サム】（男性の名）サム
さむい【寒い】ピーヤン
さむくてふるえる【寒くて震える】クバリルン
さむさでとうしまたはかししたさかな【寒さで凍死または仮死した魚】ピラクイズ
さむさでとうしまたはかししたさかな【寒さで凍死または仮死した魚】ピラクヤー
さめたみず【冷めた水】（冷たい水）ピーミジ
さら【皿】サラ
さら【皿】パチ
ざらざら【ザラザラ】（擬音語：物の擦れる音）ザラザラ
ざりむし【ザリムシ】（和名は不明：昆虫の名：臭い虫、腐れ虫）ザリムシ
さる【申】サン
さる【申】（十二支）サル
ざる【笊】ティル
さるどし【申年】サディ
さるどしうまれ【申年生まれ】サディマリ
ざわち【ザワチ】（比江地・比屋地御嶽（ページワン）の通称）ザワチ（ザオチとも）
さわら【サワラ】（魚の名）サーラ
さわり【障り】（災厄）サビ
さわる【触る】サールン
さわる【触る】ハサミルン・パサムン
ざをもりあげる【座を盛り上げる】ザー　アツァスン
さんがつ【三月】サンガチ
さんがつみっか【三月三日】（桃の節句）サンガチャー
さんご【珊瑚】ウル
さんごせきにおおわれたへいたんなじょうた

い、ちいき【珊瑚石に覆われた平坦な状態、地域】ピザライ
さんごのおいわい【産後のお祝い】（母子ともに）ソージバライ
さんざん～してしまう【散々～してしまう】ッツァースン
さんざんにやぶる【散々に破る】ヤリッツァースン
さんざんまちがえる【散々間違える】マチガイッツァースン
さんじゅうさんねんき【三十三年忌】（最後の法事）アギヌ　ソッコー
さんじゅうさんねんきのしょうこう【三十三年忌の焼香】トゥムライソッコー
さんじょ【産所】（産褥）シラ
さんじょようのまき【産所用の薪】シラタンムヌ
さんしん【三線】サンシン
さんしんをばんそうしてうたううた【三線を伴奏にして歌う歌】サンシンウタ

さんなん【三男】サンナン
さんにん【三人】ミツァーン
さんぬぱ【サンヌパ】（申（さる）の方角：西南西）サンヌパ
さんねん【三年】（再来年）ミーティ
ざんねん【残念】（惜しいこと）イナムヌ
さんば【産婆】サンバ
さんぱつ【散髪】ダンパチ
さんばんうらざ【三番裏座】サンバンウラザ
さんばんざ【三番座】サンバンザ
さんばんどりのなきごえ【三番鶏の鳴き声】（夜明けを告げる鶏の三番目の鳴き声）サンバンドゥリ
さんばんめのあね【三番目の姉、または末の姉】ンーナマ
さんぼう【三方】サンボー
さんまいなべ【三枚鍋】（大型の鍋）サンマイナビ

し

じい【自慰】ティーマラ
じいさん【爺さん】アブゼーマ
じーじ【ジージ】（祖父を指す幼児語）ジージ
じーぬしきやー【野底家】（屋号：後ろの野底家の意）ジーヌシキヤー
しうんてん【試運転】ションテン
しお【塩】マース
しお【潮】（海水）ウブス
しお【潮】（潮時）スー
しおがひく【潮が引く】スーヌ　ピスン
しおがみつこと【潮が満つこと】スーフクン
しおから【塩辛】（塩漬け）アーシ

しおづけ【塩漬け】スーシキムヌ
しおづけにする【塩漬けにする】スーシキルン
しおづけする【塩漬けする】アーシシキルン
しおどき【潮時】シトゥキ
しおどき【潮時】（物事を成すのに適当な時間、または時期）スーシトゥキ
しおどめ【潮止め】スードゥミ
しおのなかをはしる【潮の中を走る】スーキスン
しおのびしょう【塩の美称】ナンザマース
しおひがり【潮干狩りかり】アサルゴー
しおみず【潮水】スーミジ

しおれる【萎れる】シビリルン
しかける【仕掛ける】シーハキルン
じかた【地方】（地謡）ジーポー
しがつ【四月】シンガチ
しかと（確かに・十分に）シカイットゥ
しかられる【叱られる】（怒られる）イザリルン
しかりつける【叱りつける】イジフズン
しかりつける【叱りつける】イジマラバスン
しかりつける【叱りつける】（怒鳴りつける）アダースン
しかりつけること【叱りつけること】（怒鳴りつけること）アダーシ
しかる【叱る】（怒る）イズン
じかん【時間】（暇）キドゥ
じかんがかかること【時間がかかること】ピマダーリ
しきい【敷居】シキ
しきってぃやー【比屋定家】（屋号）シキッティヤー
しきもの【敷き物】シキムヌ
しきもののしいていないいたゆかやいたのえん【敷物の敷いてない板床や板の縁】ナーフンツァ
しく【敷く】シクン
じけい【次兄】ナハシェー
しけん【試験】シキン
しごと【仕事】ザーク
しごとがすばやい【仕事が素早い】（器用である）ティーパーハン
しごとなどがふしゅびにおわる【仕事などが不首尾に終わる】パンクリルン
しごとのふりわけ【仕事の振り分け】ニークバン
しごとをかたづける【仕事を片付ける】アウマスン
じこはんせい【自己反省】ウチアタイ
しざま【為様】（仕種・草）ザンマイ

ししぼう【獅子棒】（獅子舞の前に行なわれる棒演舞）シーシボー
ししぼうのぼう【獅子棒の棒】ジンボー
ししまい【獅子舞い】シーシ
ししゃのれいがこのよにのこらないようきがんするぎょうじ【死者の霊がこの世に残らないよう祈願する行事】ヌギパー
じじゅ【耳珠】ミンツォイ
ししょうじ【指小辞】ナマ
じしん【地震】ナイ
しずめる【鎮める】ヤーラキルン
じせつ【時節】（時期・年頃・年齢）パダ
しそ【紫蘇】シーソ
〜しそう プソー
しぞく【士族】ユカラプス
〜しそこなう マキルン
〜しそこなう【〜し損なう】（〜し過ごす）スンガスン
した【下】（下方）ザーラ
した【舌】シバ
〜したい シーッツァン
〜したい ピサン
しだいに【次第に】（徐々に）シンダイ
しだいに【次第に】（だんだん・ますます）タータ
したぎをつけないじょうたい【下着を着けない状態】マルバイ
したく【支度】（用意・準備）シタク
したくきん【支度金】シカイパー
したくちびる【下唇】ザーッチバ
したたる【滴る】シタダリルン
しちねん【七年】ナナティ
しっかり（きっちり）ハセーッシ
しっかりしている（真っ当である）マープカラサン
しっかりと（確かに）ガンッティ
しっかりと（甚だ）スーク
しっくい【漆喰】ムチ
〜しつくして バッティ

じつげんさせる【実現させる】（成就させる・うまくいかせる）ミーナスン
じつげんする【実現する】（成就する・うまくいく）ミーナルン
じっこうしてみせる【実行してみせる】シーミシルン
じっこうする【実行する】シーミルン
しったかぶりのものいい【知ったかぶりの物言い】クサムヌイ
じっとしている（何もせずぼんやりしている）スクマリルン
じっとしている（何もせずぼんやりしている）スクマルン
しっとぶかいひと【嫉妬深い人】（焼き餅焼き）リンチャー
じつに（案の定・思った通り）マサーマサー
しっぽ【尻尾】ズー
〜しづらい（〜することが難しい）ヌッサン
〜してください（〜していただけませんか）タボーン　ナーラ
〜してくださる　タボールン
〜してしまう　トゥバスン
〜してしまった　ナーヌ
〜してしまった　ナーヌン
〜してしまった　パレーッス
〜してしまった（〜になってしまった）ヤッス
してみたい　シーピサン
〜してみる　シーミルン
〜しても（〜であっても）バン
してやられた　シーラリヤン
〜してよいか　シーミサン？
しとげる【し遂げる】（完遂する）シーユースン
しとしと　シトゥルシトゥル
〜しないで（〜せずに）スクン
〜しながら（〜しつつ）ターナ
しぬ【死ぬ】シヌン

しぬほどなんぎなこと【死ぬほど難儀なこと】シニアワリ
しのこす【し残す】（持て余す）アマスン
じばた【地機】イザリバタ
しはらう【支払う】パラウン
しばりつける【縛り付ける】ハラマクン
しばる【縛る】（括る）フビルン
しびまきふにん【シビマキフニン】（和名不詳：ミカンの一種）シビマキフニン
しびれる　ピビラクムン
しびれる【痺れる】シビリルン
しぶ【渋】シブ
しぶい【渋い】シビヤン
じぶん【自分】ウナ
じぶん【自分】（身体）ドゥー
じぶんかって【自分勝手】ウナハッティ
じぶんかって【自分勝手】ドゥーハッティ
じぶんだけ【自分だけ】（自分一人で）ウナタンカ
じぶんだけ【自分だけ】（自分一人で）ドゥータンカ
じぶんのおこないでそんすること【自分の行ないで損すること】。ドゥーズン
しへい【紙幣】（紙銭）ハビジン
しぼる【絞る】（圧搾する）スブルン
しま【島】（故郷）シマ
しまあじ【シマアジ】（魚の名）ガーラ
しまおおたにわたり【シマオオタニワタリ】ヤマプツォン
しままわりじらば【島廻り・ジラバ】（古謡の名）シママーリジラバ
しまやまひはつ【シマヤマヒハツ】（植物の名）ナビッツァビ
じまんばなし【自慢話】ドゥープミ　パナシ
しみ【染み】シミ
しめきる【閉めきる】（厳重に閉じる）フイッカムン
しめた（でかした）バチクワイ

しめる【閉める】フーン
しめる【閉める】フウン
しゃくし【杓子】（おつゆを掬いとる台所用具）スーピナイ
しゃくしめー【シャクシメー】（凧揚げに用いる蝶形の遊具）サクシメ
じゃぐち【蛇口】（注ぎ口）ビー
しゃこがい【シャコガイ】（中型のもの）ニーワー
しゃこがいのいっしゅ【シャコガイの一種】イシギラ
しゃこがいのきょだいなから【シャコガイの巨大な殻】アザィナク
しゃっきん【借金】（負債）ウカ
しゃっきんのためにむすこやむすめをいっていきかん、かしぬしのもとでほうこうさせること【借金のために息子や娘を一定期間、貸主のもとで奉公させること】ヤトゥイ
しゃっきんをおう【借金を負う】ウカハヴゥン
しゃっきんをせおっているひと【借金を負っている人】ウカハヴィムヌ
しゃぶる（吸う）シビルン
しゃまである【邪魔である】シカッテマサン
しゃみせん【三味線】サミシン
しゃみせんえんそうのぜんそう・かんそう・こうそうのこと【三線歌演奏の前奏・間奏・後奏のこと】ウタムチ
しゃみせんのこま【三線の駒】ンーマ
しゃみせんのどうのしぶはり【三線の胴の渋張り】シブバリ
しゃもじ【杓文字】ユーピナイ
しゃもじ【杓文字】（杓子）ピナイ
しゃもじ【杓文字】（大型のしゃもじ：飯用）イビラ
じゃり【砂利（小石）】バラス
じゅう【十】トゥー
しゅうい【周囲】パタマール

しゅうい【周囲】パタマーン
しゅうかいじょ【集会所】（往事の集会施設）シークバ
しゅうかいじょ【集会所】（集合場所）スライズ
しゅうかくしのこしたいもがめをだしているもの【収穫し残した芋が芽を出しているもの】ムイウン
しゅうかくする【収穫する】ムルン
しゅうぎ【祝儀】（祝意を表すための金品）ヨイムヌ
しゅうぎのいっしゅ【祝儀の一種】マースデー
じゆうきままなまい【自由気ままな舞い】（乱舞）モーヤー
しゅうごう【集合】スライ
じゅうじろ【十字路】シジ
じゅうそう【重曹】アンツォ
じゅうそくさせる【充足させる】タラースン
じゅうたくともんとのあいだにあるいしがき【住宅と門との間にある石垣】ナハグスク
じゅうばこ【重箱】ズーブク
じゅうばこづめのりょうりやもちなどのいちぶをさらにとりわけてかざること【重箱詰めの料理や餅などの一部を皿に取り分けて飾ること】フチウクシ
じゅうぶんに【十分に】（すっかり）メーッティ
じゅうぶんに【十分に】（相当に・甚だ）ユカラスク
じゅうぶんに【十分に】（立派に・上等に）ゾーブンニ
じゅうぶんにじゅくしたいも【十分に熟した芋】クーフキウン
しゅうまんぼうしゅ【小満芒種】スーマンボースン
しゅうらく【部落】（村落・部落）ムラ
しゅうりょうする【終了する】（卒業する・

職責を免れる）ユリルン
じゅえき【樹液】キーヌ　シル
じゅくさせる【熟させる】ウーマスン
じゅくしてしぜんにおちる【熟して自然に落ちる】アイウティルン
じゅくすいする【熟睡する】ターリルン
じゅくする【熟する】アイルン
じゅくする【熟する】ウームン
じゅくする【熟する】ウンタリルン
じゅくすること【熟すること】ズク
じゅごん【ジュゴン】ザン
しゅじゅつ【手術】シリツ
じゅもく【樹木】キー
じゅんちょう【順調】（まとも）ズンツォー
じゅんちょう【順調】（正常・真実・本物）ズン
じゅんびをととのえる【準備を整える】（競争に備える）ヌシキルン
じゅんぷう【順風】（追い風）ジンプー
じゅんりえき【純利益】（費用を差し引いた残り）ズンモーキ
じょいん【女陰】ボボ
しょう【升】（容積を表す単位）ス
しょうが【ショウガ（生姜）】ソンガ
しょうがつ【正月】ソンガチ
しょうがつにまくあたらしいすな【正月に庭に撒く新しい砂】ソンガチイノー
しょうがつゆんた【正月・ユンタ】（古謡の名）ソンガチユンタ
しょうがつようのふく【正月用の服】ソンガチキン
しょうがつようのぶた【正月用の豚】ソンガチワー
しょうがつようのまき【正月用の薪】ソンガチタンムヌ
じょうきをいっしたもの【常軌を逸した者】（頭の少しおかしい人）ハニパンティムヌ
じょうきをいっする【常軌を逸する】（頭が少しおかしくなる）ハニパンティルン

しょうこ【礁湖】イノー
しょうご【正午】（ひるま）ピスマ
しょうじ【障子】ソージ
しょうしゅうれいじょう【召集令状】アカフダ
しょうしょうなみかぜのたっているじょうたい【少々風波の立っている状態】ナンツァハン
じょうず【上手】（巧みなこと）ゾージ
しょうちにあるがんしょう【礁池にある岩礁】グー
じょうとう【上等】（立派）ゾートゥ
じょうとうなくさ【上等な草】マーッサ
しょうばい【商売】ハキナイ
しょうばいにん【商売人】ハキナイプス
しょうばいのくちあけ【商売の口開け】ミーグチ
しょうひん【商品】ハキナイムヌ
しょうぶ【勝負】スーブ
しょうべん【小便】シバン
しょうべんくさい【小便臭い】シバンッサハン
しょうゆ【醤油】シタッティ
しょうゆがめ【醤油瓶】シタッティハミ
しょうゆくみとりざる【醤油汲み取り笊】シタッティヌファ
しょうゆのかす【醤油の粕】シタッティヌハシ
しょうわるなやつ【性悪なやつ】（ずる賢い人・狡猾な者）ウンタマ
しょか【初夏】（若夏）バハナチ
しょかいのじょそう【初回の除草】アラッサ
しょく【食】（食事を数える単位）キ
しょくじようのしかくのたかいおぜん【食事用の四角の高いお膳】タカジン
しょくべに【食紅】（慶事の時の赤飯用の食紅）アカクー
しょくもつをいれるふたのついたかご【食物

を入れる蓋のついた籠】イジン
しょくもつをよりごのみする【食物を選り好みする】ムヌフダクン
しょくようあぶら【食用脂】アヴァ
じょじ【女児】ピーマ
じょじ【女児】ピシー
じょじのあいしょう【女児の愛称】ピセーマ
じょせいのせいき【女性の性器】（女陰・性交・交接）ピー
じょそうする【除草する】ソールン
しょっぱい【塩っぱい】ハラハン
しょなのか【初・七日忌】アラナンカ
しょばつ【処罰】（厳しい躾）アーシ
しょばつする【処罰する】（厳しく躾ける）アーシシキルン
しょもつ【書物】（教科書）シンムチ
しょもつをよりごのみするひと【食物を選り好みする人】ムヌフダキプス
しらが【白髪】ザイ
しらない【知らない】（分からない）ザヌン
じらば【ジラバ】（無伴奏で歌われる古謡の一つ）ジラバ
しらほ【白保】（石垣島の部落名）ザブ
しらみ【シラミ（虱）】ザン
しらみのたまごがふかしたあとのぬけがら【虱の卵が孵化したあとの脱け殻】シディゲーサ
しらみのたまごがふかするまえにかみのけについているもの【虱(しらみ)の卵が孵化(ふか)する前に髪の毛に付いているもの】ナリゲーサ
しらんふり【知らんふり】ザーンフォーン
しり【尻】（最後尾）シビ
しりしり【シリシリ】（擬音語：しとしと等）シリシリ
しりぞける【退ける】（片づける）マダキルン
しりたぶ【尻臀】シビダン
しりたぶのひんじゃくなひと【尻臀の貧弱な人】シビシビラー
しりょ【思慮】（分別・知恵）ウムハトゥ
しりょ【思慮】（智恵）ソー
しりょすること【思慮すること】（憂慮すること）ムヌハンガイ
しる【汁】シル
しる【汁】スー
しる【知る】ゼーン
しるかけごはん【汁掛けご飯】シルハキ
しるし【徴】（紋(もん)）パン
しるなべ【汁鍋】スーナビ
しろ【白】（純白）ゾーッソ
しろい【白い】ゾーッソホン
しろい【白い】ゾーホン
しろばなせんだんぐさ【シロバナセンダングサ】（タチアワユキセンダンクサ・ハイアワユキセンダングサなど）（草の名）ムチレーッサ
しろばなせんだんぐさ【シロバナセンダングサ】（草の名）ムチライサ
しろまたー【シロマター】（来訪神の名：西表島古見村で信仰されている）シルマター
しん【新】（新暦）シン
しん【芯】シン
じんかく【人格】プスマシ
しんくうじょうけつりょうほう【真空浄血療法】（瀉血によって悪血を取り除く民間療法）ブーブー
しんぐようのむしろ【寝具用の蓆】パダムス
しんけんなかんがえ【真剣な考え】ズンハンガイ
しんこきゅう【深呼吸】ウブイキ
しんじょうをうったえる【心情をうったえる】ハザルン
しんせき【親戚】ウヤク
しんせきづきあい【親戚づきあい】ウトゥ

ザピライ
しんぞく【親族】（身内の者・間柄）マガラ
しんそこ【心底】（本心）シン
しんだふり【死んだふり】シニマービ
しんちくをしているいえ【新築をしている家】ヤースクリヤー
しんちょうする【新調する】（手に入れる）アラスン
しんちょうにおこなう【慎重に行う】（緊張する・かしこまる）パダ　シズマルン
しんねん【新年】ミートゥシ
しんねんのしごとはじめ【新年の仕事始め】パチウクシ
しんの【真の】（本当の）ズン
しんの【真の】（本当の・立派な）ソー
しんのないてんぷら【芯のないてんぷら】ナーパンビン
しんぱい【心配】（配慮）シワー
しんぱん【審判】シンバン
しんぶつにきがんする【神仏に祈願する】ウヤーンティズン
しんぶつにそなえるこめ【神仏に供える米】パナングミ
しんまいなび【シンマイナビ】（大型の鍋：四枚鍋の意）シンマイナビ
しんみつである【親密である】ムイサン
しんめ【新芽】ビチン
しんゆう【親友】パナヌミー
しんりょうしょ【診療所】イサヌヤー
しんるい【親類】ウトゥザ
しんるい【親類】ウトゥザマリ
しんれきのしょうがつ【新暦の正月】ヤマトゥソンガチ
しんれきのしょうがつ【新歴の正月】シンヌ　ソンガチ

す

す【ス】（人・事・物を表す形式名詞）ス
す【酢】アマザキ
す【酢】パヤーン
す【巣】シー
すいえい【水泳】オンダー
すいえいきょうそう【水泳競争】ウイスーブ
すいそう【水槽】タンク
すいひ【水肥】ミジンゴイ
すいひいれのおけ【水肥入れの桶】コイタング
すいもの【吸い物】シームヌ
すう【吸う】フクン
すーり【スーリ】（掛け声）スーリ
すえたにおい【饐えた臭い】シーリハザ
すえっこ【末っ子】（男女ともに言う）ウシトーマ
すえっこのおば【末っ子の叔母】バッパ
すえのおば【末のおば】ボーマ
すえる【据える】ビシルン
すえる【饐える】シールン
すかす【賺す】（おだてる）シカスン
すがた【姿】（様子）シナタ
すき【鋤】ヤマ
すぎいた【杉板】シギイツァ
すきっぱら【すきっ腹】ヤーサバタ
すぐ（すぐに）フタキナ
すくう【掬う】（掬い取る）スクゥン
すくない【少ない】イシカハン
すくなくても【少なくても】イシカハーラバン
すぐに（さっさと）エイエイッティ

すぐに（さっさと）エイッティ
すぐれたもの【優れた者（物）】ハナイムヌ
すぐれている【優れている】（強くなる・成長する）スーリルン
すごい（素晴らしい・優秀な・立派な）キムビヤン
すごいこと（素晴らしいこと・優秀なこと）キムビヤ
すごいひとまたはもの【凄い人、または物】（規格外の優れた人や物を言う）キムビ　ムヌ
すこし【少し】（わずかな）（物の量にも時間の長さにも言う）イメーミ
すこし【少し】（主に物の量に対して用いた）イベービ
すこしずつ【少しずつ】イベービナ
すこしずつ【少しずつ】イメーミナ
すこしの【少しの】シントゥ
すこしも【少しも】（ちっとも・さっぱり）ムサットゥ
すごもりしているにわとり【巣篭りしている鶏】（卵を温めている鶏）スーマリドゥン
すじあら【スジアラ】（魚の名）アカジンミーバイ
すすき【ススキ】ドゥシキ
すずしい【涼しい】ピーラケヘン
すずめ【スズメ（雀）】フナドゥル
〜ずつ（〜あて）ナー
ずつう【頭痛】アマジヌ　ヤン
すっきりと　パシットゥ
ずっと（いつも）トゥーシ
すっぱい【酸っぱい】シーヤン
すてる【捨てる】シティルン
すな【砂】イノー
すなじ【砂地】イノージー
すなじ【砂地】ハニクジー
すね【脛】シニ

すねる【拗ねる】（べそをかく・機嫌をそこねる）トーミルン
すねるひと【拗ねる人】（べそかき）トーミブサー
すばしこい（敏捷である）ハラバッサン
すばん【初番】（「結願祭」の開幕を飾る奉納芸の一つ）スバン
ずぶぬれ【ずぶ濡れ】ヴゥッツヴゥリ
ずぶぬれになる【ずぶ濡れになる】ヴゥッツヴゥリルン
すべて（全部）ビッティ
すべて（全部）ムッティ
すべて（全部）ムルッティ
すべて【全て】ビーッティ
すべりひゆ【スベリヒユ】（雑草の名）ミンナ
すべりやすい（なめらかである）ナブラッサン
すべる【滑る】シズリルン
すませる【済ませる】ウチナスン
すませる【済ませる】シマスン
すみ【炭】タン
すみ【墨】シン
すみっこ【隅っこ】（奥まった所）ガマ
すみつぼ【墨壺】（墨汁を入れた舟型の壺）シンスブ
すむ【済む】（終わる）シムン
すむ【住む】シムン
すもう【相撲】シマ
〜すら（〜くらい・〜ほど・〜だけ）スク
すりこぎ【擂粉木】（「ダイパヌシン」とも言う）ダイパヌシル
すりばち【擂鉢】ダイパ
する　シールン
すわる【座る】ビルン
すん【寸】（尺貫法の長さの単位）スン

せ

ぜい【税】(税金) ゾーナ
せいえん【製塩】(製塩業) マーススクリ
せいえんごや【製塩小屋】マースヤー
せいえんようのなべ【製塩用の鍋】マースナビ
せいえんようのまき【製塩用の薪】マースタンムヌ
せいかつがとんでゆたかなこと【生活が富んで豊かなこと】(裕福・富裕) ユチク
せいけつさ【清潔さ】アザーッケ
せいけつさ【清潔さ】アザーッケヘ
せいけつにせよ【清潔にせよ】アザーッキリ
せいごいっかげつめのひ【生後一か月目の日】マンサン
せいこんつきる【精根尽きる】キタンシキルン
せいざ【正座】ピニシキビリ
せいしんがわるい【精神が悪い】(愛情がない・思い遣りがない) キムフクリサン
せいしんがわるい【精神が悪い】(愛情がない・思い遣りがない) キンフクリサン
せいしんがわるい【精神が悪い】(愛情がない・思い遣りがない) キンフコホン
せいちょうする【成長する】フドゥビルン
せいとうこうじょう【製糖工場】シートゥヤー
せいねん【青年】セーネン
せいねんいわい【生年祝い】ソーニヨイ
せいねんがっぴ【生年月日】セーネンガッピ
せいりする【整理する】(奇麗にする) サバクン
せいろがん【正露丸】(薬の名) セーロガン
せいろんべんけい【セイロンベンケイ】(草の名) トーシキ
せいをだす【精を出す】(元気を出す) イジンザスン
せおう【背負う】ハサイルン
せき【咳】ザーク
せきうん【積雲】ヌリクム
せきこむ【咳き込む】(咳払いをする) グミクン
せきにんをたにんのぶんまでひきうける【責任を他人の分まで引き受ける】(尻ぬぐいをする・弁償する) アンパクン
せきにんをなすりつける【責任をなすりつける】アンパカスン
せきにんをなすりつける【責任をなすりつける】。オースン
せきはん【赤飯】アカマイ
せきめん【赤面】アカジラー
せきゆ【石油】シキユ
せきゆらんぷ【石油ランプ】ランプ
せけん【世間】シキン
せすじをのばす【背筋を伸ばす】(真っ直ぐに伸びる) ヌビシキルン
せたけ【背丈】(体格) フドゥ
せつ【節】(節祭り) シチ
せっかい【石灰】(珊瑚石を焼いて粉状にしたもの) ウルバイ
せっけん【石鹸】サフン
せったい【接待】ウトゥルムチ
せつまつり【節祭り】(シチマチリ)(初正月) パチソンガチ
せなか【背中】クシナハ
せなか【背中】(動物の背中の肉) ナガニ
ぜに【銭】(お金) ジン
せぼね【背骨】クシブニ
せまい【狭い】シバハン

〜せよ（命令形に接続する強めの言葉）バ
せん【千】（数の単位）シン
せん【線】シン
せん【銭】（貨幣の単位：円の十分の一）シン
ぜん【膳】ジン
せんいん【船員】（豊年祭把竜船の漕ぎ手）フナハク
ぜんご【前後】（順序）アトゥサキ
せんこう【線香】コー
せんこく【先刻】（とっくに）キッサ
ぜんざい　シタマミ
せんじもの【煎じ物】シンジムヌ
せんしゅ【船首】パナイ
せんせい【先生】（医者）シンシ
せんそう【戦争】イクサ
せんそうのじだい【戦争の時代】イクサユー
ぜんそく【喘息】ピミキ
ぜんそくもち【喘息持ち】ピミカー
せんたく【洗濯】シンタク
せんたくようのたらい【洗濯用の盥】シンタク　ダライ
せんだん【センダン（栴檀）】シンダン
せんどう【船頭】（船長）シンドゥー
ぜんとをふさぐ【前途を塞ぐ】（草の繁茂で道を塞いでいる）パッサイルン
ぜんぶ【全部】（全て）ムール
せんべつごのくず【選別後の屑】イラビックル
せんめんき【洗面器】ビンダライ
ぜんやさらとうをちょうたつすること、またそのひと【膳や皿等を調達すること、またその人】ジンバイ
ぜんりょくしっそう【全力疾走】ズンパル
ぜんりょくしっそう【全力疾走】ズンパン

そ

〜ぞ（〜こそ・〜にも）ドゥ
そいつ　ウンザ
そう（そうだ）（そうかい）アイイー
そう（そうだ）（肯定の返事）アイ
そう・そんなに　ハイ
そうか（問いかけの言葉）ンジ
そうじ【掃除】ソージ
そうしき【葬式】ソーシキ
そうして　アイシティ
そうしなさい　アイリバ
そうしなさい。　アイ　シーリ
そうじゅうする【操縦する】（操る）ボークン
ぞうすい【雑炊】ズーシ
そうする　アイルン
そうするよ　アイルワー
そうだ　ンツァ
そうだ（そのとおり）ヤン
〜そうだ　ソーナ
そうだから　アイリバ
そうだからこそ　アイッテナードゥ
そうだからこそ　アイトゥリドゥ
そうだなあ（同意を表す場合に言う）アイラー
そうだよ　アイドゥラー
そうだん【相談】（愛の語り合い）ソーダン
そうだん【相談】（打ち合わせ）。ティグミ
そうちょう【早朝】アサパナ
そうちょう【早朝】（明け方）アートゥ
そうちょう【早朝】（明け方）アカシキ
そうちょうである【荘重である】（品位がある）ブンラーサン

そうちょうのきがんのためのぱーりーこぎ【早朝の祈願のためのパーリー漕ぎ】アサクイ

そうちょうののうさぎょうてつだいによるしきんぞうせい【早朝の農作業手伝いによる資金造成】（東筋部落の中学生が自主的に行なった）アサジギョー

そうであっても　アイラバン

ぞうてい【贈呈】（贈り物・寄付）ティダイ

ぞうていする【贈呈する】（寄付する）ティダイルン

そうでで【総出で】ウシタキ

そうでなければ　アラナーッカ

そうではある。　アイドゥ　アリヤ　シー

そうではあるが　アイヤ　アルヌ

そうではあるが（そうではあっても）アイ　アラバン

そうではない　アイヤ　アラヌン

そうではない　アラヌン

そうなっている　アイドゥ　ナリブー

そうはならない（そうはいかない）アイヤ　ナラヌン

そうめん【素麺】ソーミン

そうめんのいためもの【素麺の炒め物】ソーミンチャンプルー

そうめんのいためもの【素麺の炒め物】（沖縄本島移入語）ソーミンブットゥルー

そうめんのいためもの【素麺の炒め物】（黒島語）ソーミンヌ　イラキムヌ

ぞうりょう【増量】（使い出があること）イミ

ぞうりょうする【増量する】（使い出がある）イミ　シールン

そくず【ソクズ】（植物の名）タジ

そこ　ウマ

そこ【底】スク

そこなしのおおざけのみ【底なしの大酒飲み】バリガーミ

そして　アイティ

そてつ【ソテツ（蘇鉄）】シトゥッチ

そてつのごはん【ソテツ（蘇鉄）のご飯】シトゥッチヌ　ユー

そてつのは【ソテツ（蘇鉄）の葉】シトゥッチヌ　パー

そと【外】プカ

そなえる【供える】シキルン

その　ウヌ

そのかてい【その家庭】ウッツェ

そのとしのこうきのさくもつ【その年の後期の作物】（胡麻・小豆など）アトゥスクルムヌ

そのまま　ウヌピー

そのまま　ウヌママ

そのまま（あるがまま）ウヌターナ

そのまま（あるがままに）ウナターナ

〜そのもの　プスンケー

そば　スバ

そば【側】（傍ら）スバ

そふ【祖父】（爺さん）ウブザ

そまる【染まる】スマルン

そめる【染める】スミルン

そらす【反す】（萎えたものを元の姿に甦らせる）スラスン

そらそら（それそれ）ウリヒャー

そる【反る】（真っ直ぐに立つ）スリルン

それ（その人・そのこと）ウリ

それ（ほら）ウリ

それじゃ（そうであるなら）アイッカー

それだから　アイッテナー

それだからこそ　アイッティドゥ

それで（それで）アイッティ

それでも　アウバン

それでも　ヤラバン

それはなによりだ【それは何よりだ】（そりゃーよかった）ボーレニッカ

それほど（そんなに）アイナー

それみたことか　ユーシタイ

それら（人、物にも言う）ウッツァ

そろう【揃う】（集まる）スラウン
そろう【揃う】（集まる）スルウン
そろえる【揃える】（集める）スライルン
そわそわする　イルルクン
そん【損】スン
そんけいされる【尊敬される】ウヤマーリルン
そんけいする【尊敬する】ウヤマウン
そんな　ハヤー

そんな（こんな）ハヤール
そんなだそうだ（そのようだ）アイットゥ
そんなに（〜でない）・それほど（〜ではない）ナンス
そんなに（そのように・あんなに）アイ
そんなには。　アイヤ
そんなにはやく【そんなに早く】ウーパー
そんをすること【損をすること】スンハブリ

た

〜だ（〜だぞ）ドー
だい【台】ダイ
たいかい【大海】（沖）インドゥー
たいかい【大海】（沖）ウブドゥー
たいがい【大概】（いい加減）タイガイ
たいかくは【体格は】フドー
だいきん【代金】（値段）ダイ
たいきん【大金】（高額貨幣）ウブジン
だいく【大工】（家屋の建築や家財道具の製作に携わる人）サイフ
たいけ【大家】ウブヤー
たいこ【太鼓】タイク
たいこう【対抗】（嫉妬）タイ
たいこうしんがつよい【対抗心が強い】タイズーサン
だいこくばしら【大黒柱】ナハバラ
たいこのかわ【太鼓の皮】タイクヌ　ハー
たいこをたたくぼう【太鼓を叩く棒】バチ
だいこん【ダイコン（大根）】ダイクニ
だいしょうこう【大焼香】（二十五年忌または三十三年忌の法要）ウブソッコー
だいしょうべん【大小便】ズーシバル
だいず【ダイズ（大豆）】ダイズ
だいず【ダイズ（大豆）】トーフマミ
たいせつ【大切】タイシチ

たいだ、ぶしょうをきょうちょうしたご【怠惰、無精を強調した語】フユッサラー
たいだ、ぶしょうをきょうちょうしたご【怠惰、無精を強調した語】フユマヤー
たいだである【怠惰である】（無精である）フユーサン
だいたんである【大胆である】（胆力がある）キムウボホン
だいどころ【台所】（陰影・〜達）トーラ
だいどころしごと【台所仕事】ドシキ
だいどころのどま【台所の土間】ナハザ
だいなまいとりょうでとりのこしたさかなにむらがるひとびと【ダイナマイト漁で捕り残した魚に群がる人々】カイゾク
たいはいする【大敗する】マキッサリルン
たいびょう【大病】ウブヤン
たいふう【台風】タイフー
たいふうにそなえたがんじょうなとじまり【台風に備えた頑丈な戸締り】ハジンガムイ
だいべん【大便】ズー
だいべんをする【大便をする】（排泄する）ズー　マルン
だいべんをすること【大便をすること】（脱糞）ズーマリ

だいべんをするところ【大便をする所】(便所) ズーマリハトゥ
だいべんをもらす【大便を漏らす】 ズーフキルン
たいまつ【松明】 タイ
たいよう【太陽】 ティダ
たいようのあるうち【太陽のある内】(日のある内・日中) ピーヌ ウチ
たいらく【タイラク】(保里村の民俗芸能) タイラク
たいわんおがたまのき【タイワンオガタマノキ】(樹木の名) ドゥスヌ
たいわんおがたまのき【タイワンオガタマノキ】(樹木の名) ドゥスン
たいわんはげ【台湾禿】 タイワンボー
たえる【耐える】(我慢する) クライルン
たおす【倒す】 トースン
たおれる【倒れる】(倒壊する) トーリルン
だが (けれども) アイルヌ
たかあみ【高網】 タカアン
たかい【高い】(高価である) タカハン
たかさご【タカサゴ】(魚の名) グルクン
たかせがい【タカセガイ(高瀬貝)】 ンナグヮ
たかだかと【高々と】(非常に高く) タカータカー
たかな【高那】(西表島東部の部落名) タカナ
たかなぶし【高那節】(民謡の名) タカナブシ
たかべ【崇べ】(祝詞) タカビ
たがやす【耕す】 ハイスン
たかやま【タカヤマ】(沖縄相撲の大技の一つ) タカヤマ
だからこそ アイリバドゥ
たきぎ【薪】 タンムヌ
たくさん (十分に) シーッパイ
たくさんある【沢山ある】(豊富にある) マジミアン
たくさんつみあげる【沢山積み上げる】 マジミルン
たくらむ【企む】(悪いことを計画する) タクムン
たくわえ【蓄え】 タブイ
たくわえる【蓄える】(節約する) タブイルン
〜だけ (〜ばかり) タンカ
たけ【丈】 タキ
たけ【他家】 プスヌ ヤー
たけ【竹】 タキ
たけうま【竹馬】 タキンマ
たけせいのかご【竹製の籠】 バーキ
たけとみじま【竹富島】 タキドゥン
たけのいっしゅ【竹の一種】 ンガダキ
たけのこのおやまさり【竹の子の親勝り】(子の成長が著しく親を凌ぐ勢いのさま) タキヌッファヌ ウヤマサリ
たけのゆか【竹の床】 タキフンツァ
たけゆかのようなうまれ【竹床のような生まれ】(皆が揃う様) タキフンツァマリ
たこ【タコ(蛸)】 タク
たこ【凧】 ピキダマ
たことりようのもり【蛸捕り用の銛】 イーグン
たこのくうちゅうでのかいてん【凧の空中での回転】 ハールマイ
たこのすみか【蛸の住み家】 タクヌヤー
だし【出汁】(旨味) ダシ
だす【出す】(出港させる) ンザスン
たすうのできもの【多数の出来物】 ガウサ
たすける【助ける】(救助する) タシキルン
たずねさがす【尋ね探す】(解き明かす) サバクン
たずねる【訪ねる】 タジナイルン
たたきつける【叩きつける】 ダラシキルン
たたきのめす【叩きのめす】(賑やかにする) ドゥミンガスン
たたきのめす【叩きのめす】(殴りつける) ブリッシティルン

たたきわる【叩き割る】 タッツァースン
たたく【叩く】 シタクン
ただごと（尋常なこと） タダグトゥ
ただごとではない（手におえない・見ていられない） ンカールヌン
ただちに【直ちに】 シグ
ただちに【直ちに】（すぐに） ユドゥマンスクン
ただちに【直ちに】（すばやく） ヤイッティ
ただちに【直ちに】（すばやく） ヤイヤイッティ
たたっきる ケールン
たたむ【畳む】 タタムン
たたむ【畳む】（折り重ねる） タクムン
たたりごと【祟りごと】（障(さわ)りごと） ハカリムヌ
〜たち（〜ら） ター
〜たち（人の複数を表す） ンキ
たち【達】（同士） ザーン
〜たちは（〜らは） ケー
だつ【ダツ】（魚の名） シジャー
たつ【辰】（十二支） タツ
たつ【立つ】（建つ・経つ・出発する） タトゥン
だっこくき【脱穀機】 ダッコッキ
だっこくする【脱穀する】 アースン
〜だったことよ ウユー
たったそれだけ ウヌタキ
たったそれだけ ハイヌベーン
たったのいっかいでも【たったの一回でも】（ほんの少しでも） テンッティヤッツァン
たったりすわったりすること【立ったり座ったりすること】 タティビリ
たつどしうまれ【辰年生まれ】 タチディマリ
たつまき【竜巻】 ナイハジ
たてがみ メーガンター
たてまつる【奉る】（お供えする） ウヤスン
たてよこ【縦横】 タティユク

たてる【立てる】（建てる） タティルン
たどる（探り求める・先祖を探る） タドゥルン
たな【棚】 タナ
たなばた【七夕】 タナバタ
たにどぅる・あゆ【種取・アユ】（古謡の名） タニドゥルアユ 〈種取るあゆ〉。（古謡の名）
たにどぅるぬみちうた・あゆ【種子取るぬ道歌・あゆ】（古謡の名） タニドゥルヌミチウタアユ
だにのようちゅう【ダニの幼虫】（牛に寄生するオオシマダニ） ノホダン
たにんとせっするときのかお【他人と接するときの顔】 ンカイファー
たにんにかおむけできないほどはずかしい【他人に顔向けできないほど恥ずかしい】 プスバザーッサン
たにんにかおむけできないほどはずかしい【他人に顔向けできないほど恥ずかしい】 プスパザーッサン
たにんのげんどうできずつく【他人の言動で傷つく】 アタルン
たね【種】 サニ
たね【種】（男性性器の総称） タニ
たねがわりする【種変わりする】（芋の生長の変化に言う） タナンガールン
たねつけようのうし【種付け用の牛】 サニウシ
たねつけようのぶた【種付け用の豚】 サニワー
たねつけようのやぎ【種付け用の山羊】 サニピシダ
たねびようのなわ【種火用の縄】 ピーナーリ
たねまき【種蒔き】 タニマキ
たのしみにきょうじる【楽しみに興じる】 ムタブン
たのむ【頼む】（当てにする） タヌムン
たのもしい【頼もしい】（力強い・盤石である・

安定している）ンズメヘン
たばこ【タバコ（煙草）】タバク
たばこいれ【煙草入れ】プゾー
たばこぼん【タバコ盆】タバクブン
たばこをすう【煙草を吸う】タバク　フクン
たばねる【束ねる】マラクン
たび【旅】タビ
だび【荼毘】（火葬）ダビ
〜たびに【〜度に】〜ハージ
たびばい・あゆ【旅南風・あゆ】（古謡の名）タビバイアユ
たぶさ【田補佐・田夫作】（琉球王国時代の農民に与えられた位階）タブサ
だぶだぶ【ダブダブ】（余分な様を表す擬態語）ダブダブ
たぶのき【タブノキ】タブ
たぶのき【タブノキ】（樹木の名）アカバ
たべあきる【食べ飽きる】ヴァイフクリルン
たべあきること【食べ飽きること】ヴァイフクリ
たべのこす【食べ残す】ヴァイアマスン
たべもの【食べ物】（食料品）バイムヌ
たべもの【食べ物】（食物）ヴァイムヌ
たべる【食べる】ヴォーン
たましい【魂】（霊魂）タマシ
たましい【魂】（霊魂）マブヤー
だます【騙す】（あざむく）ダマスン
だまってみすごせない【黙って見過ごせない】（諦めきれない・心残りがする）ムダハルヌン
たまわる【賜る】タボーラリルン
たまわる【賜る】（下さる）タボールン
たみじ【タミジ】（オカガニ（陸蟹）とトゥンナ（アキノノゲシ）の酢味噌仕立料理）タミジ
だめなもの【駄目な者】（ひねくれ者）ヤヴィムヌ

だめになる【駄目になる】（ひねくれる）ヤヴィルン
だめになること【駄目になること】（無駄になること）シリッコー
たもつ【保つ】（維持する）タムクン
たやすく（なかなか・簡単に・容易に）ヨーイニ
〜だよ（〜だぞ）ドゥラー
〜だよ（〜だぞ）ドラー
〜だよ（〜だね）ヤー
〜だよ（〜のに）マナー
たより【便り】（沙汰・噂）ソー
たらい【盥】タライ
だらだらながびく【だらだら長引く】（引きずる）ナーピキダールン
たらまもーし【多良間真牛】タラマモーシ
たりる【足りる】タリルン
たる【タル】（男の名：多くは長男が名乗った）タル
たる【樽】タル
たるき【垂木】キチ
だれ【誰】ター
だれ【誰】タル
だれがしるものか【誰が知るものか】（どうにでもなれ）ター　シタガ
だれかれとなく【誰彼となく】ターッティナーナ
だれだれ【誰々】（誰たち）タ―ター
だれのかてい【誰の家庭】（家）タッツェ
だれる（草木が萎(しお)れる）ダリルン
たれる【垂れる】タリルン
〜だろうか　カヤー
たわら【俵】ターラ
たんきなもの【短気な者】タンチャー
たんきょりそう【短距離走】（速い人）アタグン
たんじゅう【胆汁】ンギョーラ
だんじょのいちゃつくさま【男女のいちゃつくさま】タックァイムックァイ

たんす【箪笥】タンシ
だんせいのしんしょくしゃ【男性の神職者】ティジリ
だんねんする【断念する】ウムイキスン
たんもの【反物】タンムヌ

ち

ち【血】（樹液）シー
ちいさい【小さい】グマハン
ちいさい【小さい】マ
ちいさいじょうたいをさすことば【小さい状態を表す言葉】グマーグマ
ちいさいもの【小さいもの】グマムヌ
ちえ【智恵】（分別・思慮）フォール
ちえ【智恵】（分別・思慮）フォーン
ちえくらべ【知恵比べ】リクチスーブ
ちかい【近い】（親しい）シカハン
ちがう【違う】シガウン
ちかごう【地下壕】（自然壕）アブ
ちからづよい【力強い】シカラズーサン
ちからづよい【力強い】シカラズーワン
ちからづよい【力強い】シカラハン
ちがや【チガヤ（茅）】ガー
ちがや【チガヤ（茅）】ガヤ
ちから【力】（実力）シカラ
ちぎばかり【杠ばかり】（大型の竿秤）タイトー
ちくどぅん【筑登之】（琉球王国時代に、百姓に与えられた最高の位階。）チクドゥン
ちくりん【竹林】タキヤマ
ちじれげ【縮れ毛】プズ
ちち【乳】（乳房）シー
ちち【父】イザ
ちちおや【父親】ビケー
ちちかた【父方】イザハタ
ちちかた【父方】タニハタ
ちちかた【父方】ビケーハタ
ちちかたのうまれ【父方の生まれ】（血筋）イザハタ　マリ
ちちをしぼりだす【乳を絞り出す】アースン
ちのいためもの【血の炒め物】（凝固した血と肉の炒め物）シーラキ
ちのつながりのないなか【血の繋がりのない仲】ナハヌナハ
ちのにじみ【血の滲み】シージン
ちぶさ【乳房】シーフクル
ちぶさ【乳房】シーフクン
ちまみれ【血まみれ】シーゴーダ
ちゃうけ【茶請】サーソッキ
ちゃく【着】（枚）（衣服を数える単位）クビ
ちゃづつ【茶筒】サージンギリ
ちゃわん【茶碗】サーサバン
ちゃわん【茶碗】サバン
ちゃわんをいれるようき【茶碗を入れる容器】（水切り）サバン　イリムヌ
ちゃわんをうつぶせておくようき【茶碗を俯せて置く容器】サバン　ウツンキムヌ
ちゅういする【注意する】タマンガルン
ちゅうかん【中間】フタナハ
ちゅうしょく【昼食】アシ
ちゅうしょくどき【昼食どき】アシジブン
ちゅうどくさせる【中毒させる】（毒で麻痺させる）ベースン
ちゅうどくする【中毒する】ビールン
ちょう【チョウ（蝶）】（ガ（蛾））ハーベル
ちょう【超】（非常に）サラ
ちょうきょりそう(およびそうしゃ)【長距離

走（及び走者）】ナガグン
ちょうし【長姉】ウブナ
ちょうじゅ【長寿】（命の有難さ）ヌチガフー
ちょうじょ【長女】ウブナ・サクシミド
ちょうじょう【頂上】シジ
ちょうしょく【朝食】メーッサビ
ちょうしょくまえののうさぎょう【朝食前の農作業】アサスクル・アサスクライ
ちょうせんさざえ【チョウセンサザエ】（貝の名）マンナ
ちょうせんさざえのふた【チョウセンサザエの蓋】サジヌ　フタ
ちょうど（ぴったり）チントゥ
ちょうな【手斧】（大工道具の一つ）ユーキ
ちょうみりょう【調味料】（塩、味噌、醤油、酢、砂糖など）アジシキムヌ
ちょま【苧麻】（麻・苧）ブー
ちょまからとったせんい【苧麻から採った繊維】ブー
ちらかす【散らかす】フクザーラスン
ちらかる【散らかる】フクザールン
ちらかる【散らかる】（散らばる）ポッツァールン
ちりあくた【塵芥】アリフタ
ちりょうひ【治療費】ヤカダイ
ちんだらぶし【チンダラ節】（民謡名）チンダラブシ
ちんでんぶつ【沈殿物】グリ
ちんもく【沈黙】（ふて腐れての沈黙）ンダマリ
ちんもくする【沈黙する】（ふて腐れて沈黙する）ンダマルン

つ

ついこのまえ【ついこの前】クナレータ
ついたち【朔日】（一日）シキタティ
ついやす【費やす】（手間暇かけ）タースン
つうがくろ【通学路】（各部落から学校に至る道）ガッコーミチ
つえ【杖】グサン
つかう【使う】（手伝わせる）シカウン
つかささま【司様】ウブシカサ
つかさのきるうちかけ【ツカサ（司・女性の神人）の着る打掛】ソーキン
つかまえる【捕える】ハサミルン
つかむ【掴む】シカムン
つかれ【疲れ】（疲労）ボーリ
つかれている【疲れている】ボーリヤン
つかれなおし【疲れ直し】（慰労）ボーリナウシ
つかれる【疲れる】ボーリルン
つき【月】シキ
つきあい【付き合い】（交際）ピライ
つきあう【付き合う】（交際する）ピラウン
つきたてる【突き立てる】ワースン
つきのよる【月の夜】シキヌユー
つぎはぎだらけのふく【継ぎ接ぎだらけの服】クーサビラ
つぎはぎだらけのふく【継ぎ接ぎだらけの服】クーサビラ　キン
つきよ【月夜】シキユー
つきる【尽きる】サールン
つぐ【継ぐ】シグン
つぐ【注ぐ】（お茶や酒などを容器から茶碗や盃などに入れる）サウン
つぐなう【償う】（弁償する）パクン
つくりわけ【作り分け】（小作の一種で地主と折半する）スクリバキ
つくりわらい【作り笑い】スクリバライ
つくる【作る】（耕作する）スクルン

つげぐし【黄楊櫛】（虱を捕るための目の細かい櫛）パータ
つけもの【漬物】シキムヌ
つける【漬ける】シキルン
つける【付ける】シキルン
っさら【ッサラ】（言葉の語尾に付いて、その語意を強める。）ッサラ
つじ【辻】（十字路）アジマー
っす【ッス】（言葉の語尾に付いて「〜してしまった」を意味する）ッス
つち【槌】（大型のもの）タイダチ
つち【土】（土地）ジー
つづく【続く】シジクン
つづける【続ける】シジキルン
つっこます【突っ込ます】（豊年祭の船回しに使う場合が多い）ヌンクマスン
つっこむ【突っ込む】（豊年祭の船回しに使う場合が多い）ヌンクムン
つつむ【包む】ズームン
つと【苞】（みやげ）シトゥ
つとめ【務め】（役目）シトゥミ
つな【綱】（縄）シナ
つなあみ【綱網】シナアン
つなひき【綱引き】（黒島の旧正月の行事）シナピキ
つなひきうた【綱引き歌】シナピキウタ
つなみ【津波】タカナン
つねに【常に】サー
つねる ムンピルン
つの【角】シヌ
つのまた【ツノマタ】（海藻の名）ツノマタ
つのめがに【ツノメガニ】（蟹の名）パルマガン
つば【唾】シン
つぶ【粒】ッツン
つぼ（要点）スブ
つぼ【壺】スブ
つま【妻】トゥジ
つまさきあるき【つま先歩き】パイッツォーリ　アラキ
つまさきたてせいざ【つま先立て正座】シビタチビリ
つまさきであるく【つま先で歩く】パイッツォールン
つみ【罪】シミ
つみあげる【積み上げる】シンシキルン
つみとばつ【罪と罰】シミトゥガ
つむ【積む】シムン
つむじ【旋毛】ビチン
つめ【爪】シミ
つゆ【梅雨】ユドゥン
つゆ【梅雨】ユドゥンアミ
つゆ【露】シユ
つゆいり【梅雨入り】ユドゥンイリ
つゆのきせつ【梅雨の季節】ユドゥンヌ　シチ
つよい【強い】（きつい・ひどい）スー
つよい【強い】（厳しい）スーワン
つよくしばりつける【強く縛り付ける】（強く束ねる）フンマラクン
つよくなる【強くなる】（発育する）スールン
つよめる【強める】（勢いづける）スーラスン
つりやわなどにもちいるえさ【釣りや罠などに用いる餌】ムンダニ
つるしかご【吊るし籠】（竹製の容器で、主に炙り魚などを入れた）サギジン
つるしかご【吊るし籠】（竹製の容器で、主に炙り魚などを入れた）サギディル
つるす【吊るす】ザーラスン
つるせいしょくぶつのみ【蔓性植物の実】（和名不詳）ユブシヌナン
つるむらさき【ツルムラサキ】（ヨウサイ・クウシンサイ（空心菜）（植物の名）ウンツァイ
つれだって【連れだって】スリーズリー
つれる【連れる】（結婚する）サールン

つわり【悪阻】サーラマキ

つんのめる　スクックムン

て

〜で　シマン
〜で（〜に・〜において）ナ
〜で（手段・方法を表す）シドゥ
で〜で（材料を表す）シ
て【手】（技・道具の柄）ティー
であう【出会う】ガイルン
〜であるか（〜でしょう）ラミー
でいご【デイゴ（梯梧）】ウジ
でいごのはな【デイゴの花】ジッキパナ
ていねいにいいきかせる【丁寧に言い聞かせる】イジタラースン
ていまい【弟妹】ウシトゥマリ
ていまい【弟妹】（年下の者）ウシトゥ
ていまい【弟妹】（長男、長女以外の子ども）ウシトゥッファ
てぃんばい【ティンバイ】（仲本部落由来の棒術）ティンバイ
てがける【手掛ける】（仕事を始める）ティガキルン
できそこない【出来損ない】マリヤンザ
できない【出来ない】ナラヌン
できもの【出来物】アシンプー
できもの【出来物】（おでき）アシヌプー
できもの【出来物】（吹き出物）ニーブター
できものなどでかおのあからんでいるこども【出来物などで顔の赤らんでいる子供】アカバー
できる【出来る】ナルン
できる【出来る】（可能である）シーッシェーン
できる【出来る】（可能である）シッセン
てくびのいたみ【手首の痛み】（前腕の痛み・肘の痛み）ハヤ　ヤーン

てさぎょう【手作業】ティー　ザーク
てさぐり【手さぐり】ティーサグン
でしゃばり【出しゃばり】シキザ
でしゃばる【出しゃばる】シキジルン
でしゃばる【出しゃばる】シキンジルン
てづかみ【手づかみ】ティーシカン
てっせいのつちをほるどうぐ【鉄製の土を掘る道具】（金掘串）ハノーシ
てつだい【手伝い】（手助け・支援）テーナイ
てでするいたずら【手でする悪戯】ティーヌ　ガンマリ
てでほじくること【手でほじくること】ティーフジリ
てでほじくること【手でほじくること】ティーフジン
てとあし【手と足】ティーパン
てぬぐい【手拭い】サジ
てのこう【手の甲】ティーヌ　クシ
てのこう【手の甲】ティーヌピサ
てのひら【手の平】ティーヌバタ
〜では（〜をもっては）シェー
てぶら【手ぶら】ナードゥー
てまねき【手招き】（手を振って合図をすること）ティーマヌキ
でむかえ【出迎え】ンカイ
でむかえる【出迎える】ンカイルン
〜でも　シキティン
てら【寺】ティラ
てりはくさとべら【テリハクサトベラ】スーキ
てりはぼく【テリハボク】（樹木の名）ヤラブ

でる【出る】（出港する）ンジルン
てをさしだす【手を差し出す】ナールン
てをのばす【手を伸ばす】（欲しがる）ティーナールン
てん【天】（空・天にいると思われる神）ティン
てんがい【天蓋】（葬具の名）ティンガイ
てんかん【癲癇】ウシダマ
てんき【天気】ワーシキ
てんきがくずれる【天気が崩れる】シンギルン
てんきょする【転居する】（移動する）ウツルン
てんねんとう【天然痘】ハサ
てんぷら【天ぷら】パンビン
でんぷん【澱粉】クジ

と

～と　ティ
～と　トゥ
～と（～だと・～そうだ）ットゥ
と【戸】（雨戸）ヤドゥ
と【斗】（容量の単位）トゥ
とあみ【投網】ウチアン
といし【砥石】トゥシ
とう【問う】（尋ねる）トゥーン
どうか（どんな具合か）ヌーバシーヤ
とうがらし【トウガラシ】クース
とうがん【トウガン（冬瓜）】スブン
どうぐ【道具】（農具、台所用具、家財道具、漁具等に言う）ダング
どうぐるい【道具類】ダングピング
とうじ【冬至】トゥンジー
どうしても（何をしても）ヌースバン
どうしようもない　シカターナーヌン
とうずるもどき【トウズルモドキ】クージ
とうずるもどきのはで、しんじようのえんぎもの【トウズルモドキの葉で、神事用の縁起物】シバ
どうせ（いずれ・何をしに）ヌーシン
どうぞ　ゾー
どうぞ　トットゥイ
どうぞ　ンゾー
どうぞどうぞ　ゾーゾー

どうとう【同等】ユヌタキ
どうとう【同等】（対等）マータンキ
とうはつ【頭髪】アマジヌ　キー
とうはつ【頭髪】（頭）アマジ
とうふ【豆腐】トーフ
どうぶつ【動物】イキムシ
とー【トー】（もう十分だと言う場合の制止・感謝の掛け声）トー
とおい【遠い】トゥーワン
とおい【遠い】トゥーサン
とおか【十日】トゥカ
とおかごと【十日毎】トゥカグシ
とおさ【遠さ】（遠方）トゥーサ
とーっとー【トーットー】（もう十分だという場合の制止の意思表示）トーットー
とーとぅ【トートゥ】（神仏に対し祈りをこめて言う言葉。「尊と」の意）トートゥ
とーまみ【トーマミ】（和名不詳：緑肥用のマメ科の植物）トーマミ
とかき【斗搔】（升に盛った穀類をすり切りする短い棒）トーハキ
とかす【溶かす】（味噌・醤油を醸造する）タリルン
とがっているさま【尖がっている様】（後頭部の尖がりに言う）フガイ
とがっているじょうたい、もの【尖っている

状態、物】パッカ
とがめ【咎め】トゥガ
とがめ【咎め】（罪）トゥンガ
とがる【尖る】（感情が高ぶる）トゥンガルン
ときかせる【説き聞かせる】（命令する）トゥイシキルン
ときどき（たまに）バソーバソー
ときわぎょりゅう【トキワギョリュウ】（モクマオウ：樹木の名）モクモー
とぐ【研ぐ】トゥーン
とくする【得する】（し遂げる）ディカスン
とくに【特に】（特別な）ハクビチ
とくにきにいりのこ【特に気に入りの子】キムヌファ
とくにりこうなもの【特に利口な者】（格別に立派な人・大成功者）ンガマイフナー
とげ【棘】ンギ
とけしちょうち【渡慶次長智】（黒島での呼び名）タルンガニスー
とけしちょーち【渡慶次長智】（1887～1962：八重山舞踊「勤王流」の第三代目師匠）トケシ・チョーチ
どこ（いずこ）マー
どこかで（どこかに）マーラナ
とこのま【床の間】ザートゥク
どこへ　マーハ
どこまでもいいはる【どこまでも言い張る】イジトゥースン
とこや【床屋】ダンパチヤー
ところ【所】（箇所）ハトゥ
ところどころ【所々】トゥンクイトゥンクイ
とさつする【屠殺する】クラスン
～とし【～年】ッティ
とし【年】（歳）トゥシ
としうえ【年上】（年長者）シザ
としのこう【年の功】トゥシヌ　クー
としのさいしょのさくもつ【年の最初の作物】（麦のこと）シザ　スクルムヌ
としより【年寄】ウイプス
とちがやせる【土地が痩せる】パギルン
とちがゆたかになること【土地が豊かになること】ジー　フクン
とちをたがやしてゆたかにすること【土地を耕し豊かにすること】ジーフカスン
とちをやせさせる【土地を痩せさせる】ジーパガスン
とってすてる【取って捨てる】トゥリシティルン
とてつもなくたいりょうの【とてつもなく大量の】ティンヌボーン
とても～ない（けっして～ない）ジョーイ
とても～ない（けっして～ない）ゾーイ
とどく【届く】トゥドゥクン
とどける【届ける】トゥドゥキルン
ととのえる【整える】（修理する）スクラウン
ととのえる【整える】（修理する）スクラインン
となどのさん【戸などの桟】サンガマチ
となり【隣】トゥナル
～どに【～度に】（～毎に）ハージ
とのしろ【登野城】（石垣市の四箇字の一つ）トゥヌスク
とばす【飛ばす】（急ぐ）トゥバスン
とびうお【トビウオ】（魚の名）トゥビイズ
とびうお【トビウオ】（魚の名）トゥブユ
とびだす【飛び出す】トゥンザスン
とびでる【飛び出る】トゥンジルン
とびはねる【飛び跳ねる】（飛び上がる）ピャンガルン
とぶ【飛ぶ】トゥブン
とべら【トベラ】（低木の木）トゥビライ
とま【苫】トゥマー
とまる【泊まる】トゥマルン
とめる【止める】トゥミルン
～とも　ティン

〜とも　トゥン
とも【供】　トゥム
とも【艫】　トゥム
ともしび【灯火】　トゥブシ
ともだち【友だち】　ドゥシンキ
ともだち【友だち】　ドゥシ
ともだちどうし【友だち同士】　ドゥシンキザーン
どもり　ンガナ
どもり　ンガニ
とよむらけ【豊村家】　トゥージャー
どら【銅鑼】　ドゥラーン
とら【寅】（十二支）　トゥラ
とらどしうまれ【寅年生まれ】　トゥラディマリ
とらのほうこう【寅の方向】（東北の方・家屋の東北の方にある裏座）　トゥランパ
どらむかん【ドラム缶】　シキタンク
とり【酉】（十二支）　トゥル
とりい【鳥居】　トゥリイ
とりおさえる【取り押さえる】（鎮める）　トゥリシズミルン
とりおさえること【取り押さえること】（鎮めること）　トゥリシズミ
とりさげる【取り下げる】（片づける）　トゥリサギルン
とりだす【取り出す】　トゥリンザスン
とりつける【取り付ける】　トゥリシキルン
とりどしうまれ【酉年生まれ】　トゥンディマリ
とりもどす【取り戻す】　トゥリムドゥスン
とりをうちおとすどうぐ【鳥を撃ち落す道具】　ゴムカン
とる【取る】　トゥルン
どれほど（如何ほど）　ヌーヌフラーン
どれほど（如何ほど）　ヌーヌベーン
どれほど（如何ほど）　ヌーヌボーン
どろ【泥】　ドゥル
とろう【徒労】（ただ働き）　ナーパタラキ
どろぼう【泥棒】　ヌシトゥル
どろまみれ【泥まみれ】　ドゥルジン
どろまみれ【泥まみれ】　ドゥルブッター
どわすれ【ど忘れ】　アッタバッシ
とんじる【豚汁】　ワーヌ　スー
とんち【頓智】（機知）　アッタサイ
どんなかなあ　ヌーバシーッカヤー
どんなかなあ（どうだろうか）　イカーシッカヤ
どんなこと（なんのこと）　ヌッツァクトゥ
どんなことでも　ヌーバセー　クトゥン
どんなもの　ヌッツァムヌ
どんなもの（如何なるもの）　ヌーッツァムヌ
どんぶり　ドゥンブリ
とんぼ【トンボ】　ハケージ

な

〜な（禁止を表す）　ナ
な【ナ】（方向を示す接尾語）　ナ
な【名】（名前）　ナー
なー【ナー】（長いを表す）　ナー
なーてぃきやー【仲嵩家】（屋号）　ナーティキヤー
なーふなってぃやー【東舟道家】（屋号：「中の舟道家」の意。）　ナーフナッティヤー
なーま【ナーマ】（「小さい・かわいい」の意を表す）　ナーマ
〜ない　ヌン
ない【無い】（存在しない）　ナーヌン

ないぞうぜんぱんをさすことば【内臓全般を指す言葉】バタダング
〜ないで（〜ずに）ナー
ないれい（ぜんれいのないこと）はたてるな（おこなうな）【ない例〈前例のないこと〉は立てるな〈行なうな〉】ナーン　リーヤ　タティナ
なう【綯う】ナウン
なえ【苗】ナイ
なおす【治す】ナウスン
なおる【治る】ナウルン
なか【中】（中身・間・穴・目盛）ミー
なか【中】（内）ナハ
ながあめ【長雨】ナガアミ
ながい【長い】ナーガハン
ながい【長い】ナーハン
ながい【長居】ナーシビ
ながいあし【長い足】ナーパン
ながいさとうきび【長いサトウキビ】ナーガ　シンザ
ながいむしろ【長い蓆】ナームス
なかがいにん【仲買人】ブローカー
ながさ【長さ】ナイ
ながし【流し】ナガシ
なかしお【中潮】ナマリズー
なかす【泣かす】（鳴かす）ナカスン
なかぞら（中空・中天）ナカビ
なかどうけのつうしょう【仲道家の通称】（東筋部落での同家の位置が石垣島の伊原間の位置に相当したため。）イバルマ
なかなか（容易に）ナカナカ
なかほどのひと【中ほどの人】ナハティマリ
なかま【仲間】アウ
なかま【仲間】グー
なかま【仲間】（道連れ）ガウ
なかま【仲間】（友だち・恋人）トーラ
なかもと【仲本】ナハントゥ
なかゆび【中指】ナハイビ
なかゆび【中指】ナハウヤビ
ながらく【長らく】ナーク
ながらく【長らく】ナガラク
ながれくいじらば【流れ漕・ジラバ】（古謡の名）ナガレクイジラバ
ながれこぎ【流れ漕ぎ】（豊年祭の「パーリー漕ぎ」の終盤で、沖から陸地目差して全力で漕ぎ寄せる儀式）ナガレクイ
ながれる【流れる】ナーリルン
ながわずらい【長患い】ナーヤン
ながわずらい【長患い】ナガヤン
なきごえ【泣き声】（鳴き声）ナキングイ
なきべそをかく【泣きべそをかく】ナキムヤールン
なきまね【泣き真似】（嘘泣き）ナキマービ
なきむし【泣き虫】ナキブサー
なきむし【泣き虫】ナケー
なく【泣く】（鳴く）ナクン
なぐ【凪ぐ】トゥリルン
なくなる【亡くなる】マーラスン
なぐる【殴】ダラミルン
なぐる【殴る】（やっつける）ブルン
なさけ【情け】（人情・愛情）ナサキ
なさまやーじらば【なさま家・ジラバ】（古謡の名）ナサマヤージラバ
なすび【ナスビ（茄・茄子）】ナサビ
なぜ（どうして）ヌーッティ
なぜ（何ゆえに）ヌーッティドゥ
なぜだ（何ゆえだ）ヌーッティヤー
なぜだろうか　ヌーッティカヤー
なだめる【宥める】（気持ちを静める）ナダミルン
なつ【夏】ナチ
なつかしい【懐かしい】ウムイッツァハン
なつかしい【懐かしい】（郷愁を覚える）ナシカサン
なづけいわい【名付け祝い】ナーシキヨイ
なづけおや【名付け親】ナーシキウヤ
なっぱ【菜っ葉】ナーヌパー

なつばて【夏ばて】（夏負け）ナチマキ
など　ナータ
〜など（〜等々）ヌウリ
〜など（〜等々）ヌーッツァ
ななかい【七回】（七度）ナナサーイ
ななつ【七つ】（七歳）ナナチ
ななつきのこ【七月子】（妊娠七か月で早産した乳児）ナナシカー
ななふし【ナナフシ（竹節虫）】ソーラパータ
なに【何】（疑問を表す）ヌー
なにがなんでも【何が何でも】（何があっても）ヌーヤラバン
なにくそ　ンザヤ
なになに【何々】（何と何と）ヌーッティ　ヌーッティ
なにも【何も】ヌーン
なにもかも【何もかも】（あれもこれも）ヌーンクイン
なにもくわえないみず【何も加えない水】（純水）ナーミジ
なにもしないでもどること【何もしないで戻ること】（何の成果も上げずに戻ること）ナームドゥル
なにもせずに【何もせずに】（そのまま）シナーシ
なにもできない【何もできない】（どうしようもない）ヌードゥ　シラリラ
なにもない【何もない】（無駄な）ナー
なにより【何より】ヌーッキン
なによりも【何よりも】ヌーッキンナ
なのか【七日】（七七日忌）ナンカ
なはでぃやー【仲道家】（屋号）ナハディヤー
なはばん【ナハバン】（伊古村からの学校道沿いで、学校に近い右側のあたりを指す。）ナハバン
なはぶら【ナハブラ】（恐怖を感じた時に発する言葉）ナハブラ
なはんでぃやー【中の運道家】（屋号・中の方向に分家したので）ナハンディヤー
なはんとぅやー【仲本家】（屋号）ナハントゥヤー
なべ【鍋】ナビ
なべしき【鍋敷】ナビシキ
なべずみ【鍋墨】ナビヌ　ピング
なべずみ【鍋墨】ピング
なべとり【鍋取り】ナビトゥリフチ
なべのあなをふさぐ【鍋の穴を塞ぐ】クーシールン
なべのしゅうり【鍋の修理】ナビヌ　クー
なべのふた【鍋の蓋】ナビヌ　フタ
なぽれおんふぃっしゅ【ナポレオンフィッシュ（ブダイ）】（魚の名）ヒローサー
なま【生】ナマ
なまいきなもの【生意気な者】ナマパンティムヌ
なまいきなもの【生意気な者】（横着な者）パンティムヌ
なまいきなものいい【生意気な物言い】（横着な物言い）パンティムヌイ
なまき【生木】ナマキー
なまくさ【生草】ナマッサ
なまぐさい【生臭い】アウッサハン
なまぐさい【生臭い】イズッサハン
なまぐさいにおい【生臭い臭い】アウッサリ　ハザ
なまぐさいにおい【生臭い臭い】ナマハザ
なまぐさいもの【生臭い物】アウッサリ　ムヌ
なまくそ【生糞】ビッピン
なまけてねる【怠けて寝る】アヴァナクン
なまけもの【怠け者】（いい加減な人）ナマンダリムヌ
なまこ【ナマコ（海鼠）】シキラ
なます【膾】（刺身）ナマシ
なまだけ【生竹】ナマタキ
なまつばをのむ【生唾を飲む】（飲み込む）ヌンナクン

なまっぽい【生っぽい】ナマハン
なまにえ【生煮え】ナマニー
なまのさかな【生の魚】ナマイズ
なまのまき【生の薪】ナマタンムヌ
なまもの【生もの】ナマムヌ
なまものがふはいしはじめる【生ものが腐敗しはじめる】(生ものが傷む) イタムン
なまる【鈍る】(切れ味が悪くなる・不名誉になる) ナマルン
なみ【波】(津波) ナン
なみそろう【並み揃う】スナマルン
なみそろう【並み揃う】スナマリルン
なみだ【涙】ナダ
なみだぐむ【涙ぐむ】ナダマールン
なみだぐむさま【涙ぐむ様】ナダーグルグル
なめる【舐める】ヌベールン
〜なやつ。 マーダ
〜なやつめ。 マーダシティ
ならい【習い】(習慣) ナライ
ならう【習う】(教わる) ナラウン
ならす【均す】ナラスン
ならぶ【並ぶ】ナーラブン
ならぶ【並ぶ】ナラブン
ならべる【並べる】ナーラビルン
ならべる【並べる】ナラビルン
なりもの【生り物】(果物:旧盆に供える果物) ナリムヌ
なりもの【生り物】(果物:旧盆に仏壇に供える果物) ナンムヌ
なる【生る】(実が出来る) ナルン
なる【鳴る】(響く) ナールン
なをけがす【名を汚す】(鈍らせる) ナマラスン
なんかいも【何回も】ギーサイ
なんかいも【何回も】ギームサイ
なんかいも【何回も】ギームシ
なんかいも【何回も】(何度も) ギューサン
なんぎやくろうのかずかず【難儀や苦労の数々】アワリヌ グーハジ
なんぎやくろうのかずかず【難儀や苦労の数々】アワリヌ ダンダン
なんぎをせおっているひと【難儀を背負っている人】アワリサー
なんざん【難産】ナンザン
なんじゃくなもの【軟弱な者】ハーピサー
なんじゃくになる【軟弱になる】(弱まる) ヤーランケールン
なんだかんだ(ああだこうだ) ヌーヌクイヌ
なんだと ヌーウー
なんだと【何だと】ヌーユウー
なんちょうしゃ【難聴者】(耳の遠い人への蔑称) ミンカー
なんでもない【何でもない】ヌーンアラヌン
なんでもない【何でもない】(何の障りもない) ヌーンスーヌン
なんと【何と】ヌーッティ
なんということだ【何ということだ】ヌッツァクトゥヌドゥ
なんということだ【何ということだ】ヌッツァムヌヌドゥ
なんとぅもち【ナントゥ餅】(餅粉に味噌、黒糖、胡椒を加えた餅) ナントゥ
なんにん【何人】ギターン
なんのおとさたもない【何の音沙汰もない】(何の反応もない) ヌーッティン ナーヌン
なんのかの【何の彼の】(何や彼や) ヌッツァクッツァ
なんのかの【何の彼の】(何や彼や) ヌッツァラクッツァラ
なんのまねだ【何の真似だ】ヌーヌマービヤ
なんのやくにもたたない【何の役にも立たない】(無益である・どうしようもない) ユーゾ ナーヌン

なんのりゆうもなく【何の理由もなく】ヌードゥ ヌーッテナーナ
なんびき【何匹】（何頭）ギッカラ
なんぽう【南方】パイマ
なんぽう【南方】（十二支）マヌパ
なんやかや【何や彼や】（あれやこれや）ヌーヤ クイヤー
なんようぶだい【ナンヨウブダイ】（魚の名）アウイズ
なんようぶだい【ナンヨウブダイ】（魚の名前）アウユ

に

～に（～へ）ハ
～に（方向、起点、原因などを表す）ン
～に。（場所を示す・動作作用の結果状態を表す。）ニ
に【二】ニ
にあげ【二揚げ】（三線の調弦法の一つ）ニアギ
にいしんさせる【妊娠させる】（孕ませる）パルマスン
にいしんする【妊娠する】（孕む）パルムン
にーに【ニーニ】（兄を意味する幼児語）ニーニ
にえる【煮える】ニールン
におい【臭い】ハザ
におい【匂い】（香ばしく、芳しくにおうもの）ハザ
においを嗅がせる。ハバスン
にがい【苦い】ンゲヘン
にかいめのじょそう【二回目の除草】（又の除草）マタッサ
にがうり【ニガウリ（苦瓜）】（野菜の名）ゴーヤ
にがす【逃がす】ピンガスン
にがつ【二月】ニンガチ
にがつのきょうふう【二月の強風】（旧暦二月に風向きが急変して吹く強風）ニンガチ ハジマーイ
にがつのわりあてくもつ【二月の割り当て供物】ニンガチグサシ
にがな【ニガナ（苦菜）】（ホソバワダン（野菜の名））ンガナ
にぎやかでようきなひと【賑やかで陽気な人】キームチ
にぎやかでようきなひと【賑やかで陽気な人】キームツァー
にく【肉】ニク
にくい【憎い】ニッファハン
にくい【憎い】（憎らしい）ニッタハン
にくい【憎い】（憎らしい・悔しい）ミッファハン
にくい【憎い】（憎らしい・悔しい）ミッファン
にくずれする【煮崩れする】（煮すぎて必要以上に柔らくなっている様）ニータリルン
にくまれぐち【憎まれ口】キナムヌイ
にくまれもの【憎まれ者】ニッファムヌ
にげた【逃げた】ピンギ
にげまわっているひと【逃げ回っている人】ピンギヤー
にげまわる【逃げ回る】（逃亡する）ピンギマールン
にげまわること【逃げ回ること】ピンギマール
にげる【逃げる】ピンギルン
にさんにちないしさんよっかまえ【二、三日

ないし三、四日前】キノブシトゥイ
にし【西】（西側）イレキ
にし【西】（西の方）イーレキ
にじ【虹】ムージ
にしとーみやー【北當山家】（屋号：北當山家の意）ニシトーミヤー
にしどなり【西隣】イーナ
にしはめーまわん【北神山御嶽】（御嶽の名）ニシハメーマワン
にしはめーみやー【北神山家】（屋号）ニシハメーミヤー
にしばりやー【西原家】（屋号）ニシバリヤー
にしふなってぃやー【北船道家】（屋号）ニシフナッティヤー
にしめ【煮しめ】ンブサー
にしめ【煮しめ】ンブシ
にしめる【煮しめる】（蒸す）ンブスン
にじゅうごねんき【二十五年忌】ニズーゴネンキ
にしよもぎ【ニシヨモギ】（モグサ）フチ
にしよもぎのは【ニシヨモギの葉】フチヌパー
にせる【似せる】ネースン
にたものどうし【似たもの同士】ニーヤグー
にちぼつじ【日没時】（夕暮れ時）ティダヌイリジブン
にていない【似ていない】ネーヌン
にないぼう【担い棒】アンク
〜には ンナー
にばん【二番】（二番目）ニバン
にばんざのうらのへや【二番座の裏の部屋】ニバンウラザ
にばんめのあね【二番目の姉】ナハナ
にばんめのおじまたはおじ【二番目の叔父または伯父】ナハイザ
にばんめのおばまたはおば【二番目の叔母または伯母】ナハブ
にほんほんどしゅっしんのむこ【日本本土出身の婿】ヤマトゥムク
にほんほんどしゅっしんのよめ【日本本土出身の嫁】ヤマトゥユミ
にほんほんどのこと【日本本土のこと】ナイチ・ヤマトゥ
にほんほんどのひと【日本本土の人】ヤマトゥプス
にほんほんどのひと【日本本土の人】ヤマトゥンチュ
にほんほんどへのりょこう【日本本土への旅行】ヤマトゥタビ
〜にも（〜でも）ナーン
〜にも（〜へも）ハン
にもつ【荷物】ニー
にら【ニラ】ビラ
にる【似る】ネールン
にる【煮る】（炊く）ネースン
にわ【庭】ミナハ
にわ【庭】（広場）メー
にわかあめ【にわか雨】アッタアミ
にわかあめ【にわか雨】（通り雨）パイッツォーリ　アミ
にわかかねもち【にわか金持ち】（成金）アッタウヤキ
にわとり【鶏】トゥン
にわとり【鶏】（鳥）トゥリ
にわとり【鶏】（鳥）トゥル
にわとりいがいのとりのたまご【鶏以外の鳥の卵】トゥナガ
にわとりがときをつげるじこく【鶏が時を告げる時刻】（未明・早朝）トゥンナキ
にわとりのす【鶏の巣】トゥンヌシー
にわとりのたまご【鶏の卵】トゥンヌッファ
にわのざっそう【庭の雑草】メーッサ
にわのざっそうとり【庭の雑草取り】メーッサソーリ
にわのなかのかき【庭の中の垣】マイグスク
にわのなかのかき【庭の中の垣】マヤーキ
にん【人】（人を数える単位）ニン

にんげん【人間】ニンギン
にんげん【人間】プスニンギン
にんじん【ニンジン（人参）】キンダイクニ
にんずう【人数】（仲間）ニンズー
にんたい【忍耐】（我慢すること）ニン
にんたいりょく【忍耐力】（持続力）ガー
にんにく【ニンニク（大蒜）】ピン
にんぷ【人夫】ユイプス
にんまいなべ【ニンマイナビ】（大型の鍋の一種：二枚鍋）ニンマイナビ

ぬ

ぬ【ヌ】（〜が・〜の・〜という）ヌ
ぬ【ヌ】（形容詞の連用形に接続して、理由・原因を表す）ヌ
ぬう【縫う】ヌーン
ぬーざきやー【野崎家】（屋号）ヌーザキヤー
ぬーりじ【ヌーリジ】（豊年祭の船の海入れをうながす祝詞）ヌーリジ
ぬか【糠】ヌカ
ぬきや【貫き家】（基礎の上に建てる正式建築の家）ヌキヤー
ぬきんでたもの【抜きん出た者】ヌギンジムヌ
ぬきんでる【抜きん出る】ヌギンジルン
ぬく【貫く】（通す）ヌクン
ぬし【主】（持ち主）ヌシ
ぬしきやー【野底家】（屋号）ヌシキヤー
ぬすくまーぺー【ヌスクマーペー】（野底岳の通称。）ヌスクマーペー
ぬすくやー【野底家】（屋号）ヌシキヤーとも
ぬすむ【盗む】ヌスムン
ぬの【布】ヌヌ
ぬりたくる【塗りたくる】ヌリッツァスン
ぬりつける【塗りつける】ダックァースン
ぬる【塗る】ヌルン
ぬれる【濡れる】ゾーリルン

ね

ね【根】（根元）ニー
ね【子】（十二支）ニー
ねがい【願い】（祈願）ニガイ
ねがいおこし【願い起こし】(初祈願) ニガイウクシ
ねがいおこす【願い起こす】(初祈願をする。) ニガイウクスン
ねがいがかなう【願いが叶う】（気が合う）シナウン
ねがいをかなえる【願いを叶える】シナースン
ねがう【願う】（祈る）ニガウン
ねがわくは【願わくは】ニガイスクバ
ねがわくは【願わくは】ニガイッサルバ
ねこ【ネコ（猫）】マヤ
ねこぜ【猫背】（腰の曲がった者）コーグ
ねごと【寝言】ニザマムヌイ
ねこのけなみ【猫の毛並み】マヤヌ　キー
ねこのはつじょうきのなきごえ【猫の発情期の鳴き声】フヤイ
ねじまがる【捻じ曲がる】ムディッカールン

ねじまげる【ねじ曲げる】（捻りつぶす）ムジマースン
ねしょうべん【寝小便】ユーシバン
ねしょうべん【寝小便】ユスバン
ねすごす【寝過ごす】ニヴィスンガスン
ねずみ【ネズミ（鼠）】ウヤンツ
ねぞう【寝相】（寝ぼけた様子）ニザマ
ねたふり【寝たふり】ニビマービ
ねだられる（催促される）イミラリルン
ねだる（催促する）イミルン
ねつ【熱】ニチ
ねつがさめる【熱が冷める】（酔いが覚める）サミルン
ねつがでる【熱が出る】（熱っぽい状態になる）プミクン
ねづく【根づく】（活着する）ヌツルン
ねづく【根づく】（活着する）ヌツン
ねっこ【根っこ】（根元）ニッパル
ねっこ【根っこ】（根元・切り株）ニバン
ねっちゅうすること【熱中すること】（専念すること）ザイ
ねつをさます【熱を冷ます】ニチユ　サマスン
ねどしうまれ【子年生まれ】ニーディマリ
ねびきする【値引きする】マキルン
ねぼけ【寝ぼけ】（よく居眠りする人）ニーブヤー
ねむたい【眠たい】ニビッツァハーン
ねむたい【眠たい】ニフタハン
ねむりもせずに【眠りもせずに】（寝るに寝られずに）ニヴゥミーンニヴァンスクン
ねる【寝る】（眠る）ニヴン
ねん【年】（年を数える単位）ニン
ねんがん【念願】ニングワン
ねんぐ【年貢】ニング
ねんじゅも【ネンジュモ（念珠藻）】（イシクラゲ）パノール
ねんじゅも【ネンジュモ（念珠藻）】（イシクラゲ）パノーン
ねんど【粘土】（赤土）ンツァ
ねんとうのあいさつ【年頭の挨拶】ニントゥー
ねんとうのあいさつ【年頭の挨拶】ミントゥ

の

～のとき【～の時】（～の際）バスン
～のとき【～の時】（～の際）バソー
の【野】（野原・原野）ヌー
～のあいだじゅう【～のあいだ中】サーットゥ
のうさくもつ【農作物】（主に穀物類を指す）スクルムヌ
のうぜいしゃ【納税者】（お嶽の氏子）フダニン
のーしん【ノーシン】（頭痛薬の銘柄の名）ノーシン
のからむし【ノカラムシ】ブーバイ
のきさきのいた【軒先の板】（屋根瓦が落ちないように設置する軒先の板）ハーラシキ
のきした【軒下】アマダンヌ　フチ
のこぎり【鋸】ヌキル
のこす【残す】ノースン
のこす【残す】ノホスン
のこり【残り】ノホル
のこりもの【残り物】ノホルムヌ
のこる【残る】ノホルン
～のさなかを（～とともに）サーリ
のぞく【覗く】ヌベールン

のそこまーぺー【野底マーペー】（女性の名）ヌスクマーペー
のそこむら【野底村】（石垣島にある野底岳の裾野部落）ヌスク
のぞむ【望む】（欲する）ヌズムン
〜ので（〜だから・〜のゆえに）ユンドゥ
のど【喉】ヌドゥ
のどのかわき【喉の渇き】ヌドゥハーキ
のに【ノニ】（亜高木の名）ブラッサイ
のばす【延ばす】（伸ばす）ヌバスン
のびる【ノビル】ヌビラ
のびる【伸びる】ヌビルン
のぼせる（頭に血がのぼる）ヌブスン
のぼる【登る】（上がる）ヌブルン
のみ【ノミ（鑿）】（大工道具）ヌン
のみ【蚤】ヌン
のみこみづらい【呑み込みづらい】ヌクンツァハン
のみみず【飲み水】ヌミミジ
のむ【飲む】ヌムン
のような ネー
のような ネール
〜のように ニン
〜のようには ニンナー
のりごこちがよい【乗り心地がよい】メッサン
のる【乗る】ヌールン
のる【乗る】ヌルン
のろい【呪い】（祟り・神罰）ミーハジ
のろのろしている（ぼんやりしている）ヌルントゥルン
のんきなひと【呑気な人】ノンカー

は

〜は ヤ
は【歯】パー
は【刃】パー
は【葉】パー
はー【ハー】（疲労、落胆、失望等に伴い吐き出す言葉。）ハー
はーあ【ハーア】（より疲労、落胆、失望等の気持ちが強いときの叫び）ハーア
はあー【ハアー】（聞き取りにくいときに問い直す言葉）ハアー
ばあさん【婆さん】（小柄で可愛らしい雰囲気のお婆さん）パーメ
ばあさん【婆さん】（祖母）パー
ぱーしびー【パーシビー】（豊年祭の船で旗・小太鼓・鉦鼓で囃し立てる少年）パーシビー
はーっさよー【ハーッサヨー】（感嘆、悲嘆いずれの場合にも発する叫び）ハーッサヨー
ぱーりーせんのせんとうのこぎて【パーリー船（爬竜船）の先頭の漕ぎ手】イチバンヤク
ぱーりーせんのほかんこ【パーリー船（爬竜船）の保管庫】フナヤー
ぱーりーのこぎてのとうそつしゃ【パーリー（把竜船）の漕ぎ手の統率者】フナサジ
はい【ハイ】（目上の人に対する目下の人の返事）オー
はい【灰】（木灰）パイ
はい【肺】フク
ぱいがぶしゆんぐとぅ【南星・ユングトゥ】（ユングトゥの名）パイガブシユングトゥ
はいきび【ハイキビ】（雑草の名）ヌザキ
はいけっかく【肺結核】ハイビョー
はいたりくだしたり【吐いたり下したり】パキットゥ　マリットゥ

ばいてん【売店】(玉代勢家の屋号) マチヤー
はいといってわるいことはない【はいと言って悪いことはない】(目上の人の指示・命令には素直に従ったほうが無難だという教え) オーヌ　バラサッテナーヌン
ぱいのしま【南の島】(南方系の芸能：タイラク・獅子棒・獅子舞) パイヌシマ
ぱいふたふんたかゆんごとぅ【パイフタフンタカユングトゥ】(古い歌謡形態「ゆんぐとぅ」の名。仲本部落由来の芸能とされている。) パイフタフンタカユングトゥ
ぱいふたむら【パイフタムラ】(島の南方に位置する宮里村と仲本村) パイフタムラ
ぱいふたわん【パイフタワン】(仲本部落の御嶽の名) パイフタワン
はいる【入る】パイルン
はいをさずけること【盃を授けること】サーシキ　トゥラシ
はいをさずけるひと【盃を授ける人】(黒島豊年祭でウーニに盃を授ける人)。 サーシキ　トゥラシプス
はいをのせるあしのついただい【盃を載せる脚の付いた台】タカダイ
はう【這う】(蔓草などが這い伸びる様) パウン
はえ【ハエ（蝿）】パイ
はえさくだじらば【南風さくだ・ジラバ】(古謡の名) パイサクダジラバ
はえはじめのえいきゅうし【生え初めの永久歯】アラパー
はえる【生える】(生長する) ムイルン
ばか【馬鹿】フラー
ばか【馬鹿】(馬鹿者) プラー
はか【墓】パカ
はか【墓】メーヘ
ばかげたおこない【馬鹿げた行ない】(常軌を逸した行為・おどけた仕草) プリザンマイ
ばかげたこと【馬鹿げたこと】(たわけたこと・辻褄の合わないこと) プリムヌイ
はがす【剥がす】パガスン
はかどる【捗る】ナシクン
ばかにする【馬鹿にする】(抑え付ける) ウムイナスン
はかのやねいし【墓の屋根石】ウヤイシ
はがま【羽釜】パンガマ
はがら【葉殻】(サトウキビの下葉) パーガラ
〜ばかり（〜くらい・〜ほど）バハン
はかり【秤】(竿(さお)秤(ばかり)) パカリ
はかる【計る・量る】(量る) パカルン
はかる【謀る】パカルン
はきさみよー【ハキサミヨー】(驚いたり落胆したりする場合に発する。) ハキサミヨー
はきもののかたいっぽう【履き物の片一方】ハタピサ
はく【掃く】(掃除する) ポークン
はく【吐く】パクン
はぐ【剥ぐ】パグン
はく【履く】フムン
ばくちく【爆竹】ペーシンゴ
ばくろする【暴露する】(秘密を暴く) ハップガスン
はげ【禿げ】パギ
はげあがったひたい【禿げ上がった額】パギフタイ
はげあたま【禿げ頭】パギアマザ
はげしいけんお【激しい嫌悪】ユムニッタハー
はげしいけんお【激しい嫌悪】ユムミッファハー
はげしくいいあらそう【激しく言い争う】イジッツァースン
はげむ【励む】(精が出る・元気が出る) イジ　ンジルン
ばけもの【化け物】(妖怪) マズムヌ
はげる【剥げる】(色が褪(あ)せる・禿げる)

はげる

パギルン
はこ【箱】(紙、木、竹などで作る四角い入れ物) パク
はこふぐ【ハコフグ】(コンゴウフグ)(魚の名) マッファイズ
はさみ【鋏】パサン
はさむ【挟む】パサムン
はし【端】(縁) パタ
はし【端】(先端) パナ
はし【端】(切れっぱし) パシ
はじ【恥】パジ
はし【箸】パシ
はじがにーあゆ【風が根・アユ】(古謡の名) ハジガニーアユ
はじしらず【恥知らず】パジキサー
はじち【ハジチ】(女性の入れ墨) ハジチ
はじばたあゆ【風旗・アユ】(古謡の名) ハジバタアユ
はじまる【始まる】パジマルン
はじめてのりょこう【初めての旅行】(新しい旅行) アラタビ
はじめる【始める】パジミルン
ばしょう【芭蕉】バサ
ばしょうのきのじゅえき【芭蕉の木の樹液】バサヌ　シブ
はしょうふう【破傷風】(破傷風菌) ピングン
ばしょうふでつくったきもの【芭蕉布で作った着物】バサキン
はしら【柱】パラ
はしりきょうそう【走り競争】アージ
はじをかく【恥をかく】パジ　ハクン
はず【筈】パジ
はずかしい【恥ずかしい】バハヤン
はずかしい【恥ずかしい】(他人に顔向けできない) パザーッサン
はずかしいなあ【恥ずかしいなあ】(滑稽なことよ) バハヤダラ
はずす【外す】(解(ほど)く・解(ほぐ)す) パンスン
はずせる（解(ほど)ける）パンハリルン
はすのはぎり【ハスノハギリ】(植物の名) タコナチ
はすのはぎりのは【ハスノハギリの葉】タコナチヌパー
はぜのき【ハゼノキ】(樹木の名) ハザーキー
はぜのきにかぶれること【ハゼノキにかぶれること】ハザーマキ
はた【旗】パタ
はた【端】(先端・端) パンタ
はだ【肌】(健康) パダ
はだがかぶれる【肌がかぶれる】マキルン
はたけ【畑】パタキ
はたけごや【畑小屋】スクヤー
はださむい【肌寒い】ピューラサン
はだし【裸足】ハラピサ
はたち【二十歳】パタチ
ぱだら【ヤクシマイワシ・トウゴロウイワシ】(魚の名) パダラ
ぱだら【ヤクシマイワシ・トウゴロウイワシ】(魚の名) パダライズ
はたらく【働く】オークン
はたらく【働く】(仕事をする) パタラクン
はたらくなかま【働く仲間】(遊び仲間・集団) シンカ
はち【ハチ（蜂）】パチ
はち【八】ハチ
はちがつ【八月】パチンガチ
はちぶらんぷ【八分ランプ】(灯芯が八分のランプ) ハチブランプ
ばつ【罰】(神罰・しっぺ返し) バチ
はつきがん【初祈願】(正月の朝の祈願) パチニガイ
はつご【初子】パチッファ
はっこう【発酵】バナン
はっこうする【発酵する】(雰囲気が出る) バナンクン
はっさよー【ハッサヨー】(驚愕したり呆

れ返ったりしたときなどに発する言葉）ハッサヨー
はつじょう【発情】 ズブムイ
はったいこ（麦こがし）ユナク
はつたび【初旅】 パチタビ
はつでんする【発電する】（発動する）ウクスン
はつのおこないやじれいなどをいみするせっとうご【初の行ないや事例などを意味する接頭語】 パチ
はっぱ【発破】（爆薬による発破漁）ハッパ
はつぼん【初盆】（新盆）パチソーラ
はつまご【初孫】 パチマー
ばつをうけたひと【罰を受けた人】 バチハビムヌ
ばつをうける【罰を受ける】（しっぺ返しを受ける）バチハブン
はでぃくまい【ハディク舞い】 ハディクマイ
はてる【果てる】（尽きる）パティルン
はてるまじま【波照間島】 パティルマ
はと【ハト（鳩）】 パトゥ
はとーっしぎょのあみりょう【ハトーッシ魚の網漁】 ハトーッシフキアン
はとまじま【鳩間島】 パトゥマ
はとをとらえるわな【鳩を捕える罠】 パトゥヤマ
はな【ハナ】（男性の名）ハナ
はな【花】 パナ
はな【鼻】 パナ
はないけ【花活け】（神仏に供える草花）パナキ
はないけようのびん【花活け用の瓶】 パナキクビン
はないまーし【ハナイマーシ】 ハナイマーシ
はなぐしきやー【又吉家】（屋号）ハナグシキヤー
はなごえのことば【鼻声の言葉】 パナムヌイ
はなじ【鼻血】 パナジ
はなし【話】 クトゥパナシ
はなし【話】（世間話・昔話・物語）ムヌパナシ
はなし【話】（話術・物語）パナシ
はなす【離す】（放す）パナスン
はなす【離す】（離乳させる）アカスン
はなす【話す】 パナスン
はなせーま【ハナセーマ】（女性の名）ハナセーマ
はなたれ【洟垂れ】 パナダン
はなたれ【洟垂れ】（洟(はな)汁(じる)）パナダル
はなたれこぞう【洟垂れ小僧】 パナダヤー
はなづな【鼻綱】 パナジナ
ばなな【バナナ】 バサヌ　ナル
はなのひくいこと【鼻の低いこと（人）】 パナピシ
はなのひくいこと【鼻の低いこと（人）】 ハナビラー
はなはだ【甚だ】（大変）イラ
はなまるゆき【ハナマルユキ】（貝の名）ンボーマ
はなむこ【花婿】（新しい婿）ミームク
はなよめ【花嫁】 アーニナマ
はなよめ【花嫁】（新しい嫁）ミーユミ
はなよめいしょう【花嫁衣裳】 アーニナマキン
はなよめのつきそい【花嫁の付添い】 アーニナマアウ
ぱなり【パナリ】（新城島（上地・下地島）の別称）パナリ
はにむい【ハニムイ】（ちんだら節の男性の名）ハニムイ
はね【羽】 パニ
はねる【跳ねる】（跳び上がる）マヤールン
はは【母】 アブ
ぱぱいや【パパイア】 マンズ

ははおや【母親】ブネー
ははおや【母親】ブネーヌ　ウヤ
ははおやたち【母親たち】アブッタンキ
ははかた【母方】アブハタ
ははかた【母方】シーハタ
ははかた【母方】ブネーハタ
ははかたのうまれ【母方の生まれ（血筋）】アブハタ　マリ
はびがー【ハビガー】（和名不詳：製紙用の高級材）ハビガー
はぶ【ハブ】パン
はへん【破片】（かけら）バリ
はま【浜】パマ
はまおもと【ハマオモト（はまゆう）】シダク
はまさきのしどぅれーまあゆ【浜崎ぬ千鳥ま・アユ】（古謡の名）ハマサキヌシドゥレーマアユ
はまさらし【浜晒し】（潮乾）（防虫のため材木を波打ち際の砂浜に埋めること）スーガン
はまだ【ハマダ】（男性の名）ハマダ
はまだい【ハマダイ】（魚の名）アカマチ
はまどぅ【ハマドゥ】（女性の名）ハマドゥ
はまふえふき【ハマフエフキ】（魚の名）タマン
はまやー【ハマヤー】（浜辺に近い家の屋号）パマヤー
はむかう【刃向う】（反抗する）ンカウン
はや【ハヤ】（腕・肘・手の甲・手首・小手などの解釈がある）ハヤ
はやい【早い】（速い）パーハン
はやうまれのひと【早生まれの人】ニンガツァー
はやしたてる【囃し立てる】（けしかける・おだてる）パースン
はやせばはやすほどがんばるひと【囃せば囃すほど頑張る人】（おだてに乗る人）パースムティ
はやまる【早まる】パーマルン
はやめのころ【早めのころ】パーマリ
はやめる【早める】（急(いそ)がせる）パーマラスン
はやらせる【流行らせる】（噂を広げる）パヤラスン
はやる【流行る】パヤルン
はら【腹】（腹部）バタ
はらいっぱい【腹いっぱい】（満腹）バタヌミー
はらがにえくりかえる【腹が煮えくり返る】（激怒する）バタ　ムゲールン
はらぐろい【腹黒い】バタッサハン
はらごしらえ【腹拵え】バタスクライ
はらじま【ハラジマ】（黒島の別名）ハラジマ
はらただしいさま【腹立たしいさま】（怒りがこみ上げてくるさま）ワジワジー
はらちがい【腹違い】（異母兄弟・姉妹）バタシガイ
はらのおおきいひと【腹の大きい人】ウボッタ
はらのおおきいひと【腹の大きい人】（妊娠腹）バタブ
はらのちゅうしんぶ【腹の中心部】バタジン
はらはんぶん【腹半分】ナハラバタ
ばらふえだい【バラフエダイ】（魚の名）アカナー
はらふくれ【腹膨れ】バタフクリ
はらをたてる【腹を立てる】クンゾー　タイルン
はり【ハリ】（囃子ことば）ハリ
はり【針】（縫い針）パリ
はりあみによるぎょほう【張り網による漁法】パリアン
はりせんぼん【ハリセンボン（針千本）】アバッツァ
ばりぞうごん【罵詈雑言】（不平不満の悪口）

ゴーグチ
はりたおす【張り倒す】（ぶん殴る）パチミカスン
はりたおす【張り倒す】（ぶん殴る）パチミングラスン
はりつるまさき【ハリツルマサキ】（樹木の名）マッコー
はりのあな【針の穴】パンヌ　ミー
はる【張る】（貼る）パルン
はるか　カーマ
はるかに（ずっと）ヤマシカ
はるかに（ずっと）ヤマシカーマ
はれあがること【腫れ上がること】（青く腫れること・打ち身）アーフクリ
はれものをつぶしてうみをだす【腫れ物を潰して膿を出す】アースン
ばれる（発覚する）ハップギルン
はれる【腫れる】パリルン
はれる【腫れる】（青くはれ上がる）アーフクリルン
はれる【晴れる】パリルン
ばん【番】（順番・当番）バン
はんこう【反抗】ガイ

はんこうしんがつよい【反抗心が強い】ガイズワン
ばんしょあと【番所跡】アサイアトゥ
はんじょう【繁盛】パンゾー
はんしょくようのめすぶた【繁殖用の雌豚】アヒャー
はんしょくようのめすぶた【繁殖用の雌豚】アヒャーワー
ばんしろう【バンシロウ】（グヮバ）バンスル
はんすうする【反芻する】ハンザルン
はんせんびょうまたはそのかんじゃ【ハンセン病、またはその患者】クンカー
はんた【ハンタ】（男の名）ハンタ
はんだい【飯台】ハンダイ
はんだんりょくのにぶいひと【判断力の鈍い人】（まともな判断が出来ない人）ナハラムヌ
ばんのうなべ【万能（多目的）鍋】シラハキナビ
はんぶん【半分】（半ば）ナハラ
はんもする【繁茂する】（生い茂る）タタイルン

ひ

ひ【火】ピー
ひ【日】ピー
ひいでているもの【秀でている者】（強い者）チューバー
ぴーまま【ピーママ】（女児の愛称）ピーママ
ひえこみ【冷え込み】ピングン
ひえびえとした【冷え冷えとした】（寒々とした・閑散とした）ピーリポール
ひえる【冷える】（冷める）ピールン
ひがえり【日帰り】ピームドゥル

ひがくれてくらくなる【日が暮れで暗くなる】ユナルン
ひがくれる【日が暮れる】ヴァズムン
ひがし【東】（東方）アーラキ
ひがし【東】（東方向）アールマ
ひがし【東】（太陽が上がる方向）アール
ひがしかぜ【東風】アールハジ
ひがしがわ【東側】（東方面）アールムティ
ひがしがわ【東側】（東側の庭）アールマハタ
ひがしとなり【東隣】（東隣の家）アーナ

ひかせる【引かせる】ピカスン
ひがら【日柄】ピュール
ひからせる【光らせる】（輝かせる）ピカラスン
ひかる【光る】（輝く）ピカルン
ひがん【彼岸】ピンガン
ひがんまつり【彼岸祭り】ピンガンマチリ
ひきあう【引き合う】（つり合う・相応する）ヒキアウン
ひきうす【挽き臼】ピキウシ
ひきしお【引き潮】ピシスー
ひきずりすてる【引き摺り捨てる】サンキシティルン
ひきずりだす【引き摺り出す】サンキザスン
ひきずる【引き摺る】（引っ張る）サンクン
ひきだし【引き出し】ピキダシ
ひきつける【引き付ける】（引き締める）ピキシキルン
ひきにく【引き抜く】コースン
ひく【引く】ピクン
ひく【弾く】パチクン
ひく【弾く】ピクン
ひく【挽く】（鋸で切り割る）バクン
ひくい【低い】ピサハン
ひくいこえでささやくこと【低い声でささやくこと】（内緒話）ミシカムヌイ
ひくいさま【低いさま】（薄いさま）ピサーピサー
ひげ【髭】（頬髯・口髭・顎鬚）ピニ
ひこばえ【蘖】（木の切り株や根元から出る芽）（株だし）バイ
ひざ【膝】スブシ
ひさし【庇】アマンガシ
ひさしくあっていない【久しく会っていない】（なかなか見ることのない）ミードゥーサン
ぴざらいをきりとったもの【ピザライを切り取ったもの】ピザライ　イシ

ひじ【肘】（欲張り）ピジ
ひしゃく【柄杓】ハマサ
ひじょうに【非常に】（あまりに）アマヌ
ひじょうに【非常に】（甚だしく）サッコー
ひじょうにおいしい【非常に美味しい】アジマハン
ひじょうにさむいこと【非常に寒いこと】（厳寒）ピラク
ひじょうにちいさいあな【非常に小さい穴】ピッケーマ
ひじょうにちいさくて【非常に小さくて】アマヌッケラン
ひじょうにつかれる【非常に疲れる】（疲労困憊する）クタンディルン
ひせ【干瀬】ピー
ひたい【額】フタイ
ひたいのでっぱり【額の出っ張り】（額の出っ張った人）マイガッパイ
ぴたっと（ぱったと）ダッティ
ひだり【左】ピダリ
ひだりききのひと【左利きの人】ピーダイ
ひだりききのひとをかるんじたこしょう【左利きの人を軽んじた呼称】ピーダヤー
ひだりまわり【左回り】（頭の回転の少しあやしい人）ピダリマーリ
ひっかきまわす【引っ掻き回す】キザースン
ひつぎ【棺】コン
ひっくりかえす【ひっくり返す】（覆(くつがえ)す）グリッカイスン
ひっくりかえす【引っ繰り返す】（逆さにする・裏返す）ザー　ウイナスン
ひっくりかえる【ひっくり返る】（反り返る）ピナッカイルン
ひっくりかえる【ひっくり返る】（覆(くつがえ)る）グリッカイルン
びっこ（ちんば）シトンカ
ひっさげる【引っ提げる】（手に吊るして持つ）ピールン

ひつじ【未】（十二支）ピチ
ひつじどしうまれ【未年生まれ】ピチディマリ
ぴったりはまる【ぴったり嵌まる】シナウン
ぴったりはめる【ぴったり嵌める】シナースン
ひっぱりだす【引っ張り出す】サンキンザスン
ひつよう【必要】（必要な経費）イリユー
ひと【人】プス
ひと【人】ピス
ひとえまぶた、またはそのひと【一重瞼、またはその人】ハーミー
ひとくぎりのはたけ【一区切りの畑】（畑を数える単位）キシ
ひとけた【一桁】ピスキタ
ひとさしゆび【人差し指】ピスッサシイビ
ひとつ【一つ】（一歳）ピシッチ
ひとつかみ【一掴み】（一つまみ・一握り・一振り）ピスシカン
ひとつき【一月】ピスシキ
ひとつぶ【一粒】（一個）ピスッツン
ひとにきらわれるせいかく【人に嫌われる性格】（憎まれっ子）キナマリ
ひとのかんじょうをがいすることば【人の感情を害する言葉】バタフジムヌイ
ひとのかんじょうをがいするようなことをいう【人の感情を害するようなことを言う】バタフズン
ひとのきぶんをよくする【人の気分をよくする】スラスン
ひとばん【一晩】（一夜）ピスユー
ひとひろ【一尋】ピスヒル
ひとり【一人】ピスル
ひとり【一人】ピスル
ひとり【一人】プスン
ひとり【一人】（独り）タンカ
ひとりごと【独り言】タンカムヌイ

ひとりなき【一人泣き】タンカナキ
ひとりもの【独り者】タンカムヌ
ひとりわらい【一人笑い】タンカバライ
ひにく【皮肉】（反対意見）ウラムヌイ
ひねる【捻る】（捩れる）ムディルン
ひのかみ【火の神】ピナハン
ひのたま【火の玉】ピーダマ
ひばし【火箸】（火鉢で使う）ピーパサン
ひはつもどき【ヒハツモドキ】ピーバチ
ひばり【ヒバリ】ガッフェ
ひばんもり【火番盛】プズマリ
ひび【日々】（毎日）ピーンピン
ひぶだい【ヒブダイ】（魚の名前）アーガイ
ひふびょうの一種【皮膚病の一種】プー
ひま【ヒマ（蓖麻）】（トウゴマ）ピマ
ひま【暇】ピマ
ひま【暇】マドゥ
ひま【暇】（暇々）マドゥピドゥ
ひまご【曾孫】マタマー
ひまひま【暇々】（合間合間・時々）マドゥマドゥ
ひゃー【ヒャー】（〜野郎。〜やつめ。）ヒャー
ひゃー【ヒャー】（そら、大変だ。それ、見たことか。ほら、でかした。）ヒャー
ひやごんあんしつ【比屋根安弼】（1835〜1901：八重山舞踊「勤王流」の始祖）ヒヤゴン・アンヒツ
ひやしもの【冷やしもの】（冷えたもの）ピーリムヌ
ひやす【冷やす】ピーラスン
ひやといしごと【日雇い仕事】（人夫）ピーヨー
ひやといにんぷ【日雇い人夫】ピーヨーサー
ひゆ【ヒユ】（夏野菜の一種）ピーナ
びょうき【病気】ヤン
びょうき【病気】ヤンマイ
ひょうしき【標識】（澪木・澪標）ミンギ
ひょうしき【標識】（澪標(みおつくし)）フキ

811

びょうじゃくである【病弱である】（貧弱である・乏しい）ビナハン
びょうじゃくとなる【病弱となる】ヨーミイルン
びょうじゃくなひと【病弱な人】（病気がちな人）ビーラ
びょうしょうにふす【病床に伏す】ダラシキルン
ひょうたんのひしゃく【瓢箪の柄杓】ペーラ
びょうにん【病人】ヤンプス
ひょうばんになる【評判になる】（有名になる）ウトゥンジルン
ひょうばんのたかい【評判の高い】（有名な）ウトゥダカハン
ひょうばんのたかいひと【評判の高い人】ウトゥダカハムヌ
ひょうばんのたかいひと【評判の高い人】ウトゥンジムヌ
ひょうめんがかたいいぼ【表面が固い疣】イシプツムイ
ひよこ【ヒヨコ】トゥンナマー
ひよこ【ヒヨコ】（鶏の子）ビーヤマ
ひよどり【ヒヨドリ】（鳥の名）ミッキラー

ひらく【開く】プラクン
ひらく【開く】（広げる）パタキルン
ひらくぼ【平久保】（石垣島北部の部落）ペーブク
ひりょう【肥料】（肥し）コイ
ひる【昼】（正午）ピスマン
ひるぎ【ヒルギ】（植物の名）ピニキー
ひるま【昼間】ピー
ひろ【尋】（ながさの単位）ヒル・ピル
びろう【ビロウ（蒲葵）】クバ
ひろう【拾う】ピスウン
ひろう【拾う】プスウン
ひろげる【広げる】（拡張する）ピルギルン
びん【瓶】クビン
びん【瓶】ビン
びんしょうである【敏捷である】サララハン
びんた　ミンタ
ひんぱんである【頻繁である】シギッサン
びんぼう【貧乏】ピンス
びんぼうなかてい【貧乏な家庭】ピンスヤー
びんぼうにん【貧乏人】クーシムヌ
びんぼうにん【貧乏人】ピンスムヌ

ふ

ぶ【分】（全体に対する割合）ブ
ふあんである【不安である】（危ない（病人の状態））ウカーサン
ふぃりぴんじんへのべっしょう【フィリピン人への蔑称】フイリッピナー
ふう【封】（紐(ひも)）フー
ふうがわりな【風変わりな】（妙な）イフナ
ふうきはんじょう【富貴繁盛】（裕福で子孫繁盛すること）ウヤキパンゾー
ふうすい【風水】フンシ

ふうせん【風船】（中身のない人）プーカー
ふうたい【風袋】フータイ
ぶーはじ【ブーハジ】（和名不詳：高さ２～３メートルの亜高木の名）ブーハジ
ぶーはらでなったなわ【ブーハラで綯った縄】ブーハラジナ
ふうふ【夫婦】トゥジブトゥ
ふうふいがいのひとのあいだにできたこ【夫婦以外の人の間に出来た子（庶子）】グンボーッファ

- ぷーんじらば【豊年祭ジラバ】（古謡の名）プーンジラバ
- ふえ【笛】ピーラキ
- ふえいせいな【不衛生な】（不潔な）スブッツァハン
- ふかいな【不快な】（無愛想な・身勝手な）インキラハン
- ふかいなことば【不快な言葉】（無愛想な言葉・身勝手な言葉）インキリムヌイ
- ふかいなひと【不快な人】（無愛想な人・身勝手な人）インキリムヌ
- ふかする【孵化する】シダスン
- ぶかっこうなやつ【不格好なやつ】（不器用なやつ）フォーガー
- ふきあれるきせつふう【吹き荒れる季節風】（旧暦二月に急に強く吹く風のこと、右から左から吹き荒れる風を言う）ユヴァイハジマーイ
- ふきかえし【吹き返し】ハイシハジ
- ふきげんでおこりっぽいひと【不機嫌で怒りっぽい人】チラフクラー
- ふきげんなじょうたい【不機嫌な情態】ニシハジ
- ふきむら【保慶村】（黒島の古い村の名）フキ
- ぶきようである【不器用である】ティークバハン
- ぶきようである【不器用である】ティーフコホン
- ぶきようである【不器用である】（流暢でない）クバハン
- ふきん【布巾】フキン
- ふく【拭く】フクン
- ふく【吹く】フクン
- ふく【葺く】フクン
- ふくぎ【フクギ（福木）】プクン
- ふくしょくぶつ【副食物】（おかず）ハティムヌ
- ふくつう【腹痛】バタヤン
- ふくなどがつっぱる【服などが突っ張る】パシキルン
- ふくませる【含ませる】（浸(ひた)す。新造船を潮に浸す）フマスン
- ふくまんぎ【フクマンギ】（低木の木）パトゥラキ
- ふくみみ【福耳】ウヤキミン
- ふくらせる【膨らせる】フクラスン
- ふくらはぎ【脹脛】クンダ
- ふくれっつらのひと【膨(ふく)れっ面の人】シラフクラー
- ふくれる【膨れる】（腫れる）フクリルン
- ふくろ【袋】フクル
- ふくろ【袋】フクン
- ふくろあみ【袋網】（袋状の網）フクルアン
- ふくろう【フクロウ】（ミミズク）ボイサ
- ふさぐ【塞ぐ】（閉じる）ザウン
- ぶし【節】（民謡の曲名を表す言葉）ブシ
- ふし【節】フシ
- ぶじあんぜんなこうかい【無事安全な航海】（嘉例吉・嘉利吉）ハリユシ
- ふしつような【不必要な】（余計な）イラン
- ふしつようなこと【不必要なこと】（余計なこと）イランクトゥ
- ぶしょうもの【無精者】（怠け者・怠惰・怠け癖）フユー
- ふす【伏す】（俯(うつむ)く・頭を下げる）ウスブン
- ふせぐ【防ぐ】フシグン
- ふせぐもの【防ぐ物】（庇う物・遮る物・遮る場所）ハタハ
- ふせげない【防げない】（我慢できない・どうしようもない）フシガルヌン
- ふせげる【防げる】（我慢できる）フシガリルン
- ぶた【豚】（家畜の名）ワー
- ふたえまぶた【二重瞼】ブリミー
- ふたご【双子】フターッツァ
- ふたご【双子】（双生児）ターチュー

ぶたごや【豚小屋】　ワーヌ　ヤー
ぶたごや【豚小屋】（便所）ワーマキ
ぶたごやけんべんじょ【豚小屋兼便所】ワーフル
ぶたじる、やぎじるのかたまったあぶら【豚汁、山羊汁の固まった脂】クイリー
ぶたにくのしおづけ【豚肉の塩漬け】スーシカ
ぶたのあたま【豚の頭】（頭の悪い人を罵る言葉。）ワーヌ　アマザ
ぶたのえさいれ【豚の餌入れ】トーニ
ぶたのかおのかわ【豚の顔の皮】チラガー
ぶたのきょせいをおこなうせんもんのひと【豚の去勢を行なう専門の人】ワーヌ　フグイトゥヤー
ぶたのめし【豚の飯】（餌）。　ワーヌ　イー
ふだんそう【フダンソウ】スーキナー
ぶつぜんにそなえたごちそうのおさがり【仏前に供えたご馳走のお下がり】ウサンダイ
ぶつぜんにそなえるしょくぜん【仏前に供える食膳】（霊供（りょうぐ））ドングムヌ
ぶっそうげ【ブッソウゲ（仏桑華）】（ハイビスカス）アカパナ
ぶったぎる【ぶった切る】タタッキスン
ぶつだん【仏壇】トゥク
ぶつだんにおちゃをそなえること【仏壇にお茶を供えること】サードー
ぶつだんのまえでおとこのひとがするれいはい【仏壇の前で男の人がする礼拝】パイ
ふっとうさせる【沸騰させる】フトゥッツァスン
ふっとうする【沸騰する】フトゥッツン
ぶつま【仏間】ニバンザ
ふで【筆】フディ
ふてくされる【ふて腐れる】（開き直る）ビッサルン
ふてくされる【ふて腐れる】（開き直る・いやがる）ビッサレールン

ふとってはらのおおきいひとへのべっしょう【太って腹の大きい人への蔑称】バタブター
ふとる【太る】（肥る）パンタルン
ふとん【布団】ウズ
ふなくやーゆんた【舟越やー・ユンタ】（古謡の名）フナクヤーユンタ
ふなぞこのしきいた【船底の敷板】ガバン
ふなっとぅ・ぶんた【フナットゥ・ブンタ】（女性の名）フナットゥ・ブンタ
ふなのり【船乗り】フナハク
ふなよい【船酔い】フナイ
ぶなる【ブナル】（男から言う姉妹）ブナル
ふね【舟】（船）フニ
ふのーらわん【船浦御嶽】（御嶽の名）フノーラワン
プバナを捧げる。　プバナウヤスン
ふびじん【不美人】（醜女（しこめ））ヤナカーギ
ふへいふまん【不平不満】ギーグイ
ふほうなしょうばい【不法な商売】ヤミ
ふぼのしまいたち【父母の姉妹たち】ブバマンキ
ふみたおす【踏み倒す】フントースン
ふみつける【踏みつける】フンザルン
ふみつける【踏みつける】フンシキルン
ふみつける【踏みつぶす】（踏みにじる）フンツァースン
ふめいよになる【不名誉になる】（廃れる）シタリルン
ふゆ【冬】フユ
ぶらくやしまのだいひょうしゃ【部落や島の代表者】スーダイ
ふらふらする（よろめく・揺れる）ヨッタビルン
ふらふらする（よろめく・揺れる）ヨッタブン
ふりかえる【振り返る】トゥンカイルン
ふりすてる【振り捨てる】（振り落とす）ブ

イシティルン
ふりまわす【振り回す】ミングラスン
ふりょのじこ【不慮の事故】アヤマチ
ふりょのじこ【不慮の事故】アヤマリ
ふる【振る】（旗を振る）プルン
ふるい【篩】シノ
ふるい【篩】ユラシ
ふるいしがき【古い石垣】アザスクン
ふるえあがる【震え上がる】ヴゥイッツォーリルン
ふるえる【震える】（寒さ）ヴゥイルン
ふるきよきじだい【古き良き時代】（平和で豊穣な世）ムカシユー
ふるさと【古里】（故郷）マリジマ
ふるさとをはなれたきょじゅうち【故郷を離れた居住地】タビ
ふれる【狂れる】プリルン
ふれる【触れる】シカッティルン
ふろしき【風呂敷】ウッスイ
ふんがいする【憤慨する】（癇に障る・気持ちが滅入る）クサムクン
ぶんけする【分家すること】ヤーバハリ
ふんどし【褌】サナイ
ぶんなぐる【ぶん殴る】（懲らしめる）タタックラスン
ぶんぱいする【分配する】アラスン
ぶんよざいさん【分与財産】（分け前）バキダマ

へ

へ【屁】ピー
べいじゅ【米寿】（八十八歳のこと）ユニ
べいじゅ【米寿】（八十八歳を寿ぐ）トーハキヌ　ヨイ
べいじゅのいわい【米寿の祝い】ユニヌ　ヨイ
へいぜい【平生】（普段）ピージー
ぺーじざ【比江地御嶽】（御嶽の名）ページザ
べーっさべーっさ【小枝などが風に吹かれて出す擬音】ベーッサベーッサ
ぺーぶく【運道家】（屋号：黒島東筋部落の北東部に立地したため）ペーブク
へくそかずら【ヘクソカズラ】（草の名）ピッサリハザ
へこき【屁こき】（よく屁を放る人）ピッサラ
へこます（遣り込める）ピザマスン
へこむ（くぼむ・引っこむ）ピザムン
へさき【舳先】（船首）ピー
へそ【臍】テンブス
へそ【臍】プス
へそ【臍】（出べそ）テンブー
へそくり（自分が自由に使える金）ワタクサー
へだて【隔て】ピダミ
へだてる【隔てる】ピダミルン
べたなぎ【べた凪】アンダブーカ
へたる（へたばる・へたばって座り込む）ビダークン
へたる（へたばる・べったり尻をつけて座り込む）ビダーシキルン
へちま【ヘチマ】ナビラ
べったりしりをつけてすわること【べったり尻をつけて座ること】ビダーシキビリ
へら【箆】ピラ
へらす【減らす】ピナラスン
へらのえ【箆の柄】（農業に専念しない人への蔑称）ピラシカ
へる【減る】ピナルン

へをひる【屁を放る】ピーピスン
ぺんがんとぅれーぶし【ぺんがん捕れー節】（黒島民謡の名）ペンガントゥレーブシ
へんじ【返事】ピントー
へんじ【返事】（返答）イレイ
へんじ【返事】（返答・応答）イライピントー
べんとう【弁当】ビントー
べんとうばこ【弁当箱】ビントーバク
へんなかんがえ【変な考え】（風変わりな思い付き）イフナ　ハンガイ
へんなことば【変な言葉】（気の狂れた言葉）イフナ　ムヌイ
へんなひと【変な人】（風変わりな人）イフナ　プス

ほ

ほ【帆】プー
ほ【穂】プー
ぼう【棒】ボー
ほうがくをしめすせつびご【方角を示す接尾語】ハタ
ほうき【箒】ポーキ
ぼうくうごう【防空壕】ボークゴー
ほうこう【方向】パ
ほうこうをしめすせつびご【方向を示す接尾語】マ
ほうさくきがん【豊作祈願】ユーニガイ
ほうさくしょうらい【豊作招来】（豊年招来）ユークイ
ほうさくしょうらいのつなひきぎょうじ【豊作招来の綱引き行事】ユーピキ
ほうじ【法事】ソッコー
ほうじのそなえもの【法事の供え物】（物品にも金品にも言う）ソッコームヌ
ほうじょうでへいわなよ【豊穣で平和な世】（弥勒世果報の意）ミルクユガフ
ほうじをえんきすること【法事を延期すること】ヌビヌソッコー
ほうちょう【包丁】ポッツァ
ほうねん【豊年】ナウリユー
ほうねんさい【豊年祭】プーン
ほうねんさい【豊年祭】ムラプール
ほうねんさいのはりゅうせん、あるいはそれをもちいたぎょうじ【豊年祭の爬竜船、あるいはそれを用いた行事】パーリー
ほうねんさいのはりゅうせんきょうそう【豊年祭の爬竜船競漕】パーリークイ
ほうねんしょうらいのぎょうじ【豊年招来の行事】（綱引き行事）ユーピキジ
ほうねんしょうらいのしんじ【豊年招来の神事】（爬竜船を沖から漕ぎ上げる儀式）ユーアギ
ほうねんまんさくのよ【豊年満作の世】（弥勒菩薩の世の意）ミルクユー
ほうび【褒美】（賞）フーソー
ぼうふう【暴風】（台風）ハジフキ
〜ほうめん【〜方面】ピザ
ほうりこむ【放り込む】タタックムン
ほおかぶり【頬被り】コーガーキ
ほおっておく【放っておく】（見捨てる）ヤリシティルン
ぽーぽー【ポーポー】（小麦粉で練ったものを焼いたもの）ポーポー
ほかん【保管】（管理・大事にしまうこと）ハキング
ぼぎゅう【母牛】（母山羊）ブナー
ほくざんくずれぶし【北山崩れ節】（結願祭の余興の名）フクザンクズレブシ
ぼくじょう【牧場】マキ
ほくろ【黒子】アザ

ほこり【埃】（塵・ごみ）フクジ
ほし【星】プシ
ほしい【欲しい】プサン
ほしゅうする【補修する】（甦らせる）ミンゲーラスン
ほじゅうする【補充する】（完成させる）ミーフォースン
ほす【干す】（乾す・乾かす）プスン
ほたる【ホタル（蛍）】ピコラー
ぼたんぼうふう【ボタンボウフウ】（草の名）サクナ
ほっきょくせい【北極星】ニヌパブシ
ほったてごや【掘立小屋】アナブルヤー
ほったらかし シティホーリ
ほど（くらい）アタイ
〜ほど（〜くらい・〜だけ）ベーン
〜ほど（〜だけ・〜くらい）フラーン
ほとけのようにとくのたかいひと【仏のように徳の高い人】イキプトゥキ
ほね【骨】プニ
ほほえむ【微笑む】パヤームン
ほめる【褒める】（称賛する）フミルン
ほら（ねえ・ほらねえ）ラー
ほらがい【ホラガイ（法螺貝）】（汽笛）ブラ
ぼらぎょ【ボラ魚】ブラ
ほらふき【法螺吹き】パーフカー
ほらふき【法螺吹き】フラフカー
ほらほら（あれあれ）アリアリ
ほらほら（けっして・絶対に）ヨーヨー
ほらほら（それそれ）ウリウリ
ほらをふく【法螺を吹く】フラ　フクン
ほり【保里】プリ
ほりのさんばしのさきにあるいわ【保里の桟橋の先にある岩】ブライシ
ほる【掘る】プルン
ほれる【惚れる】プリルン

ぼろ【襤褸】フクタ
ほろよい【ほろ酔い】アチフツメーリ
ほろよいきぶんになる【ほろ酔い気分になる】アチフツメールン
ほん【本】（本数を数える言葉）スン
ほん【本】（本数を数える言葉）シン
ぼんくらー【ボンクラー（盆暗）】（判断力の鈍い人やぼんやりしている人を罵る場合の言葉。）ボンクラー
ほんけ【本家】ムトゥヤー
ほんけ【本家】ヤームトゥ
ほんとう【本当】（真実）フントー
ほんとうに【本当に】（本気で）ズンニン
ほんとうの【本当の】（真の）マー
ほんとうのいかり【本当の怒り】ソークンゾー
ほんとうのいかり【本当の怒り】（腹の底からの怒り）ズンクンゾー
ほんとうのなき【本当の泣き】ソーナキ
ほんとうのはなし【本当の話】ソームヌイ
ほんのすこし【ほんの少し】アーッツヌベーン
ほんのすこし【ほんの少し】（わずかばかり）アーッツンヌベーン
ぼんまつり【盆祭り】ソーラ
ぼんまつりようのまき【盆祭り用の薪】ソーラタンムヌ
ほんみょう【本名】ソーナー
ほんむすび【本結び】（真結び）マームスビ
ほんもの【本物】ソームヌ
ぼんやり（軽率に）ウカットゥ
ぼんやり（軽率に）ウカットゥン
ぼんやりして　トゥルートゥルーシ
ぼんやりしていること　トゥルバイ
ぼんやりしているひと【ぼんやりしている人】トゥルバヤー
ぼんやりする（戸惑う）トゥルバルン

ま

まいにち【毎日】マイニチ
まいにやー【前仲家】（屋号）マイニヤー
まいびし【マイビシ】（伊古部落北方の遠浅海浜の干瀬）マイビシ
まいんがにすざーぶし【マインガニスザー節】（黒島民謡の名）マインガニスザーブシ
まうえ【真上】マーウイ
〜まえ【マイ（〜前）】マイ
まえ【前】マイ
まえざとむら【前栄里村】（石垣島にある部落の名）マイザトゥ
まえつかい【前使い】（補助者）マイシカイビー
まえやく【前厄】（厄年の前年）マイヤク
まがきがい【マガキガイ】（巻き貝の一種）キラザ
まかす【負かす】マカスン
まかせる【任せる】（託す）マカスン
まかないおんなのしょうりゃく【賄女の省略】マカナイ
まがる【曲がる】マガルン
まき【マキ（槇）】（イヌマキ）ケンギ
まきおどり【巻き踊り】マキブドゥル
まきおどり【巻き踊り】マキブドゥン
まきがい【巻貝】マーリミナ
まきちらかす【撒き散らかす】（撒き放る）ポッツァースン
まきちらす【撒き散らす】マキポールン
まきつける【巻き付ける】グルハキルン
まきとり【薪取り】キープスイ
まきとりなかま【薪取り仲間】キープスイアウ
まきば【牧場】（牧場）マキバ
まきばでうまれそだったうし【牧場で生まれ育った牛】マキウシ

まきをひろう【薪を拾う】キープスウン
まくぶ【マクブ】（ベラ科の魚の名）マクブ
まくら【枕】マッファ
まげる【曲げる】（自分の意見を引っこめる）マギルン
まける【負ける】（及ばない・敵(かな)わない）マキルン
まご【孫】マー
まこい【マコイ】（和名不詳：植物の名：亜高木）マコイ
まごつく（うろたえる）ザマンドゥリルン
まごつく（うろたえる）ザマンドゥルン
まことに（じつに・順調に）マイダン
まさか マーヌヤ
まさか（とんでもない）ノースタ
まさぐる【弄る】サグルン
まさる【勝る】（優れる）マサルン
まじめなはなし【真面目な話】ズンムヌイ
ましょうめん【真正面】タンカー
まじる【混じる】（混ざる）マザルン
〜ます（接尾語）ユー
まず【先ず】（最初に）マジ
ます【枡】（度量衡用の器）サー
まずい（つまらない）アダラ
まずい（つまらない）（きつい言い方）アダラー
まずい（つまらない）（きつい言い方）アダリー
まずい【不味い】（美味しくない）ミザン
まずさおいしさ【不味さ美味しさ】ミザマーハ
まずしい【貧しい】クーサン
まぜ（まがき・竹柴の低い垣根）マシ
まぜおり【交ぜ織り】グンボー
まぜこぜ【混ぜこぜ】マンツァークンツァー

まぜこぜにする【混ぜこぜにする】　マンツァースン
まぜる【混ぜる】（混ぜ合わせる）　マザースン
まだ（いまだ）　マダ
また（さらに・そのうえに）　マタ
また【股】　マタ
またいとこ【また従弟】　マタイスク
またぐら【股ぐら】　マタブシ
またずれ【股ずれ】　マタバイ
またと（ふたたび）　マタットゥン
またね【又寝】　マタニヴィ
まち【マチ】（シチューマチ（アオダイ）・アウマチ（アオチビキ）・アカマチ（ハマダイ）など）　マチ
まちうけりょう【待ち受け漁】（定置網によるもの）　ユブサン
まちがい【間違い】（誤まり）　バッパイ
まちがいをおかす【間違いを犯す】　アヤマルン
まちがう【間違う】　マチガウン
まちがう【間違う】（混同する）　バッパイルン
まちがえる【間違える】（取り違える）　マチガイルン
まつ【マツ（松）】　マチ
まつ【待つ】　マトゥン
まつげ【睫】（睫毛）　ミーヌマチ
まっすぐに【真っ直ぐに】（寄り道せずに）　ピサキ
まっすぐに【真っ直ぐに】（寄り道せずに）（強調）　ピサキナ
まったく（いっこうに・少しも）　ムットゥ
まったく（そっくり）　マッタキ
まったくいみのない【まったく意味のない】　アジフジナーヌン
まったくいみのない【まったく意味のない】　アジフジナーン
まったくのこども【全くの子ども】（全くの未熟者）　アカヤラビ
まっち【マッチ】　ピユッチ
まってい【末弟】　セーガマ
まっとう【真っ当】（真っ直ぐ・真っ正直）　マットーバ
まっとうでない【真っ当でない】（ろくでもない・役に立たない・どうしようもない）　マープカラサナーヌン
〜まで（〜の間・〜と）　ケー
まで〜まで（〜までも・〜にまで）　バーキ
まどう【惑う】　ザマスン
まとまる（収まる）　マトゥマルン
まとめる（収める・治める）　マトゥミルン
まともでないひと【まともでない人】（間抜けな者）　ナマプリムヌ
まともなにんげん【まともな人間】（真に立派な人）　ソーニンギン
まないた【俎板】　マナイツァ
まぬがれる【免れる】（許される）　ヌガールン
まぬけ【間抜け】（そっそかしい人）　ウーソー
まぬぱ【新城家】（屋号：部落のマヌパに位置することから）　マヌパ
まね【真似】　マービ
まねごと【真似事】（偽物）　マニユー
まねをする【真似をする】　マービ　シールン
まばたき　ミッツァイ
まひるま【真昼間】　アーピスマン
まひるま【真昼間】　ティダピスマン
まひるま【真昼間】（正午）　マーピローマ
まぶしい　ミーヤマサン
まふゆのさむいあさ、くもまからでるたいようをいう【真冬（1〜2月）の寒い朝（7〜8時ころ）、雲間から出る太陽を言う】　ユヴァイティダ
まぺーらちぶし【マペーラチ節（真南風乙節）】　マペーラチブシ
まぺらちじらば【マペラチ・ジラバ】（古謡

の名）マペラチジラバ
まみず【真水】（淡水・雨水・天水）マーミジ
〜まみれ　ゴーダー
まむかい【真向い】（真正面）マータンカ
まめ【豆】マミ
まめつぶ【豆粒】マミッツン
まゆ【繭】マユ
まよう【迷う】ダマングリルン
まよう【迷う】ダムリルン
〜なら（〜たら）カー
まら【魔羅】（陰茎）マラ
まりあ【マラリア】ヤキヤン
まり【毬】マーリ
まるごと（全部）マルシキナ
まるたをわってつくるまき【丸太を割って作る薪】バリダンムヌ
まるばちしゃのき【マルバチシャノキ】（樹木の名）キーナキ

まろびころび【転（まろ）び転（ころ）び。】マラビクルビ
まろぶ（転（ころ）ぶ）マラブン
まわす【回す】マースン
まわる【回る】マールン
まんぞくする【満足する】フグン
まんぞくする【満足する】（納得する）キムフギルン
まんぞくする【満足する】（納得する）キムフグン
まんぞくする【満足する】（納得する）フギルン
まんぞくする【満足する】（納得する）フグン
まんだる【マンダル】（女性の名（石垣では士族女子の名））〈人〉マンダル
まんなか【真ん中】マンナハ
まんぷくする【満腹する】バタミツン

み

み【巳】（十二支）ミー
みーじる【ミージル（女弦）】（三線の弦の第三弦）ミージル
みーばい【ミーバイ】（イシミーバイ（カンモンハタ）・アカミーバイ（ユカタハタ）・アカジンミーバイ（スジアラ））（魚の名）ミーバイ
みかけだおしのたいく【見掛け倒しの体躯】ミジグタイ
みかた【味方】（贔屓（ひいき））ハタ
みかん【ミカン】フニン
みかん【ミカン】プニン
みぎ【右】ニジリ
みき【神酒】ミキ
みけいさん【未経産】（牛、山羊、豚等に言う）。ウイワー
みさき【岬】ナーシキ
みじかい【短い】マッカハン
みじかいさとうきび【短いサトウキビ】（お盆の供え物）マッカ　シンザ
みしかめーまわん【北神山御嶽】（御嶽の名）ミシカメーマワン
みしくぱーしじらば【御神酒囃子・ジラバ】（古謡の名）ミシクパーシジラバ
みじゅくもの【未熟者】（行き届かないもの）イタラン　ムヌ
みしる【見知る】ジェーン
みしる【見知る】（見分ける・判断する）ミッスン
みず【水】オブ（幼児語）

みず【水】ミジ
みずけのすくないぞうすい【水気の少ない雑炊】ピサシズーシ
みずたまり【水溜り】ミジグムン
みずたまり【水溜り】（潮溜り）クムン
みずたんく【水タンク】ミジタンク
みずでわる【水で割る】（酒などに他の液体を混ぜて薄める）バイルン
みずにうえること【水に飢えること】（水渇き）ミジハーキ
みずのこ【水の子】（水の実：盆の供物の一つ）ミジヌクー
みずぶくれする【水脹れする】ピューキルン
みすぼらしいいふく【みすぼらしい衣服】（襤褸（ぼろ））ヤナキン・ヤリキン
みせてみる【見せてみる】ミシミルン
みせる【見せる】ミシルン
みそ【味噌】ミス
みそがめ【味噌瓶】ミスハミ
みそしる【味噌汁】ミスズル
みたことのないこと【見たことのないこと】ミリミランクトゥ
みたす【満たす】ンツァスン
みたす【満たす】（一杯にする）パントゥラスン
みたす【満たす】（好機を待つ）ミツァスン
みつ【満つ】ミツン
みつ【満つ】（一杯になる）パントゥリルン
みつ【満つ】（満ちる）ンツン
みっつ【三つ】（三個・三歳）ミーチ
みてみる【見てみる】ミリミルン
みとおす【見通す】（見透かす）ミシカスン
みどしうまれ【巳年生まれ】ミーディマリ
みなさま【皆様】（冒頭に用いる挨拶言葉の常套句）ケーランナリ
みなみ【南】パイ
みなみかぜ【南風】パイハジ
みなみがわ【南側】パヤーキ
みなみどなり【南隣】パイナー
みなり【身なり】（装い）スガイ
みなりをととのえる【身なりを整える】（飾る）シザスン
みにくい【醜い】ヴゥイヤン
みにくいいたずら【酷い悪戯】（悪質な悪戯）ヤナガンマリ
みにくいすがた【醜い姿】（とんでもない様子）ユムシナタ
みにくいすがた【醜い姿】（とんでもない様子）ユムハタチ
みの【蓑】ミヌ
みのかさ【蓑笠】ミノッサ
みのはいっていないみそしる【身の入っていない味噌汁】ナージル
みのらす【実らす】（稔らす）ナウラスン
みのる【実る】（稔る）ナウルン
みぶんやしょくいのじょうきゅうのひと【身分や職位の上級の人】ウイガタ
みまい【見舞い】（ご機嫌伺い）ミーマイ
みまちがい【見間違い】（見当違い）ミーマチガイ
みみ【耳】（綱引き用の綱の耳（輪っか））ミン
みみあか【耳垢】ミンヌッス
みみがとおくなる【耳が遠くなる】ミントーリルン
みみがとおくなる【耳が遠くなる】ミンフジリルン
みみず【ミミズ】ミーマジ
みみだれのでているひと【耳垂れの出ている人】ミンザリプス
みみだれのでているもの【耳垂れの出ている者】ミンザリムヌ
みみのたれたうま【耳の垂れた馬】ミンダリンマ
みみのたれたねこ【耳の垂れた猫】ミンダリマヤー
みみのとおいひと【耳の遠い人】ミンフジ

ラー
みみのとおいひと【耳の遠い人】ミンフジリムヌ
みみのとおいひと【耳の遠い人】（役に立たないもの）ハミヌミン
みみをほじくる【耳をほじくる】ミンフジルン
みもの【見もの】（優れたもの）ミームヌ
みやこ【宮古】（宮古島）メーク
みやこご【宮古語】メークムヌイ
みやざとむら【宮里村】メシトゥ
みやのうななごう【ミヤノウナナゴウ】（宮農七号：甘藷の品種名）ミヤナナゴー
みやらむら【宮良村】（石垣島の部落）メーラ
みょうちょう【明朝】アツァシトゥムティ
みょうばん【明晩】アツァーユー
みらいしこうのきがん【未来志向の祈願】（将来への願いの意）マイハヌニガイ
みる【見る】ミルン
みるくがん【弥勒神】（弥勒神の面）ミーラク
みわけることができる【見分けることができる】ミッサリルン
みんな【皆】（全部）ケーラ

む

むかい【向かい】（真っ直ぐ）マンカ
むかいかぜ【向かい風】（逆風）ンカイハジ
むかし【昔】（かなり以前）パーンティ
むかし【昔】（古い時代・ずっと以前）ムカシ
むかしばなし【昔話】ムカシパナシ
むかしむかし【昔々】（大昔）パーンティパーンティ
むかで【ムカデ（百足）】イカザン
むかで【ムカデ（百足）】ンカザン
むぎ【麦】ムン
むぎこ【麦粉】ムンヌクー
むぎこでつくるうどんじょうのしょくもつ【麦粉で作るうどん状の食物】キラマンギ
むぎこのてんぷら【麦粉のてんぷら】ムンヌクーヌ　パンビン
むぎのほ【麦の穂】ムンヌプー
むぎのわら【麦のわら】ムングル
むく【向く】（向き合う）ンカウン
むく【剥く】ムクン
むく【剥く】ンクン
むくちなひと【無口な人】ムヌザ
むこ【婿】ムク
むこがつまのじっかのてだすけをすること【婿が妻の実家の手助けをすること】ムクシカイ
むこきょうだい【婿兄弟】（姉妹の夫同士）ムクキョーダイ
むこをからかっていう【婿をからかって言う】ムクブザ
むさぼる【貪る】シカンナクン
むさぼる【貪る】（がつがつ食べる・がぶがぶ飲む）シカンッフォン
むし【虫】ムシ
むしあつい【蒸し暑い】スブッタラハン
むしがし【蒸し菓子】（米粉と黒糖を混ぜ、蒸して作る生年祝い用の祝儀菓子）アーラシコーシ
むしがしをむすためのはこ【蒸し菓子を蒸すための箱】アーラシパク
むしかまぼこ【蒸し蒲鉾】ズーハマブク
むしぼし【虫干し】イルンカスン

むしる【毟る】（千切る）ムッスン
むしろ【筵】ムス
むす【蒸す】（餅や菓子などを）アーラスン
むずかしい【難しい】（理屈っぽい）ムシカサン
むすぶ【結ぶ】（結わえる）ムスブン
むすめ【娘】ミヤラビ
むすめ【娘】メーラビ
むだ【無駄】イタジラ
むだなうごき【無駄な動き】ワーヌ　ズー
むだなことば【無駄な言葉】イタラン　ムヌイ
むだばたらき【無駄働き】ワーヌ　ズー　パタラキ
むつまじい【睦まじい】ムチマサン
むつまじいなか【睦まじい仲】（恋仲）ムチリトーラ
むつまじくする【睦まじくする】（睦む・恋仲になる）ムチリルン
むなき【棟木】ンニギー
むね【胸】（胸板）ンニ
むね【棟】（棟木（むなぎ））ンニ
むねあげ【棟上げ】ンニアギ
むねのうち【胸の内】（内心）ンニウチ
むねのそこ【胸の底】ンニスク
むらがられる【群がられる】（まとわりつかれる）シドーリルン
むらがる【群がる】シドゥヤールン
むらがる【群がる】（寄り集まる）シドゥウン
むらのぎょうじ【村の行事】（村の共同作業）ムラングトゥ
むらやくば【村役場】（琉球王国時代の村役場）オーセ
むりょう【無料】イタンダ
むりょうのもの【無料の物】イタンダムヌ
むれる【蒸れる】（蒸し暑くなる）ンブリルン
むんぴりいざ【ムンピリイザ】（又吉智福翁の綽名）ムンピリイザ

め

め【芽】（茎）フキ
め【目】ミー
めいていししょうたいふめいになる【酩酊し正体不明になる】ユダーキルン
めいよをきそんする【名誉を毀損する】（名を汚す）シタラスン
めいれい【命令】ウタイ
めいれい【命令】（達し）タッシ
めいれいする【命令する】ウタウン
めかけ【妾】ユーベ
めがただれていること【目がただれていること】（目がただれている人）ミーパギ
めがただれているひと【目がただれている人】ミーパガー
めがね【眼鏡】ガンキョー
めがみづらくなる【目がみづらくなる】（老眼になる）ミームイルン
めぐりあわせ【めぐり合わせ】（幸運）フー
めし【飯】イー
めし【飯】ウバン
めしあがってください【召し上がってください】ンキワーリ
めしあがる【召し上がる】ンキルン
めしたきたんとうしゃ【飯炊き担当者】ハンメースガヤー
めしたきようのなべ【飯炊き用の鍋】ユーナビ
めしようのわん【飯用の碗】ユーマハン

めじろがたかくうつくしいこえでさえずること【メジロが高く美しい声でさえずること】タカビキ
めす【雌】ミームヌ
めすがわら【雌瓦】ミーハーラ
めずらしい【珍しい】ミジラサン
めずらしい【珍しい】（不思議である）ピルマサン
めすをいみする【雌を意味する】ミー
めづな【女綱】ミージナ
めでみるだけのいたずら【目で見るだけの悪戯】ミーヌ　ガンマリ
めとくち【目と口】（目鼻立ち・顔）ミーフチ
めとはな【目と鼻】（目鼻立ち、顔・面を表す）ミーパナ
めとる【娶る】（結婚する）イールン
めにはいったごみ【目に入ったごみ】（目の中の異物）ミツムヌ
めのおおきひと【目の大きい人】ミンタマー
めのくぼみ【目の窪み】（眼窩）ミーヌ　グブン
めのふじゆうなひと【目の不自由な人】（盲人）ミックワー
めまいがする(目が回る)。ミングリルン
めりけんこ【メリケン粉】（小麦粉の俗称）ミリキンク
めをだす【芽を出す】パイジルン
めんどうをみる【面倒を見る】（扱う）ハラハウン
めんどり【雌鶏】メーンドゥリ

も

も【喪】（喪中）ムー
もあい【模合】（頼母子講・無尽講）ムヤイ
もう（もはや）メー
もう（更に）マー
もうけ【儲け】（利益）モーキ
もうけしょうぶ【儲け勝負】モーキスーブ
もうけのぶんぱい【儲けの分配】モーキバキ
もうける【儲ける】（儲かる・得をする）モーキルン
もうこはん【蒙古斑】アウパン
もうしあげる【申し上げる】ザリルン
もうしょ【猛暑】（熱暑）プーキ
もうすこし【もう少し】マーイベービ
もうすこし【もう少し】マーイメービ
もうすこし【もう少し】マーイメーミ
もえる【燃える】ムイルン
もーい【モーイ】（和名不明（海藻の名））モーイ
もぐさ【艾】ヤツフチ
もくせいのたばこいれ【木製の煙草入れ】キープゾー
もくそく【目測】（目算）ミーゾーロ
もぐる【潜る】ズームン
もち【餅】ムチ
もち【糯】ムツァー
もちあげる【持ち上げる】ムタイルン
もちみがある（粘り気がある・もちもちである）ムツァン
もつ【持つ】（保持する・治める・妊娠する・高値が付く）ムトゥン
もっこ【モッコ】アウダ
もっと　マービ
もっと（さらに）マーミ
もっともしたしいゆうじん【もっとも親しい友人】（無二の親友）イチドゥシ

もっともしたしいゆうじん【もっとも親しい友人】(無二の親友) イチバンドゥシ
もっとわるく【もっと悪く】(一段と悪く) シギ・シンギ
もつれさせる (混乱させる) アンザーラスン
もつれる (絡み合う) アンザールン
もてあそびもの【弄び者】ムタビムヌ
もてあそぶ【弄ぶ】ムタブン
もと【元】(本・基・起点) ムトゥ
もどす【戻す】(返す) ムドゥスン
もとむら【元村】ムトゥムラ
もどる【戻る】(元の所に帰る) ムドゥルン
もの【物】(者、立派な者・物、食べ物) ムヌ
ものすごいほどに【物凄いほどに】ウスマシスク
ものすごく【物凄く】(大変な) ウスマシ
ものだね【物種】(穀物の種) ムヌダニ
ものならい【物習い】(教わること) ムヌナライ
ものにあたる【物にあたる】(食当たりなど)。アタルン
もののいいよう【物の言いよう】ムヌイジョー
ものめずらしい【物珍しい】ムヌミジラサン
ものもらい【物貰い】インダイミー
ものわすれ【もの忘れ】ムヌバッシ
ものわらい【物笑い】(笑いもの) ムヌバライ
〜ものを ムヌバ
ものをはく【物を吐く】(嘔吐する) ムヌパクン
もみくちゃにする【揉みくちゃにする】ムンツァースン
もむ【揉む】(擂(す)り潰(つぶ)す) ジンザルン
もめごと【もめ事】(いさかい) ムンドー
もめんいと【木綿糸】ユル
もも【腿】ムム
もも【腿】ムムダン
もも【腿】(太腿) ムムダル
もも【桃】ムン
もやし【モヤシ】マミナ
もやす【燃やす】モースン
もらいご【貰い子】イーリッファ
もらいごとしてもらう【貰い子として貰う】イールン
もらいごのおや【貰い子の親】ヤシナイウヤ
もらう【貰う】イールン
もらす【濡らす】ゾーラスン
もり【銛】ユン
もり【銛】(返しが付いていない) シーメユン
もり【銛】(返しが付いているもの) ガリユン
もりりょう【銛漁】ウリヤー
もろこし【モロコシ】(穀物の名) ウブン
もろみざとしゅうし【諸味里秀思】(1876〜1945:八重山舞踊「勤王流」の二代目師匠。) モロミザト・シューシ／オージスー
もん【門】トゥンジ
もん【門】トゥンジヌフチ
もん【門】トゥンジフチ
もん【門】(門の前の道) ゾー
もんがらかわはぎのいっしゅ【モンガラカワハギの一種】(魚の名) フクラビ
もんぱのき【モンパノキ】(木の名) ザスキ

や

やーすくりじらば【家造り・ジラバ】（古謡の名。）ヤースクリジラバ
やーやま【八嶽】（首里王府が認定した八つの御嶽）ヤーヤマ
やかましい【喧しい】（騒がしい・煩わしい）ハサマサン
やかん【薬缶】ヤコン
やぎ【山羊】ピシダ
やきやん【ヤキヤン（マラリア）】マラリア
やく【焼く】アビルン
やく【焼く】（お灸を据える・てんぷらを揚げる）ヤクン
やく【厄】（災難）ヤク
やくいん【役員】（役職）ヤクザ
やくいんなかま【役員仲間】ヤクザアウ
やくいんなかま【役員仲間】ヤクザドゥシ
やくそくごと【約束事】（法則）キマリ
やくどし【厄年】ヤクドゥシ
やくにたたない【役に立たない】（無駄である）ユッツラ　ナーヌン
やくばらい【厄払い】ヤクバライ
やこうがい【ヤコウガイ（夜光貝）】（貝の名）ヤクンガイ
やこうがいのふた【夜光貝の蓋】ヤクンガイヌ　フタ
やごえ【矢声】ヤングイ
やさい【野菜】ヤサイ
やさしい【易しい】（たやすい）ヤッサン
やしがに【ヤシガニ】マコン
やしきのなんせいほうこうにたてるなや【屋敷の南西方向に建てる納屋】（農機具等の物置小屋）パイマニヤー
やしなう【養う】（面倒をみる）シカナウン
やしょく【夜食】ユナハンムヌ
やすい【安い】（安価である）ヤッサン

やすませる【休ませる】（休憩させる）ヤコースン
やすみ【休み】（休憩）ヤクイ
やすむ【休む】（寝る・病床に伏す・臥せる）ヤクウン
やせち【痩せ地】パギジー
やせっぽち【痩せっぽち】ヤギラ
やせっぽち【痩せっぽち】ヨーガラー
やせっぽち【痩せっぽち】ヨーガリ
やせてちいさい【痩せて小さい】グジラハン
やせる【痩せる】ヤギルン
やせる【痩せる】ヨーガリルン
やせる【痩せる】ヨンガリルン
やったぞ（でかしたぞ）シタイヒャー
やっつける（叩きつける）ミングラスン
やっつける（平らげる）マラバスン
やつれて・（みすぼらしく）フビリフビリ
やつれる（身だしなみが乱れやつれた状態になる）フビリルン
やどかり【ヤドカリ】アマン
やどかり【ヤドカリ】アマンツァ
やとわれにん【雇われ人】（下男）ンザッファ
やな【ヤナ】（悪い、を表す接頭語として人、物、事すべてについて用いる）ヤナ
やながっぱい【ヤナガッパイ】（罵り言葉。「ガッパイ」は、後頭部やおでこの出っ張りのこと）ヤナガッパイ
やねのしゃめん【屋根の斜面】ピサ
やぶいしゃ【藪医者】（民間療術師）ヤブイサ
やぶる【破る】ヤルン
やぶれたいふく【破れた衣服】（継ぎ接ぎだらけの衣服）ヤリキン
やぶればか【破れ墓】ヤリメーへ

やぶれる【破れる】ヤリルン
やま【山】ヤマ
やまがしにーぬあゆ【山樫根ーぬ・アユ】（古謡の名）ヤマガシニーヌアユ
やまがたな【山刀】ヤマーラシ
やまさきぬあぶぜーまぶし【山崎ヌアブゼーマ節】（黒島の民謡）ヤマサキヌアブゼーマブシ
やまと【大和】（日本本土）ヤマトゥ
やまどめ【山止め】（山入（伐採）の禁止）ヤマドゥミ
やまのないしま【山のない島】ヌングンジマ
やみ【闇】ヤン
やみ【闇】（暗闇）ヤーン
やみのなか【闇の中】ヤーンヌ　ミー
やみよ【闇夜】ヤーンヌ　ユー
やむ【病む】（病気になる・痛む・傷む）ヤムン
やめる【止める】（辞める）ヤミルン
やもめ（未亡人）ヤグサミ

やもり【ヤモリ】フダッツァミ
〜やら（〜のか）ヤーリ
やらぶだねあゆ【やらぶ種・アユ】（古謡の名）ヤラブダニアユ
やらぶのみ【ヤラブ（テリハボク）の実】ヤラブダニ
やるき【やる気】（心意気）キー
やれやれ（さあさあ・さてさて）トーヒャー
やわやわと【柔やわと】（たおやかに）ヤーラヤーラ
やわらかい【柔らかい】（柔軟である）ヤーラハン
やわらかい【柔らかい】（味わい深い）フクロホン
やわらかいごはん【柔らかいご飯】（粥とご飯の中間）アチビー
やわらかに【柔らかに】フクローフクロー
やわらかめのぞうすい【柔らかめの雑炊】シルズーシ
やんちゃである（乱暴者である）ヤマンゴホン

ゆ

ゆい【結】（相互扶助）ユイ
ゆいごん【遺言】イグン
ゆうがお【ユウガオ（ヒョウタン）】スブル
ゆうがた【夕方】（昨夜）ユビ
ゆうがた【夕方】（夜）ユナイ
ゆうしょく【夕食】ユイ
ゆうだち【夕立】ナチアミグリ
ゆうずうのきかないひと【融通の利かない人】（四角四面な人）バンゾンガニ
ゆうひ【夕日】イリティダ
ゆうふく【裕福】（資産持ち）ウヤキ
ゆうふくないえ【裕福な家】（資産家）ウヤキヤー

ゆうりょうなとち【優良な土地】ジードー
ゆうりょうなとち【優良な土地】ジーフクン
ゆうりょうはたち【優良畑地】マージー
ゆえ【故】ユイ
ゆえ【故】（原因）ユン
ゆか【床】ユカ
ゆかした【床下】ミフキ
ゆがふ【世果報】（豊穣な世）ユガフ
ゆがむ【歪む】ヤグリルン
ゆがむ【歪む】ヤゴムン
ゆがめる【歪める】ヤグラスン
ゆがめる【歪める】ヤゴマスン

ゆかもち【床持ち】（床を支える資材） ユカムチ
ゆがわく【湯が沸く】 フクン
ゆしどーふ【ユシドーフ】（豆腐を作る過程で、まだ固めない状態のもの） ユシドーフ
ゆたかなしゃかい【豊かな社会】（豊作・豊年） ユー
ゆたかに【豊かに】（裕福に） ユチクニ
ゆっくり ヨーンナ
ゆっくり（徐々に） ヤラーミナ
ゆっくり（のんびり） ユリーットゥ
ゆっくり（ひっそり） シトゥルシトゥル
ゆでる【茹でる】 ユディルン
ゆび【指】 イビ
ゆび【指】 ウヤビ
ゆびきり【指切り】 カーキ
ゆびわ【指輪】 イビンガニ
ゆみ【弓】 ユン
ゆむ【ユム】（語頭に置いて消極・否定の意を強調する） ユム
ゆめ【夢】 イミ
ゆめでも【夢でも】（夢さえも） イメーッツァン
ゆらす【揺らす】 ユラスン
ゆり【ユリ】（テッポウユリ） ユン
ゆりうごかす【揺れ動かす】（ふらふらさせる） ヨッタバスン
ゆりのはな【ユリの花】 ユンヌパナ
ゆりわ【揺輪】 ハブシ
ゆるす【許す】（大目に見る・認める） ユラスン
ゆるす【許す】（大目に見る・認める） ユルスン
ゆるす【許す】（免れさせる） ヌガーラスン
ゆれる【揺れる】 ユリルン
ゆんぐとぅ【ユングトゥ】（古謡の一形態） ユングトゥ
ゆんはのーし【ユンハノーシ】（漁に用いる道具） ユンハノーシ

よ

～よ（～だよ）（推量、断定、問い掛けなどに用いる） サー
～よ（～ね） メ
よ【世】（社会） ユー
よあけまえ【夜明け前】（太陽が上がる直前の状態） アリバナ
よあけをつげるにわとりのにばんめのなきごえ【夜明けを告げる鶏の二番目の鳴き声】（二番鶏） ニバンドゥリ
よい（よりよい） マシ
よい（元気である） ミサン
よい【良い】 イー
よいかんがえ【よい考え】 イー ハンガイ
よいこと（慶事） イー クトゥ
よう【酔う】 ビールン
ようかい、まもの、ゆうれいなどをみることのできるひと【妖怪、魔物、幽霊などを見ることの出来る人】（霊能者） ムヌミープス
ようかい【妖怪】（魔物・化け物等） ムヌ
ようかいなどをみる【妖怪などを見る】 ムヌミルン
ようし【容姿】 カーギ
ようじ【用事】（有益なこと） ユーズ
ようしゅん【陽春】（若夏の直前） ウリズン
ようじょう【養生】（治療） ヨーゾ
ようじんぶかく【用心深く】（注意深く） ミスコーミスコー

ようちなこと【幼稚な状態】ミーチヤラビ
ようつう【腰痛】クシヤン
ようと【用途】シカイミチ
ようとんぎょうしゃ【養豚業者】（豚の屠殺業者）ワーサー
〜ように ヨーン
ようはい【遥拝】タンカーニガイ
ようりょう【要領】（器量）ダグ
ようりょうをえない【要領を得ない】（思慮が足りない）ハジシカヌン
ようりょうをえないひと【要領を得ない人】（思慮の足りない人）ハジシカンムヌ
よー【ヨー】（動詞の命令形についてその語を強める。）ヨー
よーんなをきょうちょうしたご【「ヨーンナ」を強調した語】ヨーンナ　ヨーンナ
よがあける【夜が明ける】（明るくなる）アリルン
よく（優れて）ハミック
よく（優れて）ハミンク
よく〜する ダハン
よく【欲】（欲張り）ユク
よくあそぶとしごろ【よく遊ぶ年頃】アサビパダ
よくぞ（なるほど）ユードゥ
よくぞ（幸運にも）ヤクドゥ
よくぞ（幸運にも）ヤクドゥドゥ
よくたべる【よく食べる】ヴァイダハン
よくばりである【欲張りである】（強欲である）ユクッサハン
よくばりな【欲張りな】ユコホン
よくばりなひと【欲張りな人】ユクッサリムヌ
よくばりなひと【欲張りな人】（強欲な人）ユクッサラー
よくばる【欲張る】ユクシクン
よくへをこくひと【よく屁をこく人】（よくおならをする人）ピッサリムヌ
よくやった（でかした）シタイ

よけい【余計】（余分）ワーバ
よけいなこと【余計なこと】ワーバグトゥ
よごす【汚す】ブシタラスン
よごす【汚す】（汚(けが)す）ユグスン
よこになる【横になる】（休む）ヤクタールン
よごもり【夜籠り】ユングマル
よごれ【汚れ】ゴーダー
よごれ【汚れ】ユグリ
よごれ【汚れ】（身体、衣服にも言う）ガバ
よごれたひと【汚れた人】（垢の付いた人）ピンガー
よごれる【汚れる】ブシタリルン
よごれる【汚れる】ユグリルン
よごれをぬぐう【汚れを拭う】（尻を拭(ふ)く）ズールン
よそうがいである【予想外である】ウムイ　トゥ　アタラヌン
よそのいえをよくまわりあるくこと【よその家をよく回り歩くこと】ヤーマーリ
よそのいえをよくまわりあるくひと【よその家をよく回り歩く人】ヤーマーレー
よだれ【涎】フチジン
よだれ【涎】ユダル
よだれ【涎】ユダン
よっぱらい【酔っ払い】（大酒飲み）ビータリプス
よっぱらい【酔っ払い】（大酒飲み）ビータリムヌ
よっぱらい【酔っ払い】（大酒飲み）ビーチャー
よっぱらう【酔っ払う】（酔いつぶれる）ビーフジルン
よっぱらう【酔っ払う）酔いつぶれる）ビータリルン
よどむ【淀む】（停滞する）ユドゥムン
よなか【夜中】（深夜）ユナハン
よなかにめざめる【夜中に目覚める】ウズンキルン

よなき【夜泣き】（子供の）ユーナキ
よなべ【夜なべ】（夜業）ユナビ
よねん【四年】（今年から三年目）ユーティ
よばいふうのおこない。また、それをおこなうひと【夜這(よば)い風の行ない。また、それを行なう人】サグヤー
よぶ【呼ぶ】（声を掛ける・招待する）ユラブン
よふかし【夜更かし】ユーフキ
よぶん【余分】アマリ
よむ【読む】（計算する・愚痴をこぼす・不平を言う）ユムン
よめ【嫁】（息子の妻）ユミ
よめがなし【嫁加那志】（嫁をからかって言う言葉）ユミガナシ
よめご【嫁御】（嫁っ子）ユミッファ
よめにやる【嫁に遣る】コースン
よめをたて、むこをたてること【嫁を立て、婿を立てること】ユミユシ　ムクユシ
よらー【ヨラー】（動詞の命令形についてその語を強める。「ヨー」より強め）ヨラー
よりわるいじょうたい【より悪い状態】シンギ
よる【寄る】（接近する）ユーズン
よる【夜】ユー
よるのしょうこう【夜の焼香】（法事）ユナハンソッコー
よろこばせる【喜ばせる】ユルクバスン
よろこぶ【喜ぶ】（嬉しがる）ユルクブン
よわい【弱い】（虚弱である）ヨーホン
よわいひと【弱い人】（病弱な人）ヨーガー
よわいもの【弱い者】（意気地なし・弱虫）ヨーバー
よわまらせる【弱まらせる】（衰弱させる）ヨーマラスン
よわまらせる【弱まらせる】（衰弱させる）ヨーラスン
よわまる【弱まる】（衰弱する）ヨーマリルン
よわまる【弱まる】（衰弱する）ヨーマルン
よわめる【弱める】（衰弱させる）ヨーミルン
よわよわしい【弱々しい】（病弱である）ヨーガハン
よわよわしげな【弱々しげな】（臆病風な）シカーシカー
よわる【弱る】（衰える）ヨーリルン
よわる【弱る】（衰える）ヨールン
よんしなそろいのごちそう【四品揃いのご馳走】ユッチング

ら

らー【ラー】（語尾について、①命令、②誘いかけ、③同意の呼び掛け、④願望、⑤推量、などを表す）ラー
らいねん【来年】エン
らいねん【来年】ヤイネ
らいねんのさくもつ【来年の作物】（来年の豊作）エンヌ　ユー
らいねんのとし【来年の年】エンヌ　トゥシ
らく【楽】ラク
らくがん【落雁】クーゴーシ
らくだい【落第】（出来のよくない仕事ぶり）ラクダイ
らくたんする【落胆する】ウチダリルン
〜らしく（〜にふさわしく）ラーサ
らっかせい【落花生】ジーマミ
らっきょー【ラッキョー】ラッキョー
らっぱ【ラッパ】ラッパ

らんぷ【ランプ】トゥール
らんぶ【乱舞】（祭りのクライマックスで行なわれる巻き踊り等）ガーリ
らんぷのほや【ランプの火屋】フヤ
らんぼう【乱暴】（粗暴）ランボー
らんぼうをはたらくひと【乱暴を働く人】ランボームヌ

り

りくちでのげせんごのふなよい【陸地での下船後の船酔い】ジーフナイ
りくつ【理屈】（言い訳）リクチ
りくつっぽい【理屈っぽい】リクチズーワン
りこうなもの【利口な者】（口達者。おしゃべり）ハガナー
りこうなもの【利口な者】（立派な人・成功者）マイフナー
りっぱである【立派である】（優れている）ダーサン
りっぱである【立派である】（優秀である）ラーサン
りっぱなもの【立派な物】（優れている人）ダーシムヌ
りっぱなもの【立派な物】（優れている人）ラーシムヌ
りっぱに【立派に】（格好をつけて）ダーシダーシ
りっぱに【立派に】（皮肉をこめて・格好をつけて）ラーシラーシ
りやかー【リヤカー】（箱つきの二輪車）リヤカー
りゅうきゅうあかしょうびん【リュウキュウアカショウビン】（鳥の名）ゴッカル
りゅうきゅうこくたん【リュウキュウコクタン（琉球黒檀）】キダ
りゅうきゅうこくたんのみ【琉球黒檀の実】キダヌナン
りゅうきゅうぼたんづる【リュウキュウボタンヅル】（植物の名）タニドゥルハザ
りゅうぜつらん【リュウゼツラン（竜舌蘭）】ドゥガイ
りゅうとうだび【竜頭蛇尾】ピッサラ
りゅうぼく【流木】ナーリキー
りゅうぼく【流木】ユーリキー
りようかち【利用価値】（使い勝手）シカイットー
りょうぐ【霊供】（仏前に供える食膳）リンガン
りょうぐをそなえておこなううぶそっこうー【霊供を供えて行なう大焼香】リンガンヌソッコー
りょうし【漁師】イソープス
りょうなかま【漁仲間】イソーアウ
りょうなかま【漁仲間】イソーシンカ
りょうのどうぐ【漁の道具】イソーダング
りょうりをねんいりにつくること【料理を念入りに作ること】ティーアンダ
りょくとう【緑豆】アウマミ
りょくとう【緑豆】（穀物の名）クマミ
りんき【悋気】（焼き餅・嫉妬）リンキ
りんげつ【臨月】ナシンガタ

る

るすばん【留守番】ヤーヌバン
るすばん【留守番】ヤーバン

れ

れい【例】（前例）リー
れいかんのうりょくがたかい【霊感能力が高い】（霊験あらたかである）サーダカハン
れいかんのうりょくのたかいひと【霊感能力の高い人】サーダカマリ
れいはい【礼拝】（御拝）ウンパイ
れいりょくがたかい【霊力が高い】シジダカハン
れっとうしゃ【劣等者】（落第者・落第生）ラクダイシー
れんが【煉瓦】（煉瓦型の黒砂糖）レンガ

ろ

ろうがんになる【老眼になる】ムイルン
ろうそく【ローソク（蝋燭）】ロー
ろうそく【蝋燭】ロースク
ろうや【牢屋】（牢獄）ローヤ
ろく【六】ルク
ろくがつ【六月】ルクンガチ
ろくじゅう【六十】（六十歳）ルクズー
ろくじゅっさいからはとしごとにからだがよわること【六十歳からは年毎に体が弱ること】ルクズーハラ　トゥシユール
ろくでないやつ（役に立たない者）マープカラサナーンムヌ

わ

わかい【若い】バハハン
わかい【若い】（新しいを意味する接頭語）。バハ
わかがえる【若返る】バハンガイルン
わかす【沸かす】（お湯を沸かす）フカスン
わがまま（甘え放題・勝手放題）フンダイ
わがままなひと【わがままな人】（甘えん坊）フンダヤー
わかもの【若者】バハムヌ
わかものたち【若者たち】（「立派な若者たち」の意味合いを帯びる語）ギラヤータ
わがや【我が家】バンテ
わかれさせる【別れさせる】（離乳させる）アカラスン

わかれる【別れる】（離れる・離乳する）アカリルン
わき【脇】バキ
わきげ【腋毛】バキッフイ
わきみず【湧き水】バキミジ
わく【湧く】（発酵する）バクン
わけあたえる【分け与える】バキッツァミルン
わけぎ【ワケギ（ネギの名）】シビラ
わけまえ【分け前】（義務）タマ
わける【分ける】バキルン
わざと（故意に）ワザトゥ
わざわい【災い】（汚れ）ビー
わざわいとさわり【災いと障り】ビーサビ
わざわざ　シンニ
わざわざ（故意に・意図的に）ワザワザ
わすれがたい【忘れがたい】バッシ　ヌッサン
わすれもの【忘れ物】バッシムヌ
わすれやすい【忘れやすい】バッシダハン
わすれる【忘れる】バッシルン
わたし【私】バー
わたし【私】バン
わたし【私】（ひと頃の女子中学生が用いていた。）デイ
わたしたち【私たち】（我々）バンタ
わたしたち【私たち】（我々）ビーヤ
わたしたち【私たち】（我々）ビャーハ
わたしたち【私たち】（我々）ベーヤ
わたしは【私は】バナー
わたす【渡す】バタスン
わたりみち【渡り道】（沖のサンゴ礁と陸地の行き来できる箇所）バタジ
わたる【渡る】バタルン
わな【罠】ヤマ

わら【藁】バラ
わらう【笑う】（嘲笑する）バラウン
わらくず【藁屑】バラフタ
わらざん【藁(算)】バラザン
わらじ【草鞋】フチ
わらでなったなわ【藁で綯った縄】バラジナ
わらびな【童名】ヤラビナー
わりくだく【割り砕く】バッツァースン
わりくだく【割り砕く】（散々に壊す）バリッツァースン
わる【割る】（割く・裂く）バルン
わるい【悪い】ワッサン
わるいあそび【悪い遊び】ヤナアサビ
わるいおこない【悪い行ない】シワザ
わるいおしえ【悪い教え】（間違った教え）ヤナナラーシ
わるいかんがえ【悪い考え】ヤナハンガイ
わるいくせ【悪い癖】ヤナフシ
わるいことば【悪い言葉】ヤナフチ
わるいしゅうかん【悪い習慣】ヤナナライ
わるいもの【悪いもの】（悪霊・幽霊・魔物）ヤナムヌ
わるいもの【悪いもの】（人、物、事のすべてについて言う）ヤナー
わるいゆうじん【悪い友人】ヤナドゥシ
わるぐち【悪口】アクグチ
わるじえ【悪知恵】ヤナリコー
わるじえ【悪知恵】（邪(よこしま)な考え）ヤナジンブン
わるだくみ【悪巧み】（悪い謀(はかりごと)）ヤナパカライ
われめ【割れ目】（リーフの割れ目）バリ
われる【割れる】バリルン
わん【碗】マハル

~を

を

~を ユ   ~を（~をば）バ

ん

んぎさ【ンギサ】（女の名）ンギサ
んげ【ンゲ】（男の名）ンゲ
んぞうねんぶつぶし【無蔵念佛節】（旧盆や年忌法要の日に歌う民謡）ニンブツァー
んべー【ンベー】（擬音語で、山羊の鳴き声）ンベー
んぼー【ンボー】（擬音語で、牛の鳴き声）ンボー

あとがき

　私は、第二次世界大戦まっただなかの昭和19（1944）年1月に、八重山諸島の離島・黒島で生まれた。母・清（通称・マカミ、戸籍上の名はマカニ。明治34年生まれ）の高齢（45歳）出産にくわえ戦時中の食料難という事情もあり、母から満足にオッパイをもらえなかったという。折よく離乳期を迎えていた年上の甥・新里八十宏（長姉の息子・昭和17年生まれ）の飲み残しの乳をもらい、かろうじて命をつなぐことができたそうだ。そのこともあって、長姉・新里秀（大正12年生まれ）への敬慕の念は深く、甥・八十宏とも格別の絆で結ばれていた（彼は残念ながら50代の半ばで他界し、長姉は98歳の長寿を全うし2020年8月に旅立った）。

　我が家は、父・賢英（通称・マム。明治31年生まれ）が40歳を過ぎてから分家したこともあって自己所有の畑地が少なく、そのため換金目的の牛、山羊、豚を他家よりも多く飼い、その糞尿をチガヤやススキなどにまぶして大量の堆肥を作り畑に投入した。作付面積の小さい分、反当たりの収量を大幅に増やして家計を潤した。よって、私は幼少のころから当然のごとく山羊や牛の世話はもちろん、畑作業の手伝いをした。思い返してみると、勉強らしい勉強をしたのは学校にいる間だけだった。学校から帰ると山羊や牛の世話をし、日曜日や長期の夏・冬・春休みは畑仕事の手伝いが中心であった。夜は、居間の石油ランプの下で宿題だけはなんとかこなし、家族と同じ時間に就寝した。そのことは、石油の節約という経済的観点から自然の成り行きで行なったものであり、我が家にはランプを灯して夜遅くまで勉強するという雰囲気はなかった。

　以上のような生活を中学校卒業まで黒島でおくり、高等教育に理解の深かった父のお陰で八重山高等学校に進学した。高校在学中の3年間を石垣市で過ごし、大学は両親の反対を押し切って東京在の大学に進んだ。私の大和（日本本土）への進学を父母が嫌ったのは、三兄・吉弘（昭和5年生まれ）が本土の大学在学中に病没したことによるものであった。

　私は、大学在学中は時代の大きなうねりを受け米国の軍政下にあった沖縄の施政権返還運動（地元沖縄では「祖国復帰運動」と称した）に奔走していた。4年次になって就職か大学院進学かを迫られ、社会変革のための本格的な理論探究をすべく大学院への進学を選択した。大学院への進学に当たっては、大学入学以来、私と違って地道に『資本論』の研究に取り組んでいた北海道出身の五十嵐政美君がよき道標となった。大学院では、当時『資本論』研究で学会の頂点におられた久留間鮫造先生との幸運な出会いがあり、研究者の道を歩むよう奨められひたすら学究に没頭した。

　ところが、我が家では末っ子の私が寝たきりの母と老父の面倒を見なければならない事態が出来（しゅったい）、私は学究を諦め大学院修士課程の中退を余儀なくされ、1970（昭和45）年に琉球政府八重山地方庁に就職した。沖縄の日本復帰時点・1972（昭和47）年5月15日で沖縄県八重山支庁に配属され、その後沖縄県庁本庁への転勤に伴い那覇市に転居、定年退職後も引き続き那覇市に居住している。したがって、郷里・黒島には中学校を卒業するまでの期間しか住んでいないし、社会人としての黒島での生活体験もほぼ皆無である。しかも、言語学、民俗学、歴史学等について、教育機関での基礎的学習や専門的研究に携わった経験もまったくない。

　そういう私が、郷里・黒島の言語や習俗等について執筆する気になったのは、長年親しん

できた八重山伝統歌謡を学ぶ過程で、その音楽的側面のみならず言語学・民俗学・歴史学等の分野にも興味を抱いたことが契機となっている。その道の偉大な先駆者である喜舎場永珣（1885~1972）・宮良當壯（1893~1964）・田辺尚雄（1883~1984）らの著作のなかで、その学説や歴史的事象の捉え方に納得のいかないものが散見された。もとより、これら先達の功績には深く敬意を払いつつ、いかなる研究成果についてもこれを金科玉条とすることなく、また、いかなる意味においも先達を神格化・偶像化せず、つねに批判的に検証するという立場を心掛けてきた。その点に関連して研究に没頭する大きな転機となったのは、県庁における劇的な異動であった。

　1990（平成2）年に誕生した大田昌秀沖縄県知事のもとで、私は知事公室秘書課長、総務部人事課長、総務部次長（財政・議会担当）および八重山支庁長等の要職に配置され、知事の側近にいて尋常でない多忙な日々を過ごした。大田知事が三期目の選挙に敗れ1998（平成10）年に退任したあと、2004（平成16）年の定年退職までの期間は一転して閑職に配置された。まさに「人間万事塞翁が馬」を地で行く環境におかれたのである。公務以外の私的な時間を、八重山伝統歌謡の本格的な学習・探究に当てるとともに、郷里・黒島の言語やその周辺の諺・歌謡・習俗等の収集・執筆に取り組めたのは、じつにありがたいことであった。これらの作業は、退職後も継続して行なった。

　その成果の一つを、2007（平成19）年5月から「―よくわかる新しい解釈―校合(きょうごう)八重山古典民謡」の標題で、八重山毎日新聞に週一回の割合で2010年までの3年間にわたって断続的に掲載させていただいた。そして新聞掲載原稿を基に、2008（平成20）年から2013（平成25）年までの五年間に門弟たちの協力を得て『ＣＤ附 精選八重山古典民謡集（一）～（四）』を制作・発刊した。その間、『石垣方言辞典』（沖縄タイムス社刊・2003年）の著者・宮城信勇先生の膝下で週2回の割合で2人きりの勉強会を開いていただき、石垣語の全般、とりわけ文法や音韻変化の法則等について学んだ。その過程で、宮城先生から〝黒島方言辞典〟の編集・執筆を再三奨められ、ドゥーヌ　タキン　バハラナ（自らの浅学非才を省みず）「頑張ります」と応えたのである。いわば、黒島語関連辞典（事典）の編纂・執筆は、宮城先生の学恩に報い先生との約束を果たすための作業であった。

　成果の今一つは、2003（平成15）年から2007（平成19）年までの4年間務めた沖縄本島在黒島郷友会の会長在任中に長老会員の方々との「黒島語研究会」を開き、それまで断片的に収集してきた黒島の言語や諺等の研究を重ね、『郷友会だより・さふじま』に継続して収載した。

　以上の経緯を踏まえて、『黒島の言語・諺・歌謡・習俗事典』の編集・執筆を2018（平成30）年1月から本格的に始めた。その動機にはもう一つの差し迫った事情があった。「はじめに」でも記したとおり、私は2016（平成28）年11月に「Ｔ細胞大顆粒リンパ性白血病」を告げられたのである。思いがけない「ガン宣告」にいささか動揺したが、残された限定的な寿命を冷厳に受け止め、向後の課題を厳選し真摯に取り組む確固たる覚悟が出来たのも事実であった。手始めに、放置してあった既存の論考や雑考類をまとめ〝理論編〟とでもいうべき『八重山の芸能探訪―伝統芸能の考察・点描・散策―』（琉球新報社刊・2018年）を上梓した。先述の〝実践編〟『ＣＤ附 精選八重山古典民謡集（一）～（四）』と対を成す2つの著書は、奇しくも2018年度の「八重山毎日文化賞・正賞」と「琉球新報活動賞・出版文化活動部門」の同時受賞の栄に浴した。この2つの受賞は、とりもなおさず私の論考や著書における対象を捉え

る方法論が選考委員の方々の専門的な評価を得たものであり感慨もひとしおであった。

　私は大学院在学中に出会った『資本論』研究の第一人者・久留間鮫造先生に目を掛けていただき、折にふれ次のような教えを受けた。その要旨は、①資料をして語らしめる研究態度の堅持、②資料の博捜と綿密な検証、③対立する学説についての公正かつ十分な調査・研究、④学問をする目的意識の鮮明化、⑤冷徹な批判精神と熱い問題意識の持続、などであった。久留間先生の教えは、これまでの種々の研究や探究の上ではもちろん、行政事務を処理する際にも大いに役立ったように思う。

　さて、いよいよ原点回帰の〝ふるさと讃歌〟とでもいうべき人生の集大成に向け歩みを進める態勢ができた。後期高齢の身に難病を抱え「日暮れて道遠し」の心境・境遇のなかではあるが、心身の呼吸を調えナンザクガニ（白銀黄金）のシマムヌイ（島言葉）とその周辺の諺、歌謡、習俗、体験記等を可能な限り詳細に編むことに全身全霊を傾けてきたのである。

　さいわい、親友で20歳まで黒島で過ごし黒島語全般に精通している野底善行君と一期後輩で在沖黒島郷友会では4年間も副会長として黒島語の収集作業を手伝って会長の私を補佐してくれた上里（旧姓・宮良）淳子さんをはじめ、戦後生まれの後輩で愛郷心に満ち黒島の民俗芸能にも優れた技量を有している玉代勢泰興、前船太作、東筋秀吉および本原康太郎の後輩諸君に姉・宮永智子と妻・規子が加わって継続的に「黒島語研究会」を開き、私の執筆した原稿を熟読玩味して種々の指摘・修正等を施して原稿の一通りの完成にこぎつけた。研究会の場所は、宜野湾市嘉数の閑静な住宅で「碁会所」を営んでいる従弟・安里清志君が、一室を無償で提供してくれた。そのような情況下の2023年1月31日、研究会員の玉代勢泰興君が急逝した。彼は私の従兄甥で、早くから私の父から黒島の民謡や古謡を習い、長じてからは大濱安伴師匠に師事、八重山古典民謡全般を習得した。私自身、八重山古典民謡コンクールの優秀賞・最優秀賞については、細かい点は彼に教わっており、まぎれもなく私の師匠の1人である。指導者としての活躍を大いに期待されているさなかの急逝は悔やまれてならない。ご冥福を祈るばかりである。

　ここで、〝黒島語に関する事典〟の編纂・執筆にまつわる幾つかの点について、ひと言ふれておきたい。これまでに述べてきたとおり、言語学の専門的な先生方ならびに黒島在住および郷友会員の方々のご指導をいただいて、一応の上梓を遂げた。断片的かつ無目的な黒島の言語および習俗等の収集については十数年をかけてきたものの、本格的かつ目的的な編纂・執筆に取り組んだのは2018（平成30）年1月以来の短期間にすぎない。しかも「新型コロナウイルス禍」のなかで他人との接触が思うようにいかないという悪条件が重なった。そもそも事典（辞典）の執筆には、先達の例を見ても分かるとおり少なくとも20〜30年以上、あるいは40〜50年以上を要するのが通例であるが、先述したとおり後期高齢の身に難病を抱えている私には残念ながらそのような悠長な時間がない。そういうわけで、短期間による原稿の仕上げを余儀なくされたのである。不備な点は重々承知のうえでの出版であり、事情がゆるせば自らの余力を引き続き補充・補訂に注ぎたいと思っているが、正直のところ「後の君子（後輩）」に期待する気持ちのほうが強い。

　以上のような条件下で、私の収集・執筆作業を積極的に後押ししてくれた2、3のことについて、どうしても記しておきたい。

　1つは、石垣市在の東筋秀吉君のまとめた彼の叔父・野底幸生氏（昭和12年生まれ）からの「聞

き書きノート」の存在である。秀吉君は私たちの「黒島語研究会」のメンバーでもあることから、自らの問題意識にくわえ私の質問を携えて足しげく黒島に通い天性の才覚を存分に発揮して、幸生叔父さんの保持しておられる黒島語の精髄を詳細に採集・記録し、その都度A4版の用紙1～2枚に綴って郵送してくれた（なかには、母・東筋常さんや曾祖父・野底善佐翁、親戚の又吉智永氏からの教えも記録されている）。彼からの書簡は優に20通を超える。野底家は数少ない半農半漁の家庭であり、お陰で水産業関連の用語も数多く収集できたのである。私の事典執筆の第一の協力者である野底善行君は幸生氏の実弟であり、幸生氏・善行君ご兄弟の存在とお2人の甥・東筋秀吉君の奮闘ぶりは特筆大書すべきこととして記しておく次第である。

　2つ目は、石垣市在の四姉・泰子（昭和12年生まれ）のことである。姉は、自らは進学することなくきょうだいの進学を応援するため中学卒業後も数年間は黒島に留まった。持病のある母の家事を助け農業に従事したほか、結願祭の踊り手も務めた。そのため、味噌・醤油の醸造法や芸能関連の用語など姉の黒島語には、女性ならではの細やかな視点にくわえ自らの体験に裏打ちされた深みと広がりが感じられた。私の質問に対し、曖昧な点は黒島出身の知人・友人たちに確認したうえで的確に答えてくれた。時には「ピスユーヌ　サーットゥ　ムヌハンガイバ　シー　ニブミーン　ニバルンタン（一晩中考え続けて、寝るに眠れなかった）」とか。私の健康にも気遣い、無理をせず編集・執筆を早く済ませなさいと忠告してくれた。

　今一つ特筆しておきたいのは、加治工真市先生著『鳩間方言辞典』の存在である。私は『ＣＤ附　八重山古典民謡集（一）～（四）』の執筆時から加治工先生のご教示を受け、引き続き本事典の編纂・執筆についても構想段階から種々のご指導を賜っている。そのうえ、『鳩間方言辞典』の収録語に触発され、私のおぼろげな記憶の襞に絡まったままぼやけていたフシマムヌイ（黒島語）が、確たる輪郭をもって度々眼前に浮かび上がってきたのだ。そのような不思議な現象は、数百年前に鳩間島に移住した黒島の先人たちが鳩間語のなかに黒島語の重要な要素を注入し融合させ継承してきたからではないかと思う。『鳩間方言辞典』のお陰で、鳩間語と黒島語の類縁関係の実態を確認し数百年の時空を超えて再現・描写することのできた幸運を喜び、加治工先生に深甚なる敬意と感謝の念を捧げずにはいられないのである。

～～～・～～～・～～～・～～～・～～～・～～～・～～～・～～～・～～～

　最後に、言語学に関する専門的な立場から直接・間接にご指導を賜った加治工真市先生をはじめ、新垣友子先生、原田走一郎先生、麻生玲子先生およびセリック・ケナン先生に対し、重ねて心からお礼申し上げます。黒島在住および郷友会員の方々には、言語・諺・習俗等の収集に関し多くの時間をかけてお付き合いくださり（すでに鬼籍に入っておられる方々もおられます。）、さらに心温まる物心両面のご支援を賜りまことにありがとうございました。

　また、本書の出版を快くお引き受けしてくださった株式会社 東洋企画印刷の大城孝社長、大城佐和子専務及び編集担当の山﨑紀和子氏にも深く感謝申し上げます。

　追って、本書の音声保存については引き続き作業を進めたいと考えています。本書が「フシマ（黒島）およびフシマムヌイ（黒島語）」の学習・研究・保存・継承にいくらかでも役立つならこれに勝る喜びはありません。

参考文献

01 ▼日本大辞典刊行会編『日本国語大辞典』小学館1972 〜 1976年
02 ▼新村出編『広辞苑 第七版』岩波書店2018年
03 ▼大野晋・佐竹昭広・前田金五郎編『岩波古語辞典 補訂版』岩波書店1990年
04 ▼山田俊雄・築島裕・小林芳規・白藤禮幸編修『現代語・古語新潮国語辞典 第二版』新潮社 平成7年
05 ▼沖縄大百科事典刊行事務局編『沖縄大百科事典』沖縄タイムス社1983年
06 ▼角川日本地名大辞典編纂委員会編『角川日本地名大辞典 47 沖縄県』角川書店 昭和61年
07 ▼平凡社地方資料センター編『沖縄県の地名 日本歴史地名体系48』平凡社2002年
08 ▼池原直樹著・多和田真淳監修『沖縄植物野外活用図鑑〈全十巻〉』新星図書出版1974年
09 ▼天野鉄夫著『琉球列島有用樹木誌』琉球列島有用樹木誌刊行会1989年
10 ▼屋比久壮実著『沖縄の野山を楽しむ植物の本』アクアコーラル企画2004年
11 ▼屋比久壮実著『沖縄の方言で楽しむ生き物 いちむし』アクアコーラル企画 2008年
12 ▼下瀬環著『沖縄さかな図鑑』沖縄タイムス社2021年
13 ▼宮城信勇著『石垣方言辞典』沖縄タイムス社2003年
14 ▼宮城信勇著『新編増補版 八重山ことわざ事典』沖縄タイムス社2008年
15 ▼宮良當壯著『宮良當壯全集8 八重山語彙 甲・乙篇』第一書房1980 〜 1981年
16 ▼加治工真市著『鳩間方言辞典』国立国語研究所2020年
17 ▼前新透著『竹富方言辞典』南山舎2011年
18 ▼宮良泰平著『八重山方言の素姓』宮良作 昭和50年
19 ▼宮良泰平著『続 八重山方言の素姓』宮良作 昭和54年
20 ▼前大用安著『西表方言集』前大用安 平成14年
21 ▼那根亨著『西表の方言と民俗』那根亨 昭和52年
22 ▼池間苗著『与那国ことば辞典』池間龍一・池間龍三1998年
23 ▼与那国方言辞典編集委員会編『どぅなんむぬい辞典』与那国町2019年
24 ▼セリック・ケナン／麻生玲子他編著「南琉球八重山川平方言語彙集」国立国語研究所2020年
25 ▼国立国語研究所編『沖縄語辞典』大蔵省印刷局1963年
26 ▼沖縄古語大辞典編集委員会編『沖縄古語大辞典』角川書店1995年
27 ▼半田一郎編著『琉球語辞典』大学書林1999年
28 ▼仲宗根政善著『沖縄今帰仁方言辞典』角川書店1963年
29 ▼内間直仁・野原三義編著『沖縄語辞典 那覇方言を中心に』研究社2006年
30 ▼富浜定吉著『宮古伊良部方言辞典』沖縄タイムス社2013年
31 ▼新里博著『宮古古諺音義』渋谷書言大学事務局2003年
32 ▼与那覇ユヌス著『宮古スマフツ辞典』与那覇ユヌス2003年
33 ▼新里幸昭著『宮古の歌謡 付・宮古歌謡語辞典』沖縄タイムス社2003年
34 ▼菊千代・高橋俊三著『与論方言辞典』武蔵野書院2005年
35 ▼渡久山春英／セリック・ケナン著『南琉球宮古語多良間方言辞典』国立国語研究所2020年
36 ▼原田走一郎著『南琉球八重山黒島方言の文法』博士論文（大阪大学）2016年
37 ▼原田走一郎著「八重山語黒島方言の癖」（『日本語学』第37巻第1号所収）明治書院2018年

38 ▼特定非営利活動法人 日本ウミガメ協議会編『黒島の自然と民俗』附属黒島研究所2006年
39 ▼早稲田大学八重山研究所『八重山文化―特集黒島の民俗―』早稲田大学八重山研究所1966年
40 ▼黒島民俗芸能保存会『黒島民謡集』昭和43年
41 ▼知念政範著『黒島史』玻座真武1970年
42 ▼黒島婦人会編『黒島誌』上里善孝1976年
43 ▼仲本辰雄編著『八重山黒島三味線工工四』昭和54年
44 ▼玉代勢泰興編著『黒島民謡工工四』昭和54年
45 ▼幸地厚吉著『さふじま 黒島の民話・謡・諺集』幸地厚吉1987年
46 ▼運道武三著『黒島誌』運道武三1988年
47 ▼喜舎場永珣著『八重山民謡誌』沖縄タイムス社1967年
48 ▼喜舎場永珣著『八重山民俗誌 上巻』沖縄タイムス社1977年
49 ▼宮城文著『八重山生活誌』私家版1972年
50 ▼森田孫榮著『八重山芸能文化論』森田孫榮先生論文集刊行事業委員会1999年
51 ▼牧野清著『八重山のお嶽』あ〜まん企画1990年
52 ▼本田安次著『南島採訪記―沖縄の信仰と芸能―』明善堂書店1962年
53 ▼柳田國男著『定本 柳田國男集 第十八巻』筑摩書房 昭和44年
54 ▼田辺尚雄著『第一音楽紀行』文化生活研究会 大正12年
55 ▼竹富町教育委員会編『竹富町古謡集 第一集〜第五集』竹富町教育委員会 昭和56年〜平成17年
56 ▼大濱安伴編著『改訂・増補 声楽譜附八重山古典民謡工工四』大濱安市 平成16年
57 ▼大野晋・丸谷才一・大岡信・井上ひさし共著『日本語相談一〜五』朝日新聞社1989〜1992
58 ▼金田一春彦著『ことばの歳時記』新潮文庫 昭和48年
59 ▼大野晋著『日本語について』岩波書店 1994年
60 ▼高島俊男著『漢字と日本人』文春新書 2001年
61 ▼釘貫亨著『日本語の発音はどう変わってきたか』中公新書2023年
62 ▼那根元著『八重山群島におけるオウシマダニの撲滅魂』那根元 平成27年
63 ▼岩淵匡監修・佐藤美智代著『日本語の源流―言葉の歴史が語る日本語と日本人』青春出版社2002年
64 ▼林真理子著『西郷どん！下』角川書店2017年
65 ▼梁石日著『血と骨』幻冬舎 1998年
66 ▼譜久原恒勇著『ぼくの目ざわり耳ざわり』琉球新報社2019年
67 ▼山本彩香著『にちにいまし』文芸春秋2020年
68 ▼荻堂盛進著『昭和の風音・沖縄』新星出版㈱2020年
69 ▼西大八重子著『沖縄の薬草・野草料理〜ウチナーヌチグスイ料理〜』ティガネシア出版2007年
70 ▼高山朝光・比嘉博・石原昌家編著『沖縄「平和の礎」いかにして創られたか』（株）高文研2022年
71 ▼シェークスピア著／野島秀勝訳『リア王』岩波文庫
72 ▼記念誌編纂委員会編『八重山歌工工四編纂百周年記念誌あけぼの』百周年事業期成会昭和62年
73 ▼當山善堂編著『八重山舞踊勤王流関係論考・資料集』記念碑建立記念誌編集委員会2001年
74 ▼當山善堂編著『ＣＤ附 精選八重山古典民謡集（一）〜（四）』當山善堂2008〜2013年
75 ▼當山善堂著『八重山の芸能探訪―伝統芸能の考察・点描・散策―』琉球新報社2018年

略　　歴

當山 善堂（とうやま・ぜんどう）

＊1944（昭和19）年1月、八重山諸島黒島で出生。幼少時より父賢英の弾唱する三線歌のなかで育つ
＊琉球古典音楽「野村流」を島袋正雄師匠に師事（1974 〜 1979年）
＊八重山古典民謡を通事安京師匠、大濵安伴師匠および糸洌長良先生に師事
＊八重山古典民謡の詩的表現法および史的・言語学的考察を森田孫榮先生、宮城信勇先生ならびに義父・喜舎場英勝に師事
＊八重山毎日新聞社主催八重山古典民謡コンクール最優秀賞受賞／八重山古典民謡コンクール審査委員
＊琉球新報社主催八重山古典芸能コンクール審査委員
＊八重山古典民謡保存会師範／八重山古典民謡保存会師範・教師免許審査委員

＊黒島小中学校卒・八重山高等学校卒・法政大学経済学部経済学科卒・同大大学院修士課程社会科学研究科中退
＊沖縄県知事公室秘書課長・同総務部人事課長・同総務部次長・沖縄県八重山支庁長・沖縄県公文書館長・沖縄県漁業信用基金協会理事長
＊沖縄県立芸術大学非常勤講師（2002年度〜 2005年度）
＊竹富町史編集委員／学校法人沖縄キリスト教学院（キリ学・キリ短）監事・理事／学校法人南星学園（サイ・テク・カレッジ）非常勤講師・理事

＊編著『八重山歌工工四編纂百周年記念誌・あけぼ乃』／『八重山舞踊勤王流関係論考・資料集』
＊著書『ＣＤ附　精選八重山古典民謡集（一）〜（四）』／『八重山芸能探訪―伝統芸能の考察・点描・散策―』

黒 島 事 典	－黒島の言語・諺・歌謡・習俗－

発　　　行	2024年11月3日　初版第1刷
著　　　者	當山善堂
制作印刷	株式会社 東洋企画印刷
製　　　本	沖縄製本株式会社
発 売 元	編集工房 東洋企画
	〒901-0306 沖縄県糸満市西崎町4-21-5
	TEL.098-995-4444／FAX.098-995-4448

郵便振替 01780-3-58425
ISBN978-4-909647-67-2 C0581 ¥20000E
乱丁・落丁はお取替えします。